도덕의 일반이론
도덕철학에서 도덕과학으로

A General Theory of Moral
From Moral Philosophy
to Moral Science

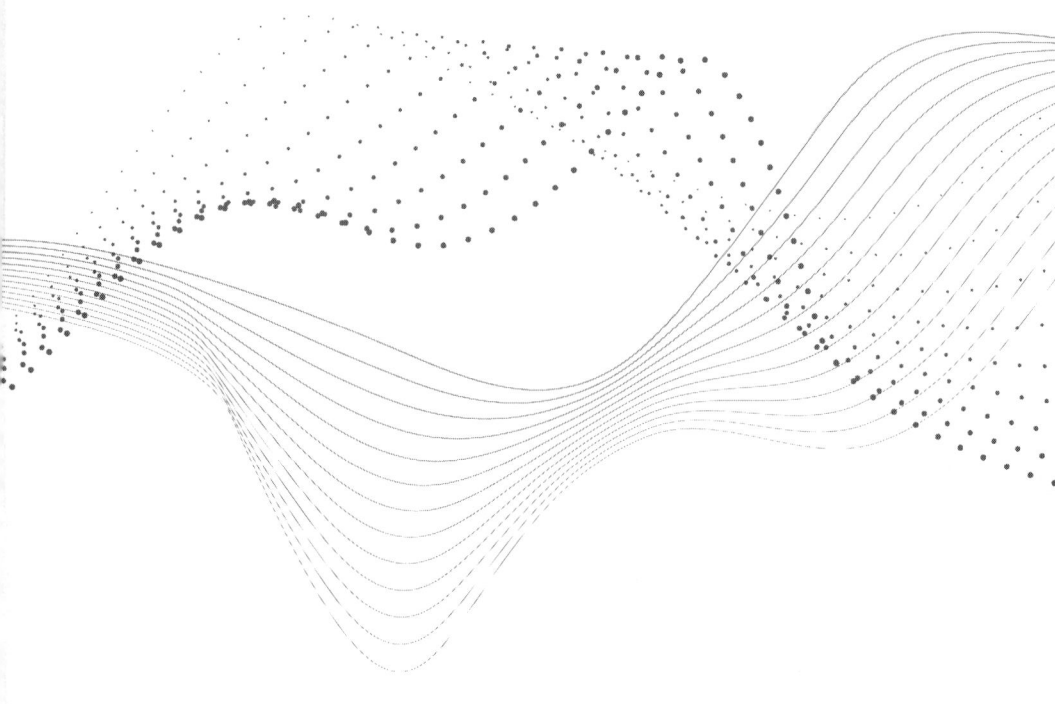

도덕의
일반이론

上

도덕철학에서 도덕과학으로

황태연 지음

한국문화사

도덕의 일반이론
도덕철학에서 도덕과학으로

1판 1쇄 발행 2024년 1월 12일
1판 2쇄 발행 2024년 2월 13일
1판 3쇄 발행 2024년 3월 22일
1판 4쇄 발행 2024년 11월 20일

지 은 이 | 황태연
펴 낸 이 | 김진수
펴 낸 곳 | 한국문화사
등   록 | 제1994-9호
주   소 | 서울시 성동구 아차산로49, 404호(성수동1가, 서울숲코오롱디지털타워3차)
전   화 | 02-464-7708
팩   스 | 02-499-0846
이 메 일 | hkm7708@daum.net
홈페이지 | http://hph.co.kr

ISBN 979-11-6919-171-5 94190
ISBN 979-11-6919-170-8 (세트)

· 이 책의 내용은 저작권법에 따라 보호받고 있습니다.
· 잘못된 책은 구매처에서 바꾸어 드립니다.
· 책값은 뒤표지에 있습니다.

오류를 발견하셨다면 이메일이나 홈페이지를 통해 제보해주세요.
소중한 의견을 모아 더 좋은 책을 만들겠습니다.

머리말

 '일반이론'이란 하나의 근본명제를 비판의 기준으로 삼아 동서고금을 뛰어넘어 광범위한 설명력을 발휘할 수 있도록 체계적으로 구축된 포괄적 이론을 말한다. 그러므로 '도덕의 일반이론'도 역사적으로 동서고금의 모든 도덕이론을 총괄하고 보편타당한 하나의 근본명제를 기준으로 일관되게 비판·정리하는 이론이어야 한다. 따라서 '일반이론'은 동서고금을 오가며 모든 이론을 망라하기 때문에 분량이 두터워질 수밖에 없다.

 지금까지 서구와 동양 학계에서 동서고금의 기존 도덕이론을 모두 정리·비교·비판한 서적은 전무했다. 서양의 거의 모든 도덕철학자들은 고대 서양의 도덕이론이나 최근의 경험과학적·실험적 도덕연구들을 거의 무시한 상태에서, 그리고 동양의 도덕철학은 아예 내버린 상태에서 현대철학 안에 갇혀 논란을 벌여 왔다. 반면, 극동제국의 동양철학자들은 고대와 근·현대 서양 도덕이론도 무시하고, 최근에 이루어진 수많은 경험과학적·실험적 도덕성 연구들도 전혀 들춰보지 않은 채 고전적 동양철학을 논해왔다. 그리하여 현존하는 서양의 모든 도덕이론서들은 동양철학을 전혀 거들떠보지도 않고 또 경험과학적 도덕성 연구들도 전혀 고려하지 않은 채 서양의 '순수철학적' 도덕이론만을 논하는 반면, 중국·한국·일본의 동양철학서들은 서양 도덕이론과 경험과학적 연구들을 다 제쳐놓고 동양의 도덕이론만 다룬다. 그리하여 학술적으로 의미 있는 동서고금의 모든 도덕이론을 일반이론적으로 '비교·비판'하는 시도는 동서 양쪽에서 전무하다.

이 책은 역사상 최초로 도덕이론이 형이상학적 '도덕철학'에서 '도덕과학'으로 변화·발전하는 과정을 이론적 '진보'로 보는 명제를 보편타당한 근본명제로 논증·도출하고 동서고금의 모든 도덕철학을 '과학'의 도마 위에 올려놓고 분석·비판·정리하는 '도덕의 일반이론'을 구축한다. 이런 방향성을 명시하기 위해 "도덕철학에서 도덕과학으로"를 책의 부제로 삼았다. 그러므로 필자와 같은 방향의 연구에 관심을 가진 식자들은 이 책이 대중적 인기여부나 인정여부와 무관하게 인문·사회과학의 역사에서 '기념비적' 도덕책이 될 것을 (감히 장담할 수는 없어도) 충심으로 바랄 것이라고 생각한다.

　'도덕과학'은 '형이상학적 도덕철학'에 대해 대척점에 위치한다. 서양에서 '형이상학'은 공맹유학의 유럽버전인 18세기 계몽주의 운동 속에서 '과학'의 반대말로 전락하면서 학술적 의미와 지위를 완전히 상실했다. 동시에 경험적 방법의 연구로 구축된 지식체계만이 '과학'이라 지칭되었다. 한마디로, 수학분야를 제외한 모든 학문분야에서 '경험과학'만이 '과학'의 지위와 자격을 얻은 것이다.

　서양에서 중국의 경험적 과학·기술과 공맹유학의 영향 아래 이런 의미에서의 '과학'을 자연탐구 분야에서 창설한 최초의 철학자는 프란시스 베이컨이었다. 그가 개발한 연구방법은 "자연의 해석(interpretation of nature)"을 모토로 경험을 중시해 발품을 팔아 되도록 많은 경험적·실험적 자료들을 널리 수집하되 경험에 매몰되지 않고 이 수집된 자료들을 작화作話 없이(머리로 지어낸 허구적 불순물을 섞지 않고) 자연적 사실의 이치에 맞게 '해석'해 귀납적으로 법칙을 찾는 '비판적 경험론'이었다. 베이컨의 이 '비판적 경험론'은 그야말로 "경험에서 배우기만 하고 생각하지 않는 것은 공허하고 생각하기만 하고 경험에서 배우지 않는 것은 위태롭다(學而不思則罔 思而不學則殆)"는 명제와 "부지이작不知而作"(알지 못하면서 작화하는 것)을 금하는 "술이부작述而不作"(서술하나 작화하지 않음)의 명제로 이루어진 공자의 '서술적序述的 경험론'을 그대로 빼닮았다.

　서양에서 데이비드 흄은 선학先學들(컴벌랜드·로크·벨·섀프츠베리·허치슨 등)이 베이컨의 '비판적 경험론'을 인간연구에 적용해 이룩한 학문적 성취와 노하우를 이론화하고 이를 '인간과학(science of man)'이라 칭했다. 그리고 그는 공맹과 초기 모럴리스트 3인(컴벌랜드·섀프츠베리·허치슨)의 경험론적 도덕연구 방법을 바탕으로 합리론적 도덕형이상학을 예리하게 비판·해체하고 베이컨의 경험과학적 방법으로 도덕성을 연구한 저 초기 모럴리스트들의 도덕감정론적·도덕감각론적 도덕이론을 '도덕과학'으로 확증하고 이 선학들의 전통을 이은 자신의 공감적·도덕감정론적 도덕이론과 함께 '인간과학'(인문·사회과학)에 편입시켰다.

이런 까닭에 근대 도덕과학은 중세전통의 '도덕형이상학'에 대한 계몽주의자들의 비판적 공격의 포성 속에서 탄생했다. '도덕형이상학'이란 주술과 신학에 기댄 스콜라적 도덕철학과 시녀처럼 이를 뒷받침하는 합리론적 도덕철학을 가리킨다. '스콜라적 도덕철학'은 우리의 감정과 경험을 경멸·배척하고 궁극적으로 '십계명'을 비롯한 계시나 신탁에 대한 주술적 신앙에 의지해 도덕을 도출하는 반反경험과학적 형이상학이기 때문에 '비과학'이다. 그리고 '합리적 도덕철학'은 경험과학 원칙에 반해 (감성적 경험을 무시하는) 이성과 합리적 논증으로부터 도덕성을 연역·도출하기 때문에 '반反과학적' 형이상학이다. 그러므로 형이상학적 도덕철학들은 스콜라도덕론이든 합리주의 도덕론이든 둘 다 '비과학'인 것이다.

따라서 "도덕철학에서 도덕과학으로"의 진보란 "생각하기만 하고 경험에서 배우지 않아 (인간과 사회를) 위태롭게 하는(思而不學則殆)" 형이상학적 도덕철학을 쳐내고 경험과학적 방법으로 도덕성을 이론화하는 방향으로 전진하는 것이다. 스스로를 '실학實學'이라 부른 유학은 바로 그런 '인간과학'이었고 '도덕과학'이었다. 11세기 중반 이래 중국에서 '실학'이라는 말은 '과학'의 뜻으로 통용되었다. '실학'으로서의 '유학'은 언제나 '실사구시實事求是' 방법으로 "실實을 받들고 허虛를 내치는(崇實黜虛)" 경험적 학문을 추구하고, 그렇지 않은 공언무실空言無實한 학문을 '허학虛學'으로 배격했다.

주지하다시피 제자 번지樊遲의 두 번에 걸친 지식에 대한 질문("問知")에 공자는 (1)"지식이란 인간지식이다(知人)"라고 답하고, 이어서 (2)"귀신에게 묻는 주술을 (신을 공경해서) 멀리하고 사람들의 의미(民之義)를 ('술이부작'의 방법으로) 힘써 탐구하는 것은 (인간)지식이라 이를 만하다(務民之義 敬鬼神而遠之 可謂知矣)"라고 답했다. 이런 까닭에 이 책은 이 두 명제들로 정의된 공자의 인간지식을 새삼 계몽주의 시대 이래 서양의 '인간과학'과 동일한 것으로 확인한다.

공자는 유학적 인간과학의 경험론적 특징을 『중용』의 (지금까지 주희의 엉터리 주석 때문에 불가해한 문장으로 전락해서 오랫동안 방치된) 한 구절에서 이렇게 총괄한다. "군자의 도(학문)는 자기 자신에 근본을 두고(君子之道本諸身) 먼저 일반 서민에게서 (다문·다견의 박학으로) 그 도에 대한 징험을 구하고(徵諸庶民), 다시 역사적으로 우·탕·문왕의 삼왕에 비춰 그 도를 고찰해 오류를 없애고(考諸三王而不謬), 또 온 세상에 그 도를 펼쳐 보여 사리에 어긋난 것을 없앴으니(建諸天地而不悖), 심지어 귀신에게 질문해도 의문이 없고, 백세대(3000년)를 기다려 나타난 성인도 의혹하지 않을(質諸鬼神而無疑 百世以俟聖人而不惑)" 학문이다. 진화과정에서 인간의 본성이 바뀌려면 2-3만 년 이상이 경과해야 하므로 공자의 3000년은 인간종족의 마음씨가 불변인 역사적 시간대에 속하는 것이다. 공자 논변의 요지는 자기 자신과 보통사람들 안에서 경험적으로 징험된 인간과학은 짓궂은 귀신의 시샘도 뛰어넘어 적어도 3000년의 시간대를 견디는 불변적 진리를 담은 것이어야 한다는 말이다. 인간과학에 대한 공자의 이 설명은 간략할지라도 지모智謀가 모자란 자가 아니면 누구나 이해할 수 있을 만큼 아주 명쾌하고 철두철미하다.

나아가 필자는 이 책에서 유학적 도덕이론을 '도덕과학'으로 재확인한다. 유학적 도덕이론은 (1)귀신에 기댄 주술과 결별할 뿐만 아니라, (2)인의도덕을 합리적 '이익' 타산을 초월하는 것으로 정의함으로써 합리론이 싹틀 기반을 아예 없애고, (3)도덕의 발단을 감성적 경험 영역에 속한 '본성적 도덕감정'(측은·수오·사양·시비지심)에서 구해 공감적 박학·심문審問과 자기공감에 이은 신사·명변愼思明辯의 사유작업을 통해 "일이관지一以貫之"해 이론화한다. 이 점에서 유학적 도덕이론은 인간과학(인문·사회과학)에 속한 '도덕과학'인 것이다.

그러므로 '도덕의 일반이론'은 '도덕과학'이라는 보편타당한 근본명제를 금척金尺으로 삼아 동서고금의 모든 도덕이론의 과학성 여부를 검증함으로써 공언무실空言無實한 도덕형이상학들을 비판적으로 쳐내고 기존이론들로부터 옥석을 가려 취할 것을 취한다. 그리고 1980년대 이후 활발하게 수행되어온 새로운 실험심리학적·뇌과학적 연구와 최근의 사이코패스연구, 그리고 현대적 동물사회학적·

진화생물학적·화석생물학적·고고인류학적 연구들을 모두 수용해 고전적 도덕과학을 더욱 확고하게 '과학화'하고 더욱 풍요롭게 '현대화'한다.

특히 이 책은 범죄사회학·범죄심리학·범죄학분야에서만 활용되어온 현대의학적·심리학적·뇌과학적 사이코패스 연구결과를 도덕이론 분야에 도입해 성선설과 성악설에 대한 논란을 최종적으로 마무리지었다. 모든 나라에서 사이코패스의 비율은 전체 인구의 4%에 밑돈다. 이 사이코패스들은 본성이 악한 사람들이다. 나머지 96% 이상의 인구는 본성이 선한 보통사람들이다. 성선론은 보통사람들과 접하는 잦은 빈도수를 반영한 이론이다. 따라서 성선론은 96% 이상 옳은 이론이다. 반대로, 성악설은 사이코패스에 대한 4% 미만의 경험만큼이나 미미한 확률로 옳은 의견일지 몰라도 96% 이상 그릇된 위설偽說이다. 이것은 성선설·성악설 논란을 최종적으로 종식시키는 중요한 발견이다.

그리고 이를 통해 새로이 발견된 것은 공자·맹자·베이컨·템플·섀프츠베리·허치슨·흄·스미스·루소·쇼펜하우어와 최근의 드발·켈트너 등 성선론자들은 그들 자신이 성선性善한 정상인들인 반면, 인간의 진정 인간다운 동정심을 경멸하고 배격한 순자와 법가, 그리고 스토아학파·홉스·칸트·니체와 최근의 리처드 도킨스 등 동서고금의 크고 작은 성악론자들은 그들 자신이 사이코패스일 확률이 매우 높다는 점이다. 왜냐하면 사이코패스는 지능과 합리적 사유능력에서 보통 이상으로 뛰어나서 거짓 시나리오와 우상偶像을 잘 작화作話해내고 동시에 전형적으로 성악性惡하기 때문이다. 그리고 사이코패스적 성악론자들과 (인간행위의 도덕적 '동기'를 무시하고 '결과'만 따지는) 철저한 합리적 공리주의자들의 경우에 뇌의 중요한 부위인 복내측 전전두피질이나 우반구 측두두정 영역이 선천적·후천적으로 손상되어 있다는 사실이 뇌과학과 심리학 양측의 연구를 통해 밝혀졌다. 필자는 이 사실을 매우 중시한다.

마지막으로. 이 책은 종래의 도덕론 속에서 미분화된 채 뒤섞여 취급되어 온 공리적 '생존도덕'과 인의적 '정체성도덕'을 4-5만 년 전 이미 유전자상으로 분화된 것으로 확인하고 이 두 도덕을 구분하는 중대한 결단을 내렸다. 생존도덕은 개인적·집단적 생존과 번영의 이익을 증진하는 근면·검소·절약·인내·절제·성실·정직·청결·민완(민첩한 수완)·생활력(오뚝이 같은 생존의지)·타산성(손익감각)·상호주의(개명된 이기심) 등의 공리적功利的 '소덕小德'을 말하는 반면, '정체성도덕'은 온갖 이익을 초월해서 인간을 인간답게 만들어 주는 보편적 동정심과 이타적 정의감·공경심·시비감각(도덕감각)에 기초한 인·의·예·지의 네 가지 '대덕大德'을 말한다. 생존도덕과 정체성도덕의 구분은 기실 새로울 것도 없는 구분이다. 왜냐하면 그것은 소덕과 대덕의 구분과 동일한 것이고, 이 구분은 이미 2500여 년 전에 '공자님께서' 단행했던 구분이기 때문이다.

이 구분의 관점에서 보면 합리론적 공리주의 도덕론은 생존도덕을 부당하게 과장해서 정체성도덕을 파괴·흡수한 오류이론으로 쉽사리 폭로·비판할 수 있게 된다. 동시에 생존도덕은 전쟁·재난·대형사고 등 비상상황에서 주도적 역할을 하고, 정체성도덕은 평시상황에서 주도적 역할을 하는 점이 저절로 밝혀지면서 생존도덕과 정체성도덕의 (상황에 따른) 주도권 교대도 일관되게 설명할 수 있게 된다.

컴벌랜드·섀프츠베리·허치슨·흄·스미스를 계승하는 도덕감정학파·도덕감각학파와 다윈·스펜서·시지위크를 위시한 영국 도덕론자들과 진화론자들은 19세기말 독일 관념론에 심취했던 토마스 그린·브래들리 등 극소수의 예외적 철학자들을 제외하면 거의 다 칸트·니체·롤스의 도덕철학을 줄곧 '비정상적(insane)' 철학으로 비판하고 극력 거부해왔다. 로이스·롤스·치그넬과 몇몇 독일계 미국인 철학자들을 제외하고 대부분의 미국 인문·사회과학자들도 그러했다. 특히 미국의 심리학자와 뇌과학자, 그리고 정치철학자들은 칸트와 롤스가 제시한 '도덕적 이상형의 인간'을 '사이코패스적' 인물형으로 입증하고 폄하하거나(그린, 안하트, 크렙스, 다마시오, 영, 베체라, 캠프러던 등), 또는 "결코 인간적이지 않은(less than human)" 인물형으로 깔아뭉갰다(제임스 Q. 윌슨).

반면, 독일·프랑스·네덜란드와 한국·일본 등지의 인문·사회과학자들은 거의 다 칸트의 반反인간적 도덕이론을 비판·극복하기는커녕 그를 '초超철인(Überphilosoph)'으로 숭배해왔고, 여기에 곁들여 미국정치학회 전 회장을 지낸 정치·행정학자 겸 미국 범죄학의 권위자 제임스 Q. 윌슨이 "결코 인간적이지 않은" 이론으로 깔아뭉갠 롤스의 칸트주의적 정의론조차도 강단에서 '정설正說'로 주입했다. 그리고 심지어 인종전쟁과 장애인 제거를 주장하다가 매독 걸려 죽은 니체까지도 '초인(Übermensch)'으로 받들어왔다. 이런 학자들은 진정 부끄러운 줄 알아야 한다.

이 말은 특히 한국 인문·사회과학자들을 두고 하는 말이다. 한국학계에서 언제 칸트나 니체, 또는 롤스를 영미학자들처럼 근본적으로 비판한 적이 있었던가? 반성적으로 되돌아보면 필자를 포함한 거의 모든 한국 학자들은 그간 이런 반인간적 서양철학자들의 저서와 논문을 베끼거나 번안해 파는 종속적 '악덕 수입상' 노릇이나 하며 살아온 것이 사실이다. 그런데 어찌 인문·사회과학적 창의력과 판단력이 세계를 누비는 K-팝 가수, K-필름 감독, K-과학자와 K-공학자들의 그것만 못하단 말인가! 아무쪼록 그간 혼돈되었던 도덕문제와 도덕이론적 논란들이 이 책을 통해 말끔히 해소되기를 바라마지 않는다.

여기서 차제에 밝혀 둘 것은 이 책 『도덕의 일반이론』의 연구가 지금까지 수행해온 필자의 여러 연구들을 집대성하는 측면이 있기 때문에 이 책에서 전개되는 논의가 필자의 이전 저서들(『감정과 공감의 해석학』 및 기타 연구서들)과 부분적으로 중첩된다는 점이다. 그러나 출처를 일일이 다 밝히지는 않았기 때문에 여기서 그 차용관계를 일괄 밝혀 두는 바다. 하지만 차용된 부분들은 다양한 이전 저서들이 제각기 다른 맥락에서 논한 글들이라서 이 책에서 종합적으로 논하는 가운데 이 책의 문맥에 맞춰 대폭 개편하고 고치고 손질할 수밖에 없었다. 이런 이유에서도 출처를 일일이 밝히지 않았다.

끝으로, 이 방대한 원고를 흔쾌히 받아 출판해준 한병순 편집부장을 비롯한 한국문화사 담당자께, 그리고 이 책의 편집에 노고를 아끼지 않은 관계자분들께 따뜻한 감사의 말씀을 올린다.

2024년 1월 초 어느 날
송파구 바람들이에서
죽림 황태연 지識

차 례

머리말 ··· v

들어가는 말 ─────────────────────── 1

제1장 도덕형이상학에서 도덕과학으로

제1절 근대 자연과학과 인간과학·도덕과학의 탄생 ─────── 15

  1.1. 베이컨의 경험과학 방법론과 근대 자연과학의 탄생   16
    ■ 중국 과학기술의 서천西遷과 유럽의 격변(르네상스)   19
    ■ 중국 과학기술에 대한 베이컨의 집중적 관심과 인식   33
    ■ 베이컨의 감각과 경험의 격상   49
  1.2. 데이비드 흄의 '인간과학'과 도덕과학   108
    ■ 못지않게 확실하고 더 유용한 인간과학의 정초   110
    ■ 경험적 증명의 명증성과 도덕과학의 토대   120
    ■ 도덕성의 근거로서의 도덕감정과 도덕과학   124
    ■ 흄의 도덕과학의 두 가지 문제점   155
    ■ 자연종교와 흄의 이신론 신학   168

제2절 공자의 공감해석학적 인간과학과 도덕과학 ─────── 182

  2.1. 공감해석학적 인간과학으로서 유학   182
    ■ 인간과학으로서의 유학의 과학성   183
    ■ 공감적 해석학에 기초한 유학적 인간과학   191
  2.2. 인류 최초의 도덕과학으로서 공맹도덕론   200
    ■ '이익'에 대한 정체성도덕의 초월성   201
    ■ 본성론적 도덕과학   204
    ■ 도덕감정론적 도덕과학   206

- 공맹 도덕과학의 생태도덕적 근대성　209
2.3. 과학성을 최대화하고 주술성을 최소화한 유학　220
- 유학이 주술적이라는 베버의 비방　221
- 유학의 본질적 특징: 최대의 과학, 최소의 주술　228

제2장 공맹철학의 서천과 서양 도덕과학의 흥기

제1절 유학적 도덕과학과 서양 도덕론의 과학혁명 ──── 245

1.1. 1600년 전후 공자철학의 서천　247
- 1590년 발리냐노와 산데의 공자철학 소개　248
- 새뮤얼 퍼채스의 공자 소개와 평가　260
- 마테오 리치와 세메도의 공자 소개와 적극적 평가　261

1.2. 1700년 전후 유럽의 공맹철학　265
- 공자경전의 완역　265
- 맹자철학의 소개와 경전번역　267
- 공자철학 대논쟁과 유교적 계몽주의의 완승　273

제2절 컴벌랜드의 '인애의 도덕철학' ──── 291

2.1. '만인의 만인에 대한 인애'로서의 자연상태　292
- 유학적 '인애'와 '만인의 만인에 대한 인애' 테제　292
- 동물끼리의 인애에 대한 인정　296
- 홉스에 대한 인애도덕론적 비판　298
- 인애의 본질성과 선차성　299

2.2. 컴벌랜드 인애론에 대한 맥스웰의 유학적 이해　301
- 극동의 경천사상과 도덕　301
- 스토아주의와 홉스주의에 대한 유교적 비판　303
- 공맹철학에 대한 맥스웰의 칭송　305

제3절 섀프츠베리의 시비감각론 ——— 308

3.1. 섀프츠베리의 친중국 성향　　　309
- 섀프츠베리와 벨의 친교　　　309
- 벨의 영국 대변자로서 섀프츠베리　　　310

3.2. 섀프츠베리의 시비감각 이론　　　312
- 본성적 감각으로서의 시비감각　　　312
- 신 관념의 형성에 앞서는 시비감각　　　315
- 섀프츠베리 철학의 국제적 영향　　　320

제4절 허치슨의 도덕감각론 ——— 322

4.1. 섀프츠베리의 방어　　　322
- 로크주의적 성백론과 공리주의에 대한 방어　　　323
- 교단의 비난으로부터 섀프츠베리의 방어　　　325

4.2. 허치슨의 도덕감각 개념　　　327
- 도덕감각의 본유성에 대한 허치슨의 논증　　　327
- 모성애의 본성에 대한 논변　　　332
- 사회적·일반적 애정(인애)의 본유성　　　335

4.3. 허치슨 도덕철학의 몇 가지 난점　　　338
- 인애의 단순덕성론과 공리주의적 일탈　　　338
- 도덕감각과 도덕감정, 선과 덕성의 혼돈　　　340

제5절 흄의 도덕감각론과 경험론적 도덕과학 ——— 344

5.1. 데이비드 흄의 공자 흠모와 중국 예찬　　　344
- 흄의 중국 예찬　　　345
- 중국 유자의 '자유로운 삶'에 대한 선망과 동경　　　349

5.2. 흄에 대한 공자철학의 영향과 그 경로　　　350
- 공자철학에 대한 흄의 여러 접근경로　　　351
- 피에르 벨을 통한 경로　　　354

5.3. 흄의 공자주의적 도덕철학 356
- 흄의 단속적斷續的 도덕감각론 356
- 공맹의 인仁도덕과 흄의 인애도덕 367

제6절 아담 스미스의 도덕감정론적 도덕과학 —————— 379

6.1. 스미스의 공자철학과 중국 학습 382
- 스미스 자신의 직접독서 382
- 흄과의 평생지교와 에딘버러 학술모임 390
- 프랑스 계몽철학자들과의 교류 390

6.2. 공맹철학과 스미스의 공감적 도덕감정론 393
- 공맹 도덕철학과 스미스 도덕론의 밀착관계 393
- 행위의 동력은 이성이 아니라 감정 395
- 스미스의 직접적 '공자 표절들' 399
- 정의제일주의의 정의도덕에서 인의도덕으로 408
- 공맹의 영향을 부정하는 월터 데이비스의 반론 427

6.3. 스미스와 흄의 도덕론적 관계 430
- 흄의 공감적 공리주의에 대한 비판과 타협 430
- 공감에 의한 도덕감각의 대체와 이론적 혼돈 432

제3장 공감감정과 도덕감정

제1절 단순감정 ————— 445

1.1. 감정 일반 445
- 감정이란 무엇인가? 447
- 인지적 느낌과 감정적 느낌의 구분 458
- 심상과 감정 461

1.2. 단순감정 473

- 단순감정으로서의 '칠정' 475
- 기타 단순감정들: 생명애·수줍음·호기심·믿음·놀람 538

제2절 일반적 공감감정과 도덕적 공감감정 —————— 554

2.1. 공감감정과 교감감정 554
- 공감감정과 교감감정 일반 554
- 공감감정의 특성 559

2.2. 일반적 공감감정 566
- 사랑과 믿음 567
- 즐거움과 행복감 628
- 재미와 아름다움 652
- 부러움과 자긍심 656

2.3. 교감감정 660
- 미움(증오)과 적개심 661
- 반감 또는 거부감 666
- 오만과 시기 667
- 경멸감과 혐오감 670
- 악심과 고소함 671

제3절 도덕감정(도덕적 공감감정) —————— 673

3.1. 동정심(측은지심) 673
- 사랑, 인간애, 인류애, 동정심의 상관관계 674
- 제1도덕감정으로서의 동정심 682
- 동정심의 기계적 분해·조립? 699

3.2. 서양 도덕철학에서 동정심과 사랑 706
- 아리스토텔레스의 인간적 최고덕목 "필리아(사랑)" 706
- 컴벌랜드의 '만인의 만인에 대한 인애' 710
- 섀프츠베리의 '본성적 애착감정' 713

- 허치슨 도덕론의 기초개념 "인애"와 "연민" 717
- 흄의 '본성적 덕성'으로서 동정심과 인애 721
- 루소의 도덕원리로서 동정심 726
- 쇼펜하우어의 정의와 인간애의 기초: 동정심 737

3.3. 동정심 없는, 또는 동정심을 적대한 서양 도덕론들 760
- 소크라테스·플라톤의 동정심 없는 불인(不仁)한 도덕론 760
- 스토아학파·홉스·스피노자의 동정심 혐오 796
- 칸트의 동정심 적대와 합리적 의무개념 803
- 니체의 동정심 매도와 사이코패스적 초인 836

3.4. 정의감(수오지심) 860
- 정의감의 개념 861
- 도덕적 수치심의 양상과 낯붉힘 현상 865
- 개인의 고유한 몫과 도덕적 수치심 868
- 도덕적 수치심과 이타적 정의감(사회적 복수심) 872
- 공정성 감각의 본유성 895

3.5. 사양지심(공경지심) 902
- 사양지심(공경심)의 본질 903
- 도덕적 '당혹감'(쑥스러움·난처함) 907
- 겸손한 극동의 반전평화론, 건방진 서양의 투쟁일원론 912
- 겸손에 특화된 세계 유일의 언어 '한국어' 917
- 인간본능으로서의 공경심 919
- 공경지심의 기원: 효제와 충성심 923

3.6. 시비지심: 시비감각(도덕감각)과 시비감정 936
- 시비감각과 시비감정의 차이 936
- 인간본성으로서의 시비감각(도덕감각) 938
- 시비감정, 또는 도덕적 평가감정 941
- 도덕감각의 위상과 기능 950

上

제4절 도덕본능과 언어본능의 유사점과 차이점 ———————— 955

  4.1. '반본능'으로서 도덕감각과 언어능력의 유사성   955
     ■ 찰스 다윈: '반본능'으로서 언어와 도덕의 유사성   955
     ■ 드발: 유전자적 '학습 어젠다'로서 언어와 도덕   957

  4.2. 하우저의 언어비유적 도덕감각론과 그 오류   958
     ■ 하우저의 언어비유적 도덕본능론   958
     ■ 언어비유적 도덕본능론의 한계   960
     ■ 언어유추적 도덕본능론의 삼중오류   963

  4.3. 도덕본능과 언어본능의 본질적 차이   966
     ■ 도덕본능과 언어본능의 유연성의 차이   966
     ■ 도덕본능은 완전본능에 가까운 반본능이다   967

차 례

제4장 도덕감각·도덕감정론의 현대과학적 정초

제1절 서양 도덕철학의 반동적 재再형이상학화와 주술화 ——— 973

1.1. 칸트의 네오스콜라적 도덕형이상학과 주술신앙　　974
- 칸트의 네오스콜라적·기독교신학적 주술도덕론　　975
- 주술에 대한 칸트의 전적인 믿음　　979

1.2. 조지 무어의 메타윤리학과 선善개념의 몽매화　　986
- 선善의 정의불가능성 테제와 이상한 직관주의　　986
- "자연주의적 오류(the naturalistic fallacy)"?　　996

1.3. 비트겐슈타인의 분석철학과 도덕의 주술화　　1005
- 과학의 부정, 세계의 재再주술화, 도덕의 신격화　　1005
- 비트겐슈타인의 참주도덕적 신神 관념　　1011
- 신적 참주도덕에 대한 라이프니츠적 비판　　1012

1.4. 존 롤스의 비非과학적 정의형이상학　　1019
- 인애도덕의 추방과 격하, 그리고 자가당착　　1019
- 이기심 외에 모든 감정을 추방한 정의형이상학　　1022

제2절 다윈과 스펜서의 진화론적 도덕감각론 ——— 1026

2.1. 찰스 다윈과 도덕감각의 진화이론　　1027
- 도덕감각의 진화 요인들: 사회적 본능·지능·여론·습관　　1028
- 강렬한 도덕감정의 '즉각적' 충동으로서 '의무'　　1031

2.2. 허버트 스펜서의 진화론적·유교적 도덕감각론과 그 오류　　1035
- 스펜서의 초기 도덕감각론　　1035
- 노년 스펜서의 도덕감각론 폐기　　1053
- 스펜서의 공맹 이해의 한계　　1058

제3절 도덕감각의 현대적 재발견과 오늘날의 진화론들 ——— 1065

3.1. 제임스 Q. 윌슨의 도덕감각론　　1068

- 본유적·본성적 도덕감각의 개념 　　　　　　　　　　1069
- 로티의 문화상대주의에 대한 윌슨의 맹박 　　　　　　1074
- 아기는 직관적 도덕론자: 동정심과 공정심의 본성 　　1077
- 진화는 생존을 넘어 사랑을 향한다 　　　　　　　　　1082

3.2. 래리 안하트의 진화론적 도덕감각론 　　　　　　　　1087
- 그릇된 대립, 그릇된 분할들 　　　　　　　　　　　　1087
- 존재와 당위의 통일 　　　　　　　　　　　　　　　　1091
- 도덕감각은 인간의 본성적 판단력이다 　　　　　　　1101

3.3. 리처드 조이스의 진화론적 도덕성 이론 　　　　　　　1109
- 도덕성의 본유성에 대한 불완전한 논변 　　　　　　　1110
- 도덕본능과 언어본능의 유사성과 차이성 　　　　　　1112
- 도덕감각의 '요소적' 보편성 　　　　　　　　　　　　1119

3.4. 데니스 크렙스의 다윈적 도덕감각론의 빛과 그림자 　1122
- 다윈의 자연선택론과 공리주의 문제 　　　　　　　　1123
- 도덕감각의 여러 기원 　　　　　　　　　　　　　　　1127
- 도덕감각의 직관과 이성 간의 관계 　　　　　　　　　1141

3.5. 크리스토퍼 뵘의 '사회적 선택적 진화론'과 시비감각론 1143
- 가설: '사회적 선택'과 시비감각의 진화 　　　　　　　1144
- 대형동물사냥과 평등주의의 유전자화 　　　　　　　　1156
- 징벌에 의한 사회적 선택과 이타주의의 유전자화 　　1167
- '상당히 큰 동물'의 사냥인가, '거대동물'의 사냥인가? 1171

제5장 공맹의 성선론과 사이코패스적 성악설

제1절 사이코패스의 과학적 발견과 식별법 ──── 1181

1.1. 사이코패스의 정신상태 　　　　　　　　　　　　　　1182
- 사이코패스와 합리주의 도덕론의 정체 　　　　　　　1182

- 후천적 사이코패스 　　　　　　　　　　　　　1200
  1.2. 선천적 사이코패스 식별법 　　　　　　　　　　1206
  - 로버트 헤어의 12개 항목 체크리스트 　　　　　　1206
  - 사이코패스 테드 번디의 경우 　　　　　　　　　1212

제2절 공맹의 본성론적 성선설과 사이코패스 ——————— 1215

  2.1. 공맹의 인간본성론과 성선설 　　　　　　　　　1216
  - 공자의 천명·사덕과 본성론적 성선설 　　　　　　1217
  - 맹자의 사단지심과 성선설 　　　　　　　　　　1225

  2.2. 공맹의 사이코패스론: '불인자'와 '도척' 　　　　1234
  - 불인자의 사이코패스적 특징들 　　　　　　　　　1235
  - 고대중국 사이코패스의 상징적 인물 '도척' 　　　1245

  2.3. 공자철학의 영향과 서양 성선론의 등장 　　　　1247
  - 베이컨의 본성적 성선론과 사이코패스 　　　　　1247
  - 윌리엄 템플 등의 본성적 성선설과 인정론仁政論 　1254

제3절 사이코패스 성향과 성악설 ——————————————— 1257

  3.1. 홉스의 '선악의 피안'과 사이코패스적 성악설 　1260
  - 홉스의 자연적 전쟁상태와 최강자 도덕제정론 　　1263
  - 홉스의 사이코패스적 양심·행복·동정심 개념 　　1275
  - 자연상태적 성악설에 대한 여러 비판 　　　　　　1280

  3.2. 칸트의 사이코패스적·원죄적 성악설 　　　　　1315
  - 칸트의 실천이성적 도덕법칙과 원죄적 성악설 　　1315
  - 칸트의 사이코패스적 반反중국주의 　　　　　　　1378
  - 칸트의 사이코패스적 인종주의와 반유대주의 　　1397

  3.3. 쇼펜하우어의 도덕감정론적 성선론과 칸트 비판 　1446
  - 칸트의 실천이성적 도덕론에 대한 도덕감정론적 비판 　1446
  - 무제한적 이기심과 사이코패스 좀비들의 만인전쟁 　1466

- 쇼펜하우어의 성선론과 도덕감정의 이기심 억압 기능   1473

제4절 성백설性白說과 인공적·환경적 도덕론 —————— 1500

- 4.1. 고자의 성백설과 맹자의 비판   1501
  - 고자의 성백설   1501
  - 맹자의 고자 비판   1503
- 4.2. 로크와 롤스의 성백설   1509
  - 존 로크의 성백설   1510
  - 섀프츠베리의 도덕감정론적 비판   1523
  - 존 롤스의 성백설과 인위적 정의조립론   1536

제6장 생존도덕과 정체성도덕의 진화와 분화

제1절 생존도덕과 정체성도덕의 개념 ———————— 1549

- 1.1. 공리적 생존도덕과 인의적 정체성도덕의 분화   1549
  - 도덕의 개념   1549
  - 공리적 생존도덕(소덕)   1552
  - 인의적 정체성도덕(대덕)   1562
- 1.2. 생존도덕과 정체성도덕의 주도권 교대   1566
  - 평시 정체성도덕의 주도권   1566
  - 비상시 생존도덕의 주도권   1567

제2절 공리적 생존도덕의 진화와 철학적 전개 ————— 1570

- 2.1. 생존도덕의 진화   1570
  - 생존도덕의 자연선택적 진화   1570
  - 생존도덕과 정체성도덕의 진화적 분화   1573
- 2.2. 공리주의적 생존도덕론의 출현   1580

- 소크라테스·플라톤·아리스토텔레스의 원시적 공리주의 　　1580
- 에피쿠로스의 쾌락설적 공리주의 　　1592
- 폴리비오스·플루타르크·스토아학파의 공리주의 　　1594
- 로크의 성백설적 공리주의 　　1595
- '근대 공리주의의 생모' 데이비드 흄 　　1601
- 벤담과 밀의 쾌락적 공리주의 속류도덕론 　　1606

2.3. 공리주의에 대한 여러 비판들 　　1609
- 공리주의적 속류도덕론에 대한 허치슨의 비판 　　1609
- 밀과 시지위크에 대한 찰스 다윈의 비판 　　1616
- 공리주의에 대한 근본적 비판 　　1618
- 공리주의에 공통된 '부당전제의 오류' 　　1623

2.4. 칸트의 엄숙한 공리주의와 쇼펜하우어의 폭로적 비판 　　1631
- 칸트의 도덕법칙적 인혜의무: 공리적 호혜주의 　　1632
- 칸트의 '선험적' 부당전제 　　1633
- 칸트의 비속한 쾌락주의적 행복 개념 　　1638
- 칸트의 두 공리적 정언명령과 쇼펜하우어의 비판 　　1641
- 칸트의 도덕적 이상세계 '목적들의 나라'는 '지록위마' 　　1658

2.5. 공리주의자들의 뇌구조의 생물학적 교란가능성 　　1662
- 우반구 측두두정 영역의 교란과 결과주의적 사고경향 　　1663
- 복내측 전전두피질의 손상과 공리주의적 사고패턴 　　1666

제3절 정체성도덕(인의도덕)과 인간선택적 진화 ── 1669

3.1. 초대형동물 사냥과 현생인류의 탄생 　　1670
- 초대형동물 수렵시대와 현생인류의 진화 　　1671
- 초대형동물의 사냥과 보편적 동정심의 기원 　　1678

3.2. 보편적 동정심과 생태적 공감능력의 발달 　　1694
- 동식물의 의인화: 보편적 공감능력과 생명애의 기원 　　1695
- 도덕성 진화의 혁명적 전기로서 개의 순치 　　1704

- 개와 인간의 공감적·도덕적 관계   1715
3.3. 정체성도덕의 인간선택적 진화   1718
  - 다윈의 상대적 자연선택론과 인간선택론의 단초들   1718
  - 인간선택론과 유사한 오늘날의 몇몇 이론들   1732
  - '인간선택'이라는 용어의 술어적·개념적 장점   1743
3.4. 인의적 정체성도덕과 도덕적 유토피아   1747
  - 자기선택적 존재로서의 인간   1747
  - 찰스 다윈의 단초적 정체성도덕론과 동물사랑   1751
  - 공맹의 인의적 정체성도덕과 동식물사랑   1760
  - 동식물의 진화에 대한 인간선택적 찬조와 참여   1762
  - 반전·평화주의와 정체성도덕의 항구적 주도권   1764
  - 정체성도덕의 주도권 확립과 대동국가(인의국가)   1779
3.5. 정체성도덕의 사회적 주도권   1785
  - 도덕적 정체성으로서의 인간적 정체성   1785
  - 정체성도덕과 도덕적 자살의 인류사적 의미   1795

맺음말   1809

참고문헌   1812
찾아보기   1859

들어가는 말

도덕이론이 형이상학적 도덕철학으로부터 경험론적 도덕과학으로 전환되는 거대한 학문적 진보는 17세기 말엽 명예혁명(1688)으로부터 프랑스혁명(1789)까지 100년간 지속된 계몽주의 시대에 등장한 영국의 초창기 모럴리스트 컴벌랜드(인애도덕론)와 섀프츠베리(도덕감각론)로부터 개시되었다. 이 경험론적 도덕과학은 베이컨의 경험론적 방법을 인간의 연구에 적용해 탄생한 경험론적 '인간과학(science of man)'에 속했다. 이를 통해 도덕이론은 주술적·합리론적 도덕형이상학을 극복하고 마침내 '과학'으로 확립되었다.

그러나 1780년대부터 이에 대한 '반동'이 일어나 20세기 초까지 도덕이론은 재再주술화·재再합리론화의 퇴락을 겪었다. 계몽주의 도덕과학에 대한 이 반동의 발기자는 1781년 『순수이상비판』, 1785년 『도덕형이상학의 정초』, 1788년 『실천이상비판』을 연달아 공간한 ('계몽주의의 비판적 종합자'로 잘못 칭송되는) 반反계몽주의자 임마누엘 칸트였다. 칸트는 스콜라철학을 새로운 용어와 범주들로 치장해 '신장개업'하고 도덕을 기독교신학적으로 재再종교화·재再주술화하고 원죄설적 성악설을 부활시켜 도덕적 '몽매주의(Obscurantism)' 시대를 다시 개막했다.

대륙의 보수반동세력들은 교묘하게 계몽의 탈을 쓰고 독자를 기만하는 이 칸트적 몽매주의를 대대적으로 환호했다. 이후 독일 중심의 유럽대륙에서 도덕이론적 반동의 물결이 구비치기 시작했다. 이 흐름은 20세기 초까지 '신칸트주의'

니, '도덕적 직관주의', '윤리적 자연주의'니 하는 이름으로 계속되었고, 이 와중에 프레게 · 비트겐슈타인 · 무어 등의 이름이 연호되었다. 그리하여 경험론적 '과학' 개념이 공격을 받아 파괴되고, 도덕은 직관주의나 분석철학의 명의로 '초월적인 것', '신비한 것', '신적인 것'으로 재再주술화되었다. 20세기 초 유럽대륙에서는 '도덕과학'이 완전히 폐허가 되었고, 대륙 전체는 군국주의적 제1차 세계대전으로 초토화되어 '도덕적 황무지'가 되었다. 얼마 지나지 않아 독일과 대륙의 윤리의식은 파시즘과 나치즘에 의해 다시 철저하게 초토화되고 말았다.

그러나 이런 상황에서도 영국과 미국의 철학자들은 대부분 이런 주술적 · 합리론적 도덕형이상학을 완강하게 거부했다. 다윈과 스펜서를 위시한 진화생물학자들과 진화인류학자들은 19세기 후반부터 영국 모럴리스트들의 전통에서 인간진화의 경험적 증거를 바탕으로 칸트와 칸트주의를 과학적으로 반박하기 시작했고, 이 반박에는 도덕감정론 쪽으로 기울어진 시지위크 등 일부 공리주의자들도 가담했다. 특히 나치즘과 파시즘의 홀로코스트를 겪은 뒤 1940-50년대에 개시되고 1980년 이후 오늘날까지 번창해온 진화생물학 · 진화인류학 · 화석생물학 · 동물사회학 · 실험심리학 · 뇌과학 분야의 '경험과학적' 도덕연구들과 사이코패스 연구들은 여러 각도에서 칸트와 칸트주의 도덕이론을 사이코패스 도덕론으로 확증하고 예리하게 비판함으로써 점차 '도덕과학'을 재건해 나갔다.

오늘날은 도덕과학이 주술적 · 합리론적 도덕형이상학의 반동적 공세를 물리치고 재확립된 느낌이 든다. 본론에서 필자는 역사적으로 동서고금의 모든 도덕이론을 총괄하고 '도덕이론은 형이상학이 아니라 과학이어야 한다'는 계몽시대의 명제를 보편타당한 하나의 근본명제로 삼아 모든 도덕이론들을 일관되게 정리하는 '도덕의 일반이론'을 수립한다. 그리하여 이 도덕의 일반이론에서는 역사상 최초로 도덕이론이 형이상학적 '도덕철학'에서 '도덕과학'으로 변화 · 발전하는 과정을 이론적 '진보'로 보는 명제가 보편타당한 근본명제로 논증 · 도출되고 동서고금의 모든 도덕철학이 '과학'의 도마 위에서 분석 · 비판된다.

'경험론적 도덕과학'의 반대말은 '형이상학적 도덕철학'이다. '형이상학'은 공맹유학을 수용한 18세기 계몽주의 운동 속에서 일찍이 '과학'의 반대말로 추락했었다. 그리하여 형이상학으로부터 학술적 의미와 지위가 완전히 박탈됨과 동시에 경험적 방법의 연구로 구축된 지식체계만이 '과학'이라 지칭되었다. 한마디로, 수학분야를 제외한 모든 학문분야에서는 '경험과학'만이 '과학적' 지위를 독점하게 되었다. 칸트는 '형이상학'이 한물간 용어인 줄 알면서 형이상학을 의식적으로 부활시키려고 했고, 그렇기 때문에 그의 기도를 '반동적' 기도라 하는 것이다.

프란시스 베이컨은 서양에서 '경험과학'이라는 의미에서의 '과학'을 중국의 경험적 과학·기술과 공맹유학의 영향 아래 자연탐구 분야에서 창설한 최초의 철학자였다. 그가 개발한 연구방법은 에피쿠로스의 소박경험론과 대조되는 '비판적 경험론'이라 부를 수 있겠다. 왜냐하면 베이컨은 "자연의 해석(interpretation of nature)"을 모토로 경험을 중시해 많은 경험적·실험적 자료들을 최대로 널리 수집하되 이것에 그치지 않고 이 수집된 자료들을 '논리의 사실'이 아니라 '사실의 논리'에 따라 '해석'해 체계화하는 귀납법적 방법론을 이론화하고 있기 때문이다. 베이컨의 이 '비판적 경험론'은 공자의 '서술적序述的 경험론'을 그대로 빼닮았다. 공자의 '서술적 경험론'은 ⑴"경험에서 배우기만 하고 생각하지 않는 것"의 "공허함"과 "생각하기만 하고 경험에서 배우지 않는 것"의 "위태로움"(學而不思則罔 思而不學則殆)"을 극복한 명제, 즉 '경험해서 사유로 정리하는'(學而思之) 명제와, ⑵알지 못하면서 작화하는 "부지이작不知而作"을 금하는 "술이부작述而不作" 명제로 이루어져 있기 때문이다.

컴벌랜드·로크·벨·섀프츠베리·허치슨 등이 베이컨의 '비판적 경험론'을 인간연구에 적용해 이룩한 학문적 성취와 노하우를 최초로 이론화하고 이를 '인간과학(science of man)'이라 칭한 철학자는 데이비드 흄이었다. 그는 공맹과 컴벌랜드·섀프츠베리·허치슨의 경험론적 도덕연구 방법을 바탕으로 합리론적 도덕형이상학을 비판·해체했다. 그리고 그는 베이컨의 경험과학적 방법으로 도덕성을 연구한 저 도덕철학자들과 자신의 도덕감정론적·도덕감각론적 도덕이론을 '도덕과학'으로 확정하고 '인간과학'(인문·사회과학)의 일부라는 낙관을 찍었다.

서양에서 과거 '도덕형이상학'은 주술과 신학에 기댄 스콜라적 도덕철학과 (시녀처럼, 또는 쌍생아처럼 이를 뒷받침하는) 합리론적 도덕철학에 의해 대변되었다. '스콜라적 도덕철학'은 우리의 도덕감정과 감각적 경험을 경멸·배척하고 계시·신탁·성서에 대한 주술적 신앙에 의지해 도덕을 도출하는 반反경험과학적 형이상학이다. 성서의 '십계명'이나 기타 계시에 의존해 도덕률을 논하는 것은 주술이다. 왜냐하면 성서 자체가 신탁서이기 때문이다. 그래서 The Bible, 또는 The Sacred Scriptures의 다른 명칭이 The Oracles인 것이다. 그리고 '합리적 도덕철학'은 감성과 경험을 배제하거나 격하하거나 멀리하고 이성으로부터 도덕성을 연역하기 때문에 '반反경험과학적' 형이상학이다. 따라서 둘 다 결국 '비과학'이다. 도덕형이상학은 결국 자기와 다른 사람들의 도덕적 의미(도덕감정과 도덕감각)에 대한 다문다견의 경험을 거부하고 사변적 논리로 작화해서 결국 인간과 사회를 위태롭게 하는 도덕이론이다.

송대 이래 중국에서 '실학實學'이라 불린 유학은 바로 흄이 정의한 것과 본질적으로 유사한 '인간과학'이었고 '도덕과학'이었다. 당대 중국에서 '실학'은 곧 오늘날의 '과학'을 뜻했다. '실학'으로서의 '유학'은 언제나 實을 받들고 虛를 쳐내는 "숭실출허崇實黜虛"와 '실사구시實事求是'의 경험론적 방법으로 인간과 도덕의 연구를 추구하고, 공언무실空言無實한 모든 학문을 '허학虛學'으로 내쳤다.

공자는 제자 번지樊遲의 두 번에 걸친 지식에 대한 질문("問知")에 ⑴"지식이란 인간지식이다(知人)"라고 답하고, ⑵"귀신에게 묻는 주술을 (신을 공경해서) 멀리하고 사람들의 의미(民之義)를 ('술이부작'의 방법으로) 힘써 탐구하는 것은 (인간)지식이라 이를 만하다(務民之義 敬鬼神而遠之 可謂知矣)"라고 답했다. 첫 번째 답변은 지식의 중심대상을 '자연'에서 '인간'으로 옮기는 지식혁명을 표현한 것이고, 두 번째 답변은 인간지식과 주술을 분리시킨 것이다. 필자는 이 두 명제를 근거로 공자의 인간지식을 '인간과학'으로 재확인한다.

공자는 유학적 인간과학의 경험론적 특징을 『중용』에서 이렇게 총괄한다. "군자의 도(학문)는 자기 자신에 근본을 두고(君子之道本諸身) 먼저 일반 서민에게서(다문·다견多聞多見으로) 그 도에 대한 징험을 구하고(徵諸庶民), 다시 역사적으로 우·탕·문왕의 삼왕에 비춰 그 도를 고찰해 오류를 없애고(考諸三王而不謬), 또

온 세상에 그 도를 펼쳐 보여 사리에 어긋난 것을 없앴으니(建諸天地而不悖), 심지어 귀신에게 질문해도 의문이 없고, 백세대(3000년)를 기다려 나타난 성인도 의혹하지 않을(質諸鬼神而無疑 百世以俟聖人而不惑)" 지식이다. 『중용』의 이 총괄명제의 요지는 자기 자신과 보통사람들 안에서 경험적·공감적으로 징험된 인간과학은 짓궂은 귀신의 시샘도 뛰어넘어 적어도 3000년의 시간대를 견디는 불변적 진리를 담는 것이어야 한다는 것이다. 인간과학에 대한 공자의 이 설명은 간명하지만 자기 자신·일반백성·삼왕·세상에서 사중적四重的 징험을 구할 정도로 철두철미하다.

나아가 본론에서 필자는 유학적 도덕이론을 '도덕과학'으로 재확인한다. 유학적 도덕이론은 ⑴귀신에 의존하는 주술과 결별할 뿐만 아니라, ⑵인의도덕을 합리적 '이익' 타산을 초월하는 것으로 정의함으로써 합리론이 침노할 통로를 아예 없애고, ⑶도덕의 발단을 감성적 경험 영역에 속한 '본성적 도덕감정'(측은·수오·사양·시비지심)에서 구해 공감적 다문·다견(박학·심문審問)과 자기공감을 통해 징험하고 신사·명변愼思明辯을 통해 "일이관지一以貫之"(체계화)한다. 이 점에서 유학적 도덕이론은 인간과학의 일부로서 '도덕과학'인 것이다.

그러므로 '도덕의 일반이론'은 '도덕은 경험과학이어야 한다'는 공자와 흄의 보편타당한 근본명제를 동서고금의 모든 도덕이론에 적용해 그 과학성 여부를 검증함으로써 공언무실空言無實한 도덕형이상학들을 비판적으로 쳐내고 기존이론들로부터 유의미한 '경험과학적 요소들'만을 취한다. 필자는 이런 경험과학적 작업에서 1980년대 이후 활발하게 수행되어온 새로운 실험심리학적·뇌과학적 연구와 현대적 동물사회학적·진화생물학적·화석생물학적·진화인류학적 연구들, 그리고 최근의 사이코패스연구를 모두 수용해 활용한다. 이를 통해 고전적 도덕과학을 '현대화'한다.

현대의학적·심리학적·뇌과학적 사이코패스 연구성과들은 그간 실험심리학과 범죄사회학·범죄심리학·범죄학 분야에서만 활용되어왔다. 필자는 사이코패스 연구도 중요한 과학적 성과로 받아들여 도덕이론 분야에 도입한다. 이 사이코패스연구의 여러 성과들은 성선설과 성악설에 대한 논란의 최종적 종결에 탁월한 발견론적 정보지식을 제공하기 때문이다. 이 연구들의 공통된 결론은 '사이코패스는 본성이 악하다'는 것이다. 세계 각국에서 전체 인구 대비 사이코패스의 비율은 4%에 못 미친다. 나머지 96% 이상의 인구는 본성이 선한 보통사람들이다. 성선론은 96% 이상의 보통사람들을 두고 수립된 이론이다. 따라서 성선론은 96% 이상 옳은 이론이다. 반대로, 성악설은 4% 미만의 사이코패스를 근거로 수립된 이론으로서 96% 이상 그릇된 위설偽說이다. 사이코패스와 성악설·성선설 간의 이런 관계에 대한 발견은 성선설·성악설 논란을 종식시켜 줄 수 있는 중요한 발견이다.

그리고 이를 통해 같이 발견된 새로운 사실은 성선론자들은 그들 자신이 성선性善한 정상인들인 반면, 인간의 진정 인간다운 동정심을 경멸하고 배격한 성악론자들은 그들 자신이 사이코패스일 확률이 매우 높다는 점이다. 본론에서 필자는 대표적 성악론자 홉스와 칸트의 텍스트를 분석해 이를 입증한다. 지능과 합리적 사유능력에서 보통 이상으로 뛰어나서 거짓말을 밥 먹듯이 잘하고 위설偽說과 개념적 우상偶像을 잘 작화作話해내는 자들은 대개 사이패스이고, 사이코패스들은 자기들이 성악性惡하므로 다른 사람들도 그런 줄 알고 그렇지 않은 사람을 만나면 바보로 알고 극비리에 잔학하게 해치기 때문이다. 가령 성악론자 홉스와 칸트의 텍스트를 분석해보면 어부성설語不成說의 궤변적 위설과 잔학한 말들이 가득하다.

선천적·후천적 사이코패스와 관련해 뇌과학적 연구로 밝혀진 새로운 사실은 사이코패스의 뇌에는 사회적 행위를 조절하는 중요부위인 복내측 전전두피질이 선천적·후천적으로 이상이 있다는 사실이다. 그리고 인간이 수행하는 도덕적 행위의 '동기'를 무시하고 '결과'만 따지는 철저한 합리적 공리주의자들의 경우에도 복내측 전전두피질이나 우반구 측두두정 영역이 선천적·후천적으로 손상되어 있다는 사실이 뇌과학과 심리학 양측의 연구를 통해 밝혀졌다. 여기서는 이 사실들을 매우 중시해 자세히 상론하고 여러 곳에서 활용한다.

본론에서 필자가 심혈을 기울여 논증하는 것은 보편적 동정심의 진화과정과 공리적 '생존도덕'과 인의적 '정체성도덕'의 진화적 분화다. '생존도덕'과 '정체성도덕'은 종래의 도덕론 속에서 미분화된 채 뒤섞여 취급되어 왔다. 그러나 '생존도덕'과 '정체성도덕'은 4-5만 년 전 이미 유전자상으로 완전히 분화되었다. 따라서 이 두 도덕은 엄정하게 구분되어야 한다. 생존도덕은 종래 공맹유학에서 소덕小德이다. 이 도덕은 개인적·집단적 생존과 번영의 이익을 증진하는 근면·검소·절약·인내·절제·성실·청결·민완(민첩한 수완)·생활력(오뚝이 같은 생존의지)·타산성(손익감각)·상호주의(개명된 이기심) 등의 공리적功利的 덕목을 포괄한다. 반면, '정체성도덕'은 '대덕大德'을 말한다. 이 '정체성도덕'은 온갖 이익을 초월해서 인간을 인간답게 만들어 주는 보편적 동정심과 이타적 정의감·공경심·시비감각(도덕감각)에 기초한 인·의·예·지의 4대 덕목을 포괄한다. 생존도덕과 정체성도덕의 구분은 이미 2500여 년 전에 공자가 소덕과 대덕을 구분함으로써 단행한 구분이기 때문에 새로울 것도 없는 구분이다. 그러나 오늘날 도덕논쟁과 관련해서는 이론적으로 새삼 아주 중요한 구분이다.

두 도덕을 구분하는 이 관점에서 보면, 합리론적 공리주의 도덕론은 생존도덕을 부당하게 과장해서 정체성도덕까지도 우격다짐으로 공리주의 속으로 구겨넣은 것으로 쉽사리 폭로·비판할 수 있다. 동시에 공리주의와 순수도덕을 대립시키듯이 공리적 생존도덕과 인의적 정체성도덕을 상극으로 대립시켜 둘 중 하나를 오류로 내치는 이전의 논쟁이 그릇된 것이라는 것도 금방 드러난다. 현실 속에서 생존도덕과 정체성도덕은 서로를 대체하는 것이 아니라, 상황에 따라 '주도권'만을 교대하기 때문이다. 생존도덕은 전쟁·재난·대형사고 등 비상상황에서 주도적 역할을 하고, 정체성도덕은 평시상황에서 주도적 역할을 한다. 그러나 한 도덕이 주도하는 상황에서도 다른 도덕의 역할은 멈추지 않고 부차적으로 역할을 한다. 생존도덕과 정체성도덕은 상황에 따라 주도권만 교대하기 때문이다.

본론의 제1장에서는 도덕형이상학(형이상학적 도덕철학)에서 도덕과학으로 진보하는 계몽주의 시기의 논의들을 추적·재건한다. 여기서는 제일먼저 베이컨이 자연탐구 분야에서 경험론적 방법을 창시함으로써 '근대 자연과학'을 '경험과학'으로 수립하는 과정을 추적한다. 그리고 베이컨에 대한 중국 과학기술과 공자철학의 영향을 자세히 논한다.

그리고 이어서 데이비드 흄이 베이컨의 경험과학을 모델로 경험론적 방법을 인간과 도덕의 탐구에 적용해 얻은 성취와 노하우를 이론화하고 이것을 반反형이상학적·반反합리주의적·경험론적 '인간과학'과 '도덕과학'으로 정의하는 논의를 추적한다. 그리고 공감적 해석학을 결여하고 기독교와 종교를 완전히 탈피하지 못한 그의 근대적 인간과학과 도덕과학의 한계와 결점을 지적한다.

그리고 논의를 되돌려 흄의 이런 결함과 한계를 극복하기 위해 공맹의 유학과 유학적 도덕이론을 인류최초의 경험론적·공감해석학적 인간과학과 도덕감정론적 도덕과학으로 재확인한다. 그리고 공자의 인간학과 도덕이론이 인간연구와 도덕이론의 과학성을 최대화하고 주술성을 최소화한 것임을 논증한다. 이로써 이후 논의를 위한 보편타당한 '도덕과학' 명제를 도출한다.

제2장에서는 유학의 인간과학과 도덕과학이 서천西遷하면서 서양에서 일어난 도덕이론의 '과학혁명'을 조명한다. 여기서 컴벌랜드·섀프츠베리·허치슨·흄·과 아담 스미스의 도덕감정론적·도덕감각론적 도덕이론이 집중적으로 분석된다. 간간히 그들의 이론적 오류들도 비판적으로 지적된다.

제3장에서는 도덕감정과 도덕감각을 분석한다. 이를 위해 감정 일반과 단순감정으로부터 출발해 각종 공감감정(사랑·즐거움·부러움 등)과 교감감정(미움·적의 등)을 거쳐 도덕감정(도덕적 공감감정)으로 올라가 동정심(측은지심)·정의감(수오지심)·공경심(사양지심)·도덕감각(시비지심) 등 4대 도덕감정을 상세히 분석한다. 그리고 동정심(인애) 논의에서 동정심을 도덕의 기초로 인정하는 서양철학자들(아리스토텔레스·컴벌랜드·섀프츠베리·허치슨·흄·루소·쇼펜하우어 등)을 소개하고 동정심을 무시하거나 적대시한 철학자들(플라톤·스토아학파·홉스·스피노자·칸트·니체 등)을 사이코패스 혐의와 함께 비판한다.

제4장에서는 계몽주의 시대에 정립된 도덕과학이 칸트의 반동과 더불어 어떻게 무너지고 도덕이 슬그머니 기독교·재주술화되고, 비트겐슈타인에 의해 완전히 공공연하게 재주술화되고, 롤스에 의해 완전히 망가져버리는지를 분석한

다. 그리고 이 재주술화·재기독교화되는 반동적 흐름에 맞서 찰스 다윈과 허버트 스펜서가 이들을, 특히 칸트를 비판하는 논의를 먼저 살핀 다음, 칸트와 롤스의 이론을 논박하는 현대 도덕이론가들의 과학적 논의를 집중 분석한다. 분석대상이 되는 이론가들은 정치·행정학자 겸 범죄학자 제임스 Q. 윌슨, 정치철학자 래리 안하트, 현대철학자 리처드 조이스, 심리학자 데니스 크렙스, 진화인류학자 크리스토퍼 뵘 등이다.

제5장에서는 미국 정신과학자 허베이 클레클리(Hervey M. Cleckley), 범죄심리학자 로버트 헤어(Robert D. Hare), 사회심리학자 엘레인 햇필드(Elaine Hatfield), 정치철학자 래리 안하트 등의 사이코패스 연구성과 및 사이코패스의 의학적 개념을 확정한 미국정신의학회(APA)의 『정신장애 진단·통계 매뉴얼』(2000)을 수용해 성선론과 성악설의 정체를 규명한다. 그리고 이어서 공맹의 사이코패스("불인자不仁者") 논의를 추적한다. 그리고 서양의 두 대표적 성악론자 홉스와 칸트의 성악론 텍스트와 칸트의 인종주의·반유대주의 텍스트들에 대한 정밀 분석을 통해 이 두 철학자 자신이 사이코패스일 가능성을 입증한다. 그리고 성선론자 쇼펜하우어의 탁월한, 그러나 잘 알려지지 않은 '칸트 비판'을 돌아본다. 또한 이 제5장에서는 인간본성을 백지로 보는 고자의 성백설性白說과 맹자의 비판, 그리고 로크와 롤스의 성백설을 분석하고 이들의 이론적 모순과 비일관성을 비판한다.

제6장에서는 일단 공리적 생존도덕과 인의적 정체성도덕을 소덕과 대덕의 구분에 조응해서 구분하고 두 도덕이 비상시와 평시의 상황에 따라 주도권을 교대한다는 사실을 상론한다. 그리고 생존도덕은 '자연선택적 진화'의 산물로 설명하고 정체성도덕은 '인간선택적 진화'의 산물로 설명한다. 도덕철학적으로는 고대그리스 소크라테스·플라톤·아리스토텔레스의 공리주의, 에피쿠로스의 쾌락설적 공리주의, 폴리비오스·플루타르크·스토아학파의 공리주의, 로크와 흄, 벤담과 밀의 공리주의, 칸트의 엄숙한 공리주의 등을 다 공리적 생존도덕론의 차원에 위치한 것으로 보고, 정체성도덕까지 흡수한 공리주의 일반의 과장된 이론구성을 비판한다. 특히 칸트의 엄숙한 정언명령적 공리주의에 대해서는

쇼펜하우어의 비판을 동원하고, 필자의 관점에서는 칸트의 도덕적 이상세계인 "목적들의 나라(Reich der Zwecke)"를 '지록위마指鹿爲馬'로 맹박한다. 끝으로, 도덕 행위의 감정적 동기를 중시하지 않고 결과만을 중시하는 공리주의자들의 경우에 그들의 뇌구조에서 우반구 측두두정 영역의 교란과 복내측 전전두피질의 손상을 논한다. 이 논의에서는 데니스 크렙스, 리안 영-캠프러던 팀, 조수아 그린, 영-다마시오 팀의 실험심리학적 연구성과에 의거한다.

　다윈에 입각한 인간선택적 진화의 이론구성은 꽤 복잡하다. 이 진화에는 (1)30만 년 전 중소형 동물의 수렵시대에서 거대(초대형)동물 수렵시대로의 전환, (2)25-30만 년부터 거대동물 수렵을 가능케 만들어주는 개와 말, 그리고 기타 동물의 순치와 이 동물들을 이용한 수렵, (3)인간선택 등 세 가지 계기가 결합되어야 하기 때문이다. (연모와 무기 및 선박 제작 기술의 발달은 논의 편의상 논외로 한다.) 첫 번째 조건은 거대동물의 집단적 수렵으로 개인기량의 중요성이 상대화되고 협력과 집단적 기동이 더 중요해지면서 평등주의가 관철되고 동물살코기가 풍족해지면서 인심이 좋아져 평화롭게 사는 가운데 풍부한 과잉의 고기를 타인들과 동물들에게 무작위로 나눠주면서 '보편적' 동정심이 형성된다. 이로 인해 2-3톤 이상 되는 기린·대형코뿔소·하마·거대들소 등 '초대형 초식동물'에서부터 4톤 이상의 매머드와 코끼리의 거대사촌들(마스토돈, 곰포테레), 4.5톤 매머드 크기의 거대한 땅늘보인 메가테리움, 메갈로돈(거대상어)·고래 등과 같은 수톤에서 심지어 100톤에 이르는 거대동물들이 인간의 사냥으로 (일부 고래를 제외하고) 다 멸종했다.

　두 번째 요소는 개와 말, 기타 동물과의 교류 속에서 종種초월적 공감능력이 발달하고 개의 체온을 빌려 빙하기를 통과해 살아남고 개와 말을 이용해 거대동물들을 사냥할 수 있게 해주었다. 세 번째 요소 '인간선택'의 진화는 다윈이 개념화했으나 곡식과 가축의 품종개량과 품종개발에만 적용하고 인간 자신의 진화에 적용하는 것을 잊은 진화개념이다. 이 인간선택을 인간의 진화에 적용하면 (자연선택적 진화의 소산인) 네안데르탈인 등 호모사피엔스에서 호모사피엔스사피엔스(보편적 동정심을 갖춘 현생인류)로의 진화를 ⑴·⑵ 요소들과 합쳐서 완벽하게 설명할 수 있다. 이렇게 보면, 어떤 형태의 대가도 없이 낯선 타인과 동식물에게도 친소親疎초월적·종種초월적으로 발동되는 '보편적' 동정심을 갖춘 인간은 신의 창조를 통해서 생겨난 것도 아니고, 자연선택을 통해 진화한 것도 아니고, 인간선택에 의해 진화한 것이라는 결론이 나온다.

  이를 바탕으로 제6장에서는 보편적 동정심에 기초한 인의적 정체성도덕의 진화, 행복도덕으로서의 정체성도덕의 진면목, 그리고 도덕적 유토피아를 논한다. 이어서 정체성도덕의 주도권 확립과 동시에 정체성도덕이 주도하는 대동국가(인의국가) 이념이 재론된다. 잇대서 1만 년 전 정체성도덕의 사회적 주도권 확립, 또는 "기축시대"의 "거대한 (도덕적) 변혁"을 알리는 "'도덕적 자살'(살신성인殺身成仁)"의 인류사적 의미를 논하고, 반전·평화주의가 공고하게 확립될수록 인의적 정체성도덕의 사회적·정치적 주도권이 항구화된다는 사실을 논증한다.

제1장

도덕형이상학에서 도덕과학으로

제1절
근대 자연과학과 인간과학·도덕과학의 탄생

17세기까지 서양에서 '과학(science)'이라는 용어와 개념은 수학과 논리학 분야 외의 다른 지식분야에서 사용하지 않았고, 심지어 자연지식과 자연연구에서도 사용하기를 꺼려했다. 오직 '관념들의 관계들'에 대한 엄격한 논리적 추리로 이루어지는 수학과 논리학(변증론)에 대해서만 '과학'의 자격을 부여한 반면 엄밀성과 엄정성에서 수학과 논리학에 못 미치는 자연·인간·사회에 관한 지식들에 대해서는 '과학'이라는 말 대신 '철학'이라는 용어를 사용했다. 그래서 존 로크도 수학만을 '과학'으로 보고 자연지식은 '자연철학'이라 불렀다. 로크의 절친한 벗이었던 아이작 뉴턴도 경험주의 정신에서 만유인력의 법칙을 처음으로 정식화한 1687년의 그 유명한 책에도 『자연철학의 수학적 원리(*Philosophiæ Naturalis Principia Mathematica*)』라는 제명을 붙였다.

그러나 17세기 초에 프란시스 베이컨은 경험론적 연구방법을 수립함으로써 이미 '과학 일반'을 '경험과학'으로 정의하고 이것을 자연연구에 적용해 '자연철학'을 '자연과학'으로 격상시켰었다. 그러나 17세기 당시에는 자연과학과 인간과학을 포괄하는 근대적 '과학' 개념에 대한 정확한 철학적 고구가 없었다. '과학' 개념에 대한 이런 수준의 종합적 고구는 세기 전환기에 로크·섀프츠베리·허치슨 등의 경험론적 인식이론·지성이론·감정이론·도덕이론들이 나와 누적되면서야 비로소 시작되었다.

데이비드 흄은 인간과 직결된 이런 경험론적 이론들을 '인간과학'으로 정의하고 '과학'을 자연과학과 인간과학으로 이원화하는 메타이론적 과학개념을 수립한다. 그리고 도덕이론을 인간과학의 한 분야로 귀속시킴으로써 도덕과학의 길을 열었다. 그리하여 근대과학을 '경험과학'으로 이해하고 도덕과학도 경험과학의 한 분야로 보고, 도덕과학을 인간의 본성적 도덕감정과 도덕감각에 대한 경험적 탐구에 정초하고 본성적 도덕감정 · 도덕감각에 대한 포괄적 연구서를 내놓았다. 그것이 "경험적 추론방법을 정신적(도덕적) 주제들 속으로 도입하려는 시도임 (*Being an Attempt to Introduce the Experimental Method of Reasoning into Moral Subjects*)"이라는 친절한 부제를 단 그의 주저 『인간본성론(*A Treatise of Human Nature*)』(1739-1740)의 제3권 『도덕에 관하여(*Of Morals*)』이다. 이렇게 하여 '근대적' 도덕과학이 거의 완결적으로 확립되었다.

그러나 주지하다시피 이 도덕과학은 경험과학적 인간과학에 속하고 인간과학은 다시 베이컨의 경험론과 경험과학적 자연과학의 전사前史를 가진다. 그러나 베이컨의 이 경험론적 자연과학은 중국의 경험적 과학기술론을 방법론화한 것이고 공자 인식론의 영향을 받은 것이다. 따라서 여기서의 논의는 베이컨의 경험론과 경험과학으로부터 흄의 인간과학과 도덕과학으로 접근하여 최종적으로 그 오리지널이라고 할 수 있는 공자의 인간과학과 도덕과학을 논하는 순서를 따른다.

1.1. 베이컨의 경험과학 방법론과 근대 자연과학의 탄생

인과적 증명의 명증성을 가진 자연지식에 명실상부한 '과학'의 자격과 이름을 부여하고 자연과 인간의 지식 일반과 관련된 과학이론을 전개한 사람은 미간행의 미완성 초고 「중국서간(Chinese Letters)」을 집필한 앤드류 램지(Andrew M. Ramsay, 1686-1743)였고, 그 다음은 흄이었다.[1] 그 이전에 경험과학 방법론을 이론

---

1) 그러나 "naturall sciences"이라는 말은 이미 1602년경에도 쓰이긴 했다. 참조: José de Acosta, *The Natural and Moral Histories of the East and West Indies* (London: Val. Sims, 1604), 443쪽.

화함으로써 뚜렷한 목표의식을 가지고 '자연과학'을 창시한 철학자는 프란시스 베이컨(Francis Bacon, 1561-1626)이었다. 그는 1620년 『신기관(The New Organon)』의 앞부분에서 형이상학적·신학적(주술적) 자연탐구 방법을 추방하고 "새로운 과학(new sciences)을 찾기"[2] 위해 경험적·실험적 증명의 명증성을 산출하는 경험과학 방법을 수립한다고 밝힌다. 그리고 그는 『신기관』의 끝부분에서 마침내 새로운 "자연과학"에 대한 논의를 마쳤다고 확인한다.

> 그다음 나는 그래서 자연 안에서 가장 일반적인 운동의 종류나 단순한 요소들, 욕망, 활동적 힘들을 설명했다. 그리고 이런 제목 아래 적지 않은 분량의 자연과학을 약술했다. 하지만 나는 다른 종류가 덧붙여져서는 아니 된다거나, 내가 만든 구분이 자연의 참된 혈맥에 따라 그어져서는 아니 된다거나, 더 작은 수로 줄여져서는 아니 된다고 말하려는 것이 아니다. 그럼에도 마치 누군가 물체들이 그것들의 본성의 고양이나 번식이나 결실을 욕구한다고 말하는 양 내가 여기서 어떤 추상적 구분을 말하고 있지 않다는 사실에 주목하라.[3]

베이컨은 여기서 자신이 "적지 않은 분량의 자연과학을 약술했다"고 분명히 언급하고 있다. 이 말에서 경험주의 방법론을 창시함으로써 동시에 새로운 '근대적 자연과학'을 개창하려고 한 그의 의도가 뚜렷하게 확인된다.

베이컨은 형이상학적·미신적(신학적·주술적) 자연철학을 추방하고 자연의 인식을 경험주의 방법론으로 정초함으로써 '자연철학'을 '자연과학'으로 격상시키려고 분명히 의도한 것이다. 따라서 베이컨은 새로운 과학의 조건, 근대과학의 조건으로 '경험'과 '정확성'을 강조한다. '경험'을 강조하는 것은 "단연코 최선의 증명은 경험이기"[4] 때문이고, '정확성'을 강조하는 것은 지식이 요구하기 때문이

---

2) Francis Bacon, *The New Organon* [1620] (Cambridge: Cambridge University Press, 2000), Book I, Aphorism XI: "As the sciences which we now have do not help us in finding out new works, so neither does the logic which we now have help us in finding out new sciences."
3) Bacon, *The New Organon* [1620], Book II, Aphorism XLVIII.
4) Bacon, *The New Organon*, Book I, LXX.

다. 지식의 당연한 요구는 엄정성과 정확성(rigorousness and exactness)이다. 그리하여 베이컨은 『신기관』의 「서문」 끝부분에서 이렇게 말한다.

> 누구든 자기의 감각적 관찰이나 산더미 같은 문헌전거들, 또는 (사법적 규칙의 권위와 같은 재가를 지금 획득한) 여러 형태의 증명으로부터 하나의 견해나 판단을 형성하고자 한다면, 그것을 시나브로, 또는 다른 일을 하는 중에 할 수 있을 것이라 기대하지 말고, 대상을 정확하게 알아야 한다. 우리가 기안하고 구축할 이 길을 그 자신이 조금 시도해보아야 한다. 자기의 생각들을 경험이 제시하는 사물들의 미묘함에 익숙하게 만들어야 하고, 최종적으로 상당하고 합당한 시간 안에 뿌리 깊은 정신적 악습들을 교정해야 한다. 그리고 그런 다음, 오직 그런 다음에만 (그가 원하면) 자기가 성장해서 자기 자신의 스승이 된 뒤 자기 자신의 판단을 활용하라.[5]

베이컨의 이 요구에 의하면, 자연철학은 '경험'과 '정확성'에 기초한 '경험과학'으로 올라섬으로써 '자연과학'이 되는 것이다.

그러므로 자연과학은 예비적 탐구 기법, 또는 경험지식을 최종 정리·체계화하는 기법으로 산술과 수학을 쓸 수 있지만 이 산술과 수학 때문에 '과학'이 되는 것이 아니라, 정확한 경험론적 방법 때문에 '과학'이 되는 것이다. 아인슈타인의 상대성이론도 수학공식 $E=mc^2$ 때문에 과학이론으로 대우받는 것이 아니라, 고성능 천체망원경을 사용해서 빛의 진로가 태양의 인력에 끌려 굽어지는 현상을 시각적으로 정확하게 관찰하는 데 성공함으로써야 비로소 과학이론의 지위를 얻었다. $E=mc^2$이 '과학적' 명제인 것은 이 '도발적' 고등수학 공식에 대한 확신 때문이 아니라, 고성능 관측장비와 노련한 관측수법을 투입한 엄정한 시각적 관찰경험 때문이다. 이 관철경험에 의한 증명이 있기 전에는 저 수리적 공식 $E=mc^2$도 단순한 고등수학적 계산으로 얻은 맹랑한 도발적 가설에 지나지 않았다. 한마디로, 자연철학이 '자연과학'으로 올라선 것은 수학 때문이 아니라 자연에 대한 비非경험론적(형이상학적) 철학이 경험론적 방법에 입각한 엄정한 '경험

---

5) Bacon, *The New Organon*, "Preface", 30-31쪽.

과학'으로 올라섰기 때문이었다. 환언하면, 자연철학은 '경험적 자연과학'으로 환골탈태함으로써야 비로소 '과학화'된 것이다. 자연과학은 '경험과학'으로서만 '과학'일 수 있다. 그러므로 가령 계량경제학, 계량사회학, 계량정치학, 게임이론 등은 고등수학과 통계학적 처리방법을 제 아무리 많이 활용한다고 하더라도 결정적 관찰과 실험, 그리고 누적된 경험에 의해 감각적으로 입증되지 않는다면 '과학'이 될 수 없고 흥미로운 숫자놀음으로 그치는 것이다.

베이컨의 경험주의 방법에 입각한 자연연구와 자연지식은 '경험과학'이 되었고, 이럼으로써 '자연과학'으로 격상되었다. 데이비드 흄은 베이컨의 이 경험주의 방법을 인간본성에 대한 탐구에 적용한 로크·섀프츠베리·허치슨·램지 등의 경험론적 인성人性 연구를 계승해서 경험주의 방법으로 인간본성을 연구하는 '인간과학'을 창시했다. 흄은 '인간과학'을 창시하고, 도덕철학도 인간과학에 포함시켜 인간과학의 한 부분으로 정립함으로써 도덕을 과학화하여 마침내 계시·신탁·주술과 형상학적 공리空理로부터 해방된 경험론적 '도덕과학'을 창시한 것이다. 따라서 '도덕과학'도 인간과학 일반과 마찬가지로 인간본성에 속한 도덕감정과 도덕감각을 외감과 내감의 감지적 경험과 반복적 감각판단 및 경험자료에 대한 정밀한 자기분석과 타인관찰, 그리고 엄격한 실험에 의거해 탐구하는 경험과학이다. 도덕과학은 자연과학처럼 베이컨의 경험론적 방법으로 인간의 본성(nature)을 탐구하는 까닭에만 '과학'이 되었고, 도덕이론이 도덕과학이 된 데에는 다른 이유가 없다. 그렇기 때문에 도덕과학은 수학의 활용이 전무해도 '과학'인 것이다.

■ 중국 과학기술의 서천西遷과 유럽의 격변(르네상스)

1620년에 완성된 프란시스 베이컨의 경험주의 방법론은 극동 과학기술의 서천으로 유럽의 격변과 함께 흥기한 르네상스(14-16세기)와 바로크시대(17세기)를 배경으로 성립했다. 극동아시아는 11세기 이래 18세기까지 900년 동안 과학기술과 세계경제의 중심이었다. 이 기간에 극동의 과학기술과 기술제품들은 다양한 경로로 유럽에 전해졌다. 처음에는 이탈리아를 비롯한 지중해연안 국가들이 극동의 선진적 자연과학과 기술문명의 혜택을 입었지만, 나중에는 그 혜택이 전 유럽으로 확산되었다. 극동의 눈부신 경제적 번영과 선진적 과학기술을 목도한 유럽인들의 충격적 경험 속에서 유럽의 과학기술과 경제도 점차 흥기하기 시작해 마침내 군사기술적·정치경제적 대변동을 가져왔고, 기사騎士계급의 몰락과 동시에 새로운 인쇄술로 인쇄되어 보급되기 시작한 서적이 대량 유통되고 지식인·예술가 집단이 부상하기 시작했다.

14세기부터 16세기까지 이어진 르네상스, 즉 문예부흥운동은 바로 극동의 선진적 기술과 풍요로운 경제에 의해 자극받은 유럽의 경제적 흥기를 기반으로 한 것이었다. 따라서 유럽의 르네상스운동을 이해하기 위해서는 극동의 900년 풍요와 유럽에 대한 극동 과학기술과 경제의 영향을 먼저 알지 않으면 아니 된다. 18세기까지 계속된 극동의 이 경제적·기술적 선진성을 인식하는 것은 르네상스의 흥기를 이해하는 데만이 아니라 서양 철학자들에 대한 공맹철학의 영향과 계몽주의의 기원을 이해하기 위해서도 필수적이다.

11-16세기까지 서양인들의 관심은 공자의 도덕·정치철학보다 극동의 번영하는 경제와 선진적 과학기술에 더 쏠렸다. 이 시기에 그들은 극동의 제품과 과학·기술을 가져다가 나름의 독자적 경제발전을 이룩했고, 철학적·문예적으로는 기독교철학을 벗어나지 않는 범위 안에서 그리스철학을 복고하고 아리스토텔레스주의적 기독교신학(토미즘)과 스콜라철학을 개창하고 이를 배경으로 인문주의적 문예를 소생시키는 등 르네상스운동을 일으켰다. 그러나 16세기 중반부터 중국과 극동제국의 유교적 정치문화와 국가제도가 차츰 유럽에 알려지면서부터 르네상스 정치신학과 정치철학도 백성의 자연적 자유·평등사상과 폭군방벌론을 수용하는 방향으로 발전하기 시작했다. 나아가 서양인들은 16세기 말과 17세기 초에 공맹철학과 극동 정치사상·문화·종교를 소개하기 시작했고 30년전쟁(1618-1648)이 끝난 뒤 17세기 중반부터는 더욱 본격적으로 공맹의 도덕·정치철학과 중국의 정치문화를 확산시켰다. 공맹철학과 극동문화에 대한 서양 지식인들의 이 관심 전환으로 바로 계몽주의 운동이 일어났다. 이 계몽주의운동은 철

학·문화·예술에서 종교·경제·정치에 이르기까지 포괄적이었고, 최초로 1642-1660년 청교도혁명과 크롬웰공화국, 그리고 1688-1689년 영국 명예혁명을 추동함으로써 유럽을 격동시켰다.

극동제국의 번영과 선진성에 대한 유럽인들의 뚜렷한 인식과 착잡한 심리적 반응은 17-18세기 초 영국인들의 글들 속에서 잘 나타나 있다. 로버트 마클레이(Robert Markley)는 "신세계 식민화의 이야기들이 국민적 위대성, 보편적 군주국, 기독교적 승리주의에 대한 유럽중심주의적 믿음을 강화시켰다면, 중국과 일본, 그리고 (1716년 이전의) 무굴제국 인도에서의 경험은 이 모든 이데올로기적 구조물에 근본적으로 도전했다"고 말한다.[6] 그는 또 극동의 경제적 패권과 "중국중심세계(sinocentric world) 안에서 유럽이 주변화되는 추이에 대한 불안감"과 각성은 세계무역 안에서 느껴지는 영국과 유럽의 후진성을 너무 일상적으로 상기시키는 모든 것에 의해 산출된 깊은 불안감들을 문예적 이야기 속에서 '들추면서도 동시에 감추는' 보정補整 전략을 출현시켰다고 말한다.[7] "번영과 풍요의 황금시대를 달성하려는 꿈의 장소"로서의 중국의 기능은[8] 당시 독자들에게 유럽중심적 문화관과 개인적·민족적 정체성에 대한 일련의 심각한 도전을 제기했던 것이다. 조나단 스위프트의 『걸리버 여행기』에서의 "걸리버가 일본인들과 조우한 것은 (...) 1800년까지 남아시아와 극동의 제국들에 의해 지배된 세계 안에서의 영국 경제력의 한계, 민족적 정체성과 도덕성의 한계에 대한 심각한 불안감을 표현한" 것이다.[9]

모든 문명적 영향과 변화는 선진적 과학기술과 경제로부터 시작된다. 11세기 이래 극동은 기독교에 찌든 서양의 궁핍과 반대로 눈부시게 번영했다. 오늘날에야 인정되는 사실이지만, 유럽이 중세 암흑기로부터 깨어나 르네상스 단계로

---

6) Robert Markley, *The Far East and The English Imagination, 1600-1730* (Cambridge: Cambridge University Press, 2006·2009), 3쪽.
7) Markley, *The Far East and the English Imagination*, 86쪽.
8) Markley, *The Far East and the English Imagination*, 105쪽.
9) Markley, *The Far East and the English Imagination*, 242쪽.

진입해 발전하기 시작한 것은 순전히 극동의 번영 덕택이었다. 그러나 몽고가 유럽을 침공한 12세기에야 중국은 유럽에 현실적 존재로 다가왔고, 여러 개인적 통로로 중국과의 무역이 확대되면서 유럽 상인들 사이에 널리 알려졌다. 그리고 중국의 눈부신 풍요와 발전에 대해서는 13세기 마르코 폴로(Marco Polo, 1254-1324)의 『동방견문록』을 통해서야 처음으로 유럽 지식인들에게 대중적으로 알려졌다.

- 수많은 선진적 중국 과학·기술의 서천

16세기말까지 중국은 동방에 진출한 포르투갈·스페인·이탈리아인들에게 입국을 허용하지 않았다. 그러나 16세기 중반 이후에 많은 포르투갈사람들과 스페인사람들이 포로나 죄수로서 수년씩 중국 안에서 감옥살이를 하거나 유배지에서 생활함으로써 중국의 경제적 번영과 과학기술을 접할 수 있었다. 그들은 감옥과 유배지에서 중국어를 배웠고 수많은 서신을 통해 중국 기술문명에 관해 서방에 알렸다. 또 그들은 귀국할 때 중국으로부터 수많은 과학기술 서적들을 가지고 돌아왔다.

당시 포르투갈사람들이 중국으로부터 인도로 부지런히 실어 날라 궁극적으로 유럽으로 가지고 들어온 세계최고의 비단과 양잠기술 외에도 중국 장인들의 수공업기술은 "동방 제諸민족의 대부분을 능가하고" 있었고, 장인들의 수도 엄청났다. 포르투갈사람들은 중국장인들의 뛰어난 제품들을 부지런히 유럽으로 실어 날랐다.

동아시아의 발명품과 기술들 가운데 종이와 제지술, 목활자·금속활자 및 활판인쇄술, 화약과 총포, 항해용 나침반, 주판, 지폐와 조폐술 등이 서양으로 전해져 근대적 기술로 발전한 것은 주지의 사실이다. 그리고 세계 사학자들에 의하면, 구텐베르크의 금속활자도 서양인들이 적어도 금속활자로 인쇄된 한국의 서책을 중국의 북경 등지에서 접하고 코리아의 이 금속활자를 모방하는 과정에서 리메이크식으로 개발되었다.[10] 또한 몽고 장기將棋, 즉 샤타르(Шатар)가 인도를 거쳐

---

10) 참조: 황태연, 『한국 금속활자의 실크로드』 (서울: 솔과학, 2023).

서양에 전해져 체스의 원조가 되었듯이[11] 동양의 화투도 14세기말 서양에 전해져 트럼프의 원조가 되었고,[12] 심지어 중국 도시들의 가로에서 팔던 설빙雪氷도 서양으로 전해져 아이스크림이 되었다.[13] 이 모든 것이 동서를 잇는 상인, 선교사, 여행가, 외교사절 등을 통로로 해서 유럽으로 흘러들어가 유럽 문예부흥의 물적 토대가 된 것이다.

중국의 공업기술들과 십진법계산·회계기법·계산법·주판 등 상업기술들은 11세기에 세계최고 수준으로 비약했고, 18세기까지도 유럽에 비해 현저히 앞선 상태에 있었다. 과학·기술의 발전 원천은 다양했다. 어떤 개별 문명도, 어떤 개별 국가도 이 영역을 항구적으로 지배하지 못했다. 그럼에도 불구하고 중국의 기술적 업적들은 엄청나고, 근대 이전에 가장 큰 단독적 기여였다. 중국 기술의 범위는 아무리 경탄해도 모자라지 않다. 연장 세트는 손계산기·나침반·천문지도와 항해지도만이 아니라 주판, 화덕풀무, 운하갑문 등도 포함했다. 이런 크고 작은 기술적 발명들이 14-15세기에 중국으로부터 유럽으로 쇄도해 들어갔다. 갑문閘門은 유럽에 15세기 중반에 처음 알려졌으나, 역학적 수력공학이 세련된 과학이었던 중국에서 수세기 전에 개발되어 쓰였다. 또 금속산업을 높이 발전시킨 중국인들은 철교도 건설했다.[14] 중국에는 미국에서 1859년에야 채택된 공법을 사용해 2000피트 깊이까지 도달하는 해수海水용 드릴이 있었고, 플로렌스의 베키오 다리(Ponte Vecchio)가 놓이기 700여 년 전에 강을 가로질러

---

11) 체스의 역사는 거의 1500년이 되었다고 한다. 일각에서는 그것이 6세기 이전 인도로부터 온 것으로 본다. 그러나 서양 체스는 15세기에야 오늘날과 가장 유사한 형태로 발전했다. 이것을 보면, 오늘날 체스의 직접 조상은 인도를 거쳐 전해진 중국 장기라기보다 원대 중국(1271-1368)으로부터 중앙아시아를 통해 서양으로 전해진 몽고 장기 샤타르로 보인다. 체스의 기물과 게임규칙이 중국 장기보다 샤타르에 더 가깝고, 체스가 현재 형태로 완성된 시기(15세기)가 원나라의 존속기간과 거의 합치되기 때문이다.
12) John M. Hobson, *The Eastern Origins of Western Civilization* (Cambridge·New York: Cambridge University Press, 2004·2008), 185쪽.
13) Leslie Young, "The Tao of Markets: Sima Quian and the Invisible Hand", *Pacific Economic Review* (1, 1996), 137쪽.
14) Michael Edwardes, *East-West Passage: The Travel of Ideas, Arts and Interventions between Asia and the Western World* (Cassell·London: The Camelot, 1971), 84쪽.

건설된 단동單棟 석재의 석조 아치교가 있었고, 쇠사슬 현수교는 1000여 년 전부터 실용되었다.[15] 1345년에 건설된 플로렌스의 석조 아치교와, 1741년에 나타난 유럽의 '쇠사슬' 현수교는 둘 다 중국 기술의 영향을 받았다. 쇠사슬 현수교는 16세기부터 유럽에 글과 그림으로 전해지다가 1741년에 실제로 건설된 것이다. 중국에서 610년에 최초로 건설된 석조 아치교는 지금도 건재한 호북성 조현趙縣의 영통교永通橋다. 중국 기술자들의 국제적 명성은 17-18세기까지 지속되었다. 러시아의 표트르 대제는 1675년 석조 아치교를 건설하기 위해 중국 기술자들을 불러들였다.[16]

극동의 각종 선진적 기술은 유럽으로 전파되어 유럽을 격변시켜 르네상스를 일으키게 된다. 중국 기술의 전파 통로는 동서를 연결하는 각종 무역이었다. 유럽중심주의자 윌리엄 맥닐(William H. McNeill)도 주판과 십진법에 대해 이렇게 평가한다. "다소 동질적인 조직 패턴과 기술 수준은 분명 남양 바다들을 관통하는 무역에 대해 남중국 해안으로부터 지중해에 이르는 모든 경로에서 윤활유 역할을 했다. 수치기록의 십진법과 주판의 사용은 무역성장의 현저하고 중요한 동반자였다. 온갖 계산을 용이하게 만드는 이 계산체계들의 가치는 아무리 과장해도 지나치지 않고, 오직 2300년 전에 문해력을 저렴화시킬 수 있었던 알파벳의 발명만이 이에 빗댈 수 있을 뿐이다."[17]

중국의 이런 선진적 공업기술들과 상업기술들은 유럽을 격변시키고 과학기술적·경제적 근대화에 기여한다. 맥닐은 말한다. "중국의 기술적 비밀들이 해외로 퍼져나간 만큼, 구舊세계의 다른 지역들에서, 가장 현저하게 서유럽에서 새로운 가능성들이 열렸다." 이런 기술전파의 통로는 중국의 원격상업이었다. "화약·나침반·인쇄술이 중국국경 너머의 문명사회들을 혁명화하기 전에도 (중국의) 강

---

15) 참조: Eric I. Jones, *Growth Recurring: Economic Change in World History* (Oxford: Blackwell, 1988), 73-74쪽.
16) Edwardes, *East-West Passage*, 84-85쪽.
17) William H. McNeill, *The Pursuit of Power: Technology, Armed Force, and Society since A.D. 1000* (Chicago: University of Chicago Press, 1982), 55쪽.

화된 원격상업이 시장관계의 중요성을 새로운 높이로 끌어올려 중국 국경 안에서 일어난 어떤 도약보다 더 오래가고 더 오래 지속되는 경제도약을 준비한 예비단계가 있었던 것이다."[18] 중국의 선진적 공업기술과 상업기술들은 국제적 교역로를 통해 서양으로 전파되었다.

19세기에 중국의 자리를 차고 들어오는 영국의 농업혁명과 산업혁명의 기원도 중국에 있었다. 존 홉슨은 말한다. "영국은 명석한 발명가들을 특별히 부여받은 것이 아니다." 영국인들의 재능은 새로운 것을 발명하기보다 "중국의 선진적 발명품들과 기술사상들을 자기화해 세련하는 데 있었다". 영국인들은 중국의 이 자원에 접근할 통로를 확보하고 중국으로부터 영감을 받아 영국의 정치경제와 경제이론·정치철학·예술문화를 만들어냈던 것이다.[19]

그리하여 3날 쟁기, 조파기, 키질 선풍기, 마력 제초기, 품종개량 기술 등 중국의 온갖 농기구와 농업기술이 영국으로 물밀처럼 쇄도해 들어가 농업혁명을 일으키고, 수력 풀무, 왕충의 증기기관, 송풍 용광로, 면사기술, 제련기술 등 중국의 온갖 산업기술들이 영국의 산업혁명에 불을 댕기게 된다.[20] 중국의 모든 것이 15-16세기부터 300여 년 동안 줄곧 유럽으로 흘러들어 갔던 것이다.

중국은 서양에 큰 기술적 영향을 미친 도구와 기계를 많이 만들어 사용하고 있었다. 능률적 마구, 강철기술공학, 기계공학적(mechanic) 시계, 동력전달벨트·전동 체인 및 회전운동을 직선운동으로 바꾸는 운동전환방법 등과 같은 기본적 기계장치들, 활꼴아치 가교, 선미타법船尾舵法과 같은 항해술 등이 중국에서 유럽으로 전해졌다.[21] 또한 르네상스 이후 근대기술 속으로 편입된 중국기술들도

---

18) McNeill, *The Pursuit of Power*, 50쪽.
19) Hobson, *The Eastern Origins of Western Civilization*, 194쪽.
20) 참조: Hobson, *The Eastern Origins of Western Civilization*, 207-218쪽. 증기기관은 고대그리스에서도 개발되어 분수대 등 비생산적 영역으로 사용되었고, 이 증기기관의 설계도는 이집트의 알렉산드리아도서관에 현재까지 보존되어 있다고 한다. 따라서 영국의 증기기관이 왕충의 증기기관 설계도의 실현인지, 고대그리스 증기기관의 재현인지는 고찰이 더 필요하다.
21) Joseph Needham, "Science and China's Influence on the World", 237-238쪽, passim. Raymond Dawson (ed.), *The Legacy of China* (Oxford·London·New York: Oxford University Press, 1964·1971). 그러나 '기계식 시계'가 중국에서 유럽으로 전해졌다는 니덤의 주장에 대해서는

있다. 중국의 외륜선(paddle-wheel boat), 차동差動기어, 합금용해 제철공법, 주철 산소처리공법 등이 그것들이다.[22]

- 중국 종두법·지진계·종이·인쇄술·화약·나침반의 서천

그밖에도 유럽으로 전해진 경로를 정확히 추적할 수는 없지만 우리가 관심을 갖지 않을 수 없는 선진적 기술들이 중국에서 고안되었다. 이 가운데 중국에서 개발된 사상 초유의 면역의술이 뒤늦게(18세기말 또는 19세기 초) 유럽에 영향을 끼쳤다. 제너 종두법의 전신인 인두접종(variolation)은 이미 16세기 초 이래 중국에서 시술되고 있었다. 11세기 이래의 전언에 의하면, 이 중국의 종두법은 사람의 콧속에 천연두 농포의 극소량을 주입하는 방법이었다. 중국 의사들은 점차 안전성을 높이기 위해 바이러스를 희석시키는 방법들을 개발했다. 근대 면역학의 기원은 전반적으로 중세 중국의 의학사상에 기초한 한의사漢醫師들의 시술경험에 있었다.[23]

한편, 지진계는 중국에서 2세기부터 사용되었다. 그러나 유럽인들은 오랫동안 지진계를 몰랐다. 2세기 이래 500년 동안 사용되어오던 중국의 지진계는 1700년대쯤 유럽으로 서천西遷한 것으로 보인다.[24]

만만찮은 반론이 나왔다. 데이비드 랜즈는 니덤의 이 확신을 "환상"으로 조소한다. David S. Landes, *Revolution in Time: Clocks and the Making of the Modern World* (Cambridge[MASS.]: The Bellknap Press of Harvard University Press, 1983), 23쪽. Jones, *Growth Recurring*, 73쪽에서 재인용. 그러나 1655-1657년 중국을 방문·체류한 네덜란드특사 존 니우호프는 1665년에 출간한 중국방문 보고서에서 "중국인들은 하루의 시간을 바퀴를 가진 우리의 시계와 같은 어떤 것으로 아는 몇 가지 다른 종류의 도구들을 가지고 있는데, 그것은 물레방아의 바퀴를 물로 돌리듯이 모래로 돌리도록 만들어져 있다"고 쓰고 있다. John Nieuhoff, *An Embassy from the East-Indian Company of the United Provinces to the Grand Tatar Cham, Emperour of China, delivered by their Excellencies Peter de Goyer and Jakob de Keyzer, At his Imperial City of Peking* [1665] (London: Printed by John Mocock, for the Author, 1669), 166쪽. 따라서 랜즈의 '조소'는 빗나간 것일 수 있다.

22) Needham, "Science and China's Influence on the World", 239-240쪽.
23) Needham, "Science and China's Influence on the World", 238쪽.
24) Needham, "Science and China's Influence on the World", 238-239쪽.

한편, 중국인들은 850년경에 화약을 발명했다.[25] 원나라시대 중국으로부터 유럽에 들어온 이 화약과 각종 화기는 서양의 봉건체제를 송두리째 파괴하고 뒤흔들었다. 고대그리스·로마와 중세시대 유럽인들은 화약을 알지 못했다. 13세기말 또는 14세기 초에 유럽에 들어와 확산되기 시작한 화약과 화기는 유럽 봉건세력의 성채와 보루를 일거에 무너뜨리고 유럽의 사회분위기를 자유화함으로써 상대적으로 지식인 집단의 부상을 가져왔다. 이를 배경으로 자유로운 지식욕과 창작욕이 크게 활성화되었다.

여기에 중국에서 전해진 제지술과 활판인쇄술은 서적 출판을 가속화·대량화하고 서적 가격을 떨어뜨려 새로운 집필·출판문화의 물결을 일으키고 지식의 유통량과 전파력을 증가시켰다. 칭기즈칸이 서방을 정복한 13세기 당시에 중국의 목판인쇄술은 최고의 정점에 달해 있었다. 이 시기에 중국의 이 목판인쇄술이 유럽에 전파되었다. 구텐베르크가 코리아의 금속활자를 복제해 금속활자를 '다시 발명하기' 훨씬 전인 14세기부터 목판인쇄술이 유럽에서 문예를 부흥시키는 데 쓰인 것이다.

중국에서 들어온 나침반은 대양항해의 길을 타개해서 지리상의 발견을 가능케 한 결정적 도구였다. 유럽인들은 항해용 나침반에 대해 비로소 서적에서 읽고 알았다. 나침반은 12세기말 또는 13세기 초에 중국으로부터 아라비아를 거쳐 서천西遷했다. 그러고 나서야 비로소 유럽인들은 대양大洋을 항해할 수 있었고 이를 통해 원격무역과 지리상의 발견을 이룩했다. 이때부터 전 세계 물산이 유럽으로 물밀듯이 들어올 수 있었고, 이로부터 유럽의 국제무역과 자본축적이 이루어져 유럽인들의 물질적 생활수준이 향상되기 시작했다.

여기에 주판과 지폐 및 조폐술이 중국으로부터 도입된 것은 상품과 화폐의 회계를 빠르게 하고 경제적 유통을 활성화시켜 유럽의 경제력을 비약적으로 발전시켰다. 서양에는 3-4세기경에 제작된 것으로 추정되는 금속제 및 대리석제

---

[25] Joseph Needham · Ho Ping Yü · Lu Gwei-Djen · Wang Ling, *Science and Civilization in China*, Vol. (7): *Military Technology: Gunpowder Epic* (Cambridge: Cambridge University Press, 1986), 111-117쪽.

주판 유물이 남아 있지만, 중국의 주판은 2세기말까지 거슬러 올라간다. 유물로 남아있는 유럽의 주판이 이처럼 금속제나 석제石製이고 3-4세기 이후에 더 발전되거나 사용된 흔적이 없는 반면, 중국의 목제木製주판은 15-16세기까지도 거듭 개량되며 지속적으로 사용되었다.[26] 유럽은 오랫동안 이처럼 발전된 주판을 알지 못했고, 목제주판도 알지 못했다.[27] 그러므로 중국 주판은 중국과 별도로 복식부기를 (재)발명한 이탈리아 상업계와 금융계에서 유용한 기구로 활용되었고, 유럽의 다른 지역으로도 퍼져나갔다. 이런 배경에서 13-14세기 유럽에서 유럽 상업을 대약진시킨 "상업혁명"이[28] 벌어진 것이다. 11세기 송대 중국의 상업혁명에 비하면 200-300년 뒤의 사변이었다.

상론했듯이 지폐는 중국에서 세계 최초로 9세기경 신용화폐로 등장해 10세기 초에 교환수단으로 통용되기 시작했다. 1161년 중국정부는 연간 1000만 장의 지폐를 발행했다.[29] 14-15세기 유럽 지식인이라면 누구나 한 권씩 가지고 있었다는 『동방견문록』에서 마르코 폴로는 중국 조폐창의 조폐 과정과 인쇄된 지폐의 광범한 유통에서 받은 감명 깊은 인상을 기술하고 있다.[30] 중국의 지폐는 이 책을 통해 유럽에 일찍부터 알려졌으나, 지폐의 경제적 역할은 '30년 종교전쟁'으로 만신창이가 된 국가들과 군주들의 낮은 신용도로 인해 매우 지연되었다. 이 때문에 다른 중국기술들과 달리 지폐와 조폐술은 계몽주의시대에 가서야 일정한 역할을 하기 시작했다. 유럽에서는 프랑스가 1715년 처음 지폐를 발행했고, 영국은 1797년에야 발행했다.[31]

서양인들은 극동의 기술문명이 유럽에 전파되어 엄청난 변혁을 일으키고 있었

---

26) 조셉 니덤(김영식·김제란 역), 『중국의 과학과 문명』 (서울: 까치, 1998), 축약본2, 45-46쪽.
27) Jack Goody, *The East in the West* (New York: Cambridge University Press, 1996), 76쪽.
28) Raymond de Roover, "The Commercial Revolution of the Thirteenth Century", *Bulletin of the Business Historical Society* 16 (1948).
29) Hobson, *The Eastern Origins of Western Civilization*, 54쪽.
30) Marco Polo (Ronald Latham, trans.), *The Travels of Marco Polo* (London: Penguin Books, 1958), 147-148쪽. 마르코 폴로(김호동 역주), 『동방견문록』 (파주: 사계절, 2000·2017), 96장 (271-272쪽).
31) 참조: Hobson, *The Eastern Origins of Western Civilization*, 54쪽.

음에도 오랜 세월 그 기술의 출처가 극동인지를 아는 사람은 많지 않았다. 그러나 16세기말 몽테뉴(Michel de Montaigne, 1533-1592)는 화포·화약·인쇄술이 이미 1000년 전부터 중국에서 사용되고 있었다는 것을 알고 있었다. "우리는 대포와 인쇄술의 발명이라는 위력적 사업을 하고 있는데, 이 기술들을 세계의 다른 끝인 중국에 사는, 다른 사람들은 1000년 전에 가지고 있었다."[32] 또 이탈리아인 캄파넬라(Tommaso Campanella)도 1602년 『태양의 나라(La città del Sole)』에서 이 사실을 다시 확인한다. "나는 대포와 활판인쇄술이 우리가 중국인들을 알기 전에 중국인들에 의해 발명되었다고 배웠다."[33]

그러나 1620년 베이컨(Francis Bacon, 1561-1626)은 『신기관』에서 인쇄술·화약·나침반의 혁명적 역할을 격찬하면서도 이 세 가지 기술의 '기원'을 정확히 지목하지 않았다.[34] (그러나 베이컨은 곧 이 세 가지 기술이 모두 중국산이라는 것을 확실히 알게 된다.) 놀라운 것은 베이컨의 『신기관』이 출간된 지 130여 년이 흐른 뒤인 1756년, 공자와 중국을 그토록 좋아했던 볼테르마저 중국이 '화포'와 '항해용 나침반'을 발명했고 나중에 이것들이 서구로 전해졌다는 사실을 몰랐다는 것이다.[35] 저 세 가지 기술에 대한 찬탄에도 불구하고 그 기원에 대한 유럽인들의 '더할 나위 없는' 무지는 20세기 중반까지도 계속되었다.[36]

14세기 말에서 16세기에 걸친 250년 동안의 르네상스, 즉 문예부흥이란 기독교적 중세봉건체제를 뚫고 자유로운 지식, 저술, 문예, 출판을 추구하고 지리상의 발견을 통한 지리지식의 확대와 축적을 이룬 유럽 차원의 큰 변화를 가리킨다.

---

32) Montaigne, "Of Coaches", 420쪽. *The Complete Works of Michael de Montaigne, comprizing The Essays* [1571-1592] etc. ed. by W. Hazlitt (London: John Templeman, 1842).
33) Tommaso Campanella, *City of the Sun* [1602], 281쪽: "I learned that cannon and typography were invented by the Chinese before we knew of them." Charles M. Andrews, *Ideal Empires and Republics: Rousseau's Social Contract, More's Utopia, Bacon's New Atlantis, Campanella's City of the Sun* (Washington · London: M. Walter Dunne, 1901).
34) Bacon, *The New Organon*, Book I, CXXIX(129).
35) 참조: Voltaire, *Ancient and Modern History* (Essai sur les moeurs et l'esprit des nations [1756]), Vol. I in seven volumes, 27-28쪽. *The Works of Voltaire*, in forty three volumes, Vol. XXIV (Akron[Ohio]: The Werner Company, 1906).
36) Needham, "Science and China's Influence on the World", 242-244쪽.

따라서 무엇보다도 지식인들의 문예활동을 억누르고 있는 봉건성채와 봉건적 기사계급의 힘과 권위가 먼저 결정적으로 훼손되지 않았다면 자유로운 지식·저술·출판은 생각할 수 없었을 것이다.

결론적으로, 유럽인들은 18세기까지 과거에 지리상의 발견, 혈액순환의 발견 등 '발견'한 것은 있었지만 독자적으로 '발명'한 과학기술은 거의 없었다. 18세기 이전에 유럽인들이 이룬 유일한 독창적 혁신은 아르키메데스의 나사와 크랭크샤프트, 그리고 알코올정유법뿐이었다.[37]

– 극동 자연과학의 서천과 유럽 근대과학의 흥기

기술적 발명 외에 중국의 이론적 과학사상도 르네상스 동안 내내 그리고 18세기를 관통해서 그치지 않고 유럽으로 흘러들어가 근대과학의 탄생에 막대한 영향을 미쳤다. 기계역학·동학·천체물리학·일반물리학이 근대적 형태로 생성되던 근대과학의 태동기에는 고대그리스의 과학과 유클리드 기하학의 기여가 가장 컸다. 하지만 고대 서구인들은 전혀 '실험'을 하지 않았고, 따라서 도대체 '경험과학'이라는 것을 몰랐다.

갈릴레오처럼 근대적 실험과학으로 '돌파'한 것은 극동의 기여가 결정적이었다. 왜냐하면 중국의 대수학과 기본적 명수법命數法, 그리고 수 개념, 중국의 '제로' 개념, 중국의 십진법과 자릿수, 분류법 등 산술적 계산법 외에도 중국은 자력磁力 현상의 모든 기본지식을 서양에 전했다. 이 연구 분야는 그리스물리학이 개발한 분야와 근본적으로 다른 것이었다.

중국의 자력이론은 영국의 자기물리학자 길버트(William Gilbert, 1544-1603)와 독일의 케플러(Johannes Kepler, 1571-1630)에 의해 수용되어 태동단계의 근대과학에 결정적 영향을 미쳤다.[38] 자기磁氣역학은 실로 근대과학의 본질적 부분이다. 나침반에 대한 중세의 가장 위대한 학도인 피터 마리코트(Peter Peregrinus of

---

37) Hobson, *The Eastern Origins of Western Civilization*, 60-61쪽 참조.
38) Needham, "Science and China's Influence on the World", 236-237쪽.

Maricourt)의 아이디어나 자력의 우주적 역할에 관한 길버트와 케플러의 아이디어는 모두 중국으로부터 온 것이다. 길버트는 모든 천체운동의 원인을 천체의 자력으로 보았고, 케플러도 중력을 자력과 같은 것으로 생각했다. 지상으로 낙하하는 물체들의 중력은 지구가 거대한 자석처럼 사물들을 자신에게로 끌어당기고 있다는 개념으로 설명되었다. 중력과 자력 간의 평행이론은 뉴턴(Isaac Newton, 1642-1727)이 정식화한 만유인력의 법칙을 위한 이론적 준비에 결정적으로 중요한 부분이 되었다. 뉴턴의 종합적 정식에서 공리公理인 중력은 자력이 아무런 확실한 매개도 없이 우주를 가로질러 작용하는 것과 똑같이 모든 공간을 가로질러 확산되는 것으로 기술된다. 이와 같이 고대 중국인들이 전개한 "이격 상태에서의 작용의 이론"은 길버트와 케플러가 뉴턴의 출현을 준비하는 과정에서 아주 중요한 부분이었던 것이다.[39]

16세기말까지 중국 천문학은 유럽 천문학을 능가했다. 따라서 중국의 선진적 천문학은 물이 낮은 데로 흐르듯이 자연스럽게 유럽으로 흘러들었다. 알레산드로 발리냐노(Alessandro Valignano)와 두아르테 데 산데(Duarte de Sande) 신부는 1590년 대화체로 쓴 공저 『로마교황청에 대한 일본사절단』(1590)에서 이런 천문학 서천에 관해 이렇게 기록하고 있다.

(마이클이라는 사람이 말한다 – 인용자) 나는 어떤 중국인들이 (비록 흔치 않을지라도) 집필과 출판에 넘길 수 있을 정도의 굉장한 천문학 지식을 가지고 있었고, 새 달이 출현할 매달의 날짜를 정확하고 적중하게 산출해냈다는 사실을 빼먹을 수 없다. 일식과 월식도 정확하게 예견된다. 그리고 우리가 이런 것들에 관해 가지고 있는 무슨 지식이든 그들로부터 빌려온 것이다. (이에 대해 레오라는 사람은 말한다 – 인용자) 우리는 그것을 솔직하게 인정한다. 왜냐하면 그 기술을 취급하는 우리의 서적들이 대부분 중국 한문으로 쓰여 있기 때문이다.[40]

---

39) Needham, "Science and China's Influence on the World", 255쪽.
40) Anonym(Alessandro Valignano & Duarte de Sande), *Japanese Travellers in Sixteenth-Century Europe: A Dialogue Concerning the Mission of the Japanese Ambassador to the Roman Curia* [1590], edited and annotated with introduction by Derek Massarella, translated by J. F. Moran

또한 발리냐노와 산데는 여러 가지 과학기술적 관점에서 유럽이 중국에 큰 빚을 지고 있다고 실토했다.[41]

16세기 당시 적지 않은 포르투갈·스페인사람들은 중국어와 한문을 배워 알고 있었고, 또한 그들은 필리핀·인도·이베리아 본토에서 상당수의 중국인 통역사들을 고용하고 있었다. 따라서 당시 포르투갈·스페인사람들의 한문 독해능력에는 큰 지장이 없었다. 당시 포르투갈·스페인·이탈리아 사람들이 보유한 모든 천문학 지식이 중국에서 왔고 그들이 보유한 천문학 서적이 대부분 한문으로 쓰인 것들이었다는 사실, 그리고 유럽의 학술지식과 자연지식의 "굉장히 많은 양"이 '중국산'이라는 사실에 대한 발리냐노와 산데 신부의 위 언급들은 바로 중국 천문학과 기타 기술들이 유럽으로 전해진 당시의 '경로'를 말해주는 결정적 기록사료다.

이렇게 전해진 천문학과 천문관찰 기법은 바로 유럽에서 큰 반향을 일으키며 변화·발전했다. 가령 16세기말 덴마크 천문학자 튀코 브라헤(Tycho Brahe, 1546-1601)가 채택한 중국 천구좌표와 같이 유럽인들이 수용한 중국의 실용천문학은 근대 천문학의 발전에 결정적 자극을 주었다.[42] 여러 아랍 천문학 서적을 읽었던 브라헤는 중국인들로부터 망원경에 대한 적도식 설치(equatorial mounting)만이 아니라, 천체에서 별들의 위치를 측정하는 기법도 배웠다. 적도좌표를 쓰는 중국식 기법은 그리스인들이 쓰던 방법과 근본적으로 달랐고, 이 중국식 기법은 오늘날도 천문학자들이 쓰고 있다.[43]

또한 중국의 천체우주론도 유럽의 과학 마인드에 직접 자극을 가한 과학이론이다. 중국의 '무한한 허공'으로서의 우주의 개념은 중세 유럽인들이 견지한 '수정水晶으로 된 단단한 천체'의 관념을 분쇄하고 갈릴레오 시대 이후 유럽의 우주론을 석권했다.[44] 16세기 말경 동일한 사상을 대변한 유럽인들은 반드시 이것이

(London: Ashgate Publishing Ltd. for The Hakluyt Society, 2012), 426쪽.
41) Valignano and Sande, *Japanese Travellers in Sixteenth-Century Europe*, 439쪽.
42) Needham, "Science and China's Influence on the World", 237쪽.
43) Edwardes, *East-West Passage*, 95쪽.
44) Needham, "Science and China's Influence on the World", 238-239쪽.

'중국산'인지를 알지 못했을지라도 새로운 우주체계의 타당성을 인정한 것으로 보인다.

중국의 과학사상을 가공함으로써 근대과학을 발전시킨 다른 사례는 18세기 물리학의 파동이론이다. 그리고 중국인들의 2000년 천문관측기록은 특히 펄서(pulsar; 전파천체)의 경우에 서양 천문학자들에게 오늘날까지도 유용한 것으로 입증되고 있다.[45] 그리고 근대 전파천문학은 신성新星과 초신성에 관한 고대와 중세 중국인들의 관찰기록을 활용함으로써 가능했다.[46]

■ 중국 과학기술에 대한 베이컨의 집중적 관심과 인식

1590년 발리냐노와 산데 신부는 중국 과학기술의 선진성과 유럽 과학기술의 발전에 대한 중국의 기여를 공개적으로 인정했다.

> (천문학 외의) 다른 것들에 관해서도 학예지식과 자연지식(knowledge of letters and nature)의 관점에서, 그리고 우리에게 상품으로 전해진 우리의 삶에 유용한 다른 물건들의 관점에서도 우리가 중국제국에 굉장히 많이 빚지고 있다는 것은 부인할 수 없다.[47]

중국 과학기술의 선진성에 대한 이런 인정은 100년 뒤에도 그대로 이어진다. 고트프리트 라이프니츠는 1689년 그리말디(Claudio Filippo Grimaldi) 신부에게 보낸 한 서신에서 이렇게 말한다.

> 우리도 당신을 통해, 오랜 관찰에 의해 알려진 자연의 다양한 비밀들에 관해서 중국인들의 은혜를 입고 있습니다. 수학은 지성의 이론적 고구에 더 많이 의거하지만, 자연학(물리화학)은 실천적 관찰에 더 많이 의거하기 때문입니다. 수학에서는

---

45) Edwardes, *East-West Passage*, 95쪽.
46) Needham, "Science and China's Influence on the World", 238-239쪽.
47) Valignano and Sande, *Japanese Travellers in Sixteenth-Century Europe*, 439쪽.

유럽이 뛰어나지만 실천적 경험에서는 중국인들이 우월한 사람들입니다. 수천 년 이래 번영한 중국인들의 나라에는 유럽에서 민족이동으로 인해 대부분 망실된 고대인들의 전통이 그대로 보존되어 있기 때문입니다.[48]

라이프니츠는 중국의 자연학(물리·화학·의학)과 과학기술을 경험관찰에 기초한 경험적 과학·기술로 규정하고 있다.

그리고 1721년 크리스티안 볼프도 공자와 중국의 학문방법을 경험적 방법으로 규정하고 이 경험적·후험적 방법을 자기의 선험적 방법과 통합할 것을 논한 바 있다.

중국인들은 말하자면 배타적으로 다른 사람에게 말로 전달할 수 없는 명백한(klar) 개념들을 자유로이 활용했다. 그러므로 동일한 개념들을 자유로이 활용하는 사람만이 그 개념들의 의미를 인식할 수 있다. 공자는 자신의 제자들이 이 개념들을 습득(習得)하도록 '실행'을 '신사(愼思)'와 결합시키도록 했다. 이것은 말하자면, 단지 명백한 개념들에만 도달할 수 있을 뿐이고 판명한(deutlich) 개념에는 도달할 수 없는 길이다. 그러나 공자가 자기 제자들과 후험적으로 통찰한 많은 것을 나처럼 판명한 개념을 위해 힘쓰는 사람은 일반적 개념들과 정신의 성상으로부터 선험적으로 도출한다. 그럼에도 불구하고, 개념들을 확증하기 위해서만이 아니라, 이 개념들을 확장하기 위해서도, 그리고 기본 개념들을 찾기 위해서도 공자의 실험적 방법이 이 선험적 도출과 결합되지 않으면 아니 된다.[49]

1590년부터 1721년까지 발리냐노와 산데, 라이프니츠, 볼프가 줄곧 인정한 바와 같이 베이컨도 중국의 경험과학과 공학기술의 우위성과 선진성을 십분

---

48) Gottfried W. Leibniz, "Leibniz an Claudio Filippo Grimaldi"(19. Juli 1689). Georg(sic!) W. Leibniz, *Novissima Sinica - Das Neueste von China* [1697] (Köln: Deutsche China-Gesellschaft, 1979), 84쪽.

49) Christian Wolff, *Oratio de Sinarum philosophea pratica* [1721·1726] - *Rede über die praktische Philosophie der Chinesen. Lateinisch-Deutsch*. Übersetzt, eingeleitet und herausgegeben von Michael Albrecht (Hamburg: Felix Meiner Verlag, 1985), Anmerkung 136.

인식하고 인정했다. 그는 이뿐만 아니라 중국의 과학기술이 유럽에서 일으킨 혁명적 변화에 대해서까지 인정했다.

베이컨은 이런 중국 경험적 과학기술과 이에 기초한 서구 과학기술의 발전을 배경으로 경험주의 방법론을 이론화·창시함으로써 '근대과학'의 문을 열었다. 그런데도 흔히 사람들은 베이컨의 이 경험주의 방법론을 전통적 서양철학에 바탕을 두고 개발된 방법론으로 오인한다. 그러나 오늘날 베이컨의 철학을 정밀하게 연구한 학자들은 그의 저작들이 모두 다 중국의 과학기술과 정치문화의 영향 아래 쓰인 것으로 입증해냈다. 중국의 경험과학·기술과 유교문화는 유럽에서 경험주의 인식론 철학의 신작로를 타개하고 과학기술의 발전과 인류보편적 선차성을 설파한 『학문의 진보』(1605), 『신기관』(1620), 『뉴아틀란티스』(1627) 등에도 예외 없이 '본질구성적(constitutive) 영향'을 끼친 것이다.[50]

프란시스 베이컨은 수많은 서적과 보고서, 중국인들과 접촉한 선원들과의 담화와 구전을 통해 중국의 경험과학과 기술을 잘 알고 있었다. 베이컨은 당대 영국에서 가용한 중국학 지식을 정열적으로 흡수했고, 중국과 중국인들, 그리고 중국기술들에 대한 수많은 언급을 남겨놓고 있다. 베이컨의 중국지식은 단순한 상상이나 수사적 제스처 수준이 아니라 아주 진지하고 엄청났다.

– 베이컨의 중국 한자 연구

중국과 한자漢字, 그리고 중국 과학기술에 대한 베이컨의 명제들은 당대의 정통적 지성들과 대등한 수준의 진지한 주장들이었다. 중국 관련 주장들은 특히 베이컨의 언어철학과 중국의 "진짜 부호문자"에 대한 그의 독해에 대한 당대 비평에서 중요한 함의를 갖는다. 나아가 그의 흩어진 어록들을 모아놓을 때 생겨나는 중국의 아지랑이 같은 영상은 『뉴아틀란티스』에서 선보이고 있는,

---

50) 이 베이컨 분석은 황태연의 『공자철학과 서구 계몽주의의 기원』(파주: 청계, 2019)과 『근대 영국의 공자 숭배와 모럴리스트들』(서울: 한국문화사, 2020·2023)의 베이컨 논의를 대폭 손질한 것이다.

그리고 베이컨의 철학 프로그램 전체 안에서 중심적 위치를 차지하는 '사이언토크라트적(scientocratic)' 이상국가 비전에 명백한 모델을 제공하고 있다.51) 심지어 그의 『뉴아틀란티스』(1627)도 중국인들의 과학기술 입국立國과 창조적 발명능력을 암암리에 그대로 모방한 것이다.

중국에 대한 베이컨의 초기 관심은 '한자'에 집중되었다. 그는 1605년 『학문의 진보』에서 중국한자를 "진짜 부호문자"로 규정한다.

> 중국과 더 먼 동쪽 지방에서 사람들이 글이나 단어(nec literas, nec verba)가 아니라 사물과 개념들(res & notion)을 표현하기 위해 오늘날 명목적이지 않은 일정한 진짜 부호문자들(characterses quidam reales, non nominales)을 사용하고 있다는 것은 지금 잘 알려져 있다. 수많은 민족들이 상당히 다른 언어들을 쓸지라도 이 부호문자를 사용하는 데 동의해서 필답과 글로 상호소통을 가질 정도다. 그리하여 이 부호문자로 쓰인 책은 각 민족에 의해 각 민족의 고유한 언어로 읽히고 번역된다.52)

베이컨이 이론화한 '진짜 부호문지(real character)' 개념을 한자에 적용해 가장 명확하게 기술한 이 구절은 베이컨 언어철학의 요체가 되었다. 중국 한자에 대한 베이컨의 이 묘사는 결코 거짓 주장이거나 당혹시키는 경멸이 아니라, "자신의 복잡하고 박식한 중국지식에 뿌리박은 진지한 논변"이었다.53)

중국에 대한 베이컨의 자각적 · 의식적 관심과 지식은 그의 언어철학과 『뉴아틀란티스』의 핵심이 되는 유토피아적 비전과의 관계에서 광범한 함의를 가지는 것이다. 중국에 대해 늘 깨어있는 의식적 지식과 중국에 관한 그의 부수적 글들은 중국의 발명과 기술들을 그가 구성하는 학문의 대역사 속으로 통합할 필요성을 인정하는 "지식의 부흥"을 위한 일종의 전지구적 천명天命을 함의한다. 베이컨은

---

51) 참조: Jonathan E. Lux, "'Character reall': Francis Bacon, China and the Entanglements of Curiosity", *Renaissance Studies*, Vol. 29, Issue 2 (April 2015).

52) Francis Bacon, *The Advancement of Learning* [1605], edited by Joseph Devey (New York: Press of P. F. Collier & Son, 1901), 248-249쪽.

53) Lux, "'Character reall': Francis Bacon, China and the Entanglements of Curiosity", 184쪽.

"자연 세계를 문서화하는", 그의 표현을 쓰면 "신의 작품들의 책"을 옮겨 쓰는 "보다 객관적인 부호(기표)"를 요구했다. 이 부호체계의 창조에서의 결정적 벽돌, 즉 '진짜 부호문자'는 직접적인 시각적 시냅스나 청음聽音에 종속된 기표記標와 기의記意 간의 연관들을 드러내 보이는 그래픽 현상이다. 기표와 기의는 말이나 문서라기보다 "상징" 또는 "표상"의 존재론적 제목 아래 끼워 넣어진다. 베이컨에게 상징은 "지성적 생각"을 "감각적 이미지(心象)"로 환원한 "사물들의 닮은꼴과 비유"를 드러낼 수 있다. 그러므로 '진짜' 부호문자에 기초한 글자 기표체계는 관념들의 세계를 쉽사리 시각적으로 볼 수 있게 만들어 준다.[54]

베이컨은 입말 언어와 결별한 부호체계, 즉 '진짜' 부호문자가 지식의 질적 개선을 제공할 수 있을 것이라는 희망을 품었다. 베이컨의 진짜 부호문자는 상상적 도피의 고안물이 아니라, 세계의 먼 곳에서 쓰이고 있다고 믿을 충분한 이유가 있는 하나의 '기술'이었다. 베이컨이 '진짜 부호문자'를 언급하기 직전의 정황을 면밀하게 살펴보면, 중국 한자의 모범적 중요성이 부각되어 나온다.

'진짜 부호문자'에 관한 기술을 출판한 1605년 직전까지 여러 해에 걸쳐 런던에서 중국과 중국어에 대한 구체적 지식정보들이 조용히 보급되고 유통되었다. 1603년 9월 11일 중국인들을 만나보고 온 250여명의 영국인들이 런던으로 귀환했다. 1600-1610년대 중국은 명말 중국이었다. 이 영국인들은 '동인도 무역을 하는 런던상인들의 회사'와의 계약 하에 제임스 랭커스터(James Lancaster, 1554-1618) 선장이 이끈 첫 항해의 생존자들이었다. 랭커스터 선단은 후추보다 많은 것들을 가지고 돌아왔다. 그들은 중국인들이 후추무역을 주름잡고 있어서 한자가 통상적으로 쓰이는 바타비아(자카르타)에서 무역한 경험을 상기시켰다. 이 항해 직후 중국에 대한 새로운 관심을 불러일으키는 여러 사건들이 런던에서 벌어졌다. 이 중 몇 건은 고도로 시각적이었고, 또 정치적으로 중요한 맥락에서 전개되었다.[55]

---

54) Lux, "'Character reall': Francis Bacon, China and the Entanglements of Curiosity", 184-185쪽.
55) Lux, "'Character reall': Francis Bacon, China and the Entanglements of Curiosity", 186쪽.

시각적 사건으로는 『중국 마술사의 가면』이 1604년 신년 첫날 햄프턴 궁에서 공연된 일이었다. 또한 영국에 중국서책들이 반입되었다. 1604년 초 옥스퍼드대학교의 중심 도서관인 보들리언 도서관의 중국 수집관은 이미 사서四書 몇 권과 『맹자』의 일부를 구해서 소장하고 있었다. 베이컨의 『학문의 진보』(1605)가 나오기 전에 적어도 한 질의 중국 서적이 영국에 들어왔다. 또 『수호전』도 들어왔다. 베이컨이 이 고조되는 사회적·문헌적 의식의 네트워크에 대해 무엇을 알았는지 확실히 말할 수 없지만, 그는 런던 거주자였고, 1602년 보들리언 도서관을 세운 토마스 보들레이(Thomas Bodley, 1545-1613)와 서신을 주고받는 친구로서만이 아니라, 보들레이·왕비·기타 대귀족들에 대한 정보제공자로서도 이 사건들을 알수 있는 좋은 입지에 있었다. 또한 20여 년 전부터 유럽대륙에서 중국 관련 서적들이 출판되는 흐름은 '진짜 부호문자'에 관한 그의 글에 직접적 영향을 미쳤을 것으로 추정된다.[56)]

1604년 런던에서 영역·출판된 호세 데 아코스타(José de Acosta)의 『인도의 자연과 도덕의 역사(Hostoria natural y Moral de las Indias)』의 영역본은 "중국인이 쓰는 글자와 책들의 모양에 대하여. 제5장(Of the fashion of Letters, and Bookes the Chinois used. CHAP. 5)"이라는 소제목 아래 중국한자에 대해 상론하고 있다.[57)] 아코스타는

---

56) Lux, "'Character reall': Francis Bacon, China and the Entanglements of Curiosity", 186-187쪽.
57) Acosta, *The Natural and Moral Histories of the East and West Indies*, 440쪽: "중국인들이 사용하는 글씨(writings)가 우리가 유럽에서 쓰는 글씨처럼 글자들(letters)이고, 우리가 그 글자로 단어와 담화를 써도 되며, 이 글자들이 희랍글자가 라틴글자와 다르고 히브리글자가 찰디글자(the Chaldees)와 다른 것처럼 단지 부호의 상이성에서만 우리의 글자와 서법과 다르다고 생각하는 사람들이 많고, 또 이것은 가장 흔한 견해다. 그러나 그것은 그렇지 않다. 왜냐하면 중국인들은 알파벳이 없고 어떤 글자도 쓰지 않지만, 그들의 모든 글씨는 그림과 암호 외에 아무것도 아니기 때문이다. 그들의 글자는 우리의 글자가 그러는 것처럼 구별의 부분들을 뜻하는 것이 아니라, 태양·불·사람·바다·기타 물건들의 형상처럼 사물의 형상과 표현물들이다. 분명해 보이는 것은 그들의 글씨와 한자(Chapas?)가 중국인들이 말하는 언어들이 많고 아주 다를지라도 아라비아숫자를 스페인어, 프랑스어, 아라비아어에서 똑같이 이해하는 것과 같은 방식으로 그들 모두에 의해 이해된다는 것이다. 숫자 8은 프랑스인들이 그 수를 이런 식으로 부르고 스페인사람들이 저런 식으로 부를지라도 그것이 어느 곳에 있든 여덟을 상징한다. 사물들이 그 자체로서 무수한 만큼, 중국인들이 이 사물들을 나타내기 위해 쓰는 글자들, 아니 형상들도 마찬가지로 얼마간 무한하다. 중국에서 읽고 쓰는 사람이 (만다린이 그러듯이) 적어도 8만5000개의 부호 또는 글자를 알고 기억해야 하고, 그것에 완전히 정통한 사람들은

이것으로 그치지 않고 중국 한자에 대해 더 자세하게 설명한다.[58] 아코스타의 이 중국한자 소개와 자세한 설명들은 베이컨의 '진짜 부호문자' 연구와 직접 관련된 것이다. 베이컨은 필경 아코스타의 이 책을 읽었을 것이다. 왜냐하면 그는 『신기관』에서 알파벳 글자는 "중국에서 오늘날까지 사용되지 않고 있다"는 아코스타의 표현을 그대로 옮겨 쓰고 있기 때문이다.[59]

베이컨은 시장에서 통용되기만 하면 그것을 진짜 참된 것으로 착각하게 만드는 '시장의 우상', 즉 말(가령 신神·천사·요정·도깨비 등)이 있으면 그 단어에 대응하는 사물이 진짜 실재하는 것으로 착각하게 만드는 언어공동체의 우상으로부터 '진짜 부호문자'인 한자가 유럽학문을 해방시켜 줄 것이라고 생각했다. 베이컨은 중국한자에서 얻은 이 '진짜 부호문자' 지식을 『뉴아틀란티스』에서 '기독교적 문자 기적'으로 활용한다.

– 인쇄술·화약·나침반의 세계변혁에 대한 베이컨의 평가

'진짜 부호문자'에 대한 언급처럼 베이컨의 백과사전적 저작들은 중국에 관한 그의 자료원천들과 이 자료들의 활용에 관한 매우 귀중한 힌트를 주는 중국문화에 관한 풍부한 서술을 포함하고 있다. 이것이 덧없는 일과적 서술이 아니라는 것은 화약·인쇄술·나침반의 발명과 관련된 그의 기술을 보면 알 수 있다. 그는 『신기관』 제1권을 마치기 직전의 한 문단에서 이렇게 말한다.

고대인들에게 알려지지 않은, 그리고 그 기원이 최근일지라도 모호하고 찬미되지 않는 세 가지 물건, 즉 인쇄술·화약·나침반의 기술이 가장 명백하게 보여주는 발견의 힘과 권능과 중요한 귀결을 살피는 것이 도움을 준다. 사실 이 세 가지

12만 개 이상을 안다"
58) Acosta, *The Natural and Moral Histories of the East and West Indies*, 441-442쪽: 444쪽도 보라: "And their writing, and reading, is not properly reading, and writing; seeing their letters are no letters that can represent wordes, but figures of innumerable things, the which cannot be learned, but in a long time and with infinite labour."
59) Bacon, *The New Organon* [1620], Book I, Aphorism LXIII.

것들은 전 지구에 걸쳐 사물들의 면모와 상황을 전변轉變시켰다. 첫 번째 것은 문예, 두 번째 것은 전쟁술, 세 번째 것은 항해를 전변시켰다. 그리고 이어서 셀 수 없이 많은 변화들이 뒤따랐다. 어떤 제국도, 어떤 종파도, 어떤 별도 저 기계적 물건들보다 더 큰 권능과 영향력을 인간사에 행사하지 못한 것으로 보인다.[60]

여기서 베이컨은 세 가지 물건의 "기원"이 "모호하다"고 말하고 있다. 니덤은 베이컨의 이 언급을 '무지'로 지적했지만,[61] 베이컨이 인쇄술·화약·나침반의 중국적 기원을 진짜 몰랐던 것은 아니다. 그는 도처에서 이 세 기술을 중국과 관련해서 언급하기 때문이다. 베이컨은 다만 이 세 가지 기술을 누가 발명했는지를 모른다는 뜻으로 "그 기원이 최근일지라도 모호하다"고 말한 것으로 읽어야 할 것이다. 베이컨은 이 세 가지 발명품을 지구를 혁명화한 촉매제로 평하고 있다. 베이컨의 과학철학에 본질적 중요성을 갖는 이 세 가지 기술은 인간사의 상태를 바꾸는 "발명의 가치"에 대한 결정적 예증들이었다.[62]

이 중 두 가지(화약·나침반)는 중국산이고, 다른 하나(금속활자 인쇄술)는 한국산인데, 이것들을 베이컨은 모두 다 중국산으로 알았다. (베이컨이 말하는 인쇄술은 '금속활자 인쇄술'을 의미한다. 그러나 중국에는 1490년까지 금속활자를 만들어 쓸 줄 몰랐고, 그 이후에도 중국에서는 금속활자 인쇄술은 잘 쓰이지 않았다.) 기술로서의 무기가 "순환 또는 변천(vicissitudes)"을 겪는다는 것을 입증할 목적으로 쓴 『시민적·도덕적 논고 또는 자문(*The Essays or Counsels, Civill and Morall*)』의 한 섹션에서 베이컨은 이렇게 설파한다.

무기에 관한 한, 규칙과 관찰에 들어가기 어렵다. 하지만 우리는 이것들도 순환과 변천(vicissitudes)이 있다는 것을 안다. 왜냐하면 대포는 인도의 옥시드레이크스 시에

---

60) Bacon, *The New Organon* [1620], Book I, CXXIX(129).
61) Joseph Needham, "Science and China's Influence on the World", 242-244쪽. Raymond Dawson (ed.), *The Legacy of China* (Oxford·London·New York: Oxford University Press, 1964·1971).
62) Lux, "'Character reall': Francis Bacon, China and the Entanglements of Curiosity", 192쪽.

서 알려져 있었고, 마케도니아인들이 천둥번개와 매직이라 부른 것이라는 것은 확실하기 때문이다. 그리고 대포가 중국에 2000년 이상 사용되어 왔다는 것은 잘 알려져 있다.[63]

여기서 대포의 사용은 화약의 사용을 포함한다. '대포(ordnance)'라는 말이 원래 발사기와 화약을 사용하는 무기를 정의하기 위해 도입된 술어이기 때문이다. 베이컨은 화약의 발명을 중국인에게 귀속시키지 않은 반면, 그의 연대기는 중국인들을 가장 이른 화약사용자로 자리매김하고 있다. 이와 대조적으로 고전적 유럽학문과 연결된 고대 마케도니아는 이상야릇한 격세유전적 광경을 연출케 하고 있다.[64]

또 인쇄술이 중국(서양인들이 중국의 아홉 번째 특별 성省으로 했던 한국)에서 기원했다는 사실은 베이컨도 알고 있었다. 조나단 룩스(Jonathan E. Lux)의 심층연구에 의하면, 이것은 멘도자의 책 『중국제국의 역사』(1585)의 한자漢字 설명 부분 옆에 나타나는 주제에 관한 베이컨의 표시에 주목하면 쉽사리 확인된다. 더 결정적인 증거는 루이 르 로이(Luis Leroy, 1510-1577)의 책 『우주의 사물들의 변천 또는 다양성(De la Vicissitude ou Variété des Choses en L'univers)』(1575)이다. 이 책은 1594년에 영역되었다. 르로이의 이 책은 마치 베이컨의 후기 에세이에 나오는 아이디어들을 해명할 목적으로 집필된 서적처럼 읽힌다. 여기서 특별히 흥미로운 것은 베이컨이 말하는 세 가지 가장 중요한 발명품을 기술하는 장절을 포함한 부분이다. 방금 말한 술어들("순환과 변천")의 차용과 설명의 결정적 유사성이 전제되면 베이컨이 인쇄술의 중국적 기원에 관한 멘도자의 묘사와, 이 인쇄술이 육로로 독일에 들어왔을 것이라는 멘도자의 추정을 선취하는 르로이의 책에 친숙했다고 전제하는 것은 전혀 빗나간 추정이 아니다. 르로이는 말한다.

---

63) Francis Bacon, *The Essays or Counsels, Civill and Morall* (Cambridge: Cambridge University Press, 1985), 176쪽. Lux, "'Character reall': Francis Bacon, China and the Entanglements of Curiosity", 192쪽에서 재인용.

64) Lux, "'Character reall': Francis Bacon, China and the Entanglements of Curiosity", 192쪽.

포르투갈 사람들은 동방과 북방의 가장 먼 지역에서 무역하며 중국과 카타이(Cathay; 이 명칭은 중국을 가리키는 중세용어인데 여기서는 중국 주변국가들을 뜻하는 것으로 보인다 - 인용자)로 들어가서 거기로부터 그 나라의 언어와 글씨로 인쇄된 서책들을 가지고 와서 그들이 그것을 오랫동안 사용했다고 말했다. 이것은 어떤 이들이 이 발명품을 그 나라로부터 타타르지역과 모스크바를 거쳐 독일로 가지고 들어왔고 그 뒤에 나머지 기독교세계에 전해졌다고 생각하도록 움직였다.[65]

이 주장은 문맥상 충분히 충격적이다. 중국인들에 관한 르로이의 더 많은 서술은 기술사技術史의 게으른 관심을 뛰어넘어 중국 토착의 "자연적 매직"에 관한 상상적 설명 속으로 넘어 들어간다. 르로이는 '매직'을 상이한 제목으로 구분한다. "미신적 매직"은 전통적 의미의 마법을 말하고, "자연적 매직"은 "고대인들 사이에서 덕스러운" 발명가들의 작품, 즉 '과학기술'을 말한다. 르로이는 부연한다.

이 덕스런 발명가들은 자연적 매직에 의해 세계의 비밀 속에, 자연의 가슴속에, 그리고 신의 신비 속에 숨겨진 기적들을 관찰함으로써 세계의 합치와 천지의 합일을 발견하고 상위의 것들을 하위의 것들에 적응시켰다. (...) 이것은 플로티누스를 움직여 자연적 매직을 직업으로 삼는 마술사들, 즉 자연의 관리자들이라 부르게 했다. 그것(자연적 매직)은 오늘날 중국과 카타이(Cathay)에서 많이 쓰이고 있다. 중국과 카타이는 가장 창의적이고 가장 근면한 백성이 사는 나라들이다. 그곳에서 백성들은 박식하지 않고는, 말하자면 이 매직에 박식하지 않고는 나라의 관직과 영예를 획득하는 것이 허용되지 않는다.[66]

르로이는 중국백성이 자연적 마술사들로서 또는 "자연의 관리자들"로서 세계

---

65) Luis Leroy, De la *Vicissitude ou Variété des Choses en L'univers* (1575). 영역본: *Of the Interchangeable Course, or Variety of Things in the Whole World* (London: Printed by Charles Yetsweirt Esq., 1594), 111-112쪽.
66) Leroy, *Of the Interchangeable Course, or Variety of Things in the Whole World*, 50쪽. 르로이는 China와 Cathay가 같은 나라를 가리키는 것인 줄 몰랐던 것으로 보인다.

의 비밀과 신의 신비스런 권능을 야릇한 종합 속에서 결합하는 발명의 방법을 실행한다는 인상을 독자들에게 주고 있다. "천지의 합일" 또는 "세계의 합치"는 르로이에 의한 '미신적 매직'과 '자연적 매직'의 구분을 전 저작에 걸쳐 견지하는 베이컨의 철학에 핵심적인 '세계의 질서정연한 조직화'를 상기시킨다. 자연적 매직에 대한 베이컨의 접근과 '살로몬의 집', 즉 베이컨의 『뉴아틀란티스』의 이상국가 벤살렘의 사이언토크라트 하우스에 대한 선례를 찾는다면, 중국의 자연적 마술가들에 대한 르로이의 이 묘사가 바로 그 가능성들을 담고 있다.[67]

그리고 1627년 베이컨이 『뉴아틀란티스』를 쓰는 데 모델이 된 캄파넬라의 『태양의 나라』는 베이컨이 대포와 활판인쇄술이 '중국산'이라는 것을 알고 있었다는 사실을 다시 확인해준다. 『태양의 나라』는 플라톤식 재산·처자공유제의 공산주의 사회를 이상사회로 그리면서 온갖 독창적 기술의 발명품들을 나열하고 있다. 이 책에서 캄파넬라는 상술했듯이 "대포(cannon)와 활판인쇄술(typography)"이 유럽인들이 "그것들을 알기 전에 중국인들에 의해 발명되었다고 배웠다"고 쓰고 있다.[68] 『태양의 나라』는 1602년에 이탈리어로 발표되었고, 1623년 라틴어로 다시 집필되어 프랑크푸르트에서 출판되었다. 따라서 베이컨은 『뉴아틀란티스』(1627)를 쓰기 전에 이 책을 구해 읽을 충분한 시간이 있었고, 따라서 대포와 활판인쇄술이 '중국산'이라는 것을 잘 알고 있었음이 틀림없다.

- 중국의 장수長壽 의학에 대한 베이컨의 관심

베이컨의 중국자료에 대한 추적은 이런 모방사례들보다 훨씬 더 나아간다. 베이컨은 장수長壽를 위한 중국의 연단술을 "중국적 광기狂氣"로 여러 번 언급한다. 베이컨은 『삶과 죽음의 역사(Historia Vitae et Mortis)』(1623)와 『실바 실바룸(Sylva Sylvarum)』(1627)에서 중국 연단술을 광기의 견지에서 묘사하고 있다. 『삶과 죽음의 역사』에서 베이컨은 "광적일 정도로 장수를 바라는" 중국인들을 기술한다.

---

67) Lux, "'Character reall': Francis Bacon, China and the Entanglements of Curiosity", 194쪽.
68) Campanella, *City of the Sun* [1602], 281쪽.

이 장수 프로젝트에 대한 그의 묘사가 "정당한 과묵"을 연출하며 이 프로젝트를 과도하게 열성적인 것으로 간주하는 반면, 문맥상으로 문장의 색조가 비판적인 것과는 거리가 멀다. 『삶과 죽음의 역사』는 수명 연장을 위한 수많은 다양한 도식들을 개략하고 그 목적을 베이컨의 유명한 '지식의 부흥'의 최고 가능한 목표로 화려하게 설정하고 있다. 그리고 문맥상으로 보면 그는 중국 연단술을 '과도하다'고 여기는 반면, 그것을 적절한 목표이자 방법으로 염두에 두는 것처럼 보인다. 그리고 "수명 연장(prolongation of life)"을 슬그머니 『뉴아틀란티스』의 연구 프로젝트에 집어넣었다.[69] 베이컨의 이 "중국적 광기"에 관한 자료원은 멘도자의 『중국제국의 역사』(1585, 영역본 1588)이거나,[70] 마테오 리치의 『중국인들 사이에서의 기독교 포교』(1615)였을 것으로 분석된다. 그러나 이것으로 베이컨의 중국 자료 목록이 끝나는 것이 아니다. 베이컨은 그의 생존기간에 영국에서 출판된 50여 권의 중국 관련 서적과 보고서들을 거의 다 참조했을 것이다.[71]

가령 『실바 실바룸(숲의 숲)』은 "중국인들이 오늘날 말고기를 먹는다"고 쓰고 있다.[72] 그리고 중국인들은 "용모가 밉고(노랗고)", 그들은 "특히 그들의 왕과 대인들"은 "볼을 빨갛게 색칠한다"고도 쓰고 있다.[73] 이 부정확한 기술들은 베이컨이 서책에서 읽었다기보다 대화와 구전을 통해 얻어들은 것으로 보인다.[74]

그밖에도 베이컨이 중국의 경험적 과학기술을 언급하는 곳도 많다. 그는 『학문의 진보』에서 "종이 제작은 지금까지 아마에 한정되어 있었고, 중국인들을 제외

---

69) Bacon, *The New Atlantis*, 254쪽.
70) Juan Gonzalez de Mendoza, *The History of the Great and Mighty Kingdom of China and The Situation Thereof*, the First and the Second Part, reprinted from the early translation of R. Parke (1588), edited by George T. Staunton, and with an Introduction by R. H. Major (London: Printed for the Hakluyt Society, 1853), 18쪽. "그들은 인간의 수명을 보존하는, 그것도 길이 보존하는 데 필요한 온갖 것들을 발견했다. 이런 까닭에 주민들은 정당한 이유에서 전 세계에서 가장 훌륭하고 가장 풍요로운 왕국을 가졌다고 생각해도 된다."
71) Lux, "'Character reall': Francis Bacon, China and the Entanglements of Curiosity", 195쪽.
72) Francis Bacon, *Sylva Sylvarum: Or a Natural Historie in Ten Centuries* (London: John Haviland Augustine Mathews, 1627), 185쪽.
73) Bacon, *Sylva Sylvarum*, 155쪽.
74) Lux, "'Character reall': Francis Bacon, China and the Entanglements of Curiosity", 196쪽.

하고는 비단을 응용하지 않았다"고 말하기도 한다.75) (이때까지도 베이컨은 극동에서 한지를 닥나무로 만들고 있다는 사실을 몰랐던 것으로 보인다.)

『신기관』(1620)에서는 "명주"의 발견과 "중국의 식물들"을 언급하기도 하고,76) "우리는 (…) 땅에 물건들을 묻는 것과 같은 것에서 발생하는 것과 같은 냉기의 사례들을 모으는 데 온갖 부지런을 떨어야 한다"고 말하고, "물체들을 땅에 묻는 것"은 "중국인들이 도자기를 만들면서 그렇게 한다고 하는데, 거기서는 이 목적에 알맞게 만들어진 물질들이 땅 아래 40-50년 동안 묻혀 있고 일종의 인공광물처럼 상속인들에게 유증된다고 듣고 있다"고 쓰기도 한다.77)

『뉴아틀란티스』(1627)에서도 빚은 그릇을 땅 속에 묻어두는 중국의 도자기 제작방법에 대해 언급한다.78) 그리고 "3000여 전에 중국도, 지금은 정크선과 카누 밖에 없는 큰 아틀란티스(당신은 이것을 아메리카라고 부른다)도 높은 배들로 가득했다"고79) 말한다.

- 그리스철학의 배격과 중국적 역학力學기술의 찬양

경험과학과 경험적 기술공학의 관점에서 베이컨은 그 형이상학적·신비적·주술적 성격을 들어 그리스철학을 전면적으로 비판하고 배격한다. 이 그리스철학의 전면적 비판과 배격은 18세기 계몽철학자들이 일반적으로 공자철학을 찬양하고 그리스철학을 배척한 것보다 거의 100년 앞선 것이다. 베이컨은 그리스철학의 배격으로 자기의 경험론의 원천이 고대그리스 철학에 있는 것이 아니라 다른 곳에 있음을 분명히 한 셈이다. 다른 원천은 그가 입 밖에 내지 않았지만 그것은 어느 모로 보나 중국의 경험과학과 산업기술, 수천 년의 박물지적 역사기록,

---

75) Bacon, *The Advancement of Learning* [1605], 291쪽.
76) Bacon, *The New Organon*, Book I, Aphorism CIX.
77) Bacon, *The New Organon*, Book II, Aphorism L.
78) Francis Bacon, *The New Atlantis* [1627], 251쪽. Charles M. Andrews, *Ideal Empires and Republics: Rousseau's Social Contract, More's Utopia, Bacon's New Atlantis, Campanella's City of the Sun* (Washington·London: M. Walter Dunne, 1901).
79) Bacon, *The New Atlantis*, 248쪽.

공자철학이었다. 그는 소피스트와 플라톤·아리스토텔레스를 구별하지 않고 둘 다 소피스트로 몰아 비판한다.

우리가 가진 거의 모든 과학은 그리스인들로부터 왔다. 로마·아랍 또는 보다 최근의 저술가들에 의한 보충은 거의 없고, 큰 의미도 없다. 보충은 그것들이 그렇듯이 그리스의 발견의 기초에 근거한다. 그러나 그리스인들의 지혜는 수사적修辭的이고 논박으로 흐르는 성향을 지녔고, 진리 추구에 적대적이고 유해한 종류였다. 따라서 철학자로 간주되기를 바라는 사람들에 의해 배격되고 연설가들 — 고르기아스·프로타고라서·히피아스·폴루스 — 에게 경멸적으로 적용되었던 '소피스트들'이라는 단어는 또한 전 종족 — 플라톤·아리스토텔레스·제논·에피쿠로스·테오프라토스와 이들의 계승자들, 크리시포스·카르네아데스와 기타인 — 에게도 그대로 적용할 수 있다. 유일한 차이는 전자가 여기저기 순회하고 돈을 위해 가르쳤고, 도시들을 돌아다니며 자기들의 지혜를 전시하고 수고료를 요구했고, 후자들은 고정된 거주지를 가졌고 학교를 열었고 수업료 없이 철학을 가르친 점에서 보다 품위 있고 보다 활수했다는 것이다. 그러나 (기타 방식에서 다를지라도) 양자는 수사적이었고 이것을 논박의 문제로 삼았고 철학적 종파와 학파를 수립했고, 종파를 위해 싸웠다. 결과적으로 이들의 가르침은 다소 디오니시오스 1세가 플라톤에 대해 적절히 말한 것, "아직 이마에 피도 마르지 않은 어린것들에 대한 게으른 노인들의 말씀"이었다.[80]

베이컨은 소크라테스와 플라톤 이전, 소피스트들이 등장하기 이전의 엠페도클레스·아낙사고라스·파르메니데스·헤라클레이토스·데모크리토스 등 철학자들을 비교적 호평하지만 그들도 결국 그리 좋은 철학자들이 아니었다고, 따라서 유럽인들이 물려받은 그리스철학 전체에 대해 결국 '좋지 않다'고 평가한 셈이다.

그러나 그 이전 그리스인들 — 엠페도클레스·아낙사고라스·레우키포스·데모크리토스·파르메니데스·헤라클레이토스·크세노파네스·필로라우스 (미신적인

---

80) Bacon, *The New Organon*, Book I, LXXI.

피타고라스는 빼고) 등 — 은 (...) 학교를 열지 않고 보다 조용하게, 보다 진지하게, 그리고 보다 단순하게, 즉 더 적은 허식과 과시로 진리추구에 헌신했다. 그러므로 우리가 상정하는 것처럼 그들은 그들의 작품들이 시간의 흐름 속에서 대중의 능력과 입맛을 더 즐겁게 하는 데 알맞은 더 가벼운 저작들에 의해 압도된 것을 빼면, 보다 더 성공했다. 시간은 (강물처럼) 보다 가볍고 보다 부풀려진 작품들을 우리에게 실어오고, 견고한 더 무거운 것들을 가라앉혔다. 하지만 그들조차도 그 사람들의 전형적 악덕으로부터 완전히 면제된 것은 아니었다. 그들도 종파를 창립하고 대중적 애호를 얻으려는 야심과 허영에 너무 취약했다. 이러한 사소한 것들의 샛길로 빠져들면 진리추구의 희망이 없다. 우리는 "그들은 항상 어린애였고, 지식의 옛것도 없었고, 옛것의 지식도 없었다"는, 그리스인들에 대한 한 이집트인의 판단, 아니 예언을 잊지 말아야 한다고 생각한다. 그들은 확실히 어린이의 특징, 즉 아무것도 생산할 능력도 없으면서 그저 말만 하고 싶은 성향을 가지고 있다. 왜냐하면 그들의 지혜는 말만 많고 성과가 없는 것처럼 보이기 때문이다. 그럼으로 철학의 탄생지와 그 가계로부터 수집해 지금 쓰고 있는 기표記表들은 좋지 않다.[81]

어느 이집트인의 저 그리스 비판은 플라톤의 『티마이오스』(22B)에 실려 있다. 베이컨은 매지자賣知者(소피스트)든 애지자愛知者(철학자)든, 플라톤·아리스토텔레스 시대의 철학이든, 그 이전의 철학이든 그리스철학 전체를 "좋지 않은 것"으로 배척하고 있다.

이것으로써 베이컨은 그의 비판적·해석적 경험론이 그리스에서 온 것이 아니라고 직설하고, 또 이를 통해 그리스보다 훨씬 더 동쪽에 있는 유교제국으로부터 온 것임을 간접적으로 시사하고 있다. 왜냐하면 그리스철학 교리들의 제자리걸음과 반대로 나침반·화약·대포·종이·금속활자인쇄술·자기磁器역학·천체역학(우주허공론) 등 중국·한국 기술과 과학의 서천西遷으로 급성장하고 있었던 당시 서양의 '역학적 기술들'의 진보를 언급하고 있기 때문이다. 상술했듯이 1590년 당시 서구인들은 자연과학·역학기술 분야에서 중국에 "굉장히 많이 빚지고"

---

81) Bacon, *The New Organon*, Book I, LXXI.

있음을 공개적으로 인정했고,[82] 특히 베이컨은 이 사실을 잘 알고 있었다. 베이컨은 당시 서양에서 그리스철학의 '제자리걸음'과 대조적으로 급성장하고 있던 역학기술들에 대해 이렇게 말한다.

> 기표들은 철학과 과학의 성장과 진보로부터도 수집되어야 한다. 자연에 기초한 기표들은 성장하고 증가한다. 그러나 의견에 기초한 기표들은 변하지만 성장하지 않는다. 따라서 저 (그리스적) 교리들이 식물이 뽑히듯 완전히 뿌리뽑힌 것이 아니라, 자연의 자궁과 연결되어 자연에 의해 키워졌더라면, 우리가 2000년 동안 일어났다고 알고 있는 것(즉, 제자리걸음 - 인용자)은 일어나지 않았을 것이다. 그런데 과학은 여전히 제자리걸음을 하고 있고(stand still in their own footsteps), 실제로 동일한 상태에 남아 있다. 그 교리들은 아무런 두드러진 진보도 이루지 않았다. 사실, 그 교리들은 초기 저자에서 정점에 달했고, 그 이후 줄곧 몰락 중에 있었다. 그런데 자연과 '경험의 빛'에 기초한 역학기술(mechanical arts)에서는 우리가 그와 반대되는 진전(evolution)을 목도하고 있다. 이 역학기술들은 최신유행 속에 있는 한 점점 빨라지면서 기운으로 가득 찬 것처럼 자라나고 있다. 이 역학기술들은 처음에 투박하고, 그 다음은 적당하고, 그 후에는 세련되고, 그리고 항상 진보한다.[83]

베이컨이 굳이 역학적 기술들이 세차게 '급성장'한다는 사실을 '제자리걸음'하는 그리스 교리와 대비하면서 힘주어 "점점 빨라지면서 기운으로 가득 찬 것처럼 자라나고 있다"고 말한 것은 극동 유교제국의 과학기술적 영향을 암시한 것이다. 동시에 베이컨은 그리스의 합리주의적 형이상학을 마치 일종의 "마술"로 격하한다. "철학과 과학의 참된 분할은 (…) 두 종류의 공리에서 생긴다. (적어도 이성과 그 법칙에 의해) 영원하고 불변하는 형상에 대한 탐구는 형이상학을 구성할 것이다. 결과적·질료적 원인, 잠재적 과정과 잠재적 구조(근본적이고 영원한 법칙이 아니라 자연의 범상한 일상적 코스와 관련된 모든 것들)에 대한 탐구는 물리학을 구성할 것이다. 동일한 방식으로 이것들에 속하는 것은 두 가지 기술이

---

82) Valignano and Sande, *Japanese Travellers in Sixteenth-Century Europe*, 426, 469쪽.
83) Bacon, *The New Organon*, Book I, LXXIV.

다. 기계역학(mechanics)은 물리학에 속한다. 반면, 마술은 그 광범한 방식과 자연에 대한 우월적 지배권 때문에 (그 개조된 의미에서) 형이상학에 속한다."[84] 그리고 다른 대목에서 베이컨은 이것과 결별할 것을 단호하게 말한다. "우리는 모든 미신적 이야기(나는 그것들에 대한 기억이 신뢰할 만하고 개연적인 그런 불가사의한 이야기가 아니라, 미신적 이야기들을 말한다)와 제의적祭儀的 마술의 실험에 대해 단호한 작별을 고해야 한다. 우리는 첫 심정을 자연박물지로부터 얻고 늙은 여성들의 이야기에 익숙한 철학의 유치함을 원치 않는다."[85]

그리스 형이상학에 대한 격하·경멸·배척, 그리고 동시에 중국 경험과학과 기술공학의 긍정평가와 찬양은 베이컨으로부터 비롯되는 것이지만, 베이컨에 국한된 것이 아니었다. 17-18세기 계몽주의자들은 모두 다 그리스철학자들을 배격하고 공자를 계몽주의운동의 "수호성인(Schutzpatron)"으로 숭배했던 것이다.[86]

■ 베이컨의 감각과 경험의 격상

베이컨은 '경험'의 개념을 새로 정의하지 않고 이전 철학에서 정의된 의미로 사용했다. 그리고 그는 그 시대의 어법에 따라 실험(experiment)과 경험(experience)을 종종 동의어로 썼다.[87] 한두 번이나 두세 번 보고 듣고 느끼는 소수의 감성적 지각으로 생긴 기억들로는 '감지感知'를 넘어서는 '지식'을 만들지 못한다. 소수의 기억으로는 인상들의 상호연관을 느끼기에 충분치 않기 때문이다. 이 감각적 인상들 간의 연관관계를 느끼기 위해서는 '많은' 기억, 즉 반복적으로 듣고 봄으로

---

84) Bacon, *The New Organon*, Book II, IX.
85) Bacon, *The New Organon*, "'Preparation for A Natural and Experimental History: Outline of a Natural and Experimental history'", Aphorism III (225쪽).
86) Adolf Reichwein, *China und Europa im Achtzehnten Jahrhundert* (Berlin: Oesterheld Co. Verlag, 1922), 86쪽; 영역본: Reichwein, *China and Europe – Intellectual and Artistic Contacts in the Eighteenth Century* (London · New York: Kegan Paul, Trench, Turner & Co., LTD and Alfred A. Knopf, 1925), 77쪽.
87) 참조: Bacon, *The New Organon*, edited by Lisa Jardine and Michael Silverthorne (2000), 57쪽, Jardine/Silverthorne의 각주31.

써 누적된 많은 기억이 필요하다. 그래서 합리론자도, 경험론자도 이 '반복적 기억' 또는 '많은 기억'을 '경험'으로 정의했다. 이 경험 개념은 아리스토텔레스로 거슬러 올라간다. "감각은 우리가 간직하는 기억을 산출하고, 동일한 것에 대한 반복적 기억들은 경험을 산출한다. 왜냐하면 이런 기억들은 수적으로 많을지라도 하나의 단일한 경험을 구성하기 때문이다."[88] 아리스토텔레스의 이 경험 개념에 따라 홉스도 '경험'을 "많은 기억이나 많은 것들의 기억(*much memory or memory of many things*)"으로 정의했다.[89] '많은 기억과 많은 것들의 기억'으로서의 '경험'은 공자의 경우에 많은 견문, 즉 "다문다견"을 뜻한다. 공자는 "학學"자를 종종 경험의 의미로 사용한다. "박학博學", "학이시습지學而時習之", "학이불사즉망學而不思則罔, 사이불학즉태思而不學則殆" 등의 '학學'이 모두 다 다문다견의 '경험'을 뜻한다.

– 공자의 '본성의 빛', 베이컨의 '본성과 경험의 빛'!

『신기관』에서 전개한 베이컨의 경험주의 인식방법론은 공자와 중국의 학문 및 과학·기술의 경험적·실험적 방법을 리메이크해 탄생한 것이다. 공자와 중국의 이 경험적·실험적 방법은 발리냐노·산데·라이프니츠·볼프 등이 당대에 공히 간파한 것이었다. 그리고 베이컨은 공자의 본성론에서도 경험론적 원칙을 끌어온 것으로 보인다. 상술했듯이 유학경전 사서四書는 그의 절친한 벗 토마스 보들레이가 세운 보들리언 도서관(옥스퍼드대학교의 중심 도서관)에 1604년 초 이미 여러 권이 『맹자』, 『수호전』 등의 서적들과 함께 소장되어 있었다. 그리고 1604년은 공자의 이름과 철학 요지가 소개된 지 14년이 지난 시점이었다. 미셸 루기리(Michele Ruggieri; 羅明堅, 1543-1607), 두아르테 데 산데(Duarte de Sande,

---

88) Aristotle, *Posterior Analytics*, 100a4-6. *Aristotle*, vol. 2 (Cambridge, MA: Harvard University Press, 1935·1981). 아리스토텔레스는 『형이상학』에서도 "동일한 것의 반복적 기억"에 의해 "하나의 단일한 경험의 가능성"이 "생겨난다"고 말한다. Aristotle, *Metaphysics I* (Cambridge[MA]·London: Harvard University Press·William Heinemann LTD, 1969), 980b29-30.

89) Thomas Hobbes, *Leviathan* [1651], 6쪽. *The Collected Works of Thomas Hobbes*, Vol. III. Part I (London: Routledge/Thoemmes Press, 1992).

1547-1599), 주앙 데 알메이다(João de Almeida, ?-1582), 마테오 리치(Mateo Ricci, 1552-1610)를 비롯한 수많은 가톨릭 선교사들은 중국에 들어가 선교하기 위해 마카오, 마닐라, 바타비아 등지에서 미리 한문과 중국어를 공부했다. 루기리, 산데, 마테오 리치 등은 이미 한문공부를 마치고 공자경전을 상당히 학습한 뒤 1579년 중국 당국으로부터 입국허가를 얻어 조경肇慶과 소관韶關 시에서 거주하며 유학경전을 더 공부하고 아울러 선교하고 있었다. 특히 마테오 리치는 선교를 위해 1603년 기독교교리를 공자경전의 유사구절들과 비교·설명한 교리문답집 『천주실의天主實義』를 집필했다. 그리고 루기리와 마테오 리치 신부의 서한들과 루기리의 공자경전 번역 원고들이 필사되어 유럽의 예수회신부들과 지식인들 사이에서 널리 회람되었다. 1590년 로마로 돌아온 루기리는 1593년 선교방법에 관한 짧은 에세이를 써서 1593년 예수회 신부 포세빈(Antonio Possevin, 1559-1611)의 『장서선집(Bibliotheca selecta)』(1593)에[90] 실어 발표했는데,[91] 그의 이 짧은 에세이는 그가 번역한 『대학』, 『수장首章』의 절반 번역문을 담고 있었다. 이것이 유럽학계에 최초로 출판된 유학경전이었다. 이런 영향과 분위기 속에서 1604년 초 영국에도 한문해독자들이 늘어나고 있었다.

베이컨이 직접 독해하거나 남의 번역을 통해 학습했을 사서의 하나인 『중용』은 "하늘이 명한 것을 본성本性이라 하고 이 본성을 따르는 것을 도道라 하고 이 도를 갈고닦는 것을 교教라 한다(天命之謂性 率性之爲道 脩道之謂教)"라고 갈파한다.[92] 그리고 "성실해서 밝은 것을 본성이라 하고, 밝아서 성실한 것을 교육이라 한다(自誠明 謂之性 自明誠 謂之教)"고 전제하고,[93] "오직 천하의 지성至誠만이 능히 그 본성을 다하는 것이 되고, 그 본성을 다할 수 있으면 인간본성을 다할 수

---

90) Antonio Possevini, *Bibliotheca selecta Qua agitur de Ratione Studiorum in Historia, in Disciplinis, in Salute omnium procuranda* (Romae: Typographia Apostolica Vaticana, 1593).
91) Thierry Meynard (ed. & trans.), *Confucius Sinarum Philosophus* [1687], *The Fist Translation of the Confucian Classics* (Roma: Institutum Historicum Soietatis Iesu, 2011), 3-4쪽.
92) 『中庸』(1章).
93) 『中庸』(二十一章). 주희는 "自誠明"의 '自'를 '由'라 했으나 이는 그릇된 것으로 보인다. "誠者 天之道也. 誠之者 人之道也"의 명제를 상기하면

있고, 인간본성을 다할 수 있으면 사물의 본성을 다할 수 있다(惟天下至誠 爲能盡其性, 能盡其性 則能盡人之性 能盡人之性 則能盡物之性)"고 천명한다.[94]

공자철학에서 '솔성率性'으로서의 '도'는 곧 '중도中道'를 말한다. 본성을 따르는 '솔성'은 본성에 불급한 것과 본성을 초과한 것 사이에 위치하기 때문에 불급한 것에는 더하고 초과한 것에서는 빼는 음양陰陽의 균형이다. 그래서 『역경』은 "한번 음 하고 한번 양 하는 것은 도라고 한다. 이것을 잇는 것은 선이고 그것을 이루는 것은 성이다. 인자가 그것을 드러내면 그것을 인이라고 하고 지자가 그것을 드러내면 그것을 지라고 한다(一陰一陽之謂道 繼之者善也 成之者性也 仁者見之謂之仁 知者見之謂之知)"라고[95] 설파하고 있다. '일음일양一陰一陽'의 도는 음양이 균형에 적중하는 중도를 말한다. 따라서 '도'는 늘 '중도'이고, 이것이 사람의 본성이 되어 있으므로 사람에게서 발현되면 선도善道 · 인도仁道라 하고, 본성(인간본성과 사물본성)을 알면 이를 일러 '지식'이라 한다.

그리고 공맹의 경우에 '인간본성'은 일차적으로 '이성'이 아니라 '감성'을 말한다. 공맹은 본성을 사단칠정四端七情의 감정과 중화中和로만을 논하고, 이성과 사유에 대해서는 전혀 논하지 않기 때문이다. "희로애락이 아직 발동하지 않는 것을 중中이라 하고 발동했으나 다 절도에 적중한 것을 화和라 한다. 중이라는 것은 천하의 대본이고, 화라는 것은 천하의 달도다. 중화中和를 이루면 천지가 이에 정위하고 만물이 화육한다.(喜怒哀樂之未發 謂之中, 發而皆中節 謂之和. 中也者 天下之大本也, 和也者 天下之達道也. 致中和 天地位焉, 萬物育焉)"[96] 이 구절은 인간본성이 일차적으로 (이성이 아니라) 감성이고, 중화는 한 인간과 천하의 대본 · 달도일 뿐만 아니라 우주자연(천지)의 정위와 화육의 도라는 두 가지 사실을 말하고 있다. 그리고 맹자는 주지하다시피 공자의 인 · 의 · 예 · 지 사덕론과 참달지심론 憯怛之心論(측은지심론)을 이어 사덕의 사단지심四端之心, 즉 네 가지 도덕감정(측은지심 · 수오지심 · 공경지심 · 시비지심)이 인간의 또 다른 본성이고 인 · 의 · 예 · 지

---

94) 『中庸』(二十二章).
95) 『易經』「繫辭上傳」(5).
96) 『中庸』(1章).

의 발단임을 밝혔다. 따라서 공맹이 말하는 인간본성은 일차적·본질적으로 감성(감각+감정)이지, 결코 이성이 아닌 것이다. 공자철학은 '밝게 빛나고 성실한' 자연적 본성과 인간적 본성을 지침으로 삼고 이 인간의 본성(人之性)과 자연의 본성(物之性)을 절차탁마해 본성의 밝은 빛을 함양한 명덕明德(인의예지)을 세상에 빛나도록 밝혀(明明德) 본성을 완성하는 '진성盡性'의 철학인 것이다.

그리하여 알레산드로 발리냐노와 두아르테 데 산데는 중국 광동성의 조경과 소관 시에서 거주하며 유학경전을 공부하고 있던 루기리와 마테오 리치의 보고서를 근거로 1590년 『로마교황청 방문 일본사절단』에서 공자를 서양에 처음 소개하면서 공자의 철학을 "본성의 빛(the light of nature)을 지침으로 삼는 철학"이라 칭하며 유럽에 소개했다.[97] 퍼채스(1613)와 마테오 리치(1614)는 공자철학이 "본성의 빛"의 철학임을 다시 확인했다.[98] 그들이 공자철학을 '본성의 빛의 철학'으로 소개한 것은 그들이 처음 접한 작은 유학경전들인 『대학』과 『중용』 안에서 밝은 '명明'자가 무려 34번이나 사용되기 때문이다.

베이컨은 발리냐노와 산데, 퍼채스, 마테오 리치 등이 전한 이 '본성의 빛'의 철학의 영향 속에서 중국의 과학기술을 경험과학의 소산으로 이해하고 『신기관』에서 "경험의 참된 질서가 처음으로 빛을 피우고 그 빛으로 길을 보여주게" 만들어[99] "본성의 빛(the light of nature)을 분절시키고 뒤트는 것"을 저지함으로

---

97) Anonym(Alessandro Valignano & Duarte de Sande), *Japanese Travellers in Sixteenth-Century Europe: A Dialogue Concerning the Mission of the Japanese Ambassador to the Roman Curia* [1590], edited and annotated with introduction by Derek Massarella, translated by J. F. Moran (London: Ashgate Publishing Ltd. for The Hakluyt Society, 2012), 423쪽.

98) Samuel Purchas, *Purchas, his Pilgrimage. Or Relations of the World and the Religions observed in all Ages and Places discovered from the Creation unto this Present* (London: Printed by William Stansby for Henrie Fetherstone, 1613·1614), 443쪽; 마테오 리치는 발리냐노와 산데에게 공자철학을 '본성의 빛의 철학'으로 소개했으나 막상 자기 책에서는 '본성의 빛'을 '이성의 빛'과 '양심의 빛'으로 바꿔 말한다. 그는 "중국인들이 이성의 빛이 하늘로부터 왔다고 가르쳤다"고 말하고, 이 "이성의 빛"을 다시 "양심의 빛"이라 바꿔 부른다. Luis J. Gallagher, *China in the Sixteenth Century: The Journals of Matthew Ricci* (New York: Random House, 1942·1953), 93쪽.

99) Bacon, *The New Organon*, Book I, Aphorism LXXXII, 67쪽.

써[100] "본성과 경험의 빛(the light of nature and experience)에 기초한 기계공예술"을 추구할 것을 천명한다.[101] 베이컨의 이 표현과 문체에 공자철학의 색조가 짙게 물들어 있다.

'자연의 빛', '본성의 빛'이라는 술어는 중세 유럽에서도 드물게 쓰이던 말이지만, 그때는 단지 부정적 의미로만 쓰였다. 그러나 이 말은 공자철학을 특징짓는 데 투입되면서 '본성의 경험적 빛', '감성적 본성의 빛', 또는 '물리적 자연의 빛'이라는 긍정적 의미로 전환되었다. 가령 리처드 후커는 '본성의 빛'을 '은총의 빛'에 대립시키거나 '성서의 빛'에 대립시켰다. 그리고 '본성의 빛'을 "통상적 분별과 판단", 또는 "인간들의 마음속의 공통된 본성의 빛", '이성의 빛'의 뜻으로만 사용했다.[102] 감성적 '본성의 빛'이라는 말은 없었다. 그리고 '본성의 빛'을 반드시 '성서의 빛'과 대비시키며 그 빛의 "불충분성(unsufficiency)"을 지적했다.[103]

반면, 베이컨은 이 '자연본성의 빛'을 공자철학에 따라 명확하게 감성적 '경험의 빛', 또는 '자연사물의 빛'으로 해석했다. 이를 바탕으로 베이컨은 '성서의 빛', '계시의 빛', '은총의 빛', '신앙의 빛' 등을 미신으로 몰아 과학으로부터 추방함과 동시에 이성을 맹신하는 고대그리스의 플라톤·아리스토텔레스의 형이상학적 '이성의 빛'과, 에피쿠로스의 소박경험론을 둘 다 지식영역으로부터 추방했다. 에피쿠로스는 이성적 사유의 이차적 역할마저도 깡그리 부정하고 감성만을 맹신하는 소박한 감각주의를 또 하나의 교조로 삼기 때문이다. 이에 반해 베이컨의 경험론은 "자연의 해석(interpretation of nature)"이라는 명제로써 이성적 사유의 '해석' 역할을 이차적으로 인정하고 경험과 결합시키는 점에서 '해석적 경험론' 또는

---

100) Bacon, *The New Organon*, Book I, Aphorism XLII, 41쪽. "자연의 빛"이라는 표현은 LVI에서도 쓴다.
101) Bacon, *The New Organon*, Book I, Aphorism LXXXIV, 61쪽. "경험의 빛"이라는 표현은 XLIX에서도 쓴다.
102) Richard Hooker, *Of the Laws of Ecclesiastical Polity* [Book 1-4, 1594; Book 5, 1597; Book. 6-8, 유고출판], Book II, Ch.viii, 7, Book V. Ch.lxvi. 8, Book V. Ch.lxxxi. 14. *The Works of Mr. Richard Hooker* (Oxford: At the Clarendon Press, 1888)
103) Hooker, *Of the Laws of Ecclesiastical Polity*, Book I. Ch.xi. 6, Ch.xii. 3. xiii. 1, Book II. Ch.viii. 4, 5.

'비판적 경험론'이라 칭할 수 있다. 그리고 공자의 경험론은 "술이부작述而不作" 명제에서 보듯이 '서술序述'이라는 사유(이성)의 역할을 이차적으로 중시하는 '서술적 경험론'이라 칭할 수 있을 것이다.

베이컨은 후커와 반대로 '본성의 빛', '자연의 빛'을 '불충분한' 빛 또는 '불완전한' 빛으로 본 것이 아니라, 공자처럼 '충분한' 빛으로 간주했다. 훗날 공자경전을 직접 읽은 유럽철학자들과 같이 '본성의 빛'을 지침으로 삼는 공자철학을 세상을 밝히는 '빛의 철학', '광명의 철학', '계몽의 철학'으로 여겼기 때문이다. 쿠플레의 경전번역서 『중국철학자 공자』를 불역한 장 드 라브륀(Jean de Labrune), 루이 쿠셍(Louis Cousin), 시몽 푸셰(Simon Foucher)는 1688년 '역자서문'에서 "신적 계시의 빛"을 주변으로 밀쳐내 버린 공자의 '본성의 빛'의 철학을 "자연적 이성이 가장 잘 전개되어 가장 강렬하게 나타난" 철학으로 찬미했다.[104] 이 찬미 속에서는 공자철학의 '본성의 빛'이 신적 계시의 빛에 비해 불완전하거나 불충하다는 지적이 전무한 것을 넘어 그 자체로서 '신의 계시의 빛'을 능가하는 것처럼 묘사되고 있다. "자연적 이성(la raison naturalle)"이라는 표현이 귀에 거슬리지만 라브륀·쿠셍·푸셰는 적어도 '본성의 빛'의 공자철학이 '계시의 빛' 없이도 그 자체로서 '완벽함'을 인정하고 있다.

"본성과 경험의 빛"에 의거한 베이컨의 '해석적·비판적 경험론'은 '다문다견多聞多見'·'박학심문博學審問'·'신사명변愼思明辯'의 '학이사지學而思之'와 '술이부작述而不作'에 기초한 공자의 '서술적序述的 경험론'과[105] 본질적으로 유사하다. 서양

---

104) "이 철학자의 도덕은 무한히 숭고하지만, 동시에 간단하고, 깨치기 쉽고, 자연적 이성의 가장 순수한 원천으로부터 도출된 것이다. 확언하건대, 신적 계시의 빛을 결한 자연적 이성이 이처럼 잘 전개되어 나타난 적도, 이토록 강렬하게 나타난 적도 없었다." Jean de Labrune, Louis Cousin & Simon Foucher (trans.), *La morale de Confucius, philosophe de la Chine* (Amsterdam: Chez Pierre Savouret, dans le Kalver-straat, 1688), "avertissement", 2쪽: "On peut dire que la Moral de ce Philosophe est infiniment sublime, mais qu'elle est, en meme temps, simple sensible, & puisée dans les plus pures sources de la raison naturalle. Assurent la raison destituée des lumieres de la révélation divine, n'a paru si développée, ni avec tant de force."
105) 공자의 '서술적 경험론'에 대해서는 참조: 황태연, 『공자의 인식론과 역학』 (파주: 청계, 2018).

의 전통적 인식론과 기독교 교설을 둘 다 거부하고 '본성과 경험의 빛'만을 신뢰하는 베이컨의 '해석적·비판적 경험론'은 그에 대한 공자철학과 중국의 경험적 과학기술의 영향이 얼마나 강력했는지를 짐작케 한다.

인류역사상 최초로 공자는 '많이 경험하고 나서 신중하게 생각하는(博學而愼思)' 서술적 경험론을 창시했다. 공자는 말한다.

> 경험하기만 하고 생각하지 않는 것은 공허한 것이고, 생각하기만 하고 경험하지 않는 것은 위태운 것이다.(子曰 學而不思則罔 思而不學則殆)[106]

그런데 공자는 "학이불사學而不思(경험하기만 하고 생각하지 않는 것)"의 공허함에 대한 경계보다 "사이불학思而不學(생각하기만 하고 경험에서 배우지 않는 것)"의 위태로움에 대해 더 많이 경계했다.

> 나는 일찍이 종일 먹지 않고 밤새 자지 않고 생각해보았으나 무익했고 경험에서 배우는 것만 못했다.(子曰 吾嘗終日不食 終夜不寢 以思無益 不如學也)[107]

또,

> 알지 못하면서 작화하는 사람들이 있는 모양인데 나는 이런 것이 없다. 많이 듣고 그 중 선한 것을 택해 그것을 따르고 많이 듣고 그것을 아는 것이 차선의 지식이다.
> (子曰 蓋有不知而作之者 我無是也. 多聞 擇其善者而從之 多見而識之 知之次也.)[108]

"지식의 차선", 즉 "차선의 지식"은 "나면서부터 아는(生而知之)" 성인聖仁의 신적神 지식 다음 순위의 지식이라는 말이다. 명제들의 종합적 결론은 '많이 듣고

---

106) 『論語』「爲政」(2-15).
107) 『論語』「衛靈公」(15-31).
108) 『論語』「述而」(7-28).

많이 보고 나서 생각하고(多聞多見而思之)' 신중히 생각하여 사물의 본성대로, 경험사실대로 그 순서에 따라 "서술序述하고 작화作話하지 않는 것이다." 사유의 역할은 "부지이작不知而作"하지(알지 못하면서 작화하지) 않고 사물의 본성에 따른 순서대로 기술하는 "서술序述"에 한정된다.

베이컨은 "부지이작"을 배격하고 "술이부작"하는 것과 거의 동일한 취지로 새로운 과학을 이렇게 묘사한다.

> 우리의 논리는 (보통 논리가 그러하듯이) 연약한 정신적 덩굴손으로 추상물을 더듬어 붙잡는 것이 아니라 자연을 진짜로 해부하고 물체들의 힘과 동작을, 그리고 물질 속에 그려진 그 법칙을 발견하라고 지성을 가르치고 훈련시킨다. 따라서 이 과학은 정신의 본성(the nature of the mind)으로부터가 아니라 사물의 본성(the nature of things)으로부터 그 원천을 취한다.[109]

베이컨은 서구에서 최초로 "학이불사學而不思"의 공허함과 "사이불학思而不學"의 위태로움, 즉 "부지이작不知而作"하는 전통적 서양철학의 형이상학적·신학적 공리공담空理空談·무실공언無實空言을 지적하고 '본성의 빛', '경험의 빛'으로 병든 형이상학적 이성을 계몽하기 시작했다.

이제 베이컨의 '해석적·비판적 경험론'을 살펴보기로 하자. 공자는 철학의 초점을 '지인知人'에 초점을 맞춰 "충서忠恕"의 경험론적 공감해석학의 방법으로 인간과학을 기안하고 완성했다. 반면, 베이컨의 인식방법론은 "자연의 해석과 인간의 왕국에 관한 경구들(Aphorisms on the Interpretation of Nature and on the Kingdom of Man)"의 집필을[110] 의도했지만, 경구의 대부분은 "인간의 왕국"과 무관하고 "자연의 해석"에 초점을 맞추고 자연과학의 갱신을 추구하고 있다. 그런데 이 경구들은 모두 '박학이신사博學而慎思(널리 경험하고 신중히 생각함)'와 귀납적 '술이부작述而不作'을 모토로 하는 공자의 해석적 경험론과 베낀 듯이 매우 흡사하다.

---

109) Bacon, *The New Organon*, Book II, LII.
110) Bacon, *The New Organon*, Book I, 33쪽.

- 자연을 해석할 최고의 권능을 가진 감각과 경험

베이컨 방법론의 출발점은 공자의 '학이사지學而思之(경험에서 배우고 나서 이를 생각함)' 또는 '선학이후사先學而後思(경험을 앞세우고 사유를 뒤로함)'의 원칙과 유사하게 "경험에 의하지 아니한 일체의 기도를 거부하고 경험의 성과들을 참된 방식으로 추구하는 것"이다.[111] 따라서 『신기관』에서 그는 일단 인간적 지식의 '갱신(Renewal)'을 통해 "인간 지성의 그 작은 방(cell) 안에서가 아니라 겸손하게 더 넓은 세계에서 지식을 찾을 것"을 요구한다.[112]

베이컨은 감각의 기만에도 불구하고 감각 기능에 유일한 '자연 해석자'의 지위를 부여하는 한편, 감각의 오류위험과 함께 감각의 자기교정능력을 다시 감각에 인정한다.

과학이 필요로 하는 것은 경험을 별도로 분리시켜 이것을 분석하고 적절한 배제와 배척의 토대 위에서 필연적 결론을 형성하는 귀납의 형식이다. (…) 우리는 감각 자체의 정보들을 면밀히 조사하는 방법이 많다. 감각들은 종종 기만하지만, 그 자신의 오류의 증거도 주기 때문이다. (…) 감각들은 두 가지 면에서 결함을 지닌다. 모든 감각들은 우리에게 도움이 되지 않거나 기만할 수 있다. 첫째, 감각들이 건강하고 상당히 방해받지 않을 때조차도, 온전한 물체의 희소성 때문에 또는 그 부분들의 극소 크기 때문에 또는 거리나 물체의 느리거나 빠른 속도 때문에, 또는 객체가 너무 친숙하기 때문에 인간의 감각들을 피해 나가는 사물들도 많다. 그리고 감각들이 객체를 포착할 때도 이 객체에 대한 이해가 언제나 믿을 만한 것은 아니다. 감각들에 의해 주어지는 증거와 정보는 항상 우주의 유추(analogy)가 아니라 인간의 유추에 기초해 있기 때문이다. 감각이 사물의 척도라고 주장하는 것은 아주 커다란 오류다. 그러므로 이 결함들에 맞서기 위해서 우리는 모든 측면으로부터 굉장하고 성실한 헌신으로 감각들에 대한 보조물을 찾고 모아서 총체적 실패의 경우에는

---

111) Francis Bacon, "Letter to James I" (1620. 10. 20). J. Speding, R. L. Ellis and D. D. Heath (ed.), *The Works of Francis Bacon* (London: Longman et al., 1857-9, 7 vols.), volume 8, 130-131쪽. 베이컨(이종흡 역), 『학문의 진보』 (서울: 아카넷, 2004), "해제" 5-6쪽에서 재인용.
112) Bacon, *The New Organon*, "Preface to 'The Great Renewal", 13쪽.

대체물을, 왜곡의 경우에는 수정을 제공한다. 우리는 이것을 도구로써가 아니라 실험적 경험(experiments)으로써 한다. (…) 그러므로 우리는 감각의 즉각적·본래적 지각을 아주 많이 신뢰하는 것이 아니라 감각이 오직 실험을 판단하고 실험이 사물을 판단한다는 사실만을 강조한다. 따라서 우리는 (우리가 미치지 않기를 바란다면 자연사물 속의 모든 것을 끌어오는 출처인) 감각을 자연의 거룩한 고위성직자와 이 자연의 신탁神託의 능란한 해석자로 만들었다고 믿는다. 남들은 단지 겉으로만 감각을 존중하고 칭찬하는 것처럼 보일 뿐인 반면, 우리는 실제로 감각을 존중하고 칭찬한다. (…) 이 감각들은 인간지성이 편견 없다면, 말하자면 인간지성이 빈 석판(blank slate)이라면, 그 자체로 충분할 것이다.[113]

베이컨에 의하면, 감각은 기만하기도 하지만 이 기만을 해소할 증거와 능력도 준다. 감각들은 '종종' 인간을 속이지만, '감각 자체의 정보들을 면밀히 조사하는 방법'이 '많기' 때문에 감각 자체의 '오류의 증거'를 구해 감각에 의한 다각적 지각과 정밀한 실험을 통해 기만적 감각내용들을 수정할 수 있다. 가령 물속에서 구부려져 보이는 막대기는 손으로 만져 보고 손의 촉감으로 반듯함을 느껴 구부러져 보이는 눈의 착시를 없앤다.

물론 베이컨은 "단지 겉으로만 감각을 존중하고 칭찬하는 것처럼 보일 뿐인" 에피쿠리언학파의 소박경험론자들처럼 '감각이 사물의 척도다'라고 주장하는 것을 "아주 커다란 오류"로 비판한다. 왜냐하면 에피쿠리언적 소박경험론은 감각의 즉각적 지각을 너무 많이 신뢰하기 때문이다. 하지만 우리가 모든 측면으로부터 "굉장하고 성실한 헌신"으로 "감각들에 대한 보조물", 즉 많은 기억들(경험)과 실험을 찾고 모아서, 이 '경험과 실험'으로, 감각이 총체적으로 실패한 경우에 "대체물"을 제공하고, 감각이 왜곡된 경우에 "수정"을 가한다면, 감각의 "결함들

---

113) Bacon, *The New Organon*, "Plan of The Great Renewal", 17-8.쪽. 베이컨은 『신기관』의 본론에서도 "인간 지성의 가장 큰 장애와 왜곡은 감각들의 둔감·한계·기만에서 온다. (…) 하지만, 참일 가능성을 가진 모든 자연 해석은 모두 사례와 (…) 적합하고 적절한 실험적 경험에 의해 달성된다"고 주장한다. Bacon, *The New Organon*, "Aphorisms on the Interpretation of Nature and on the Kingdom of Man", Book I, L(50).

은 제거될 수 있다. 따라서 "자연사물 속의 모든 것을 끌어오는" 통로인 감각을 제대로 "자연의 거룩한 고위성직자와 이 자연의 신탁의 능란한 해석자로 만드는" 길은 "감각의 즉각적·본래적 지각을 아주 많이 신뢰하는" 것이 아니라, 감각을 통해 실험을 판단하고 실험을 통해 사물을 판단하는 방법이다. 이것은 소박경험론자들처럼 단지 겉으로만 감각을 존중하고 칭찬하는 것이 아니라, 감각을 진짜 존중하고 칭찬하는 방법이다. 이런 전제 하에서 다양한 '박물지적 경험과 실험'에 의해, 즉 공자의 술어로 바꾸면 '박학과 심문審問'에 의해 보조받는 감각들은, 인간지성이 아무런 편견 없는 '빈 석판'이라면, 그 자체로서 사물을 인식하기에 '충분한' 것이다. 그러므로 과학이 필요로 하는 방법은 플라톤의 '변증론'이나 아리스토텔레스의 '논증', 데카르트의 '수리적 논증'과 같은 '연역법'이 아니라, 경험을 별도로 분리시켜 이것을 분석하고 필연적 결론을 도출하는 '귀납법'인 것이다. 이것은 공자의 '학이사지'·'술이부작'과 동일한 방법이다.

이런 관점에서 베이컨은 실험의 방법론에 대한 길고 상세한 논의를 전개한다.[114] 그는 '과학의 목적'을 "주어진 본성에 대해 그 형상形相들(Forms), 또는 참된 차이, 또는 인과적 본성, 또는 본성의 미래적인 것을 발견하는 것"으로 규정하고, 다음과 같이 이 임무를 1차적 임무와 2차적 임무로 구체화한다.

> 이러한 1차적 임무에 종속된 2차적이고 덜 중요한 두 가지 임무가 있다. 전자의 임무에 속하는 것은 가능성의 범위 안에서 한 사물을 다른 사물로 바꾸는 구체적 물체들의 변환이다. 후자의 임무에 속하는 것은, 매번의 산출과 운동 속에서 명백한 작용인(efficient cause)과 관찰가능한 물질로부터 '포착된 형상'까지 이르는 지속적인 '숨은 과정'의 발견이고, 유사하게 운동 중이 아닌, 정지 중인 물체의 잠재적 구조의 발견이다.[115]

---

114) 참조: Bacon, *The New Organon*, "Aphorisms on the Interpretation of Nature or on the Kingdom of Man" Book II, 102-221쪽.
115) Bacon, *The New Organon*, Book II, Aphorism I (102).

베이컨은 아리스토텔레스의 질료인(material cause)·형상인(formal cause)·작용인(efficient cause)·목적인(final cause)의 네 가지 원인구분법을 거부하고 저 작용인을 원인과 결과의 관계인 인과율로 바꿔 이를 '자연법칙'이라 부른다.

현행의 인간 지식의 안타까운 상태는 통상적 표현으로 명백하다. '참으로 아는 것은 원인에 의해 아는 것이다'라고 적어두는 것이 옳다. 또한 질료인·형상인·작용인·목적인 등 네 가지 원인을 구분하는 것도 나쁘지 않다. 그러나 목적인은 유용함과 거리가 먼 것이다. 사실 이것은 인간 행동의 경우를 제외하면 과학들을 실제로 왜곡시킨다. 또 형상의 발견은 무망한 것으로 여겨진다. 그리고 (그 자체로서, 그리고 형상으로 이끌어지는 잠재적 과정과 별개로 보통 찾고 받아들이는) 작용인과 질료인은 마지못해 하는 피상적인 것이고, 참된 실천적 지식에 거의 무가치하다. 또한 우리는 일찍이 우리가 존재에서의 으뜸 역할, 즉 제1본질(prima essentiae)을 '형상'에 배정한 데서 생긴 인간 정신의 오류를 비판하고 교정한 것을 잊지 않았다. 자연 속에는 법칙에 따라 순수한 개별적 동작을 표출하는 개별적 물체들 외에 아무 것도 실존할 수 없을지라도, 철학적 교리 안에서 법칙 그 자체와, 이 법칙의 조사·발견·설명은 지식과 행위 양자의 기초로 받아들여진다. 특히 '형상'이라는 단어가 확립되고 통용되고 있는 것처럼, 우리가 '형상'으로 이해하는 것은 이 법칙들과 그 원인들이다.[116]

따라서 자연적 사물들의 '인과법칙'과 '원인'을 인식하는 것(조사·발견·설명하는 것)이 사물을 제대로 인식하는 것이다. 오로지 일정한 대상들에서의 (하양 또는 열기 같은) 어떤 본성의 원인만을 아는 사람은 불완전한 지식을 가지고 있다. 그러나 '법칙'과 '원인'을 아는 사람은 아주 상이한 질료들 속에서 '본성의 통일성'을 이해한다. 따라서 이런 사람은 이전에 달성된 적이 없는 것, 자연의 흥망성쇠도, 실험적 노력도, 심지어 우연도 창출하지 못한 것 그리고 인간의 정신 속에 들어올 것 같지도 않던 것들을 발견하고 산출한다. 그리하여 참된

---

116) Bacon, *The New Organon*, Book II, Aphorism II.

사상과 자유로운 공작은 이 '원인'의 발견'으로부터 결과하는 것이다.117)

또한 베이컨은 인류가 대대로 협력해 각 부문의 경험자료들을 수집해 나가기 위한 130개 항목의 자연·지리·기술·사회박물지의 개요, 즉 "참된 철학의 기초와 토대로서 기여하기에 적합한 자연·경험박물지의 개요"를 기안한다.118) 태고 대로부터 부단히 이어진 중국의 역사기록과 자연·천문관찰기록을 본보기로 삼은 것 같은 이 박물지는 인류를 형이상학적 단잠에서 깨워 '주유천하'의 경험과 수백·수천 년의 기록 자료들로부터 배우기 위해서다. 베이컨은 전 인류가 철학에 자신과 자신의 노력을 바치고 전 지구가 절대적으로 대학교와 대학, 그리고 배운 사람들의 학교로 채워졌고 채워진다고 하더라도, 이러한 '자연·경험박물지' 또는 중국식 역사기록과 자연·천문관찰기록이 없다면, 이런 학교들조차도 아무것도 할 수 없었고 또 할 수 없을 것이라는 점을 강조한다. 그러나 이러한 박물지가 개발되고 잘 수립되기만 하면, '자연의 해석'과 과학은 수년의 작업으로 이룩될 수 있을 것이라는 것이다. 따라서 이것을 먼저 해야 한다. 그렇지 않다면, 차라리 연구작업 자체를 포기하는 것이 낫다. 이것은 "참된 실천철학"이 수립될 수 있는 "단 하나의 유일한 방법"이다. 인간들은, 마치 형이상학적 "깊은 단잠(deep sleep)"으로부터 깨어나는 것처럼, 정신의 의견·가공架空과 참된 실천철학 간의 차이가 무엇인지, 바로 "자연에 관해 자연 그 자체에게 묻는 것"이 무엇인지를 인식하게 될 것이다.119)

이렇듯 베이컨은 서구 학계를 형이상학의 '깊은 단잠'에서 깨웠으나, 칸트의 말대로 데카르트에서 라이프니츠에 이르는 대륙의 합리론은 데카르트의 '네오스콜라 철학' 이후 다시 "교조적 단잠(dogmatischer Schlummer)"에 빠져들었다. 그러나

---

117) 참조: Bacon, *The New Organon*, Book II, Aphorism III.
118) Bacon, *The New Organon*, "Preparation for a Natural and Experimental History", 'Outline of a Natural and Experimental History, adequate to serve as the basis and foundation of True Philosophy', 222-238쪽. 17세기에 "experiment"는 experience의 뜻으로 쓰였고, "history"는 '이야기'나 '박물지'의 뜻으로 쓰였다.
119) Bacon, *The New Organon*, "Preparation for a Natural and Experimental History", 'Outline of a Natural and Experimental History, adequate to serve as the basis and foundation of True Philosophy', 223쪽.

칸트는 흄의 경험론적 회의주의의 도움으로 이 '교조적 단잠'에서 깨어났다고 자인했다.[120] 그러나 푸코가 비판한 것처럼 칸트 자신도 결국 "인간학적 잠(anthropologischer Schlaf)"에 빠져들었다.[121] 칸트는 세계를 '해석'하는 자연인식론이 아니라, 제자로서 자연을 배우고 해석해야 할 인식주체가 "재판관"으로 자연 위에 올라 앉아 자연을 고문하듯 심문·재판하고 말랑한 밀반죽에다 빵틀을 찍듯이 자기의 이성으로부터 연역해낸 범주들을 자연에다 적용해 자연을 자의적으로 조작해 인식하는 구성적 인식론을 수립했다. 『순수이성 비판』의 마지막 절 "순수이성의 역사"에서 그는 "인간이성의 지식욕(Wißbegierde)이 항상, 그러나 지금까지 헛되이 몰두해왔던 것에서 인간이성을 완전히 만족시킬" 수 있도록 종래의 "오솔길(Fußsteig)"을 "군용도로(Heeresstraße)"로 만들어야 한다고 말한다.[122] 이 "군용도로"는 자연의 파괴적 정복으로 가는 정복도로다. 그런데 칸트는 『순수이성 비판』「서문」에서부터 이렇게 강변했었다.

> 이성은 자연이 시키는 대로 걸음마 줄에 따라 조종당하는 것이 아니라, 이성 자신이 그 자신의 기획에 따라 생산하는 것만을 통찰하고 자신의 판단의 원리들을 가지고 항구적 법칙에 따라 전진해 자연에게 이성 자체의 물음에 답하도록 강요한다. (...) 이전에 기획된 계획에 따라 만들어지지 않은 우연한 관찰들은 (...) 전혀 필연적 법칙들 안에서 연결되지 않는다. (...) 이성은 한 손에 서로 합치되는 현상들을 유일하게 법칙으로 통용되게 하는 그 자신의 원리를 가지고, 다른 손에는 이성이 저 법칙에 따라 고안해낸 실험을 가지고 자연에게로 나아가야 한다. 이것은 자연으로

---

120) 칸트는 말한다: "나는 솔직히 고백한다: 데이비드 흄의 기억은 여러 해 전에 나의 교조적 단잠을 중단시켜준 바로 그것이었고, 사변철학 분야에서의 나의 연구에 완전히 다른 방향을 부여해준 것이었다." Immanuel Kant, *Prolegomena zu einer jeden künftigen Metaphysik, die als Wissenschaft wird auftreten können* [1783], 118쪽. *Kant Werke*, Band 5. Herausgegeben von Wilhelm Weischedel (Darmstadt: Wissenschaftliche Buchgesellschaft, 1983).
121) Michel Foucault, *Die Ordnung der Dinge* (*Les mots et les choses*) (Frankfurt am Main: Suhrkamp, 1974), 410-412쪽. 이에 대한 상세한 분석은 참조: 황태연, 『계몽의 기획』(서울: 동국대학교출판부, 2004), 37-39쪽.
122) Immanuel Kant, *Kritik der reinen Vernunft* [1783], 712쪽. *Kant Werke*, Band 4. Herausgegeben von Wilhelm Weischedel (Darmstadt: Wissenschaftliche Buchgesellschaft, 1983).

부터 가르침을 얻기 위한 것이긴 하지만, 이것은 스승이 원하는 모든 것을 다 말해야 하는 제자의 자질로서가 아니라, 증인들을 강요하여 이 증인들에게 제기하는 질문들에 답하도록 하는 임명된 재판관의 자질로서 그리한다. 그리하여 물리학자조차도 이렇게 이로운 '사고방식의 혁명'을 단지 다음과 같은 착상에만 힘입어야 한다. 그것은 이성 자신이 자연 속에 집어넣은(hineinlegen) 것에 입각해서, 이성이 자연으로부터 배워야 하는 것, 이성이 독자적으로는 알지 못할 것을 (자연에 덮어씌우는 것이 아니라) 자연 안에서 찾아내는 착상이다.[123]

제자(인식주체)를 피고인과 증인을 심문하는 "재판관"으로 격상시키고, 스승(자연)을 피고와 증인으로 격하시키는 이 전도된 재판방식의 조작적 인식관계는 자연의 제자로서 "자연에 관해 자연 그 자체에게 묻고" 배우는 베이컨의 "자연의 해석"과 대립되는 '자연의 고문', '자연의 조작' 방법이다. 이것이 '조작적' 인식인 것은 "이성이 자연으로부터 배워야 하는 것"을 자연 안에서 찾아내야 한다고 하면서 자가당착적으로 "이성 자신이 자연 속에 집어넣는" '섞음 질'에 "입각해서" 찾아내야 한다고 주장하기 때문이다. 칸트의 이 인식론은 인간을 만물의 영장으로 특대하는 "인간학적 단잠"의 인간학 프로젝트를 기획·실행해서 인간의 자연인식을 '종족의 우상'에 빠뜨린 것이다. 그런데 베이컨은 칸트의 이런 오만하고 건방진 자연모독적 인식태도, 즉 네오스콜라주의적 자연인식 태도에 대한 호된 근본적 비판을 '선취'하고 있다. 베이컨은 이미 정신이 "자연에 대해 보다 고분고분하고 자연을 무모하게 모욕하지 않았더라면" 인간들이 획득할 수 있었을 인간 자신의 "진정한 능력들"을 그러한 자연모욕으로 인해 "인간이 다 놓치고 상실한다"고[124] 비판해 놓고 있기 때문이다.

---

123) Immanuell Kant, *Kritik der reinen Vernunft*[1781·1787] "Vorrede", B XIII-XIV쪽. *Kant Werke*, Bd. 3·4 (Darmstadt: Wissenschaftliche Buchgesellschaft, 1983).
124) Bacon, *The New Organon*, "These are the thoughts of Francis Verulam", 2쪽.

- 인간정신의 청소: 우상의 제거

베이컨은 '그릇된 과학'의 근본원인을 제대로 된 연구방법론을 찾지 못한 인간정신의 자화자찬으로 본다. "과학 안에 들어있는 만악萬惡의 원인과 뿌리는 이것이다. 즉, 우리가 인간 정신의 능력을 그릇되게 찬미하고 격찬하면서도 우리가 이 정신의 참된 보조수단을 찾는 것을 소홀히 하는 것이다."[125] 정신의 이 "참된 보조수단"이란 해석적 경험주의 방법론을 말한다. 따라서 베이컨은 '자연의 해석'으로 넘어가기 전에 먼저 할 일로서 '오염된 인간정신'을 '우상'으로부터 해방시키는 '지성과 이성의 청소'를 제안한다. 공자가 '사이불학思而不學'의 오류위험과 무익함을 지적했듯이[126] 고르지 않은 난면경亂面鏡과 같은 이성의 오류위험과 공리공담성이 문제이기 때문이다.

이 때문에 베이컨은 "이것은 프란시스 베룰람 베이컨의 생각이다(These are the thoughts of Francis Verulam)"는 글에서 자신의 깨달음을 이렇게 밝힌다.

> 그(베이컨)는 인간 지성이 지성 그 자체의 문제의 원천이고(the human intellect is the source of its own problems), 인간의 능력 안에 들어 있는 아주 진정한 보조수단을 지각있게, 그리고 적절하게 사용하지 못한다는 사실을 깨달았다.[127]

이로 말미암아 인간에게 나타난 결과는 "자연에 대한 깊은 무지"이고, 이 깊은 무지의 결과는 궁핍이다. "정신이 받아들이고 지키고 축적하는 (그리고 그 밖의 모든 것의 원천인) 사물들의 시초 개념들은 결함에 차고 혼동되고 함부로 사물들로부터 추상된 것이고 또 정신의 두 번째와 기타 개념들 안에도 이것에 못지않은 고통과 비일관성이 들어 있다". 그 결과, 자연에 대한 탐구에 동원하는 "일반적 인간 이성"은 "잘 기초지어지지 않고 적절히 구성되어있지 않다". 그래서 인간

---

125) Bacon, *The New Organon*, Aphorism IX.
126) 『論語』「爲政」(2-15): "子曰 (…) 思而不學則殆"; 「衛靈公」(15-31): "子曰 吾嘗終日不食 終夜不寢 以思無益 不如學也."
127) Bacon, *The New Organon*, "These are the thoughts of Francis Verulam", 2쪽.

이성과 이성적 형이상학은 "기초 없는 우람한 궁전과 같은 것이다". 그런데도 인간들은 "정신의 그릇된 능력들을 찬미하고 경축한다". 하지만 인간 이성은 제대로 된 방법들의 "적절한 보조수단"이 이용되었더라면, 그리고 정신이 "자연에 대해 보다 고분고분하고 자연을 무모하게 모욕하지 않았더라면" 인간들이 획득할 수 있었을 자기 자신의 "진정한 능력들을 인간은 놓치고 상실한다".[128) 정신이 너무 오만하게 이성을 하늘 끝까지 높이고 너무 많은 '우상들'에 사로잡혀 있기 때문에 자연에 대한 모독은 필연적이다.

> 인간들의 정신은 아주 많은 이상한 방법들에 사로잡혀 있어서 사물들의 참된 광선光線을 받아들이는 데 쓸 수 있는 판판하고 광나는 표면을 가지고 있지 않기 때문에 우리가 이것에 대해서도 치료법을 가질 필요가 있다는 것을 깨닫는 것이 본질적으로 중요하다. 정신을 사로잡은 우상은 인공적(artificial)이거나 본유적(innate)이다. 인공적 우상들은 철학의 교리와 종파로부터 또는 편벽된 증명규칙으로부터 인간들의 정신 속으로 잠입했다. 본유적 우상은 감각보다 훨씬 더 많이 오류경향이 있는 것으로 드러나는 지성 그 자체 안에 내재하는 우상이다. 왜냐하면 (...) 난면경이 사물들의 광선을 그 본래적 모양과 꼴에서부터 변화시키듯이, 정신도 감각을 통해 사물들에 의해 영향을 받으면 충실하게 사물들을 보존하는 것이 아니라 자신의 개념을 형성하고 고안할 때 자신의 본성을 섞어 넣어 사물의 본성과 뒤섞는다는 것은 상당히 확실하기 때문이다. 처음 두 종류의 우상은 꽤 어려워도 제거될 수 있지만, 마지막 (본유적) 우상들은 결코 제거될 수 없다.[129)

정신이 "자신의 개념을 형성하고 고안할 때 자신의 본성을 섞어 넣어 사물의 본성과 뒤섞는다"는 구절은 칸트의 소위 공허하고 위험한 '선험적 종합판단'을 상기시킨다. 베이컨의 관점에서 본다면, 칸트의 이 '선험적 종합판단'은 '결코 제거될 수 없는' 정신의 본유적 우상들을 사물의 본성에 뒤섞는 이런 '섞음 질'에 해당한다. 베이컨의 이 말은 플라톤의 '선의 이데아', 데카르트의 '본유관념', 칸트

---

128) Bacon, *The New Organon*, "These are the thoughts of Francis Verulam", 2쪽.
129) Bacon, *The New Organon*, "Plan of The Great Renewal", 18-19쪽.

의 '감성형식'과 '순수이성으로부터 연역된 범주' 등은 결코 '타고난 합리적 지식'이 아니라, 모조리 '사유(이성)의 본유적 우상'일 뿐이다.

베이컨은 4대 우상을 열거하고 비판적으로 분석한다. "인간의 정신을 가로막는 네 가지 우상이 있다. 가르침을 위해 우리는 그것들을 다음과 같은 이름으로 부른다. 첫 부류는 '종족의 우상(idols of the tribe)', 두 번째는 '동굴의 우상(idols of cave)', 세 번째는 '시장의 우상(idols of market)', 네 번째는 '극장의 우상(idols of theatre)'이다."130)

첫째, "종족의 우상"이다. 베이컨은 천지天地 자체의 관점을 얻기 위해 인간종족 일반에게만 특유한 관점을 벗어날 것으로 요구한다. 이것은 '인간종족의 우상'에 대한 비판능력을 전제한다. '종족의 우상'은 인간을 '만물의 영장靈長'이나 '만물의 척도'로 보고 자연과 우주의 주인으로 여기거나 인간의 감각적·이성적 본성의 이른바 '본유관념'을 특권으로 삼아 인간을 특별한 존재로 격상시키는 온갖 사고방식이다. 이것은 모든 개개인이 인간으로 태어나 살고 있는 한에서 인간종족의 일원임을 벗어날 수 없기에 저 '본유적 우상'에 속한다. '종족의 우상'은 말하자면 "인간 본성 그 자체와 인류라는 바로 종족에 기초를 두고 있는 것"이다. 그러나 "인간 감각이 사물들의 척도라는 주장은 그릇된 것이다. 감각이든 정신이든 이 양자의 모든 지각(인식)은 우주와 관련된 것이 아니라 인간과 관련된 것이다. 인간 지성은 사물들로부터 광선을 받아들여 자신의 고유한 본성을 자연의 본성과 뒤섞는, 이로써 자연의 본성을 뒤틀고 망가뜨리는 난면경과 같은 것이다." 이러한 '종족의 우상'은 "인간적 영령 실체의 규칙성 또는 그 편견 또는 그 한계 또는 그 쉴 새 없는 운동"에 기원을 두거나, 인간 고유의 "감정의 영향 또는 감각의 한정된 능력 또는 인상의 양상에 그 기원을 두는 것들"이다.131) 인식론적 '종족의 우상'의 플라톤적 표현은 이데아론과 상기설이고, 아리스토텔레스적 표현은 아르케(제1원리)에 대한 '이성적 직관'과 '연역'의 이론이고, 근대

---

130) Bacon, *The New Organon*, Book I, XXXIX (39).
131) Bacon, *The New Organon*, Book I, XLI(41); 52(LII).

적 표현은 본유관념론이고, 에피쿠리언적 표현은 '인간 감각'을 '진리의 척도' 또는 '사물의 척도'로 보는 교조주의적 소박경험론과 감각적 절대진리론이다.

반면, 공자는 베이컨과 흄처럼 "하늘에서 만드는" 본유 "심상"(在天成象)을[132] 인정했으나 본유 '관념'은 인정치 않았고, '근도近道'(개연적 지식)만을 인정하고, '득도得道'(절대진리의 획득)도, — '조문도석사가의朝聞道夕死可矣(아침에 도를 들으면 저녁에 죽어도 좋다)'의 — '문도聞道'(도를 들을, 즉 절대진리를 들을 가능성)도 부정했다. 인간은 인간에게 특유한 천성적 색상감각으로 빛이 분화된 사물의 가령 빨간 빛깔을 볼 뿐이고, 햇빛의 일곱 가지 빛깔 중 이 빨간 빛깔만을 반사하는 사물의 속성 자체를 알지 못하기 때문이다. '어떤 사물이 빨갛다'는 판단은 인간에게 특유한 것이고, 다른 동물들이나 빨간색 색맹 인간에게는 타당하지 않은 것이다. 이 때문에 '어떤 사물이 빨갛다'는 판단을 절대시하는 '종족의 우상'을 버리고 사물의 표면에 나타나는 햇빛의 빨강색을 610-700nm 파장의 광파로 중립적·객관적으로 포착하게 되는 것이다.

한편, 인간을 헤브라이즘·헬레니즘적 관점에서 '만물의 영장'으로 특대하는 도덕론적 '종족의 우상'의 근대철학적 표현은 이성이 없는 동물에게 부정되는 '합리주의 도덕(실천이성)'의 이론이고, 근대 정치사상의 표현은 자연적대적 '인간파시즘'으로서의 '칸트주의적 휴머니즘'이다. 그러나 천도天道에 근본을 두고 지도地道를 본받은 공자의 인도人道, 즉 사물도 아끼고(愛物節用) 자는 새도 쏘지 않고(不射宿) 우는 소도 측은히 여기고 자라는 나무도 베지 않고 새싹도 발로 밟지 않는 공맹의 인도는 저런 인간파시즘적 '종족의 우상'을 일찍이 청산했다.

둘째, "동굴의 우상"이다. 베이컨은 개인들이 저마다 특별한 개인의 특수한 관점에 사로잡히는 것을 '동굴의 우상'이라 한다. '동굴의 우상'은 자기 자신의 사적 편견 또는 기질·체질을 척도로 삼는 개인의 그릇된 사고방식이다. 따라서 "'동굴의 우상'은 개인적 인간들의 환상이다". 왜냐하면 "인간 본성 일반의 탈선"인 종족의 우상과 달리 "각 개인은 자연적 본성의 빛을 파편화하고 뒤트는 일종의

---

132) 『易經』「繫辭上傳」(1).

개인적 동굴(cavern)을 가지고 있기" 때문이다. "이것은 각개 인간의 독특성과 특수성 때문에 일어나거나, 아니면 사물들이, 뭔가에 사로잡히고 혹시 편향된 정신, 또는 침착하고 초연한 정신 등 상이한 정신들에 대해 각인하는 상이한 인상 때문에 일어나기도 한다." 이 때문에 "상이한 인간들의 상이한 성벽"의 "인간 정신"은 "가변적인 것", "상당히 불규칙적인 것, 거의 되는 대로 하는 것"일 수밖에 없다. 이것은 명백하다. 헤라클레이토스에 의하면, 이런 까닭에 인간들은 "지식을 더 커다란, 또는 공동적인 세계 속에서가 아니라 더 작은 사적 세계 속에서 찾는" 경향이 있는 것이다.[133] 동굴의 우상은 각 인간의 정신과 육체의 개인적 천성에, 그리고 각 인간의 교육·생활방식·우연적 사건 등에 그 기원을 둔다. 그 양상은 다양하고 복잡하다.[134]

통상적으로 "인간들은 지식과 사상의 특수한 편린들에 대한 사랑에 빠지기" 마련이다. 왜냐하면 "인간들은 스스로를 이것들의 저작자·창안자라고 믿거나, 커다란 노력을 이것들에 쏟아 부어 이것들에 아주 익숙해졌기" 때문이다. 이러한 인간들은 철학과 보편적 사색에 전념한다면, 그들의 이전 환상에 맞도록 이 철학과 사색을 뒤틀고 부패시킬 것이다. 이러한 동굴의 우상은 "자연철학을 논리학에 극단적으로 예속시켜 논쟁 소재로 만들어 무용지물로 전락시킨 아리스토텔레스에게서 가장 현저하게 나타난다".[135] 베이컨은 플라톤과 달리 감각적 경험의 가치를 얼마간 인정했던 아리스토텔레스의 자연철학도 공리공담적 형이상학으로 비판하고 있다.

개인들 간에는 여러 가지 이유에서 정신적·감각적·성향적·감정적·육체적 개인차가 있다. 가령 이 사람은 차이를 잘 보고, 저 사람은 유사성을 잘 보는 식의 개인차가 있다.[136] 또 어떤 사람은 옛것을 찬미하고, 또 다른 사람들은 새것을 사랑한다. 고대의 참된 업적을 비판하지 않고 현대인들의 진정한 기여를

---

133) Bacon, *The New Organon*, Book I, XLII(42).
134) Bacon, *The New Organon*, Book I, LIII(53).
135) Bacon, The New Organon, Book I, LIV(54).
136) 참조: Bacon, The New Organon, Book I, LV(55).

경멸하지 않고 "중용을 견지하는 기질(the temperament to keep the mean)"을 가진 사람들은 거의 없다. 이것은 "과학과 철학에 대해 커다란 손실"이다. 이런 태도는 "고대나 현대에 대한 판단이 아니라 광신"이다. 그런데 "진리는 가변적인 것인 특수한 시대로 경사傾斜되는 것으로부터가 아니라, 영원한 '본성의 빛'으로부터 찾는 것"이다. 따라서 우리는 "이런 광신들을 멀리하고, 지성이 이 광신들과 순응하는 것으로 바뀌지 않도록 확실히 해야 한다".137)

또한 이 사람은 미세한 것을 생각하기 좋아하고, 저 사람은 큰 것을 생각하기 좋아한다. 그러나 물체의 관찰은 미립자와 큰 구조를 동시에 보아야 하는 것이다. 미립자의 고찰에 치우친 것은 데모크리토스이고, 큰 구조에 치우친 것은 기타 철학자들이다. 그러나 "지성은 침투적이면서 또한 포괄적이게 양면적으로 만들어져야" 한다.138) 사적 '동굴의 우상'은 대개 "종합과 분리의 지배나 과잉 또는 박물지적 기록기간의 부분성 또는 크고 작은 대상들에 그 기원을 두고 있다". 따라서 일반적으로 자연학도들은 각각 다 자기의 지성을 지극히 많이 사로잡고 붙들고 있는 것을 그것이 무엇이든 의심해야 한다.139) 사적 동굴의 우상은 모든 인간이 개인인 한에서 개인의 시각에만 갇혀 있으면 필연적으로 갖게 되는 본유적 우상이다.

베이컨은 이것을 '동굴의 우상'을 파괴하기 위해 박물지의 구축을 주창한다. 공자도 동굴의 우상에 사로잡히는 것을 탈피하기 위해 "다문다견多聞多見"과140) "박학심문博學審問"을 강조했다. 공자처럼 모든 각도에서 '다문다견'해 '박학심문'하고 베이컨이 바라듯이 지식을 더 커다란 공동세계 속에서 찾기 위해 '삼인행' 속에서도 자기의 스승을 찾고(三人行 必有我師),141) 『서경』에 "천시자아민시天視自

---

137) Bacon, *The New Organon*, Book I, LVI(56).
138) Bacon, *The New Organon*, Book I, LVII(57).
139) Bacon, *The New Organon*, Book I, LVIII(58).
140) 『論語』「爲政」(2-18): "子張學干祿. 子曰 多聞闕疑 愼言其餘 則寡尤 多見闕殆 愼行其餘 則寡悔. 言寡尤 行寡悔 祿在其中矣"; 「述而」(7-28): "子曰 蓋有不知而作之者 我無是也. 多聞 擇其善者而從之 多見而識之 知之次也."
141) 『論語』「述而」(7-22).

我民視 천청자아민청天聽自我民聽(하늘은 우리의 백성이 보는 것을 통해 보고 우리의 백성이 듣는 것을 통해 듣는다)라고 했듯이, 하늘처럼 천하의 어디에서든지 '민시민청 民視民聽', 즉 천하의 백성이 보고 듣는 수준의 최대범위의 경험을 기준으로 삼아 박학한 경험에서 배운다면, '동굴의 우상'이 들어설 자리가 없을 것이다.

셋째, '시장의 우상'이다. 이 우상은 일상적 언어에서 생겨나는 언어우상이다. 흄에 의하면, 언어는 무의식적 관행협약(convention)이다. 따라서 언어에 빠지는 '시장의 우상'은 "동조로부터, 그리고 인간들의 상호연합(men's association with each others)으로부터 일어나는 것처럼 보이는 우상"이다. 우리는 이 명칭을 "인간의 거래와 공동체로부터 취한다". 인간은 "담화로 연대한다". 보통 "말은 평범한 사람들의 지성에 맞게 선택된 것"이다. 따라서 "일상어의 빈한하고 서툰 코드는 믿을 수 없을 정도로 지성을 저지한다. 배운 사람들이 그들 자신을 보호하고 어떤 식으론가 이 말로부터 자신을 해방하는 데 익숙하게 하는 정의와 설명들은 상황을 전혀 복구하지 못한다. 명백히 말은 지성에 폭력을 가하고 모든 것을 혼돈에 빠뜨리고, 인간들을 속여 내용 없는 무한논쟁과 가공 속에 빠뜨린다."[142] 가령 '실체', '나', '너', '귀신', '도깨비', '천사', '악마', '사탄'이라는 말들은 실존하지도 않으면서 인간들을 오랜 세월 무한논쟁에 빠뜨렸다. 또한 담화적 의견일치를 진리로 보는 실용주의적 진리개념은 베이컨의 관점으로 보면 일종의 '시장의 우상'이다.

'시장의 우상'은 말과 이름에 관한 사회계약 또는 연대로부터 "지성 속으로 슬그머니 숨어 들어오기 때문에 모든 것 중에서 가장 큰 음영陰影(nuance)"이다. "인간들은 그들의 이성이 말들을 통제한다고 믿는다. 하지만 진실은 말이 지성을 되받아 쳐 제 힘을 가하고 되돌려 보낸다는 것이다. 이것은 철학과 과학을 궤변적이고 비생산적으로 만들어 왔다. 말은 보통사람들의 능력에 맞도록 가장 많이 쓰였고, 보통지성에게 가장 확실한 선을 따라 사물들을 해부한다. 더 예리한 지성이나 보다 주의 깊은 관찰이 더 많이 자연과 일치해 이 선을 그으려고 시도할

---

142) Bacon, *The New Organon*. Book I, XLIII(43).

때, 말은 저항한다. 따라서 배운 사람들의 커다란, 그리고 엄숙한 쟁론이 종종 말과 이름에 대한 논쟁으로 끝나는 일이 생기는 것이다. 그러나 (수학자들의 현명한 방식으로) 말과 이름의 논쟁으로 시작하여 정의에 의해 이것들을 질서 잡는 것이 더 지혜로울 것이다. 하지만, 자연의 사물들과 물질에서는 이 정의도 이러한 결함을 치유할 수 없다. 정의 자체가 말로 되어 있고 말이 말을 낳기 때문이다. 그래서 특수한 사례와 그 연관계열과 순서에 호소하는 것이 필요한 것이다."[143] 공자처럼 '성의誠意'하는 것(관념을 실재의 대상에 성실하게 합치시키는 것)이다.

언어가 지성에 과하는 우상들은 두 종류다. 이 우상들은 "실존하지 않는 사물들의 이름들"이거나 "실존하지만, 사물들로부터 성급히 그리고 불균등하게 추상된 나머지 혼돈되고 잘못 정의된 사물의 이름들"이다. "관찰되지 않으므로 이름을 결한 사물들이 있는 것처럼 상상으로 가정된 것이므로 사물을 결한 이름들도 있다". 베이컨은 "실존하지 않는 사물들의 이름들"로 "운수, 제1운동자, 행성들의 궤도, 불의 구성요소 등"을 들고 이것들을 다 "그릇된, 근거 없는 이론들에 그 기원을 둔 이런 종류의 가공물들"이라고 말한다. 그러나 다른 것은 몰라도 '운수'는 신앙에 따라 논란의 여지가 있고(공자·소크라테스·플라톤·아리스토텔레스·로크·흄, 그리고 심지어 칸트도 '운수'가 있다고 생각한 반면, 대개 합리론자들은 운수란 없다고 생각했다), '행성의 궤도'는 훗날 케플러·갈릴레이·뉴턴 등에 의해 증명되었다. 아무튼, 그는 "이런 종류의 우상은 쉽게 제거될 수 있다"고 생각한다. "이 이론들을 항상 배격하고 낡은 것으로 만듦으로써 근절할 수 있는 것"이다.

그러나 "다른 종류의 우상들", 즉 "실존하지만, 사물들로부터 성급히 그리고 불균등하게 추상된 나머지 혼돈되고 잘못 정의된 사물의 이름들"은 "복합적이고 깊이 뿌리박고 있고, 빈약하고 솜씨 없는 추상에 의해 야기된 것"이다. 베이컨은 'wet'라는 단어를 예로 든다. 'wet'라는 단어는 단순히 아무런 상수나 공통분모를

---

143) Bacon, *The New Organon*. Book I, LIX(59).

갖지 않은 상이한 작용들에 대해 무차별적으로 쓰인다('공기가 습하다', '불꽃이 습하다', '먼지조각이 젖었다', '유리가 젖었다' 등).[144] 이것은 'wet'라는 말이 적절한 검증 없이 물과 액체에서 솜씨 없이 추상되었을 뿐이라는 것을 쉽게 알 수 있다.

'언어의 우상'은 인간이 말하는 동물인 한에서 본유적 우상이다. 그러나 공자처럼 일찍이 말과 글이 사람과 사물의 뜻을 다하지 못하고 왜곡시키는 한계를 가진 것을 안다면, 이 '말의 우상'의 희생양이 되지 않을 것이다. 『역경』「계사상전」에서 공자는 "글은 말을 다 드러내지 못하고 말은 의미(관념)를 다 드러내지 못한다. 그렇다면 성인의 의미(관념)는 나타낼 수 없는 것인가?"라고 자문한 뒤, 이어서 "성인은 상象을 세워 의미(관념)를 다 드러내고, 괘卦를 펴서 감정과 꾸밈을 다하고, 상사象辭를 묶어 그 말을 완성하고, 이것을 변통해 조화를 다하고, 이것을 부추기고 춤추게 하여 정신을 완성하는 것이다"라고 자답한다.[145] 상(인상)과 의미(관념)를 감추고 왜곡시키는 '글'을 말 그대로, 또 '말'을 말 그대로 우상화하지 말고 '상'과 '만상萬象(卦象)', 그리고 '상징적 언어(象辭)'로 관념·감정·꾸밈·언어를 바르고 완전하게 표현한다는 말이다. 그러므로 한자가 아니라, 국가나 문장과 같은 상징적 기표記表, 또는 "눈으로 전해오는 진주"나 "악어의 눈물", '루브 골드버그 기계'와 같은 상징적 표현이 아마 베이컨이 찾고 싶었던 '진짜 부호문자'일 것이다.

넷째, '극장의 우상'이다. '극장의 우상'은 극장무대에서 그럴싸한 내용들로 짜여 공연되는 픽션 시나리오와 같은 가공적 관념과 철학적·종교적 교설, 또는 이론이다. 이 우상은 인위적 우상이다. 이것은 "상이한 철학들의 다양한 교리들로부터 그리고 심지어 잘못된 논증법칙으로부터 인간들의 정신 속에 보금자리를 튼 우상들"이다. 이것들은 "인간들이 배우거나 창시한 모든 철학들이 우리의 의견에 의하면 그릇된 가공세계를 창조한, 생산되고 공연된 그만큼 많은 연극들"

---

144) Bacon, *The New Organon*, Book I, LX(60).
145) 『易經』「繫辭上傳」: "子曰 書不盡言 言不盡意. 然則聖人之意其不可見乎 子曰 聖人立象以盡意 設卦以盡情僞 繫辭焉以盡其言 變而通之以盡利 鼓之舞之以盡神."

이다. 이 때문에 베이컨은 '극장의 우상'이라 불렀다. 이것은 "단지 현재 유행하는 철학과 종파의 우상만을 말하고 있는 것이 아니라, 고대 철학과 종파의 우상도 말하는 것"이다. 이런 연극들은 "작화 · 날조된(*composed and concocted*)" '부지이작不知而作'들이다. "보편철학의 우상"만이 아니라, "전통 · 신념 · 타성으로부터 세차게 성장해온 과학의 많은 원리와 공리들의 우상"도 여기에 포함된다.146) 이 '극장의 우상'은 곧 금과옥조로 믿고 받들어지는 '부지이작'의 철학적 시나리오나 '사이불학'의 사변적 · 형이상학적 '개그'를 가리킨다. 아리스토텔레스나 칸트의 범주론이 대표적이다.

　이 우상들과 관련해서는 인간 지성에게 경고를 주기 위해 상이한 유형을 아주 상세하게 세분해 설명해야 한다. "극장의 우상들은 지성에 본유적이거나 지성 속으로 몰래 미끄러져 들어온 것이 아니다. '극장의 우상'은 동화 같은 이론들과 잘못된 증명규칙을 바탕으로 공개리에 도입되고 받아들여진 것이다." 베이컨의 과학적 발견 방법은 "개인적 재능의 예리성과 강력성"에 할 일을 "많이 맡기지 않는" 방법으로서, "재능들과 지성들을 다소간에 평등화하는 것"이다. 베이컨은 이 대목에서 자나 컴퍼스의 예를 든다. 직선이나 완전한 원을 그리려면, 손이 한결같고 숙련되어 있어야 하지만, 자나 컴퍼스를 쓰면, 이런 숙련도가 필요 없다. 베이컨의 관찰 · 실험 · 경험의 자연해석 방법은 정확히 이와 동일한 도구다.147)

　'극장의 우상들'은 간단히 말하면 '이론들'이다. 이론들은 많고, 많을 수 있고 하루에도 많이 생길 수 있다. 일반적으로 철학의 내용을 보면, "많은 것이 경시되거나, 적은 것이 중시되어서, 두 가지 경우에 철학이 경험과 자연박물지의 지나치게 협소한 기초 위에 수립되어 있고, 그 진술들을 적절한 것보다 더 적은 사례 위에 기초한다. 합리적 유형의 철학자들은 확실히 인식되지 않거나 주의 깊게 정밀조사, 고찰되지 않은 흔한 현상의 다양성에 의해 경험으로부터 관심이 딴

---

146) Bacon, *The New Organon*, Book I, XLIV(44).
147) Bacon, *The New Organon*, Book I, LXI(61).

데로 돌려져 있다." 이 합리론자들은 "그 밖의 나머지"를 "반성과 지성작용"으로 채우고 정리한다. "소수의 실험에 주의 깊게, 성실하게 노력을 쏟아 붓고 이 적은 실험으로부터 철학을 지분거려 수립하는 만용을 부린 또 다른 유형의 철학자들"이 있다. 이들은 "나머지를 그 패턴에 맞게 놀라운 방식으로 직조해낸다". 또한, "신념과 존경으로부터 신학과 전통을 뒤섞는 세 번째 타입의 철학자"도 있다. 이들 중 어떤 사람들은 "불행히도 허영에 의해 성령과 천재로부터 과학을 도출하는 데로 오도되었다". 그러므로 "오류와 그릇된 철학의 뿌리"는 "소피스트적 · 경험적 · 미신적(Sophistic, Empirical and Superstitious) 뿌리, 이 세 가지"다.[148]

베이컨은 합리적 · 소피스트적 유형의 우상을 가장 많이 산출한 "가장 확실한" 대표 사례로 아리스토텔레스를 든다. 아리스토텔레스는 "자연철학을 변증론으로 망친" 우상수립자다. 그는 "범주들의 세계"를 구축했다. 베이컨은 아리스토텔레스가 "인간 영혼"에 "가장 고귀한 실체" 개념을, 즉 "제2차 개념(second intention)의 낱말들"(색 · 소리 · 맛 등)에 기초한 "유類(genus) 개념"을 부여했다고 비판한다. 아리스토텔레스의 자연철학은 그가 더 엄숙한 이름 아래 명목론적이 아니라 실재론적이라고 주장하는 형이상학으로 개조한 변증론의 '술어들(terms)'로 들린다. 그의 저작 『동물론』과 『제문제』 및 기타 저서들에 실험의 논의가 있지만, 아무도 이런 이유에서 감명받지 않을 것이다. 그는 사실 미리 자신의 마음을 결정했고, '경험'을 결정과 공리의 기초로서 적절히 논하지 않았다. 자의적으로 결정을 내린 뒤, 그는 그의 의견에 맞게 왜곡된 경험들, 포로로 잡힌 경험들을 주변에 도열시킨다. 따라서 이런 근거에서도 "아리스토텔레스는 경험을 완전히 포기한 현대적 추종자들(스콜라철학자들)보다 더 죄가 많다".[149]

베이컨은 "경험적 뿌리"의 우상이라는 표현에서 "경험적(Empirical)"을 '소박경험적'이라는 뜻으로 쓰고 있다. 에피쿠로스학파의 이 소박경험론에서 출몰하는 '극장의 우상'은 박학 · 심문하지 않은 소수의 특수한 경험을 너무 우려먹는 데서

---

148) Bacon, *The New Organon*, Book I, LXII(62).
149) Bacon, *The New Organon*, Book I, LXIII(63).

기인한다. 이런 "경험적 브랜드"의 철학은, "취약하고 피상적일지라도 어느 정도 보편적이고 많은 사물들과 관련된" 개념들의 빛, 즉 "통상적 개념들의 빛(light of common notions)"에 기초한 것이 아니라, "한 줌의 실험의 협소하고 불명확한 토대에 기초하기 때문에 소피스트적, 또는 합리적 유형의 철학보다 더 왜곡된 기형적 교리를 산출한다". 이러한 철학은 "매일 이런 유의 경험에 종사하고 이런 것들로 자기들의 상상을 부패시킨 사람들에게는 개연적이고 거의 확실한 것처럼 보인다. 하지만 다른 사람들에게 그것은 믿을 수 없고 공허한 것으로 비친다". 이 (소박경험론) 철학은 "우리의 충고에 유의해 (소피스트적 교리들과 결별한답시고) 진지하게 경험에 헌신할지라도, 정신의 때 이르고 경솔한 조급성 때문에, 사물들의 보편적 진술과 원리들로의 정신의 도약 또는 비약 때문에 마침내 진정으로 위험해질 것이다".150)

베이컨은 피타고라스와 플라톤의 신화적 이론을 대표적인 미신적 '극장의 우상'으로 규정한다. "미신과 신학의 주입으로부터 철학을 부패시키는 것은 훨씬 더 광범하고, 전체적 철학 또는 그 부분들에게 아주 커다란 해악을 야기한다. 인간정신은 통상적 개념들로부터 생긴 인상에 못지않게 환상에도 노정되기 때문이다." 이것의 현저한 사례는 "그리스인들 가운데, 철학이 거칠고 성가신 미신과 결합된 피타고라스에게서, 그리고 더 위태롭고 미묘한 형태로는 플라톤과 그의 학파에서 나타난다". 이런 유의 해악은 일부 다른 철학에서도 추상적 형상, 목적인, 제1원인의 도입에 의해, 그리고 중간원인의 빈번한 생략 등으로 인해 발생한다. 베이컨은 이 대목에서 "가장 강한 경고"를 준다. 왜냐하면 "최악의 것은 오류의 신격화(apotheosis)이기" 때문이다. "어리석은 개념들에 대한 경배"는 "지성의 질병"이다. 심지어 "어떤 현대인들은 이런 어리석음에 대해 관대해서, '산 것 가운데서 죽은 것을 찾는' 식으로(루가복음 24: 5) 자연철학을 성경의 창세기와 욥기 및 기타 장절에 기초하려고 애쓰기도 했다"는 것이다.151) "모든 유용성과

---

150) Bacon, *The New Organon*, Book I, LXIV(64).
151) Bacon, *The New Organon*, Book I, LXV(65).

응용기회가 중간 원인(*in mediis*)에 들어있기" 때문에 그들이 자신들의 철학과 관찰에서 "사물들의 원리와 자연의 궁극원인(*ultimatibus naturae*)을 조사하고 논하는 데에 그들이 노력을 허비한다는 것"도 "못지않게 문젯거리"다. 이것은 사람들이 "잠재적이고 형태화되지 않은 물질"에 도달할 때까지 자연을 추상하는 것을 멈추지 않고 또한 "원자"에 도달할 때까지 자연을 해부하는 것을 멈추지 않는 이유다. 베이컨은 "이런 것들이 옳다고 하더라도 그들은 인간의 운명을 개선하는 데 거의 아무런 기여도 할 수 없다"고 잘라 말한다.152) 이와 같이 베이컨은 자연현상의 해석을 넘어가는 형이상학적 '궁극원인'의 탐구를 배격한 것이다.153)

– '자연의 해석'

베이컨은 4대 우상의 제거에 이어 또 다른 '정신의 청소'로서 '이성에 대한 계몽'을 기도한다. 그는 지성의 망상적 성향·취약성·무절제·오만, 즉 '사이불학思而不學'과 '부지이작不知而作'의 문제점을 비판한다. 이것은 우상에 근거하지 않는 지성의 또 다른 문제점이다. "인간지성은 자신의 특수한 본성으로부터 사물들 안에서 자기가 발견하는 것보다 더 큰 질서와 규칙성을 상정하고 싶어 하고, 자연 속에 부동성不同性으로 가득 찬 유일무이한 사물들이 많이 존재할지라도 평행·상응 및 실존하지 않은 연관을 고안해 낸다." 또한 "인간 지성은 단 한 번에 그리고 갑작스럽게 정신에 충격을 가하고 파고 들어갈 능력과, 상상력을 채우고 확장할 능력을 가진 사물들에 의해 지극히 많이 영향받는다. 지성은 일반적으로 인정되듯이 미지의 어떤 방식으로 그 밖의 모든 것이 폭풍우처럼 정신을 점령하는 소수의 사물들과 똑같은 것이라고 사칭하고 추정한다. 그런데 지성은

---

152) Bacon, *The New Organon*, Book I, LXVI(66).
153) 아리스토텔레스의 네 가지 원인(질료인·형상인·작용인·목적인)에서는 세계가 제각기의 원인-결과 관계에서 인과적 계열로 나타난다. 주어진 원인에는 상위의 다른 원인이 있고, 이 다른 원인 위의 또 다른 상위의 원인이 있다. 이런 식으로 사변적 무한진행이 이루어진다. '궁극원인'은 이 무한진행을 끝내는 최후의 원인 또는 제1원인이다. '궁극원인'에 대한 베이컨의 부정은 경험과 관찰의 범위 내에서 가장 근본적인 원인을 찾되, 이 경험 범위를 벗어나는 사변적 제1원인을 찾는 것을 거부한다는 뜻이다.

엄한 규칙과 권위의 힘에 의해 그렇게 하도록 만들어지지 않는다면 아주 느리고, 불 속에서 실험하는 것처럼 공리들을 실험하는, 멀고 이질적인 사례들로 가는 장도長途의 여행을 하는 데 잘 적응하지 못한다."154)

지성은 데카르트의 광적으로 작동하는 '생각'처럼 부단히 능동적이다. 하지만 지성의 능동성은 그릇된 능동성이라서 무절제로 흐른다. "지성은 부단히 활동적이고, 멈추거나 쉴 수 없고, 더 멀리 찾지만 헛되다. 그러므로 어떤 경계 또는 세계의 가장 먼 지점이 존재한다는 것은 생각할 수 없는 것이다. 거의 필연적으로, 이 경계와 지점을 넘어선 저편의 무언가가 존재한다는 것이 항상 분명하게 나타난다. 다시 어떻게 영원성이 이 날까지 내려왔는지는 생각할 수 없다. 왜냐하면 '과거의 무한성과 미래의 무한성이 존재한다'는, 흔히 받아들여지는 그 구분은, 이것이 '다른 무한성보다 더 큰 무한성이 존재한다'는 말과 '무한성이 소비되고 유한을 지향한다'는 말로 귀착되므로 어떤 방식으로든 성립할 수 없기 때문이다. 사유의 자제력 부족(lack of restraint) 때문에 영원히 나눌 수 있는 선線에 관한 유사한 불가사의도 존재하는 것이다. 정신의 무절제는 원인의 발견에 더 큰 해악을 가하며 작동한다. 자연 속의 가장 보편적인 사물들이 드러나는 그대로의 냉엄한 사실들임에 틀림없을지라도, 그리고 그 자체가 참된 원인의 힘이 없을지라도 인간지성은, 어찌 쉴지를 알지 못한 채, 그래도 더 잘 아는 것들을 찾는다. 그 다음, 더 멀리 가려고 애쓰는 만큼, 지성은 보다 친숙한 것으로, 말하자면, 뻔히 우주의 본성에서 생겨나기보다 인간의 본성에서 생겨나서 이 원천으로부터 놀랍도록 철학을 망가뜨렸던 그 목적인으로 되돌아가고 만다. 가장 보편적인 원인을 찾는 짓은, 이 원인에 이르기 전의 파생적 원인들에 대한 필요를 느끼지 않는 만큼, 서툰 피상적 사상가의 징표다."155) 데카르트의 광적 '생각'이든, 생각으로만 지어낸 사변적 '천각형'이든 만각형이든, 칸트의 '지성의 활동적 구성' 능력이든 모두 다 "사이불학즉태思而不學則殆(생각하기만 하고 경험에서 배우지 않는 앎의 위태로

---

154) Bacon, *The New Organon*. Book I, XLIV(44);. XLVII(47).
155) Bacon, *The New Organon*. Book I, XLVIII(48).

움)"이고 "부지이작不知而作(알지 못하면서도 작화하는 것)'이다.

정확한 자연인식의 방법으로 베이컨은 — 이러한 '부지이작'과 반대되는 — 공자의 '술이부작述而不作'의 귀납적 방법과 유사한 "자연의 해석(Interpretation of Nature)"의 귀납적 방법을 제시한다. 그는 자연을 알려면 "자연 그 자체에게 물어" 알아야 한다고 말한다. 이 방법을 그는 '자연의 해석'이라 부르고, "확실하고 논증가능한 지식"을 얻는 이 "자연의 해석"을 "사물들에 대한 멋지고 그럴싸한 의견"을 얻는 "정신의 예취(Anticipation of the Mind)"의 연역적 방법과 대립시켰다.[156] "인간은 자연의 대행인이고 해석자다. 인간은 오로지 그가 사실 속에서 또는 추론에 의해 자연의 질서를 관찰한 만큼만 행하고 이해할 뿐이다. 인간은 이보다 더 많은 것을 알지 못하고 할 수도 없다."[157] 왜냐하면 "지식"이란 "존재의 이미지(image of being)"이기 때문이다. "존재의 이미지"로서의 "지식"이라는 베이컨의 이 테제는 경험한 것들을 경험적 사실의 순서에 따라 "서술序述한 뿐이고 작화하지 않는(述而不作)" 공자의 명제와 같은 의미를 가진다. 정신의 사변적 예상과 공상이 아니라, '자연의 해석'만이 '확실하고 논증가능한 지식'을 얻을 수 있다.[158] 사유의 역할은 필수적인 것이지만, 그 바른 역할은 사변적 '예상'과 연역에 있는 것이 아니라, '술이부작'의 '서술序述', 즉 '해석적' 설명(귀납적 증명)에 있다.

사변적 예단과 예상을 초지일관 비판하는 베이컨의 '해석적 경험주의' 방법론은[159] 자연에 대한 "정신의 참되고 적절한 굴욕", 즉 자연 앞에서의 정신의 공손이고, 따라서 "자신의 정신에 신탁을 줄 것을 자신의 정신에게 청하는" 길을 버리고 "충실하게 그리고 변함없이 사물과 함께 머무르고, (보는 경우에) 사물들

---

156) Bacon, *The New Organon*, "Preface", 30쪽.
157) Bacon, *The New Organon*, Book I, Aphorism I.
158) Bacon, *The New Organon*, "Aphorisms on the Interpretation of Nature and on the Kingdom of Man", Book I, CXX(120).
159) Bacon, *The New Organon*, "Preface to The Great Renewal', 10-11쪽. 필자는 베이컨의 근대적 경험론을 에피쿠로스의 '소박경험론'과 구별하기 위해, '해석적 또는 비판적 경험론'이라는 명칭을 사용하고자 한다. 근대 경험론은 일단 이성을 계몽하고 '형이상학적 단잠'과 자만으로부터 깨워 제자리로 돌려보냄과 동시에 경험을 비판하고 가공하기 때문이다.

의 상(像)과 광선에 초점을 맞추는 데 필요한 거리 이상으로 우리의 정신을 사물들로부터 추상시키지 않는 것"이다. 동시에 비판적·해석적 경험론은 "발견에서 공손(humility)을 활용하는 것처럼 우리는 가르치는 것에서도 이 공손을 활용하는 것"이고, "지성의 힘과 탁월성에는 할 일을 조금밖에" 주지 않는 방법이다. 지성의 이 '할 일'이란 바로 '해석'이다. 즉, '신사·명변(慎思明辯)'의 설명으로서의 '서술(序述)'이라는 말이다. 베이컨의 목표는 "감각들을 격하시키는 것이 아니라, 이 감각들을 돕는 것이고, 지성을 불신케 하는 것이 아니라 지성을 조절해(regulate)"[160] 양자를 잘 결합시키는 것이다. 그러나 훗날 칸트는 '공동선을 위한 지식'을 논하는 베이컨의 말을 권두에 떡 내걸어 놓고 거꾸로 했다. 그는 지성(Verstand)으로 감각을 돕는 것이 아니라 감각들을 격하하고, 지성을 규제하는 것이 아니라 지성으로 감각을 규제했다.

베이컨은 위에서 "인간은 자연의 질서를 관찰한 만큼 행하고 이해하는" 것보다 "더 많은 것을 알지 못하고 알 수도 없다"고 천명했다. 이로써 그는 공자처럼 '모든 것을 다 알 수 있다'는 전지주의적全知主義的 독단론을 거부하고 불필요하고 위험하고 의심스러운 것을 비워놓는다. 이 관점은 '많이 듣고 많이 보되 의심스런 것을 비워두고 위태로운 것을 비워두는(多聞多見 闕疑闕殆)' 공자의 적절한 회의론적 방법과[161] 유사하다. 공자는 불가지의 대상을 논외로 제쳐놓되, 그 나머지를 알고자 힘써 노력해야 한다고 생각했다. 즉, '인간이 알 수 있는 것은 아무 것도 없다'는 완전한 자포자기적 회의주의와도 결별하고 '다 알 수 있다'는 전지주의와도 결별하는 것이다. 비판적·해석적 경험론은 "중간단계를 거쳐 가장 일반적인 원리에 제대로 도달하기까지의 '확정적 원리'를 수립하는 것과 단언적 언명(pronouncements)'을 하는 것을 망설이는 가운데 일종의 판단유예를 내세우지만",

---

160) Bacon, *The New Organon*. "Aphorisms on the Interpretation of Nature and on the Kingdom of Man". Book I, CXXVI(126).
161) 공자는 말한다. "많이 듣고 의심스러운 것을 비워두고 나머지 것을 신중하게 말하면 틀리는 것이 적고, 많이 보고(겪고) 위태로운 것을 비워두고 그 나머지를 행하면 후회가 적다.(子曰 多聞闕疑 慎言其餘 則寡尤 多見闕殆 慎行其餘 則寡悔)"『論語』「爲政」(2-18).

그렇다고 "사물에 대해 '확신의 결여(Lack of Conviction; Acatalepsia)'를 불러일으키려는 것이 아니다". 비판적·해석적 경험론이 "염두에 두고 의도하는 것은 '확신의 결여'가 아니라 '양지良知 또는 건전한 확신(Eucatalepsia; Sound Conviction)'이다". 왜냐하면 "우리가 모든 것을 알지 못한다고 생각할지라도 알 필요가 있는 만큼 아는 것(to know as much as we need to know, and yet think that we do not know everything)이 모든 것을 안다고 생각하면서도 알 필요가 있는 것들도 전혀 알지 못하는 것보다 더 나은 것이다."162) 여기서 베이컨은 '절대적으로 옳다'고 말하지 않고 '더 나은 것'이라고 말함으로써 '다문다견 궐의궐태'의 방법에 따라 의심스럽지 않고 위태롭지 않은 '그 나머지'에서 비교적 오류가 적은 한정적·개연적 지식을 얻는 공자의 '근도近道'와 유사한 겸손한 인식방법을 천명하고 있다. 그는 공자처럼 '득도得道'의 '전지全知'가 아니라, 필요하고 가능한 만큼의 '근도'를 말하고 있다. 인간의 모든 지식은 영원한 본질에 대한 궁극적 지식이 아니라, 들리고 보이는 현상들에 대한 '한정적·개연적' 지식인 것이다. 따라서 더 낫고 더 많은 경험과 해석에 의해 극복될 수 있는 이 '근도'의 타당성도 언제나 잠정적이고 한시적인 것이다.

– 경험과 실험에 의한 증명

지식명제의 정확성과 명증성(exactness & evidence)은 수학적·논리학적 '관념'에 대한 지식의 경우에 '관념들의 비교'에 의한 사변적 '논증(reasoning; argumentation)'에 의해 산출된다. 하지만 명제가 자연적·인간적(사회적) '사실'에 대한 지식인 경우에 그 명증성은 '증명(proof; demonstration)'에 의해 산출되어야 한다. 『신기관』에서 베이컨은 이 경우에 "증명이 경험 자체에 가까이 머물러 있다면 단연코 최선의 증명은 경험이다"고 천명한다.163) 그러나 "나쁜 증명(bad demonstrations)은 우상의 요새이고 방어시설이다. 우리가 (소크라테스와 플라톤

---

162) Bacon, *The New Organon*. "Aphorisms on the Interpretation of Nature and on the Kingdom of Man". Book I, CXXVI(126).
163) Bacon, *The New Organon*, Book I, LXX.

의) 변증론 안에서 보는 증명은 세계를 몽땅 인간의 사고에 빠지게 하고, 사고를 말(言)에 빠지게 하고 예속시키는 것 이상의 것을 하지 않는다. 증명은 잠재적으로 철학과 과학 자체다. 왜냐하면 증명이 있고 증명이 잘 되거나 잘못 고안되는 것처럼 철학과 성찰이 그대로 뒤따르기 때문이다."[164] 베이컨은 "감각과 사물에서 공리와 결론으로 이끄는 보편적 과정에서 우리가 채용하는 증명은 우리를 져버리고 쓸모없다"고 비판하고 그 잘못된 증명 과정의 네 가지 잘못을 열거한다.

이 과정은 네 측면과 네 개의 잘못이 있다. 첫째, 감각 자체의 인상이 부실하다. 감각은 실수하고 기만하기 때문이다. 실수에 대해서는 대체물이 필요하고 오류에 대해서는 교정이 필요하다. 둘째, 개념은 감각적 인상으로부터 빈약하게 추상되었고, 개념들이 확정적이고 예리하게 정의되어야 하는 곳에서 불확정적이고 혼동스럽다. 셋째, 배제와 해체, 또는 자연의 정확한 분석을 사용하지 않은 채 단순한 열거에 의해 과학의 원칙들에 이르는 경우에 귀납적 추리는 빈약한 것이다. 마지막으로, 처음으로 가장 일반적인 원리를 수립하고 그다음에 일반원리에 의해 중간의 공리들을 비교하고 시험하는 발견과 증명(proof)의 방법은 오류의 신모이고 모든 과학의 말살이다.[165]

그럼에도 감각적 경험은 모든 판단과 증명의 기준이다. 왜냐하면 "단연코 최선의 증명은 경험이기" 때문이다. 그러나 "합당하게, 그리고 질서정연하게 추론을 하지 않는다면", 즉 증명을 실제적 경험에 가까이 머물게 하면서 추론을 하지 않는다면, "추론을 유사하다고 여기는 다른 사실들로 옮기는 것은 오류다."[166]
그러나 당시 사람들이 채택한 실험도 박물지적 탐구와 다문다견의 광범한 비교연구를 기피한 채 뚜렷한 목표의식도 없이 우연히 하는 실험이라서 문제가 많았다. 베이컨은 이런 태도와 관행을 비판한다.

---

164) Bacon, *The New Organon*, Book I, LXIX.
165) Bacon, *The New Organon*, Book I, LXIX.
166) Bacon, *The New Organon*, Book I, LXX.

그러나 지금 사람들이 쓰는 실험 방법은 눈멀고 어리석다. 따라서 그들은 어떤 명백한 길에서든 헤매거나 방황하지 않고 바로 그들이 우연히 만나는 사물들로부터 주도권을 취하는 만큼 제자리에서 맴돌고 거의 전지하지 못한다. 그들은 때로 의기 양양하고 때로 미혹되어 언제나 더 나아가야 할 다른 어떤 것을 발견한다. 거의 언제나 사람들은 자기들의 경험을 그것이 게임인 것처럼 가볍게 여기고 이미 알려진 실험을 조금 변화시킨다. 일이 성공하지 않는다면 그들은 그것에 지쳐서 포기해 버린다. 비록 그들이 자기들의 실험에 대해 더 진지한 태도를 취하고 힘든 작업을 더 작정하거나 더 준비할지라도 그들은 자기들의 노력을 여전히 길버트가 자석을 가지고 그랬고 화학자들이 금을 가지고 그랬듯이 어떤 하나의 경험(some one experience)을 밝히는 데 바친다. 사람들은 그들의 실행이 경박할 뿐만 아니라 무지하기 때문에 이런 식으로 행동하는 것이다. 한 사물의 본성에 대한 어떤 탐색도 사물 자체에 한정된다면 성공하지 못할 것이다. 탐구는 더 일반적 문제들을 포함하도록 확장될 필요가 있다.[167]

베이컨은 당대인들의 하찮고 협소한 경험과 실험을 물리치고 (온 백성이 보고 듣는 것을 널리 묻고 배우려고 했던 공자처럼) "더 일반적 문제들을 포함하도록 확장된" 박물지적 탐색과 다문다견의 탐구를 요구하고 있다. 베이컨의 이 주장에 의하면, 한 사물의 본성을 탐구하려고만 해도 경험적·실험적 탐구를 그 사물 자체에 한정하지 말고 더 일반적으로 확장해야만 성공할 수 있다. 경험의 박물지적 확대는 "최선의 증명은 경험이다"는 명제가 필수적으로 요청하는 것이다. 베이컨은 박물지적 경험 축적과 이것에 기초한 자연해석의 귀납법을 다시 확인한다.

자연의 해석을 위한 지침은 일반적 관점에서 두 부분을 포괄한다. 첫 번째 부분은 경험으로부터 공리를 끌어내기 위한 지침이고, 두 번째 부분은 공리로부터 새로운 경험을 연역하거나 도출하는 것에 관한 지침이다. 전자는 세 가지 방법으로, 즉 감각에 대한 복무(service), 기억에 대한 복무, 정신 또는 지성에 대한 복무 등 세 가지 복무로 구분된다. 처음에 우리는 훌륭한, 적합한 자연적·실험적 박물지를

---

167) Bacon, *The New Organon*, Book I, LXX.

편찬해야 한다. 이것은 작업의 기초이다. 자연이 행하거나 당하는 것을 고안하거나 상상해서는 아니 된다. 우리는 그것을 발견해야 한다. (...) 이것을 가지고도, 그 자신에 홀로 남겨져 자발적으로 움직이는 정신은, 다스림과 지도를 받지 않으면, 공리의 형성에 능할 수도 감당할 수도 없다. (...) 그러므로 해석의 열쇠인 귀납법이 제공되어야 하는 것이다. 우리는 끝에서 시작해서 나머지로 뒤로 역진한다.[168]

베이컨은 다시금 "훌륭한, 적합한 자연적·실험적 박물지의 편찬"을 증명과 실험 작업의 "기초"로 제시하고 있다.

그러나 베이컨은 이 박물지적 경험과 반대되는 단 한 번으로 증명을 완결하는, 십자로의 표지판 같은 역할을 하는 특권적 사례의 '중대한' 실험과 경험을 논한다. 일단 그는 연역법을 '자연과학의 적'으로 배격하고 귀납법을 자연적 사례의 연구와 자연과학 방법으로 유일시하며 귀납법을 설명한다.

참된 귀납법은 배제(exclusion)에 기초해 있지만, 긍정에 도달할 때까지 완성되지 않는다. 사실 배제 그 자체는 결코 완전하지 않고 시초에는 그럴 수 없다. 왜냐하면 배제는 아주 명백하게 단순 성질들(natures)의 배척(rejection)이기 때문이다. 우리가 훌륭한, 참된 성질개념들을 아직 가지고 있지 않다면, 배제가 어떻게 정당화될 수 있는가? 우리가 언급한 개념들의 일부는 모호하고 빈약하게 정의되어 있다. (가령 기초적 성질의 개념, 천체적 성질의 개념, 희소성의 개념) (...) 정신은 자연의 해석에서 확실히 적절한 정도의 확실성에 만족하지만 (특히 시초에) 우리 앞에 있는 것이 앞으로 다가올 것에 심히 의존한다는 것을 인정하도록 형성되고 준비되어 있어야 한다.[169]

그리고 이어서 베이컨은 단 한 번의 실험으로 증명을 결판내는 "특권적 사례들(privileged instances)"과 관련된 논의를 시작한다.

---

168) Bacon, *The New Organon*, Book II, X.
169) Bacon, *The New Organon*, Book II, XIX.

우리는 '첫 번째 제시의 표들' 뒤에, '배척과 배제' 뒤에, 그리고 이것들의 토대 위에서 '첫 번째 수확'을 거둔 뒤에 '자연의 해석'에서, 그리고 참되고 완전한 귀납추론에서 지성을 돕는 다른 보조물로 나아가야 한다. 이것들을 설계하면서 우리는 표表가 필요할 때 열기와 냉기를 계속 사용해야 하지만, 우리는 소수의 사례만 원하는 경우에 어떤 다른 사례들을 사용해서 탐구를 혼돈에 빠뜨리지 않은 채 우리의 교습을 더 넓은 범위를 줄 수 있도록 해야 한다. 그 다음 우리는 첫째로 '특권적 사례들'을 언급하고, 둘째로 '귀납추론을 위한 증거(supports)', 셋째로 '귀납추론의 정제', 넷째로 '주제의 본질에 대한 조사'의 적응, 다섯째로 조사에 관한 한 '특권화된 성질들'에 관하여 언급해야 한다. 이 탐구는 먼저 하고 다른 탐구는 나중에 해야 한다. 그리고 여섯째로 '조사의 한도'나 모든 성질의 종합에 관해 보편적으로 언급해야 한다. 일곱째로 '실천으로의 추론'에 관해, 여덟째로, 조사의 준비에 관해, 그리고 마지막으로 공리들의 상승과 하강 등급에 관해 언급해야 한다.[170]

여기에 바로 이어서 베이컨은 '특권적 사례들'을 설명해나간다. 그리고 '특권적 사례들'의 네 번째 경우로 단 한 번으로 증명을 완결하는 '중대한 사례(crucial instances; instantiae crucis)'를 든다. "*instantiae crucis*"의 "*crucis*"는 'crux'(십자형)에서 온 말이다.

'특권적 사례'의 네 번째 자리에 우리는 중대한 사례를 놓는다. 우리는 서로 다른 길들이 어디로 가는지를 가리키고 표시해 주기 위해 도로의 갈림길에 세워져 있는 도로표지판에서 용어를 취하고 있다. 우리는 또한 이 사례들을 '결정적 사례(decisive instances)'와 '판결급 사례(instances of verdicts)'라고도 부르고, 어떤 경우에는 '신탁적神託的 사례(oracular instances)'와 '명령적 사례(commanding instances)'라고도 부른다. 이것이 이 사례가 작동하는 방법이다. 종종 자연의 탐구에서 지성은 평형에 유지되고 (poised) 두 가지 또는 (우연히) 더 많은 속성들의 어느 것에 탐구대상이 된 속성의 원인을 귀속시켜야 또는 배당해야 하는지를 결정할 수 없는 경우가 있다. 왜냐하면 많은 자연적 속성은 의례히 긴밀히 뭉쳐서 나타나기 때문이다. 이 상황에서 '중대

---

170) Bacon, *The New Organon*, Book II, XXI.

한 사례'는 성질(속성)들 중 한 성질과 탐구중의 성질 간의 동료적 관계가 항구적이고 해체할 수 없는 반면, 그 중 다른 성질은 변덕스럽고 우연적이라는 것을 드러내준다. 전자가 원인으로 취해지고 다른 성질이 기각되고 배척되는 만큼 이것은 탐구를 종결시킨다. 이와 같이 이런 종류의 사례는 최대의 빛과 최대의 권위를 준다. 그리하여 해석의 과정은 종종 이런 사례에서 끝나고 이 사례를 통해 완성된다. 종종 중대한 사례들이 간단히 떠올라 오랜 세월 친숙한 사례들 가운데서 발견되지만, 대부분은 새로운 것들이고, 일부러, 그리고 특별하게 고안되고 적용된다. 이런 사례들을 발견하는 데는 열성적·항구적 근면성이 필요하다.[171]

그리고 베이컨은 단 한 번으로 "해석의 과정을 끝내고 완성하는" 이런 중대한 사례로 달의 인력에 의한 바닷가의 간조만조干潮滿潮 운동을 든다.

예를 들면, 탐구 대상의 성질이 달의 운동에 상응하는 약간의 차이를 보이며 하루에 두 번, 들어올 때와 나갈 때 각각 6시간마다 반복되는, 바다의 밀물과 썰물이라고 가정하자. 이 성질에서 도로의 갈림길은 다음과 같다. 이 운동은 물이 다른 쪽을 덮을 때 한쪽을 남겨두면서 앞뒤로 찰랑거리는 대야 속의 물처럼 물의 전진과 후퇴에 의해 야기되든가, 아니면 끓어올랐다가 가라앉는 물처럼 물이 심층으로부터 올라왔다가 가라앉는 것에 의해 야기되어야 한다. 그러나 사람은 썰물과 밀물을 두 원인들 중 어느 원인 탓으로 돌릴지에 대해 의문을 가진다. 첫 번째 설명이 받아들여지면, 한쪽 바다에서 만조가 있을 때, 동시에 그 밖의 다른 곳에서는 바다에 간조가 있어야 한다. 그리고 이것은 탐구가 취할 형식이다. 아코스타는 (주의 깊은 탐구 후에) 플로리다 해변과 스페인과 아프리카의 반대편 해변에 동시에 만조가 있다는 것을 관찰했고, 반대의 사실, 즉 플로리다 해변이 만조일 때 스페인과 아프리카의 해변이 간조인 것을 관찰하지 못했다. 그러나 훨씬 더 주의 깊게 그것을 관찰한다면, 이것은 올라오는 운동을 증명하지 못하고 전진하는 운동을 반박하지도 못한다. 왜냐하면 이것은 물의 범람이 두 해변을 동시에 덮치는 동안에는 물이 앞으로 움직이는 일이 발생할 수 있다. 즉, 이 물들이 다른 방향으로부터의 힘과 압력에 굴복한

---

171) Bacon, *The New Organon*, Book II, XXXVI.

다면, 운동이 명백히 전진운동일지라도 물의 운동이 바다로부터 강 어구로 들어가 두 연안에서 밀물과 썰물이 동시에 나타나는 강에서 일어나는 것처럼 그럴 수 있다. 그리고 유사하게, 동東인도양으로부터 오는 큰 물 덩이가 대서양으로 몰려 쇄도하고 이와 같이 두 해변을 동시에 범람시키는 경우도 유사할 것이다. 그러므로 우리는 물이 동시에 썰고 뒤로 밀 수 있는 또 하나의 대야가 있는지 물어야 한다. 그리고 남양이 있다. 이 바다는 대서양보다 작지 않지만, 오히려 더 넓고 방대하고 이 목적에 적절할 것이다.172)

베이컨은 이 지점에서 달의 인력에 의한 조수간만의 차이에 관한 '중대한 사례'의 발견을 선언한다.

그리하여 우리는 이 주제에 관한 '중대한 사례'에 도달했다. 그것은 이렇다. 스페인과 플로리다의 대서양 반대편 해변에서 만조가 있을 때, 동시에 페루의 해변과 남양의 중국대륙과 가까운 곳에서 만조가 있다는 것이 확실한 것으로 드러나면, 이 '결정적 사례'에 의해 우리는 바다의 밀물과 썰물(탐구의 주제)은 전진하는 운동에 의해 일어난다는 주장을 배격해야 한다. 후퇴 또는 썰물이 동시에 있을 수 있는 남은 다른 바다나 자리가 없는 것이다. (두 대양, 대서양과 남양이 작은 파나마지협으로 분리되는) 파나마와 리마의 주민들에게 파나마지협(Isthmus)의 두 쪽에서 바다의 밀물과 썰물이 동시에 일어나는지 아니지를 물어보면, 이것은 아주 편하게 알 수 있다. 지금 이 판정 또는 단정적 배척(rejection)은 — 지구가 부동不動이라는 명제를 우리가 가정한다면 — 확실한 것처럼 보인다. 그러나 지구가 돈다면, 육지와 바다의 물이 불균등하게(속도와 힘에서 불균등하게) 도는 현상이 있을 수 있다. 그 귀결은 물을 무더기 속으로 강요하는 폭력적 압박일 것이고, 이 압박은 만조로 나타나고, (더 무더기로 쌓을 수 없을 때는) 그 다음 이어지는 물의 추락이 있을 것이고 이것은 썰물로 나타날 것이다. 이것은 분리된 탐구를 필요로 한다. 그러나 이 가정 위에서 마찬가지로 역시 참된 것으로 남아 있는 것은 그 밖의 다른 곳에서 만조(밀물)가 있는 것과 동시에 바다의 간조(썰물)가 있어야 한다는 것이다.173)

---

172) Bacon, *The New Organon*, Book II, XXXVI.
173) Bacon, *The New Organon*, Book II, XXXVI (160-161쪽).

베이컨은 이 사고실험이 '중대한 사례'인지 아닌지를 반증하기 위해 반대의 경우(바닷물이 위로 부풀어 올랐다 아래로 가라앉았다 하는 경우)를 가정하고 문제를 풀어본다.

마찬가지로, 우리가 주의 깊은 정밀조사 후에 사실상 우리가 언급한 다른 운동, 즉 전진운동을 배척한다면, 탐구대상의 속성을 우리가 처음 가정한 두 운동 중 후자, 즉 바다의 올라오고 가라앉는 운동으로 가정해보자. 그러면 도로에 세 가지 갈림길이 있게 될 것이다. 다른 물이 안으로 흘러들어옴이 없이 밀물과 썰물 속에서 물이 오르락내리락 하는 운동은 세 가지 방식의 한 방식으로 일어나야 한다. 큰 덩어리의 물은 바다의 내부에서 치솟아 오르고 다시 내부로 가라앉기 때문일 것이다. 또는 더 큰 양의 물이 있는 것이 아니고, 동일한 물이 (양의 증가 없이) 확장되거나 얇아져 뻗치고 더 큰 공간과 차원을 점령하고 그 다음 수축되기 때문이다. 또는 양과 연장이 더 크지 않지만, (양과 밀도와 희소성에서 동일한) 동일한 물이 합치를 통해 끌어당기는 위의 어떤 자력磁力으로 오르락내리락 하기 때문이다. 처음에 분명한 것은 동시에 함께 올려 질 수 없다는 것이다. 밑바닥에서 그들의 자리를 차지하는 어떤 것도 없기 때문이다. 그러므로 물이 올라오는 경향을 가졌다면 자연의 구속에 의해 또는 (흔히 얘기되듯이) 진공의 발생을 방지하기 위해 부서지고 억제될 것이다. 남은 유일한 설명은 물이 한 장소에서 올라오고 그 이유로 다른 장소에서 내려가고 후퇴하는 것이다. 사실, 필연적 결론은 자력이 전체에 걸쳐 작동할 수 없기 때문에 중심 위에서 가장 집중적으로 작동해서 가운데서 물이 치솟고 올라갈 때 측변側邊에서는 사라져가서 이 측변들을 발가벗게 물에 덮이지 않게 남겨두는 것이다.[174]

이 대목에서 베이컨은 다시 증명 여부를 결정할 "중대한 사례"의 발견을 선언한다.

이와 같이 마침내 우리는 이 주제의 중대한 사례에 도달했다. 그것은 이것이다. 바다의 가운데서 물이 올라가고 가장자리 — 해변 — 에서 떨어질 때 바다의 썰물

---

174) Bacon, *The New Organon*, Book II, XXXVI (161쪽).

때 바다 속의 수면이 보다 아치형으로 둥글다면, 그리고 물이 이전의 위치로 돌아갈 때, 밀물 속에서 동일한 수면이 더 평평하고 판판하다면, 이 결정적 사례에 의해 우리는 자력에 의한 끌어올림을 확실히 받아들일 수 있다. 그렇지 않다면 그것은 전적으로 배격되어야 한다. 그리고 이것은 해협에서 측심(惻心)줄을 사용하면 알아내기가 어렵지 않다. 즉, 썰물 때 물이 바다의 중심을 향해 밀물 때보다 더 높고 더 깊은지를 알아내는 것은 어렵지 않다. 그리고 우리는 이것이 그렇다면 사실은 물이 썰물 때 올라오고 밀물 때만 내려가고 그리하여 해변을 덮고 범람하는 것이라는 것에 주목해야 한다.[175]

베이컨은 더 이어지는 설명에서[176] 조수간만 현상이 바닷물이 대양 한가운데서 치솟아 올라오고 이로 인해 해변에서 수면이 내려가는 것이 아니라, '중대한 사례'로서 파나마 양편 바다의 해수 움직임을 면밀하게 관찰해서 한쪽 바닷물이 쏠려나가 물의 수위가 내려가면 반대쪽 바다의 해변에서는 물이 차오르는 식으로 썰물과 밀물이 정반대로 전진·후진하는 현상을 증명한다.

이것 외에도 '중대한 사례들'은 많이 있다. 이 경우에는 단 한 번의 관찰, 단 한 번의 실험으로 증명이 완결된다. 그러나 그렇지 않은 경우는 수많은 사례들을 수집한 박물지적 경험을 통해 '증명적 명증성'을 확보해야 한다. '경험적·실험적 증명에 의한 명증성(evidence from experiential and experimental proof)'의 획득으로 자연적·사회적 사실에 관한 '과학'은 수립되는 것이다.

- '꿀벌의 인식론'과 협업적·공익적 지식

베이컨은 상술했듯이 공자처럼 지식생산의 근거를 우상 없는 '박학·심문'(박물지와 실험)과 사유에 의한 귀납적 '해석' 간의 올바른 결합에 두고 있다. 지식의 산출은 선차적 경험(博學審問)과 후속적 해석(愼思明辯)을 선후로 결합한 '학이사지 學而思之' 또는 '박학이신사博學而愼思'에 의해서만 가능하다. 베이컨은 '비판적·해

---

175) Bacon, *The New Organon*, Book II, XXXVI (162쪽).
176) Bacon, *The New Organon*, Book II, XXXVI (162-168쪽).

석적 경험론'의 이 인식론을 '개미'와 '거미'의 먹이획득 방법 사이의 중간에 있는 '꿀벌'의 방법으로 비유한다.

> 과학을 다루는 사람들은 (소박)경험론자, 아니면 교조론자다. 경험론자들은 개미처럼 단순히 축적하고 사용한다. 합리론자들은 거미처럼 그 자신으로부터 그물망(web)을 짠다. 꿀벌의 방법은 이 사이에 있다. 꿀벌은 정원과 들판의 꽃들로부터 재료를 가져온다. 그러나 이것을 전환시키고 소화할 능력도 있다. 이것은, 오직 또는 주로 정신적 능력에만 의지하는 것이 아니라, 그리고 자연박물지와 역학의 경험에 의해 제공된 재료를 손대지 않은 채로가 아니라, 지성 속에서 바꾸고 가공해서(altered and adapted) 기억 속에 저장하는 철학의 참된 작업과 다르지 않은 것이다. 그러므로 이 능력들(즉, 경험적 능력과 합리적 능력) 사이의 (아직 맺어진 적이 없는) 보다 긴밀하고 보다 많은 동맹(binding alliance)으로부터 많은 것이 기대될 수 있을 것이다.[177]

이 인용문에서 베이컨은 스스로의 인식방법을 명명하지 않았기 때문에 에피쿠로스와 에피쿠리언들 같은 '소박경험론자'를 그냥 '경험론자'라고 부르고, '교조론자'와 '합리론자'를 동의로 쓰고 있다. 베이컨은 여기서 감각적 경험능력과 합리적 사유능력을 긴밀하게 묶는 '동맹'을 말하면서 동시에 경험능력 쪽에 더 가까운 '결속동맹'을 염두에 두고 있다. 왜냐하면 상술했듯이 베이컨이 무엇보다 '정신의 예상'을 거부하고 '자연의 해석', 즉 '술이부작'을 추구함을 분명히 하고 있기 때문이다. 이것을 베이컨은 위의 인용문에서 '거미'보다 개미에 더 가까운 곤충류인 '꿀벌'의 먹이활동으로 비유하고 있다. 개미와 꿀벌은 둘 다 '벌'의 '목目'에 속하는 곤충이고 또한 협업적·사회적으로 떼 지어 사는 반면, 거미는 혼자 사는 고독한 벌레이기 때문이다.

따라서 베이컨은 애당초 공자처럼 '생이지지'하는 천재의 선험적 합리주의 방

---

[177] Bacon, *The New Organon*. "Aphorisms on the Interpretation of Nature and on the Kingdom of Man" Book I, XCV(95).

법을 거부하고 협업적 인식을 추구했다.

우월한 증명방법, 또는 자연을 해석하는 우월한 형식은 정신을 오류와 실수로부터 방어하고 보호할 수 있지만, 지식의 자료를 공급하거나 제공할 수 없다. 징조를 취해 추측하는 것이 아니라 발견하고 알기로 작정한 사람들, 세계에 대해 동화와 소설을 지어내는 것이 아니라 이 실재 세계의 본성을 조사하고 분석하기로 작정한 사람들은 여러 사물 그 자체로부터 모든 것을 찾아내야 한다. 지성·사상·논증의 경로에서의 어떤 대체물이나 대안도 고된 작업과 조사 그리고 주유천하周遊天下를 대신할 수 없고, 전 세계의 모든 천재들이 다 힘을 합해도 이것을 대신할 수 없다.[178]

여기서 베이컨은 공자처럼 경험론적 지식획득 과정을 "협업적 노동(cooperative labours)"으로 보고 "시간의 흐름으로부터 기대될 수 있는 것"에 주목하고, "특히 (이성의 길에서도 마찬가지로 그런 것처럼) 개인들이 여행하는 행로로만이 아니라, 인간들의 작업과 노력들이 (특히 경험의 획득에서) 가장 알맞은 방식으로 분배되고 그리고 재통합될 수 있는 행로로 기대될 수 있다는 것"에 주목한다. 왜냐하면 "무수한 인간들이 더 이상 모두 동일한 일을 하는 것이 아니라 각 인간이 상이한 기여를 할 때 그 자신의 강력한 힘을 알기" 때문이다.[179] 경험주의적 방법은 "많건 적건 지성을 평등화하고 (지성의) 탁월성에 대해 거의 기회를 주지 않는다". 이 때문에 지식은 "능력이라기보다 차라리 일종의 행운에 기인하고, 지성의 산물이라기보다 시간의 산물이다". 왜냐하면 인간들의 작업과 그 업적 안에서와 마찬가지로 인간들의 생각들 안에서도 확실히 "우연의 요소"가 있기 때문이다.[180] 이런 까닭에 훗날 로크와 흄은 지식획득을 '이삭줍기'로 표현했다.

베이컨은 36세 때의 저작 『신성한 성찰(Meditationes Sacrae)』(1597)에서, "아는 것이 힘이다(scientia potentia est)"라고 천명한 바 있다.[181] 하지만 그는 이 힘이 이런

---

178) Bacon, *The New Organon*, "Plan of The Great Renewal", 19쪽.
179) Bacon, *The New Organon*, Book I, CXIII (113).
180) Bacon, *The New Organon*, Book I, CXXII(122).
181) 베이컨은 *The New Organon*에서도 유사하게 말한다: "원인에 대한 무지로 결과가 좌절되기

협업적 경험방법의 지식획득으로 얻어지므로 이 힘을 결코 개인이나 집단이나 한 나라의 것이 아니라 전 인류의 것이고 인류의 공동선을 위해서만 쓰여야 하는 것으로 규정한다.

재미나 논쟁을 위해 또는 남들을 깔보기 위해, 아니면, 이득·명성·권력 등 어떤 다른 열등한 목적을 위해 지식을 탐구하는 것이 아니라, 삶의 유용성과 복리를 위해 그리고 박애(charity)에서 삶을 향상시키고 영위하기 위해 지식을 탐구하기를 원한다. 왜냐하면 천사들은 권력욕 때문에 타락했고, 인간들은 지식욕 때문에 타락했으나, 박애는 한계를 모르고 천사나 인간을 위험에 빠뜨린 적이 없기 때문이다. (...) 우리가 하고 있는 일에 관해서는 (...) 인류적 복리와 영광의 기초를 놓고 있다는 사실을 확실한 것으로 견지하기를 청한다. 또한 인간들이 자신의 진정한 이익에게 기회를 주고 믿음의 열정이나 편견을 끄고 공동선을 생각할 것을 청한다.[182]

그러나 베이컨은 지식이 인간이 교만하게 만들 수 있는 위험도 알고 있다. 하지만 그는 인간을 우쭐하게 만드는 것은 지식의 '양'이 아니라 그 '질적' 종류라고 못 박는다. 자연지식은 그 '양'이 아무리 크더라도 인간 정신을 우쭐하게 만들 수 없다. 여기서 베이컨은 칸트 같은 자가 등장해 양적으로 무한한 자연지식과 이에 입각한 자연정복을 부추길 미래의 문제점을 예상하지 못함으로써 한계를 드러내고 있다.

아무튼 베이컨의 말을 더 따라가 보자면, "세상의 어느 한 구석도 사람이 연구하고 발견하지 못할 것이 없다". 지식이 인간정신을 우쭐하게 만들지만 않는다면, 즉, 그것이 질적 한계를 벗어나지만 않는다면, 지식의 "양"이 아무리 크고 넓더라도 "전혀 위험하지 않다". '질質'만이 문제다. 위험한 '질'을 가진 특정한 종류의 지식은 자연지식이 아니라, 신처럼 선악을 알고 제정하는 특질을 가진

때문에 인간의 지식과 인간의 권력은 결국 같은 것이다." Bacon, *The New Organon*, Book I, 3(III).
182) Bacon, *The New Organon*, "Preface to The Great Renewal", 13쪽.

'도덕지식'을 말한다. 특정한 종류의 지식의 '질'에는 "독액 같은 사악한 본성이 들어 있기" 때문이다. 이런 '질'을 가진 지식은 양이 많든 적든 "해독제 없이 섭취한다면 뱀독처럼 인간정신을 우쭐하게 만들어 교만하게 한다". 이에 적절한 해독제는 바로 "박애"다. 이 박애의 해독제가 투여될 때 비로소 지식은 '지고의 지식'이 된다. 따라서 "인간의 언어"도, "천사의 언어"도 그 자체로서는 결코 뛰어난 것이 아니다. "그것이 박애와 결별한다면", 즉 인간과 인류의 유익함을 향하지 않는다면, 그것은 "유익한 실질적 덕"이 아니라 "허영"에 지나지 않는 것이다.[183]

그러나 박애와 지식이 결합되는 것이 인간의 본성상 필연적인 것이 아니라 지식의 협업적 생산과정에 의해 비로소 요구되는 것이기 때문에 인간과 천사가 벌집 속에서 무위도식하는 오만한 수벌처럼 추방당하는 일이 벌어질 수도 있다. 소위 '타락 천사'는 신과 인간 사이의 심부름을 하다가 신의 권능을 찬탈하려는 권력욕 때문에 타락했고, 아담과 이브는 인간 정신을 우쭐하게 부풀리는 무한한 지식욕 때문에 타락했다.

베이컨은 벌떼의 사랑 같은 사회적 사랑과 박애만이 이 지식욕심을 중화해 타락을 막아준다고 주장한다.

> 크세노폰이 말하듯이, 사랑도 다른 감정들과 마찬가지로 정신을 흥분시키지만, 다른 감정들이 정신을 혼돈이나 격정 같은 왜곡되고 부적절한 상태로 이끄는 반면, 사랑만은 그렇듯 고양된 상태에서도 정신을 안정시키고 진정시킬 수 있다. 박애도 마찬가지다. 다른 모든 덕들은 본성을 고양시키고 과도해지기 쉽지만, 오로지 박애만은 과도함을 허용하지 않는다. 우리가 잘 알다시피, 천사들은 권력에서 신처럼 되는 것을 열망하다가 계율을 범하여 추방당하지 않았던가? 또 인간은 지식에서 신처럼 되는 것을 열망하다가 계율을 범하여 낙원에서 추방당하지 않았던가? 그러나 선이나 사랑에서 하느님과 비슷해지는 것을 열망하다가 계율을 범한 인간이나 천사는 아직껏 없었고 앞으로도 없을 것이다. 오히려 선이나 사랑에서만은 우리가 신을 닮을 것이 요구된다.[184]

---

183) Bacon, *The Advancement of Learning*, Book 1, Chapter 1, §3.

여기서 '덕'이 과도해지기 쉽다는 말은 덕 개념과 배치되는 어불성설이고, 사랑과 박애가 '과도함을 허용하지 않는다'는 말은 어폐가 있다. 지나친 사랑은 자식을 망치고, 필요 이상의 박애는 나와 남을 망치기 때문이다. 이런 오류들을 제쳐놓으면, 꿀벌 떼가 서로 협력해 생산한 꿀처럼 전 인류의 협력으로 획득한 지식을 박애와 결합시켜 지식의 오만을 해소하고 공익에 기여하게 하려는 베이컨의 의도가 위 인용문에서 더욱 분명하게 드러나고 있다. 동시에 무한한 지식욕의 위험도 잘 드러나고 있다.

이 대목에서 우리는 "우리가 모든 것을 알지 못한다고 생각할지라도 알 필요가 있는 만큼 아는 것이 더 낫다"고 한 베이컨의 명제를 다시 상기할 필요가 있다. 이 명제에는 '모든 것'을 알 수 없는 우리의 지식능력의 본성적·윤리적 한계가 표명되고 있다. 이 지식의 한계에 베이컨은 『학문의 진보』에서 좀 더 분명하게 말한다.

그들(바울과 솔로몬-인용자)의 탁월함은 사실상 인간지식의 범위가 될 만한 참된 경계와 한계를 규정한 데 있다. 이 같은 한정이나 한계는 아직 제대로 이루어지지 못하고 있지만, 이것에 위해서만 사물의 보편적 본성이 모두 이해될 수 있을 것이다. 인간지식에 가할 수 있는 제한은 세 가지다. 첫째, 우리가 필멸적 운명의 유한한 존재자임을 망각할 정도로 지식에 탐닉해서는 아니 된다. 둘째, 우리는 불신이나 불평을 위해서가 아니라 인정이나 동의를 위해서 지식을 응용해야 한다. 셋째, 우리가 자연에 대한 이론적 관찰에 의해 신의 신비에 도달할 수 있다고 생각해서는 아니 된다.[185]

마지막 한계는 하늘 또는 신의 영역을 범할 수 없는 인지적人智 한계를 말하는 것임과 동시에 인지와 신지神智 사이의 — 하늘(신)에 의해 설치된 — '지식윤리적' 한계를 말하는 것이다. "어떤 사람이 감지가능한 물질적인 것에 대한 정사精査

---

184) Bacon, *The Advancement of Learning*, Book 2, Chapter 22, §15.
185) Bacon, *The Advancement of Learning*, Book 1, Chapter 1, §3.

와 연구에 의해 신의 본성이나 신의 의지를 자신에게 드러낼 수 있는 빛을 얻었다고 생각한다면, 사실상 그는 헛된 철학에 의해 망가진 자라고 아니할 수 없다". 왜냐하면 "신의 피조물이나 작품에 대한 명상은 이것들에 대한 지식을 낳지만, 신에 관해서는 결코 완전한 지식이 있을 수 없기" 때문이다. 태양이 지상의 만물을 비춰 밝게 드러나게 하지만 별과 천체를 어둡게 은폐하듯이, 감각은 자연의 사실들을 발견하지만 동시에 신의 사실들을 어둡게 은폐한다. 이런 까닭에 "수많은 위대한 학자들이 양초로 붙인 날개처럼 허술한 감각에 의지해 신의 비밀을 향해 날아오르려고 애쓰다가 결국 이단의 늪에 빠지게 되는 불상사가 발생하곤 했던 것이다".186) 베이컨은 여기서 오만한 지식욕을 버리고 '인지人智'로 확실히 알기에는 의심스럽고 위태로운 저 '신의 비밀'을 탐구에서 '궐의궐태闕疑闕殆'해야 한다고 말하고 있다.

물론 베이컨의 세 가지 한계와 제한의 관점은 부분적으로 동요한다. 세 가지 중 첫 번째 제한은, 인간은 어차피 필멸적 존재라는 말을 뿌리치고 지혜의 관조·관상觀賞(진리구경) 활동으로 신적 '불멸'을 추구할 것을 주장한 아리스토텔레스의 철학적 행복론을187) 부정하는 것이다. 그러나 그는 같은 책에서 학문을 통해 '불멸'을 추구할 것을 촉구한다.

인간은 학문에 의해 인간을 넘어선다. 인간이 짐승보다 우월하듯이, 학문을 통해 인간은 육신으로 갈 수 없는 하늘과, 하늘의 행로로 비상한다. (...) 지식과 학문이 존엄하고 탁월한 이유는 인간본성이 가장 염원해 마지않는 불멸성 또는 영속성을 가진 것이기 때문이다. 실로 자식을 낳고 가문을 일으키고 건물을 축조하고 기념비를 세우고 기념·명성·칭송을 갈망하는 것 등 인간의 모든 강렬한 욕망은 불멸과 영속을 추구한다. 그러나 재능과 학문의 기념비가 권력의 손으로 세운 기념비보다 얼마나 오래 지속되는지를 우리는 잘 안다.188)

---

186) Bacon, *The Advancement of Learning*, Book 1, Chapter 1, §3.
187) Aristoteles, *Die Nikomachische Ethik*, 1177b2-35 참조.
188) Bacon, *The Advancement of Learning*, Book 2, Chapter 8, §6.

위의 세 가지 제한 중 첫 번째 제한은 이 '학문을 통한 불멸'에 대한 주장과 정면으로 모순된다. 그러나 전자가 학자의 인간적 필멸성을 말하는 것인 반면, 후자가 학문의 불멸성을 말하는 것이라고 해석하면, 어느 정도 비일관성을 피해 나갈 수가 있다. 그러나 아리스토텔레스는 이 둘을 다 의미했기 때문에 논란은 남는다.

그러나 베이컨의 '꿀벌의 비판적·협력적 인식론'과 지식의 공익성 명제는 대강 그 윤곽을 알 수 있다. 개미의 '소박경험론'과 비교적 가까운 꿀벌 떼의 협업적 '꿀 생산'과 비유되는 베이컨의 '비판적·협업적 경험론'의 지식생산은 거미의 '사이불학'의 '교조적 합리론'과 본질적으로 대립되는 반면, '박시제중博施濟衆'의 '위인爲仁'(인의 실천)과 공익성을 등질 수 없는 집단적·협업적 '민시민청民視民聽' 수준의 보편적 '박학이신사博學而愼思'·'선학이후사先學而後思'·'주학이종사主學而從思'·'술이부작'의 인식론인 셈이다. 동시에 베이컨의 지식은 공자의 '궐의궐태'와 '근도近道'의 한정적 지식과 마찬가지로 유한한 지식이다. 또한 베이컨의 '지식' 개념 속에는 공자의 '지식'처럼 이미 사회적 협력과 공공복리가 본유本有한다. 이 점에서 베이컨이 강조하는 '꿀벌의 인식론'은 공자의 '서술적 경험론'과 본질적으로 상통한다고 할 수 있다.

- 베이컨의 유토피아: '리틀 차이나' 『뉴아틀란티스』

중국을 더 알고 싶은 베이컨의 열망은 아주 컸다. 그래서 그는 서양 이방인들(양이洋夷들)에 대한 중국의 대對서방 쇄국정책에 대해 불만도 표출했다. 베이컨은 『뉴아틀란티스』의 서두에서 이렇게 말한다. "이방인들의 무허가 입국을 막는 유사한 법률이 중국제국의 유구한 법률이지만 지금도 계속 쓰이고 있다는 것은 사실이다. 그러나 거기서 그것은 가엾은 것이고, 그들을 호기심 많고 무지하고 무서워하는 바보 민족으로 만들었다. 하지만 우리의 입법자는 다른 성질의 법률을 만들었다." 그러나 바로 이어서 베이컨은 바로 이상야릇한 좌충우돌을 노정한다. "지금 이곳으로부터 해외로 가는 여행에 관한 한, 우리의 입법자는 그것을 몽땅 억제하는 것을 적절하다고 생각했다. 그런데 중국에서는 그렇지 않다. 왜냐하면 중국인들은 그들 마음대로, 그들의 능력껏 항해하기 때문이다. 이것은 이방인을 들어오지 못하게 하는 그들의 법률이 겁 많음과 공포의 법률이라는 것을 보여준다."[189] 베이컨은 그의 이상국가 '뉴아틀란티스'의 대외정책을 정확히 중국과 정반대로 뒤집어 기술이 들어오기만 하고 나가지는 못하게 하는 정책으로 만들고 있다. 그러나 어떤 일방통로라도 열려 있으면 과학기술은 밖으로 흘러나갈 것이기 때문에 베이컨의 이 정책기획은 '참 우습다'고 할 것이다. 뒤에 베이컨은 일방통로적 폐쇄정책을 무력화시킨다.

토마스 모어의 공산주의적 유토피아에 맞서 베이컨이 기획한 '솔로몬 대학'(또는 '살로몬 대학') 중심의 유토피아 국가는 공자의 — 명명덕明明德(명덕을 펴는 덕치)・친민親民(백성을 늘 새롭게 발전시키는 진보정치)・지어지선止於至善(최고선을 모토로 삼는 도덕정치)이 구현된 — 『대학』의 이상국가와 여러 모로 닮았으면서도 자연과의 관계에서 서로 크게 상반된 것으로 나타난다. 자연탐구와 자연변형을 극한으로 추구하는 베이컨의 과학기술적 이상국가는 '자연의 손님'으로서 자연을 사랑하는 공맹의 이상국가와 거리가 멀기 때문이다.

『뉴아틀란티스』는 베이컨의의 과학기술적 유토피아를 그린 공상과학소설이다. 그는 이 과학기술적 유토피아의 두 기둥으로서, 자연의 해석에 바탕을 둔 자연과학의 연구와 공학적 이용을 위한 대학의 모델을 제시하고 있다. '6일작업 대학(the College of the Six Days' Works)'으로도 불리는 '솔로몬(Solomon, 또는 Salomona) 대학'은[190] 자연해석의 과업과 인류복지에 이바지할 연구를 수행한다. 뉴아틀란티스 이상국가는 벤살렘(Bensalem) 섬에 소재한다. 지식과 학문으로 개명된 나라이지만 자연과학적 자연정복에 대해 강세를 두지 않고 오히려 자연을 사랑하는 나라인 모어의 '유토피아'는 비기독교국가인 반면, 인류의 복지를 위해 과학기술적 자연이용을 추구하는 베이컨의 뉴아틀란티스는 기독교국가다. 이

---

189) Bacon, *The New Atlantis*, 251쪽.
190) Bacon, *The New Atlantis*, 253쪽.

소설에서 뉴아틀란티스는 왕국이지만, 왕이 드러나지 않아 독자들은 누가 왕인지 알 수 없고, 다만 솔로몬대학이 전면에 부각되어 있다. "나의 좋은 형제들"로 불리는 "솔로몬학술원" 협회회원들인 "지자智者들"이 "바로 왕국의 눈"이다.[191] 아틀란티스는 약 1600년 전 '신의 도구'인 입법자 살로모나(Salomona) 왕에 의해 건국되었다. 살로모 왕은 플라톤의 '철인치자' 모델을 따른 토마스 모어의 '학자들로부터 선발되는 군주'와 달리 '지자'라기보다 인정仁政을 베푸는 '인자仁者'다. "우리는 그를 우리나라의 입법자로 간주한다. 이 왕은 헤아릴 수 없는 선덕의 큰마음을 가져서 그의 왕국과 인민들을 행복하게 만드는 데 혼신으로 전념했고", 또한 "그 왕은 늘 정책을 인류애(humanity)와 결합시키기를 바랐기" 때문이다.[192]

살로모나 왕의 "단연코 엄청난", "탁월한 업적 중 하나"는 "솔로몬학술원이라 부르는 학당 또는 협회의 창건과 설립"이다. "신의 작품과 피조물들의 연구를 맡고 있는" 이 학당은 "지상에 지금까지 존재한 것 가운데 (우리가 생각하기에) 가장 훌륭한 재단"으로서 아틀란티스 왕국의 "등불" 노릇을 한다.[193] 베이컨은 『뉴아틀란티스』에서 솔라모나왕에 대해서만 언급할 뿐, 방문 당시의 통치자에 대해서는 침묵하고 있다. 결국, 뉴아틀란티스 국가는 '왕국'이라는 것 외에 그 정치적 정체는 끝내 수수께끼로 남아 있다. 솔로몬학술원도 '정부'는 아니다. 솔로몬학술원의 목적을 자연과학적 탐구로 규정되어 있기 때문이다. "우리 학술재단의 목적은 사물들의 원인과 비밀스런 작용에 대한 지식과, 가능한 모든 일들을 달성하기까지 인간제국(human empire)의 영역을 확대하는 것이다."[194] 솔로모나 왕의 성품과 행적을 뜯어보면, 베이컨은 정부와 별개로 자연과학적·기술공학적 솔로몬대학을 창설하는 길을 감으로써 플라톤의 '철인치자' 전통을 탈피해 공자처럼 왕을 인자로 설정하고 있다.

아틀란티스의 경제사회제도와 윤리를 살펴보면, 우선 토마스 모어의 '유토피

---

191) Bacon, *The New Atlantis*, 244, 245쪽.
192) Bacon, *The New Atlantis*, 251-252쪽.
193) Bacon, *The New Atlantis*, 264쪽.
194) Bacon, *The New Atlantis*, 26쪽.

아나 캄파넬라의 '태양의 나라'와 반대로, '티르산(Tirsan)'이라는 사람의 가족에 대한 왕의 하사금·특권·면세권 등이 선물로 주어지는 것으로 보아 사유재산제는 인정된다. 그리고 '요아빈(Joabin)'이라는 유대인 상인이 등장하는 것으로 보아 뉴아틀란티스의 경제체제는 시장경제로 보인다.195) 창녀와 일부다처제는 불허된다.196)

솔로몬대학이 산출하고 제작한 온갖 과학기술적 발명품과 이기利器들은 1627년 당시에 생각해낸 것들이라는 점을 고려하면 모두 놀라운 것들이다. 중국식의 "수명연장"(장수長壽) 프로젝트, 합금을 통한 인조금속과 신소재 개발, 인공강우(*artificial rains*), "씨앗 없이 흙의 혼합으로 다양한 식물을 키우고, 마찬가지로 상이한 천연 식물로부터 다양한 신종 식물을 만들고, 나무나 풀을 변종시키는" 생명공학, "동물들을 등치와 키가 크게 만들고 반대로 난쟁이로 만들고 그 크기로 머물러 있도록 하기도 하고 불임으로 생산하지 못하도록 하고", 또한 동물을 "더 다산하고 번식하도록 만들고 또한 동물들을 색·모양·활동성 등 다양한 면에서 다르게 만들기 위해 상이한 종류의 혼합과 교접을 만드는" 동물 신종개발 및 종자조작 기술, 잘 소화되는 음료수, 손등으로 스며들어 손바닥으로 나오지만 입에서 부드럽게 느껴지는 음료수, 초정밀현미경, 인공무지개(*artificial rain-bows*), 보청기, 엔진·온갖 동력장치, 유럽의 무기보다 훨씬 성능 좋은 소총과 대포, 새처럼 나는 비행기술(*flying in the air*)·잠수함(*ships and boats for going under water*) 등 실로 끝없다.197)7

---

195) Bacon, *The New Atlantis*, 255쪽 이하 및 257쪽 이하.
196) Bacon, *The New Atlantis*, 260, 261쪽.
197) Bacon, *The New Atlantis*, 263-270쪽. 이 솔로몬학술원의 이런 과학기술적 구상 중 "씨앗 없이 흙의 혼합으로 다양한 식물을 키우는" 생명공학과 '새처럼 나는 비행기술' 등 두 '비과학적' 기술을 제외한 나머지 모든 과학기술은 오늘날 다 실현되었다. 그러나 17세기 당시만 하더라도 이것은 실현 불가능한 이상향으로만 여겨졌다. '실낙원'에 이어 '복낙원復樂園'을 꿈꾸었던 존 밀턴도 베이컨의 "아틀란티스 국가"를 토마스 모어의 "유토피아"와 함께 "결코 실용으로 이끌어질 수 없는 것"으로 단정했다. John Milton, *Areopagitica*, 177쪽. *The Prose Works of John Milton*, vol. 1 in Two Volumes [1847] (Philadelphia: John W. Moore, 1847). 그러나 '뉴아틀란티스'는 그 이상으로 실현되었고, 오늘날은 '지나치게' 실현되어 자연 전체를 교란·파괴할 정도다. 아마 '자는 새도 쏘지 않았던' '자연의 손님' 공자와 유자들이라면 베이컨의

1627년 베이컨의 유토피아 단편소설 『뉴아틀란티스』가 자연사 서적 『실바 실바룸(숲의 숲)』의 뒤에 붙여 인쇄되었을 때, 이것은 의도적이었을지라도 좀 불편한 콤비네이션이었다. 『뉴아틀란티스』는 벤살렘의 사이언토크라트적 질서에 대한 온갖 매혹에도 불구하고 유토피아적 여행 이야기인 반면, 『실바 실바룸』은 자연사의 이상한 장르, 즉 자연세계에 관한 자료의 엄청난 카탈로그에 속했다. 그러나 따져보면 이 두 책은 긴밀히 연결되어 있다. 『뉴아틀란티스』는 드러나기를 청하는 비밀역사의 수사修辭 — 벤살렘의 지식 수호자들로 묘사되는 베이컨 자신의 방법의 선차성을 솔로몬학술원에 의해 재생산된 것으로서 내세우는 이야기 — 를 불러일으킨다. 따라서 『뉴아틀란티스』는 "베이컨의 프로젝트를 허구 이상의 것으로 드러내줄 학문의 역사를 그 기원으로부터 약술하는 개요"다. 이 비밀역사의 동학은 '무지의 것'을 알려진 것으로부터 배제하는 것을 요약하는 존재론적 자리매김 속에서 '무지의 것'의 실존을 경계짓는 '무지의 것'을 간취하는 것에 좌우되었다.198)

『뉴아틀란티스』의 상상력은 벤살렘 지성사知性史의 은폐, 즉 조금씩조금씩 드러내는 것을 용이하게 하는 은폐로부터 유래한다. 벤살렘은 그 자신의 위대성을 선언하고, 모든 유토피아 소설에서 등장하는 평화적 삶, 엄격한 조직, 위대한 학문 등의 문화적 정통성을 동반한다. 그러나 이 문화적 업적에 대한 방법론적 열쇠는 솔로몬학술원의 비밀스런 동굴에 묻힌 채 남겨져 있다. 비밀의 존재가 알려질지라도 그것은 '부재'에 의해 특징지어진다. 그것의 내용은 독자에게 탐구하고 발견하고 재발명하도록 손짓하기 위해 한 걸음 이격된 상태에 놓여있어야 한다. 벤살렘을 중국과 동일한 모양으로 투사된 공간 속으로 끌어들인 것은 아마

이 아틀란티스를 즉시 등졌을 것이라는 사실이다. 베이컨은 솔로몬학술원에서 산출하는 자연지식을 모조리 자연정복과 자연약탈에 쓸 뿐, 단 한 가지 사례에서도 — 공자에게서처럼 — '자연보호'에 쓰고 있지 않기 때문이다. 그러므로 공자와 베이컨 간의 친화성은 자연지식의 용도문제에서 양자의 대립으로 뒤집힌다. 자연정복의 오류가 명약관화하게 드러난 오늘날, 자연지식에 의한 '자연 속박'을 '어떤 식으로' 하든 결코 '악하거나 죄스럽지도 않은' 것으로 보는 베이컨의 기독교적 자연정복관은 실은 그가 청소하고자 한 인간파시즘적 '종족의 우상'에 해당하는 것이다.

198) Lux, "'Character reall': Francis Bacon, China and the Entanglements of Curiosity", 197쪽.

이 잠재적 인식 행낭, 비밀스런 학문역사에 대한 탐색이었을 것이다. 적어도 베이컨이 『뉴아틀란티스』에서 제시하는 비밀스런 지식역사의 허구적 이야기는 빈번하게 중국적 지식의 호기심어린 당대의 문제와 이 유령적 형상이 불러낸 학문의 감춰진 역사로 되돌아간다. 벤살렘에서 유럽의 항해자들의 경험에 관해 보고하는 모호한 익명적 '나(I)'라는 베이컨의 화자는 중국지식의 비밀스런 역사 언저리에서 얼쩡댄다.

소설은 "페루로부터 중국과 일본을 향해 남양을 통해" 항해하기[199] 시작한다. 이 여행일정은 상상적 가능성들의 거주 장소로서의 동남아시아의 불확실한 공간을 불러일으키고 베이컨의 유토피아 소설을 중국문화의 디아스포라를 반복적으로 연상시키는 지리적 공간 안에 위치시킨다. 여기서 주의 깊은 학자는 '통킹차이나', '코친차이나', '남중국', 또는 '중국해'와 같은 무수한 외국어지명을 만들어냄으로써 동남아시아의 큰 지역조각을 중국 국민과 연결시키는 초기근대적 지도제작의 호기심어린 습관을 상기시킨다. 벤살렘은 중국문화를 연상시키는 지역에 위치해 있을 뿐만 아니라, 중국적 정책에 의해 규제된다. 베이컨의 몇몇 항해자들은 벤살렘에 도착하자 상륙이 금지되고, 3일 동안 낯선 사람의 집 안에 격리된다.[200] 솔로몬학술원의 한 신부는 이 관행의 원천이 유토피아 건국자로 칭해지는 살로모나 왕의 법률이라고 알려준다. 이 신부에 의하면, 살로모나 왕은 "예법이 이상한 것들과 혼합되는 것을 염려해 금령과 금지를 명했다".[201] 그런데 벤살렘의 이 정책은 중국의 법규를 그대로 모방한 것이다. 베이컨은 비판하는 척하면서 이 정책의 중국적 기원을 밝혔다.[202] 그러나 베이컨은 바로 중국인들의 해외진출을 막지 않는 중국정책의 장점을 슬쩍 흘린다.

---

199) Bacon, *The New Atlantis*, 235쪽.
200) Bacon, *The New Atlantis*, 240쪽.
201) Bacon, *The New Atlantis*, 252쪽.
202) Bacon, *The New Atlantis*, 251쪽. 앞서 인용한 대목: "이방인들의 무허가 입국을 막는 유사한 법률이 중국제국의 유구한 법률이지만 지금도 계속 쓰이고 있다는 것은 사실이다. 그러나 거기서 그것은 가엾은 것이고, 그들을 호기심 많고 무지하고 무서워하는 바보 민족으로 만들었다. 하지만 우리의 입법자는 다른 성질의 법률을 만들었다."

지금 이곳으로부터 해외로 여행에 관한 한, 우리의 입법자는 그것을 몽땅 억제하는 것을 적절하다고 생각했다. 그런데 중국에서는 그렇지 않다. 왜냐하면 중국인들은 그들 마음대로, 그들의 능력껏 항해하기 때문이다. 이것은 이방인을 들어오지 못하게 하는 그들의 법률이 겁 많음과 공포의 법률이라는 것을 보여준다.203)

'유토피아 소설'이 중국 같은 실존국가로부터 법률을 채택하라고 권하면서 느끼는 어색함을 베이컨은 이처럼 '좌충우돌'로 표현하고 있다. 그는 이 면허를 중국적 선례로부터 차용하지만 투사된 중국적 타자(他者)를 단순히 칭찬하기보다 차라리 그 유사성("유사한 법률")을 인정하는 한편, 서양인에 대해서만, 특히 스페인과 포르투갈사람들에 대해서만 시행된 중국의 쇄국정책의 방향을 뒤집어서 중국 국민 자체를 비판하는 자세를 취하고 있다. 벤살렘 사람들은 '혁신적 분리주의자들'이고, '언덕 위에 도시국가'인 반면, 중국인들은 단순히 외국인공포증에 사로잡혔다는 것이다.204) 그야말로 어불성설이다.

따라서 벤살렘의 이 쇄국정책은 바로 무너져버린다. 통치자는 자기 정책과 중국정책을 구분지은 뒤에 그의 백성들이 먼 나라들의 가장 값어치 있는 보유물들("전 세계의 과학, 기술, 제작물, 발명품")을 조사하고 훔치기 위해 먼 나라의 해안으로 여행하는 계획을 기술한다.205) 벤살렘의 경우에 상업과 외교의 기구들은 고의적으로 저발전 상태에 놓여 있지만, 장기적 프로그램은 발명과 기술의 보다 가치 있는 상품들을 확보하는 것이다.

벤살렘에 축적된 발명과 기술의 방대한 목록을 정밀조사해보면, 중국기술들을 베이컨의 비밀스런 지식역사 프로젝트 속으로 통째로 통합하고 있는 사실이 드러난다.206) 일찍이 기술된 모든 중국기술은 현저한 출현물의 물목이다. 솔로몬학술원의 한 신부는 "유희와 사용의 두 용도를 위한 온갖 다양한 종류의 화약,

---

203) Bacon, *The New Atlantis*, 251쪽.
204) Lux, "'Character reall': Francis Bacon, China and the Entanglements of Curiosity", 199쪽.
205) Bacon, *The New Atlantis*, 254쪽.
206) Lux, "'Character reall': Francis Bacon, China and the Entanglements of Curiosity", 199쪽.

물속에서 타고 꺼지지 않는 도깨비불, 불꽃놀이의 새로운 혼합과 구성"을 가지고 있다고 자랑한다.207) 그리고 앞서 시사했듯이 그는 "중국인들이 그들의 도자기를 만드는 것처럼 우리가 다양한 접착제를 두는 여러 흙들 속의 매장물들"을 기술하고 "그러나 우리는 이 매장물들을 아주 다양하게 가지고 있고 그들 중 몇몇은 더 곱다"고 말한다.208) 중국의 도자기는 17세기에 훌륭한 국제적 명성과 야릇한 신화의 자리를 누렸다. 그리고 앞서 시사했듯이 베이컨 자신의 '중국적 광기'로 묘사했던 "수명연장"(장수) 프로그램도 언급한다. 이런 기술들을 망라하면서 베이컨의 비밀역사 또는 비밀스런 기술박물지는 중국의 기술적 업적들을 그 자신의 프로젝트를 되돌아 가리키는 과거의 새로운 비전 속으로 투입한다. 그는 보편적·전全지구적 목적을 가진 프로젝트를 선명하게 만든다.209)

이상국가의 과학기술 연구프로젝트에 이미 세상에 널리 알려진 중국기술들을 포함시키는 이 조치는 벤살렘의 기념관 또는 '과학적 발견의 전당'에 대한 베이컨의 기술에서 다시 나타난다. 솔로몬학술원의 한 신부는 이 공간을 "아주 길고 아름다운 화랑"으로 기술한다. 이 화랑 중 하나는 "모든 주요 발명가들의 동상들"을 전시한다.210) 이 신성한 공간에서 치자는 섬의 치자과학자 계급의 "명령과 의례"를 위해 동상으로 세워진 일련의 인물들을 목록화한다.211) 이 방대한 리스트에는 "대포와 화약의 발명자, (...) 인쇄술의 발명자, (...) 누에의 비단의 발명자(,,,) 그리고 당신이 가진 것보다 더 확실한 전통에 의해 이 모든 것"이 포함된다.212) 대포·화약·인쇄술·비단 등 중국 발명품들은 과학적 발견의 비밀역사를 기록하는 데 바쳐진 신성한 박물관 안에서 확고한 필수적 자리를 차지한다. 베이컨은 이전에 얘기된 자료원천들을 통해 이 발명품들이 중국에서 기원한다는 것을 알고 있었다.

---

207) Bacon, *The New Atlantis*, 270쪽.
208) Bacon, *The New Atlantis* [1627], 251쪽.
209) Lux, "'Character reall': Francis Bacon, China and the Entanglements of Curiosity", 200쪽.
210) Bacon, *The New Atlantis*, 264쪽.
211) Bacon, *The New Atlantis*, 272쪽.
212) Bacon, *The New Atlantis*, 272-273쪽.

벤살렘 왕국과 중국 간의 더 본질적인 연관성은 벤살렘의 해안지방 '렌푸사(Renfusa)'에 출현한 방주의 기적을 통해 벤살렘 백성들의 기독교 신앙을 설명하는 데서 드러난다. 그 해안지방 사람들이 빛나는 기둥 아래서 "이 기둥의 몸체보다 더 밝은 빛의 큰 십자가"를 발견했다는 것이다.[213] 십자가가 세워진 방주는 기억·보존·선택·구원의 중요성을 결합한다. 벤살렘의 사회형태를 보존하는 고의적으로 격리된 방법 및 비밀의 수사법과 병치되어 이 방주는 거대한 불빛을 발하는 십자가로 광포廣布되는 충격적 공개성 속에서 출현한다. 고의적으로 노출된 공간에서 솔로몬학술원의 한 신부는 해석을 위한 기표와 기도를 번갈아 단언한다. 정보(계시)보존의 이 고도로 가시적인 기표記表는 성서적 명문과 글자를 둘 다 포함하고 있다. 베이컨의 치자는 주장한다.

> 이 두 글 속에도 책과 글자가 들어 있어, 이 책과 글자가 위대한 기적을 일으켰고, 다 입말의 시원적 재능에서 복음의 그것과 상응한다. 왜냐하면 그때에 이 땅에 토착인 외에도 히브리사람, 페르시아사람, 인도사람들이 존재해서 모든 사람들은 제각기 책과 글자를 마치 그 자신의 언어로 쓴 것처럼 읽기 때문이다.[214]

이 대목은 중국한자가 바벨탑의 붕괴 이전에 아담과 이브가 쓰던 오리지널 부호문자라고 생각했던 당시 일부 철학자들의 생각이 스며들어 있다. 이 계시적 순간의 동학은 분석적으로 비교할 상당한 가치가 있다. 성서의 명문은 입말 담화의 영역 안에서 입말의 기적을 이야기하지만, 베이컨은 이것을 뒤집었다. 벤살렘의 시민들은 방주에 실려 있는 텍스트를 "마치 그 자신의 언어로 쓴 것처럼" 읽는다고 보고하고 있다. 앞서 논했던 "진짜 부호문자"로서의 한자 한문에 대한 베이컨의 이해가 여기에 숨어 있다. 기적은 벤살렘 사람들의 인물들을 바꾸거나 더 매혹적으로 텍스트 자체를 바꿔 이 텍스트들의 어떤 언어로도 읽힐 수 있을 정도다. 이것은 『학문의 진보』에서 묘사한 중국의 '진짜 부호문자'를 생각나게

---

213) Bacon, *The New Atlantis*, 244쪽.
214) Bacon, *The New Atlantis*, 246쪽.

하는 '쓰인 기표들'이다. 벤살렘 기독교의 심장부에서 근본적 기적을 이렇게 읽는 것을 숙고해보면 벤살렘은 점점 더 '중국애호적'으로 나타나기 시작한다. 베이컨의 항해자들은 벤살렘을 남중국해의 어느 곳에선가 발견하고, 또 이 나라가 중국적 정책에 의해 다스려지는 것을 알고, 중국의 발명품들을 알고 있는 것을 발견하고, 한자를 인기 있는 당대의 모범으로 삼는 보편적 기표들을 사용하는 은혜를 입고 있는 것을 알게 된다. 중국문화에 대한 지식과 인정, 그리고 지식의 비밀역사 속으로 중국문화를 통합할 필연성에 대한 결정적 자각은 베이컨의 유토피아적 비전의 일관된 측면이 되었다. 적어도 그는 그 진가를 인정하고 지식의 획득과 보존의 보편적 체계 속으로 통합해야 하는 '패러다임 변동 수준의 지식'이 미지의 중국과 극동에 존재한다고 생각한 것으로 보인다.[215]

따라서 이제 보다 중요한 물음은 베이컨이 『뉴아틀란티스』의 방대한 문화업적 목록 안에서 중국을 언급하는지가 아니라, 실제적 세계에서 그가 중국을 어떻게 취급하는지다. 분명히 베이컨은 중국적 선례를 '맥동하는 추상적 금박장식'으로 쓰는 이상국가 건국과 지식보존에 관한 담화에 거듭거듭 말려들어 있다고 느꼈다. 이렇게 말려드는 대목들 가운데서 베이컨의 중국 참조는 종종 그 프로젝트에 열광적 희망을 주입했다. 그리하여 베이컨은 중국의 '진짜 부호문자', 즉 유토피아적 테크노크라시의 건축 벽돌을 기술할 때 이 부호문자가 '존재의 이미지'를 조금도 뒤틈 없이 채록하고 마치 지식 자체의 문을 여는 열쇠인 것처럼 이야기한다. 그러나 이 비중 있는 모든 수사는 고의적으로 원래의 장소에서 전치되어 현장을 넘어가는 저편에 위치하고, 베이컨이 그의 분석을 '다른 자료원천', 즉 '중국'에 근거를 둔다고 상기시키는 빈번한 삽입메모들에 의해, 즉 대상을 확실성의 영역에서 배제하면서도 이해관계가 있는 분석의 시계視界에 노출시키는 것에 의해 한정된다.[216]

한 마디로, 베이컨의 '뉴아틀란티스'는 '리틀 차이나'로서 중국특색의 '과학기술

---

215) Lux, "'Character reall': Francis Bacon, China and the Entanglements of Curiosity", 201쪽.
216) Lux, "'Character reall': Francis Bacon, China and the Entanglements of Curiosity", 202쪽.

유토피아'다. 베이컨은 중국을 그의 더 큰 프로젝트, 즉 '뉴아틀란티스'의 심장부에 들어 있는 비밀스런 과학사에 포함시켰기 때문이다. 그리하여 '뉴아틀란티스'로서의 벤살렘 왕국이 '리틀 차이나'에 불과하다는 것은 당연히 17세기 영국의 동시대인들에게 들킬 수밖에 없었다. 토마스 뱅크로프트(Thomas Bancroft, 1596?-1658)라는 당시 영국시인은 「거짓말을 거슬러(Against Lying)」(1658)라는 풍자시의 중요한 구절을 '영국으로부터 도피함으로써만 진리를 배울 수 있다는 상상적 허언'을 퍼트린 사람들을 풍자하는 데 바치고 있다.

> 진리의 얼굴을 보고자 하는 자는
> 다른 해안으로 항로를 조정해야 가야한다네
> 여기는 우리가 보는 가면, 베일, 유사품을 빼고
> 아무것도 놓여 있지 않다네.[217]

이 장난스런 풍자시의 한가운데서 뱅크로프트의 화자話者는 한 동안 옆으로 비껴서서 중국과 『뉴아틀란티스』 간의 은폐된 연관을 상상적 여행 이야기 속에서 재현한다. 이 시문의 화자는 '실존하는 유토피아' 중국과 『뉴아틀란티스』 간의 닮은꼴을 콕 집어 풍자하고 있다.

> 육지로, 중국의 해안으로
> 굴러가 있는 것으로 느끼고 (...)
> 그것은 전혀 통속적이지 않는 종류의 발명들을
> 보다 행복한 우리 베이컨이
> 그를 유명하게 만든 뉴아틀란티스에서 본 것과
> 같은 것들을 내게 보여주었네.[218]

---

217) Thomas Bancroft, *Time's out of Tune* (London: 1658), 36쪽. Lux, "'Character reall': Francis Bacon, China and the Entanglements of Curiosity", 202쪽에서 재인용.
218) Bancroft, *Time's out of Tune*, 39-40쪽. Lux, "'Character reall': Francis Bacon, China and the Entanglements of Curiosity", 202쪽에서 재인용.

베이컨의 은폐시도가 무색할 정도로 『뉴아틀란티스』의 사이언토크라시는 그의 경험론과 더불어 철두철미 그의 중국적 발상에서 기원한 것이라는 사실이 여지없이 폭로되고 있다.

사람들이 뉴아틀란티스 또는 벤살렘 왕국이라는 유토피아가 '리틀 차이나'를 그린 것이라는 사실을 알 수 없도록 은폐하기 위해 베이컨은 중국을 비판하는 이런저런 수사를 늘어놓았지만 당시 영국의 전문가도 아닌 일개 시인이 『뉴아틀란티스』를 읽고 베이컨이 '리틀 차이'를 그렸다는 것을 금방 알아차렸던 것이다. 베이컨은 일반인들이 그런 사실을 모를 것이라고 믿을 정도로 홀로 중국에 빠져 산 것이다.

『뉴아틀란티스』의 정밀분석은 두 가지 사실을 분명히 해준다. 첫째는 베이컨이 일차적으로 과학화를 위해 관심을 가진 대상이 '인간과학'이 아니라 '자연과학'에 한정된다는 점이 분명히 드러난다. 둘째는 『신기관』에서 그가 집중적으로 추구해 수립한 경험·실험적 자연과학 방법론이 중국의 경험과학과 경험적 기술의 박물지적·실험적 방법을 이론화한 것이라는 점이 분명하게 드러난다. 결론적으로 중요한 것은 자연연구와 자연지식이 그의 경험적·실험적 방법에 기초한 '경험과학'이 됨으로써 '근대적 자연과학'이 개창되었다는 사실이다.

요약하면, '근대 경험과학'의 신작로를 타개한, 그리하여 사실상 자연인식에 국한되었을지라도 '근대과학'을 개막한 베이컨의 위대한 '비판적·해석적 경험론'은 중국의 경험적 과학기술과 중국문화로부터 탄생했고, 그의 과학기술적 유토피아 프로젝트는 중국의 과학기술입국을 축소·모방하는 '리틀 차이나'로부터 탄생했다. 중국과 한국·일본의 극동제국은 이와 같이 유럽의 정치철학에 대해서만 아니라 유럽의 경험주의 인식론과 과학기술 발전계획에도 결정적이고 본질적인 영향을 미친 것이다. 중국의 과학지술은 '철저한 합리주의자' 라이프니츠도 인정했듯이 '철두철미 경험적'이었기 때문이다.

섀프츠베리·허치슨·버틀러 등은 자연연구와 자연과학에 제한적으로 적용되었던 베이컨의 경험론을 인간본성과 인간에 대한 연구와 지식에 적용한다. 특히 흄은 이로써 인간과 관련된 경험과학의 길을 타개한 로크·섀프츠베리·허치슨 · 맨드빌 · 버틀러의 철학적 업적을 계승해서 '인간과학'을 개창한다.

1.2. 데이비드 흄의 '인간과학'과 도덕과학

베이컨에 의해 '자연철학'은 경험적 증명방법에 의해 정확성과 명증성을 확보함으로써 근대적 '경험과학'으로 올라섰다. 그러나 자연철학 분야에서 '과학화'는 인간을 해방하는 '정치사회적 근대화'에 거의 기여하지 못했고, 또 못하고 있다. 근대적 자연과학이 정치사회적 근대화에 거의 아무런 역할을 못한다는 사실은 특별한 입증을 요하지 않는다. 이것은 오늘날 인도와 중동제국의 일류 공과대학에 낙방한 인도 · 중동 학생들이 미국 MIT공대에 들어갈 정도로 이 나라들의 자연과학과 과학기술이 발전하고, 그리하여 30-40년 전부터 미국 실리콘밸리 등지의 IT기업에 고용된 과학기술 천재들의 절반 이상을 인도인들이 휩쓸고 있음에도 불구하고 인도의 힌두이즘사회와 중동 이슬람제국이 근대화 방향으로 진보하는 움직임을 조금도 보이지 않을 뿐만 아니라 오히려 이슬람 원리주의로 역주행하기도 한다는 사실이 웅변으로 입증한다. 서구제국에서 정치사회적 근대화는 베이컨의 경험론적 방법을 인문지식과 도덕철학에 적용해 인간지식 · 도덕 · 권력을 탈脫주술화(탈종교화) · 과학화해 인간과 사회에 관한 철학을 '해방적 인간과학'으로 탈바꿈시킴으로써야 비로소 이룩될 수 있었다.

경험론적 방법을 최초로 이 인간지식과 도덕 일반에 적용하는 것을 과학이론적으로 논한, 즉 최초로 인간의 경험과학을 이론화한 철학자는 바로 데이비드 흄(David Hume, 1711-1776)이었다. 그는 28세 되던 해인 1739년에 낸 『인간본성론(A Treatise of Human Nature)』의 제1권에 해당하는 『지성론(Of the Understanding)』의 「서론」에서 인문 · 사회철학의 과학화를 이론적으로 논하려는 목적의 화두로서 당시 학문들의 '불완전성'을 이렇게 탄식한다.

더욱이 과학들의 현재 불완전한 상태를 밝히는 것은 그렇게 심오한 지식을 요구되는 것이 아니다. 심지어 문밖의 어중이떠중이들조차도 그들이 듣는 소음과 아우성 소리를 듣고도 모든 그 문안에서 잘 되어가고 있지 않다는 것을 판단할 수 있다. 논쟁의 대상이 되지 않는 것이 하나도 없고 학자들이 상반되는 견해를 갖지 않는 것이 하나도 없다. 가장 사소한 문제도 우리의 논란을 피해가지 못하고, 가장 중요한 문제에서도 우리가 어떤 확실한 결정도 줄 수 없다. 마치 만물만사가 불확실한 것처럼 분쟁은 증폭되고 있고, 마치 만물만사가 확실한 것인 양 이 분쟁들은 가장 큰 열기로 관리되고 있다. 이 모든 북새통 한복판에서는 상을 타가는 것은 조리 있는 말(reason)이 아니라 능변(eloquence)이다. 지극히 터무니없는 가설도 어떤 호의적 색깔로 표현하기에 충분한 기량을 가진 어떤 사람이든 그런 가설로도 신출내기들을 얻을 것이라는 희망을 버릴 필요가 없다. 승리는 창검을 잘 다루는 무사가 아니라 군대에서 트럼펫 부는 사람, 드럼 치는 사람, 악사가 거둔다.[219]

18세기 초반 영국 학계는 플라톤주의자, 아리스토텔레주의자, 토미스트, 스콜라철학자와 데카르트주의자(네오스콜라주의자) 등 형이상학파, 에피쿠리언, 중국 지향의 베이컨주의적 경험론자, 로크주의자, 유학 색조의 피에르 벨·섀프츠베리·허치슨 추종자, 홉스적 유물론자(소박경험론자), 신학적 유심론자 등이 뒤엉켜 교언巧言만 지껄이는 만인의 만인에 대한 말다툼 상황, 그러나 형이상학적 교언자들과 궤변가들이 승리하는 천박한 상황에 처해 있었던 것으로 보인다.

그런데 흄은 피상적·형이상학적 주장들이 설치고 득세하는 이 혼란상에서 오히려 하나의 기회를 본다. "내가 보기에 이로부터 심지어 자신을 스콜라철학자라고 고백하고 모든 다른 편 문헌들에 대해 정당한 가치를 부여하는 사람들 사이에서도 온갖 종류의 형이상학적 추론들에 대해 저 공통된 편파적 반감이 생겨나고 있다. 이 스콜라철학자들은 형이상학적 추론에 의해 어떤 특별한 분야의 문헌들도 알지 못하고, 단지 어떤 식으로든 난해하고 이해하려면 상당한 관심

---

219) David Hume, *A Treatise of Human Nature: Being an Attempt to Introduce the Experimental Method of Reasoning into Moral Subjects* [1739-1740], Book 1. *Of the Understanding*, edited by David Fate Norton and Mary J. Norton, with Editor's Introduction by David Fate Norton (Oxford·New York·Melbourne etc.: Oxford University Press, 2001·2007), 3쪽.

을 집중할 필요가 있는 논변들만을 안다. 우리는 이런 연구에서 아주 종종 할 일을 잃어서 보통 주저 없이 이런 연구를 배격하고, 우리가 영원히 오류와 기망의 희생양이 되어야 한다면 연구들이 적어도 자연스럽고 재미있어야 한다고 결정한다."[220] 스콜라철학적 형이상학을 몽땅 추방해버린다는 말이다.

그리스철학과 스콜라철학의 형이상학에 대한 반감은 단호한 회의주의자들에게서 최고조에 달했다. 그러나 진리에 도달하는 것은 역시 어렵다.

그리고 정말로 대량의 나태와 나란히 단호한 회의주의 외에 어떤 것도 형이상학에 대한 이런 혐오감을 정당화할 수 없다. 왜냐하면 진리가 도대체 인간능력의 범위 안에 들어 있다면 그 진리는 아주 심오하고 난해한 형상임이 틀림없기 때문이다. 그리고 우리가 수고 없이 진리에 도달하기를 바라는 것은 가장 위대한 천재들도 극도의 수고를 해도 실패하는 까닭에 충분히 헛되고 주제넘은 것으로 확실히 생각하지 않을 수 없다. 나는 내가 전개할 철학에서 이러한 이점을 전혀 탐하지 않고, 철학이 아주 쉽사리 명백해진다면 그것을 철학에 대한 심한 건방이라고 여길 것이다.[221]

인간능력의 범위 안에 들어 있는 진리도 아주 심오하고 난해해서 극도로 수고를 한 끝에 얻을 수 있다. 그렇지 않고 진리를 파악하는 것이 쉽다고 말한다면 이것은 "심한 건방"을 떠는 것이다.

■ 못지않게 확실하고 더 유용한 인간과학의 정초

흄은 기존 학문의 당시 상황을 탄식조로 조감한 뒤 자신의 과학이론, 그것도 인간본성론에 의거해 '인간과학(science of man)'을 '과학 중의 과학'으로 입론하기 시작한다.

모든 과학이 많건 적건 인간본성과 관계가 있고 이 인간본성과 멀리 떨어져 보일지

---

220) Hume, *A Treatise of Human Nature*, Book 1. *Of the Understanding*, 3쪽.
221) Hume, *A Treatise of Human Nature*, Book 1. *Of the Understanding*, 4쪽.

라도 모든 과학은 이러저러한 경로를 통해 인간본성으로 되돌아온다는 것은 분명하다. 심지어 수학, 자연철학과 자연종교조차도 어느 정도 인간과학(science of MAN)에 의존한다. 왜냐하면 이 학문들도 인간들의 인식능력(cognizance)의 휘하에 있으며, 인간들의 행위능력과 역량에 의해 판단되기 때문이다.222)

흄은 인간과학을 '모든 과학의 왕'으로 위치짓고 있다. 이어서 흄은 공자가 지식의 방향을 '지물知物'(격물치지格物致知)의 자연철학으로부터 "지인知人"의 인간과학으로 돌렸듯이 모든 과학의 기초과학으로서의 인간과학을 소크라테스의 "너 자신을 알라"라는 명제 및 로크 등의 인간지성론 등과 연관시켜 새로운 방향의 과학으로서의 '인간과학'에 기초과학적 위치를 부여한다.

우리가 인간 지성(understanding)의 능력범위와 역량을 철저히 숙지하고 우리가 쓰는 관념들의 성질, 우리가 실행하는 추리작용을 설명해낼 수 있다면, 이 과학들에서 우리가 어떤 변화와 향상을 이룰 수 있는지를 미리 말하는 것은 불가능하다. 그리고 이러한 향상은 자연종교에서 더 많이 요구되고 있다. 왜냐하면 자연종교는 우월적 권능들의 본성(the nature of superior powers)을 우리에게 가르치는 것에 만족하지 않고, 우리를 향한 이 우월적 권능들의 성향과 이 권능을 향한 우리의 의무로까지 자신의 관점일 더 밀고 나가기 때문이다. 따라서 우리 자신은 추론하는 존재자들(beings, that reason)일 뿐만 아니라, 우리가 추론당하는 대상들 중의 하나이기도 하다.223)

흄은 수학·자연철학·자연종교·논리학·도덕론·정치학 등 모든 과학이 인간과학에 의존해 있음을 다시 한번 강조한다.

그러므로 수학·자연철학·자연종교의 과학이 인간과학에 이와 같이 종속해 있다면, 인간본성과 더 긴밀히 그리고 더 친밀하게 연결된 다른 과학들 안에서 기대될 수 있는 것은 무엇이겠는가? 논리학의 유일한 목적은 우리의 추론능력의 원칙과

---

222) Hume, *A Treatise of Human Nature*, Book 1. *Of the Understanding*, 4쪽.
223) Hume, *A Treatise of Human Nature*, Book 1. *Of the Understanding*, 4쪽.

작용, 그리고 우리의 관념들의 성질을 설명하는 것이다. 도덕론과 문예비평은 우리의 미감과 감정에 주목한다. 그리고 정치학은 인간들을 사회 안에 통합되고 서로 의존해 있는 것으로서 고찰한다. 논리학·도덕론·문예비평과 정치학의 이 네 과학 안에 어떤 식으로든 우리에게 친숙해져야 한다고 시사하고 인간정신의 향상이나 광채에 기여할 수 있는 거의 모든 것이 포함되어 있다.224)

따라서 흄은 이 모든 과학을 장악하고 지배할 수 있는 센터를 '인간과학'으로 규정한다.

따라서 우리가 우리의 철학적 탐구에서 성공을 기약할 수 있는 유일한 방편이 여기에 있다. 그것은 우리가 지금까지 지겹도록 질질 끄는 방법을 버리고 이따금 변경의 한 성곽이나 마을을 취하는 대신에 이 제諸과학의 수도首都 또는 심장부로, 즉 인간본성 그 자체로 직접 진군하는 방법이다. 우리는 일단 이 인간본성에 정통하다면 그 밖의 모든 곳에서도 손쉬운 승리를 바랄 수 있다. 이 주둔지로부터 우리는 우리의 정복을 인간적 삶과 더 긴밀하게 관련된 저 모든 과학으로 넓히고, 나중에는 여가가 있으면 순수한 호기심의 대상들을 보다 완전하게 발견하는 것을 시작할 수 있을 것이다. 인간과학(science of man) 안에 포괄되지 않는 결정을 요하는 중요문제는 없고, 이 인간과학을 숙지하기 전에 어떤 확실성을 갖고 결정될 수 있는 중요문제도 없다. 그러므로 감히 인간본성의 원리를 설명하려고 하면서 결과적으로 우리는 거의 완전히 새로운 기초 위에 수립되는 과학들의 완전한 체계와, 이 과학들이 어떤 안전성을 갖고 존립할 수 있는 유일한 체계를 제안하는 셈이다.225)

동시에 흄은 베이컨 이래 확립된 근대적 시대의식 속에서 인간과학의 방법으로 경험과 관찰의 경험론적 방법을 강조한다.

---

224) Hume, *A Treatise of Human Nature*, Book 1. *Of the Understanding*, 4쪽.
225) Hume, *A Treatise of Human Nature*, Book 1. *Of the Understanding*, 4쪽.

인간과학이 다른 과학들의 유일하게 탄탄한 기초인 만큼, 우리가 줄 수 있는 이 인간과학의 유일한 탄탄한 기초는 경험과 관찰 위에 자리 잡아야 한다. 경험철학(experimental philosophy)을 정신적 주제에 적용하는 일이 자연적 주제에 이 경험철학을 적용한 지 온전한 1세기 이상의 간격을 두고 이루어졌다는 것은 고찰하는 것은 결코 경이로운 반성이 아니다. 왜냐하면 사실 우리는 이 과학들의 기원들 간에도 거의 동일한 간격이 있었다는 것, 탈레스부터 소크라테스까지 그 시간 간격의 계산이 영국에서 나의 베이컨 경과, 인간과학을 새로운 발판 위에 놓기 시작해서 주목을 끌고 대중의 호기심을 자극한 최근의 몇몇 철학자들 사이의 시간 간격과 거의 같다는 것을 깨닫기 때문이다. 그리하여 다른 국민들이 시문詩文에서 우리와 겨루고 예술에서 우리를 능가할지라도 이성과 철학에서의 진보는 오로지 관용과 자유의 나라 덕택일 수 있다는 것이 참말이다.[226]

고대 그리스에서 자연철학을 연구한 탈레스로부터 '너 자신을 알라'는 구호와 함께 인간정신의 연구로 방향을 돌린 소크라테스까지 시차가 100여 년이고, 근대 자연과학을 창시한 베이컨(『신기관』, 1620)으로부터 인간과학의 새로운 발판을 놓기 시작한 영국 철학자들까지 시차가 100여 년이다. 흄은 이 두 시차가 비슷하다는 점에 착안해 이제 인간과학의 시대임을 선언하고 있다. 각주에서 흄은 "최근의 몇몇 철학자들"의 예로 "Mr. Locke, my Lord Shaftesbury, Dr. Mandeville, Mr. Hutcheson, Dr. Butler" 등을 들고 있다. 로크는 1689년 『인간지성론』을 냈고, 섀프츠베리(Anthony, Third Earl of Shaftesbury, 1671-1713)는 1713년 『덕성 또는 시비에 관한 탐구』의 최종본을, 버나드 맨드빌(Bernard Mandeville, 1670-1733)은 1714년 『꿀벌의 우화』를, 프란시스 허치슨(Francis Hutcheson, 1694-1746)은 1725년 『미와 덕성 관념의 기원에 관한 탐구』를, 조지프 버틀러(Joseph Butler, 1692-1752) 신부는 1726·1729년 『15개 설교』를 냈다. 이 책들의 출간년도는 베이컨의 『신기관』 출간연도(1620)로부터 각각 69년, 93년, 94년, 95년, 105년, 106-109년 뒤다. 흄은

---

226) Hume, *A Treatise of Human Nature*, Book 1. *Of the Understanding*, 4-5쪽. 'experiment'는 베이컨 이래 경험과 실험을 포괄하는 의미로 쓰인 점을 고려해 여기서도 '경험'으로 옮긴다.

이것들을 어림잡아 100여 년이라고 표현하고 있다. 그런데 흄은 도덕적 본유감정을 부정하고 도덕적 '성백설性白說'을 편 로크를 제쳐놓고, 최초로 경험론적 방법으로 도덕성을 규명하면서 공맹의 도덕철학에 따라 본유적 도덕감정과 시비감각을 도덕성의 토대로 논한 섀프츠베리에 대해서만 "my Lord"라는 경칭을 붙임으로써 특별한 애정을 표하고 있다.

그러나 두 시차 간의 유사성은 실은 피상적인 것이다. 왜냐하면 소크라테스의 인간 연구는 형이상학적이었던 반면, 로크 등의 인간 연구는 경험론적이었기 때문이다. 그리고 소크라테스가 자연에서 인간으로 방향을 돌린 것은 공자의 영향으로 이루어졌다. 이것은 흄이 잘 알고 존경했던 윌리엄 템플(William Temple, 1628-1699)의 주장이다. 윌리엄 템플은 자연철학에서 인간에 대한 과학으로 지식탐구의 방향을 돌린 소크라테스의 철학적 방향전환을 학문적 사실로 환기시켰을 뿐만 아니고, 한 걸음 더 나아가 소크라테스의 이 전환을 공자의 '지인知人'으로의 방향전환과 동일한 것으로 규정하고 동시에 공자를 소크라테스보다 위대하다고 칭송했었다. 템플은 소크라테스의 도덕탐구와 공자의 '지인'으로서의 지식 탐구를 동일한 전환, 즉 자연철학에서 도덕철학으로의 일대전환으로 동일시했다.

> 주목할 만한 것이자 동조되는 것은 (...) 소크라테스의 시대와 가까운 때 인간들을 무용하고 밑도 끝도 없는 자연에 대한 사색으로부터 도덕에 대한 사색으로 교정하는 동일한 계획을 개시했던, 중국인들의 위대하고 유명한 공자가 살았다는 사실이다.[227]

템플은 여기서 공자와 소크라테스가 자연에서 도덕으로 탐구방향을 전환하는 유사한 철학혁명을 수행했다고 말하고 있다. 하지만 그는 공자의 철학혁명이 내용적으로 소크라테스의 그것보다 더 우월하고, 또 소크라테스가 공자의 철학

---

[227] Sir William Temple, "An Essay upon the Ancient and Modern Learning"(London: First printed by J. R. for Ri. and Ra. Simpson under the title Miscellanea. The second part in four essays, 1699), 456쪽. *The Works of William Temple* (London: Printed by S. Hamilton, Weybridge, 1814).

혁명을 모방했을 것이라고 추정한다. 템플은 일단 소크라테스·플라톤의 그리스적 철학혁명과 공자의 철학혁명의 차이를 지적하면서 소크라테스의 영혼론의 사적私的 지향과 대비되는, 인간의 덕성과 공동체의 공적 행복을 지향하는 공자철학의 원리적 우월성을 말한다.

이 계획은 그리스인들의 성향이 주로 사적 인간들이나 가족의 행복에 쏠려 있는 것처럼 보이지만, 중국인들의 성향은 훌륭한 품성과, 왕국이나 국가의 지락至樂에 쏠려 있는 것처럼 보이는 점에서 차이가 있다. 중국의 이 왕국들과 정부는 수천 년 동안 알려졌고 또 알려져 있으며, 정확하게 학자들의 정부라 불러도 된다. 왜냐하면 학자 외에 다른 사람은 국가의 책임을 맡도록 허용되지 않기 때문이다.228)

이어서 템플은 리쿠르고스, 피타고라스, 데모크리토스, 에피쿠로스와 마찬가지로 소크라테스와 플라톤도 인도와 중국으로부터 철학과 제도를 '수입'해서 자기 것으로 만들었다고 추정한다.229) 이 추정에서 템플은 요순·탕왕·문왕·무왕·주공·공자의 '사덕론'과 유사한 피타고라스·소크라테스·플라톤의 '사덕론'을 언급함으로써 소크라테스와 플라톤이 저 철학혁명 자체를 수입했을 가능성을 강력히 시사하고 있다.

---

228) Temple, "An Essay upon the Ancient and Modern Learning", 456쪽.
229) Temple, "An Essay upon the Ancient and Modern Learning", 456-457쪽: "나로 말할 것 같으면, 나는 피타고라스가 그의 자연철학과 정신철학 둘 다의 최초 원리들을 이 먼 지역들(중국과 인도)에서 얻었을 뿐만 아니라, 이집트, 칼데아, 인도를 여행했던 데모크리토스가 말한 원리들도(그의 독트린이 나중에 에피쿠로스에 의해 개선되는데) 같은 원천에서 유래했을 것이라는 것, 그리고 이 두 사람 이전에, 마찬가지로 인도를 여행했던 리쿠르고스도 세상에 아주 평판이 자자한 그의 법과 정치의 주요 원리들을 거기로부터 가지고 왔다고 아주 믿고 싶다. 왜냐하면 고대 인도인들과 중국인들의 학문과 견해들에 대한 이미 주어진 설명을 관찰하는 사람이라면 누구나 영혼의 윤회, 사덕론(四德論), 학자들에게 명해진 긴 묵상, 글자보다 전승에 의한 자기들의 독트린의 전파, 피타고라스가 도입한, 동물적 생명을 가진 모든 육류의 금욕, 에피쿠로스가 도입한, 형식의 영구변동과 결합된 물질의 영원성, 물질의 무통성(無痛性), 정신의 평온 등과 같은 모든 그리스 생산물과 제도들의 씨앗들을 쉽사리 저 인도인과 중국인들의 학문과 견해들 가운데서 발견할 것이기 때문이다." 칼데아는 바빌로니아 남부의 왕국이었다.

그런데 템플에 앞서 1669년 존 웹(John Webb)은 심지어 고대 스파르타의 신적 입법자 리쿠르고스가 중국을 방문했을 것이라고 꼭 집어 말한 바 있다.[230] 공자가 지식의 대상을 '지인'으로 전환한 철학혁명, 즉 자연철학에서 도덕과학으로 학문의 방향을 바꾸는 지식철학의 일대 혁명이 뜻밖에도 공자철학의 서천을 통해 소크라테스에게까지 전해진 것이다. 불교가 차마고도茶馬古道의 루트를 타고 중국으로 들어왔듯이 역으로 중국의 학문은 이 루트를 타고 인도로 전해져 있었다. 그리고 피타고라스, 아낙사르코스, 피론 등 그리스의 많은 철학자들은 인도에서 수년 동안 유학했다. 따라서 인도의 카스트제도, 연혼불멸과 윤회(팔린게네시스 παλινγέσις)·해탈解脫(뤼시스 λύσις)·정화淨化(카타르모스 καθαρμός)·상기설적 인식의 힌두교·불교사상의 4종 세트 등이 고대그리스에 파다하게 퍼져 있었다. 이 때문에 이 힌두교적 4종 세트와 유교적 사덕론이 『국가론』, 『파이돈』, 『파이드로스』, 『메논』 등 플라톤의 저서들 속에도 변조된 형태로 여기저기 널려 있는 것이다.[231] 물론 공맹의 인의예지 사덕론은 소크라스와 플라톤에 의해 지혜·용기·절제·정의의 사덕론으로 변조되어 있다. 소크라테스와 플라톤은 공맹 사덕론의 인仁과 예禮를 용기와 절제로 대체하고 이 덕목들을 각기 사덕론의 차석과 삼석에 두고, 정의를 말석으로 밀쳐내고, 지혜를 최상석으로 끌어올려 놓았다.

흄은 템플의 저작을 애독했고 또 그를 존경했다.[232] 따라서 흄은 공자의 인간

---

230) John Webb, *The Antiquity of China, or An[sic!] Historical Essay, Endeavoring a Probability that the Language of the Empire of China is the Primitive Language* (London: Printed for Obadiah Blagrave, 1669·1678), 207쪽.
231) Platon, *Politeia*(국가론), 611e(영혼불멸), 81.a-83a, 621a-c(상기설), 611a-621d(사후 영혼의 상태와 윤회설); Platon, *Menon*, 80-81a. *Platon Werke* Bd. II in Acht Bänden, hg. von Gunther Eigner; Platon, *Phaidon*, 70c, 71a-e, 72e-73a, 73c-76a, 82c, 83a-c(뤼시스λύσις, 카타르모스καθαρμός). *Platon Werke* Bd. 3 in Acht Bänden. Hg. von Gunther Eigner. 영혼의 불멸성을 '자기운동자'의 불멸 개념으로 설명하는 논리와 인간적 영혼의 여덟 가지 윤회적 운명 및 영혼의 접신(接神; 신들림) 상태, 그리고 미학적 상기설에 대해서는 참조: Platon, *Phaidros*, 245b-e, 246a-249d, 249d-251b. *Platon Werke*. Bd. 5 in Acht Bänden. hg. von Gunther Eigner.
232) 흄은 템플의 문체를 평가하고 그의 글을 인용하기도 할 만큼 그의 글을 많이 읽었고 영국사 연구에서는 추밀원을 내각으로 개혁한 템플의 정치활동을 취급할 만큼 그의 역사적 활동을

과학이 소크라테스의 그것과 동일함과 동시에 이보다 더 낫다는 템플의 평가와, 소크라테스가 도덕철학으로 인간철학으로 방향을 전환한 것이 공자를 본받은 것이라는 템플의 추정을 잘 알고 있었을 것이다. 따라서 흄은 공자의 경험론적 '지인知人'의 과학을 리메이크했거나 공자의 지인과학을 확실한 뒷받침으로 믿고 경험적 인간과학을 자신 있게 제창했을 것으로 믿어진다. 왜냐하면 흄은 나름대로 공자와 유자들을 잘 알고 있었고, 자신이 영국에서 사제들과 교회의 감시를 받으며 살던 신세라서 1741년에 쓴 「미신과 광신에 관하여」에서 "중국 유생들(*the CHINESE Literati*)은 사제들도, 교회조직도 없다"고 부러워하며,[233] "중국에 사는 유생들, 즉 공자의 제자들(*the literati, or the disciples of CONFUCIUS in CHINA*)"이 "우주 안에서 이신론자들의 유일한 정규집단(*the only regular body of deists in the universe*)"이라고 극찬한 바 있기 때문이다. "CHINESE Literati"와 "he disciples of CONFUCIUS in CHINA"의 대문자 표기에서 우리는 공자를 숭배하고 중국을 동경하는 흄의 진실하고 간절한 마음을 짐작할 수 있다.

한편, 흄은 이 인간과학의 출현과 진보를 '큰 영광'으로 평가한다. "또한 인간과학의 이러한 최근 진보가 자연철학에서의 진보보다 더 적은 명예가 되는 것이라고 생각해야 하는 것이 아니라, 오히려 인간과학이 직면한 이러한 개혁의 필요성 때문만이 아니라 이 인간과학의 더 큰 중요성 때문에 인간과학에서의 진보를 더 큰 영광으로 평가해야 한다."[234] 하지만 그는 진지하게 자연사물의 본성 및 인간본성의 본질 또는 궁극원리에 대한 인간의 경험적 인식의 한계 또는 불가지론不可知論를 논한다.

잘 알기도 했다. David Hume, "Of Civil Liberty" [1741], 54쪽. David Hume, *Political Essays* (Cambridge · New York: Cambridge University Press, 1994 · 2006); Hume, "Of National Characters" [1748], 89쪽. Hume, *Political Essays*; Hume, "Of Taxes" [1752], 162쪽; David Hume, *The History of England*, vol. 6 [1778], 362-364쪽. David Hume, *The History of England from the Invasion of Julius Caesar to the Revolution in 1688*, Foreword by William B. Todd, 6 vols (Indianapolis: Liberty Fund 1983).

233) Hume, "Of Superstition and Enthusiasm", 49쪽 각주.
234) Hume, *A Treatise of Human Nature*, Book 1. *Of the Understanding*, 5쪽.

인간이 외부사물의 본질(essence)과 마찬가지로 정신의 본질을 알지 못한다는 것이 내게는 분명한 것처럼 보이기 때문에, 주의 깊고 엄정한 경험(experiments) 및, 정신의 상이한 환경과 상황에서 생겨나는 저 개별적 효과들의 관찰로부터 형성해내는 것과 다른 방식으로 정신의 능력과 자질들의 개념을 형성해내는 것이 마찬가지로 불가능한 것이 틀림없다. 우리가 경험을 극한까지 추적해서 가장 단순하고 가장 적은 원인들로부터 모든 결과를 설명함으로써 우리의 모든 원리를 가급적 보편적인 것으로 만들려고 애써야 할지라도, 우리가 경험을 넘어 갈 수 없다는 것은 어디까지나 확실한 것이다. 그러므로 인간본성의 궁극적·근원적 자질들을 발견한다고 감히 주장하는 어떤 가설이든 제일먼저 주제넘고 망상적인 것으로 배격되어야 한다. 영혼의 궁극원리를 설명하는 데 전념하는 철학자가 자신이 감히 설명한다고 주장하는 바로 그 인간본성의 과학(science of human nature)과 인간의 정신을 본성적으로 충족시키는 것에 대한 바로 그 앎에서 위대한 대가가 되어 나타날 것이라고 나는 생각하지 않는다. 왜냐하면 가장 확실한 것은 절망이 우리에게 즐거움과 거의 동일한 효과를 준다는 것, 그리고 욕망 그 자체가 사라지자마자 어떤 욕망도 충족시킬 수 없는 불가능성을 잘 알게 된다는 것이기 때문이다. 우리는 인간이성의 극한에 도달했을 때 그 자리에 눌러앉아 만족한다(sit down contented). 우리가 무지의 망망대해(the main of our ignorance) 안에서 완전히 만족하고, 우리의 가장 일반적이고 가장 세련된 원리들의 현실성에 대한 우리의 경험 외에 이 원리들의 이유가 없다는 것을 감지할지라도. 경험은 바로 단순한 일반대중의 이유이고, 대중이 아무런 연구도 필요로 하지 않고 처음에 가장 특별하고 가장 예외적인 현상에 대해서도 발견한 바로 그것이다. 더 이상 전진할 수 없는 이 불가능성이 독자를 만족시키기에 충분한 만큼, 필자도 자신의 무지의 고백으로부터, 그리고 그 많은 사람들이 빠졌던, 가장 확실한 원리들의 세계에 추정과 가설을 덮어씌우는 오류를 피하는 현명함으로부터 보다 오묘한 만족을 끌어낼 수 있다. 이 상호적 만족과 흡족이 스승과 제자 사이에서 획득될 수 있을 때 나는 우리가 철학에 대해 무엇을 더 요구할 수 있는지 모르겠다.[235]

"인간이성의 극한에 도달했을 때 그 자리에 눌러앉아 만족한다"는 대목은 "우

---

235) Hume, *A Treatise of Human Nature*, Book 1. *Of the Understanding*, 5쪽.

리는 기꺼이 정밀검토를 하자마자 우리의 역량의 범위를 넘어가는 것으로 드러나는 저 사물들에 대한 조용한 무지 속에 눌러앉는다"는 로크의 경험론적 회의론을[236] 계승한 것이다. 그리고 "무지의 망망대해 안에서 완전히 만족한다"는 대목은 공자의 "아는 것을 안다고 하고 알지 못하는 것을 알지 못한다고 하는 것이 지식다운 지식이다(知之爲知之 不知爲不知 是知也)"는 명제와[237] 상통한다. 또 이 대목은 소크라테스의 '무지無知의 지知' 명제와도 상통한다. 그리하여 흄도, 공자도 인지人智(human wisdom)로 알 수 없는 천명·운수·귀신·죽음 등을 알지 못한다고 불만족해 하거나 낙담하지 않았다.

따라서 흄은 인간과 정신의 궁극원리를 알지 못하는 인간과학의 불가능성을 이 과학의 결함으로 여기지 않고, 자연과학만큼 확실하고 자연과학보다 더 유용한 인간과학을 수립할 수 있다고 자신한다.

궁극원리를 설명할 수 없다는 이 불가능성이 인간과학 안에서의 결함으로 간주되어야 한다면, 나는 이런 결함이란 (...) 모든 과학과 모든 기술에 공통된 결함이라고 감히 모험적으로 주장할 것이다. 이것들 중 어떤 것도 경험을 넘어갈 수 없다. 또는 경험의 권위에 기초하지 않은 어떤 원리도 수립할 수 없다. 정신철학(Moral Philosophy)은 진정으로, 자연철학에서는 발견되지 않는 다음과 같은 특별한 불리함, 즉 실제적 경험들을 수집하는 데 따르는 불리함이 있는데, 정신철학은 미리 계획하여, 그리고 생겨나는 난관에 대해서마다 만족하는 방법에 따라 실제적 경험(실험)을 만들어낼 수 없다는 것이다. (...) 따라서 우리는 이 과학에서 인간적 삶의 조심스런 관찰로부터 실제적 경험들을 이삭 줍듯이 주워 모으고 어울림 속에서의, 사건들 속에서의 인간들의 행태를 통해, 그리고 인간들의 기쁨 속에서 세계의 통상적 행정 안에서 나타나는 대로 그 경험들을 취해야 한다. 이런 종류의 실제적 경험들이 분별 있게 수집·비교되는 곳에서 우리는 확실성에서 인간적 이해력(human comprehension) 안의 어떤 과학보다 열등하지 않지만 유용성에서 어떤 과학보다 훨씬

---

236) John Locke, *An Essay concerning Human Understanding*. Bk.I, Ch.3, §4. *The Works of John Locke*, Vol.2 in Nine Volumes (London: C. and J. Rivington and Partners, 1823·1824).
237) 『論語』「爲政」(2-17).

더 우월할 과학을 이 경험들 위에 수립하기를 기약할 수 있을 것이다.[238]

흄은 자연과학만큼 확실하고 자연과학보다 더 유용한 인간과학의 미래적 성과를 장담하고 두 지식을 '과학'으로 동일시하고 있다. 여기서 "정신철학(Moral Philosophy)"은 인간과학과 도덕과학을 둘 다 뜻한다. "Moral"이라는 말이 원래 어원부터 정신과 도덕을 둘 다 포괄하는 중의적 단어이기 때문이다.

■ 경험적 증명의 명증성과 도덕과학의 토대

흄은 그의 주저 『인간본성론』의 서론에서 도덕철학이 인간과학의 한 분야로서 인간적 이해력 안의 여느 과학만큼이나, 따라서 자연과학만큼이나 "확실성"을 가진 과학일 수 있다는 주장으로써 바로 근대적 경험과학으로서의 '도덕과학'이 성립했음을 선언한 셈이다. 그리고 이어서 그는 "경험적 추론방법을 정신적(도덕적) 주제들 속으로 도입하려는 시도(Being an Attempt to Introduce the Experimental Method of Reasoning into Moral Subjects)"라는 부제를 단 『인간본성론(Of Human Nature)』의 제3권으로 1740년 『도덕에 관하여(Of Morals)』라는 도덕과학 서적을 출간했다. 이렇게 하여 의식적 과학논의 속에서 마침내 명실상부한 근대적 '도덕과학'이 창설된 것이다.

흄은 지식을 '관념들 간의 관계의 문제'와 '사실의 문제'로 구분하고, 이 가운데 '사실의 문제'에 자연과학과 인간과학의 대상을 집어넣었다. '관념들 간 관계'에 대한 지식은 연역적 '논증'으로 그 확실성(certainty; assurance) 또는 명증성(evidence)이 확보된다. 흄은 이 명증성을 "지식에서 도출한 명증성(evidence from knowledge)"이라는 이상한, 어색한 말로 표현했다. 그러나 자연과학과 인간과학, 따라서 도덕과학과 공히 관련된 '사실의 문제'에 대한 지식의 확실성 또는 명증성은 어떻게 확보되는가? 그것은 '증명(proof; demonstration)'에 의해 확보된다. '증명'은 어떻게 이루어야 하는가? 베이컨에 의하면, "단연코 최선의 증명은 경험이다."

---

238) Hume, *A Treatise of Human Nature*, Book 1. *Of the Understanding*, 5-6쪽.

따라서 증명에 의한 명증성은 경험과 실험에 근거한 증명적 명증성이다. 이 명증성은 어느 수준에서 획득할 수 있는 것인가? 도덕과학이 자연과학만큼이나 "확실성"을 가진 과학일 수 있다고 주장한 흄은 당연히 단순한 개연성을 뛰어넘는 '증명에 의한 명증성'이 획득할 수 있다고 단언한다.

흄은 인간의 지식을 명증성(evidence)의 등급에 따라 세 가지로 나누었다. 그것은 앞서 말한 "지식에서 도출된 명증성", "증명에서 나온 명증성(evidence from proofs)", "개연성에 근거한 명증성(evidence from probability)"이다. 그리고 첫 번째 "지식에서 도출된 명증성"과 관련된 '지식'을 "관념들의 비교에서 생겨나는 확실성(the assurance arising from the comparison of ideas)"으로 정의했다.[239] 따라서 어색한 명칭의 첫 번째 명증성은 "관념들의 비교에서 생겨나는 확실성으로부터 도출된 명증성"이라 개칭하는 것이 나을 것이다. 이 "관념들의 비교에서 생겨나는 확실성으로부터 도출된 명증성"에 근거한 지식은 수학과 논리학을 말하는데, 이 지식들은 절대적 확실성(assurance)을 가졌고 주저 없이 '과학'이라 부를 만하다.

그런데 베이컨과 흄에 의하면, 자연적·인간적(사회적) 사실문제(matter of fact)와 관련된 "증명에서 나온 명증성(evidence from proofs)"에 근거한 지식도 '과학'이라 불러야 한다. 물론 자연적·인간적 사실지식은 늘 불확실성이나 오류가능성이 있다. 그러나 흄은 이런 불확실성이나 오류가능성에도 불구하고 '증명적 명증성'은 '불확실성이나 오류가능성'에 대한 지적으로 부정될 수 없다고 주장한다.

보통 논의에서 인과작용으로부터 나온 많은 논변들이 개연성을 뛰어넘어 우월한 종류의 명증성으로 받아들여질 수 있다는 것을 우리는 쉽사리 확인한다. 경험이 우리에게 제공하는 것을 능가하는 이 사실들에 대한 확신(assurance)이 없는 것이 명확한데도, '해가 내일 뜰 것이다', 또는 '모든 사람은 틀림없이 죽는다'는 것이 단지 개연적일 뿐이라고 말하는 자는 우스꽝스러운 것으로 비칠 것이다.[240]

---

239) Hume, *A Treatise of Human Nature*, Book 1. *Of the Understanding*, 86쪽.
240) Hume, *A Treatise of Human Nature*, Book 1. *Of the Understanding*, 86쪽.

상론했듯이 이 자연적·인간적 사실문제에 대한 지각이나 인지認知가 지식다운 명증성(evidence)을 갖추려면 경험적 '증명'이 필요하다. 내일 해가 뜬다는 것은 내일이 되어야 확신할 수 있겠지만 적어도 지금까지는 해가 뜨지 않은 적이 없었으므로 내일 해가 뜰 것이라고 믿을 강력한 이유가 있고 믿지 않을 이유는 전무하다는 누적된 반복적 경험지식은 '내일 해가 뜬다'는 명제에 대한 결정적 증명이고, 따라서 이 증명은 수학이나 논리학과 차원이 다른 별도의 명증성을 산출해준다. "단연코 최선의 증명은 경험이다"는 베이컨의 말을[241] 상기하자. 또 비록 파스칼의 말대로[242] 아무도 전全세계의 만인과 관련해 이 명제를 끝까지 경험적으로 증명한 적이 없을지라도 지금까지 불멸·불사不死의 인간이 전무했으므로 지금 존재하는 모든 사람들도 다 죽을 것이라고 믿을 만한 강한 이유가 있고 믿지 않을 이유는 전혀 없다는 이 경험적 증명으로부터 "모든 사람은 틀림없이 죽는다"는 명제도 '내일 해가 뜬다'는 명제와 동일한 증명적 명증성을 가진다. 따라서 "증명에서 나온 명증성"에 근거한 지식도 충분히 '과학'이라 불러야 하는 것이다. 그래서 흄은 "증명"을 "의심과 불확실성으로부터 완전히 자유로운 논변"으로 정의했다.[243]

그리고 "개연성에서 나온 명증성(evidence from probability)"에 근거한 지식은 개연적인 만큼만 진리(참된 지식)인데, 이 "개연성"을 흄은 "여전히 불확실성을 수반하는 명증성"으로 정의했다.[244] 'Probability'는 철학에서 '개연성'으로, 수학에서는 '확률'로 옮긴다. 수학적 확률이론은 이 개연성을 수식과 통계로 계산한다. 이에 따라 이 "개연성에서 나온 명증성"도 확률이론으로 바꾸면 '과학'에 편입될 만하다.

흄의 이 지식 논의는 로크가 주장한 '지식'과 '개연성'의 이원적 개념을 수정해

---

241) Bacon, *The New Organon*, Book I, LXX.
242) Blaise Pascal, *Pensees*. 영역본: Blaise Pascal, *The Thoughts of Blaise Pascal* [1669] (London: George Bell and Sons, 1901), 821쪽. Online Library of Liberty (2019).
243) Hume, *A Treatise of Human Nature*, Book 1. *Of the Understanding*, 86쪽.
244) Hume, *A Treatise of Human Nature*, Book 1. *Of the Understanding*, 86쪽.

삼분三分한 것이다. 로크는 지식을 논증적 '지식'과 자연적·사실적 '개연성'으로 이원화하기만 하고 개연성을 '증명적 명증성의 지식'과 불확실을 수반한 '개연성'의 지식으로 세분하지 않았다. 따라서 그는 증명적 명증성을 가진 자연지식을 개연적 지식과 구별해내지 못했었다. 그래서 그는 증명적 명증성에 근거한 자연지식에 대해서까지도 '과학'의 자격을 인정치 않고 '자연철학'이라고만 불렀었다. 이에 따라 그의 절친한 벗 아이작 뉴턴도 상술한 것처럼 자기의 저서에 『자연철학의 수학적 원리』라는 겸손한 제목을 붙인 것이다.

흄은 로크와 뉴턴, 그리고 추종자들을 두고 이렇게 말한다. "인간의 이성적 지식(human reason)을 '지식'과 '개연성'으로 나누고 첫 번째의 '지식'을 관념들의 비교에서 생겨나는 명증성으로 정의한 저 철학자들은 '개연성'이라는 일반적 술어를 원인 또는 결과로부터 전개되는 모든 입론으로 이해함이 틀림없다."[245] 하지만 앞서 논했듯이 흄은 "내일 해가 내일 뜰 것이다", 또는 "모든 사람은 틀림없이 죽는다"는 것을 "단지 개연적일 뿐"이라고 말하는 자는 "우스꽝스러운" 자일 것이라고 비판했다.

흄의 논의는 그의 스코틀랜드 동향인 앤드류 램지(Andrew M. Ramsay, 1686-1743)의 지식론을 반영한 것이다. 램지는 피로니즘의 거친 지식회의주의를 비판하면서 이렇게 명쾌하게 "논증"의 지식, "증명"의 지식, "개연성"의 지식을 구분했었다.

> 피로니즘의 원천은 종종 논증·증명·개연성의 무구별이다. 논증은 모순적인 것이 있을 수 없는 경우이고, 증명은 믿을 강한 이유가 있고 믿음에 반대되는 것을 믿을 아무런 이유도 없는 경우, 개연성은 믿을 이유가 의심할 이유보다 더 강한 경우다.[246]

따라서 "믿을 강한 이유가 있고 믿음에 반대되는 것은 아무런 이유도 없는"

---

245) Hume, *A Treatise of Human Nature*, Book 1. *Of the Understanding*, 86쪽.
246) Andrew Michael Ramsay, *Les voyages de Cyrus* [Paris, 1727]; Engl: *The travels of Cyrus to which is annexe'd a discourse upon the theology & mythology of the pagans* [London: 1728]; *A New Cyropaedia, or The Travels of Cyrus* [1799] (Norderstedt, Schleswig-Holstein: Hansebooks, Reprint of the original edition of 1779, 2016), 6쪽.

경험적 증명에 근거한 자연적 사실과 인간적·사회적 사실에 대한 '명증한 지식' 체계는 '과학', 즉 각각 '자연과학'과 '인간과학'이라 불릴 수 있다. 따라서 자연연구의 경험적 방법론을 정립하고 근대 자연과학의 가능성을 논증한 베이컨 이래 뉴턴과 램지를 거치면서 '일반법칙'으로 간주될 만큼 명증한 인과적 자연지식들이 누적되면서 주저 없이 자연스럽게 자연철학에도 '과학'의 지위가 부여되었고, 이로써 '자연과학'이 탄생했다. 흄은 그의 말대로 '자연적 본성(physical nature)'을 탐구하는 베이컨의 경험론적 연구방법을 인간적 본성(human nature)에 적용해 '인간과학'과 '도덕과학'을 개창한 것이다.

여기서 전제적 사실로서 중요한 것은 베이컨이 수립한 자연연구의 경험론적 방법이든, 흄의 인간과학이든 둘 다 공자와 중국의 영향 아래 리메이크되었다는 사실이다. 상론했듯이 베이컨의 자연탐구의 경험론적 방법은 중국의 수천 년 기록과 경험적 박학에 기초한 물리지식과 경험적 기술을 이론화한 것이고, 흄의 인간과학은 인간에 대한 앎("知人")으로서의 유학적 도덕·정치과학을 리메이크한 것으로 볼 수 있다. 인간과학으로서의 '도덕과학'은 도덕성의 원천을 계시나 주술, 신화와 이성에서 구하지 않고 인간의 본유적 '도덕감정·도덕감각'의 관찰과 경험에서 구하는 것이다.

■ 도덕성의 근거로서의 도덕감정과 도덕과학

도덕이론이 경험과학적 지위를 얻으려면 인간 행위의 이유 또는 동기를 연구자 자신의 자기공감(self-empathy)과 자기체험, 인간의 행위와 그 감정적 동기와 의도(이유)에 대한 공감적 경험과 관찰로 증명하고, 도덕행위의 도덕성의 근거도 도덕행위에 대한 경험과 관찰로 증명해야 한다. 흄은 경험과 관찰의 귀납적 추리와 분석을 통해 인간 행위의 이유 또는 동기가 이성이 아니라 감정이고 도덕행위의 이유와 근거도 도덕감정이라는 것을 밝혀낸다. 이로써 흄은 형이상학을 청산하고 도덕과학을 개창했다.

흄에 의하면, 이성은 인간의 행동을 일으키려는 의지도, 감정도 좌지우지하지 못한다. 이성은 감정의 노예일 뿐이다. 일단 흄은 지성(이성)의 기능 또는 두 가지 역할을 분석한다.

지성은 논증으로부터, 또는 개연성으로부터 판단한다. 즉, 지성은 우리의 관념들의 추상적 관계, 또는 경험만이 정보를 주는 대상들의 저 관계를 중시한다. 그런 만큼 지성은 두 가지 상이한 방식으로 행사된다. 나는 첫째 종류의 추리가 홀로 어떤 행위의 원인이라고 주장되는 일은 거의 없으리라고 믿는다. 이 추리의 본령은 관념들의 세계인만큼, 그리고 의지는 언제나 우리를 실재의 세계에 두는 만큼, 논증(demonstration)과 의지작용(volition)은 이 때문에 서로로부터 완전히 동떨어진 듯하다. 진정, 수학은 모든 기계적 동작에서 유용하고 산술은 거의 모든 기술 및 관련직종에서 유용하다. 그러나 수학과 산술이 어떤 영향력을 갖는 것은 저 홀로 그런 것이 아니다. 기계역학은 어떤 계획된 목표나 목적에 따라 물체의 운동을 규제하는 기술이다. 수들의 비율을 정하는 데 산술을 동원하는 이유는 우리가 수들의 영향과 작용의 비율을 발견할 수 있는 이유뿐이다. 한 상인이 어떤 사람의 거래 회계의 총액을 알고 싶어 한다. 왜? 그가 빚을 갚고 장보러 가는 데 어떤 금액이 모든 개별항목들의 합산과 동일한 결과를 낼 수 있는지를 알아보기 위해서다. 그러므로 추상적 추리, 또는 논증적 추리는 우리의 행동에 영향을 미치는 것이 결코 아니라, 오직 원인과 결과에 관한 우리의 판단을 방향지우는 것만큼만 영향을 미칠 뿐이다. 이로 인해 우리는 지성의 둘째 작용으로 관심을 돌리게 된다.[247]

흄이 이어 분석하는 지성(이성)의 둘째 작용 또는 역할은 감정에 대한 보조적 역할이다.

어떤 대상으로부터 고통이나 쾌감의 전망을 가질 때 우리는 혐오나 선호의 결과적 감정을 느끼고 우리에게 이 불쾌감이나 만족감을 주는 것을 피하거나 받아들이도록 처신하게 된다는 것은 분명하다. 또한 이 감정이 여기서 멈추는 것이 아니라 우리들로 하여금 모든 측면에 시선을 던지게 만들어 원인과 결과의 관계에 의해 이 감정의

---

247) Hume, *A Treatise of Human Nature*, Book 2. *Of the Passions*, 265-266쪽.

원천 감정과 연결되는 어떤 대상들이든 포괄한다는 것도 분명하다. 그 다음 여기에서 이 인과관계를 발견하기 위해 추론(reasoning)이 벌어진다. 우리의 추론이 변하는 대로 우리의 행동이 귀결되는 변화를 받아들인다. 그러나 이 경우에 분명한 것은, 행동의 충동이 이성으로부터 생겨나는 것이 아니라 이성이 다만 방향만을 지을 뿐이라는 것이다. 어떤 대상을 향한 혐오나 선호는 아픔과 기쁨의 전망으로부터 생겨난다. 그리고 이 감동들은 그 대상의 원인과 결과가 이성과 경험에 의해 우리에게 가리켜지는 만큼 그 대상의 원인과 결과로 확장된다. 원인과 결과가 둘 다 우리와 무관한 것이라면 이 대상이 원인이고 저 대상이 결과라는 것을 아는 것은 조금도 우리의 관심사항일 수 없다. 대상들 자체가 우리에게 감흥을 주지 않는 경우에, 대상들의 연결은 대상들에 대해 어떤 영향도 줄 수 없다. 이성이 하는 것(reason)이 기껏 이런 연결의 발견에 지나지 않는 것처럼, 대상들이 우리에게 감흥을 주는 길이 이성에 근거한 방법일 수 없다는 것은 분명하다.[248]

이런 분석으로부터 흄은 이성은 늘 감정에 봉사해야 하고 이것 외에 다른 역할이 없는 '감정의 노예'일 뿐이라는 유명한 '폭탄선언'을 도출한다.

이성이 단독으로 아무런 행동도 산출할 수 없기 때문에, 또는 아무런 의지작용을 낳을 수 없기 때문에 나는 동일한 역량이 의지작용을 막을 수도 없고 감정이나 정감과 우선권을 두고 다툴 수도 없다고 추론한다. 이 추론결과는 필연적이다. 우리의 감정에 반대 방향의 충동을 주는 방법이 아니고서는 이성이 의욕을 막는 후자의 효과를 가지는 것은 불가능하다. 저 충동은 단독으로 작용하더라도 의지작용을 산출할 수 있었을 것이다. 감정의 충동에 대항하거나 이를 지연시킬 수 있는 것은 반대 방향의 충동 외에 아무것도 없다. 만약 이 반대 방향의 충동이 이성에서 생겨난다면, 이성 역량은 의지에 대해 원천적 영향력을 갖지 않을 수 없고, 의지 작용을 저지하기도 하고 야기할 수도 있어야 한다. 그러나 이성이 어떤 원천적 영향력도 없다면, 이러한 효과를 가진 어떤 원리에 저항하거나 정신을 한 순간이라도 유예시키는 것도 불가능하다. 이와 같이 우리의 감정에 대항하는 원리가 이성과 같은

---

248) Hume, *A Treatise of Human Nature*, Book 2. *Of the Passions*, 266쪽.

것일 수 없고 부정확한 의미에서만 그렇게 불릴 뿐인 것처럼 보인다. 우리는 감정과 이성의 전투를 말할 때 엄격하게, 그리고 철학적으로 말하는 것이 아니다. 이성은 감정의 노예이고 오직 노예이어야만 하며, 감정에 봉사하고 복종하는 것 외에 감히 다른 직무를 결코 요구할 수 없다.[249]

흄은 이 논변의 끝부분에 "이런 의견이 얼마간 유별난 것처럼 보이는 만큼, 모종의 다른 고찰로 그것을 확증하는 것은 부적절한 것일 수 없다"라는 말을 덧붙이고 있다. 이 말의 취지는 '반증해 보려면 해 봐라'는 것이다.

『인간본성론』의 영어원본 편집·주석자 노턴(David Fate Norton & Mary J. Norton)의 종합적 주석에[250] 의하면, "이성은 감정의 노예이고 오직 노예이어야만 하며, 감정에 봉사하고 복종하는 것 외에 감히 다른 직무를 결코 요구할 수 없다"는 흄의 이 유명한 폭탄선언을 당대와 이후의 많은 어중이떠중이 철학자들은 '인간이성이 감정에 의해 노예화되기에 이르렀다'고 하며 애도했다고 한다. 이들 가운데 어떤 자들은 아담과 이브의 원죄 이래 "이성, 철학, 덕성의 관념, 자기애의 참된 이익의 지식", 즉 인간본성의 모든 특색은 부패했고, "감정에 저항할 수 없다"고 생각했다. 또한, 이성의 이런 노예상태는 에우리피데스, 키케로, 오비드 등의 고전적 필자들에게 친숙했다고 시사했다. 오비드는 "나는 선을 보고 동조하면서도, 악을 추구한다네"라고 풍자했다. 그러나 모든 도덕론자들이 감정과 감정에 의한 의지의 통제가 불행하다는 견해를 받아들인 것은 아니다. 꽤 큰 집단의 사람들은 인간의 감정이 스토아학파와 많은 기독교인들이 상정한 것보다 훨씬 더 긍정적인 본성의 면모라고 올바로 주장했다. 가령 *The Spectator* 지에서 한 익명의 필자는 이성이 힘을 발휘하거나 우리를 행동으로 움직이기에 "너무 느리고 게으르기"에 이 동기의 힘을 제공해주어야 하는 것은 감정들이라고 논변했다.[251] 바른말이다. 그는 따라서 우리는 "활기를 유지할 정도로" 감정을 관리해야

---

249) Hume, *A Treatise of Human Nature*, Book 2. *Of the Passions*, 266쪽.
250) Norton's Notes to *A Treatise of Human Nature*, Book 2. *Of the Passions*, 525-526쪽.
251) *The Spectator* (1711-1714), 408쪽. Norton으로부터 재인용.

하고, "감정들을 순종적으로 만들려고 의도하는 동안 감정들이 비굴해지고 감정들이 계획하는 커다란 목적에 부적절해지지 않도록 (...) 노예라기보다 차라리 자유로운 주체처럼 감정들을 다스려야 한다"고 부연한다. 논리학자 아이작 와츠(Isaac Watts, 1674-1748) 신부는 이에 동의하고 "감정들은 의무의 실천에 있어서의 우리의 이성의 연약한 영향력을 지원하기 위해 우리에게 주어졌다. (...) 이성은 너무 느리고 너무 취약해서 많은 경우에 갑작스럽고 격렬한 활동을 일으킬 수 없다"고 말했다.[252] 그러나 프랑스철학자 피에르 니콜(Pierre Nicole, 1625-1695)은 이미 흄의 테제와 유사한 '유별난' 견해를 표명하는 선까지 나아가 있었다. "이성이 감정으로부터 봉사를 받는 것이 아니라, 감정이 감정의 목적을 달성하기 위해 이성으로부터 봉사를 받는다. 이것은 우리가 보통 이성으로부터 얻는 유일한 사용이다."[253]

흄은 이 논변들을 '의지의 동기를 결정하는 것은 이성이 아니라 감정이다'는 명제로 종합한다. 그리고 감정은 우리 인간의 실존이요 삶 자체라고 말한다.

> 감정은 원천적 실존, 또는 당신이 원한다면, 실존의 변형이고, 감정을 어떤 다른 존재나 변형의 복제물을 만드는 어떤 재현적 속성(representative quality)도 포함하고 있지 않다. 내가 화났다면 나는 이 감정에 사로잡혀 있는 것이고, 내가 목마르거나 아프거나 키가 5피트 이상 클 때처럼 이 감정 속에서 다른 어떤 대상에로든 조회하지 않는다. 그러므로 이런 감정이 진리와 이성에 의해 반대되거나 진리나 이성과 모순이라는 것은 불가능하다. 왜냐하면 모순이란 원래 복제물로 여겨지는 관념과, 이 관념이 재현하는 대상 사이의 불일치에 있기 때문이다.[254]

그러나 감정이 판단이나 정리된 의견을 동반한다면 이 감정은 진리나 이성과 배치될 수 있다.

---

252) Isaac Watts, *The Doctrine of the Passions* (London: 1729, Reprint: 2019), 1.14(74쪽). Norton으로부터 재인용.
253) Pierre Nicole, *De la faiblesse de l'homme*, 11, *Oevres* (91쪽). Norton으로부터 재인용.
254) Hume, *A Treatise of Human Nature*, Book 2. *Of the Passions*, 266-267쪽(2.3.3).

이 주제에서 맨 먼저 나타날 수 있는 것은 진리나 이성에게로 조회하는 것만이 진리나 이성과 배치될 수 있는 만큼, 그리고 우리의 지성의 판단이 오직 이 조회만을 갖는 만큼, 감정은 모종의 판단과 의견을 동반하는 한에서만 이성과 배치될 수 있다고 결론짓지 않을 수 없다. 아주 명백하고 자연스런 이 원리에 따르면, 오로지 두 가지 의미에서만 어떤 정감이든 비이성적이라 불릴 수 있을 뿐이다. 첫째, 희망이나 두려움, 슬픔이나 희열, 절망이나 안심(security)과 같은 감정이 실제로 존재하지 않는 대상의 존재의 상정에 기초할 때. 둘째, 어떤 감정을 행동으로 발동하는 가운데 우리가 계획된 목적을 이루기에 불충분한 수단을 선택해 원인과 결과에 대한 판단에서 틀리게 될 때. 감정이 그릇된 상정에 기초하지도, 목적에 불충분한 수단을 선택하지도 않은 경우에, 지성은 이 감정을 정당화하거나 비난할 수 없다. 내 손가락을 할퀴는 것보다 전 세계의 파괴를 더 선호하는 것도 이성과 배치되지 않고, 어떤 인디언 또는 내가 전혀 모르는 사람의 극소한 불편함을 막기 위해 내가 나의 전면적 파멸을 선택하는 것도 이성과 배치되지 않는다. 큰 선보다 인정된 작은 선을 선호해 전자에 대해서보다 후자에 대해 보다 열렬한 정㥽을 느끼는 것도 마찬가지로 이성과 배치되지 않는다. 어떤 상황에서는 사소한 선이 최대·최고가의 희열에서 생겨나는 것보다 더 우세한 욕망을 산출할 수 있다. 또한 기계역학에서 1파운드의 무게가 상황의 이점으로 100파운드를 들어 올리는 것을 보는 것만큼이나 이것도 특별난 일이 아니다. 간단히, 감정은 비이성적이려면 모종의 그릇된 판단을 동반해야 하고, 이때도 정확히 말해서 불합리한 것은 감정이 아니라 판단이라는 것이다.[255]

흄은 "감정은 비이성적이려면 모종의 그릇된 판단을 동반해야 하고, 이때도 정확히 말해서 불합리한 것은 감정이 아니라 판단이라는 것이다"는 명제로부터 더 분명한 결론을 도출한다.

귀결은 분명하다. 감정이 그릇된 가정에 기초할 때, 또는 계획된 목적에 불충분한 수단을 선택할 때 외에는 감정이란 어떤 의미에서든 비합리적이라 불릴 수 없기에, 이성과 감정은 서로에 대해 대항하거나 의지와 행동의 지배를 두고 다투는 것은

---

[255] Hume, *A Treatise of Human Nature*, Book 2. *Of the Passions*, 267쪽.

불가능하다. 어떤 상정의 그릇됨이나 수단의 불충분성을 지각하는 순간, 우리의 감정은 어떤 저항도 없이 우리의 이성에 굴복한다. 나는 어떤 과일을 아주 맛있는 과일로 알고 먹고 싶어 할 수 있으나 당신이 나의 착오를 확신시켜주는 때는 언제든 나의 욕구는 종식된다. 일정한 행동의 수행을 욕구된 선의 획득을 위한 수단으로 의욕할 수 있지만, 이 행동에 대한 나의 의욕함이 한낱 부차적일 뿐이고 이 행동들이 제안된 결과의 원인이라는 가정에 기초한 만큼, 내가 이 가정이 거짓됨을 발견하자마자 그 행동은 내와 무관한 것이 되지 않을 수 없다.[256]

감정이란 어떤 경우든 무無이성적(*non-reasonable, non-rational*)일 수 있지만 비이성적이라거나 불합리할(*irrational, unreasonable*) 수는 없다. 환언하면, 감정은 무이성적인 것, 이성과 무관한 것, 이성을 포함하지 않는 것이기 때문에 애당초 '비이성적'이거나 '불합리하다'는 판단을 내릴 수 없는 것이다.

여러 감정이 교차할 때도 우리의 행동을 결정하는 것은 이성이 아니라 여러 감정 가운데 가장 강렬한 감정이다. 우리의 감정을 도덕감정으로 좁힐 때 인간의 도덕행위는 이성에 따라서가 아니라 도덕감각(감각적 도덕판단)과 도덕감정에 따라 이루어진다. 도덕성의 근거는 도덕감정이다. 그러므로 도덕과학은 신과 공유한다고 믿든 또는 신적인 것이라고 믿든 인간의 이성에 근거한 것이 아니라, 인간의 도덕적 감성(도덕감정과 도덕감각)에 근거한 것이다.

흄은 단 하나의 정확한 물음을 던짐으로써 도덕과학의 토대에 대한 탐구를 시작한다. "관념 또는 인상으로 우리는 덕과 부덕의 차이를 알아낼 수 있는가?" 덕성의 본질이 이성과의 합치 또는 사물들의 어떤 불변적 관계와의 합치에 있다고 주장하는 합리론적 도덕형이상학자들은 실은 도덕적 시비변별이 관념들과 이 관념들의 관계로 추적될 수 있다고, 그리고 이성이 단독으로 도덕적 변별을 할 수 있게 해준다고 주장하는 것이다. 흄은 이 주장이 설득력이 없고 틀린 것임을 입증한다. 그는 다음 여섯 가지 논점을 입증한다. (1)도덕적 시비변별은 행동에 영향을 미치지만, 이성은 단독으로 결코 이런 영향을 미칠 수 없다. (2)이성은

---

256) Hume, *A Treatise of Human Nature*, Book 2, *Of the Passions*, 267쪽(2.3.3).

진위(관념들의 관계의 중요측면)와 관련되지만, 도덕은 감정·의욕·행동과 같은 비非관계적 실재와 관련된 것이다. (3)도덕적 평가는 정도와 종류의 차이에 대해 큰 민감성을 보이는 반면, 이성의 판단은 이 관점에서 비탄력적이고 따라서 이런 도덕적 평가의 기초가 전혀 아니다. (4)도덕적 평가의 대상인 인간들의 실제적 의욕과 행동에만 투입되는 관념들의 관계는 존재하지 않는다. (5)도덕성은 지성에 의해 인식될 수 있는 문제가 아니다. 우리는 우리 자신의 '느낌들'에 주목할 때만 덕과 부덕을 구별할 수 있다. (6)규범적 결론도출, 즉 해야 하는 당위와 하지 말아야 하는 당위(what ought or ought not to be the case)에 대한 주장은 신神과 사은謝恩의 관념들로부터 정통적으로 도출될 수 없다.

흄은 일단 "도덕적 변별은 이성에서 도출되지 않는다(Moral distinctions not deriv'd from reason)"는 명제의 입증에 주력한다. 그는 '지각' 개념으로 논의의 화두를 연다. "정신은 반드시 지각이라는 술어로 포괄되는 작용에 의해서만 스스로를 발휘한다. 따라서 이 술어는 정신의 다른 모든 작용에 적용가능한 것과 마찬가지로 도덕적 선악을 구별할 때 쓰는 기준인 저 판별에도 적용가능하다. 이 성품을 칭찬하고 저 성품을 비난하는 것은 단지 그 만큼 많은 상이한 지각들일 뿐이다. 그런데 지각이 두 종류로, 즉 인상과 관념으로 분열하는 만큼, 이 구별은 우리가 도덕에 관한 우리의 주제를 열어야 하는 물음, 즉 우리가 덕성과 악덕을 구별하고 어떤 행동을 비난할만하다, 또는 칭찬할만하다고 선언하는 것이 우리의 관념(ideas)에 의한 것인지, 인상(impressions)에 의한 것인지 하는 물음을 낳는다. 이것은 즉각 모든 헐거운 논의와 장광설을 단절하고 현재 주제에 관한 뭔가 정밀하고 정확한 것 쪽으로 우리를 돌려놓는다."[257]

이에 바로 이어서 흄은 스콜라철학적 도덕이상학자들의 주술적·종교적 도덕론에 대해 그들의 합리론적 논변의 불합리성을 입증해 준다.

"덕성은 이성과의 합치 외에 어떤 것도 아니다"라고 단언하는 사람들, "사물들을

---

257) Hume, *A Treatise of Human Nature*, Book 3. *Of Morals*, 293-294쪽.

고찰하는 모든 합리적 존재자들에게 동일한 것으로 현상하는 사물들의 영원한 적합성과 부적합성이 존재한다"고 단언하는 사람들, '바름과 그름, 즉 시비(right and wrong)의 불변적 척도가 인간적 피조물에게만이 아니라 신성神性 자체에게도 의무를 부과한다'고 단언하는 사람들이 있다. 이 모든 이론체계들은 도덕성이 진리처럼 단순히 관념들(ideas)에 의해, 그리고 관념들의 병렬(juxtaposition)과 비교에 의해서 식별된다는 것에서 의견의 일치를 보인다. 그러므로 이 이론체계들을 판단하기 위해서 우리는 이성 단독으로부터 도덕적 선악을 구별해낼 수 있는지, 또는 이 변별을 하도록 만들어 줄 수 있는 모종의 다른 원리들이 동시에 합동하는지(concur)를 고찰하기만 하면 된다. 도덕성이 인간의 감정과 행동에 본성적으로 아무런 영향을 미치지 않는다면, 도덕성을 주입하려고 수고하는 것은 헛짓일 것이다. 그리고 모든 도덕론자들에게 가득 넘치는 저 수많은 규칙과 처방들보다 쓸모없는 것은 없을 것이다. 그런데 철학은 흔히 사변철학과 실천철학으로 나뉜다. 도덕성이 항상 이 후자 철학의 구분 칸에 포함되는 만큼, 도덕성은 감정과 행동에 영향을 미치고 지성의 차갑고 게으른 판단을 뛰어넘는 것으로 상정되는 것이다. 그리고 이것은 사람들이 자기들의 의무에 지배당하고 불의不義라는 의견에 의해 행동을 저지당하고 의무라는 의견에 의해 다른 행동을 하도록 강제된다는 것을 알려주는 통상적 경험에 의해 확인된다.258)

"도덕성이 인간의 감정과 행동에 본성적으로 아무런 영향을 미치지 않는다면, 도덕성을 주입하려고 수고하는 것은 헛짓일 것이다"는 말은 인간의 행위를 유발하는 것은 이성이 아니라 감정이라는 말을 전제로 해서 하는 말이다. 모든 행동이 감정에 의해 일어난다면, 도덕행위는 도덕감정에 의해 일어난다고 해야 할 것이다. 그런데 도덕성이 인간의 감정과 행동에 본성적으로 아무런 영향을 미치지 못한다면, 도덕성은 도덕행위를 일으키지도, 지도하지 못할 것이다. 따라서 "도덕성을 주입하려고 수고하는" 모든 도덕교육은 헛수고가 된다.

18세기 초에 유명한 대표적 도덕형이상학자는 새뮤얼 클라크(Samuel Clarke, 1675-1729)다. 그는 도덕성과 이성의 합치, 영원한 적합성, 도덕성과 신성神性과의 관계를 논했다.259) 흄은 나중에260) 도덕성이 일정한 관계에 달려 있다는 클라크

---

258) Hume, *A Treatise of Human Nature*, Book 3. *Of Morals*, 294쪽.

의 이런 견해가 말브랑슈(Nicholas Malebranche, 1638-1715)까지 거슬러 추적되고 나중에 커드워쓰(Ralph Cudworth, 1617-1688) 등에 의해 채택되었다고 말한다. 로크도 도덕적 선악의 관념을 준칙에 대한 행동의 합치·불합치로부터 도출한다고 주장했으나, 이 준칙이 영원하다거나 불변적이라고 주장하지는 않았다.

흄은 위 논변으로부터 도덕에 대한 이성의 불능이라는 결정적 명제를 도출한다. "그러므로 도덕은 행동과 감정에 영향을 미치기에, 도덕은 여기로부터, 이성으로부터 도출될 수 없다는 결론이 나온다. 왜냐하면, 이미 증명된 것처럼, 이성이 단독으로는 결코 행동과 감정에 이런 영향을 전혀 미칠 수 없기 때문이다. 도덕은 감정을 일으키고 어떤 행동을 낳거나 막는다. 이성 자체는 이 점에서 지극히 불능이다. 그러므로 도덕성의 준칙은 이성의 추론적 도출(conclusions)로 얻을 수 있는 것이 아니다. (…) 이성이 감정과 행동에 아무런 영향력이 없다는 것이 인정되는 한, 도덕성은 오직 이성의 연역(deduction)에 의해서만 발견된다고 우기는 것은 헛일이다. 활동적(active) 원리는 결코 비활동적(inactive) 원리에 기초할 수 없는 것이다. 그리고 이성이 그 자체로서 비활동적이라면 이성은 자연적 또는 도덕적 주제에서 발휘되든, 외부 물체의 힘을 고찰하든, 합리적 존재자들의 행동을 고찰하든, 그것의 모든 모양과 현상에서 비활동적인 것으로 남아 있을 수밖에 없는 것이다."261) 이 논변은 이성이 감정에 대해 영향력이 없다는 앞선 논변을 반복하기에 지루하게까지 느껴진다.

흄은 이런 지루함을 피해 '활동적' 원리로서 새로운 '도덕감각' 개념을 도입해서 이성의 '비활동성'을 대비적으로 논증한다.

이성의 일은 진위의 발견이다. 진위의 본질은 실재적 관념관계에 대한 일치·불일치나 실재적 존재 및 사실문제에 대한 일치·불일치다. 그러므로 일치·불일치를

---

259) Samuel Clarke, *Discourse concerning the Unchangeable Obligations of Natural Religion* [1706], 1.1-1.3. *Works of Samuel Clark* 4 vols (London: 1738, New York: Garland Press, 1978).
260) Hume, *Essays Political and Moral*, 각주 12.
261) Hume, *A Treatise of Human Nature*, Book 3. *Of Morals*, 294쪽.

구성할 수 없는 모든 것은 진위일 수가 없고 결코 이성의 대상일 수가 없다. 지금 분명한 것은 감정·의욕·행동이 이런 식의 어떤 일치·불일치도 구성할 수 없다는 것이다. 이 감정·의지·행동은 원천적 사실과 실재들이고 그들 자체로서 완전하고 다른 감정·의지·행동으로 또다시 돌려지는 어떤 조회도 포함하고 있지 않다. 그러므로 이 감정·의지·행동은 '진리니, 허위니'라고 언명될 수도 없고, '이성과 배치되니, 합치되니'라고 언명될 수 없는 것이다. 이 논변은 우리의 현재 목적에 이중적 이점이 있다. 이것은 행동이 그 잘잘못(merit)을 이성과의 합치로부터 도출하지도 않고 그 비난을 이성과의 상반성으로부터 도출하지도 않는다는 것을 직접적으로 입증해준다. 그리고 이것은 이성이 행동을 반대하거나 칭찬함으로써 어떤 행동도 즉각 막거나 산출할 수 없는 만큼, 이성이 저 영향력을 가진 것으로 드러나는 도덕적 선악의 변별의 원천일 수 없다는 것을 우리에게 보여줌으로써 동일한 진리를 간접적으로 입증해 준다. 행동은 칭찬할 만하거나 비난받을 만할 수 있지만, 합리적이거나 비합리적일 수 없다. 그러므로 칭찬하거나 비난할 만한 것은 합리적이거나 비합리적인 것과 같은 것이 아니다. 행동의 잘잘못(merit or demerit)은 우리의 기호嗜好를 빈번히 저지하고 종종 제어한다. 그러나 이성은 이러한 영향력이 없다. 그러므로 도덕적 시비변별은 이성의 소산이 아니다. 이성은 전직으로 비행동적이고, 결코 양심이나 도덕감각(sense of morals) 같이 활동적 원리의 출처일 수 없는 것이다.[262]

흄은 여기서 지나치듯 도덕적 변별의 감각인 "도덕감각"을 "활동적 원리"로 언급하고 있다. 그는 이것은 뒤에서 "덕성감각"으로 바꿔 재론한다.

흄은 여기서 더 나아가 이성이 도덕행위의 등급을 정하지도 못한다고 말한다. 일단 그는 이렇게 화두를 던진다. "그러나 어떤 의지나 행동도 직접적으로 이성과 모순될 수 없을지라도 우리는 행동의 어떤 동반요소들 속에서, 즉 행동의 원인이나 결과에서 이러한 모순을 발견할지도 모른다는 것은 아마 얘기될 수 있을 것이다. 행동이 어떤 판단을 야기할 수 있거나, 또는 판단이 감정과 동시에 일어날 때 행동이 이 판단에 의해 간접적으로, 에둘러(obliquely) 야기될 수 있다. 그리고 철학에서 거의 허용되지 않는 남용적 어법에 의하면, 동일한 불합치가

---

262) Hume, *A Treatise of Human Nature*, Book 3. *Of Morals*, 295쪽.

이 때문에 행동에도 귀속될지도 모른다. 이제, 이 진위가 얼마만큼이나 도덕의 출처일 수 있는지를 고찰하는 것이 적절할 것이다."²⁶³⁾ 이것은 흄이 의지와 행위의 원인-결과가 이성과 모순되는 것으로 보이는 확장된(오도된) 의미가 있다고 반론이 제기될 수 있음을 의식하고 하는 말이다. 가령 한 행동은 이 행동의 관찰자로 하여금 행위자와 어떤 물건에 대한 이 자의 관계에 관한 그릇된 결론을 형성하도록 야기할 수 있을 것이다. 어떤 사람이 공항의 화물회전대에서 가방을 집는다고 상상해보라. 이 행동은 우리로 하여금 그 가방이 그녀의 것이라고, 그녀는 가방에 대한 권리가 있다고 생각하게 만든다. 이것은 이러한 상황에서 생각할 때 합리적인 것일 것이다. 그러나 그녀는 이 가방에 아무런 권리가 없고 그것을 훔치려고 한 것이다. 이런 상황에서는 가방을 가져가는 행위가 이성에 반한다고 말하고 싶도록 오도되기 십상이다.

흄이 앞서 상론한, 이성이 감정에 간접적·종속적으로 영향을 미치는 경우에 이런 오도와 오해는 발생한다.

이성은 엄격한 철학적 의미에서 우리의 행위에 두 가지 방식에 따라 영향을 미칠 수 있다고 얘기되어 왔다. 한 경우는 이성이 감정의 적절한 대상인 어떤 것의 실존을 우리에게 알려줌으로써 감정을 일으킬 때이고, 다른 경우는 이성이 어떤 감정을 발동할 수단을 우리에게 줄 수 있도록 원인과 결과의 연결을 발견해 줄 때다. 이런 경우들은 우리의 행동을 동반할 수 있거나 어떤 방식으로든 이 행동들을 낳는 것으로 얘기될 수 있는 판단의 유일한 종류들이다. 그리고 이 판단들이 종종 거짓이거나 틀릴 수 있다는 것이 인정되어야 한다. 어떤 사람은 고통이나 쾌감이 이런 두 감흥들을 낳는 경향이 전무하거나 상상과 상반된 감흥을 낳는 그런 대상 속에 들어 있다고 상정함으로써 감정에 의해 발동될 수 있다. 어떤 사람은 그의 목적을 달성하는 데 그릇된 절차를 취하고, 그의 어리석은 행동에 의해 어떤 프로젝트를 촉진하기는커녕 지연시킬 수 있다. 이 그릇된 판단들은 감정과, 이것과 연결된 행동들에 영향을 미친다고 생각될 수 있고, 부적절한 비유적 어법으로 말하면 이 감정과 행동을

---

263) Hume, *A Treatise of Human Nature*, Book7 3. *Of Morals*, 295쪽.

비이성적으로 만든다고 얘기될 수 있다. 그러나 이것이 인정된다고 할지라도, 이 오류들이 흔히 아주 결백하고 불행히도 이 오류에 빠져든 사람에게 어떤 식의 유죄성을 과할 정도로 온갖 비도덕성의 출처인 것과 거리가 멀다고 얘기하기 쉽다. 이 오류들은 완전히 비의도적인 만큼 도덕론자들이 일반적으로 범죄라고 상정하지 않는 '사실의 착오'를 넘어 확장될 수 없다. 나는 내가 쾌·통감의 산출에서의 객체들의 영향에 관해 실수한다면, 또는 내가 나의 욕망을 충족시킬 적절한 수단을 모른다면, 비난받기보다 애도를 받을 것이다. 아무도 이러한 오류를 도덕적 성품의 결함으로 간주할 수 없다. 가령 실제로는 기분 나쁜 과일이 좀 떨어져 있는 나에게 보이는데, 나는 실수로 그것이 기쁘고 맛있다고 상상할 수 있다. 여기에는 하나의 오류가 있다. 나는 나의 목적에 적절치 않은 이 과일에 도달하는 일정한 수단을 선택한다. 여기에 두 번째 오류가 들어 있다. 이 행동에 관한 추리로 들어올 수 있는 제3의 오류는 없다. 그러므로 나는 어떤 사람이 이 두 오류에 책임이 있는 이 상황에서 이 오류를 피할 수 없을지라도 악덕하고 범죄적인지를 묻는다. 또는 이러한 오류가 온갖 비도덕성의 출처라고 상상하는 것이 가능한가?[264]

당연히 그런 "오류"나 '허위'가 '비도덕적'이라는 시비판단은 불가능하다. '진위(true or false)'는 시비(moral right or wrong)와 다르기 때문이다.

게다가 그런 식으로 도덕·부도덕을 변별한다면 또 다른 큰 문제는 모든 도덕, 모두 부도덕에 대해 정도차이를 가릴 수 없다는 것이다. "여기서 도덕적 시비변별이 저 판단들의 진위로부터 유래한다면 도덕적 시비변별은 우리가 판단을 형성하는 때마다 벌어져야 한다고 말하는 것이 적합할 수 있다. 더구나 사과에 관한 물음이든, 왕국에 관한 물음이든, 오류가 피할 수 있든 없든 차이가 없을 것이다. 왜냐하면 도덕성의 바로 그 본질이 이성과의 일치·불일치에 있는 것으로 상정되는 만큼, 다른 세부사정들은 완전히 자의적이고, 결코 어떤 행동에다 덕스럽다거나 악덕하다는 성격을 부여할 수도, 이런 성격을 박탈할 수도 없기 때문이다. 여기에 덧붙일 수 있는 말은 일치·불일치가 '정도'를 인정치 않기에

---

264) Hume, *A Treatise of Human Nature*, Book 3. *Of Morals*, 295-296쪽.

모든 덕성과 모든 악덕은 물론 차등 없이 동일할 것이라는 점이다."[265] 흄의 이 말은 도덕성에 대한 합리론자들의 설명이 우리의 경험의 여러 관찰된 사실들을 설명할 수 없다는 것을 지적한다. (1) 우리는 도덕적 평가를 수반하지 않는 많은 일치·불일치를 본다. (2) 우리는 어떤 범죄를 다른 범죄보다 더 큰 범죄라고 여긴다. (3) 우리는 피할 수 있는 행동을 피할 수 없는 행동과 달리 판단한다. 이런 사실들을 설명할 수 없는 이성의 결함을 상기하면, 그런 주장은 분명 그릇된 것이다. 그리고 흄은 도덕적으로 비난할 수 있는 실책이 있을 수 있음을 인정하지만, 그는 이 실책이 도덕적 변별의 더 근본적인 형태나 출처를 사전의 전제로 하고 있다고 주장한다.[266]

나아가 흄은 개인의 도덕적 잘못(악)과 도덕적 귀책 근거를 자유의지의 잘못된 선택 탓으로 돌리는 아우구스티누스 이래의 자유의지론을 공박한다. 일단 흄은 사실적 진위와 도덕적 시비를 동일시하는 영국 이신론자 윌리엄 월러스턴 (William Wollaston, 1660-1724)의 논변에 대한 비판으로 말문을 연다. "상당한 명성을 얻을 좋은 행운을 탄 최근의 저자(윌리엄 월러스턴 - 인용자)가 허위가 모든 죄와 도덕적 추함의 기초라고 진지하게 주장하지 않았다면, 우리는 이것을 증명하는 것을 완전히 피상적인 일이라고 생각할 수 있을 것이다. 우리가 그의 가설의 오류를 드러내기 위해, 우리는 오직 한 원인이 비밀스럽게 반대의 원인들에 의해 작동 중에 중단되도록 만들고 두 대상들 간의 연결을 불확실하게 만들고 가변적이게 만드는 자연적 원리의 모호성에 의해서만 거짓된 결론이 어떤 행동으로부터 도출된다는 것을 고찰하기만 하면 된다. 그런데 원인들의 유사한 불확실성과 다양성이 자연적 대상 안에서도 벌어지고 우리의 판단 안에서도 유사한 오류를 산출하는 만큼, 오류를 낳는 경향이 악덕과 부도덕의 바로 그 본질이라면, 저 생명 없는 대상들도 악덕하고 부도덕할 수 있다. 생명 없는 대상들은 자유와 선택 없이 행동한다고 우기는 것은 헛일이다."[267] 월러스턴은 "참된 명제는 표현

---

265) Hume, *A Treatise of Human Nature*, Book 3. *Of Morals*, 296쪽.
266) 참조: Hume, *A Treatise of Human Nature*, Book 3. *Of Morals*, 296-297쪽.
267) Hume, *A Treatise of Human Nature*, Book 3. *Of Morals*, 297쪽, 각주68).

언어나 다른 명제에 의해서만 아니라 행위에 의해서도 부정될 수 있거나, 사물들은 존재 그대로임을 부정당할 수 있다"고 주장하고 참된 명제나 사물들의 진리를 부정하는 데 기여하는 모든 작위나 부작위가 "이런저런 정도로 도덕적으로 악"이라고 말했다. 그리고 그는 자유의지론을 끌어들인다. "도덕적 선악이 추궁될 수 있는" 존재자들에 의해 수행될 때만, 사물들의 진리를 부정하는 행위는 도덕적으로 그릇된 것이다. 자유(자발적으로 행동할 수 있는 능력)는 이러한 존재자의 필수조건일 것이다."[268] 자유의지론의 원작자 아우구스티누스의 주장, 즉 '개인의 도덕적 잘못(악)과 도덕적 귀책 근거는 자유의지의 잘못된 선택에 있다'는 주장에서는 논리적 모순이 금방 드러난다. '잘못된 선택'의 '잘못'을 설명해야 할 마당에 그 '잘못'을 설명된 것으로 이미 부당전제하고 있기 때문이다.

따라서 흄은 월러스턴이 비로소 설명되어야 하는 것을 이미 설명된 것으로 전제하고 논한다고 비판한다. 가령 도둑질이 남의 재산을 자기 것인 양 다루게 되기에 도둑질이 잘못이라고 말하는 것은 정확히 저 소유관계들의 기원과 실존을 설명해야 하는 때 이를 설명하기는커녕 도덕적으로 유의미한 소유관계가 존재한다는 것을 미리 전제하는 식이라는 것이다. 한 마디로, 흄은 자유의지를 도덕성의 근거로 보는 견해를 부정한다. "왜냐하면 자유와 선택은 이것이 우리의 어떤 행동을 우리 안에서 그릇된 결론을 낳도록 만드는 데 필요하지 않는 만큼 어떤 관점에서도 도덕성에 본질적인 것이 아니기 때문이다."[269] 그리고 이어서 흄은 이렇게 부연한다.

> 나는 이 자유와 선택이 어떻게 이 이론체계에 의해 중시되기에 이르렀는지를, 이 이론체계에 입각할 때, 잘 납득하지 못하겠다. 오류를 야기하는 경향이 부도덕성의 원천이라면 이 오류 경향과 부도덕성은 모든 경우에 불가분적인 것일 것이다. 이에 더해 내가 창문을 닫는 데 조심하는 반면, 이웃사람의 아내와 자유에 탐닉한다고

---

268) William Wollaston, *Religion of Nature Delineated* (London: 1724; facsimile: New York, Garland Press, 1978). 1.4-1.5.
269) Hume, *A Treatise of Human Nature*, Book 3. *Of Morals*, 297쪽(3.1.1). 각주68).

해도, 나는 아무런 부도덕도 저지르지 않을 수 있을 것이다. 왜냐하면 나의 행동은 완전히 감춰지기에 어떤 거짓된 결론을 낳을 경향이 없기 때문이다. 이런 이유에서 사다리를 타고 창문으로 몰래 들어가 모든 상상할 수 있는 조심성을 다 기울여 아무런 소란을 일으키지 않은 도둑은 결코 범죄적이지 않다. 왜냐하면 그는 탐지되지 않을 것이고, 그가 탐지된다고 해도 그가 어떤 오류를 낳는 것은 불가능하고, 더구나 아무도 그를 진짜 그와 다른 사람으로 착각하지 않을 것이기 때문이다. 사팔뜨기들이 타인들에게 실수를 아주 잘 하고, 우리가 그들이 저 사람에게 말을 걸면서 이 사람에게 인사하거나 말한다고 상상하는 것은 잘 알려져 있다. 그러면 사팔뜨기들이 이 때문에 부도덕한가? 게다가 우리는 이 모든 논변에 한 바퀴의 분명한 추리가 있다고 쉽게 말할 수 있을 것이다. 남의 재화를 점유하고 이것을 자기 것으로 쓰는 한 사람은 어떤 의미에서 이 재화를 자기 것으로 선언하는 것이다. 그리고 이 허위성은 부정不正의 비도덕성의 출처다. 그러나 재산권, 또는 권리, 의무가 선행적 도덕성 없이 가지적可知的인가? 자기의 은인에게 고마워하지 않는 어떤 사람은 어떤 의미에서 그가 결코 그로부터 어떤 호의도 받은 적이 없다고 단언한다. 그러나 어떤 의미에서? 그것이 그의 의무이기 때문에 고마워해야 하는가? 그러나 이것은 의무와 도덕의 어떤 선행적 규칙이 존재한다는 것을 전제한다. 인간본성이 일반적으로 고마워하고, 우리로 하여금 해친 사람이 그에게 다친 사람으로부터 어떤 호의도 받은 적이 없다고 결론짓도록 만들어 주기 때문인가? 그러나 인간본성은 이러한 결론을 정당화할 만큼 그렇게 일반적으로 고마워하지 않는다. 또는 만약 있다면, 모든 경우에 일반규칙에 대한 예외는 바로 다름 아닌 그것이 예외이기 때문에 범죄적인가? 그러나 이 변덕스런 이론체계를 완전히 파괴하기에 충분한 것은 진리가 덕스럽고 허위가 악덕한 이유를 대는 것이 어떤 다른 행동의 잘함과 간악성을 설명하는 것과 동일한 어려움 아래 우리를 남겨둔다는 것이다. 당신이 원한다면, 나는 모든 부도덕성이 행동 속의 이 상정된 허위성으로부터 유래한다는 것을 당신이 이런 허위성이 부도덕하다는 어떤 그럴싸한 이유를 내게 대준다면 인정한다. 당신이 문제를 똑바로 고찰한다면, 당신은 처음과 똑같은 어려움에 처해 있을 것이다. 이 마지막 논변은 아주 결정적이다. 왜냐하면 이 진리나 허위와 연결된 분명한 잘함이나 간악성이 존재하지 않는다면, 이 진리나 허위는 우리의 행동에 아무런 영향을 주지 않기 때문이다. 타인들이 이 행위로부터 그릇된 결론을 도출할 수 있다고 해서 누가 어떤 행동을 금할 것을 생각하겠는가? 또는 누가 참된 결론을 낳기 위해 행동을 한 적이 있나?[270]

이 지루한 논변의 마지막 물음은 "누가 참된 결론을 낳기 위해 도덕적 행동을 한 적이 있나?"로 바꿔 읽어야 할 것이다.

흄은 대상들의 사실관계 속에 도덕성이 내재하는 것이 아니기 때문에 이성은 인간행동의 매개적·간접적 요인(mediate cause)일 뿐이고 판단의 진위를 선악과 동일시하는 것은 오류라고 거듭 주장한다.

그리하여 전체적으로 보면, 도덕적 선악의 변별이 이성에 의해 이루어질 수 있다는 것은 불가능하다. 왜냐하면 이 변별력은 이성이 단독으로 발휘할 수 없는, 행동에 대한 영향력이 있기 때문이다. 이성과 판단은 어떤 감정을 촉진하거나 방향을 줌으로써 행동의 매개적 원인일 수 있다. 그러나 이런 종류의 판단이 진리일 때 덕을, 허위일 때 부덕을 동반한다고 우기지는 못한다. 행동에 의해 야기된 판단을 두고 말하자면, 이 판단은 판단의 원인이 되는 행동에 도덕적 성질을 더욱 부여할 수 없다. 그러나 더 특별하고, 사물들의 저 영원한 불변적 적합성과 부적합성이 건전한 철학에 의해 옹호될 수 없다는 것을 보여주기 위해, 우리는 다음의 고찰들을 측정해 볼 것이다. 사유와 지성이 단독으로 시비(right or wrong)의 경계를 정할 수 있다면, 덕스러움과 악덕함의 성격은 어떤 대상들 간 관계에 들어있거나, 추리에 의해 밝혀지는 사실문제(matter of fact)이어야 한다. 이 논리적 귀결은 분명하다. 인간 지성의 작용이 두 종류, 즉 '관념들의 비교'와 '사실문제의 추론'으로 나누어지는 만큼, 덕성이 이성에 의해 발견되는 것이라면, 덕성은 틀림없이 이 작용들 중 하나의 대상이고, 덕성을 발견할 수 있는 지성의 제3의 작용은 존재하지도 않는다. 일정한 철학자들이 아주 부지런히 유포시킨 의견, 즉 도덕성은 논증을 할 수 있다(morality is susceptible of demonstration)는 의견이 있어왔다. 지금까지 아무도 이 논증에서 단 한 발짝도 내딛지 못했을지라도 이 과학이 기하학이나 대수학과 동등한 확실성에 도달하는 것이 당연한 것으로 간주되고 있다. 이러한 상정에 입각하면, 악과 덕은 어떤 관계에

---

270) Hume, *A Treatise of Human Nature*, Book 3. *Of Morals*, 297쪽(3.1.1). 각주68).

본질을 두어야 한다. 누구나 인정하듯이 어떤 사실문제도 논증될 수 없기 때문이다.271)

도덕성은 논증을 할 수 있다(도덕적 결론이 수학적 결론을 수립하는 과정과 동일한 과정으로 논증될 수 있다)는 것은 홉스, 푸펜도르프, 로크, 클라크 등에 의해 주장되었다.272) 로크와 클라크는 도덕성이 기하학과 대수학처럼 확실한 것이라고 주장했다. 또한 어떤 도덕적 명제들은 자명하기도 하고 다른 명제들은 자명한 명제들로부터 연역될 수 있다고 주장하기도 했다.273)

당신이 덕성과 악덕이 확실성과 논증을 해낼 수 있는 관계들에 본질을 두고 있다고 단언한다면, 당신은 유일하게 이 등급의 명증성을 허용할 수 있는 저 네 가지 관계(유사성 관계, 반대의 관계, 성질의 정도 관계, 수와 양의 비율 관계 - 인용자)에 당신 자신을 한정하는 것이다. 이 경우에 당신은 당신이 결코 탈피할 수 없을 불합리 속으로 돌진하게 된다. 왜냐하면 당신이 도덕성의 바로 그 본질을 '관계'로 만드는 만큼, 그리고 이 관계들은 다 불합리한 대상에만 아니라 생명 없는 대상에도 적용할 수 있는 '관계'일 뿐인 만큼, 여기로부터 이러한 대상들조차도 도덕적 잘잘못을 가릴 수 있어야 한다. 유사성 관계, 반대의 관계, 성질의 정도 관계, 수와 양의 비율 관계, 이 모든 관계들은 다 우리의 행동·감정·의지에 속하는 것처럼 정확히 물질들에도 속한다. 그러므로 도덕성이 이 관계들 중 어느 관계에 있는 것도 아니고 또한 이 도덕성의 감각이 이 관계들의 발견에 있는 것도 아니라는 것은 의문의 여지가 없다.274)

흄은 이 논변에다 이런 긴 각주를 달아 두고 있다. "이 주제에 대해 우리의

---

271) Hume, *A Treatise of Human Nature*, Book 3. *Of Morals*, 297-298쪽.
272) Thomas Hobbes, *Philosophical Rudiments Concerning Government and Society(De Cive)* [1651], Ch. X, §5. *The Collected Works of Thomas Hobbes*, collected and edited by Sir William Molesworth, Vol II (London: Routledge/Thoemnes Press, 1992); Samuel von Pufendorf, *Of the Law of Nature and Nations*, trans. by B. Kenneth et al (London: 1729), 1.2.1-1.2.11); Locke, *An Essay concerning Human Understanding*, Book.I, Ch.3, §6.
273) Clarke, *Discourse concerning the Unchangeable Obligations of Natural Religion* [1706], 1.1.
274) Hume, *A Treatise of Human Nature*, Book 3. *Of Morals*, 298쪽.

사고방식이 흔히 얼마나 혼돈스러운지에 대한 증거로서 우리는 도덕이 논증가능하다고 주장하는 사람들이 '도덕성은 관계들에 본질을 둔다'고, 그리고 '관계들은 이성에 의해 구별될 수 있다'고 말하지 않는다고 진술할 수 있다. 그들은 다만 이성이 이러한 관계에서 이러한 행동이 덕스럽다는 것, 그리고 저런 행동이 악덕하다는 것을 밝힐 수 있다고 말할 뿐이다. 그들은 '관계'라는 단어가 적절한지, 아닌지에 관해 걱정하지 않은 채 '관계'라는 단어를 명제 속으로 옮겨놓을 수 있다면 이것으로 충분하다고 생각하는 것처럼 보인다. 그러나 나는 여기에 명약관화한 논변이 있다고 생각한다. 논증적 이성은 오직 '관계'만을 밝힌다. 그러나 이 이성은 이 가설에 따르면 악덕과 덕성도 밝힌다. 그러므로 이 도덕적 자질들은 '관계들'이어야 한다. 우리가 어떤 상황에서 어떤 행동을 비난할 때, 복잡한 전全 대상, 행동과 상황의 대상은 악덕의 본질이 들어있는 일정한 관계를 형성해야 한다. 이 가설은 그렇지 않다면 불가지不可知다. 이성은 어떤 행동을 악덕하다고 선언할 때 무엇을 밝히는 것인가? 이성은 '관계'를 밝히는 것인가, 아니면 '사실문제'를 밝히는 것인가? 이 물음은 결정적인 것이고, 회피되어서는 아니 된다."275) 그런데 도덕은 관념들 간의 '관계' 문제가 아니다. 따라서 '논증'될 수 없다. '사실문제'를 밝히는 것이라면 이것은 감각적 경험 · 관찰 · 실험에 의한 증명의 일이 요구될 뿐이라서 이성은 막판에 경험자료들을 수집 · 정리해 귀납적으로 추론하는 일 외에 할 일이 없다.

그리하여 흄은 이 이론체계를 말끔히 밝혀줄 임무를 떠맡을 사람에게 다음 두 문제를 제기한다. 두 문제는 이것이다.

첫째, 도덕적 선악이 오로지 정신의 행위에 속하고 외적 대상과 관련된 우리의 상황으로부터 유래하는 만큼, 이 도덕적 변별이 생겨나는 관계들은 오직 내적 행위와 외적 대상 사이에만 있어야 하고, 자기들 간에 서로 비교되는 내적 행위들에 적용되거나 다른 외적 대상들과 대립에 놓인 외적 대상에 적용될 수 없어야 한다.

---

275) Hume, *A Treatise of Human Nature*, Book 3. *Of Morals*, 298쪽.

도덕성이 일정한 관계를 따르는 것으로 상정되는 만큼, 이 관계가 단독으로 고려되는 내적 행위에 속한다면, 여기로부터 우리가 우주와 관련된 우리의 상황과 독립된, 자기 자신 속의 죄악에 죄가 있다는 결론이 나온다. 같은 방법으로 이 도덕관계가 외적 대상에 적용될 수 있다면, 생명 없는 存在者들조차도 도덕적 미추美醜(moral beauty and deformity)가 있을 수 있다는 결론이 나올 것이다. 이쯤이면, 대상들 자체 간에 비교되는 대상들 속에도, 감정과 의욕 속에도 있지 않은 그 어떤 관계가 외적 대상들과 비교되는 우리의 감정·의욕·행위 사이에서는 발견될 수 있다고 상상하기 어려울 듯하다. 그러나 이 이론체계를 정당화하는 데 필수적인 두 번째 조건을 충족시키는 것은 훨씬 더 어려울 것이다. 도덕적 선악 간의 추상적인 합리적 차이와 사물들의 자연적 적합성과 부적합성(fitness and unfitness of things)을 주장하는 사람들의 이론에 의하면, 이런 관계들은 영원하고 불변적이어서, 모든 합리적 피조물에 의해 고찰될 때 동일한 것이고 그 효과도 역시 필연적으로 동일한 것으로 상정된다. 여기로부터 이 관계들이 인간종족의 합리적이고 유덕有德한 자들을 다스리는 데 영향력이 있는 것 못지않게 신의 의지를 지도하는 데도 다소의 영향력이 있다고 결론짓는다. 그런데 이 들 두 항목은 분명히 다른 것이다. 덕성(도덕성)을 아는 것(to know)과 의지를 덕성에 합치시키는 것(to conform)은 별개의 문제다. 그러므로 시비의 척도가 모든 합리적 정신에 의무적인 영원한 법이라는 것을 입증하기 위해서는 이 척도가 기초해 있는 관계를 보여주는 것으로 충분치 않다. 우리는 관계와 의지 사이의 연결도 보여주어야 하고, 이 연결이 모든 성품 좋은 정신들에게서 — 이 정신들 간의 차이가 다른 관점에서 엄청나고 무한할지라도 — 발현되고 영향력이 있을 정도로 필수적이라는 것도 보여주어야 한다. 이쯤에서 지성이 인간본성 속에서도 어떤 관계든 단독으로 행동을 낳을 수 없다는 것을 내가 이미 입증한 것에 더해, 나는 지성을 다루는 데서 입증했던 것을 다시 밝히는 바다. 즉, 경험 이외의 다른 방식으로 발견될 수 있고 우리가 대상들의 단순한 고찰에 의해 확실성을 주장할 수 있는 — '존재하는 것'으로 상정되는 — 원인과 결과의 어떤 연결도 존재하지 않는다는 것이다. 우주의 모든 존재자들은, 그 자체로서 고찰하면, 완전히 헐겁고 서로에 대해 독립적으로 현상한다. 우리는 그 존재자들의 영향과 연결을 오로지 경험에 의해서만 배운다. 그러므로 우리는 이 영향을 경험 너머로까지 확장하지 말아야 한다.[276]

"이 관계들이 인간종족의 합리적이고 유덕한 자들을 다스리는 데 영향력이 있는 것 못지않게 신의 의지를 지도하는 데도 다소의 영향력이 있다"는 구절은 다시 클라크와 합리주의자들을 비판하는 말이다. 흄은 허치슨에게 보낸 서한에서 말한다. "내 충심으로부터 나는 도덕성은 나와 당신의 의견에 따라 오직 감정에 의해서만 결정되기 때문에 오로지 인간적 본성과 인간적 삶과만 관계한다고 내가 결론짓는 것을 회피할 수 있기를 바랍니다." 그는 계속 말하기를, 도덕성이 이성에 의해 결정된다면, 우리는 도덕성이 신을 포함한 "모든 합리적 존재자들"에게 동일한 것일 것이라고 결론지을 수 있을 것이라고 한다. 그러나 도덕성은 감정에 의해 결정되고, 따라서 "경험 이외는 어떤 것도 감정이 모든 존재자들 안에서 동일한 것이라는 것을 우리에게 보장해 줄 수 없다". 그런데 "최고존재자들과 관련해 우리는 무슨 경험이 있나? 우리가 어떻게 이 최고존재자들에게 감정을 귀속시킬 수 있나?" 우리가 말할 수 있는 최대치는 이 최고존재자들이 똑같은 이유에서 "인간들이 스스로 보유하지 못하는 신체적 감흥들"을 갖도록 조처해 주었듯이 자신이 이 감정이 없을지라도 우리들을 위해 저 감정으로 하여금 우리의 행실을 지도하게 하도록 조처한다는 것이다."[277] 흄은 사제들과 교단의 눈치 때문에 감정 없는 신神도 도덕적이라고 논변해야 하는데 자기의 도덕감정론이 기독교의 도덕적 선신善神 테제와 뭔가 삐거덕거리는 것 같아서 자기변명을 덧붙인 것이다. 역사적 시대는 전지전능한 신이 진지전능한 최강자의 자격으로 선악을 제정했다고 우기는 트라시마코스적 도덕론자가 아니라면 신도 기존既存의 선악 범주에 규제받아야 한다고까지 논증했지만(라이프니츠), 신이 인간의 도덕감정에 복종해야 한다고 주장하는 선까지 아직 전진하지 못했기 때문이다.

흄은 비판을 종결짓는다. "이와 같이 시비(잘잘못)의 영원한 합리적 척도의 이론체계에 필수적인 첫 번째 조건을 충족시키는 것은 불가능할 것이다. 이러한 시비변별이 기초해 있는 저 관계들을 보여주는 것이 불가능하기 때문이다. 그리

---

276) Hume, *A Treatise of Human Nature*, Book 3. *Of Morals*, 299-300쪽.
277) Hume, 1740년 3월 16일자 서한. Norton 주석에서 재인용.

고 두 번째 조건을 충족시키는 것도 불가능하다. 우리는 이 관계들이 실제로 존재하거나 지각된다고 하더라도 보편적으로 집행될 수 있고 의무적일 것이라는 사실을 선험적으로 입증할 수 없기 때문이다." 여기에다 영원한 합리적 시비척도의 이론체계가 답하질 못할 사실, 즉 '인간에게는 배은망덕이 죄악인 반면, 어미 나무와 새끼 나무들 사이에는 배은망덕이 없다'는 사실을 들이댄다.[278]

나아가 흄은 합리론적 도덕형이상학자들이 대답하지 못할 더 강력한 사실인 '근친상간 금기'를 들이댄다.

훨씬 더 유사한 예를 선택하자면, 나는 인간종족에서 근친상간은 왜 죄악이고, 동물들에게서는 바로 그 동일한 행위와 동일한 관계가 조금도 도덕적 사악성과 추악성을 갖지 않는지를 묻고 싶다. (...) 만약 이 행위가 동물들이 그 행위의 사악성을 발견할 만큼 충분한 이성을 가지지 않기 때문에 동물에게는 죄가 없지만, 인간이 그를 의무에 구속해야 하는 이 이성능력을 부여받았으므로 동일한 행위가 인간에게는 즉시 죄악이 되는 것이라고 답변한다면, 그리고 실제로 이렇게 말하지 않을 수 없다면, 이것은 명백히 순환논법(arguing in a circle)이라고 내가 대꾸해 줄 것이다. 왜냐하면 이성이 사악성을 지각할 수 있기 전에, 사악성이 먼저 존재해야 하기 때문이다. 따라서 이 사악성의 존재는 이성의 판정과 독립적인 것이고 이성의 판정의 결과라기보다 더 정확하게 이 이성의 판정의 대상이다. 그렇다면 이 이론체계에 따르면, 감각·욕망·의지를 가진 모든 동물, 즉 모든 동물이 우리가 칭찬과 비난을 인간피조물들에게 귀속시키는 근거인 동일한 온갖 덕성과 악덕에 민감해야 한다. 온갖 차이는 다해야, 인간의 우월한 이성이 덕성과 악덕을 발견하는 데 이바지하고 이 방법으로 칭찬과 비난을 증가시킬 수 있다는 것이다. 그러나 그래도 이 발견은 이 도덕적 변별 속에 있는 별개의 존재자와, 단지 의지와 욕망에만 의존하고 생각과 실재에서 이성과 구별되는 별개의 존재자를 전제하는 것이다. 동물들은 서로에 대해 인간종족과 동일한 관계를 맺을 수 있고, 그러므로 도덕성의 본질이 이 관계에 있다면, 동일한 도덕성에 민감할 것이다. 충분한 정도의 이성이 결여된 것은 동물들이 도덕성의 의무와 책임을 지각하는 것을 가로막지만, 결코 이 의무들이 존재하는

---

278) Hume, *A Treatise of Human Nature*, Book 3. *Of Morals*, 300쪽.

것을 가로막을 수는 없다. 이 도덕적 의무가 지각되기 위해서는 앞서 이 의무가 이미 존재해야 하기 때문이다. 이성이 이 도덕적 의무를 발견하는 것이 틀림없지만, 결코 이 의무를 산출할 수는 없는 것이다. 이 논변은 내 생각에 완전히 결정적인 것으로 숙고될 가치가 있다.[279]

나아가 흄은 이를 바탕으로 최종적으로 도덕성이 '관념들의 관계의 문제'도 아니지만 '사실문제(matter of fact)'도 아니라고 부정함으로써 도덕성이 '느낌'의 문제라고 주장하기 위한 길을 모색한다.

또한 이 추리는 도덕성의 본질이 과학의 대상인 '관계들'이 아니라는 것을 입증할 뿐만 아니라, 정밀 검토한다면, 동등한 확실성으로써, 도덕성의 본질이 지성에 의해 발견될 수 있는 사실문제도 아니라는 것을 입증해준다. 이것은 논변의 두 번째 부분이다. 이것이 분명하게 드러날 수 있다면, 우리는 '도덕성은 이성의 대상이 아니다'라고 결론지어도 된다. 덕성과 부덕이 이성에 의해 그 존재를 추론할 수 있는 그런 사실문제가 아니라는 것을 입증하는 데 어려움이 있을 수 있을까? 악덕으로 인정되는 아무 행동이나 택하라. 가령 고의적 살인. 이것을 모든 관점에서 검토해라. 그리고 당신이 악덕이라 부르는 사실문제나 실재적 존재를 발견할 수 있는지를 살펴보라. 어떤 방법으로 당신이 그것을 받아들이든 당신은 일정한 감정·동기·의지·생각들만을 발견할 뿐이다. 이 경우에는 더 이상 어떤 다른 사실문제도 존재하지 않는다. 당신이 대상을 고찰하는 한, 악덕은 당신을 완전히 피해 빠져나갈 것이다. 당신은 당신이 당신의 성찰을 당신 자신의 가슴속으로 돌려 이 행동에 대해 당신의 심중에서 일어나는 불가감정(a sentiment of disapprobation)을 발견하기까지 결코 그 악덕을 발견할 수 없다. 여기 불가감정에도 사실문제가 들어있지만, 이것은 이성의 대상이 아니라 느낌의 대상이다. 이 불가감정은 대상 속에 들어 있는 것이 아니라 당신 자신 속에 들어 있다. 그리고 당신이 어떤 행동이나 성품이 악덕하다고 언명할 때, 당신은 당신의 본성의 만듦새(constitution)에 따라 저 행동이나 성품의 관조에서 단지 비난의 느낌이나 감정을 얻게 된다는 것만을 뜻할 뿐이다. 그러므로

---

279) Hume, *A Treatise of Human Nature*, Book 3. *Of Morals*, 301쪽.

덕성과 악덕은 현대철학에 의하면 '객체 속의 성질'이 아니라 '정신 속의 지각'인 소리·색깔·열기·냉기와 비교될 수 있다. 도덕에서의 이 발견은 물리학에서의 저 발견과 같이 사변적 과학의 상당한 진보로 간주되어야 한다 — 이 발견이 저 발견과 마찬가지로 실천에 거의 또는 전혀 아무런 영향력을 갖지 않을지라도. 어떤 것도 우리 자신의 쾌감과 불쾌감의 감정(our own sentiments of pleasure and uneasiness)보다 더 많이 실재적이거나 더 많이 우리의 관심을 사로잡을 수 없다. 이 감정이 덕성에 호의적(favorable)이고 악덕에 대해서 비호의적이라면, 우리의 품성과 행위의 규제에 이 감정 이상의 것은 필요치 않다.[280]

이 논변에 바로 잇대서 흄은 유명한, 그리고 칸트에 의해 오용된 '존재와 당위의 구분'을 논변한다.

지금까지 내가 만난 모든 도덕성이론에서 내가 '이다(is)', '아니다(is not)'의 명제의 보통 계사繫辭 대신에 '이어야 한다(an ought)', '이어서는 아니 된다(an ought not)'와 연결되지 않은 어떤 명제도 만나지 못한다는 것을 발견하고 놀랐을 때, 언제나 나는 저자가 잠시 동안 보통 추리방식으로 진행하면서 신의 존재를 확인하고 인간사人間事에 대한 관찰을 하는 것을 간파했다. 이 교체는 지각할 수 없지만, 최종적 중요성을 지녔다. '이어야 한다'와 '이어서는 아니 된다'가 어떤 새로운 관계나 확인을 표현하는 만큼, 그것은 관찰되고 설명되어야하는 것, 그리고 지각할 수 없을 듯한 것, 즉 이 새로운 관계가 어떻게 완전히 자기와 상이한 다른 것들로부터의 연역일 수 있는지에 대해 이유가 제시되어야 한다는 것은 필연적이다. 그러나 저자들이 이러한 주의를 보통 하지 않는 만큼, 나는 감히 이 주의를 독자들에게 권한다. 그리고 나는 이 작은 주의가 모든 통속적 도덕이론을 전복할 것이고, 덕성과 악덕의 변별이 단순히 객체들의 관계에 기초한 것도 아니고 이성에 의해 지각되는 것도 아니라는 것을 알게 만들어 줄 것이라고 확신한다.[281]

---

280) Hume, *A Treatise of Human Nature*, Book 3. *Of Morals*, 301-302쪽.
281) Hume, *A Treatise of Human Nature*, Book 3. *Of Morals*, 301-302쪽.

흄이 취한, '이다(is)'와 '해야 한다(ought)'의 구분을 칸트는 '존재(Sein)'와 '당위(Sollen)'의 구분으로 받아들여 존재와 당위를 만리장성으로 갈라놓았다. 그러나 흄은 이 사실적 존재와 도덕적 당위를 구분했지만 몇 페이지 뒤에서 이 둘이 통합되는 것을 인정했다. 따라서 존재는 당위와 다를지라도 도덕행위의 영역에서는 존재와 당위는 서로를 포함하고 있기 때문이다. 길가에서 갑자기 쓰러진 사람을 도와야 하는 것은 동정심 또는 연민의 인애감정이 요구하는 도덕적 당위다. 그러나 누군가 쓰러진 사람을 돕는 것이나 돕지 않는 것은 둘 다 '존재하는' 사실이다. 이런 관찰적 견지에서 존재와 당위는 다르다고 말한다. 그러나 행위의 견지에는 당위와 존재는 서로를 포함한다. 누군가 쓰러진 사람을 돕는 존재적 사실은 실은 쓰러진 사람을 도와야 한다는 당위를 실행하고 있는 것이다. 역으로, 쓰러진 사람을 도와야 한다는 당위는 쓰러진 사람을 돕는 행위에 의해 실현되어 존재적 사실로 화化한다. 쓰러진 사람을 돕지 않아도 존재와 당위의 행위적 포함관계는 그대로다. 쓰러진 사람을 돕지 않는다는 존재적 사실은 그것으로 그치지 않고, 이 존재적 사실은 돕지 않은 사람에게 양심의 가책을 느끼게 하고 타인들의 비난을 초래한다. 그 쓰러진 사람을 돕지 않아서 그가 죽었다면 돕지 않은 사람은 감옥에 가야하고, 이것은 또 하나의 당위다. 그리고 이 당위는 결국 감옥에 가는 것으로 실현되어 존재적 사실이 된다. 따라서 흄의 존재와 당위의 구분은 양자의 통합 가능성을 배제하는 것이 아니다. 그러나 칸트의 존재와 당위는 절대적으로 분리되어 당위는 영구히 존재로 실현되지 않을 수도 있다. 칸트는 사후세계에서의 상벌만을 염두에 두고 있어서 당위를 존재로 실현하지 못했을 때 양심·여론·법의 처벌을 받는 것을 완전히 망각한 것이다.

도덕행위의 영역에서 존재와 당위의 항상적·필연적 통합가능성은 도덕적 시비변별과 도덕행위가 "본성의 만듦새"에 속하는 도덕감각과 도덕감정에 의해 조성되는 것이다. 마침내 흄은 "도덕적 변별은 도덕감각으로부터 도출된다(Moral distinctions deriv'd from a moral sense)"는 소제목 아래 "도덕감각(moral sense)"을 도덕적 선악변별의 원천으로, 그리고 선행善行들 간의 차등, 악행惡行들 간의 차등의 원천으로 제시한다.

그리하여 논변의 행정은 덕성과 악덕이 단지 이성이나 관념들의 비교에 의해 발견될 수 없는 것이기 때문에 우리가 덕성과 악덕 간의 차이를 특징지을 수 있는 것은 이 덕성과 악덕이 야기하는 모종의 인상과 감정에 의거한다고 결론지을 수 있도록 우리를 이끌어준다. 도덕적 올곧음과 타락에 대한 우리의 판정은 분명 지각이다. 그런데 모든 지각이 인상이 아니면 관념인 만큼, 관념의 배제는 인상을 지지하는 수긍할만한 논변이다. 그러므로 서로 밀접하게 유사한 모든 것들을 동일한 것으로 여기는 우리의 통상적 관성에 따라 흔히 아주 부드럽고 점잖은 느낌 또는 감정을 우리가 쉽사리 관념으로 착각할지라도, 도덕성은 이성적으로 판단되기보다 더 정확하게는 느껴지는(felt) 것이다. 다음 물음은 이 인상이 어떤 본성을 지녔는지, 인상들은 어떤 방법으로 우리에게 작용을 가하는지 하는 것이다. 여기에 우리는 오랫동안 애태우는 미결상태에 남아 있을 수 없지만, 우리는 덕으로부터 생겨나는 인상은 기분이 좋고(agreeable) 악덕으로부터 일어나는 인상은 불쾌하다(uneasy)고 언명하지 않을 수 없다. 매 순간의 경험은 우리에게 이것을 확신시켜 준다. 고상하고 관대한 행동보다 멋지고 아름다운 광경은 없을 것이다. 또한 잔인한 반역적 행동보다 더한 혐오감을 우리에게 주는 것도 없다. 어떤 즐거움도 우리가 사랑하고 존경하는 사람들의 동석으로부터 우리가 받는 만족과 맞먹는 것은 없다. 또한 모든 벌 중 최대의 벌은 우리가 미워하거나 비난하는 자들과 더불어 우리의 삶을 영위해야 하는 것이기도 하다. 연극이나 소설도 덕성이 우리에게 전하는 쾌감과, 악덕에서 생겨나는 고통의 사례들을 제공해 줄 수 있다.[282]

흄이 전개한 이 논변의 핵심은 "도덕성은 이성적으로 판단되기보다 더 정확하게는 느껴지는(felt) 것이다"는 명제다. 흄은 이렇게 도입부 논변으로 뜸을 들인 뒤에 "도덕감각"을 "덕성감각(sense of virtue)"으로 바꿔 언급한다.

그리하여 우리는 도덕적 선과 악을 알게 만들어 주는 상이한 인상들이 특별한 쾌감과 고통 외에 다른 것이 아니기 때문에, 이것으로부터 이 도덕적 변별에 관한 모든 탐구에서 어떤 성품이 왜 칭찬할 만하고 비난할 만한지를 만족스럽게 설명하

---

282) Hume, *A Treatise of Human Nature*, Book 3. *Of Morals*, 302-303쪽.

기 위해 어떤 성품의 관찰에서 만족이나 불쾌감을 느끼게 만드는 원리를 보여주는 것으로 충분할 것이다. 어떤 행동, 어떤 감정, 어떤 성품은 덕스럽거나 부덕하다. 왜? 그것을 바라보는 것이 특별한 유형의 쾌감과 불쾌감을 야기하기 때문이다. 그러므로 우리는 이 쾌감과 불쾌감의 이유를 제시하는 속에 우리는 덕과 악덕을 충분히 설명하는 것이다. 덕성감각(sense of virtue)을 가졌다는 것은 바로 어떤 성품의 관상(觀賞)으로부터 특별한 종류의 만족을 느끼는 것 외에 아무것도 아니다. 바로 이 느낌(feeling)이 우리의 칭찬과 찬양을 구성한다. 우리는 여기서 더 이상 나아갈 수 없다. 또한 우리는 만족의 원인을 탐구할 수도 없다. 우리는 어떤 성품이 기쁘게 하기 때문에 이 성품이 덕스럽다고 '추론'하지 않는다. 그러나 그것이 이러한 특별한 방법으로 기쁘게 하는 것을 느끼는 것에서 우리는 요컨대 그것이 덕스럽다고 '느낀다'. 온갖 미美·맛·감흥에 관한 우리의 판단에서도 사정은 똑같다. 가可하다는 감정 (approbation)은 이것들이 우리에게 전하는 즉각적 쾌감에 포함되어 있다.[283]

이어서 흄은 도덕감각이 주는 기분좋음, 가可한 감정 등의 도덕적 쾌감과 기타 쾌감의 차이를 논한다.

나는 영원한 합리적 시비척도를 수립하는 이론체계에 대해 외부물체들 안에서 발견되지 않는 관계가 합리적 피조물들 안에 들어있다는 것을 입증하는 것은 전혀 불가능하고, 그러므로 도덕성이 언제나 이 관계들을 수반한다면 생명 없는 물질도 덕스럽거나 악덕해지는 것이 가능할 것이라고 반론을 폈다. 그런데 같은 방법으로 현재의 이론체계에 대해서도, 덕성과 악덕이 쾌감과 고통에 의해 결정된다면 이 성질들은 모든 경우에 감흥으로부터 생겨나고 결과적으로 생명이 있는 대상이든 없는 대상이든, 합리적인 대상이든 비합리적인 대상이든, 이 모든 대상들이 만족감이나 불쾌감을 일으킬 수만 있다면 도덕적으로 선하거나 악하게 될 수 있다고 반론이 제기될 수 있다. 그러나 이 반론이 아주 동일한 것처럼 보일지라도, 이 반론이 후자의 경우에는 결코 전자의 경우에서와 같은 힘이 없다. 왜냐하면, 첫째, 쾌감(pleasure)이라는 술어 아래 우리가 아주 상이한, 단지 같은 추상적 술어로 표현할 수 있도록

---

283) Hume, *A Treatise of Human Nature*, Book 3. *Of Morals*, 303쪽.

할 만큼 먼 유사성만을 가진 감흥들을 포괄하는 것이 분명하기 때문이다. 좋은 음악작품과 한 병의 포도주는 마찬가지로 쾌감을 주고, 게다가 그 훌륭함은 이 쾌감에 의해 결정된다. 하지만, 우리가 그런 이유로 포도주가 화음이 좋고 음악이 맛좋다고 말해야 하는가? 유사한 방법으로 생명 없는 대상과 어떤 사람의 성품과 감정은 둘 다 만족을 준다. 그러나 이 만족이 서로 다른 만큼, 이 차이는 이것들에 대한 우리의 감정을 서로 혼동되는 것으로부터 지켜주고 덕성을 생명 없는 대상이 아니라 사람에게 귀속시키도록 해준다. 또한 사람의 성품과 행동으로부터 생겨나는 쾌·불쾌감의 감정이 모두 다 칭찬과 비난을 하게 하는 그런 특수한 종류의 감정인 것이 아니다.[284]

이어서 흄은 적군이라도 그 훌륭함을 칭찬하는 사례를 들어 도덕적 쾌·통감을 "이익"과 구분한다.

적군의 좋은 자질은 우리에게 해롭지만, 그래도 우리의 호평과 존경을 일으킨다. 어떤 성격 또는 성품이 도덕적으로 선하다거나 악하다고 판정하는 느낌이나 감정을 야기하는 것은 오직 성격이 우리의 특수한 이익의 고려 없이 일반적으로 고려될 때만이다. 이익과 도덕으로부터 생긴 감정들은 쉽사리 혼동되고 자연스럽게 뒤섞이는 것은 사실이다. 우리가 적군을 악독하다고 생각하지 않는 것이나, 우리의 이익에 대한 적군의 대립성과 진정한 악당 같은 비열한 행각을 구분할 수 있는 경우는 드문 일이다. 그러나 이것은 이 감정들이 그 자체에 있어 판명하게 다르다는 것을 가로막지 못한다. 중도와 판단력이 있는 사람은 이런 환상으로부터 스스로를 지킬 수 있을 것이다. 유사한 방법으로, 음악적 목소리가 자연적으로 특별한 종류의 기쁨을 주는 목소리 외에 다른 것이 아니라는 것이 확실할지라도 어떤 사람이 적군의 목소리를 기분 좋은 것으로 감지하거나 그것을 음악적이라고 인정하는 것은 어렵다. 그러나 그 자신에 대한 통제력을 가진 훌륭한 귀의 소유자는 이 느낌들을 분리시키고, 칭찬을 받을 만한 것에다 칭찬을 부여할 수 있다.[285]

---

[284] Hume, *A Treatise of Human Nature*, Book 3. *Of Morals*, 303쪽.
[285] Hume, *A Treatise of Human Nature*, Book 3. *Of Morals*, 303쪽.

흄은 적군의 행동과 성품의 경우처럼 도덕적 가·불가감정(기분좋음·기분나쁨의 느낌)을 이익과 불이익 등의 손익감각과 구분하기 어려울지라도 양자는 분명히 다른 것으로 구별된다고 말하고 있다.

흄은 도덕성의 모든 감각이 본성에 근거하는 것이지만 모든 특수한 사례에서 도덕성이 이 본성적 만듦새로부터 나온다는 것을 부정함으로써 본성적 도덕과 인위적 도덕을 구별하는 길을 만들려고 한다.

> 이제 도덕적 선과 악을 변별하는 이 통감과 쾌감(기분좋음과 기분나쁨 - 인용자)에 관해 일반적으로 물을 수 있다. 이 쾌감이나 고통은 인간 정신 안에서 무슨 원리로부터 유래하고 어디로부터 생겨나는가? 이 물음에 대해 나는 첫째, 모든 특수한 사례에서 이 감정들이 원천적 자질과 일차적 만듦새에 의해 산출된다고 상상하는 것은 터무니없다고 대답한다. 왜냐하면 우리의 의무의 수가 어느 의미에서 무한한 만큼, 우리의 원천적 본능이 이 감정들의 각각에 대해 연장되고 우리의 바로 첫 유아기로부터 인간 정신에다, 윤리학의 완전한 체계 속에 포함된 수많은 지침들을 각인한다는 것은 불가능하기 때문이다. 이런 처리방법은 소수의 원리들이 우리가 우주 안에서 관찰하는 저 만상萬象을 낳고 만물이 가장 쉽고 가장 간단한 방식으로 수행되는, 자연이 행하는 통상적 준칙들과 일치하지 않는다. 그러므로 이 일차적 충동들을 요약하고 우리의 모든 도덕개념이 기초한 몇 개의 더 일반적인 원리들을 찾는 것은 필연적이다.[286]

흄은 "일차적 충동들을 요약하고 우리의 모든 도덕개념이 기초한 몇 개의 더 일반적인 원리들"을 "nature" 안에서 찾아야 한다고 말하다가 "nature"라는 영어단어의 의미론적 모호성에 당황한다.

그러나 둘째, 다음 질문을 물어야 한다. 우리가 이 원리들을 *nature* 안에서 찾아야 하는가, 또는 어떤 다른 원천 속에서 이 원리들을 찾아야 하는가? 나는 이 물음에

---

286) Hume, *A Treatise of Human Nature*, Book 3. *Of Morals*, 304쪽.

대한 우리의 대답이 nature라는 단어의 정의에 달려 있다고 대답할 것이다. 이 단어보다 더 양의적兩義的이고 애매한 단어도 없을 것이다. 만약 nature가 기적과 반대된다면, 악덕과 덕성간의 구별만이 아니라, 우리의 종교가 기초해 있는 저 기적들을 제외하고 세계 안에서 일어나는 만물만사가 다 자연적일 것이다. 악덕과 덕성의 감정이 이런 의미에서 자연적이라고 말하는 속에 우리는 아주 유별난 발견을 전혀 하지 않는다.[287]

그러나 흄은 "nature"가 '흔히 자연스럽고 통상적'이라는 뜻으로 쓰이는 속에서 '도덕감정들'을 "모든 도덕 개념들이 기초한 몇 개의 더 일반적인 원리들"로 발견해낸다. 여기서는 '도덕감정'을 "도덕성의 감정"으로 표현하고 있다.

그러나 nature가 희소하고 통상적이지 않는 것과 반대일 수도 있다. 범상한 의미인, 단어의 이런 의미에서 자연스런 것과 부자연스런 것에 관한 논란이 일어난다. 우리는 우리가 이 논란이 판정될 수 있는 아주 정밀한 기준을 보유하고 있지 않다고 일반적으로 확언할 수 있다. 빈번한 것과 희소한 것은 우리가 관찰한 사례들의 수에 달려 있다. 이 수가 점차 증가하거나 감소하는 만큼, 이들 간의 정확한 경계를 정하는 것은 불가능할 것이다. 우리는 이 의제 하에, 이런 의미에서 자연스럽다고 불릴 수 있는 어떤 것이 존재한다면, 도덕성의 감정들(sentiments of morality)은 확실히 자연스럽다고 불릴 수 있다는 것만을 단언할 수 있을 뿐이다. 왜냐하면 이 도덕성의 감정을 극도로 박탈당한, 어떤 사례에서도 예의범절에 대해 가可하다는 감정이나 혐오감을 전혀 비친 적이 없는, 세계의 국민도, 어떤 국민 속의 어떤 단 한 명의 개인도 없기 때문이다. 이 도덕성의 감정은, 인간 정신을 질병이나 광기로 완전히 혼란시키지 않고는 이 감정을 뿌리뽑거나 파괴하는 것이 불가능할 정도로 우리의 만듦새와 성정 속에 깊이 뿌리박고 있다.[288]

흄은 여기서 인애 · 정의 · 충성심 · 신의 등 "도덕성의 감정들"을 "일차적 충동

---

287) Hume, *A Treatise of Human Nature*, Book 3. *Of Morals*, 304쪽.
288) Hume, *A Treatise of Human Nature*, Book 3. *Of Morals*, 304-305쪽.

들을 요약하고 우리의 모든 도덕개념이 기초한 몇 개의 더 일반적인 원리들"로 제시하고 있다. 그리하여 흄은 도덕성의 변별의 원천을 '도덕감각'으로 확정하고, "우리의 모든 도덕개념이 기초한 몇 개의 더 일반적인 원리들"을 "도덕성의 감정들"로 확정했다. 그는 이 '도덕성의 감정(sentiments of morality)'이라는 용어를 계속 사용하지만 때로 '도덕감정(sentiments of morals,[289]) 또는 moral sentiments[290])'으로 바꿔 부르다가 후기에는 단수의 "moral sentiment"(도덕감정)로 고정시킨다.[291]

결론적으로, 흄은 도덕적 변별의 근거를 이성으로 우기는 도덕형이상학을 물리치고 그 근거를 '도덕감각'으로 확정하고, "모든 도덕개념의 일반원리들"을 "도덕감정"으로 확정함으로써 도덕과학을 이론적으로 수립하는 데 성공했다. 논증과정은 줄곧 지루해서 명쾌하다고만 볼 수 없지만 당시의 논쟁적 논변치고는 나름대로 선명했다고 할 수 있을 것이다.

흄의 이 도덕과학 이론의 관점에 서면, 이성으로부터 도덕성을 도출하는 도덕철학은 비과학적 도덕형이상학이다. 그러므로 실천이성으로부터 도덕법칙을 도출해 법률을 제정하듯 도덕을 제정하는 칸트의 네오스콜라철학적 도덕이론도 '비非과학' 또는 '반과학'이다. 또 이성적 이해관계자들 간의 사회계약이나 여론에 의해 도덕성이 제정된 것으로 보는 도덕이론도 비과학이다. 그리고 도덕성의 근거를 계시나 신탁, 주술이나 신화에서 도출하는 기독교신학적·주술적 도덕철학도 비과학이고, 도덕적 현상을 신적 현상이나 신비적 현상으로 규정하는 비트겐슈타인적 도덕이론도 비과학이다. 나아가 도덕성을 도덕감정으로부터 도출하는 것이 아니라 단순한 쾌통감각(기쁨과 아픔), 또는 손익감각과 같은 임의의 비도덕적 감정으로부터 도출하는 도덕이론도 비과학이다. 따라서 쾌통快痛(쾌락과 고통, 유쾌와 불쾌), 이익과 손해 등으로부터 도덕성을 도출하는 로크·벤덤·

---

289) Hume, *A Treatise of Human Nature*, Book 3. *Of Morals*, 335, 337, 369(4회), 370, 371쪽.
290) Hume, *A Treatise of Human Nature*, Book 3. *Of Morals*, 338쪽.
291) David Hume, "Concerning Moral Sentiment", Appendix to David Hume, *An Enquiry concerning the Principles of Morals* (1751), edited by Tom L. Beauchamp (Oxford · New York: Oxford University Press, 1998 · 2010) [83-89쪽].

밀 등의 공리주의적 속류 도덕철학도 비과학이다. 이 공리주의 도덕철학자들은 쾌통(기쁨과 아픔)의 단순감정을 즐거움과 괴로움(happiness and misery)의 공감감정과 개념적으로 구분하는 이해력 수준에 이르지도 못한 감정이론적 무식에도 불구하고 '감히' 도덕을 논한다.

　도덕과학은 도덕감각과 도덕감정을 경험적·실험적으로 정밀하게 이해·해석하고 이 도덕감각과 도덕감정에 따른 인간적 도덕행위의 원인과 결과들을 다시 경험적·실험적으로 수집·채록하고 해석하고 체계화하는 것이다. 오늘날 과학적으로 수행되는 도덕연구는 당연히 '도덕감각'과 '도덕감각의 형성과 발달과정'에 대한 다양한 실험과 탐색, 그리고 이 도덕감각과 도덕감정 DNA의 인간발생사적 기원과 형성에 대한 진화론적·동물사회학적·인류학적·화석생물학적 탐구와 추적으로까지 뻗친다. 이것은 철학의 한계를 완전히 뛰어넘는 연구들이고 이제 도덕과학을 도저히 철학의 영역 안에 담을 수 없다는 것을 의미한다. 한 마디로, 도덕과학은 승승장구하고, 도덕철학은 '죽은 개(der tote Hund)'가 되었다. 도덕이론을 구체적으로 논하는 본론에서 이런 경험적·실험과학적·진화론적 도덕감정 탐구들이 소개되고 새로이 시도될 것이다.

■ 흄의 도덕과학의 두 가지 문제점

　흄의 도덕과학론은 당대로서 대담한 획기적 이론이었다. 그러나 시대가 시대인 만큼 그의 도덕과학론도 오류와 결함도 피할 수 없었다. 여러 결함이 많지만 그 중 흄의 인간과학과 도덕과학의 과학성을 위협하는 또는 삭감하는 두 가지 문제점은 언급하지 않을 수 없다. 그것은 첫째, 해석학의 결여이고, 둘째는 공리주의적 속류 도덕철학의 경향이다.

　해석학의 결여는 흄의 인간과학과 도덕과학에 공통된 방법론상의 본질적 문제점이다. 이것은 18세기의 모든 인간과학과 도덕철학이 공유한 문제점이기도 하다. 흄은 지식이론에서 '속성'(사물의 성질)과 '의미'(행위의 감정적 동기)의 차이를 몰각해서 인식(Erkenntnis)과 이해(Verstehen), 나아가 설명(Erklärung)과 해석

(Deutung)을 구분하지 못했다. 이 무無구분은 자연과학의 실증주의적 경험론과 인간과학(도덕과학)의 탈脫실증주의적 경험론이 어디까지 공통되고 어디부터 달라지는지를 몰랐음을 함의한다.

흄은 베이컨의 경험론적 방법을 그대로 인간본성의 연구에 적용하면 이것으로부터 그대로 인간과학이 성립하는 것으로 이해했다. 그래서 인간과학에서는 우리 인간 자신이 "추론하는 존재자"이면서 동시에 "우리가 추론당하는 대상들 중의 하나(one of the objects, concerning which we reason)"라는 사실을 흄이 깊이 생각하지 않은 것이다. 즉, "추론당하는 대상들"인 "우리"에 대한 "추론하는 존재자"의 관찰자적 관점과 참여자적 관점을 일치시키는 문제가 있음을 모른 것이다. 관찰자 관점과 참여자 관점은 합리적·상상적 '관점 바꾸기'의 역지사지로 일치시킬 수 없고(느린 보행자를 욕하던 운전자가 차에서 내려 보행자로 변신한 뒤 보행자의 견지에서 횡단보도 앞에서 조급증을 보이는 운전자를 욕하듯이, 인간은 궁극적으로 '역지사지'할 수 없기 때문이다), 오로지 '공감'의 감성능력을 통해서만 일치시킬 수 있을 뿐이다. 사회생활이 가능하도록 진화를 통해 발생한 인간의 공감능력은 관점이나 입장을 바꾸지 않고 자기의 관점에서 타인들의 감정과 의도를 이해할 수 있는 본성적 능력이기[292] 때문이다. 또 다른 문제는 인간이 인간을 연구하는 주체이면서 연구되는 객체이기도 해야 하는 경우에 구체적 연구대상이 ⑴외감(오감+근감각)으로 자연적 '속성'을 지각해야 하고 ⑵대상의 인간적·사회적 의미, 즉 외감으로 결코 파악할 수 없는 인간적 '의미'를 공감으로 이해해야 한다는 사실이다. 인간주체가 궁극적으로 인간객체의 '의미'를 포착해야 하는 것이다.

흄은 자연과학과 인간과학 간의 방법론적 공통성만 알았지, 그 차이를 알지 못했다. 그는 기껏 그 차이를 자연과학처럼 아무 때나 계획적 '실험'을 실행할 수 없다는, 즉 "실제적 경험들을 수집하는 데 따르는" 인간과학의 "특별한 불리함"

---

292) 참조: 황태연, 『감정과 공감의 해석학』 (파주: 청계, 2014·2015), 122-124쪽; 1932-1972, 2009, 2049, 2954쪽.

만을 들고 있다. 인간과학만이 겪는 이 방법상의 "특별한 불리함"이란 "미리 계획해서, 그리고 생겨나는 난관에 대해서마다 만족하는 방법에 따라 실제적 경험(실험)을 만들어낼 수 없다는 것이다". 그러나 이것은 사실 "특별한 불리함"도 아니다. 인간과학은 자연과학이 이용할 수 있는 자연사적 박물지와 비교가 될 수 없는 동서고금의 엄청난 천문학적 역사기록을 가지고 있고, 이 무진장한 사료史料들을 뒤져 적절한 사례를 찾아내면 "미리 계획해서, 그리고 생겨나는 난관에 대해서마다 만족하는 방법에 따라 만들어낼 수 없는 실제적 경험(실험)"을 어느 정도 대체할 수 있기 때문이다. 그래서 인간과학, 즉 인문·사회과학에서는 역사학이 철학보다 더 중요한 것이다. 흄은 이런 정도의 차이를 느꼈을 뿐이고, 정작 자연과학 방법과 인간과학 방법 간의 본질적 차이는 끝내 알지 못했다.

인간의 감각은 외감과 내감으로 나뉜다. 그러나 흄은 내감의 존재와 그 구성에 대해 끝내 뚜렷이 알지 못한 것으로 보인다. 자연적 사물의 '속성'은 운동과 정지, 힘, 길이, 부피, 면적, 맛, 소리, 모양과 색깔, 냄새, 감촉 등이다. 이것들은 다 외감(오감과 근감각)으로 느끼고 지각할 수 있다. 이 중 힘만은 '근감각(muscle sense)'으로293) 지각한다. 외감의 이 지각들은 자연과학적 인식의 기본자료가 된다.

그러나 인간의 '의미'는 이 외감으로 알 수가 없다. '의미(sense; 독일어 Sinn; 불어 sens)'는 이성이 아니라 감성(감각+감정)이다.294) 'Sinn' 또는 'sense'로서의 감성적 '의미'만이 인간에게 행동의 '동기'이고 '가치'다. 인간적인 모든 것, 인간 자신, 나의 존재감, 나의 기분과 정서, 행동, 추구하는 희망, 인간들이 만든 법률과 제도들, 사회, 국가, 역사, 상품, 돈, 예술활동과 작품, 놀이와 올림픽, 도덕행위 등은 다 의미(가치)가 있고, 모두 다 인간의 단순감정들(칠정과 기타감정들)과 손익·미美·재미·도덕감정의 외화물들이다. 따라서 인간의 '감정'을 파악해야만 인간과 인간행동, 그리고 인간사회의 '의미'를 알 수 있다.

---

293) "muscular sense", "kinaesthesia", "myesthesia"로도 표기한다.
294) "A는 A다", 즉 "A는 A를 의미한다(mean)"고 말할 때 "A=A"로서의 그 다른 '의미', 즉 "meaning(Meinen)"은 이성으로 알 수 있지만 동어반복이라서 결국 무의미하다. 따라서 이런 무의미한 '의미'는 여기서 배제한다.

인간의 감정은 신체적으로 일어나고, 따라서 당연히 신체적으로 나타난다. 이에 따라 인간은 기쁨, 슬픔, 분노, 재미, 미안함 등의 느낌들은 얼굴 근육(웃는 근육, 찡그리는 근육), 몸의 자세(손짓, 손사래, 양팔 벌림, 발짓, 주먹, 구부림, 굳음, 고개를 쳐들거나 숙이거나 떨굼, 달려 듦, 멀찌감치 물러남), 똑바로 바라봄, 눈을 치켜뜸, 눈 동공의 커짐, 몸의 증상(호흡, 뜨거운 땀, 식은땀, 낯붉힘), 소리(목소리의 크고 작음, 비명, 웃음·울음·씩씩댐) 등 신체적 변화로 야기되고 외적으로 표출된다. 표정과 신체의 이런 외적 변화는 관찰과 경험으로 어느 정도 파악될 수 있다. 여기까지는 인간과학과 자연과학의 관찰·경험 방법이 다르지 않은 공통부분이다.

그러나 인간의 감정은 인간의 표정과 신체의 외적 변화를 관찰과 경험으로 정확하게 파악했다손 치더라도 관찰자가 인간적 대상의 이런 외적 신체변화를 자기의 감정으로 바꿔 느끼지 못한다면 전혀 알 수 없다. 관찰된 것은 그저 감정 없는 그렇고 그런 신체적 양상·양태의 물질적 '속성들'일 뿐이기 때문이다. 타인이 신체변화로 만들어내고 밖으로 드러낸 감정을 자기의 감정으로 바꿔 다시 느끼는 것을 '공감'이라고 한다. 공감은 내감능력에 속한다. 미감(미추감각), 재미감각, 손익감각(정신적 쾌통감각), 시비감각(선악감각) 등의 평가감각(판단감각)도 다 내감에 속한다. 가령 색깔, 모양, 크기, 꽃잎 한 장의 넓이 등의 장미꽃의 물질적 '속성들'을 오감으로 정확하게 지각하더라도 이 지각만으로는 장미꽃의 아름다움을 알지 못한다. 우리는 이런 사물적 속성(성질)들을 외감으로 지각함과 동시에 내감에 속한 미감으로 이 물적 속성들의 배치와 구성에서 균형과 조화 및 그 정도를 느껴야만 비로소 장미꽃의 아름다움과 그 아름다움의 정도를 느끼는 것이다. 흄은 공감·미감·재미감각·손익감각·시비감각 등으로 구성된 인간의 '내감'을 알지 못한 것이다.

이 중 공감은 (인간에게 실로 불가능한) 관점전환이나 역지사지 없이 타인의 존재와 행동의 감정적 '의미'를 알기 위해 필수적이다. 이 점에서 인간의 감정과 감정적 의미가 표현된 신체적 속성들을 외감으로 지각한 자료들을 대하자마자 이 자료들에서 인간의 감정적 의미를 공감으로 느껴 아는 것은 사물의 속성을 외감만으로 아는 것과 다른 것이다. 사물의 속성을 외감으로 아는 것은 '인식'인 반면, 인간의 의미를 아는 것은 '이해'다. '인식'과 '이해'의 차이는 곧 '설명'과 '해석'의 차이를 낳는다. '인식'은 사물적 속성에 대한 단순한 외감적 지각이지만, '설명'은 외감으로 지각된 속성들 간의 복잡한 인과적·형상인적·종속적 '관계들'을 반복적 경험과 실험에 의거해 측정·분석해서 알아내는 해명이다. 자연과학과 관련된 외감적 인식·설명의 경험론적 방법론은 '인식론(Erkenntnistheorie; epistemology)'이다.

한편, '이해'는 인간과 인간행동 및 제도의 감정적 의미를 공감적으로 느껴 아는 것이다. '해석'은 이미 공감된 의미들의 얽히고설킨 관계들을 분해·해독해서 공감적으로 이해할 수 있도록 만들어 아는 것이다. 인간과학과 관련된 공감적 이해·해석의 경험론적 방법론은 '공감적 해석학(mitfühlende Hermeneutik; empathetic hermeneutics)'이다.

따라서 '경험론적 인식론'으로서의 자연과학의 방법은 '공감적 해석학'으로서의 경험론적 인간과학의 방법과 다른 것이다. 따라서 흄의 인간과학과 도덕과학 이론이 이 해석학적 방법을 결한 것은 치명적 결함이 있다. 그러나 이 결함은 모든 17-18세기 철학의 공통된 결함이었다. 그리고 바로 이런 결함 때문에 사회과학은 1980년대까지도 실증주의 속에서 헤맸고, 1980년대부터 부상하기 시작한 '해석학'도 2010년대에 '공감적 해석학'이[295] 등장하기까지 다시 언어실증주의(딜타이, 슐라이어마허, 가다머, 하버마스)에 사로잡혀 있었다. 이런 지식이론적·연구방법론적 결함은 공감에 충실한 "충서忠恕"의 방법, 즉 '서이충지恕而忠之' 방법으로 "지인知人"의 인간과학을 추구했던 공자철학의 경우에는 애당초 발도 붙이지 못했다. (이에 대해서는 뒤에 상론한다.)

흄의 도덕과학에 특유한 두 번째 문제점은 공리주의적 속류 도덕철학의 경향이다. 흄은 상론했듯이 도덕적 쾌·통감과 기타 쾌·통감을 구별해야 한다고

---

[295] 공자의 "忠恕" 방법에 의거해 황태연이 최초로 수립한 공감적 해석학은 참조: 황태연, 『감정과 공감의 해석학(1-2)』(파주: 청계, 2014·2015).

논변했다. 하지만 그는 그의 감정이론과 도덕이론 안에서는 이 논변을 무색케 하는 공리주의적 주장들이 압도한다.

감정이론에서 흄은 칠정 같은 직접감정만이 아니라 간접감정(가령 사랑과 미움, 자만감과 위축감)도, 따라서 모든 감정이 '쾌·통감' 또는 이를 야기하는 모종의 '이로움이나 해로움'으로부터 생겨난다고 언명한다.

> 감정들, 직접감정과 간접감정이 둘 다 쾌락과 고통에 기초하고, 어떤 종류의 감정작용이든 감정작용을 산출하기 위해서는 모종의 이로움이나 해로움을 제시하기만 하면 된다고 말하는 것이 용이하다. 쾌·통감을 제거하자마자, 사랑과 미움, 자만감과 위축감, 욕구와 혐오의 제거, 그리고 대부분의 반성적·이차적 인상의 제거가 즉각 뒤따른다.296)

이 구절만 봐도 흄을 근대 공리주의의 생모라고 의심할 만한 충분한 근거가 된다. 그는 감각적 쾌락과 고통, 그리고 이것을 야기하는 이익과 손해 개념을 사물의 속성과 인간 감정에 대한 단일한 판단범주로 단순화·절대화한 것이다. 그는 이해利害(손익)와 쾌·통감 간의 관계를 외부의 이로움과 해로움이 쾌·통감을 야기하는 인과관계로 이해한다.

그러나 이에 따르지 않는 역逆인과관계의 감정들이 있기 때문에 흄은 이 인과관계를 바로 수정한다. "이로움과 해로움 외에, 환언하면 쾌·통감 외에, 직접감정은 완전히 설명될 수 없는 본성적 충동이나 본능으로부터도 빈번하게 생겨난다. 우리의 적에 대한 처벌의 욕망, 우리의 친구들에 대한 행복의 욕구, 배고픔, 성욕, 그리고 소수의 다른 신체적 욕구들은 그런 종류의 직접감정들이다. 이 감정들은, 정확히 말해서, 다른 감정작용들과 달리 이로움과 해로움으로부터 생겨나는 것이 아니라, 이로움과 해로움을 낳는다."297) 그렇지만 흄은 욕구·배고픔·성욕 등의 감정도 이해利害(손익)나 쾌통의 범위를 벗어나지 않는 감정

---

296) Hume, *A Treatise of Human Nature*, Book 2. *Of the Passions*, 280쪽.
297) Hume, *A Treatise of Human Nature*, Book 2. *Of the Passions*, 281쪽.

으로 여기는 것으로 보인다. 그는 인과관계의 관점을 버리고, 이 인용문에서 보듯이 "이로움과 해로움, 환언하면, 쾌·통감"이라고 말하는 식으로[298] 아예 이로움과 해로움을 쾌·통감과 등치시키는 경우도 많기 때문이다. 따라서 나머지 감정들은 모조리 공리주의적 설명이 타당한 것으로 본다.

> 이로움과 해로움으로부터 가장 자연스럽게, 그리고 조금도 준비 없이 생겨나는 인상들은 욕구와 혐오, 슬픔과 기쁨, 의욕과 함께하는 희망과 공포 등의 직접감정이다. 정신은 원천적 본능에 의해, 이롭고 해로운 것이 단순히 관념 속에서만 지각되고 어떤 미래 시점에 있을 것으로 간주되더라도 이로운 것과 결합하고 해로운 것을 피하려는 경향을 보인다. 그러나 고통이나 쾌감, 그것도 우리 자신이나 타인들과 관계된 대상으로부터 생겨난 쾌·통감의 즉각적 인상이 존재한다면, 이것은 뒤따르는 감정들과 함께 기호나 혐오를 막는 것이 아니라, 인간정신의 일정한 잠복 원리들과의 동시작용에 의해 자만감과 위축감, 사랑과 미움의 새로운 인상을 일으킨다. (…) 이 간접감정들은 언제나 기분좋거나 불쾌하기에 제 성미에서 다시 직접감정들에다 추가적 힘을 주고, 대상에 대한 우리의 욕망과 혐오를 증가시킨다. 그리하여 한 벌의 멋있는 옷은 이것의 미美로부터 쾌감을 낳고, 이 쾌감은 직접감정들, 즉 의욕과 욕망의 인상들을 낳는다. 다시, 이 옷이 우리 자신에게 속하는 것으로 생각될 때, 저 중복관계는 우리에게 간접감정으로서 자만 감정을 이송하고, 이 감정을 동반하는 쾌감은 직접감정으로 되돌아가 우리의 욕망이나 의욕, 희열이나 희망에 새로운 힘을 부여한다. 이로움은, 확실하거나 개연적일 때, 기쁨을 낳는다. 해로움이 동일한 상황에 있을 때, 비애나 슬픔이 일어난다. 이로움이나 해로움은, 불확실할 때, 이쪽이나 저쪽에서의 이 불확실성의 정도에 따라 공포나 희망을 낳는다. 욕구는 단순하게 생각되는 이로움에서 생겨나고, 혐오는 해로움으로부터 생겨난다.[299]

이 설명에서 흄은 쾌·통(*pleasure and pain*)의 '감각'을 기쁨과 슬픔(*joy and grief*)의 감정과 뒤섞지 않고 이 감정들과 모든 감정들의 원인으로 제시하고 있다. 이것으

---

298) Hume, *A Treatise of Human Nature*, Book 2. *Of the Passions*, 281쪽.
299) Hume, *A Treatise of Human Nature*, Book 2. *Of the Passions*, 280-281쪽.

로 보아 그는 쾌·통감을 인과적 판단·변별범주로 활용하고 있다. 그리고 이 쾌·통감이 육체적 쾌·통각이 아니라 내감적 쾌감과 통감임이 틀림없다. 왜냐하면 육체적 쾌·통각은 저렇게 모든 감정을 보편적으로 판단하는 보편범주로 쓸 수 없기 때문이다.

그러나 흄은 플라톤의 공리적 미감을 핑계로 또 다른 판단범주인 '미美'까지도 쾌감으로 환원하고 있다.[300] 흄은 "유용성이 없었다면, 그런 덕성도 결코 생각될 수 없었을 것"이라는 자신의 말끝에 이런 각주를 달고 있다. "플라톤이 그의 상상의 나라에 설치된 여성공유제도에 대해 제기되는 모든 반박에 제시하는 유일한 해명은 '유용한 것은 아름답고, 해로운 것은 추하다는 것은 경탄할 말이고 앞으로도 경탄할 말로 남아 있을 것이기 때문'이라는 것이다." 이것은 위 설명의 옷의 예에서 알 수 있다. 그리고 흄은 이런 식으로 도덕적 시비감각도 쾌·통감 또는 이익과 손해로 환원한다. "단순히 바라보기만 함으로써 쾌락을 주는 정신의 모든 자질은 덕스럽다고 지칭되고, 고통을 자아내는 모든 자질은 악덕하다고 지칭된다. 이 쾌감과 이 고통은 네 개의 상이한 출처로부터 생겨난다. 왜냐하면 우리는 타인 또는 본인 자신에게 유용함에 본성적으로 적합한 성품의 목도에서 쾌감을 거두거나, 또는 타인 또는 본인 자신에게 기분좋은 성품의 목도에서 쾌감을 거두기 때문이다. 아마 우리는 이 모든 이익과 쾌감 한복판에서 다른 모든 경우라면 늘 우리를 아주 절실하게 건드는 우리 자신의 이익과 쾌감을 망각한다는 것에 놀랄 것이다."[301] 말하자면 흄은 내감의 쾌통·재미·미추·시비판단의 범주들을 플라톤의 '철학적 폭거'에 의거해 쾌통범주 하나로 환원해버린 것이다. 그러나 유희적 재미, 미학적 미추와 도덕적 시비(선악)는 결코 공리적·쾌락론적

---

300) *Rep.* lib. v. p.457(『국가론』, 457b)." David Hume, *An Enquiry concerning the Principles of Morals* (1751), edited by Tom L. Beauchamp (Oxford·New York: Oxford University Press, 1998·2010), 29쪽.

301) David Hume, *A Treatise of Human Nature: Being an Attempt to Introduce the Experimental Method of Reasoning into Moral Subjects* [1739-1740], Book 3. *Of Morals*, edited by David Fate Norton and Mary J. Norton, with Editor's Introduction by David Fate Norton (Oxford·New York·Melbourne etc.: Oxford University Press, 2001·2007), 377쪽.

쾌통(이해)범주로 환원될 수 없다. 이 범주들은 범주적으로 다른 것, 즉 정언적으로 다른 것이기 때문이다.

인간의 4대 사회적 행위는 공리적 행위, 유희적 행위, 미학적(예술적) 행위, 도덕적 행위이다. 사회적 행위의 거의 모든 구체적 형태들은 이 네 범주 아래 포섭된다. 공리적 행위는 쾌락(기쁨; 이익)을 추구하고, 유희적 행위는 재미를 추구하고, 미학적(예술적) 행위는 아름다움(美)을 추구하고, 도덕적 행위는 선善(올바름)을 추구한다. 이 네 가지 사회적 행위의 동기들인 쾌락(이익)·재미·미·선 감정의 차이를 다 무시하고 '쾌락(기쁨)' 또는 '이익' 하나로 단순화하고[302] '쾌락'을 '행복'과 동일시하며[303] 이 '쾌락(이익)'과 '행복'을 모든 도덕의 근거로 단정하면, 이것이 바로 공리주의 속류도덕론이다. 이런 공리주의적 오류의 단초를 흄이 제공한 것이다.

에피쿠로스에서 폴리비오스, 플루타르크 등을 거쳐 스토아학파로 이어지는 이 쾌락주의적 공리주의 속류도덕론은 기독교의 사랑 교설에 눌려 2000년간 퇴출된 상태였다. 흄은 이 쾌락적 공리주의에 공감이론의 '쿠션'을 더해 이것을 근대적 도덕론으로 세련해 되살렸다. 그는 모든 감정이 다 기본적으로 쾌락과 고통, 또는 이익과 손해로부터 야기된다고 생각했다.[304] 이로써 그는 직접감정(단순감정)과 간접감정(도덕감정을 포함한 공감감정들), 즉 모든 감정이 모조리 '쾌·통감' 또는 이를 야기하는 모종의 '이해' 또는 '손익'으로부터 생겨난다고 선언한 것이다.

이를 바탕으로 흄은 도덕성을 쾌락이나 이익으로부터 도출하기도 한다. 에피

---

302) 직접감정(칠정 등)과 간접감정(사랑과 미움, 자만감과 위축감)을 쾌감(喜·愛·사랑·자만감)과 통감(怒·哀·懼·惡·欲·위축감)으로 단순화·환원하는 것은 그래도 그럴싸해 보인다. 그러나 쾌·통감, 재미있음과 재미없음, 아름다움과 추함, 선함과 악함을 쾌감(재미있음·아름다움·선함)과 통감(재미없음·추함·악함)으로 단순화하는 것은 범주적 오류다.
303) 행복은 즐거움(행복감)이다. '즐거움'은 타인의 기쁨·재미·아름다움에 대한 공감이나 타인의 감정에 대한 공감에서 행해지는 도덕행위의 흡족함(뿌듯함)에서 일어나는 대표적 '공감감정'이다. 그러나 '쾌락'(기쁨)은 모든 욕망 충족에서 일어나는 '단순감정'이다. 따라서 단순감정 '쾌락'을 공감감정 '즐거움'(행복)과 동일시하는 것도 유치한 범주적 오류다.
304) Hume, *A Treatise of Human Nature*, Book 2. *Of the Passions*, 280쪽.

쿠로스와 흄의 다른 점은 흄이 공감 개념을 활용해 타인이나 공동체에게 쾌락이나 이익을 주는 본인의 자질만이 아니라, 본인에게 쾌락이나 이익을 주는 본인의 자질도 제3의 불편부당한 공감적 관찰자가 공감능력에 의해 느낄 수 있다는 이유에서 도덕성의 원인으로 간주하는 점이다. 즉, 공동체나 타인에게 이로운 '사회적 자질'만 '덕성'으로 인정하는 것이 아니라, 개인 본인에게만 쾌락과 이익을 주는 자질도 '덕성'('개인적 덕성')으로 인정하는 것이다. 이런 덕성은 '소덕'으로 도덕과학의 본래적 대상이 아니다.

> 모종의 자질들이 공익에 대한 어떤 기여경향도 없이 남에게 즉각적으로 기분좋은 것으로부터 잘한다는 평점을 따는 것처럼, 어떤 자질들은 이 자질들을 소유한 사람 자신에게 즉각 기분좋다는 것 때문에 덕스런 것으로 지칭된다. 정신의 각 감정과 작용은 기분좋거나 기분나쁠 수밖에 없는 특별한 느낌을 갖는다. 첫 번째 것은 덕스럽고, 두 번째 것은 악덕하다. 이 특별한 느낌이 감정의 바로 그 본성을 구성하는 것이고, 그러므로 설명될 필요가 없다. 그러나 덕성과 악덕의 변별이 우리 자신이나 남들에게 특별한 자질이 야기하는 즉각적인 쾌락이나 불쾌함으로부터 아무리 직접 유출되는 듯할지라도, 그 변별이 그렇게 종종 주장된 공감의 원리에도 역시 상당히 의존한다는 것을 간파하는 것은 손쉽다. 우리 자신이 결코 어떤 사람이 소유한 자질로부터 아무런 쾌락도 수확하지 않더라도 우리는 자신이 교류를 맺는 사람들에게 즉각적으로 기분좋은 자질들을 소유한 사람에게 동조한다. 우리는 그 자신에게 즉각적으로 기분좋은 자질을 소유한 사람도, 이 자질들이 어떤 중생에게도 도움이 되지 않을지라도, 훌륭하게 느낀다. 이것을 설명하기 위해 우리는 앞의 공감원리들에 의존해야 한다.[305]

흄은 여기서 공감 개념을 남용해 오추리를 하고 있다. 자신에게만 이로운 것처럼 보이는 인내심, 자제력, 근면성 등의 개인적 덕목들은 다원에 의하면 실은 동정심, 정의감, 공경심 등의 도덕감정을 실천할 때 이 감정과 상치되는

---

305) Hume, *A Treatise of Human Nature*, Book 3. *Of Morals*, 377쪽.

자기의 다른 요구들을 제쳐놓거나 억누르는 데 필수적인 덕목이다. 또 이 소덕들은 이 덕의 보유자가 남에게 폐를 끼치지 않을 가능성이 크고 이 사람을 고용한 사람에게 이익이 될 가능성이 크기 때문에 간접적으로 타인에게도 이익이 된다. 즉, 이 개인적 덕목들은 간접적·궁극적으로 타인들에게 유의미한 덕목들이다. 따라서 "어떤 사람이 소유한 자질로부터 아무런 쾌락도 수확하지 않는다"거나 "이 자질들이 어떤 중생에게도 도움이 되지 않는다"는 흄의 주장은 그릇된 것이다. 이런 소덕小德의 자질들이 일차적으로 개인 자신에게 이로운 것으로 나타나지만, 저 4대 도덕감정의 실천이 이 소덕을 전제하므로 궁극적으로는 타인에게도 이롭기 때문이다. 또한 근면성처럼 전적으로 자기에게만 이로운 것처럼 보이는 자질도 적어도 자신의 생계 면에서 가족들이나 공동체에 폐를 끼치지 않거나 타인과 공동체에게 이익을 줄 능력을 높여주므로 궁극적으로 타인에 대한 이타적 유의미성을 가졌다. 따라서 '공감 개념의 남용' 없이도 개인적 소덕의 공리적 도덕성은 충분히 직관할 수 있는 것이다.

주지하다시피 흄은 이 그릇된 공감론적 소덕론을 바탕으로 (도)덕성, 즉 "단순히 바라보기만 함으로써 쾌락을 주는 정신의 모든 자질"의 "타인 또는 본인 자신에게 유용함에 본성적으로 적합한 성품"과 "타인 또는 본인 자신에게 기분좋은 성품" 등 네 가지 원천을 정식화한다.[306] 여기서 '유용함'은 이익, 즉 간접 쾌락을, '기분좋음'은 직접 쾌락을 말한다. 이런 주장은 "덕성과 악덕의 변별은 본인 자신과 타인들의 이로움(advantage)과 쾌락의 네 가지 원리들로부터 생겨난다"는 명제로 변형되어 반복된다.[307] 덕성의 네 가지 출처란 구체적으로 ①타인에게 유용함에 본성적으로 적합한 성품의 목도, ②본인 자신에게 유용함에 본성적으로 적합한 성품의 목도에서 쾌락을 거두거나, 또는 ③타인에게 기분좋은 성품의 목도, ④본인 자신에게 기분좋은 성품의 목도에서 쾌락을 거두는 것이다. '자신에게 유용함에 본성적으로 적합한 성품'이나 '본인 자신에게 기분좋은 성품'의 소덕

---

306) Hume, *A Treatise of Human Nature*, Book 3. *Of Morals*, 377쪽.
307) Hume, *A Treatise of Human Nature*, Book 3. *Of Morals*, 383쪽.

과 공감 관점을 제쳐놓으면, 도덕성은 '타인에게 유용함에 본성적으로 적합한 성품'과, '타인에게 기분좋은 성품', 이 둘로 압축된다.

이 두 경우는 둘 다 두 가지 치명적 오류를 범하고 있다. 첫째는 부당전제의 오류다. '타인에게 유용하거나 기분좋은 것'은 타인에게 '베푸는' 원조 의미를 내포하므로 타인을 동정하는 인애나 측은지심 등 도덕감정적 자질을 이미 전제하고 있다. 유용함, 즉 이익을 주는 것 없이도 이런 베푸는 성품은 이미 도덕적이다. 따라서 흄은 에피쿠로스처럼 도덕성을 설명 없이 전제하고 도덕성을 증명한 것으로 착각하고 있는 것이다. 도덕성은 이 '타인에게 유용하거나 기분좋게' 하는 성품적(동정심적) 동기 속에 들어 있지, 유용성이나 기분좋음(쾌락)에 있지 않다. 그러나 흄은 자기의 저 정식에 따라 일체의 도덕성이 궁극적으로 '유용함'의 간접쾌락과 '기분좋음'의 직접쾌락을 목도하는 공감적 쾌락에서 유래하는 것으로 착각한다. 이로써 흄은 근대 공리주의 속류 도덕철학의 '생모'가 되었다.

그리고 흄은 타인이나 공동체에 이익이 되는 것은 무조건 선이고, 손해가 되는 것은 무조건 악이라고 오추리한다. 그러나 그렇지 않다. 국가 밖의 빈자를 돕기 위해, 또는 '라이언 일병을 구하기' 위해 국익이나 만인의 공익을 줄이거나 만인에게 손해를 가하는 행위도 악행이 아니라, 오히려 선행이다. 그리고 "타인에게 기분좋은 성품"도 도덕성과 무관할 수 있다. 이런 성품은 도덕적인 것 외에도 축구를 잘하고, 수학적 재능이 뛰어나고, 연출력이 뛰어나고, 유머러스한 것 등 다양하고, 이런 성품을 가진 사람이 대가를 받고 남에게 쾌락을 주어도 도덕적 행위인가? 이것은 도덕행위가 아니라, 상행위일 것이다. 흄은 모든 이익을 초월한 본능적 도덕감정들(동정심·정의감·공경심)과 도덕감각(시비감정과 시비감각) 및, 이것들을 습성화한 도덕적 성품을 '선성'과 '도덕성'으로 먼저 '대덕(명덕)'의 도덕감정과 도덕감각으로 특칭하지 않았기 때문에 도덕적 성품과 비도덕적 성품 간의 확연한 경계를 쾌락주의적으로 뭉개버리고 있는 것이다.

한편, 흄은 타인이 누구든 타인에게 이익을 주거나 타인을 기분좋게 하는 것이 무조건 도덕성인 줄 알고 있다. 그러나 이 타인은 악덕기업주이거나 악한일 수 있다. 따라서 우리는 타인을 돕거나 기쁘게 하는 것을 무조건 '선'으로 여기지 않는다. 또 마주보는 대등한 사랑이나 서로도움까지도 무조건 도덕적인 것으로 보는 것이 아니라, 사랑의 감정 중 특별한 사랑, 즉 곤경에 처한 사람들을 돕고 싶어 하는 '참달지애憯怛之愛' 또는 측은지심만을 도덕감정으로 보는 것이다. 공자의 말대로 가령 부자의 재부를 더 늘려주는 "계부繼富" 행위는 세상의 불균형과 부조화를 증폭시키는 불선不善이다.308) 따라서 공익에 대한 기여도 무조건 선이 아니고, 공익을 축소시키거나 덜어내는 것도 무조건 악이 아니다. 가령 국가가 곤궁하고 다급한 사람들을 돕지 않고 부자를 많이 돕는, 또는 횡령을 일삼는 부도덕한 부패기관이라면, 또는 독재국가라면 이 국가에 이익을 주는 것은 불선이다. 따라서 "타인에게 유용함에 본성적으로 적합한 성품"의 경우에 이 '타인'이 부자거나 범죄자라면 이 성품은 반대로 부도덕한 것이다.

전체적으로, 흄의 도덕론은 에피쿠로스와 스토아학파의 쾌락적 공리주의와 그 오류를 공감론적으로 재현하고 있다. 이런 까닭에 흄은 칸트처럼 사랑과 사랑의 본능적 의무를 몰각하고 심지어 결혼과 정조의 덕목까지도 유용성 또는 이익으로 설명하려고 든다. "인간의 길고 스스로 주체할 수 없는 유아기는 어린것들의 생존을 위해 부모들의 결합을 요구한다. 그리고 이 결합은 결혼침대에 대한 정조의 덕목이나 간통 금지를 요구한다. 그러한 유용성이 없었다면, 그러한 덕목도 결코 생각할 수 없었을 것이라고 용이하게 고백할 것이다."309) 그러나 결혼과 정조의 의무를 도덕론적으로 설명하는 것이 아니라, 아이 양육의 이익을 가지고 결혼과 정조의 의무를 사이비진화론적으로 설명하려는 짓은 아기를 낳지 못하는 부인을 버려야 하는지, 아기를 다 기른 부인은 버려도 되는지, 더 이상 아기를 낳지 못하는 늙은 부인은 버려야 하는지 하는 공리주의적 '아포리아(난문難問)' 앞에 헤맸던 칸트의 '정언명령적 공리주의'가 처한 것과 동일한 딜레마에 처하고 말 것이다.

흄의 도덕과학은 이런 공리주의적 속류 도덕철학 경향 때문에 '합리적 이익타

---

308) 『論語』「雍也」(6-4): "子華使於齊 冉子爲其母請粟. 子曰 與之釜. 請益. 曰 與之庾. 冉子與之粟五秉. 子曰 赤之適齊也 乘肥馬 衣輕裘. 吾聞之也 君子周急不繼富."
309) Hume, *An Enquiry concerning the Principles of Morals*, 29쪽.

산'을 완전히 탈피하지 못해서 결국 도덕 속으로 다시 이성의 무실공언無實空言을 잠입시킨 것이다. 이 '공리적 속류 도덕철학' 경향과 '해석학의 결여'는 흄의 도덕과학에 잔류하는 '비과학성의 큰 결함'이다. 그러나 공맹의 도덕과학은 이런 두 가지 결함을 둘 다 완전히 탈피했다.

■ 자연종교와 흄의 이신론 신학

인간과학과 도덕과학의 '과학성'은 경험적 증명 및 증명적 정확성과 명증성에만 달려 있는 것이 아니라, 탈脫주술성 여부에도 달려 있다. 흄의 인간과학이 주술성을 완전히 탈피했는지 여부는 종교에 대한 그의 논변에서 드러난다. 흄은 자연종교와 이신론을 논하는 신학을 전개했다. 따라서 흄이 개창한 인간과학의 과학성과 탈脫주술성의 정도를 정확히 알려면 자연종교와 이신론의 교리에 대한 흄의 입장을 분석해 봐야만 알 수 있다.

- 자연종교 또는 이신론이란 무엇인가?

'자연종교(natural religion)' 또는 '이신론(deism)' 종교는 훗날 루소가 말한 '시민종교(civil religion)'와 거의 동일한 일종의 상식적 종교를 말한다. "하느님이 보우하사 우리나라 만세", "신이여 우리의 왕을 구해주소서"(영국 국가), "이유 없이 생명을 해치면 하늘이 '네 이놈' 한다", "남의 눈에서 눈물을 흘리게 하면 천벌을 받는다" 등의 일상적 언설에서 그 상식적 종교성이 잘 묻어나고 있다. 상식적 종교의 '상식'은 이성일 수도 있지만 더 압도적으로 인간의 감성을 뜻한다. 종교의 교리들 중에서 인간의 상식에 맞지 않는 교리들을 버리고 이에 맞는 교리만을 받아들여 믿는다는 것은 대체로 인간의 본성적 감성에 맞는 교리만을 용인한다는 말이기 때문이다. 따라서 'natural religion'을 '자연종교'로 국역한 것은 그릇된 것이다. '본성종교'로 옮겨야 옳다. 여기서는 '본성종교'라 하겠다. 이때의 '본성'은 감성과 이성을 합한 의미다. 그리고 이 '본성종교'의 다른 말인 'deism'을 '이신론理神論'으로 옮긴 것도 그릇된 번역이다. 'deism'은 라틴어 'deus(신)'에서 조어된 말로서 그냥 '신론神論'으로 옮기든가 '상식신론'으로 옮겨야 했다. 여기서는 그냥 '데이즘'이라 부르겠다.

자연종교, 즉 본성종교는 인간의 본성적 감성과 이치에 맞는 상식에 기초한다. 그러므로 이 종교는 '그런 짓을 하다가는 천벌을 받을 것이다'는 일반적 천벌론 속에 집약된 시민종교다. 따라서 이 본성종교는 모든 문명권에 공통된 종교라 할 수 있다. 18세기 계몽철학자들은 자기의 필요에서 공자철학을 인간과학이라기보다 이 '본성종교'나 '데이즘'으로 받아들이는 경향이 우세했다.

본성종교 또는 데이즘은 긍정과 부정의 두 가지 점을 특징으로 한다. 계몽주의 시대 서양의 본성종교는 ①우주를 창조한 인격적 신의 존재에 대한 믿음, ②신에 대한 예배 의무, ③도덕적 생활의 의무, ④죄를 회개할 필요성, ⑤이승과 사후세계에서의 하나님의 상벌에 대한 믿음 등을 긍정한다. 그러나 본성종교는 ①존재하지만 우주창조 후 다른 세상으로 간 신의 역사 개입, ②삼위일체, 성육신, 성경의 계시적 권위, 예수의 속죄, 기적, 선민(이스라엘과 교회), 역사에서의 어떤 초자연적 속죄 사역事役 등의 기독교 교리 등을 부정한다. 따라서 17-18세기 본성종교는 "언제든지, 어디서든지, 모든 사람으로부터" 받아들여질 수 있는 상식적 종교관을 추구했다. 이런 까닭에 데이스트들(deists)은 공자철학에 열광했던 것이다.

흄도 공자처럼 신의 존재를 인정했다. 그가 신을 신앙하고 신에게 기도했는지는 확실치 않다. 그러나 그는 경험론자로 인지人智의 한계를 분명히 알고 있었다. 인간은 가령 인력의 법칙을 알지만 중력과 인력의 '원인'을 모르고, 매일 먹고 염도와 당도를 정확히 잴 수 있지만 소금이 짜게 느껴지고 꿀이 달게 느껴지는 궁극적 이유를 모르고, 자연과 사물의 아름다움과 오묘함, 유용함과 해로움을 알고 많은 연구를 했지만 삼라만상의 나무와 꽃과 동물들이 사는 이유를 모르고, 인간의 본성에 따라 살지만 본성의 일부만 알고 그 나머지는 전혀 모른다. 이런 식으로 인간과 자연을 바라보면 인간의 무지는 무한하다. 그래서 흄은 "무지의 망망대해(the main of our ignorance)"에 대해 말한 것이다. 흄은 '무지의 망망대해'를 신의 영역으로 넘겼다. 이렇게 생각했기 때문에 그는 "무지의 망망대해 안에서 완전히 만족한다"고 설파한 것이다. 따라서 흄은 신의 존재를 증명하지도 못하고 알지도 못하지만 그 존재를 인정한 것이다. 그러므로 그는 무지의 망망대해를 신에게 맡기고 만족하는 한에서 신이 없다는 것을 증명할 수도 없었지만 인정할 수도 없었다. 그는 성서 속의 기적과 계시를 신의 언행으로 믿는 기독교인도 될 수 없었지만 무신론자가 될 수도 없었다. 흄은 신과 신의 구체적 운동(납시고 사라지는 출몰과 작용)을 알지 못하지만 본성종교와 신의 존재만을 인정하는 회의론적 데이스트였다.

그래서 흄은 위에서 "자연종교조차도 어느 정도 인간과학에 의존한다", "자연종교의 과학이 인간과학에 이와 같이 종속해 있다", 과학의 "향상"이 "자연종교에서 더 많이 요구되고 있다"고 말하기도 하고, "자연종교는 우월적 권능들의 본성(the nature of superior powers)을 우리에게 가르치는 것에 만족하지 않고, 우리를 향한 이 우월적 권능들의 성향과 이 권능을 향한 우리의 의무로까지 자신의 관점을 더 밀고 나간다"고 설명하기도 한다.

위의 짧은 글 안에서 본성종교를 네 번이나 언급하는 열정에 따라 흄은 훗날 불가지론적·회의론적 관점에서 두 권의 책으로 본성종교의 신학을 전개했다. 흄에 의하면, 본성종교는 "우월적 권능들(신들)의 본성"을 우리에게 가르쳐주고, 인간에 대한 신들(우월적 권능들)의 성향, 이 신들에 대한 인간의 도덕적 "의무"를 다룬다.

그런데 이 본성종교는 인간과학 안에 있는 한 분과인가, 인간과학의 향상에 영향을 받지만 인간과학 바깥에 있는 별개의 영역인가? 이 물음은 흄의 말을 분석함으로써 바로 답할 수 있다. 원래 흄은 위에서 "심지어 수학, 자연철학, 자연종교조차도 어느 정도 인간과학에 의존한다"고 언급했다. 수학과 자연철학(자연과학)은 분명 인간과학에 속하지 않고 인간과학에서 밝히는 인간본성(이성과 감성)에 대한 지식에 영향만 받는, 인간과학과 거리가 먼 영역, 즉 인간과학 밖의 영역이다. 그래서 "심지어(even)"라는 단어가 붙은 것이다. 따라서 수학·자연철학과 같이 열거된 '자연종교'도 인간과학 바깥의 영역이다. 따라서 흄은 신들에 대한 인간의 도덕적 "의무"를 인간과학 바깥으로 배제한 것이다. 그리하여 인간과학과 도덕과학의 영역은 그만큼 줄었고, 종교의 영역은 그만큼 보존되었다. 이 때문에 흄의 인간과학이 공자의 인간과학(도덕과학)에 비해 작고 흄의 신학 영역이 공자철학의 신학영역보다 넓다고 할 수 있다.

- 흄의 불가지론적 신학

흄은 도덕을 본성적 도덕감정에 근거한 것으로 이론화함으로써 계시와 주술, 이성과 단순감각(쾌통감각)의 영역으로부터 본성적 도덕감정의 영역으로 이동시켜 과학화했다. 도덕을 인간과학의 영역으로 편입시켜 종교영역과 합리론적 도덕철학에서 도덕과학으로 격상시킨 것이다. 그리고 그는 경험론적 관점에서 공포감을 종교의 발단으로 보는 감정론적 데이즘을 전개함으로써 신학의 영역을 급격히 축소시키고 인간과학의 영역을 크게 확장한다. 그는 종교론 에세이 『종교의 자연사(The Natural History of Religion)』(1757)와 사후에 출판된 유고 『본성종교에 관한 대화(Dialogues concerning Natural Religion)』(1779)의 두 종의 신학서 또는 종교학 저서를 집필했다.

흄은 1757년에 쓴 『종교의 자연사』에서 "두려움"를 종교의 발단으로 갈파했다. 이로써 그는 종교를 정당화할 수 있는 좋은 근거가 신의 계시가 아니라 이성이라고 생각하는 합리론적 데이즘의 도식을 분쇄한 것이다. 그는 "다신론多神論, 또는 우상숭배가 필연적으로 인류 최초의 가장 유구한 종교였고, 필연적으로 그러했음이 틀림없다"고 언명하면서,[310] 종교의 심리학적 기반은 이성이 아니라 미지의 미래에 대해 불안해하고 두려워하는 '감정'이라고 천명한다. "인류의 시원적 종교는 주로 미래 사건들에 대한 조마조마한 두려움(anxious fear)으로부터 발생한 것이다."[311] 미지未知의 것에 대한 두려움을 시원적 종교와 신앙의 동기로 보는 흄의 이 천명은 성직자와 신학자의 농간으로부터 해방된 '순수한 이성'에 희망을 거는 합리주의적 데이스트들의 '장미 빛 그림'을 분쇄했다.

---

310) David Hume, *The Natural History of Religion* [1757], with an Introduction by John M. Robertson (London: A. and H. Bradlaugh Bonner, 1889), Section I. 첫 문단.
311) Hume, *The Natural History of Religion*, Section XIII. 첫 문단.

흄은 종교의 기원이 이성이 아니라 감정이라면 감정 중에서도 종교의 원리가 '희망'이 아니라 하필 '두려움'인지에 대해 근거를 대지 않았다. 이 근거는 사후에 출판된 자신의 최후의 저서 『자연종교에 관한 대화』(1779)에 제시된다.

두려움(fear)과 희망이 둘 다 종교 속으로 들어가는 것은 사실이다. 이 두 감정이 둘 다 상이한 때에 인간정신을 선동하고 각 감정이 그 자에 적합한 종류의 신성神性을 형성한다. 그러나 인간은 유쾌한 기분에 들어있을 때 온갖 사업이나 사교나 위락에 적합하고, 당연히 인간은 이런 것들에 전념하고 종교를 생각지 않는다. 인간은 우울하고 시무룩할 때 불가시적 세계의 전율적 공포(terror)에 신경을 쓰고 괴로움 속에 훨씬 더 깊이 빠져들 일밖에 없다. 이런 식으로 인간이 종교적 의견을 그의 생각과 상상 속에 새겨 넣은 뒤에 그의 좋은 기분을 회복시킬 수 있고 미래에 대한 유쾌한 전망을 일으키면서 그를 기쁨과 승리감의 다른 극단으로 몰아넣을 수 있는 건강이나 환경의 변화가 일어나는 일이 벌어질 수 있다. 그러나 그래도 알아야 하는 것은 두려움이 종교의 일차적 원리인 만큼 두려움이 언제나 종교 안에서 지배하는 감정이고 이것은 짧은 막간의 기쁨만을 허용한다는 것이다.[312]

종교의 원리도 두려움이고, 종교의 지속적 상태도 두려움이며, 종교 속에서 유쾌한 미래전망(희망)과 기쁨은 "막간"일 뿐이다. 아무튼 두려움이든 기쁨 또는 희망이든 둘 다 이성과 무관한 인간의 단순감정들이다.

흄은 1757년 종교의 공포기원론을 설파함으로써 본성종교와 본성신학의 설명에서 이성에 기대는 이신론을 무력화시키고 무신론에 대한 우호적 정서를 북돋우었다. 다른 한편, 그는 유일신교 기독교의 불관용성을 다신교의 관용적·사교적社交的 특성과 대비시켜 원리적·근본적·일반적으로 비판했다.

흄의 본격적 신학은 『자연종교에 관한 대화』에서 전개된다. 흄은 자신을 종교재판에 무신론자로 회부하려고 벼르는 교단의 위협을 알고도 집필활동을 계속했

---

312) David Hume, *Dialogues Concerning Natural Religion* (London: 출판사 표기 없음, 1779), 257-258쪽.

으나, 불가지론적 데이즘을 옹호하는 『자연종교에 관한 대화』는 생전에 출판할 엄두도 내지 못했다. 그는 『자연종교에 관한 대화』 원고의 관리권과 출판결정권을 아담 스미스에게 넘긴다는 유언을 남기고 1776년 8월 사망했다. 그러나 스미스는 정세를 살피며 차일피일 출판을 미루다가 이 유언을 집행하지 못했다. 이 책의 출판은 스미스의 유언집행을 초조하게 기다리던 흄의 조카에 의해 1779년에 이루어졌다. 그러나 이것도 '출판사 표기'가 없는 해적판이었다.

『자연종교에 관한 대화』에서 흄은 신의 존재에 대해 공자와 유사한 회의론적 불가지론을 대변한다. 공자는 상론했듯이 "천지의 도는 한 마디 말로 다할 수 있으니 그 존재는 불변이라는 것이다(天地之道 可一言而盡也 其爲物不貳)"라고[313] 함으로써 신의 '존재'를 부정하지 않았지만, "만물을 낳는 신의 움직임은 헤아릴 수 없다(則其生物不測)"고 말한다.[314] 또는 공자는 "음양을 헤아릴 수 없는 것을 일러 신이라고 한다(陰陽不測謂神)"고도 말하고,[315] 다시 "신의 움직임(납심)은 헤아릴 수 없다(神之格思不可度思)"고도 확인한다.[316] "신은 종적이 없기(神无方)"[317] 때문이다. 이로써 공자는 인간의 인지능력으로 신의 연장·운동·출몰·산출을 알 수 있는 가능성을 거듭 부정했다. 따라서 공자는 "모르는 것을 모른다고 하는 것이 참 지식이다(不知爲不知 是知也)"는 진리원칙에[318] 따라 신(천명·천도·천성)에 관해 불언不言하거나 언급을 삼가는 불가지론을 견지했던 것이다.[319]

흄은 『자연종교에 관한 대화』에서 공자의 이 불가지론과 아주 유사한 불가지론을 대변한다. 이 책에서 대화자들은 신의 존재에 대한 목적론적 논증을 전개하

---

313) 『中庸』(第26章).
314) 『中庸』(二十六章).
315) 『易經』「繫辭上傳」(5).
316) 『中庸』(十六章).
317) 『易經』「繫辭上傳」(4).
318) 『論語』「爲政」(2-17).
319) 『論語』「述而」(7-21): "공자는 괴기와 힘, 그리고 난과 신에 대해서는 말하지 않았다(子不言怪力亂神)"; 『論語』「子罕」(9-1): "공자는 이익과 천명과 인仁을 말하는 경우가 드물었다(子罕言利與命與仁)."

는 철학자 클레안테스(Cleanthes), 클레안테스의 제자로서 대화 현장의 젊은 옵서버 팜필로스(Pamphilos), 신의 존재에 대한 우주론적 증명을 전개하는 철학적 유신론자 데메아(Demea), 흄의 입장을 대변하는 것으로 여겨지는 회의론적 불가지론자 필로(Philo)다. 고대그리스의 거친 회의론자 필론(Philon)의 이름을 딴 필로는 신의 존재를 부인하지 않지만, 불확실하고 제한된 인간 이성의 인지능력이 이성의 선험적 추론(목적론적·우주론적 추론)을 통해서든, 감성의 경험적 관찰과 실험을 동원해서든 그 존재의 증명에 미치지 못한다고 생각한다. 그리고 종교의 발생원인이 '두려움'인 까닭에 종교가 저승의 무한한 종교적 상벌의식이나 주입할 뿐이라서 도덕생활을 돕기보다 방해한다고 생각하고 종교 없이 본성적 성향의 박애 감정에 입각한 도덕생활을 권장한다.

필로는 촉구한다. "인간 이성의 취약성, 맹목성, 협소한 한계를 철저히 지각하자. 보통 상황과 실행에서의 주제들에서조차도 이성의 불확실성과 무한한 상반성(가령 A=A가 맞으나 만물유전이므로 A≠A도 맞음)을 정당하게 고려하자, 그리고 바로 우리의 감각들의 오류와 기만을 우리 앞에 놓치지 않도록 하자." 그리고 그는 묻는다. "누가 보통 생활과 경험으로부터 아주 동떨어진 아주 초연하고 아주 난해한 항목들에서 이성의 결정을 고려할 정도로 이성의 이 취약한 역량에 신뢰를 보유할 수 있겠는가?"[320] 그는 이 이성과 감각의 원칙적 취약성을 하나의 전제로 삼고, 신의 존재를 부정하지 않고 추론적으로 인정하는 것을 다른 전제로 삼는다.

신의 존재를 부정하지 못하는 것은 소금이 짠 궁극적 원인, 중력과 인력이 존재하는 이유, 우주가 존재하는 원인 등을 우리는 모르지만 그럼에도 소금이 짜고 인력과 우주가 존재하므로 이 원인들을 귀속시키는 궁극의 원인자를 부정하는 것이 어폐가 있기 때문이다. 필로는 말한다.

그러나 확실히, 합리적 인간들이 이 주제들을 다루는 경우에 문제는 신의 존재에

---

320) Hume, *Dialogues Concerning Natural Religion*, 17, 18쪽. 괄호는 인용자.

관해서가 아니라 오직 신의 본성에 관한(never be concerning the Being, but only the Nature, of the Deity) 것일 수 있다. 전자(신의 존재)의 진리는 네가 잘 이야기하듯이 의심할 바 없고 자명한 것이다. 아무것도 원인 없이 존재하지 않기 때문이다. 그리고 이 우주의 기원적 원인(그것이 무엇이든)을 너는 신이라 부른다. 그리고 우리는 경건하게 모든 종류의 완벽함을 신에게 돌린다.321)

필로는 "신의 존재"를 인과적 논리로 "의심할 바 없고 자명한 것"으로 인정하고 있다. 그러나 필로는 신의 속성(연장, 운동[움직임·작용], 무게, 부피, 냄새, 소리, 모양, 색깔, 성질 등)과 관련해 이런 단서를 단다. "그러나 우리의 관념들이 어떤 식으로든 신의 완벽성에 상응한다거나 신의 속성들이 인간들 간의 이 성질들과 어떤 식으로든 닮았다고 생각하지 않도록 주의하자. 신은 우리의 제한된 시야와 이해보다 무한히 우월하다. 그래서 신은 학교에서의 논박의 대상이라기보다 사원에서의 숭배의 대상인 것이다. (...) 우리의 관념들은 경험보다 멀리 가지 못하고, 우리는 신적 속성과 작용에 관한 아무런 경험도 없다."322)

필로는 신의 속성과 인간의 속성 간의 상이성 때문에, 그리고 이성의 경험론적 유사성 추론의 한계 때문에 신의 존재에 대한 목적론적(목적-수단 인과율적) 증명과 우주론적 증명을 동시에 부정한다. 말하자면, 흄은 신의 존재를 인과적 추론에 의해 인정하지만 그 존재와 운동에 대한 증명이 불가능하다고 주장하는 것이다.

돌은 낙하할 것이고 불은 탈 것이고 땅은 견고성을 가질 것임을 우리는 수천 번 또 수만 번 관찰했다. 그리고 이런 성질의 어떤 새로운 예例가 제시될 때 우리는 주저 없이 익숙한 추론을 끌어낸다. 사례들의 정확한 유사성은 우리에게 유사한 사건의 완전한 확신을 준다. 그리고 보다 더 강력한 증거는 결코 요구하지도 찾지도 않는다. 그러나 네가 사례들의 유사성으로부터 조금이라도 떠나는 경우에 너는

---

321) Hume, *Dialogues Concerning Natural Religion*, 44-45쪽.
322) Hume, *Dialogues Concerning Natural Religion*, 45-46쪽.

그와 비례해서 명증성을 경감시킨다. 그리고 마침내 이 명증성을 아주 취약한 비유로 가져가는데, 이 비유는 주지하다시피 오류와 불확실성에 빠지기 십상이다.[323]

우리는 인간의 혈액순환과 신의 혈액순환 간의 정확한 유사성을 확신할 수 없고, 다만 비유로 신의 혈액순환을 추정적으로 상상해볼 뿐이다. 그러나 이 추정은 '불확실한' 것이다.[324]

우리가 집을 하나 본다면, (…) 우리는 이 집은 건축가나 건설자가 있다고 최대의 확실성으로 결론짓는다. 왜냐하면 이것은 정확하게 이런 유형의 원인으로부터 생겨나는 것을 우리가 경험한 이런 유형의 결과이기 때문이다. 그러나 확실히 우리는 우주가 집과 같은 것을 가지고 확실하게 같은 원인을 추론할 수 있는, 또는 (집과 우주 간의) 비유가 여기서 온전하고 완벽한 그런 유사성을 지녔다고 단언하지 못할 것이다. 비유사성은 너무 충격적이어서 네가 요구할 수 있는 극한치는 유사한 원인에 관한 추측, 추정, 억측이다. 이 요구가 이 세상에서 어떻게 받아들여질지는 네 생각에 맡기겠다.[325]

'집'과 '우주'를 비교하면 양자 간의 유사성이란 입론될 수 없다. 따라서 오직 '비유적' 추정만이 가능하므로 우주를 집에 '비유'하는 것으로부터 '우주의 건축가' 또는 '조물주'의 존재를 도출하는 것은 어디까지나 불확실한 '비유'로 오류일 수 있는 것이다. '집의 건축가'가 있으므로 '우주의 건축가'도 있을 것이라는 상정은 비유적 추리이고, 경험론적으로나, 합리론적으로나 엉터리 추리다. '우주'는 편의상 '집'에 '비유'되고 있을 뿐이고, 엄밀히 말해서 '우주'는 결코 '집'이 아니기 때문이다.

따라서 집의 경우처럼 우주의 존재라는 '원인'으로부터 우주건축가(조물주)라는 '결과'를 도출하는 논변은 성립될 수 없다. 여기서 신의 존재에 관한 목적론적-

---

323) Hume, *Dialogues Concerning Natural Religion*, 49-50쪽.
324) Hume, *Dialogues Concerning Natural Religion*, 50쪽.
325) Hume, *Dialogues Concerning Natural Religion*, 51쪽.

인과율적 증명과 (우주가 있으므로 우주의 주재자도 계신다)는 우주론적 증명이 둘 다 불확실성과 오류의 위험에 빠지고 있다. 그렇기 때문에 흄은 공자처럼 신의 존재를 추론적으로 인정하지만 그 속성과 움직임을 헤아릴 수가 없어 그 존재를 경험론적으로 증명할 수 없고 따라서 더 이상의 언급을 삼간다. 이 때문에 '소극적 유신론자' 또는 '불가지론자' 흄과 공자는 '강성剛性 기독교인들'에게 단연 '무신론자'로 찍힐 수밖에 없었던 것이다.

필로는 인지人智로 알 수 없는 신의 속성과 운동에 관한 무용한 논란을 삼가고 종교와 도덕의 관계의 문제로 넘어간다. 종교는 도덕의 증진에 도움이 되는가? 클레안테스가 대답한다. "(...) 종교는 아무리 타락하더라도 종교가 전혀 없는 것보다 훨씬 낫다. 미래 상태의 독트린은 도덕에 대한 아주 강하고 아주 필수적인 안전보장이어서 우리는 결코 종교를 버리거나 소홀히 할 수 없을 것이다. 유한한 일시적 상벌이 우리가 매일 느끼는 것만큼 큰 효과를 가진다면, 무한하고 영원한 상벌로부터는 얼마나 훨씬 더 많은 것이 기대될 것이 틀림없는가?"[326] 그러나 필로(흄)는 타락한 종교는 미신으로 전락하므로 이렇게 대꾸한다.

> 속된 미신이 그토록 사회에 유익하다면 모든 역사가 공무公務에 대한 미신의 해로운 결과에 관한 보고들로 그토록 많이 가득한 것은 도대체 어이된 일인가? 당파싸움, 내전, 박해, 정부전복, 탄압, 노예제, 이것들은 언제나 인간들의 정신을 지배하는 미신의 창궐에 따라다니는 우울한 귀결들이다. 종교정신이 역사적 이야기 속에서 언급된다면, 우리는 나중에 이 종교정신에 따라다니는 불행의 세부사항을 알게 될 것이 확실하다. 그런데 어떤 시기도 이 종교정신이 결코 중시된 적이 없거나 들어본 적이 없는 시기보다 더 행복하고 더 번영할 수 없다."[327]

흄은 "어떤 시기도 이 종교정신이 결코 중시된 적이 없거나 들어본 적이 없는 시기보다 더 행복하고 더 번영할 수 없다"는 말로써 종교의 도덕적 유익함을

---

326) Hume, *Dialogues Concerning Natural Religion*, 242-243쪽.
327) Hume, *Dialogues Concerning Natural Religion*, 243쪽.

대폭 인정한 것이다. 이에 클레안테스가 답했다. "이 관찰의 이유는 명백하네. 종교의 적절한 직무는 인간의 마음을 조절하고, 인간의 행실을 인간화하고, 절제·질서·복종의 정신을 주입하는 것이네. 그리고 종교의 작용이 조용하고 오직 도덕과 정의의 동기를 강화하기만 하는 만큼, 종교는 간과되거나 이런 다른 동기들과 혼동될 위험에 처한다네. 종교가 자신을 뚜렷이 드러내 별개의 원리로서 사람들을 지배하는 것으로 작용할 때만, 종교는 자기의 본령을 떠나 당파싸움과 야망을 위한 보호막이 되었을 뿐이라네."328)

그러자 필로(흄)는 힘주어 클레안테스의 주장을 부정하며 다음과 같은 지론을 개진했다.

철학적·합리적 유형의 종교(데이즘)를 제외하고 모든 종교가 그럴 것이다. 너의 추리는 나의 사실보다 더 쉽사리 잘 빠져나간다. 유한한 일시적 보상이 아주 큰 영향력을 가지기 때문에 영원하고 무한한 보상이 그토록 훨씬 큰 영향력을 가질 것이라는 추론은 옳지 않다. 우리가 목전의 현재적인 것에 대해 가지는 애착과 아주 멀고 불확실한 대상에 대해 느끼는 작은 관심을 고려해보기를 나는 간청한다. (...) 경험으로부터 확실한 것은 최소량의 본성적 정직과 인애(honesty and benevolence)라도 인간들의 행실에 대해 신학적 이론들과 이론체계에 의해 제시된 지극히 화려한 견해보다 더 큰 영향력을 미친다. 인간의 본성적 성향은 인간에게 부단히 작용하고 정신에 대해 영원히 현재한다. 그리고 모든 견해와 고찰과 뒤섞인다. 반면, 종교적 동기들은 뭔가 작용하는 경우에도 시작과 경계境界에 의해서만 작동할 뿐이다.329)

여기서 필로가 비판에서 제외시킨 "철학적·합리적 유형의 종교"는 바로 '데이즘(본성종교)'을 염두에 둔 것이고, 종교를 능가하는 진정한 도덕적 힘을 "본성적 정직과 인애"로 돌리는 이 도덕이론은 바로 경험론적·유학적 도덕론이다.

---

328) Hume, *Dialogues Concerning Natural Religion*, 243-244쪽.
329) Hume, *Dialogues Concerning Natural Religion*, 244-246쪽.

이어서 필로는 반대로 도덕에 대한 종교의 악영향을 거론하며 종교 일반을 비판한다.

> 그러나 미신과 광신이 도덕에 직접 맞서지 않을지라도, 관심을 딴 곳으로 돌리기, 새롭고 하찮은 종류의 가치의 육성, 칭찬과 나무람의 뒤바뀐 분배는 가장 해로운 결과를 가져오고 정의와 인간애의 본성적 동기들에 대한 인간들의 애착을 극단적으로 약화시키지 않을 수 없다. (...) 심장이 어떤 때 차갑고 나른하게 느끼는 경우에 겉보기에 그럴 듯한 열정으로 많은 종교활동 속으로 들어간다. 그리하여 감정은폐의 습관이 점차 붙고, 사기와 허위가 지배적 원리가 되는 것이다. 여기로부터 종교에 대한 가장 높은 열성과, 비일관성과 아주 거리가 먼 가장 깊은 위선이 종종 또는 흔히 동일한 개인적 성격 속에 통합된다는 그런 속된 관찰의 이유가 생겨난다. 이러한 습관의 나쁜 결과는 보통생활 속에서도 쉽게 상상이 간다. 그러나 종교의 이해관계가 걸린 곳에서 어떤 도덕도 광신적 열성분자를 묶을 만큼 충분히 강력하지 못하다. (...) 영원한 구원의 이익만큼 중요한 이익에만 쏟아 붓는 꾸준한 관심은 인애적 애정을 소멸시키고 협소하고 축소된 이기심을 낳기 일쑤다. 이런 성정이 부추겨질 때 이런 관심은 박애와 인애의 모든 일반적 지침들을 쉽게 피한다. 그리하여 속된 미신의 동기들은 일반적 행실에 큰 영향력이 없고, 더욱이 그 동기들의 작용은 지배적인 사례들에서 도덕성에 아주 이롭지도 않다.330)

"철학적·합리적 유형의 종교", 즉 '본성종교(데이즘)'만이 "해로운 결과를 가져오지 않을 것"이다. 흄은 측면에서 "철학적·합리적 유형의 종교"의 신학을 전개하고 있는 셈이다. 필로는 분명한 말로 "나는 참 종교가 이러한 해로운 결과를 가져오지 않는다고 인정하기"331) 때문이다.

그리고 필로는 회의론이 건전한 기독교의 전제라는 주장으로 말을 끝맺는다.

자연적 이성의 불완전성에 대한 올바른 감각을 맛본 사람은 탐욕스럽게 계시 진리

---

330) Hume, *Dialogues Concerning Natural Religion*, 249-250쪽.
331) Hume, *Dialogues Concerning Natural Religion*, 252-253쪽.

로 날아가려고 한다. 반면, 오만한 독단론자는 철학의 단순한 도움으로 완전한 신학체계를 세울 수 있다고 확신하고 그 이상의 어떤 도움도 경시하고 이런 우발적 교사도 거절한다. 식자들 안에서 철학적 회의론자가 되는 것은 건전하고 믿음 있는 기독교인이 되는 가장 본질적 첫걸음이다.[332]

필로의 이 마지막 말은 맹신적 기독교인이 들으면 경기驚氣를 일으킬 역설逆說로 끝나고 있다. "건전하고 믿음 있는 기독교인", 즉 '진짜 기독교인'은 바로 "철학적 회의론자"라고 말하고 있기 때문이다. 따라서 이것이 흄의 신학의 요지다. 이 신학의 요지는 "자연적 이성의 불완전성"을 올바로 깨닫고, "계시 진리"도, "철학의 도움으로 완전한 신학체계를 세울 수 있다"고 우기는 독단론도 물리친 "철학적 회의론자"로서 "건전하고 믿음 있는 기독교인"이 되는 신학이다. 흄의 신학은 건전한 상식에 기초한 신앙을 북돋우는 '믿음성스런 기독교' 신학이다.

정리하면, 흄은 필로를 통해 신의 존재 자체를 부정하지 않고 추론적으로 인정하면서도 그 속성(연장·운동·출몰·산출 등)에 대한 모든 증명을 회의하는 불가지론을 논변하고 이럼으로써 신의 존재에 대한 '명백하고 판명한' 지식이 전혀 없음을 인정한다. 다른 한편으로, 흄은 통상적 종교의 도덕적 순기능 테제를 거부하고 인애·인간애·박애·정직·정의의 본성적 감정들을 다 거론하면서 이 도덕감정들을 도덕의 원천으로 견지한다. 그러나 데이즘의 도덕적 순기능성을 예외적으로 인정하고 이를 위해 회의론과 건전한 상식에 기초한 '믿음성스런 기독교' 신학을 제시한다.

신의 존재에 대한 인정, 그러나 그 속성에 대한 불가지론, 그리고 종교적 상벌의식보다 더 강한 본성적 도덕감정에 대한 흄의 논변은 공자의 입장을 그대로 닮았다. 그러나 흄은 도덕적으로 "해로운 결과를 가져오지 않는" "철학적·합리적 유형의 종교"에 도덕화의 순기능을 인정하며 이 도덕화 기능에 기여하는 그 어떤 건전한 상식적 기독교 신앙과 이를 위한 '자연신학' 또는 '본성신학(natural

---

[332] Hume, *Dialogues Concerning Natural Religion*, 263-264쪽.

theology)'을 추구했다. 흄의 인간과학은 그만큼 종교의 주술적 힘을 빌리는 것이고, 그만큼 주술적인 것으로 변질되고 만다.

반면, 공자는 신의 존재를 인정하고 제사와 주술의 전통을 폐하지 않고 따랐을지라도 모든 주술행위(卜筮)와 종교행위(제사와 축원)를 탈脫주술화·세속화·현세화·희소화해서 재정립하고 종교와 주술에다 도덕 기능을 일절 위탁하지 않음으로써 인간과학 영역과 종교적 주술을 명확하게 분리시키고, 주술 영역을 최소화함으로써 인간과학·도덕과학의 영역을 최대로 확장했다. 공자는 제사로부터 도덕적 기능을 기대하기는커녕 오히려 살아계신 부모를 진실한 효심으로 모시는 현세의 독실한 도덕행위의 도덕적 자세가 이승의 죽은 조상을 모시는 제사에도 파급되어 제례행위의 엄숙하고 경건한 자세로 전환된다고 생각했다. 이 점에서 흄은 공자보다 덜 과학적이고 더 종교적인 셈이다. 환언하면, 흄의 인간과학과 도덕과학의 탈주술적 과학성은 공자가 추구한 인간과학과 도덕과학의 탈주술적 과학성에 미치지 못하는 것이다.

제2절
공자의 공감해석학적 인간과학과 도덕과학

　유자들은 예로부터 유학을 인간과학("실학")으로, 유학적 도덕론을 도덕과학으로 생각해 왔다. 그런데 지금까지 베이컨의 자연과학과 흄의 인간과학 및 본성종교와 본성신학을 다 살펴본 마당에 이제 새삼 묻지 않을 수 없다. 유학은 과연 '과학'인가, 아니면 '종교'인가? 유학이 과학이라면 얼마만큼 과학적인가? 그리고 공자가 철학의 변방에서 막간에 인정하는 희미하고 희소한 '종교성'은 어느 수준으로 평가되어야 하는가? 이 물음은 유학을 인간과 사회, 그리고 도덕에 관한 '과학'으로 보는 과학적 유학관儒學觀과 관련해 본질적으로 중요하다. 유교사회에서 일반적 생활인들은 무신론과 간헐적 유신론을 구별하면서도 강력한 평상적 현세주의에 의해, 그리고 주술 일반(종교·제사·복서)의 희소화와 주변화에 의해 이 구별을 사소하게 만들어 양자를 이음새 없이 연결시키고 교대로 활용해왔다.

2.1. 공감해석학적 인간과학으로서 유학

　유학은 왜 종교가 아니라 과학인가? 유학적 도덕론은 왜 도덕과학인가? 이 물음에 답하기 위해서는 유학이 인간과학이고, 이 유학적 인간과학이 동시에 경험과학이라는 주장의 근거를 대야할 것이다.

■ 인간과학으로서의 유학의 과학성

유학이 인간과학이고, 이 유학적 인간과학이 동시에 경험과학이라는 입론은 다음 여섯 가지 논거에 기초한다. 첫째, 공맹의 유학은 지식을 음양오행의 자연철학적 '지물知物'에서 '지인知人', 즉 인간을 아는 것으로 전환했다. 둘째, 사람들의 의미를 힘써 탐구하는 가운데 귀신을 멀리함(務民之義 敬鬼神而遠之)으로써 지식탐구를 주술과 분리시켰다. 셋째, '학이사지學而思之'함(경험하고 나서 생각함)으로써 박학·심문·신사愼思·명변明辯하는 방법을 지인의 경험론적 방법의 기초로 삼았다. 넷째, 지인에서 "부지이작不知而作"하는(알지 못하면서 작화하는) 형이상학을 배제하기 위해 다문다견多聞多見하면서도 궐의궐태闕疑闕殆했다. 다섯째, 이런 경험·관찰 자료들을 신이호고信而好古해(지난 경험자료들을 신뢰하고 애호해) "술이부작述而不作"했다(서술하되 작화하지 않았다). 여섯째, "충서忠恕"(공감에 대한 충실)로써 일이관지一以貫之하는 공감적 해석학으로 지인의 경험론을 완성했다. 둘째에서 다섯째까지 탐구방법은 자연과학적 지물知物에도 공통적으로 적용될 수 있으나, 첫째와 여섯째 탐구방법은 '인간에 대한 앎(인간지식)'에만 특유하게 적용되는 것이다.

이에 대한 설명들은 앞서 간간히 등장했지만 이제 본격적으로 논할 것이다. 이 '인간과학'으로서의 '유학'을 종교로 오인하게 만드는 '유교'라는 호칭은 명대 중반에야 유·불·도 삼교의 일은 "유치심儒治國 도치신道治身 세치심世治心(유교는 나라를 다스리고, 도교는 몸을 다스리고, 세존[부처]불교는 마음을 다스리는 것)"으로 서로 다르지만 그 도道는 일통一統한다는 "삼교일도론三敎一道論"이 연호되면서 처음 등장했고, 그 이전에는 쓰이지 않던 명칭이다. 유학은 종교가 아니라 '과학', 그것도 '서술적序述的 경험주의' 방법에 기초한 경험론적 인간과학이다. 사마천은 공자의 "술이부작述而不作 신이호고信而好古" 명제와, "부지이작不知而作"을 비판하고 '다문다견'을 강조한 공자의 명제를 의식해서 공자가 『서경』·『예기』·『시경』도 '서序'했다고 기록하고 있고,333) 『역경』의 단전彖傳·계사전·상전象傳·설

---

333) 司馬遷, 『史記世家』「孔子世家」, 446-447쪽.

계전·문언전 등 「십익十翼」도 "서序했다"고 기록하고 있다.334) 이것은 '술이부작 述而不作'의 '술述'을 '짓다(作)'는 뜻으로 풀지 않고 '따르다(率)', '전하다(傳)'는 뜻으로 푼 것이다. 경험자료들을 '따라 전한다'는 것은 두뇌의 논리적 순서를 따르는 것이 아니라, 경험적 사실의 순서를 따라 전하는 것을 말한다. 그래서 사마천은 '술述'을 '서序'로 풀이한 것이다. '서'는 사실의 '순서를 따른다'는 말이다. 따라서 필자는 '술이부작'의 '술述'을 '서술序述'로 바꿔 표현했다. 이 '서술序述'은 어떤 사실을 사변思辨의 논리적 순서에 따라서가 아니라 그 사실의 순서에 따라 기술한 다는 뜻이다. 그래서 필자는 "신이호고信而好古"하여 "호고민이구지好古敏而求之"하는(지난 경험을 애호하여 힘써 구하는) 공자의 경험론을 '서술적序述的 경험론'이라 칭한다.

이와 같이 유학은 (경험)과학적이다. 그리고 그 내용은 본질적으로 인도적이다. 과학적이고 인도적인 것은 전 지구의 인간공동체 안에서 어떤 종교적 차단막도 뛰어넘을 만큼 보편적이다. 따라서 유학은 그 어떤 유의미한 종교를 신봉하는 사회 속으로도 난향蘭香처럼 스며들어가 확산될 수 있다. 서양제국諸國과 아시아 제국에 전파·확산될 수 있었던 유학의 보편성과 일반성은 그 과학성과 인도성에 기인하는 것이다.

유학은 '종교'가 아니라 일차적으로 '과학'이다. 유자들은 송대 이래 도교·불교 등의 '허학虛學'과 대립되는 학문이라는 뜻으로 줄곧 '실학實學'이라는 개념을 써왔다. '실학'이라는 용어는 오늘날의 '과학'에 해당한다. '실학'은 사물과 인간을 대상으로 삼는다. 여기서 '사물'은 생물로서의 동물과 식물, 그리고 무생물을 포함한다. 그리고 '인간'은 인간 자체, 인간의 사회적 행위, 인간행위의 소산인 사회와 제도를 포괄한다. 공자는 사물의 인식·설명과 인간의 이해·해석에 공히 적용될 수 있는 경험론적 연구방법을 제시했다. "경험하기만 하고 생각하지 않는 것은 공허하고(學而不思則罔), 생각하기만 하고 경험에서 배우지 않는 것은

---

334) 司馬遷, 『史記世家』「孔子世家」, 448쪽, "孔子晚而喜易 序彖繫象說卦文言 讀易韋編三絶 曰 假我數年 若是 我於易則彬彬矣."

위태롭다(思而不學則殆)."335) 이 두 쌍대명제는 긍정명제로 바꾸면 생각 없는 경험의 이론적 공허성과 경험 없는 생각의 이론적 위험을 둘 다 추방하기 위해 "경험하고 나서 생각한다"는 '학이사지學而思之' 명제로 통합된다. 대상을 연구하는 경우에 실학은 "대상을 마주해 지각하고(格物致知)"336) '학이사지學而思之'하는 방법으로 진리를 찾아 이를 "일이관지一以貫之"(하나의 방법으로 정리·체계화)하는337) 경험과학을 말한다. "격물치지格物致知"와 학이사지學而思之의 구체적 방법은 "박학·심문博學審問하는"(널리 경험하고 자세히 살펴 묻는)" 경험적·실험적 방법으로 사실에서 진리를 찾고(實事求是) 신사·명변愼思明辯하는 것이다.

그러나 공자는 여기서 더 나아갔다. 제자 번지가 지식에 대해 묻자 공자는 "지인知人(인간지식)이다"라고 답했다.(樊遲 [...] 問知. 子曰 知人.)338) 그리고 『중용』에서는 "군자는 수신하지 않을 수 없고, 수신을 생각하면 부모를 섬기지 않을

---

335) 『論語』「爲政」(2-15). "學而不思則罔 思而不學則殆"의 '學'은 '경험하다', '경험에서 배우다'는 뜻이다. 공자 경전에서 '학(學)'은 종종 '경험하다(경험에서 배우다)'는 뜻으로 쓰인다. 자공은 공자가 세상을 몸소 경험하고 세상 사람들을 스승 삼아 배운 것을 '학(學)'으로 표현한다: "위나라 대부 공손조가 자공에게 '중니 선생은 어디서 배웠습니까?'라고 묻자, 자공이 문·무왕의 도가 아직 땅에 떨어지지 않고 사람들에게 남아있습니다. 현명한 자들은 그 대도(大道)를 아는 자들이고 현명치 못한 자들은 그 소도(小道)를 아는 자들이어서 문·무왕의 도를 가지지 않은 자가 없습니다. 이러니 선생님이 어디서는 배우지 않으셨겠습니까? 어찌 또한 정해진 스승이 있었겠습니까?'라고 답했다.(衛公孫朝問於子貢曰 仲尼焉學? 子曰 文武之道 未墜於地在人. 賢者識其大者 不賢者識其小者, 莫不有文武之道焉. 夫子焉不學? 而亦何常師之有.) 『論語』「子張」(19-22). 공자가 이 세상의 사람들을 스승 삼아 배웠다는 말이다. "세 사람이 가면 거기에는 반드시 나의 스승이 있다. 그 중 선한 것을 택해 따르고, 그 중 선하지 않은 것은 고친다.(子曰 三人行 必有我師焉 擇其善者而從之 其不善者而改之) 『論語』「述而」(7-22). 경험이란 세상과 역사를 스승 삼아 배우는 것이다. 유사한 취지의 스승 개념은 루소도 사용했고, 또 흄도 "배우다(learn)"는 말을 가끔 '경험하다'는 뜻으로 썼다. 가령 흄은 "우리는 그 존재자들의 영향과 연결을 오로지 경험에 의해서만 배운다"고 말한다. Hume, *A Treatise of Human Nature*, Book 3. *Of Morals*, 300쪽. 공자의 '학(學)'의 의미에 대한 상론은 참조: 황태연, 『공자의 인식론과 역학』(파주: 청계, 2018), 163-171쪽.
336) "致知在格物. 物格而后知至.(앎에 이르는 것은 대상을 마주함에 있다. 대상이 마주함에 이른 뒤에 앎이 오는 것이다.)" 『大學』(經文首章). '格物'의 '物'은 '대상'을 뜻한다.
337) 공자가 "사야, 너는 나를 많이 경험해서 아는 자로 여기느냐?"라고 물었다. 이에 자공(사)이 "그렇습니다, 아닙니까?"라고 대답하자 공자는 "아니다, 나는 일이관지했느니라"라고 다했다.(子曰 賜也 女以予爲多學而識之者與? 對曰 然 非與? 曰 非也 予一以貫之.) 『論語』「衛靈公」(15-3).
338) 『論語』「顏淵」(12-22).

수 없고, 부모를 섬기는 것을 생각하면 지인하지 않을 수 없다(君子 不可以不修身 思修身 不可以不事親 思事親 不可以不知人)"고 말한다.[339] 공자는 이렇게 지식을 음양오행의 자연철학적 '지물知物'에서 '지인知人'으로 전환하고 평생 이 '지인'에 힘썼다.

'지물'로부터 '지인'으로의 지식대상의 전환은 사적 개인의 단순한 진리욕 충족이 아니라 보국안민의 공동선과 선정善政을 지향한다. 공동선과 선정을 위한 지인 개념은 이미 태고대 중국으로부터 내려온 전통이었다. 『서경』에서 순임금의 신하 고요皐陶가 우禹에게 '지인'에 대해 이렇게 말한다. 가까운 곳에서 먼 곳까지 다스릴 수 있는 길의 "모든 것은 지인에 달려있고, 안민安民에 달려있습니다(都 在知人 在安民)." 그러자 우는 "지인하면 밝아져 사람들을 다스릴 수 있습니다(知人則哲 能官人)"라고 화답한다.[340] 공자의 지인은 『서경』의 지인을 본받아 그 목적이 공동선의 정치와 직결되어 있다. 그래서 상론했듯이 윌리엄 템플이 소크라테스가 설파한 사적 목적의 지인보다 공자가 가르친 공적 목적의 지인을 우월한 것으로 평가했던 것이다.

그리고 공자는 지인의 기초적 방법에 대해서도 말한다. 번지가 또 지식에 대해 묻자 공자는 "사람들의 의미를 힘써 탐구하고 귀신을 공경하여 멀리하면 지식이라 할만하다"라고 답해 주었다(樊遲問知. 子曰 務民之義 敬鬼神而遠之 可謂知矣)"[341] 수많은 오독誤讀으로 헤질 대로 헤진 이 명제를 제대로 뜯어보자. 여기서 '무務'는 '힘쓰는 것'을 넘어 '힘써 탐구한다'는 뜻이다. '민民'은 '백성'이 아니라 '사람들'을 뜻한다. 그리고 '의義'는 '도의道義'와 '의미'를 둘 다 뜻하지만 여기서는 넓게 '의미'로 새기는 것이 옳다. '도의'도 '의미'에 속하기 때문이다. "경귀신이원지敬鬼神而遠之"는 "귀신을 공경하여 멀리한다"는 순접문장으로 새겨야 깊은 뜻이 살아난다. 이 구절을 "귀신을 공경하나 멀리한다"는 역접문장으로 새기면 뜻이 망가지고 만다. 인간이 인지人智(human wisdom)로 알려고 힘쓰면 알 수 있는 문제

---

339) 『中庸』(二十章).
340) 『書經』「虞書·皐陶謨」(1).
341) 『論語』「雍也」(6-22).

를 귀신에게 묻는 것(즉, 점치는 것)은 귀신을 모독하는 독신瀆神, 귀신에 대한 불경不敬이다. 따라서 힘쓰면 인지로 알 수 있는 '사람들의 의미'를 탐구하는 경우에는 귀신을 멀리 모셔두고 연구자가 힘써 탐구하는 것이 귀신을 공경하는 것이다. 반면, 신지神知(divine wisdom)로만 알 수 있는 문제를 두고서는 인지로 알 수 있다고 건방을 떠는 것이 오히려 불경 또는 독신이 될 것이다. 이때는 귀신에게 묻는 것이 귀신을 공경하는 것이다. 그러므로 이 경우에는 "귀신을 공경하여 가까이 모셔야(敬鬼神而近之)" 할 것이다.

또 공자는 한 인간과 관련된 '지인知人'의 경우에도 사람을 아는 방법을 구체적으로 개진한다. "그 사람이 하는 것을 보고, 그 사람이 지나온 바를 살피고, 그 사람이 편안히 여기는 것을 안다면 사람이 어디에 숨으랴, 사람이 어디에 숨으랴?(子曰 視其所以 觀其所由 察其所安 人焉廋哉? 人焉廋哉?)"[342] 공자는 특정한 사람을 아는 방법에서 관찰요소를 그 사람의 행위, 전력, 기호嗜好로 들고 있다. 이것은 사회 차원에서 사회적 행위체계, 역사, 국가사회의 지향과 비전에 해당한다.

공자는 유학적 인간과학의 경험론적 특징을 『중용』의 한 구절에서 이렇게 총괄한다.

> 군자의 도(학문)는 자기 자신에 그 도의 근본을 두고 먼저 일반 서민에게서 (다문·다견의 박학으로) 그 도에 대한 징험을 구하고(徵諸庶民), 다시 역사적으로 삼왕(우·탕·문(무)왕)에 비춰 그 도를 고찰해 오류를 없애고, 또 온 세상에 그 도를 펼쳐 보여 사리에 어긋난 것을 없앴으니(建諸天地而不悖), 심지어 귀신에게 질문해도 의심스런 것이 없고, 백세대(3000년)를 기다려 나타난 성인도 의혹하지 않을 정도다(質諸鬼神而無疑 百世以俟聖人而不惑).[343]

진화과정에서 인간의 본성이 바뀌려면 최소한 2-3만 년이 경과해야 하므로

---

342) 『論語』「爲政」(2-10). "視其所以"의 '以'는 '하다'는 뜻의 동사다.
343) 『中庸』(二十九章): "君子之道本諸身 徵諸庶民 考諸三王而不謬 建諸天地而不悖 質諸鬼神而無疑 百世以俟聖人而不惑. 質諸鬼神而無疑 知天也 百世以俟聖人而不惑 知人也." 인용문의 국역문에서 "(다문·다견의 박학으로)"과 "(우·탕·문(무)왕)"은 인용자 삽입.

공자의 3000년은 인간종족의 마음씨가 불변인 역사적 시간대에 속하는 것이다. 공자는 자기 자신과 보통사람들 안에서 경험적으로 징험된 인간과학은 짓궂은 귀신의 시샘도 뛰어넘어 적어도 3000년의 시간대를 견디는 불변적 진리를 담은 것이어야 한다고 역설하고 있다. 공자의 경험과학적 인간과학은 인간을 탐구하는 자기 자신과 백성·역사(3왕)·천하의 3중4중 검증을 거치는 만큼 아주 정확하고 명증적이어서 수천 년의 세월을 견딜 정도로 그 진리성이 불변적이다. 위 명제는 이처럼 지모智謀가 모자란 자가 아니면 누구나 이해할 수 있을 만큼 아주 명쾌하다.344)

종합하면, 공자는 지식을 인간지식("知人")으로 규정한 데 이어 지인의 대상을 "사람들의 의미(民之義)"로 특정하고 인간지식을 산출하는 인간과학적 방법을 사람이 귀신에게 묻지 말고 "일반 서민에게서 그 도에 대한 징험을 구하고, 다시 역사적으로 삼왕에 비춰 그 도를 고찰해 오류를 없애고, 또 온 세상에 그 도를 펼쳐 보여 사리에 어긋난 것을 없애는" 식의 학이사지學而思之와 박학·심문·신사·명변의 다단계 증명 방법으로 "사람들의 의미"를 "힘써 탐구하는 것"으로 제시하고 있다. 따라서 이 방법으로 공자는 지인의 탐구에서 주술을 추방함으로써 지인이 인간과학으로 가는 기초 단계를 확립했다.

'박학'은 '다문다견多聞多見'을 말하는데 이 단계에서도 인지로 알 수 있는 것을 선택하고 인지로 알 수 없거나 위험한 것을 제쳐두기 위한 사유의 역할이 필요하다. 공자는 말한다. "많이 듣고 의심스런 것을 비워두고 그 나머지를 신중히 말하고 많이 겪어보고 위태로운 것을 비워두고 그 나머지를 신중하게 행하면 후회할 일이 적다(子曰 多聞闕疑 愼言其餘 則寡尤 多見闕殆 愼行其餘 則寡悔.)"345) 이 명제는 관록을 구하는 방법에 대한 설명이지만 공자는 이 명제를 지인知人(인간과학)의 방법으로도 응용해 "많이 듣고 그 중 좋은 것을 택해 따르고 많이 보고 그것을 인식하는 것이 (태어나면서부터 아는 생이지지生而知之 다음의) 지식의

---

344) 그러나 이 구절은 지금까지 주희의 엉터리 주석 때문에 명쾌하기는커녕 불가해한 문장으로 전락해서 오랫동안 방치되어 온 구절이다.
345) 『論語』「爲政」(2-18).

차선이다(多聞 擇其善者而從之 多見而識之 知之次也)"라고도[346] 언명하고 있다. 지인에서 "의심스러운 것"은 자기와 타인의 장래나 사회의 미래, 인간 정신과 본성의 궁극적 원인과 이유 등 인지人智로 알 수 없는 신의 영역에 속하는 물음들이고, 지인에서 "위태로운 것"은 프라이버시에 대한 정보, 기업비밀, 국가비밀, 인간의 도덕성을 바꾸는 유전자변경 지식 등과 같이 알게 되거나 알려지면 관련자의 신변이나 사업 또는 나랏일, 그리고 인류가 위태롭거나, 인지人智를 뛰어넘는 문제들(가령 "NaCl은 왜 짠가?", "중력은 왜 존재하는가?"와 같은 문제들)이라서 아는 체하거나 알 수 있다고 건방을 떨면 오류에 빠질 위험이 있는 문제들이다. 다문다견多聞多見의 박학博學과정에서도 "의심스런 것"과 "위태로운 것"을 비워두는 "궐의궐태闕疑闕殆"가 필수적인 것이다. 지인에서 "의심스럽고 위태로운 것"은 흄이 말한 "무지의 망망대해"에 속하는 것이다.

공자는 인지人智와 경험을 통해 알 수 없는, 인지와 경험 너머에 위치한 물성物性과 인성人性의 초험적超驗的 '궁극원리'에 대해, 가령 '인간은 왜 소금(NaCl)은 짜게 느끼는가?', '무게는 왜 존재하는가(어떻게 생겨났는가)?', '인간의 색깔 인지 능력은 어디서 왔는가?', '인간은 왜 감성과 지성을 지녔는가?', '인간은 왜 도덕적 인가?', '죽음은 무엇인가?'와 같은 물음들에 포함된 궁극원인(천명·천성·천도)에 대해 불가지不可知의 입장을 취하고 언급을 삼가고 비워둠으로써 경험과학의 금법禁法을 지켰다.

공자는 이익과 천명과 인仁을 언급하는 경우가 드물었다(子罕言利與命與仁).[347]

'이익'은 도의道義에 밝아야 하는 군자의 일차적 관심사가 아니라서 언급을 삼갔고 '인仁'은 떠벌리기 쉽지만 실천하기 어려워서 언급을 삼갔지만, '천명'은 인지와 경험으로 알 수 없는 것이라 말할 수 없어서 언급을 삼가고 비워둔 것이

---

346) 『論語』「述而」(7-28).
347) 『論語』「子罕」(9-1).

다. 제자 자공은 이것을 다시 확인해준다.

자공은 선생님의 문장을 들을 수 있었지만, 선생님이 천성과 천도를 언급하는 것은 들을 수 없었다고 전한다.(子貢曰 夫子之文章 可得而聞也 夫子之言性與天道 不可得而聞也)[348]

또는,

공자는 괴기, 힘, 난, 신을 말하지 않았다.(子不言 怪力亂神)[349]

공자는 범상한 인간사를 말하지, 은벽하고 괴기스런 것을 입에 담지 않았고, 힘으로 하는 짓을 말하지 않았고, 난亂을 입에 담지 않았지만, 인지人智로 알 수 없는 신神도 말하지 않았다. 공자의 유학이 본래 이런 천성·천도·천명·죽음·귀신을 파고들어 설파하는 학문이라면 유학은 '경험과학'이 아니라, 공언무실空言無實한 형이상학이나 주술적·종교적 '신神이야기'(Mythos; 신화나 신학)에 지나지 않을 것이다. 공자의 유학이 경험과학 너머에 있는 천성·천도·천명·신을 파고들고 이에 대해 설파하는 것을 삼간 것은 바로 유학이 경험과학이라는 것을 말해준다.

환언하면, 공자는 인지人智로 얻는 인간적 지식의 영역과, 인지로 얻을 수 없는, 따라서 기껏해야 종교적 주술의 대상이 되는 '천명·천성·천도·천운·신'의 신비한 영역 간의 경계를 명확히 금그음으로써 지식의 과학적 범위를 확정한 것이다. 공자는 '천명·천성·천도·천운'의 신비한 세계를 주재한다고 생각되는 도덕적 하늘(皇天)을 전례에 따라 "후제后帝", "제帝", 또는 "상제上帝"로 의인화해 부른다.[350] 『서경』과 『예기』는 하늘을 "천신天神"이라고도 존칭한다.[351] 그리고

---

348) 『論語』「公冶長」(5-13):
349) 『論語』「述而」(7-21).
350) 『論語』「堯曰」(20-1); 『大學』(傳10章); 『中庸』(十九章).

보통 '인귀人鬼'와 '천신'을 묶어 '귀신'이라 부른다.

천명·천도·귀신·죽음 등은 '인지로 알 수 없는 것', '불가지의 것'이다. 공자는 귀신을 알 수 없다는 것을 강조하면서 아예 불가지·불가측한 것을 '신神'이라 칭한다. "음양불측을 일러 신이라고 한다(陰陽不測之謂神)."[352] 또 공자는 『시경』을 빌려 귀신을 눈과 귀로 관측할 수 없는 '초험적 존재'로 묘사한다. "귀신의 덕스러움은 성盛하도다! 그러나 보아도 보이지 않고 귀 기울여도 들리지 않는다. (...) 그러므로 『시경』은 '신이 납시는 것은 헤아릴 수 없네'라고 노래했다."[353] 또 공자는 "신은 종적이 없다(神无方)"고도 말한다.[354] 나아가 공자는 천도와 지도地道의 경우에 그 존재를 헤아릴 수 있지만 그 작용은 헤아릴 수 없다고 토로한다. "천도와 지도를 한마디로 다할 수 있다면, 그것은 그 본질이 불변이어도 그 도가 일으키는 생성작용은 헤아릴 수 없다는 것이다.(天地之道 可一言而盡也 其爲物不貳 則其生物不測)"[355]

공자는 이런 불가지의 대상들을 인간과학적 탐구에서 제쳐놓고 배제했다. 이런 불가지의 대상들을 흄이 말한 "무지의 망망대해" 속으로 집어넣고 언급을 삼감으로써 유학이 형이상학으로 전락하는 것을 방지했다. 이 점에서도 유학의 '과학적' 성격이 부각되는 것이다.

■ 공감적 해석학에 기초한 유학적 인간과학

인간과 인간사회의 "의미"를 알려고 연구하는 지인을 '인간과학' 차원으로 격상시키기 위해서는 한 단계 더 높은 차원의 방법론이 필요하다. 지인의 실학은 상론한 기초방법에 더해 "충실한 공감"을 요한다.

공자는 "증삼아! 나의 도는 일이관지다, 즉 하나로 꿰는 것이다"라고 말했다.

---

351) 『書經』「第三篇 商書·湯誥第三」("上天神后"); 『禮記』「郊特生 第十一」("別事天神與人鬼").
352) 『易經』「繫辭上傳(5)」.
353) 『中庸』(16章): "鬼神之爲德 其盛矣乎. 視之而弗見 聽之而弗聞 (...) 詩曰 '神之格思 不可度思'."
354) 『易經』「繫辭上傳(4)」.
355) 『中庸』(第26章).

이에 증자는 "선생님의 도는 충서일 따름이다"고 풀이했다.(子曰 參乎! 吾道一以貫之. [...] 曾子曰 夫子之道 忠恕而已矣)"356) 증삼의 이 해석이 옳다는 것은 공자 자신이 『중용』에서 다시 '충서'를 '학문의 도道'로 제시하는 것에서 입증된다. "충서는 도와 거리가 멀지 않다. 자기에게 베풀기를 바라지 않으면 남에게 베풀지 말라. (子曰 [...] 忠恕違道不遠. 施諸己而不願 亦勿施於人.)"357) "충서忠恕"의 "서恕"자는 공영달이 파자해 "마음이 같은 것(如心)"으로 풀이했다. '서恕'를 오늘날 용어로 공감 또는 교감으로 풀이한 것이다. '서恕'자를 공감으로 해독한 공영달의 이 풀이가 옳다는 것은 뒤따르는 말 "자기에게 베풀기를 바라지 않으면 남에게 베풀지 말라"는 명제로 바로 입증된다. 또한 이 풀이가 옳다는 것은 "자공이 '종신토록 행할 한 마디 말이 있습니까?라고 묻자 공자가 '그것은 서恕다!(子貢問曰 有一言而可以終身行之者乎? 子曰 其恕乎!)"라고 답하고 바로 "자기가 하고 싶지 않은 것을 남에게 베풀지 말라(己所不欲 勿施於人)"고 부연하는 것에서358) 다시 입증된다. 이러저런 증거로 보아 '서恕'자는 공감임이 틀림없다.

그리고 첫 인용문에서 "일이관지一以貫之"는 "충서忠恕"와 등치되었다. 일견에 "일이관지"의 '일一'에는 '서恕'자가 상응하고, '관貫'자에는 의미론적으로 '충忠'이 상응한다. 따라서 필자는 "일이관지"를 '서이충지恕而忠之'로, 즉 '공감하고 이것에 충실을 기한다'로 해석한다. 이것은 '지물知物'이 아니라 '지인知人'을 두고 하는 말이다. 따라서 '지인'을 두고 '공감적 경험을 충실히 서술한다'고 말하는 것은 인간의 감정적 의미와 사회적 행위·제도·사건·사회과정 등의 '의미(sense; sens; Sinn)'는 오로지 공감이나 교감으로만 이해·해석할 수 있기 때문이다.

이 이해·해석단계에서 인간과학은 자연과학과 방법적 차이를 보인다. 18세기 인간·도덕과학 일반의 문제점으로 해석학의 결여를 지적하면서 상론했듯이 자연사물에 대한 "격물치지"는 사물의 '속성'을 오감과 근筋감각으로 느껴 경험적으로 지각하는 '인식(Erkenntnis)'과, 속성들의 인과적·상관적·형상적 관계를 해

---

356) 『論語』「里仁」(4-15).
357) 『中庸』(十三章).
358) 『論語』「衛靈公』(15-24).

명하는 '설명(Erklärung)'으로 그치는 반면, 지인을 위한 격물치지는 속성의 인식과 속성관계의 설명에 더해 사람과 사람의 사회적 행위 및 제도, 사회적 동태와 흐름, 사회적 사건 등의 감정적 '의미'를 공감과 교감으로 느껴 경험적으로 아는 '이해(Verstehen)'와, 의미들의 얽힌 관계를 분석·해명하는 '해석(Deutung)'을 가능 케 하는 '충서'로까지 전진해야 한다. 인간과 사회를 이해하고 해석하는 '충서'의 방법은 곧 '공감적 해석학'이다. 공자는 지인知人에 '공감적 해석학'을 적용해 지인 을 경험론적 '인간과학'으로 완성한 것이다.

반면, '허학'은 격물치지나 인지人智 차원의 '충서'로 알 수 없는 문제들(신, 신비, 죽음, 사후세계, 천당, 지옥, '소금은 왜 짜지', '중력은 왜 존재하지'와 같은 궁극적 이유와 궁극적 원인에 대한 물음 등)에 대해 사변적 공언空言을 늘어놓거나 "생각하기만 하고 경험에서 배우지 않는(思而不學)", 따라서 "알지 못하면서 지어내는(不知而作)"[359] 까닭에 의심스럽고 위태로운 공리공담적 형이상학을 가리켰다. '실학'이 라는 용어를 처음 사용한 북송의 유학자 정이程頤(1033-1107)는 경전강독과 관련하 여 역사적 경험사실에 기초한 '진짜 학문'의 뜻으로 '실학'이라는 말을 처음 사용 했다.

경서강독은 실학이다(治經實學也). '그것을 초목에 빗대어 구별한다'는 것은 경위에 있다는 것, 그 가운데 대소원근, 높낮이와 정밀조야, 촘촘함과 벌려져있음을 말한다. 해와 달이 천상에 있는 것에 그것을 빗대면 그것을 보지 못하는 사람들이 있을 경우에 한 사람이 그것을 가리키는 것은 다중의 사람들이 그것을 가리켜 스스로 보는 것만 못한 것을 말한다. 그것은 「중용」 책 한 권이 이치에 도달하는 것으로부터 곧 그것을 미루어 생각하는 것과 같다. 이것은 국가가 구경九經과 역대성인들의 행적이 있어 실학이 아닌 것이 없는 것과 같다. 9층의 누대를 올라가는 것처럼 아래로부터 위로 올라가는 경우가 바로 이것이다. 사람들은 보통 때 강습이 공언무 실空言無實할 경우에 대개 자득自得하지 못한다. 배움에는 경서강독이 최고 좋다. 진실로 자득하지 못하면 '오경'을 다 강독해도 역시 공언일 것이다. 지금 심득心得해

---

359) 『論語』「述而」(7-28).

서 지식을 통달한 사람이 있다면 얻는 것이 많을 것이다. 비록 독서를 좋아하더라도 도리어 공허할 것을 염려하는 자는 이 폐단을 면치 못한다.[360]

경서강독이 '실학'인 이유는 "구경九經과 역대성인들의 행적이 있기" 때문이다. 공자와 맹자의 경서 안에는 '실사구시'할 수 있는 역사적 경험사실들이 가득하다. 반면, 실사구시하지 않는 허학에서처럼 "강습이 공언무실空言無實할 경우에는 대개 스스로 터득하지 못한다".

『중용』의 주석에서 주희는 경전강독 방법과 관련된 정이의 이 '실학'이라는 용어를 채택해 '유학'을 '실학'으로 규정했다.[361] 그러나 그는 공자의 "공호이단사해야이攻乎異端斯害也耳" 명제, 즉 무제한적 관용명제를 거꾸로 이단을 공격하라는 명제로 변조·왜곡해서 황로학과 불교를 이단의 '허학'으로 공격·배척하는 선까지 이 실학·허학개념을 남용했다.

정이의 진의와 주희의 남용이 어떠하든 이후 변용變用되어 '실학'은 공자 유학의 의미에서 경험만 하고 사색하지 않거나 경험 없이 사색만 하는 방법을 내치고 "경험에서 배우고 나서 생각하는(學而思之)" 방법으로 사실을 경험적으로 인식하고 이해하는 엄정한 실사구시의 학문, 즉 경험적 엄정과학을 의미했다. 송대에 시작해서 명·청대에 최고조에 달한 이런 의미의 '유학적 실학'은 시대마다 함의가 같지 않지만 "실사구시"와 "실체달용實體達用"을 공통된 종지宗旨로 삼아 이론지식과 실천행위에서 "실實을 받들고 허虛를 내치는 것(崇實黜虛)"을 강조해왔다.

중국철학자 갈송진葛榮晉(1935-2023)에 의하면, '실학'은 분야별로 '실체實體실학', '도덕(실천)실학', '심성실학', '경세실학', '실측실학', '고증실학' 등으로 나뉜

---

360) 程頤, 『二程遺書』 권2: "治經實學也. 譬諸草木 區以別矣 道之在經 大小遠近 高下精粗 森列於其中. 譬諸日月 在上 有人不見者 一人指之 不如眾人指之自見也. 如「中庸」一卷書 自至理便推之於. 如國家有九經 及歷代聖人之跡 莫非實學也. 如登九層之台 自下而上者為是. 人患居常講習空言無實者蓋不可得也. 為學 治經最好. 苟不自得 則盡治'五經' 亦是空言. 今有人心得識達 所得多矣. 有雖好讀書 卻患在空虛者 未免此弊."

361) 朱熹, 『中庸章句』, 「序」: "子程子曰 '不偏之謂中, 不易之謂庸. 中者, 天下之正道, 庸者, 天下之定理'. 此篇乃孔門傳授心法 子思恐其久而差也 故筆之於書 以授孟子. 其書始言一理 中散為萬事 末復合為一理'放之則彌六合, 卷之則退藏於密', 其味無窮 皆實學也. 善讀者玩索而有得焉 則終身用之, 有不能盡者矣."

다. 실체실학과 도덕실학은 기氣를 근본으로 삼는 본체론, 실천을 기반으로 삼는 도덕론, 실재 본성(實性)을 내용으로 삼는 인성론, 실효實效를 주요수양방법으로 삼는 도덕론, 이욕利慾을 주춧돌로 삼는 의리義利통일설 등을 포괄한다. '심성실학'은 심성본체를 핵심으로 삼고 안의 학식과 밖의 덕행을 겸비한 심성을 발달시키는 실학이다. '경세실학'은 정치학과 경제학을 포괄한다. '실측실학'은 천문·역법·수학·음률·지리·농업·수리·생물 및 기예와 학과(즉, 자연과학과 기술공학)를 포괄한다. '고증실학'은 유학경전의 내용과 실증에 의해 발언하는 후대(청대 건륭·가경제 시대)의 고증학을 말한다. 고증학은 성리학을 한대漢代의 실증적 유학으로 대체하려는 수사학적洙泗學的 지향을 대변했다.[362]

실체실학, 도덕실학, 심성실학, 경세실학, 실측실학, 고증실학 등의 부문실학의 '실학'은 그대로 근대적 '과학'의 의미와 합치된다. 이런 의미에서 '실학'은 근대적 의미의 '과학'으로 통용되었다. 그만큼 유학은 공맹 이래 줄곧 '실학'으로서의 '과학'을 추구했다.

인간본성의 '과학'은 사람에 대한 앎을 실사구시 방법으로 추구하는 반反주술적·세속적·인간적(인도적) 경험과학이다. '지인'은 인간이 추구하는 모든 지식의 근본이다. '지인'의 유학은 공감해석학적 일이관지라는 엄정한 의미에서 '인간과학'이다. 이 '인간과학'이 유학이고, 유학은 모든 지식의 근본에 위치한 공감해석학적 실사구시의 '인간과학'인 것이다.

『대학』은 사람의 경우에 적용해 이해해 읽으면 "하늘이 명한 천명을 인간본성이라고 하고 인간본성을 따르는 것을 인도人道라고 한다(天命之謂性 率性之謂道)"고 설파했다. 이런 의미에서 공자는 '인간본성'을 천명이라는 궁극원리의 견지에서 "천성天性"이라 부르기도 했다.[363] 인성의 궁극원리로서의 이 '천성' 자체나

---

362) 葛榮晋, 『中国实学文化导论』 (北京: 中共中央党校出版社2003).
363) 가령 『서경』은 "하늘이 우리를 버렸으니 건강하게 먹고 살지 못하고 천성(天性)을 즐기지 못하고 법전을 준수하지 못하고 있다(天棄我 不有康食 不虞天性 不迪率典)"고 말한다. 『書經』「尙書·西伯戡黎 第十六」. 공자는 가령 "부자의 도는 천성이다(父子之道天性也)"로 말한다. 『孝經』「聖治」. 맹자는 "행색(형체와 용모)은 천성이다. 오로지 성인다운 뒤에야 형색을 실천할 수 있을 뿐이다(形色 天性也 惟聖人然後可以踐形)"라고 말한다. 『孟子』「盡心上」(13-38).

전모는 인지人智로 다 알 수 없는 것이고, 따라서 단연코 모든 인간탐구의 출발점으로 '전제해야' 하는 것이다. 동시에 공감으로 일이관지一以貫之하는 체계적 '지인知人'으로서의, 즉 '인간과학'으로서의 유학은 합리주의적 작화作話로서의 사변思辨의 형이상학이 아니라, "다문다견多聞多見"을 통해 "널리 경험에서 배우고(博學)" 작화作話 없이 경험사실을 충서忠恕하여 사실대로 서술述하는(述而不作) '경험과학'이다. 공자는 말한다. "대저 알지 못하면서 작화하는 일이 있는 모양인데 나는 이런 것이 없다. 다문多聞하여 그 중 좋은 것을 골라 따르고 다견多見해 이를 아는데, 이것이 (인간에게 가능한) 차선의 지식이다."364) "생이지지生而知之"하는(나면서부터 아는) 신적 성인聖人의 지식 다음에 위치한 일반학자의 '차선의 지식'은 인간에게 유일하게 가능한 '다문다견'(박학)과 '충서'의 경험을 통한 경험과학을 뜻한다. 공자는 자신이 요순 같이 '생이지지하는' 성인聖人이나 주술적·종교적 선지자가 아님을 천명하고 경험에서 배워 아는 경험론자임을 밝혔다. 공자는 "생이지지하는 것(生而知之者)이 최상이고, 경험에서 배워 아는 것(學而知之者)은 차선의 것이다"라고 언명하면서365) "나는 생이지지자가 아니라 옛것을 애호해서 힘써 구하는 자다(我非生而知之者 好古敏以求之者也)"라고366) 천명하고 있기 때문이다.

공자는 첫째, 공자가 '생이지지'를 주술적 선지자나 성인의 신적 경지로 추방했다. 둘째, 공자는 ①"다문多聞해 그 중 좋은 것을 골라 따르고 다견多見해 이를 아는 것(多聞擇其善者而從之 多見而識之)", ②"지난 경험을 애호해서 힘써 구하는 것(好古敏以求之者)"을 둘 다 ③"경험에서 배워 아는 것(學而知之者)"과 등치시켰다. 이를 통해 공자는 유학경전에서 인식·이해와 관련해서 사용하는 "학學"이라는 단어는 '스승에게서 배우는 것'이 아니라 '다문다견에서 배우는 것', 즉 '경험하는 것'을 뜻한다는 것을 밝혔다. 셋째, 공자는 자신은 선지자가 아니라 경험론자("學而知之者")라고 선언했다. 그리고 이 경험론적 원리를 공자는 "(나는) 서술序述하되

---

364) 『論語』「述而」(7-28): "子曰 蓋有不知而作之者 我無是也. 多聞擇其善者而從之 多見而識之 知之次也."
365) 『論語』「季氏」(16-9):"孔子曰 生而知之者上也 學而知之者次也."
366) 『論語』「述而」(7-20).

작화하지 않고, 지난 경험자료들을 신뢰하고 애호한다(述而不作 信而好古)"고 언명으로써367) 다시 한 번 확인한다.

그러나 공자의 신학神學인 역학易學은 이 불가측한 천신과 귀신의 신의神意를 아는 것, 즉 천의天意를 아는 '지천知天'도 천신·귀신의 신지神智를 신神에 대한 주술적 질의에 의해 얻을 수 있다는 것을 전제한다. 공자는 말한다.

귀신에 물어 의심을 없애는 것은 지천이다(質諸鬼神而無疑 知天也).368)

그런가 하면, 공자는 이 주술적 지천과 인지적人智의 지인知人 간의 연관성을 인정하기도 했다. 부모를 섬기는 것을 생각하면 지인知人하지 않을 수 없고, 지인을 생각하면 지천知天하지 않을 수 없다(思事親 不可以不知人 思知人 不可以不知天).369) '지인'의 지식을 완성하기 위해서는 얼마간의 '지천'의 지식이 필요하다는 말이다. 공자는 이 지천의 지식을 주역의 복서卜筮와 역학易學으로 얻고자 했다.370) 맹자는 역학을 기피하고 제 본성, 제 천성을 알아 지천하고자 했다. "제 마음을 다하는 자는 제 본성을 알고, 제 본성을 알면 지천知天한다. 제 마음을 보존해서 제 본성을 기르는 것은 하늘을 섬기는 사천事天의 방도다.(盡其心者 知其性也, 知其性 則知天矣. 存其心 養其性 所以事天也)"371) 그러나 "제 본성을 알면 지천한다"는 맹자의 이 말이 혹시 '인간의 지혜로는 알지 못하는 것'을 아는 척하는 것이 아닌지, 또는 가지적可知 인간의 문제와 불가지적 귀신의 문제를 뒤섞는 것으로까지 오해할 필요는 없다. "제 본성"에 대한 "앎"은 본성에 대한 경험지식을 말하는 것이고, 이 경험지식은 인지의 경험적 가지可知 범위를 벗어날 수 없기 때문이다.

---

367) 『論語』「述而」(7-1).
368) 『中庸』(二十九章).
369) 『中庸』(20章).
370) 공자의 '역학'과 '지천'에 대한 본격적 논의는 참조: 황태연, 『공자의 인식론과 역학』, 47-55쪽, 389-648쪽.
371) 『孟子』「盡心上」(13-1).

귀신과 천신은 오직 신으로부터 '신지神智(divine wisdom)'를 빌려야만 알 수 있을 뿐이고 '인지人智'로는 불가지不可知 · 불가측不可測하다. '지천知天'은 불가지적 · 불가측적 귀신 · 천신의 신의神意에 대한 주술적 지식이다. 공자가 주역을 주석한 십익十翼으로서의 '역학'을 쓰고 주역서지를 행하며 그 역괘易卦를 믿었고 제사를 중시한 것은 흄이 "가장 확실한 원리들의 세계"를 다스리는 조물주로서의 신의 존재, 즉 최소한의 신의 존재를 인정했고, 로크와 뉴턴이 개신교신자로서 신의 존재를 신앙한 것과 대동소이하다.

'지인知人', 즉 인간에 대한 과학적 지식은 인지人智에 의해 얻을 수 있는, 인간과 사회의 모든 감성적 의미에 대한 지식이다. 인간에 대한 '지식다운 지식' 또는 '참 지식'으로서의 과학적 지식을 얻기 위해 공자는 지인과 지천 간의 연관성을 인정함에도 불구하고 오직 '지천知天'과 '지인知人'을 뒤섞지 말고 명확하게 구분할 것을 요구했던 것이다. 지천과의 명확한 분리를 통해 얻은 참된 '지인'은 백세百世, 즉 3000년 뒤에도 타당할 정도로 엄정과학적인 지식이다. "백세를 기다려 출현한 성인도 의혹하지 않을 것이 지인이다.(百世以俟聖人而不惑 知人也)"[372]

결론적으로 말하면, 공자는 인간과 사회의 의미를 탐구하는 '지인知人'을 (신지神智를 빌려 불가측 · 불가지적 신의神意를 알려는) '지천知天'의 주술과 분리 · 구분함으로써 일차적으로 '과학성'을 확보해 '지인'을 '인간과학'으로 격상시켰다. 흄은 18-19세기 서양 철학자들과 마찬가지로 인간의 '의미'를 아는 지인의 방법론을 '인식론'으로 오해했다. 그러나 공자는 이것을 넘어 '공감해석학적 인간과학', 즉 진짜 인간과학을 수립한 것이다. 공자가 인간과학 방법으로 제시한 방법론, 즉 '공감'으로 "일이관지一以貫之"하는 방법론, 곧 '서이충지恕以忠之'의 방법론은 '인간적 현상들을 공감적으로 이해하고 해석해 공감 하나로 꿰는' 공감적 이해와 해석을 뜻한다. 공자의 인간과학 방법은 '공감적 해석학'인 것이다.[373]

공자가 공감능력을 전제로, 동시에 공감의 연장으로 생성 · 발전된 '언어'나

---

[372] 『中庸』(20章).
[373] '공자 윤리학과 정치철학의 심층 이해를 위한 학제적 기반이론'으로서의 '공감적 해석학'의 이론적 구축은 참조: 황태연, 『감정과 공감의 해석학(1-2)』(파주: 청계, 2014 · 2015).

'언어분석'을 뒤로하고 '공감'을 인간과학적 방법론으로서의 해석학의 유일한 발판으로 삼은 것은 언어가 해석학의 수단으로서 신뢰할 수 없을 정도로 부적절하기 때문이었다. 언어는 종종 감정을 위조하거나 공감과 무관하게 작화한다. 또 언표도, 동작도 없는 가령 도덕적 인내와 절제, 기다림, 동경 등 말도, 동작도 없는 '부작위'의 사회적 행위 등이 너무 많다. 또 '정동감 또는 정동감정(affects)', 즉 부분적으로 신체현상들(배고픔과 목마름에 대한 항상성 충동)과 연결되고 부분적으로는 외부자극(입맛, 촉감 등)과 연결된 '정동감들'은 "주관적 느낌 요소들"로서 "말로 표현하기 어렵다".[374] 또한 신성한 존재 대개 감히 언어로 표현할 수 없고, 금기禁忌나 기밀사항, 그리고 성적인 것과 프라이버시 관련 내용들은 언어적 표명을 비껴간다. 나아가 기록문서와 사료들은 잘못 알고 잘못 뱉은 언행기록, 왜곡, 조작, 자기정당화, 거짓말, 허위, 오류, 위조가 넘쳐난다. 이런 까닭에 입말과 글말을 맹신하는 언어론적 해석학은 자주 '언어실증주의'로 전락하고 마는 것이다.

공자는 "언어를 모르면 지인할 수 없다(不知言 無以知人也)"고 말하기도 했지만,[375] 이 입장을 거듭 수정한다. 공자는 '지언知言'을 인간의 언어가 믿을 수 없다는 사실을 아는 것, 그리고 이 믿을 수 없는 언어를 비판할 수 있는 인간의 감각과 공감이 있다는 사실을 아는 것까지 포괄하는 것으로 이해했다. 그리하여 공자는 『역경』「계사상전」에서 "글은 말을 다하지 못하고 말은 의미를 다하지 못한다"고 밝힌다. 공자는 또한 제자 재여宰予의 말을 믿었으나 그의 언행이 불일치하자 말을 불신하고 그의 행동을 살펴 행동의 진짜 의미를 이해·해석하는 방향으로 태도를 고쳤다. "처음에 나는 사람을 대하면서 그 사람의 말을 듣고 그 행동을 믿었으나 지금은 사람을 대하면서 그 사람의 말을 듣고 그 사람의 행동을 살핀다. 재여를 대하면서 이렇게 고쳤느니라."[376] 공자는 여기서 제자

---

[374] Jaak Panksepp, "Affective Consciousness: Core Emotional Feelings in Animals and Humans", *Consciousness and Cognition*, Vol. 14, Issue 1 (2005), 30쪽.
[375] 『大學』「堯曰」(20-3).
[376] 『論語』「公冶長」(5-10): "子曰 始吾於人也 聽其言而信其行 今吾於人也 聽其言而觀其行. 於予與改是."

재여의 언행불일치를 지적하며 언어 일반에 대한 불신을 표명하고 있다. 공자는 이를 통해 믿을 수 없는 교언巧言과 거짓말 문제를 제기한 것이다.

그리하여 공자는 "인자는 자신의 말을 더듬기(仁者 其言也訒)" 때문에[377] "교언 영색巧言令色에는 인仁이 드물다"고 하면서[378] 차라리 "군자는 말에 어눌하고 행동에는 민첩하기를 원한다(君子欲訥於言而敏於行)"고 말했다.[379] 또 자하도 "말을 하면 믿음이 있어야 한다(言而有信)"고 강조한다.[380]

따라서 공자는 비트겐슈타인이 훗날 시도한 언어분석이나, 위르겐 하버마스가 추구한 '언어론적 해석학'을 시도하지 않았다. 공자는 언어물신주의적·언어실증주의적 오류 때문에 비트겐슈타인의 언어분석학이나 하버마스의 '언어론적 해석학'과[381] 같은 방향으로 나가는 것을 비판적으로 버리고 '학이사지學而思之'와 "술이부작述而不作"의 서술적敍述的 경험론 명제와 '일이관지의 충서忠恕'(서이충지恕以忠之)의 공감적 해석학을 결합함으로써 '공감적 해석학'을 인간과학의 완결적 방법론으로 제시한 것이다. 따라서 공자의 인간과학은 해석학적 방법론을 결한 흄의 인간과학보다 더 과학적인 과학이다.

2.2. 인류 최초의 도덕과학으로서 공맹도덕론

공자와 맹자는 지인知人을 인간본성과 그 사회적 발현을 경험론과 공감해석학의 방법으로 연구하는 인간과학으로 완성시켰다. 맹자는 공자의 이 유학적 인간과학을 계승해 본성론적·감정론적 도덕과학을 수립했다. 공맹의 도덕이론이

---

377) 『論語』「顏淵」(12-3).
378) 『論語』「陽貨」(17-15): "子曰 巧言令色 鮮矣仁."
379) 『論語』「里仁」(4-24).
380) 『論語』「學而」(1-7): "賢賢易色 事父母 能竭其力, 事君 能致其身, 與朋友交 言而有信. 雖曰未學, 吾必謂之學矣."
381) 위르겐 하버마스와 한스 가다머의 언어론적 해석학의 언어물신주의와 언어실증주의에 대한 비판은 참조: 황태연, 『감정과 공감의 해석학』, 1931-1971쪽, 1989-2007쪽.

과학인 이유는 네 가지다. 첫째, 공맹의 도덕론은 이익개념을 완전히 초월해서 공리주의 경향이 전무하다는 것이다. 둘째, 공맹의 도덕론은 신을 멀리하고 도덕성의 근거를 신의 계시나 주술이 아니라 본성에서 구한다는 것이다. 셋째, 공맹 도덕론의 방법론은 공감해석학적 경험론이라는 것이다. (공감적 해석학에 대한 설명은 여기서 반복하지 않는다.) 넷째, 공맹의 도덕론은 도덕성의 근거를 본성의 '이성'이 아니라 본성적 도감감정과 도덕감각에서 구한다는 것이다.

■ '이익'에 대한 정체성도덕의 초월성

유학의 도덕론은 도덕을 '대덕'과 '소덕'으로 나눈다. 근면·검소·절약·인내심·청결·상호주의 등 소덕은 개인과 집단의 자연적·사회경제적·정치적 생존이익과 생존이익의 증대를 위한 덕목이다. 따라서 소덕은 본질적으로 공리적功利이다. 이것은 '생존도덕'이다. 반면, 사단지심의 도덕감정(측은·수오·공경·시비지심)에 기초한 대덕은 모든 이익을 초월해 인간세상을 밝히는 인의예지의 명덕이다. 대덕은 인간에게 인간적 정체성을 주는, 즉 인간을 인간답게 만들어주는 '정체성도덕'이다. 공리적 소덕, 즉 '생존도덕'은 넘나듦이 있을 수 있는 반면, '정체성도덕'으로서의 대덕은 넘나듦이 없어야 하고 넘나들면 반드시 '양심의 가책'이라는 내면적 처벌이 따르고, 아니면 여론의 지탄이나 법적 제재라는 외적 처벌을 받는다.

대덕은 '정체성도덕'으로서의 '인의仁義도덕'이다. 맹자는 『맹자』의 첫 장에서부터 '인의'를 '이익'과 선명하게 구분한다.

> 맹자가 양梁나라 혜왕을 만났는데, 왕이 "노인장께서! 불원천리 오셨으니 역시 장차 나의 나라를 이롭게 함이 있을 것인가요?"라고 물었다. 맹자가 대답하기를, "왕이시여! 어찌 꼭 이로움을 말하십니까? 역시 인의仁義가 있을 따름입니다. 왕이 내 나라를 무엇으로 이롭게 할 것인가라고 말하면, 대부는 내 집을 무엇으로 이롭게 할 것인가라고 말하고, 선비와 서인들은 내 몸을 무엇으로 이롭게 할 것인가라고 말하게 됩니다. 상하가 서로 이利를 취하면 나라가 위태로워집니다.382)

맹자는 이 논변에서 인의와 이익을 극명하게 대비시키면서 인의를 국익("나라를 이롭게 함")도 초월하는 것으로 말하고 있다. 이어서 왕이 인의를 추구하면 나라는 안정되고, 왕이 이익을 추구하면 "나라가 위태로워진다"고 경계하고 있다.

그리고 맹자는 왕이 이익을 추구하면 나라가 어떻게 위태로워지는지를 구체적으로 적시하며 왕을 설복한다.

만승지국에서 그 임금을 시해하는 자는 반드시 천승지가이고, 천승지국에서 그 임금을 시해하는 자는 반드시 백승지가일 것입니다. 만승지국에서 천승을 차지하는 것, 천승지국에서 백승을 차지하는 것은 많지 않다고 말하지 못할 것입니다. 그런데 진실로 의義를 뒤로하고 이利를 앞세우면 찬탈하지 않고는 만족하지 못할 것입니다. 인애하면서 그 부모를 버리는 자는 없고, 의義로우면서 그 임금을 뒤로하는 자는 없습니다. 그래서 왕도 역시 인의仁義를 말할 따름인데, 어찌 꼭 이利를 말하십니까?"라고 했다.[383]

맹자는 인의와 이익을 극명하게 가르는 이 도덕논변을 『맹자』의 맨 앞에 실음으로써 '공명功名'과 '이익' 개념이 명덕 속으로 잠입하는 것을 완봉하고 있다. 이것은 공맹도덕이 데이비드 흄의 도덕과학의 공리주의적 침윤경향과 선명하게 대비되는 과학성이다.

맹자는 인의의 정체성도덕과 이익의 본질적 차이, 도덕적 선과 공리적 이익의 차이를 극명하게 갈라 보여주기 위해 이 차이를 순임금과 도척盜蹠의 차이에 빗댄다.

---

382) 『孟子』『梁惠王上』(1-1): "孟子見梁惠王. 王曰 叟! 不遠千里而來 亦將有以利吾國乎? 孟子對曰 王! 何必曰利? 亦有仁義而已矣. 王曰 何以利吾國? 大夫曰 何以利吾家? 士庶人曰 何以利吾身? 上下交征利而國危矣." 양나라는 위(魏)나라가 진(秦)나라에 밀려 수도를 대양(大梁; 지금의 開封)으로 옮긴 뒤 위나라의 별칭이다.

383) 『孟子』『梁惠王上』(1-1): "萬乘之國 弑其君者 必千乘之家 千乘之國 弑其君者 必百乘之家. 萬取千焉 千取百焉 不爲不多矣. 苟爲後義而先利 不奪不饜. 未有仁而遺其親者也 未有義而後其君者也. 王亦曰仁義而已矣 何必曰利"

닭이 울면 일어나 부지런히 부지런히 선善을 행하는 자들은 순의 무리이고, 닭 울면 일어나 부지런히 부지런히 이利를 위하는 자들은 도척의 무리다. 순임금과 도척의 구분을 알고 싶다는 것은 다름 아니라 이利와 선善의 차이를 알고 싶다는 것이다.(孟子曰 雞鳴而起 孶孶爲善者 舜之徒也 雞鳴而起 孶孶爲利者 蹠之徒也. 欲知舜與蹠之分 無他 利與善之間也.)[384]

맹자는 인의와 이익의 차이를 아예 맘껏 과장해 성인과 도척의 차이로 벌려 놓고 있다. 그러나 이것은 극명한 구분을 위한 것이고 이익을 적대한 것이 아니다. 맹자는 다른 곳에서 "흉년도 이익에 주도면밀한 사람을 죽이지 못하고, 사악한 세상도 덕성에 주도면밀한 사람을 혼란에 빠뜨리지 못한다(孟子曰 周于利者凶年不能殺 周于德者邪世不能亂)"고 말함으로써[385] "이익에 주도면밀한 사람"을 도척으로 모는 것이 아니라, 일정한 수준에서 평가하기 때문이다.

인의도덕, 즉 인의적仁義的 정체성도덕과 이익을 본질적으로 가르는 이 유학적 도덕과학의 관점에 서면 "군자는 도의에 밝고 소인은 이익에 밝다(子曰 君子喩於義 小人喩於利)"는[386] 군자와 소인 간 총명의 차이도 좀 더 깊이 이해될 수 있다. 이 이익초월적 도덕과학의 견지에서『대학』은 "국가는 이익을 이익으로 여기지 않고 도의를 이익으로 여긴다(國不以利爲利 以義爲利也)"고 갈파한 노나라의 어진 대부 맹헌자孟獻子의 말을 인용하고 있는 것이다.[387]

한편, 인의적仁義的 정체성도덕(대덕)과 공리적 생존도덕(소덕)은 군자와 소인(백성)에게 엄격히 분리된 두 도덕이 아니다. 다만 정체성도덕으로서의 인의대덕은 천하국가와 군자가 반드시 지켜야 할 도덕이고, 소덕은 편의에 따라 지키면 되는 도덕이다. 그러나 소인은 이익에 밝아야 하므로 이익의 극대화에 초점이 맞춰진 소덕을 반드시 지켜야 하되, 효도 · 상부상조 · 권선징악 · 환난상휼 및

---

384)『孟子』「盡心上」(13-25).
385)『孟子』「盡心下」(14-10).
386)『論語』「里仁」(4-16).
387)『大學』(傳10章).

살신성인적 국방의무와 같이 정체성도덕에서 파생된 대덕적 요소들은 여력이 있으면 가급적 준수해야 할 덕목들이다. 하지만 공맹도덕론은 대덕(인의적 정체성도덕)까지 소덕(생존도덕)의 확장으로 파악하는 공리주의적 속류 도덕철학을 도척무리의 도덕론으로서 여겨 용납지 않는다.

■ 본성론적 도덕과학

유학적 도덕이론이 가진 과학성의 또 다른 근거는 먼저 도덕의 원천을 신의 계시에서 찾지 않고 인간의 본성에서 찾는 점이다. 맹자는 이런 공감해석학적 인간과학으로 인간의 천성을 알아 천의天意를 알고자 했다. "제 마음을 다하는 자는 제 본성을 알고, 제 본성을 알면 하늘을 안다. 제 마음을 보존해서 제 본성을 기르는 것은 하늘을 섬기는 길이다."388) 여기서 "제 마음을 다하는 것(盡其心)"은 '제 마음을 다 알고 다 발휘하는 것'을 말하고, 이것은 자기의 마음을 살피고 체험하는 경험적 탐구를 뜻한다. 한 마디로, "제 마음을 다한다"는 것은 "제 본성을 아는" 경험론적 방법을 말한 것이다. 그리고 "제 본성을 안다"는 것은 자기공감에 의해 자기의 본성을 공감해석학적으로 아는 것까지도 포함한다.

공자는 "속마음이 참달함(측은지심)은 뭇사람을 사랑하는 인애다(中心憯怛 愛人之仁也)"라고 갈파했다.389) 유학이 최고의 덕성으로 치는 '인仁'이 지니는 도덕성의 근거를 인간의 본성적 '참달지심憯怛之心', 즉 '측은지심(동정심)'으로 귀인歸因시킨 것이다. 맹자는 이를 더욱 확장해 인·의·예·지의 4대덕이 지닌 도덕성의 근거를 측은·수오·공경(사양)·시비지심(동정심·정의감·공경심·도덕감각) 등 네 가지의 감정적 본성으로 귀인시켰다.

사람이 다 사람을 잔인하게 대하지 않는 마음이 있다고 하는 까닭은 지금 사람들은 갑자기 어린아이가 우물에 빠지려는 것을 보면 모두 다 출척·측은지심怵惕惻隱之心

---

388) "盡其心者 知其性也, 知其性 則知天矣. 存其心 養其性 所以事天也." 『孟子』「盡心上」(13-1).
389) 『禮記』「表記 第三十二」.

을 가지게 된다. 이것은 내밀히 어린아이의 부모와 사귀려는 때문이 아니고, 마을사람들과 친구들로부터 영예를 바라서도 아니고, 그 아이의 소리를 싫어해서 그런 것도 아니다.(所以謂人皆有不忍人之心者 今人乍見孺子將入於井 皆有怵惕惻隱之心. 非所以內交於孺子之父母也 非所以要譽於鄉黨朋友也 非惡其聲而然也)이것을 보면 측은지심이 없으면 사람이 아니고, 수오지심이 없으면 사람이 아니고, 사양지심(공경지심)이 없으면 사람이 아니고, 시비지심이 없으면 사람이 아니다. 측은지심은 인의 발단이고, 수오지심은 의의 발단이고, 사양지심은 예의 발단이고, 시비지심은 (도덕적) 지혜의 발단이다.(由是觀之 無惻隱之心 非人也 無羞惡之心 非人也 無辭讓之心 非人也 無是非之心 非人也. 惻隱之心 仁之端也 羞惡之心 義之端也 辭讓之心 禮之端也 是非之心 智之端也.)[390]

"측은지심이 없으면 사람이 아니고, 수오지심이 없으면 사람이 아니고, 사양지심이 없으면 사람이 아니고, 시비지심이 없으면 사람이 아니다"는 말은 이 네 가지 도덕감정, 즉 사단지심四端之心이 '인간의 본성'이라는 것을 강조하기 위한 반복적 표현이다. 맹자는 이것이 인간의 '본성적' 감정임을 "사람이 이 네 가지 발단을 가진 것은 사람이 사체四體를 가진 것과 같다(人之有是四端也 猶其有四體也)"는 말로[391] 다시 강조한다. 또 다른 곳에서는 보다 분명하게 "측은지심은 사람들이 다 가지고 있다(惻隱之心 人皆有之)"고 못박는다.[392] 또한 다른 곳에서는 "인의예지는 밖으로부터 나를 달궈서 나오는 것이 아니라 내가 고유하게 가지고 있는 것이고, 그것은 생각하지 않는 것이다(仁義禮智 非由外鑠我也 我固有之也 弗思耳矣)"고 잘라 말한다.[393]

공자와 맹자는 이렇게 도덕의 근거를 인간의 본성에서 구함으로써 '주술적 도덕론'을 유학 안에 발붙일 수 없게 만들었다. 반면, 기독교신학은 도덕의 기원을 성서 속의 십계명과 기타 계시들에서 찾음으로써 도덕을 주술화했다.

---

390) 『孟子』「公孫丑上」(3-6).
391) 『孟子』「公孫丑上」(3-6).
392) 『孟子』「告子上」(11-6).
393) 『孟子』「告子上」(11-6).

■ 도덕감정론적 도덕과학

유학의 도덕이론이 과학인 두 번째 이유는 유학이 도덕의 본성적 근거를 이성이 아니라 감성에서 찾는 점이다. "측은지심은 인의 발단이고, 수오지심은 의의 발단이고, 사양지심은 예의 발단이고, 시비지심은 (도덕적) 지혜의 발단이다"는 맹자의 명제는 도덕행위의 근거가 이성이나 이성의 연역적 논증이 아니라 본성적 (도덕)감정이라는 것을 천명하는 말이다. 맹자는 도덕행위가 생각(이성적 추리작용) 없이 감정에서 발단하는 것이라는 점을 "사람이 배우지 않고도 능한 것은 양능良能이고, 생각하지 않고도 아는 것은 양지良知라고 한다(人之所不學而能者 其良能也 所不慮而知者 其良知也)"는 말로[394] 다시 강조한다. "배우지 않고도 능한" 본성적 능력인 "양능"은 측은·수오·사양지심에 따른 도덕행위를 말하고, "생각하지 않고도 아는" 본성적 지혜인 "양지"는 시비지심에서 발단하는 도덕적 지혜를 말한다. "배우지 않고도 능하고 생각하지 않고도 안다"는 이 표현들은 둘 다 인간의 본성을 뜻하는 것들이다. 따라서 인간의 본성은 이렇듯 선한 것이다.

그리고 맹자는 이 양능(측은·수오·사양지심의 도덕능력)과 양지(시비지심의 본능적 지혜)를 합해 본능적 도덕심이라는 성선性善의 뜻으로 이를 "양심良心"이라 부른다.[395] 맹자는 '인간의 본성은 선함도 없고 불선함도 없다(性無善無不善)', 또는 '본성에는 선도 있고 불선도 있다', 또는 '본성이 선한 자도 있고 본성이 불선한 자도 있다(有性善 有性不善)'는 반론에 대해 성선론을 다시 주장하고 측은·수오·사양·시비지심의 이 양심을 '확충' 없이 바로 도덕과 동일시하면서 본성이 선하다는 말이 무슨 뜻인지를 다시 설명한다.

곧 그 성정이 선할 수 있으니 선하다고 하는 것이다. 무릇 불선해도 그 재질의 죄가 아니다. 측은지심은 사람이 다 가지고 있고, 수오지심도 사람이 다 가지고 있고, 공경지심도 사람이 다 가지고 있고, 시비지심도 사람이 다 가지고 있다. 측은

---

394) 『孟子』「盡心上」(13-14).
395) 『孟子』「告子上」(11-8).

지심은 인仁이고, 수오지심은 의義이고, 공경지심은 예禮이고, 시비지심은 지智다. 인의예지는 밖으로부터 나를 달궈서 나오는 것이 아니라 내가 고유하게 가지고 있는 것이고, 그것은 생각하지 않는 것이다. 그러므로 '구하면 얻고 버리면 잃는다(求則得之 舍則失之)'는 말이 있는 것이다. 간혹 두 배, 다섯 배 차이로 벌어져 셈할 수 없게 되는 것은 그 재질을 다할 수 없기 때문이다. (...) 공자는 "(...) 사물이 있으면 반드시 법칙이 있는데, 백성이 불변의 마음을 지니고 있음에 이 아름다운 덕을 좋아하는 것이다"라고 말씀한 것이다.[396]

본성의 감정은 선한데도 불선자不善者가 생겨나는 것은 이 자가 그 본성의 감정을 버려서 잃었기(舍則失之) 때문이지, 본성적 자질이 불선하기 때문이 아니다. 어떤 말도 부정적 방식으로 이보다 더 잘 성선론을 설명해주는 표현이 없을 것이다.

"구하면 얻고 버리면 잃는다"는 말은 도덕적 본성의 부재를 말하는 것처럼 들릴 수 있다. 그러나 맹자는 '그것을 구해서 그것을 얻는 것은 그것이 내 본성 안에 있기 때문이다'는 말로 그런 해석 여지를 아예 원천적으로 없애버린다.

구하면 얻고 버리면 잃는다. 이것은 구함이 얻는 데 유익한 경우인데, 내 안에 있는 것을 구하기 때문이다. 구함에 도가 있고 얻음에 명이 따로 있다면 이것은 구함이 얻는 데 무익한 경우인데, 나의 밖에 있는 것을 구하기 때문이다.(孟子曰 求則得之 舍則失之 是求有益於得也 求在我者也. 求之有道 得之有命, 是求無益於得也 求在外者也.)[397]

구하면 얻는 경우는 '구하는 것'이 칠정과 도덕감정처럼 내 본성 안에 들어있기 때문에 가능한 것이다. 이런 경우에는 그것을 구하기 위해 도道를 다하면 반드시

---

396) 『孟子』「告子上」(11-6): "孟子曰 乃若其情 則可以爲善矣 乃所謂善也. 若夫爲不善 非才之罪也. 惻隱之心 人皆有之 羞惡之心 人皆有之 恭敬之心 人皆有之 是非之心 人皆有之. 惻隱之心 仁也 羞惡之心 義也 恭敬之心 禮也 是非之心 智也. 仁義禮智 非由外鑠我也 我固有之也 弗思耳矣. 故曰 求則得之 舍則失之. 或相倍蓰而無算者 不能盡其才者也. (...) 孔子曰 (...) 故有物必有則 民之秉彝也 故好是懿德. 孔子曰 爲此詩者 其知道乎! 故有物必有則 民之秉彝也 故好是懿德."

397) 『孟子』「盡心上」(13-3).

그것을 얻는 것이 천명이다. 반면, 구해도 얻지 못하는 경우는 부귀나 공명, 강녕이나 장수長壽처럼 '구하는 것'이 나의 본성 안에 들어있지 않는 경우다. 이런 경우에는 뭔가를 구하는 도道와 그것을 얻을 천명이 별개인 경우다. 그래서 "생사는 천명이 있고 부귀는 하늘에 달렸다(死生有命 富貴在天)"고 하는 것이다.[398] 심지어 공자는 "부유함이 만약 구할 수 있다면 나는 채찍을 쥔 마부라도 되겠으나, 그것이 구할 수 없는 것이라면 내가 좋아하는 것을 따르리라"고 말했다.(子曰 富而可求也 雖執鞭之士 吾亦爲之, 如不可求 從吾所好.)"[399] 종합하면, 구하면 얻는다는 말은 도덕성이 내 본성 속에 부재할 수 있다는 것을 뜻하는 것이 아니라, 오히려 도덕성이 내 본성의 일부라는 것을 뜻하는 것이다.

한편, "인의예지는 밖으로부터 나를 달궈서 나오는 것이 아니라(非由外鑠我) 내가 그것을 고유하게 가지고 있는 것이고(我固有之), 그것은 생각하지 않는 것이다(弗思耳矣)"는 구절도 성선론을 표현하는 명문明文이다. 이 구절만큼 명확하게 본성론적·반反합리론적 도덕감정론과 성선론을 표현하는 말은 아마 없을 것이다. 앞의 "배우지 않고도 능하고 생각하지 않고도 안다"는 표현과 여기의 "생각하지 않는 것이다(弗思耳矣)"라는 표현은 모두 다 도덕논의에 이성적·합리적 '사변'이 끼어 들거나 합리주의 도덕론이 발을 디딜 틈새를 아예 없어버리는 말들이다.

이렇듯 맹자는 도덕의 발단과 근거를 '이성'이 아니라 도덕적 '감정'에서 구함으로써 도덕형이상학, 즉 도덕론적 허학虛學을 추방했다. 그러나 송대에 발생한 성리학은 사단지심을 '리理'로 변조해서 공맹의 이름으로 합리론적 '도덕허학'을 조작·날조해냈다. 서양에서도 스콜라철학의 합리주의적 도덕론이 오랫동안 교단과 강당을 지배했다. 19세기에는 다시 칸트를 중심으로 도덕형이상학이 일어났고, 20세기에는 존 롤스의 합리주의적 정의이론이 이 형이상학의 전통을 계승했다.

그러나 컴벌랜드와 섀프츠베리는 공맹의 영향 아래서 유럽 최초로 도덕감정과

---

398) 『論語』「顔淵」(12-5).
399) 『論語』「述而」(7-12).

시비감각의 이론을 개창함으로써 도덕과학의 길을 타개했다. 허치슨을 이를 이어받아 도덕감각론을 전개했다.[400] 상론했듯이 공맹을 잘 알고 추종했던 흄은 섀프츠베리와 허치슨을 계승해서 인간 행위의 근거를 이성이 아니라 감정으로 돌리고 도덕성의 근거 또는 원천도 이성으로 돌리지 않고 도덕감정으로 돌렸다. 그리고 그는 "이성은 감정의 노예이고 오직 노예이어야만 하며, 감정에 봉사하고 복종하는 것 외에 감히 다른 직무를 결코 요구할 수 없다"는 유명한 선언으로 이성을 감정의 도구로 정좌正坐시켰다. 흄은 이런 감정론적 도덕이론으로 근대적 도덕과학을 개창했다. 그런데 이 감정론적 도덕과학의 기원은 바로 공맹의 도덕이론이다. 섀프츠베리와 허치슨으로부터 흄과 아담 스미스를 거쳐 찰스 다윈에 이르는 18-19세기의 모든 감정론적 도덕이론은 모두 공맹철학의 영향으로 흥기한 것이다.

따라서 유학의 도덕이론은 인류 최초의 '도덕과학'이다. 유학적 도덕과학은 공감해석학에 기초한 유학적 인간과학의 중요부분이다. 따라서 이 유학적 도덕과학도 '공감해석학적' 도덕과학이다. 맹자의 지성知性·지천知天 정식에서 '천天'을 진화과정으로 치환하고 이 정식을 응용해 유학적 도덕과학을 표현하면, 유학적 도덕과학은 인간이 사단지심四端之心을 궁구해 도덕적 본성을 알고, 도덕적 본성을 앎으로써 마침내 도덕감정의 진화적 의미(사회적 존재로서의 인간의 의미)를 알고, 사단지심을 보존하고 도덕적 본성을 길러 살신성인殺身成仁하라는 진화의 뜻을 실현하려는 도덕과학이다.

■ 공맹 도덕과학의 생태도덕적 근대성

공맹은 도덕감정에 의거해 도덕과학을 구축했기 때문에 감정 있는 모든 동식물에 대한 인간의 도덕적 태도를 논했다. 반면, 합리론적 도덕형이상학자들은 '동식물이 이성이 없기' 때문에 동식물에 대한 인간의 도덕적 접촉지점도 없다고

---

400) 섀프츠베리에 대한 공맹의 영향은 뒤에 상론된다. 섀프츠베리와 허치슨의 도덕이론에 대한 본격적 논의도 뒤에 전개된다.

판단하고 자의적 동물학대도 허용했다. 흄은 동물도 이성이 있다고 생각했지만 동물의 감정을 고려치 않아서 동물과의 도덕적 접촉지점에 대한 논의를 결하고 있다. 송대로부터 이어져온 역대 중국의 자연보호운동을 상기할 때[401] 생태학적 자연보호와 생태도덕은 근대성의 한 징표다.[402] 공맹은 동식물의 감정을 깊이 실감하며 도덕과학을 생태도덕 차원으로 확장했다. 인간은 동물의 감정과 식물의 생명욕(성장욕)에 공감할 수 있고, 동물들도 자기 새끼를 인간 못지않게 자애하기 때문이다. 맹자는 동물과 인간의 차이는 한 끗이라고 생각했다. "사람이 금수와 다른 것은 극소하다. 서민은 그 극소한 차이를 버리고, 군자는 그것을 보존한다.(孟子曰 人之所以異於禽獸者幾希 庶民去之 君子存之.)[403]

공자와 맹자는 인정仁政의 일환으로서의 복지정책의 대상을 인간과 백성에만 한정하지 않고 동물로, 나아가 식물로까지 확장했다. 공자와 맹자는 동물의 고통에 공감하고 또 고통받는 동물을 동정했고 동물들을 이런 고통과 살생으로부터 해방하고 동물들에게 편안함과 복지를 보장하려고 국가정책적으로, 그리고 개인적으로 애썼다. 공자와 맹자는 이 동물복지론에서 나아가 단단한 땅을 뚫고 싹을 틔우는 풀과 나무의 '생명욕'과, 하늘을 향해 곧게 성장하고 씨를 퍼트리려는 식물들의 '성장·번식욕'을 생명사랑(biophilia)의 감정에서 공감하고 식물들의 생명과 성장을 지키고 도우려는 식물복지론도 전개했다.

예수교는 인간의 사랑을 인간에게만 한정한 '인간파시즘'을 대변한 반면, 힌두교과 불교는 인간의 사랑 감정을 동물에게로까지 확장했다. 그러나 힌두교와 불교도 식물사랑에 대해서는 무관심하다. 힌두교와 불교의 사랑은 일종의 '동물파시즘'인 셈이다. 반면, 공자와 맹자는 인간의 사랑을 동식물에까지 공감적으로

---

401) 역대 중국의 환경운동에 대해서는 참조: 황태연, 『유교제국의 충격과 서구 근대국가의 탄생 - 제3권 유교적 양민국가의 충격과 서구 복지국가의 탄생』 (서울: 한국문화사, 2023), 2020-2021, 2142-2147쪽.
402) 생태도덕이 근대성의 한 요소라는 것에 대해서는 참조: 황태연, 『공자철학과 서구 계몽주의의 기원』 (파주: 청계, 2019), 499-504쪽; 황태연, 『유교적 근대의 일반이론』 (서울: 한국문화사, 2023), 64-65쪽
403) 『孟子』 「離婁下」 (8-19).

확장한 점에서 생명보편적이다. 이런 의미에서 공맹철학은 '인간파시즘'과 '동물파시즘'을 넘어 식물의 복지까지 추구하고 논하는 유일한 철학이다. 이런 까닭에 유교문화권에서는 보통사람들이 씨앗을 귀히 여기고 나무를 함부로 베지 않는 것은 물론이고 자라는 새싹도 밟지 않았고, 동물의 고통과 불편을 측은히 여기는 임금을 성군聖君의 자질이 있는 것으로 간주했고, 복을 구하려고 제비의 다리를 끊는 '동물 학대'를 놀부의 대표적 악행으로 단죄해왔던 것이다. 인간·동물·식물에 대한 인간의 사랑의 한정과 확장 여부에 따라 기독교·이슬람문명권, 불교·힌두문명권, 유교문명권이 구분되는 것이다.

공맹의 자연사랑의 동식물복지론은 도덕론과 인정론仁政論의 궁극적 정점이다. 공자에게 있어 '양민'과 '교민'은 '위인爲仁'(인의 실천)의 일단이다. 그러나 공자의 '인仁'은 자기의 가족·집단·계급·신분·인간종족에 한정된 '소인小仁'이거나 현세대에 한정된 '단인短仁'이 아니라, 참달憯怛(측은)한 마음속에서 우러나오는, 따라서 만백성·만천하와 대자연에까지 미치는 '대인大仁'이고, 먼 후손에까지 길이 미치는 '장인長仁'이다. 이런 의미에서 공자는 인을 구별한다.

> 인에는 (대소·장단의) 여러 등급이 있고, 의義에도 대소·장단이 있는바, 심중이 참달한 것은 뭇사람을 사랑하는 인이고, 법에 따라서 인을 억지로 행하는 것은 인을 받아들여 행하는 것이다.(子言之 仁有數 義有長短小大. 中心憯怛 愛人之仁也 率法而强之 資仁者也.)"[404]

자기가족·자기집단·자기계급·자민족·인간종족·자기세대에 한정될 수밖에 없는 사랑은 '소인'과 '단인'이다. 반면, '대인大仁'과 '장인長仁'은 만인에게 널리 베풀고, 멀리 자손만대와 자연까지 사랑하는 '성인聖仁·범애汎愛·박애博愛'이다.[405] 특히 '대인'은 자연사랑도 포함한다. 그리고 후세에 대한 영구적 사

---

404) 『禮記』「表記 第三十」.
405) '殺身成仁'은 참조: 『論語』「위령공」(15-9): "子曰 志士仁人 無求生以害仁 有殺身以成仁." '聖仁'은 참조: 『論語』「雍也」(6-30): "子貢曰 如有博施於民而能濟衆 何如 可謂仁乎? 子曰 何事於仁 必也聖乎." '汎愛'는

제2절 공자의 공감해석학적 인간과학과 도덕과학

랑으로서 자손만대에 자연을 훼손 없이 물려주려는 '장인'도 자연사랑까지 포함한다.

공자는 동식물에게도 미치는 '대인大仁'개념에 입각해서 '인도仁道'를 '애물愛物' 차원으로까지 확장하고 스스로 실천했다.

공자는 낚시질을 하면 주낙으로 마구 잡지 않았고, 주살질을 하면 잠자는 놈은 쏘지 않았다.(子釣而不網 弋不射宿).[406]

인간은 때로 먹기 위해 물고기나 새를 잡아야 한다. 하지만 공자는 물고기를 잡되 마구 잡는 것을 피했고, 주살(끈 달린 화살)로 새를 쏘아 잡지만 피곤해서 자고 있는 새를 측은히 여겨 쏘지 않았다. 공자는 물고기와 새 같은 미물에까지도 애물의 동물복지를 실천한 것이다.

이런 까닭에 공자는 인간이 부모의 생계를 마련하고 제사를 지내기 위해 나무를 베고 짐승을 죽이는 경우에도 그 때를 가려야 한다고 말했다. "금수는 때맞춰 잡아야 한다. (...) 공자는 '(...) 짐승 한 마리를 죽여도 그 때를 어기면 (이것으로 부모를 봉양하더라도) 효가 아니다'라고 말했다.(樹木以時伐焉 [...]. 夫子曰 [...] 殺一獸 不以其時 非孝也')"[407] 짐승을 때맞춰 잡는다는 것은 물고기라면 산란기가 아닌 때에 맞춰 잡고, 산짐승과 가축이라면 새끼 뱄을 때는 피하는 것을 말한다. 그리하여 공자는 "죽이는 때에 맞지 않는 금수, 물고기, 자라는 시장에 내다 팔아서는 아니 된다(禽獸魚鼈不中殺 不粥於市)"는 금법을 언명했고,[408] "천자는 새끼 밴 소를 먹지 않으니 새끼 밴 소는 상제에 대한 제사에도 쓰지 않는다(天子 牲孕弗食也 祭帝弗用也)"고 말한 것이다.[409] 그러므로 공자는 "겨울잠에서 깨어나는 동물들을

참조: 『論語』「學而」(1-6): "出則 (…) 汎愛衆而親仁." '博愛'는 참조: 『孝經』「三才 第七章」: "先王見敎之可以化民也 是故先之以博愛而民莫遺其親."
406) 『論語』「述而」(7-27). '주낙'은 많은 낚시를 늘어뜨려 단 낚싯대고, '주살'은 가는 줄을 맨 화살이다. 주살은 빗맞은 경우 줄을 당겨 화살을 다시 찾을 수 있다.
407) 『禮記』「祭義」(24027).
408) 『禮記』「王制」(5045).

죽이지 않은" 제자 고시高柴의 행동을 "하늘의 도다(高柴 [...] 開蟄不殺 則天道)"라고 하며 칭찬했다.[410]

공자의 동물복지는 마소에게 무거운 짐을 지우지 않고 멍에를 불편하지 않게 매는 것에까지 이른다. 공자는 우리가 부리는 가축들의 복지를 군왕의 국사國事로 보고 엄정하게 입론한다.

거룩한 임금의 바름은, 소 3마리를 나란히 멍에 매지 않게 하고, 말은 항상 수레를 끌지 않게 하고, 타는 것을 우려하지 않게 하고, 암말은 (...) 곡식을 때맞춰 주고, 꼴과 건초의 짐은 무겁지 않게 하는 데 있다.[411]

두세 마리 소에게 나란히 멍에를 매면 소들이 괴로워한다. 힘센 마소도 항상 수레를 끌게 하고 너무 무거운 짐을 지우면 지친다. 그래서 한국 농민들은 소달구지에 짐을 다 싣지 않고 일부 짐을 지게로 나눠진 채 소달구지를 끌었던 것이다. 그리고 새끼를 밴 암말은 특별히 먹이를 더 많이 주고, 더 잘 보살펴주었다.

공자는 '대인大仁', 즉 사람의 '큰 사랑'을 동물복지를 넘어 식물복지로까지 확장했다. 증자는 공자의 뜻을 받들어 이렇게 말한다.

수목은 때맞춰 벌목한다. (...) 공자는 가로되, '(부모의 방을 덥히기 위해)나무 한 그루를 베도 (...) 그 때를 어기면 효가 아니다'라고 하셨다.(樹木以時伐焉 [...]. 夫子曰 '斷一樹 殺一獸 不以其時 非孝也'.)[412]

부모에게 효도를 한답시고 한창 자라는 나무를 베어 부모의 방을 데우는 것은 '불효'라는 말이다.

---

409) 『禮記』 「郊特生 第十一」(001).
410) 『大戴禮』 「第十九 衛將軍文子」.
411) 廖名春 釋文, 「馬王堆帛書 '二三子'」, 16-17쪽. "聖王之正 牛參弗服 馬恒弗駕 不憂乘 牝馬 (...)粟時至 芻槀不重."
412) 『禮記』 「祭義」.

또 공자는 자연식물까지 아끼는 제자 고시의 식물사랑의 행동을 이렇게 극찬했다.

고시는 공자를 뵙고 나서부터 문호를 들어가면 남의 신발을 넘지 않았고, 왕래하면서 남을 지나치면 그의 그림자를 밟지 않았고, (...) 한창 자라는 것을 꺾지 않았다. (...) 이것이 고시의 행동이다. 공자는 말하기를, "고시가 (…) 한창 자라고 있는 식물을 꺾지 않은 것은 공감이고, 공감은 인애이니, 탕임금은 공감으로 공경했고 이런 까닭에 나날이 발전했다"라고 했다.(自見孔子 入戶未嘗越履 往來過人不履影 [...] 方長不折 [...]. 是高柴之行也. 孔子曰 [...] 方長不折 則恕也 恕則仁也. 湯恭以恕 是以日躋也).[413]

그래서 공자는 이와 부합되게 "나무는 때에 맞지 않게 벌목해 내다 팔아서는 아니 된다(木不中伐 不粥於市)"는 금법도[414] 언명한 것이다. 시장이 "때에 맞지 않게 벌목한 나무"를 가려낼 능력이 없기 때문에 이 가려내는 일을 시장에 맡기지 않고, 때를 어겨 벌목한 나무를 시장에 내는 것을 금지하는 '유위有爲의 금법'을 세운 것이다.

공자의 인정론은 동식물을 아끼고 기르며 생명 없는 사물들과 자연자원을 아끼고 소중히 하는 '애물'까지 포함해야만 완성된다. 앞 세대가 자연사물을 '애육'해 온전한 자연을 후대에 물려주는 경우에야 자손만대의 양민을 가능하게 하는 '장인長仁'을 실천할 수 있기 때문이다.

인간은 생존을 위해 자연을 먹고 이용하고 자연에 의존해야 한다. 그러나 이 자연이용을 인간적 생존의 필요에 한정해야 하고 이러한 자연이용 속에서도 이로 인해 생기는 자연의 손상과 피해를 최소화하며, 자연을 아끼고 애육해야 하는 것이다. 이것만이 천도天道를 우러르고 지도地道를 본받는 진정한 인도人道다. 이처럼 인도가 명하는 인간사랑도 천도와 지도가 명하는 자연사랑, 즉 자연복지와 자연애육에 근본을 두고 실천해야 한다. 그러므로 본질적으로 인간의 예법

---

413) 『大戴禮』「第十九 衛將軍文子」.
414) 『禮記』「第五 王制」.

은 자연에 근본을 두고 자연을 본받아 만들어야 하는 것이다. 따라서 이러한 예의 실천주체인 공맹의 '인간'은 '자연의 정복자'가 아니라, '자연의 사랑방 손님'에 지나지 않는 것이다. '자연의 손님'은 언제나 자연생명을 존중하는 정신에서 자연에 폐를 끼치는 것을 최소화해 자연을 보전하고 나아가 자연을 애육하면서 자연 속에서 겸허하게 즐기고 공손하게 머물다가 물러나야 하는 것이다.

맹자는 공자의 대인과 장인의 자연사랑을 계승해 더욱 발전시킨다. 그리하여 그는 공자의 '인' 개념을 '친친親親'(가족사랑), '인민仁民'(백성사랑), '애물愛物'(자연생물 사랑)의 세 측면으로 구분하고, '애물'을 별도로 강조한다.

> 군자가 자연생물(동식물)에 대해서는 그것을 아끼는 것이지, 인애하지 않는다. 백성들에 대해서는 그들을 인애하는 것이지, 친애하지 않는다. 양친을 친애하고 백성을 인애하고, 백성을 인애하고 자연생물을 아낀다.(孟子曰 君子之於物也 愛之而弗仁 於民也 仁之而弗親. 親親而仁民 仁民而愛物).[415]

맹자는 '애물愛物'을 친친親親·인민仁民과 구분했지만 이 '애물'을 인仁의 보편적 확장으로 이해했다.

맹자가 '애물'을 인仁 또는 측은지심의 연장으로 간주했다는 사실은 도살될 소의 울음소리에 대한 제선왕의 연민에 대한 맹자의 평가에서 잘 드러난다. 맹자는 제사용으로 도살당할 소의 구슬픈 울음소리와 두려움을 동정해 그 소의 도살을 중지시킨 제선왕의 측은지심을 '왕자王者의 자질'로 칭송했다. 일찍이 흄은 동물의 감정에 대한 인간의 공감 능력을 인정했지만 맹자는 더 일찍이 고대에 인간의 이 능력을 공자와 더불어 아주 잘 알았다.

맹자는 동물의 고통에 공감할 능력이 있는 인간만이 왕 노릇할 자격이 있다고 생각했다. 맹자가 제선왕에게 묻기를, "왕께서 당상堂上에 앉아 계실 때 소를 끌고 당하堂下를 지나는 자가 있어 그것을 보고 '소가 어디로 가느냐'고 물으셨는

---

[415] 『孟子』「盡心上」(13-45).

데, 그 자가 대답하기를, '장차 흔종釁鐘의식(새로 지은 종에 제사지낼 때 종에다 소피를 바르는 의식)을 하려고 합니다'라고 하니, 왕께서 '그만두어라! 그 소가 벌벌 떠는 것이 죄 없이 죽으러 가는 것과 같으니 견디지 못하겠다'고 하셨는데, 그 자가 대꾸하기를, '흔종을 폐하리이까?'라고 하니, 왕께서 '어찌 폐할 수 있겠느냐? 양으로 바꿔라!'라고 하셨다는데, 모르겠습니다만 이런 일이 있었습니까"라고 물었다.(曰 [...] 王坐於堂上 有牽牛而過堂下者 王見之 曰 牛何之? 對曰 將以釁鐘. 王曰 舍之! 吾不忍其觳觫 若無罪而就死地. 對曰 然則廢釁鐘與? 曰 何可廢也? 以羊易之! 不識有諸?) 이에 왕이 "그런 일이 있었습니다"라고 답했다.(曰 有之.)[416] 그러자 맹자는 이 일을 이렇게 평가했다.

이 마음으로는 족히 왕 노릇을 할 만합니다. 백성은 다 이를 왕께서 (재물을) 아끼는 것으로 여기는데 신은 왕께서 차마 그것을 견디지 못했음을 압니다.(曰 是心足以王矣. 百姓皆以王爲愛也 臣固知王之不忍也.)[417]

이에 제선왕은 "제나라가 비록 작아도 내가 어찌 소 한 마리를 아끼겠습니까? 그 소가 벌벌 떠는 것이 죄 없이 죽으러 가는 것 같아서 소를 양으로 바꾸라고 했습니다"라고 말했다.[418] 이에 대해 맹자는 이렇게 화답했다.

군자는 금수에게서 그것이 살아있는 것을 보았다면 차마 그것이 죽어가는 것을 보지 못하고, 그것이 죽는 소리를 들었다면 차마 그 고기를 먹지 못합니다. 이것이 군자가 푸줏간을 멀리하는 까닭입니다.(君子之於禽獸也 見其生 不忍見其死 聞其聲 不忍食其肉. 是以君子遠庖廚也.)[419]

---

416) 『孟子』「梁惠王上」(1-7).
417) 『孟子』「梁惠王上」(1-7).
418) 『孟子』「梁惠王上」(1-7): "曰 是心足以王矣. 百姓皆以王爲愛也 臣固知王之不忍也. 王曰 [...] 齊國雖褊小 吾何愛一牛? 卽不忍其觳觫 若無罪而就死地 故以羊易之也."
419) 『孟子』「梁惠王上」(1-7).

동물에 대한 인간의 이런 공감은 인간에 대한 동물(가령 강아지)의 공감에 상호 조응하는 것이다. 인간과 동물에 대한 동물의 공감은 비록 동물이 사유능력이나 상상력이 없거나 미미하더라도 감정과 공감능력이 있기 때문에 이렇듯 가능한 것이다.

또한 '흔종' 제물로 죽을 뻔한 '소' 이야기와 관련하여 맹자는 제선왕에게 왕이 직접 목도한 '소'와 목도하지 못한 '양' 간의 차이를 이렇게 비교해서 설명해준다. 제선왕이 "그 소가 벌벌 떠는 것이 죄 없이 죽으러 가는 것 같아서 소를 양으로 바꾸라고 했습니다"라고 말하자, 맹자는 "왕께서는 백성들이 왕을 인색하다고 여기는 것을 이상하다고 생각지 마십시오. 큰 것을 작은 것으로 바꿨으니, 저들이 어찌 이를 알겠습니까? 왕께서 만약 그 소가 죄 없이 죽으러 가는 것을 측은하게 여기셨다면, 이 일에서 왜 소와 양을 가렸습니까?"라고 말해주었다. 이에 왕이 웃으며 "이게 실로 무슨 마음일까요? 내가 그 재물을 아낀 것은 아닌데 그 재물을 양으로 바꿨습니다. 마땅히 백성들은 이를 두고 내가 인색하다고 말할 것입니다"라고 말했다.420) 이에 맹자가 우는 소에 대한 왕의 공감의 '직접성'을 지적해준다.

상심하지 마십시오. 이것이 바로 인술仁術입니다. 왕께서는 소는 보았지만, 양은 보지 못했습니다. (曰 無傷也 是乃仁術也. 見牛未見羊也.)

맹자의 이 설명을 듣고 제선왕은 기뻐하며 이렇게 자기의 속마음을 후련하게 털어놓았다.

『시경』에 '남이 지닌 마음을 내가 헤아려 아네(他人有心 予忖度之)'라고 노래했는데, 선생을 일컫는 것 같습니다. 내가 행하고 나서 돌이켜 알려고 했으나 내 마음을 알 수 없었는데, 선생이 이를 말해주니 내 마음이 후련합니다.(王說曰 詩云 他人有心

---

420) 『孟子』「梁惠王上」(1-7). "卽不忍其觳觫 若無罪而就死地 故以羊易之也. 曰 王無異於百姓之以王爲愛也. 以小易大 彼惡知之? 王若隱其無罪而就死地 則牛羊何擇焉? 王笑曰 是誠何心哉? 我非愛其財而易之以羊也. 宜乎百姓之謂我愛也."

予忖度之. 夫子之謂也. 夫我乃行之 反而求之 不得吾心. 夫子言之 於我心有戚戚焉.)[421]

유명한 동물사회학자 프란시스 드발(Francis de Waal)은 서양학자로서 보기 드물게 이에 대해 탁월한 주석을 가한다.

맹자는 소에 대한 왕의 동정심을 대단하게 보기보다 왕이 동물의 운명에 관심이 있는 만큼이나 그 자신의 동정하는 마음에 관심이 있는 것으로 보인다고 왕에게 말해주고 있다. (…) 우리는 보이지 않는 것보다 우리가 직접 보는 것에 대해 더 많이 신경 쓴다. 우리는 확실히 타인들을 듣고, 읽고, 또는 타인들에 대해 생각하는 것 등에 기초하여 타인들을 동정할 수 있지만, 순수하게 상상에 기초한 관심은 강렬성과 절실성을 결한다. 친한 친구가 아파 누워 병원에서 고생한다는 소식을 들으며 우리는 동정한다. 그러나 우리의 걱정은 우리가 그의 침대 옆에 실제로 서서 그가 얼마나 파리해 보이는지, 또는 숨 쉬는 데 얼마나 힘들어하는지를 목도할 때 열 배 배가된다. 맹자는 우리로 하여금 공감의 기원에 관해, 그리고 공감이 신체적 연결에 얼마나 많이 의존하는가에 대해 성찰하게 만들었다. 이 신체적 연결은 또한 국외자들과 공감하는 데 따르는 어려움을 설명해준다. 공감은 근접성, 유사성, 친숙성에 기초하고, 이것이 공감이 내(內)집단 협업을 촉진시키기 위해 진화했다는 것이 전제된다면 완전히 논리적인 것이다.[422]

제선왕은 소가 벌벌 떠는 것을 직접 보았지만, 양은 보지 못했다. 소는 비싸고 양은 싸서 소를 양으로 바꾼 것이 아니다. 보지 않은 양을 죽이는 것보다 본 소를 죽이는 것이 왕의 공감적 측은지심을 더 크게 자극했던 것이다. 그래서 벌벌 떠는 모습을 보지 않은 양을 택한 것이다. 보이지 않는 생명에 앞서 코앞에 보이는 생명을 먼저 살피는 것은 인간의 본심이다. 제선왕은 자신의 따뜻한 본심을 설명하는 데 능하지 못하지만, 뇌수의 거울뉴런의 본능에 따라 제대로 행동한

---

421) 『孟子』「梁惠王上」(1-7).
422) Frans de Waal, *The Age of Empathy: Nature's Lesson for Kinder Society* (New York: Three Rivers, 2009), 220-221쪽.

것이다. 맹자는 이렇게 선근후원先近後遠의 순서로 인덕의 마음을 베푸는 것을 '추은推恩' 방법의 '인술'이고 동시에 '군자의 도'라고 설명해주고 왕의 이 본능적 성품에서 '왕자王者'의 가능성을 보고 있는 것이다.

명·청대 유자들은 불교의 방생放生활동과 무관하게 공맹의 애물사상에 근거해 동물해방과 방생을 이론화하고[423] 수많은 방생회를 설립해서 자연보호활동을 벌였다.[424] 그리고 명대 말엽 양동명梁東明·안무유顏茂猷 등 몇몇 유자들은 주굉袾宏(1535-1615) 스님과 함께 공자의 애물에 근거해서 1583년 중국에 도착한 예수회 가톨릭선교사들과 싸우며 '동물은 영혼이 없다', '동물은 하늘이 인간에게 잡아먹으라고 낸 것이다', '윤회설은 불합리하다'는 기독교 교리를 비판하고 물리쳤다.[425] 양동명과 주굉은 "호랑이가 사람을 먹는다면 사람들이 사람들이 호랑이를 위해 길러진다고 말할 것이다"라고 비꼬았다. 예수회 선교사들에게 포섭된 가톨릭 개종자들은 이에 많은 유자들과 충돌했다. 그러나 방생과 동물해방 운동은 마테오 리치가 윤회설에 대한 공격을 개시한 해인 1603년경에 오히려 절정으로 치달았다. 명말 필객들은 어쩌다 윤회설을 터치하기는 했을지라도 주로 사치와 검소, 잔학성과 측은지심, 생과 사, 억압과 해방의 주제들을 고찰했다. 간단히, 이 주제들은 그들이 자선활동을 논할 때 사용한 바로 그 유학적 술어들이었다.[426] 중국에서 동물해방운동은 명대 말엽에 거세게 일어났고 청대에도 20세기 초까지 중국 전역에서 번성했다. 서양철학자들은 공맹의 복지철학과 중국의 복지제도를 수용하면서 기독교교리에 걸려 흄과 아담 스미스까지도 이 유학적 자연복지의 이념과 법제를 완전히 빼먹고 만다. 극동제국은 태고대로부터 동식물의 사랑과 복지를 국가이념으로 삼는 문명권이다. 공맹은 그런 문명에 필요한 근대적 생태도덕론을 제공한 것이다.

---

423) Joanna H. Smith, *The Art of Doing Good: Charity in Late Ming China* (Berkeley·Los Angeles·London: University of California Press, 2009), 23-25쪽.
424) Joanna H. Smith, *The Art of Doing Good*, 15-42쪽.
425) 梁東明, 『山居功課』(1624), 8.29b; 顏茂猷, 『迪吉錄』(1631), '平集'(10b); 袾宏, 「戒殺放生文」, 9b, 『雲棲法彙』(南京: 金陵刻經處, 1897). Joanna H. Smith, *The Art of Doing Good*, 26쪽에서 재인용.
426) Smith, *The Art of Doing Good*, 26쪽.

서양은 참으로 뒤늦게 중동 너머의 아시아로 눈을 돌린 소수의 철학자들에 의해 비로소 동물의 권리를 논하는 '생태도덕'에 눈을 떴다. 이 소수의 철학자들은 18세기말 루소, 19세기 중반 쇼펜하우어, 20세기 초 막스 셸러다. 그러나 동물권리 관념과 생태도덕은 다시 60-100년간 망각 속에 묻혀 있었다. 서양에서 환경운동이 일어난 1980년대에 다시 생태도덕을 일깨운 에드워드 윌슨(Edward O. Wilson)의 '바이오필리아 가설(Biophilia Hypothesis)'도[427] 서양에서 그리 큰 설득력을 발휘하지 못하고 있다. 이런 생태도덕론은 동식물을 경시하고 하찮게 여기고 고문하는 서양의 기독교적·유대교적·칸트주의적 사이코패스 도덕철학 전통에 의해 줄곧 비주류 이론으로 억압되었다.[428] 이로 인해 서양제국의 생태학적 근대화도 그만큼 저지되어 왔다.

종합하면, 공맹의 도덕과학은 이론에서 이익개념을 완전히 추방하고, 도덕성의 근거를 신의 계시나 기타 술에서가 아니라 본성에서 구하되 본성적 이성이 아니라 본성적 도덕감정과 도덕감각에서 구하고 도덕적 행위를 공감해석학적 경험론으로 탐구하며 도덕과학을 생태도덕으로까지 확장한다. 이런 근거에서 유학적 도덕이론은 '과학'인 것이다. 유학적 도덕과학은 도덕의 근거를 신의 계시나 신탁서(성서)로 돌리는 도덕론을 추방하고, 도덕의 근거를 이성으로 귀인시키는 합리론적 도덕론의 싹을 잘라버렸다. 전자는 주술적 도덕철학이고, 후자는 공리공담적 도덕형이상학, 또는 무실공언無實空言의 도덕허학이다.

2.3. 과학성을 최대화하고 주술성을 최소화한 유학

막스 베버는 유학의 주술적 측면을 과장함으로써 유학을 주술로 무고했다.

---

427) Edward O. Wilson, *Biophilia: The Human Bond with Other Species* (Cambridge: Harvard University Press, 1984·1986).
428) 하버마스는 자연이 말하지 못하고 인간이 자연을 대신해 말해줄 뿐이라는 테제로 '동물의 권리'에 대한 논의를 신비적 의인화론으로 몰아버렸다.

이 때문에 베버의 비방을 먼저 살펴보고 어떤 다른 도덕이론과도 비할 데 없이 과학성을 최대화하고 주술성을 최소화한 유학적 도덕이론과 인문사회이론의 과학성을 밝혀야 할 것이다.

■ 유학이 주술적이라는 베버의 비방

막스 베버는 유교사회의 인간과학적·탈주술적 해방상황을 얼마간 눈치 챘다. 하지만 그는 궁극적으로 유학을 주술적인 것으로 평가절하했다. 일단 베버는 유학의 '종교적 긴장(심각성)의 부재'와 종교에 대한 유자들의 무시 태도를 언급한다.

청교도 윤리는 지상地上의 사물들에 대한 유학의 사로잡히지 않는 무상무념한 입장과 가장 강력하게 대립되게도 "세계"에 대한 강렬하고 격앙된 긴장 속에서 지상의 사물들을 세계와 연결시킨다. (...) 그런데 세계에 대한 긴장, 즉 세계에 대한 종교적 평가절하와 실천적 부정을 절대적 최소한으로 축소시킨 이러한 (의도에 따라) 합리적 윤리는 (...) 유학이었다. 세계는 가능한 세계들 중 최선의 세계이고, 인간본성은 타고난 자질에 따라 윤리적으로 선하고 그 점에서 인간들은 모든 사물에서 같이 어느 정도로 서로 다르기는 하지만, 원칙적으로 동일한 성질이고 아무튼 무제한적으로 완벽화가능하고 도덕률의 완수에 충분했다. 옛 경전에 의한 철학적·문예적 교육함양은 자기완벽화(修身)의 보편적 수단이고, 불충분한 교육과 이것의 가장 주된 이유인 불충분한 경제적 급양은 모든 부덕不德의 유일한 원천이었다. 그러나 이러한 부덕은, 그것도 특히 정부의 부덕은 (순수하게 주술적으로 이해된) 신령들의 동요로부터 생겨나는 화禍의 본질적 이유였다. (...) 개인에게는 전측면적으로 조화롭게 균형 잡힌 인격, 즉 이러한 의미에서의 소우주로의 자기 자신의 완성이 상응하는 이상이었다. 유학의 이상적 인간, Gentleman(군자)의 "우아미와 품위"는 전래된 의무의 이행에서 표현되었다. 따라서 모든 생활상황에서의 전례적典禮的·의례적儀禮的 예절바름은 핵심덕목으로서 자기완벽화의 목표이고, 깨인 합리적 자기제어와, 불합리한 정열에 의한 균형의 온갖 동요에 대한 억압은 그것이 어떤 종류든 자기완벽화를 달성하는 적절한 수단이었다. 그러나 유자(Konfuzianer)는 무교양의 야만으로부터의 구원 외에 그 어떤 "구원"도 욕구하지 않는다. 그가 덕성의 대가로 기대하는 것은 이승에서의 장수, 건강과 부, 죽음을 넘어서까지 좋은 이름을 보존하는 것이다. 정확히 진정한 그리스인들에게서처럼 윤리의 그 어떤 초월적 착근도, 초세계적 신의 계율과 피조물적 세계 간의 그 어떤 긴장도, 피안적 목표를 향한 그 어떤 지향이든, 근본악의 그 어떤 관념이든 결한다. 인간의 평균적 능력에 할당된 계율을 따르는 자는 악으로부터 자유롭다.[429)]

유학의 "합리적 윤리"가 "윤리의 그 어떤 초월적 착근도, 초세계적 신의 계율과 피조물적 세계 간의 그 어떤 긴장도, 피안적 목표를 향한 그 어떤 지향이든, 근본악(원죄)의 그 어떤 관념이든 결한다"는 베버의 유학이해는 올바른 것이다. 그런데 난데없이 그는 도덕의 이유와 원리를 도덕감정으로 파악하는 유학의 감정론적 도덕을 "합리적 윤리"로 오해하고 "진정한 그리스인들"의 윤리와 비슷하다고 말하고 있다.

한편, 베버는 위 인용문에서 유학경전의 이해에서 여러 가지 오류를 노정한다. 그는 가령 "모든 생활상황에서의 전례적·의례적 예절바름은 핵심덕목으로서 자기완벽화의 목표"라고 말하고 있지만, 유학은 이 '예禮'를 핵심덕목으로 간주한 것이 아니라, 늘 '인·의仁義'를 1·2순위의 핵심덕목들로 내세우고 '예'와 '지知(智)'를 인·의를 실현하는 수단적 덕목으로 이해했다. '예'를 1순위 덕목으로 삼은 중국 철학자는 '순자荀子'였다. 이 대목에서 베버는 인·의·예·지의 열거순위를 중시한 공맹을 '순자'로 바꿔치기 한 셈이다.

이와 비슷하게 공자를 잘못 이해하는 오류가 이어진다. 유학윤리에서 "덕성의 대가로 기대하는 것은 이승에서의 장수, 건강과 부, 죽음을 넘어 좋은 이름을 유지하는 것"이라고 『서경』「홍범」의 '오복五福'을 서술하는 그의 말은 '오복'을 결정적으로 잘못 파악한 것이다. 덕성은 대가를 기대하지 않는다. 왜냐하면 유학윤

---

429) Max Weber, *Konfuzianismus und Taoismus* (VIII: Resultat: Konfuzianismus und Puritanismus), 514-515쪽. Max Weber, *Die Wirtschaftsethik der Weltreligion. Gesammelte Aufsätze zur Religionssoziologie I* (Tübingen: Mohr, 1986).

리에서는 "덕은 외롭지 않으니 반드시 이웃이 있다(子曰 德不孤 必有鄰)"는 공자의 명제에서[430] 보듯이 덕행 자체가 인간에게 사회적 어울림의 즐거움(樂=행복)이라고 이해하기 때문이고, 진정한 덕행은 대가를 기대하거나 대가를 받을 것을 의도하지 않아도 결국 이 세상과 하늘에 알려져 명성을 얻을 수밖에 없고, 그리하여 수많은 사람을 이웃으로 얻고 나아가 백성의 지지를 얻기 때문이다. 그리하여 대덕자는 백성으로부터 천하통치를 위임받는다. 이런 의미에서 공자는 "대덕자는 반드시 천명을 받는다(大德者必受命)"고[431] 갈파한 것이다. 이 "천명"은 주술적 천명이 아니라 '백성의 명령'을 말하는 것이다.

『서경』「홍범」에서 기자箕子가 '아홉 번째 홍범'으로 말하는 '오복'은 ①수壽, ②부富, ③강녕康寧, ④유호덕攸好德(덕을 좋아하는 것, 즉 덕행의 즐거움), ⑤고종명考終命(제명대로 살다가 편안히 죽음)이다. 그런데 베버는 '오복'을 열거하면서 덕행의 즐거움을 말하는 '유호덕'을 빼먹고 그 대신에 "유자가 덕성의 대가로 기대하는 것"이라는 오역된 말을 집어넣음으로써 유자가 "덕성의 대가"로 뭔가를 "기대한다"는 정반대 윤리로 뒤집어놓고 있다. 그리고 "유자가 덕성의 대가로 기대하는 것"이라는 베버의 헛말은 이 말이 나오는 문장의 바로 위의 문장에서 베버가 스스로 적시하듯이 유학이 이승의 덕행에 대한 대가를 사후의 피안에서도 기대하지 않기 때문에 "피안적 목표를 향한 그 어떤 지향도 결하는" 유학의 현세주의적 윤리와 배치되는 것이다. 2000여 년 동안 유학은 덕행의 대가를 기대하기는커녕 자기의 죽음으로 인해 아무런 대가도 받을 수 없는 "살신성인殺身成仁"의 덕행까지도[432] 요구하는 도덕철학을 설파해왔다.

이어서 베버는 기독교 선교사들이 이렇게 유학이 원리적으로 원죄나 내세에 대한 관심이 전무하다는 사실을 모르고 중국에서 헛되이 기독교를 포교하려고 애썼다고 지적하면서 유교국가에서는 기독교 선교가 헛짓이라고 제대로 비판한다. 그리고 베버는 구원종교에 대한 유학적 멸시와 '종교'를 '개인사'로 취급하는

---

430) 『論語』「里仁」(4-25.
431) 『中庸』(十七章).
432) 『論語』「衛靈公」(15-9): "子曰 志士仁人 無求生以害仁 有殺身以成仁."

유학적 자유상태를 설명하면서 앞서와 마찬가지로 중국유자들을 고대그리스인들과 유사한 사람들로 본다.

> 선교사들은 이러한 전제가 자명한 곳에서 헛되이 죄의식을 일깨우려고 애썼다. 교양 있는 중국인은 영구적으로 "죄"에 사로잡혀 있는 것을, 그렇지 않아도 어떤 고결한 지식계층에게든 이 개념이 당연히 고통스런 것, 품위 없는 것으로 느껴지는 어떤 것을 가지고 있고 전통적으로 또는 봉건적으로 또는 미학적으로 정식화된 변화(가령 "점잖지 못하다", "밥맛없다")에 의해 대표되곤 하듯이 단호하게 거부할 것이다. 확실히 죄악은 존재하지만, 윤리적 영역에서는 그것이 전래된 권위들, 즉 부모, 조상, 관직위계 안에서의 윗사람에 대한 침범, 따라서 전통주의적 권력들에 대한 침범이고, 전래된 풍습, 전래된 의례, 그리고 마침내 사회적 인습에 대한 주술적으로 꺼림칙한 훼손이다. 금욕과 명상, 고행과 세계도피는 유학 안에서 알려져 있지 않은 것일 뿐만 아니라, 수벌 같이 무위도식하는 기생충적 작태로 경멸된다. 교구敎區종교성과 구원종교성의 어떤 형태든 부분적으로 직접 박해·박멸되고, 부분적으로는 유사한 의미에서 개인사이고, 고전시대의 고결한 그리스인들에게서 가령 오르페우스교 승려가 멸시되었듯이 멸시되었다.[433]

그러나 베버는 얼마간 제대로 된 이 유학분석에서 갑자기 이탈해서 유학의 주술성을 갑자기 과장하기 시작한다.

> 무조건적 세계긍정과 세계적응의 이 윤리의 내적 전제는 그의 인격적 자격으로 신령들의 호의적 태도, 즉 비와 풍년의 도래에 대해 책임 있는 황제의 지위로부터 시작되어 조상신의 단적으로 근본적인 숭배의 공식적·인민적 종교성에 이르기까지, 그리고 비공식적(도교적) 주술처방과 물활론적 신령의무와 인간신격화적·영웅숭배적 직무신령들에 대한 신앙(Funktionsgötterglauben)의 기타 잔존형태들에 이르기까지의 순수한 주술적 종교성의 부단한 존속이었다. 교양 있는 그리스인처럼 교양 있는 유생은 선·악의 신령숭배(Deisidämonie)에 의해 회의와 초인성超人性

---

433) Weber, *Konfuzianismus und Taoismus*, 515쪽.

(*Uebermannheit*)을 균등하게 혼합함으로써 주술적 관념들 안에 들어 있고, 생활영위 속에서 유학의 영향을 받은 중국인 대중은 불굴의 신앙심을 품고 주술적 관념들 안에 들어있었다. 유생은 피안과 관련해 "그곳으로 눈을 반짝이며 돌리는 자는 멍청이다"라고 늙은 파우스트와 함께 말할 것이지만, 이 파우스트처럼 "내가 주술을 나의 길로부터 떼어낼 수 있다면"이라는 제한을 두어야 했다. 고대중국적 의미에서 가장 교양 있는 고위관리들도 임의의 어리석은 기적을 경건하게 숭배하는 것을 거의 주저하지 않았다.434)

"무조건적 세계긍정과 세계적응의 이 윤리의 내적 전제는 (...) 순수한 주술적 종교성의 부단한 존속이었다"는 논변은 완전히 왜곡된 유학비판이다. 왜냐하면 유학의 "무조건적 세계긍정과 세계적응의 윤리"는 무조건적 현세주의와 세속주의를 관철시켜 사회와 국가를 탈脫종교화·탈주술화시키고 모든 종교와 신, 잔존하는 제사와 주술을 가볍게 만들고 주변화시켜 미래에 대한 호기심과 궁금증을 풀어주는 심심풀이 놀이로 격하시켰기 때문이다. 그리고 "무조건적 세계긍정과 세계적응의 윤리"라는 말도 어불성설이다. 왜냐하면 유자는 결코 세계를 무조건 긍정하고 세계에 무조건 적응하는 것이 아니라 늘 임금의 덕치를 조건부로 세계를 긍정하고 출사하며, 출사해서도 임금의 잘못에 대해 간쟁하고 임금이 아예 폭군으로서 간쟁도 듣지 않고 덕치를 무너뜨려 천하가 무도해지면 폭군을 방벌하고 그래도 고쳐지지 않으면 왕조를 바꾸는 역성혁명도 불사하기 때문이다.

그릇된 논변으로 유학의 주술성을 과장하는 베버의 주장은 온갖 종교적 초월성과 초월적 피안의 관념을 거부하는 유학의 탈주술적·세속적 현세주의 윤리를 밝힌 저 위의 인용문과도 모순된다. 그는 또 다시 그리스인을 비교로 끌어대면서 "교양 있는 그리스인처럼 교양 있는 유생은 선·악의 신령숭배를 통해 회의와 초인성超人性을 균등하게 혼합함으로써 주술적 관념들 안에 들어 있고, 생활영위 속에서 유학의 영향을 받은 중국인 대중은 불굴의 신앙심을 품고 주술적 관념들 안에 들어 있었다"고 주장하기 때문이다.

---

434) Weber, *Konfuzianismus und Taoismus*, 515-516쪽.

그리고 이에 잇대서 베버는 유학 교육을 받은 관리들이 관료주의적 권위의 보존을 위해 '주술'을 보존했다는 엉뚱한 해석을 넘어 엉터리 해석을 내놓는다.

지도적 지식인층, 즉 관리들과 관직지원자들은 관료제적 권위의 교란 없는 보존에 절대 필요한 것으로서 주술적 전통의 보존, 특히 물활론적 조상 관련 효도의 보존을 뒷받침하고, 구원의 종교성으로 인한 모든 동요를 억압했다. 도교적 점술과 성례적 은총 외에 평화주의적으로, 따라서 위험하지 않게 허용되는 유일한 구원종교, 즉 불교 승려집단의 구원(해탈)종교는 중국에서 (...) 풍요로운 정서적 내면성의 몇몇 뉘앙스만큼 영혼적 범위를 풍요롭게 함으로써 실천적으로 작용했지만, 그 외에는 오직 주술적 성례은총과 전통강한 전례典禮의 추가적 원천으로서만 작용했다.[435]

베버는 해탈종교 불교도 주술을 강화하는 추가적 요소에 불과했다고 서슴없이 단정짓고, 불교가 허용된 "유일한 구원종교"라고 잘못 기술하고 있다. 당나라 때 이미 중국에서 포교가 허용된 이슬람교와 기독교의 일파인 경교景敎(네스토리우스교)도 "구원종교"였고, 이미 1920년대에 1억 명에 가까운 중국인들(위구르족)이 믿는 이슬람교도 중국의 토착종교가 된 또 다른 "구원종교"였다. 그리고 청대에 강희제도 가톨릭선교사들에게 포교자유를 허용하고 적잖은 선교사들을 황제의 사부나 측근으로 삼았다. 따라서 베버가 저런 헛소리를 할 당시에는 여러 "구원종교들"이 즐비했다.

유학은 압도적으로 '과학'이고 지엽적으로 '시민종교'를 인정한다. 베버는 유교국가 중국의 경계적·한계적 주술행위를 "순수한 주술적 종교성의 부단한 존속"으로 과장함으로써 유학을 강한 주술종교로 변조하고 있다. "바로 이 (유학적) 윤리는 자연과 신, 윤리적 요구와 인간적 불충분성, 죄의식과 구원요구, 이승의 행위와 저승의 보상, 종교적 의무와 정치사회적 실재 간의 그 어떤 긴장이든 완전히 결여했다"는 베버의 말은[436] 그 자신이 종교성을 많이 지니지 않은 유학

---

435) Weber, *Konfuzianismus und Taoismus*, 516쪽.
436) Weber, *Konfuzianismus und Taoismus*, 522쪽.

의 과학성과 지엽적 '시민종교성'을 스스로 인정하는 말이다. 그러나 그는 유학의 종교적 무관심과 유학과 주술의 현격한 단절을 저렇게 완전히 무시하고 있는 것이다. 그리고 그는 오늘날 국가 차원에서도 현충일 등을 국경일로 정해 추념식이나 기념식을 거행하는 것을 아는지 모르는지 조상신에 대한 엄숙하고 경건한 제사("물활론적 조상 관련 효도")를 단순한 주술로 치고 있다.

그러나 주술적·미신적 요소를 희소화·최소화시킨 유학은 근대 이전의 학문들 중에서 가장 과학적인 '모델 과학'이고, 고대희랍이나 기독사회의 도덕이론들에 비해서도 훨씬 더 과학적이고 훨씬 더 경험적이고 훨씬 더 탈주술적인 '인간과학'이다. 칼뱅주의 개신교 신학조차도 베버가 부지불식간에 실토한 바에 의하더라도 철저히 반反계몽적이고 미신적이고 주술적인 몽매주의 신학이다. 베버가 특대하는 칼뱅주의 청교도종파의 핵심교리인 '예정설'은 그 자체가 주술적 교설敎說이고, 베버가 자인하듯이 전형적 청교도는 그 자신이 "주술사"다.[437] 그리고 베버 자신이 자폭自爆하듯 토설한 바와 같이, 청교도주의로서의 칼뱅주의는 계몽주의의 탈주술적·과학적 관점에 대해, 즉 "나중에 계몽주의가 인간을 바라보는 데 쓰는 전혀 다른 안경에 대해 아주 현격한 대립(so auffälliger Gegensatz)을 이루는"[438] 주술적 몽매주의이고, 18세기말에 마녀사냥을 그만둔 가톨릭종파보다 더 오랫동안, 즉 17-18세기만이 아니라, 뉴잉글랜드에서는 19세기 후반까지도 주술적 마녀재판과 마녀처형의 주술적 "미신" 행위를 계속한 끔찍한 종파이기[439] 때문이다. 게다가 주술적·미신적 요소를 희소화·최소화한 유학이 "순수한 주술적 종교성의 부단한 존속"을 윤리적으로 전제한다는 베버의 주장은 앞서 충분히 입증했듯이 새빨간 거짓말 수준의 무고誣告다.

유학은 이단에 대한 공자의 무제한적 관용철학에 따라 외래종교와 백성의 주술행위를 무제한적으로 관용할 뿐만 아니라, 일상생활의 '변경과 경계선'에서

---

437) Max Weber, *Die protestantische Ethik und der Geist des Kapitalismus*, 94, 114쪽. Weber, *Gesammelte Aufsätze zur Religionssolziologie I* (Tübingen: Mohr, 1986).
438) Weber, *Die protestantische Ethik und der Geist des Kapitalismus*, 95-96쪽.
439) Weber, *Die Wirtschatethik der Weltreligionen*, 513쪽.

'유희적 심심풀이'와 '참조'의 용도로 주술을 최소한으로 활용하고 천지와 조상신에 대한 제사의 전통을 계속 이어나가는 것도 마다하지 않는다. 이 세상의 '최대주술'인 기독교와 이슬람교의 종교·포교활동에 대한 유교국가 중국제국의 무제한적 허용은 공자의 무제한적 관용철학과 최소화된 주술활동의 허용 및 활용원칙에 입각한 것이다.

그러나 베버는 최소화된 주술활동에 대한 유생들의 무제한적 관용과 주술의 유희적·참조적 활용 및 제사전통의 계승을 "관료제적 권위의 교란 없는 보존"을 위한 "주술적 전통의 보존, 특히 물활론적 조상 관련 효도의 보존"으로 왜곡하고, "순수한 주술적 종교성의 부단한 존속"을 윤리적 기초로 전제하고 유생들은 "불굴의 신앙심"으로 이 "주술적 관념들"을 고수한다고 무고하고 있다. 베버는 유학과 유학문화를 이토록 왜곡하고 무고하면서도 유학의 '과학성'과 과학적 '일반성'은 논의에서 철저히 배제하고 있다. 베버의 유학비판의 근거는 기껏 이런 왜곡·무고·배제다. "똥 묻은 개가 겨 묻은 개를 나무란다"는 속담처럼 이것은 실로 '거대한 주술의 똥 덩어리'로 범벅이 된 '최대주술 종교'를 종결적 합리화·탈주술화의 종교로 칭송하고 옹호하는[440] '과학의 탈'을 쓴 '무당'이 '주술의 겨'마저도 희소한 '인간과학'을 "불굴"의 '주술'이라고 나무라는 꼴이다.

■ 유학의 본질적 특징: 최대의 과학, 최소의 주술

역술易術(卜筮)·제사 등 주술에 대한 공자의 관점을 정밀하게 살펴보자. 유학의 과학성과 인도성은 초超인간적·초험적 천도·천운天運에 대한 믿음으로서의

---

440) 탈성례적 탈주술화 개념은 "구원수단으로서의 성례적 주술의 부정 또는 배제(die Ablehnung [Ausschaltung] der sakramentalen Magie als Heilsweg)"를 뜻한다. Weber, *Die protestantische Ethik und der Geist des Kapitalismus*, 94쪽 각주3, 114쪽. 그러나 그는 탈주술화 개념을 프로테스탄티즘과 직결시킨다: "교회적·성례적 구원의 절대적 제거(이것은 루터주의 안에서도 그 궁극적 귀결로까지 완수되지 않았던 것이다)는 가톨릭에 비해 절대 결정적인 것이었다. 고대의 유대교적 예언으로 시작했고 희랍의 과학적 사유와 동맹해 구원추구의 모든 주술적 수단들을 미신과 신성모독으로 비난한 세계의 탈주술화의 저 거대한 종교사적 과정은 여기서(칼뱅주의)에서 그 종결에 도달했다." Weber, *Die protestantische Ethik und der Geist des Kapitalismus*, 94-95쪽.

그 주술성과 길항관계에 있기 때문이다. 유학의 주술성이 지엽적이라면 유학은 최대한으로 과학적인 반면, 유학이 압도적으로 주술적이면 유학의 과학성은 최소화될 수밖에 없다.

흄의 종교학 저서와 로크와 칸트의 여러 신학 저서는 후세에 잘 알려지지 않았다. 마찬가지로 공자경전에서 『역경』은 서양에 가장 적게, 가장 뒤늦게, 그것도 가장 부실하게 알려졌다. 『역경』의 요약·번역본이 처음 출판된 것은 1728년에 나온 주역 64괘 중의 15개 괘와 「십익+翼」의 일부분을 라틴어로 옮긴 책으로 비스델루(Claude de Visdelou)의 『역경이라는 중국 서적의 약술, 또는 변화의 전범서(Notices de livre chinois nommé Yking, ou livre canonique des changements)』이다. 그밖에 주역연구서로는 19세기에 출판된 요아쉼 부베(Joachim Bouvet)의 『역경 책의 원리의 일반이념(Idea generalis Doctrinae livre Ye-Kim)』이 있다. 그러나 『역경』 완역서는 19세기 내내 나오지 않았다. 리하르트 빌헬름(Richard Wilhelm)이 유럽 최초로 『역경』의 64괘의 경문과 십익 전체를 완전히 독역獨譯하고 탐구적으로 해설한 책 I Ging-Das Buch der Wandlungen(『역경 - 변화의 서』)이[441] 출판된 것은 겨우 1923년이었다. 1590년 공자의 이름과 철학이 서양에 소개된 지 실로 333년만이었다. 공자의 주술서 『역경』의 완역과 연구가 이렇게까지 늦어진 것은 서양인들이 공자경전을 거의 세속적·탈脫주술적 견지에서만 읽고 주술적 경전을 상대적으로 도외시했다는 것을 입증한다. 이것은 오늘날 로크·흄·칸트·비트겐슈타인을 읽는 독자들이 이들의 기독교신학과 종교철학을 도외시하고 합리적 견지에서 이들의 인식론과 도덕·정치론만을 중시해 애독한 것과 유사한 것이었다.

로크·흄·칸트·비트겐슈타인이 전개한 철학사상의 과학성이 그 초인간적·초험적 신학적·기독교적 주술성과 길항관계에 있듯이, 공자 유학의 과학성도 초인간적·초험적 천도·천운에 대한 공자의 믿음으로서의 주술성과 길항관계에

---

[441] Richard Wilhelm, I Ging-Das Buch der Wandlungen (München: Diederichs, 1923·2000). 그간 세월이 흘러 빌헬름의 독보적 번역과 해석에 도전하는 책들도 나왔다. 가령 Frank Fiedeler, Yijing-Das Buch der Wandlungen (München: Eugen Diederichs Verlag, 1996). 그러나 이 책도 빌헬름을 넘지 못하고 빌헬름의 번역보다 훨씬 더 많은 오류를 담고 있다.

있다. 이 때문에 세계적 보편성과 일반성의 근거로서의 유학 또는 유학의 과학성을 말하는 논리적 맥락에서 '최소한의 신학과 주술적 종교행위로서의 주역 복서卜筮와 제사에 대한 공자의 종교관을 규명하는 것은 본질적으로 중요하다.

주술(종교)과 과학의 경계는 철학마다 달라서 주술의 영역이 커지기도 하고 과학의 영역이 커지기도 해왔다. 스콜라철학은 도덕을 신의 계시로 보고 거기에 합리론적 주석을 다는 식의 계시적 도덕철학을 추구했다. 반면, 공맹은 도덕을 인간본성 속의 4가지 도덕감정들의 확충으로 보았다. 따라서 공자는 인간본성의 신비스런 궁극적 기원을 '천명'으로 제시하지만 그래도 도덕 자체는 신비스런 궁극적 원리의 차원으로 돌리지 않고 천명으로 이미 정해진 인간본성 차원으로 돌려 탈주술화·세속화·인간화하고, 인간본성을 천명으로 한 번 정해지면 변치 않는, 따라서 일단 하늘이 명한 뒤에는 하늘도 변경할 수 없는 것으로 이해했다.

하지만 엄정과학의 이념에 따라 '과학'의 과학적 정의를 추구한 20세기의 분석·과학철학은 과학의 영역을 다시 더 좁혔다. 이런 통에 과학철학에서는 주술의 영역이 오히려 확대되고 말았다. 가령 분석·과학철학자 루트비히 비트겐슈타인은 "세계의 존재"를 "신비스런 것(das Mystische)"으로 다시 주술화하고, "영원의 관점에서의(sub specie aeterni) 세계의 직관", 즉 "한정된 전체로서의 세계의 직관(감지)"을 다시 "신비스런 것"으로 주술화했다.[442] 그리고 도덕도 "신적인 것(das Göttliche)"으로 재再주술화했다.[443] 따라서 우리는 공자의 유학과 유학적 도덕론이 20세기 비트겐슈타인의 언어분석·논리철학보다도 더 과학적인 것이라고 단언할 수 있다. 공자는 과학의 영역을 최소화하고 불가지적 주술적 신의 영역을 최대화한 퇴행적 과학철학자 비트겐슈타인과 정반대로 신의神意를 묻는 점술, 귀신에 대한 제사, 기도 등 신과 주술의 영역을 최소화하고 경험과학의 영역을 최대화했다.

---

442) Ludwig Wittgenstein, *Tractatus logico-philosophicus* [1918], 6.4321-6.45. *Ludwig Wittgenstein Werkausgabe*, Bd. 1 in 8 Bdn. (Frankfurt am Main.: Suhrkamp, 1984).

443) Ludwig Wittgenstein, "Vermischte Bemerkungen", 454쪽. *Ludwig Wittgenstein Werkausgabe*, Band 8 (Frankfurt am Main: Suhrkamp, 1984).

우선 공자는 제사와 기도를 '현세화現世化'함으로써 주술적 의미를 최소화했다. 공자는 '제사'를 죽은 조상에 대한 후손들의 기억과 추념 의식儀式으로 현재화했다. 공자는 귀신을 섬기는 일에 대한 제자 계로季路의 물음에 공자는 이렇게 반문한다.

아직 사람을 잘 섬기지 못하는데 어찌 귀신을 잘 섬기겠느냐?(未能事人 焉能事鬼)[444]

이 반문反問명제는 평서문으로 바꾸면 "죽은 사람의 귀신을 잘 섬기려면 먼저 산 사람을 잘 섬겨라"이다. 그러므로 반문명제의 깊은 뜻은 귀신을 섬기지 말고 산 사람만 섬기라는 데 있는 것이 아니라, 산 사람(살아계신 부모와 조부모)을 잘 섬기다가 보면 산 사람에 대한 효심의 연장선상에서 죽은 (조)부모의 영령(조상신)도 잘 섬기게 될 것이라는 데에 있다. 공자는 섬김의 강세와 우선순위를 산 사람에게로 옮겨놓음으로써 귀신에 대한 제사를 살아계셨을 때의 조부모를 잊지 않고 효심을 계속 간직하는 관점에서 불망의 기념식으로 현세화한 것이다. 이렇게 보면 제사는 죽은 (조)부모의 귀신에 대한 제식祭式라기보다 살아생전의 (조)부모에 대한 추념식으로 변한다. 제사는 (조)부모의 귀신이 납셨다가 흠향하고 돌아가는 것처럼 미신적 믿음 속에서 지내는 무격신앙적 주술행위가 아니라, 살아계셨던 (조)부모의 행적을 기억하고 마치 (조)부모가 살아계신 것처럼 추념하며 거행하는 기념식전紀念式典인 것이다. 제사는 이제 신들린 상상 속에서 조상신(조성의 혼령)을 초혼招魂하는 영전靈前의 주술행위가 아니라, 살아계셨던 (조)부모에 대한 기억과 그리움을 불러일으키는 일정한 의전예식의 엄숙한 공연公演 행위다.

제사가 신들림 속에서 죽은 귀신의 혼을 초혼하는 주술이라면 제사 행사에 대한 자손의 직접 참여는 반드시 필요한 것이 아닐 것이다. '신들린' 상태에서 혼령을 초혼하는 주술은 무당이 대신하거나 무당만이 할 수 있기 때문이다. 하지

---

444) 『論語』「先進」(11-11).

만 제사가 부모에 대한 기억을 환기해 부모가 살아 돌아와 목전에 계신 것처럼 현충일기념식전처럼 죽은 조상을 추념하는 진지한 의전적 연출행위라면 자손들은 제사에 꼭 몸소 참여해야만, 즉 '친제親祭'해야만 할 것이다.

조상에 대한 제사는 (조상이) 살아계신 것처럼 지냈고(祭如在), 신에 대한 제사는 신이 현재顯在하는 것처럼 제사지냈다(祭神如神在). 공자는 "나는 제사에 참여하지 않으면 제사지내지 않은 것 같다(吾不與祭 如不祭)"고 말했다.[445]

이 글은 "조상에 대한 제사(祭)"와 "신에 대한 제사(祭神)"의 구별을 전제로 읽어야 한다. 따라서 "제여재祭如在"의 "여재如在"는 '귀신이 와 계신 것처럼'으로 옮기는 그릇된 풀이를 버리고, "조상(아버지나 할아버지)이 살아계신 것처럼"으로 옮겨야 한다. "귀신을 잘 섬기려면 먼저 산 사람을 잘 섬겨라"는 공자의 명제에 따라 제사는 (조)부모가 살아계셨을 때를 기억하고 추념하며 마치 (조)부모가 살아 돌아와 목전에 살아계시며 행동하시는 것처럼 지내야 하기 때문이다. 반대로 "신에 대한 제사"는 "신이 (강림해) 현재顯在하는 것처럼(如神在)" 제사지내야 한다. 여기서 고수되어야 하는 "제여재祭如在"(조상에 대한 제사는 살아계신 것처럼 지내다)와 "제신여신재祭神如神在"(신에 대한 제사는 신이 현재하신 것처럼 지내는 것)의 구분이다. 그리고 "조상이 살아계신 것처럼 제사지내는 것"은 '조상신이 제사상에 와 계신 것처럼 제사지내는 것'보다 더 잘 제사지내는 것이다. 왜냐하면 공자는 저 명제로써 섬김의 강세와 우선순위를 산 사람에게로 옮겨놓았기 때문이다.

그러므로 제사를 조상의 신령을 초혼하는 '영전의 주술'로부터 살아있었을 때의 (조)부모를 기억하고 추념하는 '현세의 공연'으로 전환한 공자의 제례祭禮개혁의 견지에서 "제여재祭如在"의 명제는 "여재如在"를 "(조상이) 살아계신 것처럼"으로 옮길 때만 제대로 이해될 수 있는 것이다. 이 풀이만이 "아버지가 살아계시면 그 뜻을 살피고 아버지가 돌아가시면 그 행동을 살피고, 3년간 아버지의 도道를

---

445) 『論語』「八佾」(3-12): "祭如在 祭神如神在. 子曰 吾不與祭 如不祭."

고치지 않으면 가히 '효'라 부를 만하다(子曰 父在觀其志 父沒觀其行 三年無改於父之道 可謂孝矣.)"는 공자의 명제나,446) 효는 "살아서는 부모를 예로써 모시고, 죽어서는 예로써 장사지내고 예로써 제사지내는 것이다(生事之以禮 死葬之以禮 祭之以禮)"는 명제와도447)합치될 수 있다. 이 명제는 장례와 제례를 둘 다 효로 보고 산 부모를 예로 섬기는 효의 연장으로 이해하는 명제다. 그리고 제사를 (조)부모의 생전에 대한 기억과 추념의 진지한 연극의식으로 전환할 때만, "제사에 참여하지 않으면 제사지내지 않은 것 같다(吾不與祭 如不祭)"는 공자의 '친제親祭' 명제도 정확하게 이해할 수 있다.

　제사를 (조)부모의 생전에 대한 기억과 추념의 엄숙·경건하고 진지한 의전행위로 이해하는 공자의 혁신적 이해는 자손이 (조)부모와의 진정한 공감적 일체감, 즉 진정한 치사랑(孝)을 느끼고 이를 '기억하는' 윗세대의 조부모에게까지만 제사지내는 '3대·4대 봉사奉祀'의 전통적 견지에서도 타당한 것이다. 유학의 제사에서 보통 제사 대상의 조상을 3-4대의 조부모로 한정하는 것은 이 3대까지의 조상들, 멀리 잡더라도 4대까지의 조상들(부모·조부·증조·고조)과만 생전에 직접 접하고 공감과 사랑을 나눌 수 있고 또 그들만을 기억할 수 있기 때문이다. 따라서 후손들이 아래로 내려갈수록 이 후손을 기준으로 살아생전에 직접 접해 공감과 사랑을 나눈 적이 없는 4-5대 이상의 조상들은 제사대상에서 차례차례 제외된다. 조상귀신을 잘 섬기려면 '산 사람'을 먼저 잘 섬겨야 한다는 공자의 원칙은 제사의 대상을 후손들이 조상이 살아있던 생전에 친애를 같이 나누고 이를 기억하는 조상들로 한정하는 이 봉사奉祀 전통과도 부합된다. 조상들이 살아생전에 한 가족으로서 후손들과 자주 접하고 친애를 공감했기 때문에 '산 사람'이 죽더라도 그 친애는 후손의 기억 속에 생생하게 살아 있고, 이 생생한 친애의 기억은 제례의식의 엄숙·경건한 집전으로 전환되어 나타나는 것이다.

　공자는 '기도祈禱'도 현세의 간절한 바람으로 전환시켰다. "공자가 질병을 앓는

---

446) 『論語』 「學而」(1-11).
447) 『論語』 「爲政」(2-5).

데 자로가 기도를 청했다. 그러나 공자가 '그런 게 있느냐?'라고 물었다. 자로가 '그런 게 있는데, 기도문은 '천상의 신과 지하의 신께 당신을 위해 기도합니다'입니다'라고 대답했다. 이에 공자가 '나의 기도는 오래되었다'라고 대꾸했다."[448] 여기서 공자는 자기의 '기도'를 늘 하는 일상의 '간절한 바람'으로 바꿔 이해함으로써 기도의 본질을 현세의 간절한 기원으로 이해하고 별도의 주술적 기도행위를 거부한 것이다.

공자는 주역周易을 이용해 점을 보는 '시서蓍筮'도 대흉과 대과를 피해 덕행을 완수하기 위한 덕행구복德行求福의 보조수단으로 격하한다. 공자가 주역을 통해 '변화의 도道'를 이해하려고 한 것은 신의 소행所行을 알기 위해서였다. "변화의 도를 아는 자는 신이 하는 바를 알기!(知變化之道者 其知神之所爲乎)"[449] 때문이다. 공자는 불가지적 천명·천신·귀신 등을 자주 입에 담지 않았지만, 군자(사회지도층인사)이기 위해서는 반드시 천명을 알고 외경해야 한다고 생각했다. '지인'하려면 궁극적으로 '지천(명)'해야 한다고 생각한 공자는 "천명과 운명을 모르면 군자일 수 없다(不知命 無以爲君子也)"고 말하면서 군자의 '지천명知天命'을 촉구했다.[450] 또 공자는 "50세까지 주역을 배워(五十以學易)"[451] "50에 천명을 알았다(五十而知天命)"고도 말했다.[452] 그래서 공자는 소인이 천명을 모르거나 우습게 여긴다고 비판하면서 천명을 알고 외경하는 군자의 태도와 대비시켰다. "군자는 세 가지 외경이 있는데, 천명을 외경하고 대인을 외경하고 성인의 말씀을 외경한다. 소인은 천명을 알지 못하고 외경하지도 않으며, 대인을 깔보고, 성인의 말씀을 업신여긴다.(孔子曰 君子有三畏 畏天命 畏大人 畏聖人之言. 小人不知天命而不畏也 狎大人 侮聖人之言)"[453]

---

448) 『論語』「述而」(7-35): "子疾病 子路請禱. 子曰 有諸? 子路對曰 有之. 誄曰 '禱爾于上下神祇.' 子曰 丘之禱久矣."
449) 『易經』「繫辭上傳」(9).
450) 『論語』「堯曰」(20-3).
451) 『論語』「述而」(7-17).
452) 『論語』「爲政」(2-4).
453) 『論語』「季氏」(16-8).

그리하여 공자는 천명에 순응하기(順天命) 위해454) 주역서지로 '귀모鬼謨의 지식', 즉 '지천명知天命'을 추구한 것이다. 공자의 시서, 즉 그의 주역점은 70% 정도 적중했고, 따라서 그는 시서를 70%가량 믿었다. 노년에 주역을 애호할 때 제자 자공이 "선생님도 역시 시서를 믿으십니까?(夫子亦信其筮乎)"라고 묻자, "내가 백번 점치면 칠십 번은 맞더라. 주양산周梁山의 점이라도 역시 꼭 그것을 따르는 경우도 많았던 것이다(吾百占而七十當. 雖周梁山之占也 亦必從其多者而已矣)"고 답했던 것이다.455)

하지만 공자는 주역시서에서 길복吉福을 구한 것이 아니라 대과大過와 대흉大凶을 피해 덕행을 완수하려고 했다. 따라서 시서로 얻은 역괘易卦의 괘사卦辭가 제시하는 필요한 덕목에 주목했다. 주역괘사는 길흉을 말하면서 "바르면 길하다(貞吉)", "군자면 길하고 소인이면 막힌다(君子吉 小人否 - 둔遯괘 구사효)", "바른 부인이면 길하고 남편은 흉하다(貞婦人吉 夫子凶 - 항恒괘 육오효)", "소인이면 길하고 대인은 막혔다가 형통하다(小人吉 大人否亨 - 비否괘 육이효)", "대인이면 길하다(大人吉 - 비否괘 구오효)", "군자는 수레를 얻고, 소인은 오두막집도 깨부순다(君子得輿 小人剝廬 - 박剝괘 상구효)" 등과 같이 덕목을 자주 길흉의 조건으로 걸고 있다. 그리고 주역은 거의 모든 괘에서 중도中道 여부를 길흉의 원리로 삼고 있다. 따라서 공자는 주역시서에서 길흉과 직결된 중덕中德 · 인덕仁德 · 지덕智德 · 낙천樂天 등 덕성의 의미를 추구했다. 공자는 주역을 덕성의 관점에서 이렇게 칭송

---

454) 『易學』 澤地萃괘의 彖傳: "用大牲吉 利有攸往 順天命也"; 『孟子』「離婁上」(7-7): "孟子曰 天下有道 小德役大德 小賢役大賢 天下無道 小役大 弱役强. 斯二者 天也. 順天者存 逆天者亡.(천하에 도가 있으면 소덕이 대덕의 부림을 받고 소현이 대현의 부림을 받는다. 천하에 도가 없으면 소국이 대국의 부림을 받고 약자가 강자의 부림을 받는다. 이 둘은 하늘이다. 그리하여 하늘에 순응하는 자는 존속하고 하늘에 역행하는 자는 멸망하다.)"

455) 「馬王堆帛書 '要'」. 이 구절의 해석은 다양하지만 필자는 독자적으로 해석했다. "주양산의 점"은 선진시대의 양산(梁山)과 일정하게 관련된 일차적으로 중대한 점이다. 그러나 고적(古籍)에 선진시대의 양산이 나타나는 곳이 아주 많다. 왕부지(王夫之)가 "산이 양(梁)의 이름을 달고 있는 경우는 있지만 비단 하양(夏陽) 서북쪽의 양산만이 아니다"라고 말한 것은 조금도 과장이 아니다. 이런 이름의 산은 지금의 사천, 섬서, 하남, 산동, 강소 등에도 분포되어 있다. 이 양산들 중 유독 진(秦)과 진(晉)의 교계(交界)에 위치한 양산이 있는데, 이것만이 선진시대의 산 이름인 것은 아니다. 따라서 공자가 말한 "주양산의 점"이 어디의 점인지는 불명(不明)이다.

한다.

주역은 천지에 준한다. 그러므로 천지의 도를 두루 경륜할 수 있다. 주역은 천문을 올려다보고 지리를 내려다보니, 어둡고 밝은 이유를 안다. 주역은 처음을 캐물어 끝으로 돌아오니, 삶과 죽음의 기쁨을 아는 것이다. 주역은 기氣를 쏟아 사물을 만들고, 혼을 돌아다니게 하여 변화를 만드니, 귀신의 정상情狀을 아는 것이다. 주역은 천지와 비슷하므로 어긋나지 않는다. 주역은 만물을 두루 알고 천하를 도제道濟하니, 지나치지 않는다. 두루 행하니 휩쓸리지 않고, 낙천樂天하고 천명을 아니 근심하지 않는다. 주역은 땅을 편안히 하고 인仁에 두터우니 사랑을 잘한다. 천지의 화생을 두루 본받으니 지나치지 않고, 만물을 자세하게 이루니 버리지 않고, 주야의 도에 통하니 지혜롭다. 그러므로 신은 종적이 없고, 주역은 형체가 없는 것이다(神无方而易无體).[456]

'시서'와 관련해서도 공자는 기도와 축무祝巫, 시서점보다 덕의德意를 중시한다고 밝힌다.

나는 『주역』에서 비는 것과 점치는 것을 뒤로하고 그 가운데서 덕의德義를 살필 따름이다(易我後其祝卜矣 我觀其德義耳也). 그윽이 (귀신을) 기려 명수命數에 달하고, 명수를 밝혀 덕에 달하고, 또 인仁을 지키고 의義를 행할 따름이다(幽贊而達乎數 明數而達乎德 又仁[守]者而義行之耳). 귀신을 기리지만 명수에 달하지 못하면 그것은 무당의 일이 되고, 명수를 알지만 덕에 달하지 못하면 그것은 사史가 되느니라. 사무史巫의 서지는 이것들(명수와 덕)을 향하지 않는 까닭에 나는 사무의 서지를 좋아하는 것이 아니니라. 후세 선비들이 혹시 『주역』 때문에 나를 의심하는 자들이 있을 게다. 그러나 나는 그 덕을 구할 따름이다. 나는 사무와 같은 길을 가나 귀결되는 것을 달리한다. 군자는 덕행으로 복을 구한다.[457]

---

456) 『易經』「繫辭上傳(4)」: "易與天地準 故能彌綸天地之道. 仰以觀於天文 俯以察於地理. 是故知幽明之故. 原始反終 故知死生之說. 精氣爲物 遊魂爲變 是故知鬼神之情狀. 與天地相似 故不違. 知周乎萬物而道濟天下 故不過. 旁行而不流 樂天知命 故不憂. 安土敦乎仁 故能愛. 範圍天地之化而不過 曲成萬物而不遺 通乎晝夜之道而知. 故神无方而易无體."

'명수命數'는 주역 괘상卦上의 효수爻數(6개), 대표 수數(6과 9), 수의 음양 성격 (1·3·5·는 양, 2·4·6은 음), 이 수적 음양의 위상位相 조합에 따른 중도(正中) 여부, 중도 여부에 따른 운명 또는 운수를 밝히는 것을 말한다. 귀신을 기리지만 명수에 달하지 못하고 명수를 알지만 덕에 달하지 못한 '사무史巫'와 반대로 군자는 주역 시서에서 명수의 이치와 덕의를 둘 다 추구한다. 공자는 시서의 점술적 의미보다 시서에서 드러나는 덕의德義를 앞세워 시서를 결정적으로 탈脫주술화해서 덕행구복론 속으로 통합한 것이다.

시서의 주술적 용도는 본래 대흉大凶과 대과大過를 피하는 것이지, 행복을 추구하는 것이 아닌 것이다. '덕행구복德行求福'은 덕행으로 행복을 추구하는 것을 말한다. 한편, 덕행 자체도 좌절시킬 대흉과 대과를 주술적 예지豫知에 의해 피하는 것은 '복서피흉卜筮避凶'이다. 주역의 본래 용도는 '구복求福'이 아니라 '피흉避凶'에 있다. 공자는 주역의 괘사와 효사의 의미를 피흉의 관점에서 말한다.

> 대저 『주역』은 강자剛者로 하여금 두려움을 알게 하고 유자柔者로 하여금 강剛함을 알게 한다. 어리석은 사람은 행하면서 (강함을) 잊지 않게 하고, 참괴慙愧한 사람은 행위에서 속이는 것을 없애 준다. 문왕은 인덕을 갖췄으나 뜻을 얻지 못해 근심을 지닌 반면, 주왕紂王은 무도無道했다. 이에 문왕이 『주역』의 괘사卦辭를 지어 탈을 피했는데 이런 일이 있고 나서부터 『주역』이 흥하기 시작했다.458)

이 구절은 『역』의 발생이 '구복' 또는 '구길求吉(행운 또는 길운 추구)'과 무관하고 탈과 흉액을 피해 근심을 없애는 '피구辟咎·피흉避凶'의 목적과 관련되어 있음을 밝혀 준다. 공자는 주역의 용도를 문왕이 주역을 짓던 당시의 본래적 용도로 되돌려 놓은 것이다.

---

457) 廖名春 釋文 (續四庫全書編纂委員會 編),『馬王堆帛書周易經傳釋文』「馬王堆帛書 '要'」(上海: 上古籍海出版社, 1995).

458) 『馬王堆漢墓帛書』「要」: "子曰 (…) 夫易剛者使知瞿 柔者使知剛 愚人爲而不忘 亻斬人爲而去詐. 文王仁不得其志 以成其慮. 紂乃无道 文王作 諱而辟咎 然後易始興也." 鄧球柏,『白話帛書周易』, 339쪽; 續四庫全書編纂委員會 編,『馬王堆帛書』, 37쪽.

그리하여 공자는 "앞이 길하면 그냥 가고 불길하면 재빨리 피하니, 그 요지를 살피는 자는 덕을 그르치지 않는다(前羊而至者 弗羊而巧也 察其要者 不跪其德)"고 말한다.[459] 덕행만이 '구복求福의 길'이고, 주역시서는 '피흉의 길'에 불과하다. 덕행과 시서는 덕행을 그르치지 않고 완수할 목적으로 연결된 것이다. 그리고 개인에게 시서가 덕행을 망칠 운명적 대흉과 대과를 미리 알고 피하는 유일한 방책이라면, 역괘에서 도덕철학적 이치를 구하고 해명하는 역학易學은 덕행을 궁구하는 도덕철학에 부속될 수 있는 것이다. 이 단계에서 공자의 도덕과학은 주역시서와 덕행을 하나로 통합한다.

나아가 공자는 덕행구복의 관점에서 제사, 기도, 축무祝巫, 시서蓍筮를 가급적 탈주술화했을 뿐 아니라, 그 빈도를 줄이고 희소하게 만들 것을 바랐다.

> 군자는 덕행으로 복을 구한다. 이런 까닭에 제사는 지내되 적어지고(君子德行焉求福 故祭祀而寡也), 인의로 길함을 구하는 까닭에 복서는 하되 드물어진다(仁義焉求吉 故卜筮而希也). 축무와 복서는 그 뒤인 것이다!(祝巫卜筮其後乎).[460]

공자는 덕행구복과 인의구길仁義求吉을 축무와 복서에 앞세우는 것으로 그치지 않고 복서를 희소하게 만들고 축무와 제사를 과소寡少하게 만든다고 말하고 있다.

그러나 공자는 덕행으로 복서를 폐하고 덕행으로 대신하는 '이덕대점론以德代占論'을 주장하거나 제사와 축무(기도)의 폐지를 주장하지 않았다. 공자는 전통적 주술을 근대적으로 리메이크·리인벤팅(reinventing)하고 주술을 희소화시킬 것을 주장했을 뿐이다. 공자는 덕행구복을 앞세워 복서·제사·축무의 의미를 현세적 도덕의 관점에서 새롭게 하고 그 빈도수를 줄이고 드물게 하는 '이덕희점以德稀

---

459) 『馬王堆漢墓帛書』 '要'. 鄧球柏, 『白話帛書周易』, 339-40쪽. '속사고전서본'은 '卜筮之蔡'를 '卜筮之蘩'로, '不跪其德'을 '不跪其福'으로 해독하고 있다. 續四庫全書編纂委員會 編, 『馬王堆帛書』, 37쪽. 여기서는 등구백을 따랐다.

460) 『馬王堆漢墓帛書』 '要'.

占·이덕과제以德寡祭'를 추구한 것이다. 신의 문제는 인간이 헤아릴 수 없으므로 '인간 공자'가 복서·축무·제사 등을 함부로 폐할 수 없었기 때문이다.

신을 알지 못하면서 신과 관련된 복서·축무·제사 등을 함부로 전폐全廢하는 것은 신지神智 차원에서 '신에 대한 불경不敬'에 그치지 않고, '인지人智' 차원에서도 치명적으로 '어리석은 짓'이다. 공자의 지론을 상기하면, "아는 것을 안다고 하고 알지 못하는 것을 알지 못한다고 하는 것이 참 지식이기" 때문이다. 따라서 '인지'로 알 수 없는 것에 대해 알지 못한다고 인정하고 복서·제사·축무를 줄이되, 그 전통을 무시하지 않고 심지어 희소화된 복서·제사·축무에서도 덕의를 구하고 경건하게 신지를 맛보는 것은 그 자체가 '지혜'인 반면, '인지'로 알 수 없는 신적인 일들에 대해 아는 체하고 함부로 폐지하는 것은 '어리석음' 그 자체인 것이다. 그러므로 공자의 '이덕희점·이덕과제' 명제에는 그의 경험론적 지혜와 절도가 들어 있는 것이다. 아무튼 이 절도 있는 '이덕희점·이덕과제론'으로 공자는 복서·제사·축무·기도 등 '종교적 성격'의 행위들을 몽땅 희소화·과소화寡少化·종속화·주변화시켰다.461)

공자의 철학과 과학은 제사·기도·시서를 결정적일 정도로 탈주술화·현세화·도덕화함과 동시에 그 빈도수를 줄이고 드물게 한, 말하자면 주술과 종교의 영역을 주변화·최소화시키고 인간과학과 도덕과학의 영역을 최대화한 탈주술화·세속화 철학과 인간과학이다. 공자의 이 탈주술화·세속화 철학과 인간과학을 몸으로 배운 중국과 (15세기 이래 중국보다 더 유교적이었던462)) 한국은 고대로부터 주술과 종교를 삶의 중심에서 주변으로 밀어냈고 주술과 종교를 유희적 심실풀이와 참조사항으로 격하시켰다. 이 과정에서 극동사회 전체가 결정적으로 탈주술화·탈종교화되었다. 이 탈종교적 사회상황을 중국에 영주한 선교사 필립 쿠플레(Philippe Couplet, 중국명: 柏應理, 1623-1693)는 17세기 말엽 "이 (중국)백성들 사이에서 종교는 괄시받는다"는 결정적 증언으로 확인해 준 바 있다.463) 한국을

---

461) 공자의 역학에 대한 상론은 참조: 황태연, 『공자의 인식론과 역학』, 389-441쪽.
462) 참조: Odd Arne Westard, *Empire and Righteous Nation - 600 Years of China-Korea Relations* (Cambridge, Mass; London: The Belknap Press of Harvard University Press, 2021).

1901년 방문해 수개월간 곳곳을 둘러본 독일기자 지그프리트 겐테(Siegfried Genthe, 1870-1904) 박사는 당시 한국인의 탈종교성·무無종교성에 대해 기술한 바 있다. "한국인은 진짜 거의 무종교적(religionslos)이다. 사람들은 농담으로 한국인이 그 나라에서 세력 있는 서너 개의 종교를 두루 냄새 맡으면서도 어느 종교에도 얽매이지 않는 독특한 (종교적) 무관심을 말해왔다."464) 겐테의 이 짧은 기록은 종교문제를 '참을 수 없이 가벼운 마음'으로 대하고 이 종교, 저 종교를 믿어보면서도 어떤 종교도 취하지 않는 당시 한국인들의 탈종교적·세속적 삶을 잘 묘사하고 있다. "서너 개의 종교를 두루 냄새 맡으면서도 어느 종교에도 얽매이지 않는" 한국인들의 이런 독특한 종교적 "무관심" 속에 담긴, 어떤 종교도 배격하지 않는 종교적 관용의 여지는 "이단을 공격하는 것은 재해다"라는 공자의 가르침과465) 표리관계에 있다. 탈주술성과 무종교성이 사상·종교에서의 '무제한적' 관용과 자유를 한국과 중국의 생활문화로 확립시켰던 것이다.

지금까지 논의로써 공자의 유학이 과학의 영역을 최대화하고 주술과 종교의 영역을 최소화해서 주변으로 밀어내고 분리시킨 인간과학임이 명확해졌다. 그래서 유학은 본질적으로 '종교'가 아니라 '과학'인 것이다.

로크는 도덕을 일종의 수학적 엄정과학이라고 주장하면서도 경건한 기독교 신앙을 견지하고 합리적 기독교 신학을 추구했고, 흄은 인간과학을 광포廣布하고 기독교를 이신론적으로 상대화한 종교론을466) 설파했고, 아담 스미스는 탈脫계시론적 도덕철학을 전개했으면서도 기독교신앙을 버리지 않았다. 그리고 합리주의 형이상학을 전개한 칸트는 노경에 신神을 이성의 테두리 안에 가두는 척하면

---

463) Intorcetta, Couplet, Herdtrich, Rougmont, *Confucius Sinarum Philosophus, sive Scientia Sinensis*, 'Proëmialis Declatio', 251쪽; Meynard (ed. & trans.), *Confucius Sinarum Philosophus (1687), The Fist Translation of the Confucian Classics*, 'Preliminary Discussion', 90쪽.
464) Siegfried Genthe, *Korea: Reiseschilderungen von Dr. Sigfried Genthe*, 206-207쪽. *Genthes Reisen*, Band I, herausgegeben v. Georg Wegener (Berlin: Allgemeiner Verein für Deutsche Literatur, 1905). 지그프리트 겐테(권영경 역), 『신선한 나라 조선, 1901』(서울: 책과함께, 2007). 이 번역본은 치명적 오역이 종종 눈에 띈다.
465) 『論語』「爲政」(2-16): "子曰 攻乎異端 斯害也已."
466) Hume, *The Natural History of Religion* [1757], 17쪽.

서 역으로 도덕의 최종단계를 신국·교회·사후상벌 등 기독교신학으로 매듭짓는 엽기적 신학서 『단순한 이성의 한계 안에서의 종교에 관하여』(1793)에서 성서와 스콜라신학의 '원죄적 성악설'을 그대로 반복하고, "금욕적 전쟁종교"로서의 기독교(막스 베버)의 호전성을 그대로 계승해서 "인간에 대한 지배"를 둘러싼 "선善원리"의 "악惡원리"와의 도덕적 "투쟁", "지상에서의 신국神國의 창설"을 위한 "악원리"에 대한 "선원리"의 "승리" 등 전쟁용어들을 되뇌며 반反계몽적 스콜라신학을 '신장개업'했다. (이에 대해서는 뒤에 상론한다.) 비트겐슈타인은 시사했듯이 도덕을 재주술화하고 종교적 주술의 영역을 최대로 확장했다. 그래도 로크, 흄, 스미스, 칸트, 비트겐슈타인의 철학이 '종교'가 아니라 '과학'이라면, 과학성을 최대화하고 주술성을 최소화한 유학은 그들의 과학 이상으로 '과학'인 것이다. 또한 공자의 유학은 '공감적 해석학'을 인간과학의 방법론으로 갖춘 점에서 해석학적 방법론을 결한 흄의 인간과학보다 더 과학적인 과학이다.

한 걸음 더 나아가 공자의 유학은 칸트의 합리주의적 형이상학보다 더 과학적이다. 공자의 경험주의적 인식론도[467] 칸트의 인식론보다 훨씬 더 과학적이다. 칸트의 선험적 인식론은 '경험'을 지성화하고 다시 '지성'(오성)을 순수이성 속으로 포섭함으로써 결국 '경험'을 하나의 먼지 같은 사소한 계기로 소실消失시키기[468] 때문이다. 그리고 공자의 인간과학, 특히 공자의 도덕과학은 칸트의 도덕형이상학보다[469] 무한히 더 과학적이다. 칸트의 도덕론은 도덕을 선험적 순수이성이 입법한 도덕법칙으로 변질시켜 인간의 도덕감각적·도덕감정적 본성과 대척적인 것으로 만들고 '감성계'를 초월한 '예지계'로서의 신국으로 괴리시키기 때문이다. 심지어 공자의 역학조차[470] 소크라테스와 플라톤의 신탁론보다 더

---

467) 공자의 인식론에 관해서는 참조: 황태연, 『공자의 인식론과 역학』, 61-288쪽.
468) 칸트의 인식론 전반에 대한 상세한 분석과 비판은 참조: 황태연, 『공자와 세계 (5): 서양의 지식철학 (하)』 (파주: 청계, 2011), 704-768쪽.
469) 칸트의 도덕철학에 대한 비판적 분석은 참조: 황태연, 『공자와 세계 (5): 서양의 지식철학 (하)』, 768-879쪽; 황태연, 『감정과 공감의 해석학』, 462-472쪽, 507-509쪽, 1206-1221쪽, 1653-1688쪽. 칸트의 미학에 대한 비판은 참조: 황태연, 『감정과 공감의 해석학』, 1355-1376쪽.
470) 공자의 역학에 대한 상세한 분석과 논의는 참조: 황태연, 『공자의 인식론과 역학』, 389-648쪽.

과학적일 뿐만[471] 아니라, 칸트의 신학보다 훨씬 더 과학적이다. 칸트는 아무런 근거제시도 없이 모든 점술을 무차별적으로 인정하고[472] 앞서 시사했듯이 성서의 원죄적 성악설을 그대로 고수했다.

그리고 공자의 유학은 과학성을 최소화하고 주술성을 최대화한 비트겐슈타인의 반反계몽적·몽매주의적 과학철학보다는 몇 곱절 더 과학적인 '과학'이다. 또한 유학은 비트겐슈타인의 언어분석·논리철학은 말할 것도 없고 언어물신주의적·언어실증주의적 해석학에 의거한 하버마스나 가다머의 철학보다 오류의 위험이 훨씬 더 적기 때문에 훨씬 더 과학적이다. 유학은 상론했듯이 비트겐슈타인의 언어분석적 철학이나 하버마스나 가다머의 '언어실증주의학적 해석학'과 같은 것을 비판적으로 청산하고 '일이관지의 충서忠恕' 또는 '서이충지恕以忠之'의 명제를 천명함으로써 '공감적 해석학'을 인간과학의 유일한 방법론으로 택했다.

공자의 인간과학으로서의 '유학'의 이 최고의 과학성은 극동과 극서를 종파에 관계없이 탈주술화·세속화·계몽시킨 유학의 인류적 보편성과 지식철학적 일반성의 한 근거였다. 유학의 탈종교적·지식철학적 일반성과 인류적 보편성은 유학이 종교적 몽매에 싸인 세계의 여러 문화권과 지역들로 문명투과적으로 전파될 수 있는 종교초월적 힘이었다.

주역경문의 경험적·실증적 해석과 시서·점단법(蓍筮占象法)에 관해서는 참조: 황태연, 『실증주역(상·하)』(파주: 청계, 2008·2012).
471) 참조: 황태연, 『공자의 인식론과 역학』, 441-482쪽.
472) Immanuel Kant, *Anthropologie in pragmatischer Hinsicht* [1798]. *Kant Werke*, Bd. 10 (Darmstadt: Wissenschaftliche Buchgesellschaft, 1983), 493-494쪽. 칸트의 점술론에 대한 분석은 참조: 황태연, 『공자의 인식론과 역학』, 389-391쪽.

제2장

공맹철학의 서천과 서양 도덕과학의 흥기

제1절
유학적 도덕과학과 서양 도덕론의 과학혁명

16세기 말부터 중국의 경험적 기술과학과 공맹의 경험론적·본성론적 인간과학과 도덕감정론적 도덕과학이 서양에 전해지고, 프란시스 베이컨이 여기로부터 서양의 경험론적 자연과학 이론을 재창조해냈고, 다시 여기로부터 데이비드 흄이 경험론적 인간과학(인문·사회과학) 이론과 도덕과학 이론을 발전시킨 것에 대해서는 위에서 상론했다. 여기서는 공맹의 인애·정의감 등 도덕감정과 시비지심 개념이 전해지는 과정과, 서양철학자들이 이 유학의 도덕감정적 도덕론을 서양적 관점에서 음양으로 소화한 양상, 그리고 18세기 서양의 도덕철학자들이 도덕감정론적 도덕과학을 완성한 역사적 사실을 고찰하고자 한다.

'모럴리스트(*moralist*)'라 불린 일단의 계몽철학자들을 일으킨 것은 공맹의 도덕감정론이었지만, 특히 '시비지심' 개념이 서양 도덕론에서 '이성'의 설 자리를 없애버리는 전복적·혁신적 역할을 수행했다. 공맹철학이 서양에 알려지면서 맹자의 '시비지심' 개념이 맨 먼저 서양 도덕철학을 강타했기 때문이다. 서양철학자들이 이 본성적 시비지심 또는 도덕감각의 존재를 알게 되면서 서양 도덕철학에서 일대 '혁명'이 일어났다. 왜냐하면 섀프츠베리 이래 새로 형성된 도덕감각학파들이 계몽사상계를 주도하면서 탈脫신학적·무신론적 도덕철학을 전개했기 때문이다. 기존의 합리주의적 도덕철학은 유신론적 스콜라철학의 전통에 따라 도덕을 '이성'으로부터 도출하거나 '이성의 사실'로 단정함으로써 철학계를 주름 잡았으나 본성적 도덕감정론의 등장과 동시에 일제히 빛을 잃었다. 이런 흐름에서 보면 18세기 말 칸트의 '근엄한' 성직자 복장의 실천이성적 공리주의와 19세기 말 벤담과 밀의 산술적·쾌락적 공리주의는 일종의 자본주의적·제국주의적 반동의 도덕철학이었다.

우리의 내감에는 4대 변별능력(판단감각), 즉 쾌통·재미·미추·시비감각이[1) 있다. 향후 모든 논의에서 우리는 줄곧 혼동되는 이 판단감각들을 구분하고 이 판단감각들에 뒤따라 산출되는 기분좋음(이로움)·재미있음·아름다움·훌륭함(잘함·바름·선함)의 네 가지 평가감정을 최대한 선명하게 구별하려고 노력해야 한다. (이에 대해서는 나중에 거듭 논의될 것이다.) 맹자의 시비지심 개념을 통해 처음으로 이론화되는 '시비지심'은 시비감각과 시비감정을 포괄한다. 시비감정은 도덕적 선악의 평가감정으로서 잘잘못, 가·불가의 칭찬·비난감정, 결백감(떳떳함과 자찬감(뿌듯함), 죄책감(죄송함·미안함)과 자책감(심적 가책) 등을 말한다. 그리하여 이 시비감각과 시비감정은 네 가지 도덕감정(측은·수오·공경지심과 근친상간금지)의 중화 여부와 과·불급을 판단하는 '도덕감각'과 '평가적 도덕감정'(도덕적 평가감정)이다. 이를 통해 이해利害 또는 손익을 아름다움과 혼동하거나, 도덕성과 혼동하거나, 다시 이 도덕성을 아름다움과 혼동하는 이론들을 해체시켜야 한다.

맹자의 '시비지심' 개념은 오늘날 동서양의 학계가 까맣게 잊은 사실이지만 마르티니·노엘 등 선교사들의 여러 저작과 맹자경전 번역서를 통해 도덕감정 개념과 함께 일찍이 서양에 전해졌다. 그리하여 맹자의 '시비지심'은 영국 모럴리즘의 창시자 샤프츠베리의 도덕론에서 '시비감각(sense of right or wrong)' 또는 '본성적 도덕감각(natural moral sense)'이라는 술어로 '별안간 하늘에서 뚝 떨어지듯' 돌비적突飛的으로 서양철학계에 등장한다. 이후 '시비감각론' 또는 '도덕감각론'은 샤프츠베리를 계승한 허치슨, 다시 이 둘을 계승한 흄과 스미스, 그리고 다윈과 스펜서를 거쳐 오늘날 서양의 진화생물학, 사회생물학, 뇌과학, 사회심리

---

1) 여기서 "쾌통(快痛)감각"은 육체적 외감의 자극에 의해 생기는 쾌감과 통감이 아니라, 욕망을 충족시키는 데서 생기는 내감의 유쾌함과 불쾌함, 즉 기분좋음과 기분나쁨을 말한다.

학, 도덕철학, 정치철학 등의 '도덕감각'으로 자리 잡게 되었다. 본성적 시비감각론의 이 전파·확산·발전과정을 통시적으로 재구성해 보자.

1.1. 1600년 전후 공자철학의 서천

근세 초 공맹철학의 서천에 관해서는 앞서 간간히 언급했다. 여기서는 이에 대해서 부분적 중복을 무릅쓰고 종합적·포괄적으로 상론하고자 한다. 동서 간 철학교류의 역사에 무지한 서양의 '서구중심주의 사상가들', 즉 '사상적 제국주의자들'과 동아시아의 '서구맹종주의자들'은 16세기 말과 17세기 초에 이미 공맹철학이 유럽에 전해졌고, 그리하여 공맹철학은 유럽 계몽철학의 아이콘이 되었다는 사실을 모르거나 무시한다. 그러나 독일의 진보적 문화사가이자 반(反)나치 투사 아돌프 라이히바인(Adolf Reichwein, 1898-1944)은[2] 1921년 마르부르크대학교 박사학위논문 『18세기 중국과 유럽(China und Europa im Achtzehnten Jahrhundert)』(1922년 출판)에서 이 역사적 사실을 상기시키며 "공자가 18세기 계몽주의의 수호성인이 되었다(so wurde Konfuzius zum Schutzpatron der Aufklärung des 18. Jahrhunderts)"고[3] 확인했다. 그리고 1970년 존 패스모어(John A. Passmore)는 철학사적 회고 속에서 1700년 전후에 일어난 유럽사상의 대변동을 "공자화(Confucianisation)"라

---

2) 라이히바인은 슈타우펜베르크(Claus S. Graf von Stauffenberg)의 반(反)히틀러 봉기모의와 연계해서 저항운동을 하다가 1944년 7월 4일 체포되어 10월 20일 처형당했다. 오늘날 Berlin-Neukölln, Düsseldorf, Essen, Frankfurt am Main, Freiburg, Friedberg, Halle (Saale), Heusenstamm(Hauptschule, Realschule와 das Gymnasium), Hilden, Jena, Kiel, Langen, Langenhagen, Limburg an der Lahn, Lüdenscheid, Marburg, Meudt, Moers, Neu-Anspach, Nürnberg, Pohlheim, Pretzsch (Elbe), Wiesbaden, Witten, Cell(니더작센주), Osnabürck 등지의 수많은 독일 중고등학교와 전문대학·대학교가 "Adolf Rechwein"이라는 이름을 달고 있다.

3) Adolf Reichwein, China und Europa im Achtzehnten Jahrhundert (Berlin: Oesterheld & Co. Verlag, 1922), 86쪽; 영역본: China and Europe - Intellectual and Artistic Contacts in the Eighteenth Century (London·New York: Kegan Paul, Trench, Turner & Co., LTD and Alfred A. Knopf, 1925), 77쪽.

불렀다.[4]

■ 1590년 발리냐노와 산데의 공자철학 소개

　공자와 유학철학의 개요는 1590년 16세기말, 즉 명대 말에 이미 알레산드로 발리냐노(Alessandro Valignano)와 두아르테 데 산데(Duarte de Sande) 신부가 집필한 『로마교황청 방문 일본사절단(De Missione Legatorum Iaponesium ad Romanum Curiam)』에서 'Confucius'라는 공자의 라틴어 이름과 함께 유럽에 최초로 소개되었다. 일단 발리냐노와 산데는 "가장 유명한 이 나라의 명성은 우리들 사이에서 아주 널리 퍼져 있다"고[5] 확인하고 있다. 그들의 눈에 "가장 유명한 나라" 중국은 "세계에서 가장 큰 왕국"이었고, "가장 크고 가장 부유한 풍요"의 소득과 세금을 거두는 나라였다.[6] 따라서 중국의 기술은 유럽인들에게 선망의 대상이었다.

　포르투갈・스페인사람들이 도자기・비단・향신료 등 부지런히 유럽으로 실어 나르면서 중국인과 일본인들도 유럽으로 데리고 왔다. 1520년대에 유럽 땅을 처음 밟은 아시아인은 스페인사람들이 통역사로 활용한 3명의 중국인이었다. 그들의 이름은 트리스탄 데 라 치나(Tristan de la China), 디에고 인디오(Diego Indio), 에스테반 카베라(Esteban Cabrera)였다. 트리스탄 데 라 치나는 포르투갈사람들이 노예로 샀고 스페인 무적함대의 공식 통역사로 근무했다. 그는 몰루카제도(향신료제도)를 식민화하려는 원정에 참여했다가 이베리아반도로 돌아간 소수의 생존자들에 속했다. 디에고 인디오는 3년 동안 그의 주인에 대해 노예신분을 벗기 위해 법정투쟁을 했다. 카베라는 자유인으로서 중국 영파寧波에서 같이 자란 인디오를 위해 증언한 목격자 중의 한 사람이었다.[7] 1530년대에 스페인에 온

---

4) John A. Passmore, *The Perfectibility of Man* (Indianapolis: Liberty Fund, 1970・2000), 244쪽 각주.
5) Valignano & Sande), *Japanese Travellers in Sixteenth-Century Europe* [1590, 416쪽.
6) Valignano and Sande, *Japanese Travellers in Sixteenth-Century Europe*, 417쪽.
7) Juan Gil, "Chinos in Sixteenth-Century Spain", 139-149쪽. Christina H. Lee (ed.), *Western Visions of the Far East in a Transpacific Age, 1522-1657* (London and New York: Routledge, 2012).

중국인으로는 주앙 데 바로쉬(João de Barros, 1496-1570)가 통역사로 고용한 중국인도 있었다.[8] 그리고 1568년에는 프란시스코 멕시아(Fransico Mexia)라는 중국인이 입국한 기록이 있다. 광동 출신으로 기독교로 개종한 세바스티안 데 페레다(Sebatian de Pereda)라는 중국인도 스페인으로 건너와 살았다. 1580년 이후에는 스페인 총독이나 고위성직자들이 상당수의 중국인들을 수행원으로 데리고 귀국했다.[9]

16세기말에는 일본인들도 남유럽에 출현했다. 발리냐노와 산데 신부는 『로마 교황청 방문 일본사절단』에 마카오에서 출발해서 아시아와 유럽을 일주하는 2명의 일본인 특사의 여행 이야기를 담았다. 이 책의 뒷부분에 실린 중국 정보는 루기리(Michele Ruggieri; 羅明堅, 1543-1607)와 마테오 리치 신부가 보내준 자료를 정리한 것이다. 1599년 리처드 하클류트(Richard Hakluyt)는 이 책의 제33절을 「중국의 왕에 대한 논고(An Treatise of the King of China)」라는 제목 아래 *Principal Nagations* (1599)의 제5장으로 영역 · 전재했고, 하클류트협회는 2012년 최초로 영어로 완역해서 *Japanese Travellers in Sixteenth-Century Europe*이라는 제목으로 런던에서 출판했다.[10]

발리냐노 신부는 동인도의 이탈리아 예수회선교단 소속으로 1579년 일본에 입국해 선교활동을 하는 중에 1582년 메스쿠이타(Mesquita) 신부의 인솔 아래 유럽으로 4명의 일본 가톨릭개종 청년들을 파견했었다. 그중 2명은 기독교로 개종한 다이묘(大名)가 유럽으로 보내는 사절이었다. 이 일본 청년들은 1582년 2월 20일 일본을 출발해 1584년 8월 11일 리스본에 도착했다. 그들은 포르투갈, 스페인, 이탈리아 로마를 두루 여행하고 리스본으로 돌아와 1586년 4월 13일 귀국길에 올랐다. 그들은 1590년 7월 21일 8년여 만에 나가사키로 귀국했다. 그들은 유럽 여행 중에 스페인과 포르투갈의 공동국왕 필립 2세를 알현하고

---

8) Christina H. Lee, "Introduction", 13쪽. Christina H. Lee (ed.), *Western Visions of the Far East in a Transpacific Age, 1522-1657* (London and New York: Routledge, 2012).
9) Gil, "Chinos in Sixteenth-Century Spain", 149-150쪽.
10) Valignano & Sande, *Japanese Travellers in Sixteenth-Century Europe* [1590] (2012).

다시 국왕과 비공식적 회견도 가졌고, 그레고리 13세와 식스투스 5세 교황과도 만났다. 그리고 그들은 포르투갈·스페인·이탈리아의 도처에서 수많은 고위정치인, 성직자, 사회명사들의 영접을 받았다.

발리냐노가 일본사절들을 유럽으로 보낸 목적은 극동에 대한 유럽인들의 관심을 제고해 일본에서 예수회 선교를 한 단계 진전시키는 것이었다. 그의 의도는 이 일본 청년들을 일본에서 예수회 선교가 성공했다는 산 증거로 제시하는 것이었다. 그리고 이 일본 청년들이 유럽순방 중에 얻은 경험을 일본에 전해 포르투갈 상인들과 뱃사람들이 남긴 부정적 유럽상을 상쇄시키는 것이었다. 『로마교황청 방문 일본사절단』은 이 일본인들의 여행을 상세하게 이야기하고, 마지막 부분에서는 광동 당국의 정식허가를 얻어 중국에 가서 살며 유교경전을 공부하며 선교하던 루기리와 마테오 리치의 보고서에 기초해서 중국의 관습과 행정에 관해서도 기술하고 있다. 발리냐노는 이 책이 예수회의 일본 세미나에서 표준 교과서로 쓰이기를 기대했다.[11]

발리냐노와 산데의 『로마교황청 방문 일본사절단』에서 정치학적·철학적 관심을 끄는 것은 이 책의 제33절("Colloquium XXXIII")에서 논한 중국사회의 자유·평등제도와 공자철학의 소개다. 이 절은 마테오 리치의 관찰보고를 바탕으로 집필된 것이다. 발리냐노는 아시아 선교단 안에서 마테오 리치의 상급자였기 때문에 새로운 교리문답을 준비하라는 훈령을 내리기도 하고 정확한 중국보고를 상신할 것을 명하기도 했다. 따라서 마테오 리치의 보고서에 바탕을 두고 집필된 이 제33절은 훗날 니콜라 트리고(Nichola Trigault)가 이태리어로부터 라틴어로 번역해 1615년에 출판한 마테오 리치 보고서 『중국인들 사이에서의 기독교 선교(De Propagatione Christiana apud Sinas)』만큼 공식적으로 신뢰할 만한 내용을 담고 있었다.

발리냐노와 산데는 제33절 "중국제국, 그 관습과 행정"에서 일단 중국의 방대

---

11) Marco Musillo, "Travellers from Afar through Civic Spaces: The Tensho Embassy in Renaissance Italy"; Mayu Fujikawa, "The Borghese Papacy's Reception of a Samurai Delegation and its Fresco-Image at the Palazzo del Quirinale, Rome". Christina H. Lee (ed.), *Western Visions of the Far East in a Transpacific Age, 1522-1657* (London and New York: Routledge, 2012).

한 인구의 원인을 토지의 비옥도, 기후의 순조로움, 나라의 평온으로 든다.[12] 발리냐노와 산데는 이 세 가지 항목을 차례로 설명한다. 중국의 농업생산고와 관련해서 그들은 황제의 춘경기 쟁기질 행사도 최초로 소개한다.[13] 여기서 유럽에 처음 소개되는 중국황제의 춘경기 쟁기질 행사는 18세기 내내 유럽에 거듭 회자되며 중국황제의 농민사랑과 백성사랑으로 칭송받았고, 루이 15세, 오스트리아의 요셉 2세 등 유럽의 유명한 계몽군주들이 이를 흉내 내 쟁기질 행사를 거행한다.

그리고 발리냐노와 산데는 '중국제국의 평온'을 중국 관료체제의 위계성과 백성의 순종 덕택으로 돌린다. 그들은 빈틈없이 작동하는 중국의 중앙집권적 관료제의 일직선적 위계체계를 소개하고 있다.[14] 그리고 다른 곳에서 이렇게 부연한다. "한 명의 황제가 그토록 많은 지방을 지배하는 것을 전제할 때 모든 국사들이 어떻게 그가 임명한 그렇게 많은 행정관원들에 의해 처리되는지는 놀랄 만하

---

12) Valignano & Sande, *Japanese Travellers in Sixteenth-Century Europe*, 419쪽: "당신이 이 세 가지, 토지의 비옥성, 기후의 순조로움, 전 왕국의 평온을 든 것은 진정 아주 잘한 것이다. 왜냐하면 이것들은 아주 잘 맞아서 이 왕국에서 이 셋 중 어느 것이 앞서는 것인지를 판단하기가 어려울 정도다. 이것이 중국제국이 결코 인류의 세 가지 가장 무서운 재앙의 원인들, 즉 전쟁, 기근, 역병으로 시달리지 않아 왔다는 널리 퍼져있는 대중적 여론이 포르투갈사람들 사이에 존재하는 이유다. 그러나 이것은 참된 의견이 아니라 대중적 여론이다. 왜냐하면 중국인들 사이에서 아주 거대한 내전들이 있었고, 이것은 신뢰할 만한 많은 역사기록들 안에 기록되어 있고, 심지어 위 시대에도 이 지방, 저 지방의 백성들은 역병이나 전염병으로 시달리고 기근으로 고생했기 때문이다. 그럼에도 불구하고 중국제국이 진정 저 세 가지 항목으로 특히 유명하다."

13) Valignano and Sande, *Japanese Travellers in Sixteenth-Century Europe*, 421쪽: "그리하여 매년 황제와 황후는 공개적 출두를 하여 장엄한 의식儀式으로 황제는 쟁기를 손대고 황후는 뽕나무를 손댄다. 누에는 뽕나무 잎을 먹고 산다. 이 표시로 그들은 남녀를 그들의 정해진 임무와 노동을 하도록 진작한다. 이 기회 외에 주요 관리들이 아닌 사람들은 연중 나머지 시간 동안 내내 아무도 황제의 모습을 볼 수 없다."

14) Valignano and Sande, *Japanese Travellers in Sixteenth-Century Europe*, 423쪽: "백성들은 황제와 치자관리들에게 아주 순종적이고, 이것이 중국의 평온이 기초해 있는 주요 기반이다. 최고위 관리는 황제의 의사에 전체적 복종을 표하고, 하위 관리들은 상급 관리들의 의사에 복종을 표하고 백성은 하위 관리의 의사에 복종하며, 그들 각자는 이에 따라 자신의 처신과 생활방식을 조정한다. 그들 모두가 어떻게 평등하게 살고, 반포된 법률이 어떻게 잘 준수되는지를 보는 것은 경이롭다."

다."15) 그리고 "상명하복 위계질서에 복속되는 이 찬탄할 만한 관원들의 위계체제로써 제국 전체를 관통해서 지배하는 평화는 형용하기 아주 어렵고, 특히 길게 늘어 빼는 어떤 법적조치나 소송 없이 간략한 심문만 한 뒤 범죄자들을 태형으로 처벌하는 만큼 더욱 그렇다."16) 물론 중국관료제의 두 기둥인 임기제와 상피제相避制에 대해서도 정확하게 보고한다.17)

중국의 일사분란한 중앙집권적 관료제는 그곳에 봉건적 중간 권력체들(봉건 영주들과 봉건 세습귀족)이 부재하기 때문에 가능한 것인데, 중국 조세체계도 중앙집권적으로 단일하게 직조되어 있었다. 이에 대해 발리냐노와 산데는 유럽의 봉건제를 비판하는 듯한 분위기를 풍기며 이렇게 기술한다. "자기의 관할범위 내에서 그 자신의 세금을 부과할 권리를 가진 어떤 치자도 없다. 하지만 유럽에는 정확히 그 반대가 (...) 아주 종종 사실이다."18) 이것은 독자적 조세권을 가진 어떤 봉건적 중간 권력체를 인정치 않는 중국의 중앙집권적 조세체계를 찬양한 것이다.

그리고 발리냐노와 산데는 사법을 담당하는 성省의 안찰사, 국가재정을 관장하는 포정사, 군사업무를 관할하는 청병관으로 분할된 지방행정체계의 삼권분립적 관료제와 어사감독관 제도를 상세히 설명한다.19) 그리고 세습귀족을 사라지게 만든 중국의 관직기회의 평등제도에 대해 설명한다. "또한 다양한 행정관을 위한 경쟁이 학문에 유식하고 특히 방금 기술된 제3등급 학위를 얻었다면 출생에 대한 고려 없이 만인에게 열려 있다는 것을 언급하는 것은 빼먹을 수 없다. 행정관원들에 대한 보통백성들의 순종은 관원들의 공개 출두하는 데 따른 화려함과

---

15) Valignano and Sande, *Japanese Travellers in Sixteenth-Century Europe*, 426쪽.
16) Valignano and Sande, *Japanese Travellers in Sixteenth-Century Europe*, 427쪽.
17) Valignano and Sande, *Japanese Travellers in Sixteenth-Century Europe*, 427쪽: "이 모든 관원들은 그들의 관직을 3년 동안 보유하지만, 각 지방의 통치에 임명되는 이들이 그 지방 출신이 아니라 외지인, 즉 다른 지방 출신 사람들인 방식으로 보유한다. 이것은 관원들이 친척들과 친족들 사이에 처하는 경우에 있을지 모르는 것보다 판단을 내리는 데서 훨씬 더 불편부당하고 훨씬 덜 부패할 것이라는 것을 뜻한다."
18) Valignano and Sande, *Japanese Travellers in Sixteenth-Century Europe*, 417쪽.
19) Valignano and Sande, *Japanese Travellers in Sixteenth-Century Europe*, 426-427쪽.

영광스러움이 그런 만큼 형언할 수 없다."20) 이 구절은 중국의 평등한 사회구조와 관련해서 중요한 기술이다. "방금 기술된 제3등급 학위"는 진사를 가리킨다.

앞서 발리냐노와 산데는 과거제도에 앞서 중국의 학교에 대한 설명으로부터 시작한다.21) 여기에 잇대서 발리냐노와 산데는 과거제도를 지금까지 생산된 보고서들 중에서 가장 정확하게 설명해준다.22) 평민들이 이렇게 공·사립학교에서 수학하고 이렇게 성황리에 개최되는 과거시험을 통해 각 등급의 학위를 얻음으로써만 고귀해지고 고위관원이 될 수 있으므로 중국에는 세습귀족이 부재할 수밖에 없는 것이다. 발리냐노와 산데는 중국의 모든 학문은 올바른 통치를 위해 존재한다고 기록하고 있다. "통치술은 그들의 주요 기술이고, 그들의 모든 학문지식의 연습과 박식은 이 통치술을 지향해 있다."23)

---

20) Valignano and Sande, *Japanese Travellers in Sixteenth-Century Europe*, 427-428쪽.
21) Valignano and Sande, *Japanese Travellers in Sixteenth-Century Europe*, 425쪽: "모든 도시와 읍면에, 그리고 작은 마을에도 어린이들에게 글자를 가르치는 고용된 교사들이 존재한다. 그리고 우리의 보다 통상적인 글쓰기 스타일에서 우리의 경우에도 진정으로 그런 것처럼 한문 글자의 수가 무한하기 때문에 그들의 유아들과 유년들의 어린이들이 그들에 손에 책들을 가지고 있다. 하지만 이 임무에 재능이 거의 없는 것으로 판명되는 어린이들은 다시 책을 빼앗고 상업이나 수공기예에 전념하도록 하지만, 기타 어린이들은 학문에 아주 진지하게 헌신해서 그들의 주요 책들에 놀랍도록 달통하고 얼마나 많은 한자들이 어떤 지면에서든지 존재하고, 이 글자, 저 글자가 그 지면에서 어디에 놓여야 하는지를 당신에게 쉽사리 말해줄 정도다."
22) Valignano and Sande, *Japanese Travellers in Sixteenth-Century Europe*, 425-426쪽: "이 한문 지식에서의 더 큰 터득에 대해서는 보통 주요과목에서 세 등급의 학위가 유럽에서 하·중·상으로 사람들에게 할당되는 것처럼 할당된다. 제1등급의 급제자는 '수재秀才(siusai)'로 알려져 있고, 제2등급의 학위는 거인(quiujin)으로, 제3등급의 학위는 진사(chinzu)로 알려져 있다. 지금 각 도시나 성벽이 둘러쳐진 읍면에서는 학교(향교 - 인용자)라고 불리는 공공건물이 있고, 제1등급의 학위를 얻기를 바라는 모든 사설 의숙이나 사설학교 출신들(서당 출신 - 인용자)이 거기에 모인다. 그들은 시험관에 의해 그들에게 출제된 한 명제를 부연·상론해야 한다. 각 도시에서 제1등급의 학위는 아주 우아하게, 그리고 보다 정확하게 논하는 자들에게 수여된다. 제2등급의 학위 지원하는 자들은 제1등급의 학위 소지자들로서 3년마다 성의 대도시나 성도省都에서만 시험을 보고, 그곳에서 동일한 건물 안에서 또 다른 보다 어려운 명제를 다루는 구두시험을 치르고 보다 어려운 필기시험을 치른다. 사람들의 북새통이 보통 굉장하고 그래서 우리는 광동이라고 알려진 주요도시에서는 지난 해 거대한 군중들 중 많은 사람은 이 그 시험행사에 몰려들어 외부입구에서 발밑에 밟고 짓이겨져 죽기에 이르렀다고 신뢰할만한 통로로 전해 들었다."
23) Valignano and Sande, *Japanese Travellers in Sixteenth-Century Europe*, 426쪽.

발리냐노 산데는 중국의 평등한 공무담임권을 다시 한 번 확인하는 설명을 덧붙인다.[24] 1590년으로부터 기산起算해서 600년 전에 송나라 이래 "사무세관士無世官(선비는 관직을 세습하지 않음)"이라는 공맹의 가르침에 따라 과거시험을 통해 중앙과 지방의 국가관직을 만원에게 기회평등하게 개방해서 봉건적 세습귀족을 없애버린 중국의 보편적 평등주의는 16세기에야 이렇게 유럽에 알려지기 시작한 것이다.

또한 발리냐노와 산데는 유럽의 근대적 자유개념의 유교적 기원을 규명하는 의미맥락에서 아주 중요한 중국의 종교적 자유와 관용에 대해서도 비교적 정확하게 보고한다.

종교에 관해서 황제는 관원들의 의견을 따르고 최고의 권력을 만물의 부모로서의 천지로 돌리고 이 천지에 대해 장엄한 의식과 함께 제사를 올린다. 황제는 그의 조상을 위한 가장 화려한 사당을 많이 가졌지만, 이것이 그가 다른 종파의 성직자들을 돌봐주지 못하는 것을 뜻하지 않는다. 반대로 황제는 그들의 후원자들에게 사원을 지어주고, 그들에게 아주 풍부한 소득을 할당해준다. 그리고 어떤 급박한 필요로 인해 그것이 필요할 때는 언제나 황제는 그들에게 단식하고 지속적 기도를 올릴 것을 요구한다. 그리하여 황제는 그의 제국의 모든 종파들에게 일정한 보호를 제공하고 그가 모든 그릇된 종교들도 존경한다는 사실을 보여주고, 많은 상이한 종류의 미신들과 더불어 산다.[25]

발리냐노와 산데는 '불관용 종교' 가톨릭의 신자들답게 불교·도교·이슬람교

---

24) Valignano and Sande, *Japanese Travellers in Sixteenth-Century Europe*, 430쪽: "내가 얘기한 이 모든 것들로부터 당신은 이제 중국제국의 행정이 대부분 자연적 본성의 본능과 합치된다는 것을 쉽사리 인식할 수 있을 것이다. 왜냐하면 권력의 직책에 앉혀진 자들이 조야하고 무식한 사람들이 아니라 한자의 사용에 능통한 인물들이고, 이 행정관직에 대한 출사에서 최대의 관심 대상은 현명, 정의, 그리고 중국인들이 함양한 다른 덕성들이기 때문이다. 그리고 길이 이 관직을 지망하는 만인에게 어떤 편견도 없이 열려있기 때문에 이 거대한 제국이 완전한 평화와 평온 속에서 보존되고 있다."

25) Valignano and Sande, *Japanese Travellers in Sixteenth-Century Europe*, 430쪽.

를 "그릇된 종교들"과 "많은 상이한 종류의 미신들"이라고 폄하하면서도 중국에서 시행되는 모든 종교활동의 자유와 평등보호 원칙을 정확하게, 그리고 솔직하게 설명하고 있다. 그들의 이 정확하고 솔직한 설명은 페르남 핀토(Fernão Mendes Pinto, 1509-1583)가 중국인들이 신을 여러 가지 다른 방식으로 숭배할 자유가 있고, 심지어 신을 숭배하지 않을 자유도 있다고 보고한 이래 처음으로 재확인되는 중국제국의 '종교의 자유와 관용'에 관한 보고에 해당한다.

발리냐노와 산데는 중국의 5덕에 대해서도 언급하면서 특히 효도의 중요성을 상론한다.

(...) 예禮는 중국인들이 가장 중시하는 5덕 중 하나이고, 기타 덕목들은 경애敬愛(piety), 받은 은혜를 감사한 마음으로 기억하는 것, 직무처리에서의 정직, 직무수행에서의 현명이다. 그리고 중국 서적들은 이 덕목들에 대한 찬양으로 가득하다. 그들의 예에 관한 한, 그것은 우리의 것과 아주 다르지만, 그들의 예절규범은 두 가지 주요 주제 아래, 즉 동등한 자들끼리의 예절과 부등한 자들끼리의 예절로 고려될 수 있다. 만난 사람들이 동등한 서열이라면 그들은 서서 그들의 등을 굽히고 그들의 머리를 땅을 향해 숙이고, 이것을 한 번, 두 번, 세 번 한다. 만남이 윗사람과 아랫사람 사이라면 낮은 지위를 점한 사람이 일반적으로 무릎을 꿇고 머리를 땅바닥까지 바로 숙인다. 얼마나 여러 번, 그리고 언제 이것을 행해야 하는지를 규정하는 특기할 만하게 정밀한 규칙과 규정이 있지만, 그것들을 목록화하는 것은 지루할 것이다.26)

영역판 *Japanese Travellers in Sixteenth-Century Europe* (2012)의 주석자 마사렐라(Derek Massarella)는 여기서 인용된 5덕이 『논어』「양화」편(17-5)에 나온다고 밝힌다. 그러나 여기서 발리냐노와 산데가 말하는 5덕은 중대한 오해와 오류를 담고 있다. 이 「양화」편에서는 다섯 가지 독립적 덕목들을 말하는 것이 아니라, '위인爲仁(인의 실천)'의 다섯 가지 방도로서 '공·관·신·민·혜恭寬信敏惠'를 말하고 있다. 공자는 '인'에 대한 물음에 이렇게 답한다. "다섯 가지를 천하에 행할 수 있으면

---

26) Valignano and Sande, *Japanese Travellers in Sixteenth-Century Europe*, 431쪽.

인을 실천하는 것이다. (...) 그것은 공·관·신·민·혜라고 한다. 공손은 모욕하지 않고, 관대는 많은 사람들을 얻고, 믿음은 남들이 그에게 일을 맡기게 하고, 힘씀은 공을 세우고, 은혜는 사람들을 부리기에 족하다."27) 따라서 위 인용문에서 말하는 5덕이 이 다섯 가지 실천 방도 중 어디에 해당하는지도 알 수 없지만, 공자가 말하는 것은 덕목이 아니라 인덕仁德의 다섯 가지 실천방도일 뿐이다.

한편, 발리냐노와 산데는 중국인들이 경애, 특히 부모에 대한 경애(치사랑)로서의 '효'를 중시한다고 말한다. "부모의 초상을 당하면 아들들은 칙칙한 상복을 입고 그들의 부모를 만 3년 동안 애도한다. 그리고 이 관습은 백성들에 의해서만이 아니라 모든 치자들에 의해서도 정확하게 준수된다. 모두가 전적으로 이 일에 헌신하기 위해 중국인들은 가장 엄격한 예법에 따라 그들의 부모가 죽으면 관직에서 즉각 사임하고 부모를 위한 장례를 치르기 위해 만 3년 동안 사적으로 살아야 한다. 그리고 이 규정은 만인에 의해, 심지어 최고 부서장들과 내각각료들에 의해서도 가장 부지런히 이행된다."28) 한 번은 황제가 이 관습과 배치되게 초상을 당한 한 내각각료를 사임하지 못하게 했을 때, 중국의 유교적 관습법에 정통한 한 사람이 이에 대해 간언을 했고, 황제가 이에 대해 화를 내며 그를 직결처형으로 위협했다. 그래도 그는 이에 겁박당하지 않고 간언을 멈추지 않았고 왕은 결심을 바꾸고 상을 당한 그 각료를 아버지의 상례에 보냈다. 그리고 황제는 "그 간언자를 더 높은 지위로 승진시켰다."29) 결국 황제도 유교적 관습을 따른 것이다. 그렇지 않아도 발리냐노와 산데는 중국 황제들이 "중국의 법과 관습을 엄히 준수한다"고 말한다.30) 말하자면, 발리냐노와 산데의 눈에 중국 황제는 법과 관습을 준수하는 '법치적·왕도적 군주'였던 것이다.

이 유교적 예법 논의에 이어 발리냐노와 산데는 유럽역사상 최초로 공자와

---

27) 『論語』「陽貨」(17-5): "子張問仁於孔子. 孔子曰 能行五者於天下爲仁矣. 請問之. 曰 恭寬信敏惠. 恭則不侮 寬則得衆 信則人任焉 敏則有功 惠則足以使人."
28) Valignano and Sande, *Japanese Travellers in Sixteenth-Century Europe*, 431쪽.
29) Valignano and Sande, *Japanese Travellers in Sixteenth-Century Europe*, 431쪽.
30) Valignano and Sande, *Japanese Travellers in Sixteenth-Century Europe*, 430쪽.

공자철학을 이렇게 소개한다.

중국제국에는 지금까지 참된 종교가 없었고 지금도 오직 출발을 하고 있는, 그것도 아주 좁은 한계 속에서 하고 있는 중이기 때문에 다른 점들에서 아주 독창적인 이 국민은 언제나 총체적 오류와 진리의 무지 속에서 살아왔고, 잡다한 의견 속으로 오도되고 다양한 종파들을 추종해왔다. 하지만 이 종파들 중 유명한 세 종파가 있다. 이것들 중 첫 번째 것은 걸출한 철학자인 공자(라틴어 원문: 'Confucii, 그리고는 'Confucius')의 가르침을 공언하는 사람들의 종파다. 이 사람은 (그의 인생의 설명서에서 보고되는 것처럼) 그 품행에서 지극히 올발랐다. 그리고 그는 이것에 대해 차별이 가게, 그리고 상세하게 썼고, 읽히고 연구되는 것은 다른 모든 것들보다 그의 저작들이다. 모든 행정관원들은 그들의 학문에 전념하는 다른 모든 사람들처럼 이 가르침을 따른다, 그리고 공자 자신이 많은 학문들을 고안했다고 얘기된다. 그리고 그에 대한 그들의 존경은 아주 굉장해서 새달과 만월의 날짜에 그의 이 모든 추종자들은 내가 앞서 언급한 공립학교에 모여 향을 피우고 촛불을 켜고 숭배되는 그의 초상 앞에서 무릎을 세 번 꿇고 그들의 머리를 땅까지 누른다. 이것을 행하는 것은 보통 학자들만이 아니라 최고위 관원들이기도 하다. 이 가르침은 요약하면 '자연본성의 빛'을 지침으로 취하는 것이고, 내가 앞서 언급한 덕목들을 열성적으로 함양하는 것이고, 가족과 나라의 바른 다스림을 위해 노력하는 것이다. 이 모든 것은 칭찬할 만한 방침이고, 공자가 최선, 최대의 존재자인 신과 미래(사후)의 삶을 어떤 식으로 언급하고 아주 많은 것을 하늘과 운명과 필연성 탓으로 돌리지만 않는다면, 그리고 그가 조상들의 초상에 바치는 경배를 그리도 상세하게 취급하지 않는다면 칭찬할 만한 방침일 것이다.[31]

여기서 발리냐노와 산데는 공자철학을 "자연본성의 빛을 지침으로 취하는" 철학으로 소개하고 있다. 굳이 '빛'을 언급한 것은 유교의 기본경전 『대학』과 『중용』에 밝을 '명明'자가 무려 33개나 속출하기 때문이다. 17-18세기에 유럽에서 이 '자연본성의 빛'은 신의 계시와 대립되는 '인간본성의 빛'으로 쓰이면서 신학과

---

31) Valignano and Sande, *Japanese Travellers in Sixteenth-Century Europe*, 432쪽.

그 시녀인 스콜라철학을 사상계에서 추방하고 "계몽"의 빛이 된다. 공자철학의 해설에서 도입된 이 '본성의 빛'은 철학자의 성향과 시대에 따라 "이성의 빛"(마테오 리치), "경험의 빛"(베이컨),[32] "자연본성적 빛"(라 모트 르 베예), "자연본성의 빛"(컴벌랜드), "지성의 타고난 빛" 또는 "본성적 빛"(니우호프), "조물주가 우리에게 준 이성의 영원한 빛"(라이프니츠) 등으로 다양하게 변주되면서도 끝내 '계몽의 빛'으로 유럽을 밝혀 중세의 어둠으로부터 해방시켰다. 말하자면, 공자의 '본성의 빛'은 '계몽주의(the Enlightenment)'의 그 '빛(light)'의 모태였던 것이다. 계몽 또는 개명의 빛은 '신의 빛'도, '계시의 빛'도, '신앙의 빛'도 아니고, 바로 이에 맞서는 '본성의 빛'이었기 때문이다. 이것은 지성至誠의 '솔성率性'으로 진성盡性(본성의 완성)을 추구하는 도덕·정치철학으로서의 공자철학에서 기본지침이 되는 '자연본성의 빛'이 서구 계몽주의와 내적으로 긴밀하게 연관되어 있음을 보여준다.

위 인용문에서 발리냐노와 산데 신부는 경건하고 오만한 기독교 성직자들로서 공자의 인품과 철학에 대해 비방과 칭찬을 번갈아 말하며 어쩔 줄 몰라 하고 있다. 그러다가 나중에 공자에 대한 제사(석전대제)를 시민적 기념식으로 본 루기리와 마테오 리치의 적응주의 선교방침과 배치되게 공자에 대한 석전대제를 우상숭배로 규정하고 만다. "이 점에서 그(공자)는 우상숭배로부터 간신히 면해지거나, 면해질 수 없다." 그러면서도 바로 자세를 바꾼다. "그럼에도 중국인들 사이에서 진리에 그토록 가까이 다가가는 다른 어떤 가르침도 존재하지 않는다는 점은 인정되어야 한다."[33] 경건하고 오만한 가톨릭신부 발리냐노와 산데는 무신론적이지도 않고 전적으로 유신론적이지도 않은 공자를 만나 갈피를 잡지 못하고 말을 이리저리 꼬고 있다.

그리고 발리냐노와 산데는 공자를 "*Confucii* 와 *Confucius*"라고 표기하고 있다. 그리고 새뮤얼 퍼채스(Samuel Purchas, 1577-1626)도 1613년 『퍼채스, 그의 순례여행』에서 발리냐노와 산데를 따라서 "*Confucius*"라고 표기하고 있다.[34] 따라서

---

32) Bacon, *The New Organon*, Book I, Aphorism LXXXIV, 61쪽.
33) Valignano and Sande, *Japanese Travellers in Sixteenth-Century Europe*, 432쪽.
34) Purchas, *Purchas, his Pilgrimage*, 439, 443쪽.

'*Confucius*'라는 표기는 1689년 이전에 쓰이지 않았다는 리오넬 젠센(Lionel M. Jensen)의 추정은35) 교정되어야 할 것이다.

발리냐노와 산데는 불교를 "오류가 가득한" 종교로, 도교를 "그릇된 종교"로 음해·비방한다.36) 그리고 이슬람교를 "미신"으로 격하한다. 그런데 이슬람교도들은 종교를 많이 잊고 그들의 종교적 의식은 낡고 거의 사라져 완전히 중국적 생활양식에 동화되어 살고 있다고 말한다. 하지만 이슬람교도들은 중국에서 추방할 수 없을 정도로 수적으로 아주 많다고 한다.37) 발리냐노와 산데는 질투심에서 중국 내 사라센 사람들과 이슬람교를 일부러 과소평가하고 있는 것으로 보인다. 마테오 리치에 의하면, 1608년 시점에 중국내 이슬람교도는 100만 명이었던 반면, 1610년경 기독교도는 겨우 2500명에 불과했다.

발리냐노와 산데 신부의 『로마교황청 방문 일본사절단』의 제33절 "중국제국, 그 관습과 행정"은 여기저기서 기독교적 오만과 질투심에 뒤틀어져 있지만 중국의 종교적 자유와 탈신분제적 평등, 과거시험과 국가관료제 등에 대해 간략하지만 당시까지의 중국보고서와 중국기中國記들 중에서 가장 정확한 정보를 제공하고 있을 뿐만 아니라, 특히 1590년의 출판된 이 저작에서 황제의 춘경기 쟁기질 행사를 최초로 언급하고 또 공자를 유럽에 최초로 소개하고 있는 점에서 유일무이한 작품이다. 『로마교황청 방문 일본사절단』의 이 유일무이한 성과는 루기리와 마테오 리치, 그리고 산데 등이 직접 중국 광주부廣州府의 조경肇慶 시에서 입국허가를 받고 조경과 소관韶關 시에서 거주하며 중국사회를 관찰하고 연구했기 때문에 가능했다.

1590년대에는 발리냐노와 산데의 『로마교황청 방문 일본사절단』 외에도 많은 선교사들과 여행자들의 이런저런 서간집들이나 보고서·여행기들이 출판되어 중국제국의 자유·평등한 사회 성격과 공자철학에 관한 유사한 정보들이 유럽에

---

35) Lionel M. Jensen, *Manufacturing Confucianism* (Durham·London: Duke University Press, 1997·2003), 86-91쪽.
36) Valignano and Sande, *Japanese Travellers in Sixteenth-Century Europe*, 433쪽.
37) Valignano and Sande, *Japanese Travellers in Sixteenth-Century Europe*, 433-434쪽.

확산되고 축적되었다. 이런 까닭에 아서 러브조이(Arthur O. Lovejoy, 1873-1982)는 이 시대에 대해 "1590년경 중국정치체제의 우월성에 대한 평판"은 분명 이미 "진부한 이야기"가 되어가고 있었다고 기술했다.38)

■ 새뮤얼 퍼채스의 공자 소개와 평가

17세기 초에, 정확히는 1613년에 영국 국교회 성직자 새뮤얼 퍼채스는 마테오 리치・발리냐노 등의 보고에 근거해 집판한 저서 『퍼채스, 그의 순례여행』에서 공자를 플라톤과 동급의 철학자로 유럽에 소개했다. 퍼채스는 세계 각지의 종교상황을 전하면서 중국의 종교에 대해 보고하는 가운데 공자를 이렇게 소개하고 있다.

중국인들은 2000여 년 이래 정치철학과 도덕철학의 일정한 지자들이나 철학자들이 쓴 저서들을 가지고 있다. 이들은 중국인들이 성인으로 존경하는 저자들이고, 특히 그 중 한 저자는 관리들이 매년 한 번 제사를 올리는 공자(Confucius)인데, 왕은 오늘날까지도 그의 후손들을 받든다. 공자만이 홀로 플라톤이나 세네카의 우아하고 유창한 어귀에 못 미칠지라도 그의 문장의 높이와 무게에서 플라톤, 세네카와 비교될 만하다.39)

퍼채스는 공자 소개가 서양 신학사와 철학사에서 최초의 일이라서 조심스럽게 표현하고 있다. 그래도 그는 "공자의 계율은 '자연본성의 빛(the light of Nature)'을 지침으로 규정하고, (...) 다른 신神을 언급하지 않은 채 진리에 가장 가까이 근접해있다"고 칭송조로 부연하고 있다.40) 해외를 나가본 적이 없는 영국 성공회

---

38) 참조: Arthur O. Lovejoy, "The Chinese Origin of a Romanticism", 103쪽. Arthur O. Lovejoy, *Essays in the History of Ideas* (Baltimore: Johns Hopkins University Press, 1948, New York: George Braziller, 1955).
39) Purchas, *Purchas, his Pilgrimage*, 439쪽.
40) Purchas, *Purchas, his Pilgrimage*, 443쪽. "예수회 신부들의 서한 사이에 들어 있는, 타이소 (Thaiso, 중국인 개종자)가 마테오 리치에게 보낸 서한"을 퍼채스가 인용하는 것으로 보아(439쪽) 마테오 리치의 서한 보고서는 트리고의 『중국인들 사이에서의 기독교 선교』가 출간되기 전에 당시 널리 읽혔던 것으로 보인다.

성직자 퍼채스가 여행자들과 예수회 선교사들의 이야기와 기록을 모아 마치 자신이 순례여행을 한 것처럼 기술한 1000쪽의 방대한 책 『퍼채스의 순례여행』은 즉각 큰 인기를 얻어 1626년까지 4판이 거듭 찍혔다. 이 저작의 성공에 고무되어 퍼채스는 1625년 4권으로 된 『하클류투스 유고』를 출간해서 공자, 중국과 일본 등 동아시아에 대해 더욱 상세하게 소개했다.[41]

■ 마테오 리치와 세메도의 공자 소개와 적극적 평가

새뮤얼 퍼채스의 『퍼채스, 그의 순례여행』이 나온 바로 2년 뒤인 1615년 예수회 소속 중국 선교단의 일원인 니콜라 트리고(Nicolas Trigault) 신부가 이탈리아어로 중국을 소개하고 중국 선교활동을 기록한 마테오 리치(Matteo Ricci, 1552-1610)의 유고遺稿를 라틴어로 번역한 『중국인들 사이에서의 기독교 선교』를 출판했다. 이 책에서 마테오 리치는 공자를 이렇게 소개하고 있다.

> 모든 중국인들의 가장 유명한 철학자는 공자라 불린다. 이 위대한 식자는 (…) 그의 저술과 어록을 통해서 고취하는 것 못지않게 그 자신의 솔선수범을 통해서도 백성들에게 덕성의 습득을 고취했다. 자신의 극기와 절제적 생활방식은 중국인들로 하여금 거룩함에 있어서 그가 과거에 세계의 다양한 지방에서 덕성이 탁월한 것으로 여겨진 다른 모든 사람들을 능가했다고 주장하게끔 만들었다. 실로, 우리가 역사에 기록된 공자의 언행을 비판적으로 검토한다면, 공자가 이교異敎철학자들과 대등했고 심지어 대부분의 이 이교철학자들보다 우월했다는 것을 우리가 인정하지 않을 수 없을 것이다.[42]

---

41) Samauel Purchas, *Hakluytus Posthumus, or Purchas, His Pilgrimes*, in 4 Parts [4 volumes] (London: by Wliiams Stansby, 1625); in 20 volumes (Glasgow: James MacLehose & Sons Publishers to the University of Glasgow, MCMV[1905]), 특히 Vol. XII의 Chap. VII. 'Hakluytus'는 'Hakluyt'의 라틴어 표기다. 리처드 해클러트(Richard Hakluyt, 1553-1616)는 저서집필을 통해 영국인들의 북미 정착을 독려한 문필가다. 퍼채스는 해클러트 사후에 이 저작을 쓰는 데 그의 유고를 약간 활용했다.

42) Nicolas Trigault, *De Christiana expeditione apud Sinas* (Augsburg, 1615), Chap V. 영역본: Gallagher, *China in the Sixteenth Century*, 30쪽. 국역본: 마테오 리치(신진호·전미경 역), 『중국

공자를 소크라테스·플라톤·아리스토텔레스·세네카 등 그리스·로마 이교 철학자들보다 대체로 "우월하다"고 평가하는 마테오 리치의 이 『중국인들 사이에서의 기독교 선교』는 유럽 사상가들에게 최초로 중국의 철학·종교사상에 대한 비교적 상세하고 정확한 정보를 제공했다. 이 책은 재공간이 거듭되었고, 여러 나라말로 번역되어 널리 읽혔다.[43] 퍼채스는 1625년의 『하클류투스 유고』에서 마테오 리치의 이 공자 논의를 거의 그대로 발췌해 옮겨 놓으면서 "우리가 공자의 언행에 주목한다면 우리는 우리의 윤리철학자들 중 거의 아무도 그에 앞서지 않고 많은 철학자들이 그에 뒤쳐진다고 고백하지 않을 수 없다"라고 하여 마테오 리치의 공자 평가를 거의 그대로 반복하고 있다.[44]

1641년에는 예수회 신부 세메도(Alvarez Semedo, 1568-1658)가 이탈리어로 된 『중국제국기』를[45] 공간해 마테오 리치의 공자 칭송을 되풀이하고,[46] 공자의 5덕론을 상론한다. 이 책의 10절("중국인들의 서적과 과학")에서 그는 공자의 오덕(인·의·예·지·신)을 처음에 효(*pietie*), 정의(*justice*), 현명(*prudence*), 예의바름(*policie*), 신의(*fidelitie*)로[47] 옮기고 있다. 그러나 이 번역은 부적절하다. 왜냐하면 '인'이 '효'로 축소되고, '지혜'가 '현명'으로 대체되어 있기 때문이다. 그리고 '현명'이 '예의바름' 앞에 있어 순서도 그릇된 것이다. 그러나 29절("중국에서 정부를 용이하게 하고 바로잡는 몇 가지 특별한 것들")에서는 오덕을 인·의·예·지·신(Gin, Y, Li, Chi, Sin)으로 제시하고, 그 나열순서를 효·정의·예·지혜·신의로 고친다. 각 개념도 비교적 적절하게 해설하고 있다.

견문록』(서울: 문사철, 2011), 54쪽.
43) 참조: Arnold H. Rowbotham, "The Impact of Confucianism on Seventeenth Century Europe", *The Far Eastern Quarterly*, Vol. 4, No. 3 (May, 1945), 225쪽.
44) Samauel Purchas, *Hakluytus Posthumus, or Purchas, His Pilgrimes* [1625], Vol. XII (Glasgow: James MacLehose & Sons Publishers to the University of Glasgow, 1905), 423쪽.
45) Alvarez (Alvaro) Semedo, *Imperio de la China y Cultura Evangelica en el por les Religios de la Compania de Jesus* (Madrid: 1641). 영역본: *The History of the Great and Renowned Monarchy of China* (London: Printed by E. Taylor for John Crook, 1655), 86-87쪽.
46) Semedo, *The History of the Great and Renowned Monarchy of China*, 48-49, 86-87쪽.
47) Semedo, *The History of the Great and Renowned Monarchy of China*, 50쪽.

인(Gin)은 효, 인간애(Humanitie), 자애(Charitie), 존중(Reverence), 사랑(Love), 연민(Compassion)을 뜻한다고 그들은 말한다. 그들은 이 인을 이런 식으로 설명한다. 자신을 남보다 덜 존중하는 것, 상냥한 것, 괴로움을 당한 사람을 구조하는 것, 곤궁에 빠진 사람들을 돕는 것, 동정적이고 연민 어린 마음을 갖는 것, 만인에게 선의를 갖는 것, 특히 자신들의 부모에게 이 모든 것을 더 많이 발휘하는 것, 부모가 건강한 동안 그들을 부양하는 것, 부모가 병든 동안 그들을 보살피는 것, 부모가 살아 있는 동안 그들을 섬기는 것, 부모가 죽었을 때 장례식으로 그들을 영광되게 하는 것이다.[48]

그리고 세메도는 '의義'에 대해서도 나름대로 적절한 해설을 가한다.

의(Y)는, 그들의 설명에 의하면, 정의, 공평, 청렴(integrity), 마땅하고 정의로운 일들에서의 양보(condescention)다. 이 방식으로 재판관은 각인各人에게 제몫을 주어야 한다. 부자는 그의 부를 자랑하지 않도록 조심해야 하고, 빈자에게 자기 부의 일부를 주어야 하고, 하늘을 숭배해야 하고, 땅을 공경해야 하고, 다투지 않아야 하고, 완고하지 않아야 하고, 정의롭고 이성에 합당한 것에 굴복해야 한다.[49]

이어서 세메도는 '예禮'에 대해서도 이처럼 적절하게 해석을 가한다.

예(Li)는 예의바름(policie), 예절바름(courtesie)이고, 남들에게 꼭 맞게 경의를 표하고 공경하는 것이라고 그들은 말한다. 예는 이 사람이 저 사람에게 가져야 하는 상호적 존경, 그들의 업무를 가지런히 하는 데 쓰이는 상호적 고려와 전후좌우로의 신중함(circumspection), 대외적 행동거지의 겸손, 치자에 대한 순종, 어린 사람들을 친애하고 노인을 존경하는 것에 있다.[50]

---

48) Semedo, *The History of the Great and Renowned Monarchy of China*, 149쪽.
49) Semedo, *The History of the Great and Renowned Monarchy of China*, 149쪽.
50) Semedo, *The History of the Great and Renowned Monarchy of China*, 149쪽.

그리고 '지智'에 대해서 설명하지만 '지智'에 대한 세메도의 해석은 제대로 된 것 같지 않다.

지(Chi)는 현명과 지혜를 뜻한다. 그들은 지를 책을 읽는 것, 학문을 배우는 것, 예술에서 완벽한 것, 유구한 것에 박식한 것, 현대적 사안들에 정통한 것, 현재와 미래의 일들을 잘 관리하기 위해 과거의 것을 잘 관찰하는 것, 시비를 식별하는 것에 둔다.[51]

공맹은 지혜(知 또는 智)를 여기서 말하는 것처럼 두루 썼지만, 그럼에도 '현명'과 구별했고,[52] 사덕 또는 오덕의 하나로 지혜를 열거할 때는 '지'의 의미를 시비지심에서 확충된 도덕적 지혜로만 한정했다.[53] 그러나 세메도는 여기서 이 '도덕적 지혜'를 '지 일반', 즉 헬레니즘적 '소피아'로 확대하고 있다. 오덕의 하나로서의 '지'는 위 해설에서 마지막에 열거한 "시비의 식별"과만 관련된 것이다.

세메도는 '신信(Sin)'에 대해서도 간략하지만 나름대로 적절하게 해설한다.

신(Sin)은 신의와 진실(veritie)이라고 그들은 말한다. 그것은 신실한 마음, 참된 의도에 있다. 그것은 선한 것만을 행하는 것이고, 정의로운 것을 모방하는 것이고, 제가의 일과 말 안에 숨겨진 것을 겉으로 드러나는 것과 일치되게 하는 것이다.[54]

세메도는 '신信'의 해설에서 '믿음', 즉 'trust' 또는 'trustworthiness'의 측면을 놓치고 있으나, 이 정도면 비교적 적절한 해석이라고 할 만하다.

---

51) Semedo, *The History of the Great and Renowned Monarchy of China*, 149쪽.
52) 『中庸』(4章): "子曰 道之不行也 我知之矣 知者過之 愚者不及也. 道之不明也 我知之矣 賢者過之 不肖者不及也."
53) 『孟子』「公孫丑上」(3-6): "是非之心 智之端也.";「告子上」(11-6): "是非之心 智也.";「離婁上」(7-27): "孟子曰 仁之實 事親是也 義之實 從兄是也 智之實 知斯二者弗去是也 禮之實 節文斯二者是也(인의 실은 사친이고, 의의 실은 종형이고, 지의 실은 이 둘을 알고 버리지 않는 것이고, 예의 실은 이 둘을 끊고 매어 꾸미는 것이다)."
54) Semedo, *The History of the Great and Renowned Monarchy of China*, 149쪽.

훗날 존 웹(John Webb)은 세메도의 이 오덕五德 해석을 그대로 인용해 반복한다.55) 그리고 뒤에 분석하는 바와 같이 리처드 컴벌랜드는 세메도와 웹의 이 설명을 그대로 활용한다.

1.2. 1700년 전후 유럽의 공맹철학

17세기 중반을 넘어가면서 공자를 칭송하는 저술들은 더욱 급증했다. 그 중 대표적인 것은 1659년에 나온 마르티니의 『중국사』가 있다. 그리고 17세기 후반부터 공맹경전의 번역이 시작되어 18세기 초에 완결되었다.

■ 공자경전의 완역

1662년에는 인토르케타(Prospero Intorcetta, 1626-1696)와 다코스타(Ignatius da Costa, 1603-1666)가 『대학』과 『논어』의 라틴어 발췌·번역서 『중국의 지혜(Sapientia Sinica)』를 당시 유럽보다 인쇄기술이 더 발달되어 있던 중국의 강서성 건창부建昌府에서 인쇄해 유럽으로 보급했다. 이 책은 유럽 최초로 공자경전 『대학』과 『논어』를 라틴어로 발췌·번역하고 공자전기를 첨부한 책이다. 다시 1667년에는 인토르케타의 『중용』 번역본 『중국의 정치·도덕과학(Sinarum Scienta Politicco-moralis)』이 나왔다. 이 책은 1673년 *La Science des Chinois* (중국인들의 과학)이라는 제목으로 불역되었다.

1669년에는 존 웹의 『중국의 유구성』과56) 니우호프(John Nieuhoff)의 『네덜란드 연합주의 동인도회사로부터 북경 또는 중국황제에게 파견된 사절단』이 출간되었

---

55) John Webb, *An[sic!] Historical Essay, Endeavoring a Probability that the Language of the Empire of China is the Primitive Language* (London: Printed for Nath. Brook, 1669), 99-101쪽.

56) John Webb, *The Antiquity of China, or An[sic!] Historical Essay, Endeavoring a Probability that the Language of the Empire of China is the Primitive Language* (London: Printed for Obadiah Blagrave, 1678).

다.[57] 1675년에는 도밍고 나바레테(Domingo F. Navarrete, 1618-1686)의 『중국제국의 평가』가 나왔다.[58]

이후 영국 명예혁명 발발(1688) 1년 전인 1687년에는 쿠플레·인토르케타 등 4명의 예수회 선교사가 사서四書 중 『대학』, 『중용』, 『논어』를 라틴어로 완역하고 공자전기와 중국의 자연철학을 덧붙인 『중국철학자 공자 또는 중국 학문』이 루이 14세의 재정지원으로 파리에서 공간되었다.[59] 이 경전번역서 『중국철학자 공자』는 즉각 유럽학자들의 관심을 모았고, 뒤에도 1세기 내내 공자철학의 주된 경전으로 애독되었다. (흄은 이 책을 봤다. 섀프츠베리도 읽었을 것이다.) 1688년 레기 신부(Pere Régis)는 『현자지(Le Journal des Sçavans)』에 의미심장한 서평을 실었다. "동기를 별도로 치면, 나는 외양상의 행동에 관한 한 기독교적 덕성과 결코 다르지 않은 덕목들로 중국인들을 이끌어주는 빛을 신이 심지어 이 이교도들의 정신 속으로 집어 넣어주었다는 것이 아주 참된 만큼, 중국인들의 인仁 개념이 기독교인들의 박애 개념과 다르다고 느끼지 않는다."[60] 또 1688년에는 『중국철학자 공자』의 발췌불역본인 『중국의 철학자 공자의 도덕』이 드라브륀·쿠생·푸셰(Labrune, Cousin & Foucher)에 의해 익명으로 암스테르담에서 출판되었다.[61] 발췌불역본의 서문에서 역자들은 이같이 말한다. "이 철학자의 도덕은 무한히 숭고하지만, 동시에 간단하고, 깨치기 쉽고, 자연적 이성의 가장 순수한 원천으로

---

57) Nieuhoff, *An Embassy from the East-Indian Company of the United Provinces to the Grand Tatar Cham, Emperour of China,* [1655] (Hague: 1669; 영역본 – London: Printed by John Mocock, for the Author, 1669).

58) Dominick F. Navarrete, *An Account of the Empire of China* [Spanish: 1676] (London: Lintot, Osborn, 1681).

59) Prosperi Intorcetta, Christian Herdtrich, Rancisci Rougemont, Philiphi Couplet, *Confucius Sinarum Philosophus, sive Scientia Sinensis* (Parisiis: Apud Danielem Horthemels, viâ Jacobææâ, sub Mæcente, 1687). 영역본: Prospero Inntorcetta, Filippo Couplet etc., *The moral of Confucius: A Chinese Philosopher.*

60) Pere Régis, in *Journal des Savants* (5. Jan, 1688). Rowbotham, "The Impact of Confucianism on Seventeenth Century Europe", 227쪽에서 재인용.

61) Prospero Intorcetta, Philippe Couplet, Christian Herdtrich, Francois Rougmont (abstracted and translated by Jean de Labrune, Louis Cousin & Simon Foucher), *La morale de Confucius, philosophe de la Chine* (Amsterdam: Chez Pierre Savouret, dans le Kalver-straat, 1688).

부터 끌어온 것이다. 확언하건대, 신적 계시의 빛을 결한 그런 이성이 이처럼 잘 전개되어 나타난 적도, 이토록 강력하게 나타난 적도 없었다."[62] 드라브륀· 쿠생·푸셰는 공자사상의 건전성을 "일정한 이교적 저자들"의 건전성과 비교하고, 심지어 아주 많은 그릇되고 지나치게 야릇한 사상들로 가득한 "일정한 기독교적 저자들"의 건전성과도 비교한다. 이 책은 여러 경전들의 요약과 수많은 중국 격률 및 후대 주석가들에 관한 논평들도 담고 있다.[63] (1691년에는 이 발췌불역본을 영역한 책 영역본 *The Morals of Confucius, a Chinese Philosopher*가[64] 런던에서 출판되어 18세기 중반까지 중판이 거듭되었다. 따라서 이 책도 섀프츠베리와 흄의 눈을 피해 가지 못했을 것이다. 이 영역본은 1724-1726년 사이에 벤저민 프랭클린도 탐독하고 1738년에는 자기의 신문 Pennsylvania Gazette에 일부를 2회에 걸쳐 연재했다.) 이런저런 경위로 17-18세기에 공자 숭배는 거의 모든 '자유사상가들(free-thinkers)' 사이에서 만연되었다.

■ 맹자철학의 소개와 경전번역

영국 명예혁명 이전에 출판된 공맹·중국 관련 서적들 중에서 공자의 성선설과 맹자의 도덕철학을 비교적 상세히 소개한 유의미한 서적은 공자의 5덕(인·의·예·지·신(信))을 처음 소개한 발리냐노·산데의 『로마교황청 방문 일본사절단』(1590), 퍼채스의 『퍼채스, 그의 순례여행』(1613), 마테오 리치의 『중국인들 사이에서의 기독교 선교』(1615), 세메도의 『중국제국기』(1641), 마르티니의 『중국

---

62) Intorcetta etc. (abstracted and translated by de Labrune, Cousin & Foucher), *La morale de Confucius, philosophe de la Chine*, "avertissement": "On peut dire que la Moral de ce Philosophe est infiniment sublime, mais qu'elle est, en meme temps, simple sensible, & puisée dans les plus pures sources de la raison naturelle. Assurent la raison destituée des lumieres de la révélation divine, n'a paru si développée, ni avec tant de force."
63) Intorcetta etc. (abstracted and translated by de Labrune, Cousin & Foucher), *La morale de Confucius, philosophe de la Chine*, "avertissement".
64) Prospero Intorcetta, Philippe Couplet, Christian Herdtrich, Francois Rougmont, *The moral of Confucius, a Chinese Philosopher* (London: Printed for Randal Taylor, 1691; second edition, Printed for F. Fayram, 1724).

사』(1659), 인토르케타 등의 『중국의 지혜』(1662)와 『중국의 정치도덕학』(1667), 존 웹의 『중국의 유구성』(1669), 니우호프의 『네델란드연합주의 동인도회사로부터 북경 또는 중국황제에게 파견된 사절단』(1669), 나바레테의 『중국제국의 평가』(1675) 등이다. 이 10권의 책은 (마지막 나바레테의 책을 제외하고) 리처드 컴벌랜드(Richard Cumberland)가 『자연법의 철학적 논고(De Legibus Naturae Disquistio Philosophica)』(1672)를 내기 전에 출판되었다. 따라서 이 책들에서 소개된 공맹의 본성론적·도덕감정론적 도덕과학은 인애와 동정심을 도덕성의 원천으로 제시하는 컴벌랜드의 이 홉스논박서에 수용될 수 있었다. 그는 이 논박서에서 교리논쟁이 치열한 당시의 사정상 공자의 이름을 거명하지 못한 채 공자의 인仁개념을 '인애(benevolence)'로 번안해 자연상태를 "만인의 만인에 대한 인애" 상태로 논증함으로써 홉스의 "만인의 만인에 대한 전쟁상태"로서의 자연상태론과 사회계약론을 맹박했다.

위 저작들 중 특히 마르티니와 나바레테의 저작은 성선설을 천명하는 맹자철학을 소개하고 있다. 이 맹자 소개들은 루이 14세의 칙령으로 발간된 공자경전 번역서 『중국철학자 공자』가 『맹자』를 빼고 삼서三書(대학·중용·논어)만을 번역했기 때문에 아주 소중했다. 마르티니는 『중국사』(1659)에서 7쪽에 걸쳐 맹자의 사상을 소개하면서[65] 정치·사회철학만이 아니라 맹자가 고자告子와의 논쟁으로 전개한 인간본성론과 성선설을 이렇게 소개하고 있다.

> 맹자는 본성(natura)에 관한 책도 썼는데, 이 책에는 철학자 고자告子(Cautius)와 본성에 관해 논쟁했던 내용이 포함되어 있다. 고자는 본질(essentia)에 관해서만 말했고, 맹자는 그 작용(efficientia)에 관해서, 그것도 선한 성향(bonum propensione)으로 작용하는 것에 관해서 진리를 말했다. 여러 말들이 설왕설래하다가 바로 판정이 난다. 즉, 본성은 적어도 본유하고(tam esse proprium), 마치 물이 아래로 흐르듯이 선을 낳는다는 것이다. 반대로 악(malum)을 낳는 것은 본성에 따르는 것이 아니다. 그리고 물이

---

[65] Martino Martini(Martin Martinius), *Sinicae Historica* (Amaterdami: Apud Joannem Blaev, MDCLIX.[1659]), 176-182쪽.

밀침으로 깊은 곳에서 치솟게 되지 않는다면 자신의 본성에 반해 흐려지지 않듯이, 악은 사람이 자기 자신에게 반反하거나 대립하지 않는다면 마치 원인에서 생겨나듯 본성 측면에서 생겨나지 않는다. 위의 내용들은 맹자 사상의 전부라 해도 충분하다. 그의 교리들은 오늘날 기독교 준칙들과 중국에서 가장 다른 것이다.[66]

마르티니는 맹자의 성선설이 기독교 교리(원죄설적 성악설)와 "가장 다르다"고 말하고 있다. 맹자의 성선설이 이렇게 기독교의 원죄설적 성악설과 대립되는 까닭에 쿠플레·인토르케타 등의 『중국철학자 공자』가 『맹자』를 빼고 번역했고, 또 『맹자』가 유학경전 중에서 가장 뒤늦게 번역되었다. 그러나 맹자철학은 훗날 도덕성을 신에게서 구하지 않고 자기의 본성에서 구한다는 바로 그 이유에서 기독교의 전일적 지배를 거부하는 유럽철학자들에 의해 환호를 받게 된다. 나바레테의 『중국제국의 평가』(1675)는 영역본 기준으로 5포인트 정도의 잔글씨로 7쪽에 걸쳐 맹자의 천명론 등 정치·사회철학을 소개하고 있다.[67] 그러나 나바레테는 맹자의 본성론·도덕론·성선설을 (기독교리의 원죄·성악설과의 충돌을 염려해 의도적으로) 빼놓고 있다.

한편, 니우호프의 『네덜란드연합주의 동인도회사로부터 북경 또는 중국황제에게 파견된 사절단』(1669)은 공자의 성선설과 이에 입각한 수신론을 이렇게 소개하고 있다.

이제 우리는 공자 뒤에 남겨진, 그리고 백성들 사이에서 그렇게 존경받는 공자의 교리를 언급하게 된다. 『대학』 또는 『대인의 학』은 만인이 그 자신을 먼저 완벽화에 달하게 한 다음에 타인들을 완벽화에 달하게 한다는, 그리하여 만인이 최고선의 보유에 도달할 수 있다는 제목이나 명제들로 이루어져 있다. 그러나 완벽화 자체는 만인이 자기 자신 속의 본성적 빛을 불러일으키고, 그가 결코 본성의 법칙이나 이 법칙에 의해 인간 안에 본성화되어 있는 능력과 단초를 벗어나지 않도록 이

---

66) Martini, *Sinicae Historica*, 176-182쪽.
67) Navarrete, *An Account of the Empire of China; Historical, Political, Moral and Religious*, 153-156쪽, 171-173쪽.

빛을 맑게 하는 데 있다. 동일한 것에 관해서는 사물에 대한 통찰과 감식 없이 이루어질 수 없다. 그러므로 인간들이 철학의 학습에 매진하는 것이 필수적이다. 그들은 이 철학으로 해야 할 것과 피해야 할 것을 배울 수 있다. 이 지식에 의해 (그들이 말하는 바) 그들은 자신들의 일을 어떻게 올바로 질서 잡는지, 그리고 본성의 잣대와 척도에 의해 자신들의 욕구를 바로잡는지를 배운다. 여기에 심신의 완벽화가 있다.[68]

'자기완벽화', 즉 '수신'의 원리가 자신 속의 '본성적 빛'이라는 말은 인간본성의 선성善性을 전제로 하는 말이다. 이것은 기독교의 원죄적 성악설과 정면으로 배치되는 대목인데 니우호프는 비판 없이 그대로 소개하고 있다.

윌리엄 템플은 1687년경 집필한 「영웅적 덕성(Of Heroic Virtue)」에서 공맹의 5덕을 소개하고 니우호프의 공자 논의를 거의 옮겨놓다시피 하면서 자기완벽화의 수신론과 관련된 공자의 성선설을 이렇게 논하고 있다.

> 공자가 정초를 수립하는 것으로 보이고 그가 그 위에서 세우는 주요원칙은 만인이 배워야 하고, 그가 결코 그의 생의 과정과 품행 속에서 본성의 법칙으로부터 벗어나거나 방향을 틀지 않도록 그 자신의 본성을 그가 할 수 있는 최대의 높이로 향상시키고 완벽화(수신)시키려고 힘쓰는 원칙이다. 그리고 이것이 많은 사상·탐구·근면 없이 수행될 수 없기에 학습과 철학을 필수적으로 만든다는 원칙이다. 이 철학은 철학의 본성에서나 인간들의 본성에서나 인간들에게 선한 것과 악한 것을, 결과적으로 여러 신분과 여러 능력 수준의 만인이 해야 하는 것과 피해야 하는 것을 가르쳐준다. 그리고 심신의 완벽화(수신)와 인간의 극대 행복 또는 최고행복의 근본은 본성의 이런 완벽화라는 원칙이다. 이 완벽화를 달성하는 수단과 잣대는 주로 그의 본성과 부합되는 것 외에 어떤 것도 의욕하거나 욕구하지 않는 것이고, 우리 자신만이 아니라 타인의 복리나 행복과 합치되는 어떤 것도 의욕하지 않는 것이라는 원칙이다. 이 목적을 위해 세계에서 일반적으로 알려지고 동의되는 여러 덕목들의 불변

---

68) Nieuhoff, *An Embassy from the East-Indian Company of the United Provinces to the Grand Tatar Cham, Emperour of China*, 218-219쪽.

적 과정과 실천이 규정되어 있다. 이 덕목들 중 예禮와 사은謝恩은 그들에게 기본적인 것이다.[69]

템플의 이 글에서도 본성을 도덕성의 원천으로 보고 "자신의 본성을 최대의 높이로 향상시키기" 위해 '수신'을 강조하는 공맹의 성선설은 그대로 반복되고 있다. 이와 같이 이미 17세기 후반에 공맹의 본성도덕론과 성선설은 기독교의 원죄설을 마비시키고 홉스의 성악설을 쳐부술 만큼 유럽 식자층 안에서 널리 알려진 상황이었다.

인간의 본성으로부터 '선한 성향이 산출된다'는 것은 인간이 본성적으로 선악판단, 즉 시비판단의 맹아적 · 단초적 지혜로서의 시비감각이 본유한다는 것을 함의한다. 물론 마르티니우스는 위 인용문에서 이 정도까지 자세히 설명하고 있지 않다.

그러나 존 웹은 5덕을 소개하면서 시비판단의 능력을 맹자의 지혜에 집어넣는다. 보시어스 · 퍼채스 · 트리고 · 키르허 · 마르티니 · 니우호프 · 세메도의 저작들을 집중적으로 인용하고 있는 『중국의 유구성』(1669)에서 이미 웹은 맹자의 인 · 의 · 예 · 지 등의 덕목을 중국의 덕목론으로 소개하면서 그중 '지智'를 현명이나 지혜로 풀이하고 그들은 "이 현명이나 지혜를 현대적인 일들의 훌륭한 정보지식에, 그리고 현재와 미래의 사건들을 더 잘 규제하기 위해 지난 일을 잘 관찰하는 데에, 그리고 시비변별(discerning right from wrong)에 둔다"고 설명하고 있다.[70] 이 마지막 구절은 맹자의 '시비지심'과 '지'를 '시비변별력'으로 옮긴 것이다. 이것은 당시 유럽 지식인들이 맹자의 도덕철학에서 이미 이 본성적 '시비감각' 개념을 간파해냈다는 추정을 가능케 한다.

마침내 1711년 프란시스코 노엘(Francisco Noël)은 『맹자』를 포함한 6경(사서+효

---

69) Sir William Temple, "Of Heroic Virtue", 333쪽. *The Works of William Temple* (London: Printed by S. Hamilton, Weybridge, 1814). First printed 1699 in London by J. R. for Ri. and Ra. Simpson under the title *Miscellanea*. The second part in four essays.

70) Webb, *An [sic!] Historical Essay, Endeavoring a Probability* (…), 100-101쪽.

경+소학)을 라틴어로 완역한 『중국제국의 고전6서(*Sinensis imperii libri classici sex*)』를 출판했다.71) 이 중 맹자의 시비지심과 관련된 경전구절을 번역한 부분을 보자. 일단 인의예지를 노엘은 "pietas, æquitas, honestas, intelligentia(또는 prudentia)"로 옮긴다. 그리고 "시비지심이 없으면 사람이 아니다(無是非之心 非人也)"는 대목은 이렇게 번역한다.

> 악을 그 아래 있는 것으로 암시하듯이, 그리고 선을 지시하듯이 변별할 줄 모르는 굳어진 마음을 가졌다면, 이 자는 인간으로 여겨지지 않는다(si cui insit animus, qui Malum ad illud sugiendum, & Bonum ad illud amandum, discernere nesciat, hic non est censendus homo).72)

여기서 노엘은 도덕적 시비를 선악으로 바꿔 옮기고 있다. 그리고 "무릇 사단이 자아에게 있는 것을 모두 다 알아서 이를 확충할 따름이니 이것은 불이 타오르기 시작하고 샘이 솟아나오기 시작하는 것과 같다(凡有四端於我者 知皆擴而充之矣 若火之始然 泉之始達)"는 맹자의 사단확충 대목은73) 이렇게 번역한다.

> 악을 싫어하거나 선을 좋아함이 치솟듯이 터져 나오므로 이곳에서 현명 또는 지知의 특징의 섬광이 찾아진다(cum in Mali odium, aut Boni amorem subito erumpit, tunc est scintillans quædam prudentiæ seu intelligentiæ nota).74)

노엘은 이신론적 또는 자연신학적 관점에서 시비지심을 저절로 '치솟고 터져 나오는' 식의 본성적 감성으로 번역하고 있다.

따라서 노엘의 이 맹자 번역(1711)은 다른 공맹소개서 및 경전번역서와 더불어

---

71) Francisco Noël, *Sinensis imperii libri classici sex* (Pragae: Typis Universitatis Carlo-Ferdinandeae, 1711).
72) Noël, *Sinensis imperii libri classici sex*, 266쪽.
73) 『孟子』「公孫丑上」(3-6).
74) Noël, *Sinensis imperii libri classici sex*, 266쪽.

섀프츠베리의 전집 『인간, 예절, 의견, 시대의 특징들(Characteristics of Men, Manners, Opinions, Times)』에 실린 『덕성 또는 시비에 관한 탐구(An Inquiry Concerning Virtue or Merit)』의 최종본(1713)에 결정적으로 영향을 미쳤을 것으로 짐작된다. 『인간, 예절, 의견, 시대의 특징들』은 1711년에 저자 이름도 출판사 명의도 없이 무명으로 출판되었다가 2년 동안의 거듭된 수정을 거쳐 출판사에 넘겨진 뒤 그의 사망(1713년 2월 4일) 직후에 처음 실명實名으로 나왔다. 따라서 『인간, 예절, 의견, 시대의 특징들』의 1713년 판이 섀프츠베리의 진정한 저작인 셈이다.

■ 공자철학 대논쟁과 유교적 계몽주의의 완승

섀프츠베리의 시비감각론에 반영된 공맹의 철학적 영향을 심층적으로 이해하기 위해 이쯤에서 17세기 후반에서 18세기 초 섀프츠베리의 『덕성 또는 시비에 관한 탐구(An Inquiry Concerning Virtue or Merit)』의 최종본(1713)의 공간에 이르기까지 30여 년 동안 벌어진, 동아시아와 공맹철학을 둘러싼 서양세계의 격렬한 사상논쟁을 잠시 들여다볼 필요가 있다. 당시 철학자들과 신학자들은 자신의 철학적 입장을 중국철학에 집어넣어 자신들의 반영상을 도로 읽어내는 단계를 넘어섰지만, 그 로마교황을 중심으로 한 보수적 가톨릭 신학, 예수회의 유신론적 공자관과 중국관, 급진적 계몽주의자들의 무신론적 공자관 사이에 불꽃 튀는 논쟁이 계속되었다. 결국 공자철학에 대한 유럽철학자들의 일반적 관점은 급진적 계몽주의자들의 주장에 의해 18세기 중반에 들어 정리되지만, 당시는 과도기적으로 격렬한 논박이 불가피했다.

그러나 논쟁은 삼파전으로 아주 이상하게 착종되어 전개되었다. 급진적 계몽주의자들은 공자가 무신론자이기 때문에 공자철학에 열광했고, 예수회 선교사들은 다시 공자철학을 유신론으로 여겨 열광한 반면, 로마교황청 신학자들은 바로 공자철학을 무신론으로 보고 배격했다. 공자철학에 열광하며 18세기 중반에 이르러 유럽철학계를 석권하게 되는 계몽주의 급진적 계몽주의자들은 대체로 17세기 후반 작지만 주목할 만한 네오에피쿠리언적 자유사상가 집단에서 유래했다.

중국문화를 서양의 사상논쟁에서 전복전략으로 활용하는 아이디어를 불현듯 떠올린 최초의 '선각자'는 줄곧 '무신론자'로 의심받은 아이작 보시어스(Isaac Vossius, 1618-1689)였다. 보시어스는 중국의 유구성과 중국인의 유구한 특성을 1660년대 후반 성서적 연대기와 '고古신학(prisca theologia), 그리고 계시의 중심성에 대한 확신을 약화시키려는 자신의 캠페인의 일부로 투입했다. 그는 중국문명의 예외적 유구성에 의거해 성서에서 말하는 홍수가 세계의 제한된 지역인 유대 땅만을 덮쳤다고 논변했다. 보시어스를 폄하하는 자들은 그가 중국인을 보거나 중국에 가보지도 않았으면서도 중국의 사상·도덕·문화를 하늘 높이 찬양하고 중국의 문명적 성취를 인류의 최고 업적으로 과장한다고 격하게 성토했다.[75] 그러나 보시어스는 급진적 계몽사상의 형성에 최고로 기여한 『다양한 관찰의 책』(1685)에서 우리가 평화·안정·학문·예술의 함양의 관점에서 측정한다면, 중국사회가 문명화된 인류의 가장 오래된 부분일 뿐만 아니라, 가장 칭송할 만한 부분이라고 주장했다. 또 그는 특히 중국의 과학·기술·의술을 치켜세우고, 인쇄술을 발명한, 그것도 서양보다 1500년 전에 발명한 사람들은 중국인이었다고 강조했다. 그리고 중국인들의 유례없는 성공의 이유는 그들이 타국인들보다 '플라톤의 국가론'을 달성하는 데에 더 가까이 근접했었기 때문이라고 설명했다. 그는 중국을 참으로 잘 알지 못하면서 이상화한 것이다. 나아가 그는 중국인들이 모든 결정적 국사國事를 철학자들과 철학애호자들에게 위탁하고 있고, "만약 치자가 과오를 저지른다면 철학자들이 이전에 이스라엘 예언자들 사이에서도 볼 수 없었던 간쟁諫爭의 커다란 자유를 누린다"고 갈파했다.[76]

윌리엄 템플은 보시어스처럼 중국을 지상에 실재하는 '유토피아'로 여겼다. 이들 외에도 초기 친親중국 철학자들 중에는 생테브레몽(Charles de Maguetel de Saint-Denis, Seigneur de Saint-Évremond, 1613-1703)이[77] 있다. 보시어스, 템플, 생테

---

75) Jonathan I. Israel, *Enlightenment Contested - Philosophy, Modernity, and the Emancipation of Man 1670-1752* (Oxford: Oxford University Press, 2006), 639쪽.
76) Isaac Vossius, *Variarum observationum libr* (London, 1685), 56-59쪽, 75-76쪽, 77쪽, 81쪽. Israel, *Enlightenment Contested*, 639-640쪽에서 재인용.

브레몽은 당시 서로 잘 알고 지냈고, 1660년대 후반 이 셋은 모두 헤이그에 거주했고, 스피노자(1632-1677)와 친교가 있었다.[78] 이들은 당대 서양의 주류사상이었던 스콜라철학을 거부했다. 생테브레몽은 오랫동안 진보적 귀족들에게 롤 모델이었고, 교단신학자들에 의해 신에 대한 일반적 불경죄와 '자질구레한 중국적 헛소리'로 탄핵당한 피에르 벨(Pierre Bayle, 1647-1706)의 『역사적·비판적 사전』(1697)을 출간 즉시 높이 평가했다. 템플도 그의 적들에 의해 무신론자로 낙인찍혔으나, 네덜란드의 자유사상가적 벗들에 의해 칭송받았다. 그는 에피쿠리언적 도덕철학과 정신의 삶과 철학적 평화의 평온한 향유를 추구하는 것에 대한 생테브레몽의 선호를 긍정했다. 진정한 세계시민으로서 템플은 상술했듯이 중국을 치켜세우고 공자를 "모든 중국인들 중 가장 학식 있고 가장 지혜롭고 가장 덕스런 사람"으로 극구 찬양했다.

보시어스·템플·생테브레몽의 중국열광과 공자숭배는 신속하게 급진적 계몽주의자들의 사상과 정서의 '통합적' 일부가 되었고, 이 상태는 이후 수십 년 동안 지속되었다.[79] 피에르 벨이 『역사적·비판적 사전』에서 자연을 신과 동일시하는 스피노자의 자연주의적 범신론 철학이 동양철학, 특히 동아시아의 기氣일원론 철학을 수용한 것으로 규정한 것에서[80] 알 수 있듯이, 보시어스와 절친했던 스피노자의 체계는 전통적 극동아시아인들과 공자의 기氣일원론과 우주관과 유사했다. 이 때문에 저 세 인물의 영향을 받은 급진적 계몽주의자들은 공자를 무신론자 스피노자와 동일시하고 찬양했다. 물론 기독교 교단 신학자들은 동일

---

77) 계몽주의가 절정에 달했던 18세기 중후반 마키 다르장(marquis d'Argens, 1704-1771)은 생테브레몽만큼 "또한 심오하게, 또한 견실하게, 그리고 당대에 또한 자연본성적으로" 사색한 사람은 아무도 없었다고 평했다. Jean-Bapiste de Boyer, marquis d'Argenson, *Réflexion historique et sur le goût et les principaux auteurs anciens et modernes* (Berlin, 1743), 43쪽. Israel, *Enlightenment Contested*, 641쪽에서 재인용.
78) Israel, *Enlightenment Contested*, 641쪽.
79) Israel, *Enlightenment Contested*, 642쪽.
80) Pierre Bayle, *Dictionnaire historique et critique* (2 vols., 1697; 4 vols., 1702). Selected English translation by Richard Henry Popkin: *Historical and Critical Dictionary* (Indianapolis·Cambridge: Hackett Publishing Company, Inc., 1991), 301쪽 (Remark X to the Article "Spinoza").

한 이유에서 공자를 거부했다.

그러나 예수회 선교사들은 주희를 무신론자로 비판하고 기피한 반면, 공자를 유신론자로 보고 찬양했다. 계몽주의가 절정으로 치닫던 18세기 중반 니콜라 프레레(Nicholas Fréret, 1688-1749)는 공자가 우리가 원하는 "인류의 행복을 위한 (pour bonheur du genre humain)" 5대 통찰(인·의·예·지·신)로 아주 가득해서 만인이 이를 실천하고 싶어 할 것이라는 보시어스의 견해를 전폭적으로 수용했다.[81] 프레레는 프랑스에서 고전적 고대와 고대종교만이 아니라 중국철학에도 가장 정통한 파리의 현자로 간주되었다. 그는 공자철학과 스피노자 철학의 유사성을 시사하기를 좋아하는 급진적인 비非섭리론적 이신론자였다.[82] 도리아, 드 라마르티니에르, 불렝비이에, 드 파소, 도르투, 라디카티, 마키 다르장 등 18세기의 수많은 크고 작은 계몽주의자들도 모두 유사한 견해를 피력했다.[83]

이 중 알베르토 라디카티(Alberto Radicati, 1698-1737) 백작은 마테오 리치와 나바레테에 의거해 이렇게 말한다.

> 공자의 문도들은 피조된 존재자들에게 생명과 운동을 주는 저 최고권능의 아주 숭고한 사상들과 함께 가장 탁월한 도덕을 포함하는 준칙들을 가지고 있다. 그들은 천명한다. '모든 존재자들 중의 존재자는 볼 수 없고 파악할 수 없고, 형상이나 외형이 없다. 이 존재자는 무한하고 무제한적이기 때문이다. 아무도 이 존재자를 본 적이 없고, 시간은 이 존재자를 포착한 적이 없다. 이 존재자의 본질은 만물과 모든 곳을 가득 채우고 만물의 원천이다. 모든 권능, 모든 지혜, 모든 지식, 그리고 모든 진리가 이 존재자 안에 있다. 모든 개개 사물을 보존하고 지도하는 것은 바로 이 존재자다.' 이 문장에 의해 독자는 중국인들이 그리스·로마인들보다 아주 분명하게 더 정의롭고 훨씬 더 많이 고양된 신神 관념을 가지고 있다는 것을 알 수

---

81) Nicholas Fréret, *Oeuvres philosophiques* (Londres [Paris?], 1776), 112쪽. Israel, *Enlightenment Contested*, 642쪽에서 재인용.
82) 참조: Jonathan I. Israel, *Radical Enlightenment - Philosophy and the Making of Modernity 1650-1750* (Oxford: Oxford University Press, 2001), 373-374쪽.
83) Israel, *Enlightenment Contested*, 642쪽.

있을 것이다.84)

그리고 라 마르티니에르(Antoine Bruzen de La Martinière, 1683-1746)는 공자의 중국이 독재권력이나 세습귀족에 의해 다스려지는 나라가 아니라 아예 세습귀족이라는 것은 존재하지도 않고, 시험을 통해 등용된 관리들에 의해 다스려지는 성적주의적 신사紳士제도의 나라라는 사실을 특히 감명 깊게 받아들였다.85) 그러나 드 라마르티니에르의 이 관점은 수십 년이 흐른 훗날에도 아주 급진적인 생각이었다. 왜냐하면 왕과 귀족이 균형 속에서 온존하는 계몽군주정 또는 제한군주정을 원했던 흄이나 볼테르는 계몽의 절정기에도 세습귀족 없는 중국의 이 성적주의 공무담임제도를 매력 포인트로 받아들이지 않았기 때문이다.86) 중국의 이 성적주의적 관료제와 신사제도(세습귀족의 부재)가 유럽 사상계에서 높이 평가받고 모방대상이 되기 위해서는 18세기 후반 '구舊제도'를 부정하는 혁명적 분위기가 성숙할 때까지 기다려야 했다.

공자의 철학은 그 당시 급진적 계몽주의 사조의 '선각자들'에 의해 중국을 수천 년 동안 적극적·긍정적 형태로 만들어온, 그리고 온 인류에게 잠재적으로 "모델"이 되는 도덕·정치의 이론체계로 간주되었다. 하지만 이러한 관점은 도덕·사회이론·계시종교·교육에 대한 그 명백하고 우려스런 함의 때문에 기독교적 계몽주의자들과 온건한 계몽주의자들에게 고도로 문제 있는 것으로 받아들여졌다. 중국철학에 관한 서양의 논쟁의 기원이 보시어스·생테브레몽·템플로까지 거슬러 올라가지만, 주된 논쟁은 쿠플레 등 4명의 예수회 선교사가 펴낸

---

84) Alberto Radicati, *A Succinct History of Priesthood, Ancient and Modern* (London: Printed by H. Gorham in Fleet Street, 1737), 36-37쪽.

85) Antoine Bruzen de La Martinière, *Entretiens des ombres aux Champs Élisées sur divers sujets d'histoire, de politique et de morale* (2nd Edition, 2 vols, Amsterdam, 1723), 586-587쪽. Israel, *Enlightenment Contested*, 642쪽에서 재인용.

86) Jonathan I. Israel, *Democratic Enlightenment - Philosophy, Revolution, and Human Rights 1670-1752* (Oxford: Oxford University Press, 2012), 559쪽. 이스라엘은 흄과 볼테르를 한통속으로 묶고 있지만, 흄은 달랐다. 흄은 미국을 위한 건국프로젝트인 "Idea of Perfect Commonwealth"[1752]을 보면 알 수 있듯이 귀족 없는 민주공화정을 원했다.

『중국철학자 공자 또는 중국 학문』(1687)의 공간을 기점으로 더 격렬해졌다. 왜냐하면 이 번역서는 공자철학을 유신론으로 입증하고 마테오 리치의 '적응주의적' 선교 노선의 정당성을 입증하려는 의도를 분명히 하고 있는 책이었기 때문이다.[87]

급진적 계몽주의자, 예수회파, 기독교 교단 간의 사상적 삼파전이 마침내 『중국철학자 공자 또는 중국 학문』의 공간과 함께 대폭발을 일으킨 것이다. 이 삼파전은 주지하다시피 시간이 갈수록 급진적 계몽주의자들의 승리로 귀결되어 갔고, 18세기 중반에 이르러서 이 논장論場은 그들의 단독무대가 되었다. 1687년부터 유럽의 철학자들은 중국 사상의 신뢰할 만한 번역물들과 다양한 중국기행문들을 손에 넣고 지금까지 그들이 거의 아무것도 몰랐던 위대하고 유구한 사상전통에 포함된 무거운 함의를 캐내는 데 눈코 뜰 새 없었다. 하지만 논쟁의 초장에는 자기들의 사상적 전통에서 이 이교적異敎的 공자철학을 어떻게 범주화할지를 두고 천양지차의 이견을 보이며 삼파전을 벌였던 것이다.

대표적 예수회 신부 쿠플레는 거의 모든 주석가들이 현저하게 덕스럽고 지혜롭다고 인정한 고전적 공자문도들을 '무신론자들'로 모는 것이 심각한 결과를 가져올 것이라고 경고했다. 왜냐하면 이것은 불가피하게 '덕스런 무신론자들'이 존재한다는 인식, 덕성과 종교적 경건성이 별개라는 인식, 신의 부정이 도덕적 패륜과 다르다(신이 없더라도 도덕적 삶이 가능하다)는 인식을 불러일으킬 것이기 때문이다. 따라서 그들은 무신론 혐의를 공자철학이 아니라 주희의 성리학에 한정시켰다. 이 입장은 광범하게 읽힌 예수회 선교사 루이 르콩트(Louis Le Comte, 1655-1728)의 『중국의 현상태에 관한 신新비망록』(1696)에서도 다시 강조되었다.[88]

예수교의 이런 유신론적 공자 해석에 대해 얀센주의적 데카르트주의자 아르놀

---

87) Israel, *Enlightenment Contested*, 642쪽.
88) Louis-Daniel Le Comte, *Nouveaux mémoires sur l'état present de la Chine* (Paris, 1696). 영역본: Louis Le Compte, *Memoirs and Observations made in a Late Journey through the Empire of China* (London, 1697), 337-340쪽.

(Antoine Arnauld, 1612-1692)이 제일 먼저 나서서 모든 번역서를 참조하면 공자는 결코 물질과 구별되는 "영적 실체"를 인정한 것으로 볼 수 없고, 신과 우리의 영혼에 대한 아무런 구체적 관념도 가지고 있지 않다고 확언했다.[89] 나중에 말브랑쉬(Nicholas Malebranche, 1638-1715)도 유사한 관점에서 예수회의 공자 이해를 탄핵한다.[90] 그러나 이들이 겨냥한 비판의 표적은 공맹철학이 아니라 성리학이었기 때문에 그들의 비판은 과녁에 '적중'할 수가 없었다.

이런 논쟁의 한복판에 '로테르담의 철학자' 피에르 벨은 "무신론사회(중국사회)가 더 도덕적일 수 있다"는 명제를 투척했다. 벨의 이 급진적 주장은 서양 사상계를 신학과 철학의 대결구도로 재편하고 계몽주의 사조 안에서 급진적 계몽주의자들의 위상을 주류의 지위로 강화·격상시켜주었다. 섀프츠베리와 절친했던 벨은 고전적 중국 사상가들이 우주 안에서 우리가 보는 아름다움·중화中和·질서가 지성과 무관한 감성적 본성의 작품이라고 생각하는 사람들(따라서 본성만을 인정하는 무신론자들)이면서 동시에 인간의 행복과 사회적 안정성을 좌우하는 도덕 분야에서 중국사상가들의 성취가 현격히 뛰어나다고 생각한다는 이중논변을 개진한다. 이것은 고의적으로 난해하고 당황스럽게 만드는 논변이었다.[91] 벨은 상술했듯이 스피노자의 체계를 중국철학의 영향을 받은 것으로 규정했다. 그리고 다른 한편으로 이 점에서 그는 공자주의적 중국철학을 스피노자적 일원론으로 분류했다. 동시에 그는 『다양한 생각들의 속편』(1705)에서 "탁월한 도덕지침을 남긴 공자가 무신론자일" 뿐만 아니라, 승려집단도 "중국의 주요 아이돌"인 "부처"의 "마지막 말씀(금강경)에 기초한 별개의 무신론 종파"라고 갈파한다. 그러면서 그는 "중국철학자들의 자연철학이 무신론 체계"인데도 "그들이 도덕 관점에서 단연 가장 합당한 것으로 보이고", 또 "그 현자가 제시한 목적은

---

89) Israel, *Enlightenment Contested*, 643쪽.
90) Israel, *Enlightenment Contested*, 649-651쪽. 말브랑쉬의 성리학비판에 대한 상론은 참조: 황태연, 『근대 프랑스의 공자 열광과 유교적 계몽철학』 (서울: 한국문화사, 2023), 134-184쪽.
91) Israel, *Enlightenment Contested*, 644쪽. 벨의 공자·중국 관점에 대한 본격적 논의는 참조: 황태연, 『근대 프랑스의 공자 열광과 유교적 계몽철학』, 33-102쪽.

오직 공공선일 뿐이다"라고 평가했다.[92] 그는 이처럼 공맹철학이 미주 인디언의 무신론과 같은 그런 '소극적 무신론'이 아니라, "철학적으로 정교하게 세련된 적극적 무신론"이라고 공언하면서 공자를 두둔한 것이다. 이것은 당시로서 실로 '방약무인한' 논변이었다.[93]

벨은 가장 도전적이고 도발적인 후기 저작들에서 고의로 스피노자주의자들과 중국의 유자儒者들을 등치시키고, 이 유자와 스피노자주의자들이 다른 민족들의 가장 경건한 사람들만큼 세속적 도덕성과 인간사회의 온갖 선덕들에 대해 잘 알고 있다고 천명했다. 중국에 관한 그의 견해의 도발적 충격과 판을 흔드는 교란효과는 중국이 스피노자주의적 정서의 유일한 진원지가 아니라, "스피노자의 무신론이 아시아에서 널리 퍼져 있는 여러 종파들의 교리(le dogme de plusieurs sectes repandues dans l'Asie)이고, 동양에서 가장 현명하고 가장 독창적인 민족인 중국인들 가운데는 대부분의 유자儒者, 즉 '철학자들의 종파'인 무신론 종파가 존재한다"는 주장에[94] 의해 더욱 증폭되었다. 그는 『역사적·비판적 사전』의 길고 긴 '스피노자' 항목에서 단지 공자주의가 인도제국들 안에서 위대한 철학으로 가르쳐지는 교리를 해명하는 하나의 특별한 스타일일 뿐이라는 점을 인도제국으로부터 들어온 선교사들의 여러 보고서들과 기행문들이 확인해준다고 적시한다.

중국에 관한 논쟁의 '이상한' 측면은 고전적 공자문도들도 무신론적이고 잠재적 스피노자주의자들이라는 주장을 대립적 학파들도 계속 대변했다는 점이다. 거의 동일한 논변이 정면 대립하는 철학적 입장들 안에서 중심적 논점으로, 그것도 지속적으로 등장한 것은 지극히 드문 일이다. 왜냐하면 이 이상야릇한 병존·병치竝置는 반세기 동안 중국철학을 둘러싼 논쟁을 특징지었기 때문이다. 반反예수회적 가톨릭신학자들과 기독교 교단이 이런 식으로 중국과 중국인들(그리고

---

92) Pierre Bayle, *Continuation des Pensées diverses, Ecrites à un Docteur de Sorbonne, à l'occasion de la Comte qui parut au mois de Decembre 1680; Ou Reponse à plusieurs dificultez que Monsieur a proposées à l'Auteur*, vol.1 in 2 vols. (Rotterdam: Reiner Leers, 1705), 728-729쪽.

93) Israel, *Enlightenment Contested*, 644쪽.

94) Bayle, *Continuation des Pensées diverse*, vol.1, 68-69쪽. 다음도 참조: Bayle, *Dictionnaire historique et critique*, the Article "Spinoza".

예수회 선교사들)의 지위와 위신을 떨어뜨리고 깎아 내리려고 애를 쓴 반면, 주류로 올라서는 급진적 계몽주의자들이 중국을 스피노자주의와 연결시킴으로써 표현하고자 한 의미는 스피노자주의가 고대적 사고방식일 뿐만 아니라 당대 유럽에서 아무리 부정하더라도 전적으로 '자연스런' 사고방식이고, 잠재적으로 그리고 실제적으로 대부분의 인류의 사고방식이라는 것이다. 부로델랑데(André-François Boureau-Deslandes, 1689-1757)는 훗날 『비판적 철학사』(1737)에서 "동양 민족들은 대부분 여전히 스피노자와 동일한 정서 속에 들어 있다"는 벨의 주장을 반복하며 공자주의를 스트라톤(Strato[n] of Lampsacus, 기원전 약 335-269)의[95] 철학과 특히 유사한 것으로 묘사했다.[96] 부로델랑데와 같은 시기에 마키 다르장(Jean-Bapiste de Boyer, Marquis d'Argens)은 파리에 온 중국인 방문자로 하여금 중국으로 돌아가서, 셀 수 없이 많은 유럽인들이 지금 중국 유자들의 철학과 동일한 철학을 가슴으로 받아들이고 있다는 것, 그리고 이 철학의 유럽적 창시자는 네덜란드 사상가 '스피노자'라는 사실을 알리게 했다.[97] 마키 다르장의 이 말은 벨의 급진적 계몽철학이 18세기 중반 유럽 사상계를 제패했을 때 벨의 스피노자주의적 공자해석을 그대로 대변한 것이다.

스피노자주의를 무신론적이고 비도덕적이라고 단죄하는 관례적인 신학적 공격은 전 세계를 뒤덮는 이러한 '불경不敬의 체계'에 대처하기에 철학적으로 부적절한 방법이었다. 그리하여 기독교 신학자들은 스피노자를 무신론적이고 교회의 가르침과 대립적인 것으로 탄핵하는 것을 뛰어넘을 필요를 느꼈다. 그들은 신과 도덕의 기초에 관한 모든 전통관념들을 전복시키는 스피노자의 논법이 중국이나 인도에 아무런 이익도 줄 수 없을 것이라는 새로운 논변을 추가한 것이다. 중국과

---

95) 스트라톤은 고대 그리스의 소요학파 자연철학자로서 뤼케움의 학장을 지냈다.
96) André-François Boureau-Deslandes, *Histoire critique de la philosophie*, vol. 2 in 3 vols. (Amsterdam: François Changuion, 1737), 296-298쪽. Israel, *Enlightenment Contested*, 645쪽에서 재인용.
97) Jean-Bapiste de Boyer, Marquis d'Argens, *Lettres chinoise, ou Correspondence philosophique, historique et critique*, vol. 1 in 5 vols. (The Hague: Pierre Poupie, 1739-1740), 106쪽. Israel, *Enlightenment Contested*, 645쪽 및 Israel, *Democratic Enlightenment*, 558쪽에서 재인용.

인도의 전문적 철학자들이 스피노자주의의 혐오스런 전복적 결과를 일상적 가치로 여기기 때문에 스피노자주의는 그들에게 아무런 실익도 줄 수 없다는 것이다. 북경에서는 스피노자가 대중적 사고와 편견의 진흙탕에 절망적으로 빠져들어 있는 '일개 범상한 철학자'로 무시되었을 것이라는 말이다. 중국사상을 스피노자와 스피노자주의의 견지에서 논란하는 것은 이렇게 놀라운 반향의 복잡한 철학적 미로 속으로 급속히 빨려들어 갔다.[98]

벨은 『다양한 생각들의 속편』(1705)에서 고전적 중국철학을 네 가지 상이한 학파로 구별하고 있다. 하지만 그가 보기에 그 학파들은 모두 실재에 비교적 적은 변화를 주어 실재를 단일한 규칙조합에 의해 다스려지는 단일한 통합적 일관구조로, 환언하면 일원론적 단일실체 독트린의 이런저런 변형태로 간주했다.[99] 이것은 『역사적·비판적 사전』에서부터 유래하는 벨의 기본 관점이었다. 여기서 그는 스피노자가 강력한 독창적 종합자이지만, 그의 독트린의 기초는 고대와 현대의 철학만이 아니라 동양의 다양한 다른 철학교리들을 수용한 것이라고 갈파한 바 있다.[100] 벨은 고전적 중국철학, 특히 공자철학을, 자연 속에서 정동靜動(정지와 운동)원리의 추동력인 '본성' 자체를 제외하고 아무것도 인정치 않는 스피노자주의적 체계, 즉 도덕적 준칙의 파악 측면에서 아주 방대하고 거대한 무신론적 스피노자주의 체계로 묘사한다. 이 정지와 운동의 원리는 우주의 다른 부분들에서 질서를 산출하고 주목할 만한 모든 변화를 야기하는 제일요인이다.[101] 따라서, 벨에 의하면, 고대중국은 바로 무신론이 전적으로 찬미할 만한 도덕질서와 기독교인들의 도덕질서보다 더 우월한 실천적 도덕질서를 고취한다는 것을 증언해주는 무신론적 사회였다. 중국의 고전적 도덕철학은 무신론적이고 고도의 찬미를 받을 만하다는, 그리고 ― 그가 프랑스국왕의 특사 시몽 드 라 루베르(Simon de La Loubère, 1642-1729)의 『태국왕국에 관하여(Du Royaume de

---

98) Israel, *Enlightenment Contested*, 645쪽.
99) Bayle, *Continuation des Pensées diversese*, vol.2, 537-540쪽.
100) Bayle, *Dictionnaire historique et critique*, the Article "Spinoza".
101) Bayle, *Continuation des Pensées diversese*, vol.2, 728-730쪽.

Siam)』(1691)를 인용하며 주장하듯이 — 이 무신론 철학이 중국인들 사이에 일반적으로 퍼져 있었다는 그의 주장은102) 분명 사회 안에서의 도덕의 해체 원인이 무신앙·무종교가 아니라는, 그리고 종교가 우리의 감정을 억제하는 브레이크가 아니라는, 『혜성에 관한 다양한 생각』 초판(1683)에서 처음 정식화된 테제를103) 더욱 강력하게 뒷받침해주려고 기안된 것이다.

벨이 『역사적·비판적 사전』에서 독자의 감성을 고려해 중국의 무신론 사상이 아주 버겁고 아주 모순에 찬 체계라는 데 동조하는 체하는 의태擬態를 취했지만, 나중에 『다양한 생각들의 속편』에서는 이런 '의태'조차도 떨어내버린다. 그의 마지막 저작들에서 벨은 그가 그리스 철학체계들 중 가장 일관된 체계라고 내심으로 판단하는 철학인 스트라톤주의와 단연코 대오를 같이 하는 이 포괄적 공자-스피노자 체계의 합리적 일관성을 집중 조명하는 데 초점을 맞춘다. 그러므로 그는 기독교 선교사들이 중국에서 공자주의를 논박하면서 직면한 문제가 기본적으로 유럽철학자들이 스트라톤주의를 논박하면서 직면하는 문제와 동일한 것이라고 결론짓는다. 벨은 스트라톤주의나 공자주의를 어떻게 반박할지를 알지 못하겠다고 자인하는 반면, 데카르트주의를 엄격한 이원론으로, 그리고 운동이 물질 안에 내재할 수 있는 것에 대한 부정으로 해석한다. 그리고 "데카르트의 이런 도그마는 중국인들을 아연실색케 할 것이다"라고 논평한다.104) 결론적으로, 그는 데카르트주의를 공자주의에 비해 열등한 것으로 간주하는 듯한 논변을 개진한 것이다.105)

합리주의자 벨이 보기에 공자주의는 초월적 '신의 나라'에 기초하기보다 자연

---

102) Pierre Bayle, *Écrits sur Spinoza*, edited by F. Charles-Dabert & P.-F. Moreau (Paris: Berg international, 1983), 90쪽. Israel, *Enlightenment Contested*, 646쪽에서 재인용. 또 다음도 보라. Bayle, *Historical and Critical Dictionary*, 323-324쪽 (Remark X to the Article "Spinoza").
103) Pierre Bayle, *Pensées diverses sur la comète* (1682·1683·1704). Pierre Bayle, *Various Thoughts on the Occasion of a Comet*, translated with notes and an interpretative essay by Robert C. Bartlett (Albany: State University of New York Press, 2000), §122-128 (가슴), §129-132 (정신).
104) Bayle, *Continuation des Pensées diverses*, vol.2, 553-554쪽.
105) Israel, *Enlightenment Contested*, 646쪽.

또는 본성에 기초한 '순수한 합리적 구조', 즉 자연을 존재하는 것의 전체 및 그 자체의 법칙과 원칙의 배타적 원천으로 동일시하는 구조를 가졌다. 이 급진적 철학체계는 수년 뒤 앤터니 콜린스(Anthony Collins, 1676-1729)에 의해 수용된다.[106] 콜린스도 중국의 유자들을 스트라톤이나 크세노폰, 또는 스피노자와 등치시켰다.[107] 서양에서 공자철학과 스피노자 형이상학 간의 논리적 일관성을 주장하는 것보다 차라리 '공자와 스피노자의 무신론'의 '도덕적 완전성'을 찬양하는 것이 의심할 바 없이 더 쉬운 한편, 벨과 콜린스가 둘 다 "중국·일본·조선(코리아)의 공자철학이 유럽철학보다 도덕적으로 더 우월하고 더 일관성이 있다"는 것을 효과적으로 주장하고 있었다는 것은 명백해 보인다.[108]

그런 사이에 중국 제례祭禮를 두고 프랑스와 로마에서 벌어진, 예수회파와 반反예수회파 간의 신학논쟁은 그 정점에 달하고 있었다. 예수회 신부들은 고대 중국의 종교사상에서 진정한 고대신학의 명백한 족적을 발견할 수 있고, 그 신학의 유구성과 진정성은 가령 고대그리스어로 쓰인 고대이집트 종교서적 헤르메스서書(Corpus Hermeticum)보다 더 신빙성 있고 확실하다고 생각했다. 르콩트와 그의 동료 신부들은 중국인들이 그리스도보다 2000여 년 전부터 신에 대한 온전하고 진정한 지식을 보존해왔고, 이들의 사회가 완전히 찬탄할 만한 도덕법전을 기독교가 가르쳐온 것만큼 순수하게 견지하는 것을 가능케 한 것은 바로 이것이라고 생각했다. 그러나 이 명제들은 교회를 격심하게 분열시키는 것으로 입증되었고, 얀센니스트들, 도미니크파, 프란체스코파들 사이에서만이 아니라, 예수회 신부들 안에서도 강한 반발을 야기했다.[109]

공식적 예수회 입장이 고대 중국인들을 일원론자이자 '고古신학'의 교수들로 분류하고 신유학자(성리학자)들, 특히 주희(1130-1200)를 이 고신학의 믿음을 상

---

106) Israel, *Enlightenment Contested*, 646쪽.
107) Anthony Collins, *An Answer to Mr. Clark's Third Defence of his Letter to Mr. Dodwell* (London: Printed for A. Baldwin in Warwick-Lane, 1708), 89쪽. Israel, *Enlightenment Contested*, 646-647쪽에서 재인용.
108) Israel, *Enlightenment Contested*, 647쪽.
109) Israel, *Enlightenment Contested*, 647쪽.

당히 더럽힌 자들로 규정한 반면, 예수회파 롱고바르디(Niccolo Longobardi, 1565-1655), 프란체스코파 생-마리(Antoine de Sainte-Marie) 등 반대자들은 공자경전과 (롱고바르디가 모두 '무신론자'로 단정하는) 성리학자들의 경전 안에 주로 발견되는 공자의 천天 개념이 섭리적 신의 존재를 단적으로 배제한다고 주장했다. 그리고 신유학(성리학)의 — 지성과 활성으로 표출되는 생기의 정령인 — '혼령' 개념은 예수회의 주장과 반대로 기독교적 '영혼'과 부합될 수 없다는 것이다. 무엇보다도 성리학에서 '리理'라고 부르는 우주의 제일원리는 물질과 불가분적이고, 지혜·선성善性·지성을 완전히 결한다는 것이다. 롱고바르디·생마리·나바레테 등 반대자들은 이것이 중국인들의 철학체계가 일원론적·유물론적·비非섭리적·유사類似스피노자주의적임을 뜻하는 것으로 이해했다.110)

그리고 반反예수회 신부와 신학자들은 '도덕적 정직성을 가진 무신론'이라는 불길한 함정으로부터 벗어나기 위해 고전적 중국인들이 '무신론자들'이고 또 도덕적 정직성도 결했다는 신빙성 있는 논증을 내놓든지, 아니면 '중국인들이 덕스러운 사람들이고 또 무신론자도 아니다'는 논증을 내놓아야 했다. '리理'가 고신학으로부터 유래하는 고전적 중국문명 안에 기독교인들의 섭리적 신의 기억, 개념, 또는 영감이라는 예수회 신부들(마테오 리치의 '적응주의' 선교 노선을 따르는 신부들)의 명제에 대해 1700년 소르본 신부들은 정언적으로 오류 선고를 내렸다.111) 그리고 로마에서 수년 동안 실랑이와 집요한 암투가 벌어졌다. 그러고 나서 로마 교황청은 1704년 예수회 신부들의 고신학 명제를 '이단'으로 판정하는 추기경들의 테제를 비준했다. 이를 전후해 아르놀은 예수회를 '예수회 공자주의자들(Jesuit Confucionistes)'이라 조롱했다.112)

---

110) Israel, *Enlightenment Contested*, 647쪽.
111) 마테오 리치는 공자철학을 '본성의 빛'의 철학으로 해석해 이 해석을 발리냐노와 산데에게 보냈다. 그러나 그는 곧 공자철학을 스콜라철학적 "이성의 빛"의 철학으로 바꿔 해석한다. 이 해석변경은 공맹이 '본성'을 이성보다 감성을 앞세우기 때문이었던 것으로 보인다. 이로 인해 교황청은 리치의 '공자철학'을 '리(理)'를 원리로 삼는 성리학과 같은 것으로 간주하면서 성리학과 함께 단순한 무신론철학으로 낙인찍고 말았다.
112) Israel, *Enlightenment Contested*, 647-648쪽.

1700년 10월 로마교황청의 배후조정 아래서 소르본 신학대학은 예수회 소속 르콩트 신부가 예수회와 로마교황청 간 중국 제례논쟁이 한창일 때 나바레테의 『중국제국의 평가』(1676)에 대항하는 '맞불 저서'로 펴낸 『중국의 현상태에 관한 신비망록』(1696)에 대해 '분서처분'을 내린 것이다. 르콩트의 이 저서는 "반동적 신학자들과 인본주의적·자유주의적 예수회 신부들 간의 투쟁에 뿌리를 박은 광포한 다툼의 대상이 되었다". 소르본 신부들이 특히 탄핵한 르콩트의 주장은 ①중국이 인간의 필요에 알맞은 도덕체계를 가지고 있다는 주장, ②이 도덕체계가 그 유구성과 성공의 비중에 의해 인간의 도덕적 열망의 최고산물로서의 그리스도적 계시와 어깨를 나란히 한다는 주장이었다.[113] 주지하다시피, 르콩트의 이 저작으로 인해 연장전으로 전개한 제례祭禮논쟁은 1704년 교황 클레멘스 11세가 신부와 천주교도의 제례 참가를 이단으로 금하는 칙령을 내림으로써 일단 마테오 리치의 적응주의를 따르는 예수회의 완패로 끝났다.[114]

그러나 이런 일련의 사상탄압은 역설적으로 르콩트의 이 저작이 "유럽인들의 마음속에서 공자체계의 탁월성을 재확인하고, 중국경전 지식을 확산시키는 데 기여하도록 만드는"[115] 엄청난 역효과를 냈다. 서한체로 쓰인 르콩트의 이 저서는 분서처분에도 불구하고, 아니 분서처분 덕택에 유럽대륙에서 놀라운 사상적 파괴력을 발휘했다. 특히 파리에서 발간된 지 수개월 만에 런던에서 나온 영역본(1697)은 영국·네덜란드·독일·스웨덴 등의 개신교국가들에서 가톨릭의 일파인 예수회 신부의 서적임에도 불구하고 로마교황이 싫어한다는 이유만으로도 대환호를 받았다. 『중국의 현상태에 관한 신비망록』은 교황과 소르본의 분서처분 덕에 오히려 유럽제국諸國의 베스트셀러가 되었다.

르콩트의 이 책을 영역한 익명의 번역자는 '역자서문'에서 태국 국왕의 말을 인용하며 로마가톨릭이 "경이로운 다양성"의 세상에서 종교·예법·관습 등에

---

113) Rowbotham, "The Impact of Confucianism on Seventeenth Century Europe", 232쪽.
114) 황태연, 「공자의 공감적 무위·현세주의와 서구 관용사상의 동아시아적 기원」(上), 109쪽. 『정신문화』 (2013 여름호, 제36권 제2호 통권 131호).
115) Rowbotham, "The Impact of Confucianism on Seventeenth Century Europe", 232쪽.

"보편성"을 강요하는 짓을 "헛된 짓"이라고 따끔하게 비판한다.116) 또 이 역자는 중국인들이 이미 덕성의 영화를 누리고 있어 신부로부터 덕을 배울 필요가 없기 때문에 다른 기술적 기능들을 배운다는 이유로 신부를 만나고, 이 때문에 로마가톨릭 선교사들은 중국에서 실은 신부 행세를 하지 못하고 있다고 비꼰다.

지구의 왕국들 중에서 중국은 예절과 정중함으로, 영화와 장엄함으로, 그리고 기술과 발명으로 가장 유명하다. 로마 성직자들은 이 사실을 아주 잘 알고 있어서, 그들은 거기서 물리학자·화가·상인·점성가·공학자 등의 인물로 통한다. 왜냐하면 그들은 아시아의 궁전에서 이런 인물로만 받아들여지기 때문이고, 또 아시아 궁전들은 너무나 예민해서 낯선 종교의 포교를 공개적으로 당할 수 없기 때문이다.117)

또 이 역자는 로마교황청의 포교활동도 세계정복 활동으로 강도 높게 비판한다. "1580년 이래 약 630명의 예수회 신부와 200명의 다른 교단 성직자들이 여러 기독교 국가 지역들에서 중국으로 파견되었다. (…) 나는 로마교회가 전 세계를 자신의 지배권 아래 두기 위해 세우는 기획과 계획에서 지칠 줄 모르는 근면과 정책에 경탄하지 않을 수 없다. 그런데 이 기획과 계획은 나머지 기독교 국가들에게 모든 가톨릭 지역을 호령하고 정복에 적합한 기율을 지키는 이런 호전적 교회투사(Church Militant)에 대항해 이 나머지 국가들이 자기들의 땅을 지키려고 의도한다면 보다 많은 만장일치를 이루고 힘이 더 강해야 한다는 교훈이 될 수 있다."118) 이 역자는 로마교황청의 동아시아포교를 세계정복의 일환으로 추진되는 일종의 침략활동으로 보고, 이 포교활동의 성공으로 힘을 재충전한 로마교황청이 침략의 마수를 다시 유럽 개신교국가들에게로 돌릴 위험에 대해 경계심을 표하고 있다.

동시에 소르본과 로마의 반反예수회 가톨릭교단은 소르본대학의 분서조치와

---

116) "An Introduction to the English Translation". Le Comte, *Memoirs and Observations made in a Late Journey through the Empire of China*.
117) "An Introduction to the English Translation".
118) "An Introduction to the English Translation".

예수회의 적응주의적 공자평가에 대한 클레멘스 교황의 이단선언으로 인해 더 큰 철학적·신학적 자가당착의 함정에 빠져들었다. 왜냐하면 예수회의 공자주의 입장을 배제하는 것이 생각했던 것보다 철학적 위험이 더 많은 것임이 곧 명약관화해졌기 때문이다. 쿠플레와 르콩트의 논변을 배격하고 중국인들의 사상을 본질적으로 무신론으로 공식 규정하는 것은 예수회의 수십 년 공들인 중국선교의 전반적 기초만이 아니라, '일반적 합의'에 근거해 신의 존재를 지지하는 난공불락의 논변을 본질적으로 의심스런 것으로 만들어 놓은 것이다. 왜냐하면 예수회의 공자주의와 중국관을 배척하는 것은 세계 인구의 대부분이 결국 무신론자들이라는 것을 뜻했고, 더욱 안 좋은 것은 이것이 많은 사람들이 더할 나위 없이 찬미할 만한 것으로 평가하는 윤리학의 사회적 법전과 유구한 체계가 무신론자들에 의해 많은 나라에 걸쳐 경건하게 보존되고 준수되고 있다는 것을 뜻했기 때문이다. 그리하여 예수회 관점을 배척하는 것이 "잘 질서 잡힌 무신론자들의 사회"가 가능하다는 벨의 테제에 대한 확인으로 비치는 것을 피해가기 위한 노력이 필요했다. 그래서 황제·관리·학자들이 공자주의자들, 즉 무신론자들인 반면, 중국의 평민들은 그렇지 않다는 괴이한 절충적 논변이 제시되었다. 대중은 종교에 충실하기 때문에 칭송할 만한 도덕기준을 비록 그릇된 것이라도 고수한다는 것이다. 그러나 이것은 설득력도, 깔끔함도 없는 궁색한 변론으로 비쳤다.[119]

아무튼 중국과 동아시아에 대한 18세기 초 공맹철학 논쟁의 별난 측면은 고전적 공자주의자들이 무신론자들, 잠재적 스피노자주의자들이라는 동일한 명제가 논쟁 속에서 정면으로 대립되는 두 집단에 의해 정식으로 제기되는 이상야릇한 정황이었다. 같은 논변이 상이한 대립적 전략 속으로 통합되는 '엽기적' 병립을 낳았던 것이다. 이 '엽기적' 상황을 조나단 이즈리얼(Jonathan I. Israel)은 최근 이렇게 요약한다. "말브랑쉬와 반反예수회 교파가 고전적 중국도덕과 철학전통을 스피노자주의와 한통속으로 묶음으로써 전통적 중국·일본·조선(Korea)을 깎아내린 논변 대목에서, 급진적 계몽주의자들은 스피노자주의가 유구한, 존경할 만한,

---

119) Israel, *Enlightenment Contested*, 648쪽.

전적으로 자연스런 사고방식, 즉 생각할 수 있는 한에서 대부분의 인류의 사고방식임을 암시하려고 공자주의를 스피노자주의와 동일시했다. 이 논변의 전복적 함의는 '대부분의 동양 민족들이 스피노의 정서를 공유한다'는 벨의 주장에 뒤이어 광범하게 설파되기에 이르렀다."[120] 한 마디로, 벨에 의해 강력해진 급진적 계몽주의가 "광범하게 설파되고" 확산되어 18세기 초에 점차 다수파, 아니 계몽주의의 주류로 부상한 것이다. 아돌프 라이히바인의 말대로 "공자가 18세기 계몽주의의 수호성인이 되기"까지는 18세기 중반을 기다려야 했지만, 적어도 "18세기 초반의 전全기간 동안" 공자는 유럽인들의 "유일한 관심의 초점"이었고, "공자경전의 학습은 종교사의 발전에 결정적 추동력을 부여했다." 그리고 공자경전은 18세기 후반까지도 유럽의 최대 베스트셀러로 남아 있었다.[121]

17세기말과 18세기 초에 이미 공맹철학을 무신론으로 탄핵하는 반동적 가톨릭 신학자들의 논변이 갈수록 궁색해져 사상계로부터 떨려나고 (공맹을 '무신론자'로 보고 찬미하는 벨의 대변자들인) 급진적 계몽철학자들과 (공맹을 '유신론자'로 보고 흠모하는) 친親예수회적 철학자들이 거의 완승을 거둠으로써 점차 유럽 사상계를 지배하는 사상적 대변동이 일어났다. 이런 사상적 대변동은 철학사 최초로 '인애'를 도덕의 기초로 논하고 홉스를 논박한 컴벌랜드의 도덕감정론적 도덕철학서 『자연법의 철학적 논고』의 출판(1672), 최초로 본성적 '시비감각'을 정밀하게 규명한 섀프츠베리의 탈종교적·본성론적 도덕철학서 『덕성 또는 시비에 관한 탐구』의 출간(1711), 『맹자』를 처음으로 완역한 노엘의 『중국제국의 경전 6서』의 공간(1713)에 의해 더욱 가속화되었다. 컴벌랜드의 방대한 책 『자연법의 철학적 논고』와 섀프츠베리의 작은 책 『덕성 또는 시비에 관한 탐구』는 둘 다 영국이 종교적 정통성 시비의 초긴장 상태 속에 들어 있어 이교적 원천을 깊이 숨겼을지라도 술어와 내용 면에서 누가 봐도 '공맹 도덕철학의 유럽버전'으로 비칠 수밖에 없을 정도로 공맹의 영향이 뚜렷했다.

---

120) Israel, *Democratic Enlightenment*, 558쪽.
121) Reichwein, *China und Europa im Achtzehnten Jahrhundert*, 87쪽. 영역본: *China and Europe - Intellectual and Artistic Contacts in the Eighteenth Century*, 78쪽.

섀프츠베리의 저서가 특히 그러했다. 그것도 그럴 것이 섀프츠베리는 벨과 특별히 돈독한 친분관계를 맺고 있었고. 게다가 동아시아에 가장 밝은, 당대 동방무역의 거점국가인 네덜란드 공화국에 자주 체류하면서 이곳에 진원지를 둔 벨의 '급진적 계몽주의'에 충심으로 공감하고 영국 땅에서 벨의 대변자 역할을 했기 때문이다. 그리고 교황청이 마테오 리치의 적응주의 선교노선을 이단으로 단죄함으로써 중국에서 패배해 돌아온 예수회신부 노엘이 1711년 출판한 『맹자』의 라틴어 완역본도 섀프츠베리 도덕철학의 완성에 기여했다. 그간 맹자경전은 서양에서 심오하고 난해한 공자경전보다 훨씬 더 꺼려지던 유학경전이었다. 『맹자』는 역성혁명론과 반정反正(폭군방벌)론을 명쾌하게 이론화하고 도덕성의 원천을 신이나 신의 계시율법이 아니라 선명하게 인간의 자연적 본성으로 정식화한 무신론적·성선론적 경전이었기 때문이다. 하지만 예수회는 교황청의 이단 판정으로 중국에서 완패했지만, 노엘의 『중국제국의 경전 6서』 공간으로 유럽에서는 승리한 것이다. 그런데 섀프츠베리가 1713년 밟은 길은 1672년에 이미 컴벌랜드가 닦아 놓은 것이었다.

제2절

컴벌랜드의 '인애의 도덕철학'

성공회 주교이자 케임브리지대학교 교수였던 리처드 컴벌랜드(Richard Cumberland, 1631-1718)는 '범애汎愛' 또는 '박애', 즉 '만인의 만인에 대한 인애'를 설파하는 공자의 인仁철학을 활용해 최초로 홉스의 『리바이어던』의 '만인의 만인에 대한 전쟁상태'로서의 자연상태의 이론과 '만인의 만인과의 계약'의 이론을 논파했다. 그러나 그는 이 비판적 논변에서 이단논쟁을 피하기 위해 공자의 이름을 전혀 거명치 않는다. 하지만 예수의 '사랑(love)'보다 공자의 '인애(benevolence)'를 더 적절한 개념으로 평가하고 '사랑'을 '인애'로 대체하고, '인애', '효', '인간애', '치국治國', '제가齊家' 등의 용어들을 핵심술어로 채택한 점에서, 그리고 인애에 대한 설명에서 공자의 인仁개념에 대한 세메도와 존 웹의 설명방식을 그대로 따르고 있는 점에서 그의 인애철학의 유교적 성격은 여실하다.

컴벌랜드가 『자연법의 철학적 탐구(*De Legibus Naturae Disquistio Philosophica*)』(1672)를[122] 집필할 당시에는 16세기 중반 이래의 스페인·포르투갈·이탈리아인들의 중국보고서들, 그리고 퍼채스의 『퍼채스, 그의 순례여행』(1613), 트리고의 『중국인들 사이에서의 기독교 포교』(1615), 세메도의 『중국제국기』(1643), 마르티니의

---

[122] Richard Cumberland, *De Legibus Naturae Disquistio Philosophica* (1672). 영역본: *A Philosophical Inquiry into the Laws of Nature. Richard Cumberland, A Treatise of the Laws of Nature*, translated, with Introduction and Appendix, by John Maxwell (London: K. Knapton, 1727), republished, edited and with a Foreword by Jon Parkin (Indianapolis: Liberty Fund, 2005).

『중국기』(1659), 슈피첼의 『중국문헌 해설』(1660), 키르허의 『(삽화를 곁들인) 중국해설』(1667), 니우호프의 『네덜란드연합주의 동인도회사로부터 북경 또는 중국황제에게 파견된 사절단』(1665)은 말할 것도 없고 심지어 인토르케타가 '대학·논어'를 번역한 『중국의 지혜』(1662)와 '중용'을 번역한 『중국인들의 정치·도덕과학』(1667) 등 공자의 경전들도 이미 출판된 상황이었다. 또한 공자를 중국의 소크라테스로 찬양한 라 모트 르 베예의 『이교도들의 덕성에 관하여』(1642), 존 웹의 『중국제국의 언어가 원시언어일 개연성의 입증을 시도하는 역사적 논고』(1669) 등 공자철학 논저들이 공간되어 널리 읽히고 있는 상황이었다. 따라서 컴벌랜드가 서양의 도덕철학 전통과 무관하게 갑자기 효·인간애·인애 등 도덕감정을 도덕의 기초로 들이대며 나와 홉스를 비판한 것은 사상적 대변동을 알리는 신호탄이었다.

2.1. '만인의 만인에 대한 인애'로서의 자연상태

컴벌랜드는 자연법의 모든 원칙이 다 '인애(*benevolence*)'의 명제 속에 들어 있다고 단언한다. 그는 신과 전 인류에 대한 "인애"는 "효(*piety*)와 인간애(*humanity*)", 즉 자연법의 두 목록을 포괄한다고 밝힌다.[123] 인애의 원리는 사물의 본성에서 명약관화한 것이다. 행복은 "효, 국가 간의 평화와 상호교류, 치국治國과 제가齊家(*civil and domestic Government*), 튼튼한 우정을 촉진하는 데서 나오기" 때문이다. 그리고 이것은 "본성의 빛에 의해 알려지는" 것이다.[124]

■ 유학적 '인애'와 '만인의 만인에 대한 인애' 테제

성공회주교 컴벌랜드는 '동방의 이교철학을 표절했다'는 시비를 피하기 위해

---

123) Cumberland, *A Philosophical Inquiry into the Laws of Nature*, 262쪽.
124) Cumberland, *A Philosophical Inquiry into the Laws of Nature*, 268쪽.

이 인애가 "본성의 빛에 의해 알려지는" 것이라 부연함으로써 이교적 표절의 기미를 지우려고 하고 있다. 그러나 이 "본성의 빛"이라는 그의 표현부터가 발리냐노·산데·퍼채스·마테오 리치 등이 이미 공자철학을 소개하면서 사용한 어귀이고, "*civil and domestic Government*"는 『대학』의 '제가齊家'와 '치국治國'을 영역한 것으로 보인다. 그리고 그의 인애론에 등장하는 '효'·'인간애'·'우정' 등의 술어들을 살펴보면, 세메도를 통한 공자철학의 영향이 분명해 보인다. 세메도는 상론했듯이 그의 『중국제국기』(1655)에서 공자의 '인仁'을 이렇게 해설하고 있다.

> 인(*Gin*)은 효(*pietie*), 인간애(*humanitie*), 자애(*Charitie*), 존중(*Reverence*), 사랑(*Love*), 연민(*compassion*)을 뜻한다고 그들은 말한다.[125]

"인애"의 개념을 "효와 인간애"를 포괄하는 것으로 정의한 컴벌랜드의 논변은 공자의 '인仁'을 "효, 인간애, 자애, 존중, 사랑, 연민"을 포괄하는 것으로 해설한 세메도의 이 설명의 앞부분("효, 인간애")과 열거순서까지 그대로 일치한다. 따라서 컴벌랜드가 공자의 '인仁'을 '*benevolence*'(인애)로 옮겼을 개연성은 매우 높다. 이로써 그는 기독교적 '사랑' 개념을 버리고 공자철학적 '인애'로 작업하기에 이른다.

앞서 시사했듯이 세메도의 '인(*Gin*)' 개념 해설은 존 웹에 의해서도 그대로 인용된다. 따라서 컴벌랜드가 인애의 설명에서 세메도를 복사했는지 웹을 복사했는지, 아니면 둘 다 참조했는지는 알 수 없다. 아무튼 공자의 '인' 개념을 영역한 컴벌랜드의 술어 '*benevolence*'는 훗날 기독교적 용어 'love'와 'charity'를 둘 다 제치고 섀프츠베리·허치슨·흄·스미스 등 영국의 모든 모럴리스트들에 의해 채택되어 계몽주의 도덕철학의 핵심범주로 자리 잡는다.

컴벌랜드는 공자와 맹자가 연민(측은지심; 동정심)과 '서恕'(공감)를 강조했듯이 연민과 공감을 인간의 본성으로 인식·인정한다.

---

125) Semedo, *The History of the Great and Renowned Monarchy of China*, 149쪽.

우리는 (…) 사람들로부터의 연민(*compassion*)의 기대와 공감(*sympathy*)이 기뻐하는 사람들과 더불어 기뻐하고 우는 사람들과 더불어 우는 원리들에 의거해 해명된다는 것을 사람들에게서 감지할 수 있다. 그러므로 (…) 인간이 본성에 의해서가 아니라 기율에 의해 사회에 적합하게 만들어졌다는 자신의 의견을 위해 홉스가 인간본성의 이 증거를 들이대는 것은 헛된 것이다.[126]

그리고 컴벌랜드는 이 "연민"의 감정을 중요한 도덕적 덕목으로 제시하기까지 한다.

불쌍한 사람들을 향해 활수하게 베풀고 싶은 심정(*liberality*)은 연민(*compassion*)이라 한다. 특히 가난한 사람들에 대해 베푸는 것은 자선이라고 한다.[127]

공자와 맹자의 향내가 짙게 풍기는 컴벌랜드의 이 공감·인애·연민론은 향후 영국의 도덕철학 발전에 결정적 혁신을 가져오는 사상조류의 물꼬를 트게 된다. 컴벌랜드는 이런 비기독교적·공자주의적 '인애' 개념의 바탕 위에서 자연상태를 '만인의 만인에 대한 전쟁상태'로 단정하는 홉스를 공격할 논거를 마련한다.

나는 사람들에게 무신론의 미스터리를 주입하고 모든 것을 홀로 하고 그리하여 즉각 서로에 대한 강도와 살인자 노릇을 개시하라고 권고하는 것보다 '신과 부모에게 경건과 효도, 형제들 간의 상호 인애를 발휘하도록 (…) 그들을 설득함으로써 그들의 자녀의 참된 행복을 더 효과적으로 촉진하는지'를 숙고한 것으로 우리가 상정한다면, 우리가 사회 상태의 상호원조로부터 기대하는 최대의 편익이 우리의 최초 부모들에 의해 인간의 본성으로부터 예견되었을 것이라는 점을 추호도 의심치 않는다.[128]

---

126) Cumberland, *A Philosophical Inquiry into the Laws of Nature*, 366쪽.
127) Cumberland, *A Philosophical Inquiry into the Laws of Nature*, 691쪽.
128) Cumberland, *A Philosophical Inquiry into the Laws of Nature*, 271쪽.

나아가 그는 부모의 자애, 자식의 효애, 가족 간 친애, "형제들 간의 상호 인애", 즉 우애가 사회의 기반이라고 본 공자처럼, 시민사회의 기원을 자연법의 두 원칙, 즉 자녀들에 대한 부모의 인애와 재산권에 기초한 가족의 확립에서 도출한다.[129)]

이런 철학적 바탕에서 성립한 컴벌랜드의 일반명제는 "모두에 대한 모든 합리적 행위자(인간)의 최대의 인애는 이들이 능력껏 만인의 가장 행복한 국가를 형성하고 획득할 수 있는 가장 행복한 국가에 반드시 필수적 조건이다"라는 것이다.[130)] 컴벌랜드는 "인애의 명칭"을 "사람들이 욕구한다고 얘기되는 것을 전혀 달성하지 못하는 사람들의 무기력하고 생기 없는 의욕"이 아니라, "오로지, 할 수 있는 한 빠르고 철저하게 우리가 충심으로 원하는 것을 그 힘에 의해서 우리가 수행하는 의지"로 정의한다. 이 '인애'라는 '단어'는 "신·조국·부모에 대한 경건·충효의 명칭에 의해 특히 특징지어지는, 윗사람들에게 기분 좋은 것을 우리로 하여금 바라게 만드는 정감"도 포괄한다고 한다.[131)]

컴벌랜드는 인애를 이렇게 포괄적이고 보편적인 의미에서 활용하기 위해 "사랑(Love)이라는 단어보다 인애(benevolence)라는 단어의 사용을 선택했다"고 말한다. 왜냐하면 "이 인애라는 단어는 그 의미구성에 의해 가장 일반적인 대상과 결합된 우리 의지의 행위를 내포하고, 결코 '사랑'이라는 단어가 종종 그러는 것처럼 나쁜 의미로 쓰이지 않기" 때문이다.[132)] 예수가 강조한 '사랑'이 "나쁜 의미"로도 쓰인다는 말은 그 '사랑'이 인간을 가끔 타락시키고 범죄를 불러들이기도 하는 육체적 사랑으로서의 '성애'도 포함한다는 말이다.

컴벌랜드가 love를 기피한 것은 베이컨의 영향일 수도 있다. 베이컨은 1625년 「인애와 본성의 인성仁性(Of Goodness and Goodness Of Nature)」이라는 논고에서 단어 "Love"의 사용을 '남녀 간의 사랑'에 국한시켰다. 그는 love의 유혹·격정·

---

129) 참조: Cumberland, *A Philosophical Inquiry into the Laws of Nature*, 278-279쪽.
130) 이 '만인에 대한 만인의 최대 인애와 최고행복 국가' 테제는 훗날 허치슨에게서 다시 유사한 명제로 반복된다.
131) Cumberland, *A Philosophical Inquiry into the Laws of Nature*, 292쪽.
132) Cumberland, *A Philosophical Inquiry into the Laws of Nature*, 292쪽.

광기를 많은 해를 끼치고 위험한 것으로 간주했다.133) 이로써 베이컨은 이 남녀 간의 '사랑'을 공자의 '인仁'과 구별했다. 그는 공자의 '인'을 'Goodness'로 옮겼다. 컴벌랜드는 아마 베이컨의 이 취지를 따랐을 것으로 보인다. 아무튼 그는 기독교적 상투어인 'Love'가 아니라, 공자주의적 풍미의 'Benevolence 인애' 개념을 서구에서 최초로 도덕철학의 중심개념으로 설정했다.134) 컴벌랜드의 표현으로 바꿔 말하면 "인애 명제"를 "자연법의 모든 원칙"의 기초로 설정한 것이다.

컴벌랜드는 '만인의 인애'가 지구상에서 "가장 가치 있는 자산"이고 "가장 큰 영광 또는 안전장치"라고 천명하고, 자연상태와 사회상태를 아우르는 "만인의 만인을 향한 인애(Benevolence of all towards all)"라는 일원론적 범애 상태를 주장하고자 한다. 그는 사람들이 인애하지 않고 남의 불행을 기뻐하는 악의를 가졌다면 사람들은 "쉽사리 타인의 생명을 뺏어도 될 것"이라고 말한다.135) 그러나 "보편적 경험"은 "악의의 경향보다 인애행위를 하려는 인간의 일반적 경향을 확증해준다"는 것이다.136) 따라서 그는 인류의 정치상황을 '만인의 만인에 대한 전쟁' 상태로서의 자연상태와 '만인의 만인과의 계약'으로서의 사회상태로 구분하는 홉스의 자연과 사회의 이원론을 배격했다.

■ 동물끼리의 인애에 대한 인정

컴벌랜드는 '인애'를 육체적 원천과 정신적 원천으로부터 나오는 본성적 경향

---

133) "연극무대는 인간의 생명보다 사랑(Love)을 더 겨눠본다. 연극무대에 관한 한, 사랑은 늘 코미디의 주제이고 때로는 비극의 주제다. 그러나 실제의 삶 속에서 사랑은 많은 해를 끼친다. 때로는 사이렌과 같이, 때로는 격정과 같이. 당신은 (고대든 최근이든 기억에 남은) 모든 위대하고 훌륭한 사람들 중에는 광적 수준의 사랑에 흠뻑 빠져버린 사람은 한 사람도 없다는 것을 관찰할 것이다. 이것으로부터 위대한 정신과 대업(大業)은 이 위약(危弱)한 감정을 멀리한다는 것이 입증된다." Francis Bacon, "Of Goodness and Goodness Of Nature", 32쪽. Francis Bacon, *The Essays or Counsels, Civil and Moral* [1625년 초판; 1653년 재판] (London: Printed by M. Clark, MDCLXXX[1653]). 여기서는 Google Books의 1653년 재판 영인본 (https://books.google.com)을 인용함.
134) 참조: Cumberland, *A Philosophical Inquiry into the Laws of Nature*, 297쪽.
135) Cumberland, *A Philosophical Inquiry into the Laws of Nature*, 310-311쪽.
136) Cumberland, *A Philosophical Inquiry into the Laws of Nature*, 357쪽.

으로 봄으로써 동물에게도 이러한 인애가 존재함을 분명하게 긍정한다.

첫째, "동물들을 자기보존으로 나아가도록 결정짓는 동물들의 동일한 내적 만듦새에서, 동물들이 동종의 동물들에 대해 무해하고 후하게 행동하는 것이 동물들의 자기보존과 가장 행복한 상태에 필수적이라는 명백한 지표들이 있다".[137] 이 지표들은 인간에게서 자연법의 처방과 규제로 귀착된다.

둘째, "동일한 내면적 원인들의 경합에서 동물들은 이 지표들을 지각하고 기억 속에 보관하지 않을 수 없다".[138] 이것은 자연법의 반포 또는 이 법이 알려지는 방법과 관련된다. 그러므로 인애에 대한 첫 지표는 인간이 타인과 동일한 종류의 동물이므로 유사한 방법으로 제한된 자기보존의 욕망을 가진다는 것이다. 이 욕망은 같은 종류의 타인들에게 마찬가지로 자기를 보존하는 것을 허용하는 것과 아주 합치된다.[139] 또한 "동물이 동종의 동물들에게 갖는 사랑은 기쁜 정감이고, 이 사랑의 발휘는 그러므로 모든 동물에게 공통된 저 자기애와 긴밀히 연결된 것이다".[140] 동일한 것은 자기의 동종을 번식시키고 자기의 새끼를 기르려는 본성적 성향으로부터 증명된다. 그러므로 "같은 종류의 동물들 간의 인애"는 "동물들의 전체적 만듦새로부터 증명된다". 동물들의 전체적 만듦새에서, 즉 동물의 본성에서 "동일한 내적 원인으로부터 자기보존을 위한 행동과 동종의 다른 동물들과의 친밀한 결합에 충분할 만큼 큰 인애의 감정이 생겨난다". 동종의 동물들 사이에서 인애는 이것들의 "수많은 결핍들"과 이 결핍들을 "본성적 지원으로 경감시키려는 가장 그럴싸한 방법"에 의해 강제 집행된다.[141]

이런 논증으로써 리처드 컴벌랜드는 동물의 다음과 같은 주장들을 다 뒷받침한 셈이다.

---

137) 참조: Cumberland, *A Philosophical Inquiry into the Laws of Nature*, 403-404쪽.
138) 참조: Cumberland, *A Philosophical Inquiry into the Laws of Nature*, 403-404쪽.
139) 참조: Cumberland, *A Philosophical Inquiry into the Laws of Nature*, 403-404쪽.
140) Cumberland, *A Philosophical Inquiry into the Laws of Nature*, 421쪽.
141) Cumberland, *A Philosophical Inquiry into the Laws of Nature*, 421쪽.

동물들의 판단에서도, 필요하지 않은 물건들의 풍요를 얻기 위해 영구적 전쟁의 위험에 그들 자신을 노출시키는 것보다 모든 개체의 생존에 필요한 모든 것이 풍부한 곳에서 기회가 제공하는 만큼 친화적으로 사물들의 이용에 참여해 현재 필요한 것만을 취하는 것이 더 낫다는 것은 개연적이다. 그러나 이러한 부류의 사물들과 상호 서비스들을 허용하고 이것들을 만들어진 뒤에 보존하려는 의지 속에는 개개 동물의 종의 공동선이 마련되는 모든 행동의 총화가 들어 있다. 그러므로 짐승들 자체도 어느 정도로 그들 자신의 보존과 그들 종의 공동선에 기여하는 행동 간의 연결을 느끼고, 이런 이유에서 서로에게 인애적으로 행동하는 것이다.[142]

홉스도 "꿀벌과 개미 같은 산 피조물들은 서로 사회적으로 산다"고 동물들끼리의 인애를 인정했다.[143] 인간과 동물을 동등한 도덕 차원에 두고 동물의 인애를 논하는 컴벌랜드의 이 놀라운 논고는 훗날 로크나 흄에게 영향을 미친다. 동물의 인애를 논하는 것은 인간의 보편적 인애를 논하는 것에서 일체의 논란을 제거하는 데 탁월한 메타논의의 역할을 해준다.

■ 홉스에 대한 인애도덕론적 비판

이 선행논의를 바탕으로 홉스에게 마무리 타격을 가한다. 홉스는 『리바이어던』에서 동물들은 (인간과 달리) 이성의 사용능력이 없어서 그들의 공동업무의 관리에서의 어떤 잘못도 보지 못하거나 본다고 생각하지 않는 반면, 인간들 간에는 이성능력 때문에 사태가 달라져 전쟁이 유래한다고 말한다. 이것에 대해 컴벌랜드는 다음과 같이 대꾸한다.

이 이성은 인간들이 공적 통치 아래로 들어가지 않더라도 서로 평화롭게 사는 것을 방해할 아무것도 제기하지 않는다. 이 경우에 인간들의 보편적 인애의 본성적 성향과 온갖 자연법은 여기서 상치된 것으로 공언된 그 어떤 것에도 불구하고 발휘될

---

142) Cumberland, *A Philosophical Inquiry into the Laws of Nature*, 407-410, 415-416, 419-420쪽.
143) Hobbes, *Leviathan*, Part 2, Ch. 17, 156쪽.

것이다.[144]

이것은 계약에 의한 정부수립 여부와 무관하게 인간들이 다른 동물들처럼 본성적 인애심만으로도 서로 연대적 사회를 이루고 평화롭게 살았고, 인간의 이성은 이것을 돕지 않을지 모르지만 적어도 결코 방해하지는 않는다는 말이다.[145]

홉스는 인간이 꿀벌과 개미처럼 서로 사회적으로 살 수 없다고 주장했다. 홉스는 그 이유를 인간의 언어·이성 보유 등 여섯 가지로 들었다. 컴벌랜드는 이런 논고를 바탕으로 이 6개항의 이유를 조목조목 비판한다. 컴벌랜드는 가령 꿀벌과 개미 같은 미물도 사이좋게 사는데 인간이 언어나 이성을 가졌다는 이유로 불화할 것이라는 주장은 말이 되지 않는다는 식으로 반론한다. 가령 언어는 거짓말을 위해 생겨난 것이 아니고 인애와 공감의 산물, 따라서 공감과 인애의 연장선상에 있는 것이고, 이성은 인애적 합의를 계약서 등으로 분명하게 정리해 주기 때문이다. 그리고 컴벌랜드는 홉스처럼 영예를 이기적으로 해석한 것이 아니라 '사회적 산물'로 해석함으로써 평화의 수단이자 평화의 길인 '정의·감사·공손·공정·자비' 등의 도덕감정과 도덕성이 이 영예심에 의해 오히려 고양될 것으로, 그리하여 인간의 영예심을 평화의 촉매로 보고 홉스를 근본적으로 비판하고 있다.

■ 인애의 본질성과 선차성

컴벌랜드는 인간이 짐승보다 그 자신의 종에 대해 더 악의적이고 더 비사회적이라는 것을 추론하는 데 홉스가 동원한 모든 개별사실들이 인간이 어떤 다른 동물 종자보다 본성상 동종의 인간들을 향한 "더 큰 인애"에 적합하다는 가장 명백한 지표들로서 아주 유리하게 인간 자신에게 되돌려질 수 있다고 말한다.

---

144) Cumberland, *A Philosophical Inquiry into the Laws of Nature*, 423-424쪽.
145) 여기서의 컴벌랜드 논의는 황태연의 『공자철학과 서구 계몽주의의 기원』의 컴벌랜드 논의 (1194-1220쪽)를 손질한 것이다.

"왜냐하면 사태가 이렇기 때문이다. ①홉스는 이러한 인애로부터 본성적으로 흘러나오는 영예를 사랑한다. ②그는 그 자신의 사적 행복에 대한 공공선의 영향을 보다 완벽하게 알고 있다. ③그는 기회가 제공하는 대로 복종하거나 명령하는 것을 똑같이 그에게 내키게 하는 이성의 사용을 가지고 있다. ④그는 적절한 말에 의해 어떻게 그의 이성의 힘에 날카로운 날과 미美를 둘 다 주는지를 알고 있다. ⑤그는 '위법'과 위법 없이 가해진 '피해'를 구별하는 데 수단이 되는 법을 이해한다. ⑥마지막으로, 본성만이 인간들 간에 한번 만들어진 이 합의에 항상성을 주는 것이 아니라, 본성의 조교인 기술(art)도 훨씬 덜 참된 우연들에 대한 많은 방부제들(preservatives)을 글로 써 전달하고 저 합의에다 인간수명을 넘어가는 지속성을 부여한다."146) 컴벌랜드는 '인위적 기술'을 '본성의 조교'라고 부르면서 이 '기술들'이 "분명하게 영구적으로 인간본성과 통합된 인애 성향"을 "근절시키거나 약화시키는 것보다 오히려 이 성향을 촉진한다"고 주장한 것이다.147)

컴벌랜드는 인간의 인애 성향을 그 육체에 있어서까지 추적한다. 그는 인간의 육체에 특유한 어떤 요소들, 가령 인간의 큰 뇌, 피와 활력의 양(quantity)·순수성·생기(vigour), 기억력, 현명 등이 인간에게 동물보다 더 많이 상호적 인애를 발휘하게 하고 동물들보다 더 우애적인 사회를 구성하는 것을 내키도록 한다고 생각한다.148) 720쪽에 달하는 방대한 그의 저작『자연법의 철학적 탐구』를 여기서 다 압축하는 것은 불가능하므로 그의 인애철학의 소개는 이것으로 그칠 수밖에 없다.

다분히 공맹과 이심전심으로 연관된 컴벌랜드의 이 놀라운 반反홉스 논변들은 훗날 허치슨·흄·스미스 등의 경험론적 도덕철학의 개발에 결정적 도움을 준다. 암암리에 이교적 중국문화와 공자철학을 활용하고 있는 이 컴벌랜드의『자연법의 철학적 탐구』는 당대의 가장 탁월한 홉스 비판서였다. 컴벌랜드는 이교異敎

---

146) Cumberland, *A Philosophical Inquiry into the Laws of Nature*, 430-431쪽.
147) Cumberland, *A Philosophical Inquiry into the Laws of Nature*, 431쪽. 컴벌랜드의 홉스 비판에 대한 상세한 분석은 참조: 황태연,『근대 영국의 공자 숭배와 모럴리스트들』, 769-784쪽.
148) Cumberland, *A Philosophical Inquiry into the Laws of Nature*, 431-440쪽.

시비를 피하고 논변의 설득력을 높이기 위해 공자와 맹자, 또는 중국을 단 한 마디도 언급하지 않았지만, 당시의 시대적 배경과, 알리바이용의 예외적 언급 외에 희랍철학적·스콜라철학적 선철先哲들과의 내용적 연관이 전무하게 느닷없이 '이성'이 아니라 '인애'와 '본성'을 들고 나와 일관되게 논변하는 그의 글의 내용을 볼 때 그의 철학은 공맹적인 것이다.

2.2. 컴벌랜드 인애론에 대한 맥스웰의 유학적 이해

40여 년 후 존 맥스웰(John Maxwell)은 컴벌랜드의 『자연법의 철학적 탐구』를 읽은 독자라면 누구나 그럴 수 있었듯이 이 저작의 근본개념과 이론구조에서 공자철학을 간취해냈다. 그는 1717년 이 저작의 영역자로서 영역판에 붙인 해설에서 이 사실을 분명하게 규명한다.

■ 극동의 경천사상과 도덕

맥스웰은 극동의 하느님 또는 '천신天神'을 '주피터'로 묘사하며 중국의 이교신학을 나름대로 해석한다. "이교도 대중의 이 주피터는, 즉 세계의 영혼은 마땅히 이교신학 안에서 최선의 주피터라고 생각해도 된다. (...) 그들이 제도화한 최초의 시원적 유신론, 또는 태고의 우상론은 '가시적 하늘'이나 '세계'를 보편적 최고신으로, 또는 주신主神으로 신격화하는 것이었다. 중국인들 사이에서처럼, 어떤 이들은 '땅이 온갖 이익을 끌어내는 해, 달, 그리고 주로 하늘 자체가 가능한 모든 헌신으로 숭배되어야 한다'고 생각한다."149) 이어서 맥스웰은 동아시아의 최고신 개념과 경천敬天사상을 다음과 같이 따로 소개한다.

---

149) John Maxwell, "Introductory Essay II: Concerning the Imperfectness of the Heathen Morality", 117쪽. Richard Cumberland, *A Treatise of the Laws of Nature*, translated, with Introduction and Appendix, by John Maxwell (London: K. Knapton, 1727).

이교적 인류의 이런 최고신 개념의 선호는 최근 중국 사정을 보고하는 한 필자에게서도 찾아볼 수 있다. "타타르(북방오랑캐)들 중 한 강력한 민족은 외양상 어떤 특별한 종교가 있는 것이 아니라 그들이 알게 된 온갖 종교를 무관하게 받아들여 이 모든 종교에 순응하고, 그들이 숭배하는 것이 무엇인지 알거나 알려고 신경 쓰지 않고, 고대인들이 숭배한 우상이나 신성에 대한 지식도 전혀 없다. 또한 자연 본능이 초자연적 빛의 도움 없이 모든 사람의 바로 그 가슴에 각인한 저 제1관념들을 받거나 보유하고 있는 것으로 보이지도 않는다. 하지만 그들은 하늘을 공경하고 이 하늘에 자신들의 최대의 숭배를 바친다. 이것이 백성들의 정신을 최대로 각인했다." (…) 일본의 북부에 접해 있는 대민족은 경천敬天 외에 어떤 다른 종교도 갖지 않은 것으로 얘기된다. 그리고 중국인들의 최고신은 피조되지 않은(increate) 존재이고 태초도 없으며 비非물질적 영기靈氣(soul)로 상정되는 하늘로 얘기된다.150)

맥스웰은 극동의 북방오랑캐에 관한 보고는 팔라폭스 이 멘도자(Juan de Palafox y Mendoza, 1600-1659)의 『만주 타타르인들에 의한 중국정복의 역사(The History of the Conquest of China by the Tartars)』(1676)에서151) 인용하고 있고, 일본의 북쪽에 있는 이 '대민족'과 '중국인'의 종교에 관한 보고는 게르하르트(Johann E. Gerhard)와 호프만(Christian Hoffman)이 공저한 『빛 속의 그림자, 또는 이교에 대한 합의와 이견(Umbra in Luce sive Consensus et Dissensus Religionum Profanorum)』(1667)과152) 『퍼채스, 그의 순례여행』(1613)에서 인용하고 있다. 그리고 '일본의 북부에 접해 있는 대민족'은 '코리아'를 가리킨다. 또한 맥스웰은 "중국에는 도둑들에게 붙잡혀 겁탈을

---

150) Maxwell, "Introductory Essay II: Concerning the Imperfectness of the Heathen Morality", 126쪽.
151) 이 책의 스페인어 원제는 His Historia de la conquista de la China por el Tartaro이고, 멘도자가 멕시코 총독 시절 필리핀을 통해 전해진 풍문을 기초로 썼다. 이 책은 1670년 파리에서 스페인어로 출판되었고, 같은 해에 불역·출판되었다. 영역본 풀네임은 The History of the Conquest of China by the Tartars together with an Account of Several Remarkable things, Concerning the Religion, Manners, and Customs of Both Nation's, but especially the Latter (London: W. Godbid, 1676)이다.
152) Johann E. Gerhard & Christian Hoffman, Umbra in Luce sive Consensus et Dissensus Religionum Profanorum (Jenae: Charactere Bauhofferiano, 1667).

피하기 위해 자결한 다섯 명의 처녀들을 추모하는 정절의 사당이 있다"는 사실도 중국인들의 도덕성의 상징으로 언급하고 있다.[153)]

■ 스토아주의와 홉스주의에 대한 유교적 비판

맥스웰은 컴벌랜드처럼 이런 극동아시아 지식으로부터 수용된, 서양철학사적 전통에 전적으로 이질적인 '인애' 개념을 채택함으로써 동정심(연민)과 인애를 부정하는 서양의 스토아학파의 도덕형이상학과 에피쿠로스 학파의 쾌락주의 도덕론에 강력히 대항한다. 그에 의하면, 스토아학파의 무감(아파테이아)의 독트린 또는 "이승과 저승의 외적인 모든 것을 좋든 나쁘든 동시에 배격하고" 동물적 영혼의 감정을 '하급'의 것으로 여겨 일정한 정신적 작용으로 대체하는, "동물적 정감과 감정으로부터 자유로움"의 독트린은 "못지않게 터무니없는 것"이다. 맥스웰에 의하면, 스토아학파는 욕구의 감정을 '의지'로 대체하고, 기쁨의 감정을 '정신적 기쁨'으로, 공포의 감정을 '주의注意'로 대체한다는 것이다. 그러나 그들은 비애나 슬픔은 어떤 것으로도 대체하지 않는다. 왜냐하면 그들은 "지자에게서 이 슬픔과 같은 어떤 것도 없어야 한다고 부인하기" 때문이다. 맥스웰은 스토아학파의 에픽테토스가 율리시스가 그의 아내에게 진심으로 비탄해 마지않는다면, 그는 불행할 것이지만, 훌륭한 사람은 불행할 수 없다는 바 울고불고 비탄해하는 사람은 훌륭한 사람이 아니라고 말했다고 비판한다. 그리고 스토아학파는 그들의 철학은 "완전한 무통無痛 속에서 사는 방도"이기 때문에 친구를 위해 슬퍼하는 것도 아주 나쁜 것으로 치고, 플루타르크가 죄와 악덕에 대한 슬픔을 비난한 것처럼 어떤 진솔한 슬픔도 불허한다고 지적한다. 이 대목에서 맥스웰은 당대의 "어떤 노인"은 이미 "그의 아들에게 '들어라, 내 아들아! 너는 철학해야 하지만 두뇌도 가져야 한다. 이 철학은 지독한 우행愚行이다'라고 말해줄 정도의 큰 이성이 있었다"고 에둘러 비판한다.

---

153) Maxwell, "Introductory Essay II: Concerning the Imperfectness of the Heathen Morality", 207쪽.

맥스웰은 스토아학파의 격률을 요약 소개한다. "지자는 자비나 친절에 의해 동하지 않고, 어떤 사람의 범죄든 용서하지 않는다. 헛되고 어리석은 사람들 외에는 아무도 남을 측은해하지 않는다. 관대하고 너그러운 것은 사람의 바른 자질이 아니다."154) 다만 스토아학파는 슬픈 척하는 것만을 허용한다는 것이다. "스토아학파는 정치적 외양으로 슬픔에 공감하는 것 외에 이에 공감하는 것을 허용하지 않는다. 에픽테토스는 '당신은 어떤 사람이 자신의 불행에 비탄해하는 것을 본다면 말로 그에게 비위를 맞춰 비탄해하는 자세가 갖춰지면 그와 더불어 비탄해하는 것은 가하지만, 내심으로까지 비탄해하지 않도록 유의하라'고 말했다."155) 이에 대항해 맥스웰은 자신의 기본적 신조를 다음과 같이 정식화한다. "의심할 바 없이, 인류가 가능하지도 않고 견디어낼 수도 없고, 선성善性(Good-Nature)에 대해서만이 아니라 신적이고 자비로운 애정과 감정의 발휘도 파괴하는 경직된 덕성에 맞추는 것보다 본성의 감정에 내맡기는 것이 더 나을 것이다. 왜냐하면 두려움과 욕구는 이것들의 대상들이 신적인 사물들이라면 참으로 신적 덕성인 것으로 얘기되고, 타인들의 기쁨과 슬픔에서 타인들과 공감하는 것은 참된 인애와 분리될 수 없기 때문이다."156) 맥스웰은 공맹철학과 맥스웰의 인애철학과 성선론의 견지에서 스토아학파를 맹포격하고 있다.

이어서 맥스웰은 에피쿠로스학파의 쾌락론적·수단적 덕성론도 날카롭게 비판한다.

> 에피큐리언들은 덕을 감각적 쾌락에 전적으로 보조적인 것으로 만들고 덕을 수단으로 삼고 감성을 목적으로 삼음으로써 모든 덕목을 파괴했다. 그리하여 우리가 악과 덕의 두 가지 가운데 몸의 쾌락을 더 많이 촉진한다면 지금 악이라 부르는 것은

---

154) Maxwell, "Introductory Essay II: Concerning the Imperfectness of the Heathen Morality", 78쪽.

155) Maxwell, "Introductory Essay II: Concerning the Imperfectness of the Heathen Morality", 78쪽.

156) Maxwell, "Introductory Essay II: Concerning the Imperfectness of the Heathen Morality", 78쪽.

덕이 될 것이다. 이 얼마나 바람직한 도덕의 기초란 말인가!¹⁵⁷⁾

이 마지막 말은 조롱이다. 이 비판은 전반적으로 덕성과 감성적 쾌락을 전도시켜 덕성을 악으로, 쾌락을 덕성으로 만든 어이없는 에피쿠리어니즘에 대한 강력하고 예리한 비판이다.

■ 공맹철학에 대한 맥스웰의 칭송

맥스웰은 기독교교단을 의식해 '공자철학'을 공자철학이라고 하지 않고 '이교도들의 철학'이라고 칭한다. 그가 이 이교철학으로부터 성선설과 인애 개념의 관점에서 "칭송할 만할" 실천원칙으로 컴벌랜드의 견지에서 추출한 네 가지 원칙 중에 ①과 ②번의 두 가지를 보면, ①성선론(good-nature and natural instinct)과 ②인간적 사회성(human socialness)이다.

(첫째) 동물적 본성 속에 들어 있는 동물적 성정(*Animal Temper*)과 다정한 본능은 칭송할 만한 실천의 원리인 선성善性이라 불러도 가하다. 왜냐하면 인류는 짐승들과 공동으로 이 원리를 지니고 있기 때문이다. 짐승들 중 어떤 것들은 온순하고 다루기 쉽고 평온하며, 또 다른 것들은 사납고 야수적이고 그래서 성질이 순한 짐승들도 있다는 것을 함의하는 이름인 '맹수'라는 이름을 달고 있다. (...) 인간도 어떤 사람은 본성적 기질과 만듦새에 의해 일정한 악덕(치사함, 잔인함, 몰염치)을 싫어하고, 반대의 덕목들(아량, 온정, 겸손)의 성향을 가졌다.¹⁵⁸⁾

그래서 플라톤도 "그의 열 번째 법률"에서 "신이 존재하지 않는다고 생각하지만 본성상 정의로운 기질을 가진 일종의 선성善性한 무신론자들(good-natured Atheists)"에 관해 말했다는 것이다.¹⁵⁹⁾

---

157) Maxwell, "Introductory Essay II: Concerning the Imperfectness of the Heathen Morality", 93-94쪽.
158) Maxwell, "Introductory Essay II: Concerning the Imperfectness of the Heathen Morality", 195쪽.

흉포성과 야만성이 인간들 사이에 희소한 것이 아닐지라도 "일정한 선량, 친절, 온화, 다감"은 "우리의 본성적 만듦새의 일부"이고, 이것들은 잔인성이 비인간적이라 불리는 것처럼 "흔히 인간성이라는 명칭을 달고 있을 정도로 인류세계에서 지배적인 우리의 육체적 기질의 한 효과"다. 이 '육체적 중화기질'처럼 "동물적 본성 속에 들어 있는 다정한 본능도 칭찬할 만한 실천의 원리"다. 이것은 "자녀와 근친에 대한 애정, 고통받는 자들에 대한 측은지심(commiseration), (심지어 개·사자·새에게서도 특기할 만한) 친구들과 은인에 대한 본성적 공감(natural sympathy), 사의謝意, 친절, 통상적 사교성과 친화성, 특별한 우정, 타인을 기쁘게 하고 타인에게 혜택을 베푸는 성향, 본성적 온화함, 관후함, 우리 자신의 복지와 행복에 대한 욕망, 우리의 명성을 신경 쓰는 것, 치욕·불행·죽음에 대한 혐오" 등이다.[160]

공자철학의 두 번째 칭송할 만한 실천원리는 "(인간 속에 들어 있는 본성의 선량성이고 대부분 본유적 본능인) 인간적·사회적 성향"이다. 왜냐하면 "정치적·윤리적 덕성이라 부르는 모든 인간적·사회적, 그리고 인간적·도덕적 덕성과 의무가 이 하나의 원리 속에 포괄되어 있고 이 원리로부터 도출되기 때문이다. 인간 일반과 우리의 조국을 향한 모든 정치적 덕목과 의무, 시민적·사회적 자선과 정의, 인간애와 시민적 이웃의 통상적 호의, 가계부양 의무, 가까운 친족과 우정의 책무 등은 사회적 인간, 인간적·사회적 인간에 속한다. 그는 인간적 도덕이 없다면 인간이 아니라고 말한다. "인간이 인간적·사회적이고 시민적·사회적이라는(반사회적이아니라는) 이 큰 법률, 큰 덕성과 큰 의무 속에 '공공복리를 촉진하고 지향하고 해로운 것에 반대되는, 우리 자신과 모든 인류에 대한 시민적·사회적 유형의 인애'가 분명히 포함되어 있다." 그러므로 "현세의 모든 정치적 덕성(all mundan political virtues)은 이러한 보편적 인애(benevolence universal)로부

---

159) Maxwell, "Introductory Essay II: Concerning the Imperfectness of the Heathen Morality", 195쪽.
160) Maxwell, "Introductory Essay II: Concerning the Imperfectness of the Heathen Morality", 195-196쪽.

터 도출가능한 것이다".161) 이 말은 인덕정치를 말하는데 키케로나 플루타크, 아리스토텔레스를 이용해 포장하고 있다. 그러나 이것은 공자의 충격 속에서 헬레니즘 계열의 철학에서 인애·연민·공감의 요소들을 굳이 재발견해낸 것일 뿐이다.

  기독교의 원죄설에 맞서 성선설을 강하게 대변하는, 컴벌랜드의 인애철학에 대한 맥스웰의 공자철학적·이교철학적 해설은 이와 같이 스토아학파의 금욕주의 도덕론과 에피쿠로스 학파의 쾌락주의적 도덕론을 모두 비판하고 있다. 맥스웰의 이 해석은 공맹철학적 특징이 컴벌랜드의 논변보다 더욱 명시적으로 두드러지고, 동시에 맥스웰의 이 해설에서 18세기 계몽주의의 유교적 성향이 좀 더 분명하게 나타나고 있다.

---

161) Maxwell, "Introductory Essay II: Concerning the Imperfectness of the Heathen Morality", 195-196쪽.

제3절

섀프츠베리의 시비감각론

영국 휘그당(자유당)의 창립자 섀프츠베리 1세 백작의 손자인 섀프츠베리 3세 (Anthony, Third Earl of Shaftesbury, 1671-1713)의 『덕성 또는 시비에 관한 탐구(*An Inquiry Concerning Virtue or Merit*)』는[162] 서양 최초로 이른바 '도덕감각 학파(Moral Sense School)'를 태동시킨 저작이다. 따라서 일단 이 저작의 탄생과정을 잠시 살펴볼 필요가 있다.

서양철학사에서 원죄설적 기독교도덕론이나 합리적 도덕형이상학을 부정하고 돌비적突飛的으로 본성적 시비감각 또는 도덕감각을 내세우는 『덕성 또는 시비에 관한 탐구』는 원래 '시비(Merit)'라는 말이 붙지 않은 『덕성에 관한 탐구(*An Inquiry Concerning Virtue*)』라는 제목으로 1년간의 네덜란드 체류 기간에 해당하는 1699년에, 즉 섀프츠베리가 28세 때 미완의 거친 원고상태로 은밀하게 인쇄되어 익명으로 회람되었다.[163] 이 글은 섀프츠베리가 20살에 불과한 나이(1691)에 스케치해 두었던 오래 전 원고를 출판한 것이다.[164] 이 글은 그 뒤에 계속 개작되고

---

162) Shaftesbury, Anthony, Third Earl of (Anthony Ashley Cooper), *An Inquiry Concerning Virtue and Merit* [1713]. Shaftesbury, *Characteristicks of Men, Manners, Opinions, Times*, Vol. II, edited by Douglas Den Uyl (Indianapolis: Liberty Fund, 2001).
163) Shaftesbury (Anonymous), *An Inquiry Concerning Virtue, in Two Discourses* (London: Printed for A. Bell in Cornhil, etc., 1699).
164) 초기 원고 『덕성에 관한 탐구(*An Inquiry Concerning Virtue*)』에 대한 상세한 분석은 참조: 황태연, 『근대 영국의 공자숭배와 모럴리스트들(하)』 (서울: 한국문화사, 2023), 996-1014쪽.

수정되어 1711년 『덕성 또는 시비에 관한 탐구(*An Inquiry Concerning Virtue or Merit*)』라는 제명으로 저자 이름도 출판사 이름도 없는 그의 저작집 『인간, 예절, 의견, 시대의 특징들(*Characteristicks of Men, Manners, Opinions, Times*)』에 실려 출판되었다. 1711년은 노엘의 『중국제국의 고전6서』가 출판된 해다. 이때 섀프츠베리가 노엘에 의해 서양 최초로 완역된 『맹자』를 접했을 것으로 보인다. 이후 2년 동안 섀프츠베리는 천식의 병마와 싸우면서 이 『인간, 예절, 의견, 시대의 특징들』에 실린 글들을 다시 수정하고 개작했다.165) 아마 이 2년 동안의 거듭된 수정과 개작 과정에서 『덕성 또는 시비에 관한 탐구』에 맹자의 도덕철학과 시비지심 개념이 더 분명하고 정확한 의미로 반영되었을 것으로 보인다. 『인간, 예절, 의견, 시대의 특징들』은 그가 42세의 나이에 요절한 해인 1713년 사망 직전에 처음으로 실명 출판되었다. 따라서 이때야 비로소 『덕성 또는 시비에 관한 탐구』가 최종적으로 완성된 셈이다.

3.1. 섀프츠베리의 친중국 성향

섀프츠베리는 1698년부터 네덜란드 로테르담에 1년간 체류할 때 당시 가장 선도적 계몽철학자이자 동아시아 마니아인 피에르 벨과 친교를 맺고 벨 중심의 철학자들인 르클레르크(Georges-Louis Leclerc), 펄리(Benjamin Furly), 림보르흐(Phulipp van Limborch) 등과 사귀었다. 로테르담의 분위기는 런던에 비해 아주 자유로웠고, 섀프츠베리는 이들과 철학·종교·역사 등 많은 주제로 토론했다.

■ 섀프츠베리와 벨의 친교

섀프츠베리는 1699년 다시 영국으로 귀국해서 정치에 종사했으나, 천식이 악

---

165) Thomas Fowler and John Malcolm Mitchel, "Shaftesbury, Anthony Ashley Cooper, 3rd Earl of" (1911). Hugh Chisholm, *Encyclopædia Britannica* 24 (Cambridge University Press, 11th ed.), 763-765쪽.

화되어 1703년 8월 정치일선에서 은퇴하고 요양차 다시 로테르담에 왔다. 건강이 좋아지자 그는 1704년 다시 영국으로 귀국했으나 이번에는 정치가 아니라 집필작업에 몰두했다. 1711년 7월 그는 다시 요양차 외국으로 나왔고 이때는 보다 따뜻한 이탈리아에 체류하면서 원고수정 작업을 계속했다. 그리고 원고수정 작업을 다 마친 뒤 1713년 2월 14일 사망했다. 『덕성 또는 시비에 관한 탐구』는 직전에 출판되었다.

섀프츠베리의 철학적·사상적 친중親中성향은 그와 벨의 친교관계에 의해 확인된다. 섀프츠베리는 로테르담 체류 시에 벨과 같은 저택의 위아래 집에 살았다.[166] 당시 벨은 상론한 대로 중국사상을 자기의 철학 속으로 받아들여 1670-1690년대에 이미 새로운 철학을 선보이기 시작한 가장 전위적인 계몽철학자였다.[167] 섀프츠베리는 벨의 사상에 매료되어 그와 "절친한 관계"를 맺었다.

그리고 섀프츠베리의 스승인 존 로크, 그리고 존 톨런드, 앤터니 콜린스 등도 벨과 "절친한 관계"를 맺었다. 로크는 벨과의 이견에도 불구하고 그로부터 막대한 감화를 받았고, 이런 영향으로 『관용에 관한 서한』을 썼다. 섀프츠베리는 로크의 제자였지만 그의 도덕적 성백설性白說을 근본적으로 거부했는데, 이에 대한 견해를 벨과 같이했는지는 알려지지 않았다. 아마 벨은 섀프츠베리와 유사하면서도 다른 의견이었을 것이다. 벨은 인간의 본성적 도덕감각과 도덕감정에 대해 말한 적이 없고, 다만 호오감정과 명예심만을 언급했기 때문이다.

■ 벨의 영국 대변자로서 섀프츠베리

섀프츠베리는 네덜란드에 체류하는 동안 벨과 위아래 집에 살면서 긴밀한

---

166) Richard H. Popkin, "Introduction", xxiii-xxiv. Pierre Bayle, *Historical and Critical Dictionary* [1697], selected and translated, with an Introduction and Notes by Richard Henry Popkin (Indianapolis·Cambridge: Hackett Publishing Company, Inc., 1991).
167) 중국 및 동아시아 철학과 사상에 대한 피에르 벨의 철학적·종교문화적 지식과 관심에 관해서는 참조: 황태연, 「공자의 공감적 무위·현세주의와 서구 관용사상의 동아시아적 기원(下)」, 8-77쪽. 『정신문화연구』 2013년 가을호, 제36권 제3호 통권132호); 황태연, 『프랑스의 공자 열광과 계몽철학』 (서울: 한국문화사, 2023), 33-103쪽.

친교를 맺고 영국으로 돌아가 벨의 대변자가 되었다. 나중에 벨과 섀프츠베리의 우정은 계몽주의 초기 수십 년 동안 강력한 영향력을 휘두른 영국 계몽사상가들과 정치가들의 네트워크로 통하는 가교가 되었다.168) 그리고 "진정 휘그당 세력가들과 귀족들"은 섀프츠베리를 통해 벨과 연결되는 "영예를 얻기 위해 줄을 섰다".169)

영국에서 벨의 모든 저작은 늘 베스트셀러였다. 섀프츠베리는 벨의 사상을 영국에서 국민계몽에 투입했다. 섀프츠베리는 벨의 저작을 인식의 확장과 "인성人性의 영예와 개선"을 겨냥하는 "정부의 고귀한 목적"에 봉사하는 것으로 이해했다. 그는 "인간영혼을 꺾쇠로 속박하고 그릇된 두려움으로 사로잡고 어둠과 무지를 통해 영혼을 천박화함으로써 다른 정치를 실행하는 자들"은 참된 치자들이 아니라고 단언했다. "참되고 광범한 지식"의 보급은 "사회의 평화"에 근본적인 것이다. 그런데 그간 그릇된 지식과 무지는 근거 없는 공포와 선동적 행동들을 야기하여 늘 정치를 더럽혔다는 것이다.

따라서 섀프츠베리는 "지혜로운 사람들을 다스리는 것은 쉬운 일이지만, 어리석은 자나 미치광이들을 다스리는 것은 부단한 고역이라는 것은 참된 말씀이다"라고 천명했다.170) 섀프츠베리의 이 말은 "군자가 도를 배우면 뭇사람을 사랑하고, 소인이 도를 배우면 다스리는 것을 쉽게 한다(君子學道則愛人 小人學道則易使也)"는 공자의 말을171) 상기시킨다. 공맹철학이 확산되는 시대적 분위기, 벨과의 절친한 사상적 친교, 노엘의 『맹자』 완역본의 보급 등은 섀프츠베리의 도덕철학의 형성에 결정적 영향을 미쳤다.

---

168) Justin Champion, "Bayle in the English Enlightenment". Wiep van Bunge and Hans Bots (ed.), *Pierre Bayle (1647-1706), 'le philosphe de Rotterdam': Philosophy, Religion and Reception*, Selected Papers of the Tercentenary Conference held at Rotterdam, 7-8 December 2006 (Leiden · Boston: Brill, 2008), 180-181쪽.
169) Champion, "Bayle in the English Enlightenment", 193쪽.
170) 참조: Champion, "Bayle in the English Enlightenment", 195쪽에서 인용.
171) 『論語』 「陽貨」(17-3).

3.2. 섀프츠베리의 시비감각 이론

섀프츠베리는 『덕성 또는 시비에 관한 탐구』(1713)에서 애착감정·동정심·정의감 등 도덕감정들도 취급했으나 특히 "시비감각(Sense of Right or Wrong)" 개념의 정립에 논의의 초점을 맞췄다. "시비감각"이라는 개념은 당시 서양철학사 안에서 그야말로 돌비적突飛的인 용어였다. 섀프츠베리는 『덕성 또는 시비에 관한 탐구』에서 'Sense of Right or Wrong'이라는 술어를 25회 가량 사용하고, 'natural moral Sense(본성적 도덕감각)'이라는 술어는 한 번 사용했다.[172] 훗날 허치슨은 섀프츠베리에 의해 딱 한 번 사용된 이 '도덕감각'이라는 용어를 발전시킨다.

■ 본성적 감각으로서의 시비감각

섀프츠베리의 본성적 '시비감각(Sense of Right or Wrong)' 또는 '도덕감각(moral sense)'은 '시비감각'과 '시비감정'(도덕적 평가감정)을 둘 다 포괄한다. 영어 "sense"라는 단어가 감각과 감정을 둘 다 뜻하기 때문이다. 따라서 그의 '시비감각'은 맹자의 '시비지심'과 그 포괄 범위와 의미가 거의 동일하다.

섀프츠베리는 일단 '시비감각'을 인간에게 본유하는 '본성적' 감각으로 규정한다.

그러므로 시비감각(Sense of Right or Wrong)이 본성적 애정 그 자체(natural Affection itself)처럼 우리에게 본성적이고 우리의 만듦새와 틀 속의 제1원리이기에, 이 시비감각을 즉각적으로, 또는 직접적으로 배제하거나 파괴할 수 있는 어떤 사변적 견해도, 확신이나 믿음도 존재하지 않는다. 원천적이고 순수한 본성을 가진 것은 배치되는 습성과 관습(제2본성) 외에 어떤 것도 대체할 수 없다. 그리고 이 감정이 영혼이나 감정적 부분 속에서 가장 일찍이 발생하는 원천적 성정이기에, 반대의 성정 외에 어떤 것도 빈번한 견제와 제어에 의해 이 성정을 부분적으로 감소시키거나 전체적으로

---

172) Shaftesbury, *An Inquiry Concerning Virtue or Merit*, 27쪽.

파괴할 정도로 이 성정에 작용을 가할 수 없다.173)

일단 여기서 섀프츠베리가 시비'감각(sense)'을 '원천적 성정(original affection)'으로 서로 바꿔 부르고 있다는 점을 양해해 둘 필요가 있다. 앞서 시사했듯이 그는 영어단어 "sense"의 이중의미를 활용해 'Sense of Right or Wrong'이라는 말로써 맹자의 '시비지심'처럼 '시비감각'과 '시비감정'(훌륭함과 못됨[가·불가, 떳떳함, 뿌듯함, 죄스러움, 미안함 등의 도덕적 평가감정)을 포괄하고 있다. 아무튼 여기서 섀프츠베리는 시비감각이 희로애락의 본성적 감정과 마찬가지로 인간에게 본성적인 것이고 또 동시에 이 감정들을 능가하는 '제1원리', 또는 '제일 일찍이 발생하는 원천적 성정'이라고 말하고 있다. (이것은 오늘날 심리학에서 어린이들이 말하기 전에 선악을 구분하는지를 밝히는 실험을 통해서 입증되었다.) 따라서 어떤 이론적·철학적·종교적 견해·확신·신앙도 이 시비감정을 즉각, 직접 배제·파괴할 수 없다고 논변하고 있다. 오로지 "배치되는 습성과 관습(제2본성)"만이 이 시비감각을 대체할 수 있다는 것이다. 이 말은 시비감각이 좋은 습성과 관습에 의해 높이 발전해 고귀한 덕성이 될 수도 있고, 시비감각의 본성에 거역하는 나쁜 "습성과 관습"에 의해 저해되어 타락·왜곡될 수도 있다는 것을 뜻하는 것으로 보인다.

시비감각은 인간에게 본성적이기 때문에 이 감각이 타락하지 않는 한 인간의 덕성의 원리로서 언제나 유력하게 살아있다. "덕성의 본성"이 "시비(선악, 잘잘못, 바름과 그름)의 정신적 대상들에 대한 합리적 피조물의 일정한 적정한(just) 성향에 근거하거나 비례적인(proportionable) 감정에 근거하기"에, "①적정한 본성적 시비감각을 빼앗는 경우, ②또는 그릇된 시비감각을 창출하는 경우, ③상반된 감정으로 하여금 바른 시비감각을 저지하게 하는 경우"를 "제외하면" 인간에게서 "아무 것도 도저히 덕성의 원리를 배제하거나, 이 원리를 무효로 만들 수 없다". 다른 한편으로, "시비감각을 상당한 정도로 배양하고 촉진하거나 이 감각을 순수하고

---

173) Shaftesbury, *An Inquiry Concerning Virtue or Merit*, 25-26쪽.

타락하지 않은 채로 보존하는 것, 또는 이럴 때 다른 감정들을 정복해 이 원리에 굴복시킴으로써 이 원칙에 순종하도록 만드는 것만이 덕성의 원리를 지원하거나 진척시킬 수 있다".174) 시비감각의 상당한 배양·촉진·보존과 (다른 감정들을 정복할 정도의) 강화는 "무릇 사단이 자아에게 있는 것을 모두 다 알아서 이를 확충할 따름이니 이것은 불이 타오르기 시작하고 샘이 솟구치기 시작하는 것과 같다(凡有四端於我者 知皆擴而充之矣 若火之始然 泉之始達)"는 맹자의 사단확충론을175) 반복하는 것처럼 보인다. 노엘은 맹자의 이 구절을 "악을 싫어하거나 선을 좋아함이 치솟듯이 터져 나오므로 이곳에서 현명이나 지知의 특징의 섬광이 찾아진다(cum in Mali odium, aut Boni amorem subito erumpit, tunc est scintillans quædam prudentiæ seu intelligentiæ nota)"176)고 번역했었다. 섀프츠베리는 이 구절을 읽었을 것이다. 그렇기 때문에 인간에게서 "아무것도 도저히 덕성의 원리를 배제하거나, 이 원리를 무효로 만들 수 없다"고 단언했을 것이다.

섀프츠베리는 시비감각의 저 박탈·왜곡·저지·약화의 경우들을 하나씩 상론하고 있다.177) 이 대목은 "진실로 사단지심을 확충하지 못하면 부모를 섬기기도 부족하다(苟不充之 不足以事父母)"는 맹자의 말을 부연하는 셈이다. 특히 시비감각이 저지당하는 것은 섀프츠베리에 의하면 주로 사적 이익이나 격정 때문이다. "한 피조물이 이런 유의 시비감각이나 선한 감정을 어느 정도 가지고 있기에 반드시 이 감각에 따라 행동하지 않을 수 없다는 것은 명백하다. 그러나 이것은 이 감각이 지각된 사적 복리를 향한 어떤 정착된 조용한 감정에 의해 저지당하지 않는다는 것, 또는 시비감각을 정복할 수 있을 뿐만 아니라 바로 사적 복리의 감각 자체를 정복하고 심지어 이기심에 이로운 것의 가장 친숙하고 표준적인 의견도 무력화시킬 수 있는 욕정이나 노기와 같은 어떤 갑작스런 강렬·강력한 감정에 의해 저지당하지 않는다는 것을 전제하는 말이다."178) 익히 알다시피

---

174) Shaftesbury, *An Inquiry Concerning Virtue or Merit*, 23-24쪽.
175) 『孟子』「公孫丑上」(3-6).
176) Noël, *Sinensis imperii libri classici sex*, 266쪽.
177) 참조: Shaftesbury, *An Inquiry Concerning Virtue or Merit*, 24-30쪽.

맹자는 격한 마음을 다스리는 수신의 문제만이 아니라, "닭 울면 일어나 부지런히 부지런히 선을 위한 자들은 순임금의 무리이고, 닭 울면 일어나 부지런히 부지런히 이익을 위한 자들은 도척의 무리다"라고 하여 사적 이익추구에 의한 본성적 시비지심과 도덕감정의 말살의 사례를 '도척의 무리'를 들어 설명한 바 있다.

■ 신 관념의 형성에 앞서는 시비감각

샤프츠베리는 일정한 상상과 사고실험을 통해 시비감각을 인간이 신神 관념의 형성에 앞서 갖추는 능력으로 보고 간접적으로 신 관념을 '불필요한 것'으로 부정하는 듯한 논변을 전개한다.

> 반성을 사용할 줄 아는 피조물이 확립된 신 개념을 가질 시기에 앞서 도덕행위에 대한 호오감각과, 따라서 시비감각을 가지는 것이 가능하다는 것은 거의 의문시되지 않을 것이다. (…) 이성을 결하고 반성을 할 능력이 없으면서도 자기 종種에 대한 사랑·용기·감사·동정심과 같은 많은 좋은 자질들과 성정들(affections)을 가진 피조물을 상정해보자. 당신이 이 피조물에게 반성능력을 부여한다면, 이 피조물이 동시에 동일한 본능에서 감사·친절·동정심을 가甁하게 느껴 동조하고, 사회적 감정의 표시나 표현을 좋아하고, 이것보다 더 친화적인 어떤 것도, 이것과 반대되는 것보다 더 가증스런 어떤 것도 생각하지 않을 것이라는 것은 확실하다. 그리고 이것이 덕성의 능력을 갖춘 것이고, 시비감각을 갖춘 것이다.179)

따라서 샤프츠베리는 신을 믿는 사람들도 착한 사람이 있고 악한 사람이 있듯이 신을 믿지 않는 무신론자들도 본성적으로 착할 수 있고, 그렇지 않을 수도 있다고 말한다.

그러므로, 어떤 심각한 종교사상에 입문한 적이 없는 곳에서 종교에 입문한 적이

---

178) Shaftesbury, *An Inquiry Concerning Virtue or Merit*, 30쪽.
179) Shaftesbury, *An Inquiry Concerning Virtue or Merit*, 30-31쪽.

없는 방식으로 살아왔지만 자기들의 정직하고 가치 있는 성품(their characters of honesty and worth)에 관해 자기들 간에 아주 다른 견해를 보이는 사람들을 우리가 경험에 의해 알고 있는 것처럼, 어떤 인간피조물이 신이라는 주제에 관한 명백하거나 적극적인 개념을 이러저런 식으로 가질 수 있는 때에 앞서 이 인간피조물은 시비판단 또는 시비감각(apprehension or sense of right and Wrong)을 (이미) 갖춘 것으로, 그리고 상이한 등급의 덕과 악덕의 감각을 보유한 것으로 생각될 수 있다. 그런 곳에서도 어떤 사람들은 본성적으로 겸손하고 친절하고 우애롭고, 결과적으로 친절과 우애의 행동을 좋아하는 사람이고, 다른 사람들은 오만하고 거칠고 잔악하고 결과적으로 폭력과 단순한 권력의 행동을 오히려 찬양하는 성향을 가진다.[180]

이것은 1713년경 유럽에서 기독교를 무용지물로 만들 수 있는 경천동지할 폭탄선언의 논변이다. 섀프츠베리는 피에르 벨처럼 종교가 오히려 도덕을 방해할 수 있는 위험들과 함께 종교적 포상의 희망이나 처벌의 공포에 부응한 사리사욕적인 선행의 도덕성을 "내재적으로 거의 가치 없는" 것으로 부정하고 이 희망과 공포, 약속과 협박 자체를 — 칸트와 정반대로 — "덕성이나 선에 부합되지 않은 것"으로 지적한다.[181]

나아가 그는 피에르 벨처럼 해로운 종교와 신 관념은 무신론보다 더 나쁘다는 입장을 피력한다. "종교는 (종류가 입증할 수 있는 것에 따라) 큰 이익을 줄 수도 있고, 큰 해를 줄 수도 있다는 것이다. 무신론은 이런 식으로든 저런 식으로든 아무런 적극적 영향을 줄 수 없다. 왜냐하면 무신론은 간접적으로 인간이 훌륭하고 충분한 시비감각을 상실하는 이유일 수 있을지라도 단지 무신론만으로는, 오직 미신과 경신輕信에서 흔히 유래하는 그릇된 종교나 광신적 의견만이 야기할 수 있는 저 시비감각의 그릇된 종류를 조립해낼 이유가 되지 못할 것이기 때문이다."[182]

섀프츠베리는 종교적으로 신실한 사람이었다. 하지만 사후에 그는 『덕성 또는

---

180) Shaftesbury, *An Inquiry Concerning Virtue or Merit*, 31쪽.
181) Shaftesbury, *An Inquiry Concerning Virtue or Merit*, 32-34쪽.
182) Shaftesbury, *An Inquiry Concerning Virtue or Merit*, 30쪽.

시비에 관한 탐구』의 실명實名 출판 때문에 기독교와 종교에 대한 이 비판적 견해 때문에 무신론자로 비난받는다. 인용문에서 "어떤 심각한 종교사상에 입문한 적이 없는 곳에서 종교에 입문한 적이 없는 방식으로 살아왔지만 자기들의 정직하고 가치 있는 성품에 관해 그들 간에 아주 다른 견해를 보이는 사람들을 우리가 경험에 의해 알고 있다"고 말하고 있는데, 이 사람들은 바로 '극동지역의 유교제국 사람들'을 가리킨다. 이 대목에서 섀프츠베리는 공맹의 이교異敎철학을 수용한 사실을 최대한 감추기 위해 복화술로 말하고 있다.

섀프츠베리는 위 인용문에서 "사랑·용기·감사·동정심과 같은 선한 감정들"과 시비감각을 분리시키고 있다. 이로써 그가 시비감각을 기타 도덕감정들과 명확하게 구별했음이 분명히 드러난다. 애당초 섀프츠베리는 도덕감정에 대한 가·불가의 평가감정을 느끼게 해주는 '시비감각'을 인간적 덕성의 조건으로 이해하고 논의를 시작했다. 그는 시비감각 또는 시비에 대한 지식을 갖춘 인간의 덕성(훌륭함)과 시비지각이 없는 동물의 단순한 선성善性을 구별한다.

> 단순한 생의 다양한 부분들에서의 피조물들의 여러 동작, 성향, 감정(passions), 성질, 일관된 자세와 행실이 종種이나 공중을 향한 선과 악을 쉽사리 변별하는 정신에게 여러 시각과 관점에서 현시되기에, 마음의 새로운 시험 또는 활동이 일어난다. 마음은 올바르고 건전할 때라면 정의롭고 바른 것을 좋아하고 반대되는 것을 싫어하지만, 타락했을 때는 악한 것을 좋아하고, 가치 있고 선한 것을 싫어한다. 그리고 어떤 피조물이든 공익의 개념이 있을 수 있고 도덕적 선악, 시비, 찬미할 만한 것과 비난할 만한 것 등에 대한 사색이나 지식(speculation or science)을 얻을 수 있는 이 경우에만 우리는 이 피조물을 훌륭하거나 덕스럽다(worthy or virtuous)고 말한다. 왜냐하면 통속적으로 우리가 못된 말(馬)을 두고 '악덕하다'고 말할지라도, 훌륭한 말을 두고, 더구나 단순한 짐승, 천치 또는 바꿔치기 아이를 두고는 설령 이것들의 천성이 아주 착하더라도 결코 훌륭하거나 덕스럽다고 말하지 않기 때문이다.[183]

---

183) Shaftesbury, *An Inquiry Concerning Virtue or Merit*, 17-18쪽. '바꿔치기 아이'는 유럽설화에서 악마가 간난아이를 몰래 바꿔치기하여 요람에 넣어둔 이상한 아이다.

섀프츠베리는 여기서 "사색이나 지식을 얻을 수 있는 이 경우에만 우리는 이 피조물을 훌륭하거나 덕스럽다고 말한다"고 함으로써 단순한 선성이 아니라 시비감각에 입각한 선악의 지식을 갖춘 선성善性만을 '덕성'으로 규정하고 있다.

그리하여 한 피조물이 후하고 친절하고 항구여일하고 온정적이더라도 그가 그 자신이 하는 것을 반성할 수 없거나 타자들이 하는 것을 보고 훌륭하거나 정직한 것을 찰지察知하고 훌륭함과 정직함에 대한 이 찰지나 지각(notice or conception)을 자신의 성정의 목표(object of his affection)로 만들 수 없다면, 그는 덕스러움의 성품을 갖추지 못한 것이다. 왜냐하면 이런 식으로, 그리고 오직 이런 식으로만, 그는 정의롭고 공평하고 선한 성정(affection)이나 반대의 성정을 통해서만 시비의 감각을, 즉 행해지는 것에 대한 감지나 판단을 가질 수 있기 때문이다.[184]

섀프츠베리는 '시비감각'을 "정의롭고 공평하고 선한 감정이나 반대의 감정을 통해 행위사실에 대한 감정이나 판단"으로 이해하면서 이 시비감각을 통해 자신의 행동을 "반성할" 수 있거나 타인의 행동의 "훌륭하거나 정직함"을 "찰지하고" 이 "훌륭함과 정직함에 대한 이 찰지나 지각을 자신의 감정의 대상으로 만듦"으로써만 덕성("덕스러움의 성품")을 이룬다고 말하고 있다. 말하자면 그는 단순한 '선성'과 '덕성'을 구별하고 있다. 덕스러움이나 덕성에는 '반성적' 또는 '공감적' 시비감각이 개재되어 있기 때문이다. 단순히 선한 존재자(착한 짐승, 천치, 아이)와 선하면서도 이 선함을 아는 시비감각을 같이 갖춘 인간은 차원이 다르기 때문이다. 그래서 초장부터 섀프츠베리는 "단순한 선으로 여겨지는, 그리고 감각을 가진 모든 피조물의 도달범위와 역량 안에 들어있는 것으로부터 덕성이나 도덕적 가치(merit)라 불리는 것으로 이행하는 것은 인간에게만 허용된다"고 천명한 것이다.[185] 따라서 상론했듯이 반성적·공감적 인지가 결여된 '단순한' 시비감각은 없고, 시비감각은 언제나 '공감적·교감적' 시비감각이다. 섀프츠베리는 이 점도

---

184) Shaftesbury, *An Inquiry Concerning Virtue or Merit*, 18쪽.
185) Shaftesbury, *An Inquiry Concerning Virtue or Merit*, 16쪽.

알고 있다. "다른 정신들의 관찰자나 청취자인 정신(the mind which is spectator or auditor)은 비례를 변별하고 소리를 구별하고, 각각의 소감, 또는 이 소감에 앞서는 생각들을 훑어 살피도록 할 눈과 귀가 없을 수 없다. 정신은 어떤 것도 자기의 비판검열을 피해가도록 놓아두지 않는다."[186] "다른 정신들의 관찰자나 청취자인 정신"이란 바로 타인의 감정이나 타인 행동의 감정적 의미를 교감적으로 인지하고 공감하는 정신인 것이다. 다만 그의 개념체계에 아직 '공감'이나 '교감'의 개념이 결여되어서 저렇게 표현했을 뿐이다.

섀프츠베리는 맹자가 측은・수오・사양지심의 도덕감정들 외에도 이 감정들을 인지・판단・평가하는 '시비지심'을 말한 이유를 잘 이해하고 있다. 맹자는 시비지심의 확충으로 얻어지는 도덕적 '지혜'의 실질적 역할을 도덕감정에서 확충된 인의도덕을 '알고 고수하는' 것으로 규정하기 때문이다. "인仁의 실實은 부모를 섬기는 사친이고, 의義의 실은 형을 따르는 종형이고, 지智의 실은 사친과 종형, 이 두 가지를 알고 이 두 가지를 버리지 않는 것이다(仁之實 事親是也 義之實 從兄是也 智之實 知斯二者弗去是也)".[187] 도덕을 '버리지 않는' 것은 '고수하는' 것이고, 이것은 바로 도덕감정과 인의도덕을 알고 습성화한 '수신체득'을 전제한다. 선한 도덕감정과 시비지심의 인지와 수신체득('得於身')이 '덕성'이다. 수신체득은 도덕감정과 인의도덕에 대한 시비감각적 지각과 이를 확충한 지혜 없이 불가능하다. 섀프츠베리는 수신・체득된 덕성에 포함된 지각의 계기를 강조한 것이다.

컴벌랜드 도덕철학의 미흡점은 인애의 도덕감정에만 논의를 집중시키고 시비감각(도덕감각)에 대한 고찰이 전무하다는 것이다. 반면, 섀프츠베리 도덕과학의 미흡점은 연민(인애)・정의감 등 도덕감정을 소홀히 하고 시비감각에 논의의 초점을 맞춘 것이다. 이런 미흡점은 그의 계승자인 프란시스 허치슨에게서 얼마간 개선되지만 역시 도덕감각 쪽으로 많이 기울어져 있다. 논의는 데이비드 흄에 이르러서야 균형을 회복한다. 그러나 아담 스미스에 이르러서는 다시 도덕감정

---

186) Shaftesbury, *An Inquiry Concerning Virtue or Merit*, 17쪽.
187) 『孟子』「離婁上」(7-27).

쪽으로 완전히 편향되어 도덕감각 개념을 아예 제거해 버리게 된다.

■ 섀프츠베리 철학의 국제적 영향

섀프츠베리는 순수하게 '도덕감각'과 도덕감정의 인간본성에 기초한 도덕철학을 서구철학계에서 사상초유로 수립함으로써 스콜라철학의 주술적(계시적)·합리적 도덕론, (성서적 계시도덕과 결합된) 로크 식의 도덕적 성백론性白論, 그리고 계약·유행·여론에 의한 도덕제정론을 다 물리치고, '도덕철학'을 '도덕과학'으로 변혁한 도덕론적 혁명을 이룩했다. 이로써 그는 서양의 도덕철학을 탈脫주술화·인간화·세속화함으로써 영국사회와 유럽사회를 탈脫주술화·세속화·인간화할 수 있는 사상적 토대를 놓았다.

이 점에서 공맹철학을 전적으로 수용한 섀프츠베리는 컴벌랜드의 인애도덕론을 잇는 영국 계몽주의의 진정한 출발점이었다. 섀프츠베리의 세속적 도덕철학은 이후 영국에서 허치슨·흄·아담 스미스로 이어지고, 대륙으로 퍼져나가 특히 프랑스에서 도덕철학 교과서로 대우받게 된다. 『덕성 또는 시비에 관한 탐구』는 영국 철학자들로부터는 말할 것도 없고, 라이프니츠·볼테르·디드로·레싱·멘델스존·빌란트·헤르더 등 독불 철학자들로부터도 열광적 예찬을 받았다. 디드로(Denis Diderot)는 1745년 섀프츠베리의 글을 자기 논문에서 인용·재생산했는데, 이 글은 나중에 *Essai sur le Mérite et la Vertu*(시비와 덕성에 관한 논고)로 밝혀졌다. 그리고 1769년에는 서한집을 포함한 섀프츠베리 전작집이 제네바에서 불역·출판되었다. 1738년과 1776-1779년에 걸쳐 독역본도 나왔다. 또한 독일에서는 섀프츠베리의 종교와 철학에 관한 연구서들도 나왔다.

칸트가 '교조적 합리론자'로 비방한 독일의 계몽철학자 라이프니츠도 섀프츠베리의 새로운 도덕철학에 동조를 표했다. 그는 『덕성 또는 공덕에 관한 탐구』에 대해 이렇게 말한다.

그것은 완전히 체계적이다. 그것은 덕성과 행복의 본성에 관한 아주 건전한 견해를 담고 있고, 본성이 우리에게 준 성정들(affections)이 우리를 우리 자신의 이익을 찾을 뿐만 아니라 우리의 관계의 이익과 심지어 사회의 이익을 얻도록 이끌어간다는 것을 보여준다. 내게는 이것을 나 자신의 언어와 의견에 아주 쉽사리 화해시킬 수 있는 것으로 보인다. 사실, 우리의 본성적 성정은 우리의 만족감을 산출한다. 그리고 우리가 본성적이면 본성적일수록 우리는 타인의 이익에서 우리 자신의 기쁨을 느끼도록 이끌어진다. 이것은 보편적 인애·자비·정의의 기초이다.[188]

독일의 중국열광자 라이프니츠는 섀프츠베리의 유교적 도덕철학을 이처럼 아주 포근하게 느꼈고, "덕성과 행복의 본성에 관한 아주 건전한 견해를 담고 있는" 철학으로 반긴 것이다.

하지만 뭐니 뭐니 해도 진정한 동조자는 단순한 찬양자가 아니라 계승자일 것이다. 이런 의미에서 허치슨은 섀프츠베리의 도덕과학에 대한 '진정한 동조자'였다.

---

188) Gottfried W. Leibniz, "Judgment of the Works of the Earl of Shaftesbury", 198쪽. Leibniz, *Political Writings*, translated and edited with an Introduction and Notes by Patrick Riley (Cambridge: Cambridge University Press, 1st ed. 1972, 2th ed. 1988, reprint 2006).

제4절
허치슨의 도덕감각론

프란시스 허치슨(Francis Hutcheson, 1694-1746)은 섀프츠베리의 시비감각론을 계승해 더욱 발전시킨다. 허치슨은 섀프츠베리의 '시비감각(sense of right and wrong)'을 드물게 '도덕적 선악감각(sense of the moral good or evil)'으로 표현하기도 하지만, 주로 '도덕감각(moral sense)'으로 바꿔 표현한다. 이것은 섀프츠베리가 딱 한 번 사용한 '본성적 도덕감각(natural moral sense)'이라는 표현을 채택해서 '도덕감각'으로 일반화한 것이다.

4.1. 섀프츠베리의 방어

섀프츠베리 사후 그의 작은 저서 『덕성 또는 시비에 관한 탐구』는 평지풍파를 일으켰고, 풍파의 와중에 비난도 쏟아졌다. 비난은 합리론적 공리주의자들과 성공회 교단으로부터 날아들었다. 섀프츠베리는 도덕성의 단초를 도덕감정과 시비감각의 인간본성에서 구함으로써 기독교단의 계시도덕론을 무너뜨리고 이럼으로써 우글대던 성직자집단과 스콜라철학자들을 '실업'의 위기로 내몰았다. 이런 과정에서 영국교계의 반발은 당연한 것이었다. 그리고 합리론적 도덕형이상학과 로크의 쾌락론적 공리주의 도덕철학에 익숙한 합리론적 공리주의자들은 당연히 섀프츠베리의 시비감각 개념에 반발했다.

따라서 섀프츠베리를 계승하려는 허치슨의 도덕철학적 관점에서 교단과 공리주의자들의 비난에 대해 섀프츠베리를 방어하는 것은 그에게 가장 화급한 일이었다. 따라서 그는 1726년의 첫 저서 『미와 덕성 관념의 원천에 관한 탐구(An Inquiry into the Original of Our Ideas of Beauty and Virtue)』(1725)의[189] '머리말'에서 섀프츠베리에 대한 공격을 직언으로 맞받아치는 식으로 방어한다.

■ 로크주의적 성백론과 공리주의에 대한 방어

'머리말'에서 허치슨은 일단 본성적·생득적(본유적) 도덕성을 부정하는 로크의 도덕적 성백설과 쾌락설적 도덕론을 추종하는 합리론적 공리주의자들에 대해 섀프츠베리를 방어한다. 그는 로크주의적 공리주의자의 불쾌감을 언급하고 그 이유을 설명한다. "행동과 감정에서의 이 미美의 도덕감각(moral sense of beauty)은 첫눈에 이상하게 보일 수 있다. 그래서 모럴리스트들 중 어떤 이들은 섀프츠베리 경 저작 속의 그 도덕감각에 기분이 상했다." 왜냐하면 "그들은 모든 가부可否감정(Approbation or Aversion)을 (이것이 단지 외감의 단순 관념들 속에 들어 있는 경우를 제외하고) 합리적 이익 관점(rational Views of Interest)으로부터 연역하는 데 그만큼 많이 익숙해 있고, 가부감정이 본유관념과 가깝다고 생각해서 그런 공포를 느끼기"[190] 때문이다.

미감과 도덕감각은 본유관념이 아니라 본유감각·본유인상이다. 로크는 'impression(sensible image)'과 'idea', 즉 '인상(심상)'과 '관념(지식)'을 구분하지 않고 모든 관념, 모든 인상(심상)이 다 우리 인간에게 본유하지 않고 모조리 외부에서 오감을 통해 들어왔다고 주장하고 도덕론에서도 도덕적 본유관념과 함께 본유인상(본유심상)까지도 부정했었다. 그러나 우리가 빨간색의 본유관념

---

189) Francis Hutcheson, *An Inquiry into the Original of Our Ideas of Beauty and Virtue; In Two Treatises* [the first ed. 1726; the third ed. 1729] (London: Printed for J. and J. Knapton et al., 1729). Edited by Wolfgang Leidhold. Indianapolis: Liberty Fund, 2004. (http://oll.libertyfund.org/title/858. 최종검색일: 2010. 11. 13.)

190) Hutcheson, *An Inquiry into the Original of Our Ideas of Beauty and Virtue*, 'Preface', xiv-xv쪽.

은 없지만 빨간색 심상은 생득적으로 가지고 태어난다. (만약 이게 없으면 적색 색맹이다.) 마찬가지로 도덕감각의 시비(선악)심상도 본성적으로 가지고 태어나는 것이다. (만약 이것이 없으면 사이코패스다.) 그래서 공자는 "심상은 하늘에서 만든다(在天成象)"고 갈파했던 것이다.[191] 한마디로, 도덕관념은 본유하지 않지만, 심상으로서의 도덕감각은 본유하는 것이다. 그러나 로크를 따르는 공리주의자들은 본유'심상'으로서의 도덕감각을 말하자마자 이것을 본유'관념'으로 착각하고 이에 반발했다. 이 때문에 허치슨은 설명한다.

> 그러나 이 도덕감각은 (...) 본유관념과 아무런 관계가 없다. 훌륭한 미감美感을 가진 신사들은 우리들에게 그림과 시문에서의 미美·조화·모방에 대한 아주 많은 감각, 미감, 풍미(*relishes*)를 말해줄 수 있다. 그리고 우리는 인간들 안에서도 성품의 미, 매너의 미에 대한 풍미를 발견할 수 있지 않은가? 나는 우리가 우리의 어리석은 관리管理에 의해 종교만이 아니라 철학도 아주 엄격하고 아주 볼품없는 형상으로 만들어서, 어떤 신사가 그 자신을 쉽사리 그것을 좋아하도록 만들 수 없을 정도가 되어 버린 것이 아닐까 의심한다. 그리고 철학에 문외한들인 사람들은 철학에 대한 우리의 서술을 듣는 것을 거의 견딜 수 없다. 상황이 아주 변해서 고대인들 사이에서 한때 가장 훌륭한 신사들의 기쁨이었고 분망한 공무 뒤 그들의 레크레이션이었던 것으로부터 아주 멀어져 버렸도다![192]

허치슨은 본유감정(심상)까지 부정하는 로크를 추종하는 도덕적 성백론자들과 쾌락론적 공리주의자들의 비난으로부터 섀프츠베리의 도덕과학을 방어하고 있다. 도덕감정과 도덕감각은 본성적 감성 차원에 있는 것이고 아직 '관념' 차원, 사유(thinking) 차원의 '지식'이 아니기 때문이다. 그렇지 않아도 섀프츠베리는 로크를 공개적으로 비판한 적이 없을지라도 개인서신들을 통해서 로크의 도덕적 성백론을 격하게 비판했었다.[193]

---

191) 『易經』「繫辭上傳」(1).
192) Hutcheson, *An Inquiry into the Original of Our Ideas of Beauty and Virtue* [1726; the 3th ed. 1729], 'Preface', xv-xvi쪽.

■ 교단의 비난으로부터 섀프츠베리의 방어

섀프츠베리는 공맹철학을 수용해 도덕성의 단초를 도덕감정과 시비감각의 인간본성에서 구했다. 이로 인해 기독교단의 계시도덕론이 무너지고, 우글대던 성직자집단과 스콜라철학자들이 '실업'의 위기로 내몰렸다. 이 때문에 영국국교회 교단으로부터 섀프츠베리를 무신론자로 비판하는 규탄이 요란하였다. 19세기까지도 영국은 무신론자를 처벌하는 법률과 종교재판이 있었기 때문에 이 무신론 비판은 그를 계승하는 허치슨에게도 큰 위협이었다.

이런 까닭에 허치슨은 섀프츠베리가 기독교에 편견적 반감을 가졌다는 비난에 대해서 방어한다.

> 섀프츠베리의 저작들을 세상에 추천하는 것은 아주 쓸데없는 기도다. 이 저작들은 어떤 깊은 성찰이든 사람들 사이에 남아있는 동안 존중받을 것이다. 그가 자신이 받아들였던 기독교에 대한 모종의 반감적 편견들을 그러한 고귀한 업적과 뒤섞는 것을 삼갔었다는 것은 실로 소망스런 것이다. 기독교는 가장 참된 덕성관념을 우리에게 주고 모든 참된 종교의 총화로서 하느님과 인류의 사랑을 권장하는 종교다. 삶 속에서 가장 저급하고 가장 더러운 쾌락 외에 아무 것도 맛보지 않는 방종한 일단의 사람들이 자기들의 방탕(*debauchery*)을 그만큼 덜 자제할 수 있도록 기독교에 반하는 그렇고 그런 시사를 찾아 그의 저작들을 뒤지는 것을 발견했다면, 그리고 동시에 그들의 저급한 정신들이 그가 그토록 아름다운 빛을 표현한 덕성과 영예의 저 고상한 감정들을 맛볼 수 없을 때, 이것이 얼마나 이 독창적 귀족의 분개를 야기했을 것인가! 재간 있는 사람이 이 저작에서 무슨 오류를 찾아내든 나는 아무도 그 안에서 종교나 훌륭한 예절에 반하는 어떤 것도 전혀 발견하지 못하기를 희망한다.194)

그리고 허치슨은 "재간 있는 사람"은 "그가 아주 상당히 중요하다고 여기는

---

193) 이에 대한 상론은 참조: 황태연, 『근대 영국의 공자 숭배와 모럴리스트들』, 962-996쪽.
194) Hutcheson, *An Inquiry into the Original of Our Ideas of Beauty and Virtue* [1726; the 3th ed. 1729], 'Preface', xix-xx쪽.

이 주제들을 더 철저하게 정밀 검토할 기회를 식자세계에 제공해 준다면 스스로 아주 즐거워질 것이다"는[195] 너스레를 덧붙인다. 그리고 허치슨은 제 발 저리듯이 섀프츠베리가 극동으로부터 영향받은 것이 아니라 고대 헬레니즘 철학으로부터 아이디어를 구했다는 취지의 말로 굳이 그의 도덕철학의 서구적 정통성을 입증하려고 든다. "그의 견해가 대강에서 올바르다는 나의 확신의 주요근거는 그가 그의 견해의 첫 힌트를 고대의 가장 위대한 몇몇 저자들로부터 얻었다는 것인데, 그렇게 때문에 내가 그들과 더 많이 대화하면 할수록 나는 그의 예시적 설명들이 그들의 정서와 더 많이 부합되는 것을 느낀다."[196] 그러나 이것은 실로 얼토당토않은 말이다. 고대철학자 중에 '도덕감각'을 언급한 철학자는 아무도 없기 때문이다. 아리스토텔레스도 용기·사랑(필리아) 등의 '도덕감정'을 논했지만 시비감각, '도덕감각'에 대해서는 단 한 번도 언급한 적이 없기 때문이다.

허치슨은 섀프츠베리를 철학적으로 방어할 뿐만 아니라, 비방자들에 대한 경멸감 속에서 종교적으로도 방어하려고 애썼다. 그도 그럴 것이 그가 철학적으로 비교적 안전하게 기댈 사람은 당시로서 오직 섀프츠베리밖에 없었기 때문이다. 그가 만약 공맹을 직접 인용했다면 영락없이 무신론자로 몰렸을 것이다. 때는 아직 그가 공맹의 이교철학에 감염되었음을 감추기 위한 '연막용'으로 "고대의 가장 위대한 몇몇 저자들"까지도 들먹여야 하는 시대였다.

아무튼 도덕철학에서 섀프츠베리와 허치슨이 있었기 때문에 이후 흄과 아담스미스가 공자를 직접 전거로 끌어오지 않고도 도덕감정론적 도덕이론을 과학화하는 것이 가능하게 되었다. 영국 철학계에서 새로운 경험과학적 윤리학의 독자적 논장論場이 열린 것이다. 흄은 섀프츠베리와 허치슨의 정신적 제자였고, 아담스미스는 글래스고 대학교 허치슨 교수의 공식적 제자였다. 그리고 스미스는 흄의 고향 후배이자 사적 제자였다.

---

195) Hutcheson, *An Inquiry into the Original of Our Ideas of Beauty and Virtue* [1726; the 3th ed. 1729], 'Preface', xx-xxi쪽.
196) Hutcheson, *An Inquiry into the Original of Our Ideas of Beauty and Virtue* [1726; the 3th ed. 1729], 'Preface', xxi쪽.

4.2. 허치슨의 도덕감각 개념

허치슨의 탁월성은 미감과 도덕감각을 '외감'과 구별되는 내면적 감각으로 자리매김한 데 있다. 그는 섀프츠베리와 달리 미감과 도덕감각을 구별하고, 미감을 '내감'으로 보고, 도덕감각은 내감과 다른 별도의 내면적 감각범주로 보았다.

■ 도덕감각의 본유성에 대한 허치슨의 논증

허치슨은 『미와 덕성 관념의 원천에 관한 탐구』에서 미감美感을 시·청·후·촉·미각味覺의 '외감'과 다른 것으로 파악해 '내감(Internal Sense)'으로 분류한다. 그리고 섀프츠베리의 시비감각을 다시 이 '내감'과 구별해 별도의 감각으로 보고 '도덕감각(Moral Sense)'이라 부른다.

> 우리의 관찰에 나타나는 어떤 형상, 또는 어떤 관념을 기뻐하는 이 심적 결정(determinations)을 나는 감각(senses)이라 부르기로 한다. 그리고 이 감각을 이 이름으로 통용되는 능력들과 구별해서 규칙성·질서·조화의 아름다움을 지각하는 우리의 능력을 '내감(internal sense)'이라 부르기를 택한다. 그리고 우리가 덕스럽다고 칭하는 합리적 행위자의 감정, 행동, 또는 성품을 가피하다고 느끼는 그 심적 결정을 저자는 '도덕감각'이라는 명칭으로 구분하고자 한다.[197]

허치슨은 이런 분류와 개념정리를 통해 다음 두 가지 명제를 증명하려고 의도한다.

> I. "어떤 행위들은 인간들에게 즉각적 선성善性을 갖는다. 또는 내가 도덕감각이라 부르는 탁월한 감각에 의해 우리들은 타인의 이런 행위들의 관상觀賞에서 쾌감을 지각하고, 이 행위로부터 그 이상의 비도덕적 편익의 어떤 전망도 없이 행위자를 좋아하도록 결정되어 있다. (그리고 우리는 이러한 행위들을 이 행위들로부터 생겨

---

197) Hutcheson, *An Inquiry into the Original of Our Ideas of Beauty and Virtue* [1726; the 3th ed. 1729], 'Preface', xiii쪽.

날 그 이상의 자연스런 편익[advantage]의 전망도 없이 우리 스스로 행했다는 것을 의식하는 속에 훨씬 더 많이 쾌감을 지각한다)."

II. "우리가 덕스럽다고 하는 이 행위들을 하도록 우리를 자극하는 것은 이 감각적 쾌감을 얻으려는 의도도 아니고, 또 법률의 제재로부터 미래의 보상이나, 또는 덕행의 결과일 수 있는 어떤 다른 자연스런 복리(good)를 얻으려는 의도는 더욱 더 아니고, 오히려 이익(Interest)이나 이기심(Self-Love)과 완전히 다른 행위의 원리라는 것이다."[198]

허치슨은 도덕감각을 "우리가 타인들에게서 덕성과 악덕을 지각하고 이것들을 가피하다고 동조하거나 불가하다고 거부하는" 감각으로 규정함으로써[199] '도덕적 관념은 이익에서 나오지 않는다'는 반反공리주의 명제를 관철시키고자 한다. 그는 도덕감각의 개념규정을 미감과의 비유 속에서 모색한다.

도덕적 선악의 지각이 자연스런(비도덕적) 복리(natural good) 또는 편익(advantage)의 지각과 완전히 다르다는 것을 만인은 이 대상들이 그에게 현상할 때 스스로 느껴지는 것을 감지하는 상이한 방식에 대해 성찰함으로써 모두 다 스스로 확신하지 않을 수 없다. 우리가 외감에서 생겨나는 편익이나 이익과 판이한 선善 감각이나 미와 화음의 지각들을 전혀 가지고 있지 않다면, 풍요로운 들녘이나 편리한 거주지에 대한 우리의 찬탄과 호감은 우리가 활수한 친구나 어떤 고상한 품성에 대해 갖는 것과 아주 동일하지 않을 수 없을 것이다. 왜냐하면 둘 다 우리에게 유익하거나 유익할 수 있기 때문이다. 그리고 우리는 (…) 우리에게 아무런 영향도 미칠 수 없는 먼 나라나 먼 시대의 어떤 행위를 찬양하거나 어떤 인물도 좋아하지 않을 것이다. 우리는 생명 없는 존재자들에 대해 합리적 행위자들(인간들)에 대해 갖는 것과 동일한 정감과 감정을 가질 것이다. 하지만 만인은 이것이 그르다는 것을 알고 있다. (…) 합리적 존재자들은 우리의 이익에 마음을 쓰고, 우리의 행복에 기뻐하고, 우리들에 대해 인애롭다(benvolent). 그렇다면 우리는 우리가 인애를 느끼는 인물을 향해 인애가 불러일으키는 사랑·존경(love and esteem), 또는 도덕적 훌륭

---

198) Francis Hutcheson, *An Inquiry into the Original of Our Ideas of Beauty and Virtue*, 'Introduction', 88쪽.
199) Hutcheson, *An Inquiry Concerning Moral Good and Evil* (Treatise II, the 5th ed. 1753), 89쪽.

함의 지각(perception of moral excellence)과, 좋은 대상에 대해 오로지 소유의 욕구만을 일으킬 뿐인 자연적 복리에 대한 판단 간의 차이를 모두 의식한다. 지금 "가하다는 동조감정, 즉 선 감각이 편익의 전망에 기인한다면, 무엇이 이 판단 간의 차이를 만든단 말인가?" (...) 그것이 그렇지 않은 까닭은 이것임이 틀림없다. "우리는 합리적 행위자들(인간들)의 친절한 감정 속에서 미美 또는 훌륭함에 대한 판이한 지각을 얻는다"는 것이다. "이것으로 인해 우리는 이러한 성품과 인물들을 찬양하고 좋아하게 되어 있다"는 것이다.[200]

"미美 또는 훌륭함"이라는 표현에서 보듯이 허치슨은 선을 "미"로 비유하고 있다. 그는 이 논의로부터 자연스럽게 도덕감각 개념의 정의를 도출한다. "이 사람은 우리의 행복에 대한 기쁨 때문에 우리에게 봉사하고, 저 사람은 이기심의 견지에서 또는 강제에 의해 우리에게 봉사한다고 할 때 이 두 사람으로부터 동일한 편익을 거둔다고 가정해보자. 둘 다 이 경우에 우리에게 동일하게 이롭거나 유익하지만, 우리는 이들에 대해 아주 상이한 감정을 가질 수밖에 없다. 그렇다면 우리는 확실히 편익의 지각과 상이한 도덕적 행위의 지각을 따로 가지지 않을 수 없다. 그리고 이 지각들을 받아들이는 그 능력은 정의定義가 이것에 합치되기 때문에 '도덕감각'이라, 즉 우리에게 우리의 의지와 독립되게 등장하는 대상의 현존으로부터 어떤 관념이든 받아들이는 마음의 결심(determination of the mind)이라 불릴 수 있다."[201]

우리의 가하다고 느끼는 동조감정의 근거는 '편익'의 전망이 아니다. 이 때문에 우리의 도덕감각은 도덕행위에서 결과적으로 이익이 생기더라도 이익감각에 의해 대체될 수 없는 성질의 것이다. "이 도덕감각은 우리 자신의 행동에 대해서든, 타인들의 행동에 대해서든 우리의 다른 감각들과 공통적으로 이 점을 공유한다. 즉, 덕성에 대한 우리의 욕망이 이익과 맞먹을지라도 덕성의 아름다움에 대한 우리의 감정이나 지각은 이익에 의해 상쇄될 수 없다는 것이다."[202] 또한 도덕감

---

200) Hutcheson, *An Inquiry Concerning Moral Good and Evil* (Treatise II, the 5th ed. 1753), 89-90쪽.
201) Hutcheson, *An Inquiry Concerning Moral Good and Evil* (Treatise II, the 5th ed. 1753), 90쪽.

각은 매수되지 않는다. "이것은 타인의 행위에서 도덕적 선악의 감각(sense of the moral good or evil)이 이익의 관점에 의해 압도되거나 매수될지가 고찰되어야 할 두 번째 사항이다. 현재 내가 도덕적 악으로 혐오하는 행위가 내게 아주 유익하다면, 나는 다른 사람이 이 행위를 하기를 진실로 쉽사리 바랄 수 있다. 이경우에는 내게 돌아올 이익이 내가 타인이 선행을 하기를 바라는 것을 압도할 수 있을 것이다. 그러나 전체적 효과들을 계산할 때, 내게 이롭지 않은 경우에도 그 행위가 내게 이로웠을 때 산출한 것만큼 굉장한 계기의 복리를 전체 안에서 산출하는 것처럼 보이더라도, 나 자신에게 돌아올 저런 이익이 없다면 도덕적 악으로 보였을 그런 행위를 내가 내 자신에게 어떤 이익이 있다고 해서 도덕적 선으로 인정하지 않을 것이다. 우리의 도덕적 선악 감각에서 제3자의 손익(advantage or loss)이 중요하지 않듯이 우리 자신의 사적 손익도 어떤 행위를 선하거나 악하게 보이도록 만드는 데 중요하지 않다. 그러므로 이 선악감각은 이익에 의해 압도될 수 없다. 포상으로 어떤 사람의 마음을 혹하게 끌거나, 어떤 사람의 도덕 개념과 배치되는 행위에 대해 좋게 생각하도록 그를 협박하는 것이 얼마나 우스꽝스런 기도일까? 우리는 이런 수단에 의해 위선을 산출해낼 것이고, 이것이 전부다."203)

인간은 또한 자기의 행위에 대해서도 도덕감각을 적용해 판단한다. "사람들이 편익에 의해 설복될 때, 사람들은 언제나 그들 자신의 행위를 가하다고 동조하는가? 아니, 그들의 남은 생은 이 비열한 행위로부터 이익을 얻는 타인들의 감각에서뿐만 아니라 이 행위에 대한 자기 자신의 감각에서도 얼마나 자주 가증스럽고 수치스러운가? 누군가가 이런 경우에 그 자신의 행위에 만족하게 된다면, 어떤 근거에서 그런가? 그가 어떻게 자신을 즐겁게 하는가, 아니면 어떻게 자신의 행위의 정당성을 남들에게 입증할 것인가? 그의 사적 편익에 대해 성찰하거나 타인들에게 이 사적 편익을 정당성의 증거로 주장함으로써가 아니라, 그것을

---

202) Hutcheson, *An Inquiry Concerning Moral Good and Evil* (Treatise II, the 5th ed. 1753, 95쪽.
203) Hutcheson, *An Inquiry Concerning Moral Good and Evil* (Treatise II, the 5th ed. 1753, 96-97쪽.

점차 그의 새로운 당파의 도덕원리 속으로 뒤틀어 집어넣음으로써 입증한다. 왜냐하면 어떤 당파도 도덕원리가 없지 않기 때문이다. 그리고 이로써 사람들은 겉모습이라도 편익과 다르게 보이는 도덕적 선의 그럴싸한 외형 아래서 자기들의 행동에 만족해하게 된다."[204]

허치슨도 섀프츠베리처럼 '종교'를 모르는 사람들도 도덕적으로 훌륭하다는 극동의 경험 사실을 들어 도덕감각을 종교 이전에 갖춰지는 본성능력으로 논변한다.

> 어쩌면 누군가 "우리가 선하다고 하는 우리 자신의 저 행위들 안에는 우리의 '가하다고 동조하는 감정'의 근거가 되는, 모든 다른 편익을 능가하는 이런 항구적 편익과, 자기애에 기인한 행위의 동기가 들어 있다"고, 즉 "우리는 신이 우리 자신의 행위들을 포상할 것을 상정한다"고 주장할지도 모른다. (...) 이 주장에 대해 현재는 신에 대해 거의 어떤 의견도 지니지 않거나 미래의 처벌에 대한 아무런 고려도 없이 배신적인 어떤 짓, 잔악한 어떤 짓, 또는 부정한 어떤 짓도 혐오하는 많은 사람들이 영예·신의·활수함·정의의 높은 개념들을 가지고 있다고 말하는 것으로 족하다.[205]

"신에 대해 거의 어떤 의견도 지니지 않거나 미래의 처벌에 대한 아무런 고려도 없이 배신적인 어떤 짓, 잔악한 어떤 짓, 또는 부정한 어떤 짓도 혐오하는 많은 사람들"은 섀프츠베리가 "어떤 심각한 종교사상에 입문한 적이 없는 곳에서 종교에 입문한 적이 없는 방식으로 살아왔지만 정직하고 가치 있는 성품 면에서 그들 간에 아주 다른 사람들"을 말하는 경우처럼 동아시아 사람들을 말한다. 당시로서는 도덕적 무신론사회들은 극동의 유교제국과 동남아시아의 불교제국밖에 없었기 때문이다. 허치슨은 이 대목에서 종교적 시비위험을 피해 섀프츠베리처럼 복화술로 말하고 있다.

---

204) Hutcheson, *An Inquiry Concerning Moral Good and Evil* (Treatise II, the 5th ed. 1753), 95-96쪽.
205) Hutcheson, *An Inquiry Concerning Moral Good and Evil* (Treatise II, the 5th ed. 1753), 96쪽.

허치슨은 도덕감각을 도덕적 본유'관념'(본유'지식') 또는 '이성의 사실로서의 도덕법칙'(칸트)으로 보지 않고 '마음의 결정', 또는 본유적 '감각'으로 봄으로써, 수신을 통해 비로소 도덕적 지식(관념)과 지혜로 '확충'되어야 할 인지적 '단초'로서의 맹자의 시비지심을 정확히 이해하고 있다. "우리는 다른 감각들이 그렇다고 상상해서는 아니 되는 것처럼 이 도덕감각도 어떤 본유관념, 본유지식, 또는 본유의 실천적 명제를 전제한다고 상상해서는 아니 된다. 우리는 도덕감각에 의해 다만, 행위들로부터 우리 자신에게 돌아오는 손익에 대한 의견에 앞서 이 행위들이 우리의 관찰에 들어올 때, 심지어 우리가 어떤 수학지식도 가지지 않고 또는 규칙적 형상이나 화성적 음악작품 안에서 즉각적 쾌감과 다른 어떤 이익도 보지 않고 저런 형상이나 음악작품에 기뻐하는 것처럼 기분 좋은 또는 기분 나쁜 행위의 관념들을 받아들이도록 하는 마음의 결정(determination of minds)만을 뜻한다."206) 이 '마음의 결정'은 맹자의 '단초'나 공자의 '심상'과 다름없는 표현이다.

■ 모성애의 본성에 대한 논변

허치슨은 "바로 상술한 도덕감각이 우리 자신이나 타인의 호감으로부터 발원 發源하는 행동들을 가하다고 느끼도록 우리를 결정하는" 것처럼, "덕행의 참된 스프링", 즉 "타인들의 복리를 위해 노력하는 우리 본성의 어떤 결정(some Determination of our Nature), 또는 이익에 기인하는 모든 이성에 앞서 타인들의 호감을 받도록 우리에게 영향을 미치는 어떤 본능"을 "확정하자"고 하면서,207) 맨드빌에 대항해 모든 이익을 초월한 "사심 없는 애정(disinterested Affection)"을 제시한다. 허치슨의 논법은 맨드빌에 대해 세 단계로 아주 예리한 비판을 가한다. "한 정직한 농부는 우리에게, 그가 그의 자녀들의 보존과 행복을 위해 애쓰고 자신에 대한 복리의 어떤 의도도 없이 그들을 좋아한다고 말할 것이다. 그러나 우리의 철학자들 중 누군가는 '자녀들의 행복은 부모들에게 쾌감을 주고 자녀들

---

206) Hutcheson, *An Inquiry Concerning Moral Good and Evil (Treatise II*, the 5th ed. 1753), 100쪽.
207) Hutcheson, *An Inquiry Concerning Moral Good and Evil (Treatise II*, the 5th ed. 1753), 112쪽.

의 불행은 부모들에게 통감을 주므로, 전자를 획득하고 후자를 피하기 위해 그들은 이기심(자기애)에서 자기 자녀들의 복리를 위해 애쓰는 것'이라고 말한다. 전체 재산의 동업소유에 참여한 여러 명의 상인들을 상정해보자. 이들 중 한 상인은 해외에서 회사의 주식을 관리하는 일에 종사하고 있다. 그의 번영은 모두에게 이득을 발생시키고, 그의 손실은 손실에 대한 그들의 몫 때문에 그들에게 통감을 줄 것이다. 그렇다면 이것은 저 자녀들에 대한 부모의 감정과 같은 종류의 감정인가? 여기에 동일한 애정 어린 인간적 관심이 존재하는가? 나는 어떤 부모도 그렇게 말하지 않을 것이라고 생각한다. 이 상인들의 경우에는 명백한 이익 연관이 들어 있다. 그러나 부모와 자녀 간의 이익 연관은 어디서 오는가? 자녀의 감흥이 부모에게 쾌감이나 통감을 주는가? 자녀가 배고프고, 목마르고, 아플 때, 부모도 그런가? 아니다. 그러나 자녀에 대한 부모의 사랑이 부모로 하여금 자녀의 쾌감이나 통감에 감정적으로 영향받게 만든다. 그렇다면 이 사랑은 이익 연관에 앞서는 것이고, 이 이익 연관의 결과가 아니라, 이 이익 연관의 원인이다. 그렇다면 이 사랑은 사심 없음이 틀림없다."208)

여기서 저 '우리의 철학자들 중 누군가'는 맨드빌을 가리키는데,209) 허치슨은 '자녀들의 행복이 부모들에게 주는 쾌감을 획득하고 자녀들의 불행이 부모들에게 주는 통감을 피하기 위해 부모들은 자기애에서 자기 자녀들의 복리를 위해 애쓰는 것'이라는 맨드빌의 말에 담긴 논점절취를 예리하게 비판하고 있다. 이 쾌감과 통감은 자녀에 대한 부모의 사랑을 전제하기 때문이다. 그러나 "자녀가 배고프고, 목마르고, 아플 때, 부모도 그런가? 아니다"는 허치슨의 논변은 좀 빗나갔다. 공감에 의해 부모도 자녀의 배고픔, 목마름, 아픔을 같이 느끼고 사랑하므로 더욱 강렬하게 느끼기 때문이다.

---

208) Hutcheson, *An Inquiry Concerning Moral Good and Evil (Treatise II*, the 5th ed. 1753), 112-113쪽.
209) 참조: Bernard de Mandeville, *The Fable of the Bees, or Private Vices, Publick Benefits* [1714 · 1723], with a Commentary by Frederick. B. Kaye. 2 Volumes. Photographic Reproduction of the Edition published by Oxford University Press in 1924 (Indianapolis: Liberty Fund, 1988), 75쪽.

맨드빌의 다른 반격에 대해서도 허치슨은 응수한다. "다른 소피스트는 말한다. '아니다. 자녀들은 우리 자신의 일부이고, 그들을 사랑하는 가운데 우리는 그들 안에서 우리 자신을 사랑할 뿐이다.' 아주 좋은 답변이다. 이것을 이것이 가는 데까지 끌고 가보자. 그들이 어떻게 우리 자신의 일부인가? 한 다리로서나 한 팔로서는 아니다. 우리는 그들의 감흥을 이식하지 못한다. '그러나 그들의 몸은 우리의 몸의 일부로부터 구성되었다.' 어떤 방출된 혈액이나 체액 속에서 자랄 수 있는 파리나 구더기도 그렇다. 확실히 아주 친애하는 벌레들이네! 그렇다면 자녀들을 우리 자신의 일부로 만드는 그 밖의 어떤 것이 있어야 한다. 이것은 본성이 자녀들에 대해 갖도록 우리를 결정하는 그런 애정 외에 무엇이겠는가? 이 사랑이 자녀들을 우리 자신의 일부로 만든다. 그러므로 이 사랑은 자녀들이 전에 우리의 일부였다는 것으로부터 발원하지 않는다. '우리 자신의 일부'라는 말은 실은 좋은 비유에 불과하다. 그리고 우리가 여러 합리적 행위자들 사이에서 상호적 사랑을 향한 심적 결정을 발견하는 곳에서는 어디서든지, 우리는 각 개인을 커다란 전체나 체계의 일부로 간주되도록 만들고 이 개인 자신으로 하여금 전체의 공공복리에 관심을 갖게 만든다."210) 허치슨이 여기서 지목하는 이 "소피스트"도 역시 맨드빌이다.211) 진짜 나의 혈액에서 자라난 구더기들이 나의 일부가 아니듯이 자녀는 그런 육체적 의미에서 나의 일부가 아니고 사랑 때문에 나의 일부로 느끼는 것이다. 감정으로서의 사랑은 일심동체의 일체'성'이 아니라 두 사람 간의 공감적 일체'감'이기 때문이다. '나의 일부'라는 표현은 사랑의 일체감을 비유적으로 표현할 뿐이다. 따라서 사랑을 느낄 수 있는 모든 단체나 공동체에서도 이 단체나 공동체를 자신의 일부로 느끼는 것이다.

세 번째 반론에 대해서도 허치슨은 예리하게 응수한다. "근래의 한 저자는 '부모들 마음속의 본성적 애정이란 자녀들이 지식과 애정을 명백하게 보여주기 시작하기 전에는 취약하다'고 말한다. 하지만 엄마들은 애정을 바로 처음부터

---

210) Hutcheson, *An Inquiry Concerning Moral Good and Evil* (Treatise II, the 5th ed. 1753), 113쪽.
211) 참조: Mandeville, *The Fable of the Bees*, 68쪽.

강렬하게 느낀다고 말한다. 그러나 그의 가설을 파멸시키기 위해 나는 — 우리가 어떤 부모들에게서 백치들에 대한 애정을 발견할지라도 내가 그의 주장이 어느 정도 참이라고 상상하듯이 — 그의 주장이 참이기를 바랄 수 있을 것이다. 자녀들로 하여금 도덕적 행위자들로 보이도록 만드는 애정과 이해를 자녀에게서 목도하는 것은 이 자녀들에 대한 사랑을 이익 기대 없이 증가시켜줄 수 있다. 왜냐하면 나는 이익을 기대하지 않는 사랑의 이런 증가가 편익의 기대로부터 나오는 것이 아니라, 부모들이 여전히 이 자녀들을 위해 땀 흘려 일하고, 결코 극단적 궁경의 경우가 아니면 그들의 비용이 상환되거나 그들의 노동에 대해 보상받는 것을 원치 않는 자녀들의 지식이나 애정에서 나오는 것이라고 생각하기 때문이다. 이럴 경우에 도덕적 역량을 관찰하는 것이 이기심 없는, 정말이지 우리의 본성의 틀로부터 나오는 사랑을 증가시키는 원인일 수 있다면, 바라건대, 이것이 부모자식 관계의 선행적 유대가 전혀 없는 곳에서 보다 취약한 수준의 사랑의 기초이어도 되고, 또 보다 취약한 수준의 이 사랑을 전 인류에게로 확대해도 되지 않겠는가?"[212] '부모들 마음속의 본성적 애정이란 자녀들이 지식과 애정을 명백히 보여주기 시작하기 전에는 취약하다'고 말한 '근래의 한 저자'도 맨드빌이다.[213] 엄마는 육아의 수고에 대해 자식이 아무런 지식도, 애정도 보이지 않아도, 심지어 자식이 백치나 장애인이더라도 자식을 사랑하기 때문에 맨드빌의 주장을 더 비판할 필요가 없지만, 허치슨은 자식이 지식과 애정을 보여주면 부모의 사랑이 증가하는 것을 인정하더라도 이것은 편익에 대한 기대가 아니라, 바로 인간적 본성의 틀에 기인한 것이라고 비판하고 있다.

■ 사회적·일반적 애정(인애)의 본유성

허치슨은 일반적 사회 속에서도 사랑은 있을 수 있고 사회구성원들과 사회의 그 '지식과 애정' 때문에 더 증가할 수 있다고 말한다. 그는 이 사회적 사랑,

---

[212] Hutcheson, *An Inquiry Concerning Moral Good and Evil (Treatise II*, the 5th ed. 1753), 113-114쪽.
[213] Mandeville, *The Fable of the Bees*, 75쪽.

즉 '일반적·공적 애착심'도 '본성적인' 것으로 규정한다.

이것이 사실 그렇다는 것은 보다 먼 어떤 애착을 고찰함으로써 드러날 것이다. (...) 제발 한 번, 어떤 중생에게든 '이웃들의 이익이 결코 그 자신의 이익과 배치되지 않을 때, 그가 그들의 불행·파멸보다 이웃들의 번영에 더 기뻐하지 않느냐'고 물어보아라. 그러면 당신은 유대가 가족만큼 그렇게 강렬하지 않을지라도 인애의 결속이 가족과 자녀들보다 더 멀리 뻗어나가는 것을 발견할 것이다. 다시, 무역을 위해 어떤 사람이 그의 모국을 떠나 돌아올 전망 없이 그의 모든 친족들과 함께 그의 재산을 해외로 이전시켰다고 상정하고, 오직 '그가 그의 고국으로부터 아무런 해도 입지 않았다'고 상상하기만 해보라. 그리고 이 사람에게 '자기의 고국의 번영을 전해 듣는 것이 그에게 아무런 쾌감을 주지 않느냐?'고 물어보라. 아니면, '그가 그의 이익이 그의 고국의 이익과 분리되었기에 고국이 폭정이나 외국세력에 망가졌다는 소리를 저런 경우만큼 기쁘게 들을 수 있느냐?'고 물어보라. 나는 그의 답변이 이웃이나 아는 사람을 넘어 확장되는 인애를 우리에게 보여줄 것이라고 생각한다.[214]

그리고 "균형 잡힌 성정을 가진 사람"으로 하여금 그의 개인사무의 다망함으로부터 벗어나 정말이지 지구의 가장 먼 지방에 위치한 "외국"의 헌법을 읽어보고 이 연합체의 법률 속의 공공복리의 기술, 의도와 노력을 관찰하기만 하게 하라.

그러면 그는 자신의 정신이 이 연합체를 편드는 쪽으로 움직이는 것을 발견할 것이다. 그는 그들의 헌법의 수정과 개정을 궁리하고, 그들의 이익에 해로운 헌법의 어떤 불운한 부분을 애석해할 것이다. 그는 그들을 덮칠 어떤 재앙에 대해서도 통곡하고 친구의 애정으로 그들의 모든 운명을 동반할 것이다. 지금 이것은 자기애로부터 이것을 방해하는 어떤 간섭적 이익도 없는 곳에서 인애가 전 인류에로 어느 정도로 확대된다는 것을 증명한다. 그리고 우리가 가장 먼 행성에 사는 도덕적 정감에 능한 합리적 행위자들에 대한 어떤 관념들을 입수한다면, 우리의 좋은 소원은 여전히 그들을 돌볼 것이고, 우리는 그들의 행복에 기뻐할 것이다.[215]

---

214) Hutcheson, *An Inquiry Concerning Moral Good and Evil (Treatise II*, the 5th ed. 1753), 114쪽.

허치슨은 먼 행성까지 미치는 이런 일반적 사랑의 인간본성으로부터 방향을 돌려 현실적으로 지상의 국가들과 관련된 애국심을 논한다.

여기서 일시 우리는 애국심, 또는 자기의 조국에 대한 사랑의 기초를 논평할 수 있다. 우리가 상당한 시간 동안 산 어떤 장소든 그곳에서 우리는 인성의 다양한 정감들을 지극히 판명하게 인지한다. 우리는 많은 인품 좋은 인물들을 알았다. 우리는 모임, 우정관계, 가족들, 본성적 애정, 기타 인간적 감정들을 상기한다. 우리의 도덕감각은 우리가 이 사랑스런 자질을 지극히 판명하게 관찰한 경우에 우리를 이 사랑스런 자질들을 좋게 느끼도록 결정한다. 그리고 우리의 인애심은 이 자질들을 보유한 인물들의 이익에 관심을 갖도록 한다. 우리는 판이하게 다른 나라에서 이와 유사한 것들을 마찬가지로 판명하게 관찰하기에 이를 때 이 나라에 대해서도 애국심을 획득하기 시작한다. 또한 우리 자신의 조국은 이것이 우리의 젊은 시절의 기쁜 관념들의 연상에 의해 우리가 이 관념들을 형성한 건물, 들녘, 그리고 숲을 마음에 간직하고 있지 않다면 우리의 관념 속에서 어떤 다른 선호도 갖지 않는다.216)

허치슨은 이로부터 "폭정, 당파싸움, 정의의 태만, 예법의 부패, 그리고 피치자들의 불행을 야기하는 어떤 것이 어떻게 이 애국심과 친애하는 조국관념을 파괴하는지를 알" 수 있게 해준다고 말한다. 그의 논변은 자못 예리하다.

도덕감각만이 아니라 부모의 자애와 사회적·공적 사랑(인애)·애국심 등의 도덕감정까지도 '본성적인 것'으로 규정하는 것에 이르면, 허치슨의 도덕철학은 섀프츠베리의 도덕철학보다 더 유교적인 것으로 드러난다. 섀프츠베리는 도덕감정에 대해서는 많이 논하지 않았기 때문이다.

---

215) Hutcheson, *An Inquiry Concerning Moral Good and Evil (Treatise II, the 5th ed. 1753*, 'Introduction', 114-115쪽.
216) Hutcheson, *An Inquiry Concerning Moral Good and Evil (Treatise II, the 5th ed. 1753*, 'Introduction', 115쪽.

4.3. 허치슨 도덕철학의 몇 가지 난점

허치슨의 논변은 아직 공자의 '서恕'와 같은 공감개념을 알지 못해 때로 아슬아슬 하기도 하고 때로 빗나가기도 한다. 그리고 때로 로크와 같은 에피쿠리언적 공리주의에 말려들기도 한다.

■ 인애의 단순덕성론과 공리주의적 일탈

첫째 문제점은 허치슨이 덕성을 인애로 단순화·유일화하는 대목이다. 그는 "모든 덕성은 인애적이다"고 선언한다.217) 공자도 사덕을 이렇게 단순화해 "도는 두 가지인데 인仁과 불인不仁일 따름이다(孔子曰 道二 仁與不仁而已矣)"라고 단순화해 표현한 적이218) 있지만, 다른 덕성들을 몰각한 "모든 덕성은 인애적이다"는 이 선언은 지나친 것이다. 사회적 정의는 인애심을 전제하더라도 '몫' 관념이 없으면 정의일 수 없는 반면, 자기 몫의 침해에 대한 분개는 정의롭지만 인애적이지 않으며, 사양하는 공손의 예절덕목은 인애와 별개의 덕목이기 때문이다. 또 근면·인내·검약·청결·민완 등의 '소덕'은 인애적이지 않고, 이기적이다.

둘째 문제점은 도덕성과 이익을 예리하게 구별하는 허치슨이 뜻밖에도 종종 '공공복리'와 관련해서 공리주의적 편향에 굴복한다는 것이다.

다시, 사랑 또는 인애(Love, or Benevolence)가 어떻게 사회적 덕성들의 모든 감지되는 훌륭함의 기초인지를 우리가 알 수 있다는 것은 다양한 종파들 사이의 이런 유형의 다양한 감정들 한복판에서 이 인애가 어떤 논란되는 관행에 관한 논쟁이든 판정하는 길이라는 것, 즉 이 행위가 공공복리를 가장 효과적으로 증진할 것인지, 그 반대가 그럴 것인지를 묻는 것이라는 것이 그래도 인정된다고 우리로 하여금 말하게 만들 뿐이다. 인류의 자연적 보편복리에 대한 행동의 자연적 기여경향이나 영향이

---

217) 참조: Hutcheson, *An Inquiry Concerning Moral Good and Evil* (Treatise II, the 5th ed. 1753, 'Introduction', 116쪽.
218) 『孟子』「離婁上」(7-2).

동의되면, 도덕성은 즉각 조정된다. 전체 안에서 해악보다 더 많은 복리를 생산하는 것은 선한 것으로 승인된다. 그렇지 않은 것은 악한 것으로 승인된다. 이 경우에 우리는 행위자의 선이, 또는 이렇게 탐구하고 있는 사람들의 선을 그들이 커다란 체계의 일부를 이루는 것 외에 다른 방식으로 평가하지 않는다.[219]

"전체에서 해악보다 더 많은 복리를 생산하는 것은 선한 것으로 승인된다. 그렇지 않은 것은 악한 것으로 여겨진다", 또 "인류의 자연적 보편복리에 대한 행동의 자연적 기여경향이나 영향이 동의되면, 도덕성은 즉각 조정된다"는 이 대목들에서 허치슨은 공공복리를 추구하는 큰 체계에 대한 개인들의 '기능주의적' 적합성 또는 기여를 선으로 규정함으로써 공적인 기능주의적 공리주의로 일탈하고 있다. 공공복리를 늘리거나 줄이는 것은 공공의 '경제와 비경제'를 가르는 기준일 수 있지만, 도덕과 부도덕을 가르는 기준은 아니다. 제국주의 국가 또는 부패국가나 독재국가의 공공복리를 늘리는 것은 심지어 '계부繼富'(부자를 더 부자로 만들어 주는 것)의 부도덕이거나 부정부패·독재의 공범죄共犯罪일 수 있다. 그리고 맹자가 갈파했듯이 공공복리, 즉 '국익'이라도 인의도덕의 기초이거나 원인인 것이 아니다.[220] 인의도덕은 국익을 포함한 모든 이익을 초월한다. '이익'은 공리주의적 '생존도덕'의 원천일지언정 결코 인의적 정체성도덕의 원천일 수 없는 것이다.

■ 도덕감각과 도덕감정, 선과 덕성의 혼돈

허치슨의 마지막 문제점은 그가 공공복리의 공리주의적 논변 속에서 도덕감정

---

219) Hutcheson, *An Inquiry Concerning Moral Good and Evil (Treatise II, the 5th ed. 1753*, 'Introduction', 118쪽.
220) "맹자가 양나라 혜왕을 알현했다. 양혜왕이 맹자에게 '노인장께서 불원천리 오셨으니 역시 내 나라에 장차 이로움이 있을 것인가요?'라고 물었다. 맹자가 대답하기를, '왕이시여! 어찌하여 하필 이익을 말하십니까? 역시 인의가 있을 따름입니다'라고 대답했다."(孟子見梁惠王. 王曰 叟 不遠千里而來 亦將有以利吾國乎? 孟子對曰 王! 何必曰利? 亦有仁義而已矣. 王)"『孟子』「梁惠王上」(1-1).

과 도덕감각을 뭉뚱그려 놓는 것이다. 허치슨은 사익, 또는 이기적 이익이 선성에 부정적이라는 것을 알지만, 방금 살펴보았듯이 공공복리가 선 개념과 무관할 뿐만 아니라 선에 대해 부정적일 수 있다는 것은 알지 못한다. 그에게 공공복리를 증진하는 이로운 행위는 곧 도덕적 선행이다. 이런 혼동된 논변 속에서 도덕감정을 도덕감각으로 착각하고 '사회적 덕성들'을 도덕감각의 '보편적' 기초로 착각한다.

> (도덕적) 비난이나 비방은 공공의 해악을 야기하는 경향이나 행위자 안에서의 사적 악의의 원리, 또는 적어도 타인들의 복리에 대한 소홀, 즉 성정의 비인간성 또는 적어도 행위자로 하여금 타인들의 고통에 부주의하게 만드는 강렬한 이기심에 기인한다. 이런 식으로 우리는 행위가 우리 자신에 아무런 영향을 미치지 않을 때도 비난하고 비방한다. 어떤 부분적인 악한 경향 때문에 악하게 보일 수 있는 행동들의 정당성에 대한 모든 감동적이고 설득력 있는 입증은 이 행동들이 해악을 상쇄하는 어떤 더 큰 복리에 필요하다는 것으로부터 취해진다. (…) 어떤 행동의 정당성이 완전히 입증될 수 없을 때도, 우리가 "그것이 악의 없는 실수의 결과, 또는 당파적 선성, 우정, 연민, 본성적 애정, 한 당파의 사랑의 결과일 뿐이다"라고 주장할 수 있다면, 그 죄가 얼마나 크게 감해지는가? 이 모든 고찰들은 도덕적 선악감각(sense of moral good or evil)의 보편적 기초인 것, 즉 한편으로 타인들을 향한 인애와, 다른 한편으로 악의, 또는 정말이지 명백한 공적 해악에 대한 태만과 무관심을 보여준다.[221]

여기서 허치슨은 "도덕적 선악감각"의 "보편적 기초", 즉 도덕감각의 "보편적 기초"를 도덕감정("타인들을 향한 인애"와, "악의 또는 명백한 공적 해악에 대한 태만과 무관심")으로 보고 있다. 이 "도덕감각의 보편적 기초"="인애심"은 일시적 실수가 아니라 반복되는 그의 근본적 사고방식이다.[222] 도덕감정들은 도덕감각의 기초가 아니라, 상술했듯이 도덕감각이 지각하고 판단하는 대상이다.

---

221) Hutcheson, *An Inquiry Concerning Moral Good and Evil (Treatise II, the 5th ed. 1753*, 'Introduction', 119-120쪽.
222) Hutcheson, *An Inquiry Concerning Moral Good and Evil* (Treatise II, the 5th ed. 1753), 135쪽.

샤프츠베리가 예리하게 논파했듯이 도덕감각 없이 도덕감정만 있는 사람이나 동물은 선할 수 있지만, 덕스러울 수는 없다. 왜냐하면 선을 항구적 선성, 즉 덕성으로 발전시키려면 도덕감정과 부도덕한 감정을 인지하고 알게 하는 도덕감각이 있어야 하기 때문이다. 도덕감정을 알지 못하면 수신을 알지 못하고, 단순한 선성과 덕성의 차이를 이해하지 못한다. 선 또는 선성은 도덕적 행위의 단순한 도덕성일 뿐이고, 덕성은 선을 알고 수신·훈육·체득한 결과다. 선과 덕성을 등치시키는 가령 "도덕적 선 또는 덕성"이라는 허치슨의 표현은[223] 선성과 덕성의 차이를 이해하지 못한 이런 몰이해의 결과다.

허치슨은 『감정과 정감의 본성과 행위에 관한 에세이(*An Essay on the Nature and Conduct of the Passions and Affections*)』(1728·1742)에서도 도덕감각론을 견지하는데 이번에는 상론했듯이 감각을 외감, 내감(미감), 공동감각(공감), 도덕감각, 영예감각 등 다섯 가지 감각으로 어지러이 열거하고 '도덕감각'을 이 중 네 번째 감각으로 자리매김한다. 여기서 그는 도덕감각을 이렇게 정의한다. "제4부류는 우리가 '우리 자신 안에서 또는 남들에게서 덕성이나 악덕을 지각하게 하는' 도덕감각이라 부를 수 있다. 이것은 이전의 지각부류들과 명백히 판이하다. 왜냐하면 우리가 자기 자신이나 남이 지닌 덕성이나 악덕을 성찰하고 있지 않고 더구나 우리 자신의 덕성에 대한 지각을 즐거워하지도 않을 때도 우리의 행복이나 쾌락을 타인들의 그것들과 연결시키는 본성적 애착, 연민, 우정, 또는 심지어 인류에 대한 보편적 인애심 속에서 우리가 발견하는 것처럼, 자기들이나 타인들의 덕성이나 악덕을 좀처럼 대상으로 성찰하지 않는 많은 이들이 타인들의 운명으로부터 강렬한 감정적 영향을 받기 때문이다."[224]

이 저작에서는 이전 저서에서 주장한 도덕감각론에 대한 반론들을 원용하면서 도덕감각을 다시 한 번 변호한다.

---

223) Hutcheson, *An Inquiry Concerning Moral Good and Evil* (Treatise II, the 5th ed. 1753), 120쪽.
224) Francis Hutcheson, *An Essay on the Nature and Conduct of the Passions and Affections, with Illustrations on the Moral Sense* [1728·1730·1742], ed. by Aaron Garrett (Indianapolis: Liberty Fund, 2002),, Treatise I, 17-18쪽.

덕성이 온전히 인공적인 것으로 간주된다면, 이런 덕성에 대해서는, 마치 덕성이란 애당초 큰 인간단체나 결사체의 보다 큰 이익이나 치자들의 이익에 이바지하는 반면, 사인私人이 악덕하다고 여겨지는 실천에서 — 특히 그가 이 실천에서 비밀스러움의 어떤 개연성이라도 지녔다면 — 그의 이익을 더 잘 발견하거나 더 큰 쾌락을 발견하는 것인 양, 뭔지 모르는 미심쩍음이 존재한다. 이 미심쩍은 혐의는 그 충족이 본성에 의해 인간의 최강의 지속적 쾌감으로 만들어지는 도덕감각과 공적 애정을 우리가 지녔다면 완전히 제거될 수밖에 없다.[225]

동시에 허치슨은 완전히 정당하게 "우리의 도덕감각이 이 감각이 우리 본성의 최고의 완벽화임을 보여준다"고 말한다. 그리고 그는 이렇게 부연한다. "그러므로 누구든 이 묘사를 더 잘 하고 싶다면, 덕성을 많은 고대인들과 함께 '본성에 따른 삶(Vita secundum naturam)', 또는 '우리가 우리 본성의 만듦새로부터 알 수 있는 것에 따라, 즉 우리가 우리의 창조주에 의해 하도록 의도된 것에 따라 행위하는 것'이라 불러도 좋다. 이 도덕감각이 확신의 빛 속에 한번 장착된다면, 어떤 이들이 놀랍도록 기뻐하는 덕스런 삶에 대한 반론의 저 헛된 그림자들은 속히 사라질 것이다."[226] 다 맞는 말이다.

그런데 허치슨은 여기서 "많은 고대인들"이 "덕성"을 "본성에 따른 삶(Vita secundum naturam)"이라 불렀다고 말하는데, 그 "고대인들"이 도대체 누구란 말인가? 소크라테스와 플라톤은 사덕론에서 사랑 또는 연민을 제외시키고 장애자와 허약자의 무자비한 물리적 제거를 주장했고, 아리스토텔레스는 본성적 감정에 근거한 인간적 덕성을 2등급 덕성으로 격하시키고 신적 지덕(소피아)을 이 인간적 덕성 위에 올려놓았다. 그리고 스토아학파는 동정심을 금하는 무정한 금욕주의를 설파했고, 에피쿠리언들은 인간의 본성적 도덕감정을 내버린 쾌락설을 대변하며 도덕을 일종의 사회계약으로 설명했을 뿐이다.[227] "본성에 따른 삶"이

---

225) Hutcheson, *An Essay on the Nature and Conduct of the Passions and Affections*, with Illustrations on the Moral Sense, "The Preface", 9쪽.
226) Hutcheson, *An Essay on the Nature and Conduct of the Passions and Affections*, with Illustrations on the Moral Sense, "The Preface", 8쪽.

'솔성率性 또는 진성盡性의 삶'을 뜻하는 것이라면 그것은 바로 공자의 가르침일 따름이다.

아무튼 허치슨의 도덕감각 개념은 흄과 다윈에 의해 계승된다. 흄에 의해서는 모호하게, 다윈에 의해서는 확실하게 계승되어 진화론적으로 확립된다.

---

227) 흄도 허치슨과 유사한 그릇된 고대철학 이해를 노정한다. "고대 철학자들은 종종 덕성이 이성에 대한 순응일 뿐이라고 주장할지라도, 일반적으로 도덕을 미감과 감정(taste and sentiment)에서 그 존재를 도출하는 것으로 간주하는 것처럼 보인다. 다른 한편, 우리의 현대 탐구자들은, 역시 덕성의 아름다움과 악덕의 추함에 관해 많이 입에 올리면서도 지성의 가장 추상적인 원리들로부터의 형이상학적 추론과 연역에 의해 이러한 차이를 설명하려고 흔히 노력해 왔다." David Hume, *An Enquiry concerning the Principles of Morals* [1751], edited by Tom L. Beauchamp (Oxford·New York: Oxford University Press, 1998·2010), 4쪽.

제5절
흄의 도덕감각론과 경험론적 도덕과학

데이비드 흄에 대한 공맹의 영향은 그의 도덕철학에서 정치·경제철학에 이르기까지 광범하게 미쳤다. 그들의 도덕철학에 대한 공맹의 영향을 이해하기 위해 여기서 공맹의 사단칠정론四端七情論을 재론할 필요는 없을 것이다. 그리고 위에서 상세히 논한 흄의 경험론적 도덕과학 이론도 여기서 재론할 필요가 없을 것이다.

5.1. 데이비드 흄의 공자 흠모와 중국 예찬

공자철학과 중국문화에 대한 선호가 지배하는 18세기 영국의 시대상황 속에서 데이비드 흄은 공자와 중국에 대한 정보·지식을 알게 모르게 자주 접했고 공자철학과 중국의 정치문화를 구체적으로 알고 있었다.[228] 그가 공자철학과 중국문화를 접할 경로는 다양했다. 그는 라틴어와 프랑스어에 능했고 이탈리아어를 배웠으며,[229] 1734-1737년 사이 3년 동안 프랑스 앙주(Anjou)의 렝(Rheims)과 라플레쉬(La Flèche)에 체류하면서 『인간본성론(A Treatise of Human Nature)』의 초고를 썼

---

228) 이하 흄에 대한 기술은 필자의 『공자와 세계(2)』(2011)의 해당부분을 보완·수정한 것이다.
229) 참조: David F. Norton, "Introduction", 11쪽. David Hume, A Treatise of Human Nature (Oxford: Oxford University Press, 2007).

고, 1747-1748년 오스트리아 비인과 이탈리아 튜린에서, 그리고 프랑스 파리에서 외교관으로 생활했기 때문이다.230)

■ 흄의 중국 예찬

공자철학은 흄이 젊은 시절에 쓴 『인간본성론(Of Human Nature)』의 경험론적 인식이론과 도덕감정론, 그리고 그의 국가론과 자유교역론 등에 다측면적으로 영향을 미쳤다. 공자철학에 관한 그의 지식의 출처는 퍼채스의 『퍼채스, 그의 순례여행』(1613), 마테오 리치의 『중국인들 사이에서의 기독교 포교』(1615), 로버트 버튼(Robert Burton)의 스테디·베스트셀러 『우울증의 해부』(1621, 1628, 1632, 1638, 1651, 1652), 쿠플레·인토르케타·헤르트리히·루지몽 공역의 『중국철학자 공자』(1687), 르콩트의 『중국의 현재 상태에 대한 신비망록』(1696), 크리스티안 볼프의 『중국인의 실천철학에 대한 연설』(1721·1726), 게오르그 뷜핑어(Georg B. Bülfinger)의 『고대 중국의 도덕과 정치의 교리적 이념』(1724), 뒤알드의 『중국통사』(1735) 등이다.231) 이 책들은 흄이 젊은 시절의 주저인 『인간본성론』(1739-1740)과, 그가 처음으로 공자를 직접 언급하는 평론 「미신과 광신(Of Superstition and Enthusiasm)」(1741)을 쓰기 전에 라틴어로 출판되고 차례로 영역된 책들이다. 흄은 이 책들을 영국에서 구해 읽었을 수도 있고, 중국의 정보가 넘쳐나던 프랑스에서 구해 읽었을 수도 있었을 것이다. 그는 이 책들 중 몇몇 서책을 직접 인용하기도 했다.

그 이후에도 중국에 대한 흄의 관심이 지속되었음은 1752년에 쓴 「화폐에 관하여(Of Money)」에서 다음과 같이 중국의 막강한 위력을 말하는 데서 알 수 있다.

---

230) David Hume, "My own Life", 216-217쪽. Hume, *An Enquiry concerning Human Understanding and Other Writings* (Cambridge·New York·Melbourne: Cambridge University Press, 2007).
231) 참조: Knud Haakonsen, "Notes", 286쪽 주석 3. David Hume, *Political Essays*, edited by K. Haakonsen (Cambridge: Cambridge University Press, 1994).

우리는 가격들의 비교로부터 화폐가 3세기 전 유럽보다 중국에서 더 풍부하다고 추론할 수 있다. 그러나 이 제국이 부양하는 민간과 군대의 인원명부로 판단하면 이 제국이 얼마나 막대한 힘을 보유하고 있을까?[232]

또 1752년의「무역수지에 관하여(Of the Balance of Trade)」에서는 중국의 경제적 위력에 관해 이렇게 말한다.

그리하여 중국의 엄청난 거리상의 이격성은 우리의 인도회사의 독점권과 함께 교통통신을 방해해 유럽 안에 금과 은을, 특히 은을 저 왕국에 있는 것보다 훨씬 더 많은 양으로 보존시킨다. 그러나 이 커다란 방해에도 불구하고 위에서 언급된 원인들(중국인들의 근면성, 저임금, 거대한 인구 - 인용자)의 힘은 여전히 분명하다. 유럽 전체의 기술과 재간은 수공예와 매뉴팩처 분야에서 아마 중국의 그것을 능가할 것이지만, 그곳과 교역하면 반드시 굉장한 불이익을 보게 된다. 만약 우리가 아메리카로부터 받아들이는 보충이 없다면, 화폐는 두 지역에서 거의 수평을 이룰 때까지 곧 유럽에서 내려가고 중국에서는 올라올 것이다.[233]

흄은 여기서 유럽 전체의 '기술과 재간'이 우위에 있음에도 불구하고 극동과 유럽 간의 국제무역이 본격화되면 "중국인들의 근면성, 저임금, 거대한 인구"에 기초한 중국의 우월한 교역능력 때문에 유럽이 엄청난 무역적자를 겪을 것임을 '예언'하고 있다. 그리고 흄은 1750년 그의 스코틀랜드 친구 제임스 오스왈드(James Oswald of Dunniker)에게 쓴 한 서한에서도 이렇게 말한다.

중국인은 일당 3.5펜스에 일하고 아주 근면하다. 중국인이 프랑스나 스페인만큼 가까운 곳에 산다면 우리가 쓰는 모든 물건들은 화폐와 가격이 수평에 이를 때까지, 즉 두 나라의 인구수·근면성·상품과 비례하는 수준에 이를 때까지 중국산일 것이다.[234]

---

232) David Hume, "Of Money"(1752), 125쪽. Hume, *Political Essays*.
233) David Hume, "Of the Balance of Trade" (1752), 139쪽. Hume, *Political Essays*.

이와 같이 흄은 40-50대에도 중국의 '근면성'·'인구수' 등에 대한 면밀한 관찰을 계속 견지하며 중국의 경제적 위력에 대해 예찬하고 있다.

흄은 프랑스의 합리주의자들처럼 중국을 이상향으로 생각한 것이 아니라, 중국의 현실을 차분하고 냉철한 눈으로 분석했다. 그러나 중국의 도덕문화적 측면의 탁월성을 높이 평가했다. 그의 중국 이해는 물론 빗나간 경우도 있지만 이런 경우에도 깊은 통찰을 담고 있다.

흄은 가령 「예술과 과학의 흥기와 진보(Of the Rise and Progress of the Arts and Science)」(1742)라는 평론에서 중국의 문화적 탁월성과 제일성齊一性에 관해 다음과 같이 말한다.

> 중국은 예의범절(politeness)과 학문이 상당히 축적된 것으로 보인다. 이 비축고는 수많은 세기를 거쳐 지금까지 생겨난 것들보다 더 완벽하고 완결적인 어떤 것 속으로 숙성되어 갔을 것으로 당연히 기대할 수 있을 것이다. 그러나 중국은 하나의 언어를 사용하고 하나의 법에 의해 다스려지고 동일한 방법으로 공감하는 방대한 제국이다. 따라서 공자와 같은 한 스승의 권위가 제국의 이 구석에서 저 구석으로 쉽사리 파급되었다.[235]

흄은 이 중국문화의 동질성과 제일성齊一性을 중국 과학의 '느린 진보'의 원인으로 말하고 있지만, 중국에는 그런 동일성과 제일성이 존재하지 않는다는 것도 전혀 모르고 있다. 중국은 당시에도 수많은 민족과 수많은 언어를 가지고 있고, 유·불·선의 다양한 종파들이 백화제방·백가쟁명하고 있었기 때문이다.

훗날 흄은 자신의 또 다른 논고 「국민성에 관하여(Of National Characters)」(1748)

---

[234] "Hume's Letter to James Oswald of Dunniker" (1750), 198쪽. David Hume, *Writings on Economics*, ed. by Eugene Rotwein (London: Routledge, 1955·2007). Istvan Hont, "The 'Rich Country – Poor Country' Debate Revisited: The Irish Origins and French Reception of the Hume Paradox", 315쪽에서 재인용. Carl Wennerlind and Magaret Schabas (ed.), *David Hume's Political Economy* (London: Routledge, 2008).

[235] David Hume, "Of the Rise and Progress of the Arts and Science" [1742], 66쪽. David Hume, *Political Essays* (Cambridge·New York: Cambridge University Press, 1994·2006).

에서 중국 국민의 '제일성'의 원인이 중국의 역사적·정신적 유구성에 있다고 말한다.

> 우리는 아주 광대한 국가가 수많은 세기에 걸쳐 확립되어 온 곳에서 이 국가가 제국 전체로 국민성을 퍼트리고 모든 부분마다에 유사한 행동양식을 전달한다고 말할 수 있다. 그러므로 중국인들은 저 방대한 영역의 상이한 부분들에서 공기와 기후가 아주 대단한 변화를 나타낼지라도 상상할 수 있는 최대의 제일성을 지닌다.[236]

여기서 흄은 몽테스키외가 『법의 정신』(1748)에서 주장한 풍토(기후)결정론을 부정하는 공감론적 국민성이론을 중국의 예로 주장하고 있다. 광대한 국가의 유구성이 기후(풍토)의 차이를 이기고 문화와 국민성을 유사하게 빚어낸다는 말이다.

물론 흄의 이 중국관은 중국에 대한 정보 부족으로 지나치게 단순화된 것이다. 3000개의 종파로 파생된 중국의 유교·불교·도교와 그밖에 회교·경교(네스토리우스 기독교) 등 전혀 이질적인 종파들과[237] 철학들의 역사적 각축과 훈고학·성리학·양명학·고증학·실학 등 유학의 다양한 유파, 춘추·전국시대의 제자백가의 유산 등 많은 중국적 문화와 학문 요소들의 지극한 다양성과 이질성이 무시되고, 또 춘추·전국시대 이래 다국체제로 분열되었던 기간이 통일제국을 이룬 기간보다 더 길다는 사실, 중국 땅이 역사적으로 수많은 민족의 다언어·다문화 지역들로 분열된 땅이라는 사실, 중국인의 혁명성, 잦은 혁명과 잦은 왕조 교체, 이로 말미암은 중국왕조 특유의 단명성(길어야 300여 년, 짧으면 15년) 등이 모두 무시되고 있기 때문이다.

그럼에도 흄은 당시 사정을 감안할 때 비교적 균형 잡힌 중국관을 갖춘 셈이다. 흄은 「예술과 과학의 흥기와 진보」(1742)에서 중국정부를 "중도와 자유"가

---

236) Hume, "Of National Characters", 83쪽.
237) Navarrete, *An Account of the Empire of China*, 81쪽.

보장되는 "모든 정부들 중 최선의 정부"로 규정하고 있기 때문이다.[238] 흄이 1742년의 이 글에서 활용한 공자철학 및 중국 관련 지식은 쿠플레 등의 『중국철학자 공자』, 르콩트의 『중국의 현재 상태에 대한 신비망록』, 뒤알드의 『중국통사』에서 얻은 것으로 보인다.[239]

아무튼 흄은 여기서 중국을 예리하게 분석하면서 영국과 다른 장점을 가진 나라로, 즉 서구적 자유정부의 사상은 없지만 영토의 방대성 덕택에 "중도와 자유"를 둘 다 향유하는 나라로 찬양하고 있다. 게다가 흄은 1752년의 「상업론(Of Commerce)」에서 18세기 중반의 중국을 "세계에서 가장 번영하는 제국들 중의 하나"로[240] 묘사한다.

■ 중국 유자의 '자유로운 삶'에 대한 선망과 동경

앞서 보듯이 중국예찬과 나란히 흄은 "중국제국의 이 구석에서 저 구석으로 쉽사리 파급된 공자의 권위"를 인정하고 있다. 동시에 그는 종교교단으로부터 자유로운 철학자로서의 유자들의 삶을 칭송하고 부러워했다. 이것은 그가 「미신과 광신에 관하여」(1741)에서 "중국의 유생들, 또는 공자의 제자들(the *literati*, or the disciples of CONFUCIUS in CHINA)"을 "우주 안에서 유일한 진짜 이신론자 단체(the only regular body of *deists* in the universe)"로 극찬하고,[241] "중국 유생들(the CHINESE Literati)은 사제들도, 교회조직도 없다"고 주석하고 있는 데서[242] 분명히 드러난다. 이 두 구절에서 흄은 공자·중국·중국유생 등의 영자英字를 대문자로 씀으로써 '공자의 제자들'에 대한 그의 지극한 선망과 동경의 마음을 표현하고

---

238) Hume, "Of the Rise and Progress of the Arts and Science", 66쪽 각주c.
239) 참조: Haakonssen, 290-291쪽, 후주14). David Hume, *Political Essays* (Cambridge · New York: Cambridge University Press, 1994 · 2006).
240) Hume, "Of Commerce", 101쪽. David Hume, *Political Essays* (Cambridge · New York: Cambridge University Press, 1994 · 2006).
241) David Hume, "Of Superstition and Enthusiasm" [1741], 49쪽. David Hume, *Political Essays* (Cambridge · New York: Cambridge University Press, 1994 · 2006).
242) Hume, "Of Superstition and Enthusiasm", 49쪽 각주.

있다.

당시 영국에서도 공자철학은 기독교를 탈피하고도 능히 도덕적·시민적 삶을 살 수 있게 하는 진정한 합리적 자연종교로 받아들여졌기 때문에 이처럼 흄은 '공자의 제자들'을 미신과 광신으로부터 자유롭고 사제와 교회조직 및 이들의 독단적 억압으로부터 자유로운 '우주 안의 유일한 정규적 이신론자 단체'로 극찬한 것이다. 이것은 흄이 공자철학의 탁월성을 전적으로 인정하고 종교·사상·학문의 자유를 만끽하는 중국 선비들의 자유로운 삶을 선망하고 동경했음을 뜻한다. 이런 정신 속에서 탄생한 흄의 경험론적 도덕과학은 공맹의 도덕과학처럼 매우 세속적이었다. 이런 까닭에 18세기 후반까지도 교단은 흄을 무신론자로 몰아 처벌하려고 줄곧 별렀다.

5.2. 흄에 대한 공자철학의 영향과 그 경로

공자와 중국에 대한 흄의 이러한 직접적 언급들은 흄이 그 특유의 자아와 도덕의 이론에서 동양철학의 영향을 받았을 것이라는 주장을 더욱 신빙성 있게 만들어 준다. 실체 개념과 실체적 자아의 개념을 부정하는 것, 즉 실체는 그럴듯하게 날조된 명목일 뿐이고 자아란 오직 유동하는 지각들의 '묶음다발'일 뿐이라는 것, 신의 이성적 인식에 대한 부정, 도덕의 기초로서의 인간의 인애·동정·공감능력 등에 대한 흄의 도덕론적 주장은 실체적 자아를 부정하고 주체의 자기구성을 요청하는 '격물·치지·성의·정심'의 '수신', 천도·천명·죽음(사후세계)·귀신의 인지적人智的 불가지, 측은지심·수오지심·공경지심의 공감능력 등에 대한 공자와 맹자의 이론과 유사하고, 나아가 실체와 자아의 해체는 불교와도 상통하는 바가 있다. 불교와 흄의 유사관계에 대한 논의는[243] 이 책의 본래적

---

243) 참조: Edward Conze, "Buddhist Philosophy and its European Parallels", *Philosophy East and West*, vol. 13, issue 1, Apr. 1963; Edward Conze, "Spurious Parallels to Buddhist Philosophy", *Philosophy East and West*, vol. 13, issue 2(Jul. 1963); Nolan P. Jacobson, "The Possibility

논의를 벗어나므로 여기서는 공맹과의 연관성에 주목한다.

■ 공자철학에 대한 흄의 여러 접근경로

흄은 당시 공자철학과 중국문화에 관한 서적이 쏟아져 나오고 이에 대한 논의가 풍미하던 시대적 정황상 다양한 경로로 공자철학을 접했을 것이다. 그런데 이러한 일반적·추상적 정황증거 외에 좀 더 구체적인 정황증거도 추적할 수 있다. 정황상의 구체적 경로는 세 가지다. 하나는 1734-37년 사이 3년 동안 프랑스 앙주의 렝과 라플레쉬에 체류하면서 『인성론』 집필에 몰두하는 동안 접한 서적과 예수회 신부들을 통해 공자와 중국을 알게 된 경로다. 다른 하나는 케네로부터 아담 스미스를 거쳐 흄에 이르는 경로이고, 세 번째는 라이프니츠에서 피에르 벨을 거쳐 흄에 이르는 경로다.

첫째, 흄은 라플레쉬에 있는 동안 새로운 책과 사람들을 만났다. 17세기 초 데카르트와 17세기 말 요하쉼 부베가 다니기도 했던 예수회 소속 라플레쉬 학교는 4만 권의 장서를 소장하고 있었다. 흄은 이 학교 도서관을 전적으로 활용했고 "외국인이라면 놀라서 들여다볼 것으로 보이는" 저서들을 읽었다. 또한 흄은 여기서 상당한 재능과 학식을 가진 예수회 신부들을 사귀게 되었다.[244] 당시 예수회 신부들은 대부분이 공자철학과 중국문화를 프랑스에 소개하고 이에 대한 논의를 일으키는 중심인물들이었다. 또한 그리스철학을 공자철학과 비교하며 그리스철학의 우위를 선언한, 아무튼 공자철학을 나름대로 잘 아는 프랑수아 페넬롱(François Fénelon, 1651-1715) 대주교와도 직간접으로 접촉하려고 했던 정황이 있다. 페넬롱은 "공자와 소크라테스(Confucius et Socrate)"라는 가장 긴 대화(제7

---

of Oriental Influences in the Philosophy of David Hume", *Philosophy East and West* (vol. 19, Issue 1, Jan. 1969); L. Strafford Betty, "The Buddhist-Humean Parallels: Postmortem", *Philosophy East and West*, vol. 2. issue 1 (Jul. 1971); John J. Clarke, *Oriental Enlightenment The Encounter between Asian and Western Thought* (London · New York: Routledge, 1997), 127쪽.

244) Ernest Campbell Mossner, *The Life of David Hume* (Oxford: Clarendon Press, 1954 · 1980 · 2001), 102쪽.

절)가 들어 있는 『죽은 자들의 대화(*Dialogues des Morts*)』(1683)를 출판했었다.[245] 흄은 라플레쉬에서 페넬롱과 만나기 위해 의식적 노력을 했다. 흄의 경험론적 인식론에 큰 영향을 미친 스코틀랜드 동향인 앤드류 램지는 당시 페넬롱의 열성적 제자였는데, 한 에든버러 외과의사가 당시 '중국서간'이라는 글을 쓰고 있던 램지에게 흄을 잠재적 번역자로 추천했다.[246] 램지는 흄을 만나 철학적 대화를 나누고 흄을 평가했으며 그에게 소개장도 써주었다.[247] 결국 '중국서간' 번역일은 성사되지 않았지만,[248] 흄이 중국과 공자철학을 아는 사람들 사이에서 지냈다는 중요한 정황증거가 된다. 따라서 이 라플레쉬에서 흄은 자연스럽게 수많은 중국관련 서적과 공자경전을 읽었을 것이고, 중국에 나름대로 정통한 그곳 사람들과의 교류 속에서 이에 관해 많이 전해 들었을 것이다.

나아가 흄이 예수회 선교사들의 중국 관련 저서를 읽은 것에 대한 좀 더 분명한 증거도 있다. 흄은 『종교의 자연사』의 「섹션 IV. 세계의 창조주나 조물주로 여겨지지 않는 신들」에서 "중국인들은 그들의 기도에 (신이) 응답하지 않을 때 그들의 불상을 때린다"는 구절에 르콩트를 출처로 붙이고 있다.[249] 그는 르콩트의 불어 표기 'Le Comte'를 'le Compte'라는 영문이름으로 표기하고 있는 것으로 보아 『중국의 현재상태에 대한 신新비망록』을 영역본 *Memoirs and Observations made in a Late Journey through the Empire of China*로[250] 읽었음이 틀림없다.

둘째, 케네로부터 아담 스미스를 거쳐 흄에 이르는 경로다. 흄은 1763-1764년 2년간 볼테르와 더불어 프랑스의 대표적 친중국 학자인 케네와 자주 만나 상세한

---

245) François Fénelon, *Dialogues des Morts* [1683]. Mediterranee.net[검색일: 2017년 5월 16일]. 이 『죽은 자들의 대화』에 대한 상세한 분석은 참조: 황태연, 『근대 프랑스의 공자 열광과 계몽철학』, 107-130쪽.
246) Nolan P. Jacobson, "The Possibility of Oriental Influences in the Philosophy of David Hume", *Philosophy East and West* (vol. 19, Issue 1, Jan. 1969), 31쪽, 각주 44).
247) Mossner, *The Life of David Hume*, 80, 94-95, 96, 147쪽.
248) 램세이의 '중국서간' 원고는 미간행으로 남고 말았다.
249) Hume, *The Natural History of Religion* [1757], 17쪽. 국역: 데이비드 흄(이태하 역), 『종교의 자연사』 (서울: 아카넷, 2004), 65-66쪽.
250) Le Compte, *Memoirs and Observations made in a Late Journey through the Empire of China* [1697].

담화를 나누었다.251) 흄은 당시 파리주재 영국대사 허트포드 백작(Francis Seymour-Conway, Earl of Hertford)의 비서관(*secretary*) 신분이었다.252) 그는 차례로 불역된 『인간본성론』, 『인간지성론』, 『도덕원리론』을 쓴 철학자이자, 『정치논고(*Political Discourses*)』(1752)를 쓴 정치경제학자이고, 『영국사』를 펴낸 역사가이며 파리주재 영국외교관이었던 흄은 파리에서 일약 명사로 떠올랐고 열광적 환영과 환대를 받았다.253)

흄은 1765년에는 대리대사(*chargé d'affaire*)로 승진했고 새 대사가 부임할 때까지 5개월 동안 대사관을 책임졌다.254) 흄은 루소의 공격적 성격을 지적하며 그를 런던으로 데리고 가지 말라고 말리는 달랑베르·그림·디드로·돌바흐 등의 강력한 만류에도 불구하고 1766년 망명자 루소를 데리고 런던으로 귀국했다. 물론 그들의 우려대로 루소와의 동행은 곧 파탄으로 끝났다. 하지만 이것은 지식인들 사이에서 흔히 있는 일인 만큼 선의의 관계와 찬미는 멀리서나마 아주 잘 유지되었다.255) 1766년 버클류크 공작(Duke of Buccleuch)의 유럽투어를 수행하고 파리

---

251) 참조: Lewis A. Maverick, *China - A Model for Europe*, Vol.II (San Antonio in Texas: Paul Anderson Company, 1946), 121쪽. 국역본: 프랑수아 케네(나정원 역), 『중국의 계몽군주정』 (서울: 앰-애드, 2014); Jacobson, "The Possibility of Oriental Influences in the Philosophy of David Hume", 32쪽.
252) 참조: Walter W. Davis, *Eastern and Western History, Thought and Culture, 1600-1815* (Lanham[Maryland]·London: University Press of America, 1993), 479쪽.
253) "곧 프랑스 수도에서 흄과 알고 지내지 않는 것은 사회적 죽음이 되었다. (...) 흄은 궁정 서클과 이른바 '식자공화국'에서도 칭송을 받았다. '식자공화국'은 유력한 여인들이 운영하는 살롱들의 독특한 프랑스 계몽주의의 영토였다. (...) 살롱에서 흄은 프랑스 계몽주의에 동력을 공급하던 비평가, 문필가, 과학자, 예술가와 철학자들, 즉 필로소프들(*philosophes*)을 소개받았다. 여기에는 '유럽의 문화 통신원' 프리드리히 그림(Friedrich Grimm), 방대한 전집 『백과전서』의 편집인들인 선구적 수학자 쟝 달랑베르와 다재다능한 데니 디드로도 들어 있었다. 디드로는 흄을 계몽정신의 동지, 즉 세계시민으로 인정했다. (...) 흄은 『백과전서』의 주요 재정지원자이자 기고자인 열정적 무신론자 돌바흐 남작의 친근한 벗이 되었다." David Edmonds and John Eidinow, "Enlightened enemies", *The Guardian* (Saturday 29 April 2006).
254) 참조: Hume, "My own Life", 220-221쪽; Stephen Buckle, "Chronology", xxxiii. David Hume, *An Enquiry concerning Human Understanding and Other Writings* (Cambridge·New York·Melbourne: Cambridge University Press, 2007).
255) 참조: Edmonds & Eidinow, "Enlightened enemies"; Davis, *Eastern and Western History, Thought and Culture*, 479쪽.

에 온 아담 스미스도 공작의 진료를 겸해서 케네를 만났다. 아담 스미스는 훗날 — 케네의 돌연한 사망으로 이루어지지 않았지만 — 『국부론』을 케네에게 헌정하려고 했었다.[256] 스미스는 흄의 막역한 친구(12살 아래의 스코틀랜드 동향 후배)였다. 스미스는 틀림없이 케네의 자유주의적 중농주의에 대해서만이 아니라 중국과 공맹의 도덕철학에 대해서도 흄과 많은 이야기를 나누었을 것으로 보인다.

■ 피에르 벨을 통한 경로

셋째, 공자철학에 대한 흄의 접근경로는 라이프니츠에서 피에르 벨을 거쳐 그에 이르는 경로다. 라이프니츠는 당시 일급의 중국전문가였다. 라이프니츠는 벨과 친구였지만, 많은 문제에서 그와 논쟁을 했다. 그러나 이 논쟁들을 통해 라이프니츠의 많은 중국정보가 벨에게도 건너갔을 것이다. 흄은 (벨이 무신론자로 탄핵당한 때문이었는지) 출처를 밝히지 않은 채 실체 개념과 자아 개념의 부정, 신의 이성적 인식에 대한 부정, 회의주의 등 여러 주제에서 피에르 벨을 거의 베껴 쓰다시피 했다.

벨은 18세기 초 중국지식과 유교·불교철학 지식에서 독보적 인물이었다. 흄은 프랑스의 어떤 계몽주의자들보다 벨의 계승자였다. 라이프니츠, 벨, 섀프츠베리는 모두 흄이 태어나던 1710년대에 사망했는데, 흄은 이 중 벨과 섀프츠베리로부터 가장 많은 영향을 받았다. 1732년 그는 벨을 탐독했다. 특히 이 독서는 그의 사상 형성기에 결정적 영향을 미쳤다. 흄은 기독교 교리를 합리적으로 정당화하기 위한 모든 기도들에 대해 전투를 선언했다. 벨의 사고실험은 모든 교조적 교리, 즉 우리를 감각 너머로 끌고 가는 모든 지식이 이성과 모순된다는 것을 보여주는 것이었다. 신의 존재와 영혼의 불멸성을 지지하는 모든 논변은 벨과 더불어 설득력을 잃었다. 벨의 회의론은 두 개의 철학적 원천을 가졌다. 하나는,

---

256) 참조: Smith, *Wealth of Nations*, 674쪽, W. B. Todd의 주; Maverick, *China - A Model for Europe*, 121쪽; Jacobson, "The Possibility of Oriental Influences in the Philosophy of David Hume", 32쪽.

사람들이 종교적 불관용에 빠지면 반드시 자신의 인간적 영혼을 상실한다는 것을 이해하는 것으로 보이는 중국에 대한 그의 솔직한 탄복이었다.[257] 벨은 "감각적 물질의 어떤 속성도 갖지 않는 진정한 무無"의 불교적 개념에[258] 대한 이해를 갖고 글을 썼다.

벨의 다른 철학적 원천은 알렉산더대왕의 수행단에 끼어 스승 아낙사르코스를 수행해 인도까지 갔다 온 퓌론의 회의론이었다. 퓌론은 '만물의 이해불가능성'의 이론을 지지했고, 그는 찬반의 논변에 다 이유가 있기 때문에 모든 찬반 논변을 주의 깊게 검토한 후에 판단을 유보하고, 언제나 문제는 더 조사되어야 한다고 결론을 내렸다. 그는 평생 진리를 찾았지만, 늘 진리를 발견했다는 것을 인정하지 않도록 논리를 조직했다.[259] 퓌론은 이 회의론을, 사물의 참된 구성에 대한 지식 요구로부터 초연하게 인간들에게 자유를 주는 이론으로 해석했다.[260] 물론 흄은 회의론을 수용했지만, 백성들의 상식 또는 민심을 바탕으로 퓌로니즘 수준의 강한 회의론을 거부하고 공자의 중도적 회의론과 유사한 '완화된 회의론'을 받아들였다. 흄의 『인간본성론』에는 출처를 밝히지 않고 중국전문가 벨의 글을 '노예적으로' 옮겨 적은 상당량의 글이 들어 있다.

그런데도 흄은 『인간본성론』에서 딱 한 번 벨의 이름을 밝히고 있다.[261] 흄은 정체성·실체·스피노자에 관한 벨의 논변을 그대로 활용했다. 문제제기 방법, 술어, 생각 등이 직접적으로 벨에서 유래했다.[262] 벨의 친親중국적·유교적·불교적 철학에 대한 흄의 이러한 탐독과 철학적 계승은 흄의 도덕·종교철학과 정치·경제철학 전반이 구조적·내용적으로 공자철학과 유교국가 중국의 정치

---

257) 참조: Jacobson, "The Possibility of Oriental Influences in the Philosophy of David Hume", 35쪽.
258) Bayle, *Historical and Critical Dictionary*, 290-294쪽.
259) Bayle, *Historical and Critical Dictionary*, 194쪽.
260) 참조: Jacobson, "The Possibility of Oriental Influences in the Philosophy of David Hume", 35-6쪽.
261) Hume, *A Treatise of Human Nature*, 159쪽 각주 42).
262) Jacobson, "The Possibility of Oriental Influences in the Philosophy of David Hume", 27쪽 참조.

문화와 사회경제론을 음양으로 수용했음을 능히 짐작케 하는 것이다.

5.3. 흄의 공자주의적 도덕철학

흄이 적어도 이 세 가지 경로로 공맹철학을 흡수했다는 구체적 정황증거와 공자와 중국에 대한 그의 구체적 언급으로부터 우리는 그가 공자의 수신적 자아구성론과 맹자의 도덕감정론을 수용해 도덕론을 수립했다고 추정할 수 있다. 그런데 흄의 공자주의적 도덕론에는 그에 앞서 공자의 공감도덕론을 수용한 선배 철학자들로부터도 적지 않게 배웠을 것으로 추정된다. 컴벌랜드 주교는 "동물적 존재로 이해된 인류 안에는 서로에 대한 인애심의 성정이 있다"고 논변했고, 섀프츠베리는 높은 수준에서 이미 도정감정론과 도덕감각론을 발전시켰고, 18세기 초반 허치슨은 섀프츠베리를 계승해 제6감으로서의 '도덕감각(moral sense)'의 존재를 주장했기 때문이다. 흄은 섀프츠베리와 허치슨의 이 도덕감정론과 도덕감각론을 계승해 도덕의 근거를 인간본성에 정초시킴으로써 기독교신학과 스콜라학파의 신비주의적 계시도덕론과 홉스와 로크의 도덕제정론을 분쇄함으로써 영국사회와 유럽사회를 도덕적으로 세속화·탈주술화·인간화하는 계몽과정과 도덕철학의 과학화 과정의 정점을 이룬다.

■ 흄의 단속적斷續的 도덕감각론

일단 흄은 섀프츠베리와 허치슨의 도덕감각론을 계승해 공감이론과 결합시킴으로써 한 단계 업그레이드시킨다. 흄은 초기에 이들의 도덕감각론보다 도덕감정론을 더 중시한다. 그러나 흄이 29세에 출간한 『인간본성론』 제3권 『도덕론』(1740)에서 전개된 그의 초기 도덕론은 매우 혼돈스러웠다. 그는 뚜렷한 근거 없이 덕성을 '본성적 덕목'과 '인위적 덕목'으로 구별했다. 게다가 도덕성 또는 덕성의 근거를 말할 때는 본성적 도덕감정이나 도덕감각을 말하는 것이 아니라,

에피쿠리언적 공리주의자로 돌변해 '이익'이나 '쾌락'을 말했다.

따라서 일단 그에게는 인간의 본성적 도덕감각이 그가 소위 '본성적 덕성'이라 부른 모성애·인애 등 도덕감정을 덕성으로 변별하는 것인지, 그가 '인위적 덕성'이라 부르는 정의·용기·충성심·정조貞操 등 도덕감각을 덕성으로 말하는 것인지, 그리고 도덕감각이 성품의 이익이나 쾌락적 성향을 덕성으로 말하는지가 불분명하고, 또한 도덕감각이 공감과 어떤 관계에 있는지도 애매모호하다. (여기서 논쟁할 바는 아니지만 정의·충성심·정조는 인위적 덕목이 아니라, 인간적 본성의 발로다. 정의감과 공경심의 일종인 충성심은 인간을 포함한 모든 사회적 포유동물들에게 공통되고, 여성의 정조, 즉 순결은 태고대부터 인간적 성정이기 때문이다. 그래서 피에르 벨은 "(여성의) 순결이 선하다는 이 관념이 복음이나 모세보다 더 오래되었다"고 말했다.263) 흄은 이곳에서 도덕감각이 별도로 존재하는 것으로 말하지만, 저 곳에서는 공감이 도덕감각을 대체해도 되는 것인 양 말한다. 나아가 그는 도덕감각을 명확하게 말할 때조차도 미감과 뒤섞는다.

– 도덕감각과 도덕감정의 구분

흄은 섀프츠베리처럼 적어도 도덕행위를 낳는 도덕감정을 이 감정을 변별·판단하는 시비감각(도덕감각)과 구별해냈다. 그는 도덕행위의 동기(도덕감정)의 선악을 변별하는 시비지심의 평가가 있으려면 이 도덕감정적 동기가 가·불가의 평가감각, 즉 도덕감각에 앞서 존재해야 한다고 주장한다.

도덕적 동기는 행위를 도덕적이도록 만드는 데 필수적이다. 도덕행위는 우리가 그 도덕성을 평가하는 마음을 갖기 전에 도덕적이어야 한다. 그러므로 모종의 도덕적 동기가 저 평가보다 앞서야 하는 것이다.264)

---

263) Bayle, *Various Thoughts on the Occasion of a Comet*, §172 (213쪽).
264) Hume, *A Treatise of Human Nature*, Book 3. *Of Morals*, 307쪽.

도덕적 평가는 도덕감각이 담당하므로 도덕감정은 도덕감각에 앞서 존재한다는 말이다. 이것은 도덕감정과 도덕감각의 구별을 함의한다. 따라서 흄은 단언한다.

> 모종의 도덕적 동기나 도덕적 강제감정들이 없다면 어떤 행동도 칭찬할 만하거나 비난할 만할 수 없기 때문에 도덕감각(sense of morals)과 상이한 (도덕)감정들이 이 도덕감각에 큰 영향력을 가지는 것이 틀림없다.[265)]

그러나 이후부터 흄의 논리는 거듭 거듭 꼬이고 꼬인다. 그는 도덕적 가·불가 감정(남의 행위에 대한 시비·선악감정, 즉 훌륭함과 못됨의 느낌, 또는 자기의 행위에 대한 자찬감과 죄책감)을 허치슨처럼 '호불호', 또는 '쾌통'의 감정으로 잘못 표현하지만, 그래도 도덕감각 또는 '덕성감각(sense of virtue)'의 본성적 성격을 인정한다.

> 우리는 도덕적 선·악을 알게 만들어주는 상이한 인상들이 특별한 쾌감과 고통 외에 다른 것이 아니기 때문에, 이것으로부터 이 도덕적 변별에 관한 모든 탐구에서, 어떤 성품이 왜 칭찬할 만하고 비난할 만한지를 만족스럽게 설명하기 위해 어떤 성품의 관찰로부터 만족이나 불쾌감을 느끼게 만드는 원리를 보여주는 것으로 충분할 것이다. 어떤 행동, 어떤 감정, 어떤 성품은 덕스럽거나 부덕하다. 왜? 그것을 보는 것이 특별한 유형의 쾌감과 불쾌감을 야기하기 때문이다. 그러므로 우리는 이 쾌감과 불쾌감의 이유를 제시하는 속에 덕과 악덕을 충분히 설명하는 것이다. 덕성감각(sense of virtue)을 가지는 것은 바로 어떤 성품의 관상觀賞으로부터 특별한 종류의 만족을 느끼는 것 외에 아무것도 아니다. 바로 이 느낌이 우리의 칭찬 또는 찬양을 구성한다.[266)]

흄은 "우리는 여기서 더 이상 나아갈 수 없다"고 덧붙인다. 이 말은 도덕감각이 본성이라는 말이다.

---

265) Hume, *A Treatise of Human Nature*, Book 3. *Of Morals*, 311쪽.
266) Hume, *A Treatise of Human Nature*, Book 3. *Of Morals*, 302~303쪽.

그러나 흄은 바로 이어서 이 본성적 도덕감각의 타당성을 부인하는 듯한 발언을 한다. "도덕적 선악을 변별하는 이 쾌·통감에 관해 일반적으로 물을 수 있다. 이 쾌감이나 고통은 인간 정신 안에서 무슨 원리로부터 유래하고 어디로부터 생겨나는가? 이 물음에 대해 나는 첫째, 모든 특수한 사례에서 이 감정들이 원천적 자질과 일차적 만듦새에 의해 산출된다고 상상하는 것은 터무니없다고 대답한다."267) 이 말은 정의·용기·정조 등의 '인위적 덕성'을 염두에 두고 이 '인위적 덕성'에 대해서는 자연본성적 도덕감각의 타당성을 부정한 것으로 읽힌다. 곧 흄은 이것을 확인해준다. "덕성감각이 본성적인 것인지, 아니면 인위적인 것인지를 답해야 한다면, 내가 지금 당장 이 물음에 정확한 답변을 주는 것은 불가능하다는 것이 내 의견이다. 아마 이 덕목들에 대한 감각은 인위적이고 저 덕목들에 대한 감각은 본성적이라는 사실이 나중에 분명해질 것이다."268)

흄은 정의·용기·충성·정조 등을 '인위적 덕목들'로 분류한다. 그리고 '인위적 덕목들'에 대한 도덕감각은 인위적인 반면, 본성적 애착·사랑·인애 등의 '자연적·본성적 덕목들'에 대한 도덕감각은 본성적이라고 말하고 있는 것이다. 흄의 이런 입장은 뒤에 다시 확인된다.

> 사회에 이로운 것 외에 어떤 것도 덕성으로 여겨지지 않는다면, 나는 도덕감각(*moral sense*)에 대한 앞의 설명이 받아들여져야 한다고, 그것도 충분한 명증성에 따라 받아들여져야 한다고 확신한다. 그러나 우리는 오로지 우리의 가설에 근거한 설명만을 허용하는 다른 종류의 덕성을 발견할 때, 이 명증성은 우리에게 더 강력해지지 않을 수 없게 된다.269)

'본성적 덕목'에서는 도덕감각의 명증성이 '인위적 덕목'의 경우보다 "더 강력하다"는 말이다. 여기서 "다른 종류의 덕목"은 '본성적(자연적) 덕목'을 가리킨다.

---

267) Hume, *A Treatise of Human Nature*, Book 3. *Of Morals*, 304쪽.
268) Hume, *A Treatise of Human Nature*, Book 3. *Of Morals*, 305쪽.
269) Hume, *A Treatise of Human Nature*, Book 3. *Of Morals*, 375쪽.

흄은 여기서도 분명히 '본성적 도덕감각'과 '인위적 도덕감각'을 구분하고 있다. 이것은 정의·용기·충성·정조 등의 인위적 도덕성에 대한 도덕감각은 본성적인 것이 아니라, 유전되지 않는 후천적 획득형질이라는 말이다. 흄의 도덕감각론은 이렇게 점차 진화생물학적으로 '터무니없는' 주장 속으로 퇴락한다.

– 공감개념에 의한 도덕감각의 희석과 혼미

흄은 어떤 곳에서 도덕적 평가가 '도덕감각'으로부터 생겨난다고 말했다가, 다른 곳에서는 도덕적 평가가 마치 '공감'으로부터 생겨나는 것처럼 논하기도 한다. 우선 그는 도덕적 평가가 공감에서 생겨나는 것이 아니라 도덕감각에서 나온다고 확실히 못박는다.

어떤 자질이나 성품이 인류의 복리에 대한 기여경향이 있다면, 우리는 그것에 기뻐하고 동조한다. 이 자질이나 성품이 쾌감의 생생한 관념을 현시하는 것이다. 이 때문에 이 관념은 공감에 의해 우리를 감동시키고, 이 관념 자체가 쾌감의 일종이다. 그러나 이 공감이 아주 가변적인 만큼, 우리의 도덕감정이 동일한 변동을 다 허용해야 한다고 생각될 수 있다. 우리는 우리와 멀리 떨어진 사람들보다 우리와 근접한 사람들과 더 많이 공감하고, 낯선 사람들보다 우리의 친지들과, 외국인들보다 우리나라 사람들과 더 많이 공감한다. 우리의 공감의 이러한 변동에도 불구하고 우리는 중국에서 동일한 도덕적 자질을 영국에서와 동일하게 가하다고 느낀다. 이 자질들은 명민한 관찰자의 평가에 똑같이 덕스럽게 나타나고 똑같이 마음에 든다. 공감은 우리의 평가의 변동 없이 변동한다. 그러므로 우리의 평가는 공감에서 생기지 않는다. 이런 반박에 대해 나는 다음과 같이 답한다. 도덕적 자질을 가하다고 느끼는 것은, 이성으로부터 또는 관념들의 비교로부터 유래하는 것이 아니라, 전적으로 도덕적 미감으로부터, 그리고 특별한 자질이나 성품의 관조와 주시에 따라 일어나는 일정한 쾌·불쾌 감정으로부터 생겨나는 것이 지극히 확실하다.[270]

---

270) Hume, *A Treatise of Human Nature*, Book 3. *Of Morals*, 371쪽

여기서는 '도덕감각'이 '도덕적 미감'으로 표현되고 있다. 흄은 여기서 분명히 "공감은 우리의 평가의 변동 없이 변동하기" 때문에 "우리의 평가는 공감에서 생기지 않고", "전적으로 도덕적 미감"(즉, 도덕감각)으로부터 "생겨나는 것이 지극히 확실하다"고 말하고 있다. 흄은 도덕적 평가의 원천을 둘로, 즉 '도덕적 미감'과 '일정한 쾌·불쾌 감정'으로 나눠 제시하고 있다. 흄은 '도덕적 미감'으로 도덕감각(시비감각)을, '일정한 쾌·불쾌 감정'으로 시비감각을 뜻하려고 한 것으로 보인다.

그러나 흄은 바로 자신의 이 도덕감각 명제를 몰각하고, 도덕판단의 보편성과 객관적 불변성이 공감에서 유래하는 것으로 착각하는 오락가락 논변을 전개한다. 상론했듯이 흄에 의하면, 덕성과 악덕의 변별이 우리 자신이나 남들에게 특별한 자질이 야기하는 즉각적 쾌감이나 불쾌감으로부터 아무리 직접 유출되는 듯할지라도, 그 변별은 그렇게 종종 주장된 공감의 원리에도 역시 "상당히" 의존한다는 것이다. 우리는 즉각적으로 기분 좋은 자질들을 소유한 사람에게 동조한다. 우리 자신이 결코 그 자질로부터 아무런 쾌감을 수확하지 않더라도. 자기 자신에게 즉각적으로 기분좋은 자질을 소유한 사람에게도, 이 자질들이 어떤 중생에게도 도움이 되지 않을지라도, 우리는 동조한다. "이것을 설명하기 위해 우리는 앞의 공감원리들에 의존해야 한다"는 것이다.[271] 상술했듯이 '도덕감각'은 단순한 경우와 공감적 경우를 둘 다 가진 쾌통감각·재미감각·미추감각 등의 평가감각과 달리 언제나 교감적·공감적이다. 흄은 도덕감각의 이 필연적 공감 성격을 이해하는데 사고의 혼란을 겪으면서 도덕감각에 의해 가(可)한 것으로 평가된 긍정적 도덕감정의 재생적 실감능력에 불과한 '공감'에다 도덕감각 자체를 다 팔아버리는 듯한 흄의 이 논변은 바로 이어지는 설명에서 더욱 분명해진다. 흄의 논변을 상론했듯이, 우리는 이 모든 이익과 쾌감 한복판에서 다른 모든 경우라면 늘 우리를 아주 절실하게 건드는 우리 자신의 이익과 쾌감을 망각한다는 것이다. 하지만, 사람들은 자신들의 대상을 바라보고 이 대상이 그들 모두에게

---

271) Hume, *A Treatise of Human Nature*, Book 3. *Of Morals*, 377쪽.

동일한 것으로 나타나도록 야기할 수 있을 어떤 "공통관점"을 선택하기에 저들의 감정과 판단에 동의할 수 있다. 그리하여 성품들을 판단하는 데 있어서, '모든' 공감적 '관찰자'에게 동일한 것으로 나타나는 유일한 "이익과 쾌감"은 그 성품에 대한 정밀검토를 받는 사람 자신의 이익과 쾌감이거나 그와 연관이 있는 사람들의 이익과 쾌감이라는 것이다. 이 '관찰자로서의 우리'의 쾌감과 이익은 우리 자신의 쾌감과 이익보다 더 미약하게 우리를 건드릴지라도 "보다 불변적이고 보다 보편적이기"에 실천에서도 본인 자신의 쾌감과 이익을 "상쇄시키고", 이러한 쾌감과 이익만이 단독으로 사색에서도 "덕성과 도덕성의 기준"으로 받아들여진다는 것이다. 그 이익과 쾌감들만이 단독으로 "도덕적 변별"을 좌우하는 저 특별한 느낌이나 감정을 자아낸다.[272] 이 설명에서 도덕적 판단력이 쾌감과 이익인지, 공감적 관찰자의 공감적 '공통관점'인지 불분명하다.

그러나 타인의 이익과 쾌락에 대한 모든 관찰자의 공감이 "불변적이고 보편적"이라는 흄의 논변은 이중적으로 그릇된 말이 될 수 있다. 첫째, 저 말은 공감이 비록 관찰자 자신의 주관적 감정상태와 독립적이고 구분되어서 '객관적'일지라도 '자율적'이라는 것, 따라서 시비판단에 따라 불쾌하거나 불가한 경우, 또는 증오하거나 질투하는 경우, 또는 관찰자가 바쁘거나 관찰자의 주체적 상태가 곤경에 처한 경우에는 공감이 저지되거나 억제된다는 사실, 그리고 공감이 (흄 자신도 강조한) 관찰자와 당사자 간의 호오·친소·원근관계 및 관찰자의 공감적 감수성의 차이로 인해 차등이 있다는 사실을 몰각하고 있다. 이것은 공감에 대한 깊은 이해와, 공감과 교감의 구분의식이 없기 때문에 빚어진 것이다. 교감은 보기 싫어도 보이면 보아야 하는 시각처럼 (심지어 사이코패스에게도) 비자율적·일반적으로 발동하는 반면, 공감은 자율적·자의적自意的·특정적으로 발동한다. 둘째, 흄은 어떤 경위로든 일단 발생한 도덕적 공감의 내용의 불변성과 보편성이 관찰자의 공감에서 유래하는 것으로 착각하고 있다. 상술했듯이 도덕행위나 성품에 대한 도덕판단에서 인간은 교감적으로 지각된 이 행위나 성품의

---

[272] Hume, *A Treatise of Human Nature*, Book 3. *Of Morals*, 377쪽.

교감적 지각이 도덕감각에 의해 가可한(선한 또는 훌륭한) 것으로 판단되는 경우에 공감하고(타인의 이 행위나 성품에 담긴 도덕감정을 자기 안에서 재생·실감·동조하고), 불가한 것으로 판단되는 경우에는 공감이 아니라 반감과 거부감을 표한다. 따라서 도덕적 공감과 반감, 동조와 거부의 가·불가감정(approbation & disapprobation)은 근저에서 먼저 작동하는 '도덕감각'의 종속변수들이다. 그러나 흄은 공감을 독립변수로 착각함으로써 '도덕감각'을 마치 '공감'으로 대체해버리거나 '공감'의 종속변수로 전락시키는 것 같은 논변을 구사하고 있다.

공감으로 도덕감각을 대체하려는 듯한 흄의 이 입장은 그가 최종입장을 정리하는 조심스런 결론에서 허치슨의 비위를 상하게 할 만큼 좀 더 선명하게 드러난다.

덕성의 모든 애호자들(과 실제에서 타락할지라도 사변 속에서는 우리 모두가 해당하는 이런 애호자들)은 도덕적 변별이 우리 본성의 고결함과 능력의 바른 개념을 우리에게 주는 그토록 고귀한 원천으로부터 유래한다는 것을 알고 확실히 기뻐함이 틀림없다. 도덕감각이 영혼에 내재하는 원리이고 만듦새의 구성 속으로 이입하는 가장 강력한 원리들 중의 하나라는 것을 지각하는 것은 인간사에 대한 아주 적은 지식만 있으면 된다. 그러나 이 도덕감각은, 이 감각이 그 자체에 대해 성찰해 이 감각을 낳는 저 원리들을 승인하고, 바로 이 감각의 발생과 기원에서 훌륭하고 좋은 것만을 발견할 때, 확실히 새로운 힘을 얻음이 틀림없다. 이 도덕감각을 인간정신의 원천적 본능들로 환원시키는 사람들은 충분한 권위를 갖고 덕성의 원인을 방어할 수 있지만, 이 도덕감각을 인간들과의 확장적 공감에 의해 설명하는 사람들이 갖는 이점을 결한다. 후자의 이론체계에 의하면, 덕성만이 아니라, 덕성감각(도덕감각 - 인용자)도 승인되어야 하고, 이 덕성감각만이 아니라, 이 덕성감각을 낳는 원리들도 승인되어야 한다. 그래서 어떤 쪽에서든, 찬양받을 만하고 좋은 것만이 현시된다.[273]

---

273) Hume, *A Treatise of Human Nature*, Book 3. *Of Morals*, 394쪽.

"우리 본성의 고결함과 능력의 바른 개념을 우리에게 주는 그토록 고귀한 원천"은 도덕감각을 가리키고, "도덕감각을 인간정신의 원천적 본능들로 환원시키는 사람들"은 섀프츠베리와 허치슨을 가리킨다. 그리고 "도덕감각을 인간들과의 확장적 공감에 의해 설명하는 사람들"은 흄 자신을 가리킨다. 흄은 여기서 "도덕감각이 영혼에 내재하는 원리"임을 인정하는 척하면서도 도덕감각을 "인간들과의 확장적 공감"으로 환원시키는 '이점'을 주장하고 있다. "덕성감각을 낳는 원리들"은 바로 "확장적 공감"을 두고 하는 말이다.

당시 흄은 허치슨을 통해 글래스고대학 교수직에 지망하려고 했기 때문에 이 대목을 극도로 조심스럽게 쓰고 있어 그 의미는 모호하지만, 허치슨은 당연히 이 인용문에서 펑퍼짐한 언어들의 연막("어떤 쪽에서든, 찬양받을 만하고 좋은 것만이 현시된다")을 뚫고 도덕감각을 공감에 팔아버리려는 흄의 속내를 간파했을 것으로 보인다. 허치슨이 흄을 교수직 초빙에서 배제한 이유가 그의 무신론 성향이라고 알려져 있지만, 필자는 그 진정한 이유가 혹시 도덕감각, 즉 맹자의 시비지심을 공감으로 대체하는 흄의 이 이론적 근본오류가 아니었을까 의심한다.

– 훗날 도덕감각론의 재건과 공리주의적 혼탁

그러나 흄은 11년 뒤인 1751년 청년기의 도덕론을 압축·갱신한 『도덕의 원리에 관한 탐구(*An Enquiry concerning the Principles of Morals*)』에서 '공감' 개념을 아예 제거하고 미감과 등치된 도덕감각, 또는 '도덕감정과 뒤섞인 도덕감각'만을 언급한다. 먼저 후기의 글인 「도덕감정론」에서 그는 종전의 입장을 바꿔 "도덕성은 감정에 의해 결정된다"고 주장하고 "덕성"을 "무엇이든 관찰자에게 기쁘게 하는, 가可하다는 느낌을 주는 모든 것"으로, "악"을 "그 반대의 것"으로 정의한 데[274] 이어서, "죄악이나 부도덕성이란 지성의 대상일 수 있는 별개의 사실이나 관계가 아니라,

---

274) Hume, "Concerning Moral Sentiment", 85-86쪽. Appendix I. Hume, *An Enquiry concerning the Principles of Morals* [1751], edited by Tom L. Beauchamp (Oxford · New York: Oxford University Press, 1998 · 2010).

인간본성의 구조에 의해 우리가 야만성이나 반역을 인지할, 불가피하게 느끼는 불가감정(disapprobation)에서 전적으로 생겨난다"고[275] 말하기도 하고,[276] 선악을 변별하는 '미감' 또는 '내감'을 공감 없이 언급하기도 한다.

도덕의 일반적 기초에 관해 최근에 개시된, 정밀검사를 해볼 가치가 아주 많은 논쟁이 있어왔다. 그것은 도덕이 이성으로부터 도출되는지, 아니면 감정으로부터 도출되는지, 우리가 논변과 연역의 사슬에 의해 도덕의 지식을 획득하는 것인지, 아니면 하나의 직접적 느낌(immediate feeling)과 보다 섬세한 내감(finer internal sense)에 의해 이 지식을 획득하는 것인지에 (…) 관한 논쟁이 있어 왔다.[277]

여기서 흄은 도덕감각을 '보다 섬세한 내감'이라 부르고 있다. 그리고 조금 뒤에서는 "모종의 내감이나 내적 느낌"이라 부른다.

각 측의 두 주장(그리고 많은 주장들이 이보다 더 나올 수 있다)은 아주 그럴듯해서 나는 이 주장들이 하나가 다른 것과 마찬가지로 견실하고 만족스런 것이 아닌가 하고 생각하기 일쑤이고, 이성과 감정이 거의 모든 도덕적 결정과 결론에서 동시에 나타날 정도다. 성격과 행동을 호감 있거나 불쾌하다고, 칭찬할 만하거나 비난할 만하다고 선언하는 최종판정, 이 성격과 행동에 명예나 불명예, 동조나 비난의 표시를 찍는 최종판정, 도덕성을 능동적 원칙으로 만들고 덕성을 우리의 행복으로, 악덕을 우리의 불행으로 만드는 최종판정, 이 최종판정이 자연본성에 의해 전 인류 안에서 보편적으로 만든 모종의 내감이나 내적 느낌(internal sense or feeling)에 달려있다는 것은 개연성이 있다고 나는 말한다.[278]

그러나 흄은 안타깝게도 이 도덕적 '내감'을 '내적 미감'이라 했다가 '내적 느낌'

---

275) Hume, "Concerning Moral Sentiment", 88쪽.
276) Hume, "Concerning Moral Sentiment", 88쪽.
277) David Hume, *An Enquiry concerning the Principles of Morals* [1751], ed. T. L. Beauchamp (Oxford: Oxford University Press, 1998 · 2010), 3쪽.
278) Hume, *An Enquiry concerning the Principles of Morals*, 5쪽.

이라는 용어와 뒤섞는다.

> 지금 덕성이 목적이고 어떤 사례나 보상 없이 그 자체 때문에, 단지 덕성이 전달하는 즉각적 만족감 때문에 바람직한 것인 만큼, 덕성이 건드리는 어떤 감정, 즉 도덕적 선악을 구별해 선을 받아들이고 악을 배척하는 (...) 어떤 내적 미감이나 내적 느낌(internal taste or feeling)이 있어야 한다는 것은 필수적이다.[279]

여기서 흄은 '미감'이라는 말로 도덕감각만이 아니라 (협의적) 도덕감정("덕성이 건드리는 어떤 감정")까지도 다 뭉뚱그리고 있다. 다음도 마찬가지다.

> 도덕과 비평은 지성의 대상이라기보다 미감과 감정의 대상이다. 도덕적 미美든 자연미든 미는 지각되기보다 더 정확하게 느껴지는 것이다. 우리가 미에 관해 이성적으로 추리해 그 기준을 정하려고 애쓴다면, 우리는 새로운 사실, 즉 인간들의 일반적 미감, 또는 추리와 탐구의 대상일 수 있는 미감과 같은 어떤 사실을 고찰하는 것이다.[280]

도덕감각을 공감에 팔아버리는 시도가 사라진 대신, 도덕감각(시비지심)과 도덕감정(측은·수오·공경지심)을 예리하게 구분하던 초기의 이론적 정밀성이 함께 사라지고 도덕감각과 미감을 뒤섞고 있다. 도덕감정과 혼동되고 미감과 뒤엉킨 이 뒤범벅의 도덕감각 개념은 다시 공리성과 뒤엉킨다.

> 인간의 심장이 이기적이라면, 또는 이해관계 있는 사람들이 그로부터 멀리 떨어져 있다면, 그의 선택이 아무리 냉정할지라도, 유용한 것과 해로운 것 간의 선택 또는 변별이 여전히 있을 것이다. 이제 이 변별은 모든 점에서 도덕적 변별과 동일한 것이다. 도덕적 변별의 기초는 아주 종종, 그리고 아주 많이 헛되이 탐문되어왔다. 정신의 동일한 재능들은 모든 상황에서 도덕의 감정과 인류애의 감정에 부합된다. 동일한 기질은 고도의 도덕감정과 인류애 감정을 감당할 수 있다.[281]

---

279) Hume, "Concerning Moral Sentiment", 89쪽.
280) Hume, *An Enquiry concerning Human Understanding*, 144쪽.

이 사유 속에서 도덕감각("도덕적 변별")은 도덕감정("인류애")과 뒤섞이고, 이 "도덕적 변별"이 이해利害의 변별("유용한 것과 해로운 것 간의 선택 또는 변별")과 등치되고 있다. 이런 까닭에 흄은 '공리주의의 생모生母'라 불릴 만한 것이다.

흄의 후기 도덕철학을 전체적으로 보면 그는 이 개념적 뒤범벅 속에서 도덕감각을 공감으로 대체하려는 시도를 버림과 동시에 도덕감각과 도덕감정을 구분하던 초기의 이론적 정교성도 같이 버리고 도덕감각과 미감의 동일시를 강화한 셈이다. 흄에게서 맹자의 시비지심, 섀프츠베리의 시비감각, 허치슨의 도덕감각 개념은 이어졌다가 끊어지고 끊어졌다가 이어지는 단속성斷續性을 보였다. 하지만 본성적 도덕감각을 도덕성에 대한 평가와 지식의 최종원천으로 보는 점은 초기보다 더욱 강화되고 분명해졌다.

■ 공맹의 인仁도덕과 흄의 인애도덕

흄은 여러 경로로 공맹의 도덕감정론과 인仁사상을 수용한 것으로 보인다. 공자의 '인' 사상은 컴벌랜드·섀프츠베리·허치슨 등 영국 철학자들에게서 '연민(compassion, commiseration)'과 함께 '인애(benevolence)'로 등장했다. 흄도 '인애'라는 용어를 그대로 수용한다.

- 공맹의 측은지심과 인, 흄의 연민과 인애

공맹의 도덕론과 흄의 도덕론은 아주 유사하다. 가령 공감(sympathy)과 인애심에 대한 흄의 이론은 측은지심과 동고동락에 대한 맹자의 설명을 쏙 빼닮았다. 맹자는 측은지심을 설명하면서 우물에 빠지는 아이를 보고 놀라는 사람들의 동정심을 예로 든다. "사람이 다 불인인의 마음이 있다고 말하는 소이所以는, 어떤 사람이 지금 갑자기 어린아이가 우물 속에 막 빠지는 것을 보았다면 깜짝 놀라 측은지심이 생길 것이다. 아이의 부모와 사귀려는 마음 때문도 아니고,

---

281) Hume, *An Enquiry concerning the Principles of Morals*, 48-49쪽.

친구들한테 칭찬을 구하기 때문도 아니며, 그 아이의 소리가 싫어서 그런 것도 아니다."282) 흄은 공감과 연민(동정심)과 관련해 맹자의 '우물에 빠지는 아이'의 사례와 유사한 사례, 즉 내달리는 말들의 발굽에 짓밟힐 위험에 처한, 들판에서 잠든 사람의 사례를 사용한다.

> 공감은 언제나 현재의 순간에 국한되는 것이 아니라 현재의 존재 속에 없는, 우리가 단지 상상에 의해 예감할 뿐인 타인들의 고통과 쾌락도 종종 감정전달(communication)에 의해 느낀다. 내가 전혀 모르는 사람이 들판에서 잠들어 있는 중에 말들의 발굽에 의해 짓밟힐 위험에 처해 있는 것을 보았다고 가정하면, 나는 즉시 그를 도우러 달려갈 것이다. 이 때 나는 낯선 사람의 현재적 슬픔에 대해 나를 관심 갖게 만드는 공감과 동일한 공감의 원리에 의해 움직여질 것이다.283)

흄이 연민과 공감을 설명하기 위해 '들판에서 자다가 말발굽에 짓밟힐 위험에 처한 사람'의 비유를 쓰고 있는 것은 맹자의 '우물에 빠지는 아이'의 비유와 아주 비슷하다. 다만 비유의 목적이 좀 다를 뿐이다. 맹자는 측은지심(연민·동정심)을 구상적具象的으로 보여주기 위해 이 비유를 사용하지만, 흄은 아직 실재하지 않는, 따라서 예감할 뿐 타인의 고통과 쾌락에 대해서도 공감하는 것을 구상적으로 보여주기 위해 사용하고 있다.

아무튼 도덕성의 근거를 '이성'이 아니라 도덕적 '감성'(도덕감정+도덕감각)으로 보는 공맹과 흄의 도덕철학적 사유구조는 이처럼 그 비유적 사례까지 유사하다. 맹자가 공감적 수신에 의해 측은지심 등의 도덕감정을 "사해를 족히 보전할" 수 있는 차원으로 확충해 보편화하는 것을 말하듯이, 흄도 인애심을 '보편적 공감'의 능력에 의해 전 인류로까지 확대해 '보편적 인애', 즉 공자의 '박애·범애'로 보편화하는 것을 말한다.

---

282) 『孟子』「公孫丑上」(3-6), "孟子曰 (…) 所以謂人皆有不忍人之心者 今人乍見孺子將入於井 皆有怵惕惻隱之心 非所以內交於孺子之父母也, 非所以要譽於鄕黨朋友也, 非惡其聲而然也."
283) Hume, *A Treatise of Human Nature*, Book 2. *Of the Passions*, 248쪽.

이런 관점에서 흄은 인애를 '보편적 인애'와 '특별한 인애'로 구분한다. '보편적 인애'는 우리가 "아무런 우정이나 연줄 또는 인물에 대한 존경심을 가지지 않고" 인물에 대한 보편적 공감 또는 그의 고통에 대한 단적인 연민과 그의 기쁨에 대한 축하의 욕구만을 느끼는 인애다. '특별한 인애'는 "덕에 대한 평가여론, 우리에게 행해진 봉사, 또는 얼마간의 특별한 연줄에 기초한 것"이다. 흄은 두 인애감정은 다 인간 본성 속에 실재하는 것으로 인정한다. 우리는 '보편적 인애(범애=인류애)'와 '공감'은 별다른 증명도 없이 '보편적 경험'으로부터 "실재하는 것으로 가정할" 수 있다는 것이다.[284]

공맹과 흄의 사유구조의 이러한 유사성이 우연의 일치일까? 제이콥슨(Nolan P. Jacobson)은 흄과 영국 모럴리스트들이 맹자의 도덕론을 수용했을 것이라고 확언한다. "흄에게 가장 중심적인 개념들 중 하나, 즉 보편적 동정심의 이론이 맹자에게서 처음 비롯되었는데 흄의 몇몇 동시대인들, 특히 아담 스미스 등 주요한 동시대인들의 윤리학을 밑받침해 주고 있다는 것은 거의 우연일 수 없다."[285] 고대그리스의 합리주의 철학과 칸트철학은 이성을 보편적인 것으로 보고 감성과 감정은 특수한 것으로서 보편화될 수 없는 것으로 보았다. 반면, 공맹과 흄은 오히려 감성과 감정을 인류보편적인 것으로 보고 연민과 인애의 보편적 확충을 말한다. 그리하여 제이콥슨은 결론짓는다. "흄이 인간생활의 근본적 접착제요 인간 본성의 궁극적 근거로 간주하는 비언어적 교감에서 철학적 연결 경로는 지중해로 거슬러 올라가는 것이 아니라, 맹자의 보편적 공감의 개념에서 시발하는 또 하나의 아시아적 주요 전통으로 거슬러 올라가는 것이다."[286] 흄의 도덕과학은 '극동산極東産'이라는 말이다.

흄은 도덕감각론에서 이익과 도덕성을 뒤섞는 개념적 혼탁성을 보임으로써 '공리주의의 생모'로 의심받을 언표를 적잖이 개진했다. 그러나 1751년의 『도덕

---

284) David Hume, "Of Self-Love", 115쪽 각주. Appendix II. Hume, *An Inquiry Concerning the Principles of Morals* (Oxford·New York: Oxford University Press, 1998·2010).
285) Jacobson, "The Possibility of Oriental Influences in the Philosophy of David Hume", 32쪽.
286) Jacobson, "The Possibility of Oriental Influences in the Philosophy of David Hume", 36쪽.

의 원리에 관한 탐구』에서 전개한 인애론에서는 인애의 진정한 즐거운 원인을 '이익'과 정교하게 분리시키고 인애 그 자체의 즐거움을 규명한다. 일단 흄은 인애의 유용성으로부터 생겨나는 부정할 수 없는 인애의 가치와 인류의 복리를 증진시키는 인애의 경향을 인정한다. 그리고 인애에 대한 찬사의 원인도 상당부분이 유용성과 복리에 있다고 인정한다. "인애의 유용성으로 생겨나오는 인애심의 값어치(merit of benevolence)와 인간들의 복리를 증진시키는 인애심의 경향은 이미 설명되었고, 의심할 바 없이 인애에 그토록 보편적으로 지불되는 저 존경의 원인은 상당한 부분 그것에 있다."287) 그러나 흄은 여기서 관점을 바꿔 인애 그 자체에 관해 논한다.

> 그러나 또한 그 감정의 바로 그 부드러움과 다감성, 그 매력적인 친애감(endearments), 그 다정한 표정, 그 자상한 관심(delicate attentions), 사랑과 우정의 따뜻한 애정에 동참하는 상호적 신뢰와 존중으로부터 흘러나오는 모든 감정, 이 감정들이 그 자체에서 기쁘기에 필연적으로 관찰자들에게 전달되고, 이 관찰자들을 녹여 같은 다정함과 자상함 속으로 들어가게 한다는 것도 인정될 것이다. 눈물은 자연스럽게 이 본성의 따뜻한 감정을 감지하자마자 우리 눈 속에서 시작된다. 우리의 가슴은 부풀고, 우리의 심장은 요동치고 모든 인간적(humane) 애정 원리가 가동되고, 우리에게 가장 순수하고 가장 만족스런 즐거움(enjoyment)을 준다. 288)

흄은 인애의 "이 감정들"을 "그 자체에서 기쁜" 것으로 규정하고 있다. 고대 그리스 시인들이 '엘리시움'이라는 극락을 묘사할 때 사람들이 서로에게 이로운 역할을 하지 않아도 되고 서로 도움을 주지 않아도 되는 '사랑과 우정의 땅'을 말했다는 것이다.

시인들이 축복받은 주민들이 서로의 도움을 필요로 하지 않는 엘리시움의 극락평

---

287) Hume, *An Enquiry concerning the Principles of Morals*, 64쪽.
288) Hume, *An Enquiry concerning the Principles of Morals*, 64쪽.

원(Elysian fields)을 묘사할 때, 그들은 그래도 이 평원을, 사랑과 우정의 항상적 교류를 유지하고 우리의 상상력을 이 부드럽고 점잖은 감정들의 기쁜 이미지로 만족시키는 것으로 표현한다. 전원적 아르카디아(Arcadia)에서의 애정어린 평온(tender tranquility)의 이념은 유사한 원리에서 위에서 말한 것처럼 기분 좋다. 누가 항구적 다툼과 질책과 상호비방 속에서 살고 싶어 하겠는가? 이런 감정들의 거침과 사나움은 우리를 교란하고 불쾌하게 한다. 우리는 전염과 공감(contagion and sympathy)에 의해 괴로움을 당한다. 또한 우리는 이러한 화난 감정들로부터 어떤 해로운 결과도 생겨나지 않는 것이 확실할지라도 무관한 관찰자로 남아있을 수 없는 법이다.[289]

고대그리스인들의 이상향은 "사랑과 우정의 항상적 교류"와 "애정어린 평온"이 보장되지만 "서로의 도움을 필요로 하지 않는", 한 마디로 상호이익과 유용성을 초월한 초超공리적 땅이었다.

이어서 흄은 증거를 들어 인애의 가치가 이익과 무관한 별개의 가치라는 것을 입증한다.

인애의 온전한 가치가 이 인애의 유용성(usefulness)으로부터 생겨나는 것이 아니라는 확실한 증거로서 우리는 어떤 사람이 사회 안에서 자기 몫을 초과해 적절한 한계를 넘어 남들을 배려할 때 일종의 애정어린 비난 방식으로 우리는 사람이 '너무 착해(too good)'고 말할 수 있다. 유사한 방식으로 우리는 사람이 '너무 기개 있어(too high-spirited)', '너무 담대해(too intrepid)', '재산에 대해 너무 무관심해(too indifferent about fortune)'라고도 말한다. 이것은 진정으로 찬사보다 더 많은 호평을 바탕에 깔고 있는 비난이다. 주로 성품의 유용하거나 유해한 성향을 기준으로 성품의 잘잘못을 평가하는 데 익숙하기에 우리는 유해한 정도로까지 올라가는 감정을 나타낼 때 비난이라는 통칭을 적용하지 않을 수 없다. 그러나 동시에, 그 감정의 고상한 고양, 또는 그 매력적인 다정함은 인물을 향한 우리의 우정과 관심(concern)을 증가시킬 정도로 심장을 사로잡는 일이 일어날 수 있다.[290]

---

289) Hume, *An Enquiry concerning the Principles of Morals*, 64쪽. "엘리시움의 극락평원"은 덕자들이 사후에 간다고 얘기되는 '축복받은 자들의 섬'이다. "아르카디아"는 천진하고 소박한 생활이 영위되는, 그리스 펠로폰네소스 산중에 있었다는 이상향이다.

흄은 여기서 "인애의 온전한 가치가 이 인애의 유용성으로부터 생겨나는 것이 아니라", 사람들이 베푸는 인애 자체에 대한 우리의 '우의적' 감정과 "심장을 사로잡을" 정도로 뜨거운 '관심'이라고 주장하고, "자기 몫을 초과해 적절한 한계를 넘어 남들을 배려하는" 사람의 "매력적인 다정함"이 사람들의 마음속에 일으키는 "우정과 관심"이 그 주장의 "확실한 증거"라고 말하고 있다. 그리고 그는 프랑스 해리 4세, 영국의 찰스 12세, 페르시아인들의 침입을 희생정신으로 물리친 고대 그리스인들의 애국심 등을 사례로 든다.[291]

시문은 이해관계를 초월해 인간의 "애정 어린 정감, 사랑, 우정"을 표현하여 우리의 감동을 일으킨다는 것이다. 따라서 "애정 어린 정감, 사랑, 우정" 같은 "이 더 유쾌하거나 더 부드러운 감정들은 특유한 영향력을 갖고, 하나 이상의 이유나 원리에서 우리를 즐겁게 한다. 이 감정들만이 묘사되는 사람들의 운명에 대해 우리로 하여금 관심을 갖도록 하거나, 이 사람들의 성품에 대한 어떤 존경과 애정을 전달한다는 것은 언급할 것이 없다."[292] 그리고 흄은 미美도 이익이나 유용성과 무관한 가치라고 말한다.

버질 시문의 "이 여러 아름다움에 대한 바로 그 감수성, 또는 미감의 섬세한 민감성(delicacy of taste)은 모든 즐거움 중에서 가장 순수한, 가장 영속적인, 가장 순진무구한 즐거움을 전달하는 만큼 그 자체가 어떤 성격에서든 미美다. (...) 어떤 유용성이나 미래의 이로운 결과에 대한 관점은 (미에 대한) 이 감정적 동조 (approbation)에 들어오지 않는다. 하지만 이 감정적 동조는 공적·사적 유용성의 관점들에서 생겨나는 저 다른 감정적 동조와 '유사한' 종류다."[293] 그런데 미에 대해서든, 동정심(인애)에 대해서든, 유용성에 대해서든 이 공감적 동조는 일어난다. "우리는 동일한 사회적 공감, 또는 인간적 행복이나 불행에 대한 동일한 연대감이 이 두 가지 감정적 동조를 야기한다고 말해도 된다. 현재 이론의 모든

---

290) Hume, *An Enquiry concerning the Principles of Morals*, 64쪽.
291) Hume, *An Enquiry concerning the Principles of Morals*, 64-65쪽.
292) Hume, *An Enquiry concerning the Principles of Morals*, 65쪽.
293) Hume, *An Enquiry concerning the Principles of Morals*, 65-66쪽.

부분에서 이 비유적 유추(analogy)는 정당하게 그것의 확인으로 간주될 수 있다."294) 공감 또는 공감적 동조는 미, 인애, 유용성에 대해 동일하게 일어나기 때문에 사람들이 이 가치들을 혼동하지만, 이 세 가지 가치는 본질적으로 상이한 것으로 구분되어야 한다는 의미를 함의하고 있다. 후기의 이 인애론에서 흄은 이처럼 공리주의적 편향을 수정하고 있다.

- 공맹과 흄의 중도이념과 연대적 '이기심(욕망) 해방'

나아가 맹자와 흄은 모든 감정과 욕망을 이성으로 금하거나 억압하는 금욕을 덕성으로 보지 않으며, 모든 감정과 욕망을 중화中和 차원으로 해방하고 '잘' 즐기도록 만들고자 한다. 공맹과 흄은 칠정(喜·怒·哀·懼·哀·惡·欲) 자체의 선악, 따라서 이기심(欲) 자체의 선악을 말하지 않고 중화의 여부에 의해 선해지거나 악해진다고 말한다. 공맹의 공감적 도덕감정(사단지심) 또는 흄의 본성적 덕목(인애, 동정, 공손 등)을 제외한 인간의 모든 감정과 자질은 절대적으로 악하거나, 절대적으로 선한 것이 아니기 때문이다. 흄은 말한다.

어떤 자질도 절대적으로 비난이나 칭찬을 받을 만하지 않다. 그것은 모두 그 정도에 달려 있다. 소요학파(Peripatetics)는 적중한 중도가 덕을 특징짓는 것이라고 말한다. 이 중도는 주로 유용성에 의해 결정된다. 가령 업무의 적절한 민첩성과 신속성은 권장할 만하다. 모자랄 때는 어떤 진보도 어떤 목적의 집행에서 달성될 수 없고, 지나칠 때는 우리를 무모하고 부조화된 방법과 기도에 말려들게 한다. 이런 추리에 의해 우리는 모든 도덕·현명 탐구에서 적절하고 권장할 만한 중도(mediocrity)를 정하고 어떤 성품과 습성으로부터 결과하는 편익의 관점을 결코 잃지 않는다.295)

흄의 말대로 "어떤 자질도 절대적으로 비난이나 칭찬을 받을 만하지 않다."

---

294) Hume, *An Enquiry concerning the Principles of Morals*, 66쪽.
295) Hume, *An Inquiry Concerning the Principles of Morals*, 47쪽.

칸트와 같은 합리주의자들이 은연중에 도덕법칙과 배치되는 것으로 간주하는 이기심(욕심)과 질투심 등 인간의 특수한 감정과 욕구도 그 자체로 본다면 선도 악도 아니다. 이기심·질투심 등 인간의 특수한 감정도 험악한 객관적 조건에 의해 왜곡되지 않고 중도적으로 발휘되면 선이 되고, 그렇지 않으면 악이 되기 때문이다. 여기서 흄은 아리스토텔레스의 뤼케움학당 소요학파를 끌어대고 있지만, 대중적 설득력을 생각하지 않았다면 아마도 공자의 『중용』을 끌어댔을 것이다. 그는 공자를 지극히 존경하는 만큼이나 플라톤과 아리스토텔레스의 '지성주의·합리주의'를 지극히 싫어하기 때문이다.

물론 이기심은 발휘되는 조건과 방향에 따라 인애와 배치된다. 그러나 흄은 이기심에 대한 철학자들의 표현에 '지나친 면'이 있고 일부 철학자들이 이기심에서 즐겨 지어내는 인간 묘사를 우화와 소설의 괴물 이야기처럼 '본성과 동떨어진 것'이라고 비판한다. 왜냐하면 이 철학자들은 공자가 인仁의 모태로 본 가족적 친애와 부모에 대한 효도까지도 이기심으로 매도하기 때문이다. 흄은 말한다.

> 나는 인간이 자기를 넘어가는 어떤 것에도 애정을 갖지 않는다고 생각하지 않는다. 오히려, 자기를 사랑하는 것보다 타인 한 명을 더 많이 사랑하는 사람을 만나는 것이 드물다고 할지라도 온갖 애정을 다 합친 애정 전부가 이기심 전부를 능가하지 않는 사람을 만나는 것도 마찬가지로 드물다고 생각한다. 통상적 경험을 참조해 보라. 당신은 가족의 모든 지출이 일반적으로 가장의 통제 아래 있을지라도 자기의 본래적 용도와 유흥을 위한 최소 부분을 유보해 두고 자기 재산의 최대 부분을 아내의 기쁨과 자식들의 교육에 쏟아 붓지 않는 사람은 드물다는 것을 알지 않는가? 따라서 우리는 이 친애의 유대를 가진 것들에 관해 말할 수 있고, 유사한 상황에 놓여 있다면 다른 경우에도 동일할 것이라고 추정할 수 있는 것이다.[296]

우리는 가족·친척·친구들 간에 재물로 돕고 선물하고 재물을 나누는 물질적 '후함(generosity)'을 발휘한다. 아무리 이기적인 인간이라도 적어도 가까운 타인들

---

296) Hume, *A Treatise of Human Nature*, Book 3. *Of Morals*, 313쪽.

을 이타적으로 사랑한다. 따라서 엄밀히 말하면, 보통사람의 경우에 이타심(인애와 재물상의 '후함')은 언제나 이기심을 압도한다. 다시 말하면, 인간은 어느 타인에 대한 사랑의 개개사례보다 자기에 대한 사랑이 더 클지라도 여러 이타적 행동들을 다 합치면 이기적 행동보다 더 많다. 한 인간이 가족, 친인척, 지인, 동포 등 가깝고 먼 타인들에 대해 조금씩 주는 사랑을 다 합한 사랑의 총량은 자기에 대한 사랑의 양보다 더 크기 때문이다.

그러나 가족적 친애와 우정은 전체 공동체에 비하면 범위가 좁다. 가족이나 친구 사이의 이런 '후함'은 동시에 "인간들을 큰 사회에 적응시키기보다" 자기만 생각하는 "가장 협소한 이기심처럼 사회에 배치되는" 면이 있다. 왜냐하면 "이것은 반드시 감정의 대립과 이로부터 귀결되는 행동의 대립을 산출하지 않을 수 없기" 때문이다. 이것은 공동체적 유대에 "위험하지 않을 수 없다." 그러나 이 이기적 감정들의 대립성은 "그 감정들을 발휘할 기회를 주는 특유한 외적 상황과 동시에 나타나지 않는다면, 단지 작은 위험만을 수반할 것이다."[297] 이 좁은 사적 사랑은 그 특유한 협소성 때문에 국가공동체의 연대와 배치될 수 있지만 그리 큰 위험은 아니다. 이것이 큰 위험으로 발전하기 위해서는 이기적 감정 대립을 야기할 '특유한 외적 상황'이 더해져야 한다. 뒤집어 말해서, 이 '외적 상황'이 반대로 감정대립을 조화시키고 상호이익을 극대화하는 방향으로 배열되고 운영된다면, 이기심은 재산증식과 공동체 발전의 동력이 될 수도 있다. 전체적으로 이기심은 그 자체로서 보면 유익하고, 주변 상황에 따라서만 선해지거나 악해질 수 있다.

한편, '이기적 욕심'으로서의 물욕과 색욕에는 많은 비난이 쏟아진다. 물욕과 색욕은 인간의 어떤 감정보다 강렬해서 지나칠 수 있기 때문이다. 그러나 이 물욕·색욕도 양적으로 중도적이고 타인의 욕심과 조화를 이루도록 욕심의 충족과 발휘의 방향이 연대적으로 조정된다면, 얼마든지 잘 즐길 수 있고 따라서 얼마든지 보장될 수 있다. 욕심은 이처럼 타인의 욕심과의 관계에 의해 규제되는

---

297) Hume, *A Treatise of Human Nature*, Book 3. *Of Morals*, 313쪽.

것이다. 그래서 주지하다시피 맹자는 심지어 군왕의 강렬한 물욕과 색욕도 백성의 물욕과 색욕을 고려해 '여민동락與民同樂'한다면 문제될 것이 없다고 말함으로써 인간 일반의 욕망을 해방했다.[298] 흄은 이처럼 욕심이 타인들의 욕심을 고려하고 제어한다면 '욕심은 절대적 선이나 악'이라는 말은 있을 수 없거나 무의미한 것이라고 말한다.

바로 이기적 감정만이 방향 변경에 의해 이기적 감정을 제어할 수 있다. 이 방향 변경은 조금만 반성할 시에도 필연적으로 벌어지게 된다. 왜냐하면 감정은 방임에 의해서보다 제어에 의해 훨씬 더 잘 충족되며, 우리는 폭력과 보편적 방종에 따라야 하는 고독하고 버려진 상태로 뛰어들기보다 사회를 보존함에 의해 점유물의 획득 면에서 훨씬 더 크게 진보하기 때문이다. 그러므로 인간 본성이 악한지 선한지에 관한 문제는 사회의 기원에 관한 저 다른 문제 속으로 조금도 들어오지 않는다. 다만 인간들의 현우賢愚의 정도만이 고려되어야 할 뿐이다. 이기심의 감정 그 자체만이 이 이기심의 감정을 억제하므로 이기심의 감정이 악인지 선인지 하는 물음은 아무래도 상관없기 때문이다. 그리하여 이 이기심의 감정이 덕스러워지면 인간들도 자신들의 덕성에 의해 사회적이 되고, 이 이기심의 감정이 부덕하면 인간들의 부덕은 같은 부덕한 효과를 가지는 것이다.[299]

흄에 의하면, 이기적 감정도 타인의 이기적 감정과 더불어 공존하는 방향을 취하면, 즉 '여민동락'이면 덕스럽고 정의로운 것이다.

맹자는 심지어 군주의 물욕과 색욕도 금하고자 하지 않았다. 그는 물욕과 색욕도 백성과 더불어 충족하는 '여민동락'의 방향, 공익과 화합적인 방향을 취한다면 '잘 즐길 수 있다'고 말했다. 어떤 물욕이나 색욕이 문제라고 해도, 이 물욕과 색욕 '자체'가 문제가 아니라, 그 충족의 방향과 방법이 문제인 것이다. 방향과 방법이 중화적中和的(중도적 · 화합적)이면, 욕심과 그 추구는 잘 달성되고 덕스럽

---

298) 『孟子』「梁惠王上」(1-2), (2-2), (2-4).
299) Hume, *A Treatise of Human Nature*, Book 3, *Of Morals*, 316쪽.

고 선한 것이다. 공맹에 의하면, 측은지심·수오지심·공경지심(사양지심) 등 말 없는 본성적 도덕감정은 그 자체로서 선하고, 희喜·로怒·애哀·구懼·애愛·오惡·욕欲 등 비윤리적 칠정은 그 자체로서 선악과 무관하다. 칠정은 중화적이면 선하다. 말하자면, 인간의 일부 감정은 본질적으로 선하고, 다른 감정들은 그 자체만 고찰한다면 본질적으로 선악과 무관하다. 인간의 어떤 감정도 그 자체로서 악할 수 없다는 말이다. 공맹 도덕론의 본질은 선한 성정을 확충하고, 칠정을 중화에 의해 덕성화해 해방하고 잘 즐기는 데 있다. 예禮는 칠정을 중화해 가장 잘 즐기는 방도다. 그래서 공자는 "무릇 예란 중中을 만드는 방도다"라고 했고(子曰 夫禮所以制中也)[300] 또 "화녕和寧은 예의 효용이다"라고 했고(和寧 禮之用也)다.[301] 이에 유자有子는 공자의 이 명제들을 받아 "예의 효용은 중화가 가장 귀한 것인데, (...) 행해지지 못함이 있다면 그것은 중화를 알고 중화시키려고 하고 예로써 조절하지 않아서 역시 행해질 수 없는 것이다"고 했던 것이다(有子曰 禮之用 和爲貴 [...] 有所不行 知和而和 不以禮節之 亦不可行也.).[302] 칠정의 발휘도 예법을 따른다면, 이것은 칠정을 가장 잘 머금고 절도에 맞게 발휘하는 중화의 길이다. 나아가 '인仁'과 '의義'에 따라 타인들과 더불어, 즉 남의 칠정 충족을 증진하는 '인仁'의 적극적 덕목과 남의 칠정의 충족을 해치지 않는 '의義'의 소극적 덕목에 따라 칠정의 충족을 즐긴다면, 이것은 '가장 잘' 즐기는 길이다. 흄의 도덕론은 소요학파를 내세우지만 실은 공맹의 이 중도론을 따르고 있는 것이다.

흄의 도덕론은 기본적으로 인애도덕론이다. 그는 이 인애도덕론을 유학적 도덕론에 힘입어 공감개념을 적극적으로 도입·활용함으로써 주술적·합리론적 도덕형이상학으로부터 도덕과학으로 한 걸음 더 발전시켰다. 그는 도덕감각론도 비일관성 속에서 합리론으로부터 잘 방어하고 명맥을 이었다. 이것도 도덕과학의 확립에 기여했다.

그러나 흄은 정의를 정조와[303] 더불어 '본성적' 덕목이 아니라, '인위적' 덕목으

---

300) 『禮記(下)』「仲尼燕居」, 31쪽.
301) 『禮記(下)』「燕義」, 279쪽.
302) 『論語』「學而」(1-12).

로 간주함으로써304) 오점을 남겼다. 그러나 정조는 남녀 간의 육체적·정신적 사랑에 본성적으로 부수되는 만큼 사랑만큼이나 본성적인 것이다. 종신토록 암수가 짝지어 사는 앵무새나 원앙새도, 그리고 원숭이도 정조감정이 강렬하다. 그런데 사람의 남녀 간에 정조감정이 본성적인 것은 당연한 것이다. 그리고 정의감도 정조만큼 본성적이다. 나중에 상론하겠지만 이타적·이기적 정의감정은 동물들도 가지고 있다. 흄이 동물들도 본능적으로 보유한 이 본성적 정의감정이 사람의 본성에만 없는 것으로 생각한 것은 그의 경험적 관찰이 미흡했던 데 기인한다. 원숭이는 이기적 정의감정(억울함·이기적 복수심)을 느낄 뿐만 아니라, 제3자가 억울한 일을 당하는 것을 저지하려는 이타적 정의감정도 느낀다. 개는 이타적 정의감정을 느끼지 않는 것 같으나 이기적 정의감정(억울함)은 상당히 강렬하다. 이 점에서 흄의 정의도덕은 본질적 차원에서 오류의 소산이다. 물론 그가 정의의 제목 아래 전개하고 있는 소유권 이론,305) 정부기원론,306) 충성이론,307) 국제법이론308) 등은 인위적 정의개념의 오류와 무관하게 중요한 가치가 있는 것들임을 부정할 수 없을 것이다.

---

303) Hume, *A Treatise of Human Nature*, Book 3, *Of Morals*, 363쪽.
304) Hume, *A Treatise of Human Nature*, Book 3, *Of Morals*, 307-322쪽.
305) Hume, *A Treatise of Human Nature*, Book 3, *Of Morals*, 322-336쪽.
306) Hume, *A Treatise of Human Nature*, Book 3, *Of Morals*, 342-345쪽.
307) Hume, *A Treatise of Human Nature*, Book 3, *Of Morals*, 345-362쪽.
308) Hume, *A Treatise of Human Nature*, Book 3, *Of Morals*, 362-364쪽.

제6절

아담 스미스의 도덕감정론적 도덕과학

아담 스미스(Adam Smith, 1723-1790)의 경제철학과 도덕이론에 대한 공맹의 영향은 결정적이고 본질적이었다. 그러나 그는 공자와 맹자의 이름을 주저에서 단 한 번도 언급하지 않았다. 이런 의미에서 그의 이론은 '표절'의 산물이었다. 이런 '표절'은 당대 교단의 감시 때문에 널리 용인되었다. 하지만 도덕이론에서 공맹의 영향은 여러 개념과 이론에서 충분히 명확하게 드러난다.

아담 스미스는 흄과 띠 동갑인 스코틀랜드 고향 후배로서 허치슨·흄·레이드(Thomas Reid)·아담 퍼거슨(Adam Ferguson) 등과 더불어 이른바 '스코틀랜드 계몽주의(Scottish Enlightenment)'를 대표하는 세계적 대학자. 당시 영국은 유럽에서 가장 자유로운 나라였고, 스코틀랜드는 1750년경에 이미 문해력 있는 시민의 구성비가 75%에 달할 정도로 당시 유럽에서 문맹률이 가장 낮은 지역이었지만, 이런 영국과 스코틀랜드 지역에서도 학문·예술에 대한 종교적 억압과 박해는 계속되고 있었다. 한마디로 당시 영국의 정신적·종교적·사상적 자유는 중국과 조선에 비해 형편없었던 것이다. 영국 성직자들은 끊임없이 철학자들의 서적과 견해에 대해 시비를 걸었고, 심지어 18세기 중반에도 흄의 철학을 무신론으로 낙인찍고 사법절차로 흄을 마귀로 사냥하려는 종교재판을 벼를 정도였다. 당시 영국에도 가톨릭과 무신론자들까지 포용하는 보편적 종교적 관용과 자유는 없었다. 따라서 이곳의 상황도 18세기에도 마녀사냥을 계속해 중세 이래 18세기 말까지 도합 46만 명의 마녀를 처형한 유럽 전반의 상황과 크게 다르지 않았던 것이다.

사실, 무신론자를 처벌하는 법규를 두고 있다는 것 자체가 온갖 종교적·정신적·경제적 자유를 만끽하던 동아시아 국가들과 비교하면 '너무 미개한' 것이었다.

스미스는 14세에 글래스고대학에 입학해서 프란시스 허치슨 아래서 도덕철학을 공부했다. 그리고 1740년에 그는 옥스퍼드대학교 밸리얼(Balliol) 칼리지에 입학해서 1746년까지 대학원 과정을 다녔다. 스미스는 훗날 글래스고 대학의 학습시절을 옥스퍼드대학 시절보다 훨씬 더 좋았었다고 회상했다. 그는 『국부론』에서 "옥스퍼드대학교에서 대부분의 공적 교수들은 수많은 해 동안 가르치는 외양적 구실조차 포기했다"고 적고 있다.[309] 스미스는 옥스퍼드대학 시절에 데이비드 흄의 『인간본성론』을 읽다가 발각된 적이 있었다. 그는 이 책을 읽었다는 죄목으로 혹독하게 처벌받았다. 그는 『인간본성론』을 몰수당했고 가혹한 견책을 받았다.[310] 이것은 1740년대에도 영국 교단과 강단의 사상탄압이 얼마나 극심했는지를 보여주는 전형적 사건이다. 옥스퍼드대학교는 스미스가 '근대인류의 걸작' 『국부론』을 집필하는 데 도움을 주기는커녕 철저히 방해한 것이다. 그는 이 대학의 도움 없이 독학으로, 즉 보들리언 도서관의 장서들을 뒤져 읽고 홀로 성장했다.[311] 그리고 1746년 그는 박사학위를 포기하고 옥스퍼드를 떠났다. 그럼에도 불구하고 세계인들, 특히 동아시아인들은 로크·뉴턴·섀프츠베리·흄·스미스 같은 거물 모럴리스트들이 케임브리지·옥스퍼드·에딘버러대학교 등 영국 대학교들에서 길러진 것으로 착각한다.

아담 스미스는 흄에 의해 법적 유고 관리인으로 지명되었다. 흄의 유고에는 수많은 편지, 완성된 형태의 종교론 원고(『자연종교에 대한 대화』) 등이 들어 있었다. 스미스는 생전에 흄을 가장 진실로 존경하며 따랐고, 사후에는 흄을 '제2의 소크라테스'로 찬미했다.[312] 스미스는 자신의 『도덕감정론』(1759)과 『국부

---

309) Adam Smith, *An Inquiry into the Nature and Causes of the Wealth of Nations* [이하: *Wealth of Nations*] [1776], volume I·II, textually edited by W. B. Todd (Glasgow·New York: Oxford University Press, 1976), Bk.V, Ch.II.
310) John Rae, *Life of Adam Smith* (London & New York: Macmillan, 1985), 5, 24쪽.
311) Rae, *Life of Adam Smith*, 22쪽.
312) 참조: Buckle, "Introduction", ix.

론』(1776)에서도 "사유의 최대의 심오성을 표현의 최대의 우아함과 결합시키고 가장 난해한 주제들을 가장 완벽한 명쾌성으로, 또 가장 생생한 화술로 다루는 독특하고 행복한 재능을 보유한 가장 독창적이고 가장 마음에 드는 철학자"[313] "현시대의 비길 데 없이 가장 걸출한 철학자 겸 역사가"[314] 등 여러 가지 극진한 수사를 동원하며 흄을 거듭 칭송하고 있다.

스미스는 흄이 남긴 편지들 중에서 중요한 편지들을 골라 서간집으로 출판했다. 그러나 옥스퍼드대학교에서 겪은 혹독한 지성·사상탄압의 경험 때문에 겁먹은 스미스는 『자연종교에 관한 대화(*Dialogues concerning Natural Religion*)』 유고의 내용을 살펴보고 당시 분위기상 위험하다고 판단해 출판을 미루기만 했다. 이 종교론 유고는 결국 흄의 조카의 손에 의해 흄이 죽은 지 2년이 지난 1779년에야 세상에 나올 수 있었다.

당시 영국의 저런 종교·사상탄압 때문에 스미스는 『도덕감정론』과 『국부론』에서 공맹의 이교異敎철학의 영향을 철저히 포장해 감추고 굴절·왜곡시켰다. 실제로 옥스퍼드 사상탄압의 스트레스에 평생 시달리던 스미스는 흄과 달리 공자를 찬양하기는커녕 그 이름을 단 한 번도 거명치 않았다. 하지만 직간접으로 흄보다 더 많이 공맹철학을 빌려 자유시장이론과 도덕감정론을 구성했다.

스미스에 대한 공자철학과 중국 정치경제의 영향은 크게 두 가지로 대별된다. 첫째는 측은·수오·공경지심 등의 본성적 공감 감정에 근거한 인·의·예덕의 윤리적 삼덕과 칠정의 중화로 요약되는 공맹의 탈종교적·경험주의적·성선설적 도덕철학인데, 이것은 신학적 계시도덕론, 이성도덕론, 네오에피쿠리언들의 계약·동의에 의한 도덕론, 기획도덕론 등을 거부하고 인간의 자연본성적 도덕감정과 '공감'능력을 도덕의 기초로 보는 섀프츠베리·허치슨·흄·스미스의 세

---

313) Adam Smith, *The Theory of Moral Sentiments, or An Essay toward an Analysis of the Principles by which Men naturally judge concerning the Conduct and Character, first of their Neighbours, and afterwards of themselves* [1759, Revision: 1761, Major Revision: 1790], edited by Knud Haakonssen (Cambridge/New York: Cambridge University Press, 2002·2009 [5. printing]), 209쪽.

314) Smith, *Wealth of Nations*, V. i. g. 3, 790쪽.

속적 도덕감정론에 영향을 끼쳤다.

둘째는 공맹의 '무위이치' 사상과 양민·교민사상, 사마천의 자유경제론과 유구한 중국적 실천에서 확립된 정치경제적 자유론과 국민평등교육론인데, 이것은 케네의 중농주의 자유경제론과 평등·의무교육론, 흄과 스미스의 자유상업·자유시장론에 영향을 끼쳤다. 스미스는 공맹의 양민복지론을 배제하고 정치경제적 자유론만 수용해 플라톤의 야경국가로 복귀하는 듯한 자유시장론을 수립하고, 이에 따라 공맹의 경험주의적·성선설적 도덕이론을 굴절시키고 삭감해 '소극적 덕목'인 '정의'를 앞세우고 '신적 덕목'인 '인애'를 뒤로하는 자신의 자유주의 도덕철학을 수립했다.

6.1. 스미스의 공자철학과 중국 학습

아담 스미스가 공맹철학과 중국의 정치경제론을 받아들인 경로는 직접독서, 흄과의 평생 교육관계와 흄 중심의 에딘버러 학술모임, 프랑스 계몽철학자들과의 만남 등 세 가지였을 것으로 추정된다.

■ 스미스 자신의 직접독서

스미스가 공맹을 접한 첫째 경로는 스미스 자신의 직접 독서다. 스미스는 옥스퍼드 밸리얼 칼리지 시절(1740-1746)부터 한창 도덕론 논쟁을 벌이던 당대의 프랑스 철학서적을 몰래 광범하게 섭렵하면서 중국 관련 논문과 서적들도 읽었다. 그 증거는 스미스가 케네·튀르고·볼테르를 만나기(1764-66) 전에 집필한 『도덕감정론』 초판(1759)에서 이미 중국을 자주 사례로 들거나 볼테르의 『중국의 고아』를 세 번이나 '아름다운 비극'으로 소개하고 있기[315] 때문이다.

---

315) 참조: Smith, *The Theory of Moral Sentiments*, III. iii. 4, 157쪽; VI. ii. i. 22, 267쪽; VI. ii. ii. 5, 270쪽.

스미스의 보유 장서가 그의 독서범위를 다 보여주는 것이 아니고 장서가 다 전해지는 것도 아니지만, 대부분 남아 있는 그의 장서의 스펙트럼을 보면 공맹철학에 대한 그의 학식과 중국·극동아시아에 대한 그의 정보지식을 짐작케 한다.316) 우선 스미스의 '공맹철학 관련 서적들'은 알려진 장서를 중심으로 다음과 같이 목록화될 수 있을 것 같다.

(1) 새뮤얼 퍼채스의 『퍼채스, 그의 순례여행』.317) 상론했듯이 퍼채스의 이 책은 철학자 공자의 이름과 공자철학을 처음 유럽에 소개한 책이다.

(2) 프랑수아 베르니에의 『프랑수아 베르니에의 여행 (...) 대몽고, 힌두스탄의 국가와 케쉬미르 왕국의 기술을 포함하여(*Voyages de François Bernier [...] contenant la description, de l'Hindistan, du royaume de Kachemire*)』(1699). 베르니에(François Bernier, 1620-1688)는 공자찬미자로서 중국과 기타 아시아 지역들을 여행하고 "아시아제국諸國의 국부·국력·정의와 쇠락의 원칙적 원인"을 다루었다. 베르니에는 라 모트 르 베예를 추종했다. 라 모트 르 베예는 『이교도의 덕성에 관하여(*De La vertu des payens*)』(1640)에서 공자를 "중국의 소크라테스"라고 칭송한 루이 14세의 왕사다. 베르니에는 인토르케타·쿠플레·뤼지몽 등의 공자경전 역주서 『중국철학자 공자』를 읽고 감격해 그것을 불역佛譯하는 구상을 하면서 "아! 공자가 인간의 내면을 얼마나 잘 이해했는지, 그리고 군주의 행동과 국가의 통치에 대해 얼마나 위대한

---

316) 스미스 사후에 그의 개인서고의 장서들은 그의 조카 더글러스(David Douglas)에게 유증되었고 더글러스 사후 다시 그의 두 딸 배너맨(Mrs. Bannerman)과 커닝햄 부인(Mrs. Cunningham)에게 상속되었다. 배너맨 보유 장서는 몽땅 에든버러 대학에 기증되었고, 커닝햄 부인은 1878년 그녀의 스미스 장서를 여러 차례에 걸쳐 매각했다. 그리하여 이 커닝햄 부인의 장서는 영국, 미국, 캐나다, 이탈리아, 일본 등 전 세계로 흩어졌다. 이 중 141권의 장서는 일본의 제국주의 선동에 앞장섰던 니토베이나조(新渡戶稻造) 교수가 1920년 매입해서 소장하다가 동경대에 기증해서 동경대 도서관에 소장되어 있다. 세계적으로 흩어진 스미스의 장서들의 '목록(Catalogue)'은 여전히 실종된 장서들이 일부 있을지라도 일본학자 미쭈다(Hiroshi Mizuda)에 의해 그의 『아담 스미스의 장서 카탈로그』(2000) 안에 최대로 담겼다. Hiroshi Mizuda, *Adam Smith's Library: A Catalogue*(Oxford: Oxford University Presss, 2000·2004). 이 책과 『국부론』의 인용문헌을 종합적으로 참조하면, 공맹철학 관련 서적, 중국 관련 서적, 아시아 관련 서적 등이 다수 포함되어 있다.
317) Mizuda, *Adam Smith's Library*, 목록번호 1384-1385(208쪽).

안목을 가졌는지, 그 분은 그들이 덕스러울 때만 행복하다고 여길 정도였다!"고 쓰고 "내가 아는 한, 지금까지 어떤 인간도 그토록 많은 지혜, 그토록 많은 현명, 그토록 많은 진실성, 그토록 많은 경애심, 그토록 많은 박애심을 가진 것으로 보이지 않았다"고 확언한 세계여행가다. 그는 "나는 라 모트 르 베예 씨를 읽고 그가 '거룩한 공자님이시여, 우리를 위해 기도해주소서!'라고 말하는 것을 자제하려고 애썼다는 것을 알게 되었다"고 기술한 바 있다.318) 스미스도 베르니에의 극동기행문을 읽고 그의 공자찬양 열기를 느꼈을 것이다.

(3) 『피에르 벨 전집(Oeuvres diverse Mr. Pierre Bayle)』(1727).319) 스미스는 벨로부터 공자의 도덕철학과 휴머니즘 및 중국의 무제한적 관용의 종교·정치문화를 배웠을 것이다.

(4) 윌리엄 템플의 『전집(The Works of Sir William Temple)』(1754).320) 이 전집에 실린 두 논문 "An Essay upon the Ancient and Modern Learning"과 "Of Heroic Virtue"에서 템플은 공자와 그 철학을 인류의 위대한 철학(자)로, 중국을 "실존하는 유토피아 국가"로 칭송하고 있다.

(5) 뒤알드의 『중국통사』. 이 책은 미추다의 카탈로그에는 빠져 있지만, 스미스는 이 책에서 필요한 구절들을 발췌해서 『국부론』의 여기저기에서 무단으로 사용하고 있다.321) 뒤알드의 『중국통사』는 3권에서 공맹의 경전들과 유가의 도덕철학을 110여 쪽에 걸쳐 상당히 자세하게 설명·소개한다.322)

---

318) François Bernier, "Introduction à la lecture de Confucius, Extrait de diverses pièces envoyées pour étrennes par M. Bernier à Madame de la Sablières", *Journal des Sçavans* (7 juin 1688) [pages 25-40], 38-39쪽.
319) Mizuda, *Adam Smith's Library*, 목록번호 127(21쪽).
320) Mizuda, *Adam Smith's Library*, 목록번호 1639(249쪽).
321) Smith, *Wealth of Nations* (I), I.Viii, §24(90쪽); (II), IV. ix, §40(679쪽).
322) Jean-Baptiste Du Halde, *Description géographique, historique, chronologique, politique, et physique de l'empire de la Chine et de la Tartarie chinoise, enrichie des cartes generales et particulieres de ces pays, de la carte generale et des cartes particulieres du Thibet, & de la Corée* (Paris: A la Haye, chez Henri Scheurleer, 1735). 영역판: P. Du Halde, *The General History of China*, Volume II (London: Printed by and for John Watts, 1736), Volume III, 238-356쪽.

(6) 프리드리히 2세의 『전집(*Oeuvre du philosophe de Sans-Souci*와 *Oeuvre posthumes de Frédéric II*)』(1760, 1788). 스미스의 장서에는 두 종류(1760, 1788)의 전집이 들어 있다.323) 이 전집에는 공맹의 덕치철학의 관점에서 마키아벨리를 비판한 『반反마키아벨리론』(1740)과, 공자철학의 관점에서 교황을 비판한 『중국황제의 특사 피히후의 보고』(1760)가 포함되어 있다.

(7) 피에르 푸아브르(Pierre Poivre)의 『어느 철학자의 여행, 또는 아프리카, 아시아와 아메리카의 도덕과 예술의 관찰』(1768).324) 이 책은 파리의 철학자들 사이에서 1740-50년대부터 나돌며 탐독되던 원고를 뒤늦게 출판한 것이다. 이 책에서 푸아브르는 중국의 농업과 상업을 상론하고 또 공자를 이렇게 극찬한다. "우리가 지상의 가장 강력한 사람들, 가장 부유한 사람들, 가장 행복한 주권자들이 될 영광을 열망하는가? 북경으로 가라, 이성 밖의 권좌 위에 앉은 필멸자들 중 가장 위력적인 분을 응시하라. 그 분은 명령하지 않는다. 그 분은 가르치신다. 그 분의 말씀은 정지停止가 아니다. 그것은 정의와 현명의 준칙이다."325) 스미스는 이 책을 『국부론』에서 실명實名을 대며 인용하고 있다.326)

(8) 케네의 『중농주의』(1767년 뒤퐁 드 네무르 편찬).327)

(9) 케네의 『중국의 계몽전제정(*Le Despotisme de la Chine*)』(1767). 이 책은 중국의 정치·경제 원칙을 '무위이치無爲而治' 또는 '자연적 도(*ordre naturel*)'로 규명하고 공맹의 정치·도덕철학과 중국의 정치·경제체제를 분석한 책이다. 스미스는 케네의 이 책을 다음과 같이 '무단인용'하고 있다. "중국의 국내시장은 아마 그 크기에서 유럽의 모든 상이한 나라들의 시장을 다 합한 것보다 많이 열등하지 않을 것이다."328)

---

323) Mizuda, *Adam Smith's Library*, 목록번호 634, 635(97쪽).
324) Mizuda, *Adam Smith's Library*, 목록번호 1340(200쪽).
325) Pierre Poivre, Voyages d'un philosophe ou observations sur les moeurs et les arts des peuples de l'Afrique, de l'Asie et de l'Amerique (Yverdon: chez M. le Professeur de Felice, & à Paris, chez Desaint, Libraire rue du Foin Saint Jacques, 1768), 138-139쪽.
326) Smith, *Wealth of Nations* (I), I. xi.b §32(173쪽); (II), IV. ix, §40(679, 680쪽).
327) Mizuda, *Adam Smith's Library*, 목록번호 1384-1385(208쪽).
328) Smith, *Wealth of Nations* (II), IV. ix, §41(681쪽).

케네는 『중국의 계몽전제정』에서 이렇게 말한다. "역사가들은 중국의 내부에서 행해지는 상업이 아주 커서 유럽의 상업은 여기에 비교할 수 없을 정도라고 말한다."³²⁹⁾ 케네의 이 말은 다시 뒤알드의 다음 구절로 거슬러 올라간다. "중국 국내에서 행해지는 교역은 아주 커서 전 유럽의 교역은 여기에 비교될 수 없을 정도다."³³⁰⁾ 이를 감안하면 스미스가 뒤알드와 케네 중 누구를 읽고 인용한 것인지, 또는 둘 다 읽은 것인지 분명치 않다. 스미스는 다른 곳에서도 『중국의 계몽전제정』을 무단 인용하고 있다. "장인들은 유럽에서처럼 자기 작업장에서 손님의 부름을 기다리는 것이 아니라 각 직업의 도구를 가지고 서비스를 제공하러 고용을 구걸하는 양 거리를 계속 이리저리 뛰어다니고 있다."³³¹⁾ 케네는 이와 관련해 이렇게 기술한다. "장인들은 아침부터 저녁까지 일을 찾아 마을을 뛰어다닌다. 대부분의 중국 노동자들은 특정한 집 안에서 일한다. 가령 옷을 맞추고 싶은가? 그러면 재단사는 아침에 당신 집에 왔다가 다시 저녁에도 온다. 마찬가지로 모든 장인들로부터 일상적 도구를 만들기 위해 모루와 풍로를 가지고 다니는 대장장이나, 안락의자를 어깨에 메고 대야와 주전자를 손에 들고 다니는 이발사에 이르기까지 이들은 일감을 찾아 끊임없이 거리를 달린다."³³²⁾ 케네의 이 기술은 다시 뒤알드의 기록을 약간 부정확하게 과장해 옮겨 놓은 것이다. 뒤알드는 『중국통사』에서 이렇게 말한다. "모든 도시에 온갖 장인들이 존재하는데, 이 중 일부는 자기들의 점포에서 일하고, 일부는 그들의 용역을 원하는 사람에게 제공하기 위해 이 가로에서 저 가로로 옮겨 다닌다. 대부분의 일은 개인 집에서 한다. 가령 당신이 옷 한 벌을 원하면 재단사가 아침 일찍 당신 집으로 왔다가 저녁에 귀가한다. 다른 직종에서도 동일하다. 심지어 대장장이들은 도구들, 모루, 풍로를 가지고와서 상용常用한다. 대부분의 이발사는 그들을 쓸 사람들에게 다가감을 알리기 위해 작은 종을 울리며 계속 가로를 걸어 다닌다. 그들은 어깨에 의자, 대야, 주전자, 불 등을 수건과 빗 상자와 함께 둘러메고, 가로에서나 광장의 한복판에서, 또는 현관에서 또는 원하는 어디에서든 머리를 아주 능란

---

329) François Quesnay, *Despotism in China*, 208쪽. Lewis A. Maverick. *China - A Model for Europe*, Vol.II (San Antonio in Texas: Paul Anderson Company, 1946). 국역본: 프랑수아 케네 (나정원 본문대역), 『중국의 계몽군주정』 (서울: 앰-메드, 2014), 불어원문 112쪽(국문문: 112-113쪽).
330) Du Halde, *The General History of China*, Volume II, 296쪽.
331) Smith, *Wealth of Nations* (I), I. viii, §24(89쪽).
332) 케네, 『중국의 계몽전제정』, 불어원문 60쪽(국역문: 61쪽).

하게 깎아 만주의 관습에 따라 긴 머리카락만 남겨둔다."333) 이것을 보면 다시 스미스가 케네를 인용한 것인지 뒤알드를 인용한 것인지 불분명하다.

(10) 메르시에 드 라 리비에르(Le Mercier de la Rivière)의 『정치사회의 자연적 도와 본질적 도』. 이 책은 『국부론』에서 실명 인용되고,334) 미추다의 목록에도 들어 있다.335) 메르시에는 이 책에서 '유럽의 공자' 케네의 중농주의와 경제표를 대중적으로 해명하고 중국의 정치문화 및 정치철학과 관련된 설명도 제공하고 있다.336)

(11) 1730-1770년대 영국 식자층의 중심잡지 『젠틀맨의 매거진(Gentleman's Magazine)』과 『런던 매거진(Londons Magazine)』. 이 잡지들은 『스코츠 매거진(Scots Magazine)』, 『스펙테이터(The Spectator)』 등과 함께 공자와 그의 도덕·정치철학 및 중국의 통치원리를 찬양하며 집중적으로 소개하던 정기간행물들이었다. 따라서 스미스는 틀림없이 이 지식인 잡지들을 통해서도 공자철학과 중국의 정치경제 지식을 흡수했을 것이다. 스미스의 장서에 들어있는 『젠틀맨의 매거진』과 『런던 매거진』의 권수(1769-1777)는 도합 18권이다.337)

(12) 올리버 골드스미스의 『골드스미스 저작집(Goldsmith's Poetical and Dramatick Works)』, 1-2권(1780). 이 저작에는 가상의 중국철학자가 공자철학의 관점에서 영국사회와 정치를 비평하는 『세계시민』이 들어 있다.

(13) 돌바하(Paul Henri Thiry d'Holbach)의 『자연적 정치(La Politique naturelle)』, 1-2권(1773).338) "참된 통치원리에 대한 논구(Discours sur les vrais principles du gouverement)"라는 부제를 단 이 책은 케네가 『중국의 계몽전제정』에서 피력한 '자연적 도' 개념을

---

333) Du Halde, *The General History of China*, Volume II, 124-125쪽.
334) Smith, *Wealth of Nations* (II), IV. ix, §38(679쪽).
335) Mizuda, *Adam Smith's Library: A Catalogue*, 목록번호 970(145쪽). Le Mercier de la Rivière, *L'ordre naturel et essentiel des sociétés politiques* (Londres: Chez Jean Nourse, librairie, & se trouve à Paris, Chez Daint, librairie, 1767).
336) Le Mercier de la Rivière, *L'ordre naturel et essentiel des sociétés politiques*, 62-63쪽.
337) Mizuda, *Adam Smith's Library: A Catalogue*, 목록번호 666(100쪽).
338) Mizuda, *Adam Smith's Library: A Catalogue*, 목록번호 790(120쪽).

추종해 공자의 '무위이치'의 이념과 중국의 '유자치국儒者治國' 전통을 직접 인용하며 이 '무위이치 · 유자치국론'을 '자연적 정치'와 '철인치자'의 이론으로 변안해 해명하려고 시도한 저작이다.[339]

(14) 코르넬리우스 드 포우(Cornelius de Pauw) 신부의 『이집트와 중국의 철학적 탐색(Recherches Philosophiques sur les Egyptiens et Les Chinois)』(1773).[340] 프리드리히 2세의 자문관이었던 포우는 중국비판가이고, 이 책도 중국철학에 대해 비판적인 책이다.

(15) 『볼테르 전집』. 스미스는 볼테르전집의 여러 버전을 가지고 있었다.[341] 스미스는 이 전집에서 볼테르의 공자예찬과 중국분석, 그리고 중국과 극동제국의 종교적 관용 등에 대해 읽었을 것이다.

이상 스미스의 장서와 인용서들은 그가 공자의 정치 · 도덕철학과 중국의 통치론을 접한 책들이다. 그런데 100년 이상 장기 베스트셀러였던 쿠플레 등의 경전 번역서 『중국철학자 공자』(1687)와 노엘의 『중국제국의 경전6서』(1711)가 이 장서목록에서 빠져 있는데, 이 책들은 대량으로 한 번 인쇄되어 18세기 초에 각국 서적상에 보급된 이래 다시 인쇄되지 않아서 스미스가 개인장서로 입수할 수 없었기 때문이다. 그러나 이 책들은 미국을 포함한 서구제국의 여러 도서관에 오늘날까지도 대다수가 남아있을 정도로 당시 유럽의 모든 도서관들이 소장하고 있었다. 그래서 흄도 이 책들을 읽을 수 있었다. 따라서 스미스도 어떤 도서관에서든 이 책들을 빌려 읽었을 것이다.

그러나 스미스는 흄처럼 이 『중국철학자 공자』와 『중국제국의 경전6서』를 단 한 번도 인용하지도, 언급하지도 않고 있다. 이는 다른 추정을 요한다. 지금으로서 짐작할 수 있는 것은 아마 그가 무신론자로 몰릴까봐 흄의 유언을 저버리고

---

339) Ancien Magistrat(Paul Henri Thiry d'Holbach), *La Politique naturelle, ou Discours sur les vrais principles du gouverement*, Tome premier et second (Londres: 1773).
340) Mizuda, *Adam Smith's Library: A Catalogue*, 목록번호 1275(191쪽).
341) Mizuda, *Adam Smith's Library: A Catalogue*, 목록번호 1744-1748(256-266쪽).

그의 종교관련 유고를 끝내 출판하지 않은 것과 같은 그의 '소심함'일 것이다. 스미스는 지극히 탈종교적 · 세속적인 도덕론인 자신의 '도덕감정론'과 관련해 무신론자로 논죄당하는 것을 피하기 위해, 당시 이신론자나 무신론자로 숭상되기도 하고 배격되기도 하는 공맹의 경전번역서들을 차마 언급할 수 없었을 것이다.

한편, 스미스의 장서에는 중국 · 아시아 · 동양에 관한 서적들도 다수 포함되어 있다. 이런 서적들은 일본학자 미추다의 카탈로그로 파악된 것만 볼 때도 인도 · 태국 관련 서적(36권)을 제외하고도 도합 30여 권에 달한다.342) 따라서 공맹과 중국 · 아시아 · 동양에 관한 잔존하는 장서와 인용된 저서는 다 합치면 45권을 상회한다. 스미스가 그밖에 장서로서 흔적이 남지 않은 중국 관련 서적들도 많이 보았다는 사실을 그의 말에서 알 수 있다. 그는 『국부론』에서 "중국은 마르코 폴로 시대 훨씬 전에도 법률과 제도의 본성이 달성하도록 허용하는 부의 풍족한 완성을 달성했을 것"이지만, "모든 여행자들의 설명들은 다른 많은 점에서 엇갈려도 낮은 노동임금과 노동자가 중국에서 가족을 부양하는 데 직면하는 곤란에서 일치한다"고343) 말하고 있기 때문이다. 이 말을 통해 그가 장서목록에 없는 마르코 폴로의 『동방견문록』과 여러 여행자들의 보고서적들을 섭렵했다는 것을 알 수 있다. 따라서 스미스가 "중농주의자들에게 영향을 미친 중국학문에 문외한이었고 그가 그의 정신적 세계관에서 철두철미 유럽적이었다"는 제프리 허드슨(Geoffrey F. Hudson)의 논평은344) 전혀 '논평할 가치가 없을' 것이다.

공자철학과 중국정치에 대한 스미스의 학적 지식과 정보는 무엇보다도 먼저 이러한 서적들에 대한 독서를 통해서 형성되었다. 중국의 정치경제에 관한 그의 '무단 인용'과 공자철학에 대한 '표절'도 모두 이 독서루트 덕택에 가능했을 것이다.

---

342) Mizuda, *Adam Smith's Library: A Catalogue*, 목록번호 55, 128, 158, 203, 323, 333, 424, 474, 743, 750, 771, 885, 937, 1018, 1100, 1145-1146, 1236, 1275, 1340, 1359, 1384, 1385, 1602, 1636, 1637, 1657, 1660, 1668, 1695, 1749. 목록번호 1145-1146는 Jean F. Melon의 *Essai politique sur le commerce*(1739, 1761)다. 멜롱은 이 책의 한 절에서 중국의 상공업에 대해 상론하고 있다.

343) Smith, *Wealth of Nations*, I. viii. 24 (89쪽).

344) Geoffrey F. Hudson, *Europe and China: A Survey of their Relations from the Earliest Time to 1800* (Boston: Beacon Press, 1931 · 1961), 325쪽.

■ 흄과의 평생지교와 에딘버러 학술모임

공맹철학과 중국의 정치경제론을 받아들인 둘째 경로는 공자와 중국을 잘 알고 있던 데이비드 흄과의 교우다. 스미스는 에든버러 대학교에서 시간강사를 하던 시절(1748-1750) 흄 중심으로 모여 있던 에든버러의 여러 계몽주의 서클에 들어가 교류하면서 흄을 만나 평생지교를 맺었다.

이때 스미스는 이 서클과 흄을 통해 공자와 중국에 관한 당대 최고 수준의 지식과 정보를 접했을 것이다. 특히 자유시장론은 케네를 통해 배우기에 앞서 공맹의 무위시장론과 중국의 자유시장적 경제정책을 알고 있던 흄의 자유교역론을 통해 배웠을 것이다.

■ 프랑스 계몽철학자들과의 교류

셋째는 케네·튀르고·볼테르 등 프랑스철학자들과의 만남이다. 스미스는 글래스고대학의 도덕철학 교수직을 사임하고 버클류크 공작(일명 Henry Scott)을 위한 유럽여행 동행同行 교수직을 맡아 1764년부터 1766년까지 공작의 유럽투어를 수행했다. 그에게 평생 먹고 살 연금을 마련해 준 이 동행교수직 수행 중에 스미스는 이전에 책을 통해서만 알았던 볼테르를 제네바에서 만나는 영광을 얻었다. 볼테르는 18세기 당대의 대표적 '친중파親中派' 대문호로서 당시 건륭제와 시문들을 교환했다.[345] 그리고 프랑스 파리로 와서 체류할 때는 케네·튀르고와 북미식민지 지식인 벤저민 프랭클린(Benjamin Franklin, 1706-1790), 그리고 달랑베르·엘베시우스·모렐레(André Morellet) 등 백과전서파와도 교류했다. 1766년 2월에서 11월까지 9개월 동안 파리에 체류하는 사이, 스미스는 『도덕감정론』의 저자로서, 그리고 '흄의 친구'로서 중농주의자들의 살롱에서 따뜻한 환영을 받았다.[346]

특히 케네·튀르고와의 만남은 스미스가 이미 관여하고 있던 주요 작업을

---

345) William W. Lockwood, "Adam Smith and Asia", *The Association for Asian Studies*, Vol. 23, No. 3(May, 1964), 348쪽.
346) 참조: Young, "The Tao of Markets: Sima Quian and the Invisible Hand", 142쪽.

분명히 자극했다. 이 작업은 '시민사회의 역사'에서 본 근대 경제체계의 포괄적 연구에 관한 그의 글래스고 강의의 정치경제학 분야의 개발이었다. 그는 1766년 평생연금을 가지고 귀국한 후 고향 커크콜디(Kirkcaldy)에 정착해 처음으로 '재야 철학자'로서 방해받지 않고 이미 유럽여행 중 첫 시기에 머물던 프랑스 툴루스에서부터 쓰기 시작한 방대한 프로젝트인 『국부론』 집필에 전념할 수 있었다.[347]

스미스는 파리 체류 시에 튀르고와 여타 중농주의자들을 여러 차례 만나 그들과 공통 관심사에 관해 심도 있게 토의했다. 모렐레는 이때의 만남과 토의에 대한 회상을 글로 남겼다.[348] 프랑스 중농주의자들과 여러 차례 만나는 가운데 당연히 중국에 대해서도 많은 이야기가 오갔을 것이다. 특히 튀르고는 두 중국 유학생을 위해 집필했던 『부의 형성과 분배에 관한 성찰』을 니콜라 보도(Nicolas Baudeau, 1703-1792)의 『시민일지(Les Ephémérides du Citoyen)』에 연재하던 중이었는데, 스미스가 남긴 유품 가운데 『시민일지』에 연재된 튀르고 저작의 처음 두 부분이 들어있다. 스미스는 흄에게 보낸 한 편지(1766년 7월 6일자)에서 튀르고와의 만남에 대해 언급한 적이 있고, 로쉬푸코(Rochefoucauld)에게 보낸 편지(1785년 11월 1일자)에서도 그 만남에 대해 언급한다. 스미스는 이 편지에서 "나는 그와 알게 되는 행운을 얻었고, 내가 자랑으로 여기는 바, 그의 우정과 존경의 행운도 얻었다"고 적고 있다.[349]

그리고 스미스는 흄의 소개로 타운센드(Charles Townsend)도 알게 된다. 타운센드는 1763년 말 스미스에게 자신의 조카인 버클류크 공작을 소개해 준 인물이었다. 스미스는 타운센드에게 보낸 한 편지(1766년 8월 26일자)에서 케네가 버클류크 공작을 진료했을 때 케네를 처음 만났다고 쓰고 있다. 스미스는 스코트(Frances

---

347) Knud Haakonssen, "Introduction", xxi-xxii. Smith, *The Theory of Moral Sentiment*.
348) "나처럼 형이상학적인 것을 좋아한 튀르고는 스미스의 재능을 크게 호평했다. 우리는 스미스를 여러 번 만났다. 그는 엘베시우스의 집에서 소개되었다. 우리는 상업이론, 은행, 공채, 그가 중개하는 큰 사업의 여러 가지 항목들에 대해 의견을 나누었다." André Morellet, *Mémoires sur le XVIIIe siècle et la Révolution*, 2 vols. (Paris, 1821), 244쪽. Smith, *Wealth of Nations*, 672쪽, W. B. Todd의 주에서 재인용.
349) Smith, *Wealth of Nations*, 672쪽, W. B. Todd의 주.

Scott) 부인에게 보낸 편지(1766년 10월 15일자 편지)에서 케네를 "프랑스에서 가장 훌륭한 사람들 중 하나이자 모든 나라에서 만난 가장 훌륭한 의사들 중 한 사람"으로 묘사하고 "그는 의사일 뿐만 아니라 장점을 경시할 수 없는 여성인 퐁파두르 마담(루이 18세의 정부)의 친구이자 측근이었다"라고 설명하고 있다. 스미스는 『국부론』을 케네에게 헌정하려고 마음먹었을 만큼 케네를 충심으로 높이 평가했다.350)

스미스는 튀르고의 『부의 형성과 분배에 관한 성찰』을 영어로 옮겨 출판한 숨은 번역자로 추정되기도 한다.351) 튀르고는 이 글의 성격을 뒤퐁에게 보낸 편지(1766년 12월 9일자)에서 수치도식을 뺀 케네의 『경제표(*Tableau économique*)』라고 설명한다. "나는 내가 말한 두 중국인을 위한 약간의 질문을 완성했습니다. 그리고 이 질문들의 목적과 의미를 명확히 하기 위해 나는 그들에게 사회의 작동과 부의 분배를 분석한 일종의 개요서를 먼저 주었습니다. 나는 그 속에 어떤 대수학도 포함시키고 싶지 않았습니다. 거기에는 『경제표』의 형이상학적 부분만 들어 있습니다. 더구나 나는 이 저술을 완전하게 만들기 위해 다루어져야 할 많은 질문들을 빼놓았지만, 오히려 자본의 형성과 운동, 화폐이자 등을 철저히 다루었습니다. 그것은 짧은 개요서입니다."352) 이 편지를 통해 다시 확인되듯이 아담 스미스의 경제학이 빚진 튀르고의 『성찰』은 '고高'와 '양楊'이라는 두 중국인 유학생의 파리 방문이라는 우연적 사건 덕택에 집필된 것이다. 튀르고는 『성찰』을 수치계산('대수학')을 뺀 『경제표』라고 소개하고 있다.

스미스가 많은 빚을 진 케네의 『경제표』는 주지하다시피 중국을 모델로 한 것이다. 따라서 스미스는 『국부론』 집필 중에 만난 이 두 사람과 두 저서를 통해 중국의 경제이론적 의미를 정확히 알게 되었을 것으로 보인다. 이런 까닭에 몇몇 학자들은 스미스가 『성찰』을 영역한 것을 넘어 이것을 '표절'했다고 단정한다.353)

---

350) Smith, *Wealth of Nations*, 674쪽, W. B. Todd의 주.
351) 참조: Young, "The Tao of Markets: Sima Quian and the Invisible Hand", 142쪽.
352) Young, "The Tao of Markets: Sima Quian and the Invisible Hand", 143쪽에서 재인용.
353) 참조: Young, "The Tao of Markets: Sima Quian and the Invisible Hand", 143쪽.

6.2. 공맹철학과 스미스의 공감적 도덕감정론

매버릭·록우드·제어콥슨 등 여러 학자들은 이구동성으로 공맹철학이 아담 스미스의 경제·도덕철학에 대해 경이로울 정도로 깊은 영향을 미쳤다고 말한다. 일단 이에 대해 먼저 살펴보고 나서, 그의 도덕이론을 분석해보자.

■ 공맹 도덕철학과 스미스 도덕론의 밀착관계

루이스 매버릭(Luise A. Maverick)은 뒤알드가 『중국통사』에서 『맹자』의 발췌번역을 내고나서부터 유럽에서 처음으로 맹자의 광범한 독자층이 나타났다고 말한다. "맹자의 '보편적 공감' 개념은 『도덕감정론』 집필에서 아담 스미스를 움직였을 것이고, 맹자의 '수신', 또는 "인간의 완벽화가능성" 독트린은 고드윈(William Godwin, 1756-1836)에게 영향을 미쳤을 것이다"라고 추정한다.[354] 윌리엄 록우드(William W. Lockwood)도 매버릭의 이 추정에 동조한다.[355] 그리고 매버릭은 공맹의 도덕·정치철학을 논한 에티엔느 드 실루에트(Etienne de Silhouette)의 『중국인들의 통치와 도덕의 일반이념 — 특히 공자의 저작에서 유래한(*Idée générale du gouvernement et de la morale des Chinois - tirée particulièrement des ouvrages de Confucius*)』(1729·1731·1764)도 스미스에게 큰 영향을 미쳤을 것으로 추정한다. 그리고 "스미스 윤리학의 학도들이 실루에트의 이 '인간애' 논의를 다 읽는다면 크게 보상받을 것"이라고 부연하고 있다.[356]

『중국인들의 통치와 도덕의 일반이념』에서 실루에트는 공자의 도덕철학에 관해 다음과 같이 설명하고 있다.

현자는 모든 도덕의 기반으로 인간애를 가지고 있다. 모든 사람들에 대해 느껴야

---

354) Lewis A. Maverick, *China - A Model for Europe*, Vol. I (San Antonio in Texas: Paul Anderson Company, 1946), 25쪽.
355) Lockwood, "Adam Smith and Asia", 350쪽.
356) Maverick, *China - A Model for Europe*, 32쪽.

하는 사랑은 그에게 낯선 것이 아니다. 이 사랑은 인간 자체다(*c'est l'homme lui-même*). 인간의 본성이 모든 사람을 사랑하도록 인간을 야기한다. 이 감정은 자기애만큼 그에게 본성적인 것이다. 인간을 다른 모든 피조물들과 구별해 주는 것은 이 자질이다. 이것이 인간의 모든 법의 지지대(*analise*)다. 사람들이 자기 부모에게 반드시 바쳐야 하는 사랑은 온 인류를 대상으로 삼는 그 사랑보다 더 우선적인 힘이 있다. 사랑은 인간에게 차등적으로 베풀어지고, 우리들은 부지불식간 사랑에 지배된다. 각자에게 속한 것을 각자에게 주는 일을 맡는 정의가 나오는 출처는 이 보편적 사랑이다.[357]

"이 사랑은 인간 자체다"는 구절은 "인애란 인간이다(仁者人也)"는 『중용』의 명제를, "사람들이 자기 부모에게 반드시 바쳐야 하는 사랑은 온 인류를 대상으로 삼는 그 사랑보다 더 우선적인 힘이 있다"는 구절은 "어버이를 친애하는 것은 가장 큰 일이다(親親爲大)"는 『중용』의 명제를, "사랑은 인간에게 차등적으로 베풀어진다"는 구절은 "어버이 친애를 촌수에 따라 차감하고 현자 존중을 차등화하는 것은 예법이 생겨나는 원천이다(親親之殺 尊賢之等 禮所生也)"는 『중용』의 명제들을[358] 그대로 옮겨 놓은 것으로 보인다. 그리고 더욱 놀라운 구절은 실루에트가 공맹의 도덕론을 정의가 보편적 사랑에 앞서는 도덕론이 아니라, "보편적 사랑"을 "정의가 나오는 출처"로 규정함으로써 인仁을 정의에 앞세우는 대목이다.

『중국인들의 통치와 도덕의 일반이념』이 1729년부터 1764년까지 무려 30-40년 동안 거듭 인쇄되고 판매되었기 때문에 공자의 도덕철학에 대한 실루에트의 이 논의는 분명 흄에게만이 아니라 스미스에게도 영향을 끼쳤을 것이다. 흄과 스미스는 공맹의 이런 직간접적 영향 아래 공감도덕론을 전개해 허치슨을 비판할 수 있었다.[359]

---

357) Etienne de Silhouette (Anonyme), *Idée genénérale du gouvernement et de la morale des Chinois - tirée particulièrement des ouvrages de Confucius* (Paris: Chez Quillau, 1729·1731·1764), 62-63쪽.
358) 『中庸』(二十章).
359) Jacobson, "The Possibility of Oriental Influences in the Philosophy of David Hume", 32쪽. 허치슨의 '도덕감각론'에 대한 스미스의 비판은 참조: Smith, *Theory of Moral Sentiment*, VII.

제이콥슨(Nolan P. Jacobson)은 1969년 공맹의 '공감'과 '측은지심' 개념을 맹자·흄·스미스를 삼각으로 연결시키는 핵심 개념으로 규정했다.

흄은 인간을 처음부터 끝까지 사회적 존재로 본다. 이것은 공감 또는 동점심의 역할을 오해하고 흄 안에서 오로지 인식론만을 보았던 (…) 영국 철학자들에 의해 경시되고 왜곡된 흄 철학의 한 측면이다. 우리는 흄이 맹자의 보편적 동정심(또는 측은지심)의 개념의 우물에서 얼마나 많은 물을 들이켰는지, 그리고 이 개념이 흄과 아담 스미스, 두 사람에게 얼마나 깊은 영향을 미쳤는지에 대해 놀랄 기회를 가져야 한다. 자기의 동료 인간에게 자신을 투영하는 인간의 능력은 데이비드 흄이 보기에 세계의 경이驚異 가운데 하나였다.360)

매버릭·록우드·제이콥슨은 공히 공맹의 도덕감정론과 공감이론이 아담 스미스와 흄에게 '깊은' 영향을 미쳤다고 보고 있다. 공맹에 정통한 사람들은 이런 영향을 스미스의 『도덕감정론』의 여기저기서 실제로 확인할 뿐만 아니라, 어떤 경우는 문장표현까지 공맹경전을 표절한 것 같은 느낌이 들게 하는 구절들도 발견할 수 있다.

■ 행위의 동력은 이성이 아니라 감정

스미스는 흄과 마찬가지로 인간행위의 일반적 동력 또는 동기는 이성이 아니라 감정이라고 주장한다. 이것은 도덕행위에 대해서도 마찬가지다. 스미스는 합리주의를 전적으로 배격한 것이다. 스미스는 우리의 천성에서 일단 도덕적 위반에 대한 처벌이 이성이 아니라 감정에 맡겨져 있다는 점을 지적한다.

바로 사회의 실존은 마땅치 않고 까닭 없는 악의가 적절한 처벌에 의해 제어될 것을, 따라서 이러한 처벌을 가하는 것이 적절하고 칭찬할만한 행동으로 간주될

---

iii. iii. 1-17, 379-386쪽.
360) Jacobson, "The Possibility of Oriental Influences in the Philosophy of David Hume", 25쪽.

것을 요청한다. 그러므로 인간이 본성적으로 사회의 복지와 보존의 욕망을 부여받았을지라도, 본성을 만든 조물주(Author of nature)는 처벌의 일정한 적용이 이 목적을 달성하는 적절한 수단이라는 것을 발견하는 일을 인간의 이성에 맡긴 것이 아니라, 이 목적을 달성하는 데 가장 적절한 바로 저 처벌의 적용에 대한 즉각적·본능적 가부감정을 인간에게 부여했다. 자연본성의 질서(oeconomy of nature)는 이 점에서 다른 많은 경우들에서의 자연본성의 질서인 것과 정확히 동일하다.361)

스미스는 "본성을 만든 조물주"가 상벌수단의 발견임무를 "인간의 이성에 맡긴 것이 아니라", 상벌에 대한 "즉각적·본능적 가부감정"에 맡겼다고 하고, 이것을 "본성의 질서"로 표현하면서 이것이 다른 경우들에서 보이는 "본성의 질서"와 동일하다고 천명하고 있다.

그리고 스미스는 본성이 본성 고유의 목적의 인식과 설정, 그리고 이 목적을 실현하는 수단을 발견·획득하는 동력을 이성에 부여한 것이 아니라 욕망·혐오·공포 등의 감정에 부여했다고 말한다.

그 특유한 중요성 때문에, 이런 표현이 허용된다면, 본성의 총애받는 목적들로 간주될 수 있는 모든 목적들과 관련해, 본성은 이런 식으로 항상 인간에게 본성이 의도하는 목적에 대한 욕망을 부여했을 뿐만 아니라, 수단들 자체를 위한, 그리고 이 목적을 산출하는 수단들의 이바지 경향과 독립적인, 이 목적의 실현에 유일하게 기여할 수 있는 수단들에 대한 욕망도 부여했다. 그리하여 종의 자기보존과 확산은 자연본성이 모든 동물들의 형성에서 의도한 위대한 목적이다. 인간은 이러한 목적들의 욕망과 반대되는 것들에 대한 혐오감, 즉 생명의 사랑과 사멸의 공포, 종의 존속과 영구성의 욕망과 완전 멸종의 관념에 대한 혐오감을 부여받았다. 그러나 — 우리가 이런 식으로 저 목적들의 아주 강렬한 욕망을 부여받았을지라도 — 이 목적들을 실현하는 적절한 수단들을 찾아내는 일은 우리 이성의 느리고 불확실한 결정에 맡기지 않았다.362)

---

361) Smith, *The Theory of Moral Sentiments*, II. i. v. 각주10 (90쪽).
362) Smith, *The Theory of Moral Sentiments*, II. i. v. 각주10 (90쪽).

여기에서 스미스는 조물주가 본성 고유의 목적의 인식과 설정 및 이 목적을 위한 수단의 발견·획득 임무를 이성에 부여한 것이 아니라 '욕망'·'혐오감'·'공포' 등 감정에 부여한 이유를 밝혀주고 있다. 그것은 이성의 결정이 "느리고 불확실하기" 때문이라는 것이다.

스미스는 인간이 배고픔·목마름·성욕·쾌감선호·고통기피 등이 본성적 감정이고 인간은 이성이 아니라 이 본성적 감정을 통해 생존수단을 알게 된다고 말한다.

> 자연적 본성은 우리에게 이 수단의 대부분을 본래적·즉각적 본능에 의해 가르쳐준다. 배고픔, 목마름, 양성을 결합시키는 감정, 쾌감의 애호, 그리고 고통의 두려움은 목적에 적합한 이 수단들을 그 자체를 위해 적용하도록, 그리고 자연본성의 위대한 관리자(the great Director of nature)가 이 수단들로 산출하려고 의도한 저 인혜적仁惠的 목적에 대한 이 수단들의 기여경향을 전혀 숙고하지 않고(without any consideration) 이 수단들을 적용하도록 우리를 촉구한다.[363]

스미스는 본성적 욕망·혐오·공포로 설정되는 "종의 자기보존과 확산" 및 "종의 존속과 영구성"의 본성적 목적을 실현하는 생존수단들을 이성적 "숙고" 없이 배고픔·목마름·성욕·쾌감선호·고통기피 등 본성적 감정들로 알고 찾고 마련한다는 것이다.

그리고 12쪽 뒤에 스미스는 합리주의자들을 비판하는 말투로 이 주장들의 논지를 다시 확인하고 종합한다. 그는 동물의 각 신체부위의 '의도 없는'(이성적 숙고 없는) 작용에서 목적인과 작용인의 차이를 — 당시가 기계역학적 세계관이 우세했던 시대였던 만큼 — '아무런 의도 없이' 작동하는 부속품들로 이루어진 시계의 예를 들어 설명한다.

---

363) Smith, *The Theory of Moral Sentiments*, II. i. v. 각주10 (90-91쪽).

우리의 모든 부분에서 우리는 어떤 수단들에 의해 실현되도록 의도된 목적들을 위한 가장 멋진 기교들로 조정된 수단들을 발견한다. 그리고 우리는 식물이나 동물 신체의 메커니즘에서 모든 것이 어떻게 자연의 두 가지 위대한 목적들, 즉 개인의 보존과 종의 번식을 추진하도록 고안되어 있는지에 대해 감탄한다. 그러나 이 동식물들 안에서, 그리고 모든 이러한 대상들 안에서 우리는 그래도 그들의 여러 운동과 조직들의 작용인(efficient cause)을 그 목적인(final cause)과 구분한다. 음식의 소화, 혈액의 순환, 혈액에서 나오는 여러 체액들의 분비는 동물적 생의 위대한 목적에 필요한 (음식, 혈액, 체액 등) 이 모든 것들의 작용효과들이다. 하지만 우리는 그것들의 작용효과를 그 작용인으로부터 설명하듯이 목적들로부터 설명하려고 애쓰지 않고, 또한 자발적으로, 그리고 순환이나 소화의 목적을 노리고 또는 이 목적을 의도해 피가 순환하거나 음식이 소화한다고 상상하지도 않는다. 시계의 바퀴들은 그것이 만들어진 목적, 즉 시간의 지시를 위해 모두 감탄할 정도로 맞춰져 있다. 바퀴들의 모든 다양한 운동들은 이 효과를 산출하기 위해 가장 멋진 방식으로 서로 협력한다. 시계 바퀴들이 이 효과를 산출할 욕망과 의도를 부여받았다고 해도, 이 효과를 이보다 더 잘 산출하지는 못할 것이다. 하지만 우리는 이러한 욕망이나 의도를 이 바퀴들로 돌리는 것이 아니라, 시계제작자에게로 돌린다. 그리고 우리는 바퀴들이 스프링에 의해 움직여진다는 것을 안다. 그러나 바퀴들이 이 스프링이 산출하는 효과를 조금도 의도하지 않듯이, 이 스프링도 이 효과를 조금도 의도하지 않는다.[364]

그러나 합리론자들은 정신작용에서 목적인과 작용인을 혼동하여 이런 무無의 도적·무숙고적 작용을 이성 덕택으로 돌리는 나쁜 버릇이 있다고 스미스는 점잖게 비판한다.

물체의 작용을 설명하는 데 있어 우리가 반드시 이런 식으로 작용인을 목적인과 구분할지라도, 우리는 정신(mind)의 작용들을 설명하는 데 있어서는 우리가 아주 쉽사리 이 두 상이한 원인을 서로 혼동한다. 본성적 원리에 의해 (우리가 정련되고 개명된 이성이라면 우리에게 권고할지도 모를) 저 목적들을 행하도록 이끌어질

---

364) Smith, *The Theory of Moral Sentiments*, II. ii. iii. §5 (102쪽).

때, 우리는 아주 쉽사리 우리가 저 목적들을 행하는 감정들과 행동들을 이성이 마치 저 목적들의 작용인이나 되는 양 저 이성 덕택으로 돌리고, 실은 신의 지혜(wisdom of god)인 것을 인간의 지혜(wisdom of man)라 상상한다.365)

조물주가 만든 본성의 작용을 이성적 숙고의 작용으로 돌림으로써 "신의 지혜"를 빼앗아 "인간의 지혜"로 만드는 것은 극단적 이성숭배로서 합리주의자들의 합리주의적 오만이다. 이런 오만은 합리주의적 사고의 '피상성'과 단일원리로부터 연역하는 사고방식의 멋진 단순성 탓에 생기는 것이다.

피상적 관점에서 이 원인(작용인)은 저 원인(목적인)으로 돌려지는 효과를 산출하기에 충분한 것처럼 보인다. 그리고 인간본성의 체계는 이 본성의 모든 상이한 작용들이 이런 식으로 하나의 단일한 원리로부터 연역될 때 보다 단순하고 기분 좋은 것인 것처럼 보인다.

스미스는 여기서 합리주의자의 피상적 사고방식, 이로 인한 목적인과 작용인의 혼동, 단일원인으로부터 멋지게 연역하려는 나쁜 버릇 등을 조용히 비판하고 있다.

이 일련의 논변으로 스미스는 도덕행위를 포함한 행위 일반의 동력은 이성이 아니라 감정이라는 사실을 선명하게 정식화하고, 인간행위와 관련된 합리론의 피상적 사고방식과 오만을 점잖게 비판했다. 동시에 그는 이로써 자신이 도덕형이상학자가 아니라 흄을 계승하는 도덕감정론자임을 분명히 했다.

■ 스미스의 직접적 '공자 표절들'

휴 아너(Hugh Honour)에 의하면, '보다 피상적인' 계몽철학자들은 중국제국을 "유럽의 부조리"를 대조적으로 부각시키는 "표적"으로 사용하면서 공자철학을 그들 나름의 해석에 의해 유럽 전역에 전파한 반면, 신新이론을 수립한 '보다

---

365) Smith, *The Theory of Moral Sentiments*, II. ii. iii. §5 (102쪽).

심오한' 계몽철학자들은 결코 자기 독트린의 논증작업에 공자를 논거로 직접 끌어대는 모양새를 취하지 않고 새로운 독트린을 엄숙하게 자신들의 이름으로 반포했다. 그러나 우리는 아담 스미스와 같이 "가장 확신에 차고 가장 진지한 비非공자주의자들(Non-Confucians)의 엄숙한 논고 아래에서도" 잔물결을 일으키며 흐르는 공자철학적 상상의 "저류"를, 정확히 말하면 공자철학을 의식적·무의식적으로 '표절'한 내용들을 "때때로 탐지할 수 있다".366) 특히 스미스는 성격상 더욱 은근해서 공맹을 분명히 '표절'하고 있으면서도 표절의 출처를 오히려 비판하는 제스처를 취하거나 출처와 대립적인 제스처를 취한 뒤 슬쩍 출처의 견해를 받아들이는, 또는 엉뚱한 맥락에서 슬쩍 공맹의 지론을 끼워 넣는 수사법을 구사함으로써 표절의 흔적을 감추려고 애를 썼다.

가령 다음과 경우에 스미스는 『대학』의 해당 구절을 교묘하게 그대로 반복한다. 『대학』의 원래 구절은 이렇다.

(『서경』「주서周書·진서秦誓」에 가로되) "남들이 가진 재주를 시기질시하고 미워하며 남의 위대함과 거룩함을 멀리하고 불통하게 한다면 이것은 용납할 능력이 없는 것이어서 나의 자손과 뭇 백성을 보전할 수 없으며 역시 위태하다고 할 것이니라." 오로지 인자만이 그들을 유배 보내 사이四夷의 땅으로 내쫓아 중국과 더불어 동거하지 않게 하니 이를 일러 사람을 사랑할 줄 알고 사람을 미워할 줄 안다고 하는 것이다. 현자를 보고도 발탁하지 못하고 발탁해도 앞세우지 못하는 것은 태만이고, 불선을 보고도 물리치지 않고 물리쳐도 멀리하지 못하는 것은 과오다. 사람들이 싫어하는 것을 좋아하고 사람들이 좋아하는 것을 싫어하는 것, 이를 일러 인성人性을 거스른다고 하는 것이다. 이러면 재앙이 반드시 몸에 미칠 것이다.367)

스미스는 자신이 주장한 '정의의 선차성' 테제를 까맣게 잊고 『대학』의 이 구절

---

366) Honour, *Chinoiserie*, 23쪽.
367) 『大學』「經文首章·傳10章」: "人之有技 媢(시기할모)疾以惡之 人之彦聖而違之 俾不通 寔不能容 以不能保我子孫黎民 亦曰殆哉. 唯仁人 放流之 迸諸四夷 不與同中國 此謂唯仁人爲能愛人 能惡人. 見賢而不能擧 擧而不能先 命也 見不善而不能退 退而不能遠 過也. 好人之所惡 惡人之所好 是謂拂人之性 菑必逮夫身."

과 아주 유사하게 이렇게 말한다.

> 만인은 그가 하는 대로 그에게 행해지는 것을 받게 되는데, 이 되갚음은 자연본성이 우리에게 명한 위대한 법칙이다. 우리는 후하고 인혜仁惠로운 사람들이 인혜와 후의를 받아야 마땅하다고 생각한다. 결코 인간애의 감정에 가슴을 열지 않는 사람들은 같은 방식으로 모든 동료피조물들의 사랑(affections)으로부터 추방되어야 하고, 사회 안에서 살고 있더라도 그들을 보살피거나 그들의 건강에 신경 쓸 사람이 아무도 없는 광막한 황야(great desert)에서 사는 것처럼 살도록 조치되어야 한다고 우리는 생각한다. 정의의 법칙을 위반한 자는 그가 타인에게 저지른 그 해악을 자신이 느껴야 하고, 그의 형제들의 고통에 대한 어떤 고려도 그를 억제할 수 없기에, 그는 그 자신의 공포에 의해 위압당해야 한다. 결백하기만 한, 타인들과 관련해 정의의 법률만을 준수할 뿐이고 단지 그의 이웃들을 해치는 것만을 삼갈 뿐인 사람은 그의 이웃들이 반대로 뒤집어 그의 결백을 존중하고 같은 법률이 그와 관련해 양심적으로(religiously) 준수되는 것만을 성취할 자격이 있을 뿐이다.368)

"결코 인간애의 감정에 가슴을 열지 않는 사람들은 같은 방식으로 모든 동료피조물들의 사랑으로부터 추방되어야 하고, 사회 안에서 살더라도 그들을 보살피거나 그들의 건강에 신경 쓸 사람이 아무도 없는 광막한 황야에서 사는 것처럼 살도록 조치되어야 한다"는 논변은 "오로지 인자만이 '남들이 가진 재주를 시기질시하고 미워하며 남의 위대함과 거룩함을 밀리하고 불통하게 하는 자들'을 유배 보내 사이四夷의 땅으로 내쫓아 중국과 더불어 동거하지 않게 한다"는 『대학』 명제의 반복 또는 표절적 번안처럼 들린다.

어떤 맥락에서는 스미스가 공자경전의 특정한 구절을 부연·설명하는 경우도 있다. 『중용』은 말한다.

> 군자의 중용은 군자다우면서 때에 적중하는 것이고, 소인의 중용은 소인다우면서 기탄없는 것이다(君子之中庸也 君子而時中 小人之中庸也 小人而無忌憚也).369)

---
368) Smith, *Theory of Moral Sentiment*, II. ii. i. §10, 96쪽.

이 구절은 전통적으로 난해한 것으로 알려져 왔다. 여기서 '군자다움'은 '대덕'의 도의(인의예지)를 밝게 펴고 견지하는 '지도자다움'을 가리킨다. 대덕의 도의에 대한 '계신戒愼'은 때맞춰 행동하는 사회지도자의 기본자세다. 반면 '소인다움'은 '이利'에 밝고 때를 가리지 않고 기탄없이 '이'를 민첩하게 추구한다. "군자는 도의에 밝고 소인은 이익에 밝다(君子喩於義 小人喩於利)".370) 그러므로 '군자답다'는 것은 도의에 밝아지기 위해 '지도자답게 경계하고 홀로 있음을 신중히 한다'는 뜻을 함의한다. 이것은 군자가 늘 지도자답게 도의에 밝아 정사와 공무를 '꺼리고 어렵게 여긴다'는 말이다.

스미스는 "군자의 중용은 군자다우면서 때에 적중하는 것이고, 소인의 중용은 소인다우면서 기탄없는 것이다"는 구절을 부연하는 것으로 보이는 내용을 이렇게 피력한다. 일단 스미스는 루이 14세를 모델로 '군자다움'에 관한 논변을 편다. 그는 군자를 '대인(*the great*)'으로, 소인을 '열등한 지위로 태어난 사람들'로 표현하면서, "대인들은 자기들이 공적 찬양을 획득할 수 있는 만만한 대가에 무감각한 것으로 보이는가?", 아니면 "어린 귀족은 무슨 중요한 소양에 의해 그의 신분의 존엄성을 뒷받침하고 그 자신을 그의 조상의 덕성이 그들을 키워왔던, 동포시민들을 능가하는 우월성의 값어치를 갖게 만들도록 가르쳐지는가?"라고 묻고371) 이렇게 답한다.

대인의 모든 말, 그의 모든 움직임이 주목받는 만큼, 그는 일상적 품행의 모든 세부사항에 습관적으로 주의하는 것을 배우고 저 모든 작은 의무들을 가장 정확한 적절성으로 수행하려고 애쓴다. 어린 귀족은 그가 얼마나 주목받고 있는지를 의식하는 만큼, 그는 가장 무관한 경우에도 이것의 생각이 자연스럽게 불어넣는 저 자유와 고결함으로 행동한다. 어린 귀족의 외모, 매너, 처신은 모두 다, 열등한 지위로 태어난 사람들이 결코 도달할 수 없는 그 자신의 우월성의 저 우아하고 기품 있는

---

369) 『中庸』(2章).
370) 『論語』「里仁」(4-16).
371) Smith, *The Theory of Moral Sentiments*, I. iii. ii. §4.

의미를 징험한다. 이것들은 그가 인간들을 그의 권위에 보다 쉽사리 복종하게 만들고 마음대로 그들을 다스리려고 의도하는 데 쓰이는 예술이다. 이것에 있어서 그는 좀처럼 실망하지 않는다. 이 예술들은 신분서열과 걸출함에 의해 뒷받침되어 보통의 경우에 세상을 지배하기에 충분하다. 루이 14세는 그 치세의 대부분의 기간 동안 프랑스에서만이 아니라 전 유럽에서 위대한 군주의 가장 완전한 모델로 존경받았다.[372]

그러나 스미스는 다시 "루이 14세가 이런 커다란 명성을 얻게 한 재능과 덕목들은 무엇이었던가?"라고 묻고 이렇게 자답한다.

그의 역사기록자는 "루이 14세는 그의 풍채의 우아함과 그의 모습의 장엄한 아름다움의 측면에서 그의 모든 수행원을 능가했다"고 말한다. 그의 고상한 매력적 목소리는 그의 존재가 위협하는 저 마음들을 얻었다. 그는 그에게만 어울리는, 다른 사람들의 경우라면 우스꽝스러웠을 걸음걸이와 거동을 가졌다. (…) 이러한 시시한 소양들은 그의 신분에 의해, 그리고 의심할 바 없이 역시, 중도를 많이 넘지 않는 것으로 보이는 일정한 정도의 다른 재능들과 덕성들에 의해서도 뒷받침되어 이 군주를 그의 시대의 존경 속에 세워주었고, 후세로부터도 상당량의 그의 기억에 대한 존경을 끌어냈다.[373]

증자曾子는 "덕성은 몸을 윤택하게 하니 마음이 넓어지고 신체가 펴진다(德潤身心廣體胖)"고 말한다.[374] 그리고 맹자는 "군자의 본성은 인의예지가 마음에 뿌리박고 그 생색이 함치르르해 안면에 나타나고 등에 차고 사체에 펼쳐지니 사체는 말을 아니해도 밝다(君子所性 仁義禮智根於心 其生色也睟然 見於面 盎於背 施於四體 四體不言而喩)"고 말한다.[375] 같은 이치에서 루이 14세의 덕성과 군자다움은 풍채와

---

372) Smith, *The Theory of Moral Sentiments*, I. iii. ii. §4.
373) Smith, *The Theory of Moral Sentiments*, I. iii. ii. §4.
374) 『大學』(傳6章).
375) 『大學』「盡心上」(13-21).

모습, 그리고 걸음걸이와 거동에서도 명확하게 드러났던 것이다.

다른 한편, 소인이 '소인답게 기탄없어야 한다'는 것은 돈을 버는 화식(貨殖)에 애쓰는 대중의 일원으로서 항심으로 자기의 전문적 항업을 자유분방하게 추구해 기탄없이 이익을 밝히고 증식해야 한다는 말이다. 아담 스미스는 소인을 '열등한 신분의 사람' 또는 '사사로운 사람'으로 부르면서 소인의 풍모, 즉 '소인다움'을 이렇게 규정한다.

> 어울리는 동료들에게 마땅히 주어져야 할 존경에 부합될 만큼 많은 자유분방함과 결합된, 가장 완벽한 겸손과 소박함이 사사로운 사람의 품행의 주요 특징이어야 한다.[376]

스미스가 이해한 '소인다움'은 '자유분방함'(무기탄), 대인과 타인에 대한 '완벽한 겸손', '소박함' 등의 소덕들로 특징지어진다. 이런 의미에서 '완벽한 겸손'과 '소박함'에 기초한 소인의 '무기탄' 또는 '자유분방함'은 바로 소인의 사회경제적으로 '자유로운 활동'을 말하는 것이다.

그리고 스미스는 이익에 밝아야 하는 소인이 대덕의 도의에 밝아야 하는 군자의 태도를 흉내 내는 '꼴불견'에 대해 이렇게 말한다.

> 정중함은 대귀족들(the great) 자신 외에 누구에게도 영예가 될 수 없을 정도로 대귀족의 덕성이다. 대귀족의 매너를 모방해 자신의 일상적 태도의 우월적 적절성에 의해 걸출한 척하는 겉멋쟁이는 그의 어리석음과 주제넘음 때문에 곱빼기의 경멸로 보상받는다. 아무도 쳐다볼 가치가 있다고 생각하지 않는 사람이 왜 머리를 똑바로 들고 다니는가? 방을 가로질러 걷는 동안 팔을 처리하는 방식에 왜 그리 노심초사하는가? 그는 확실히 아주 불필요한 관심에, 그리고 어떤 다른 중생들도 보조를 맞출 수 없는 그 자신의 중요성의 감각을 표 나게 드러내려는 관심에 사로잡혀 있다.[377]

---

376) Smith, *The Theory of Moral Sentiments*, I. iii. ii. §5.
377) Smith, *The Theory of Moral Sentiments*, I. iii. ii. §5.

소인이 이렇게 '소인답지 않게 공작·후작·백작을 흉내 내며' 산다면 결코 성공할 수 없을 것이다.

스미스는 소인이 성공하려면 격식에 매이지 않는 소박한 풍모를 견지하면서, 이익에 밝아 시쳇말로 '돈 냄새'를 잘 맡고, 또 진정으로 '꺼리고 어렵게 여김이 없이' 눈치 빠르게 이익을 밝히고 기민하게 움직여야 한다는 말을 하고 있는 것이다. 소인은 성공의 기회를 기민하게 간파하고 기회를 잡으면 기탄없이 몸을 던지는 야심찬 비즈니스맨의 자유분방한 삶을 살며 남다른 전문능력과 사업수완으로 이익이 있는 일을 놓치지 않고 이 일에서 성공해야 한다. 야심을 이루고 성공하려는 소인은 이런 기탄없는 이익추구와 자유분방한 삶을 위해서 대인군자의 대덕과 큰 공적 소양을 갖춰야 하는 것이 아니라, 우수한 '소덕小德'(개인적 이익과 삶을 위한 개인덕목)을 철저히 갖춰야 한다. 철저한 '소덕'이란 탁월한 이해利害·기회판단력, 남다른 전문능력, 남다른 근면성, 인내심, 뚝심(정신력), 열성, 모험심, 야심, 정직성, 솔직성, 현명한 수완(노하우), 오뚝이 같은 칠전팔기의 불요불굴성, 눈치 빠른 기민성 등을 가리킨다. 소인이 이 소덕을 바탕으로 큰 사업을 이루면 군자와 맞설 만한 추종세력도 거느릴 수 있다. 스미스는 군자(사회지도층인사)의 군자다움(지도자다움)과 대덕, 그리고 소인의 소인다움(대중적임)과 소덕이 어우러진 사회를 생각하고 있는 것이다.

군자다운 대덕과 소인다운 소덕에 대한 스미스의 이러한 이해는 공자철학의 관점에서 비교적 적확한 것이다. 공자는 소인의 소덕과 군자의 대덕이 같이 어우러지면 큰 나라를 이룬다고 갈파한다.

> 만물은 나란히 생육해도 서로 해치지 않고, 도는 병행해도 서로 어그러지지 않고, 소덕은 냇물처럼 재빨리 흐르고, 대덕은 도탑게(인정 많게) 하는데, 이것이 바로 천지가 커지는 소이다(萬物並育而不相害 道並行而不相悖 小德川流 大德敦化 此天地之所以爲大也).[378]

---

378) 『中庸』(30章).

이런 까닭에 자하子夏는 소인의 일을 깔보지 않고 "온갖 전문제조업자들은 점포와 작업장에 살다시피 하여 제 사업을 성공시키고, 군자는 배움으로써 자기의 도를 이룬다(百工居肆以成其事 君子學以致其道)"라고 말한다.379) 그러나 군자의 대덕은 중화의 시時에 적중해야 하므로 경계를 엄수해야 하는 반면, 소인의 소덕은 기탄없는 것이므로 경계에 크게 구애받지 않아도 된다. 그러므로 자하는 "대덕은 경계를 넘지 않고, 소덕은 경계를 드나듦이 가하다(大德不踰閑 小德出入可也)"라고 천명했던 것이다.380)

스미스가 공맹을 표절했음을 짐작케 하는 대목은 이것들로 그치지 않는다. 스미스는 『도덕감정론』의 끝 부분에서 인애의 덕성을 베풀 시에 흄과 실루에트를 제외하고 서양철학자들이 전혀 거론치 않은 공맹의 '선근후원先近後遠' 원칙을 상론하고 있다.381) 주지하다시피 공맹은 사랑과 덕행의 순서를 가까운 데로부터 먼 것으로 넓혀 가는 '선근후원'의 원칙에 따라 부모보다 배우자를, 형제보다 부모와 자식을, 형제보다 자식을, 삼촌보다 형제를, 사촌조카보다 삼촌을 촌수에 따라 먼저 챙기고 자기 부모에서 남의 부모로, 자기 자식에서 남의 자식으로, 그리고 수신·제가·치국·평천하의 순서에 따라 자기로부터 가정으로, 가정에서 나라로, 나라에서 천하로 넓혀 가는 '친친지쇄親親之殺'(친족사랑을 촌수에 따라 차감하는 것)의 원칙(공자)과 '추은推恩' 원칙(맹자), 즉 선근후원先近後遠의 원칙을 수립했다. 아담 스미스는 공맹처럼 논제를 흄의 가까운 친족원칙보다 보다 더욱 넓혀 가족, 나라, 인류에 대한 인애의 순서와 차등을 상론한다. 그는 보살핌·관심·인혜을 베푸는 순서를 '선근후원'의 원칙에 따라 "가장 따뜻한 애정의 대상들"로서 "자기 자신 다음으로는 같은 집에서 통상 자기와 함께 사는 자기 가족의 구성원들, 그의 부모·자녀·형제·자매들"이 "가장 따뜻한 애착의

---

379) 『論語』「子張」(19-7).
380) 『論語』「子張」(19-11).
381) 흄은 말한다. "사람은 본성적으로 그의 조카보다 자기 자식을 더 좋아하고, 그의 사촌보다 그의 조카를, 낯선 사람보다 그의 사촌을 더 좋아한다. 여기로부터 전자보다 후자를 더 선호하는 의무의 통상적 적도가 나오는 것이다. 우리의 의무감은 언제나 우리 감정의 통상적인 본성적 추세를 따른다." Hume, *A Treatise of Human Nature*, Book 3. *Of Morals*, 311쪽.

대상"이고, 그 다음에 "이전에 우리에게 인혜를 베풀어 준 사람들" 순으로 열거하고,382) 사회단체로는 '인류'보다 '자기 나라'를 먼저 열거한다.383) 서구의 어떤 도덕철학에서도 덕행의 순서를 논한 적이 없다. 또 논한다고 하더라도 묵자처럼 '보편적 인애' 또는 '자선'을 가족적 '친애'에 앞세우거나 양자를 동위에 놓는 기독교신학적 도덕론이 있었을 뿐이다. 그러나 스미스만은 예외적으로 이 순서를 논하고 있고, 그것도 공맹과 같은 덕행의 순서를 주장하고 있다. 이것을 보며 어찌 스미스의 '표절'을 언급치 않으랴!

표절은 여기서 그치지 않는다. 스미스는 상론했듯이 국가 차원에서 정의를 인혜에 앞세우는 실책을 범했을지라도 도덕론 차원에서 "덕성이 인애에 근거한다는 것은 인간본성 속의 많은 현상들에 의해 뒷받침되는 개념"이라고 언명하고 "적절한 인애는 모든 감정들 중 가장 우애적이고 가장 기분 좋은 감정이라는 것, 이 인애는 이중적 공감(a double sympathy)에 의해 우리의 사랑을 산다는 것"이라고 천명하고, "인애"를 "우리의 본성적 감정들에 대해 어떤 다른 감정들보다(따라서 정의감보다도 - 인용자) 우월한 가치를 가진" 감정이라고 주장한다.384) 매버릭은 이와 관련해 스미스가 실루에트의 공자인애(인간애)론에서 배운 것으로 짐작했다.

이런 표절, 저런 표절들을 다 감안할 때, 스미스는 공맹경전의 도덕철학적 내용을 직간접적으로 다 알고 있었던 것이 틀림없다. 공맹철학에 정통하지 않은 서양철학자들은 스미스가 출처 제시 없이 공자철학을 '표절하는' 내용들을 스미스 특유의 독창적 철학으로 받아들였다. 그리고 그들은 공맹의 '사단칠정론'을 '도덕감정의 이론(*Theory of Moral Sentiments*)'이라는 완전히 새로운 표제 하에 논구하는 그의 도덕론의 표절 흔적들을 전혀 탐지할 수 없었던 것이다.

이렇듯이 아담 스미스는 경제이론에서처럼385) 도덕철학에서도 공맹의 번역된

---

382) 참조: Smith, *The Theory of Moral Sentiments*, VI. ii. i. 2, 257쪽; 18, 264쪽; 19, 265쪽.
383) Smith, *The Theory of Moral Sentiments*, VI. ii. ii. 4, 270쪽.
384) Smith, *The Theory of Moral Sentiments*, VII. ii. iii. 4, 355쪽.
385) 스미스의 자유시장이론에 대한 공맹·사마천의 무위(無爲)시장이론의 영향에 관해서는 참조:

저작이나 공맹과 사마천에 관한 저술로부터 직접, 또는 흄·케네·멜롱·실루에트 등을 통해 우회적으로 공맹 도덕철학을 어떤 계몽철학자보다도 더 본질적인 차원에서 수용했다. 그리하여 앞서 소개했듯이 매버릭은 "스미스의 윤리학을 연구하는 학도는 (공자의) 인간애(仁)에 관한 실루에트의 논의를 완전히 읽으면 후하게 보상받을 것이다"라고 말했던 것이다.[386]

■ 정의제일주의의 정의도덕에서 인의도덕으로

아담 스미스는 중국의 번영하는 시장경제를 연구한 뒤 정부는 모든 일을 시장에 맡기고 국방·사법·사회간접자본 투자(국민교육을 포함한 일정한 공공사업과 공공제도의 설립 운영) 등 세 가지 최소과업만 수행하면 된다고 생각했다. 중국정부의 광범한 양민·교민복지제도와 정책을 빼먹은 것이다. 공맹의 양민·교민론(시장경제+복지정책)을 제거한 스미스의 이 시장경제·최소국가는 바로 자유주의적 야경국가이다. 이런 '야경국가'의 맥락에서 스미스는 『도덕감정론』에서 서로에게 이익을 베푸는 '적극적 덕목'인 "인혜仁惠(beneficence)"보다, 서로에게 해를 끼치는 것을 방지하는 '소극적 덕목'인 '정의'를 우선덕목으로 규정하고 이 정의의 집행을 위한 '정확한 사법행정'의 근본적 중요성을 강조한다.

> 인간사회의 모든 구성원은 제각기 다른 사람의 부조扶助가 필요하기도 하고, 마찬가지로 상호적 위해危害에 처해 있기도 하다. 필요한 부조가 사랑·보은·우정·존경심으로부터 상호적으로 제공되는 곳에서 사회는 번영하고 행복하다. 모든 구성원들은 사랑과 애착의 기분 좋은 유대에 의해 서로 묶여있고, 교호적 선행의 공통 중심을 향해 구심적으로 견인된다.[387]

여기까지 스미스는 정상적으로 사고하고 있다. 그러나 그는 바로 이어서 "모든

황태연, 『근대 영국의 공자 숭배와 모럴리스트들』, 1150-1197쪽.
386) Maverick, *China A Model for Europe*, 32쪽.
387) Smith, *The Theory of Moral Sentiments*, II. ii. 1-4, 100쪽.

사람들"을 "서로 묶어놓고" 또 "교호적 선행의 공통 중심을 향해 구심적으로 견인하는" 그 "사랑과 애착의 기분 좋은 유대"를 제거하는 말을 하면서 정의만 남은 사회를 상상한다. "사랑과 애착의 기분 좋은 유대"를 제거하면 "교호적 선행의 공통 중심"을 향한 구심점이 사라져 사회가 해체될 것이다. 사회가 "교호적 선행의 공통 중심"을 향한 구심점이 사라져 해체된 상태에서는 "교호적 선행"의 하나인 정의의 교호적 시행도 불가능할 것이다. 그럼에도 실성한 사람처럼 스미스는 "사랑과 애착의 기분 좋은 유대"도, "교호적 선행"도 없는, 따라서 정의의 집행도 불가능한 정의사회를 말한다.

그러나 필요한 부조가 이러한 관대하고 사심 없는 동기들로부터 제공될 수 없을지라도, 사회의 서로 다른 구성들원들 간에 상호적인 사랑과 애착이 없을지라도 비록 사회가 덜 행복하고 덜 기분 좋을지는 모르지만 반드시 와해되지는 않는다. 사회는 다른 상인들 사이에서처럼 유용성의 감각에서, 상호적 사랑 없이 또는 애착 없이 상이한 사람들 간에 존속할 수 있다. 사회 안의 아무도 어떤 의무를 짊어지지 않고 남에 대한 보은의 마음에 묶여 있지 않다고 하더라도, 사회는 합의된 가치평가에 따라 선행의 금전적 교환에 의해 여전히 지탱될 수 있다. 그러나 서로를 항상 해치고 침해하려고 하는 사람들 사이에서는 사회가 존속할 수 없다. 침해가 시작되는 순간, 상호적 분개와 적개심이 발생하는 순간, 사회의 모든 유대는 산산조각이 나고, 사회를 구성하는 다른 구성원들은 말하자면 자기들 간의 어긋난 감정들의 침범과 대립에 의해 멀리 이산되고 흩어지게 된다. 강도와 살인자들의 사회가 있다면, 그들은 적어도 서로 강탈하고 살해하는 것을 삼가야 한다. 그러므로 인혜는 정의보다 사회의 존속에 덜 본질적인 것이다. 사회는 가장 편한 국가 안에 있지 않을지라도 인혜 없이 존속할 수 있다. 그러나 불의의 만연은 사회를 철저히 파괴하지 않을 수 없다. 그러므로 자연은 응분의 보상에 대한 기쁜 의식에 의해 인류에게 인혜의 행동을 권고할지라도 이것을 소홀히 할 경우에 상응한 처벌의 공포에 의해 인혜의 실천을 지키고 강제하는 것이 필요하다고 생각하지 않았다. 인혜는 건물을 지탱해 주는 기초가 아니라 건물을 아름답게 하는 장식이다. 그러므로 장식은 권고하는 것으로 충분하며 결코 강제할 필요가 없다. 반대로 정의는 전체 구조물을 받쳐 주는 주된 기둥이다. 정의가 제거된다면, 인간사회의 커다랗고 엄청난 조직은 — 내가 이렇게 표현해 본다면, 이 조직을 키우고 지탱하는 것이 이 세계 안에서 자연의 특유하고 친애하는 보살핌인 것으로 보이는 바 ― 한 순간 원자들로 부스러지고 말 것이다. 그러므로 정의의 준수를 강제하기 위해 자연은 악에 대한 응보의 의식, 즉 정의의 침범에 따르는 마땅한 처벌의 공포를, 약자를 보호하고 폭력적인 자들을 족쇄물리고 죄 있는 자들을 벌주기 위한 인류 연합의 위대한 파수꾼으로서 인간의 가슴속에 심어놓았다.[388]

아담 스미스는 공자나 실루에트와 반대로 '인(인혜, 인애)'보다 '정의'를 우선시하고 국가의 임무를 국방 및 사회간접자본 투자와 함께 정의의 집행을 위한 '사법' 작용으로 한정하고 있다. 이로써 스미스는 최초로 근대 야경국가를 이론적으로 수립하고 있다.

정의를 중시하고 인애를 경시·배제하는 도덕론은 다름 아닌 플라톤주의적 야경국가론과 그대로 상응하는 것이다. 스미스의 이 단순한 플라톤적 정의국가가 근대적 야경국가의 효시라면, 그가 시장의 '보이지 않는 손'을 간접적으로 뒷받침하기 위해 마련한 이 야경국가의 '보이는 손(visible hand)'은 시장기제의 '보이지 않는 손'이 부민富民 목표의 달성에 이르지 못하는 경제적 실패나 시장이 '보이지 않게' 저지르고 악화시키는 각종 경제적 병폐(독과점, 부익부 빈익빈, 착취와 억압 등)를 해소하거나 완화시키기에 턱 없이 무력하고 직무유기 수준으로 무능한 것이다. '보이지 않는 손'은 결코 완전한 것이 아니라, 때로는 요구되는 것보다 느리고, 경우에 따라 그 능력에 한계가 있는 상황에서는 망가져 버린다. 따라서 '보이지 않는 손'은 '간접적 뒷받침'만을 필요로 하는 것이 아니라, 국가와 도덕체계에 의한 '직접적인 가속, 보강(보완), 수선'(경제의 불균형과 소득분배의 불균등을 시정하기 위한 국가의 시장개입, 시장조절, 복지정책)을 필요로 하는 것이다.

스미스의 도덕론은 '인'을 '의'보다 앞세우는 공맹의 도덕론 및 양민·교민기구로서의 공맹의 국가관을 굴절·삭감시킨 것이고, 케네의 복지 개념이나 루소의 누진세 개념으로부터도 크게 벗어나는 것이다. 또한 그가 읽었을, "각자에게 속

---

[388] Smith, *The Theory of Moral Sentiments*, II. ii. 1-4, 100-101쪽.

한 것을 각자에게 주는 일을 맡는 정의가 나오는 출처는 이 보편적 사랑이다"라는 실루에트의 유학적 인의仁義테제와 배치되는 것이다. '아름답고 행복한 사회'를 수립하고 유지하는 것까지 거론할 것 없이 최소한 '자연적 자유의 체계'를 수립 · 유지하기 위해서 국가는 야경국가의 저 소극적 임무들의 수행을 넘어 최소한의 '인혜'를 법적 의무로 강제해 하층계급의 궁핍화를 막아야 한다. 서민대중의 궁핍화로 인해 이들의 구매력이 축소되면, 서민대중은 소비에 덜 기여해 국민경제의 재생산과 순환이 위축되고 결국 난조에 빠져 '자연적 자유의 체계'마저 무너지기 때문이다. 상술했듯이 케네는 하층계급의 복지가 줄어들면 "하층민들이 국내에서만 소비될 수 있는 생산물의 소비에 충분히 기여할 수 없을 것"이고 "국민의 재생산과 수입은 줄어들 것이다"라고 말했다.[389] 아담 스미스는 케네의 이론을 분명 개선했으나 이 점에서는 오히려 케네의 이론을 개악해 시장경제적 야경국가론으로 만든 셈이다.

그러나 스미스의 이 정의제일주의적 또는 정의지상주의적 야경국가론은 앞서 지적했듯이 애당초 경제적 관점에서도 그릇된 것이고, 도덕론적으로도 자가당착적인 것이다. 정의는 '기초' 또는 '기둥'이고 인혜는 '장식'이므로 인혜는 '권고'하는 것으로 충분한 반면, 정의는 '강제'로라도 집행해야 한다는 논변을 정당화하기 위해, 스미스는 "침해가 시작되는 순간, 상호적 분개와 적개심이 발생하는 순간, 사회의 모든 유대는 산산조각이 난다"고 말하고 있다. 그러나 '사회의 모든 유대'가 불의의 침해로 산산조각이 나려면, 이 사회적 '유대', 즉 사랑(인애)이, 따라서 '인혜'도, 산산조각 나기에 앞서 먼저 존재해야 한다. 따라서 스미스의 이 말을 뜯어보아도 인혜가 정의보다 더 본질적인 '기초'임을 알 수 있다. 사회적 유대를 표현하는 물질적 인간애 또는 물적 인애(양민 · 교민)로서의 '인혜'가 없다면, 즉 기본적 인간애 · 인류애 · 믿음을 바탕으로 계속 존속하고 곤경에 빠진 서로를

---

389) François Quesnay, "Extract from the Royal Economic Maxims of M. de Sully" (Third Edition), 격률 14. François Quesnay, *Tableau économique*, edited and introduced by Marguerite Kuczynski and Ronald L. Meek (London: MacMillan, New York: Augustus M. Kelley Publishers, 1972).

구제하는 연대적 인간사회가 없다면, 바꿔 말하면, 미래를 기약할 수 없이 증오와 불신에 가득 찬 인간들이 떼로 모여 있다면, 인간들은 앞으로도, 또는 앞으로는 서로 선행할 것이라는 미래적 기대 속에서 정의를 준수하고 불의를 처벌할 필요도, 의의도 없는 것이다. 인간끼리의 인애적 기대, 그리고 이에 기초한 인간사회의 연대적 존속과 미래는 인간적 상호애착과 상호신뢰에 의해서만 창설되고, 이 인간적 상호애착·신뢰는 인간으로서 가진 최소한의 기본적 동질감·연대감·인애의 바탕 위에서만 싹트고 자라난다. 그러므로 '인仁'(인애 또는 인혜)이 '의義'보다 더 본질적인 '인간사회의 기초'다. '사랑 있는' 인간의 실존은 '정의'가 비로소 요구되고 논의될 진정한 '기초'인 것이다. 정의의 내용, 즉 정의롭게 분배하거나 나눠가져야 할 내용은 사랑과 이익이기 때문이다. 따라서 "각자에게 속한 것을 각자에게 주는 일을 맡는 정의가 나오는 출처는 이 보편적 사랑이다"라는 실루에트의 유학적 테제가 극명하듯이 '인'은 '의'의 '출처'이고 '근본'일 뿐만 아니라, 정의의 내용이기도 한 것이다. 그리고 '인정 있는 인간'의 실존상태는 다름 아닌 바로 상호적 '인'의 상태다. 이런 의미에서 공자도 "인이란 인간답다(仁者人也)"라고[390] 천명하고, 맹자도 "인은 인간다운 것이니 잃을 수 없다(仁人也 不可失也)"라고[391] 갈파했던 것이다.

그리고 공자철학의 영향을 암암리에 수용해서 자기의 정의도덕론에 반영했던 고트프리트 라이프니츠도 국가의 치자와 관련해서 소극적 덕목으로서의 협의적 정의로 부족하고 신민들의 복리福利도 챙겨야한다고 말했던 것이다.

> 나는 사람들이 교사, 사회단체들의 지도자, 일정한 치자들과 같이 타인의 행동거지를 책임진 사람들은 단지 해악(evil)을 방지할 의무만이 아니라, 복리(the good)를 증진시킬 의무도 있다는 데 동의할 것이라고 믿는다.[392]

---

390) 참조: 『禮記』「中庸」(제20장). 『禮記(下)』「表記」, 86쪽: "仁者人也, 道者義也".
391) 『孟子』「梁惠王下」(2-5).
392) Gottfried W. Leibniz, *Meditation on the Common Concept of Justice* [1702-1703], 54쪽. Gottfried Wilhelm Leibniz, *Political Writings*, Translated and edited with an Introduction and Notes by Patrick Riley (Cambridge: Cambridge University Press, 1972, reprint 2006).

따라서 스미스는 플라톤주의적 국가관에 경도되어 공자철학을 왜곡시키고 뒤틀고 있을 뿐만 아니라 동시대의 이러한 정치·도덕철학도 무시한 것이다. 나아가 그는 플라톤주의적 야경국가론에 너무 홀린 나머지 아리스토텔레스의 윤리학도 철저히 우회한 것이다. 주지했다시피 '플라톤의 제자' 아리스토텔레스조차도 국가의 4덕을 지혜·용기·정심·정의로 규정하고 사랑을 배제한 플라톤과 반대로 『니코마코스윤리학』의 제8·9책에서 "필리아(φιλία)", 즉 "사랑"을 "덕성"으로서 또는 "덕성을 포함하는 것"으로서393) 상론한다. 우선 그는 국가도 사랑에 기초한 것으로 보고, 정의의 최고형태도 이런 사랑하는 사람들 사이에서만 존재한다고 말한다.

> 새끼에 대한 부모의 애정과 부모에 대한 새끼의 애정은 인간에게서만이 아니라 새와 대부분의 동물들에게서 자연적 본능인 것으로 보인다. 이것은 또한 동종의 개체들 간의 사랑과 유사하다. 그리고 이것은 특히 인류에게서 강하다. 이런 이유에서 우리는 동류인간들을 사랑하는 사람들을 칭찬한다. (...) 더구나 사랑은 국가의 결속력(bond)인 것으로 보이기도 하다. 그리고 입법자들은 정의보다 사랑을 위해 더 노력하는 것으로 보인다. 왜냐하면 사랑과 친한 것으로 보이는 화합을 증진하는 것은 입법자들의 주요목표인 한편, 적의(敵意)인 당파심은 그들이 가장 추방하려고 안달하기 때문이다. 그리고 친구들 간에는 정의도 필요 없고, 인간들 간에 단순한 정의는 충분치 않아서 사랑을 필요로 한다. 그리고 정의로운 것 가운데 가장 정의로운 것은 친구들 간에 정의로운 것이다.394)

아리스토텔레스는 우애로운 친구들 간에는 정의도 필요 없다고 하면서 "국가의 결속력"을 "사랑"으로 갈파하고, 정의보다 사랑을 위한 더 큰 노력, 그리고 인간들 간의 사랑과 근사한 "화합"의 증진과 당파심의 추방을 입법자의 "주요목

---

393) Aristoteles, *Die Nilomachische Ethik*, 1155a4-5.
394) Aristoteles, *Die Nilomachische Ethik*, 1155a23-28. H. Rackham의 영역본은 마지막 문장을 "그리고 정의로운 것은 그 최고 단계에서 사랑을 보유하는 것으로 생각된다"로 옮겼다. Aristotle, *Nicomachean Ehthics*, 452쪽 각주b.

표"로 설정하고 있다. 그리고 '최고의 정의'도 오로지 서로 사랑하는 인간들 사이에서만 존재한다고 덧붙이고 있다.

여기서 사랑하는 사람들 사이에서 도달하는 정의가 최고의 정의라면, 그 최고의 분배적 정의는 '비례적 평등'이 아니라 '양적 평등'이다.

하지만 사랑에서의 평등은 정의의 경우에서의 평등과 같은 것으로 보이지 않는다. 정의의 영역에서는 "평등함"(공정함)이 일차적으로 공적功績에 비례적임을 의미하고, "양적 평등"은 단지 이차적 의미에 불과하다. 반면, 사랑에서는 "양적으로 평등함"이 일차적 의미이고 "공적에 비례함"은 단지 이차적 의미에 불과하다.[395]

따라서 동포애적 연대의식이 강한 국가는 공적(능력 · 공로 · 성적 · 업적 · 장점 · 덕성)에 따라 재화 · 영예 · 권력을 분배하는 '비례적 평등(분배적 평등)'을 경시하지 않더라도 모든 필요한 사람들에게 필요의 양에 따라 양적으로 균등하게 분배하는 '양적 평등'을 '비례적 평등'보다 더 중시한다. 그러나 사랑에서 '양적 평등'이 더 중시되는 사실은 사랑하는 사람들 간에 덕성 · 재산 · 영예 · 권력의 격차가 지나칠 때 사랑이 약화 · 소멸하는 점에서 부정적으로도 드러난다. 아리스토텔레스는 말한다. "이것은 두 친구들 간에 덕성이나 악덕의 관점에서 또는 부나 그 밖의 다른 속성의 관점에서 광폭의 격차가 발생할 때 명백하게 드러난다. 이 경우에 친구들은 친구로 남지도 못하고, 친구로 남기를 기대하지도 못하기 때문이다. (...) 그것은 군주들의 경우에도 드러난다. 군주들의 경우에 신분상 그들보다 아주 아래에 있는 사람들도 군주의 친구이기를 기대하지 않고, 특별한 값어치가 없는 사람들도 특출나게 훌륭한 사람이나 특출난 지자들의 친구이기를 기대하지 않는다. 우리가 이런 경우에 두 사람이 여전히 친구일 수 있는 정확한 한계를 못 박을 수 없다는 것은 사실이다. 격차가 계속 벌어져도 우정이 남아있기 때문이다. 그러나 신이 인간으로부터 먼만큼이나 이 사람이 저 사람으로부터 아주 멀어질 때 우정은 더 이상 가능하지 않다."[396] 따라서 사랑의 관계에서

---

395) Aristoteles, *Die Nilomachische Ethik*, 1155a29-33.

사랑과 화합을 유지하기 위해 사랑하는 사람들 간의 능력·재산·권력격차를 줄이려면 '양적 평등'을 '비례적 평등'보다 앞세워야 하는 것이다. 불화와 다툼을 일으키는 '비례적 평등'으로서의 정의가 아니라 사랑과 화합의 유지에 이바지하는 '양적 평등'으로서의 정의가 '최고의 정의'이기 때문이다. 따라서 '최고의 정의'는 사랑 속에서만, 또는 국민적 동포애와 화합정신 속에서만 이룩될 수 있는 것이다.

공맹의 '인의仁義'는 인애(사랑)와 정의를 결합해 말하되 정의에 대한 인애의 선차성을 표현하는 복합개념이다. 이런 까닭에 맹자는 '인의'를 '도덕'과 동의어로 썼다.[397] 공자처럼 아리스토텔레스도 인애와 정의의 선후관계를 논하는 논변만을 보면 결론적으로 인애를 정의에 앞세우는 '인의의 윤리학'을 피력한 것이다. 말하자면, 그는 '군사적 정의국가'를 '이상국가'로 기획한 플라톤의 정의지상주의 또는 정의제일주의를 배격하고, 사랑과 정의를 동시에 추구하되 사랑을 정의보다 중시하는 '인의仁義국가'를 말하고 있다. 그는 국가의 존립이 사랑에 기초한다는 테제를 거듭 확인한다.[398] 그리고 국가의 세 가지 형태, 즉 왕정·귀족정·민주정을 각각 차례대로 가족적 친애의 세 가지 유형, 즉 부자간의 '부성애', 부부간의 '부부애', 형제간의 '형제애'에 대응하는 것으로 설명한다.[399] 아리스토텔레스에게 있어서도 '사랑'은 국가형태를 결정지을 정도로 '정의'를 압도하는 덕목인 것이다.[400] 이 점에서 그의 황당무계한 '신적' 덕성론(비윤리적·초超인간적 지덕론)을 뺀 그의 '인간적' 윤리학은[401] 공맹의 인의윤리학과 거의 상통한다고 말해

---

396) Aristoteles, *Die Nilomachische Ethik*, 1158a33-1159a5.
397) 『孟子』「梁惠王上」(1-1); 「公孫丑下」(4-2); 「滕文公下」(6-4); 「離婁下」(8-19); 「告子上」 등 무수함.
398) Aristoteles, *Die Nilomachische Ethik*, 1160a28-30, 1161a10-11.
399) Aristoteles, *Die Nilomachische Ethik*, 1160a31-1162a33.
400) 아리스토텔레스는 『니코마코스윤리학』에서 정의를 제5책에서, 그리고 사랑은 제8책에서 다룬다.
401) 아리스토텔레스는 덕성을 '윤리적 덕성'과 '비윤리적 지덕'으로 나눴다. 그리고 아리스토텔레스는 비윤리적 지덕의 관상적 행복을 '신적 행복'으로 격상시키는 반면, 윤리적 덕성을 행하는 실천의 행복은 '인간적 행복', '2등급 행복'으로 격하시켰다. Aristoteles, *Die Nikomachische Ethik*, 1177b19-37, 1178a5-23.

도 지나친 말이 아닐 것이다.

물론 사랑 또는 인애도 정의롭게, 즉 사람과 상황(부모, 가족, 향리, 동포, 인류, 친소, 시의, 필요 등)에 따라 적절하게 차등적으로 베풀어져야 한다. 제 부모(제 식구 또는 제 동포)보다 남의 부모(남의 식구 또는 타국인)를 더 사랑하는 것, 인간을 제치고 동물을 구하는 것, 가난한 사람을 제치고 부자에게 베푸는 것, 더 필요한 사람에게 적게 베풀고 덜 필요한 사람에게 많이 베푸는 것, 절박한 때에 외면하다가 불필요한 때 아부하듯이 베푸는 것, 애인보다 '원수를 더 사랑하는 것', 나아가 사랑할 필요가 없는 자, 사랑해서는 아니 되는 자를 사랑하는 것, 말하자면 덕자를 제치고 패덕자를 사랑하는 것 등은 다 인仁의 본의와 배치되는 것이고, 따라서 정의롭지 못한 것이다.

이 때문에 공자는 "원수는 (감정적 마음 없이) 법도로 갚고, 덕으로는 덕을 갚는 것이다(以直報怨 以德報德)"라고 천명했던 것이다.[402] 이 명제는 원수를 덕으로 갚거나, 덕을 아무런 감정적 마음 없이 법대로 갚아서는 아니 된다는 말이다. 왜냐하면 공자의 이 명제는 "원수를 덕으로 갚으면 어떻습니까?(或曰 以德報怨 何如?)"라고 묻는 누군가의 질문에 대한 답변으로 제기된 것이기 때문이다.[403]

한마디로, 인仁, 또는 사랑은 그 적절한 안배를 위해 정의를 필요로 한다. 정의는 인을 사람과 상황(친소·선후·시의·필요 등)에 따라 적절하게 베푸는 척도다. 그러므로 인仁과 의義는 내용과 형식, 안팎의 관계로서 불가분적 상호결합 관계를 맺고 있다. 이런 까닭에 공자는 인에 의를 결합시키는 '지도至道'의 관점에서 "인은 의의 근본(仁者 義之本也)"이고 "의는 (...) 인을 적절히 나누는 절도다(義者 [...] 仁之節也)"라고 갈파했던 것이다.[404] 따라서 "인혜는 정의보다 사회의 존속에 덜 본질적인 것이다"라는 스미스의 위 명제는 '인仁과 의義' 사이의 본말·시종·선후·내외 관계가 뒤바뀌었기 때문에 그릇된 것이다.

사랑이 정의의 근본인 까닭에 공자는 『예기』에서 인과 의를 결합해 지극에

---

402) 『論語』「憲問」(14-34).
403) 『論語』「憲問」(14-34).
404) 『禮記(上)』「禮運」, 481쪽.

달한 인의仁義의 도를 '지도至道'라 부르고 "지도로는 왕도를 행할 수 있다(至道以王)"고 논파했다. 그리고 공자는 이 '지도'와 '왕도'와 대비시키는 차원에서 '인'을 소홀히 하고 '의'만을 추구하는 도를 '의도義道'라 부르고 "의도로는 패도를 행할 수 있다(義道以覇)"고 갈파했던 것이다.[405] '의도'로는 왕도를 행할 수 없고 기껏해야 패도를 행할 수 있다는 말이다. 의도로는 결코 '왕도국가'를 세울 수 없고, 잘해야 유혈이 낭자한 플라톤적·법치적 '군사국가' 또는 전국시대의 군사적·예법적 '패권국가'로서의 '정의국가'를 세울 수 있는 것이다.

그리고 "사회는 인혜 없이 존속할 수 있다"는 스미스의 다른 명제는 '사회는 사람 없이 존속할 수 있다'는 말이나 다름없는 '말 같지 않은 말'이다. 왜냐하면 공맹의 말대로 "사랑은 사람 자체이기(仁者人也)" 때문이고, 아리스토텔레스의 말대로 "사랑은 삶에서 가장 필수불가결한 것에 속하는" 데다, "아무도 다른 모든 좋은 것들을 소유하더라도 사랑 없이 살고 싶어 하지 않을 것이기"[406] 때문이다. 공자가 '민신民信'이 없으면 국가공동체가 존립할 수 없으므로 '민신'이 '족식'이나 '족병'보다 우선한다고 갈파했듯이, 사람들 간에 믿고 사랑하고 돕고 베푸는 최소한의 인정人情으로서의 '인혜'는 풍족한 의식주나 이것에 대한 위해를 방지하거나 손실을 배상해주는 '정의'보다 더 근본적인 것이다.

그렇다고 스미스의 말을 거꾸로 뒤집어서, 인애는 법으로 강제되어야 하는 '기초'이고, 정의는 법으로 강제될 필요가 없는 '장식'이라고 주장하려는 것이 아니다. '의'도 '기본적 최소한'에서 반드시 강행법규(ius cogens)로 '강제'되어야 하지만, '인'도 "강의强仁"으로 강요되어야 하기 때문이다. 다만 둘 중 '먼저', 그리고 '더 강하게' 강제되어야 하는 것은 정의가 아니라 '인'이라는 말이다.

스미스의 자유시장론이 공맹의 양민론과 사마천의 화식론을 불완전하게, 즉 일부만 복제했기 때문에 미흡한 면을 안고 있듯이, 그의 도덕론도 공맹의 도덕론과 이를 반영한 흄의 도덕론을 불완전하게 모방했기 때문에 역시 미흡한 면이

---

405) 『禮記(下)』 「表記」, 86쪽.
406) Aristoteles, *Die Nilomachische Ethik*, 1155a5-7.

있다. 이런 까닭에 '정의'의 집행을 '인혜'보다 앞세우는 그의 논변은 자가당착적으로 "인간은 사회를 향한 본성적 사랑을 가졌고, 인류의 결합이 그 자체를 위해 보존되기를 바란다"고 말하기도 하고, "어떤 이유에서든 인간은 사회를 파괴할 경향을 가질 수 있는 모든 것에 혐오감을 가진다"고 말하는가 하면,[407] "인류에 대해 느끼는 더 확장된 연민"에 관해 언급하기도 한다.[408] 그는 '사회를 향한 본성적 사랑'이나 '인류의 결합'이 바로 '인혜'라는 사실을 모르는 듯하다.

스미스 도덕론의 이러한 문제점은 인혜를 도덕적 의무로 규정하는 것이 아니라 개인들의 '자유'로 방치하고 정의만을 의무로 보아 강제해야 할 덕목으로 여기는 근본적 관점에 기인한다. 그는 말한다.

적절한 동기들로부터 생기는 인혜로운 성향의 행위들은 그 자체로서 보상을 요구하는 것으로 보인다. 이러한 행위들만이 가하다고 느껴지는 감사 대상이거나, 관찰자의 공감적 감사함을 야기하기 때문이다. 부적절한 동기에서 생겨나는 해치는 성향의 행동들은 그 자체로서 마땅히 처벌을 받아야 하는 것으로 보인다. 이것만이 가하다고 느껴지는 분개 대상이거나 관찰자의 공감적 분개를 야기하기 때문이다. 인혜는 언제나 자유롭고, 강제력에 의해 강요될 수 없고, 인혜의 단순한 결여가 인간을 형벌에 처하지 않는다. 왜냐하면 인혜의 단순한 결여는 어떤 실재적인 적극적 악도 저지르지 않는 성향을 보이기 때문이다. 그것은 순리적으로 기대될 수 있는 선을 좌절시킬 수 있다. 이런 이유에서 그것은 정당하게 혐오와 불가(不可)감정을 야기할 수 있다. 하지만 그것이 인류가 공유하는 분개를 야기할 수는 없다. (…) 그러므로 보은의 결여는 처벌될 수 없다. (…) 그러나 인혜의 의무들 중에서 보은이 우리들에게 권고하는 의무들이 우리가 완전한 책무라고 부르는 것에 가장 가까이 접근한다. 우정·후함·자선이 보편적으로 가하다고 느껴지는 감정을 갖고 행하도록 우리를 촉구하는 것은 훨씬 더 자유롭고, 보은의 의무보다 강제력에 의해 훨씬 덜 강요될 수 있다.[409]

---

407) Smith, *The Theory of Moral Sentiments*, II. ii. iii. 6, 103쪽.
408) Smith, *The Theory of Moral Sentiments*, II. ii. iii. 7, 104쪽.
409) Smith, *The Theory of Moral Sentiments*, II. ii. i. 1-3, 91-2쪽.

아담 스미스는 의무로 강제되어야 할 최소한의 근본적 인애(强仁)와 최대한의 인애(安仁)를 구분하지 않음으로써 중대한 오류에 빠져들고 있다. 그의 이 도덕적 관점에 의하면, 사회의 존립과 존립 목적의 구현을 위해 필수적인 자살방조죄 처벌, 가족적 부양의무의 불이행에 대한 법적 처벌, 사회부조의무 위반에 대한 처벌 등은 있을 수 없다. 그러나 그도 이런 주장과 모순되게 가령 빈부격차를 고려한 누진세제조차도 인정하고 있다.[410]

아담 스미스는 인혜와 반대로 정의는 "그 준수가 우리 자신의 의지의 자유에 방치되지 않고 강제력에 의해 강요되고, 위반은 분노에, 따라서 처벌에 처해지는 덕목"이다. "정의의 침범은 가해행위다. 그것은 본성적으로 반감을 받는 동기로부터 어떤 특정인들에게 실재의 적극적 피해를 가한다. 따라서 그것은 정확한 분노 대상과, 분노의 자연적 귀결인 처벌의 정확한 대상이다."[411] 따라서 "늘 우리는 단지 비난받아야 할 것 또는 불가감정의 적절한 대상을, 처벌하거나 방지하기 위해 강제력이 투입되어야 하는 것과 주의 깊게 구별해야 한다."[412] 따라서 "의심할 바 없이 정의의 실천에는 바름이 있고, 그것은 이런 까닭에 바름에 기인한 온갖 가함의 느낌을 받을 만하다. 그러나 정의가 전혀 적극적 선을 행하지 않는 만큼, 그것은 보은을 받을 권리가 거의 없다. 대부분의 경우에 단순한 정의는 소극적 덕목(negative virtue)에 불과하고, 다만 우리를 우리의 이웃을 해치는 것으로부터 방지해 줄 뿐이다. 이웃들의 인신이나 재산 또는 명예를 훼손하는 것을 단지 삼가는 사람은 분명 거의 적극적으로 잘한 것이 없다."[413] 이 정의와 관련된 스미스의 논변은 그 타당성을 인정할 만하다.

그러나 공자의 '인' 또는 흄의 '인애(*benevolence*)'와 상통하는 '인혜(*beneficence*)'와 '인간애(*humanity*)'에 대한 스미스의 논변에 관한 한, 그것은 심각한 일탈을 뜻하는 것이다. 스미스는 중국을 예로 들어 다음과 같이 논한다.

---

410) Smith, *The Theory of Moral Sentiments*, V. ii. e, 842쪽; V. ii. k, 871-872쪽.
411) Smith, *The Theory of Moral Sentiments*, II. ii. i. 5, 93쪽.
412) Smith, *The Theory of Moral Sentiments*, II. ii. i. 6, 93-4쪽.
413) Smith, *The Theory of Moral Sentiments*, II. ii. i. 9, 95쪽.

중국이라는 대제국이 그 무수한 주민들과 함께 갑자기 지진에 의해 함몰되어 버렸다고 가정해 보자. 그리고 세계의 저 부분과 아무런 관련도 없는 유럽의 어느 인간애 있는 사람이 이 끔찍한 재앙의 소식을 들었을 때 어떻게 영향을 받을지를 고찰해 보자. 나는 그가 무엇보다도 그 불행한 국민의 불운에 대해 슬픔을 강하게 표할 것이라고 상상한다. 그리고 인간적 삶의 위태로움과 일순간에 섬멸될 수 있는 사람의 모든 노고의 허망함에 대한 우울한 성찰을 많이 할 것이다. … 그러나 이 모든 훌륭한 철학이 끝났을 때, 이 모든 인간적인 감정들이 다 충분히 표명되었을 때, 그는 어떤 사고도 일어나지 않은 것처럼 안이하고 평온한 심정으로 그의 일이나 유흥을 추구하고 휴식이나 기분전환을 취할 것이다. 그 자신을 덮칠 수 있는 매우 사소한 재앙이 더 실질적인 혼란을 야기할 것이다. 만약 그가 내일 자기 새끼손가락을 잘라내야 한다면 그는 오늘밤 잠을 이루지 못할 것이다. 그러나 일억의 동포들을 결코 보지 못했다면, 이 형제들의 파멸에도 가장 깊은 안심 속에서 코를 골 것이다. 그에게 이 거대한 대중의 불행은 분명 그 자신의 하찮은 불운보다 덜 관심을 끄는 대상으로 보인다. 그렇다고 그 자신에게 닥친 이 하찮은 비운을 방지하기 위해 인간애를 가진 사람이 1억의 형제들의 생명을 — 그들을 한 번도 본 적이 없다고 가정한다면 — 희생시킬 용의가 있는가? 인간 본성은 이 생각에 전율해 소스라치게 놀랄 것이다. 그리고 아무리 타락하고 부패한 세상도 이런 생각을 즐길 수 있는 악한을 산출하지 않았다. 그러나 이 차이가 왜 생겨나는가? 우리의 피동적 감정들이 거의 항상 그렇게 인색하고 그렇게 이기적일 때, 우리의 능동적인 원리는 어떻게 종종 그토록 후하고 그토록 고귀한가?[414]

여기까지 그의 논변은 제대로 되었고 질문도 정확하게 제기하고 있다. 그러나 이에 대한 그의 답변은 참으로 엉뚱하다.

우리가 늘 남과 관계된 일에 의해서보다 우리 자신과 관계된 일에 의해서 훨씬 더 깊이 영향을 받으면서도, 자기 이익을 더 큰 타인의 이익에 희생시키도록 — 후한 사람들을 모든 경우에, 평범한 사람들을 많은 경우에 — 촉구하는 것은 무엇인

---

414) Smith, *The Theory of Moral Sentiments*, III. iii. §9, 157-158쪽.

가? 자기애(self-love)의 가장 강한 충동에 대항할 수 있는 것은 인간애의 부드러운 힘도 아니고, 자연이 인간의 가슴에 밝혀놓은 인애의 연약한 섬광도 아니다. 이러한 경우에 발휘되는 것은 더 강한 힘, 더 강렬한 동기다. 그것은 이성, 원리, 양심, 가슴의 거주자, 내부의 인간, 우리의 행위의 위대한 판관이자 중재자다. (…) 많은 경우 저 신적 덕목(divine virtues)의 실천을 우리에게 촉구하는 것은 우리의 이웃에 대한 사랑도 아니고, 인류의 사랑도 아니다. 이런 경우에 발생하는 것은 더 강한 사랑, 더 강력한 애착이다. 그것은 영예롭고 고귀한 것, 우리 자신의 성품의 위대함, 존엄성, 우월성에 대한 사랑이다.[415]

아담 스미스는 강한 자기애에 맞서는 '신적 덕목'의 강력한 실천적 대항 동력이 자애나 인간애(인애) 혹은 또 흄이 말하는 '다른 방향의 자기애'가 아니라 '이성·양심', 또는 '자기 성품의 존엄성과 명예에 대한 사랑'이고, 이것이 '인애'보다 '더 강한 사랑'이라는 것이다. 지극히 오락가락하는 말이다.

대항 동력이 '이성'이라면, 이것은 그의 도덕론의 기초인 감정과 공감으로부터 이탈해 합리주의적 도덕론으로 퇴락하는 것을 뜻한다. '자기 성품의 존엄성과 명예에 대한 사랑'이라면, 이것은 감정의 범위로 돌아오는 것이지만, 이런 '사랑'은 이기심에 불과한 것이다. 따라서 물욕(물적 자기애)를 명예욕으로 극복케 한다는 맨드빌의 주장과 같은 말이 되고 만다.

상론했듯이 흄은 한 인간의 이타적 인간애의 총화는 그의 이기적 자기애보다 더 크고, 가족·친족·친구를 거쳐 낯선 인간들에까지 이르는 각종 타인들에 대한 배려의 총화는 자기에 대한 배려의 총화보다 더 크고 강렬하다고 말했다. 따라서 이타적 인간애의 총화는 이기적 자기애를 이긴다. 또한 흄은 인간의 더 강한 이기심 또는 다른 종류의 이기심은 어떤 특정한 종류의 이기심을 이기거나 이것의 방향을 바꿀 수 있다고 말했다. 따라서 물질적 이기심(물욕)은 정신적 명예욕을 이기고, 미래의 보다 큰 이익에 대한 이기적 기대욕구는 현재의 보다 적은 이익에 대한 이기적 욕구를 이긴다. 그러나 스미스는 반대로 명예욕이 물욕과

---

415) Smith, *The Theory of Moral Sentiments*, III. iii. §9, 158쪽.

권력욕보다 더 강하고, 또 이 명예욕이 육체적·감정적·정신적 사랑, 각종 우정, 집단적 동질감과 연대감, 애국심, 인류애 등 '인간애'의 총화보다 더 강하다고 말하고 있는 셈이다. 그의 논변은 이쯤에서 모든 설득력을 다 잃어버리고 있다.

논변의 출발이 근본적으로 잘못되었기 때문에 이런 일이 발생했다. 그의 말대로 자기의 작은 이익을 위해 1억의 생명을 희생시킬 용의가 있다는 생각에 "전율해 소스라치게 놀라는 것"은 이성이 아니라 측은지심의 공감적 성정性情이다. '놀람'은 어디까지나 인간의 감정이지 이성일 수 없고, 남의 불행에 놀라는 것은 공감감정으로서의 동정심이 발동하기 때문이다. 이 동정적 성정이 그가 연약한 것으로 취급하는 바로 이타적 인간애인 것이다.

공자의 '인仁', 흄의 '인애', 그리고 더 큰 '자기애' 또는 다른 방향의 '자기애'는 유일하게 인간의 특정한 자기애(이기심)에 맞설 수 있는 인간의 감정들이다. 물론 인 또는 인애의 인간애는 친소의 거리에 비례해 약화되지만 생면부지의 사람들에 대해서도 미약하게나마 발휘되는 것이고, 크고 작은 국가사회와 인류사회의 존립을 위해 필수적인 감정이다. 따라서 공자는 인의 실천을 위해 예법의 도움을 받아 인류애를 보편적으로 실천하는 것을 입론했다. "자기를 잘 다스려 예로 돌아오는 것이 인의 실천이다. 하루 자기를 잘 다스려 예로 돌아오면 천하가 인으로 돌아올 것이다.(克己復禮爲仁 一日克己復禮 天下歸仁)"[416)]

또한 흄도 불평등을 완화하기 위해 부자들에게 보편적 인혜와 인애를 베풀도록 하여 소득을 어느 정도 재분배하는 법적 강제의 조세정책을 주장했다.

시민들 간의 너무 큰 불균등은 어떤 국가든 약화시킨다. 만인은 가급적 모든 생필품과 많은 생활상의 이기를 완전히 다 갖추고 자기 노동의 과실을 향유해야 한다. 평등이 인간본성에 가장 적합하고, 또 평등이 가난한 사람들의 행복에 보태주는 것보다 부자들의 행복으로부터 훨씬 더 적은 것을 감소시킨다는 것을 아무도 의심

---

416) 『論語』「顔淵」(12-1). '克己復禮爲仁'의 '爲仁'은 '인을 행(실천)한다'는 말이다. "자신이 몸소 인으로 돌아오는 것이 인을 행하는 것이다(身能反禮則爲仁)"라는 하안의 주석을 참조하라. 『論語注疏』, 177쪽.

하지 않을 것이다. 따라서 평등은 국가의 권력을 증대시키고, 특별세나 과세를 보다 즐겁게 지불하도록 만든다.[417]

이처럼 인애로부터 적극적으로 평등을 추구하는 것은 정의의 '소극적 덕목'에 앞서는 것이다.

일반적으로 논하면, 공자는 '의'보다 '인'을, 스미스 식으로 표현하면 정의보다 자애(인혜)를 우선적 덕목으로 보고, 동시에 인을 일률적으로 파악하지 않고 안인安仁, 이인利仁, 강인强仁으로 구분했다. '안인'은 천성에 편안해서 인을 자발적으로 실천하는 것이고, '이인'은 이익에 의해 인의 실천으로 유도되는 것이고, '강인'은 사회존속에 필수적인 기본적 인의 사항들을 골라 법으로 그 실천을 강제하는 것이다. 『예기』에서 공자는 말한다.

> 인仁에는 세 가지가 있는데, 그 효과는 인과 같지만 마음은 다르다. 효과가 인과 같으므로 그 인의 성격을 알 수 없지만, 인과 같이 (인을 행하지 못하는) 과오가 생긴 연후에는 그 인의 성격을 알 수 있다. 인자仁者는 안인安仁하고, 지자知者는 이인利仁하고, 처벌을 두려워하는 자(畏罪者)는 강인强仁한다. 인仁은 오른쪽이고, 도道는 왼쪽이다. 인은 바로 인간적인 것이고, 도는 의로운 것이다. 인에 후한 자는 의에 박하여 친하나 존엄하지 않고, 의에 후한 자는 인에 박하여 존엄하나 친하지 않다. 도에는 지도至道가 있고 의도義道가 있고 고도考道가 있다. 지도로는 왕도를 행할 수 있고, 의도로는 패도를 행할 수 있고, 고도로는 실책을 저지르지 않을 수 있다.[418]

상론했듯이 '지도'는 '인'과 '의'를 겸행兼行해 지극에 달한 도이고, '의도義道'는 인仁 없이 의義만을 갖춘 도이고, '고도考道'는 본성은 아니지만 때로 인仁의 일을,

---

417) Hume, "Of Commerce", 102쪽.
418) 『禮記(下)』「表記」, 86쪽, "子曰 仁有三 與仁同功而異情. 與仁同功 其仁未可知也. 與仁同過 然後其仁可知也. 仁者 安仁 知者 利仁 畏罪者 强仁. 仁者 右也 道者 左也. 仁者 人也 道者 義也. 厚於仁者 薄於義 親而不尊. 厚於義者 薄於仁 尊而不親. 道有至義有考. 至道以王 義道以覇 考道以爲無失." [考: 이룰 고(=成)].

때로 의義의 일을 취해 이 일을 힘써 이룬 도를 말한다.[419] 한편, 인仁과 의義, 인혜와 정의는 오른손과 왼손의 관계처럼 서로를 필수적으로 요구하되, 인은 사람이 오른손을 쓰는 것이 빠른 것처럼 그 행함이 급한 반면, 의란 도가 "밟고 따라가서 행하는 것"을 뜻하므로 인에 비하면 소극적이고 열등한 덕목이다.[420]

인은 공자 윤리학과 가치론의 최고 덕목이다. 지도至道에 달한 '안인安仁'은 왕의 덕이고, 의도義道를 이룬 지知의 '이인利仁'은 패자의 덕이고, 고도考道의 '강인強仁'은 외죄자畏罪者(일반대중)의 덕이다. 따라서 공자는 가정·국가·천하의 존속을 위한 최소한의 근본적 인仁을 법으로 강제하여 일반대중도 인을 행하게 하는 '강인'을 말하고 있다. 그러므로 법적 강제로 공자의 국가는 토지와 소득을 균제하고 천재·인재 시에 조세를 면제하거나 경감하고 가난을 구휼한다. 공자의 국가는 정의만을 법으로 강제하는 아담 스미스의 '야경국가'가 아닌 것이다.

그러나 아담 스미스도 야경국가의 덕목만으로는 가정과 국가의 존립이 어렵다는 것을 나름대로 감지한다. 그리고 그는 어쩔 수 없이 적절한 수준에서의 '인혜'의 강제에 대해 언급한다.

주상主上은 진정으로 종종 보편적으로 가하다는 느낌을 받으며 자기 관할의 사람들에게 이 점(더 많은 친절)에서 일정한 정도로 서로에 대해 바르게 행동할 책무를 지울 수 있다. 모든 문명국가의 법률들은 부모에게 자녀를, 자녀에게 부모를 부양할 책무를 지우고, 인혜의 다른 많은 의무들을 사람들에게 부과하고 있다. 공적 치자는 불의를 억제함으로써 공공평화를 보존할 뿐만 아니라 기율을 확립하고 모든 종류의 악덕과 바르지 않은 행동을 진압함으로써 나라의 번영을 촉진시킬 권한을 위임받았다. 그러므로 치자는 동료시민들 간의 상호적 침해를 금지할 뿐만 아니라 일정한 정도까지 상호적 선행을 명하는 법률을 제정할 수 있다. (...) 하지만 입법자의 모든 의무들 가운데 이 의무는 아마 바름과 판단력을 갖고 집행할 최대의 치밀함과 신중

---

419) 『禮記正義』, 1720쪽, 孔穎達의 疏, "有義 (…) 仁義之中 唯有義無仁 故云有義. (…) 有考 於仁義之中 或取仁或取義之一事 勉力成之."
420) 『禮記正義』, 1719쪽, 孔穎達의 疏, "仁恩者 若人之右手 右手是用之便也 仁恩亦行之急也. 道是履路而行 比仁恩稍劣 故爲左也."

을 요구하는 의무일 것이다. 이 의무를 완전히 방기하면 나라는 극심한 무질서와 경악스런 범죄에 처하게 되고, 반대로 이것을 너무 멀리 밀어붙이면 모든 자유·안전·정의가 파괴될 것이다.[421)]

스미스는 여기서 이 "인혜의 강제"를 "너무 멀리 밀어붙이는 것"을 꺼려하고 있을지라도 이 강제를 완전히 방기한 '불인不仁국가'는 "극심한 무질서와 경악스런 범죄에 처하게 될 것"이라고 경고하고 있다. 이 말은 필수적 수준에서 인혜를 강제적으로 집행하지 않고 "동료시민들 간의 상호적 침해를 금지할" 뿐인 정의의 사법만으로는 "극심한 무질서와 경악스런 범죄"를 막을 수 없다는 말이다. 공자와 맹자는 불인한 치자들에게 "극심한 무질서와 경악스런 범죄"만을 경고한 것이 아니라, 백성들이 혁명으로 봉기해 민심을 잃은 치자가 나라와 생명도 함께 잃을 것임을 경고했다. 아무튼 스미스는 위 글에서 부지불식간에 인덕의 '보이는 손'의 근본성을 인정하고 자기의 지론을 스스로 파괴함으로써 공맹의 도덕철학으로 다시 돌아오고 있다.

이 자가당착적 정의제일주의를 제외하면, 스미스는 도덕론에서 대체로 공맹을 따르고 있다. 우선 공맹이 3덕의 단초를 삼단지심의 공감적 성정으로 보듯이 스미스는 흄처럼 도덕의 단초를 이성이 아니라 인간의 공감(*sympathy*)능력과 공감 감정으로서의 도덕감정으로 본다.[422)] 앞서 시사했듯이 매버릭은 '정의는 보편적 사랑에서 나온다'는 실루에트의 인간애 논의를 스미스의 『도덕감정론』을 연상시키는 것으로 풀이하면서 "스미스의 윤리학을 연구하는 학도가 실루에트의 '인간애' 논의를 다 읽는다면, 후하게 보상받을 것"이라고 말한 것이다.

정의와 불의 문제가 제기되기 위해서는 이것을 문제 삼는 공동체가 이 정의보다 먼저 존재해야 하고, 공동체가 존재하기 위해서는 감정적 공감능력에 기초한 사람들 간의 신뢰(民信), 사랑, 동질감, 공감대, 상호적 공조共調 또는 동조同調의 감정, 즉 동심同心 등으로 다양하게 표출되는 인간다운 인애심이 있어야 한다.

---

421) Smith, *The Theory of Moral Sentiments*, II. ii. i. 8, 95쪽.
422) Smith, *The Theory of Moral Sentiments*, I. i. i-ii. 8, 11-20쪽 참조.

스미스도 인정하듯이 이 인애심 또는 사회적 '동심'(공감적 일체감으로서의 사랑)이 바로 의덕·예덕 등의 덕성과 도리가 중시될 수 있는 공동체를 묶고 지켜주는 기본적 힘이다. 인애적 동심이 강할수록 공동체는 강력하다. 공동체가 강력할수록, 개인들의 사회적 정의감과 정의의 집행능력도 강력할 수 있다. 공자는 "두 사람이 동심이면, 그 예리함이 쇠를 끊고, 동심의 말은 그 향내가 난과 같다"고 말했다.[423] 두 사람의 동심이 이럴진댄, 5천만의 백성이 '동심'이라면 이들이 얼마나 강하고, 5천만의 '동심지언'은 또 얼마나 훈훈하겠는가! 인애의 덕은 강력함에서도 정의의 덕에 우선하는 것이다.

또한 스미스는 『도덕감정론』 제7장에서 국가 차원의 정의우선론과 완전히 모순되게 스스로 인애를 덕성의 근거로 거론하고 인애감정의 가치론적 선차성을 주장한다.

덕성이 인애에 근거한다는 것은 인간본성 속의 많은 현상들에 의해 뒷받침되는 개념이다. 적절한 인애는 모든 감정들 중 가장 우애적이고 가장 기분좋은 감정이라는 것, 이 인애는 이중적 공감(a double sympathy)에 의해 우리의 사랑을 산다는 것, 인애의 기여경향이 반드시 인혜적인 만큼 인애는 감사와 포상의 적절한 대상이라는 것, 마지막으로 이 모든 경우에 인애는 우리의 본성적 감정들에 대해 어떤 다른 감정들보다 우월한 가치를 가진 것으로 보인다는 것은 이미 말했다. 또한 모든 다른 감정의 약점이 언제나 극단적으로 역겨운 것인 반면, 인애의 약점조차도 우리에게 아주 기분 나쁜 것이 아니라는 것도 이미 말했다. 누가 지나친 악의, 지나친 이기심, 지나친 분개를 혐오하지 않는단 말인가? 그러나 심지어 편애적 우정의 가장 지나친 관대함도 그토록 불쾌하지 않다. 인애감정만이 적절성에 대한 고려나 유의 없이 발휘되지만 매력적인 어떤 것을 자기 주위에 보유할 수 있다. 호의적 행위를, 이 행위에 의해 그것이 가부감정의 적절한 대상이 될지 말지를 한 번도 생각하지 않고 수행하는 것으로 계속 나아가는 본능적 선의善意 속에도 사람을 기쁘게 하는 어떤 것이 들어 있다.[424]

---

423) 『易經』「繫辭上傳」, "二人同心 其利斷金 同心之言 其臭如蘭."
424) Smith, *The Theory of Moral Sentiments*, VII. ii. iii. §4, 355-356쪽.

여기서야 스미스는 "인애"를 "우리의 본성적 감정들에 대해 어떤 다른 감정들보다(따라서 복수심 등의 정의감정보다도) 우월한 가치를 가진" 감정이라고 제대로 말하고 있다. 이것도 스미스 자신의 정의제일주의 주장을 파괴하는 자멸적 논변이지만, 이 명제로써 그는 공맹의 인의도덕론으로 완전히 복귀했다고 평가할 수 있다.

■ 공맹의 영향을 부정하는 월터 데이비스의 반론

그러나 매버릭의 이런 해석에 대해 월터 데이비스(Walter W. Davis)는 "동양광狂들과 친중국주의자들이 쓴 소설들이 일반적으로 이국적 등장인물들을 우호적으로 인간적·동정적 본능의 인물들로 묘사할지라도 인仁(jen)에서 생겨나는 동료인간들에 대한 측은지심(commiseration) 또는 연민(tender feeling)의 동양 이론과 인도적 감정에 대한 서양의 강조 간의 억측적 연결은 덜 확실하다"라고 반론을 제기한다.[425] 그리고 데이비스는 다음과 같이 부언한다.

확실히 인도주의는 소위 '계몽주의자들'의 공인된 이상이었고, 심지어 19세기 이전에도 필객들은 동료인간에 대한 사랑을 기독교계율이 명한 것으로 칭송했다. 케임브리지 플라톤주의자 헨리 무어(Henry Moore)는 한 걸음 더 나아가 그의 『윤리학 핸드북(Enchiridion Ethicum)』(1666)에서 인간감정들이 신에서 유래했고 '신과 정의'인 것을 규정하기 위해 믿을 수 있다고 선언했다. 그는 '측은지심'의 유력한 성격을 강조했는데, 이것은 타인들의 필요에 대한 감응을 불러일으키기 위해 인간의 가슴속에 신이 불어넣은 것이라고 한다.[426]

플라톤주의적 스콜라철학자 헨리 무어는 "측은지심"의 인도주의적 인간감정을 이웃사랑을 원수를 사랑하는 수준으로 확대한 예수의 계시로부터 도출하는 것이 아니라 "인간의 가슴속에 신이 불어넣은" 본성으로 도출하고 있다. 그러나

---

425) Davis, *Eastern and Western History, Thought and Culture*, 358쪽.
426) Davis, *Eastern and Western History, Thought and Culture*, 358쪽.

이 논변 자체는 기독교사상 계열에서 돌비적인 것이다. 이 논변은 성서의 계시론이 아니라, 오히려 『중용』(1장)의 "하늘이 명한 것을 본성이라 일컫는다(天命之謂性)" 명제에 더 가깝다. 데이비스는 무어의 논변 자체가 공맹으로부터 영향을 받은 것이라는 사실을 상상하지 못한 것 같다. 후앙 멘도자(1585), 발리냐노·산데(1590), 퍼채스(1613), 마테오 리치·트리고(1615), 버튼(1621), 세메도(1641), 라모트 르 베예(1642), 마르티니(1655), 호르니우스(1655), 슈피첼(1660), 버튼 등의 공맹철학·중국소개서, 인토르케타와 다코스타의 경전(대학·논어)번역서(1662), 니우호프의 중국보고서(1665) 등이 무어의 『윤리학 핸드북』의 출간(1666) 전에 이미 줄줄이 공간되었다. 그는 이 사실을 모르고 있고, 따라서 이 책들이 무어에게 영향을 미쳤을 개연성을 황당하게도 완전히 배제하고 있다.

무어도 케임브리지 플라톤주의자인 컴벌랜드처럼 마찬가지로 공맹철학과 극동문화의 전파 속에서 암암리에 극동의 도덕감정론적(사단론적) 윤리학의 영향을 받았을 것이다. 데이비스가 '신에 대한 사랑'에 앞서는 '만인의 만인에 대한 인애'(인간애), 동정심(측은지심) 등 도덕감정에 기초한 윤리학이 무어 이전에 서양철학의 전통 안에 면면히 이어졌음을 입증하지 못한다면 그의 주장은 신빙성을 완전히 잃고 말 것이다. 그런데 주지하다시피 무어 이전의 서양철학전통에서는 이런 감정윤리학이 전개된 적이 전혀 없었다. 그리고 17세기 이전 서양에서 감정윤리학은커녕 인간의 감정 일반에 대한 탐구도 '진지하게', 그리고 '올바로' 이루어진 적이 전혀 없다.

서양철학자들은 공자철학을 잘 알기 전까지 가령 아리스토텔레스의 주요덕목이자 가장 중요한 도덕감정인 필리아와 정의에 대해서도 천착하지 않았다. 아마 아리스토텔레스의 사랑·정의 관계를 깊이 파고 들면 '신에 대한 사랑'이 불가능해진다는 것을 눈치챘기 때문이었을 것이다. 앞서 확인했듯이 아리스토텔레스는 "군주들의 경우에 신분상 그들보다 아주 아래에 있는 사람들도 군주의 친구이기를 기대하지 않고, 특별한 값어치가 없는 사람들도 특출나게 훌륭한 사람이나 특출난 지자들의 친구이기를 기대하지 않는다"고 말하고 "신이 인간으로부터 먼만큼이나 이 사람이 저 사람으로부터 아주 멀어질 때 사랑은 더 이상 가능하지 않다"고 말하고 있기 때문이다.[427] 이 구절은 인간과 신 사이의 거리는 너무 멀어서 신에 대한 인간의 사랑은 불가능하다는 뜻을 함의하고 있다. 이 불가능을 타파하는 유일한 길은 '양적 평등'의 정의인데 '인간과 신 사이의 양적 평등'도 가당치 않은 것이다. 따라서 아리스토텔레스의 도덕감정들(사랑과 정의감)에 대한 천착은 기독교신앙을 무너뜨릴 정도로 아주 위험해서 아무도 그 깊이까지 탐구하지 않았다. 또 세네카, 홉스, 스피노자, 데카르트는 감정을 탐구했으나 이들의 감정논의는 전혀 진지하지도, 전혀 올바르지도 않았다. 이들의 감정논의는 모두 다 피상적이고 오류에 오류를 더해 뒤범벅이 되어있다. 그리고 로크는 쾌·통감 외에 인간감정을 몰랐고 아예 도덕감정은 전혀 몰랐던 반면, 제논·클레안테스·에픽테투스·세네카 등 스토아학파 철학자들, 스피노자 등은 동정심 등의 도덕감정을 아예 적대하고 진멸鎭滅하려고 들었다. 훗날 칸트와 니체는 이 전통을 이어 받아 동정심을 적대시했고, 존 롤즈는 '인애'를 이등급 덕목으로 격하시켜 그의 정의도덕론에서 배제했다.

그런데도 무어가 '독자적'으로 그런 윤리학을 전개했다는 데이비스의 주장은 자칫 무어를 모든 서양철학자들을 능가하는 신적 천재로 격상시키는 짓이 될 것이다. 그러나 '독창성'의 외양 속에 숨겨진 스피노자·벨·로크·섀프츠베리·흄·스미스 등 걸출한 모럴리스트들도 모두 공자철학을 표절하거나 은밀하게 활용했다. 무어의 감정윤리학이 공맹의 도덕철학을 은밀하게 활용하거나 표절하지 않았다는 억측 아래서 데이비스가 공맹의 측은지심론과 서양의 인도적 감정론 간의 연결가능성을 '억측'으로 단정하는 반론 자체가 걸출한 모럴리스트들이 즐겼던 저 은밀한 활용과 교묘한 표절을 상기할 때 오히려 전혀 신빙성이 없는 '억측'으로 들린다.

---

427) Aristoteles, *Die Nilomachische Ethik*, 1158a33-1159a5.

6.3. 스미스와 흄의 도덕론적 관계

아담 스미스는 흄의 공감개념과 공리주의에 대해 얼마간 거리를 취하는 듯하지만, 결국 타협적인 자세를 취한다. 그러나 그는 도덕감각을 공감으로 대체하려던 청년 흄의 초기 시도를 그대로 계승해 흄에 의해 단속적斷續으로나마 명맥이 이어진 도덕감각 개념을 제거해버린다.

■ 흄의 공감적 공리주의에 대한 비판과 타협

아담 스미스는 상술했듯이 흄의 공리주의적 요소를 꺼려하지만 부분적으로 받아들이고 미학적 요소를 뒤섞어 덜 공리주의적인 도덕체계를 모색하면서 흄의 도덕론을 공감적 공리주의로 규정한다.

> 우리의 도덕감정의 기원을 설명하는 또 다른 체계, 내가 수립하려고 애써온 체계와 판이한 또 하나의 다른 체계가 있다. 그것은 덕성을 유용성 또는 공리성(utility)에 두고 관찰자가 어떤 자질의 유용성을 이 자질에 의해 영향받는 사람들의 행복에 대한 공감으로부터 관찰할 때 느끼는 기쁨을 설명하는 체계다."[428]

그러나 스미스는 흄의 이 공감과 자신의 공감은 다르다고 말한다. "이 공감은 우리가 행위자의 동기에 동참할 때 의거하는 공감과 다르고, 동시에 행위자의 행동에 의해 혜택을 입은 사람들의 감사와 보조를 같이 할 때 의거하는 공감과도 다르다. 저 다른 체계의 공감은 우리가 잘 만들어진 기계를 가하다고 느낄 때 의거하는 공감과 동일한 원리다."[429] 즉, 흄의 공감은 기계에 대해서도 '가하다'고 평가할 때도 벌어질 수 있는 반면, 스미스 자신의 공감은 "행위자의 동기에 동참할 때 의거하는 공감"과 "행위자의 행동에 의해 혜택을 입은 사람들의 감사와 보조를 같이 할 때 의거하는 공감"이라서 기계에 공감하지 않는다는 것이다.

---

428) Smith, *The Theory of Moral Sentiments*, VII. iii. iii. §17.
429) Smith, *The Theory of Moral Sentiments*, VII. iii. iii. §17.

"그러나 어떤 기계도 이 마지막에 언급된 두 공감 중 어느 공감의 대상도 될 수 없다."[430]

그러나 공감의 이 구분은 무고에 기초한 무의미한 구별 같다. 왜냐하면 흄은 기계나 유용한 돌멩이에 대한 공감을 말한 적이 없기 때문이다. 오히려 스미스 자신이 '선박'의 고마움에 대한 공감을 말한 적이 있다.[431]

그러나 스미스는 자신의 '적절성 도덕론'이 흄의 공리주의적 도덕이론과 잘 부합된다고 타협적으로 평가한다.

> 덕성의 근거를 공리성에 두는 체계도 적절성을 덕성의 근거로 삼는 체계와 합치된다. 이 체계에 의하면, 당사자 자신에게 또는 타인들에게 기분좋거나 이로운 모든 정신적 자질들은 덕스런 것으로서 가하다고 느껴지고, 반대의 자질들은 악덕한 것으로서 불가하게 느껴진다.[432]

하지만 스미스는 자신의 이론과 흄의 이론은 결국 다르다고 말한다. "어떤 감정의 기분좋음이나 공리성은 이 감정이 존재하도록 허용되는 정도에 좌우된다. 모든 감정은 일정한 정도의 중도에 한정될 때 유용하다. 그리고 모든 감정은 적절한 경계범위를 초과할 때 무용하다. 그러므로 이 체계에 의하면, 덕성은

---

430) Smith, *The Theory of Moral Sentiments*, VII. iii. iii. §17.
431) 스미스는 말한다. "우리는 우리에게 큰 쾌감의 원인 또는 빈번한 쾌감의 원인이었던 저 무생물 대상들에 대한 일종의 감사도 같은 방식으로 지각한다. 해안에 닿자마자 그가 방금 난파선에서 빠져나올 때 타고 왔었던 나무판자로 불을 지펴야 했던 사람은 몰인정 행위의 죄를 짓는 것처럼 보일 것이다. 우리는 그가 오히려 이 판자를 그에게 상당히 소중한 기념품처럼 정성과 애정을 갖고 보존하기를 기대할 것이다. 인간은 그가 오랫동안 사용해온 담뱃갑, 주머니칼, 지팡이를 애호하게 되고, 이것들에 대해 실제적 사랑과 애정 같은 어떤 것을 지각한다. 인간이 이런 것들을 부수거나 잃어버리면, 그는 손실의 가치와 전혀 비례하지 않게 화가 난다. 우리가 오래 산 집, 우리가 오랫동안 즐겨온 신록과 그늘을 주던 나무는 둘 다 저 시혜자들에게 마땅히 주어져야 하는 것처럼 보이는 일종으로 존경심으로 바라봐진다. 저 집이 썩어 문드러지고, 이 나무가 망가지는 것은 우리가 이로 인해 아무 손실도 입지 않을지라도 일종의 우울증으로 우리에게 영향을 미친다." Smith, *The Theory of Moral Sentiments*, II. iii. i. §2.
432) Smith, *The Theory of Moral Sentiments*, VII. ii. iii. §21.

어떤 한 감정에 근거하는 것이 아니라, 모든 감정들의 적절한 정도에 근거한다. 이 체계와, 내가 수립하려고 애써온 체계 간의 유일한 차이는 전자가 공감 또는 관찰자의 감응적 감정을 이 적절한 정도의 자연적이고 근원적인 척도로 삼는 것이 아니라, 공리성을 이 척도로 삼는다는 것이다."[433)]

스미스는 자신의 도덕이론이 공감을 이 적절한 정도의 자연적·근원적 '척도'로 삼는 반면, 흄의 도덕이론은 공리성을 적절한 정도의 척도로 삼는다고 말하고 있다. 스미스는 이 설명에서 흄의 공감론을 빠트리고, 자신의 공감이론만을 내세우고 공감을 도덕적 중도의 '척도'로 세우고 있다.

■ 공감에 의한 도덕감각의 대체와 이론적 혼돈

객관적으로 보면, 스미스는 도덕적 변별능력을 공감에 귀속시키는 흄의 그릇된 초기이론을 계승해 더욱 공고화하려고 한 셈이다. 스미스에게 도덕적 변별은 감정과 행위의 '적절성', '적정성', '적합성(suitableness)', '중도' 등에 대한 공감적 판단이다. '중도'는 관찰자가 공감적 보조를 맞출 수 있는 모든 감정표출의 '적절성'의 근거다. '적합성'은 감정과 행동을 일으킨 대상적 '원인'에 대한 알맞음이다. 상술했듯이 스미스는 '적절성'을 관찰자의 공감의 유무·대소에 입각하여 규정한다. 당사자의 원천감정은 관찰자의 공감적 감정과 일치하면 적절한 감정으로 나타난다. 어떤 표출된 감정에 대해 공감이 있으면, 또는 공감이 크면, 이 감정의 표출정도는 '적절하다'고 평가된다는 말이다. 반면, 당사자의 원천감정을 일으킨 '원인'이 크고 강하면, 감정표출의 정도가 크더라도 이것은 '적합하다'고 평가된다.[434)] 따라서 관찰자 자신의 공감적 감정 또는 공감정도가 관찰자가 당사자의 감정을 판단하는 기준과 척도로 간주된다. 일단 그는 감정의 공감적 '적절성'을 감정에 대한 판단척도로 만들어 감정의 인과적 '적합성'과 확연하게 구분한 것으로 보인다.

---

433) Smith, *The Theory of Moral Sentiments*, VII. ii. iii. §21.
434) 참조: Smith, *The Theory of Moral Sentiments*, I. i. iii. §1.

그러나 스미스는 슬그머니 '적절성'을 다시 '적합성'으로 환원시켜버린다. 그는 관찰자가 "대상을 고려하는 것으로부터 내가 그것에 의해 어떻게 영향받는지를 관찰하고" 나서야 "그의 감정과 나의 감정 사이에 크고 작은 불비례가 있는 것"을 지각하고, "크고 작은 정도의 불가감정"을 느낀다고 말하고 있기 때문이다.[435] 이것은 관찰자가 나의 감정적 원인에 대한 나의 감정의 적합성 여부를 판단하여 공감여부를 결정한다는 말이다. 그렇다면, 이것은 공감여부가 나의 감정의 공감적 적절성을 결정하는 것이 아니라, 역으로 감정의 인과적 적합성이 나의 감정에 대한 공감과 공감적 적절성을 둘 다 결정한다는 뜻이다. 이것은 적절성이 이 인과적 적합성에 종속변수이고, 이 적합성 여부에 대한 원천적 판단이 공감 이전에 존재한다는 말이다. 스미스가 공감에게 부여한 판단력은 실은 이 원천적 판단력의 반영적 연장 또는 종속변수다. 이 원천적 판단력은 내감의 쾌통감각(쾌감), 재미감각, 미추감각(미감), 도덕감각 등 인간의 네 가지 본성적 판단감각이다.

스미스가 부지불식간에 '적절성'을 다시 '적합성'으로 환원시킨 것은 원천감정에 대한 공감의 — 주체적 자발성으로 인한 — 자의적 결여의 경우를 설명하기 위해 과거의 경험을 도입하는 것에서도 다시 반복된다. 그는 감정의 공감이나 상호감응 없이 가하다고 느끼는 것처럼 보이는 경우들이 있다는 것을 인정한다. 가령 우리가 어쩌면 근엄한 기질을 지녀서, 또는 우연히 우리의 관심이 다른 대상들과 관계되어 있어서 우리는 웃지 않을지라도, 우리는 종종 농담을 가하다고 느끼고 친구들의 웃음을 아주 정확하고 적절한 것으로 여길 수 있다. 우리는 우리의 웃음이 이런 원인적 대상(익살)에 적합하다는 것을 경험으로 이미 알고 있다는 것이다. 그는 이 웃음이 "이 웃음의 대상에 적합하다"고 말한다.[436] 여기서도 그는 공감의 저 반영적 '적절성 판단'을 포기하고 슬그머니 인과적 '적합성'을 채택하고 있다. 스미스는 스스로 관찰자의 근엄한 기질·무관심 등의 주관적 이유에서 공감이 부재한 경우들을 들고 있다. 공감의 이런 주관적 자의성·자발

---

435) Smith, *The Theory of Moral Sentiments*, I. i. iii. §1.
436) Smith, *The Theory of Moral Sentiments*, I. i. iii. §§3.

성·자율성은 공감에 적절성 판단의 변별력을 인정하는 스미스의 핵심주장을 약화시킨다.

더구나 스미스 자신도 인정하듯이 공감의 유무와 강약은 관찰자와 당사자 간의 호오·친소·원근관계 및 관찰자의 공감적 감수성의 차이에 의해 크게 좌우된다.[437] 게다가 공감을 감정·행동의 도덕적 적합성에 대한 판단력으로도 활용하려고 하는 스미스의 궁극적 의도까지 고려하면, 스미스의 공감적 적절성 및 판단력 이론은 진짜 불가능해지고 만다. 첫째, 부도덕성은 공감의 단순한 '부재'를 넘어, 도덕적 '반감(불가감정)'을 초래한다. 따라서 공감의 '부재'는 감정(동기)과 행동의 부도덕성의 기준이 될 수 없다. 또한 도덕적 거부감 또는 반감이 일어나려면 적어도 반감의 대상이 되는 감정이나 행동을 이미 인지하는 '교감' 작용이 있어야 하고 이 교감적으로 인지된 내용을 '불가'로 판단하는 변별력이 따로 있어야 한다. 그러나 흄과 마찬가지로 스미스도 이 '교감(Nachgefühl)' 개념을 모르는 한편, 이 변별력을 인정치 않으려고 한다. 그리고 지금까지도 영어에는 '공감(empathy)' 외에 '교감'을 나타내는 단어가 없다.

둘째, 공감은 도덕적 감정이나 행동에 대해서만 일어나는 것이 아니라, 쾌락적 감정이나 유용한 기술적·기능적·경제적 행위와 유희적 행위, 그리고 그도 인정하듯이[438] 미학적 감정과 미학적 행동에 대해서도 일어난다. 따라서 공감을 얻은 감정이라고 해서 다 도덕적인 감정인 것도 아니고, 공감을 얻은 행동이라고 해서 다 도덕적인 행위인 것도 아니다. 따라서 우리는 공감 개념으로 도덕감정·도덕행위의 경계를 구획 짓고 행위의 시비(선악)을 판단할 수 없다.

스미스는 갈피를 잡지 못하다가 결국 '적절성'을 '적합성'으로 환원할 뿐만 아니라, 결과적 행동의 적절성과 부적절성의 근거를 어떤 감정이 그 원인이나 대상과

---

437) 참조: Smith, *The Theory of Moral Sentiments*, I. i. iv. §1; I. i. iv. §5.
438) 스미스는 "동일한 시나 동일한 그림을 찬미하고 이것들을 정확히 내가 찬미하는 것처럼 찬미하는 자는 나의 찬미의 적절성을 확실히 인정함이 틀림없다"고 말한다. 시와 그림을 찬미하는 이 감정은 미적 공감을 전제한다. Smith, *The Theory of Moral Sentiments*, I. i. iii. §1. 또 미학적 공감에 대해서는 다음도 참조: V. i. §§8-9.

맺는 적합성과 부적합성, 즉 비례와 불비례로 선언함으로써 인과적 '적합성'을 '적절성'의 유일근거로 천명하고 적절성을 적합성과 동일시하게 된다.[439)

감정표현과 감정원인 간의 이 '비례·불비례'론은 균형과 조화의 '중화' 이념을 담고 있다. 결국, 스미스는 우리가 이런 식으로 어떤 감정을, 이 감정을 일으킨 원인과 비례적인 또는 불비례적인 것으로 판단할 때, 우리가 우리 자신 안에서의 상응하는 감정 외에 다른 어떤 규칙이나 규범을 사용하는 것은 거의 가능하지 않다고 말한다. 이 경우를 우리 자신의 가슴에 절실하게 느끼자마자, 우리가 이 경우가 야기하는 감정이 우리 자신의 감정과 일치되거나 합치된다면, 우리는 반드시 이 감정을 이 감정의 '대상'에 비례적이고 적합한 것으로 여겨 이를 '가하다'고 느끼는 반면, 불합치된다면, 우리는 반드시 이 감정을 과도한 것으로, 비례를 벗어난 것으로 '불가'하게 느낀다는 것이다.[440) 결국 스미스는 적합성과 동일시되는 이 '적절성'의 근거를 '중도'로 밝혀준다. 이 "중도"에 "적절성의 핵심이 들어 있다"는 것이다.[441) 이렇게 적절성·적정성·적합성이 모두 다 결국 '중도'로 통합되었다.

그렇다면 공감 이전에 도덕감정과 도덕행동의 '중도'를 판단하는 도덕감각을 인정해야 할 것이다. 그러나 도덕감각을 공감의 기능으로 대체하려는 스미스의 기본의도는 갈피를 잡지 못한 채 끝까지 포기되지 않기 때문에 그는 시비감각으로서의 도덕감각을 끝내 자기의 개념으로 거론하지 않고 허치슨의 것으로 간주한다. 그러나 스미스는 이와 완전히 모순되게 허치슨의 미감, 즉 미적 판단력을 인정한다.[442) 하지만 미적 공감 이전에 존재하는 '미감'(미추감각)을 인정한다면 논리적으로 공감 이전의 '도덕감각'(시비감각)도 인정했어야 했다.

이런 이론적 결손으로 인해 스미스는 시비지심의 도덕적 평가감정으로서의 가부감정(approbation and disapprobation)을 도덕감각의 소산으로 파악하는 것이

---

439) 참조: Smith, *The Theory of Moral Sentiments*, I. i. iii. §§5-8.
440) Smith, *The Theory of Moral Sentiments*, I. i. iii. §§9.
441) Smith, *The Theory of Moral Sentiments*, I. ii. §§1-2.
442) Smith, *The Theory of Moral Sentiments*, I. i. iv. §2.

아니라, 도덕감각 자체로 착각한다. "가부감정은 아주 정확하게 시비감각(sense of right and wrong) 또는 도덕감각(moral sense)이라는 명칭을 받을 수 있다."443) "가부감정"이 "어떤 성품들을 우리에게 기분좋거나 기분나쁘게 만드는, 우리로 하여금 저 행동지침보다 이 행동지침을 더 선호하게 만드는, 전자를 바르다고, 후자를 잘못이라고 지칭하고 전자를 가한 느낌·영예·포상의 대상으로, 후자를 비난·비방·처벌의 대상으로 간주하는 저 정신의 능력 또는 역량"이라는 것이다.444)

결국 스미스는 흄보다 깨끗이 섀프츠베리와 허치슨의 시비감각 또는 도덕감각의 이론을 제거해버렸다. 그렇다면 그는 자기의 스승인 허치슨의 '도덕감각'에 대해서는 어떻게 생각했는가? 그가 도덕감각을 반대하는 근거는 기실 '무지'에 지나지 않는다. "나는 섭리가 의심할 바 없이 인간본성의 지배적 원리로 의도한 이 감정이 지금까지 어떤 언어에서도 명칭을 얻지 못할 정도로 거의 주목받지 못한 것이 이상한 일이라서, 시비판단을 다른 모든 감정과 판이한 어떤 특별한 감정에 달려있게 만드는 가부감정 원리의 온갖 설명에 반대한다. 'moral sense'(도덕감각)라는 단어는 아주 최근의 생성물이고, 아직 영어의 일부를 이루는 것으로 간주될 수 없다. 'approbation'(가부감정)이라는 단어는 겨우 이 수년 사이에 특히 이런 종류의 어떤 것을 지목하기 위해 승인되었을 따름이다."445) 스미스는 자신이 세상에 나오기(1723) 오래 전에 섀프츠베리가 이미 '시비감각' 또는 '도덕감각'을 논했고(1711; 1713) 섀프츠베리에 대한 (수천 년 전에 이미 '시비지심'을 논한) 맹자의 영향에 대해 까막눈이다.

그리고 스미스는 맹자가 이 시비지심과 도덕감정을 합해 '양심'(양지+양능)이라 부른 사실도446) 모르고 있다.

---

443) Smith, *The Theory of Moral Sentiments*, VII. iii. iii. §11.
444) Smith, *The Theory of Moral Sentiments*, VII. iii. §1.
445) Smith, *The Theory of Moral Sentiments*, VII. iii. iii. §15.
446) 『孟子』「告子上」(11-8).

언어의 적절성에서 우리는 완전히 만족스럽게도 모든 것을, 가령 어떤 건물의 형태든, 어떤 기계의 장치든, 한 그릇의 고기의 냄새든 가하다고 느낀다. '양심'이라는 단어는 우리가 가부를 시비할 때 쓰는 도덕적 역량을 직접 지칭하지 않는다. 진정, 양심은 어떤 도덕적 역량의 실존을 상정하고 정확하게 이 역량의 방향과 합치되거나 배치되게 행동했다는 우리의 의식을 의미한다. 사랑·증오·즐거움·슬픔·감사·분개가 이 가부감정 원리의 주제들이라고 상정되는 아주 많은 모든 다른 감정들과 더불어 이 감정들을 식별하게 해주는 칭호를 얻기에 충분히 중요하게 되었을 때, 이 모든 감정들 중 그 주권적 감정이 소수의 철학자들을 빼면 아무도 이 감정을 이것에 명칭을 부여할 가치가 있다고 생각하지 않을 정도로 아직 거의 주목받지 못해왔다는 것은 놀랍지 않은가?[447]

스미스는 '양심'을 "어떤 도덕적 역량의 실존을 상정하고 정확하게 이 역량의 방향과 합치되거나 배치되게 행동했다는 우리의 의식"으로 정의하고 있다. "양심"을 무의식적 느낌과 무의식적 행위동기도 포함하는 도덕적 '감정'(사단지심)으로 보지 않고 '의식'으로만 보고 있다. 또 여기서 "주권적 감정"은 도덕적 평가감정(시비감정)으로서의 가부감정을 말한다. 대다수의 어리석은 철학자들이 '도덕감정'이라는 명칭을 사용하지 않는 것은 섀프츠베리·허치슨·흄 등의 시비감각 또는 도덕감각론을 부정할 근거가 될 수 없다. 스미스의 논변이 이렇게까지 유치해지는 마당에 저 이상한 '양심' 개념까지 시비할 가치는 더욱 없을 것이다.

스미스가 굳이 도덕감각을 부정하는 이유는 이런 유치한 근거라기보다, 적절성의 판단감각에 의해 개폐·좌우되는 공감을 적절성의 판단감각 자체로 착각하는 그의 본래적 논지일 것이다. 그는 이 점을 스스로 밝힌다.

우리가 어떤 성품이나 행동을 가하다고 느낄 때, 우리가 느끼는 감정들은 상술한 체계에 따르면 어떤 점에서 서로 다른 네 가지 원천에서 유래한다. 첫째, 우리는 행위자의 동기에 대해 공감한다. 둘째, 우리는 행위자의 행동의 혜택을 받는 사람들

---

447) Smith, *The Theory of Moral Sentiments*, VII. iii. iii. §15.

의 감사에 동참한다. 셋째, 우리는 이 두 공감이 일반적으로 작용할 때 의거하는 일반규칙에 합치되었다고 말한다. 마지막으로, 우리가 이러한 행동들을 개인이나 사회의 행복을 촉진하는 경향이 있는 품행체계의 일부를 이루는 것으로 간주할 때, 이 행동들은 우리가 잘 만들어진 어떤 기계에게 귀속시키는 아름다움과 다르지 않게 이 유용성으로부터 아름다움을 끌어오는 것으로 보인다. 어떤 한 특별한 경우에 이 네 원리 중 이런저런 원리로부터 생겨나는 것으로 인정되어야 하는 모든 것을 공제한 뒤에 나는 무엇이 남을지를 알고 싶고, 누군가 이 남은 것이 무엇인지를 정확히 규명하려고 한다면, 나는 자유롭게 이 남은 것을 도덕감각이나 어떤 다른 특별한 역량에 귀속시키는 것을 인정할 것이다.[448]

이것은 공감과 공리성만으로 가부감정의 원천에 대한 모든 설명이 다 완결되기 때문에 '도덕감각'을 상정할 필요가 없다는 말이다.

어떤 이러한 특별한 원리가 존재한다면, 이 도덕감정과 같은 것이 있는 것으로 상정되고, 우리가 종종 즐거움·슬픔·희망·공포를 순수하게, 다른 어떤 감정과도 섞이지 않게 느끼는 것처럼, 몇몇 특별한 경우에 우리가 이 도덕감각을 다른 모든 감각과 분리되고 떨어진 것으로 느낄 것이라고 아마 기대될 것이다. 하지만 이것은 주장조차 할 수 없다고 나는 상상한다. 나는 이 원리가 공감이나 반감과 섞이지 않은 채, 감사나 분노와 섞이지 않은 채, 확립된 규칙에 대한 어떤 행동의 합치나 배치의 지각과, 또는 마지막으로 무생물 및 생물에 의해 불러일으켜지는 아름다움과 질서에 대한 저 일반적 미감과 섞이지 않은 채 홀로 발휘되는 것으로 얘기될 수 있는 공언된 어떤 사례를 들은 적이 없다.[449]

여기서 공감·공리성·미감을 시비판단력으로 보는 오류와 이 셋을 뒤섞는 오류로 이루어진 스미스의 도덕이론의 혼돈과 파탄이 여실히 드러난다.

이런 까닭에 19세기 후반 다윈은 아담 스미스를 전혀 참조하지 않았고 직접

---

448) Smith, *The Theory of Moral Sentiments*, VII. iii. iii. §16.
449) Smith, *The Theory of Moral Sentiments*, VII. iii. iii. §16.

섀프츠베리·허치슨 및 이들을 추종하는 당대 약 32명의 도덕감각학파의 도덕감각론에 의거해, 그리고 기승을 부리기 시작한 밀과 시지위크의 공리주의를 비판하면서 도덕감각의 진화적 형성과정을 밝혀낸다. 맹자의 '시비지심'에서 유래한 섀프츠베리와 허치슨의 도덕감각론은 이미 유럽 학계에 일반이론으로 확고하게 정착한 상황이었기 때문이다. 따라서 다윈은 『인간의 유래』에서 도덕감각을 논하면서 아담 스미스를 비판적 맥락에서 딱 한 번 인용하는 것으로 그친다.[450] 그리고 흄에게서는 "공감적 느낌(sympathetic feelings)"이라는 말을 인용한 것 외에 그의 공감적 공리주의 철학을 거의 완전히 무시한다.[451]

스미스는 이러저러한 크고 작은 오류에도 불구하고 도덕감각 대신 도덕감정을 가장 잘 알려지게 만듦으로써 서양 도덕론을 주술적·합리적 도덕형이상학으로부터 해방하고 '과학화'하는 데 가장 크게 기여했다. 특히 당대로서는 실로 폭탄 같은 제목 The Theory of Moral Sentiments와 더 도발적인 부제 An Essay toward an Analysis of the Principles by which Men naturally judge concerning the Conduct and Character, first of their Neighbours, and afterwards of themselves (인간들이 처음에 자기들의 이웃과 나중에 그들 자신의 행위와 성품에 관해 본성적으로 판단하는 원리들의 분석에 관한 에세이)는[452] 초판이 나온 1759년으로부터 최종판이 나온 1790년까지 30여 년 동안 서양의 신학적(주술적)·형이상학적(합리론적) 도덕철학자들을 혼비백산시킬 정도로 강타해 이런 계열의 도덕철학이 고개를 들지 못하게 만들었

---

450) Charles Darwin, *The Descent of Man, and Selection in Relation to Sex* [1871·1874] (London: John Murray, 2nd edition 1874), 106쪽.
451) Darwin, *The Descent of Man*, 109쪽 각주 23). "흄은 (*An Enquiry Concerning the Principles of Morals*, edit. of 1751, 132쪽에서) 이렇게 논평한다. '여기서, 남들의 행복과 불행이 우리와 완전히 무관한 광경이 아니고, 전자(행복)의 장면은 원인에서든 결과에서든 햇살처럼 또는 (우리의 허세를 더 이상 높이 끌고 갈 수 없는) 잘 가꾸어진 평야의 조망처럼 비밀스런 즐거움과 만족을 전달한다는 것을 고백할 필요가 있는 것처럼 보인다. 후자(비참함)의 모습은 험악한 구름이나 불모의 풍경처럼 상상력에 우울한 습기를 던진다.'"
452) "인간들이 처음에 자기들의 이웃과 나중에 그들 자신의 행위와 성품에 관해 본성적으로 판단하는 원리들의 분석에 관한 에세이"라는 부제목에서 '가장 도발적인' 부분은 "인간들이 (...) 본성적으로 판단하는"이라는 대목이다. '본성적 도덕판단'이라는 개념은 합리적·주술적 도덕론자들을 극도로 도발하기에 충분했을 것이다.

다. 이 점에서 스미스의 도덕감정론은 '도덕철학'이 '도덕과학'으로 발전하는 18세기 도정에서 시대적 정점 또는 완결점이었다고 평가할 만하다.

한편, 공맹 도덕과학을 수용·이해·활용한 18세기 서양 도덕론들은 일대 도덕(론)적 과학혁명을 일으켰으나 상론했듯이 크고 작은 오류와 오해들을 적잖이 안고 있다. 감정 일반과 도덕감정에 대한 현대과학적 연구들을 참조해서 다시 한번 도덕감정과 도덕감각의 정밀한 이해를 기해 이런 오류와 오해들을 바로잡아야 할 것이다. 그런데 미리 특기할 말한 것은 현대 뇌과학·진화생물학·도덕심리학·동물사회학 분야의 각종 실험·경험과학적 연구들이 거의 예외 없이 공맹의 직관적·자기관찰적 도덕과학의 기본개념들을 다시 한번 확고하게 입증해준다는 사실이다.

제3장

공감감정과 도덕감정

인간의 도덕은 계시나 신탁 같은 '주술의 사실'도 아니다. 또 그것은 '이성의 사실'도 아니고, '이성으로부터 연역된 사실'도 아니다. 도덕은 이성이 아니라 감성, 그것도 감성 중의 본성적 '도덕감정'으로서의 도덕의 '단초(clues)' 또는 '발단(sources)'이 교육과 수신을 통해 양성養性·확충된 것이다. '도덕감정'은 인간의 행동을 사회적 공존을 가능케 하는 방향으로, 그리하여 인간의 정체성 차원에서 특정한 인도적 방향으로 끌어당기는 강행적 견인력을 가진 '특별한' 본성이다. 따라서 '특별한' 사물인 '자석'으로부터 '자력'이 나오듯이 '도덕감정'이라는 특별한 본성으로부터는 도덕적 '당위'의 강제력이 나온다. 따라서 '존재(Sein)로부터 당위(Sollen)를 절대 도출할 수 없다'는, '존재와 당위'의 철벽차단 명제로 본성주의 도덕론을 마구 공박한 칸트·프레게·무어 등의 합리론적 도덕본성주의 비판은 비유하자면 자석의 '존재'로부터 '자력磁力'이 나올 수 없다고 우기는 것과 같은 '원시적 오류'를 담고 있다.

자석을 제외한 모든 물질은 자력을 발휘할 수 없지만 자석이라는 물질은 자력을 발휘한다. 유사하게 도덕감정을 제외한 모든 사실의 존재는 당위를 낳지 못하지만 도덕감정이라는 사실의 존재는 당위를 낳는다. 아니, 오직 도덕감정의 존재만이 당위를 낳을 수 있는 것이다.

그러므로 인간의 도덕을 이해하기 위해서는 순수이성도, 실천이성도 거들떠볼 필요가 없고, 인간의 도덕률과 도덕적 행위의 근저에서 동기·이유·유인·의

도로 작용하는 본성적 '도덕감정들'을 깊이 이해해야 한다. 동정심 · 정의감 · 공경심을 비롯한 '도덕감정'은 '도덕적 공감감정'을 말한다. 이 '도덕적 공감감정'을 알기 위해서는 '일반적 공감감정', 또는 '비도덕적 공감감정'과 비교를 통해 알아야 한다. 사랑 · 즐거움 · 자부심 · 믿음을 비롯한 '일반적 공감감정'을 제대로 알려면 이 공감감정의 기초로 쓰이면서도 본질적으로 상이한 '단순감정'을 알아야 한다. 희로애구애오욕喜怒哀懼愛惡欲의 칠정으로 대표되는 단순감정은 비非공감적 감정이다. '단순감정'의 견지에서 보면 도덕감정은 가장 고차적이고 가장 인간적인 감정이다. 타인의 감정에 대한 공감에서 생겨나는 '공감감정'은 단순감정보다 높은 감정이고, 이 '공감감정'은 '일반적 공감감정'과 '도덕적 공감감정'으로 나뉘는 감정체계에서 '도덕적 공감감정'은 가장 높은 위치에 있기 때문이다. '도덕적 공감감정'은 보통 '도덕감정'이라 약칭된다.

따라서 '도덕감정'은 그 차원이 '일반적 공감감정'보다 높고, 이 '공감감정'은 '단순감정'보다 차원이 높다. 이 위계체계에서 단순감정은 가장 낮은 위치에 있는 감정으로서 다른 동물들의 감정과 가장 많이 중첩되고 가장 많이 공통되는 감정이다. 인간의 감정체계 전체를 시야에 두면, 단순감정은 감정위계에서 가장 낮은 단계의 감정이다. 따라서 우리의 도덕논의는 비공감적 '단순감정'으로부터 출발한다.

제1절

단순감정

1.1. 감정 일반

성악론자들은 인간이 '이기적' 존재라 한다. 그들에게 탐욕은 좋은 것이고, 이타주의는 환상이다. 협력은 무골호인들에게나 맞는 말이고, 경쟁이 자연스런 것이다. 전쟁은 불가피한 것이고, 인간본성 속에 선성이 있더라도 악성惡性은 선성善性보다 강하다. 이런 식의 주장들은 감정에 대한 오래된 몰상식을 반영하고 있다. 수천 년 이래 서양인들은 감각과 감정을 격하하는 소크라테스·플라톤주의와 아리스토텔레스주의, 그리고 유대·기독교의 영향으로 감정을 불합리·저열·죄악의 원천으로 간주해왔다. 그리하여 서양에서 수천 년 동안 감정에 대한 연구는 완전히 버려졌다. 감각과 감정에 대한 근거 없는 그릇된 관념들만 떠돌았다. 감정을 파괴적인 것으로 규정한 것은 치명적 죄악의 관념이다. 플라톤은 인간영혼을 전차에 비교해서 지성은 운전자이고, 감정들은 말이라 했다. 그리고 인간의 삶을 이런 감정들을 통제하는 지속적 투쟁으로 여겼다.

타인의 복지와 안녕에 대한 걱정, 즉 측은지심 또는 동정심은 노골적 웃음거리로 취급되어 왔다. 칸트는 동정심과 인애를 취약하고 오도된 감정으로 단정했다. "이러한 인애는 마음씨 좋은 것이라 불리는데, 인간들 사이에서는 전혀 일어나서는 아니 된다." 참된 연민(동정심)이 존재하기나 하는지에 대한 그 많은 물음도 내재적으로 이기심에서 나온다. 그러나 최근의 동정심 연구는 인간본성에 대한 다른 접근을 보여주며 이기심의 우월적 지위를 무너뜨렸다. 이제 감정은 삶에 합당하고, 순기능적이고, 적응적인 것으로 간주된다. 이런 견해는 공맹으로부터 기원하지만 서양에서는 궁극적으로 컴벌랜드와 섀프츠베리로 소급하고, 최근에는 다윈의 기념비적 저서 Expression of Emotion in Man and Animals(1872)로 거슬러 올라간다. 연민과 동정심은 인간본성의 진화된 일부이고, 우리의 뇌와 생물학적 구조에 뿌리박고 있고, 더 큰 선덕善德으로 확충될 수 있는 단초로 파악된다. 따라서 감정 연구 없이는 도덕을 전혀 알 수 없거나, 지난 수천 년 동안 서양에서 그랬듯이 잘못 안다.

그런데 보통사람들은 감정이 일어나고 나서 신체적 변화가 뒤따라 일어나는 것으로 여긴다. 감정의 원인이 되는 신체변화가 아니라 감정의 결과로 인해 생기는 눈물·웃음소리 등의 신체변화의 경우에는 부분적으로 맞는 말이다. 슬퍼서 눈물이 나는 것이지, 눈물이 나서 슬픈 것은 아니기 때문이다. 그리고 모든 눈물이 슬퍼서 나는 것도 아니다. 우리는 기뻐도 눈물 흘리고, 눈에 먼지가 들어가도 눈물 흘리고, 뜨거운 음식이나 매운 음식을 먹어도 눈물을 흘린다. 또 우스워서 (재미있어 해서) 웃음소리가 나는 것이지 웃음소리가 나기 때문에 우스운 것이 아니다. 따라서 웃음소리의 경우에도 우스운 감정의 발동으로 신체적 변화가 생긴다는 말은 부분적으로 맞는 말이다.

그러나 여러 과학적 관찰과 논구는 반대로 말한다. 감정은 신체적 변화의 반영물일 뿐이다. 웃을 때 사용하는 얼굴근육을 정밀 조사해보면 그 얼굴근육이 그렇게 움직이기 때문에 우스워한다는 것이다. 따라서 웃을 때 움직이는 얼굴근육을 강제로 움직이게 만들면 웃지 않고 가만히 있던 사람도 우스워한다. 슬픈 감정의 경우도 마찬가지다. 그리고 배고프면 무기력해지는데 배고픔의 감정도 혈당이 떨어져 무기력해진 신체변화로 배고픔이 일어나는 것이다. 무기력은 체내에서 혈당이 급락해서 나타나는 현상이다. 배고픔의 감정은 혈당급락과 무기력이라는 신체변화의 뇌신경적 이미지다. 따라서 우리는 감정을 단순한 '말초신경적 지각'이 아니라 '신체적 감정'으로 이해해야 한다.

■ 감정이란 무엇인가?

현대 뇌과학에 의하면, 감정은 '신체적 움직임의 뇌신경적 심상(이미지) 표출'이다. 이것이 바로 '신체적 감정이론'이다.[1] 일찍이 찰스 다윈(Charles Darwin, 1809-1882)은 이미 유사한 의견을 피력했었다. 다윈은 어떤 감정의 외적 표현의 모사나 흉내조차 정신 안에서 이 감정을 불러일으킬 수 있다고 말한다.[2] 이 말은 이중적으로 의미심장하다. 이것은 한편으로 감정이란 육체적 변화에 대한 뇌의 이미지 복사일 뿐이라는 것을 뜻한다. 흔히 생각하듯이 감정이 신체적 표현의 변화를 야기하는 것이 아니라, 신체적 변화가 감정을 불러일으킨다는 말이다.

19세기 말 윌리엄 제임스(William James, 1842-1910)는 다윈을 이어받아 감정을 정의하기를, "흥분시키는 사실에 대한 지각을 신체적 변화가 직접 뒤따르고 신체적 변화가 일어나는 것과 동일한 변화에 대한 우리의 느낌이 감정이다"라고 했다.[3] 그렇지 않고 인과관계가 반대라면, 즉 지각이 신체적 반응을 야기하고 이 신체적 반응이 감정을 불러일으키는 것이 아니라 신체적 반응 없이 지각만 있는

---

1) 참조: 황태연, 『감정과 공감의 해석학(1)』 (파주: 청계, 2014 · 2015), 99-100쪽, 105-114쪽.
2) Charles Darwin, *The Expression of Emotion in Man and Animals* (London: John Murray, 1872 · 1890), 386쪽: "외적 표지에 의한 감정의 자유로운 표현은 감정을 강화한다. 다른 한편, 모든 외적 표지의 가급적 억압은 우리의 감정을 누그러뜨린다. 폭력적 제스처에 굴복하는 사람은 자신의 격노를 증가시킬 것이다. 공포의 표지를 통제하지 못하는 사람은 더 큰 정도의 공포를 경험할 것이다. 슬픔에 압도될 때 수동적으로 있는 사람은 마음의 탄력을 회복할 최선의 기회를 잃고 만다. 이런 결과들은 부분적으로 거의 모든 감정과 이것들의 외적 표출 간에 존재하는 긴밀한 관계로부터 생겨나고, 부분적으로는 마음에 대한, 따라서 뇌에 대한 표현 노력의 직접적 영향으로부터 생겨난다. 한 감정의 모사(simulation)조차도 우리의 정신 안에서 이 감정을 불러일으키는 경향이 있다."
3) 이어 제임스는 이렇게 논한다: "상식적 보통 감각은 우리가 재산을 잃고, 그래서 애석하고, 그래서 운다고 말한다. 또는 우리는 곰을 만나고, 그래서 경악하고, 그래서 도망친다고 말한다. 그리고 우리는 적수에 의해 모욕당하고, 그래서 화나고, 그래서 때린다고 말한다. 그러나 여기서 옹호해야 할 가설은 이런 연결순서가 틀렸다는 것이다. 이 심적 상태가 저 심적 상태에 의해 직접 유발된 것이 아니라, 신체적 표출이 먼저 그 사이에 끼워져야 한다는 것이다. 즉, 더 합리적인 진술은 우리가 애석하고 화나고 두렵기 때문에 각각의 경우에 따라 울고 때리고 덜덜 떠는 것이 아니라, 울기 때문에 애석하게 느끼고, 때리기 때문에 화나고, 우리가 떨기 때문에 무섭다는 것이다." William James, *What is an Emotion?*, Republished (Radford, VA: Wilder Publications, 2007), 14쪽. 이 논문은 원래 *Mind* 9 (1894) [188-205쪽]에 실렸었다.

것이라면 어떻게 될까?

지각에 바로 뒤따르는 신체적 상태가 없다면 이 지각은 순수하게 형태상 인지적이고, 창백하고, 무색이고, 감정적 온기를 결할 것이다. 그렇다면 우리는 곰을 보고 도망치는 것이 최선이라고 판단하고, 모욕을 당하고 때리는 것이 최선이라고 여길 것이지만, 실제로 무섭거나 화날 수 없을 것이다.[4]

이것이 제임스가 다윈의 논지를 이어 전개한 '신체적 감정 개념'이다. 이 신체적 감정 개념은 뭔가 새로운 중요한 측면을 일깨워주고 있다.

하지만 제임스의 위 인용문을 정밀하게 읽어보면, 이 개념과 설명은 '신체적 변화'를 호흡·맥박·호르몬·체온·체액·혈액·혈관 등의 생리적 변화나 얼굴근육·얼굴색·입의 변화, 코·눈·동공·제스처의 변화, 몸과 동작(고개 돌리기와 숙이기, 몸의 떨림이나 웅크림·굳기·이완 등)의 신체변화로 이해한 것이 아니라, 이 신체적 변화들의 '심적(뇌신경적) 표상'으로서의 '감정'에 의해 유발되는 행동들(울기·도망·때리기)로 잘못 이해하고, 곰에 대한 무서움에 조응하는 행동과 관련해서는 '도망'과 '떨기' 사이에서 오락가락하고 있다. 여기서 무서움의 감정은 '떨기' 또는 '떨림'에 조응해야 옳다. 그리고 '도망'은 '신체변화'가 아니라 감정에 의해 유발된 결과적 '행동'으로 이해되어야 할 것이다. 따라서 제임스의 신체적 감정 개념에는 신체변화와 행동의 구별을 모호하게 만들어 감정을 행동의 여운 정도로 취급되게 만듦으로써 생존 적응성을 높이려는 감정의 행동유발적 기능과 적응적 가치를 지워버릴 위험이 개재되어 있다.

이런 까닭에 이후 이런 오류를 교정하는 다양한 감정 개념들이 나왔다. 존 투비(John Tooby)와 레다 코스미디스(Leda Cosmides)는 진화인류학적 관점에서 감정에 대해 이렇게 말한다. "감정은 각각의 통제가능한 생물학적 과정을 조절하는 기제들 간의 판명한 조정체계에 조응한다. 즉, 각각의 감정상태는 적응문제의 개별적 부류들을 해결하도록 '설계된' 설계국면들을 표명하고, 심리적 기제들은

---

4) James, *What is an Emotion?*, 14쪽.

이 설계국면에 따라 특유한 배열형태를 취한다."[5] 심리적 기제들은 생존적응 문제를 해결하도록 "설계된" 설계국면에 따라 특유한 배열형태를 취해 감정으로 드러낸다. 감정은 생물학적 과정을 조절하는 신체적·생리적 기제들 간의 조정 체계에 의해 유발되는 반면, 생존에 적응적인 행동(도망, 타격 등)은 이 감정에 의해 유발된다. 이런 경로로 감정은 생존과 목표달성 기능을 수행한다.

얼굴표정 연구를 통해 그것이 인류보편적임을 밝혀낸 폴 에크만(Paul Ekman)은 감정을 진화론적 관점에서 이렇게 정의한다. "감정은 삶의 근본적 과제와 관련된 적응적 가치를 통해 진화한 것으로 간주된다. 각 감정은 신호·생리·선행적 사건 등 특유한 국면들을 가졌다. 또한 각 감정은 신속한 개시, 짧은 지속, 원치 않는 발생, 자동적 평가, 반응들 간의 일관성 등 다른 감정들과 공통된 성질도 가졌다. 이 공유되면서도 특유한 성질들은 우리의 진화의 소산이고, 이 성질들이 감정을 다른 정동적情動的(affective) 현상들과 구별해준다."[6] 케이스 오우틀리(Keith Oatley), 대커 켈트너(Dacher Keltner), 제니퍼 젠킨스(Jennifer M. Jenkins) 등 다른 학자들은 에크만의 이 감정 개념을 이어서 자연적·사회적 환경과의 상호작용 관계에서 감정을 바라본다. 이들에 의하면, 감정의 기능은 일단 "심층적으로 사회적인 것"이다. (반면, 사유思惟는 본래 비사회적·개인적인 것이다.) 감정은 우리가 새끼에 대해 애정을 형성하고 우정과 낭만적 유대를 형성하고 사회적 위계와 타협하도록 돕는다는 것이다. 따라서 감정은 이를 위해 특유한 사회적 행동과 행태를 유발한다. 감정은 우리의 생각들을 색칠하고 추리를 가능케 한다. 감정은 의미전달, 자동적 생리작용, 신경계적 생리작용, 경험, 평가, 언어 등을 가능케 한다. 감정의 이 상이한 요소들은 상이한 기능에 이바지하고, 다 합쳐서 사회적 환경에 적응적으로 반응하는 것을 돕는다. 이런 통찰들을 모두 종합해 오우틀리·켈트너·젠킨스는 감정을 "개인의 목표, 특히 사회적 목표에 중요한

---

5) John Tooby & Leda Cosmides, "The Past Explains the Present Emotional Adaptations and the Structure of Ancestral Environment", *Ethology and Sociology* 11 (1990), 410쪽.
6) Paul Ekman, "An Argument for Basic Emotions", Cognition and Emotion, 1992, 6 (3/4) [169-200쪽], "Abstract".

도전이나 기회에 대한 多요소적 반응"으로 정의한다.[7] 이 '다요소적 반응'은 '심리적(뇌신경적) 표상의 다요소적 반응'이라는 말이다.

그러나 이런 이론적 감정 정의에도 불구하고 감정을 표현하는 단어들이 너무 많아 혼란스럽다. 우리말도 '느낌', '감정', '정감', '정서', '정동情動', '기분', '정기情氣', '성기性氣', '성정性情', 심정 등 수많은 감정관련 단어들을 가지고 있다. 영어도 'feeling', 'affect', 'emotion', 'passion', 'sentiment', 'moods' 등 감정과 관련된 단어가 아주 많다.[8] 이를 개념적으로 질서 잡기 위해 오우틀리 · 켈트너 · 젠킨스는 감정의 정동情動 반응(affective response)의 지속시간에 주목한다. 여기서 'affect', 즉 '정동'은 심리학적 의미로 "일시적 급발急發로 신체적 움직임과 변화를 일으키는 감정 동향"을 말한다.

오우틀리 · 켈트너 · 젠킨스는 '감정'을 'emotion'으로 통일하고, '정동'은 감정적 제반응(감정, 정서, 감정장애, 기질)을 망라하는 지붕개념('affective realm')으로 쓴다. (그리하여 오늘날 'passion'과 'sentiment'는 자연히 'emotion'의 낡은 동의어로 간주되어 퇴출되었다.) 그러나 이에 관한 합의는 존재하지 않는다. 오우틀리 · 켈트너 · 젠킨스는 "많은 학자들이 'affect'라는 단어를 emotion, moods, disposition, preference 등과 어떤 관계가 있는 현상들을 포괄하기 위해 사용하지만, 그래도 일부 학자들은 이 전체 영역을 '감정(emotion)'의 영역으로 언급한다"라고 말하기[9] 때문이다.

이 '일부 학자들'에는 자아크 팽크셉(Jaak Panksepp)도 포함된다. 팽크셉은 "말로 표현하기 어려운 주관적 느낌 요소들"을 '정동감 또는 정동감정(affects)'으로, 즉 부분적으로 신체현상들(배고픔과 목마름에 대한 항상성 충동)과 연결되고 부분적으로는 외부자극(입맛, 촉감 등)과 연결된 '정동감들'로 이해하고, 오우틀리 · 켈트너 · 젠킨스와 반대로 행위지향적 정동情動 · 인지 · 행동 · 표현 등과 관련된 모든

---

7) Keith Oatley, Dacher Keltner & Jennifer M. Jenkins, *Understanding Emotions* (Malden, MA: Blackwell Publishing, 1996 · 2006), 28-29쪽.
8) 참조: Oatley, Keltner & Jenkins, *Understanding Emotions*, 29쪽.
9) 참조: Oatley, Keltner & Jenkins, *Understanding Emotions*, 29쪽.

심리적 변화들을 망라하는 지붕개념을 "감정(emotion)"으로 정의한다.[10] 따라서 오우틀리·켈트너·젠킨스는 '감정적(emotional)'이라는 단어가 더 넓은 범위를 가질 수 있고 이럴 경우에는 '정동적'이라는 단어와 동일한 의미를 띤다고도 말한다.[11]

감정의 정동情動 반응의 지속시간에 주목하는 오우틀리·켈트너·젠킨스에 의하면, '감정(emotion)' 또는 '감정발현(emotion episode)'이라는 말은 일반적으로 "제한된 시간분량", 가령 "2-3초" 동안 지속되는 얼굴표정과 신체반응 상태에 쓰인다. 이 감정의 기억을 유지할 수 있는 시간은 "2-3분" 또는 "두세 시간"이다.[12] 감정의 발현은 대상을 갖는다.

반면, '정서(moods)' 또는 '기분'이라는 말은 "여러 시간, 며칠, 여러 주" 동안 지속되고, 가끔은 "낮은 강도의 배경감정"으로 지속되는 경우에 쓰인다. 감정의 발현이 전형적으로 대상을 갖는 반면, 정서는 종종 대상이 없고, 자유부유自由浮遊한다. 우리는 특별한 사건과 사람들에 관해 감정을 느낀다. 감정적 경험의 초점은 '지향志向 대상(intentional object)'이라 불린다. 누군가가 화가 나면 화를 내는 대상(가령 자기 룸메이트의 오만, 자기의 탄생 첫날에 관한 당혹스런 이야기를 말하는 아빠 등)에 대한 명백한 감각을 가지고 있다. 하지만 짜증나는 기분(정서) 속에 들어 있다면, 왜 짜증나는 기분을 느끼는지 불분명하다. '지향 대상'이 명확하지 않기 때문이다.[13]

우울증, 만성불안 상태와 같은 '감정장애(emotional disorder)', 또는 '정서장애(moods disorder)'는 "여러 주나 여러 달, 어떤 경우는 여러 해" 동안 지속된다.[14] 이런 의미에서 학자들은 우울증을 동반하는 '비애(grief)'를 '슬픔(sadness)'과 구별한다. '슬픔'은 일시적 감정인 반면, '비애'는 장기적 감정이기 때문이다. 오우틀

---

10) Jaak Panksepp, "Affective Consciousness: Core Emotional Feelings in Animals and Humans", *Consciousness and Cognition*, Vol. 14, Issue 1 (2005), 30쪽.
11) Oatley, Keltner & Jenkins, *Understanding Emotions*, 30쪽.
12) Oatley, Keltner & Jenkins, *Understanding Emotions*, 29쪽.
13) Oatley, Keltner & Jenkins, *Understanding Emotions*, 29-30쪽.
14) Oatley, Keltner & Jenkins, *Understanding Emotions*, 30쪽.

리·켈트너·젠킨스에 의하면, 주된 우울증은 적어도 2주 이상 지속되는 우울한 정서, 즉 대부분의 활동에 대한 흥미나 쾌감의 상실을 포함하는 '정서장애'다.[15]

마지막으로 '기질(temperament, disposition)' 또는 '개인적 특질(personal traits)', 또는 '품성(personality)'은 "평생 지속될 수 있는 개성의 측면"을 기술하는 데 쓰인다. 기질이나 인격의 많은 측면들은 감정적 구성요소로 되어 있다. '수줍음'은 사회적 불안감의 성향을 포함하고, 기분좋음은 사랑과 연민을 느끼는 성향을 내포한다. '특질(traits)'이라는 술어는 품성의 장기지속성을 기술하는 데 쓰인다. 품성의 많은 중요한 측면들은 그 핵심에서 감정적이다. 이 감정적 성향들은 사람들이 영위하는 삶의 종류를 결정한다.[16]

종합하면, 정동情動상태의 지속기간으로 보면 '감정'이 가장 짧고, '정서'는 감정보다 더 오래 지속되고, '기질'은 거의 평생 지속된다. 그러나 철학적으로 '감정'이 이런 간단한 이해로 끝날 수는 없다. 인간생활에서 감정이 중요하고 애매하기 때문에 철학적 이해와 신경학적 정의가 더 필요하고, '느낌'이라는 말의 이중의미 때문에 사색이 더 요구된다. 그리고 '단순감정'과 '공감감정'의 이중적 감정구조 때문에 과학적 관점에서 심층적 논의가 필요하다.

인간은 '차가운' 이성적 동물이 아니라, 이성으로 인해 오히려 다른 동물보다 '더 뜨거운' 감정적 동물이다. 인간의 모든 사회적 행위는 본능적 감정에 의해 추동된다. 감정이 없다면 어떤 인간도 행동하지 않고 행동하지 못할 것이다. 공리功利·유희·예술행위·도덕행위와 겨루기·방어·도전·도망 등은 모두 사회적 행위이고, 모조리 감정 또는 감정적 동기에 의해 추동된다. 이 사회적 행위 중 가장 중요한 4대 행위는 공리적功利的 행위(이익과 공명功名을 얻는 행위), 유희적 행위, 예술적 행위, 도덕적 행위인데, 이 중 '공리적 행위'는 욕망에 의해 추동되고, 욕망을 충족시키는 데서 생기는 기쁨(희열), 또는 욕망을 충족시키는 물질적 가용성可用性으로서의 '이익'('공리功利')을 얻는다. '유희적 행위'는 재미있

---

15) Oatley, Keltner & Jenkins, *Understanding Emotions*, 30쪽.
16) Oatley, Keltner & Jenkins, *Understanding Emotions*, 30-31쪽.

게 느끼는 동기에서 추동되고, '예술적 행위'는 아름다움을 유형적有形的 작품이나 몸동작으로 표현하고 싶거나 아름답게 느끼는 미감적 동기에서 수행되고, '도덕적 행위'는 동정심 · 정의감 · 공경심 · 시비심是非心 등 도덕감정을 느껴 수행된다. 배고픔 · 목마름과 같은 최하등의 욕구감정으로부터 먹고 살고 싶은 욕구, 나아가 더 잘살고 싶은, 더 강해지고 싶거나 더 유명해지고 싶은 욕구감정이 없다면 노동 · 사업 · 경쟁 등 공리적 행위를 하지 않을 것이고, 과시하고 싶은 마음(과시욕)이 없다면 경연대회에 나가지 않을 것이고, 공명심과 명예심이 없다면 비방이나 명예훼손에 맞서 자기를 방어하지 않을 것이고, 권력에 대한 관심과 용기가 없다면 투쟁하지 못하고, 가장 고차적인 감정인 도덕감정이 없다면 개인적 도덕행위나 도덕적 사회운동을 하지 못한다. 또한 일시적 감정은 우리의 일상적 기분 또는 일상적 행복을 결정하고, 성품적 기반정서는 우리 인생의 행복을 결정한다.

감정신경과학자 자아크 팽크셉의 예시에 따라 어떤 전형적 상황을 상상해보자. 당신은 지금 중상으로 입원해 있다. 당신은 당연히 미래에 대해 불안감을 느끼고, 최악의 사태를 두려워한다. 당신은 당신의 궁경을 알아주지 않는 것 같은 병원관계자들의 무뚝뚝함에 화가 났다가, 다시 이들의 예기치 않은 관심 · 친절 · 보살핌에 기뻐한다. 당신은 병원에 누워 고립 · 상실 · 고독, 그리고 걱정과 불안을 느낀다. 그러나 옛 친구의 방문과 피상적 동정심에 잠깐잠깐 위로를 받는다. 당신은 이들의 건강을 부러워하고, 당신의 배우자가 잘생긴 이성異姓 친구를 데리고 나타날 때 질투심을 느낀다. 그리고 당신은 자신의 의존상태와 무력함에 대해 수치심도 느낀다. 통증 때문에 당신은 들썩이고, 조금만 앉아있어도 피로감을 느낀다. 제공되는 음식에 역겨움을 느끼지만, 디저트를 먹는 때는 맛있게 느낀다. 회복과 퇴원이 임박하면 희망이 솟고, 병원을 떠나는 날 당신의 기쁨은 배가된다. 이와 같이 엄청나게 다양하고 넓은 정서적 · 감정적 느낌의 폭은 우리의 기분과 행복을 결판낸다. 팽크셉은 요약한다. "대부분의 사람들은 감정적 느낌들이 무엇인지를 알고 논하는 데 거의 어려움이 없다. 그것들은 우리의 다른 정신적 상태의 질만이 아니라 우리의 신체적 건강의 느낌에도 영향을 미치는 고도로 영향력 있는 과정이다."17) 감정은 이렇게 중요한 것이다.

흄의 말대로 "이성은 감정의 노예이고 노예이어야만 하며, 감정에 봉사하고 복종하는 것 외에 감히 다른 직무를 결코 요구할 수 없다".18) 감정 없이 이성만 있는 인간은 '사이코패스', 즉 반사회적 인격장애자보다 더한 장애자들이다. 사이코패스도 각종 공감감정을 결할지라도 적어도 칠정七情(희喜 · 노怒 · 애哀 · 구懼 · 애愛 · 오惡 · 욕欲)의 '단순감정'은 지니고 있기 때문이다. 이성이 감정에 봉사하고 이 봉사 외에 감히 다른 임무를 가질 수 없다는 흄의 명제는 진화론적 · 뇌과학적 · 신경과학적으로 백번 옳은 테제다. 합리주의자들이 철학적으로 날조하듯이 이성은 그런 역사적 · 도덕적 · 사회적 '농간'을 부릴 힘이 없는 것이다. 이성이 그런 '농간'을 부릴 충동과 능동적 힘을 가졌다는 저 '합리주의적 날조'는 "지나치게 인지적 · 합리적 과정에 의존하는" 칸트 · 니체 등의 실失감정증적 사이코패스 철학이나 플라톤 · 아리스토텔레스 · 스콜라철학자 · 데카르트 · 헤겔 등의 합리론적 · 형이상학적 허학虛學이 저지른 '부지이작不知而作(알지 못하면서 작화한 것)'에 지나지 않는다.

그렇다면 '이성'을 노예로 부릴 수 있는 '감정'이란 무엇인가? 이렇게 묻고 나면 '감정'이 아리송해지면서 개념적으로 모호해진다. 감정이 이성과 다르다는 것만으로는 그 본질을 고정시킬 수 없다. 감정이 감각이나 각종 충동, 또는 느낌이라는 것들과 경계가 모호하기 때문이다. 철학적으로 감정은 감성에 속하는 심리상태다.

무릇 '감성'(*Sinnlichkeit*, sensitivity)은 '감각'(Sinne; senses)과 '감정'(Gefühl; Emotion)으로 구분되고, 감각은 다시 '외감'과 '내감'으로 분류된다. 잠시 시사했듯이 감정은 공감 없는 '단순감정'과 '공감감정'으로 나뉘고, 공감감정은 다시 '일반적 공감감정'(사랑 · 믿음 · 즐거움 · 부러움 · 자긍심 등 비도덕적 공감감정)과 '도덕적 공감감정'(동정심 · 정의감 · 공경심 등 도덕감정)으로 나뉜다. 도식화하면 다음과 같다.

---

17) Jaak Panksepp, *Affective Neuroscience: The Foundations of Human and Animal Emotions* (Oxford: oxford University Press, 1998), 42쪽.
18) Hume, *A Treatise of Human Nature*, Book 2. *Of the Passions*, 266쪽.

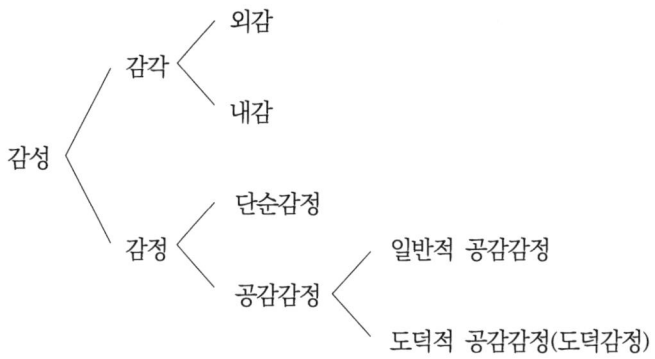

 '감성'은 '감각'이든 '감정'이든 '심상(image)'을 산출한다. 산출된 심상 또는 심상의 산출을 공자는 '입상立象'이라 부르고, 소크라테스, 플라톤, 로크, 흄은 '인상印象(impression)'이라 불렀다. 다만 로크는 흄이 비판하듯이 "impression"이라는 감성의 용어를 '관념'(idea = 지식)이라는 사유의 용어와 무차별적으로 뒤섞어 썼다. 칸트는 로크를 이어받아 아예 "인상"과 "관념"을 뒤섞은 '표상(Vorstellung)'이라는 애매한 술어를 만들어 썼다.

 '감각'은 인지적 인상(입상)이다. 반면, '감정'은 수행적·상태적 인상(입상)이다. 따라서 찰스 다윈과 윌리엄 제임스의 상술한 신체적 감정 개념을 고려하면, 감정은 철학적으로 '신체상태의 인상적 표출 또는 인상상태'로 정의할 수 있다. 이 철학적 감정 정의는 '신체적 움직임의 뇌신경적 심상 표출'이라는 뇌과학적 감정 정의와 흡사하다.

 심리학적 감정정의는 폴 에크만의 정의가 위에서 잠시 선보였듯이 잘 알려져 있다. 에크만은 진화적으로 가장 오래된 '기본 감정(basic emotions)'의 특징을 이렇게 아홉 가지로 지목한다.

① 분명한 보편적 신호
② 다른 유인원들과의 공유성
③ 분명한 생리현상
④ 선행적 사건들에서의 분명한 보편적 요소들

⑤ 감정반응에서의 일관성
⑥ 신속한 개시
⑦ 짧은 지속
⑧ 자동적 평가
⑨ 요청 없는(비자발적) 발생.[19]

팽크셉은 에크만의 이런 심리학적 접근과 달리 감정에 뇌과학적·신경과학적으로 접근한다. "외적 사건들이 우리의 느낌들을 불러일으키는 것이 분명할지라도, 감정들은 실제로 우리가 조상적 種으로부터 유전받은 태고대적 뇌 과정의 활동성으로부터 생겨난다. 외부자극은 단지 신경체계의 준비된 상태를 격발시킬 뿐이다. 오래된 감정적 신경체계의 기능은 세계와의 상호작용 속에서 유기체들을 활력화하고 지도하는 것이지만, 이 체계의 힘은 뇌 속의 내재적 본성으로부터 생겨난다."[20] 이런 전제 하에서 팽크셉은 1998년 감정을 신경과학적으로 정의하고자 시도했다. 그는 "인간 성인과 유아, 그리고 동물들에게 수행하는 뇌연구, 심리연구, 그리고 행태연구에서 똑같이 잘 쓰일 수 있는 신경적 토대의 정의를 갖는 것은 감정신경학의 관점에서 본질적으로 중요하다"고 말하면서, 신경과학적 감정 정의의 한 요소를 일단 "정동적 유발성誘發性(affective valence)을 가진 주관적 느낌 상태들을 가공해낼 수 있는" 체계로 제시한다. 그는 이 기준에 더해 "뇌 속의 감정체계들을 임시로 정의하는 다른 신경적 기준들"을 7가지로 열거한다.[21] 여기서 중요한 것은 감정산출 회로들의 "무조건적" 반응의 "유전자적" 예

---

19) Paul Ekman, "An Argument for Basic Emotions", *Cognition and Emotion*, 1992, 6 (3/4) [169-200쪽].
20) Panksepp, *Affective Neuroscience*, 42쪽.
21) "①감정의 기초에 놓인 회로들은 생에 도전적인 주요 환경들로부터 생겨나는 자극들에 '무조건적'으로 반응하도록 '유전자적으로' 예정되고 설계되어 있어야 한다. ②이 회로들은 종의 진화역사 동안에 생에 도전적인 이러한 주변환경에 직면하여 적응적인 것으로 입증된 운동신경적 하부 루트와 현행적인 자율신경적·호르몬적 변화를 활성화하거나 억제함으로써 '다양한 행위들을 조직할 수 있어야 한다. ③감정산출 회로는 발동된 행위연발에 중요한 감각체계들의 민감성을 변화시킬 수 있어야 한다. ④감정산출 체계들의 신경적 활동은 자극을 야기하는 환경보다 오래 지속되어야 한다. ⑤감정산출 회로는 감정적으로 중립적인 환경적 자극들의

정·설계 항목과 "다양한 행위의 감정적 조직" 항목이다. 이로써 인간과 동물의 단순한 반응동작과 사회적 행위의 감정적 근거가 신경과학적으로 천명되고 있기 때문이다.

팽크셉은 다른 곳에서 '감정(emotion)'을 "정동감적·인지적·행태적·표현적 변화와 일군의 생리학적 변화들을 포괄하는 '우산' 개념"으로 본다. 그리고 그는 "정동감(affect)은 잠시 시사했듯이 "말로 기술하기 어려운, 체험적으로 느끼는 주관적 요소이지만, 다양한 정동감들이 존재하는데, 어떤 것은 보다 중요하게 신체적 사건들(배고픔이나 목마름 같은 항상성유지 충동들)과 연계된 것들이고, 다른 정동감들은 외부적 자극들(맛, 감촉 등)과 연계된 것들이다"라고 말한다.[22] 그러나 팽크셉의 이 '정동감' 또는 '정동감정' 정의는 '감정'과의 경계가 불명확해 이해하기 어렵다. 그러나 팽크셉은 2012년 "강렬한 감정적 느낌들(intense emotional feelings)"을 "affect라 부른다"고 말하고, 또 자신이 '새로운 과학과목'으로 시도하는 "정동신경과학(affective neuroscience)"을 "우리의 가장 강력한 감정적 느낌들", 즉 "원초적인 감정적 정동감들(primal emotional affects)"이 "어떻게 신피질적 '사유모자(thinking-cap)' 아래의 뇌 영역에 위치하는 태고대적 신경네트워크로부터 생겨나는지를 조명하려고 모색하는" 과학으로 규정하는 것으로 보아,[23] 'affect'라는 술어로써 인간의 본성적 감정들 중에서 식욕(배고픔)·목마름·성욕·기쁨·두려움 등과 같은 '강렬한 일차적·원초적·무조건적 감정들'을 뜻하는 것으로 보인다. 따라서 팽크셉의 'affect'를 본능적 충동에서 발생하는, 따라서 즉각 행동을 유발하는 '강렬한 일차적·원초적·무조건적 감정들'이라는 의미에서 '정동감' 또는 '정동감정'으로 옮기는 것이 적절할 듯하다. 이 '정동감정'은 인간의 본성적

조건적 통제 아래 들어올 수 있어야 한다. ⑥감정산출 회로들은 보다 고차적인 결정과정과 의식을 가공해내는 뇌 기제들과 교호적 상호작용들을 가져야 한다. ⑦감정회로들은 정동적 느낌들(affective feelings)을 산출할 수 있어야 한다. (충동감은 감정체계들의 많은 상호작용으로부터 생겨난다.)" Panksepp, *Affective Neuroscience*, 48-49쪽.
22) Panksepp, "Affective Consciousness", 3쪽.
23) Jaak Panksepp, *The Archaeology of Mind - Neuroevolutionary Origins of Human Emotions* (New York·London: W. W. Norton & Company, 2012), "Preface", ix-x쪽.

감정들 중에서 인간이 다른 포유동물들과 공유하는, "뇌의 감정적 행위네트워크로부터 생겨나는", 즉 "모두 움직임들과 연관된 일차과정적 감정들"이다.[24] 따라서 팽크셉은 인간을 포함한 포유류의 공통된 7대 기본감정(탐구심·분노·두려움·공황·성욕·배려심·유희심)을 언급할 때는 '정동적(affective)'과 '감정적(emotional)'이라는 술어를 교호적으로 사용한다.[25]

필자의 관점에서 팽크셉의 '감정'의 정의를 간단히 정리하자면, '감정'은 변연계에 집중된 유전자적 신경체계의 심리적 활성화 또는 억제 상태다. 반면, 주로 언어형태로 작동하는, 합리주의 철학에 의해 날조되지 않은 건전한 '이성'은 감각적·감정적 지각들의 추상적 관념화와 이 추상관념들의 일반적 개념화를 담당하는 좌반구 피질회로의 활성화된 기능으로 정의될 수 있을 것이다. 그러나 에크만과 팽크셉의 감정 정의는 유인원·포유동물과 공통된 '기본적 감정'에만 한정되어 있어서 유인원·포유동물보다 월등하게 발달된 인간 특유의 고차적 감정(미적·도덕적 감정 등 평가감정), 공감감정(사랑·믿음·즐거움·자긍심·부러움), 도덕감정(정언적 동정심·정의감·공경심·시비지심)과 교감감정(오만·시기·경멸·악심·고소함 등)을 다 빼놓고 있다. 따라서 감정 일반의 개념적 정의로는 '신체상태의 심상적 표출 또는 인상상태'라는 철학적 정의와, '신체적 움직임의 뇌신경적 심상(이미지) 표출'이라는 뇌과학적 정의가 무난해 보인다.

■ 인지적 느낌과 감정적 느낌의 구분

'느끼다'는 우리말이 영어 'feel', 독일어 'fühlen'처럼 '감지하다'와 '감정을 가지다'는 이중의미를 가지고 있어 우리는 철학적 사색에서 큰 혼란을 겪는다. 즉, '느끼다'는 말은 두 가지 의미를 갖는다. 첫째, '느끼다'는 '어떤 감정을 가지다'(가령 '기쁘게 느끼다', '슬프게 느끼다', '재미있게 느끼다' 등)를 뜻하고 이 경우의 '느낌'은 '감정'을 뜻한다. 그러나 이 '느낌'이라는 말에는 슬퍼하거나 기뻐하는

---

24) Panksepp, *The Archaeology of Mind*, "Preface", ix-x쪽.
25) Panksepp, *The Archaeology of Mind*, 2쪽. "seven emotional, or affective system"라는 표현.

감정을 가지되, 이 슬픔과 기쁨에 대한 인지가 수반되지 않는다. 이 수행적·상태적 느낌은 '감정적' 느낌이다. 반면, 둘째, '느끼다'는 '감지(지각)하다'를 뜻하고 이 경우의 '느낌'은 '슬퍼하거나 기뻐하는 것을 감지(지각)하다', 즉 감정을 '알다'를 뜻한다. 이 '느낌'은 '감각적 인지認知'다. '감각'이나 '감지'라는 단어에는 그래서 깨칠 '각覺'자와 알 '지知'자가 붙어 있는 것이다.

그런데 슬픈 감정을 지각하는 기관은 외감(오감+근감각)이 아니라 내감이다. '인지적 느낌'에는 슬픈 감정을 아는 '인지'가 있되, 슬픈 '감정'은 수반되지 않는다. '감정적 느낌'이라는 말은 '감정'을 뜻하지만, '인지적 느낌'은 감정이 아니라 내감(과 외감)의 '지각(감지=감각)'을 가리킨다. '감정적 느낌'과 '인지적 느낌' 간의 이 차이는 발이 걷지만 걷는 것을 알지 못한 채 걷는 것과, 감각이 걷는 것을 알지만 스스로 걷지 못하는 것 간의 차이와 유사하다고 할 것이다. 감정의 발흥은 인지적(지각적) 느낌에 앞선다. 우리는 가령 두려운 상황에 부딪혀 일단 무서워하고 나서 조금 뒤에 자기가 무서워한다는 것을 느낀다. (물론 감각은 무서워 할 대상을 먼저 인지·지각한다. 이런 의미에서 감각의 이런 인지는 모든 감정에 앞선다.)

'느낌'이라는 단어의 이런 모호성 문제는 감정 자체와 감정지각을 우리가 통상적으로 '느낀다'는 말로 싸잡는 통에 발생하는 것이다. 즉, 감정도 '느낌'이라고 말하고, 감정의 지각도 '느낌'이라고 말하기 때문이다. '느낌'을 '감정적 느낌'과 '지각적 느낌'으로 구분해 쓰는 것이 두 가지 '느낌'의 의미를 명쾌하게 가르는 살용적 방도다.

'느낌'이라는 단어의 모호성을 처리하기 위해 뇌과학자 안토니오 다마시오(Antonio Damasio)는 2003년 유사하지만 좀 다른 해법을 꾀한다. "감정(emotion)이라는 단어의 통상적 용법이 느낌(feeling)의 개념을 포괄하는 경향이 있다는 것은 사실이다. 그러나 감정으로 시작해서 느낌으로 끝나는 사건들의 복합적 연쇄사슬을 이해하려는 시도에서 우리는 공개적으로 드러나는 과정 부분과, 안 드러난 채 남아 있는 과정 부분 간의 원칙적 분리로부터 도움을 받을 수 있다. (...) 나는 앞부분을 '감정'이라 부르고, (...) 뒷부분을 '느낌'이라 부른다."[26] 다마시오의 이 '감정'은 필자가 앞서 '감정적 느낌'에 대응하고, 그의 '느낌'은 필자의 '인지적 느낌'에 대응한다. 이어서 그는 선행하는 '감정'과 이어지는 '느낌'을 신체적으로 정의한다.

> 감정은 작용이나 움직임인데, 이들 중 많은 움직임은 이것들이 얼굴에서, 음성에서, 특별한 행태에서 발생하는 만큼 타인들의 눈에 공개적이고, 가시적이다. 분명, 감정과정의 어떤 요소들은 맨눈에 가시적이지 않지만, 호르몬 분석이나 전기생리학적 파동패턴과 같은 현행의 과학적 탐지방법으로 '가시적'으로 만들어질 수 있다. 반면, 느낌은 모든 심적 이미지가 반드시 그렇듯이 언제나 숨겨져 있고, 이 느낌의 정당한 소유자 외의 어떤 사람에게도 보이지 않는다. 느낌은 이 느낌이 일어나는 두뇌를 담은 유기체의 가장 사적인 속성이다. 감정은 신체의 극장에서 공연한다. 느낌은 마음의 극장에서 공연한다. (...) 감정과, 감정의 기제에 놓인 관련 반응들은 생명조절의 기본기제의 일부다. 느낌도 생명조절에 기여하지만, 보다 높은 차원에서 기여한다. 감정과 관련 반응은 생명의 역사에서 느낌에 앞서는 것으로 보인다. 감정과 그 관련 현상은 느낌의 기초이고, 마음의 반석을 이루는 심적 사건들이다.[27]

'신체의 극장'은 생리적 현상을 말하는 것인 반면, '마음의 극장'은 이미지(심상) 표출로 나타나는 현상을 말한다. 이 구분은 물론 뇌 영역의 발화현상(뇌신경적 이미지 표출작용)을 '신체의 극장'의 '신체적 움직임' 개념에서 제외시키고서 하는 말이다. 다마시오는 '감정'이라는 술어를 필자의 구분에 따를 때 '감정적 느낌'으로, '느낌'을 '인지적 느낌'으로 이해해 '감정'과 '느낌'을 구분하려고 했다.

그러나 "감정은 신체의 극장에서 공연한다"는 표현은 대비적으로 쉽게 이해시키려다가 오히려 양면적 현상을 일면적으로 왜곡시킨 서툰 표현으로 보인다. 감정이 우리에게 '신체적 움직임의 뇌신경적 이미지 표출'로만 우리에게 느껴지는 한에서 감정도 '느낌'처럼 이미지(심상) 표상으로 현시되는 '마음의 극장'에서

---

26) Antonio Damasio, *Looking for Spinoza: Joy, Sorrow, and the Feeling Brain* (Orlando, Florida Harcourt, 2003), 27쪽.
27) Damasio, *Looking for Spinoza*, 28쪽.

공연하지 않을 수 없기 때문이다. 이런 만큼 감정도 어떤 과학적 탐지방법으로도 가시화될 수 없는 '아주 사적인' 측면을 가진다. 물론, 지금처럼 뇌영역의 발화현상을 '신체적 움직임' 개념에서 제외시키고 말한다면, '인지적 느낌'이 '신체의 극장'에서 공연하지 않고 '마음의 극장'에서만 공연한다는 말은 옳은 말이다.

그러나 '마음의 극장'은 뇌 안에서 여러 곳에 존재한다. '감정'은 진화론상으로 오래된 변연계와 뇌간상부(중뇌)의 극장에서 공연하고, '느낌'은 내감의 느낌일 경우에 아마 주로 진화론적으로 나중에 생긴 전前운동피질 등의 전前전두피질의 극장에서 공연할 것이다. 물론 시각·청각·미각·후각·촉각 등 다섯 외감의 '느낌'은 뇌 속 여러 곳에 흩어져 있는 시각중추·청각중추·미각중추·후각중추와 체성體性감각 영역에서도[28] 공연하고, 일부의 육체적 느낌(간지러움, 배아픔, 근육통, 성적 쾌감 등)의 경우에는 피부·배·근육·성기 등 신체의 국소局所들에서도 공연한다.

■ 심상과 감정

'감정적 느낌'과 '인지적 느낌', 또는 다마시오 식으로 '감정'과 '느낌'의 구분을 전제할 때, '감정적 느낌'으로서의 '감정'은 다시 둘로 대별된다. 필자는 앞서 잠시 시사했듯이 이를 '단순감정'과 '공감감정'으로 구분했다. 이 구분은 다마시오의 '일차감정'과 '이차감정'의 구분과 대략 일치한다. 그리고 유사하게 흄은 감정을 '직접감정'(원천감정)과 '간접감정'(이차감정)으로 구분했다.[29]

이 두 감정의 구분을 이해하기 위해서는 심상(이미지)에 대한 범주적 지식이 요구된다. 우리의 마음은 사물과 감정을 있는 그대로 받아들이면 될 것을, 왜 심상으로 변형해서만 인지하도록 했을까? 정확히 알 수 없지만, 첫째, 두뇌가 삼라만상의 무한한 양상들을 다 감당할 수 없었기 때문으로 보인다. 무한히 복잡

---

[28] '체성감각'은 피부감각, 운동감각, 평형감각을 통틀어 이르는 말이다.
[29] Hume, *A Treatise of Human Nature*, Book 2. *Of the Passions*, 182쪽. 그러나 흄은 뒤에 다시 '직접감정'을 '원천감정(original affections)'으로, '간접감정'을 '이차감정(secondary affections)'으로 바꿔 부른다(238쪽).

한 삼라만상을 몇 십 개의 심상으로 변환·축약해 받아들인다면 이해하기 쉽기 때문이라는 말이다. 둘째는 대상세계의 인식과 이해는 삶을 위해 인간 마음의 평가를 필요로 하기 때문이다. 이것은 우리 의식의 관심 또는 주의력을 결정하는 인자로서 인식과 이해의 궁극적 목적 또는 이유와 관련된 것이다. 우리는 삼라만상을 다 알 필요가 없고 이 속에서 우리의 삶에 필요한 것만을 알면 된다는 말이다. 이 두 가지 이유를 합쳐, 대상을 심상으로 환원해 안다는 말을 뒤집어 보면, 우리가 아는 것은 대상 그 자체가 아니라는 말이 된다. 이 앎은 우리가 인간의 심상범주로 포착하고 이 포착된 것을 인간의 평가심상으로 변별하고 거기에 인간적 의미를 부여하거나 거기에서 인간적 의미를 찾는 것이다.

심상은 외부세계의 '사물'에 대한 지각을 통해 일으켜지기도 하고, '감정과 이와 관련 현상'에 대한 지각을 통해 일으켜지기도 한다. 사물과 감정의 지각은 둘 다 간단히 현상의 지각이다. 『대학』에서 공자는 이 '현상의 지각'을 주지하다시피 '격물치지格物致知'(대상을 마주하고 지각함)라 불렀다. 공자의 '치지致知', '지지知至', 또는 '지지至知'는[30] 오늘날의 '지각(perception)'에 해당한다. 이 지각을 통해 일어나는 심상들은 본유적·천성적인 것으로서 하늘에 의해 두뇌 또는 마음속에 이미 내장된 범주적 스펙트럼에 속한다. 따라서 공자는 『예기』와 『역경』에서 이것을 이렇게 표현한다.

> 하늘에서는 심상을 만들고 땅에서는 물형物形을 만들어서 변화가 보이는 것이다(在天成象 在地成形 變化見矣).[31]

여기의 '상象'을 전달의 편의를 위해 '심상心象'으로, '형'을 '물형物形'으로 바꿔 옮겼다.[32] 하늘에서 만든 '심상'은 어떤 것을 쉽게 알 수 있게 표현하는 감성적

---

30) 『大學』: "物格而后知至 知至而后意誠"; 『禮記』「樂記 第十九」: "人生而靜 天之性也, 感於物而動 性之欲也, 物至知."
31) 『禮記』「第十九 樂記」; 『易經』「繫辭上傳」, §1.
32) 『역경』도 '在天成象'의 '象'이 '心象'임을 시사한다. 가령 "효(爻)는 효(效)이고, (...) 효(爻)의 상(象)은 마음속에서 동한다(爻也者 效此者也 [...] 爻象動乎內)." 『易經』「繫辭下傳」, §1. "효의 상은 마음속

그림형식(文), 또는 표상表象이다.[33] 가령 여울물의 재빠른 동태성動態性, 큰 바위의 위용, 여우의 약삭빠름, 사람의 슬픔, 소금의 짬, 초목의 파랑, 벚꽃의 하양, 장미꽃의 빨강, 목련꽃의 우아미 등은 다 물, 바위, 여우, 사람, 소금, 초목들의 양상을 드러내주는 심상들이다. 그런데 이 동태성, 위용, 약삭빠름, 슬픔, 짬, 파랑, 하양, 빨강, 우아미 등 이 심상들은 모두 다 스스로를 통해 스스로를 보여주지 못한다. 이것들은 오로지 여울물의 빨리 흐르는 동태, 여우의 작고 분명한 용모에 빠릿빠릿한 거동, 사람의 육체적 상태의 뇌신경적 표상, 특정한 분자구조(NaCl)의 소금 입자, 초목의 고유한 색깔과 자태 등을 '그릇(器)'으로 삼아서만, 즉 매체로 삼아서만 자기를 드러내 보인다. 이 매체들은 모두 다 땅의 '물형들'이다. 즉, 하늘에서 우리에게 부여한 '심상', 즉 천성적 심상은 땅에서 이루는 '물형'을 '기구器具'로 삼아 표상되는 것이다. 한 마디로, '물형'은 심상을 드러내는 도구다. 『역경』은 물형이 우리 안에서 심상을 만드는 원인자라고 말하는 것이 아니라, 이를 뒤집어 표현해 물형을 우리의 심상(목적)을 실어주는 '그릇'(수단)으로 봄으로써 지성적地性的 '물형'을 천성적天性的 '심상'에 대해 한 격을 낮추고 있다. 그래서 『역경』에서 공자는 이렇게 갈파한다.

보이는 것을 곧 일러 심상이라고 하고, 물형인 것을 곧 일러 그릇이라고 한다(見乃謂之象, 形乃謂之器).[34]

'심상'은 반드시 우리가 알도록 두뇌 안에서 공연해 '보이는'(나타나는) 것이되, 꼭 두뇌 밖의 '물형'을 '매체(그릇·기구)'로 써서만 '보이는' 것이다. '심상'은 '물형' 위에 실려 있는 반면, '물형'은 '심상' 아래에서 '심상'을 드러내고 전달하는 매체가 되고 있다. 한마디로, 물형에 실려서 이 매체를 통해 보이는 것을 '심상'이라

에서 동한다"는 말은 이 '상'이 '심상'이라는 말이다.
33) 『역경』은 「계사상전」의 "仰以觀於天文 俯以察於地理"을 「계사하전」에서 "仰則觀象於天 俯則觀法於地"라고 바꿔 쓰고 있다. 이로써 '象'과 '文'(그림), '理'와 '法'은 동일한 의미라고 짐작해 볼 수 있을 것 같다.
34) 『易經』「繫辭上傳」, §11.

하고, 심상을 실어서 보여주는 매체를 '물형'이라 한다.

'물형'을 도구적 매체로 이용해 자신을 보여주는, 또는 '심상'이 '물형'으로 의제擬制되는, 즉 물형과 동일한 것으로 간주되는 '심상'과 '물형' 간의 이 의제·비유 관계를 본떠서 사람도 새로운 '심상'을 만들어 쓸 수 있다. 이것은 사람이 만들어 쓰는 '상징적 그림', 즉 지물적指物的·지사적指事的 비유의 그림이다. 공자는 『역경』에서 이렇게 갈파한다.

> 성인은 무릇 심상들을 보유함으로써 천하의 심오한 이치를 보고 이 이치를 천하의 물형의 용태에 빗대어 만물의 마땅함을 그리는 까닭에, 이것도 심상이라 부르는 것이다(夫象 聖人有以見天下之賾 而擬諸其形容 象其物宜 是故謂之象).[35]

무릇 '심상'은 '형용形容', 즉 '물형의 용태容態'로 그려짐으로써만 현상한다. 즉, '심상'은 '물형'으로 그려진 화상畵像으로 모습을 드러낸다.[36] '심상'은 '형용'의 '비유적 그림'을 통해서만 보인다는 말이다. 이런 까닭에 '물형'은 '심상'으로 의제되고, 역으로 '심상'은 '물형'으로 비유되는 것이다. 다만, 저 '재천성상在天成象'의 '심상'은 하늘이 만든 천연적 '심상'인 반면, "이것도 심상이라 부르는 것이다"의 이 '심상'은 성인이 만든 인공적 '심상', 즉 '상징'이다. 가령 태극기는 '대한민국'을 상징한다. 즉, 태극기는 대한민국을 하나의 정서적·관념적 '상징'을 흰 바탕에 태극과 4괘를 그린 '물형'으로 표상한다. 평화의 '상징'은 비둘기의 구체적 '물형'으로 표상된다. 『주역』의 건乾괘는 아버지, 군주, 강건, 용덕龍德 등의 '상징'을 여섯 양효陽爻로 이루어진 괘의 '물형'(䷀)으로 표상한다. 우리가 눈으로 읽는 한글 '아버지'는 '아버지'라는 입말에 실린 아버지의 의미론적 '심상'을, 아·버·지라는 세 가지 음성과 세 글자를 이 순서로 배열해 발음하고 적어서 표상하는 지물적·지사적 상징이다. 따라서 하늘이 만든 천연적 '심상'과 사람이 만든 인공적 심상인 '상징'은 구별되지만, 양자의 심상·물형 간 비유·의제의 관계구조는

---

35) 『易經』「繫辭上傳」, §12.
36) 『易經』「繫辭下傳」, §3. "象也者 像也."

동일하다.

그러나 원래의 예시로 돌아가 가만히 생각해보면, 여울물의 동태성, 큰 바위의 위용, 여우의 약삭빠름, 사람의 슬픔, 소금의 짬, 초목의 파랑·하양·빨강, 목련꽃의 우아미 등 하늘이 이룬 '상'은 실물들이 가진 '물상物像'이 아니라, 예외 없이 우리가 실물들의 자극으로 일으켜진 심상을 이 실물들에다 붙여준 우리 마음속의 '심상'이라는 것을 알 수 있다. 실물의 이 여러 '심상'은 실은 물형에 의해 우리 안에서 '세워진' 심상, 즉 '입상立象'인 것이다. 서양철학적으로 표현하면 마음속에 '찍힌' 심상으로서의 '인상印象'이다. 마음속에 간직된 여러 심상은 '생이유지生而有之'하는, 즉 나면서부터 가지고 있는 '본유심상'이다. 우리는 '물형'을 "하늘이 내린 심상(天垂象)"으로37) 환원해 오로지 이 심상으로만 지각(인지)할 수 있는 것이다.

환언하면, 공자는 "나는 나면서부터 아는 자가 아니다(我非生而知之者)"라고 말함으로써38) 선험적 '본유관념'(=본유지식)을 확실히 부인했지만, 선험적 '본유심상'만은 분명하게 인정한 것이다. 이것은 바로 플라톤·데카르트·라이프니츠 등이 주장하는 선험적 '본유관념'과 아리스토텔레스·칸트·쇼펜하우어 등이 주장하는 '선험적·연역적 지성범주'를 부정하지만, 영혼 속의 어떤 선험적 지각요소도, 따라서 심지어 하늘이 만들어 넣어준(在天成象) '본유심상'까지도 부정하는 에피쿠로스·홉스·로크·최한기 등의 소박경험론의 '전全인상·전全관념외래설'도 흄처럼 부정하는 것이다.

여기서 이 '이중적 부정'은 첫째, 『예기』와 『역경』의 공자가 인간의 인식·이해 능력이 인간 영혼 안에 '본유한다'는 말에는 동의하지만, 지성적 사유에 속하는 '관념'이 본유하거나 '지성범주'(Verstandeskategorien, 낡은 번역으로는 '오성범주')가 이성으로부터 연역될 수 있는 것으로 보는 것이 아니라 관념이나 사유 이전의 '심상'만을 본유하는 것으로 보는 점에서 저 본유'관념'과 선험적 '지성범주'의

---

37) 『易經』「繫辭上傳」, §11. "하늘은 심상을 내려주어, 길흉을 나타내고, 성인은 이를 상징으로 그린다(天垂象 見吉凶 聖人象之)."

38) 『論語』「述而」(7-20).

이론을 부정한다는 것을 뜻한다. 이것은 플라톤·데카르트·라이프니츠 등의 경험초월적 이데아·코기토의 본유관념에 의해서, 또는 순수지성의 '선험적 연역(transzendentale Deduktion)'의 산물인 (아리스토텔레스·칸트·쇼펜하우어 등의) 선험적 지성범주에 의해 인식·이해가능하다고 주장하는 선험적 합리주의 인식론을 부정하는 것을 뜻한다.[39]

둘째, 공자는 인식(Erkenntnis)과 이해(Verstehen)가 내외의 자극에 대응하는 심상들을 선험적으로 보유하고 있고 이 심상들 중 특정 심상이 일으켜 세워져 '입상立象'됨으로써만 발생한다고 보는 까닭에 인식이 내·외감의 단순한 감각적 접촉에 의해 발생한다고 생각하는 소박경험론의 인식론을 부정한 것이다. 따라서 특정한 심상을 타고나지 못한 사람은 이 심상과 관련된 인식·이해능력을 결한 것이다. 가령 빨강색 심상을 타고나지 못한 빨강색맹은 빨강색을 보지 못하고, 녹색색맹은 녹색을 보지 못한다. 이들은 빨강색·녹색 심상을 타고나지 못했기 때문이다. 정상인도 이런 심상들을 유발하는 물적 자극을 접하지 않으면 이런 색들을 보지 못한다. 심상을 보유하더라도 상응하는 자극이 없으면 상응하는 심상이 '입상'되지 않기(심상이 일으켜 세워지지 않기) 때문이다. 공자의 논지는 본유'관념'을 부인하지만, 본유'입상(인상)'을 인정하고 이 본유인상에 의한 인식을 경험론적으로 논증한 비판적 경험론자 흄의 입장과 아주 흡사하다. 물론, 공자의 '입상' 개념은 개념적 구조 측면에서 흄의 '인상'보다 까마득히 더 오래 전에 완성되었지만 더 정교하고 더 적확하다.[40]

---

39) 플라톤과 데카르트의 '이데아'론의 오류는 이 심상이 감성(감각+감정)에 들어 있는 것이 아니라 지혜(이성) 속에 잠재한다고 여긴 점에도 기인하지만, 심상을 감각과 감정의 간이(簡易)한 상이 아니라 구체적 개별사물들의 무수한 '원형들'로 여긴 점에도 있다. 플라톤의 부조리한 개물적(個物的) 이데아론을 수정한 아리스토텔레스와 칸트의 '범주'론의 오류는 감각과 감정의 심상을 내동댕이치고, 지성에 의한 초험적 범주들의 선험적 연역에만 함몰되어버린 것이다.

40) 소크라테스·플라톤과 흄의 '인상(印象, impression)'은 사물의 상(象, 이미지)이 바깥으로부터 들어와 뇌에 찍힌다는 뜻인 반면, '입상(立像)'은 바깥에 있는 물형(物形)의 지각에 의해 심중의 심상이 일으켜 세워진다는 뜻이다. 그러나 바깥에는 물형만 있을 뿐이지, 상(이미지)은 없고, 상은 오직 심중에만 있기 때문에 '심상'인 것이다. 따라서 상이 뇌에 '찍힐' 리가 없고, 다만 여러 심상 중에서 특정한 심상이 심중에서 '일으켜 세워질' 뿐이다. 따라서 공자의 '입상'

우리는 보통 빨강·파랑 등의 색깔과 소금의 짬을 우리의 심상이 아니라 실재하는 사물의 속성이라고 오해하지만, 빨강은 물형의 측면에서만 보면 그저 610-700nm 파장의 광파일 뿐이고, 파랑(초록)은 500-570nm 파장의 광파일 뿐이고, 소금의 짬과 고추의 매움은 사물적 속성으로만 보면 미각에 대한 NaCl 분자와 펩사이신 분자의 자극일 뿐이다. 인간은 저 빛의 파동들이 우리 시신경에 일으키는 자극을 뇌에서 전달받아 이것에 빨강과 파랑의 시각 심상으로 변환·환원해 빨갛게, 파랗게 느끼고, 혀의 미각돌기에 대한 NaCl 입자의 자극을 뇌에서 전달받아 이것에 짠맛의 미각 심상으로 변환해 짜게 느낀다. 빨강·파랑 등의 색깔과 짬·매움의 입맛은 '심상'인 반면, 빛의 파동과 NaCl·펩사이신 분자의 자극은 다 '물형'이다. 삼라만상의 물체들은 무수히 많고 무한히 복잡하다. 그러나 모든 물체의 '속성', 즉 '물형'은 몇 십 가지의 기본적 '물형'으로 단순하게 환원되고, 이것은 극동전통에서 5행(화·수·목·금·토)으로 축약되었다. 이 단순화된 물형들도 다시 '인식'을 위해 우리 뇌의 영혼 속의 지각 과정에서 오감의 단순한 심상으로 '환원'된다. 한편, 큰 바위의 위용, 여우의 약삭빠름, 사람의 슬픔, 목련꽃의 우아미 등은 빨강·파랑·짠맛 등의 오감 심상과 달리 '내감'과 '감정'의 심상들이다. 그리고 여울물의 동태성도 우리가 여울에서 느끼는 일종의 운동감·속도감인 점에서 다 우리의 '외감·내감'과 '감정'의 심상들일 뿐이다. 물론 근대철학에서는 운동·정지·속도 등을 사물의 '1차 속성'이라 불렀다.

우리는 빛·소금·바위·호랑이·여우·사람의 신체상태, 목련꽃 등의 '물형'을 '물형 자체'로 지각하는 것이 아니다. 이것은 두 가지 의미에서 그렇다. 첫째, 인간은 물형을 심상으로 변환해 지각하기 때문에 이 '물형 자체'를 '물형 자체'로 지각하지 못한다. 둘째, 인간은 인간의 심상으로 지각하는 능력범위를 넘어가는 물형들을 지각하지 못한다. 자외선·적외선·초음파, 너무 작거나 적은 미세냄새와 미세분진, 그리고 분자·원자·전자·중성자, 너무 느리거나 너무 빠른 물체, 너무 멀리 있는 물체, 또는 가까이에서 다 볼 수 없는 초거대물체 등이 그것이

개념이 개념적 구조 측면에서 흄의 '인상'보다 더 정교하고 더 정확하다고 말한 것이다.

다. 외감의 한계를 넘어가는 이런 물형들은 가령 측정기구로 측정되는 광파의 파동 수치, 특별한 관측기구의 비非심상적 변형영상, H2O, NaCl이라는 비심상적 기표, 미세냄새 · 극소입자 · 초음파 등을 탐지하는 탐지견의 거동과 소리, 인공적 측정기구로 포착하는 화학적 구성성분과 물리적 성질의 수치정보 등을 매개로 '간접적' 극소정보를 얻어 짐작한다.

이런 관점에서 고전철학의 '현상現像(phenomena)' 개념은 이제 무용지물이다. 가령 칸트가 말하는 고전적 의미의 '현상(Erscheinung)'은 인간의 오감에 지각되는 사물의 모습을 뜻했다. 이런 의미의 '현상'은 '심상에 의한 지각'에 지나지 않는다. 이 '심상에 의한 지각'을 주지하다시피 공자는 '입상立象'이라 했고, 소크라테스 · 플라톤과 흄은 '인상印象(impression)'이라 했다. 따라서 고전적 의미의 '현상'은 '인상'과 동의어다.

사물 자체의 '작용'으로서의 '물형'은 본래 심상으로 포착할 수 있는 물형과, 심상으로 포착할 수 없는 물형으로 구성된다. 그러나 심상에 의해 포착되든 아니든, 물형 '자체'는 '인상' 속에 나타나지 않는다. '인상'은 물형 자체가 아니라 물형을 심상으로 바꾼 변환태이기 때문이다. 또한 이 '물형 자체'는 스스로를 '작용'시켜 이 물형들을 만들어내는 '사물 자체'와 구별된다. '사물 자체'는 '물형 자체'를 통해 자신을 드러내고 현실화한다. 따라서 진짜 '현상'은 물형이 오감에 의해 지각된 것이 아니라, '사물 자체'의 '실현태'를 나타내는 '물형 자체'라고 할 수 있다. '사물 자체'의 '실재성'은 '물형 자체'에 대한 직간접적 정보를 넘어 궁극적으로 '사물 자체'의 효력 또는 '기氣(힘) 또는 '에너지'의 일상적 활용을 통해 의심할 바 없이 '강렬한 확실성'으로 지각된다.

우리는 '물형'을 오감의 심상을 통하지 않고도, 즉 우리의 감관感官이 아닌 여러 인공적 · 자연적 도구를 이용해서도 간접적으로 포착한다. 인공적 · 자연적 도구에 의한 물형의 지각은 간접지각인 셈이다. 물론 '인상'도 본질적 의미에서 고찰하면 '물형'을 심상으로 바꿔 지각한다는 본질적 의미에서 간접지각이다. 하지만 여러 인공적 · 자연적 도구를 이용해 포착하는 것을 '간접지각'이라 하고, '인상'은 본성적 '직접지각'이라 부름으로써 양자를 구별할 뿐이다.

또 감각은 물형을 선별적으로만 지각한다. 인상은 상술했듯이 자외선·적외선·초음파·미세냄새·미세먼지·분자·원자·전자·중성자, 아주 멀리 있는 물체, 또는 지구와 같은 초거대물체 등을 빼놓은 '대강'의 지각이기 때문이다. 따라서 감각으로 만들어지는 인상의 지각은 결코 에피쿠리언들이 말하는 '절대지식'('득도得道')이 아니라, '개연적 지식'('근도近道')에 불과한 것이다. 도구에 의한 '인공적' 간접지각도 이 '본성적' 간접지각처럼 물형의 전 측면을 지각하는 것이 아니라 극히 선별적으로 지각하는 것이기에 어디까지나 '개연적(probable)'이다.

외부세계의 삼라만상을 받아들이는 우리의 외감심상은 이 삼라만상이 무한히 잡란하더라도 대략 7색, 7음, 5미, 7취, 8촉 심상 34개에다[41] 공간·시간 심상 2개를 합해 총 36개의 심상으로서 비교적 간이簡易하다. 공간은 외부사물의 '연장'에 상응하고, 시간은 사물이 운동하는 '지속'의 물형에 상응하는 것이다.

그간의 철학사적 개념혼란 때문에 시간과 공간에 대해 좀 더 정리한다면, 외부사물의 '지속'과 '연장'에 대응하는 '시간'과 '공간'의 심상은 전통적으로 34개의 외감심상과 구별해 사물의 '일차속성(1차 성질)'이라 부르고 여기에만 보편성을 인정했었다. 그리고 나머지 34개의 심상들은 사물의 '이차속성(2차 성질)'이라 부르고 이에 대해서는 보편성을 부정하고 특수성만을 인정했다. 그러나 심상들은 사물의 속성에 대응하는 '물형'이 아니고 따라서 사물의 속성도 아니다. 그것들은 우리 영혼의 천부적 '심상'이다. 그리고 모든 '심상'은 일차속성·이차속성의 구별 없이 다 하늘에서 만들었기(在天成象) 때문에 본질적으로 동일한 것이고 똑같이 보편적이다. 모든 천부적 심상은 '모든' 인간에게 보편적이기 때문이다. 따라서 갈릴레이와 데카르트를 계승해 '시간'과 '공간'을 따로 떼어 '선험적·초험적 감성형식'으로 정의하고 여기에만 보편성을 인정해 특대하는 칸트 식의 주장은 전혀

---

41) 색은 빨강, 주홍, 노랑, 초록, 파랑, 남색, 보라 등 7색, 소리는 도, 레, 미, 파, 솔, 라, 시, 도 등 7音, 맛은 닮, 매움, 씀, 심, 짬 등 5미(味), 냄새는 고소함, 향내, 누린내, 탄내, 비린내, 고린내, 단내 등 7취(臭), 촉감은 부드러움, 까칠함, 간지러움, 가려움, 아픔, 더움, 추움, 뜨거움 등 8촉(觸)이다.

근거 없는 것이다. 이런 까닭에 라이프니츠와 흄은 둘 다 1·2차속성의 구별을 인정하지 않았다.[42]

그리고 '재지성형在地成形'의 '물형'은 물질적 소재素材(주기율표상의 원소들과 이 원소들이 결합된 분자들)의 속성들이다. 따라서 구체적 생물·무생물로 이루어진 삼라만상이 무한히 잡란하더라도 그 속성을 이루는 기본적 '물형'은 간단하고 그 수도 적다. 물질적 기본 소재는 무한수의 자연사물들에 비해 수적으로 간단하게 제한되어 있기 때문이다. 지금까지 자연 속에서 발견된 분자는 겨우 수백 종에 한정되고, 더욱이 원소는 90종에 지나지 않는다.[43] 그런데 우리는 화·수·목·금·토 5행으로 축약되는 이 수백 종의 소재들과 90종의 원소의 속성(형질) 및 사물·사건의 '연장'과 '지속' 등의 물형을 상술한 36개 기본적 외감심상으로 환원해 더욱 간이하게 지각·인식한다. 따라서 잡란한 삼라만상의 외부세계는 모조리 간이하게 약 36개의 심상으로 환원된다.[44]

한편, 인간의 다양한 감정은 두뇌 변연계의 해당 부위 등의 작동과 근육, 호흡, 맥박, 체액, 신경체계와 호르몬의 상이한 움직임이라는 여러 가지 신체적 '물형'으로 표현되는데, 감정을 표출하는 이 '물형'들을 인간은 희·노·애·구·애·오·욕의 칠정과 측은·수오·공경·시비지심의 사단 등 10여 개의 '심상'으로

---

42) 라이프니츠와 흄은 일차성질(제1부류; 운동·단단함·모양·부피 등)과 이차성질(제2부류; 색깔·입맛·소리 등)의 갈릴레이·데카르트 식 구분을 물리치고 연장·크기·모양·운동 등을 '색깔·입맛' 등의 다른 성질과 동일한 '이미지(心象)'로 파악했다. Gottfried W. Leibniz, *Discourse on Metaphysics* (1686), §XII. Leibniz, *Discourse on Metaphysics, Correspondence with Arnauld, and Monadology* (Chicago: The Open Court Publishing Company, 1902); Hume, *A Treatise of Human Nature*, Book 1, *Of the Understanding*, 128쪽.

43) 우주에 존재하는 수백 종의 분자는 90종의 원소로 환원되고, 이 90종의 원소는 17개의 기본입자(쿼크 6, 렙톤 6, 상호작용입자 4, 힉스입자 1)로 환원된다고 한다. 그러나 17개의 기본입자는 분자·원소의 '物形'과 달리 감각에 포착되지 않는다. 따라서 '자연적 인간'에 근거한 우리의 '철학적 인식론' 차원에서는 이 17개 기본입자가 고려에 들지 않는다. 이것은 우리의 '인식론'이 최첨단 관측·측정기구로 물질의 超微細구조와 천문학적 거리를 탐측하는 오늘날의 첨단과학적 인식을 따라가지 못한다는 말이다.

44) 이 '심상적 환원'은 후설의 '현상학적 환원' 또는 '형상적(形相的) 환원(eidetische Reduktion)'에 해당한다. 이 개념은 다시 쇼펜하우어의 '표상'으로 거슬러 올라간다. 그러나 후설 자신에 의해 여러 번 바뀐 '현상학적 환원' 개념은 아주 모호하다. 따라서 공자를 후설과 비교하는 논의는 접을 것이다.

더욱 압축해 간이하게 이해한다. 따라서 이 간이한 '심상'과 '물형', 즉 알기 쉬운 '심상'과 다루기 쉬운 간단한 '물형'을 파악하면, 천하의 돌아가는 이치, 즉 만물만사의 마땅함('物宜')도 쉽게 알 수 있다. 『역경』은 말한다.

> 하늘의 건乾은 큰 시작을 알리고, 땅의 곤坤은 만물을 짓고 이룬다. 건은 앎을 쉽게 하고 곤은 기능을 간략히 한다. 쉬우면 알기 쉽고, 간략하면 따르기 쉽다. (...) 쉽고 간단하면 천하의 이치가 지득되고, 천하의 이치가 지득되면 그 속에서 위상을 이루는 것이다(乾知大始 坤作成物. 乾以易知 坤以簡能 易則易知 簡則易從. [...] 易簡而天下之理得矣, 天下之理得 而成位乎其中矣).[45]

'심상'을 만드는 "건乾"은 "확연해 사람에게 쉽게 보이고(夫乾確然 示人易矣)", '물형'을 만들어 '심상'을 의제적으로 표현하는 그릇을 제공하는 "곤坤"은 "순해서 사람에게 간소하게 보여준다(夫坤隤然 示人簡矣)".[46] 하늘의 심상은 알기 쉽고, 땅의 물형은 간단해서 따르기 쉽다. 이것이 건곤, 하늘과 땅이 만든 심상과 물형의 소위 '간이성簡易性'이다. 그러므로 하늘의 심상과 땅의 물형은 천하의 이치를 쉽게 지득할 수 있게 해주는 것이다. 좀 더 구체적으로 말하자면, '심상'은 우리로 하여금 눈에 보이는 '물형'을 매개로 천하와 영혼 속의 만물만사의 이치를 궁극적으로 쉽게 지득할 수 있게 해준다. 상술했듯이 이 '심상'은 영혼 외부에 실재하는 사물, 즉 심외心外 실물의 '감각'과, 심중의 실재 '감정'을 둘 다 포착한다.

따라서 이 '심상'은 외부사물들의 속성들을 다섯 외감+근감각(muscle sense; myesthesia) 등 6개 감각으로 지각해 표상하는 36가지 '심상'과, 심중의 실재감정을 느껴 표상하는 약 12개 '심상'(칠정+생명애 · 수줍음 · 호기심 · 믿음 · 놀람)으로 대별된다. 전자를 '외감심상'이라 부르고, 후자를 '감정심상'이라 부르자. 이에 더해 우리가 '내감심상'이라 불러야만 하는 심상들(쾌통 · 재미 · 미추 · 선악)이 더 있다. 감성에는 외감과 감정 기능 외에 내감의 기능도 있기 때문이다. 그리하

---

45) 『易經』「繫辭上傳」, §1.
46) 『易經』「繫辭下傳」, §1.

여 하늘이 만든 심상은 도합 48개(36+12)가 있고, 여기에 내감에만 고유한 4개 짝의 '내감심상'(쾌·통, 재미 유·무, 미·추, 시·비) 8개를 더하면 총 56개가 된다.[47] 인간은 약 56개의 이 심상들로 내외세계를 인식하고 해석한다. 우리는 이 56여 개의 심상을 배우지 않고도 선험적·천부적으로 알고 있다. 상술한 수사적 물음으로 되돌아가본다면, 우리는 이 물음에 이렇게 답할 수 있다. 마음(뇌)은 마음이 감당할 수 없을 정도로 무한히 복잡한 삼라만상을 이렇게 56여 개의 심상으로 환원해 이 삼라만상을 간이하게 이해한다. 여울물의 역동감, 큰 바위의 위용, 여우의 약삭빠름, 사람의 슬픔, 장미꽃의 요염함, 목련꽃의 우아미, 미인의 고상미, 야릇함, 섹시함 등 오묘한 감정들은 복합적 감정이지만, 이 복합감정들도 저 56개의 심상으로 다 환원·분해·지각된다.

이 심상들 중 희·노·애·구·애·오·욕 등 이른바 칠정을 필자는 '단순감정'이라 부른다. 사랑·즐거움·측은·수오·공경·오만·질투심 등의 감정들을 필자는 '공감감정'으로 정의한다. '단순감정'이라 부르는 이유는 이 감정들이 타인의 감정에 대한 공감으로부터 생겨나는 것이 아니라, 단순히 상황을 지각(인지)함과 동시에 이 지각으로부터 생겨나기 때문이다. 조류·어류·파충류 등 하등동물들은 공감능력이 거의 전무하다. 하지만 이 하등동물들도 '단순감정'은 가지고 있다. 식물은 감각과 감정이 전혀 없을 것 같지만 생명욕(+성장욕+번식욕)과 이에 따른 지각능력은 가지고 있다. 굳은 땅을 뚫고 나오는 새싹, 햇빛을 향해 뻗어가는 나뭇가지와 물기를 향해 뻗쳐가는 나무뿌리를 보라. 반면, '공감감정'은 반드시 공감을 매개로 해서만 발생하는 감정이라서 붙여진 이름이다. 이 명칭들의 정명正名 여부와 유효함은 다음의 논의에서 입증될 것이다.

---

47) 실제로는 이보다 훨씬 더 많다. 가령 도덕감정에는 선악(시비)감각만이 아니라 동정심(측은지심), 정의감, 공경심 등이 있고, 기타 미묘한 도덕감정들(안타까움, 미안함, 송구함, 죄스러움, 자탄감, 자책감)이 더 있기 때문이다. 그러나 여기서는 설명의 편의를 위해 "56여 개"라고 해둔다.

1.2. 단순감정

　기쁨·성냄·슬픔·두려움·좋음·싫음·욕구 등 공자의 칠정七情에 상응하는 단순감정들은 다마시오의 '일차감정'과 거의 같다. '일차감정'은 다마시오에 의하면 진화상 오래 되었고, 고등동물만이 아니라 조류·어류·파충류도 거의 다 가지고 있는 원시적 감정들이다. 따라서 '일차감정'은 변연계 회로의 주요 부위인 편도체,[48] 전측 대상회,[49] 뇌섬,[50] 체성감각피질,[51] 중뇌 등의 뇌세포만으로도 다 감당된다. 단순감정의 '단순'은 공감 없이 단순하게 일어나는 감정이라는 의미다. 단순감정은 개체의 '생존'에 맞춰진 자연선택의 진화과정에서 형성된 것이다. 이와 대조적으로 공감감정은 공감적 행위조절을 통한 개체들의 공감적 서로어울림을 위해 진화된 사회적 감정들이다.

　다마시오는 상술했듯이 '일차감정'으로 공포·분개·역겨움·놀람·슬픔·기쁨을 나열한다. 그의 일차감정의 항목은 공자의 칠정과 대동소이하다. 다만 공자의 칠정과 달리 '놀람'이 들어가고 '욕구'가 빠졌을 뿐이다. 감정에 대한 통념은 문명권 간에 조금씩 다른 면이 있다. 또 칠정의 단순감정은 항목상 흄의 '직접감정'과 유사하다.[52] 그러나 '직접감정', 아니 '감정 일반'에 대한 흄의 정의는 내용

---

[48] '편도체'는 측두엽 전방의 피질 내측에 위치한다. 모양이 아몬드처럼 생겨서 그리스어 'almond(편도)'에서 유래했다. 편도체는 감정, 특히 공포와 공격성을 처리하는 뇌구조다.
[49] '전측대상회(anterior cingulate)'는 (특히 통증에 관한) 주의, 반응 억제, 정서 반응에 관여하는 전두엽 한가운데에 있는 뇌 구조. 대상회의 전측 부분이다. '대상회'는 뇌의 정중 시상 단면을 볼 때 뇌량 주변을 둘러싸고 있는 피질 부위로서 변연 피질의 일부다.
[50] '뇌섬(insula)'은 '바다에 있는 섬' 같다고 해서 붙여진 이름이다. 시각영역에서 온 정보들은 뇌섬에서 거울기제를 자동적으로, 그리고 특별히 활성화한다. 뇌의 거울기제는 얼굴이나 신체의 묘사들을 감정 모드로 코드화하는 뉴런체계다. 뇌섬은 이 거울신경계의 중심이다.
[51] 체성감각은 척수신경 후근의 감각신경가지들을 통해 일어나는 전신감각이다. 체성감각은 자율신경이 아니라 수의신경계(체성신경계)에 의해 전달되는 감각이며 피부가 수용하는 피부감각(표면감각)과 체내의 각종 조직에 있는 수용기가 수용하는 심부감각으로 구별한다.
[52] 흄은 이 직접감정으로 처음에 "욕구(desire), 혐오(aversion), 비애(grief), 기쁨(joy), 희망(hope), 두려움(fear), 절망감(despair), 안전감(security)"을 열거했다. Hume, *A Treatise of Human Nature*, Book 2. *Of the Passions*, 182쪽. 그러나 나중에는 "욕구와 혐오, 비애와 기쁨, 희망과 두려움"을 열거하고, 절망감과 안전감을 생략했다. (257쪽)

적으로 동의하기 힘들기 때문에 옆으로 제쳐 놓고 싶다. 왜냐하면 주지하다시피 흄이 이 '직접감정'을 "이로움과 해로움(good or evil)으로부터, 즉 쾌·통감으로부터 직접 생겨나는 그런 감정"이라고 정의하기[53] 때문이다. 흄은 직접감정만이 아니라 간접감정(가령 사랑과 미움, 자만감과 위축감)도, 따라서 모든 감정이 '쾌·통감' 또는 이를 야기하는 모종의 '이로움이나 해로움'으로부터 생겨난다고 말한다. 그는 감각적 쾌락과 고통, 그리고 이것을 야기하는 이로움과 해로움 개념을 사물의 속성과 인간 감정에 대한 단일한 판단범주로 단순화·절대화한 것이다.

그런데 가령 도박은 재산을 탕진할 만큼 손해나고 낭비적이지만 재미있어서 하고, 축구게임은 부상의 고통을 야기하지만 그래도 재미있어 한다. 또한 값비싼 명작 그림은 경제적 손해를 초래하지만 보기에 아름다워서 사거나 그리고, 전염병 환자를 돌보는 것은 자기에게 위험하고 힘들지만 어려운 처지에 처한 사람을 도와주고 싶은 마음인 동정심이나 연민에서 수행하는 일이다. 남의 이익을 가로채는 것은 가로챈 자에게 쾌감을 줄 것이나 도덕적으로 추악하고, 부당이익은 부끄럽고 경멸스러워 피한다. 또 의로운 일을 위해 큰 고통과 슬픔을 감수한 사람, 고문의 고통을 무릅쓴 사람은 도덕적으로 존경스럽고, 위기상황에서 이를 피하기 위해 동지를 고자질한 사람은 추악하고 혐오스럽다. 전 국민의 지갑에 손해를 끼치며 또 전 국민에게 고통과 '불행'을 끼치더라도 억울하게 처형될 위기 상황에서 한 사람을 구해내는 것은 위대하다. 이처럼 쾌통·재미·미추·시비범주는 '좋음·나쁨'의 가장 광범한 지붕범주로 포괄할 수 있을지라도 상호 환원할 수 없는 것이다. 따라서 흄의 감정론은 애당초 그의 도덕론과 마찬가지로 심각한 결함을 안고 있는 것이다. 따라서 우리는 그의 감정이론의 대강을 버리지 않을 수 없다. 다마시오의 "일차감정"과 흄의 "직접감정(원천감정)" 개념은 '단순감정'의

---

[53] "감정들, 직접감정과 간접감정이 둘 다 쾌락과 고통에 기초하고, 어떤 종류의 감정작용이든 감정작용을 산출하기 위해서는 모종의 이로움이나 해로움을 제시하기만 하면 된다고 말하는 것이 용이하다. 쾌·통감을 제거하자마자, 사랑과 미움, 자만감과 위축감, 욕구와 혐오의 제거, 그리고 대부분의 반성적·이차적 인상의 제거가 즉각 뒤따른다." Hume, *A Treatise of Human Nature*, Book 2. *Of the Passions*, 280쪽.

설명에서 단지 참조만 할 것이다. 대신 공자의 칠정을 중심으로 '단순감정'을 설명하고자 한다.

■ 단순감정으로서의 '칠정'

단순감정의 이해는 고차적 공감감정도 흔히 이 단순감정을 활용해 표현되는 경우가 많기 때문에 중요하다. 가령 단순감정 '수줍음' 또는 '부끄러움'과 '싫어함(惡)'은 자신의 불의를 부끄러워하고 남의 불의를 싫어하는 도덕적 공감감정 '수오지심羞惡之心'(정의감)에도 포함되어 나타난다. 이것은 마치 입이 먹고 마시는 데만 쓰이는 것이 아니라, 말도 하고 노래도 부르고, 키스도 하는 고차적 애정표현·소통·문화·예술기능에도 쓰이는 것과 유사하다. 자연은 모든 기능을 경제적으로 단순화하는 경향이 있다. 단순감정 '칠정'에 대해 공자는 『예기』에서 이렇게 말한다.

> 인정人情이란 무엇인가? 희·노·애·구·애·오·욕(기쁨, 분노, 슬픔, 두려움, 좋음, 싫음, 욕구), 이 칠정은 배우지 않고도 할 수 있다. (...) 음식과 남녀관계, 여기에 인간의 대욕大欲이 있고, 죽음과 가난의 고통, 여기에 인간의 대오大惡가 있다. 그러므로 욕구함과 싫어함은 마음의 대단大端이다(何謂人情? 喜怒哀懼愛惡欲, 七者弗學而能. [...] 飮食男女 人之大欲存焉, 死亡貧苦 人之大惡存焉. 故欲惡者 心之大端也).[54]

팽크셉이 감정의 신경학적 정의에서 감정의 첫 번째 특징으로 유전자적 본능성을 말했는데, 여기서 "이 칠정은 배우지 않고도 할 수 있다"는 구절은 이 본능성을 뜻하는 것이다. 모든 감정은 '좋다', '나쁘다', '좋지도 나쁘지도 않다'의 일정한 선호판단을 담고 있는 한에서 언제나 근본적으로 '평가적'이고 '의미부여적'이다.

이것은 약간의 뇌과학적 설명을 요한다. 격막·해마·편도체로 이루어진 변연계는 감정을 일으키는 뇌 부위다. 신경과학자 조지프 르두(Joseph E. Ledoux)는

---

54) 『禮記』「禮運 第九」.

특히 이 중 편도체를 뇌의 '감정컴퓨터'라 부른다. 편도체는 대상의 시각적 인지와 소리의 청각적 인지를 담당하는 피질영역들로부터도 정보를 받고, 동시에 시상視床을 경유해서도 직접 정보를 입력받는다. 이 입력은 지각되지 않는다. 시상을 경유해서 받는 입력정보를 이용한 편도체의 감정적 평가기능은 감정의 기본적 평가기능이다. 르두는 편도체의 이 비지각적인(즉, 자기도 모르게 벌어지는) 평가기능이 '파블로프의 조건반사'와 관련되어 있다고 본다. 이 조건반사 학습은 편도체와 시상이 존재하는 한 가능하다. 따라서 대뇌피질을 제거해도 이 학습은 일어난다. 이것으로부터 편도체가 대뇌피질에 의해 처리되지 않은 감각정보를 받을 수 있다는 것을 알 수 있다.[55] 편도체와 관련된 이 '조건화'는 만족스럽거나 불만족스런 어떤 것을 신호하는 사건들의 감정적 중요성에 관한 기본적 학습기제로 여겨진다. 반면, 감정의 인지·평가와 이에 근거한 감정조절을 맡는 전前전두피질이 수행하는 인지적 판단기능은[56] 고도로 정교한 의식적 평가감각들이다. 필자는 전전두피질의 이 고도로 정교한 의식적 평가감각을 내감의 기능에 속하는 공리적 쾌통감각과 재미감각·미추감각·시비감각 및 감정의 판단적 지각으로 보고, 사건이나 대상으로 야기된 신체상태에 대한 편도체의 감정의 단순한 무지각적·무의식적인, 따라서 조건반사화化가 가능한 기본적 평가(만족과 불만, 기쁨과 아픔)기제와 구별한다.

오우틀리·켈트너·젠킨스는 모든 감정에 부여되는 편도체의 이 기본적 평가를 "일차적 평가(primary appraisal)"라 명명한다. 이것은 "목표나 관심과 관계된 사건

---

55) Joseph E LeDoux & Elizabeth A. Phelps, "Emotional Network in the Brain", Michael Lewis, Jeannette M. Haviland-Jones & Lisa Feldman Barrett (eds.), *Handbook of Emotions* (New York: The Guilford Press, 2008) [159-179쪽]. 다음도 참조: Oatley, Keltner & Jenkins, *Understanding Emotions*, 147-148쪽.
56) 전전두피질은 크게 '안와 전전두피질', '복내측 전전두피질', '전측 대상피질 및 내측 전전두피질' 등 세 부위로 나뉜다. 이 세 영역은 편도체 및 중격의지핵과 긴밀한 상호연계를 가진다. 안와 전전두피질은 목표 표상과 접근·후퇴 성향을 맡는다. 감정판단과 감정조절에 관여하는 피질은 특히 '안와 전전두피질'이다. 이것은 '안와 전전두피질'이 손상된 환자들이 타인과의 공감과 타인 감정의 판단에 어려움을 겪고 타인에게 부적절한 감정표현을 보이는 것에서 입증된다. Oatley, Keltner & Jenkins, *Understanding Emotions*, 150쪽.

들의 자동평가"다. "특히 이 자동평가는 위험과 위협을 신호하는 사건들에 대해, 그리고 어쩌면 다른 종류의 감정적으로 의미심장한 사건들에 대해 감정적 중요성을 할당하는 것을 맡은 것으로 보인다."[57] 편도체는 기쁨, 슬픔, 에로틱한 느낌, 혼란스런 느낌, 불쾌한 맛과 냄새, 공포 등 거의 칠정과 유사한 감정들에서 평가적으로 기능한다. 이런 단순감정들만이 아니라 사랑·동정심·수치심 등의 공감 감정들도 감정인 한에서 기본적으로 평가적이다. 이 감정적 평가는 "무의식적이고 자동적"이라서[58] 자기도 모르게 일어난다. 사건이나 사물이 감정을 촉발하기 위해서는 이 사건과 사물은 개인의 목표와의 관계 속에서 먼저 평가되어야 하기 때문이다. 이것이 무의식적인 것은 스웨덴 웁살라대학의 심리학자 울프 딤베르크(Ulf Dimberg)의 실험에서 확인되었다. 이 실험에서 피실험자는 1-2초 동안 보여준 사진 속에서 무엇을 보았는지 알지 못하면서도 사진 속 얼굴이 보인 미소와 찡그린 표정을 자기의 뇌 부위에서 무의식적으로 시뮬레이션했다.[59] 모든 감정에 고유한 이 "일차적 평가"는 "자동적이고, 빠르고", 안위安危와 호오의 즉각적 느낌을 낳는다는 의미에서 "시원적·원시적"이다.[60]

---

57) Oatley, Keltner & Jenkins, *Understanding Emotions*, 148쪽.
58) Oatley, Keltner & Jenkins, *Understanding Emotions*, 167쪽.
59) 딤베르크는 스웨덴 대학생들에게 기쁜 표정과 성난 표정을 짓는 사람들의 얼굴 사진을 차례로 보게 하고서 이들의 근전도(EMG) 활동성을 측정했다. 기쁜 얼굴표정을 볼 때 피조사자들은 뺨 위쪽 부위의 근육활동성이 증가했다. Ulf Dimberg, "Facial Reactions to Facial Expressions". *Psychophysiology*, 19 (1982), [643-647쪽]. 반대로 화난 얼굴표정을 볼 때는 눈썹 위쪽 부위의 근육활동성이 증가했다. 사진 속의 얼굴표정을 무의식적으로 모방하는 것이다. 딤베르크는 또 다른 실험에서 사진을 대단히 빠른 속도로 돌려 보여주고 인간의 얼굴표정들의 그림들에 상응하는 불가시적 얼굴근육 수축에 대한 근전도 검사를 수행했다. 결과는 앞서 천천히 사진을 보여준 경우와 동일했다. 그러나 앞서와 달리 사람들은 그들이 본 것이 무엇인지 몰랐다. 이처럼 모르는 경우에도 반응이 일어난 것은 이 반응들이 완전히 자동화되고, 또 무의식적·기계적·비자발적 과정이라는 것을 보여준다. Ulf Dimberg, Monika Thunberg, Kurt Elmehed, "Unconscious Facial Reactions to Emotional Facial Expressions", *Psychological Science* II (2000) [86-89쪽]. 사진이 아니라 사람들의 실제 얼굴에 대해 유사한 실험을 한 룬트크비스트 실험모델에서도 마찬가지로 감정전염 모방반응을 보였고, 남성보다 여성이 더 강한 전염 반응을 보였다. Lars-Olov Lundqvist, "Facial EMG Reactions to Facial Expression: A Case of Facial Emotional Contagion". *Scandinavian Journal of Psychology*, 36 (1995) [130-141쪽].
60) Oatley, Keltner & Jenkins, *Understanding Emotions*, 171쪽.

감정의 이 시원적 평가는 부정적 평가가 긍정적 평가보다 더 강렬하고 더 오래 남는다. 개체가 좋은 또는 안전한 느낌에 대해서보다 나쁜 또는 위험한 느낌의 평가에 더 민감하고 강렬하게 반응하는 것은 진화론적으로 설명할 수 있다. 이러한 편향이 없다면 생존의 가능성이 보다 적어질 것이기[61] 때문이다. 오우틀리·켈트너·젠킨스는 이 '일차적·시원적 평가'에 비해 "보다 세련된" 평가, "사유와 비슷한(thought-like)"[62] 죄책감·시비감각 등의 의식적 평가를 "이차적 평가(secondary appraisal)"라고 부르고,[63] 이 '이차적 평가', 즉 이차적 판단감각에 대한 리처드 라자러스(Richard Lazarus)와 포우브 엘스워스(Phoebe Ellsworth) 팀의 연구와 분류법을 소개한다.[64] 그러나 필자는 여기서 상론할 필요가 없는 여러 가지 이유에서 라자러스나 엘스워스의 논의와 분류법을 미흡하고 그릇된 것으로 규정하고 옆으로 제쳐놓을 것이다. 그 대신 필자는 새로이 밝혀낸 쾌통·재미·미추·시비감각으로 이루어진 저 4대 평가감각을 '이차적 평가감각' 능력으로 이해하고 뒤에 이 평가감각들을 거듭 심층적으로 상론할 것이다.

아무튼 모든 감정은 편도체의 '감정컴퓨터'를 거치는 한에서 언제나 기본적으로 평가적이고 '의미부여적'이다. 기쁨 같은 단순감정만이 아니라 공감감정도 '감정'인 한에서 이런 일차적 '평가'를 담고 있고 이미 '의미부여적'이다. 가령 동정심은 타인이 도움을 바란다는 무의식적·자동적 평가를 내포하고 있는 것이다. 따라서 감정의 관점에서 우리가 사는 이 세계는 '의미세계'다. 희·노·애·구·애·오·욕의 칠정도 비록 공감 없는 단순감정일지라도 가장 원초적이고 원시적인 '평가'를 담고 있고, 이로 말미암아 관련된 마음상태와 행위에 일정한 선호, 배척, 통탄, 보복, 응징, 기피 등의 동기적 '의미'를 부여해준다. 따라서 칠정 중 기쁨, 좋아함, 욕구는 선호의 감정이고 분노, 두려움, 싫어함은 배척·기

---

61) Oatley, Keltner & Jenkins, *Understanding Emotions*, 172쪽.
62) 이 때문에 주희·퇴계·칸트 등 성리학자와 합리론자들은 죄책감·시비지심 등의 도덕감정을 이성의 '판단력'으로 착각했다.
63) Oatley, Keltner & Jenkins, *Understanding Emotions*, 169쪽, 173쪽.
64) 참조: Oatley, Keltner & Jenkins, *Understanding Emotions*, 172-179쪽.

피·보복·응징의 감정이고, 또 슬픔은 통탄의 감정이다.

공자가 말한 칠정 중 첫 번째 단순감정인 '기쁨(喜·悅)'은 '쾌감(pleasantness)', 또는 '희열(delight)'이다. 공자가 이 '기쁨'을 "배우지 않고도 할 수 있다"라고 한 것은 이 감정의 본능성을 말한 것이다. 공자는 '희喜'를 자주 '열悅'과 바꿔 쓰기도 한다. 여기로부터 '희'와 '열'의 합성단어인 '희열'이 생겨났다. 상론한 바와 같이 모든 감정은 평가적이고 의미부여적인 것처럼, 희열도 그 자체로서 무의식적 차원에서 의미부여적인 일차적 평가다. '쾌락快樂'이라는 한자어원의 우리말은 기쁨(희열)과 즐거움(樂)이 결합된 말이다. 따라서 이 단어는 기쁨(희열)에 대한 공감으로부터 새로이 생겨나는 공감감정 '즐거움'을 지칭할 때 '쾌락적 즐거움'이라는 식으로 사용하기 위해 유보해 둔다.

인간을 포함한 동물의 경우에 '기쁨' 또는 '희열'은 어떤 욕망(욕구)이든 욕망의 충족(만족) 시에 일어난다. ('희망'은 욕망의 일종이다.) 따라서 기쁨은 욕망만큼 다양하다. 기쁨은 ①배고픔·목마름·식욕·배설욕·수면욕·성욕 등 각종 욕구의 충족에 따른 기쁨,[65] ②부모나 사랑하는 사람, 무리 등과 분리되어 이들을 다시 만나기 위해 이들을 애타게 찾던 중에 이들과 다시 만나(분리고통으로부터 벗어나) 보고 싶은 욕망이 충족되면서 느끼는 재회의 기쁨, ③구조와 치유를 바라던 중 위험에서 구조되거나 질병이나 부상이 치유되면서 느끼는 기쁨, ④목표를 성취하거나 탐구하던 목표물을 얻고 싶은 욕망 또는 희망의 달성, 기대의 충족 등에서 느끼는 기쁨,[66] ⑤이기고 싶은 욕망을 충족시키는 승리 등 다양하다.

희열은 마음속으로 조용하게 느끼기도 하지만, 만면의 미소로 표현하기도 한다. 욕구충족의 기쁨은 '미소'를 동반하지 않는 반면, 만남의 기쁨은 '미소'를 수반

---

65) 미셀 카바냐끄는 "내적 신호들에 의해 규정되는 어떤 자극의 유용성(usefulness)에 따라 이 자극은 기쁘게 또는 기쁘지 않게 느껴질 수 있다"고 말한다. Michel Cabanac, "Physiological Role of Pleasure", *Science*, Vol. 173 (1971) [1103-1107쪽].

66) Charles S. Carver, "Pleasure as a Sign you can Attend to Something else: Placing Positive Feelings within a General Model of Effect", *Cognition and Emotion*, 17 (2), 2003 [241-261쪽]; Barbara L. Fredrickson & Michael A, Cohen, "Positive Emotions". Michael Lewis, Jeannette M. Haviland-Jones & Lisa Feldman Barrett (eds.), *Handbook of Emotions* (New York: The Guilford Press, 2008) [777-796쪽], 779쪽.

한다. 하지만 승리·성공은 '미소'만이 아니라 다양한 '웃음'도 동반한다.[67] 소리 없는 미소의 표정과 소리 내는 웃음은 둘 다 본능적이다. 일찍이 다윈은 눈멀고 귀먹은 한 여성이 점자點字언어로 사랑하는 사람으로부터 온 편지를 전해 들었을 때 소리 내어 웃고 손뼉을 친 사례를 들어 웃음도 미소만큼 본능적임을 밝혔다.[68] 그리고 눈먼 채 태어나서 미소를 본 적이 없는 신생아도 미소 짓는다. 눈멀고 귀먹은 상태로 태어난 신생아도 놀면서 재미있을 때 소리 내어 웃는다.[69]

다윈은 미소를 웃음의 첫 단계라고 말했지만, 이것은 조금 그릇된 것으로 보인다. 미소는 웃음과 본질적으로 다른 상황에서 발생하기 때문이다. 미소는 사회적 우호관계의 '공감적 기쁨'(즐거움), 호감, 친선감정 등을 표현하는 소리 없는 표정이다. 침팬지 등 일부 영장류도 치아를 드러내고 미소 짓는다. 영장류는 힘센 다른 영장류에게 다가가는 등 싸움과 공격가능성이 매우 높은 상황에서 갈등을 완화하고 순종적 모습과 약한 모습, 사회적 두려움을 표현하기 위해 조용히 치아를 드러낸다.[70] 반면, 소리 나는 웃음은 유희(놀이)의 재미나[71] 피부에 남의 손이 닿아서 간지럼을 느낄 때, 또는 승리·성공의 통쾌감을 느낄 때 발생한다. 미소와 웃음은 서로 다른 진화적 기원을 갖는다. 웃음은 유희적 재미와 경쾌함을 촉진하기 위해 생겨난 반면, 미소는 기쁨을 표하기 위해 생겨난 것이다.[72]

미소는 입꼬리를 위로 당기는 대大광대근과 아랫입술을 옆으로 당기는 입꼬리당김근의 움직임으로 나타난다. 에크만은 대광대근과 눈둘레근이 같이 움직이는 미소를 '뒤센(Duschen) 미소'라 부르고, 눈둘레근은 움직이지 않고 대광대근만

---

67) Darwin, *The Expression of Emotion in Man and Animals*, 207-209쪽.
68) Darwin, *The Expression of Emotion in Man and Animals*, 207쪽.
69) 참조: Irenäus Eibl-Eibesfeldt, *Human Ethology* (New York: De Gruyter, 1989), 30-31쪽.
70) Dacher Keltner, *Born to be Good: The Science of a Meaningful Life* (New York: W. W. Norton & Company, 2009), 100-102쪽.
71) Keltner, *Born to be Good*, 103쪽. 그런데 켈트너는 "웃음은 유희의 상상력과 가상세계로 들어가는 통로", "문자적 의미가 무시되는 세상으로 가는 초대장"이라고 정의한다.(229쪽) 그러나 필자는 웃음을 유희로 가는 통로가 아니라 유희 중의 공감적 재미에서 나오는 기쁨의 표현으로 본다. 따라서 켈트너의 웃음 정의를 옆으로 제쳐놓을 것이다.
72) Keltner, *Born to be Good*, 103쪽.

움직이는 미소를 '비非뒤센(non-Duschen) 미소'라 불렀다. '비뒤센 미소'는 시쳇말로 '썩소'다. '뒤센 미소'는 1-5초 동안 지속되고 입꼬리 양쪽이 똑같은 정도로 올라간다. '비뒤센 미소'는 0.25초의 짧은 순간 동안 나타난다.[73] 사람들은 승리의 기쁨을 느낄 때, 남이 준 사탕을 먹어서 기쁠 때, 사랑하는 사람에게 애정을 느낄 때 '뒤센 미소'를 짓는다. 반면, 패배했을 때, 공포를 느낄 때, 낯선 사람이나 적수를 마주했을 때, 아픔을 느낄 때는 '비뒤센 미소'를 짓는다. '뒤센 미소'는 대화 도중 즐거운 기분을 증가시키고 분노·고통·공포를 감소시키는 반면, '비뒤센 미소'는 즐거운 기분을 감소시키고 부정적 감정을 전혀 줄여주지 않는다. '비뒤센 미소'에는 마음속의 부정적 상태를 숨기기 위한 노력이 담겨 있다. '비뒤센 미소'는 마음 아픈 미소, 두려움의 미소, 경멸의 미소, 복종의 미소 등이다.[74] '뒤센 미소'는 사회생활의 접착제 같은 역할을 한다.

따라서 대커 켈트너(Dacher Keltner)는 상황에 어울리는 '뒤센 미소'를 타인 마음속의 악의를 최고수준으로 끌어올리는 누군가의 행동의 수를 분모로 놓고 타인 마음속의 선의를 최고로 끌어올리는 행동의 수를 분자로 삼는 '인仁비율(jen ratio)'에서 분자를 키우고 행복의 문을 열어주는 것으로 규정짓는다.[75] 분명한 '뒤센 미소'를 짓는 사람들은 주변사람들과 더 강한 유대감을 느낀다.[76] '뒤센 미소'는 비슷한 또래끼리 친근함과 애정을 나타내는 최초의 신호다. 갈등이 발발할 수 있는 위험한 순간에 "인仁(jen)을 행할 수 있는 인간의 능력을 어떻게 하면 가장 효과적으로 전달할 수 있는가 하는 물음에 대한 진화의 대답"이 바로 이 '뒤센 미소'였던 것이다.[77]

기쁨 또는 희열은 감정이므로 그 자체가 원초적으로 일차적 평가감각을 내포하지만, '욕구의 충족'에 따른 희열의 적절성은 뇌 체계 안에서 그 충족량의 중도

---

73) Keltner, *Born to be Good*, 105-106쪽.
74) Keltner, *Born to be Good*, 108쪽.
75) Keltner, *Born to be Good*, 113쪽.
76) Keltner, *Born to be Good*, 115쪽.
77) Keltner, *Born to be Good*, 122쪽.

적 정도(적도適度)를 변별하는 내감의 세련된 양적 평가감각인 '쾌통감각'에 의해 보다 정교하게 조절된다. '쾌통감각'은 욕구충족에서 일어나는 희열(기쁨)의 적절성에 대한 세련된 이차적 평가감정이다. 욕구충족과 관련된 '기쁨'은 미소도, 웃음도 동반하지 않는다. 우리는 배가 채워지는 것을 느끼면서 치아를 드러내고 미소 짓거나 깔깔대거나 '하하하' 소리 내어 웃지 않는다.

유희에서 느끼는 좋은 기분은 특유한 평가감정을 일으키는데, 이 평가감정을 '재미'라 한다. '재미'는 쾌락과 달리 미소만이 아니라, 대개 박장대소나 깔깔대는 웃음을 동반한다. 또는 박장대소는 눈물도 동반한다.[78] 기쁠 때도, 슬플 때도 흘리는 '눈물'은 인간만이 흘리는 것은 아니지만,[79] 인간의 분비물 중에서 유일하게 '역겨움(역함)'을 유발하지 않는다.[80] 자연사물적 모양과 풍광의 조화로움에서 느끼는 좋은 기분은 특별한 평가감정을 일으키는데 이것은 '아름다움'이라 한다. 아름다움의 감상은 '야!'라는 감탄사와 함께 미소를 머금게 할 수 있다. 그러나 금강산을 보고 하하 웃거나 낄낄대는 사람은 아마 없을 것이다.

'쾌통감각' 또는 '쾌감'(*pleasure*)은 '희열'(기쁨)의 적절성을 판단하는 평가감각이다. 쾌통감각에 의한 적절한 희열의 긍정적 평가는 '기분좋음(*agreeableness*)'이라는 긍정적 평가'감정'을 낳는다. 쾌통감각에 의한 욕구 충족의 불만족성 또는 지나친 희열에 대한 평가감각은 오히려 '안달'과 '넌더리'라는 부정적 평가'감정' '기분나쁨(*disagreeableness*)'으로 나타난다. 단순한 '기쁨'은 충족의 양적 과·불급을 피해 적절하게 조절될 때야 비로소 긍정적 평가'감정'인 '기분좋음'의 평가를 받는 것이다. 따라서 욕구 충족에 따른 희열(기쁨)은 기분좋게 느껴질 수도 있고, 기분나쁘게 느껴질 수도 있다. 또 지금은 기분나쁘고 나중에야 기분좋을 수도 있다. 건강을 위한 쓴 약은 기분좋은 것이 아니라 오히려 기분나쁜 감정을 주고, 건강욕구의 충족에 따른 기분좋음(회복된 신체의 상쾌한 활력감)은 훗날에야 맛볼 수 있을 뿐이다. '쾌통감각'은 이같이 정교하고 세련된 중도적中度的 평가감각인 점에서 '기쁨

---

78) Darwin, *The Expression of Emotion in Man and Animals*, 217-218쪽.
79) 낙타·소·코끼리 등의 동물들은 슬프거나 감격할 때 눈물을 흘린다.
80) Sherry B. Ortner, "Sherpa Purity", *American Anthropologist*, Vol. 75 (1), 1973 [46-63쪽].

(*pleasantness*)'의 무의식적 · 원시적 평가기능보다 더 높은 단계에 위치한다. 말하자면, '희열'의 원초적 판단(평가)능력을 넘어서 재再조율된 이차적 판단감각으로서의 '쾌감'과 '통감'은 단순한 희열과 고통이 아니라, 이 단순감정을 뛰어넘어 육체적 호메오스타시스(항상성)의 유지와 교란, 즉 생리적 균형 · 불균형을 내감에 의해 판단하는 정교하고 세련된 본능적 자동센서의 의식적 평가감각이다.

인간을 포함한 포유동물들은 혈액 속의 산소와 이산화탄소 함량, 체내 수분 · 염분 · 에너지 균형, 체온을 포함한 다양한 신체과정의 상대적 항상성을 유지하는 경우에만 생존할 수 있다. 복합적 구조의 뇌와 신체 체계들은 이 항상성들을 유지한다. '호메오스타시스'는 이 능력을 기술하는 총괄 개념이다.[81] 간단히, 쾌통감각(쾌 · 통감)은 욕구충족의 호메오스타시스에 대한 판단능력이다. 쾌감의 판단은 편도체에서 이루어지는 '희열'의 일차적 평가기능보다 훨씬 고차적인 전전두피질의 뇌 회로에서 산출되는 내감의 판단이다.

경제학적 한계효용 체감의 법칙은 궁극적으로 이 쾌통감각의 본능적 판단력에 기초해 있다. 게다가 음식물 섭취와 관련된 통감痛感은 내장의 자율신경적 구역질과 역겨움(*disgust*)으로도 표현된다. 따라서 편도체의 도파민 회로에 속하는 단순한 '기쁨(희열)'을 전전두피질의 쾌통감각적 '쾌락'과 동일시해서는 아니 될 것이다. 흄에서 보이는 이런 그릇된 동일시는 철학에서 일반적이고, 공리주의적 속류도덕론에서는 아예 '풍토병'이 되었다. 그러나 공리주의의 중심개념 '쾌락'은 욕구충족적 희열의 중도적 적절성에 대한 쾌통감각의 판단력에 의해 작동하는 한계효용체감의 법칙 때문에 계속 양적으로 축적될 수 없는 성질의 것이다. 따라서 엄격히 말하면, '최적最適쾌락'의 이론은 가능할지 몰라도, 축적 가능한 '최대最大쾌락'을 뜻하는 공리주의적 '최대행복'의 이론은 불가능한 것이다. 쾌락은 축적될 수 없고 다다익선多多益善이 아니기 때문이다.

'기쁨(희열)'은 이 4대 공감감정적 '즐거움'의 원초적 기반감정으로 기능한다. '희열'은 '쾌감'(평가감각)과 다르다. '쾌감'은 쾌통감각의 한 측면으로 보면 희열

---

81) Panksepp, *Affective Neuroscience*, 164쪽.

보다 고차적인 평가감정이고, 쾌락적·유희적·미학적·도덕적 '공감감정'으로서의 '즐거움'은 단순한 '쾌락'보다 고차적이기 때문이다. 감정 일반의 무의식적·자동적 평가에서 나쁜 느낌은 좋은 느낌보다, 또는 위험한 느낌은 편안한 느낌보다 더 강렬하고 더 오래간다. 반면, 의식적 평가감정들(기분좋음·재미있음·아름다움·훌륭함)의 공감에서 나온 긍정적 공감감정으로서의 여러 '즐거움'은 '괴로움'보다 더 강렬하다. 대표적 공감감정으로서의 '즐거움'에 대해서는 뒤에 상론할 것인 바, 인간은 즐거움을 오래, 그리고 강하게 실감하는 반면, 괴로움은 짧게 그리고 약하게 느끼거나 아예 교감적 인지에 그치는 식으로 이 즐거움과 괴로움의 느낌을 상반되게 제어·조절하기 때문이다. 이 의식적 제어·조절가능성은 즐거움과 괴로움이 이차적 평가의 감정이면서 공감감정인 한에서 이중적으로 의식적이라는 데 있다. 즐거움이나 괴로움과 같은 공감감정이 사회성에서 기원하는 한에서 이 공감감정들의 이런 차별적 제어와 조절은 언제나 타인들과 원만하게 어울려 살아야 하는 '사회적' 인간에게 진화적 적응성이 있는 것이다. 타인들로 인한 즐거움의 느낌을 늘리고 타인들로 인한 괴로움의 느낌은 줄이는 내감의 이런 편향적 지각조절은 사회적 유대의 공고화·항구화에 이바지한다. 따라서 괴로운(불행한) 세월이 아무리 길더라도 끝이 즐거우면(행복하면) 그간의 불행은 일순간에 다 잊히거나 '행복의 디딤돌'로 그 의미가 반전된다. 따라서 가령 큰 패배나 실패로 친애·추종자·재산 등을 많이 잃거나 이들의 아픔을 같이 통감해야 했던 과거의 '괴로움'과 '수모'는 이렇듯 잊히기 쉬우므로 패배자나 실패자가 설욕과 재기를 원한다면 역으로 이 괴로움을 잊지 않고 계속 곱씹으며 각오를 다지기 위해 가령 '와신상담臥薪嘗膽'과 같은 인위적 자기제어가 필요하고 또 가능한 것이다.

다양한 희열(기쁨) 중 육체적·물적 희열은 물적 욕망(식욕과 물욕)의 충족에서 생긴다. 식욕과 물욕을 충족시킬 수 있는 것은 음식·재화 등 경제적 물질이다. 육체적·물적 희열은 역치가 있다. 역치를 넘으면 '넌더리'의 감정으로 반전된다. 물적 욕망의 충족에 기여하는 경제적 물질의 효용성(유용성·가용성)은 '이익' 또는 '이로움'이라 부른다. 물질적 욕망은 역치가 있고, 야채·곡식 등 먹는 물질은 썩거나 상하는 까닭에 오래 보관할 수 없다. 반면, 경제적 물질은 시장경제에서라면 썩거나 망가지지 않는 신용화폐·유가증권·신용 등의 경제적 가치로 교환될 수 있기 때문에 무한히 누적될 수 있고 이익도 희열의 감정이나 물건과 달리 가용한 화폐나 유가증권의 형태로 무한히 축적될 수 있다. 그리고 이 화폐는 일정한 수준을 넘어 축적되면 양질전화의 법칙에 따라 사람들을 마음대로 좌지우지할 수 있는 경제적 '권력'으로도 전화된다. 경제적 권력은 자본주의 시장경제에서 경쟁에 처해 있기 때문에 경제적 생존을 위해 경쟁에 이기려고 무한히 추구된다. 따라서 경제적 부와 경제적 권력에 대한 욕구는 역치가 없다. 따라서 공리주의적 속류도덕론의 무한한 최대행복 개념은 그 본질이 자본주의적 '이익'이나 '자본주의적 가치' 또는 경제적 '권력'에 지나지 않는다는 것을 알 수 있다.

희열은 홀로 음식을 먹거나 유용한 것을 얻을 때도 느낀다. 따라서 이런 식으로 희열을 추구하는 행위는 '비사회적'이다. 그러나 화폐나 유가증권과 같이 사회적으로 제도화된 경제적 가치나 공명과 권력이익의 경우에 이런 가치나 이익·공명·권력이익을 추구하는 모든 욕구행위는 타인과 더불어 또는 타인에 대해 벌이는 행위이므로 반드시 '사회적'이다. 경제적 가치·이익·공명·권력이익을 추구하는 이 사회적 행위는 '공리적 행위'라 부른다. 이렇게 획득되는 경제적 가치·이익·공명·권력은 그에 상응하는 욕망을 충족시키는 것이므로 궁극적으로 개인의 물질적·비물질적 희열로 귀착되지만, 동시에 이런 것들이 바로 욕망의 대상이므로 이런 것들의 성공적 획득 자체도 희열이다.

칠정의 두 번째 감정인 '분노'는 성(화)내는 감정이다. 분노도 감정인 한에서 원초적으로 '평가적'이다. 분노는 자기의 자연적 몫이나 자기의 고유한 상태 또는 행동에 대한 침범이나 공격에 대한 모종의 원초적 보복이나 응징의 의미를 담은 주관적 평가에서 발동된다. 분노는 고조될 때 음성변화, 얼굴근육의 경직과 이로 인한 얼굴 찡그림, 거친 호흡, 빠른 맥박, 혈관축소, 혈압·심박·체온상승, 주먹과 팔의 근육경직 등으로 격렬하게 표출된다. 또한 뇌 안에서는 기분을 상하게 만든 원인자에게 욕하거나 원인자를 밀치거나 때리고 싶은 강렬한 성향이 생겨난다. 그리고 분노의 뇌 체계는 곧 원인자를 유해한 것으로 여기게 만들고, 해를 입어야 싸다는 느낌을 들게 만든다.[82] 얼굴 찡그림은 노기만큼 본능적이다. 눈멀고 귀먹은 상태로 태어난 신생아도 성낼 때 얼굴을 찡그리기 때문이다.[83] 노기는 공격을 받을 때 공격으로 인한 상해의 두려움을 극복하도록 이에 맞설 용기와 투지를 북돋운다. 팽크셉은 모든 포유류가 공유하는 7대 기본감정을 탐구(Seeking), 분노(Rage), 공포(Fear), 공황(Panic), 성욕(Lust), 배려심(care), 유희심(Play)으로 제시하는데,[84] '분노'는 이 포유류 공통의 7대 핵심감정 중의 하나다.

그러나 또 다른 학자는 분노를 일반화된 괴로움 상태의 분화된 형태로 보기도 한다.[85] 하지만 공자나 팽크셉과 같이 분노를 일차적 기본감정으로 보는 것이 일반적이다. 분노를 일차감정으로 보든, 분화된 감정으로 보든, 모든 이론가들은 분노가 생존에 적응적인 기능에 이바지한다는 데 의견일치를 보인다. 분노는 자기방어 및 지배와 관련된 생리적-심리적 과정을 조직하고 조절한다. 감정에 대한 기능적 관점에서 분노의 기능은 목표달성에 대해 장애물이 나타날 때 목표를 달성하기 위해 장애물을 극복하는 것이다. 분노는 적응적 중요성에도 불구하고 타인들을 물리치는 점에서, 그리고 장기적인 출혈을 야기하는 점에서 사회적 유기체에게 어려움을 제기한다. 그리하여 분노의 조절과 적절한 표현은 핵심적 발달과제 또는 수신과제가 된다. 개인들은 언제, 누구에게, 그리고 어떻게 분노감정을 받아들일 수 있는 방식으로 표현하는가와 관련된 자기 문화권의 표현수칙을 습득해야 한다. 표현수칙의 간접적 사회화는 유아기에 아주 이른 시기부터 관찰될 수 있다.[86]

---

82) Panksepp, *Affective Neuroscience*, 191쪽.
83) 참조: Eibl-Eibesfeldt, *Human Ethology*, 31쪽. David S. Wilson & Elliott Sober, "Reintroducing Group Selection to the Human Behavioral Sciences", *Behavioral and Brain Sciences* 17 (1994) [585-654쪽]에서 재인용.
84) Panksepp, "Affective Consciousness", 17-27쪽.
85) Linda A. Camras, "Express Development and Basic Emotions", *Cognition and Emotion* 6, Issue 3-4 (1992) [269-283쪽].
86) Elizabeth A. Lemerise & Kenneth A. Dodge, "The Development of Anger and Hostile Interactions". Michael Lewis, Jeannette M. Haviland-Jones & Lisa Feldman Barrett (eds.), *Handbook of Emotions* (New York: The Guilford Press, 2008) [730-741쪽], 730쪽.

심리학자들은 분노의 여러 환경적 유발요인들을 기록해왔지만, '분노가 무엇인가?'라는 물음은 회피해왔다. 이 물음을 회피해온 한 이유는 분노가 단순한 말이나 환경적 사건들에 의해 설명될 수 없는 신경체계의 원시적 상태이기 때문이다. 분노는 신경진화적 과정의 연구를 통해 해명되어야 한다. 분노감정은 지난 세기의 도덕철학자들이 이 감정을 비난받아야 마땅한 '악의 잠재력'으로 종종 낙인찍었을지라도 실은 조상적 유전으로부터 생겨난 인간의 생득권이고 고귀한 정의감과도 긴밀히 연결되어 있다.

분노는 인간이 다른 포유류와 공유하는 '피질하부 회로(subcortical circuits)의 신경동학'으로부터 생겨난다. 이것은 전기 자극을 통해 확인된다. '분노회로'는 편도체의 중간영역으로부터 시상하부의 개별영역들을 거쳐 중뇌의 수도 주변 회백질(periaqueductal gray)로 내려가는 회로다. 이 영역들은 고차적 기능들이 저급한 기능들의 통합성에 의존하는 식으로 위계적 배열을 보인다. 우리가 이 회로들에 관해 더 많이 알면 알수록 우리는 분노 자체의 본성을 더 많이 설명할 수 있다. 이 분노와 관련된 신경화학 물질에 대한 지식은 병리적 격노의 제어만이 아니라 공격성을 촉진하는 정동감 장애 또는 감정장애(affective disorder)를 치유하는 약제의 개발을 가능케 했다.[87]

심리학자들은 일반적으로 '분노'를 '공격성'과 관련시킨다. 그런데 영어 'aggression'은 싸움판에서의 단순한 전술적 '공격(attack)'의 의미와, 침입을 통한 약탈(intrusive predation)의 의미, 즉 '침략'의 의미를 혼합하고 있다. 생물학자와 심리학자들은 'aggression' 개념과 관련해 이 두 의미를 더욱 뒤섞어 뒤죽박죽으로 만들어 놓는다. 따라서 필자는 이 개념적 뒤죽박죽을 도덕적·정치적·법적으로 위험한 것으로 보고, '전술적 공격(attack, offensive)'을 뜻하는 'aggression'을 '공격'으로 옮기고, 전략 차원의 침입·약탈을 뜻하는 'aggression'은 '침략'으로 옮길 것이다. 이로써 '침략전쟁'과 '방어전쟁'(침략에 대한 반격을 포함한 자위自衛전쟁)을 개념적으로 구별할 것이다.

---

87) Panksepp, *Affective Neuroscience*, 187쪽.

공격성은 다양한 원인이 있다. 그러나 정신과적 치료에서 가장 큰 문제가 되는 공격성 형태들은 '분노'에서 생겨난다. 포유동물의 뇌에 공통된 것은 아니지만 포유동물의 뇌에서 부분적으로 확인되는 모든 종류의 공격성 회로를 팽크셉은 예비적으로 ①약탈적(포식적) 공격 회로, ②수컷 간 공격회로, ③정동감적 공격 또는 격노회로(affective attack or RAGE circuit)로 구별한다. 이 중 '정동감적 공격' 또는 '격노 회로'만이 분노체험과 격분행동을 유발하고, 이 회로만이 모든 포유동물에 공통적으로 존재한다.[88] 약탈적 공격회로(즉, 침략성향)는 채식 또는 잡식동물에 속하는 인간과 대부분의 동물들에게 존재하지 않는다. 발정기에만 일시적으로 작동하는 '수컷 간 공격회로'도 대부분의 동물들에게는 존재하지 않고, 암컷들의 덩치가 더 큰 동물들, 가령 점박이 하이에나, 종종 늑대 무리의 경우에는 오히려 우두머리('알파') 암컷이 성적 공격성을 보이고 수컷들을 독점하고 혼자만 번식한다.[89] 가령 성적 자원에 대한 접근을 위해 서로 싸우는 수컷들은 뿔로 대결할 때 결과적으로 노할지도 모르지만 분격한 것으로 보이는 것이 아니라, 경쟁무대에서 가상적 승자인 양 으스댄다. 마찬가지로 육식동물인 포식자들은 다른 동물들을 화가 나서 죽이는 것이 아니라 먹고 살 먹잇감이 필요하기 때문에 죽이고,[90] 죽이고서 희열에 들뜨고, 사냥한 동물을 먹으면서 희열을 느낀다.

'약탈적·포식적' 공격성, 즉 침략성은 대개 '내생적'으로 산출되고, 따라서 부정적 분노가 아니라 '긍정적 정동감'을 수반한다.[91] 침략적 공격성에는 증오심도, 적개심도 없다. 포식자에게 사냥과 살육은 분노가 아니라 희열감을 수반한다. 가령 처음으로 사냥에 성공한 젊은 치타는 자기가 잡아 죽인 임팔라 주위에서 오랫동안 기뻐 날뛴다. 따라서 포식자의 약탈적 공격성, 즉 침략성은 교미·번식권리를 위해 다투는 수컷들 간의 발정기적 우열경쟁이나 분노회로와 완전히 다른 회로에서 생기는 까닭에 '수컷 간 공격회로'나 '정동적(격노적) 공격회로'와

---

88) Panksepp, *Affective Neuroscience*, 188쪽.
89) Panksepp, *Affective Neuroscience*, 189쪽.
90) Panksepp, *Affective Neuroscience*, 188쪽.
91) Panksepp, *Affective Neuroscience*, 193쪽.

판이하게 다른 것이다.92)

따라서 분노의 이해는 인간의 사이코패스적 침략동기를 이해하는 데 전혀 도움을 주지 않는다. 인간에게 침략성은 결코 본능적 분노처럼 본성적인 것이 아니라, 근본적으로 각국에서 인면수심(포식자 심리)의 사이코패스들이 권력을 틀어쥔 특이한 시대의 사회문화적 병리현상에 기인하기 때문이다. 공맹은 이 사이코패스 치자를 "불인자不仁者"라고 부르고 소크라테스와 플라톤의 '철인치자'처럼 아주 지혜롭지만 사악한 걸주桀紂나93) 도척盜跖을 불인자의 사례로 들었다. 공맹의 정치철학은 두 명제로 요약된다. 공맹철학은 (1) 불인자들의 집권을 막고 인자仁者를 치자로 선출하는 '인자치국仁者治國'의 철학이다. (2) 어떤 경로로든 불인자의 폭정체제가 이미 성립해 있다면 이를 전복시키고 '덕치·예치' 체제를 수립하는 반정·혁명철학이다.

사이코패스를 제외한 모든 인간은 다른 포유동물들처럼 텃새심리에서 나오는 영토수호의 방어본능이 있지만, 침략본능은 없다. 인간의 침략행동이 사이코패스적 한계현상인 한에서 가령 어떤 나라의 사이코패스 지도자의 침략행동이 초전에 대승을 거두며 전쟁의 연쇄반응과 국제적 편싸움을 일으키게 되더라도, 국민과 자원이 총동원되는 국민개병제적 총력전 시대에는 결국 방어본능에서 방어전쟁을 수행하는 동맹국들이 침략국을 이길 확률이 장기적으로 보면 지극히 높다. 보통 인간은 방어본능만 있고 침략본능은 전무하기 때문에 국민 전체를 선제적 침략전쟁에 끌어들이기 어렵다. 따라서 타국을 침략하려는 사이코패스 지도자들은 자신의 '침략' 행위를 '방어'로 조작해 방어본능만 있는 국민들을 속여 침략전쟁에 동원하는 수밖에 없다. 그러나 시간이 흐를수록 환멸을 느끼며 각성하는(disillusioned) 침략국 국민의 전쟁의지는 약화될 수밖에 없는 반면, 침략당한 국민들의 방어본능은 시간이 흐를수록 더욱 치열해진다. 침략당한 사람들은 침략행위에 분노하는 것을 넘어 '적의(적개심)'에 불탄다. 자기의 고유한 몫의 영토

---

92) Panksepp, *Affective Neuroscience*, 188쪽.
93) 주(紂)는 아주 머리가 좋고 말을 잘했고 힘이 장사였다.

나 터전 또는 생명과 안전을 위협받을 때만 표출되는 방어적 '적개심'은 '분노'와 완전히 다른 차원에 있다.

분노는 반드시 공격성을 야기하는 것이 아니다. 특히 이러한 저열한 정동감을 제어할 수 있는 성인에게서는 더욱 그렇다. 분노가 '공격성'을 항상 수반하는 것이 아니고 더구나 '침략성'과는 본질적으로 관계가 없기 때문에 뇌과학 연구에서는 분노나 격노를 간과하는 것이 다반사다.[94]

동물들은 때로 으르렁대고 위협하고 물고 서로 죽인다. 이러한 행동은 '공격성'으로 알려져 있다. 그 표현형태는 이빨을 위협적으로 드러내는 것에서 살을 찢어 발기는 것에까지, 사냥하는 매의 우아한 다이빙에서부터 고양이의 머리를 쪼개는 듯한 모습에까지, 장대한 성적 과시로부터 잘 기름칠해진 대포와 숨겨진 폭탄에까지 펼쳐진다. 그러나 '공격성'은 보편적인 현상도 아니고, 일차원 현상도 아니다. 연체동물과 같은 많은 무척추동물들은 일평생 침략성은커녕 아무런 공격성도 보이지 않는다. 하지만 거의 모든 척추동물들은 때때로 공격성을 보이고 이러한 행동의 배경에는 여러 가지 상이한 환경적 요인과 뇌의 요인들이 있다. 더구나 약탈적 '침략성'을 보이는 척추동물은 육식성 포식동물에 한정된다. 채식동물과 잡식동물들은 공격성을 "방어적 공격", 즉 '반격'에 한정한다.

무솔리니·히틀러·도조히데키 같은 사이코패스 지도자나 합리주의적 사이코철학에 의해 이끌어지지 않는 한, 정상적 인간들도 본능적으로 그 공격성을 '방어'에 국한한다고 봐야 할 것이다. 인간들도 분노하지만, 분노의 정동적 '공격성'으로는 '침략성'에까지 이를 수 없기 때문이다. "방어적 공격성은 대개 분노체계와 두려움체계의 동학적 상호혼합으로부터 생겨날 것"으로 짐작된다. 공격이 파괴적 잠재력을 많이 수반하기 때문에 모든 종 안에는 공격에 대해 내재적인 생물학적 제한이 가해져 있다. 가령 인간 외에 극소수의 동물들만이 동종의 다른 성체 구성원들을 살해한다. 그리고 인간에게는 공격성에 대한 수많은 사회적 제재들이 존재한다. "일반적으로 동물들은 서로 생소할 때보다 서로 알 때 훨씬

---

94) Panksepp, *Affective Neuroscience*, 187-188쪽.

덜 공격성을 보인다."[95]

많은 자극들이 분노를 일으킬 수 있지만, 가장 흔한 자극은 행동의 자유나 자원접근을 방해·저지하는 행동이나 사태에서 생겨나는 성가심과 좌절감이다. 분노가 환경 안에서 여러 가지 명백한 유발자극들을 가진 것으로 보일지라도, 분노감정은 환경적 사건들로부터 생겨나는 것이 아니라, 뇌 안의 '분노(격노)회로'에 접근할 수 있는 일정한 유형의 자극들의 '능력'을 표현한다. 가령 인간의 아기는 자신의 행동자유를 두 팔을 옆으로 묶어 제한하면 전형적으로 격노한다. 이것은 분노의 '일반적이고 일평생적인 원리'다. 우리의 자유를 제한하는 어떤 것이든 우리의 분노·경멸·반격을 받을 만한 '성가신' 자극으로 간주될 것이다.[96]

물론 자유의 제한이 분노와 경멸의 유일한 유발요인은 아니다. 신체표면을 반복적으로 성가시게 자극하거나 기대되는 보상을 받지 못할 때, 즉 좌절당할 때 동일한 분노반응이 발생한다. 사소한 예를 들어보면, 자동판매기가 물건을 내놓지 않고 돈을 삼켜버리면 우리는 순간적으로 좌절에 의해 야기되는 분노를 경험한다. 물론 대부분의 사람들은 이 자동판매기를 한 번 가볍게 때리고 인지적 판단의 개입에 따라 이를 무시하고 다른 자동판매기를 찾는다. 이것은 탐색 체계 안의 채워지지 않은 기대감이 보상을 계산하는 전두부 피질 영역에 위치하는 것으로 추정되는 '좌절의 신경패턴'을 활성화한다는 것을 보여준다. 보상과 기대의 불일치는 격노체계를 발동시키는 '하향적' 신경 영향을 촉진한다.[97]

보상이 이루어지지 않은 것에 대한 인지에서 좌절감이 생기고 이 좌절감에서 분노가 생긴다면, 분노유발 요인에 대한 '인지'가 여기에 전제되어 있다. 분노의 이러한 인지 요인들은 물론 선행 학습을 요한다. 이와 반대로 움직임을 방해받기 때문에 격노하는 아기는 처음에 분노의 외적 원인을 파악할 수 없을지도 모른다. 그러나 사회적 발달이 진행되고 사회동학의 본성에 대한 통찰이 발달함에 따라 아기는 주변세계 안에서 '성가심'과 '좌절'의 원천들을 평가하는 것을 신속하게

---

95) Panksepp, *Affective Neuroscience*, 188쪽.
96) Panksepp, *Affective Neuroscience*, 189쪽.
97) Panksepp, *Affective Neuroscience*, 189쪽.

배운다. 그 다음 신경회로가 보복과 응징을 위해 준비된다. 진정으로 인간들은 초장에 분노의 잠재력을 창출한 진화적 유전자들을 물려받기보다 분노의 원인을 외화하고, 이 원인으로 야기된 분노 때문에 타인들을 '비난'하도록 '진화에 의해 준비되어' 있다. 물론 이것은 자연선택적 적응성의 의미를 가진 것이다. 분노의 목적은 현재의 욕구의 추구와 자원경쟁에서 성공의 확률을 높이는 것이다. 그런데 어떤 사람들은 분노하지 않고 단순히 일정한 다른 감정회로들을 격발시켜 행동한다. 아마 인간들만이 감정교육과 의지력을 통해 어느 자극이 자기들의 감정회로들을 격발해 완전한 발동에 이르게 할지를 선택할 실질적 기회를 가질 것이다. 다른 포유동물들에게는 분노조절과 이를 통한 이런 선택이 가능하지 않을 것으로 보인다.[98]

우리가 '분노'라고 부르는 신경정신적 힘은 인간에게서 보복의 생각이나 보복의 추구와 같은 일정한 유형의 인지적 활동을 촉진할 수 있다. 고차적 대뇌 능력들은 분노행동의 어떤 포괄적 설명에서든 고려되어야 한다. 동물의 연구가 인간들이 왜 공격성을 보이고 억제하는지를 다 설명할 것이라고 믿는 것은 옳지 않다. 분노의 '인지적' 측면들은 의심할 바 없이 인간에게만 특유한 경우가 많다.[99] 분노와 관련된 이전의 기억들은 쉽사리 기억되고, '복수를 위한 강렬한 계획'이 자동으로 촉진된다. 이것은 뇌의 '격노체계'와 '기억 코드화 체계' 간에 강력한 상호작용이 존재함을 보여준다.[100]

따라서 분노(angry)는 정의로운 도덕감정(소위 '이기적 정의감'인 '억울함'에서 생기는 '분개憤慨(rage, resentment)'나, 정의로운 도덕감정(소위 '이타적 정의감')인 '공분公憤·의분義憤(indignation)'으로 전용되기도 한다. 이렇게 전용될 때는 분노가 반드시 내감의 범주인 '통감(고통)'으로 느껴지지 않고 오히려 통쾌할 수도 있다. 도덕적으로 말하자면, 혈기의 분노는 있어서는 아니 되겠지만, 정의의 분노는 없어서는 아니 되기 때문이다.

---

98) Panksepp, *Affective Neuroscience*, 189-190쪽.
99) Panksepp, *Affective Neuroscience*, 190쪽.
100) Panksepp, *Affective Neuroscience*, 191쪽.

흄도 분노에 대해 유사한 의견을 피력한다. "우리는 모든 분노 감정이 기분나쁜 것일지라도 다 악하다고 상상할 수는 없다. 이 점에서 인간본성으로 인한 일정한 면죄부가 있다. 분노와 싫음은 바로 우리의 만듦새와 체질구성에 내재하는 감정이다. 어떤 경우에 이 노기와 싫음의 감정이 없는 것이 심지어 약함과 바보짓의 증거이기조차 할 것이다. 분노와 싫음이 낮은 정도로만 현상하는 경우에, 우리는 그것들이 본성적인 것이기에 이 분노와 싫음의 감정을 봐줄 뿐 아니라, 태반의 인류에게서 나타나는 것보다 적다는 이유에서 이 분노와 싫음에 갈채를 보내기까지도 한다."101)

칠정의 세 번째 감정인 '슬픔(哀)'은 영어로 "sadness", 또는, "sorrow"다. 이 '슬픔'은 다소의 병리적 우울감을 동반하는 장기적 '한恨'이나 '비애(grief)'와 다르다. 동아시아 언어에는 수많은 '슬픔'의 표현들(서글픔, 구슬픔, 서러움, 애처로움, 애잔, 처량, 처연, 애상哀傷, 강개慷慨, 창명愴溟, 단상怛傷 등)이 존재한다. 슬픔은 육체적으로 얼굴표정, 눈물의 분비라는 생리현상, 목소리의 변화(목매임), 울음소리의 발성 등으로 분명하게 표출된다. 물론 모든 슬픔이 울음과 눈물을 동반하는 것은 아니다. 눈물도, 울음도 없는 슬픔도 많다. 또 모든 울음과 눈물이 슬픔을 뜻하는 것도 아니다. 우리는 기쁠 때도 울며 기쁨의 눈물을 흘리기도 하기 때문이다. 아무튼 슬픔의 '울음'은 흐느낌으로부터 큰 소리로 엉엉 우는 것, 나아가 대성통곡까지 다양하다. '눈물'도 '복받쳐 터지는 눈물', '닭똥 같은 눈물', '흐르는 눈물', '눈가에 맺힌 눈물', '이슬 같은 눈물', '흐르지 않고 눈 속에서 글썽이는 눈물' 등 다양하다. 슬픔은 외로움과 그리움을 수반한다. 상술했듯이 눈물은 인간만이 산출하는 특유의 분비물이 아니다. 낙타·소·코끼리 등도 눈물을 흘린다. 낙타는 어미나 새끼가 그리울 때, 그리고 사람이 연주하는 슬픈 노랫가락을 듣고서도 눈물을 흘리고, 소는 코를 뚫거나 도살장으로 끌려갈 때, 코끼리는 슬프거나 쇠사슬을 풀어주는 것 등에 감격할 때 눈물을 흘린다. 인간의 모든 분비물은 다 '역겨움'의 유발요인인데, 눈물만은 유일하게 역겨움의 유발요

---

101) Hume, *A Treatise of Human Nature*, Book 3. *Of Morals*, 386쪽.

인이 아니다.

'슬픔'은 '한恨'이나 '비애(grief)'와 다른 것이다. 슬픔과 비애는 관념적으로, 그리고 현상적으로 아주 유사해서 일상어와 학술어에서 종종 뒤섞여 쓰인다. 다마시오와 흄도 '비애'를 '슬픔'과 동일시해 일차감정 또는 직접감정에 집어넣었다. 그러나 조지 보나노(George A. Bonnano) 팀을 위시한 많은 심리학자들은 슬픔과 비애가 같지 않다는 것을 인식하는 것이 인간의 행동을 이해하는 데 도움이 된다고 주장한다. 보나노 팀은 "슬픔은 기본감정이지만, 비애는 우울감과 (동일하지는 않지만) 유사한 보다 광범하고 보다 다져진 구조를 표현한다"고 주장한다.[102] 비애는 고도로 감정적으로 우울한 경험이고, 피상적 차원에서는 특히 슬픔과 같은 특유한 감정과 특징을 공유하는 것으로 보인다. 이런 피상적 이유에서 일부 사람들은 비애를 일종의 감정으로 보고 비애와 슬픔을 뒤섞여 쓴다. 그러나 주의 깊게 관찰하면, 비애는 일련의 특유한 감정들을 포함하는 다양한 원자적 요소들을 산출하는 복합적이고 지속적인 분자적 '경험'인 것으로 드러난다는 것이다.

보나노 팀은 슬픔과 비애의 차이를 다음 네 가지로 열거한다. 첫째, 슬픔과 비애는 시간적 간격이 각각 극적으로 상이하다. 슬픔과 같은 감정은 보통 2-3초나 2-3시간 동안 지속되는 일시적 현상으로 정의된다. 이와 대조적으로 비애는 대부분의 사별한 사람들에게 2-3주 혹은 2-3년까지 지속되는 장기적 상태다. 어떤 경우에는 7-8년이나 그 이상으로도 끈다.[103]

둘째, 한 기간의 비애 과정 안에서는 수많은 상이한 감정들이 전형적으로 일어난다. 사랑하는 사람의 죽음이 가장 흔하게 슬픔과 결합되어 있을지라도, 비애로 인한 비통함은 일차원적 감정현상과 거리가 멀다. 비애는 슬픔 외에도 분노·경멸·적개심·공포·죄책감 등 넓은 범위의 부정적 감정들과 결합된다. 심지어

---

102) George A. Bonnano, Laura Goorin & Karin G. Coifman, "Sadness and Grief", 797쪽. Michael Lewis, Jeannette M. Haviland-Jones & Lisa Feldman Barrett (eds.), *Handbook of Emotions* (New York: The Guilford Press, 2008) [797-810쪽].
103) Bonnano, Goorin & Coifman, "Sadness and Grief", 798쪽.

죽은 애인에 대해서는 애정·오락·행복·긍지 등 진짜 긍정적 감정들이 결합되어 있다.[104]

셋째, 비애와 슬픔 등 감정들은 상이한 유형의 의미들과 결합되어 있다. 슬픔의 감정은 특히 일반적으로 영구적 상실의 평가와 결부되어 있다. 비애도 물론 상실의 인지적 이해와 결부되어 있다. 하지만 슬픔의 평가가 표명되는 비교적 간단한 방식과 대조적으로, 비애를 특징짓는 상실감은 전형적으로 훨씬 더 심원하고 전면적·포괄적이다. 상실이 자신의 인생에 중요한 사람의 죽음과 관련될 때, 의미구조에 대한 충격은 자신의 정체성과 세계의 인지적 이해에 대한 '극적 충격'을 포함한다. 진정으로 사별 후 남은 사람들은 흔히 "나의 한 조각을 잃었다"고 하소연한다. 이 장기적 평가는 전형적으로 그 자신의 생의 주요 부분들에 대한, 그리고 사별의 전 과정에 대한 사별한 사람의 평가와 이해를 포괄한다.[105]

넷째, 비애와 슬픔은 상이한 유형의 대응반응을 일으킨다. 슬픔은 자기중심적이고, 따라서 일반적으로 직접적인 심리적·육체적 상태의 변화나 유지를 겨냥한 근접적·단기적 대응반응과 얽혀 있다. 감정과 근접 대응은 아주 내밀하게 관련되어 있어서, 이 대응이 감정의 매개자로 보일 정도다. 반면, 비애는 계속적 감정격동과 — 사회적 역할의 변화, 경제적 상황의 변화, 가족구성의 변화 등과 같은 — 수많은 구체적 혼란들을 개선하는 것을 겨냥한 장기적 대응노력을 불러일으킨다.[106]

간단히, 이런 까닭에 슬픔은 비애에 비해 '작은 슬픔'이고, 비애는 '큰 슬픔'이라고들 말하는 것으로 보인다. 그렇다면 슬픔의 '적응적' 기능(진화적으로 생존에 기여하는 기능)은 무엇인가? 보나노 팀은 리처드 라자러스(Richard S. Lazarus)의 연구를[107] 바탕으로 슬픔의 적응적 핵심기능은 자아에게 중요한 사람이나 사물의 돌이킬 수 없는 상실 이후 개인적 '반성'을 촉진한다고 말한다.[108] 슬픔의 체험은

---

104) Bonnano, Goorin & Coifman, "Sadness and Grief", 798쪽.
105) Bonnano, Goorin & Coifman, "Sadness and Grief", 798쪽.
106) Bonnano, Goorin & Coifman, "Sadness and Grief", 798-799쪽.
107) Richard S. Lazarus, *Emotion and Adaptation* (New York: Oxford University Press, 1991·1994).

우리의 관심을 내부로 돌리고, 체념과 수용을 촉진한다. 생리적 흥분은 감소하고, "변화된 상황에 대응하는 인지적 구조를 업데이트할 타임아웃을 가능케 하고 부적절한 인지 지도(cognitive map)의 사용에 근거한 위험한 행동들을 회피하게 한다". 이 인지 지도 가설은 슬픈 감정 자체의 이롭지 않은 속성을 무릅쓴 슬픔의 높은 발생률에 대한 진화적 설명을 제공해준다.[109] 슬픔의 반성적 기능은 우리에게 잘 살펴 검토하고 목표와 계획을 수정할 휴식시간을 준다.

그리고 슬픔은 행동결정에서 발견론적 사고(heuristics)와 스테레오타입적 사고에 대한 포괄적이고 전반적인 신뢰를 거두고 상세한 정보처리와 정확한 평가의 수행을 가능케 한다. 슬픔과 결부된 흥분 감소는 보다 시간이 드는 분석적 전략들을 채택하는 것을 허용함으로써 문제 해결을 용이하게 한다. 또한 슬픔은 첫 인상의 사실인지에 대한 신뢰와 그릇된 기억 편향 가능성을 감소시킨다. 그 결과, 슬픔을 겪은 사람은 보다 폭넓은 심사숙고를 통해 행동을 결정하는 성향을 함양한다.[110] 그래서 "슬픔과 함께 정확성이 생기고, 기쁨과 함께 그릇된 기억이 생긴다"고 말하는 것이다.[111]

동시에 '슬픔'은 사회적 관계를 타인들과의 공감에 의해 연대적으로 돈독히 해주는 진화적 적응성이 있다. 슬픔의 표현은 비언어적일지라도 중요한 사람들 간의 기능에 기여하는 것으로 생각된다. 사회적 관점에서 포유류의 감정표현 일반은 사회적 관계의 창조와 유지 및 개인 간 상호작용의 조직과 관련된 사회적 환경에 진화를 통해 적응한 것이다. 감정의 얼굴 표현, 즉 표정은 특유한 감정반응(공감)을 유도하고 사회적 행동을 강화하거나 만류함으로써 타인들의 반응적 감정과 행동을 유발하고 산출한다. 슬픔의 얼굴표정은 타인에게서 공감과 원조 행위를 유발함으로써 집단적 사회행동을 지원하는 것이다. 슬픔은 상호적인 방

---

108) Bonnano, Goorin & Coifman, "Sadness and Grief", 799쪽.
109) Hans Welling, "An Evolutionary Function of the Depressive Reaction: the Cognitive Map Hypothesis", *New Ideas in Psychology*, 21 (2) 2003 [147-156쪽].
110) Bonnano, Goorin & Coifman, "Sadness and Grief", 799쪽.
111) Justin Storbeck & Gerald L. Clore, "Withe Sadness comes Accuracy; With Happiness, false Memory: Mood and the False Memory Effect", *Psychological Science*, 16(10), 2005 [785-791쪽].

식으로 기능하고 슬픈 이미지는 슬픈 정동情動을 일으키고 편도체 활동을 증가시킨다.[112]

"기쁨은 나누면 두 배가 되고, 슬픔은 나누면 반감된다"는 속담이 있다. 하지만 실은 기쁨이든 슬픔이든 둘 다 나누면 두 배가 된다. 갑이 을의 슬픔을 나누면, 갑도 슬퍼져서 슬픔은 두 배가 된다. 가령 슬퍼서 울던 여자는 친구를 보면 더 슬피 울고, 친구도 같이 슬퍼한다. 그런데 슬픔을 나눌 때는 기쁨을 나눌 때처럼 연대감이 생기고, 이 연대감은 (기쁨이 아니라) 일반적 공감감정으로서의 '즐거움'을 준다. 그리고 슬픔을 나눌 때는 기쁨을 나눌 때보다 더 큰 연대감이 생겨난다. 이 슬픔의 '연대감'에서 바로 기쁨의 연대감보다 더 큰 '즐거움'이 일어난다. 따라서 두 사람이 슬픔을 나누면 이 두 사람은 둘 다 같은 슬픔을 느껴 슬픔이 배가되는 것이 사실이지만, 이 가운데서 동시에 더 큰 연대의 즐거움이라는 또 다른 좋은 감정을 느껴 슬픔이 반감되는 듯이 느끼는 것이다.

보나노 팀은 슬픔의 이 사회적 공감촉진·원조촉진 기능 테제를 다른 연구들을 통해 보강한다. 아기도 녹음기로 재생된 자기 울음소리와 다른 신생아의 울음을 구별할 줄 알고, 다른 아기의 울음소리에 괴로움을 느끼고 얼굴을 찡그리며 얼굴을 붉힌다.[113] 그리고 성인에게서 근심어린 눈초리 및 맥박수의 감소와 함께 공감을 동반하는 생리적 반응들은 이타적 원조행동(동정적 행동)을 예고한다. 이런 상호반응은 슬픔을 표현하는 개인들이 필요한 관심이나 원조를 타인들로부터 받을 개연성을 높여준다.[114] 물론 슬픔은 대가를 치른다. 기쁨과 반대로 슬픔은 작업기억과 공간기억을 높여주지만, 언어기억을 감소시키고, 판단의 편향을 줄여주는 대신, 최종판단이 출발 시의 판단으로 되돌아가는 고착편향을 유발하는 경향이 있다.[115]

---

112) Bonnano, Goorin & Coifman, "Sadness and Grief", 799쪽.
113) Marco Dondi, Fancesca Somon & Giovanna Caltran, "Can Newborns Discriminate between their own Cry and the Cry of Another Newborn Infant?", *Developmental Psychology*, 35(2), 1999 [418-426쪽].
114) Dacher Keltner & Ann M, Kring, "Emotion, Social Function, and Psychopathology", 324쪽, *Review of General Psychology*, vol. 2(3), 1998 [320-342쪽].

슬픔은 '반추'를 거듭하면 악화되어 '우울감(depression)'으로 변한다.[116] "괴로움의 증상과 이 증상의 가능한 원인과 귀결에 반복적으로, 그리고 수동적으로 관심을 집중하는 것"과 같은 반추적 반응에 빠질 때, 일시적 불쾌감 무드가 보다 장기적인 우울감 사태로 발전하기 가장 쉽다.[117] 또한 이런 '슬픔'은 '비애'로 악화될 수도 있다. 선사시대 과거의 인간들도 항상 친족들의 죽음과 직면했을 것이다. 인간이 20-35세의 수명을 넘은 것은 최근의 일이다. 제인 구달(Jane Goodall)의 관찰에 의하면, 침팬지의 경우에 침팬지 새끼는 어미가 죽으면 다른 성체 침팬지가 이 새끼를 입양하더라도 입양모의 등에 올라타고 다니려고 하는 등 일정한 병리적 행동 때문에 입양모로부터도 버림받는 경우가 허다하다. 7-8년 이상 된 큰 새끼들이 어미를 잃은 경우에 예외적으로 이 새끼들이 입양모의 도움으로 살아남을 뿐이다. 그리고 어미와 사별한 이 새끼가 살아남더라도 성체 사회에 사회적 마찰을 자주 일으킨다.[118] 이런 관점에서 보면 슬픔은 어미와 잠시 떨어졌을 때 일시적으로 유발되어 분리신호를 보내게 하는 역할을 하고 어미를 되찾으면 즉시 소멸해 기쁨으로 전환되는 반면, 비애는 어미를 영영 잃어버리거나 장기적으로 보지 못하는 경우에 공황에 빠져 슬픔이 누적·고착되는 상태로 볼 수 있다. 이 비애는 결국 병리적 현상으로 귀착되기 쉽다. 즉, 비애는 어미를 장기적으로 잃어 빠져드는 공황상태와 연관되어 있다.

유인원들도 슬픔을 소리 내 표현한다. 즉, 유인원도 사람의 울음과 유사한 울음소리를 내며 운다. (눈물은 흘리지 않는다.) 그런데 왜 인간과 유인원은 슬픔을 울음으로 표현할까? 쇼펜하우어는 "울음은 자기 자신에 대한 동정, 또는 자기의 출발점으로 다시 내던져진 동정"이라고 말했다. "울음은 사랑과 동정에 대한 능력과 상상력에 의해 야기된다"는 것이다. 그래서 "냉정한 사람이나 상상력이

---

115) Bonnano, Goorin & Coifman, "Sadness and Grief", 799-800쪽.
116) Bonnano, Goorin & Coifman, "Sadness and Grief", 800쪽.
117) Susan Nolen-Hoeksema, Blair E. Wisco & Sonia Lyubomirsky, "Rethinking Rumination", *Perspective on Psychological Science*, vol. 3(5), 2008 [400-424쪽].
118) Bonnano, Goorin & Coifman, "Sadness and Grief", 801-802쪽.

없는 사람은 쉽게 울지 않고, 울음은 심지어 언제나 성격이 일정한 정도로 선하다는 징표로 간주되고, 분노를 무장해제시킨다"는 것이다.[119] 그러나 울음이 자기 자신에 대한 동정심에서 야기되는 경우가 없지 않겠지만, 자기연민으로 우는 경우는 일상적이지 않은 것으로 보인다. 상상력이나 공감이나 동정심이 아직 미발달한 생후 6개월 이전의 갓난아이도 엄마와 분리되었을 때 닭똥 같은 눈물을 흘리며 큰소리로 울기 때문이다. 필자의 짐작에 울음은 혼자 남겨진 분리불안 상태와 공황상태의 황량한 고립감과 처량한 고독감에서 도움과 유대를 부르는 기능을 하는 슬픔의 특정한 동기적同期的 동반자다. 사람은 혼자서 소리 내 우는 경우가 많기 때문이다.

사회적 유대에 기초한 가까운 타인(어미, 아비, 친족, 친구)의 도움에 대한 바람과 기대가 좌절되어 겪게 되는 공황(panic) 상태의 고립감과 고독감은 슬픔이 아니라, 비애를 야기한다. 이런 까닭에 자크 팽크셉은 뒤에 '슬픔'이 아니라 '비애'를 '외로움'과 함께 포유류의 7대 공통감정 중의 하나인 '분리고통적 공황체계(separation-distress Panic System)'에 귀속시켰다.[120] 사람과 포유류는 사회적 유대관계에 있는 사람과의 분리로 인해 심적 고통을 느끼고 어미나 짝을 찾는 신호음, 즉 엉엉 울거나 낑낑대거나 찍찍대는 '분리 부름(separation call)'을 보내며 유대의 끈을 애타게 회복하려고 할 때 '홀로 내버려졌다'는 절망적 외로움과 함께 '슬픔'을 느낀다. 그러나 어미나 짝이 불러도 오랫동안 오지 않을 때는 공황상태에 빠지고 우는 '슬픔'은 울음 없는 '비애'로 조용히 가라앉는 것이다. 이런 까닭에 팽크셉은 이 '분리고통적 공황체계'를 "공황·비애 체계(Panic/Grief System)"라고 부르기도 한다.[121]

아기의 경우에 양육과 보호의 사회적 유대에 대한 책무를 짊어진 사람(엄마)이

---

119) Arthur Schopenhauer, *Die Welt als Wille und Vorstellung I* [1818·1859], §67 (513쪽). *Arthur Schopenhauer Die Welt als Wille und Vorstellung I. Sämtliche Werke*, Band I (Frankfurt am Main: Suhrkamp, 1986).
120) Panksepp, *Affective Neuroscience*, 261-279쪽.
121) Panksepp, *Archaeology of Mind*, 311-349쪽.

나 성인의 경우에 일반적으로 사랑하는 사람들과의 분리와 이별은 사랑을 회복하려고 애타게 부르는 소리를 낳고, 이 '분리 부름'은 응답이 없으면 분리고통의 공황상태를 유발하고, 이 공황상태의 '분리고통'은 그리움의 몸부림을 초래하고, 이 그리움의 몸부림은 사랑하는 사람과의 재회를 통해 충족되지 않으면 '외로움' 또는 '고독감'을 불러오고, 이 외로움과 절망적 고독은 '비애'를 낳고, 비애는 '소리 없는 눈물'을 부른다. 이런 까닭에 "대동강수大同江水는 하시진何時盡이요, 별루년년첨록파別淚年年添綠波"니(정지상), "4월은 가장 잔인한 달"(T. S. 엘리어트)이니, "눈으로 전해지는 진주"니, "비 내리는 호남선"이니, "비 내리는 고모령"이니 하며 이별의 슬픔이나 비애를 노래하는 비가悲歌와 엘레지들이 그렇게 많고, "눈물 젖은 두만강", "목포의 눈물", "사랑은 눈물의 씨앗" 등을 읊고, 목메어 울며 울음과 눈물을 노래하는 시가들이 그렇게 많은 것이다.

칠정의 네 번째 감정인 '두려움(懼)'은 보통 무서움(겁먹음)과 이와 연계된 불안감(anxiety) 또는 걱정(worry)을 포괄한다. 두려움은 '공포'라고도 한다. 다마시오도 '두려움'을 일차감정으로 분류했다. 두려움은 신체적으로 뚜렷하게 표현된다. 눈동자, 동공, 자세(신체적 얼어붙음, 또는 도망침), 피부의 소름, 호흡, 맥박, 심박의 변화 등으로 뚜렷이 강렬하게 표현되지만, 조용히 작동한다. 두려움 또는 무서움의 여러 신체적 표지들 중 '소름'은 가장 전형적인 것이다. '소름이 돋다'는 것은 춥거나 징그러울 때처럼 살갗이 오그라들어 겉에 좁쌀 같은 것이 도톨도톨하게 돋는 것을 말한다. 이 소름은 '몸소름'이라 한다.

두려움과 불안감은 위협이나 위험요소에 대한 확실히 중첩되는 '불편한' 감정상태들이다. 둘 다 강한 부정적 느낌과 강렬한 신체적 표출을 포함한다. 일단 두려움과 불안감은 둘 다 시상 속의 청각핵(내측슬상체)으로부터 측면편도와 중심편도 속의 '중요성 평가체'와 '두려움 실행기 체계'로의 직접적 신경연결 고리와 관련되어 있다. 이 단일 시냅스 연결고리가 감정적으로 중요한 청각적 자극의 대략적 특색의 직접정보를 편도에 제공한다. 이 연결고리는 자극에 완전한 의미를 주는 시상-피질 감각경로와, 감정을 활성화시키는 것으로 추정되는 피질-편도 연결고리를 건너뛴다. 그것은 "신속하고 변칙적인" 전달루트라 불린다. 이 직접적 신경연결고리는 자극에 관한 정보를 편도체에 많이 주지 않지만, 적어도 주어진 양상의 감각적 수용체들이 활성화되었고 중요한 자극이 현재할 수 있다는 정보를 편도에 알린다. 그리하여 편도는 방어반응을 빨리 활성화할 수 있다. 이 체계는 가假긍정판단(false positives; 실제로 유해하지 않은 자극에 대해 반응을 유발할 가능성)보다 가假부정판단(false negatives; 잠재적으로 위험한 자극에 대한 방어를 유발하는 것에 실패할 위험성에 대한 판단) 쪽으로 더 적응적으로 편향되어 있을 것이 명시적으로 요청된다. 왜냐하면 위협이 실재적일 때 방어를 유발하는 데 실패하는 것보다 잘못 시동된 방어반응을 도중에 취소하는 것이 더 경제적이기 때문이다. 그리하여 진화적 시각에서 지각체계들이 위협을 발견하는 쪽으로 편향될 가능성이 있는 것이다.[122] 만일의 위험에 대한 안보심리는 이처럼 본능적 차원에서부터 '초보수적'인 것이다.

하지만 두려움과 불안감은 둘 다 주관적으로 상이한 형태를 취한다. '두려움'은 눈앞에 직면한 재앙에 대한 무서움과, 일차적으로 상황에서 빠져나옴으로써 자신을 방어하고 싶은 강렬한 충동을 가리킨다. 반면, '불안감'은 형언할 수 없는 불쾌한 예감에 대한 느낌으로 묘사되어 왔다. 따라서 미국정신의학회(APA)가 발행한 『정신장애 진단·통계 매뉴얼(*Diagnostic and Statistical Manual of Mental Disorders*)』(2000)은 '불안감'을 "불쾌감의 느낌이나 신체적 긴장 증세를 동반하는, 미래의 위험이나 불운의 걱정스런 예감"을 가리키는 것으로 정의한다. '두려움'은 일차적으로 식별할 수 있는 유발자극을 가진 점에서 '불안감'과 다르다고 얘기된다. 그러므로 어떤 의미에서 '불안감'은 종종 "전前자극적인(prestimulus)", 즉 다소 실재적인 위협요인에 대해 예감적인 반면, '두려움'은 "후後자극적인(poststimulus)", 즉 분명한 공포자극에 의해 유발되는 것이다.[123] 외부의 자극은 두려움과 불안감

---

122) Arne Öhman, "Fear and Anxiety: Overlaps and Dissociations", Michael Lewis, Jeannette M. Haviland-Jones & Lisa Feldman Barrett (eds.), *Handbook of Emotions* (New York: The Guilford Press, 2008) [709-729쪽], 712쪽, 718쪽. 두려움과 불안감은 둘 다 내측 측두엽으로부터 복측 선조체에 이르는 편도 복합체와 관련되어 있다. (721쪽)

123) Öhman, "Fear and Anxiety", 710쪽.

을 구별하기에 불충분하다. 왜냐하면 두려움은 대응행동, 특히 도피나 회피와 관련되어 있지만, 대응시도가 실패할 때 두려움은 불안감으로 변하기 때문이다. 그러나 '두려움'은 회피 동기다. 아무런 제약이 없다면, 두려움은 도망치는 행동을 유발한다. '불안감'은 풀리지 않은 두려움, 또는 위협의 지각에 뒤따르는 방향 없는 유발상태다. 따라서 두려움 속에서 처리되어야 하는 것은 시공 속에 소재한 명백한 위험이다. 반면, 불안 속에서는 위협의 성질과 소재가 보다 모호하고 따라서 능동적 방어책동에 의해 대응하기가 어렵다. 두려움은 각종 공포증(phobias)에서 그렇듯이 외적 원천에 초점이 맞춰진다. 반면, 불안감은 유동하는 일반화된 불안처럼 상황적으로 초점이 없다.[124]

두려움은 뇌의 편도체가 관할하지만, 불안감은 뇌의 관할 부위가 이와 좀 다르다. 편도의 중심핵은 특정한 자극에 대한 예리한 공포반응을 중개하는 반면, 이와 가까운 베드 핵 분계선조는 불안감을 매개한다. 두 감정이 다 기저내측 편도복합체로부터 입력을 받는다. 그러나 두려움과 불안감이 이 감정들의 신호들을 제어하고 조정하는 시상하부와 뇌간 속의 동일한 세트와의 원심적 연결을 가지고 있기 때문에 양자 간의 이런 뇌세포적 차별은 두려움과 불안감을 중첩적으로 보일 수 있는 반응출력을 보유하는 것이다.[125]

'두려움'은 '수줍음'(부끄러움)과 함께 고차적 공감감정으로서의 도덕감정에 속하는 수치심(수오지심)의 바탕감정으로 전용되기도 한다. 하지만 '두려움'은 모든 포유류에게 공통된 원초적 감정이다. 신경과학적으로 '두려움'은 '해로운 사건에 대한 학습된 예감'이 아니라, 신경체계의 유전자적으로 착근된 기능이다. 두려움은 '놀람'의 형태가 아니다. '놀람'은 좋은 일, 나쁜 일을 가리지 않고 갑작스런 모든 일에 대한 갑작스런 지각으로부터 생겨나는 당황감이다. 따라서 '악!' 소리를 낼 수도 있는 격렬한 감정인 '놀람'은 '두려움'과 결합될 수 있지만 두려움과 다른 신경체계에 속한다. 위험을 감지하고 예감할 수 있는 능력으로서의 '두려움'

---

124) Öhman, "Fear and Anxiety", 710쪽.
125) Öhman, "Fear and Anxiety", 721쪽.

은 포유류의 진화과정에서 개인적 학습의 변덕에 간단히 내맡겨지지 않을 정도로 아주 중요했다. 학습은 동물들이 실재세계에서 두려움체계를 효과적으로 활용하는 데 본질적으로 중요하다. 하지만 학습이 외적 경험들을 이어 붙여서 두려움을 창출하는 것은 아니다. 뇌신경의 '두려움 체계'는 위험에 직면해 생존을 촉진하는 지각적·행동적·생리적 변화들을 조화롭게 조정하는 일관작동의 여러 신경체계들과 더불어 오랜 진화과정에서 창출되었다. 두려움의 감정적 체험은 위험이 멀리 떨어져 있거나 피할 수 없으면 숨도록(꼼짝하지 않도록), 또는 위험이 가까이 있지만 피할 수 있다면 도망치도록 동물들을 즉각 자극하는 신경 과정들의 연관으로부터 생겨난다.[126]

인간들에게서 두려움의 깊은 체험적 본성을 이해하기 위해 우리는 다른 포유동물들에게서 유사한 두려움 상태를 매개하는 유전자적으로 착근된 신경요소들을 실험해볼 수 있다. 인간의 두려움에 대한 신경생물학의 이해는 대부분 하등동물들의 뇌에 대한 기본적 연구로부터 생겨났다. 이 연구들에 의하면, 두려움을 체험할 수 있는 능력은 자율신경적·행동적 발동의 전형적 두려움 패턴과 함께 일차적으로 중뇌의 편도체 중심부와 수도주변 회백질(PAG) 사이를 통과하는 '두려움 회로(Fear circuit)'로부터 발생한다. 편도체로부터 내려오는 정보는 유기체들이 피해야 하는 외부 자극들과 더 관계하는 반면, 뇌간의 두려움의 행동체계는 두려움의 내재적 행동과 느낌을 산출하는 데 더 필수적이다.[127]

두려움의 행동은 이 회로를 인위적으로 활성화시킴으로써 불러일으켜질 수 있다. 또한 어떤 무섭지 않은 중립적 물건을 만지게 하여 전기쇼크를 느끼게 하는 장치로 두려움을 '조건화함'으로써 이 물건에 대한 조건적 두려움을 학습시킬 수도 있다. (이로써 이 '두려움 회로'가 신경적으로 맞다는 것이 확인된다.) 환언하면 조건화된 두려움은 학습을 경로로 한 이 두려움 체계에 대한 접근통로를 얻는 중립적 자극에 의해 발생한다. 고차적 대뇌피질 과정은 두려움을 주입할

---

126) Panksepp, "Affective Consciousness", 21쪽.
127) Panksepp, "Affective Consciousness", 21쪽.

수 있는 유형의 지각들을 세련화할지라도 이 '학습된 두려움'의 활성화에 필요가 없다.[128]

인간과 동물은 본능화된 '내재적' 두려움도 느낀다. 인간은 고소高所와 심연深淵에 대한 공포처럼 뱀과 벌레들에 대한 내재적 공포를 갖는다. 뱀과 벌레 중에는 살상의 독을 가진 것들이 있기 때문이다. 인간은 야생에서 생활하면서 뱀과 벌레로 인해 많은 목숨을 잃었을 것이고, 이로 인해 이 치명적 위험에 대한 당연한 두려움은 유전자 풀에 침착되어 본능화되었을 것이다. 다른 포유동물은 천적으로서의 포식자들에 대한 본능적 두려움을 가지고 태어난다. 쥐는 고양이의 아주 작은 터럭이나 고양이의 체취에도 두려움을 느끼고 행동을 바꾼다. 이런 정도의 작은 노출에도 쥐는 꼼짝하지 않고, 덜 놀고, 덜 먹고, 고조된 경계태세를 보인다.[129]

아르네 외만(Arne Öhman)은 기본적으로 두려움은 땅이 언제나 위험한 환경이었다는 사실을 반영하는, 깊은 진화적 기원을 갖는 기능적 감정이라고 말한다. 살아남는 것은 생물학적 진화의 기본 목표를 위한 전제조건이다. 따라서 유기체들 중 가장 원시적인 유기체도 생명위험을 처리할 방어반응을 발달시켰다. 이 진화적 관점에서 두려움은 포유류 진화과정에 중심적 위치를 차지한다. 자연선택의 소산으로서 두려움은 진화적 우연성들에 의해 형성되고 제약된 것이다. 인간의 진화역사는 우리 인간들이 드러내고 쉽사리 배우는 두려움과 공포증에서 명백하다. 우리는 권총이나 자동차와 같이 우리의 현대적 환경에서 가장 빈번히 조우하는 치명적 대상들을 두려워할 가능성보다 치명적인 포식자들, 높은 곳(高所), 심연深淵, 광활한 공간과 같이 우리의 조상들의 생존에 위협을 가했던 사건들과 상황들을 두려워할 가능성이 더 크다.[130]

---

128) Panksepp, *Affective Neuroscience*, 206쪽. 이 감정체계를 제어하는 신경화학물질들은 글루타메이트와 같은 흥분성 아미노산과 다양한 신경펩타이드다. 이 화학물질들은 가령 고통에 대한 두려움, 고소(高所) 두려움, 포식자들에 대한 두려움 등 조금씩 상이한 불안을 주입한다.
129) Panksepp, *Affective Neuroscience*, 221쪽.
130) Öhman, "Fear and Anxiety", 710-711쪽.

두려움으로부터 '정신적 외상' 증후가 발생한다. 자기나 자기의 근친의 생명을 위태롭게 하는 극단적 위험은 강렬한 경악을 유발하고 장기적으로 지속되는 경과를 '외상후 스트레스 장애(PTSD)'의 형태로 남긴다. 정신적 외상은 집과 공동체를 파괴하는 홍수나 허리케인과 같은 자연재해, 그리고 사고나 물리적 폭력의 결과로 자기나 타인들이 심각하게 다치거나 살해되는 것을 겪거나 보는 것을 포함한다. 외상이 외상후 장애로 귀결된다면, 외상사건은 (플래시백의 형태로) 지속적으로 재再체험된다. 인간은 외상과 연결된 자극이나 사건을 기피한다.[131]

인간의 유전자에 각인된 공포의 대상은 보통 네 가지로 분류된다. 현대적 관점에서나 진화적 관점에서 '생존'의 고려는 인간적 두려움을 유발하는 대부분의 상황차원에서 중요한 위치를 차지한다. 공포의 첫째 요인은 사람들 사이의 사건이나 상황에 관한 두려움이다. 이것은 비판과 사회적 상호작용, 배척, 갈등, 그리고 평가의 두려움만이 아니라, 사람 간 공격과 성적 장면이나 침략적 장면의 현시에 대한 두려움을 포함한다. 둘째 요인은 사망, 부상, 병환, 피, 외과적 수술과 관련된 두려움이다. 셋째 요인은 보통 가축 동물, 해를 끼치지 않는 작은 동물들, 그리고 곤충이나 파충류와 같이 기어 다니는 동물들을 포함한 동물들에 대한 두려움이다. 넷째 요인은 광장공포증적 두려움이다. 이것은 (가게나 쇼핑몰과 같은) 공공장소와 군중 속으로 들어가는 것에 대한 두려움만이 아니라 (승강기나 극장, 교회와 같은) 폐쇄 공간이나 (교량, 터널, 열차나 버스, 비행기로 홀로 여행하기와 같이) 도피루트 없는 장소에 대한 두려움을 포함한다.[132] 여기에 고소高所공포와 심연공포도 포함시켜야 할 것이다.

이 네 요인은 모두 인간진화에 중요한 상황들을 대표한다. 인간역사는 통제를 벗어나 고조된 사회적 갈등이 패배나 치욕으로 귀결되는 것은 말할 것도 없고

---

131) Öhman, "Fear and Anxiety", 711쪽.
132) Willem A. Arrindell, Mary J. Pickersgill, Harald Merckelbach, Angelique M. Ardon & Frieda C. Cornet, "Phobic Dimensions: III. Factor Analytic Approaches to the Study of Common Phobic Fears; An Updated Review of Findings obtained with Adult Subjects", *Advances in Behaviour Research and Therapy* 13 (1991) [73-130쪽].

치명적 위험으로 귀결되는 사례들로 가득하다. 따라서 사회적 상호작용은 종종 두려움의 대상이다. 사망과 질병에 대한 두려움은 말할 필요도 없다. 그리고 포식자들은 인간진화를 주조해낸 주요 위협이다. 파충류는 인간에게 원형적 포식자로서 제일 먼저 두드러진 것이다.[133) 처음에 감아 죽이는 컨스트럭터로서, 그 다음은 맹독으로 무장한 독사로서 뱀은 가장 확실한 공포대상으로 인간의 뇌구조에 유전자화되었다.[134) 그런데 거미와 뱀에 대한 두려움은 징그러운 혐오감(disgust)과도 결부되어 있고, 사람과 동물의 똥은 무서워서가 아니라 더러워서 피하지만, 거미와 뱀은 무섭고 동시에 징그러워서 피한다.

이 요인들은 사회적 공포증, 혈액공포증, 동물공포증, 광장공포증이라는 네 가지 전형적 공포증(강렬한 경악과 특유한 상황이나 사건들에 대한 기피증) 유형들에 상응한다. 이 중 '사회적 공포'는 지배위계체제의 확립을 용이하게 함으로써 사회질서를 촉진하는 적응적 기능을 가진 지배-복종 체계 안에서 기원한 것이다. 반면, 동물공포는 원초적 포유류의 배타적 포식자들(파충류와 뱀)에 대한 두려움에서, 그리고 나중에는 독사에 대한 두려움에서 기원하는 방어체계에 기인한다. 이 진화된 체계들은 공포나 방어와 손쉽게 연결되도록 유기체들을 적응적으로 만든 자극들을 포함한다. 그리하여 현대와 같이 사실상 그런 원시적 위험이 사라진 도시환경에서도 유사한 유형들에 대해 두려움 반응이 나타나는 것이다. 진화는 인간들에게 조상들의 생존을 위협했던 상황과 공포를 연결시키는 성향을 갖추게 한 것이다.[135)

그런데 아르네 외만은 '공황(panic)', '공황발작'과 '공황장애'까지도 막연한 '불안'이나 '광장공포증'으로부터 생겨나는 것으로 설명하려고 든다.[136) 그러나 팽크셉은 이런 견해를 단호히 부정하고 전제된 사회적 유대로부터의 분리의 고통에

---

133) Öhman, "Fear and Anxiety", 711쪽.
134) Lynne A. Isbell, "Snakes as Agents of Evolutionary Change in Primate Brains", *Journal of Human Evolution* 51 (2006) [1-35쪽].
135) Öhman, "Fear and Anxiety", 711-712쪽.
136) Öhman, "Fear and Anxiety", 710쪽, 711쪽.

서 생겨나는, 강한 전율과 강렬한 울음을 동반하는 '공황', 즉 'panic'은 '두려움 체계'와 아주 다른 별개의 신경체계에 속한 것으로 분리해낸다.137) 이 공황은 사회적 유대(사랑)로부터의 분리를 전제한다는 것이다.

칠정의 다섯 번째 감정인 '좋음', 또는 '좋아함(愛)'은 '애호愛好'다. '애호'는 일단 공감감정 '사랑'이 아니라, 단순감정으로서 뭔가를 '좋게 느끼는 호감'이다. 따라서 단순감정으로서의 이 '좋아함'은 사람이 아니라 사물이나 움직임을 목적어로 한다. 이것은 가령 사자가 들소를 좋아하고 호랑이가 사슴을 좋아하는 음식섭취 차원에서 "나는 소고기를 좋아한다"는 섭취로부터 "나는 나비를 좋아한다", "나는 책상을 좋아한다", "나는 의자생활을 좋아한다", "나는 달리기를 좋아한다" 등의 동작과 사건·상황에 대한 호감에까지 이른다. 따라서 이 경우의 '좋아함'은 그 의미가 '호好'와 같다. 그럼에도 좋아함은 다음에 다룰 '싫어함'처럼 진화적 기원상 미각 및 위장과 관련된 것이다. 따라서 '싫어함'의 기원적 감정인 '역겨움(역함)'에 대한 미각적 정반대, 즉 미각적으로 기쁨을 주는 것에 대한 감정이 '좋아함'의 기원적 원천이라고 할 수 있을 것이다.

그러나 이 '좋아함'이 사람을 대상으로 하거나 인간과 깊이 공감하는 개, 원숭이, 고양이 등의 사회 동물과의 관계에 쓰이면 '사랑'이라는 공감감정으로 전용된다. 그러나 칠정의 하나로서 '좋아함'은 단순감정으로서 이 '사랑'을 배제한다. '좋아함'의 감정은 기본적으로 잘 드러나지 않는 차분한 감정인데, 물론 아주 좋을 때는 기쁨과 연결되어 신체적으로 표현될 수도 있다.

칠정의 여섯 번째 감정인 '싫음' 또는 '싫어함(惡)'은 '역겨움(disgust)', '역함(nasty)', '징그러움(gross)', '싫증·염증(dislike)', '혐오감(aversiveness)', '거부감(rejection; revulsion)' 등을 포괄하는 감정이다. 이것은 사람을 미워하는 교감감정 '증오(미움)'가 아니라, 사물이나 어떤 상황·사건·행동을 꺼리고 물리치는 감정이다. 『예기』의 '칠정' 관련 구절에서 공자는 "죽음과 가난의 고통"을 이 싫어함 중 가장 큰 싫어함, 즉 '대오大惡로 들었다(死亡貧苦 人之大惡存焉). 공자의 이 말에서

---

137) Panksepp, *Affective Neuroscience*, 208쪽.

『예기』의 칠정의 '오惡', 즉 '싫어함' 또는 '싫음'이 아직 사람과의 교감에서 생기는 부정적 감정인 '증오(미움)'를 포함하지 않는다는 것을 알 수 있다. 따라서 칠정의 '애오愛惡'는 사랑과 미움, 애정과 증오가 아니라, 단순히 '좋음'과 '싫음', 즉 '호오'를 뜻한다.

'싫어함'은 진화상으로 먹고 마실 것과 관련된 '역겨움'에서 기원했다는 것이 정설로 보인다. 이 '싫어함'은 사람을 포함한 동물들의 ─ '눈물'을 제외한 ─ '똥·오줌·땀 등 배설물', 타인의 '타액', '구토물질', '흘린 피(특히 생리 피)', 쥐·파리·바퀴벌레가 핥은 '더러운 음식', 냄새나는 '더러운 몸뚱이', 쥐나 동물이 만진 '더러운 물건'(가령 쥐가 많은 집) 등에 거부반응을 느끼거나, 또는 '나는 보리밥을 싫어한다', '나는 육류를 싫어한다', '나는 술이 싫다'고 말할 때 그런 '거부반응' 또는 '싫어함'이다. 이 '싫어함'은 원초적으로 '메스꺼움'이나 '욕지기', '타액분비' 등의 생리현상을 동반하기도 하는 '역겨움'이고, 여기서 전용되는 광의의 '역겨움'은 공자가 말하듯이 "죽음과 가난의 고통"에까지 확장될 수 있다. 이런 광의의 "역겨움은 어떤 물건, 사건이나 상황으로부터 거리를 취함으로써 표명되고, 거부반응(rejection)으로써 특징지어질 수 있다".[138]

폴 로진(Paul Rozin)과 조나단 하이트(Jonathan Haidt)는 "역겨움이 비인간적 유인원들에게는 없다"고 말한다.[139] 그러나 이 말은 "역겨움이 나쁜 맛에 대한 거부반응에서 기원했다"는 자신들의 말과[140] 본질적으로 모순되는 것 같다. 동물들도 자기들이 좋아하는 먹이가 있고, 싫어하는 나쁜 맛과 이런 나쁜 맛을 가진 열매나 고기가 있을 것이다. 역겨움이 기원적으로 나쁜 맛에 대한 거부반응인 한에서 동물들도 역겨움을 가질 것이다. 하물며 유인원에게 나쁜 맛의 먹이나 물질에 대한 역겨움이 없겠는가! 개도 구역질을 하고 구토한다. 당연히 유인원도 잘못

---

138) Paul Rozin, Jonathan Haidt & Clark R. McCauley, "Disgust". Michael Lewis, Jeannette M. Haviland-Jones & Lisa Feldman Barrett, *Handbook of Emotions* (New York: The Guilford Press, 2008) [757-776쪽], 758쪽.
139) Rozin, Haidt & McCauley, "Disgust", 770쪽.
140) Rozin, Haidt & McCauley, "Disgust", 759쪽, 771쪽.

먹으면 구역질하고 구토할 것이다. 이미 다윈은 동물원 원숭이의 구토를 보고하고 있다.[141] 유인원도 구역질과 구토를 하는 한에서 섭취해야 하거나 입으로 들어올 위험이 있는 일정한 대상들에 대해 역겨움이나 혐오감을 가질 것이다.

1782년 다윈은 이미 '역겨움'을 고찰하고 있다. 다윈의 이런 이른 고찰에도 불구하고 역겨움에 대한 현대 학자들의 연구는 1990년대에야 비로소 시작되었다. 이런 까닭에 로진이나 하이트 같은 전문가들도 저런 모순된 말을 하는 것으로 보인다. 다윈은 역겨움이 미각에 역한(거슬리는) 것과 관련되어 있고, 따라서 일차적으로 먹고 맛보는 행동과 관련된 것임을 최초로 분명히 했다. 다윈은 고춧가루가 그 자체로서 더러운 것이 아니지만, 이빨 사이에 낀 고춧가루는 역겨움을 야기하는 경우와 유사한 역겨움의 유발 기제를 설명하고 있다.[142]

역겨움은 종종 구역질이나 구토를 수반한다. 어떤 사람들은 "보통 먹지 않는 동물과 같은 어떤 평범치 않은 음식을 섭취한 것에 대한 단순한 관념"만으로도 — 이 음식에 위장의 거부를 야기할 요소가 전무함에도 불구하고 — "쉽사리 그리고 즉각적으로" 구역질과 토역질을 한다. 다윈은 이것으로부터 중요한 추정을 도출한다. 구토가 과식이나 썩은 음식, 또는 구토제 등 실재적 원인에서 반사작용으로 일어날 때는 즉각 일어나는 것이 아니라, 일반적으로 "상당한 시간차 뒤에" 일어난다.[143] "그러므로 구역질이나 구토가 그렇게 빨리 그리고 그렇게 쉽사리 단순한 관념만으로 야기되는 것을 설명하기 위해, 우리의 선조들이 이전에 그들에게 맞지 않거나 그들과 맞지 않다고 생각한 음식을 (반추동물들이나 기타 동물들이 가진 능력처럼) 자발적으로 거부하는 능력을 가졌을 것이라는 짐작이 생겨나게 한다. 그리고 지금은 의지 차원에서 이 능력이 상실되었을지라도, 정신이 어떤 종류의 음식이든 이를 섭취한다는 관념에 또는 구역나는 어떤 것에 역할 경우에 언제나 구역질이 이전에 잘 확립된 습관의 힘을 통해 비자발적 행동으로 불러일으켜진다. 이 짐작은 동물원의 원숭이들이 종종 완전히 건강한

---

141) Darwin, *The Expression of Emotion in Man and Animals*, 271쪽.
142) Darwin, *The Expression of Emotion in Man and Animals*, 269-270쪽.
143) Darwin, *The Expression of Emotion in Man and Animals*, 270-271쪽.

데도 구토한다는 (...) 사실로부터 뒷받침을 받는다." 원숭이들의 이 구토 행동은 "자발적인 것으로 보이기" 때문이다. 다윈은 인간이 자발적 구토능력을 상실한 이유에 대해서도 설명한다. "인간은 언어로 자신의 자식들과 타인들에게 기피할 음식의 종류에 관한 지식을 전달할 수 있는 만큼 이 자발적 거부의 능력을 사용할 이유가 거의 없기" 때문에 "이 능력은 불용不用(disuse)을 통해 상실했을" 것이라는 것이다.144)

다윈은 역겨움의 유발요인을 '나쁜 맛'으로부터 '냄새'로 확장한다. "냄새 감각이 미각味覺과 아주 긴밀하게 연결되어 있는 만큼, 지나치게 나쁜 냄새가 어떤 사람들에게서 역한 음식의 생각이 그런 만큼 신속하고 쉽사리 구역질이나 구토증을 야기하는 것은 놀랄 일이 아니다. 그것도 그 이상의 결과로서, 중간 정도로 역한 냄새는 역겨움의 다양한 표현적 움직임을 야기한다. 악취가 진동하는 냄새로 인해 구역질하는 성향은 상당한 정도의 습관에 의해 신기하게도 즉각 강화되지만, 곧 역함의 원인과 오래 친숙해지거나 이 원인을 자발적으로 제한하면 없어진다."145)

또 음식이나 냄새가 미학화·문화화·정신화되는 경향이 있는 한에서 역겨움도 정신적 경멸감으로 전화된다. 침 뱉기는 역겨움의 한 동작이다. 다윈은 사람들이 이 침 뱉기를 격렬한 경멸의 의미로 사용하는 것에 대해 말한다. "침 뱉기는 경멸이나 역겨움의 거의 보편적인 표지다. 그리고 침 뱉기는 명백히 입으로부터 어떤 역한 것이든 배척하는 것을 표현한다."146) 이것은 영국으로부터 아프리카 흑인들, 오스트레일리아 원주민과 말레이인들, 그리고 남미 남단의 티에라 델 푸에고 인디오들에 이르기까지 전세계적으로 동일하다.147) 또 다윈은 역겨움의 이목구비적 표출에 대해서도 말한다. "처음으로 약간의 찬물이 내 아기 중 하나의 입속에 넣어진 생후 5개월에, 그리고 다시 한 조각의 익은 버찌가 입속으로

---

144) Darwin, *The Expression of Emotion in Man and Animals*, 271쪽.
145) Darwin, *The Expression of Emotion in Man and Animals*, 272쪽.
146) Darwin, *The Expression of Emotion in Man and Animals*, 273쪽.
147) Darwin, *The Expression of Emotion in Man and Animals*, 273쪽.

넣어진 한 달 뒤에 이 아기의 얼굴에서 나는 역겨움이 가장 명백하게 표현되는 것을 보았다. 역겨움은 입술과 입 전체가 내용물을 빨리 통과시키거나 떨어뜨리는 것을 가능케 하는 모양을 취하는 것으로 표현되었다. 그것은 약간 진저리치는 것을 동반했다. 그것은 아이가 진짜 역겨움을 느낀 것인지 의심하는 만큼 더욱 웃겼다. 아이의 눈과 이마는 많은 놀람과 숙고를 표현하는 것 같았기 때문이다. 끔찍한 물건을 입으로부터 내뱉을 때 혀를 내미는 것은 혀를 밖으로 늘어지게 하는 것이 어떻게 경멸과 싫음의 표지로 쓰이는지를 설명해줄지도 모른다."[148] 이런 고찰로부터 다윈은 역겨움의 유발요인들(유발적 입력요소들)이 문화권에 따라 아주 상이하다고 말하는 것이 아니라 역겨움의 표현동작과 표현방식(감정적 산출)이 전세계적·범인류적으로 동일하다고 결론짓는다.[149] 유발요인들이 문화권마다 아주 다른 것은 당연하다고 할 것이다. 왜냐하면 문화권마다 다른 자연환경을 가지고 있기 때문이다. 자연환경의 차이로 인해 기피하거나 조심해야 할 음식물과 냄새들은 지역적으로 조금씩 다를 수밖에 없다. 이런 까닭에 자연선택적 진화는 역겨움의 유발요인들을 상이하게 열어두고 그 표출양상만 동일하게 고정시킨 것으로 보인다.

포유류의 진화과정에서 자연선택은 원초적으로 먹을 수 있는 것과 먹을 수 없는 것을 가리는 판단을 대뇌에 맡긴 것이 아니라, 위장을 관리하는 변연계의 이차체성감각 체계에 맡겨 이 판단을 구역질과 역겨움의 즉각적 감정반응으로 만듦으로써 판단의 즉응적 직감성, 즉 판단의 무조건성과 속도를 높인 것 같다. '싫어함'의 기원인 역겨움과 구역질은 기원적으로 위장의 소화적 반발에서 나온 것이다. 따라서 공자의 칠정에 속한 여섯 번째 감정인 '싫어함', 흄의 혐오(aversion), 다마시오의 일차감정으로서의 '역겨움(disgust)'은 한 통속의 감정이다.

'역겨움'의 신경적 표현은 이차二次체성감각 영역, 전부前部 뇌섬, 기저핵, 편도, 전부 대상피질, 측두피질 등을 포괄한다. 그러나 싫음 또는 역겨움은 미각에서부

---

148) Darwin, *The Expression of Emotion in Man and Animals*, 273-274쪽.
149) Darwin, *The Expression of Emotion in Man and Animals*, 274쪽.

터 육체, 영혼, 미학, 대인관계, 도덕성에 이르기까지 마구 확장된다. 일단 체액, 죽은 동물, 쓰레기, 변질된 냄새처럼 세균으로 인한 육체적 상해의 위험과 연결된 현상들은 역겨움을 일으킨다. 또 이런 종류의 사건들과 관련된 행동과 사람들의 형태도 역겹게 느껴지고 나아가 부도덕하게 여겨진다. 성행위는 체액의 교환을 포함한다. 따라서 많은 성적 금기들(가령 섹스, 생리 등과 관련된 것들과 같은 금지들)은 오염과 역겨움에 의해 구조화되어 있다. 그리하여 육체적 청결과 불결에 대한 반응들은 정신적·도덕적 정결淨潔과 부정不淨의 관념으로 쉽사리 전용된다. 사람들의 정신을 오염시키는 행동들은 부도덕한 것으로 간주되고, 정신의 정결은 도덕적인 것으로 간주된다. 이런 까닭에 도덕적 역겨움의 승화된 적응적 기능은 다른 형태의 역겨움의 변형된 기능과 유사하다. 이것은 육체적 자극이든 사회적 자극이든 잠재적으로 해로운 자극들을 피하든지, 이 자극들을 배척하는 동기를 일으킨다. 사람들은 불결하게 행동하는 사람들을 멀리한다. 아무도 도둑, 동물과 섹스한 사람, 결코 목욕하지 않는 사람을 이웃으로 대하지 않을 것이다.[150] 이런 까닭에 '싫어함' 또는 '역겨움(역함)'은 '미움'의 교감감정만이 아니라, 비도덕적·도덕적 '경멸'의 교감감정에도, 그리고 도덕적 정결과 부정의 감정에도 기반감정으로 전용된다. 미각적味覺的으로 '역겨운 것'은 '싫은 것'으로, '싫은 것'은 '미운 것'으로 쉽사리 전용되고, '미운 것'은 미학적으로 '추한' 것으로, 그리고 미학적으로 '추한 것'은 도덕적으로 '추악한 것'으로 미끄러진다. 이런 까닭에 원래 미각味覺을 뜻하는 영어·불어·독일어 'taste', 'goût', 'Geschmack'이 동시에 '미감美感'으로 전용되고, '싫음'을 뜻하는 한자어 '오惡'자가 '미울 오惡'자로, 또 '악할 악惡'자로 마구 전용되는 것이다. '싫다'와 '싫어하다'는 사물이나 행동에만이 아니라, 사람에게도 쓰일 수 있고, 사람의 행동을 싫어하는 것은 바로 사람을 싫어하는 것, 즉 사람을 미워하는 것으로 확장될 수 있기 때문이다.

그러나 '밉다(증오하다, 혐오하다)'는 뜻의 '싫어하다'는 말은 오직 사람과 사람

---

150) Dennis Krebs, *The Origins of Morality: An Evolutionary Account* (Oxford: Oxford University Press, 2011), 210-211쪽.

의 '감정', '의도', '성품' 등에 대해서만 쓰인다. 가구나 돌멩이를 '미워하는' 것은 유치한 아이들이나 원시인들의 감정행태다. '미움(증오)'의 뜻에서 '싫어하는' 감정은 타인의 감정을 교감에 의해 느끼고(인지하고) 이 감정에 대한 불쾌·재미없음·추악의 판단을 내림으로써 이 감정에 반감을 갖는 경우에 발생한다. 이렇게 교감으로 타인을 '싫어하는 것'은 타인을 '미워하는' 것이다. 사람이 어떤 사나운 개와 이렇게 교감해 이 개를 '싫어하는 것'은 개고기를 싫어하듯이 이 개를 싫어하는 것이 아니라 이 개를 '미워하는' 것이다. 그리하여 우리는 개를 공감적으로 좋아해서 개고기를 싫어할 수도 있고, 개를 교감적으로 미워하면서도 개고기는 좋아할 수도 있다. 사람이나 공감적 동물들에 대한 '미움(증오)'을 뜻하는 '싫어함'은 '교감적' 인지·판단이 더해져 발생한 새로운 감정이기 때문에 '교감감정'이라고 한다. 이에 대해서는 뒤에 상론한다.

일부 심리학자들과 신경과학자들은 '싫어하다(증오하다)'의 궁극적인 진화적 원천이 '역겨움'이라는 사실을 놓치고 '증오'의 원천을 '분노'로 착각하는 경우도 있다. 심지어 팽크셉도 이런 부류에 속한다.[151] 그러나 '증오'는 오래 지속되는 차가운 '분노'가 아니라, 사랑의 요구에 대한 거절과 배반 때문에 그 거절·배반 의도를 감지하고 사랑의 대상자를 '싫어하는' 교감감정이다. 사람에 대한 '싫어함'은 궁극적으로 사물에 대한 '싫어함'에서 전용된 것이고, 사물에 대한 싫어함은 다시 내장적 역겨움 또는 구역질에서 전화된 감정이다. 그러므로 '미움'도 궁극적으로 '분노'가 아니라, '역겨움'에서 전화한 것이다. '미움'으로서의 '싫어함'은 교감감정이지만 사물과 행동에 대한 '싫어함'은 단순감정이다. 따라서 이 '싫어함'은 반드시 '기본감정'으로 분류해야 한다. 따라서 공자가 '싫어함'을 칠정(단순감정)으로 분류한 것은 2500년의 시간차를 뛰어넘어 타당한 것 같다.

'싫어함'이 미각적 '역겨움'에서 기원했고 이 '역겨움'이 삼킨 음식물에 대한

---

151) 팽크셉은 말한다. "반복적으로 분노의 자극과 연상되어진 다른 동물들로부터 오는 일정한 행동신호는 고전적 조건화를 통해 분노 분위기를 연장된 기간 동안 유지하는 능력을 발달시킬 수도 있다. 이런 유형의 학습은 인지적으로 표현되면 '증오'라고 불릴 수 있다. (...) 증오는 명백히 보다 많이 계산되고, 행동적으로 제어되고, 격노의 정열적 '열기'보다 정동적(情動的)으로 '더 차갑다'." Panksepp, *Affective Neuroscience*, 191쪽.

위장의 반발에서 기원했을지라도, '싫어함'과 '역겨움'이 입맛에서부터 도덕적 추악성에 이르기까지 변화무쌍하게 전화되기 때문에 '역겨움' 자체에 대한 탐구를 더 심화시켜야 할 것이다. 로진과 하이트에 의하면, 북미 사람들에게 역겨움의 유발요인은 ①음식, ②신체분비·배설물, ③동물, ④성적 행태, ⑤죽음이나 주검과의 접촉, ⑥(핏덩이와 기형성을 포함한) 육체적 외피의 손상상태, ⑦불건강한 위생상태, ⑧사람 간 오염(냄새가 좋지 않은 인간과의 접촉), ⑨일정한 도덕적 위반 등 9개 영역이다.[152] 한국인과 동아시아인도 대략 이와 비슷한 것 같지만, 이 리스트에서는 다윈이 중시하는 '나쁜 냄새가 나는 것'과 미학적으로 '추한 것'이 빠진 것으로 보인다. 로진과 하이트는 나중에 '악취'와 '추함'을 추가한다.

로진과 하이트는 음식 거부반응 요인의 네 범주를 ①"나쁜 맛(나쁜 감각적 속성들에 의해 동기 지어지는 거부)", ②"역겨움", ③"위험(신체적 위해의 두려움에 의해 동기 지어지는 거부감)", ④"부적절성(문화적으로 먹을 수 없는 것으로 분류된 음식의 거부감)"으로 나누고, 이 중 음식거부의 두 번째 요인인 역겨움을 '핵심적 역겨움(core disgust)'으로 규정한다. 이들에 의하면, "역겨움"은 "나쁜 맛(distaste)에 기초한 더 오래된 음식 거부체계를 정교화한 유전적 힘들"에 의해 형성되었다.[153]

로진과 하이트는 이 '핵심적 역겨움'이 어떻게 '나쁜 맛'과 분화되고, 그 다음 역겨움이 어떻게 인간의 동물본성을 상기시키는 요소들, 일정한 유형의 대인적 접촉, 그리고 도덕적 위반들을 포함한 훨씬 더 광범한 범위의 유발요인들로 확장될 수 있었는지를 규명하고자 한다. 그들은 역겨움의 단계를 "나쁜 맛에 대한 역겨움"을 '0단계'로 하여 1단계 '핵심적 역겨움', 2단계 '인간의 동물본성을 상기시키는 것들에 대한 역겨움', 3단계 '대인적 역겨움', 4단계 '도덕적 역겨움'으로 구별하고 이 단계들을 순차적으로 설명한다. 0단계의 '나쁜 맛에 대한 역겨움'의 진화적 기능이 '독극물로부터의 육체의 보호'라면, 1단계 '핵심적 역겨움'의 유발요인은 음식·섭식·육체산출물·동물들이고, 이 역겨움의 진화적 기능은 "질병

---

152) Rozin, Haidt & McCauley, "Disgust", 757쪽.
153) Rozin, Haidt & McCauley, "Disgust", 759쪽.

과 감염으로부터 육체를 보호하는 것"이다. 2단계 '인간의 동물본성을 상기시키는 것들에 대한 역겨움'의 유발요인들은 섹스, 죽음, 불량한 위생상태, 피부손상상태이고, 이 역겨움의 기능은 "육체와 영혼을 보호하고 인간의 필멸성을 부정하는 것"이다. 3단계 '대인적 역겨움'의 유발요인은 "낯선 사람들이나 바라지 않는 자들과의 직간접적 접촉"이고, 이 역겨움의 진화적 기능은 "육체와 영혼과 사회적 위계질서를 (낯선 자들과의 안팎의 접촉으로부터) 보호하는 것"이다. 4단계 '도덕적 역겨움'의 유발요인은 "일정한 도덕적 위반"이고, 이 역겨움의 기능은 "사회적 유대질서를 보호하는 것"이다.[154]

1단계 '핵심적 역겨움'은 "잠재적 음식의 본성이나 기원에 관한 믿음"이라는 "관념적 힘들"에 의해 정의된다는 점에서 "문화적으로 먹을 수 없는 것으로 분류된 음식을 거부하게" 하는 식음적食飮的 '부적절성'과 유사하지만, '역한 물체들'이 "나쁜 맛이고 위험한 것으로 추정된다"는 점에서 '부적절성'과 다르다. 로진과 하이트에 의하면, '핵심적 역겨움'을 유발하는 "평가"는 ①"잠재적인 경구적經口的 합체(oral incorporation) 및 음식이나 섭식과의 연계의 감각", ②"역한 감각(sense of offensiveness)", ③"오염 능력(contamination potency)" 등 세 가지 요소를 요구한다.[155]

'경구적 합체'의 위협은 사람이 뭔가를 먹으면 이 먹은 물체의 속성을 취한다("나는 내가 먹는 것이다")는 광범한 믿음에 의해 생겨난다. 야만인들은 보통 동물이나 사람의 살코기를 먹으면 이 동물과 사람의 성질인 육체적 특질만이 아니라 도덕적·지성적 특질을 획득한다고 믿는다. 두 개의 것이 결합하면 이 결합의 생산물이 양자를 닮듯이, 음식과 사람이 합체하면, 이 음식을 합체한 사람은 이 음식을 닮는다. 미국 대학생들도 멧돼지를 먹으면 멧돼지 같은 성질을 얻고, 거북이를 먹으면 거북이 같은 성질을 얻는다고 믿는다.[156]

'역한 감각'을 유발하는 '역한 물체들'은 동물과 동물의 산출물들이다. 역겨움

---

154) Rozin, Haidt & McCauley, "Disgust", 764쪽.
155) Rozin, Haidt & McCauley, "Disgust", 759쪽.
156) Rozin, Haidt & McCauley, "Disgust", 759-760쪽.

의 중심은 품위를 저하시키는 것으로 여겨지는 (인간을 포함한) 동물의 쓰레기 산출물들이다. 신체의 산출물들은 역겨움의 초점이고, 인류학적 오염 개념의 중심요소다. 인간들은 역사적·문화적으로 변, 구토물, 오줌, 피 등을 포함한 모든 육체 산출물들을 혐오하고 역겨워하는 것으로 광범하게 입증되어왔다. 나아가 동물과 그 산출물은 이중적·갈등적 의미를 갖는다. 그것은 가장 애호되는 음식이면서, "나는 내가 먹는 것이다"는 믿음 때문에 가장 조심스런 음식이다. 따라서 '핵심적 역겨움'의 유발범주들은 잠재적 음식으로서의 모든 동물과 그 산출물들이다. 거의 모든 문화권은 잠재적 동물음식 중 오직 작은 범주만을 먹는다. 그리고 많은 문화권에서 자르고 잘게 다지고 조리하는 방법 및 동물 음식의 이름을 'pork'나 'beef' 식으로 바꾸는 방법으로 동물적 음식의 출처를 감추는 조치가 취해진다. "동물과 그 생산물은 문화권을 관통해 가장 애호되고 동시에 가장 금기시되는 것이다. 간단히 동물 음식은 감정적 부하負荷를 띠고 있고, 양의적 반응을 낳는 경향이 있다. 많은 동물 타부는 역겨움을 포함한다. 어떤 동물들은 (가령 민달팽이처럼) 점액과 같은 육체 분비물과 상당히 닮았기 때문에, 또는 (가령 파리, 바퀴벌레, 시궁쥐, 기타 쓰레기 뒤지는 동물들과 같이) 썩은 동물고기, 똥이나 기타 인간의 쓰레기들과 접촉하기 때문에 역겹다." 육식동물이 초식동물보다 더 역겨운 것으로 받아들여진다. 문명사회보다 더 광범한 범주의 동물고기를 먹는 수렵채집사회에서도 설치류와 육식동물, 그리고 많은 곤충들을 먹지 않는다. 그리고 인간과 모습이 닮은 동물이나 인간과 애완동물 관계를 맺는 동물들은 먹는 경우가 전세계적으로 드물다. 마지막으로 공포와 역겨움(징그러움)을 동시에 유발하는 거미·뱀과 같은 동물도 있다. 그러나 여러 연구에 의하면, 이런 동물들에 대한 혐오감은 공포보다 징그러움에 더 기인한다.[157]

'핵심적 역겨움'을 유발하는 마지막 인자는 역한 물체의 '오염' 능력이다. 오염반응, 즉 잠재적 음식이 짧게라도 역겨운 물체와 접촉했다면 이 음식을 거부하는 반응은 성인들 사이에서 강력하고 보편적이다. 북미 대학생들은 바퀴벌레가 잠

---

157) Rozin, Haidt & McCauley, "Disgust", 759-760쪽.

시 접한 음료수를 거부하고, 모든 북미 사람들은 냄새나는 또는 싫은 사람이 만지거나 먹은 음식을 거부한다. 이 혐오감이 보통 질병의 회피로 정당화될지라도, 이 원인 물질의 제거(가령 바퀴벌레의 소독)는 작은 효과밖에 없다. 오염 혐의는 질병회피를 위해 적응으로 형성되었을 것이지만, 질병에 대한 의식적 믿음과 거의 관계없이 작동한다.[158]

오염 효능은 "한번 접하면 늘 접해 있는 것이다"라고 생각하는 "공감적인 마술적 전염법칙"의 사례일 수 있다. 역겨움에 적용된 전염법칙은 잠재적으로 치명적이다. 사람들이 먹거나 만질 수 있는 모든 것은 잠재적으로 오염되어 있다. 인간들은 이 문제를 몇 가지 방식으로 처리한다. 첫째, 히브리 섭생체계에서 오염의 역치를 수립하는 명시적 수칙과 같은 오염규칙이 여러 문명권에서 발전되어 있다. 둘째, 관념조작(framing)이 잠재적 오염을 관념에서 지우는 책략이다. 가령 우리는 레스토랑에서 음식을 조리한 주방 사람들이나 고기의 출처인 동물, 또는 우리의 몸이 역겨운 물질들의 덩어리를 포함하고 있다는 사실들을 생각하지 않는다. 그러나 이 관념조작 해법은 오염원이 너무 도드라지면 실패한다. "두 번째 공감적 마술법칙"은 "유사성의 법칙"이다. 사물들은 피상적으로 유사하면, 깊은 의미에서도 서로 닮은 것으로 간주하는 것이다. 역한 것과 닮은 물체는 역한 것으로 취급된다. 가령 많은 북미 사람들은 개똥이 아닌 줄 알면서도 초콜릿으로 만든 모조 개똥을 먹기를 거부한다.[159]

2단계는 인간의 동물본성을 상기시키는 것들에 대한 역겨움이다. 북미 원주민과 일본인들은 역겨움 사례에서 25%미만을 '핵심적 역겨움'의 영역(음식, 동물, 육체 산출물)으로 지목한 반면, 이들이 지목한 많은 사례들은 ①부적절한 성적 행동, ②불량한 위생상태, ③죽음, ④이상적 외피나 외모의 훼손상태(피, 기형성, 비만성 등) 등 네 가지 영역에 속하는 것들이었다. 이 네 가지 영역에서 위협은 입에서 몸 전체로 확대되었다. 이 네 가지 영역은 다 생물학적 전염과 감염(가령

---

158) Rozin, Haidt & McCauley, "Disgust", 760쪽.
159) Rozin, Haidt & McCauley, "Disgust", 760-761쪽.

성병, 불결한 사람에 붙어 있는 기생충들의 피부 대 피부, 머리카락 대 머리카락 감염)의 잠재적 원천을 포함한다. 그리하여 '핵심적 역겨움'은 '미리 적응되어(preadapted)' 쉽사리 확장되었고 '오염 민감성'을 이 추가적 위험 범주들에다 적용했다. 그러나 여기에는 "상징적인 것"도 얼마간 첨가되었다.[160]

죽음이나 주검과의 접촉은 역겨움의 특히 강력한 유발인자다. 원형적인 역한 냄새는 부패 냄새이고, 이것은 죽음의 냄새다. 역겨움에 죽음이 차지하는 중심성은 수정된 정신분석적 틀 안에서의 보다 일반적인 구성을 시사한다. 심리에 대한 가장 중요한 위협은 분노나 공격성이 아니라, 죽음의 확실성이다. 오직 인간적 동물만이 그들이 죽는다는 것을 알고 오직 인간만이 이 위협을 억압할 필요가 있다. 로진과 하이트는 어니스트 베커(Ernest Becker)의 '죽음 부정의 정신분석학'을[161] 활용해 이런 틀 안에서 역겨움은 "죽음의 부정"에 쓰이고, 인간의 필멸성을 시사하는 생각이나 경험들을 억압하는 데 도움을 준다고 갈파한다.[162] 그들은 베커의 테제를 역겨움 감정과 관련해 구체적으로 검토하는 제이미 골든버그(Jamie L. Goldenberg) 팀의 연구도 활용한다. 이들은 인간들을 동물로부터 구별하고 싶어 하는 인간의 욕구를 탐구하기 위해 이 욕구가 부분적으로 실존적 필멸성에 대한 근심으로부터 유래한다는 공포관리이론(terror management theory)의 가설을 검토했다. "동물임은 사람들에게 죽음에 대한 취약성을 상기시켜 주기 때문에 위협적이다". 따라서 "사람들에게 필멸성을 상기시키는 것"은 "동물로부터 거리를 취하고 싶은 욕구를 증가시킨다". 그러므로 "죽음을 상기시키는 것들은 육체 산출물들과 동물들에 대한 역겨움의 감정반응으로 이끌어진다"는 것이다. 그리고 "필멸성으로부터 현격한 거리는 사람들을 동물과 구별되는 것으로 묘사하는 시도에 대한 더 큰 선호를 일으키고 통제조건 안에서가 아니라 필멸성으로부터 현격한 거리의 조건 안에서 다른 동물들과의 차이를 강조하려는 시도는 유사성

---

160) Rozin, Haidt & McCauley, "Disgust", 761쪽.
161) 죽음 부정의 정신분석학은 어니스트 베커의 이론이다. Ernest Becker, *The Denial of Death* (New York: Free Press Paperback, 1973 · 1997).
162) Rozin, Haidt & McCauley, "Disgust", 761쪽.

을 강조하려는 시도보다 더 선호된다"는 것이다. 이런 까닭에 인간은 자기 몸을 미화하고 피조물적 성격을 부정하는 데 많은 정열을 투입한다.163) 그리고 콕스 (Cathy R. Cox), 골든버그(Jamie L. Goldenberg) 팀의 다른 연속연구에 의하면, 자신의 죽음을 상상하라고 요구받은 사람들은 나중에 '역겨움 민감성'이 증가하는 것이 입증되었고, 다른 동물과 인간의 연속성보다 차라리 인간의 유일무이한 독특성을 주장하는 시도에 대한 선호도가 증가했다. 역으로, 역겨움 자극에 노출된 사람들에게서는 암묵적인 '죽음 관련 생각'이 증가하는 것으로 나타났다.164)

로진과 하이트는 죽음에 관한 이런 고찰을 바탕으로 "우리에게 우리가 동물이라는 것을 상기시키는 어떤 것이든 역겨움을 유발한다"는 "역겨움 유발요인들의 포괄적 서술"을 내놓았다. 인간은 다른 동물들처럼 먹고 싸고 섹스해야 한다. 각 문화는 가령 대부분의 동물들을 잠재적 음식의 경계 밖으로 밀어놓거나 모든 동물과 대부분의 사람들을 섹스의 경계 밖에 위치시킴으로써 이 행동들을 수행하는 적절한 방식을 규정한다. 이 규정을 무시하는 사람들은 역겹거나 동물 같다는 욕을 듣는다. 나아가 인간들은 침파될 때 동물들과 공통성을 보여주는 피와 약한 창자를 노출시키는 취약한 육체 외피를 가진 점에서 동물과 같다. 인간 육체는 동물 육체처럼 우리의 동물적 연약성을 상기시키는 불쾌한 요소이기 때문에 역겹다. 마지막으로, 위생규칙은 인간 육체의 적절한 사용과 유지를 다스린다. 문화적으로 명확하게 정의된 기준을 충족시키지 못하는 것은 어떤 사람을 인간 이하 수준으로 떨어뜨리는 것이다. 동물들은 (종종 부정확하게) 더러운 것으로, 또 위생에 부주의한 것으로 간주된다. 우리가 동물처럼 행동하면, 인간과 동물들 간의 구별은 더렵혀지고, 우리는 우리 자신을 강등된 것으로, 상스러워진

---

163) Jamie L. Goldenberg, Tom Pyszczynski, Jeff Greenberg, Sheldon Solomon, Benjamin Kluck & Robin Cornwell, "I am not an Anima: Mortality Salience, Disgust, and the Denial of Human Creatureliness", *Journal of Experimental Psychology*, General, Vol. 130 (3), 2001 [427-435쪽].

164) Cathy R. Cox, Jamie L. Goldenberg, Tom Pyszczynski & David Weise, "Disgust, Creatureliness and the Accessibility of Death-Related Thoughts", *European Journal of Social Psychology*, Vol. 37 Issue 3, 2007 [494-507쪽].

것으로, 필멸적인 것으로 바라본다.[165]

노르베르트 엘리아스(Norbert Elias)에 의하면, "사람들은 문명화 과정에서 그들이 '동물적'이라고 느끼는 모든 특징들을 자신들에게서 억압하려고 모색한다."[166] 역겨움을 유발하지 않는 유일한 육체 분비물은 눈물뿐이다. 눈물은 특유하게 인간적인 것으로 오인되기 때문이다. 동물이라는 단어는 많은 문화권에서 욕설로 쓰인다. 인간은 스스로를 동물보다 낫다고 생각하고 인간-동물 경계선을 명확하게 유지하려고 노력한다. 동물을 애완용으로 귀여워하면서 사람으로 간주하는 것과 같은 이 경계선의 침파는 전세계적으로 드물다.[167] 로진과 하이트는 윌리엄 밀러(William Ian Miller)의 테제를 역사적으로 기초 지어진 역겨움 관념의 결론으로 채택한다. "궁극적으로 모든 역겨움의 기반은 우리다. 그것은 우리가 살고 죽는다는 사실이고, 이 과정이 우리로 하여금 우리 자신을 의심하고 우리 이웃을 두려워하게 만드는 물질과 냄새를 방출하는 지저분한 과정이라는 사실이다".[168]

3단계는 대인적 역겨움이다. 이 대인적 역겨움은 내가 보낸 (공감적 일체감으로서의) 사랑 감정에 대한 배신 의도의 교감적 인지에서 생기는 교감감정인 '미움(증오)'이 아니라, 멸시감이나 천시감이다. '미움'에서는 나의 인격적 자아와 타인의 인격적 자아와 의도가 초점이 되고 이 자아나 의도와 교감이 벌어지는 반면, '대인적 역겨움'에서는 낯선 자나 원치 않는 자의 '자아'나 '의도'가 아니라, 그 자의 어떤 더러운 속성이 초점이 되고, 교감이나 공감 없이 이 사람의 더러운 '속성'과 그 관련된 것들을 몽땅 멸시하고 천시하는 것이다.

타인과의 접촉이 역겨움의 유발요인일 수 있다는 것은 이미 다윈의 '침 뱉기'에서도 논구되었다. 타인이 더러운 쓰레기 산출물들의 보관자로 간주되면 타인이

---

[165] Rozin, Haidt & McCauley, "Disgust", 761-762쪽.
[166] Norbert Elias, *The History of Manners*: Vol. 1, *The Civilization Process* (New York: Pantheon Books, 1978 [original: 1939]), 120쪽.
[167] Rozin, Haidt & McCauley, "Disgust", 762쪽.
[168] William I. Miller, *The Anatomy of Disgust* (Cambridge, MA: Harvard University Press, 1997 · 1998), xiv쪽.

역겹다. 미국에서 광범하게 입증되는 사실은 사람들이 미지의 인물이나 원치 않는 인물이 사용한 소지품, 도구, 의복, 자동차, 거실과의 접촉에도 혐오감을 느낀다는 것이다. 로진과 하이트는 대인 혐오감을 ①낯섦, ②질병, ③불운, ④도덕적 오점 등 네 범주의 요인으로 분석한다. 건강한 낯선 자가 쓰고 세탁한 스웨터도 사람들이 쓰기를 꺼려한다. 이 거부감은 낯선 자가 불운한 사고를 당한 자(가령 다리가 절단된 자), 질병(가령 결핵)이나 도덕적 오점(살인전과)을 가진 자라면 본질적으로 증가한다.[169] 역겨움의 확대적용의 외적 경계선에 위치한 이 '도덕적 오점'은 역함의 속성만이 아니라, 오염의 속성도 보여준다. 살인과 같은 도덕적 위반을 저지른 사람들과의 간접적 접촉도 고도로 혐오스럽고, 심각한 전염병을 가진 사람과의 접촉만큼 혐오스럽다.[170] 이런 유형의 접촉은 역하고 동시에 오염적이다. 이런 까닭에 이런 접촉은 역겨움의 사례가 된 것으로 보인다. 대인적 역겨움은 친밀하지 않은 사람들과의 접촉을 말린다. 이것은 감염 위험을 줄임으로써 아마 진화적으로 생존에 적응성을 높일 것이고, 사회적 차별과 사회적 위계질서를 유지할 목적에 이바지할 것이다. 인도에서 음식 등에 의해 매개된 대인적 전염은 사회의 주요측면이고, 카스트제도의 유지를 위한 주요기반이다.[171]

4단계는 도덕적 역겨움이다. 부도덕한 행위에 대한 도덕적 역겨움, 즉 불가不可감정(disapprobation)은 핵심적 역겨움의 도덕적 전용이다. 부도덕한 행위의 인지가 그 부도덕한 의도의 교감적 인지를 포함하는 한에서 역겨움이 교감감정으로 전화되는 경우다. '도덕적 역겨움'은 다윈이 취급한 '경멸감'과도 상통한다. '경멸감'은 '도덕적 경멸감'도 있지만 '비도덕적 경멸감'(가령 눈치 없는 자, 센스 없는 자, 무능한 자, 추하고 못생긴 자 등에 대한 경멸감)도 있기 때문에 뒤에 '교감감정' 절에서 재론할 것이다. 여기서는 그 생리적 · 뇌과학적 · 심리적 특징들에 초점이 맞춰

---

169) Rozin, Haidt & McCauley, "Disgust", 762쪽.
170) Rozin, Haidt & McCauley, "Disgust", 763쪽.
171) Rozin, Haidt & McCauley, "Disgust", 762쪽. 인도의 음식과 관련된 카스트정치에 대해서는 참조: Arjun Appadurai, "Gastro-Politics in Hindu South Asia", *American Ethnologist*, Vol. 8, No. 3, 1981 [494-511쪽]; Milton B. Singer & Bernard S. Cohen (ed.), *Structure and Change in Indian Society* (Chicago: Aldine, 1968).

진다.

로진과 하이트는 사람의 다른 육체적 속성과 동일한 것으로 간주되는 '도덕적 오점'과 별도로 지저분한 성관계·배신·위선·인종주의 등 부도덕한 행위나 의도에 대한 교감적 인지와 혐오감을 '도덕적 역겨움'으로 파악한다. 이 '도덕적 역겨움'은 육체에 대해서가 아니라 사람의 도덕적 의도에 대해서만 표현된다. 북미 사람들은 배신·위선·인종주의를 도덕적으로 역겹게 여긴다. 도덕적 역겨움과 관련된 관심거리는 '도덕적 위반행동이 진짜 역겨움을 야기하는가'다. 일부 학자들은 이것은 비유적이거나 언어적 오용이지, 진짜가 아니라고 생각하지만, 로진과 하이트는 다윈처럼 진짜라고 생각한다. 그들은 세 가지 근거를 든다.

첫째, '역겹다'는 단어가 사회도덕적 영역으로 광범하게 확장되어 쓰이는 것이 영어사용자들의 기벽이라면, 이것은 거의 모든 언어의 기벽일 것이다. 전세계의 거의 모든 언어들이 '역겹다'를 도덕적 언어로도 쓰기 때문이다. 다양한 문화권의 사람들과 언어들은 똥과 추잡한 정치인들에 대한 감정적 반응에서 상당한 유사성을 느낀다.[172] 이런 까닭에 아마 김두한 전의원이 과거 부패한 국회에 똥물을 투척했을 것이다.

둘째, 다마시오는 전부前部 뇌섬을 '신체표지'(내감적 정보인 육감이 사회적 접근이나 사회적 기피의 동기를 산출하기 위해 보다 고차적인 사회적 인지를 처리하는 과정)의 중요한 장소로 꼽았다. 전부 뇌섬은 가장 빈번하게 역겨움과 연결되는 뇌 영역이다.[173]

셋째, 역겨움과 분노를 유발하는 미국 네오나치스 비디오영상에 대한 반응 실험에서 심박동수가 내려갔다. 이것은 역겨움에 대한 예상되는 생리적 반응이고, 분노에 대한 통상적 반응의 반대다. 나아가 심박동수의 감소는 목구멍의 긴장과 이 악물기(핵심적 역겨움의 표지)를 느낀 부류의 피험자들에게서 훨씬 더 컸다. 환언하면, 나치스는 적어도 일부 사람들에게 진짜 '역겨운' 것이고, 이런

---

172) Rozin, Haidt & McCauley, "Disgust", 762-763쪽.
173) Rozin, Haidt & McCauley, "Disgust", 763쪽.

의미에서 '징그러운' 것, '혐오스런' 것, '경멸스런' 것들이다.[174)]

도덕적 제재·응징 욕구를 유발하는 도덕적 중요성을 갖는 부정적 감정들은 역겨움, 도덕적 경멸, 분노(분개와 공분) 등 세 가지다. 로진과 하이트는 리처드 쉐더(Richard A. Shweder) 팀의 연구를[175)] 바탕으로 세 가지 윤리코드를 분류한다. ①의무·상하위계·사회적 역할에 초점을 맞추는 '공동체 코드'는 위반 시에 도덕적 경멸감을 유발한다. ②권리와 정의를 포괄하는 '자율성 코드'는 위반 시에 분노를 유발한다. ③영적 실체로서의 자아에 초점을 맞추고 영적 실체를 타락시키거나 오염시키는 행위로부터 보호하려고 하는 '신성 코드'는 위반 시에 역겨움을 유발한다. 이 세 윤리코드는 보편성이 있다.[176)]

역겨움과 관련해서 그 밖의 중요한 사항으로는 아기들이 가령 똥·침 등 더러운 것들에 대한 역겨움을 느끼지 못하고 나이가 들어 생후 세 살에서 일곱 살 사이에 이를 느끼기 시작한다는 것이다.[177)] 또한 역겨움의 대상에 대해서는 문화권마다 약간씩 다르고, 사람마다 개인차가 있다.[178)] 어떤 이유에서든 역겨움을 느낄 때 뇌의 전부 뇌섬, 기저핵, 전전두피질의 일부영역 등 세 부위가 활성화된다.[179)] 뇌섬과 기저핵의 활성화는 역겨움을 (편도체가 주로 활성화되는) 공포감정과 구별해준다. 뇌섬은 미각피질이고 불쾌한 맛이나 냄새에 의해 활성화된다. 따라서 뇌섬이 활성화된다는 것은 역겨움이 음식이나 섭식과 강한 연계를 가졌다는 것을 입증한다. 도덕적 역겨움 유발요인과 동물본성의 상기에 대한 역겨움 유발요인은 동일한 뇌 부위들을 활성화시킨다. 따라서 도덕적 역겨움은

---

174) Rozin, Haidt & McCauley, "Disgust", 763쪽.
175) Richard A. Shweder, Nancy C. Much, Manamohan Mahapatra & Lawrence Park, "The 'Big Three' of Morality (Autonomy, Community, Divinity) and the 'Big Three' Explanations of Suffering". Allan M. Brant & Paul Rozin, *Morality and Health* (New York: Routledge, 1997) [119-169쪽].
176) Rozin, Haidt & McCauley, "Disgust", 763쪽.
177) Rozin, Haidt & McCauley, "Disgust", 765쪽.
178) Rozin, Haidt & McCauley, "Disgust", 766-767쪽.
179) David S. Husted, Nathan A. Shapira & Wayne K. Goodman, "The Neurocircuitry of Obsessive-Compulsive Disorder and Disgust", *Progress in Neuro-Psycho-Pharmacy and Biological Psychiatry*, 30, 2006 [389-399쪽].

상술했듯이 가상적인 것이 아니라 진짜다.[180]

다른 문제는 대인적 · 도덕적 역겨움이다. 인간들은 고래로 '역겨움'의 감정을 적대관계와 사회차별에서 상대 집단의 '탈인간화'에 전용해왔다. '역겨움'은 '기계적 탈인간화'와 '동물적 탈인간화' 중 '동물적 탈인간화'에 쓰인다. 인간들은 다른 집단을 '지위'와 '연대'의 차원에서 인지한다. 지위가 낮고 자기의 집단과 같지 않은 것으로 간주되는 집단은 역겨움과 경멸로 바라본다. 낮은 신분과 같지 않은 외부집단들과 관련된 역겨움은 외국인과 이방인, 외부인, 이주자, 일탈적 개인들에 대한 부정적 태도와 정비례한다. 이 역겨움은 어느 정도 감염이나 오염의 공포에 의해서도 매개된다. 육체적 · 도덕적 오염자들을 표현하는 집단들은 역겨움을 유발하는 반면, 원하는 목표를 방해하는 집단들은 분노를 유발한다.[181] 역겨움은 특히 강력한 위협, 즉 오염의 위협에 대한 '신호'나 '문지기'일 수 있는 것이다.

그러나 '역겨움'은 대인적 · 도덕적 형태로 쓰이는 경우에 오히려 도덕적 모순과 갈등을 초래할 수도 있다. 정결성은 인도에서 보호되어야 할 도덕적 가치이고, 이런 관점에서 음식은 '이중도덕적' 물질이다. 그러나 동아시아와 서양에서 음식과 청결성은 도덕적 역겨움의 대상이 아니다. 미국에서 도덕적 역겨움은 불결한 음식이 아니라, 타인들로부터 기본적 인간성을 박탈하는 행동들(잔학성, 잔인성, 인종주의의 행동)과 (위선이나 아첨과 같은) 부정직과 불성실의 세속적 행동들에 초점을 맞추는 것으로 보인다.[182] 또한 호버그, 오베이스, 켈트너, 코헨은 역겨움이 정의 · 해악 · 배려 등의 도덕영역이 아니라 몸과 마음의 청결성 영역만을 도덕화한다고 주장하기도 한다.[183] (이들은 가령 길거리에 침을 뱉는 것, 오물이 묻은 더러운 옷차림이나 악취가 나는 몸으로 공공장소에 들어오는 것 등을 공중

---

180) Rozin, Haidt & McCauley, "Disgust", 768쪽.
181) Rozin, Haidt & McCauley, "Disgust", 770쪽.
182) Rozin, Haidt & McCauley, "Disgust", 766쪽.
183) E. J. Horberg, Christopher Oveis, Dacher Keltner & Adam B. Cohen, "Disgust and the Mobilization of Purity", *Journal of Personality and Social Psychology*, Vol. 97, No.6 (2009) [967-976쪽].

도덕 위반으로 보는 것을 염두에 둔 것으로 보인다.)

나아가 윌리엄 밀러(William I. Miller)는 많은 서구인들이 역겨움을 도덕적으로 사용하는 것을 불편해할 수 있다고 시사한다. 왜냐하면 역겨움은 평등주의 에토스와 종종 마찰을 일으키기 때문이다. 역겨움은 사람들을 깔아뭉개는 경향이 있고, 뚱뚱하거나 기형적인 사람이나 동성애자를 비난하는 데 쉽사리 동원되는 성향이 있다.[184] 마르타 누스바움(Martha C. Nussbaum)은 이런 까닭에 역겨움이 법률체계나 입법에서 어떤 역할도 해서는 아니 된다고 주장한다. 왜냐하면 음식과 피에 얽힌 역겨움에 입각한 인도 카스트제도의 수립·유지·견지나 유대인에 대한 나치의 역겨움과 만행에서 보듯이 "역겨움은 악과도 합작하고, 우리의 정치적 심장을 따뜻하게 유지시킬 아무것도 우리에게 제공하지 않기" 때문이라는 것이다.[185]

역겨움 자체는 본성적 감정일지라도 대인적·도덕적 역겨움의 대상들은 본성적으로 정해진 것이 아니라 문화권·사회집단·개인에 따라 상당히 다르게 정해질 뿐만 아니라 상반되게 정해지기도 한다. 이로 인해 도덕적 역겨움의 '대상'은 시대와 지역에 따라서 자의적·상대적이다. 이런 상대성과 상반성 때문에 '도덕적 역겨움'에 대한 밀러와 누스바움의 비판적 지적과 반대는 사실 지당한 것이다. 도덕성의 근본원칙들은 범인류적으로 보편적이고 본질적으로 유사해야 할 것이다.

나아가 밀러와 누스바움의 주장에다 필자는 새로운 환경도덕의 수립과 확립을 위해서도 역겨움의 도덕적 활용에 반대해야 한다고 덧붙이고 싶다. 왜냐하면 인간의 동물적 본성을 상기시키는 것에 대한 역겨움에서 유래하는 동물경멸과 동물지칭 욕설들은 동물에 대한 공감과 생명애를 약화시킴으로써 동물의 오용과 학대를 조장하고 합리화하는 서구 기독교전통의 합리주의적 인간우월주의(인간

---

184) 참조: William Ian Miller, *The Anatomy of Disgust* (Cambridge, MA: Harvard University Press, 1997·1998).
185) Martha C. Nussbaum, "'Secret Sewers of Vice': Disgust, Bodies, and the Law", 55쪽. Susan A. Bandes, *The Passion of Law* (New York: New York University, 1999) [19-62쪽].

파시즘적 휴머니즘) 경향을 뒷받침해주기 때문이다. 우리가 인간과 자연을 향한 제대로 된 도덕행위를 원한다면 저런 도덕적 역겨움의 원시적이고 자의적인 비본성적 감정을 뒤로하고, 인간을 인간답게 만들어주는 고귀한 본성적·보편적 도덕감정(동물까지 포괄하는 보편적 측은·수오·공경지심)과 도덕감각(시비지심)을, 그리고 본능적 생명애를 확충하고 진작하는 데 힘써야 할 것이다.

공자의 칠정의 일곱 번째 감정인 '욕구'는 '욕망'이다. 욕구가 감정인가? 어색하게 느낄 수도 있다. 그런데 '욕구'를 '욕망'으로 바꿔 보면 감정의 측면이 도드라진다. 그래서 흄은 직접감정에 '희망'과 함께 '욕구'를 집어넣었다. 그가 '희망'을 이상하리만치 복잡하게 설명하고 있기는 하지만,[186] 희망이 욕구의 정신적 연장선에 있는 감정인 한에서, 욕구도 감정의 일종으로 봐야 한다. 그러나 다윈은 『인간과 동물의 감정 표현』에서 '욕구'를 분석대상에서 제외시켰고, 다마시오도 일차감정에서 욕구를 빼놓고 있다. 하지만 다윈과 다마시오가 둘 다 위장의 '역겨움'을 집어넣고 '욕구'를 뺀 것은 기쁨을 넣고 슬픔을 빼는 것과 같은 부적절함으로 느껴진다. 따라서 욕구를 중요한 감정 범주에 포함시킨 공자의 칠정론이 기본적으로 옳다. 공자는 욕구 중 가장 큰 욕구, 즉 "인간의 대욕大欲"이 "음식과 남녀관계에 있다"고 말했다(飮食男女 人之大欲存焉). 특이한 것은 '좋음'과 '싫음'을 대비시키지 않고, "음식과 남녀관계의 대욕"과 "사망·빈고에 대한 대오大惡"를 대비시키고 이 "욕·오欲惡"의 감정들을 "마음의 대단大端"으로 규정하고 있다는 점이다.

대욕 중 하나인 '성욕(lust)'을 팽크셉은 식욕과 별개로 인간을 포함한 모든 포유류에게 공통된 저 7대 정동감情動感에 포함시켰다. '성욕'은 '사랑'과 긴밀히 관련될 수 있다. 그러나 토마스 인젤(Thomas R. Insel)이 프레리 들쥐 실험에서 밝혔듯이 발정회로에 기초한 '성욕'은 옥시토신·바소프레신 회로에 기초한 '사랑과 근본적으로 다른 감정이다. 사랑은 상론했듯이 남녀 또는 암수, 또는 어미와 아비의 배려심을 촉진하는 옥시토신과 바소프레신 분비체계로부터 산출된다. 성욕회로는 옥시토신·바소프레신 체계와 긴밀히 엉켜 있고 '성욕의 충족'이 —

---

186) 참조: Hume, *A Treatise of Human Nature*, Book 2. *Of the Passions*, 281-286쪽.

상론했듯이 프로이트가 주장한 '좌절된 성욕의 승화'가 아니라 — 옥시토신과 바소프레신의 뇌내腦內 합성과 분비를 촉진할지라도[187] 이 옥시토신·바소프레신 회로와 분명하게 구별되는 별개의 신경회로다. 인젤의 연구(1997)를 접하지 못한, 이런 까닭에 성욕과 사랑을 충분히 구분하지 못한 팽크셉은 1998년 성욕을 '사회적 감정'에 포함시켰지만,[188] 이것은 성욕을 사랑과 혼동한 데서 빚어진 개념분류상의 오류일 것이다. 모든 동물들에게서 성행위는 발정기의 일회적 또는 한시적 행동으로 끝나고, 포유동물의 경우에도 단독생활을 하는 동물들의 수컷에게서는 '연애(romantic love)'나 '자애(즉, 양육적 사랑[nurtural love])'를 동반하지 않는 일회적 또는 한시적 행동이다. 따라서 성욕은 일시적이고 일방적일 수 있다. (반면, 사랑은 성교상태의 육체적 결합이 해체된 뒤에도 계속되는 '심신적 분리 속에서의 공감적 일체감'으로서 늘 지속적이고 쌍방적이며 언제나 연대와 자애의 배려를 동반한다.) 유기체들이 배우자를 선택하는 다양한 행동전략들은 부분적으로 유전자들의 성적 재조립에 의해 추동된 포유류의 긴 진화과정에서 발생했고, 현존하는 성적 전략의 다양성은 엄청나다. 그리하여 수컷 또는 남성의 '성욕회로'와 암컷 또는 여성의 '성욕회로'는 많은 과정이 공통될지라도 전반적으로 보면 판이하게 다르다.

남성과 여성의 성은 상이한 제어체계를 가지고 있다. 조류가 아니라 포유류 태아의 원초적 설계도는 시원적으로 암컷, 자성雌性이다. 이 시원적 암컷 상태는 '디폴트' 설계도라 불린다. 웅성화雄性化는 태아 테스토스테론의 양면적 조직화 (뇌 구조의 성별 조직화와 육체의 성별 조직화) 효과로부터 비로소 생겨나기 때문이다. (이것은 이브를 아담의 갈비뼈로 만들었다는 구약성서를 믿는 종교인들에게 '참 안 된' 말이다.) 이 조직화는 인간의 경우에 임신 이삼분기 동안 진행된다. 또는 이 시원적 자성 상태를 '결함 없는' 설계도라고도 부른다. 왜냐하면 자성적 뇌는 웅성적 뇌보다 좌·우뇌의 대뇌영역들의 사용을 둘 다 더 효과적으로 조정하기

---

187) Panksepp, *Affective Neuroscience*, 246쪽, 257쪽.
188) Panksepp, *Affective Neuroscience*, 223쪽.

때문이다. 창세기와 정반대로 포유류에게 있어 웅성雄性은 자성雌性으로부터 생겨나기 때문이다. 모든 생화학적 사건들이 이 성 전문화 기간 동안 웅성화 설계에 따라 진행된다면, 시원적 자성 두뇌는 자궁 내에서 테스토스테론의 시한부 분비와, 능동적 조직화 호르몬인 '에스트로겐'으로의 테스토스테론의 전환에 의해 웅성화된다. 발달하는 자성적 뇌는 알파 태아단백질 같은 예방적 화학분자들에 의해 보호된다. '모성적' 에스트로겐들은 그냥 두면 뇌를 웅성화하는 경향을 띤다. 태아단백질은 '모성적' 에스트로겐들의 웅성화 효과를 중립화한다. '웅성화된다는 것'은 뇌의 일정한 영역들, 특히 전부 시상하부에 있는 특별한 핵 집단들이 암컷에게서보다 수컷에게서 더 크게 성장하는 한편, 좌우반구를 연결하는 뇌량 같은 다른 영역들은 더 작게 남아 있다는 것을 뜻한다.

초기 호르몬 분비의 이 뇌 조직화 효과 문제는 동성애 성향을 설명해준다. 왜냐하면 궁극적으로 웅성 뇌의 조직화를 격발하는 호르몬들(에스트로겐의 아로마에 싸인 테스토스테론)은 웅성 신체의 조직화를 격발하는 호르몬들(5알파 환원효소에 의해 디하드로테스토스테론[DHT]으로 전환된 테스토스테론)과 판이하게 다르기 때문이다. 뇌와 신체 조직화의 제어요인들의 이런 양면적 분할로 인해 웅성형 신체가 자성형 뇌를 담고 있는 것이 아주 가능하고, 자성형 신체가 웅성형 뇌를 담는 것도 당연히 가능한 것이다. 모성 스트레스가 생리과정을 탈동기화脫同期化함으로써 뇌 웅성화의 정상적 과정을 방해할 수 있다는 것은 동물모델에서 거듭 입증된 바 있다.[189]

자웅의 성충동은 서로 다른 신경체계로부터 생겨난다. 이것은 암컷을 유혹하는 소리를 제어하는 수컷 뇌 체계가 번식기에 맞춰 성장하고 줄어드는 명금류鳴禽類들에게서 가장 명백하다. 하지만 인간의 뇌도 남녀 간에 중대한 기능적 차이를 보여준다. 가령 뇌의 시각교차전前 영역의 손상은 여성의 성적 행동에 대해서보다 남성의 행동에 더 해로운 영향을 미친다. 반면, 복내측 시상하부의 손상은 남성의 성충동보다 여성의 성충동을 훼손하는 반대의 효과를 보인다. 이 뇌 영역

---

189) Panksepp, *Affective Neuroscience*, 225쪽.

들은 암수에 따라 각기 조직된다. 남성과 여성의 뇌를 갖는다는 것은 많은 것을 의미하지만, 남성의 바소프레신 회로와 여성의 옥시토신 회로는 남녀분화의 가장 잘 확립된 효과들에 속한다. 뇌 안에 이러한 체계들이 존재한다는 것은 결과적으로 남녀의 성적 성향의 많은 행태적·감정적 차이들을 설명해준다.[190]

한편, 물적 '욕구(욕망)' 또는 '물욕'으로 넘어오면, 우리 말버릇에 '물욕'은 흔히 '끝'이 없다'고 한다. 그러나 주지하다시피 인간의 '자연적 욕구'는 욕구충족의 쾌통감각과 관련해 호메오스타시스의 역치가 있기 때문에 욕구의 일정한 자연적 양(中度)이 충족되면 성욕처럼 금방 질리게 되어 종식된다. 이 자연적 중도의 욕심은 생존을 위해 필수적인, 따라서 생존도덕으로도 가한 자연 본연의 이기적 욕심이다. 욕심은 생활수단의 장차 안전한 공급을 확보하는 관점에서 주어진 시점에 필요한 양에 대한 욕심의 선을 넘어 확대될 수 있다. 그러나 화폐가 없는 자연상태에서는 생활수단의 보존기간이 수일, 수개월, 수년으로 제한적이기 때문에 이 물욕도 자연적으로 제한된다. 보존기간을 넘어 썩어문드러질 수 있는 정도의 양은 다른 인간·동물들과 후하게 나눌 수밖에 없다. 자연적 본성상태에서는 기본적 욕심은 있지만 이른바 '탐욕'은 있을 수 없는 것이다. 그러므로 공자는 "욕구하나 탐하지 않는 것(欲而不貪)"을 정치적 "오미五美"의 하나로 간주했다.[191]

'이기심'은 '욕심'을 달리 부르는 말이다. 따라서 욕망 또는 욕구로서의 '이기심'은 기쁨·슬픔·성냄 등의 다른 단순감정처럼 도덕적이지도 않지만 부도덕하지도 않은 '비도덕적' 감정이다. 따라서 시장의 경쟁·자본축적 기제와 게임논리(클라우제비츠의 절대전絶對戰 개념)에 따라 제한적 물욕의 인성에 반해 인간에게 무한한 탐욕을 강요하는 사이코패스적 영토정복전쟁과 자본의 무한축적은 인간 본연의 자연스런 욕망과 무관한 것이다. 정복전쟁과 자본의 무한축적은 인간의 욕심이 아니라, 경쟁적 정복욕과 자본주의적 축적메커니즘의 '욕심'에 따른 것이거나 사이코패스의 맹수적 욕심에 따른 것이다. 그러므로 사이코패스적 정복욕

---

190) Panksepp, *Affective Neuroscience*, 225-226쪽.
191) 『論語』「堯曰」(20-2).

과 자본의 축적메커니즘의 욕심을 인간의 욕심으로 착각해 '인간의 욕망이 끝이 없다'는 홉스와 순자 식의 천박한 사변적 도덕론을 '되뇌는' 것은 진정으로 '인간 모독'이다.

자기를 위한 욕구는 흔히 '이기심'이라 부르고, 이기심은 '자기애(self-love)'라 부르기도 한다.[192] '이기심'도 다른 욕구와 마찬가지로 생존에 필수적인 정도, 즉 '자연적 한도'(역치)가 있고, 이 한도를 넘는 사이코패스적 병리의 '탐욕적 이기심'과 구별된다. 사회적으로 무해한 이기심을 섀프츠베리·허치슨·흄·스미스 등은 모두 다 정당한 것 또는 중립적인 것으로 보고 병리적 탐욕과 준별했다. 섀프츠베리는 중도(moderation)를 기준으로 '자기애'를 변별한다. "우리가 사심 또는 자기애라 부르는 모든 것을 구성하는 감정들은 (...) 적당하고 일정한 경계 안에 있다면 사회생활에 해롭지 않고, 덕성에 대한 방해물도 아니지만, 정도가 극단적이면 이 감정들은 비겁·앙심·사치·탐욕·허영심과 야심·나태가 되고, 그 자체로서 인간사회와 관련해 악덕하고 나쁘다고 인정된다."[193] 허치슨은 자기애를 일단 인애와 결부될 수 있는 것으로 보고, 어쩌다가 잘못되는 경우에만 인애와 대립되는 것으로 보았다. "여기서 유의해야 할 것은 모든 인간들이 인애만이 아니라 자기애도 가지고 있는 만큼, 이 두 원리는 결합해서 한 인간을 동일한 행동으로 불러일으킬 수 있다는 점이다. 그렇다면 이 두 원리는 동일한 물체를 운동으로 강제하는 두 힘으로 간주된다. 두 원리는 때로 협력하고, 때로 서로 무관하고, 때로 어느 정도로 대립된다."[194]

---

192) 흄은 '자기애'라는 표현을 못마땅해 한다. "우리가 자기애를 말할 때, 이것은 정확한 의미에서 그런 것도 아니고, 이 자기애가 산출하는 감흥이 친구나 애인에 의해 일으켜지는 애정과 공통된 어떤 것을 지니고 있는 것도 아니다. Hume, *A Treatise of Human Nature*, Book 2. *Of the Passions*, 214-216쪽. 그러나 필자는 '자존심(self-respect, self-esteem)'이나 '자신감(self-confidence)'이라는 개념이 가능하기 때문에, '자기애'도 부정확한 표현이 아니라고 생각한다.
193) Anthony, Third Earl of Shaftesbury (Anthony Ashley Cooper), *An Inquiry Concerning Virtue or Merit* (1713), 80-81쪽. Shaftesbury, *Characteristicks of Men, Manners, Opinions, Times*, Vol. II, edited by Douglas Den Uyl (Indianapolis: Liberty Fund, 2001).
194) Francis Hutcheson, *An Inquiry into the Original of Our Ideas of Beauty and Virtue; In two Treatises* [1st ed. 1726; 3rd ed. 1729; London: Printed for R. Ware, J. Knapton etc., 5th ed. 1753]

주지하다시피 데이비드 흄은 "이기심"을 가치중립적인 것으로 자리매김한다. "이기심의 감정 그 자체만이 이 이기심의 감정을 억제하므로 이기심의 감정이 악인지, 선인지 하는 물음은 아무래도 상관없다. 이기심의 감정이 덕스러워지면, 인간들도 이 덕성에 의해 사회적으로 되고, 이기심의 감정이 부덕하면, 인간들의 부덕은 같은 효과를 가지는 것이다."[195] 아담 스미스도 잘 알려져 있듯이 '자기애' 자체를 일단 도덕적으로 중립적인 것으로 보았다. "자기애는 개인으로 하여금 자신의 행복을 보살피도록 만드는 것과 다른 어떤 효과도 갖지 않을 때, 단지 결백할 뿐이고, 어떤 칭찬을 받을 만하지 않을지라도 또한 어떤 비난을 받을 필요도 없다."[196] 나아가 스미스는 이기적일 뿐인 '소덕小德들'을 더 적극적으로 평가한다. "우리 자신의 사적 행복과 이익에 대한 중시도 많은 경우에 아주 칭찬할 만한 행동원리로 현상한다. 절약·근면·분별·주의·열심은 일반적으로 이기심적 동기로부터 함양되는 것으로 여겨지고, 동시에 만인의 호평과 동조를 받을 만한 아주 칭찬받을 가치가 있는 자질로 이해된다."[197]

루소는 '자기애(amour de soi-même)'와 '이기심(amour-propre)'이라는 술어로 '자연적 이기심'과 '탐욕적 이기심'을 구별했다. 루소의 자기애는 여기서 말하는 이기심이고, 그의 이기심은 여기서 말하는 탐욕이다.[198] 루소의 '자기애'는 우리의 '자연

(Indianapolis: Liberty Fund, 2004), 104쪽.
195) Hume, *A Treatise of Human Nature*, Book 3. *Of Morals*, 316쪽.
196) Adam Smith, *The Theory of Moral Sentiments, or An Essay toward an Analysis of the Principles by which Men naturally judge concerning the Conduct and Character, first of their Neighbours, and afterwards of themselves* [1759, Revision: 1761, Major Revision: 1790], edited by Knud Haakonssen (Cambridge/New York: Cambridge University Press, 2002·2009 [5. printing]), VII. ii. iii, §12, §16.
197) Smith, *The Theory of Moral Sentiments*, VII. ii. iii, §12, §16.
198) Jean-Jacques Rousseau, *A Discourse on the Origin of Inequality* [1755], 73쪽 각주. Jean-Jacques Rousseau, *The Social Contract and Discourses*. Translated and introduced by G. D. H. Cole. Revised and augmented by J. H. Brumfitt and John C. Hall. Updated by P. D. Jimack. London·Vermont: J. M. Dent Orion Publishing Group, 1993): "이기심은 자기애와 혼동되어서는 아니 된다. 양자는 그 자체에서나 그 효과에서 상이하다. 자기애는 모든 동물을 그 자신의 자기보존을 돌보도록 이끄는 자연적 감정이다. 이것은 인간에게서 이성에 의해 지도되고 동정심에 의해 수정되어 인간애와 덕성을 창조한다. 이기심은 순수하게 상대적이고

적 이기심'을, 그의 '이기심'은 '탐욕'을 가리킨다. 한편, 자연상태에서 사람들이 "자신을 평가하지도, 비교하지도 않는다"는 식의 비교·증오·복수심·명예심과 관련된 그의 주장은 그릇된 논변이다. 후술하듯이 비교·증오·복수심·명예심은 동물과 인간의 본능이다.

한편, 스펜서는 '자연적(본성적) 이기심'을 중도의 '합리적 이기심'이라 부르고 이 합리적 이기심을 이타심에 앞세운다. 하지만 그는 '이기심과 이타심의 타협'은 불가피한 것으로 논변했다.[199]

여기에 필자는 '자연적 이기심'과도 다르고 수전노의 병리적 '탐욕'과도 다른 새로운 이기심, 즉 '경쟁적 이기심'의 범주를 추가하고자 한다. 이 '경쟁적 이기심'은 경제체제가 자본주의적 시장경쟁 체제로 전환되고 나서 본격적으로 생겨난 것이다. 썩지 않는 화폐에 기초한 시장경제의 전면적 관철로 무한축적이 가능해지고 자본권력이 등장하면서, 모든 자본권력은 경쟁에서 살아남지 않으면 망하는 상황이 초래된 것이다. 이와 함께 정치·사회세계도 시장경쟁을 본떠 많건 적건 유사한 경쟁체제로 재편되었다. 물론 이 상황의 경쟁적 이기심도 '무한한' 것은 아니다. 자본권력이 시장독점 또는 과점에 도달하면 이 이기심도 약화되기 때문이다. 이것은 새로운 자본권력의 도전에 게으르고 부패한 기존 독점체가 무너지는 역사에 의해 입증된다.

그런데 이 '경쟁적 이기심'은 자연적 이기심의 자연적 자기제한성을 뚫고 문화

부자연스런 감정이다. 사회상태에서 생겨나는 이 이기심은 각 개인들로 하여금 다른 사람보다 자기를 더 중시하도록 이끌고 인간들이 서로에 대해 입히는 모든 상호적 손해를 야기하는 '명예심'의 실제적 원천이다. 이것을 인식하여 나는 원시적 조건에서, 참된 자연상태에서 이기심은 존재하지 않는다고 주장한다. 각 개인이 자신을 자기 행위의 유일한 관찰자로, 그에게 그 어떤 관심을 가진 우주 안의 유일한 존재, 그의 공적에 대한 단독 판관으로 여기는 만큼, (…) 비교로부터 생겨나는 어떤 감정도 그의 영혼 속에 뿌리박을 수 없다. 동일한 이유에서 그는 증오도, 복수욕도 알 수 없다. 왜냐하면 이 감정은 손상의 감정으로부터만 생겨날 수 있기 때문이다. 손상의 본질을 구성하는 것은 가해진 위해가 아니라 경멸이나 해칠 의도이므로, 그들 자신을 평가하지도, 비교하지도 않는 사람들은 폭력이 그들에게 맞을 때 상처의 감정을 느끼지 않은 채 많은 폭력을 서로 자행할 수 있을 것이다."

199) Herbert Spencer, *Social Statics: or, The Conditions essential to Happiness specified, and the First of them Developed* (London: John Chapman, 1851), §§68-91.

적으로 발전하고 번영하기 위해 불가피하고 자본권력과 모든 권력자의 독과점과 독재를 저지하기 위해서도 적절한 수준에서 필수적인 것이다. 이 인위적 경쟁체제도 다시 시장과 경쟁을 효율적 게임기제로 선택한 이상 불가피한 것이고 또 필요한 것이다. 시장경쟁과 경쟁적 이기심은 자본축적을 가속화시키면서도 동시에 자본의 독점을 제어하고 무너뜨리는 유일한 '경제내적' 대항력이기 때문이다. 따라서 적절한 '경쟁적 이기심'은 과열·출혈·극한경쟁 등 인간을 소외시키는 과잉경쟁과 자본권력의 횡포를 경제외적 공정거래법제, 노동3권, 정치권력 등으로 적절히 제어할 수만 있다면 몽땅 도덕적으로 악마시할 수 없는 긍정적 에너지다. 누가 과연 적절한 시장경쟁, 그리고 민주적 선거전과 각종 선발·선임·경쟁 입찰 제도까지도 몽땅 부도덕한 것으로 부정할 것인가?

한편, 욕구와 아주 가까운 중요한 범주로 '의지'(의욕)를 덧붙여야 할 것이다. '의지(will)'는 행동의 '의도(intention)'와 상통하는 개념이다. 흄에 의하면, '의지'는 "우리 몸의 어떤 새로운 운동이나 우리 정신의 새로운 지각을 알고서(knowingly) 산출할 때 우리가 느끼고 의식하는 내적 인상"이다. 이 정의는 운동이나 지각을 산출하는 데 '앎' 또는 '의식'이 개재된다는 사실에만 강세가 놓인 약간 김빠진 정의다. 그러나 그는 아주 무관한 곳에서 이렇게 말한다. "욕구는 단순하게 생각되는 이로움에서 생겨나고, 혐오는 해로움으로부터 생겨난다. 의지는 이로움, 또는 해로움의 부재상태가 정신이나 육체의 어떤 행동에 의해 획득될 수 있을 때 발휘된다."[200] 이것을 보면, '의지'는 어떤 욕구되는 목적의 실현을, 이를 위한 새로운 지각과 운동에 대한 지식 또는 의식 속에서 바라는 목적을 추구하는 욕구적 감정으로 간주한 것으로 보인다. 즉, 의지는 의식적 목적추구욕이다. 상론한 쾌통(손익)·재미·미추·시비 범주의 상호 환원불가능성과 공약불가능성에 입각하면, '의지' 개념은 '쾌락·재미·미美·선善에 대한 목적의식적 추구욕'으로 구체화된다.

어떤 것에 관여된 '욕구'는 전략적으로 냉철하게 다듬어지면 '관심(interest)'이라

---

200) Hume, *A Treatise of Human Nature*, Book 2. *Of the Passions*, 280-281쪽.

부른다. 그런데 '관심'을 감정으로 보는 것은 인구어에서 욕구를 감정이라 부르는 것만큼 어색하다. 이에 대해 팽크셉은 '관심'을 포커페이스의 "도야된" 욕구 감정이라고 해명한다.201) 따라서 문명사회에서는 '욕구'라는 말보다 이 '관심'이라는 말이 주로 쓰인다. 이런 까닭에 일부 합리주의 철학자들이 이 '관심'을 '합리적 의견'으로 착각하는 '정신도착'도 없지 않은 것이다.

한편, 욕구를 충족시키기 위한 수단적 행위를 통해 욕구가 미래에 충족될 것이라는 예감에 따른 감흥 또는 흥분감은 '기대감(expectancy)'이다. 따라서 기대감 또는 기대는 중간의 수단적 행위에 의해 현재로부터 단절되어 미래로 연장된 욕구다. 강렬한 내면적 '관심'과 '기대감'은 '호기심'에 의해 활성화되어 저 수단적 행위를 추동한다. 팽크셉은 '강렬한 관심', '관여적 호기심', '열렬한 기대감'의 결합감정에 의해 뒤지고 찾고 조사하는 열정을 '탐색 체계(Seeking System)'라고 부른다. 그는 이 '탐색체계'를 인간을 포함한 모든 포유동물에게 공통된 7대 감정(탐구, 분노, 두려움, 성욕, 배려, 공황, 유희)의 하나로 규정한다.202)

욕구에 대한 논의를 마치면서 마지막으로 덧붙일 것은, 공자가 사망과 빈고가 가장 싫은 것이고 식욕과 성욕이 가장 큰 욕구라고 말하듯이, 욕구 중에서 가장 강렬한 욕구는 생명욕과 생식욕, 한 마디로 개체와 종의 '생존·번식욕'이다. 인간에게 생존욕은 본능적으로 아주 강렬해서 무조건적일 정도다. 개인의 생존욕은 개인의 생존과 인간 종種의 재생산에 대한 욕구를 포괄한다. 감정의 이 '무조건적으로 강렬한 자연본성'은 '무조건적으로 당연한 것'이고, 이 '무조건적 당연함'이 의식화되면(느낌으로 인지되면) '무조건적 당위감(정)'을 낳는다. (자연본성적 감정이라고 해서 다 무조건적으로 강렬한 것이 아니다. 가령 지식욕, 구경·관광욕구, 여가·휴식욕구, 미식美食이나 음주에 대한 욕구, 유희욕구, 미적美的 욕구 등은 자연본성적이지만, 무조건적으로 강렬하지 않다. 이런 욕구들은 생존욕이 일어나면 졸지에 모조리 중지된다. 무조건적으로 강렬한 자연적 감정만이 여기

---

201) Panksepp, *Affective Neuroscience*, 149쪽.
202) Panksepp, *Affective Neuroscience*, 145쪽, 149쪽.

서 관심의 대상이다.) 이 '무조건적 당위감'은 칸트의 '거룩한' 철학적 개념으로 바꿔 말하면 '정언적(categorial) 의무'다. 이 정언적 당위감이 곧 '의무'라는 말이다. 강렬한 '정언적 당위감' 또는 '의무'는 원천감정인 '생존욕'으로부터 별개로 생겨난 제2의 도덕감정이다. 이 '의무감정'은 집단의 생존이 문제가 되고 개인이 집단의 생존을 위해 자기의 이익을 희생하고 때로 생명도 받쳐야 하는 경우에 이를 당위로 느끼는 감정이 치명적으로 강렬해지고, 나아가 인지적 지혜 차원에서 의식화되는 경우에 발생한다.

이렇듯 집단의 생존욕은 치명적 수준으로 강렬한 당위로 의식화되는 경우에 '집단과 종에 대한 의무'로 고양·전환된다. (언어가 감정을 일으킬 수 있듯이 이 지성적 범주의 '의무'가 역으로 '의무감'을 낳을 수 있지만, 그렇다고 지성적 '의무'가 '의무감'의 본래적 원천인 것으로 착각한다면 이것은 칸트 식의 '속류도덕론'으로 타락한다.) 요약하면 이 '무조건적으로 강렬한' 자연본성적 욕구는 의식화를 통해 '도덕적 의무'로 격상되어 '도덕화'된다. 뒤에 상론하겠지만, 도덕적 '의무감' 일반은 '자연본능적' 감정의 '무조건적 강렬성의 느낌'을 뜻하기 때문이다. 이런 경로로 생존욕은 생존에다 당위감정을 지우는 '생존도덕'으로 고양된다. 인간적 개체는 육체적 질병에 시달리거나 정신적·심리적 우울증에 걸려 살기 귀찮거나 살기 싫을 때도 생존을 정언적 당위로 여기는 도덕감정을 발휘해 생존해야 할, 자기나 종에 대한 의무가 있다. 그래서 우리는 생활력이 강한 사람을 칭찬하는 것이다.

개체의 생존욕은 그 무조건적 강렬성이 의식적으로 느껴지는 한에서 자기 자신에 대한 '도덕적 의무감'을 낳는다. 생존도덕은 암암리에 이 '생존의 도덕적 당위감정'에 기초한다. 생존욕 중 생식욕에서 확장되는, 종의 보존과 번식에 대한 욕구는 자식에 대한 개인의 친애(모성애 또는 부성애)와 배려를 포함한다. 이 '친애'도 생존욕 자체만큼 정언적으로 강렬하다. 따라서 자기 자식의 생존을 좌우하는 '친애'는 자기의 종에 대해서, 아니 적어도 자기의 피붙이들인 어린 자식들과 노인들에 대해서 '도덕적 당위'다. 따라서 '느낌으로 의식되는' 정언적 생존욕과 그 충족은 모든 '생존도덕'의 출발점이다. '생존욕'은 좀 더 구체적으로 신체의 보전保全, 식량과 거주할 터전(영역)의 보전에 대한 욕구(텃세 심리), 그리고 다음 세대를 재생산하는 생식욕과 친애를 포괄한다. 정언적으로 강렬한 생식욕과 성욕의 충족은 남녀가 이미 짝을 맺은 경우라면 종에 대해서만이 아니라 서로에 대해서도 도덕적 당위성을 띠게 된다. 개인의 이런 각종 생존안전의 욕구와 생식욕 및 그 충족의 '정도'와 관련해 그 어떤 본능적 또는 천부적(자연권적) '몫'의 정당성이 느껴진다면, 여기로부터 맹아적 정의 개념이 형성된다. 이 맹아적 정의는 '이타적 정의'(대덕)와 구별되는 '이기적 정의'(소덕)다. (이 구분에 대해서는 뒤에 상론한다.) 그러나 다시 이 '이기적 정의'도 자식에 대한 친애 또는 자애(동정심의 맹아)와 자식을 위한 생존의무와 관련된 경우에 이미 제3자에 의한 자식의 몫의 침해에 대한 이타적 복수심에 근거한 '이타적 정의'의 맹아를 잠재적으로 내포하고 있다. 생존이 집단의 생존과 관련된 것으로 확장되는 경우에 신체·식량·영역(터)의 보전에 대한 욕구로부터는 상호주의·호혜주의 의무와 영역방어 '의무'가 도출된다. 개인의 '생존도덕'은 이런 여러 생존의무들을 총괄한다. 이 '생존도덕'은 현생인류 이전의 '원인原人'에게도 존재했을 것이다. 나아가 집단과 종의 생존을 위한 방어의 당위는 개인들의 관점에서 자기의 개인적 이익과 개체적 생명까지도 희생시켜야 하는 살신성인의 치명적·애족적 의무를 뒷받침하는 강렬한 도덕감정과 대덕을 요청한다.

물론 현존하는 동물들에게서도 무조건적 '생명욕'이 두루 발견된다. 모든 동물들은 다 무조건적으로 강렬한 생명욕이 있기 때문이다. 그러나 대부분의 동물들은 이 생명욕을 의식화하지 못하는 까닭에 '생존도덕'까지 거론할 수 없을 것이다. 게다가 대부분의 동물들의 '생존욕'은 '생명욕'과 '생식욕'에 한정되는 것으로 보인다. 왜냐하면 대부분의 동물들은 텃새 본능도 없고 새끼에 대한 친애도 상대적으로 취약하기 때문이다. 개미와 벌 같은 사회적 곤충들은 직접적 생명욕에 더해 예외적으로 영역본능과 친애본능도 무조건적으로, 심지어 자기 목숨을 걸만큼 강렬하지만, 이것들을 전혀 '의식'하지 못하는 것으로 보이고 또 여왕벌·여왕개미와 수벌·수개미를 빼면 모든 일벌과 일개미는 생식기능이 없다. 따라서 개미와 벌의 '생존도덕'도 언급할 수 없다. 오직 소수의 동물들(가령 희미한 자아의식을 갖고 사회적 생활을 하는 유인원, 영장류, 또는 돌고래, 코끼리, 약초를 찾아 먹고 체증(滯症)을 치유할 줄 아는 사자 등)만이 다른 개체에게 생명애를 유발하는 이 무조건적 생존욕을 느낌으로 '의식화'하고 중병이 들거나 심리적으로 망가져서 살기 싫을 때도 어떻게든(가령 약초를 뜯어먹고서라도) 살아야 한다는 희미한 의무감 또는 어렴풋한 생존도덕을 가질 것이다. 그러나 새끼에 대한 이들의 친애본능은 무조건적으로까지 강렬하다고 말할 수 없다. 들소, 얼룩말 등이 사자의 공격에 노출된 새끼들을 구하기 위해 얼마간 애쓰다가 자기들마저 위태로워지면 새끼의 죽음을 방치하는 것을 보면 이들의 새끼 사랑은 이에 목숨을 거는 인간에 비해 상대적으로 취약한 것으로 보인다. 따라서 이런 약한 새끼사랑에 대해 생존도덕을 말할 수 없을 것이고, 이런 만큼 생명욕과 관련된 이들의 희미한 개체적 생존도덕마저도 취약하고 협소하다고 해야 할 것이다.

그러나 인간의 생명욕과 성욕은 모든 항목에서 무조건적으로 강렬하고 또 영역방어 욕구나 친애도 무조건적으로, 심지어 치명적으로(목숨을 걸만큼) 강렬하고, 이 욕구들은 다 명명백백하게 의식화된다. 그런 만큼 이 생존욕을 꺾는 살상행동은 그만큼 강렬하게 저지되고 강력하게 처벌된다. 인간의 생존욕(생명욕)은 자기의식화되고 다른 개체에게서 생명애를 불러일으킨다. 따라서 생명애를 동반하는 인간의 자기의식화된 생존욕만이 생존의 당위감정과 생존도덕을 낳을 수 있는 것이다. 인간의 '생존도덕'은 뒤에 상론할, 인간을 인간답게 만들어주는 인의적 '정체성도덕'(인의도덕)과 대조적인 것이다. 인간본성적 동정심·수치심(정의감)·공경심 등에 기초한 '인의적 정체성도덕'은 인간 종(種)도 뛰어넘는 보편적 동정심의 맹아인 친애가 인간의 경우에 개인의 생명을 능가할 정도로 치명적으로 강렬한 점에서 시원적으로 드러나듯이 일반적으로 무조건적 생명욕도, 이에 기초한 개인의 '생존도덕'도 능가한다. 뒤에 상론하겠지만 다윈이 주도적으로 주장한 '자연선택(*natural selection*)'에 의해 진화한 '생존도덕'은 대체로 공리주의자들이 말하는 '공리적 도덕'에 상응하는 반면, 다윈이 얼핏 스치며 말한, 그리고 필자가 이를 계승·발전시켜 현생인류(호모 사피엔스 사피엔스)의 진화와 관련해 강조하는, '인간선택(*human selection*)'에 의해 진화한 '정체성도덕'은 사단지심에 근거한 '인의적 정체성도덕'에 상응한다.

■ 기타 단순감정들: 생명애·수줍음·호기심·믿음·놀람

우리는 공자의 칠정에다 다섯 가지 중요한 단순감정을 추가해야 할 것이다. 그것은 '생명애', '수줍음', '호기심(지식욕·진리욕)', '믿음', '놀람'이다. 보편적 '생명애'는 위에서 상론했다. 생명애는 '인간적 동종同種'에 대한 인간들끼리의 생명애인 보편적 '인간애'의 기초가 되는 인간의 '단순감정'으로 분류된다. 생명애는 모든 공감의 전제이고 모든 동식물에 대한 수렵채집 인간의 보편적인 생태적 인식과 공감에서 기원했다. 하지만 우리는 생명애가 일단 유전자화된 이래 살아 있는 생물에서 생명애를 공감 없이, 즉 일방적·즉각적으로 느낀다. 따라서 생명애를 단순감정으로 분류했다. 이것은 우리가 우는 아기에게 투명한 비닐봉지 속의 작은 물고기를 보여주면 아기가 물고기를 보자마자 울음을 뚝 그치고 즉각 물고기의 움직임에 관심을 집중하고 재미있어 하는 것에서 입증된다. 헤엄치는 물고기의 생명성에 대한 아기의 이 관심은 어떤 공감도 동반하지 않는다. 공감은 관심이 생긴 이후의 일이다. 죽은 사물에 대한 아기들의 관심은 이 사물이 새로운 것이더라도 그렇게 즉각적이지 않다.

에드워드 윌슨은 1984년 동종간, 이종간의 보편적 '생명애(biophilia)' 가설을 제기했다.[203] 이에 대해서는 뒤에 상론한다. 다만 이 본능적 생명애는 자연적으로 방치될 경우에 다른 부정적 감정과 관념에 의해 쉽사리 가로막히는 근본적 취약성이 있다. 생명애는 특히 분노, 증오, 두려움, 생소함, 적개심 등의 감정에 의해 쉽사리 제한되고 파괴된다.

'수줍음(shyness)'은 '부끄러움(shameful)'의 '단순감정'이다. 하지만 '수줍음'은 인간이 동물을 만날 때 유발되는 것이 아니라, 오직 다른 인간을 만날 때만 유발되는 한에서 고도로 '사회적인' 감정이지만 타인의 감정에 대한 공감 없이 일방적으로 일어나고, 동시에 타인의 시선에 대한 심각한 일방적 고려 속에서 실은 자기에

---

203) Wilson, *Biophilia*, 1쪽.

대해 의식적이다. 이런 까닭에 다윈은 수줍음을 수치심(부끄러움) · 겸손과 더불어 "자기 관심(self-attention)"의 감정에 귀속시켰고,[204] 마이클 루이스(Michael Lewis)는 '수줍음'을 당황 · 수치심 · 오만 · 죄책감과 함께 "자아의식적(self-conscious) 감정"으로 분류한다.[205] '수줍음'이라는 '사회적 단순감정'의 존재로 인해 동정심 등의 공감감정에 붙인 다마시오의 '사회적 감정'이라는 명칭은 부적절한 것으로 보인다.

'수줍음'에 관해서는 지금까지 다윈의 논의를 능가하는 분석이 없는 것 같다. 수줍음은 때로 '창피함(shamefacedness)' 또는 '가짜 수치심(false shame)'이라 불리지만, 다윈은 수줍음을 수치심(부끄러움)이나 자책감(죄책감)과 다른 것으로 분류한다. 수치심 · 자책감 · 겸손(공경 · 사양지심) 등은 공감감정의 분석에서 논하겠지만 단순감정이 아니라, 수줍음의 단순감정으로부터 전용된 공감감정이다. 수치심 · 죄책감 · 겸손 등은 상대방의 어떤 감정에 대한 공감 · 교감 없이 또는 자기의 감정에 대한 자기공감 없이는 일어나지 않는 감정이라는 말이다.

다윈에 의하면, 수줍음은 '얼굴 붉힘(blushing)'이나 '얼굴이 빨개짐 또는 홍조(flushing)'의 원인 중 가장 유력한 원인이다. 인간은 수줍음만이 아니라 수치심 · 실례 · 겸손의 경우에도 얼굴을 붉힌다. 그러나 수줍음의 경우에는 더 민감하게 얼굴을 붉힌다. 수줍음은 주로 붉어지는 얼굴, 낯가림, 피하거나 내려 까는 눈, 몸의 어색한 신경적 움직임 등에 의해 인지된다. 많은 여성들은 자신이 비난받아 마땅한 짓, 그리고 참으로 수치스럽게 여기는 짓을 했기 때문에 한 번 얼굴이 붉어진다면, 백 번 아니 천 번은 수줍음 때문에 얼굴이 붉어진다. 수줍음은 흔히 자신의 "외모(external appearance)와 관련된 타인의 의견", 차라리 타인의 이런 예감되는 의견과 평가에 대한 무無공감적 · 일방적 우려에 대한 민감성에 달려있다. (따라서 이것은 얼굴인지 능력과 자기의 얼굴과 몸매에 대한 타인의 예감되는

---

[204] Darwin, *The Expression of Emotion in Man and Animals*, 347-348쪽.
[205] Michael Lewis, "Self-Conscious Emotions: Embarrassment, Pride, Shame, and Guilt". Michael Lewis, Jeannette M. Haviland-Jones & Lisa Feldman Barrett (eds.), *Handbook of Emotions* (New York: The Guilford Press, 2008) [742-756쪽].

미추美醜평가를 전제한다.) 외모에 대한 '남의 의견'에 대한 이 수줍음 반응은 그 의견이 "좋고 나쁨"을 가리지 않는다.206) 따라서 수줍음은 남의 의견에 대한 공감이나 교감 이전에 남의 평가에 대한 예감만으로 발동되는 것이다. 자신의 외모를 보는 남의 '시선' 자체에 대한 민감성이 바로 수줍음의 원인이기 때문이다. 그래서 다윈은 교감이나 공감이 개재된 것으로 오해될 수 있는 '남의 의견'이라는 말을 타인의 단순한 "존재 또는 면전(presence)"이라는 말로 바꿔 놓는다.207) 공감이나 교감 없이 단순히 타인의 면전 또는 시선에 자신의 외모가 노출된다는 것 자체가 수줍음의 원인이기 때문에 수줍음은 수치심과 달리 단순감정인 것이다.

수줍음이 홍조 등의 신체적 표현으로까지 선명한 감정으로 발달한 것은 수줍음이 인간의 '사회적 존재성'을 어떤 식으로든 일방적으로 반영한 기본감정이기 때문인 것으로 보인다. 인간은 모든 타인을 마치 면접관이나 신체검사자로 여겨 자신의 외모에 대해 경각심을 갖는 것이다. 외모는 첫인상을 좌우한다. 외모, 특히 그 중에서도 얼굴이 좋게 보이거나 적어도 나쁘게 보이지 않으려는 이 경각심이 수줍음을 야기한다고 할 수 있다. 따라서 수줍음은 나에 대한 남의 호오를 좌우하는 자신의 첫인상에 대한 자기 관심인 셈이다. 수줍음은 공감감정인 '겸손'으로 전용·격상될 수 있는 사회적 단순감정이다. 이런 까닭에 수줍음은 '주제넘음'과 이로 인한 인적 갈등을 현저히 줄여주고, 사람들끼리의 만남과 어울림에 '조심스러움'을 주입하는 역할을 한다.

사람들은 자신들의 외모에 대해 왜 그렇게 민감한가? 다윈에 의하면, 그것은 "낯선 사람들이 우리의 품행이나 성격에 대하여 아무것도 모르면서도, 외모에 대해서는 종종 비평하기" 때문이다. 따라서 수줍음을 잘 타는 사람들은 단지 "낯선 사람의 면전"에서도 수줍어하고 얼굴을 붉히기 일쑤다. 옷에 묻은 특별한 것 또는 새로운 것이나 몸과 얼굴의 가벼운 흠, 한 마디로 낯선 사람들의 관심을 끌 수 있는 항목들을 의식하자마자, 수줍음 타는 사람들은 참을 수 없이 수줍어한

---

206) Darwin, *The Expression of Emotion in Man and Animals*, 349쪽.
207) Darwin, *The Expression of Emotion in Man and Animals*, 349쪽.

다. 외모가 아니라 행동의 경우에는 낯선 사람의 '면전'에서보다 지인들의 '면전'에서 더 수줍어하기 일쑤다. 지인들의 판단이 더 중요하기 때문이다. 어떤 사람들은 누군가에게 말을 하는 단순한 행동이 자기의식을 불러일으키고 가벼운 홍조를 야기할 정도로 아주 민감하다. 어떤 사람들은 동조를 받는 경우에도 아주 선명한 수줍음을 타지만, 거부나 조롱을 당하는 경우에 이에 대한 우리의 민감성 때문에 동조 받는 경우보다 훨씬 더 수줍어하고 훨씬 더 얼굴을 붉힌다.[208]

그러나 "오만한 자들은 거의 수줍어하지 않는다." 그들은 스스로를 과대평가해서 자기가 격하당하는 것을 예상하지 않기 때문이다. 지나치게 수줍어하는 사람들도 자기들이 아주 친숙한 사람들이나 자기들을 좋게 생각할 것이라고 완전히 확신하는 사람들 면전에서는 거의 수줍어하지 않는다. 가령 한창 수줍음을 타는 사춘기 소녀도 엄마 앞에서는 수줍어하지 않는다.[209]

일부 학자들은 수줍음을 두려움과 관련시키거나 두려움의 분화된 감정으로 본다.[210] 그러나 다윈은 수줍음이 인구어에서 두려움과 어원이 같은 것으로 나타나지만, 실은 두려움과 완전히 다른 감정이라고 말한다. 수줍음 타는 사람은 낯선 사람을 꺼리지만, 낯선 사람을 무서워한다고 말할 수는 없기 때문이다. 그는 전장의 영웅처럼 대담할 수 있지만, 낯선 사람들의 면전에서는 사소한 것들에도 수줍어할 수 있다.[211] 필자는 수줍음이 두려움과 무관하다는 다윈의 견해에 동조한다. 수줍음은 두려움처럼 도망하거나 꼼짝 않는 방어자세를 유발하지도 않는 반면, 두려움은 수줍음처럼 낯붉힘 현상을 동반하지도 않기 때문이다. 팽크셉도 두려움을 포유류의 7대 기본감정으로 인정하지만 여기에 수줍음을 집어넣지 않는다. 인간 외에 다른 포유동물들은 수줍음도, 낯붉힘도 모르기 때문이다.

---

208) Darwin, *The Expression of Emotion in Man and Animals*, 349-350쪽.
209) Darwin, *The Expression of Emotion in Man and Animals*, 350쪽.
210) Michael Lewis, "Self-Conscious Emotions: Embarrassment, Pride, Shame, and Guilt", 750쪽; Carrol E. Izard & Marion C. Hyson, "Shyness as a Discrete Emotion", W. H. Jones, J. M. Cheek & S. R. Briggs (eds.), *Shyness: Perspectives on Research and Treatment* (New York: Plenum Press, 1986) [147-160쪽].
211) Darwin, *The Expression of Emotion in Man and Animals*, 350-351쪽.

그러나 수줍음에 관한 마이클 루이스의 논변도 경청할 만하다. 그에 의하면, 수줍음은 "사회적 상황에서의 불안함이나 심리적 불편함의 느낌"과 "두려움과 관심 사이의 동요, 또는 회피와 접근 사이의 동요"다. 이런 관점에서 보면 수줍음은 불편함에 집중된 비평가적 감정이다. 수줍음과 수치심은 수줍음이 수치심이나 죄책감보다 더 이른 시기에 나타난다는 점에서 서로 구별된다. 일부 학자들은 수줍음은 '사회적 자아'의 발전에 기여하고 이 수줍음의 유전자적 기질에 의해 사회적·비사회적 인성을 가릴 수 있다고 말하지만, 루이스는 수줍음이 자아와 무관한 기질적 요소일 수도 있다고 주장한다. 오히려 수줍음은 단순히 "다른 사회적 대상들의 동석 속에 있는 것에 대한 불편함", 즉 "사회성에 대한 대립"일 수 있다는 것이다.[212] 그렇다면 수줍음은 더욱 단순감정인 것으로 판단된다.

수줍음으로 얼굴이 붉어지는 것은 타인이 나를 본다는 느낌이 뇌의 신경물질을 타고 전해져 나의 모세혈관의 혈액순환에 영향을 미치기 때문이다. 그런데 느낌이 어떻게 혈액순환에까지 영향을 미칠까? 다윈은 소위 '홍조'를 "모세혈관이 관심에 의해 작용을 받는 것"으로 설명했다.[213] 다윈이 인용하는 한 연구에 의하면, 난롯가에 있으면 얼굴이 붉게 달아오르는데, 나중에는 난롯가에 있는 것을 생각하기만 해도 달아오른다. 이런 생각이 얼굴의 모세혈관들을 이완시킬 정도로 혈관·운동신경 중추에 상당한 기력을 이송하기 때문이다. 이 원리는 홍조와 동일하다. 얼굴과 외모에 대한 관심은 해당 부위에 이 원리에 따른 모세혈관의 변화를 초래한다. 인간들이 무한한 세대 동안 관심을 종종, 그리고 진지하게 자기들의 외모를, 특히 얼굴을 향해 가져온 만큼, 이와 같이 영향을 받는 얼굴 모세혈관의 어떤 시초적 경향이든 시간의 흐름 속에서 익숙한 경로를 따라 쉽게 흐르는 기력과 유전된 습관의 원리에 의해 크게 강화되었을 것이다.[214] 이런 식으로 다윈은 수줍음을 나타내는 '홍조의 작용'과 관련된 주요현상들을 설명했다.

다윈에 의하면, 남성과 여성, 특히 청소년들은 언제나 자기의 신체적 외모에

---

212) Lewis, "Self-Conscious Emotions: Embarrassment, Pride, Shame, and Guilt", 750쪽.
213) Darwin, *The Expression of Emotion in Man and Animals*, 357-358쪽.
214) Darwin, *The Expression of Emotion in Man and Animals*, 364쪽.

대한 타인의 평가에 고도로 민감하고, 타인들의 외모를 마찬가지로 중시한다. 인간이 원시시대에 나체로 다녔을 때는 인체의 전全 표면이 관심 대상이 되었을 것이지만, 그럼에도 관심의 주요 대상은 얼굴이었다. 우리의 "자기 관심(self-attention)"은 거의 배타적으로 "타인들의 의견"에 의해 유발된다. 왜냐하면 "절대적 고독 속에 사는 어떤 사람도 자신의 외모에 신경 쓰지 않을 것이기" 때문이다.[215] 다윈이 여기서 또 '타인의 의견'을 언급하고 있지만, 수줍음의 원인은 정확히 말하면 타인의 '의견'이 아니라, 타인의 '시선'이다. 따라서 상술된 타인의 "존재 또는 면전"이라는 표현이 더 정확하다. 인간은 자기의 외모가 자기의 첫인상을 결정하기 때문에 타인의 의견에 대한 공감은커녕 단순한 교감도 없이 타인의 시선에 자기의 몸이 노출되자마자 즉각 수줍음을 타기 때문이다.

다윈에 의하면, 만인은 칭찬보다 비난을 더 민감하게 느낀다. 우리의 외모를 안 좋게 본다고 여길 때, 우리의 관심은 강력하게 우리 자신에게로 쏠리는데, 특히 얼굴로 더 강력하게 쏠리게 된다. 이런 결과로 얼굴의 감각신경을 받아들이는 감각중추 부분이 활성화된다. 그리고 이것은 혈관·운동신경계를 통해 얼굴 모세혈관들에 대해 반작용을 가한다. 셀 수 없는 세대에 걸친 빈번한 반복에 의해 이 과정은 아주 습관적이 되어 타인들이 우리를 생각한다는 믿음과 결합해서 자기를 힐끔을지 모른다는 의구심만으로 얼굴을 의식적으로 생각하지 않더라도 모세혈관이 이완되기에 족하다. 어떤 민감한 사람들에게는 이들의 의상을 쳐다보기만 해도 충분히 같은 효과를 산출한다. 어떤 사람이 침묵 속에서라도 나의 행동·생각·성품을 비난하고 있다는 것을 알거나 예상할 때마다, 그리고 또 우리가 높이 칭찬받을 때도 모세혈관이 유전의 힘에 의해 이완된다. 이런 가설 위에서 우리는 몸의 전 표면이 얼마간 영향을 받을지라도, 특히 거의 나체로 사는 종족들에게는 몸의 전 표면이 더 영향 받을지라도 얼굴이 왜 몸의 다른 부위보다 훨씬 더 붉어지는지를 이해할 수 있다. 흑인들도 어떤 색깔 변화를 피부에서 볼 수 없을지라도 얼굴 모세혈관의 이완이 일어나고 얼굴이 붉어진다.

---

215) Darwin, *The Expression of Emotion in Man and Animals*, 364-365쪽.

(이것은 흑인들의 얼굴에 난 하얀 흉터에 나타나는 붉은 색조로 확인된다.) 장님으로 태어난 사람들도 유전의 원리에 의해 수줍어하며 낯을 붉힌다. 청소년은 노인보다 외모에 더 신경 쓰기 때문에 노인보다 더 얼굴을 붉히고 여성도 그렇다. 그리고 이성異姓의 면전에서는 외모에 더 신경 쓰기 때문에 동성 앞에서보다 이성 앞에서 홍조가 더 심하다. 신체적 논평이 특별히 홍조를 야기하기 쉽고 수줍음이 홍조의 모든 원인들 중에서 가장 강력한 원인인 것은 수줍음이 "타인들의 면전과 의견(presence and opinion)"과 관련된 것이고, 수줍음 타는 사람들이 언제나 다소 "자기의식적"이기 때문이다.216) 즉, 수줍음이 자기의 첫인상을 결정하는 외모에 대한 자기의식의 가장 본능적이고 가장 기초적인 표현이기 때문이다.

수줍음으로 인해 붉어지는 부위는 얼굴에 한정되지 않고, 귀와 목도 붉어진다. 어떤 사람은 온 몸 전체가 붉어지기도 한다. 홍조가 사라지고 나면 얼굴이 창백해진다. 모세혈관이 다시 수축되면서 나타나는 현상이다.217) 수줍음을 느껴 심하게 얼굴이 붉어질 때, 당사자는 잠시 정신적 혼미 속에 빠져 말도 못하고 자신이 무엇을 하는지도 알지 못한다. "강렬한 홍조가 있을 때마다 두피 모세혈관의 혈액순환과 두뇌 모세혈관의 혈액순환 간에 존재하는 긴밀한 교감 때문에 상당한, 종종 대단한 정신혼미(confusion of mind)가 나타나는" 것이다.218) 아주 수줍어서 강하게 얼굴을 붉힐 때는 심장이 빨리 뛰고, 호흡이 혼란스럽다. 이것은 반드시 뇌 안의 혈액순환과 정신력에 영향을 미치게 된다.219) 이것이 정신혼미의 원인이다. "이것은 종종 일정한 근육들의 어색한 움직임과 때로 불수의적 경련을 수반한다. 이 가설에 의하면 홍조가 원래 우리의 외모, 즉 몸의 표면, 더 특별하게 얼굴에 대한 관심의 간접적 결과인 만큼, 우리는 세계를 통틀어 홍조를 수반하는 제스처들의 의미를 이해할 수 있다. 이 제스처들은 얼굴 감추기(낯가림)나, 땅이나 한쪽을 향해 얼굴 돌리기 등이다. 눈은 일반적으로 시선이 빗나가고 동요한다.

---

216) Darwin, *The Expression of Emotion in Man and Animals*, 365-366쪽.
217) Darwin, *The Expression of Emotion in Man and Animals*, 330쪽.
218) Darwin, *The Expression of Emotion in Man and Animals*, 366-367쪽.
219) Darwin, *The Expression of Emotion in Man and Animals*, 342-343쪽.

수줍음을 느끼도록 야기하는 사람을 응시하는 것은 즉시 이 사람의 시선이 나를 향해 있다는 의식을 견딜 수 없는 방식으로 절실하게 느끼게 하기 때문이다."[220] 습관과 유전의 원리에 의해 얼굴과 눈의 동일한 움직임은 타인이 우리의 외모를 비난할 때도, 그리고 너무 강하게 칭찬한다고 믿을 때도 어김없이 실행된다.

수줍음의 홍조는 수치심과 겸손의 홍조와 마찬가지로 인간만이 가지고 있는 독특한 신체적 표현이다. 원숭이는 격정으로 인해 몸이 붉어지지만, 원숭이를 포함한 어떤 동물도 수줍음은커녕, 수치심으로 인해서도 얼굴이 붉어지는 것을 볼 수 없다.[221] 또 인간은 종족을 가리지 않고 모두 수줍음으로 인한 홍조 현상을 보인다.[222] 수줍음과 홍조는 인간의 가장 중요한 도덕감정에 속하는 수치심(수오지심), 겸손(사양·공경지심), 미안함(송구스러움)·죄책감·자책감(시비지심) 등의 공감감정에도 전용되기 때문에 특히 자세하게 다루었다.

뭔가 사실을 알고 싶은 '호기심'은 보통사람들의 단순한 '궁금증'에서 철학자의 '지식욕'까지 관통하는 하나의 감정이다. 호기심은 뭔가 모르는 것, 궁금한 것을 알고 싶은 감정이므로 일곱 번째 칠정인 '욕구'에 속하기 때문에 이 호기심의 충족은 커다란 '기쁨'을 준다. 그러나 호기심은 '지식욕'이나 '진리사랑'으로 미화되기도 하는 까닭에 별도로 다룰 필요가 있다.

발견된 진리나 지식을 자기가 쓰는 것도 아닌데 진리의 발견자가 왜 기쁜 것일까? 흄은 진리발견의 이 묘한 기쁨을 일반이익(식용가능성)이 걸린 사냥감(까치나 까마귀가 아니라 참새나 꿩)을 잡는 사냥이나 (판돈 없이 하는 도박이 아니라) 판돈이 걸린 도박의 쾌감으로 설명한 바 있다.[223] 그러나 필자는 진리욕을 호기심이나 궁금증의 특별한 변종으로 보고 이 묘한 기쁨을 간단히 이 궁금증의 충족에서 도출하고자 한다. 어떤 욕망이든 충족되면 기쁨을 주기 때문이다. 다만

---

220) Darwin, *The Expression of Emotion in Man and Animals*, 366-367쪽.
221) Darwin, *The Expression of Emotion in Man and Animals*, 328쪽. 오늘날 봄은 다윈의 이 명제를 재확인해준다. Christopher Boehm, *Moral Origins: The Evolution of Virtue, Altruism, and Shame* (New York: Basic Books, 2012), 119-120쪽, 328쪽.
222) Darwin, *The Expression of Emotion in Man and Animals*, 334-341쪽, 그리고 350쪽.
223) 참조: Hume, *A Treatise of Human Nature*, Book 2. *Of the Passions*, 286-290쪽.

얻은 지식으로 많은 사람에게 이익을 주고 또 이로 인해 널리 명성을 얻을 공명심을 충족시킬 수 있기 때문에 지적 호기심의 충족에서 얻는 기쁨이 다른 경우의 욕망충족보다 더 클 뿐이다.

합리론자의 광적 지식욕에서 아리스토텔레스는 신적 관상觀賞의 기쁨을 주는 '소피아'(지혜)를 모든 인간적·윤리적 덕목을 능가하는 최고의 덕목으로서의 초인간적·초윤리적 '신덕神德'으로 보았다. 그는 덕을 지적 덕성(디아노에티케스 아레테 $\delta\iota\alpha\nu o\eta\tau\iota\kappa\eta\varsigma\,\dot\alpha\rho\epsilon\tau\eta$)과 윤리적 덕성(에티케스 아레테 $\eta\theta\iota\kappa\eta\varsigma\,\dot\alpha\rho\epsilon\tau\eta$)으로 구분했다.[224] 그리고 모든 '윤리적(인간적) 덕목들'을 중도의 이념에 구속되는 것으로 규정한 반면, 소피아로서의 '지적(신적) 덕성'은 이 중도에 구애받지 않고 무한히 추구할 수 있는 덕목으로 보았다. 그는 신들린 진리사냥 욕구에 매혹되어 초인간적(신적)·비非윤리적 덕성 '소피아'에 대해 인간의 모든 윤리적 덕목을 '제2순위' 덕목으로 격하시킴으로써[225] 『니코마코스 윤리학』을 종국에 야릇한 '니코마코스 비윤리학'으로 둔갑시킨 바 있다.[226]

공자는 지난 경험을 데우고 또 거듭 데우는 데서 새로운 진리, 새로운 것에 대한 지식이 나오는 것(溫故而知新)으로 갈파하고, "경험하고 또 이 경험을 때맞춰 거듭하는 것"이 새로운 지식을 주므로 여기에 "기쁨"이 있다(學而時習之 不亦說乎)고 천명했다.[227] 새로운 진리를 아는 것은 참으로 기쁜 일임이 틀림없다. 그러나 아리스토텔레스는 『형이상학』 첫 구절에서 감각적 지각의 기쁨 자체를 지식욕의 지표로 해석하면서 시각적 지각의 기쁨을 지나치게 특화했다. "모든 인간은 본성적으로 앎을 바라고" 이것의 지표는 인간이 "감각을 즐긴다는 데서 드러난다"는 것이다. 인간은 "쓸모를 떠나 감각 그 자체를 즐기는데", 그것도 "다른 어떤 감각보다도 특히 '두 눈을 통한 감각'을 즐긴다". 인간은 "다른 모든 감각보다도 보는

---

224) Aristoteles, *Die Nikomachische Ethik*, 1103a14-17.
225) Aristoteles, *Die Nikomachische Ethik*, 1178a9-16.
226) Aristoteles, *Die Nikomachische Ethik*, 1177a25-1177b35.
227) 『論語』「爲政」(2-11); 「學而」(1-1). '學'을 '경험하다'로, '溫故'의 '故'를 '지난 경험'으로 풀이하는 것과 관련된 본격적 논의는 참조: 『공자와 세계』 1권 (서울: 청계, 2011), 189-190쪽, 204-213쪽.

것을 더 좋아한다". 인간은 "감각들 중 시각을 통해 가장 많이 감지하고 여러 가지 차이들이 드러나기 때문이다".228) 감각의 기쁨에는 '지각적' 기쁨만이 아니라 '미감적' 기쁨도 포함되어 있는데, 아리스토텔레스는 여기서 두 기쁨을 뒤섞고 있는 것으로 보인다. 아리스토텔레스는 앎의 비중을 이것으로 한정한 것이 아니라, 『에우데모스 윤리학』에서는 아예 인간의 '삶'을 곧 '앎'과 등치시킨다.

> 삶이 감각적 지각과 앎이라는 것, 그리고 결과적으로 사회적 삶이 공동의 감각적 지각과 앎이라는 것은 명백하다. 그러나 감각적 지각과 앎 그 자체는 각 개인이 최고로 바라는 것이다. 그리고 이 때문에 생명욕이 본성에 의해 만인에게 심어져 있는 것이다. 산다는 것은 앎의 양식인 것으로 생각되어야 하기 때문이다.229)

삶에서 공리적·유희적·예술적·도덕적 행위 등 모든 사회적 행위들을 제거해 버리고 한낱 '감각적 지각과 앎'을 유일한 삶의 요소로 우격다짐한 이 글보다 더 극적인 '지적 광기'의 표현은 아마 없을 것이다. 아리스토텔레스는 인간의 기본적 욕망(식욕, 성욕, 수면욕 등)의 충족과 그 기쁨, 관습적·습관적 행위, 5감의 미학적 향유와 예술활동, 덕행에 근거한 행복감, 감정적 행동과 공감, 감각적으로 숙련된 제작활동과 노동·전쟁·유희·예술·덕행 등 지식과 거의 무관한 온갖 인간활동을 몽땅 없애고 '삶'을 '앎'과 동일시하는 무리를 감행하고 있다. 따라서 아리스토텔레스에게 삶과 동일시된 앎에 대한 이 광적 욕구의 — 회의懷疑도, 중도中度도 모르는 — 무제한적 충족으로서의 지적 관상觀賞행위는 신의 관상행위를 흉내내는 '최고의 행복'이요, 인간적 덕행의 행복을 능가하는 '완전한 행복', '신적 행복'이다.230)

그러나 중도를 비웃는 이런 아리스토텔레스의 광적 지식욕은 '판도라의 상자'

---

228) Aristotle, *Metaphysics*, 98021-28. *Aristotle*, vol. 17 (Cambridge, MA: Harvard University Press, 1935·1981).
229) Aristotle, *Eudemian Ethics*, 1244b26-29.
230) 참조: Aristoteles, *Die Nikomachische Ethik*, 1177a12-1179a33.

에 관한 고대 그리스신화에 함의된, 부질없이 끝없는 지적 호기심의 위험에 대한 경고도 거스르고, 인간은 인지人智 능력의 한계 내에서 지식을 추구해야 한다는 뜻에서 "신만이 홀로 (무한지식의) 이 특권을 가질 수 있다네"라고 노래한 고대그리스 시인 시모니데스($\Sigma\iota\mu\omega\nu\iota\delta\eta\varsigma$)의 경고도 무시하는 것이다. 반면, 소크라테스와 플라톤은 인간의 지식도 중도를 벗어날 수 없고 오히려 본질적으로 중도적이라고 말한다.[231] 따라서 그들은 신만이 '지자(소포스 $\sigma o \varphi o \varsigma$)'일 수 있고 인간은 지자가 아니라 기껏해야 무식자와 지자 사이의 중간자로서 '애지자愛智者(필로소포스 $\varphi\iota\lambda\delta\sigma o\varphi o\varsigma$)', 즉 '철학자'일 수밖에 없다는 주장을 거듭했다.[232] 이런 의미에서 보면 광적 지식욕을 옹호하는 아리스토텔레스의 저 철학적 논변들은 '철학(필로소피아 $\varphi\iota\lambda o\sigma o\varphi\iota\alpha$)'의 이념에도 반하는 것이다. 또한 아리스토텔레스의 이 논변들은 『구약성서』의 '인식의 과일' 신화에 함의된 심각한 경고에도 반하는 것이다. 오늘날 인간은 마침내 줄기세포, 인간복제, 원자력, 프레온가스, 각종 핵무기 등과 관련된 지식과 과학기술을 규제하거나 금지하기에 이르렀다. 이 관점에서 아리스토텔레스의 광적 '소피아' 욕구는 오늘날 실로 황당한 자연파괴적 개념으로 다가오고 있다.

호기심은 다른 동물들도 다 가지고 있는 것이다. 호기심이 지나친 동물들은 종종 호기심 때문에 죽는다. 이것은 인간도 유사하다. 인간은 호기심 때문에 범죄에 말려들기도 하고, 호기심 때문에 천박해지기도 하고, 호기심 때문에 인간의 삶의 토대인 자연환경을 파헤쳐 파괴하기도 한다. 나아가 호기심이 지나친 인간은 인간유전자 조작과 인간복제를 금지한 국제법과 국내법을 어기고 유전자조작과 인간복제를 하고 싶어 안달하며 인류의 존재기반과 도덕적 품격을 위협하기도 한다. 따라서 필자는 아리스토텔레스의 저 광적 진리사냥에 맞서 호기심 또는 지식욕을 특대特待하지 않고 여러 단순감정 중 하나로 취급한다. 호기심을

---

[231] Platon, *Philebos*, 65d. "지성과 지식보다 더 중도적인 것은 아무것도 찾을 수 없을 것이다."
[232] Platon, *Phaidros*, 278d ('지자는 신에게만 합당'); Platon, *Des Sokrates Apologie*, 23a ('신의 진정한 지혜로움'); Platon, *Das Gastmahl*, 204a ('이미 지혜로운 신'과 중간의 애지자); Platon, *Lysis*, 218a-b (중간자의 애지).

아리스토텔레스처럼 지나치게 찬양하듯이 강조하면 예나 지금이나 인간과 동식물의 존재 자체가 위험해지기 때문이다.

팽크셉은 위에서 잠깐 시사했듯이 '호기심'을 뇌신경적 '탐색 체계'를 뒷받침하는 중심감정으로 본다. 호기심은 관심·기대감과 함께 뒤지기·탐사·조사를 지속시키는 감정상태를 유지한다. 이 탐색 체계의 중요한 회로는 외측 시상하부의 확대영역, 즉 태고대적에 진화된 중뇌영역에 집중되어 있고 도파민 등의 신경화학물질에 의해 활성화된다. 탐색 체계의 핵심적 신경화학물질인 도파민은 인간에게 '희열유발(euphorigenic)' 물질이다. 그런데 도파민은 세계의 분별 있는 성취적 쾌감의 대상들 — 먹을 것, 물, 온기 등 — 에 본질적인 반응을 보이는 신경화학물질이 아니다. 탐색 체계의 뇌세포들은 보상의 수령보다 보상의 '기대감'에 더 반응적이기 때문이다.[233] 이 탐색 체계는 모든 포유동물이 공유한다. 이 때문에 고차적 호기심과도 관련되는 탐구행태, 또는 추구행태의 감정이 이렇게 태고대적 뇌 부위에 의해 산출된다는 것에 대해 매우 의아해할 수 있다. 그러나 "인간적 희망의 세부사항들이 분명 다른 피조물들의 상상의 저편에 있을지라도, 지금 증거는 쥐만이 아니라 인간 등 모든 포유동물들의 마음의 일정한 내재적 열망들이 동일한 태고대적 신경화학물질에 의해 추동된다는 것을 명백하게 시사한다. 이 화학물질들은 우리의 동료 피조물들로 하여금 그들의 세계를 정력적으로 조사하고 탐사하고, 유용한 자원들을 탐구하고 주변환경 속의 우연태들을 이해하도록 만들어준다. 이 동일한 탐색 체계들은 우리에게 세계에 능동적으로 관여하고 우리의 다양한 환경으로부터 의미를 추출하고 싶은 충동을 준다. 이 체계들이 과잉활동적일 때, 우리의 상상력은 현실의 제약조건을 초탈한다. 우리는 단지 상관관계(correlations)만이 존재할 뿐인 곳에서 인과성(causality)을 보기 시작한다."[234] 포유류의 뇌는 "호두열매에서 지식에 이르는 환경의 열매들을 열렬히 추구하도록 만드는 '뒤지기(foraging), 탐사, 조사, 호기심, 관심, 기대감, 탐구'

---

233) Panksepp, "Affective Consciousness", 17쪽.
234) Panksepp, *Affective Neuroscience*, 144-145쪽.

체계를 포함하고 있다". 다른 감정체계와 마찬가지로 탐색 체계의 발동은 '특징적 느낌 색조', 즉 "말로 형용할 수 없지만, 우리가 스릴과 다른 보상을 능동적으로 찾고 구할 때 우리가 느끼는 활기찬 예감과 가까운 심적 활성화"를 가졌다. 명백하게 이 느낌 유형은 세계에 대한 우리의 능동적 관여의 많은 상이한 측면들에 이바지한다. 이 내재적 뇌 기능의 아주 중요한 회로는 호메오스타시스 불균형(가령 신체적 필요상태)과 환경적 자극에 무조건적으로 반응하는, 확대된 외측 시상하부 회랑에 집중되어 있다. 이 체계는 강화(reinforcement)과정(=조건반사화 과정)을 경로로 자원을 예고하는 주변적 사건들에 관해 자발적으로 학습한다. 복측 피개부(VTA)로부터 중격의지핵(nucleus accumbens)에 이르는 외측 시상하부(LH) 연속체는 전기자극의 국지적 적용이 즉각 동물들이 보일 수 있는 가장 활성화된 탐사·추구 행태를 불러일으킬 것이다. 탐사·추구행태는 기력이 쇠진하여 쓰러질 때까지 줄곧 유지된다. 이것은 동물들이 지렛대를 눌러 보상을 얻거나 보상을 실제로 소비할 때 보이는 행태 유형이 아니다. 이 탐색 체계는 어떤 음식이 맛있는지를 말해주는 단순한 보상체계일 수 없는 것이다. 탐색 체계의 행태패턴은 가해진 자극들(수동적 정보수용자)에 대한 반응이 아니라 찾고 얻기를 열망하는 것(능동적 유기체 관점)이다.

탐색 체계와 연관된 '기대감'은 인간을 포함한 모든 포유동물들은 자기들의 목표에 대한 '인식'을 가지고 있고 성공에 대한 방해물이 나타나면 유연하지만 고집스런 방식으로 밀고 나가는 것을 증명하는 증거다. 포유동물들이 다양한 내적 필요와 욕구를 실현하도록 돕기 위해 일관된 뇌 작용체계를 가진 것을 시사해주는 것으로 보이는 것은 임무에 대한 그들의 고정된 '관심'과 매력 대상들을 향한 그들의 '목표의식적' 움직임이다. 주변환경적으로 얽혀 살아있음의 느낌들, 가령 긍정적 흥분이나 희열은 인간에게서 이러한 탐구욕을 동반한다. 이렇게 신축적인 목표지향적 패턴들은 이에 상응하는 아무런 "내면적 경험" 없이 복합적 유기체들 안에서 일어날 수 없을 것이다. 온갖 신경과학적 증거는 모든 포유동물의 뇌가 외부세계에, 즉 특히 그 생계자원을 간직한 자연환경에 능동적으로 개입하도록 설계된 "일반목적적 탐색 체계"를 포함하고 있다는 것을 입증해준다.[235]

외측 시상하부를 통과하는 회로로부터 생겨나는 뇌의 감정 기능, 즉 추구하고 조사하고 주변을 이해하고 싶은 충동은 단순한 행동과정과 반대되는 분명한 심리적 차원을 포함하고 있는 감정체계다. 정동情動 상태는 우리가 다양한 '완수적' 행동에 탐닉할 때 보통 경험하는 쾌락적 느낌과 닮지 않았다. 그것은 유기체들이 보상을 예감하고 있을 때 명백하게 느끼는 기본정서의 '활력화(energization)' 상태를 닮았다. 외측 시상하부의 행동발동 탐색 체계는 훨씬 더 오래된 뇌 기능인 '완수적' 보상과정이 아니라 '예감적·욕망적' 발동을 위한 감정체계다.[236]

이 '탐색 체계'의 활력화는 주관적 체험을 변경시킨다. 팽크셉에 의하면, '강렬한 관심', '참여적 호기심', '열렬한 예감'(즉, 기대감)은 인간들 안에서 이 탐색 체계의 발동을 반영하는 유형의 느낌들이다. 분명, 인간에게서 이러한 신경체계는 상호작용할 피질적 잠재력의 방대한 저수조가 있어 '특유한 인지적 변화의 동물'을 산출한다. 하지만 여기서 중요한 두 가지 심리상태가 있다. 호기심과 관심은 지나가는 감정상태와 반대로 상대적으로 안정적인 개인 특징인 것으로 보인다. 사실 대부분의 다른 감정적 반응과 달리 탐색 체계는 보통 '단계적'으로 활성적인 것이 아니라 '강세적'으로 참여적이다. 도파민 뉴런들은 다양한 각성상태를 관통하여 내내 활성상태에 있다. 이 체계 안에서의 지속되는 신경적 발화의 수준은 명백한 심리적 효과들을 가질 수 있다.

이 탐색 체계는 왜 감정체계로 보아야 하는가? 감정의 신경과학적 정의에 대해 상술했듯이, 일정한 두뇌체계를 감정체계로 간주하는 신경행동적 기준은 이미 제시되었다. 탐색 체계는 기본적 감정체계를 정의하는 데서 신경적 기준의 유용성을 조명해준다. 이 외측 시상하부 회로는 긍정적 정동情動 상태를 매개할 뿐만 아니라, 상술된 감정 정의의 다른 기준들을 충족시킨다. 그러나 외측 시상하부를 전극으로 자극받은 사람들은 전형적으로 단순한 감각적 쾌감을 보고하는 것이 아니라, 말로 형용할 수 없는 활기찬 느낌들을 보고한다. 따라서 탐색 체계

---

235) Panksepp, "Affective Consciousness", 17-18쪽.
236) Panksepp, *Affective Neuroscience*, 145-147쪽에 걸쳐 조금씩.

의 감정, 즉 '탐구욕'은 언어로 포착될 수 없고, 따라서 가다머·하버마스 식의 '언어실증주의적 해석학'으로는 이해·해석될 수 없는 감정이다. 탐구행위의 심층의미를 구성하는 이 '탐구욕'은 오로지 '공감적 해석학'을 통해서만 이해할 수 있다는 말이다.

호기심은 지식획득으로 충족된다. 그러나 신적 경지의 '절대지식'이나 '득도得道'는 존재하지 않기 때문에 궁극적으로 호기심이란 '믿음'에 의해 충족된다고 말해야 한다. 내일 해가 뜨거나 소금이 짠 것은 늘 그러지 않을 가능성을 수반한다. 해는 구름이 끼면 뜨지 않는다. 태양계가 언젠가 없어지면 해는 뜨지 않을 것이다. 과음으로 미각을 다 잃은 날 아침에는 소금도 짜지 않을 것이다. 따라서 자연과학적으로 엄정한 지식이라고 해도 '엄정하게' 말하면 결국 '개연성(probability)', 즉 '득도'가 아니라 '근도近道'에 불과한 것이다. 그리하여 우리는 우리의 행위를 실용적 차원에서 잘 안내해줄 정도의 적당한 '개연성' 수준에 이르면 이것을 지식이라고 '믿는다'. 플라톤과 아리스토텔레스, 라이프니츠와 칸트 등 거의 모든 합리주의자들은 지식과 믿음(의견)을 교조적으로 구분했으나, 이것은 어디까지나 '교조'일 뿐이다. 신적 절대지식이 아니라 인간의 경험지식은 '증명에 근거한 명증성(evidence)'이라고 하든, '경험과학적 확신(certainty)'이라고 지칭하든 모두 다 일종의 '믿음'이기 때문이다.

우리는 사물과 사실의 연관에 대한 개연적 앎에 만족하고 이 연관을 '믿어야' 한다. 즉, 우리는 먼 미래에 태양계가 해체되고 북극성의 위치가 바뀐다고 할지라도 내일은 해가 뜨고 북극성이 정북正北에 있을 것이라고 '믿는다'. 계단을 걸으면서도 우리는 아래를 보지 않고도 계단이 있을 것으로 '믿고', 어제 건너온 다리가 오늘도 그대로 있을 것으로 '믿고', 작년에 다녀온 미국이 여전히 엄존할 것이라고 '믿는다'. 사물의 존재와 사실관계에 대한 우리의 이 믿음은 단순감정이다. 이 '믿음'이라는 단순감정이 없다면, 실로 우리는 삶을 영위할 수 없을 것이다. 이 '단순 믿음'은 사람의 마음에 대한 믿음으로 고양되면 그의 진심에 대한 공감을 포함하므로 '공감감정적 믿음'으로 격상된다. 이 '공감적 믿음'은 '공감적 민심'이나 '여론'과 긴밀한 관계에 있다. 일단 여기서 중요한 것은 호기심이 '단순한 믿음'에 의해 충족된다는 사실이다.

마지막으로, '놀람' 또는 '경악'은 독립적 감정이 아니라 보조적 단순감정이다. 놀람은 '당혹감(disconcertion)'이다. '놀람'은 여기서 다룬 여러 단순감정에 붙을 수 있다. 갑작스런 큰일을 당하면 두려움 속에서 놀란다. 물론 '놀라운 기쁨', 또는 '깜짝 기쁨'이 있을 수 있다. 이 경우에도 놀람은 보조적이다. 또 놀람은 경악할 분노, 놀라운 생명애, 놀라운 호기심 등에도 보조적으로 쓰인다. 그러나 슬픔, 좋음, 싫음이 놀라운 경우는 아마 없을 것이다. 이 감정들은 대개 차분하게 작용하는 감정들이기 때문이다. 다윈과 다마시오는 '놀람'을 별도의 감정으로 취급했으나, 필자는 놀람을 다른 감정에 붙는 보조적 감정요소로 간주한다. 우리가 큰 소리에 놀란다면, 이 놀람은 실은 큰 소리로 인해 갑작스럽게 일어난 두려움의 표현이기 때문이다.

미국 심리학자 대커 켈트너는 '놀람'이 일정한 정화淨化 기능을 발휘한다고 말한다. 놀라는 반응이 지나가고 난 뒤 사람들은 심신이 순간 닫혔다가 다시 작동하는 것처럼 정화되고 깨끗하게 씻긴 듯이 보인다는 것이다.[237] 어떤 식으로 놀라든 '놀람'은 마치 컴퓨터를 껐다가 다시 켜는 리세팅과 같은 효과를 가져다준다.

단순감정의 이해는 공감감정의 이해에 중요한 것이다. 그러나 흄은 "희망과 공포를 제외하고 직접감정들 중에서 어떤 감정도 우리의 특별한 관심을 받을 만한 것처럼 보이지 않는다"는 논변으로 단순감정을 평가절하했다. 그러나 그는 앞서 자만감·동정심·악의 등의 간접감정들이 다 직접감정으로부터 생겨난다고 말한 바 있다.[238] 흄은 이런 모순된 말도 자주 한다. 공감감정은 대부분 단순감정으로부터 전용된 것들이다. 이 때문에 단순감정의 이해는 공감감정의 이해에 선차적으로 아주 중요하다. 이런 이유에서 필자는 불가피하게 단순감정을 자세히 논했다.

---

237) Keltner, *Born to be Good*, 80쪽.
238) 참조: Hume, *A Treatise of Human Nature*, Book 2. *Of the Passions*, 238쪽.

제2절
일반적 공감감정과 도덕적 공감감정

2.1. 공감감정과 교감감정

'교감(Nachgefühl)'은 남의 표정과 거동을 보고 남의 감정을 '인지'(지각)하는 것을 말하는 반면, '공감(Mitgefühl)'은 교감으로 인지된 남의 감정을 내 안에서 재산출해 나 자신도 남의 감정을 같이 느끼는 동감同感 작용을 말한다.[239] 이 공감으로부터는 이차적으로 사랑·즐거움·부러움 등의 감정이 자라난다. 공감으로부터 자라나는 이 이차적 감정이 '공감감정'이다. 반면, 타인의 오만·질투심·추악함·사악함 등의 부정적 감정은 보통 우리가 공감하지 않고, 다만 이 감정들을 교감으로 인지할 뿐이다. 그리고 이 부정적 감정들에 대해 거부감·반감·경멸감·혐오감을 느낀다. 이 거부감·반감·경멸감·혐오감은 저 부정적 감정들을 교감적으로 인지하는 경우에 생겨나는 부정적 '교감감정들'이다.

■ 공감감정과 교감감정 일반

시청각적으로 지각되는 타인의 감정과 행동의도가 불쾌하거나 해롭게 느껴진다면, 또는 재미없거나 추하거나 부도덕하게 느껴진다면 공감은 일어나지 않는

---

[239] '교감'과 '공감'의 구분에 대해서는 참조: 황태연, 『감정과 공감의 해석학(1)』 (파주: 청계, 2014·15), 65-150쪽.

다. 즉, 우리는 감지되는 타인의 감정이나 의도가 유익하거나 적어도 해롭지 않을 때만, 또는 그의 행동이 재미있거나 적어도 재미없지 않을 때만, 그 모습과 감정표현이 아름답거나 적어도 추하지 않을 때만, 또는 그 감정과 행위의도가 선하거나 적어도 악하지 않을 때만 그 타인의 감정에 공감한다. 말하자면 우리는 곤궁에 빠져 괴로워하는 사람에게, 또는 이 사람의 괴로움에 공감하지만, 이 괴로움의 감정표현이 원인에 비해 지나치거나 모자라지 않아야만, 그 원인이 적어도 악하지 않아야만 공감한다.

어떤 사람이 책상 모서리에 살짝 부딪혔는데 엄청난 고통을 표하면, 반대로 쓰나미로 가족이 다 죽었는데 울지 않고 덤덤하다면, 우리는 이 사람들의 '엄청난 고통'과 '덤덤함'에 공감하지 않는다. 어떤 사람이 기쁜 감정을 도취적으로 노래하는데 노래가 엉터리라면, 우리는 그의 미적 감정에 공감할 수 없다. 어떤 사람이 곤봉으로 머리를 얻어맞고 아파하는데 그가 성폭행 중에 경찰봉으로 맞은 것이라면, 우리는 그의 아픔에 공감하지 않고 되레 후련해 하거나 고소해 할 것이다.

또한 공감 일반의 이 개폐는 공감자의 심신적 사정, 관심여부, 주변상황에 따라 공감을 발동·정지하는 자율성과도 연관되어 있다. 가령 병이 나 누워있는 사람이 창 밖에서 길 가다가 넘어진 사람의 아픔에 공감할 수 없는 것이다. 기차시간을 맞추려고 바삐 내달리는 사람은 길 가다가 넘어진 사람의 아픔에 공감할 심적 여유가 없다. 또한 감수성이 남다른 사람은 상대방이 가볍게 느낀 감정도 크게 공감할 수 있고, 심지어 상대방이 아직 느끼지 않은, 예감되는 슬픔이나 고통(가령 부모를 잃은 한 살 박이 아기가 장차 느끼게 될 슬픔, 우물에 빠지는 아이나, 말들이 내달리는 들판에서 잠자는 목동이 몇 초 뒤에 겪을 고통 등)도 미리 공감할 수 있다. 간단히, 공감은 기본적으로 불수의적不隨意的 작용이지만, 얼마간은 수의적 隨意的·의지적이다.

막스 셸러(Max Sheler, 1874-1928)는 자기가 공감을 얼마간 자유롭게 조절할 수 있는 이 약간의 수의성隨意性을 비교적 잘 설명해 주고 있다.[240] 가령 성폭행

---

240) Max Scheler, *Wesen und Formen der Sympathie* [1912년 초판의 제목을 바꾼 증보판, 1922]

현장에서 경찰봉을 맞고 아파하는 사람에게 우리가 공감하지 않는 경우처럼, 공감의 이 수의성은 도덕적 차원에서는 더욱 분명히 나타난다. 그러나 공감의 이 도덕적 개폐開閉는 인간적 내감의 본유적 시비지심, 즉 도덕감각에 의해 지도된다.

내감의 쾌통감각·재미감각·미추감각·시비감각의 변별능력에 따라 개폐되는 공감의 이런 자유의지적 발동으로 인해 타인의 감정과 의도는 기쁘고 재미있고 아름답고 선하다고 판단될 때만 공감된다. 아프고 재미없고 추하고 불량하다고 판단되는 감정과 의도는 공감받지 못한다. 가령 자식을 잃어 슬퍼하는 어느 여인을 보고 그녀의 선량한 감정표현이 진실하고 지나치지 않다면 우리는 그녀의 슬픔에 공감하고 이 공감된 슬픔, 즉 슬픈 동감으로부터 이차적으로 그녀에 대한 측은지심(동정심)이 일어날 것이다. 이 측은지심을 필자는 '공감감정', 더 정확히 '도덕적 공감감정'이라 부른다. '공감감정'은 행위조절을 통한 개체들의 '서로어울림'을 위해 타인의 감정에 대한 공감작용에서 이차적으로 일어나는 감정들이다. 이런 의미에서 '공감감정'은 공감작용을 전제하지 않는 '단순감정'과 대비되는 감정이다. 단순감정은 단독개체의 '생존'에 맞춰진 자연선택의 진화과정에서 형성된 감정이기 때문이다.

한편, 내감적 쾌통감각·재미감각·미추감각·시비감각의 변별에서 불가판정을 받고 동조적 공감감정으로 가는 길을 차단당한 경우에도 타인의 나쁜 의도와 안 좋은 감정은 변별이 있으려면 적어도 우리에 의해 지각·인지되어야 하기 때문에 타인의 감정과의 교감이 먼저 이루어져야 한다. 이렇게 교감과 공감의 엄격한 단계적 구분을 전제할 때, 일단 교감에 의해 인지되었으나 내감적 변별감각들의 판단에 의해 불가로 판정된 감정은 우리에게서 동감과 상이한 감정, 즉 모종의 거부감이나 반감, 질시를 일으킨다. 우리가 가령 평소에 그 능력을 무시하는 자가 횡재로 졸부가 되어 희희낙락한다면, 우리는 그의 희희낙락에 공감하는 것이 아니라 그를 질시할 것이다. 그가 희희낙락거리면 희희낙락거릴수록 우리는

(Bern·München: Francke Verlag, 1973 [6. Aufl.]), 61쪽.

더욱 질시할 것이다. 여기서 우리는 내감의 교감능력으로 그가 기뻐하는 것을 '인지'하지만, 그 기쁨에 공감하는 것이 아니라, 반대로 거부감을 느끼며 질시한다. 이 질시는 '공감'에서 생겨나는 것이 아니라 단순한 '교감'에서 생겨난다. 여기서 거부감으로서의 이 '질시' 또는 '시기질투'를 필자는 '교감감정'이라 부른다. 이렇게 '교감감정'은 '공감감정'과 구분되는 것이다. 그러나 여기서는 일단 '공감감정'이 관심대상이기 때문에 '교감감정'에 앞서 '공감감정'을 먼저 분석한다.

일찍이 흄은 당시 철학자들이 감정들 중 '차분한 감정'을 '이성'으로 착각하는 경향이 있다고 지적한 바 있다. 그러나 '차분한 감정'도 어디까지나 '감정'이다. "이성이라는 말로 우리는 저 격렬한 감정과 동일한 종류의 정감들을 의미하면서도 더 차분하게 작용하고 심정 안에 아무런 무질서도 불러일으키지 않는 정감들을 뜻한다. 이런 평온함은 우리를 이 정감들에 관한 오해로 이끌고, 우리로 하여금 이 정감들을 단지 우리의 지성 역량에서 생겨나는 것으로만 간주하도록 만든다."241) 차분한 감정이 격렬한 감정으로 바뀔 수 있고 또 거꾸로도 바뀔 수 있기 때문에 차분한 감정과 격렬한 감정이 따로 있는 양 구분하는 것은 그릇된 것이고, '차분한 감정'을 이성이라 부르는 것은 더욱 그릇된 것이다. 그럼에도 합리주의자들은 차분한 감정을 '이성'으로 착각하는 반면, 격렬한 감정만을 '감정'이라 부른다. 이것은 실로 당치 않은 '어리석음'이다.

그러나 유사한 오해와 착각이 공감감정에 대해서도 발생한다. 칸트는 결백감·죄책감·후회로 나타나는 '양심'의 자기평가적 도덕감정이나 '의무에 대한 존경(Achtung)'을 '실천이성의 사실'로, 즉 "단순한 법칙관념을 통해 실천적이 된 순수지성"의 사실로 착각했다. 퇴계 이황은 칠정은 기氣의 발동인 반면, 측은·수오·공경·시비지심의 사단지심은 '리理의 발동(理發)'이라는 '리발설理發說'을 주장하다가, 나중에 입장을 바꾸어 칠정은 '기'의 발동이되 '리'가 이것을 타는 것(七情氣發而理乘之)이고 사단은 '리'의 발동이되 '기'가 이것을 따른다(四端理發而氣隨之)는 소위 '리기호발설理氣互發說'을 주장했다. 도덕감정(사단지심)을 '리'로 간주한

---

241) Hume, *A Treatise of Human Nature*, Book 2. *Of the Passions*, 280쪽.

것이다. 퇴계의 '사단리발설四端理發說'은 칸트의 "단적인 법칙관념으로 실천적이 된 순수지성"으로서의 실천이성의 개념과[242] 상통한다. 주희와 칸트의 이 이론들은 둘 다 진짜 당치 않은 '합리주의적 이성의 어리석음'일 뿐이다.

공감감정도 단순한 칠정과 마찬가지로 한 조각의 이성이나 한 조각의 합리적 지성도 끼지 않은 순수한 감정이다. 이 공감감정을 흄은 상술했듯이 '간접감정'이라고 칭하고, 주요한 간접감정으로 "자만감, 위축감(공손함), 야심, 허영심, 사랑, 미움, 시기질투, 동정심, 악의, 후의"를 열거했다. 그러나 그는 간접감정을 '공감감정(empathic emotions)'으로 포착하는 데 실패하고, 공감감정(사랑, 동정심, 겸손, 후의)과 교감감정(자만감, 야심, 허영심, 미움, 시기질투, 악의)을 구별하지 못하고 뒤섞는가 하면, 간접감정의 생성에 대한 설명에서 오락가락한다. 일단 흄은 간접감정이 직접감정의 원인들과 "동일한 원인들", 즉 이로움과 해로움, 즉 고통이나 쾌감에서 생겨나지만, 여타 성질들의 연결에 의해 생겨나는 그런 감정들이라고 말했다가,[243] 이 입장을 바꿔 간접감정을 유사성에 근거한 '인상들과 관념들의 중복관계'로 설명한다.[244] 그러나 그는 다시 입장을 바꿔 직접감정을 '원천정감'으로, 간접감정을 '이차정감'으로 바꿔 부르면서 자만감·동정심·악의 등의 '이차감정들'을 '원천감정들'로부터 이차적으로 생겨나는 것으로 규정한다.[245] 하지만 흄은 논거 없이 최종적으로 이 이차감정을 "공감의 전달된 감정(communicated passion of sympathy)"으로 규정한다.[246] 따라서 간접감정(이차감정)의 생성론적 본질이 애

---

242) Immanuel Kant, *Kritik der praktischen Vernunft* (1788), A96쪽. *Kant Werke*, Band 6. Erster Teil (Darmstadt: Wissenschaftliche Buchgesellschaft, 1983): "그러나 지성(der Verstand)은 (이론적 인식에서의) 대상과 맺는 그 관계 외에 욕구능력과도 관계를 맺고 있고, 이 욕구능력은 그 때문에 의지(der Wille)라고 부르고, (이 경우에 이성이라고 일컬어지는) 순수지성이 단순한 법칙 관념을 통해 실천적인 한에서 순수의지(der reine Wille)라고 일컬어진다." 그리하여 단순한 법칙관념을 가진 실천적 순수지성, 즉 '실천이성'은 단적인 법칙 관념을 통해 실천적인 순수지성이고 순수의지라는 궤변, 환원하면 실천이성은 순수지성이 자기 안에서 관계하는 이 욕구라는 궤변이 나온다.
243) Hume, *A Treatise of Human Nature*, Book 2. *Of the Passions*, 182쪽.
244) Hume, *A Treatise of Human Nature*, Book 2. *Of the Passions*, 224쪽.
245) Hume, *A Treatise of Human Nature*, Book 2. *Of the Passions*, 238쪽.
246) Hume, *A Treatise of Human Nature*, Book 2. *Of the Passions*, 239쪽.

매하다. 그래도 아무튼 흄은 최종적으로 간접감정의 생성에 공감이 역할을 하는 것을 어렴풋이나마 감지한 것으로 보인다.

한편, 다마시오는 공감감정 또는 교감감정과 유사한 '사회적 감정'의 예로 "동정심·쑥스러움·수치심·죄책감·자만감·질투심·시기·감사함·경탄·공분·경멸" 등을 들고 있다.[247] 그리고 그는 앞서 시사했듯이 '사회적 감정'을 촉발하는 데 유력한 복합적 자극의 '감정적 의의'를 탐지하는 것을 전담하는 뇌 부위를 '복내측 전전두피질'로 지목한다. 따라서 우리가 어떤 사람의 사고를 목격했을 때 일어나는 동정심은 이 영역의 매개를 필요로 한다는 것이다. 여기서 자극의 '감정적 의의'에 대한 탐지기능은 내감적 쾌통·재미·미추·시비의 판단 기능을 말한다. 다마시오에 의하면, 감정적으로 유력한 자극이 본성상 사회적일 때, 그리고 적절한 반응이 쑥스러움·죄책감·절망감 등과 같은 '사회적 감정'일 때, 복내측 전전두피질의 손상은 '감정을 표출할 능력(ability to emote)'을 변화시킨다. 이런 종류의 손상은 정상적 사회행동을 어렵게 만든다.[248]

■ 공감감정의 특성

뇌의학에 의하면 복내측 전전두피질은 감정을 산출하는 기능이 없다. 하지만 복내측 전전두피질은 감정을 촉발하고 억제하는, 즉 감정을 일어나도록 또는 가라앉도록 명령하는 부위다. 이 부위는 첫째, 감정적으로 유력한 복합적 자극의 '감정적 중요성'의 탐지기능, 내감적 쾌통·재미·미추·시비의 판단기능을 수행하고, 둘째, 추리와 결정을 뒷받침한다. 이 추리와 결정에도 물론 감각적 판단이 개재되어 있다. 우리는 결정하기 위해 판단하고, 판단하기 위해 추리하고, 추리하기 위해 추리할 것을 결정하기 때문이다. 그런데 플라톤·데카르트·칸트·롤스 등 합리주의자들이 주장하듯이, 감정을 배제하고 순수하게 이성에 의해서만 행위의 결과를 추리하고 결정을 내린다면, 이 추리와 결정은 불가능할 것이다.

---

247) Damasio, *Looking for Spinoza*, 45쪽.
248) Damasio, *Looking for Spinoza*, 61쪽.

물론 순수하게 이성에 의해서만 판단과 결정을 내리는 것을 상상해볼 수 있다. 그러나 추리와 결정은 결정을 요하는 상황에 대한 엄청난 인식적 앎, 행위의 선택 반응에 대한 이해적 앎, 선택의 즉각적 또는 미래적 귀결(결말)에 대한 놀라운 예상지식을 전제한다. 그러나 순수한 이성적 추리와 결정은 첫째, 엄청나게 많은 시간을 소모할 것이다. 둘째, 기억 속에 그 많은 이해득실의 대차대조표를 보유할 수 없어 결정·판단·추리는 그릇될 것이다. 셋째, "칸트적 추리전략 자체의 취약성"은 확률이론과 통계의 무지와 불량한 사용인데, 이 때문에 그런 이성적 추리와 결정은 불가능할 것이다.

하지만 우리의 두뇌는 매일매일 잘 결정한다. 이것은 감정촉발·억제 영역인 전전두피질의 역할이 있기 때문이다. 전전두피질의 감정촉발 기능은 "순수이성보다 더 많은 것"을 가지고 "경이로운 작업"을 해낸다.[249] 칸트가 옹호하는 냉철한 이성전략은 정상인들의 작업 방법이 아니라, '전전두피질 손상 환자들'이나 사이코패스들의 추리·결정 방법이다.[250]

다마시오는 두뇌의 경이로운 이 감정촉발 능력을 '신체표지 가설(somatic marker hypothesis)'로 설명한다. 두뇌의 이 과정의 중요한 사항들이 우리의 마음속에서 "순간적으로, 개략적으로, 사실상 동시적으로, 명백히 정의할 수 없을 정도로 너무 빠르게" 전개된다. "그러나 이제 당신이 어떤 종류의 비용/이익 분석을 가정에 적용하기도 '전에', 그리고 당신이 문제의 해결을 향해 추리해나가기 '전에' 무엇인가 아주 중요한 일이 벌어진다. 즉, 주어진 반응선택과 연결된 나쁜 결말이 아무리 빠르게 들어올지라도 마음속으로 들어올 때, 당신은 불쾌한 육감肉感(gut feeling)을 체험한다. 이 육감이 신체와 관련된 것이기 때문에, 나는 이 현상에다 '신체상태(somatic state)'라는 술어를 부여했다. ('soma'는 신체를 뜻하는 그리스어다.) 그리고 그 육감이 하나의 심상을 '표지標識하기' 때문에 나는 그것을 '표지標識'라고 불렀다. 다시 내가 'somatic'이라는 말을 가장 넓은 의미(신체와 관련된

---

249) 참조: Antonio Damasio, *Descartes' Error: Emotion, Reason, and the Human Brain* (New York: Pengein Books, 1994), 165-173쪽.
250) Damasio, *Descartes' Error*, 172쪽.

의미)에서 사용하고 내가 신체표지를 언급할 때 내장적 감흥과 비내장적 감흥을 포함한다는 것에 주목하라."251) 이 '육감'의 신체표지는 행동의 부정적 결과에 관심 갖도록 강제해 '자동적 경보신호'로 작용한다. 위험한 결과를 가져올 선택의 경우에 이 신호는 즉각 행위의 부정적 과정을 배격하고 다른 대안을 선택하게 해준다. 비용/이익분석과 연역이 필요한 경우에도 여러 대안들의 수가 이 신체표지의 육감에 의해 급격하게 소수로 좁혀진 뒤에 이루어진다. 순수한 합리적 추리와 최종결정은 많은 사례에서 정상적 결정의 미흡성을 보완할 뿐이다. 따라서 신체표지는 결정과정의 '정확성과 효율성'을 증가시킨다. 반대로 신체표지의 결여는 판단과 결정의 정확성과 효율성을 떨어뜨린다. 신체표지 가설은 신체표지를 따르는 추리단계들과 관련된 것이 아니다. 다마시오는 이것을 간단히 이렇게 정리한다. "신체표지는 이차감정(공감감정 - 인용자)들로부터 산출되는 지각적 느낌들의 특수사례다. 이 이차감정들과 느낌들은 경험적 학습에 의해 일정한 시나리오의 예견되는 미래적 결말과 연결된다. 불쾌한 신체표지가 특별한 미래적 결말과 병렬될 때, 이 결합은 경고 벨로 기능한다. 유쾌한 신체표지가 병렬될 때, 그것은 인센티브의 신호등이 된다."252)

여기서 '신체표지는 이차감정들로부터 산출되는 지각적 느낌들의 특수사례다'라는 말은 어려운 말이지만 의미심장하다. 이것은 신체표지가 공감감정적 느낌들의 특수사례라는 말이다. 우리는 가령 혈중 혈당치가 떨어지면 뇌의 시상하부의 신경세포가 그것을 감지해 뇌의 소유주로 하여금 먹게 만드는 허기虛飢를 만드는 반응을 선택하는 '신경회로에 기입된' 전략을 취한다. 이런 '생리적 노하우'의 집행과정은 아무런 뚜렷한 지식 · 추리 · 선별과 의식적 추론기제의 도움 없이 허기를 자각하게 되는 선까지 이른다. 다른 예로는 낙하하는 어떤 물체를 피하기 위해 몸을 움직일 때도 순간적으로 몸을 피한다. 낙하하는 물체에 그대로 맞는다면, 몸에 어떤 상처가 날 것을 의식하고 계산해 피하는 것이 아니다. 그야

---

251) Damasio, *Descartes' Error*, 173쪽.
252) Damasio, *Descartes' Error*, 173-174쪽.

말로 육감적으로 피하는 것이다. 따라서 아무런 의식적 지식도, 의식적 추리 전략도 필요 없다. 생사를 가르는 이 반응선택 전략은 의식적 노력이나 이성적 숙고를 의지적으로 먼저 쓰려고 해도 반응의 집행이 이런 노력과 숙고 없이 '자동적으로', '신속하게' 일어나도록 '자극과 반응 간의 강력한 연결'을 활성화하는 것으로 구성된다.253) 이와 같은 신속자동기제가 '육감(gut feeling)'인데, 다마시오는 이와 같은 것이 공감감정적 육감이 되는 경우에 여기에서 바로 '신체표지'가 된다는 말이다. 가령 곤경에 처한 사람을 돕고자 하는 가장 중요한 공감감정인 '동정심'도 종종 육감 차원에서 작동한다. 길 가던 할머니가 넘어질 때, 사람들은 이를 보고 즉각 돕는다. 여기에는 아무런 이성적 추리도 계산도 없고, 의식적 인식도 판단도 없고, 단지 육감과 충동이 있을 뿐이다. 그럼에도 이것은 일상적으로 벌어지는 아름다운 도덕적 행위다.

그런데 이 육감과 충동은 다마시오가 말하듯이 '학습'에 의해서 획득되기도 하지만, 필자가 보기에 '진화'에 의해 우리의 '본능'으로 확립되어 있기도 하다. 찰스 다윈과 프란시스 드발(Frans de Waal)은 공감감정의 신체표지와 관련해 진화적 본능을 더 중시한다. 드발에 의하면, 벌과 같은 동물들은 의도 없이 본능적으로 이타적 행동을 한다. 그러나 이것은 인간도 마찬가지다. 인간도 먼저 이타적 행동을 하고 나서 이를 정당화하는 논변과 사고는 나중에 하기 때문이다. 따라서 "우리가 우리의 행동의 귀결을 깨닫기에 앞서 (...) 넘어진 노인을 일으켜 세워주는 것은 전적으로 가능한 것이다." 말하자면, "감정이 이성적 인지(cognition)를 앞지르는 현실 속에서 우리의 행동은 공통된 인간적 패턴을 따라 자동적이고 직관적이다. 유사하게 우리의 많은 도덕적 결정은 너무 신속해서 종종 도덕철학자들에 의해 추정되는 이성적 인식과 자기성찰에 의해 매개될 수 없다."254)

동일한 맥락에서 드발은 이렇게 부언한다. "이 성향의 진화적 기원은 전혀 신비가 아니다. 코끼리에서 늑대와 사람에 이르기까지 협업에 의존하는 모든

---

253) Damasio, *Descartes' Error*, 166-167쪽.
254) Frans de Waal, "The Tower of Morality", 178-179쪽. Stephen Macedo and Josiah Ober (ed.). *Primate and Philosopher - How Morality Evolved* (Princeton: Princeton University Press, 2006).

종들은 집단충성심과 돕는 성향을 보여준다. 이러한 성향은 호의를 되갚을 수 있는 친족들과 동료들에게 혜택을 베푸는 긴밀하게 짜인 사회생활의 맥락에서 진화했다. 따라서 이 돕는 충동은 이 충동을 보이는 개체들에게 생존가치가 전혀 없다면 결코 존재할 수 없었다. 그러나 아주 종종 그렇듯이 충동은 이것의 진화를 형성한 귀결들로부터 분리되었다. 이것은 수혜자가 낯선 자일 때와 같이 되갚음이 없을 것 같은 때도 그 충동의 표출을 가능케 했다."255) 드발은 다시 이 동정심의 충동적 발동·집행과정을 진화에 의해 운동신경적(motor nerve) 차원에서 '체득된(embodied)' PAM(Perception-Action Mechanism), 즉 '지각-행동 기제'로 설명한다.256)

다윈은 이미 150여 년 전에 인간의 이런 이타적 본능기제를 파악했다. 그는 맨드빌(Bernard de Mandeville, 1670-1733)이나 오늘날의 존 롤스 같은 도덕철학자들의 이기적·합리적 도덕제정론道德制定論과 이기적·논리적 도덕도출론을 비판한다. "불이 난 동안처럼 극단적 위험의 상황에서 어떤 사람이 동료 피조물을 순간적 주저도 없이 구하려고 노력할 때, 그는 거의 쾌감을 느낄 수 없다. 그는 그가 시도를 하지 않는다면 뒤에 경험할지도 모를 불만감에 관해 반성할 시간은 더욱 없다. 그가 자신의 행위를 나중에 반성한다면, 그는 그 안에 쾌감이나 행복에 대한 추구와 아주 다른 충동적 힘이 들어 있는 것을 느낄 것이다. 이것은 바로 깊이 심어진 사회적 본능으로 보인다."257) 다윈이 이미 이렇게 분명히 밝힌

---

255) Frans de Waal, "Morality Evolved - Primate Social Instincts, Human Morality and the Rise and Fall of 'Veneer Theory'", 15쪽. Stephen Macedo and Josiah Ober (ed.). *Primates and Philosopher - How Morality Evolved* (Princeton: Princeton University Press, 2006).
256) 그러나 드발은 좀 부정확하게 말한다. "이러한 체득이 다시 동정심·연민·도움을 배양한다. PAM은 다마시오의 신체표지 가설과 부합되고 지각과 행동 사이의 뇌세포차원의 연결에 대한 최근 증명(가령 "거울뉴런")과도 부합된다." de Waal, "Morality Evolved", 38쪽. 그러나 여기서 PAM과 거울뉴런의 연결은 좀 억지 같다. PAM은 어떤 사태(가령 어떤 사람이 길에서 넘어지는 사태)를 — 이 사태가 행동이나 감정이 아니더라도 — 지각하자마자 즉각 행동하는 운동신경적 행동메커니즘인 반면, 거울뉴런은 단순히 타인의 동작과 행동의 의도와 감정을 이해하는 시뮬레이션 지각메커니즘이기 때문이다. PAM과 신체표지 가설의 연결도 억지 같다. 다마시오의 신체표지 가설은 경험적으로 준비된 것인 반면, 드발의 PAM은 본능적인 것이기 때문이다. 이 대목에서, 신체표지 가설이 이 본능을 포함하지 않기 때문에 필자가 다마시오의 이 가설을 인용하고 있다는 사실을 상기할 필요가 있다.
257) Darwin, *The Descent of Man*, 120쪽.

공감감정의 충동기제를 드발은 다윈의 이 논의를 아마 전혀 모른 채 자신의 뇌과학적·신경과학적 언어로 재현한 셈이다.

인간의 추리와 결정은 신체표지의 육감이 없으면 부정확하고 비효율적이어서 그릇된 것으로 귀결되든가 불발로 그친다. 그러므로 이성은 반드시 공감감정들의 이 육감적 느낌에 뒤따라 작동할 때만 제대로 작동할 수 있다. 다마시오는 이런 까닭에 선先감정, 후後인지의 이 "동반관계"는 "명백하다"고 단언한다.[258]

미래의 성패를 육체적 직감으로 내다보게 만들어주는 이 '신체표지'는 당장은 쓰디쓰지만 훗날 달콤한 결실을 낳는 일의 결정과 실행도 가능케 한다. 쓴 약은 왜 먹고, 수술을 왜 받고, 고통스런 대학입시 공부를 왜 견디는 것이냐고 물으면, 대답은 '의지력(willpower)'일 것이다. 하지만 의지력은 단기적 결과보다 장기적 결과를 내다보며 선택하는 욕망의 별칭이다. 의지력은 신체표지의 감정이다. 의지력은 전망의 평가에 달려있고, 이 평가는 다시 '지금의 고통'과 '미래의 만족감', 이 양자에 대한 관심의 종합적 결론이 신체표지에 의해 적절하게 불러일으켜져야만 일어날 수 있다. '지금의 고통'과 '미래의 만족감'이라는 이 두 감정이 제거되면 의지력의 날개를 부양시키는 '양력揚力'도 제거된다.[259] 이 신체표지 가설을 다윈의 도덕적 본능충동과 드발의 본능적 PAM으로 이해한다면, 이것은 이성이 거의 없는 구관조와 다람쥐가 나중에 먹기 위해 양식을 비축하는 것, 전형적 육식성 맹수 사자가 소화불량에 걸리면 쓴 약초 풀잎을 찾아 뜯어먹는 것 등과 같은 본능차원에서 이해할 수 있다. 인간이 쓴 약을 먹는 것은 그렇게 이성적으로 보여도 실은 이 행동은 이성적 행동이 아니라, 드발의 PAM, 다윈의 도덕충동, 다마시오의 신체표지 가설에 따른 본능적·습관적 판단과 행동일 뿐이다.

이런 여러 가지 개인적·사회적 영역에서의 추리·판단·결정은 신체표지의 육감, 즉 이차감정(공감감정)의 즉각적 느낌에 의해 순간적으로 이루어진다. 필자

---

258) Damasio, *Descartes' Error*, 175쪽.
259) Damasio, *Descartes' Error*, 175쪽.

는 다마시오의 신체표지를 언어처럼 그 절반은 본능이고 나머지 절반은 학습적·경험적 습득의 결과로 풀이하고자 한다. 그러나 신체표지는 언어와 달리 감정, 그것도 공감감정에 근거한다. 다마시오는 신체표지의 협소한 형성기제(교육과 사회화)를 말한다.[260] 우리는 위에서 '진화' 기제를 하나 더 보탰다. 실은 진화가 이 신체표지 가설에서 더 결정적인 것이다.

따라서 뇌의 지능 담당 부위가 완전히 정상이더라도 복내측 전전두피질이 선천적으로 이상상태에 있는 사람(사이코패스) 또는 후천적으로 뇌가 손상된 환자는 내감의 교감능력이 있음에도, 즉 타인의 감정과 의도에 대한 인지능력이 있음에도 쾌통·재미·미추·선악판단과 ― 이 판단의 지령을 받아 활성화되는 ― 공감의 능력이 결함이 있고, 따라서 공감에 기초해 형성되는 공감감정(이차감정)과 그 느낌도 장애를 겪고, 이로 인해 다시 신체표지가 불완전하고, 이 표지의 부재로 인해 개인적·사회적 업무의 판단과 결정에 입각한 사회적 행동(경제활동, 관리, 운영, 행위조절, 협업 등)이 불가능하다. 물론 공감감정에 속하는 도덕감정(측은·수오·공경·시비지심, 수치심, 죄책감, 결백감 등)도 시비(선악)판단 능력도 없어서 도덕적 행위도 불가능하다. 그럼에도 불구하고 선천적·후천적 사이코패스들은 교감을 바탕으로 한 타인의 감정과 행동의도의 내감적 인지와 ― 이 인지자료에 기초한 ― 지능적 암기, 조건반사적 학습, 이성적 추리·학습 등에 의해 이성적 도덕판단 능력을 갖추고 있다. 하지만 이들은 도덕감각과 도덕감정이 없기 때문에 사회관행적 행동수칙과 도덕규칙을 구별하지 못하고,[261] 머리로만 아는 이 도덕규칙을 준수하거나 실천할 의무감을 느끼지 못한다. 이런 준수와 실천의 도덕충동과 의무감정이 전무하기 때문이다. 이론의 수립과 이해에 필수적인 '이성'은 존재하지만, "단순한 법칙 관념만으로 실천적이 되는 지성"으로서의 칸트의

---

260) Damasio, *Descartes' Error*, 177쪽.
261) Marc D. Hauser, *Moral Minds: The Nature of Right and Wrong* (New York: HarperCollins Publishers, 2006), 235쪽. 사이코패스는 학교에 파자마를 입고 오지 않아야 하는 관행적 금지와 옆 친구를 괴롭히지 않아야 하는 도덕적 금지를 구별하지 못한다. 둘 다 동일한 '금지'로만 인지한다.

실천이성, 또는 같은 말이지만 퇴계의 '리발理發'은 존재할 수 없다는 것을 알수 있다.

선천적으로 복내측 전전두피질이 결손된 반사회적 인격장애자, 즉 사이코패스들은 훔치고, 절취하고, 강간하고, 살인하고, 구변 좋게 거짓말과 교언巧言을 잘 늘어놓는다. 그들의 감정이 효과를 보이기 시작하는 역치는 아주 높아서 그들은 곤경에도 흔들림 없는 것으로 보이고, 자기보고에 의하면 무감하고 무신경하다. 그들은 스콜라철학과 칸트철학에서 우리가 바른 일을 하기 위해 지켜야 한다고 들어온 '매정하고 냉철한 두뇌', 바로 그 모습이다. 냉철한 상태에서 자신을 포함한 만인에게 불이익을 야기하며 사이코패스들은 종종 비정하고 냉혈한적인 범죄를 반복한다. 다마시오에 의하면, 그들은 느낌의 약소성이나 느낌의 부재가 합리성의 저하를 초래하는 선천적 사례자들이다.[262] 후천적으로 전전두피질을 손상당한 환자들도 선천적 사이코패스와 동일한 증상을 보인다.

우리는 다마시오가 말하는 이차감정이 여기서 말하는 공감감정과 유사하다는 사실로부터 공감감정과 교감감정을 촉발하는 뇌 영역이 '복내측 전전두피질'이라는 사실을 도출할 수 있다. 이 피질이 손상되면 사단지심을 포함한 모든 공감감정 능력을 상실한다. 이제 주요한 공감감정들을 분석할 차례다.

2.2. 일반적 공감감정

도덕적이지 않은 일반적 공감감정은 사랑 · 믿음 · 즐거움 · 부러움 · 자긍심 등이다. 이것은 공감감정들 중에서 도덕적이지는 않지만, 인간의 삶에서 중요한 감정들이다. 이 여섯 감정 중 즐거움 · 부러움 · 자긍심은 인구어印歐語로는 정확하게 표현하기 어렵다. 이 때문에 서양철학은 이 감정들과 관련해 모호성과 부정확성으로 뒤범벅이 되어있다. 이 점에서 서구어들은 감정에 대해 철학하기 어려

---

[262] Damasio, *Descartes' Error*, 178쪽.

운 언어라는 생각이 든다. 이에 반해 한국어·한문·중국어 등은 그 자체가 '감정철학의 본거지'라고 할 수 있다. '일반적 공감감정' 중에서 가장 중요한 것은 '사랑'이다.

■ 사랑과 믿음

처지가 어렵거나 신체적·구조적·사회적으로 약하고 작은 사람들에 대한 비대칭적 사랑은 동정심(측은지심·연민)으로서 '도덕적 공감감정'이다. 그러나 대등한 사람들 간의 대칭적 '사랑'은 도덕과 무관한 '애정'으로서 '일반적 공감감정'이다.

그러나 사랑의 본질은 파악하기 어렵다. 일단 '사랑'이 '감정'인지, 감정이 실린 '행동'인지, 아니면 '상태'인지를 두고 이견이 있다. 흄은 사랑을 감정으로 본 반면,[263] 셸러는 사랑이 지향적志向的 '행동'이라고 단언했다. 셸러는 사랑이 일단 "감정들과 추구들의 총괄"도 아니고, '공감'도 아니라고 주장한다.[264] 이 말은 이 사랑이 공감이나 공감된 감정(동감)보다 많은 감정이기 때문에 기본적으로 틀린 말은 아니다. 그러나 한 걸음 더 나아가 셸러는 사랑을 "긍정적 가치를 위한 마음의 움직임"이자 "정신적 행동"으로 정의한다.[265] 간단히 "사랑은 어떤 대상의 주어진 가치로부터 이 대상의 보다 고차적인 가치의 출현을 실현하는 지향적 움직임"이라는 것이다.[266] 사랑의 시도 단계에서라면 사랑이 뭔가를 향한 어떤 지향적 '마음가짐' 또는 '자세'라는 데는 동조할 수 있겠지만, 사랑이 일체감을 향한 '움직임' 또는 '행동'이나, '가치'를 향한 지향적 움직임이라는 대목에는 동조하기 어렵다.

첫째, 모든 감정은 신체적 표현과 행동적 동작을 수반하는데, 사랑은 우울한 기분처럼 차분해서 행동을 수반하지 않아도 되고 또 자주 수반하지 않는 감정

---

263) 참조: Hume, *A Treatise of Human Nature*, Book 2. *Of the Passions*, 214-216쪽.
264) Scheler, *Wesen und Formen der Sympathie*, 146, 150쪽.
265) Scheler, *Wesen und Formen der Sympathie*, 146-147쪽, 151쪽.
266) Scheler, *Wesen und Formen der Sympathie*, 156쪽.

부류에 속한다. 사랑이 행동으로 잘 드러나지 않기 때문에 애인들끼리 '나 사랑해?'라고 자꾸 물어대는 것이다. 그래서 다윈의 다음과 같은 말은 지금도 타당하다. "통상적으로 어떤 종류의 행동으로 나타나지 않는, 따라서 강렬하게 표시되는 외부 신호에 의해 드러내지지 않는, 애정(affection)의 감정과 같은 기타 감정들이 있다. 실은, 즐거운 감흥인 한에서 애정은 즐거움의 일상적 신호를 불러일으킨다."267) 이와 관련하여 다윈은 이렇게 설명한다. "사랑의 감정, 가령 아이에 대한 엄마의 사랑 감정은 마음이 겪을 수 있는 가장 강렬한 감정 중의 하나일지라도 적절한 또는 특유한 표현 수단을 갖는 것으로 얘기하기 어렵다. 그리고 이는 이 감정이 습관적으로 어떤 특별한 '행동(action)' 노선으로 나타나지 않았던 만큼 이해 가능하다. 애정이 기쁜 감정인 것처럼, 의심할 바 없이 사랑의 감정은 일반적으로 잔잔한 미소와 어떤 밝게 빛나는 눈빛을 불러일으킨다."268) 이처럼 사랑은 어떤 자세나 기반정서일 수는 있지만, 행동일 수는 없다. 따라서 사랑이 어떤 '행동' 또는 '움직임'이라는 셸러의 사랑 정의는 미심쩍은 것이다.

둘째, '가치'를 지향한다는 셸러의 저 사랑 정의도 문제다. 이 정의는 사랑 자체를 가치로 여기지 않는 것처럼 들리고 또 마치 '가치가 없는 곳에는 사랑도 없다'는 말처럼 들리기 때문이다.

그러나 한국어 '사랑하다', 영어 'love', 중국어 '애愛'처럼 사랑은 용법에서 '감정' 보다 '행위'를 묘사하는 동사로 사용된다. 따라서 필자는 사랑을 '감정'이자 '행위'의 이중적 의미로 이해하고자 한다. 이런 견지에 분분하게 더 논란할 것이 없이 필자는 일단 작업가설로 간단히 사랑을 '타아를 자기와 일체로 느끼는 감정의 상태와, 타아와 일체감을 느끼려는 지향'이라는 양의적兩義的 의미로 정의해 두고자 한다.

사랑은 일종의 '동심同心'이다. 동심은 우선 굳세면서 향기로운 일체감이요, 타아를 일체로 느끼고 싶은 지향이요, 동시에 일체감의 지속상태다. 『시경』에서

---

267) Darwin, *The Expression of Emotion in Man and Animals*, 370쪽.
268) Darwin, *The Expression of Emotion in Man and Animals*, 224-225쪽.

여인은 "동심에 애쓰고 노하지 마세요(黽勉同心 不宜有怒)"라고 노래한다.269) 또 공자는 "두 사람이 동심이면 그 예리함이 쇠를 끊고, 동심의 말은 그 향내가 난과 같다(二人同心 其利斷金 同心之言 其臭如蘭)"고 했다.270) 여기서 동심은 이렇게 남녀나 두 벗 간의 사사로운 사랑을 말하고 있다.

하지만 동심은 이렇게 사적 사랑만을 가리키는 것이 아니다. 그것은 정치의 공적 차원에서도 일체감으로 작용한다. 무왕은 말한다. "수受(은나라 폭군 주紂)가 억조의 보통사람들을 가졌으나 마음을 이산시키고 덕을 이산시켰다. 나는 난세를 다스릴 신하가 열 명밖에 없지만 모두가 동심동덕이다. 또 수가 두루 친애할지라도 내가 사람들을 인애함만 못하리라.(受有億兆夷人 離心離德. 予有亂臣十人 同心同德. 雖有周親 不如仁人.)"271) 무왕은 폭군의 '이심이덕離心離德'에 대립시켜 혁명동지들의 '동심동덕'의 사랑을 혁명 동력으로 거론하고 동시에 같은 연장선상에서 폭군의 사적 '친애'와 자신의 공적 '인애'를 대립시키고 있다. 사랑 또는 동심의 심적 구조는 공적 '인애'의 심적 구조와 같다는 말이다. 국가공동체 전체의 존립과 발전도 국가의 인정仁政에 호응하는 '국민적' 동심동덕에 기초한다. 공맹경전에는 이것 외에도 동심을 공적 사랑 또는 공적 일체감으로 거론하는 경우들이 더러 있다.272)

그런데 사랑으로서의 동심이 공감적 동감에서 생성되어 나온 공감감정이지만, 공감은 묘하게도 이 사랑하는 자들 사이에서 더욱 강렬하다. 반면, 미워하는 자들 사이에서, 또는 미워하는 자에 대해서는 공감이 어렵다. 그러나 미움이 있는 경우에도 상대가 인간인 한에서, 그리고 생명을 가진 동물인 한에서 객관적으로 별개의 공감이 있을 수 있다. 사랑은 보편적인 반면, 미움은 예외적·국면적이기 때문이다. 이런 관점에서 보면, 인간은 말썽꾸러기 동물이나 사나운 야수에

---

269) 『詩經』「國風·邶風·谷風」.
270) 『易經』「繫辭上傳」, §8.
271) 『書經』「泰誓中」.
272) 『書經』「商書·盤庚中」. "그대 만민이 생업을 살려 나 한 사람의 정책과 동심하지 않으면, 선왕들이 그대들에게 크게 벌을 내린다(汝萬民乃不生生 暨予一人猷同心 先后丕降與汝罪疾)";「商書·說命上 第十二」. "신료들과 이내 동심하지 않음이 없다(惟暨乃僚 罔不同心)."

대해서도 보편적으로 생물학적 생명애가 있고, 적군과 원수에 대해서도 인간애가 있다. 같은 국민 안에서 김 아무개가 정 아무개를 정치적으로 미워하더라도 김 아무개가 정 아무개를 '정적'으로 미워할 뿐이고, 그를 동포의 일원으로서 미워하는 것은 아니다. 개인 간의 미움이 보편적 동포애나 인간애를 부정하지 못한다는 말이다. 따라서 김 아무개는 정 아무개를 미워하더라도 정 아무개의 어떤 감정에 공감할 수 있는 것이다.

물론 역으로, 사랑한다고 해서 반드시 공감해야 하는 것은 아니다. 어떤 사람이 애인이라도 그의 감정과 행동이 지나쳐서 내게 고통스럽고(또는 불쾌하고), 추하고, 악하다면 나는 그를 사랑함에도 그에게 공감할 수 없다. 아무튼 공감은 보편적 인간사랑(인간적 동심) 또는 적어도 보편적 동포사랑이나 생명사랑(생명적 동심)을 전제하는 반면, 이런 사랑 유형들은 발생론적으로 공감이나 공감적 동감을 전제한다. 논리가 순환에 빠지고 말았다. 공감이 먼저인가? 사랑이 먼저인가? 전형적 난문難問, 소위 '아포리아'에 봉착한 셈이다.

그래도 셸러는 단호하게 말한다. "가장 중요한 연관은 어떤 공감작용이든 일반적으로 사랑에 정초되어 있고, 아무런 사랑이 없다면 어떤 공감이든 끝나고 만다는 것이다. 거꾸로는 전혀 아니다."[273] 셸러는 이처럼 사랑에서 공감이 생기는 것에만 주목한다. 그러나 그는 공감이 사랑이 아니라는 데만 집착하여 공감이 새로운 고차적 감정으로서의 사랑을 '산출'한다는 사실을 놓치고 있다. 그래서 그는 "우리는 오직 우리가 사랑하는 정도만큼만, 사랑하는 깊이에서만 공감한다"고 단언한다. 그러나 셸러는 "우리는 종종 우리가 사랑하지 않는 사람에 대해서도 공감을 가진다"는 것을 번뜩 깨닫는다. 그러나 그는 이것을 공감이 사랑을 산출하는 계기로 보는 것이 아니라, 고집스럽게 이 사랑 없는 공감도 다시 '보편적 사랑'으로 설명하려고 한다. 그는 "사랑하는 경우에 공감하지 않는 것은 배제된다"고 주장한다.[274] 어떤 사람이 자기의 애인이라도 그의 감정과 행동이 지나

---

273) Scheler, *Wesen und Formen der Sympathie*, 147쪽.
274) Scheler, *Wesen und Formen der Sympathie*, 147-148쪽.

쳐서 내게 불쾌하고(또는 고통스럽고) 추하고 악하다면 나는 그를 사랑함에도 그에게 공감할 수 없다. 따라서 "사랑하는 경우에 공감하지 않는 것은 배제된다"는 그의 주장은 그릇된 말이다. 또 셸러는 동포애나 인류애가 투철하더라도 특정한 관계에서 특정인을 '사랑하지 않을 수 있는' 것만을 인정할 뿐이고, 즉 '특칭적 미움'만 거론할 뿐이고 '특칭적 사랑'은 거론치 않고 있다. 보편적 사랑과 특칭적 미움이 구분될 수 있다면, 사회생물학적 인간애와 특칭적 사랑도 다른 차원으로 구분되어야 한다.

이렇게 차원을 나누면, 생물학적 '인간애'는 모든 공감의 전제로서 공감을 가능케 해주지만 무의식적·즉자적일 뿐이고, '특칭적 사랑'은 이 즉자적 '인간애'를 기반으로 하여 특정인들 간에 느껴지는 공감에 의해서야 비로소 산출되고 의식적·대자적인 것이다. 그리고 인간의 공감은 인간과만 가능한 것이 아니라 이종異種의 동물, 가령 개·고양이·원숭이와도 충분히 가능하다.

사랑의 차원을 구분하지 않기 때문에 셸러는 '특칭적 사랑'이 공감에 의해 산출되는 측면을 몰각하고 '특칭적 사랑'과 ― 인간적 생명애로서의 ― 생물학적 '인간애'를 구별하지 않고 '공감은 사랑에서 나온다'는 말만 강조하는 것이다. 물론 '특칭적 사랑'은 공감을 지극한 '이심전심以心傳心'의 경지로까지 고양시킬 수 있다. 하지만 '특칭적 사랑'은 '무無'로부터 산출되거나 생물학적 인간 종種의 '인간애'에서 저절로 생겨나는 것이 아니다. '특칭적 사랑'은 특정인들이 이 무의식적 유전자 차원에 착근된 생물학적 '인간애'의 바탕 위에서 서로 '공감함'으로써 산출되는 것이다. 공감의 일반적 대전제는 위에서 시사했듯이 물론 특칭적 사랑이 아니라, 인간종족끼리의 생물학적 인간애다. 그러나 어디까지나 '대전제'일 뿐이다. 이렇게 '특칭적 사랑'과 생물학적 '인간애'의 차원을 구분하여 접근하면, 앞서 우리가 빠져든 순환적 난문도 이런 정식화로 간단히 해결된다. 사회생물학적 '인간애'는 특정인들 간에 일어나는 공감의 대전제일 뿐이고, 인간들 중 특정인들 간의 '특칭적 사랑'은 이 대전제 위에서 공감작용을 통해 비로소 산출된다. 이 특칭적 사랑은 다시 공감을 더욱 깊어지게 만들 수 있다. 깊어진 공감은 또다시 이 특칭적 사랑을 더욱 굳세게 하고 더욱 향기롭게 한다. 더욱 굳세지고 더욱 향기로워진 사랑은 공감을 아마 '염화시중拈華示衆'하듯이 무언의 미소로 화답하는 이심전심 경지로 고양시킬 것이다. 어느덧 저 난문의 순환은 해체되었고, 이제 사랑과 공감 간의 무한한 선순환이 등장했다.

한편, 인간은 인간과 공감하고, 상당히 정교한 감정을 가진 고등동물과도 때로 공감할 줄 안다. 이것은 인간과 동물을 둘 다 아우르는 보편적 사랑을 전제한다. 따라서 우리는 보편적 인간사랑만이 아니라 생물들끼리의 보편적 생명애를 전제해야 한다. 우리는 보편적 인간사랑의 존재를 분명히 확신한다. 그러나 인간에게 모든 생명 있는 동물을 좋아하고 사랑한다는 의미에서의 보편적 '생명애'가 본성적으로 존재하는가?

– 에드워드 윌슨의 '보편적 생명애 가설'

에드워드 윌슨은 1984년 『바이오필리아(*Biophilia*)』에서 이 보편적 '생명애(biophilia)' 가설을 제기한다. 그는 이 '생명애'를 "생명과 유사생명 과정들에 관심을 집중하는 본유적 성향"으로 정의한다.[275] 윌슨은 이 정의를 바탕으로 "인간이 생물을 탐구하고 생물을 친족으로 삼는 것(affiliate)이 정신발달 속의 깊고 복잡한 과정임"을 주장하려고 한다. "우리의 존재는 이러한 성향에 의거하고, 우리의 정신은 이 성향으로 짜여 있고, 희망은 이 성향의 흐름 위에서 일어난다"는 것이다.[276] 그러나 윌슨은 「생명애와 보존윤리(Biophilia and the Conservation Ethic)」

---

275) Wilson, *Biophilia*, 1쪽.
276) Wilson, *Biophilia*, 1쪽. 윌슨은 이 'biophilia'라는 단어를 독자적으로 주조했다. 윌슨과 별도로 일찍이 에리히 프롬은 '생명애'를 "생명과 살아있는 모든 것에 대한 감정적 사랑"으로 정의했다. "생명애는 사람이든, 식물이든, 관념이든, 사회집단이든 성장을 촉진하고 싶은 바람이다." Erich Fromm, *Anatomy of Human Destructiveness* (New York: Holt, Rinehart & Winston, 1973), 344쪽. 그는 정신건강과 감정적 행복의 토대로서 사랑의 능력을 함양할 필요성을 강조하기 위해 이 술어를 사용했다. 스티븐 켈러트는 윌슨의 '생명애'와 프롬의 '생명애' 개념이 중요한 점에서 다르다고 지적한다. 프롬이 "생명에 대한 감정적 사랑"을 강조한 반면, 윌슨의 생명애 개념의 강세는 "자연적 다양성에 대한 광범한 친화성"에 있다는 것이다. 이것은 자연과 생명에 대한 신체적·감정적·지적 애호성향인 반면, 프롬의 그것은 이 성향의 한 임계적 국면만을 표현하고, 거의 배타적으로 인간적 상호작용에 초점을 맞춘다는 것이다. Stephen R. Kellert, *Kinship to Mastery: Biophilia in Human Evolution and Development* (Washington, D.C.:

(1993)에서 생명애를 본유적 '학습규칙'에 의해 매개되는 "본유감정적 친화"로 좀 달리 정의한다.[277] 생명애는 단일한 본능이 아니라, 본유적 학습규칙들의 복합체다. 따라서 이 학습규칙들은 별도로 뽑아내어 개별적으로 분석될 수 있다. 본유적 학습규칙에 의해 모델링되는 느낌들은 여러 감정적 스펙트럼들에 따라 변한다. 즉, 매혹에서 혐오로 변하기도 하고, 경외에서 무관심으로 변하거나, 평화로움에서 공포에 내몰린 불안감으로 변하기도 한다.

윌슨의 생명애 가설은 감정적 반응의 다양한 가닥들이 문화의 대부분을 구성하는 상징들 속으로 짜여 들어가 있다는 생각에 이른다. 인간들이 자연적 환경으로부터 멀어지더라도, 생명애적 학습규칙들은 인공물에서도 마찬가지로 잘 적응한 현대적 버전들에 의해 대체되지 않는다. 이 학습규칙들은 기술이 인간성을 던져 넣은 인공적 새 환경 속에서 위축되고 적합하게 변형될지언정 대로 지속된다. 그리하여 미국과 캐나다에서는 주요 프로스포츠를 다 합친 경기들의 관람객보다 더 많은 어린이와 어른들이 매년 동물원을 찾고 거의 빠짐없이 파충류 전시관에서 무서운 독사와 징그러운 크고 작은 진귀한 뱀들도 신비감 속에서 구경하는데, 인간들은 무한히 먼 미래에도 지금처럼 계속해서 동물원을 찾을 것이고, 부자들은 계속 자연생물이 가까이 있는 풍치지구 한복판의 호수 속 작은 섬에 집을 지을 것이고, 도시거주자들은 설명할 수 없는 이유에서 뱀 꿈을 계속 꿀 것이다.[278] 생명애를 이렇게 고찰하면, "생명애 가설은 물질적·자연적 자양물의 단순한 문제를 훨씬 뛰어넘어 확대되어 미학적·지성적·인지적인, 심지어 정신적인 의미와 만족도 포괄하는, 자연에 대한 인간의 의존성에 대한 선언"으로 발전한다.[279]

윌슨은 증거가 전혀 없을지라도 생명애를 순수한 진화논리에 의해 '가설'로서

Island Press, 1997), 2쪽.
277) Edward O. Wilson, "Biophilia and the Conservation Ethic", 31쪽. Stephen R. Kellert and Edward O. Wilson (ed.), *The Biophilia Hypothesis* (Washington, D.C.: Island Press, 1993).
278) Wilson, "Biophilia and the Conservation Ethic", 31-32쪽.
279) Stephen R. Kellert, "Introduction". Stephen R. Kellert and Edward O. Wilson (ed.), *The Biophilia Hypothesis* (Washington, D.C.: Island Press, 1993), 20쪽.

전제할 수밖에 없다고 말한다. 그 이유는 인간역사가 농업과 마을의 발명과 더불어 8천 년 또는 1만 년 전에 개시된 것이 아니라, 유類 호모(Homo)의 기원과 함께 "수십만 년, 또는 수백만 년 전에" 개시되었기 때문이다. "인간역사의 99퍼센트 이상 동안 인간은 다른 유기체들과 총체적으로, 그리고 내밀하게 연루된 수렵·채집집단 속에서 살아왔다."[280] 깊은 역사의 이 시기 동안 고위도 시대로 훨씬 더 멀리 거슬러 올라가면 사람들은 자연역사의 심각한 측면들에 대한 정확한 학습지식에 의존했다. 이 많은 것은 원시적 도구를 사용하고 동식물에 관한 실용적 지식을 가진 오늘날의 침팬지에게도 적용된다. 언어와 문화가 확대됨에 따라 인간들도 다양한 종류의 산 유기체들을 비유와 신화의 주요 원천으로 이용했다. 간단히, 두뇌는 기계에 의해 조절되는 세계가 아니라, 생물중심적 세계 안에서 진화했다. 그러므로 윌슨은 이 세계와 관련된 모든 학습규칙이 수천 년 만에, 심지어 완전히 도시적 환경 속에 한두 세대 이상 동안 살아온 극소수의 사람들 안에서도 지워졌다고 여기는 것은 아주 별난 소리일 것이라고 말한다. 또 인간적 생물학 안에서의 생명애의 중요성은 그것이 단지 약한 학습규칙으로서만 존재할지라도 잠재적으로 심오하다. 생명애는 자연과 풍경에 관한 생각·예술·신화생산에 중요하고, 그것은 우리를 환경윤리학에 대한 새로운 관점을 취하도록 안내한다는 것이다.[281]

그런데 생명애는 어떻게 진화했는가? 윌슨은 생명애의 진화는 "유전적 학습성향을 규정하는 유전자가 문화적 맥락에서 자연선택에 의해 확산되는 동안 문화가 이 유전적 학습성향 아래 다듬어진 '생명문화적 진화(biocultural evolution)'라고 답한다. 학습규칙들은 감각적 역치의 조정, 학습의 신속화나 저지, 그리고 감정적 반응의 변화에 의해 다양하게 개시가 알려지고 미세조율된 것이다. 이 '생명문화적 진화'는 시간을 관통하는 나선형적 궤도를 추적하는 '유전자-문화 공동진화(gene-culture co-evolution)'라는 것이다. 일정한 유전자유형이 어떤 행동적 반응의

---

280) Wilson, "Biophilia and the Conservation Ethic", 32쪽.
281) Wilson, "Biophilia and the Conservation Ethic", 32쪽.

가능성을 높이고, 이 반응이 다시 생존과 재생산적 적합성을 높이고, 그 결과로 이 유전자유형이 인구를 관통해 확산되는 식이다. 이것에 감정적 느낌들을 무수히 많은 꿈과 설화로 전환시키려는 인간들의 강한 일반적 경향이 덧붙여지고, 필요한 조건이 예술과 종교적 신앙의 역사적 회로를 개통하기 위해 마련되었다는 것이다.[282]

또한 보편적 생명애의 다른 유전적 증좌는 다른 동물과 인간의 유전자적 공통성이다. 윌슨은 "인간 유전자의 약 99퍼센트가 침팬지의 유전자와 동일하기 때문에 인간과 침팬지 사이의 모든 차이점은 나머지 1퍼센트로 결정된다"고 말한다. 또 그에 의하면, 인간과 생물 사이에는 계통발생적 연속성이 있기 때문에 유인원과 다른 생물들의 존재를 계속 인정할 수 있다는 것이다. 그는 "이것이 인간의 지위를 떨어뜨리는 것이 아니라, 비인간적 생물들의 지위를 높인다"고 주장하고, 이 때문에 "우리는 이 생물들을 마음대로 처분하기 전에 적어도 주저하는 모습을 보일 것이다"라고 말한다.[283]

윌슨은 생명애의 '유전자-문화 공동진화' 가설을 뱀과 인간의 관계에 의해 반증하고자 한다. 뱀에 대한 인간의 혐오감도 생명애와 함께 유전자로 코드화된 본능적 감정이기 때문이다. 인간과 유인원·원숭이에 공통된 본능적 뱀 혐오감의 유전자화는 생명애의 유전자화 메커니즘을 닮았다. 독사는 전 세계를 통틀어 유인원들과 다른 포유류에게서 병과 죽음을 야기해왔다. 이 때문에 원숭이들은 뱀에 대한 강한 공포를 본능적으로 드러낸다.[284] 오직 마다가스카르 토착 여우원숭이만이 뱀에 대한 자동적 공포반응이 없다. 마다가스카르에는 수십만 년 동안 독사가 살지 않았기 때문에 뱀 공포가 이 토착 원숭이들의 유전자에 착근되지 않은 것으로 보인다.[285]

유인원과 마찬가지로 인간들도 "유전적으로" 뱀을 혐오한다. 인간들은 뱀에

---

282) Wilson, "Biophilia and the Conservation Ethic", 32-33쪽.
283) Wilson, *Biophilia*, 130-131쪽.
284) Wilson, "Biophilia and the Conservation Ethic", 33쪽.
285) Wilson, *Biophilia*, 94쪽.

대한 공포와 관련된 아주 작은 부정적 자극증강만으로도 "가득 부풀려진 공포증을 빨리 발달시킨다".286) 수백만 년의 인류 역사를 통틀어 인간의 생명을 대규모로 앗아간 뱀은 인간의 죽음과 질병의 주요 원인이었다. 이것은 오늘날도 마찬가지다. 독사는 마다가스카르와 남극대륙을 제외한 지구 전역에서 발견된다. 아시아·아프리카의 경우 뱀에 물려 죽은 사망자 수가 1000만 명 당 연간 무려 500명에 달한다. 버마의 한 지방에서는 연간 1000만 명 당 3660명이 사망했다. 독사는 유럽에도 엄청나게 많이 살고 있다. 스위스와 핀란드에서도 뱀에 물려 죽은 사망자가 매년 수백 명에 달한다.287) 따라서 뱀에 대한 공포는 생존을 위한 진화적 적응성이 있고 자연히 유전자에 착근된 것으로 보인다.288)

뱀과 관련된 예외적 '생명공포증(Biophobia)'이 유전화된 본능이 되었다면, 생명애가 인간의 본능으로 유전화되는 것은 더욱 쉬운 일이었을 것이다. 뱀 혐오증은 생명애의 뱀 버전인 셈이다. 필자는 위에서 '사랑은 보편적인 반면, 미움은 예외적·국면적'이라고 시사했다. 예외적 미움은 보편적 사랑의 변증법적 대립요소로서 사랑의 보편성을 반증해준다. 마찬가지로 뱀에 대한 예외적 혐오감과 '생명공포증'은 오히려 생명애의 '변증법적' 대립물로서 해석될 수 있고,289) 생명애의 보편성을 확증해주는 '자연과의 부정적 친화'로 간주될 수 있다. 뱀에 대한 인간과 기타 동물들의 예외적 '생명공포증'이 오히려 뱀을 제외한 모든 생물에 대한 인간과 기타 동물의 보편적 생명애를 입증해준다는 말이다.

유전자 풀 속에 착근·침착한 생명애의 본능으로 인해 인간은 동물적 생명에 대한 반대물인 '기계' 속에서도 동물을 느끼고, 동물처럼 스스로 움직이는 로봇기계를 만들기를 갈망한다. 이것이 바로 '기계사랑(mechanophilia)', 즉 기계애호다. 미래학자가 보고 싶은 '궁극적 기계'는 창작자로부터 독립해서 알아서 움직이고

---

286) Wilson, "Biophilia and the Conservation Ethic", 33쪽.
287) Wilson, *Biophilia*, 96쪽.
288) Wilson, "Biophilia and the Conservation Ethic", 33-34쪽.
289) Roger S. Ulrich, "Biophilia, Biophobia, and Natural Landscape". Stephen R. Kellert and Edward O. Wilson (ed.), *The Biophilia Hypothesis* (Washington, D.C.: Island Press, 1993), 76-86쪽.

번식하는, 따라서 핵심적인 점에서 '준準생명'이라고 할 수 있는 '자기복제 로봇'이다. 그리하여 윌슨은 인간의 이 특별한 '기계사랑'을 "생명애의 특별한 케이스에 지나지 않은 것"으로 해석한다.[290]

생명애는 인간에게만 국한된 본능이 아니다. 드발은 유인원 중 인간에게 가까운 종자인 보노보(아프리카의 작은 침팬지) 쿠니(Kuni)가 동물원 유리벽에 부딪혀 기절한 찌르레기 새를 다른 원숭이들이 만지지 못하도록 잘 지키고 보살펴서 드디어 깨어나자 조심스럽게 날려 보내는 관찰보고를 하고 있다.[291] 또 그는 작은 침팬지 요니(Yoni)가 주인에게 보이는 지극한 사랑과 연민에 대해서도 보고하고 있다.[292] 개가 주인을 따르고 사랑하는 것, 주인을 지키고 목숨 바쳐 구하는 것은 특별한 사실이 아니다. 심지어 개와 고양이, 개와 원숭이도 벗이 되어 서로 보살피는 사례들도 많이 보고된다. 생명애는 이와 같이 인간과 쌍방적이기도 하고, 이종異種의 동물들끼리 상호적이기도 하다.

윌슨의 보편적 생명애 가설은 전혀 다른 분야의 연구자에 의해서도 기대치 않게 뒷받침될 수 있다. 윌리엄 버러스(William J. Burroughs)는 동식물에 대한 인간의 생명애를 빙하기에 진화한 깊은 '의인화(personification)' 성향으로 파악한다. "동물에게, 그리고 심지어 식물에게도 인간감정을 갖다 붙이는 것은 깊이 간직된 성향이다. 아주 어린 나이부터 우리는 동물을 일련의 인간적 성격을 가진 것으로 보여주는 매우 다양한 이야기와 이미지에 노출되어 있다. 애완견의 소유권이나 가축들의 목축에 확대·적용되었을 때 이 유대는 강력한 감정적 연결로 발전한다. 합리적 세계에서 이 태도가 진정 감정적 오류라고 주장될 수 있지만, 이 느낌의 강렬성은 명백히 인간정신의 깊은 부분이다. 그 기원은 동물을 이해하는 것이 우리 조상들에게 사활적으로 중요했다는 데 있을 것이고, 특히 그 중요성은 빙하기를 뚫고 살아남는 것에 있을 것이다. 그것은 그들을 둘러싼 세계에서 변화

---

290) Wilson, *Biophilia*, 116쪽.
291) de Waal, "Morality Evolved", 30-31쪽; Frans de Waal, *The Age of Empathy: Nature's Lesson for Kinder Society* (New York: Three Rivers, 2009), 91쪽.
292) de Waal, *The Age of Empathy*, 86쪽.

하는 기후조건의 징후를 읽는 데 아주 유용한 것으로 입증될 수 있을, 자연에 대한 깊은 애착으로도 확대될 수 있다. 현생인류는 분명 그들이 사냥한 많은 동물의 습성에 대한 심오한 지식을 가졌었다."293) 현생인류는 사냥감의 습관과 소리를 흉내내어 사냥감을 꾀어 잡았을 뿐만 아니라, 동물의 서식습관과 흔적을 면밀하게 살펴 동물의 위치를 포착했고, 특히 개를 길들여 사냥에 대동하고 사냥감을 찾고 쫓게 했으며 시베리안 허스키가 끄는 개썰매로 빙하기의 빙판과 설원을 이동하고 개를 벗삼아 어울리며 체온이 높은 허스키들을 껴안고 추운 겨울밤을 견딤으로써 최대빙하기(Last Glacial Maximum)의 극한極寒을 뚫고 살아남았다. 인간은 이미 약 10만 년 전에 늑대를 '반半순치 늑대' 또는 '원형개(proto-dog)'로 순치하고294) 개와 교감하며 사랑을 나누고 개와의 공생관계 속에서 다른 동물들을 사냥하며 살아온 것이다. 동물에 대한 인간의 이 감정적 유대감과 동물의 의인화(인격화)의 깊은 성향은 바로 윌슨이 말하는 바이오필리아의 또 다른 진화 원천일 수 있다.

인간과 개의 결합이 각자가 혼자 수렵할 때보다 "수렵능력을 훨씬 더 강력하게" 만들기 때문에 개와의 공생과 이를 통한 대형동물 사냥은 마지막 빙하기에 "유라시아에서의 현생인간의 생존에 사활적 역할을 했을" 것이다.295) 또한 인간은 개와 공생·공감관계를 발달시켰을 뿐만이 아니라, 수렵에 필요한 사냥감의 회귀·회유回遊·통과시기에 대한 정보를 다른 동식물로부터 얻는 과정에서 이 다른 동식물과의 생태학적 교감관계도 발달시키며 진화했다. 나아가 수렵행동 중에 맺어지는, 사냥감의 일거수일투족에 대한 사냥꾼의 감지·교감·공감관계는 더욱 특별하고 내밀했다. 이러는 가운데 이런 동식물 일반에 대한 인간의 공감관계가 진화적으로 발전했다.

그럼에도 이런 동식물과의 보편적 공감관계 가운데 인간과 개 사이의 공감관

---

293) William J. Burroughs, *Climate Change in Prehistory: The End of the Reign of Chaos* (Cambridge: Cambridge University Press, 2005·2006), 160쪽.
294) 참조: Burroughs, *Climate Change in Prehistory*, 130-131쪽.
295) Burroughs, *Climate Change in Prehistory*, 132쪽.

계는 유독 특별한 것이었다. 인간이 개와는 특별한 도덕적 관계까지도 발전시켰기 때문이다. 누군가 '자기의 개'를 잡아먹었다면 우리는 그를 야만시할 뿐만 아니라, 태극기로 변기를 닦는 자에게 그러듯이 그에게 도덕적 혐오감을 표할 것이다. 또한 기아상태의 위기상황이 아닌데도 자신의 개를 바로 걷어차 죽이거나 잡아먹는 자는 아마 사이코패스일 것이다.

- 사랑의 정의

논의를 명확하게 하기 위해 사랑을 미리 정의하자면 '사랑'은 "자아와 타아의 심신적 분리 속에서의 공감적 일체감"이다. 생명애나 인류애(인간애)와 달리 두 사람 이상의 복수의 인간들이 공감을 통해 발전시킨 '일반적 공감감정'으로서의 특칭적 '사랑'은 복수적 인간의 마음 간의 '공감적 일체감'이다. 이 사랑이 공감감정인 이유는 내가 나를 좋아하는 남의 감정을 교감적으로 인지하고 동일한 감정을 내 안에서 재생해 똑같이 느끼고 나를 좋아하는 남도 그를 좋아하는 나의 감정을 그대로 공감해서 생겨나는 이차적 감정이기 때문이다.

그러나 사랑은 공감상태에서 이차적으로 생겨난 감정으로서 '공감된 감정(empathized emotion)' 이상의 '공감감정(empathetic emotion)'이다. 사랑은 호감에 대한 공감에서 이차적으로 생겨난 고차적 감정이기 때문이다. 하지만 '공감된 감정'은 일종의 '동감(common emotion, entering-into)'으로서 공감작용에 의해 내 마음속에서 타인의 감정을 재생한 감정에 지나지 않는다. 이 '동감'은 일회적·일시적이다. 우리가 감각과 감정이 있는 인간과 고등동물과만 공감할 수 있는 만큼, '동감'도 인간과 고등동물과만 가능하다. 동감이 일회성과 일시성을 넘어 빈번해지고 항구화되면, 우호적 동감으로부터 새로운 감정인 일체감적 공감감정이 생겨난다. 이 일체감적 공감감정이 바로 '동심同心(common minds)'으로서의 사랑이다. '동심'은 두 마음, 즉 자아와 타아가 서로를 일체로 여기는 '우리 느낌'(we-pair feeling, 또는 we-group feeling)이다. 이 공감적 '우리 느낌', 즉 공감적 일체감은 자아와 타아의 차이에 대한 느낌이 없이 '우리'가 '우리'를 일체로 느끼는 무아·

몰아 상태의 '감정전염적' 동일감정과 다른 것이다. 자아와 타아의 분리 속에서 자아와 타아가 '우리'의 일체감을 느끼는 것만이 '공감적' 동심으로서의 사랑이다. 공감은 자타분리를 전제하고, 자타가 분리되어 있지 않다면 공감은 발동되거나 유지되지 않기 때문이다.

공감작용 속에서와 마찬가지로 '공감된 감정'으로서의 동감 속에서도 자아와 타아는 분리된 '감정주체'로서 전제된다. 이것이 무아지경의 '감정전염적' 동감과 다른 점이다. 그러나 공감적 '동감'에서 관심의 초점은 자아와 타아가 아니라, 감정이다. 이 동감同感 단계에서 자아와 타아는 감정주체로서 감정 자체의 초점으로부터 살짝 비켜서서 '전제'로서 기능한다. 반면, 둘 이상의 '마음들'이 자아로서 만나는 공감적 '동심同心' 단계에서 관심의 초점은 자아와 타아 그 자체다. 여기서 말하는 '동심'은 상술한 무아·몰아지경의 '감정전염적' 동일감정이 아니라 둘 이상의 '마음들'의 공감적 일체감이다. 여기서 강조점은 일체'감'이 자아와 타아가 소멸하는 일체'성'이나 일체'화'가 아니라는 데, 즉 자아와 타아가 사랑의 감정주체들로서 계속 분리되어 있으면서 일체로 '느낄' 따름이라는 데에 있다.

따라서 '동감同感' 속에는 자아와 타아의 이미지들이 희미하지만, '동심同心' 속에서는 자아와 타아가 분명한 초점 이미지로 등장한다. 동심에서는 자아와 타아가 '전제'가 아니라, 관심의 초점이기 때문이다. 동심의 '심心'은 곧 나와 남의 '자아'다. 공감적 동심은 서로 다른 자아의 '감정'에 공감하는 것을 넘어 다른 '자아' 자체에 공감해서 서로를 일체로 '느끼는' 차분한 공감적 감정상태다. 따라서 공감 차원의 '동심'은 단순히 '공감된 감정'(동감)이 아니라 '공감감정'인 것이다. 상론했듯이 공감감정은 자타의 자아에 대한 상호공감을 요하지 않는 단순감정들과 대조된다. '동심'은 '동감'의 양적 팽창이 아니라, 이 동감으로부터 이차적으로 새로 생겨난 '공감감정'으로서, 동감과 차원이 다른 별개의 새로운 감정이다. '동심'을 '공감감정'이라 부르는 이유는 동심이 타아와 자아 간의 공감된 감정(동감) 없이는 생길 수 없기 때문이다.

'동심'은 자아들 간의 상호 애착(attachedness)으로서, '동감'보다 본질적으로 더 지속적이고, 더 차분하지만 더 강렬하다. '동심'은 '동감'과 달리 오래가고 심지어 일평생 갈 수도 있고 사후 영원할 수도 있는 애착인 것이다. 이 '동심'이 바로 '사랑'이요, '공감적 일체감'이다.

사람들 간의 일체감은 '공감적 일체감'(동심=사랑)과 '감정전염적 일체감'으로 나뉜다. 종종 사랑으로 오해되어온 이 '감정전염적 일체감'은 다시 여러 유형이 있다. '사랑'(공감적 일체감)은 이 여러 유형의 '감정전염적 일체감'과 차별화됨으로써야 비로소 제대로 이해될 수 있다.

– 감정전염적·최면적·마비적 일체감

공감에서 생겨나는 이차적 공감감정으로서의 (특칭적) 사랑은 일체감의 계기를 내포한다. 이 '공감적 일체감' 속에서는 사랑하는 자들이 서로 다른 개체들이고, 그들의 심신적 분리성 속에서 그 개성이 유지되고 존중된다. 공감은 일체'감'을 낳고 가능케 하지만, 자타의 분리를 전제하고 따라서 온갖 '역지사지'나 자타동일시·동일화·일체화를 배제하기 때문이다. 그러나 공감에 의해서가 아니라 감정전염·최면·마비 등에 의해 조성되는 '일심동체一心同體' 식의 몰아적 일체감, 즉 자아가 타아를 먹어버리거나 타아가 자아를 흡수해버리는 일체성, 또는 자아와 타아가 제3의 '우리' 속으로 둘 다 함몰되어버리는 일체성은 자아와 타아 중 하나를, 또는 자아와 타아를 둘 다 소멸시킨다. 이 감정전염적·최면적·마비적 일체'감'의 당사자들이 이 일체'감'(Einsfühlung; unity feeling)을 일체'성'(Einheit)으로 착각하거나, 타자의 아가리 속으로 뛰어들어 먹이가 됨으로써 실제로 '일체화'된다.

막스 셸러는 이런 여러 가지 일체감을 분석한 '일체감유형론'을 전개한 유일한 철학자이다. 그의 일체감유형론은 진정한 사랑 개념을 조탁하기 위해 유익한 논의 기반을 제공해준다. 그러나 곧 드러나겠지만 셸러의 '일체감' 개념은 근본적 문제점을 안고 있는 것도 사실이다. 우선 셸러는 감정전염이나 마비의 당사자들처럼 '일체감'을 '일체성(Einheit)' 또는 '일체화(Einssetzung)'로 착각한다. 둘째, 모든 일체감을 감정전염의 극단적 사례로 오해한다. 즉, 그는 '공감감정적' 일체감을 모른다.

필자는 셸러의 일체감유형론을 자세히 분석함으로써 '공감감정적 일체감'을 구해내 사랑 개념을 완성할 것이다. 그에 의하면, 일체감은 무의식적 동일화의 일체감, 엑스터시적 일체감, 최면적 일체감, 병리적 일체감, 아동적 일체감, 신들린 일체감, 감정전염적 일체감, 모자 사이의 일체감, 마비적 일체감 등 10개 범주로 분류된다.

우선 셸러는 총론적으로 "개인적 타아에 대한 자아의 진정한 일체감(및 일체화)"을 감정전염의 "고조된 경우", 말하자면 "전염의 한계사례"로 간주한다.[296] 그가 애당초 이렇게 '일체감(Einsfühlung)'을 '일체화(Einssetzung)'와 동일시해서 병렬시키는 점에서 그가 당사자들처럼 일체'감'을 일체'성' 또는 일체'화'로 착각하는 것은 처음부터 여실하다. 또한 모든 일체감을 감정전염의 한계사례로 보는 점에서, 초장부터 '공감적' 일체감을 아예 몰각하고 있음을 알 수 있다. 또한 무의식적 일체감을 감정이 초점이 되는 '감정전염'의 한계사례로 봄으로써 이 일체감이 감정전염에서 새로 산출된 새로운 감정, 즉 자아·타아가 초점이 되는 차원의 감정임을 몰각하고 있다. '감정전염(Gefühlsansteckung; emotional contagion)'은 공감으로 오인되지만 공감이 아니라 감정주체들의 자아의식이 미약하거나 부재한 상태에서 개체들 간에 벌어지는 감정의 무의식적 파급 현상을 말한다.[297] 자아와 타아가 둘 다 관심의 초점이 되는 사랑이 공감의 한계사례가 아니라, 공감에서 생성된 새로운 '공감감정'이듯이, 무의식적 일체감은 자아와 타아의 감정이 아니라 자아와 타아의 존재 자체가 무시되는 새로운 '전염감정(contagious emotion)'인 것이다.

앞서 시사했듯이 셸러는 사랑을 산출하는 공감의 특별한 역할을 인정치 않는다. 이 때문에 그는 감정전염이 새로운 '전염감정'인 무의식적 일체감을 산출하는 것도 못 보고 있다. 이런 오류를 바탕으로 셸러는 모든 일체감을 감정전염의

---

296) Scheler, *Wesen und Formen der Sympathie*, 29쪽.
297) '감정전염'에 관한 상세한 논의는 참조: 황태연, 『감정과 공감의 해석학(1)』, 150-174쪽.

한계사례로서의 무의식적·비자의적非自意的 일체화·동일화로 설명한다.298) 그의 총론적 서술에서도 당사자들처럼 일체'감'을 일체'화'·동일'화'로 오해하는 오류가 드러난다. 또한 그는 자아와 타아 중 하나가 타자에 흡수되는 유형만을 언급하고 자아와 타아가 둘 다 제3의 '우리' 속으로 함몰되는 경우를 몰각하고 있다. 셸러는 감정전염과 일체감의 산출관계를 알지 못했을지라도 일체감을 단순한 감정전염처럼 '동감'에 그치는 것이 아니라, 자아·타아와 관계되는 것임을 인지하고 있다. 그는 '이념형적 일체감'이 마치 "개인적 자아중추에까지 파고드는 철저한 존재와 됨됨이의 전염상태(Seins-und Soseins-Angestecktheit)"에 의해 이루어지는 것인 양 말하고 있기 때문이다.299)

셸러는 일체감의 제1유형으로 '원시적' 동일화 일체감을 든다. 이것은 최하급 단계의 자연부족들의 '원시적' 사유·관찰·감각의 아주 특유하고 아직 더 깊이 인식되지 않은 동일화에서 발견된다. 가령 한 토템 상징물의 지절과 토템동물 종류의 매개체를 자기와 동일화하는 것이 이런 동일화에 속한다. 가령 여러 돌들로 만들어진 토템에 따라 이 돌들이 진짜로 붉은 앵무새들과 동일하고, 돌로 만들어진 이 토템의 한 부분이 붉은 앵무새 한 마리와 같다고 이해한다. 토템사회 성원의 운명(생로병사)과 이 토템동물의 비밀스런 연결을 참된 "동일성의 한 결과"로 착각한다. 심지어 죽은 재료, 가령 특정한 돌들이 '인간돌'로서 인간과 동일화된다. 인간과 그의 조상의 엄격한 동일화도 여기에 속한다. 인간은 조상과 유사하거나 조상에 의해 조정되고 지배될 뿐만 아니라, 인간은 여기 지금 사는 자로서 동시에 그의 조상들 중 하나다. 인간과 조상의 이런 역사적 동일화는 '조상숭배' 이전 단계의 것이다. (효성·제사 의무 등에 의해 조상에 정감적으로 구속되는 '조상숭배'는 이미 자손과 조상의 이런 원시적 일체감으로부터의 해방을 전제하고, 두 자아들 간의 개인적 상이성의 의식을 전제하기 때문이다.) 셸러는 이런 유형의 원시적 일체감을 '지도자'와의 자기동일화와 이 지도자를 통한 군중들끼

---

298) Scheler, *Wesen und Formen der Sympathie*, 29-30쪽.
299) Scheler, *Wesen und Formen der Sympathie*, 30쪽.

리의 일체감에 의해 군중현상을 역사적 시간 차원으로 연장하는 것과 본질적으로 동일한 것으로 보고, 또 전 세계에 널리 확산된 환생론 또는 아바타(化身) 개념의 출발점으로 간주한다. "환생론"은 "이 근원적 동일화의 합리화", 즉 원시적 일체감의 합리화에 "불과하다"는 것이다.[300] 말하자면 저 원시적·동일시적 일체감 속에서 자식은 조상에 대해 아바타, 인간은 토템에 대해, 군중은 지도자에 대해 아바타다.

셸러는 자기가 타자에 흡수당하는 제2의 무의식적 일체감으로 종교적 고대 밀교의식祕敎儀式의 '도취적 일체감'을 제시한다. 이 밀교의식의 진행과정에서 참가자는 엑스터시의 초래를 통해 자신을 신과 여신의 존재, 생, 운명과 참으로 동일한 것으로 안다. 그가 신이 '되는' 것이다. 그가 신의 '화신'이다. 일체감은 여기서 신의 현존재, 됨됨이, 생의 계기들과만 관계되는 것이 아니라, 황홀경 속에서 같이 추적되는 신의 생적 운명의 여러 단계의 일정한 율동과도 관계된다.[301] 이런 도취상태의 일체감은 아마 마약을 먹은 경우에도 맛볼 수 있을 것이다.

제3의 일체감은 '최면적 일체감'이다. 최면에 걸린 상태에서는 최면술사와 피최면자 간의 관계가 특별한 의지작용과 행위들이 암시되는 일시적 관계가 될 뿐만 아니라, 최면의 객체가 지속적으로 최면술사의 전체적인 개인적 자아의 마음가짐 속으로 '매료되어 들어가', 이 객체가 최면술사의 생각만 생각하고 이 자의 의지만을 의욕하고, 이 자의 가치를 평가하고, 이 자의 사랑을 같이 사랑하고, 이 자의 미움을 같이 미워하지만 온갖 마음가짐·행동방식·행동형태를 가진 이 타아를 '자아'로 확신하는 식의 안정된 지속관계가 된다. 그러나 원시적 일체감에서는 현존재(Dasein)의 동일화가 나타나는 반면, 최면에 걸린 상태에서는 현존재의 상이성을 의식하는 가운데 됨됨이(Sosein)의 동일성만이 나타난다. 최면적 수면상태는 물론 영혼적 마음가짐의 인위적 원시주의를 산출하고, 이로써 (전혀 본의적 암시일 필요가 없는) 암시에 새로운 온상을 마련해준다. 최면에

---

300) Scheler, *Wesen und Formen der Sympathie*, 30쪽.
301) Scheler, *Wesen und Formen der Sympathie*, 31쪽.

의해 기능적으로 변경되는 것은 계통발생사적으로 '오래된' 두뇌 부위(뇌간, 변연계, 구피질)다. 어린이와 원시인들에게 특징적인 거의 모든 정신적 특유성이 인위적으로 최면에 의해 근사치적으로 재산출된다. 그리하여 최면상태에서는 지각과 관념 간의 차이성의 결여, 피동적 관심결박 속에 제공되는 것에 대한 엑스터시식의 헌신, 체험내용의 고조된 정서성과 충동제약성, 자타간 구별의 결여 경향과 동시에 타아와의 일체감의 경향이 나타난다. 감각적 지각이 최면술사의 의지를 따르는 경우에 이것도 물론 최종적으로 모든 지각을 (정상적 지각도) 공동제약하는 충동적 기분을 경유하는 매개를 통해서야 비로소 발생한다. 하지만 최면상태의 보다 일반적인 최종공식은 온갖 노에시스작용(사유작용)의 정신적 중심부가 최면 중에 활성화되지만, 생명·자율체계가 바로 이 체계의 가장 오래된 기능과 운동형태에 따라 고조된 활동에 들어가고, 최면에 걸린 개인의 정신적 행동중추 '부위'는 암시를 내리는 최면술사의 정신적 행동중추에 의해 흡사 최면에 걸린 이 개인의 생명·충동중추가 최면술사의 정신적 지배·도구·작용범위 안으로 들어가는 식으로 대체된다는 사실이다. 그러면 최면에 걸린 이 개인의 판단·의지·사랑·미움은 '그의 것'이 아니라, 최면술사의 정신중추의 것이다. 이것은 마치 기수騎手가 최면에 걸린 자의 충동자율기제라는 말 위에 올라탄 것과 같은 꼴이다. (보통 기수와 말의 관계에서 말은 자기 위에 올라탄 기수의 명령에 거의 절대적으로 복종한다.) 정신적 자기됨됨이(geistiges Sich-sosein)를 최면술사와 일체화하는 정도는[302] 최면에 걸리는 개인의 성격에 크게 좌우된다. 그리고 여기서 나타나는 일체감현상과 동일화현상은 다른 모든 일체감현상들과 깊은 친화성을 보유한다.[303]

셸러에 의하면, 강자로부터 그 권한의 일부를 얻으려는 자동적(무의식적) 목표를 동반하는, 강자에 대한 약자의 적극적 자율복종의 쾌감은 원시적 충동본능으로서 자기보존 목적, 즉 (두려운) 강자에 대한 자기보호 목표에 선행한다. 이

---

302) 원문은 "die Grad der geistigen Sich-soseins-einsetzung"인데, "-einsetzung"은 아마 "-einssetzung"의 오타일 것이다.

303) Scheler, *Wesen und Formen der Sympathie*, 31-32쪽.

쾌감은 자기보존과 자기보호의 의지에 의해 다만 이용될 뿐이다. 이에 대한 증명은 소위 복종욕이 목적에 완전히 부적합하게 될 수 있다는, 정말이지 자기보존욕의 결과와 대립된 결과로 귀결될 수 있다는 사실이다. 쇼펜하우어는 영국 장교가 인도 원시림에서 관찰한 다음과 같은 사실을 전해준다. 하얀 다람쥐 새끼 한 마리가 먹이에 대해 강렬한 욕구를 드러내는 뱀의 눈길에 아주 대경실색해 달아나기보다 주춤주춤 뱀에게로 다가가더니 마침내 자진해서 뱀의 쩍 벌린 아가리 속으로 펄쩍 뛰어 들어갔다. 여기서 중요한 것이 (뱀 쪽에서 당연히 본의 아닌) 경고암시인지, 또는 다람쥐 새끼의 보통 때 깨어있는 고차적 두뇌중추의 최면적 마비를 동반한 경고암시인지는 아무래도 상관없다. 기실 중요한 것은 자기보존욕이 '아가리 속으로의 사라지는 것'을 향한 뱀의 식욕을 다람쥐 새끼 쪽에서 엑스터시에 빠져 같이 수행함으로써 극복된다는 것이다. 다람쥐 새끼는 뱀과의 일체감 속에 들어 있고, 그럼으로써 자발적으로 뱀의 아가리 속으로 사라져 진짜 육체적으로 뱀과 '일체'가 되는 것이다.[304] 이것은 자아가 타아 속으로 흡수되어 하나가 되는 자기희생적 일체감, 즉 이른바 '일심동체'의 일체감 케이스다. 여기에 바로 "부부는 일심동체"라는 속언의 위험성이 있는 것이다.

여기에 잇대서 셸러는 마조히즘의 성애적 쾌감으로 형성되는 도착적 일체감을 다룬다. 마조히즘은 파트너의 권력지위에 따라 이 사디즘과 아주 빈번히 리드미컬하게 바뀐다. 마조히즘은 이것의 반대인 사디즘과 꼭 마찬가지로 성애적 권력의지의 한 (이중)형태에 불과하다. 왜냐하면 마조히스트 안에서도 즐거움의 대상이 되는 것은 순수한 수동성 자체가 아니라 사디스트 파트너의 초超능동성에 대한 일체감적 동감(Teilnahme), 즉 "동감적 권력획득"이기 때문이다. 마조히즘과 사디즘은 성인에서보다 어린이들에게서 훨씬 일반적으로 발견된다. 어린이들은 가령 동물들에 대한 잔학성, 심지어 사물들에 대한 잔학성과 이 동물·사물들과의 매혹된 일체감을, 즉 경직된 자기고집과 한없는 굴신을 교대로 보인다. 따라서 성인이 보이는 마조히즘과 사디즘 경향은 원시적 단계의 고착화, 즉 "유치증"에

---

304) Scheler, *Wesen und Formen der Sympathie*, 32-33쪽.

불과한 것이다.305)

사디즘은 타자를 흡수하는 것으로 느끼는 일체감의 출발점이 되고, 마조히즘은 타자에 흡수되는 것으로 느끼는 일체감의 출발점이 된다. 우리는 이러한 '법칙'을 사랑 일반에 대해 시인할 수 없다. 그러나 셸러는 성애적 애착에서 이런 방향으로의 경향을 인정해야 할 것이라고 본다. 그는 무리를 감행한다. 그는 (프로이트와 유사하게) 최면 자체도 성적·성애적 애착과의 생성적 관계 속에 집어넣고 이를 통해 두 일체감 현상들을 보다 납득할 수 있게 만들려고 한다.

①최면의 개시를 유리하게 하는 절차들, 즉 부드러운 애무, 간청하는 말, '매혹하는 눈길', 거친 외침 등은 성애적 가치를 지닌다. 최면에 빠져들기 전과 깨어난 뒤의 '깨뜨리는 눈길'은 성애적 만족 시의 눈길과 동일한 표현을 보인다. 성적 느낌과 유사한 쾌감이 출현해서 최면술사에게 달라붙는다. 그가 최면사례자를 최면시간 동안 성적으로 학대했다는 빈번한 환상은 이것에 그 기원을 두고 있다.

②최면 중에 기능이 바뀐 제3뇌실의 주변부위는 성애를 위한 매듭지점이기도 하다. 이 부근의 교란은 성불능, 자위교란, 제2성징의 변질 등과 같은 성기능의 교란도 초래한다.

③동물의 최면은 최면이 원래 인간의 경우에 섹스의 생물학적 보조기능, 따라서 성행위를 쉽게 하기 위한 여성의 성욕유발 준비였다는 가정으로 귀결된다.306) '춤추는 거미' 종류(태양거미 유의 투르케스타누스[turkestanus])는 수놈이 집게발로 암놈의 아랫다리의 특정 부위를 잘게 썰어 암놈을 마비시켜서, 교미행위를 참아내게 한다. 셸러는 이 분석이 옳다면 성애적 일체감 현상과 최면적 일체감 현상 간에 설명의 공통된 연줄이 뚜렷해질 것이라고 본다.307) 그러나 필자는 성애 속에서는 파트너들 간에 때로 섹스트러블의 형태로 갈등이 있지만, 최면술사와 피최면자 간에는 일체의 갈등이 없다는 것을 지적하고 싶다. 이것은 성애를 최면과 비교·설명하는 것이 겉으로 그럴싸하게 보일지 몰라도 내용적으로 오류라는

---

305) Scheler, *Wesen und Formen der Sympathie*, 33쪽.
306) Scheler, *Wesen und Formen der Sympathie*, 33-34쪽.
307) Scheler, *Wesen und Formen der Sympathie*, 34쪽.

말이다. 말하자면 피최면자의 자아가 최면술사에게 완전 종속되는 최면과 달리 모든 척추동물과 인간의 성애에서는 성적 접촉 이전에 상대의 선택과 수용에서 암컷과 여성 측의 감정적 판단과 공감적 동조가 결정적이기 때문이다. 그리고 인간세계에서는 성도착자들이 적지 않아서 범죄적 성폭행이 존재하지만, 동물세계에서는 성폭행이 거의 관찰되지 않는다는 것에도 주목해야 한다. 왜냐하면 척추동물의 자연세계에서 암컷의 능동적 선택과 적극적 동조가 없다면, 척추동물의 신체구조상 어떤 교미도 불가능하기 때문이다. 인간에 의해 오염되거나 훼손되지 않은 순수한 자연상태에서 동물들은 심리적으로 완전히 건강하다. 따라서 순수한 자연상태에서는 도착된 개체도 인간세계에서보다 훨씬 더 적다.

제4의 무의식적 일체감으로 셸러는 '병리적 일체감'을 든다. 그는 프로이트가 제시한 사례를 소개한다. 여관의 아가씨가 정부로부터 그녀의 질투심을 자극하는 편지를 받고 이에 히스테리 발작으로 반응했다. 이에 그녀의 몇몇 여자 친구들도 심적 감염을 통해 이 발작을 넘겨받았다. 이를 프로이트는 이렇게 분석한다. "그 여자들이 공감에서 이 증세를 자기화한다고 주장하는 것은 옳지 않을 것이다. 반대로, 공감은 동일화(일체감)로부터야 비로소 생겨나고, 이에 대한 증거는 이러한 감염 또는 모방이 두 사람 사이에 여관의 여자 친구들끼리의 공감보다 더 근소한 선행적 공감이 가정되는 상황에서도 생겨난다는 사실이다." 이 논평에서 우리는 공감이 동일화나 동일시적 일체감과 무관하다는 지식이 프로이트에게 정립되어 있지 않았음을 알 수 있다. 따라서 셸러는 "그 여자들이 공감에서 이 증세를 자기화한다고 주장하는 것은 옳지 않을 것이다"라는 프로이트의 첫 문장에 동의하지만, "공감은 동일화(일체감)로부터야 비로소 생겨난다"는 프로이트의 논변을 부정한다. 그는 "공감"이 여기서 "일체감을 통해 제거된 '현상적 자아간격(phänomenale Ichdistanz)'을 전제하기 때문"이라는 근거를 제시한다.[308] 공감은 자아와 타아의 분리를 전제한다는 말이다.

제5의 무의식적 일체감으로 셸러는 '유아적 일체감'을 든다. 아동이 '놀이'를

---

308) Scheler, *Wesen und Formen der Sympathie*, 34쪽.

하거나, 연극이나 인형극을 관람하는 경우에는 성인과 현격하게 다른 현상들이 나타난다. 성인이 단순히 감정이입(Einfühlung)한다면, 아동은 놀이와 연극에서 등장인물들과 완전히 '일체화'된다. 성인에게 놀이는 어디까지나 '놀이'이지만, 아이들에게는 '진지한 일'이고 적어도 잠시 '현실'이다. 아동의 심리생활에서 (개인적) 자기의식은 아직 너무나 취약하거나 비일관적이어서, '형상적으로' 표상되는 타자적 존재자에 대한 ― 성인의 정도를 훨씬 뛰어넘는 ― 유치한 헌신을 당해낼 수 없다.[309] 그러나 이것은 전혀 병리적이지 않고 다만 아이다운 건강한 유치성일 뿐이다.

제6의 무의식적 일체감으로 셸러는 '의식분열적 일체감'과 '신들린 일체감'을 든다. 이런 일체감은 개별적 표현·행동·동작의 모방과 공동수행을 통해 부가적으로 성립하는 것이 아니라, 어떤 식으론가 비약적으로 생겨난다. 변하는 외부상황에서도 남의 인격체와의 이미 현존하는 동일화가 순수한 자동적 결과로서 얻어진다.[310] 셸러는 '의식분열적' 일체감으로써 선망하는 어떤 사람의 역을 하다가 자신을 아예 이 사람으로 망상하는, 거짓말쟁이들의 정신상태와 비슷한 정신분열적 망상상태를 말하는 것으로 보인다. 그리고 '신들린 일체감'으로는 도취적 일체감과 비슷하지만, 이것이 어떤 영령의 신비적 아바타와 같은 일체감을 가리키려는 것으로 보인다.

제7의 무의식적 일체감으로 셸러가 중시하는 것은 '상호적 융합현상(gegenseitige Verschmelzungsphänomenen)'이다. 그는 이 '상호융합현상'을 "자기의 개인적 자아를 이른바 강요하는, 자기가 타자를 흡수하는 감정유형에도, 이 사람이 다른 자아에게 자신을 '상실하는', 자기가 타자에 흡수되는 감정유형에도 속하지 않는 진정한 일체감"으로 규정한다. 이것의 가장 기초적인 모델로 그는 "사랑이 가득한 성행위(즉, 즐기고 이용하거나 합목적적인 성행위의 정반대)"를 든다. 왜냐하면 (물론 본래의 개인적 자아가 달라붙어 있는) 정신적 인격체의 도취적 배제

---

309) Scheler, *Wesen und Formen der Sympathie*, 35쪽.
310) Scheler, *Wesen und Formen der Sympathie*, 35-36쪽.

하에서 양측은 개인적 자아들 중 어느 자아도 따로 떼어 자신 속에 가지고 있지 않는 생의 흐름, 그러나 마찬가지로 "상호적 자아소여성에 기초하는 '우리의식(Wir-bewußtsein)'도 보여주지 않는 생의 흐름" 속으로 되돌아 잠기기 때문이다. 이 현상은 의심할 바 없이 바커스축제와 밀교적 제사의 기저에 놓인 "원시적 생기生氣형이상학(Vitalmetaphysik)"의 주요 기반이 되어왔다. 이 생기형이상학에 의하면 제사 참가자들은 '능산적能産的 자연(natura naturans)'의 태일太一한 시원(eine Urquelle) 속으로 모든 개체성의 엑스터시적 해체와 함께 되돌아 잠긴다고 생각한다는 것이다.[311]

필자는 자타가 서로를 흡수하지 않는 이 일체감에서 '우리의식'마저 부정하는 셸러의 이 분석을 믿을 수 없다. 성난 군중의 열기 속에서도 자타가 '우리' 속으로 함몰되어 사라지지만 적어도 '우리'가(아니, '우리'만이) 존재하듯이, '사랑이 가득한 성행위' 시에도 언제나 적어도 '우리'는 존재할 수밖에 없는 것이다. 또한 이런 성행위에서 자아와 타아의 소멸을 보는 것도 인간과 척추동물의 성교에 대해 상술한 논변으로 볼 때 미심쩍기 짝이 없다. 그리고 셸러 식의 성행위를 밀교의식과 동일시한다면, 제2의 일체감으로 귀속시켜야 할 것이다.

제8의 무의식적 일체감으로 셸러는 '군중적 일체감'을 들면서 이것을 다시 성애적 '상호융합현상'과 등치시킨다. 비조직화된 군중의 심리에서 자기가 타자를 흡수하는 식으로 강요하는 지도자와 모든 성원들의 일체감이 발생하고, 그리고 격정과 욕구의 단일 흐름 속에서의 구성원들의 상호적 융합이 (누적적·반성적 감정전염에 의해 매개됨으로써) 추가되어 생겨난다는 것이다. 이때 지도자 자체는 군중영혼 속으로 융해되어 들어갈 수 없고 또 들어가서도 아니 된다. 이 단일 흐름은 자기동학 속에서 모든 부분들의 행태를 자기로부터 산출하고, 질풍이 나뭇잎을 자기 앞에서 몰고 다니듯이 변덕스럽게 관념들과 행동기획들을 산출한다. 프로이트는 이 군중영혼의 생성을 성애적 융합의 경우와 가까운 관계로 설정했다. 프로이트에 의하면, 군중영혼은 온갖 경우에 본질과 운동형태에서

---

311) Scheler, *Wesen und Formen der Sympathie*, 35-36쪽.

①잠재의식적 꿈 의식, ②최면적 의식, ③동물적 의식, ④원시적 부족의식, ⑤아동 의식(군중은 '동물'이고 '큰 아이'다), 마지막으로 ⑥많은 종류의 병리적 의식, 특히 히스테리 의식 등과 이 여섯 측면에서 유사하다고 말한다.[312]

그러나 셸러는 프로이트의 이 군중이론을 위한 입증 가능한 중간지절들을 너무나도 많이 부족하다고 느낀다. 프로이트에 의하면, 일차 군중은 "자신들의 자아이상理想을 동일한 객체(지도자와 모범 또는 지도자의 '이념')로 대체하고 이로 말미암아 스스로를 상호 동일화한 일군의 개인들"이다. 이 경우에 결속력은 성적 목표로부터 이미 영속적으로 이탈해 무의식 속으로 내몰린 '리비도'라고 한다. 셸러는 프로이트의 이 성애적 군중이론에 매력을 느끼지만, 이에 대한 최종판단을 프로이트의 성·사랑이론의 분석 뒤로 유보한다.[313]

나중에 셸러는 『공감의 본질과 형식』의 '프로이트의 개체발생론' 절에서 프로이트의 성애적 심리학을 뒤에 ─ 리비도 개념의 모호성에 초점을 맞춰 ─ 근본적으로 비판한다.[314] 그는 프로이트의 성애적 군중심리학을 부정한 것이다. 따라서 감정전염에 기초한 군중적 '우리(Wir)'에 대한 셸러의 일방적인 부정적 분석도 힘을 잃는 셈이다. 그러나 필자는 공감적 사회화 이전의 군서체험과 달리 공감적 사회화 이후의 군서체험은 인간 본연의 사회적 본질의 직관과 직접적 생동화 요소가 될 수 있기 때문에 군중의 일원이 되더라도 ─ 이것이 정신적 사회화의 고도화를 전제한다면 ─ 탈脫인간화·동물화를 초래하는 것이 아니라, 강화된 사회화 속에서 인간은 약화된 생기적 접촉과 유대의 보충을 통해 인간적으로 더 건강해질 수 있다고 생각한다. 따라서 필자는 프로이트와 셸러의 군중심리 분석을 멀리 내던져버리고자 한다.

제9의 모자적 일체감으로서의 모성애를 셸러는 무의식적 일체감으로 들고 있다. 그는 이 모성애의 분석을 통해 카를 하르트만(Karl R. E. von Hartmann, 1842-1906), 베르그송(Henri Bergson, 1859-1941) 등의 동일시적 사랑이론을 극복하려

---

312) Scheler, *Wesen und Formen der Sympathie*, 36-37쪽.
313) Scheler, *Wesen und Formen der Sympathie*, 37쪽.
314) Scheler, *Wesen und Formen der Sympathie*, 195-208쪽.

고 한다. '동일시적 사랑' 명제는 '사랑'이란 일체감을 통해 타아를 자기자아 속으로 받아들이는 것이라고 주장한다. 이 명제는 '사랑받는 존재자'를 원래 이미 육체적·공간적으로 '사랑하는 존재자'의 한 '부분'으로 보고, 생식본능·생식충동·성충동 등 수태受胎로 이끄는 행동과 인내의 상이한 체험요소들, 태아의 회태懷胎, 마침내 육체에서 탈피된 자식 자체의 포육 등을 모조리 계속적으로, 그리고 비약 없이 꼬리를 물고 진행된다는 일련의 연속적 사례들로 기술한다. 따라서 회태懷胎도 포육본능의 — 이미 탄생 이전에 개시되는 — 발동으로서의 번식본능과 자기보존욕구의 연속이행에 불과하고, 모체에서 분리된 아기의 포육도 포육본능이 심혼적으로 강조되는 모성애로 연속 이행하는 것에 불과한 것이다. 그러나 사랑을 이렇게 보면, 사랑이란 타아를 자아 속으로 '받아들임'으로써 이기심(자기보존본능)을 자아의 확장에 적용한 것에 지나지 않게 된다.

이에 대해 셸러는 반론을 제기한다. 새끼보존본능과 새끼포육본능은 출산 이전에 이미 분명하고 자기보존충동과 예리하게 구분되기 때문이다. 낙태가 자기보존충동에 맞는데도 불구하고 모성은 낙태에 본성적 겁심을 보이고, 이 겁심은 모성의 새끼보존본능과 모성의 자기보존충동 간의 대립과 충동을 충분히 분명하게 증명해준다는 것이다. 셸러는 "출산 이전에 엄마와 자식은 엄마 자신에게도 두 존재자이고, 이 둘에 대해 현상적으로도 분리된 욕구동기들이 일어난다"고 주장한다. 결코 여기서 자기보존욕의 발동이 '연속적으로' 모성애로 이행하는 것이 아니라는 것이다. 오히려 생식본능과 포육본능이 연속적 영혼관계에 들어 있다. 회태된 새끼와 이 새끼의 보존을 위한 모성적 자기보존의 그 흔한 '희생'은 분명히 태아의 회태를 통해서야, 그리고 회태 이후에야 비로소 생기는 것이 아니라, 회태 이전에도 이미 현전한다. 이 '희생'은 현상적으로 분리되어 체험되는 생식·포육충동과 모성의 자기보존충동 간의 독립성과 대립성을 잘 보여준다. 우리는 자식을 자기자아 속으로 '받아들인다'는 의미에서 자식에 대한 엄마의 일체감에 관해 말할 수 있기는커녕, 정상적으로 자식의 타아에 대한 (엑스터시적) 헌신의 의미에서 자식과 모성 간의 잦은 근사치적 일체감에 관해서만 입론할 수 있다는 것이다. 자신의 '엄마임'과 '엄마됨'에 헌신하고 이를 기다리는 여성의 몽환적 상태는 그녀에게 생성되는 태아가 주는 유기체내부적 엑스터시 상태다. 그러나 새끼보존본능·포육본능과 모성애 사이에는 '연속성'보다는 '대립성'이 가로놓여 있다. 자식이 작으면 작을수록, 그리고 자식이 나타내는 영혼 있는 독립적 자아가 더 적으면 적을수록, 가령 포육본능은 여성적 생식충동의 연속으로서 그만큼 더 뚜렷하게 작용한다. 바로 이 관점에서 '가장 모성적인' 엄마들의 부단한 배려정성은 지나치면 빈번히 자식의 온갖 독립적인 심적 자기발전을 저해하고 억제한다. 아이를 성장하도록 놓아주지 않는 이 맹목적 '원숭이사랑'은 사랑과 섞이지 않은 엄마의 순수본능으로서 자식을 자기 몸속으로 다시 집어넣으려는 방향으로 작용한다. 이 경향을 제거하고 자식을 자립적 존재자로서 키우는 것이 비로소 '모성애'다. 모성애는 사랑 일반이 그러듯이 자식을 최종 목표지점에서 포착하지, 본능이 그러듯이 출발기점에서 포착하지 않는다.[315)]

엄마의 생적 리듬과 자식의 생적 리듬 및 내용적 생의 단계 사이의 보다 깊은 초경험적 리듬연결은 육체적 신호들을 통해서 그때마다 시간적으로 정해진다. 가령 엄마의 가슴이 젖으로 가득 차 수유충동이 생기는 리듬과, 아이의 되풀이되는 허기의 리듬 사이에는 딱 들어맞는 적합성이 있고, 젖을 빨리는 것이 엄마에게 보장하는 충족쾌감과 젖을 빠는 것이 아이에게 보장하는 충족쾌감 사이에도 마찬가지로 딱 들어맞는 적합성이 있다. 젖을 빨리고 싶은 충동과 젖을 빨고 싶게 만드는 아이의 허기는 엄마에게 원칙적으로 아이의 허기상태를 그 리듬단계에 따라 포착하는 것을 가능케 해주는 상호감응 속에 들어 있다. 엄마는 아이의 생의 진행에 대한 유기체적 신호체계와 같은 것을 필수적으로 지니고 다니고, 아이의 생의 진행은 다른 사람이 접할 수 있는 것보다 더 깊은 방식으로 엄마에게 아이에 대해 알게 만들어준다. 엄마는 아이의 극미한 소리에도 잠에서 깬다. 아기의 이런 자극이 항상 생생한 포육본능을 직접 활성화시키기 때문이다. 이 의식 이전의 생체심리적(vitalpsychisch) 통일성은 엄마와 아기가 출산을 통해 육체적으로 분리된다고 해도 여전히 완전하게 깨지지 않고, 생명표현의 육체적

---

315) Scheler, *Wesen und Formen der Sympathie*, 37-38쪽.

기호체계를 통해 산출되는 것이다.316)

모성애와 사랑 일반에 대한 셸러의 이 분석은 사랑 주체들의 자타분리를 강조하는 점에서 매우 계발적인 것이다. 그러나 모자관계의 분석이 너무나 감정전염과 본능적 기호소통에만 머물러 있어 지나치게 도취적·무의식적으로 보인다. 물론 인간들은 상론했듯이 성인이 되어 분명한 자타의식을 갖춘 뒤에도 공감과정에서 감정전염의 도움을 받는다. 그러나 인간에게 있어서 인지적 공감은 타인의 감정을 지각하고 그 의도와 행동을 인지하는 기능 면에서 무의식적 감정전염보다 강력하고 보다 최종적·궁극적이다. 공감은 감정전염과 달리 자타의 분리가 전제될 뿐만 아니라, 뚜렷하게 지각되기도 하기 때문이다. 셸러는 모성애도 무의식적 전염의 '한계사례'로만 보고 모자간의 분리성을 객관적으로 지적하는 데 그치고 모성애 분석을 회태·포육본능과 자기보존본능 간의 자연적 대립성이나 모자간의 본성적 기호수신 체계에만 의거한다. 이런 까닭에 그는 아기가 공감능력이 생기면서 자기와 타자를 구분하게 되는 생후 6개월 시점을 전후해 모자관계가 어떻게 변하는지에 대해 아무런 관심이 없고, 생후 6개월 이전에도 쌍방간의 사랑이 가능한지에 대한 고민이 없다. 이런 논의차원에서는 동일화론적 사랑이론의 완전한 극복은 어려운 것이다.

프로이트 심리학의 성애 또는 리비도에 대한 가장 치밀한 비판과 대안적 사랑이론을 모색한 영국 심리학자 이안 서티(Ian Dishart Suttie, 1898-1935)는 "유아의 유일한 자기보존 방법"으로 "교우 또는 우의(companionship)에 대한 본유적 필요성 개념"을 도입해서 "부모애적·우애적 '사랑'(parental & fellowship 'love')을 낳는 이 본유적 교우의 필요성" 개념으로 프로이트의 리비도 개념을 대체하고, "이 본유적 교우의 필요성을 유전학적으로 성기적性器的 욕망과 독립된 것으로 간주한다".317) 그에 의하면, "타인들에 대한 사랑이 타인들의 존재의 인정과 동시에 생겨난다"는 것이다.318) 공감의 전제는 자아의 각성과 타인들의 존재에 대한

---

316) Scheler, *Wesen und Formen der Sympathie*, 39쪽.
317) Ian Dishart Suttie, *The Origins of Love and Hate* (Oxford·New York: Routledge, 1935; 1999·2001 reprinted; Digital Printing 2007), 6쪽.

지각과 인정이다. 따라서 "타인들에 대한 사랑이 타인들의 존재의 인정과 동시에 생겨난다"는 명제는 아기가 타인의 존재를 인지 · 인정해서 타인의 자아와 감정에 대해 공감작용을 한다는 것을 함의한다. 감정전염 단계를 넘어 자타구별의 공감 단계에 이르러서야 사랑이 등장하는 것이다. 타인의 존재를 모르는 생후 6개월 이전의 아이는 순전한 감정전염 상태에 처해 있고 아직 공감도 할 수 없다. 따라서 이때는 사랑도 없다. 오직 엄마의 짝사랑만이 있을 뿐이다. 셸러는 이 점을 완전히 몰각하고 있다. 감정전염 상태에서 사랑이 거론될 수 없다면, 완전한 모성애도, 아니 사랑 일반도 타자의 존재의 인지와 인정을 전제하는 '공감'의 능력이 생길 때까지 가능하지 않은 것이다. 즉, 사랑은 '공감' 차원에서만 존재하는 것이다.

제10의 무의식적 일체감으로 셸러는 마비적 일체감을 들고 있다. 셸러는 베르그송이 파브르가 그의 저작 『곤충학 비망록(*Souvenirs entomologiques*)』에서 개진한 막시목膜翅目 곤충의 행동, 즉 가령 말벌이 거미나 풍뎅이 애벌레에다 자기 알을 낳으려고 침을 놓아 이들을 마비시키는 기술적 조치와 관련된 사실을 '공감'과 긴밀히 연관시키는 대목을 소개한다. 이 침놓기는 아주 기술적으로, 그리고 아주 정교하게 신경조직의 해부와 '죽임 없는 마비'의 목표에 아주 알맞게 이루어진다. 그는 신경중추의 침 선택과 말벌의 알까기를 연쇄적 반사행위로 설명하거나 상속받은 경험들의 축적으로부터 설명하는 베르그송의 시도를 거부한다. 그는 애벌레의 생生과정에 관해 말벌 쪽에서 지닌 모종의 지식, 즉 "일반적으로 어떤 것의 감득感得보유라는 가장 넓은 의미에서의 지식"을 여기서 전제로 간주한다. 이 '감득보유'를 베르그송은 『창조적 진화』에서 어처구니없게도 '공감'으로 설명한다. "말벌과 희생물 사이에 애벌레의 상처받기 쉬운 지점을 벌에게 가르쳐주는 (단어의 어원적 의미에서의) 하나의 공감(sympathie)을 가정한다면, 상황은 더

---

318) Suttie, *The Origins of Love and Hate*, 30쪽: "나는 '자아'와 '타인' 간의 어떤 차별도 없는 일차상태(유아단계)가 사랑과 노기가 둘 다 타인(부모)을 향하는 상태에 직접 자리를 내준다고 생각한다. 타인에 대한 사랑은 타인들의 존재의 인정과 동시에 생겨난다. 또는 프로이트적 언어로 말하면, 엄마의 첫 인정은 '특별한 의미를 부여받듯이' 아주 처음부터 사랑과 통합된 지각들과 동시에 생겨난다. 나르시시즘 단계는 전혀 실재적 존재가 없다."

이상 그 같지 않을 것이다. 상처받기 쉬운 지점에 대한 이 감각은 전혀 외적 지각에서 유래할 수 없고, 더 이상 두 유기체로 여겨지는 것이 아니라 한 현존재의 두 기능으로 여겨지는 말벌과 애벌레의 현존재에 있어서의 단일한 세팅(la seule mise)에서 결과하는 것이다." 이에 대해 셸러는 "여기서 — 타자 존재를 종 자신의 생명목표에 이용하고 전혀 '타자에 봉사하지' 않는, 차라리 적대적 행동이 관심거리인 경우에 — 베르그송의 'Sympathie'는 '공감'과 완전히 다른 어떤 것을 의미할 뿐만 아니라, 감응이나 이해와도 완전히 다른 어떤 것을 의미한다는 것이 명백하다"고 비판한다. 여기서 관심대상일 수 있는 것은 애벌레의 유기체 및 생生과정과 말벌 간의 일종의 "일체감"뿐이다. 이것은 애벌레의 육체감각뿐만 아니라 애벌레의 신경조직을 이 애벌레의 육체로부터 규정하고 지도하는, 하나의 생生중추(Lebenszentrum)에서 유래하는 통일적 생生과정과의 "일체감"이라는 것이다.[319]

셸러로서는 여기서 베르그송이 '공감'이라는 말을 쓰는 것을 황당하게 느꼈겠지만, 필자는 이런 기생적 산란을 '일체감'으로 부르는 것도 못지않게 황당하다고 느낀다. 그렇다면 인간도 회충이나 다른 기생충들과 일체감을 느낀다고 우겨야 할 것이다. 셸러는 포식·경쟁·공서共棲·공생보다 더 야비하고 저급한 생물학적 관계인 '기생' 관계에서 개체의 개성적 존재성을 몰각하는 야릇하고 위험한 논리를 도출하고 있다. 뻐꾸기의 기만적 탁란이나 유부녀의 간통출산과 이를 모르고 이 아기의 양육비를 대는 기만당한 남편의 아기 양육 등도 '인간종자에 찍힌 전형적 구조와 전全환경의 상황적 통일성'으로서의 '일체감'으로 과장해야 할 것인가? 이는 망언일 것이다.

셸러는 베르그송의 '공감'을 일종의 텔레파시로 해석한다. "'본능적 일체감'의 경우에 일체감이 지각보다 더 멀리 미치고 — 가령 침놓기에 터치되는 신경중추들의 과학적 탐구의 경우처럼 — 신경중추들의 사실지각에 기초할 필요가 없는 "관계적 텔레파시"에 관해 입론할 권리는 아주 당연히 존재한다. 보는 것이 맛보

---

319) Scheler, *Wesen und Formen der Sympathie*, 39-40쪽.

는 것보다 "관계적 원격감각(Fernsinn)"이듯이, 일체감은 감각적 지각 일반에 대비되는 입맛, 욕지기 등과 같은 소격疏隔·원격인지(Fremd und Fernerfassen) 또는 '원격평가(Fernbewertungen)'라는 것이다. 그는 인식적으로 "미분화된 일체감의 어떤 최소치"가 모든 생명체를, 아니 "가장 단순한 유기체적 동작"도 "생명체로 이해하는 데 본질구성적"이고 가장 단순한 '교감'도, 더욱이 가장 단순한 '공감'도, 그리고 이 양자를 넘어 일체의 정신적 '이해'도 이 가장 원초적인 타자소여(Fremdgegebenheit)의 토대 위에 구축된다"고 생각한다.[320] 감각적 지각·교감·공감 이전에 생명주체는 다른 생명객체를 선험적 일체감 속에서 이미 '타자'로 전제하고 텔레파시의 '육체지식'으로 안다는 것이다. 일체의 공감과 교감을 뛰어넘어 모든 생명체를 생명체로 이해하는 데 본질구성적인 "미분화된 일체감의 어떤 최소치"라는 셸러의 이 선험적 일체감 개념은 마치 윌슨의 저 '생명애' 가설을 선취한 것처럼 보인다.

셸러는 인간의 경우는 다만 "전문적으로 분화된 일체감 본능"이 일반적으로 많은 동물 종류들에 비해 "심하게 인멸되었고", 인간의 특별한 상태나 발달단계에 잔존한다고 말한다. 아동, 꿈, 일정한 유형의 노이로제 상태, 최면상태, 모성본능, 그리고 원시인들 안에는 일체감의 잔여능력이 후기 문명의 평균적 성인 인간 안에서보다 훨씬 더 현저하게 보존되어 남아 있다는 것이다. 그는 이 말이 전혀 황당할 것 없다고 말하면서, 앞의 부정적 기술들과 정조가 다른 뜻밖의 논변을 제공한다. 인간은 의식적·무의식적 지식능력을 동등하게 대하고 종합적으로 활용해야 하고, 여성의 모성적 능력을 세계적 차원에서 특별히 의미 있는 것으로 봐야 한다는 것이다.[321] 이것은 앞서 감정전염과 본능적 인지를 부정적으로 논하던 것과 판이한 논변이다. 그러나 "'지성'의 과잉비대화를 위해 동물의 전문적으로 분화된 일체감 능력과 동물의 많은 '본능'을 거의 완전히 상실했고, 문명인은 원시인의 일체감 능력을, 성인은 아동의 일체감 능력을 거의 완전히 상실했다"는

---

320) Scheler, *Wesen und Formen der Sympathie*, 41-42쪽 및 각주 2).
321) Scheler, *Wesen und Formen der Sympathie*, 42-43쪽.

구절은 과장을 넘어 그릇된 주장으로 느껴진다. 지성과 감성, 의식과 무의식은 반드시 그 발전에서 반비례 관계에 있는 것인가? 현대인들을 대상으로 한 무수한 실험에서 드러나듯이, 또는 광장에 집결한 군중들의 궐기대회에서 감지되듯이 감정전염의 무의식적 체득 능력은 셸러가 생각하는 것보다 크게 살아있고, 또 여전히 광범하게 쓰이고 있기 때문에 하는 말이다.

위에서 선보인 새로운 인식을 셸러는 여전히 일면의 발전과 타면의 퇴보가 반비례 관계로 결합되었다는 숙명적 어조를 버리지 않고 있지만 세계적 인종 차원에 확대 적용한다.[322] 문명숙명론적인 반비례 논리만을 제거한다면, 이 논변은 오늘날도 빛이 바래지 않는 선진성을 갖는 탁견일 것이다. 그러나 그는 이런 탁견으로부터 즉각 일탈해 니체와 나치스도 좋아했던 신비한 원시적·생기적 일체감 쪽으로 기울어진다. "오직 생적 토대 위에서의 일체감과, 정신 토대 위에서의 다른 세계관 형태들과 세계관 구조들에 대한 이해의 기법만이 말의 눈가리개가 말 눈을 감싸고 있듯이 우리 모두를 감싸고 있는 특유한 협애성과 특수성들의 상쇄를 천천히 약속할 따름이다."[323] "오직 생적 토대 위에서의 일체감"만이 우리의 협애성을 상쇄시켜주는가? 어쩐지 꺼림칙스럽다.

셸러의 이런 일탈은 이제 근본적이 된다. 그는 교감과 공감, 그리고 '육체의식(Leibbewußtsein)'으로서 표현하는 모든 감각들, 즉 모든 감성을 배제하고 또 지성·이성도 배제한 자타구별 없는 '동일화'로서의 신비스런 '생기적 일체감'을 추구한다. 이 '생기적 일체감'의 '거소'는 감성과 이성 사이의 중간지대다. 셸러에 의하면, 육체적 의식, 즉 감성 일반이 인간 각자가 경계를 없앨 수 없는 자기만의 오관지각, 쾌통快痛지각 감정 또는 감정적 감각 등을 가지고 있기에 동일화로서의 일체감을 이룰 수 없다는 것은 논란의 여지가 없다. 이것은 감성 일반에 속하는 교감과 공감도 마찬가지다. 따라서 "교감과 공감은 둘 다 일체감과 진정한 동일화를 완전히 배제한다"고 말한다.[324] 셸러는 이 명제로써 교감과 공감을

---

322) Scheler, *Wesen und Formen der Sympathie*, 43쪽.
323) Scheler, *Wesen und Formen der Sympathie*, 44쪽.
324) Scheler, *Wesen und Formen der Sympathie*, 44쪽.

주제로 한 『공감의 본질과 형식』의 의미를 완전히 부정한 셈이다. 감성과 이성을 둘 다 부정하고 '생기'를 택한 셸러는 '영혼과 신의 정신적 융합체험'을 뜻하는 기독교 신학의 '신비적 합일(unio mystica)' 또는 '정신적 신비론(Geistesmystik)'도 진정한 일체감이 아닌 것으로 물리친다. "이런 현상이 나타나는 것 같은 경우에도, 순수한 정신적 본질로서의 신이 (형식적) 자아의 정신적 눈앞에 존재하지도 않고, 신을 향하는 것도 순수한 정신적 인격중추가 아니다"라는 것이다. 가령 고대의 모든 밀교들의 경우에 전적으로 분명하듯이, 오히려 "항상 '신'을 세계의 모든 생명으로, 또는 신을 생명현상이 붙어 있는 것으로 '여기는' 하나의 신 이념"과, 자기 자신 속으로 개체화된 우리의 정신적 "행동중추"가 아니라, 언제나 동시에 우리의 "생기중추(Vitalzentrum)"가 참된 일체감과 융합에 도달한다는 것이다. 셸러는 내친김에, 신의 행동의 흉내(가령 바울: "내가 살지만, 내가 아니라 그리스도가 내 안에 산다")를 통한 됨됨이의 신격화와 '형상'의 신격화만이 아니라, 진정한 적절한 "현존재 신격화", 즉 "영혼과 신의 융합"을 주장하는 자연주의적·범신론적 합일 개념도 "신과 인간적 인격중추의 그릇된 이중적 생기화(Vitalisierung)", 즉 "완전한 또는 부분적인 탈脫정신화"로 특징지어지는 것으로 배격한다. 진정한 정신적 신비론은 적어도 항상 신에 대한 '지향적 현존재 이격성'을 이격의 최소한으로 견지하고, 기껏해야 부적절한 '됨됨이의 통일(Soseinseinigung)'로 귀결된다는 것이다.[325] '됨됨이의 통일'은 '그렇고 그런 통일'이다. 신격의 무한지성과 인격의 유한지성 사이의 심연은 메울 수 없다. 따라서 범신론적 통합이 신의 신격과 인간의 인격을 견지하는 한에서 이격성, 즉 신과 인간의 거리를 끝내 없앨 수 없고 이 이격성이 남아 있는 한, 생기적 일체감과 같은 본질적 통일, 완전한 동일화가 달성될 수 없다는 뜻이다.

셸러는 신과 인간, 인간과 인간 간의 상이성을 제거하고 완전한 동일성을 구축하기를 바란다. 그러나 감성과 이성도 이를 방해하지만, 인간의 개성적 인격도 이를 방해한다. 우리가 "육체로 인한 인간들의 개인화" 측면을 이것의 본질법칙

---

325) Scheler, *Wesen und Formen der Sympathie*, 44-45쪽.

적인 "지금여기(Jetzthier)"의 시간·장소와 함께 제거해도, 나아가 인간들의 "정신적 자아중추"의 "노에마적 상관자들(사유내용적 상관자들)"의 모든 "됨됨이의 상이성"을 제거했다고 생각해도, 인간들의 "인격중추의 개인적 상이성들"은 모든 인간 안에서의 인격이념의 동일성에도 불구하고 "그래도 남아 있을 것"이다. 따라서 진정한 일체감, 즉 생기적 일체감은 모조리 우리의 인간적인 본질적 만듦새의 저 "사이영역(Zwischenreich)"에 존재한다. 셸러는 이 '사이영역'을 "인격적 정신"이나 "육체적 물체"와 "예리하게" 구별해 "객관적인 유기체적 생生과정의 명료의식적(oberbewußt) 또는 잠재의식적(unterbewußt) 의식상관자"로서의 생기적 의식(Vitalbewußtsein)"이라 부르고, 이 '생기의식의 중추'를 "생기중추(Vitalzentrum)"라 부른다. 마침내 그는 선언한다. "생사욕·열정·애정 등 여러 충동과 욕망에 속한 의식현상들 속에서 일체감과 진정한 동일화로 귀착되는 것은 이런 여러 충동과 욕망(그리고 이 충동들의 세 가지 본질적 종류인 음식욕망으로서의 허기와 갈증, 그 온갖 하부형태들을 가진 성애적 생명욕, 권력욕·지배욕·성장욕·타당성욕망)의 영혼적 영역과 주변환경이다."326) 여기서 그가 뜻하는 '생기'는 쇼펜하우어가 말하는 맹목적 생의지, 니체가 말하는 맹목적 권력의지, 프로이트가 말하는 맹목적 리비도나 다름없는 충동과 욕망, 즉 세 가지 본질적 충동인 식욕으로서의 허기와 갈증, 성애적 생명욕, 그리고 권력욕·지배욕·성장욕·타당성욕망이다.

이어서 셸러는 모든 "순수한 일체감"의 몇 가지 공통점을 열거한다. ①순수한 일체감은 항상 '자동적으로' 일어난다. 따라서 결코 '자의적'이지도 '연상적으로 기계적'이지도 않다. "순수한 일체감은 노에시스적(사유작용적) 의미동기유발이나 (형식적) 기계적 접촉인과성과 특유하게 상이한 특유한 '생기적 인과성(Vitalkausalität)'에 따른다"는 말이다. "자동성", "지향성", "목표추구성", "배후로부터의 힘"과 "온전한 과거의 구체적 인과성" 등은 이 생기적 인과관계의 근본형태의 몇몇 본질특징이다. ②순수한 일체감은 인간의 두 의식영역, 즉 인간의 '노에시스적' 정신(인격)·이성영역과 인간의 육체적 지각·감정영역이 완전히 또는

---

326) Scheler, *Wesen und Formen der Sympathie*, 45-46쪽.

근사치적으로 특별한 내용이 '텅 비게' 되는 경우에만 개시된다. 이성과 감성의 두 영역에서 활동하는 '기능들'과 '작용들'이 중단되어야 비로소 — 이 중단이 성공하는 정도에 따라 — 인간은 일체감에 기울거나 이런 능력을 갖게 된다.327)

셸러는 히틀러의 연설 내용을 닮은 섬뜩한 취지로 순수한 일체감의 도래를 기원祈願한다.328) 감성과 이성을 텅 비워야만, 육체와 정신을 동시에 '영웅적으로' 초월해야만, 인격적 개성과 정신적 품위를 포기해야만 등장하는 '순수한 일체성'은 맹목적· 충동적· 자멸적自滅的인 것이다. 또한 흘러가도록 자유방임된 이 '충동적 생'의 '순수한 일체감'이 교감과 공감을 배제하고 '동일화'를 추구하는 밀교의식적 집단도취인 한에서 근현대의 소중한 정신적· 물질적 문명성과, 즉 '고도의 사회화 속에서 고도로 개인화된 개성'을 말살하고 말 것이다.

셸러는 왜 개성을 말살하고 무조건 동일화를 추구해야 하는지에 대해 설명하지 않은 채, 오늘날의 고도문명과 인권을 동시에 부정하며 개인의 말살을 요구하고 있다. 그러나 셸러의 일심동체적 동일화로서의 '순수한 일체감' 테제는 자신의 또 다른 그릇된 테제, 즉 "인간은 정신적으로 개인화되는 정도가 더하면 더할수록 그만큼 더 '인간'이 된다"는 자신의 사이코패스적 '인간화' 테제와 정면충돌한다. 이 테제대로라면, 인간을 더욱 인간적으로 만드는 인간의 '개인화'를 말소시키려는 이 '순수한 일체성'은 인간을 괴기스런 '비인간'으로 만들 것이다.

셸러의 이런 근본적 오류와 자가당착은 그가 인간의 개별화· 개인화· 개성화의 근본원인이 '육체'와 '정신'이라고 착각하는 것에 기인한다. 그러나 육체와 정신은 초역사적으로 항상 존재했지만, 인간은 항상 '개인'으로 살았던 것이 아니

---

327) Scheler, *Wesen und Formen der Sympathie*, 47쪽.
328) "인간은 그의 육체적 물체를 초월하고 이 육체적 물체에 중요한 모든 것을 '영웅적으로' 초월해야 한다. 그리고 인간은 동시에 자신의 정신적 개체성을 '망각'하거나 아무튼 마치 '주의'하지 않는 것처럼 놓아두어야 한다. 즉, 인간은 일체감에 도달하기 위해 자신의 정신적 품위를 포기하고 자신의 충동적 '생'을 흘러가도록 놓아두는 것이다. 우리는 인간이 이성과 품위를 가진 인간 유형의 본질보다 더 작아져야 하고, 자기의 육체상태 속에서만 살고 '존재하는' (물론 이 한계유형에 더 많이 상응하면 상응할수록 동물보다 식물에 그만큼 더 유사해지는) 이런 동물보다 '더 커져야' 한다고 말할 수도 있다." Scheler, *Wesen und Formen der Sympathie*, 47쪽.

다. 마르크스는 일찍이 인간은 "사회 안에서만 개별화될 수 있는 동물이다"라고 갈파했다. 마르크스가 강조하듯이 역사적으로 "개별화된 개별자의 관점"을 산출한 시대는 "바로 지금까지 가장 발전된 사회적 관계의 시대"인 것이다. 근대인과 현대인은 물질적으로나 정신적으로나 최대로 사회화되고 최대로 상호의존적이 되었고, 동시에 이 덕택에 비로소 최대로 개인화된 것이다. 개인화의 원인은 육체와 정신의 유한성이 아니라, 역사적 사회화의 발달이다. 개인화와 사회화의 동시적 진전을 감당할 수 있는 인간의 능력은 자아와 타아의 개성을 해소·말살하는 '순수한 생기적 일체감'이 아니라, 자아와 타아가 개성적 상호분리를 전제하고도 공감을 통해 서로를 일체로 느끼는 '공감감정적' 일체감, 즉 '사랑'일 것이다.

그러나 셸러의 맹목적인 '순수한 일체감'은 감성과 이성, 육체와 정신, 인격적 개성과 정신적 품위를 동시에 '영웅적으로' 초월하고, '충동적 생'을 흘러가도록 방임하고, 교감과 공감을 배격하고, 일체'감'을 일심동체적 '일체성·동일성(일체화·동일화)'으로 여기는 근본착각 속에서 일체의 자타 간의 상이성·격리성·분리성을 말살한다. 이것은 상호 헌신적이고 보살피는 사랑과 대립적인 것이다. 이것은 가장 생물학적이고 호르몬생기적인 사랑인 것 같은 진정한 모성애와도 대립된다. 그가 스스로 말하듯이, 자식을 자립적 존재자로서 키우려는 참된 모성애는 자식을 다시 엄마의 몸속으로 집어넣으려는 동일화 경향 속에서 아이를 성장하도록 놓아주지 않는 맹목적 '원숭이사랑'과 다르기 때문이다.

그러므로 셸러의 '순수한 일체감'은 '사랑 일반'과도 적대적이다. 이런 까닭에 그는 '사랑'을 순수한 일체감과 무관한 차원에서 엉뚱하게 가치지향 운동으로 정의한다. "사랑은 가치를 담지한 어떤 구체적인 개체적 대상이든 그 안에서 그 대상에 있어 가능한 그리고 그 대상의 규정에 따라 가능한 최고의 가치에 도달하게 하는, 또는 그 대상이 그 안에서 이 대상에 특유한 이상적 가치본질을 달성하게 하는 움직임이다."[329] 이런 사랑은 결코 공감의 산물도 아니지만, 자신

---

[329] Scheler, *Wesen und Formen der Sympathie*, 164쪽. 다음도 참조: 146쪽("사랑은 [...] 긍정적 가치를 위한 움직임이다"), 151쪽("사랑과 미움은 분명 단순한 인식기능이 아닌, 가치대상들에 대한 특유한 행동자세를 뜻한다"), 156쪽("오히려 사랑은 어떤 대상의 주어진 가치 A로부터

의 '순수한 일체감'과도 동떨어진 것이다.

– 진정한 사랑(공감적 일체감): 부모애적 기원

사랑의 개념을 다듬고 다지기 위해 셸러의 일체감 분석과 싸움하고 '순수한 일체감' 개념과 투쟁했다. 분석 결과는 실망스럽지만, 귀중한 타산지석을 얻었다. 우리가 얻은 깨달음은 사랑의 미명 아래, 또는 '일심동체'의 미명 아래 개성말살과 인권유린의 잔학한 폭정이 자행될 수 있을 위험에 대한 감지다. 이것은 공자가 공감의 '일이관지一以貫之'로 '기소불욕물시어인己所不欲勿施於人', '기호립이립인己欲立而立人 기호달이달인己欲達而達人'하려는 대인大仁정신과 실로 완전히 상반되는 것이다. 공감을 바탕으로 자기보다 남을 먼저 챙기고 보살피려는 이 사랑은 이 사랑으로 맺어지는 하나의 '우리'로서 자아와 타아가 확실하게 인정된 육체적·정신적 분리 속에서도 자아와 타아가 감정적으로 일체로 느끼며 서로를 먼저 챙겨주고 보살핀다. 이와 같이 진정한 사랑은 '일심동체'가 아니라 '동심이체同心異體'의 공감적 일체'감'인 것이다. '동심同心'은 '일심一心'과 다르고, '이체異體'는 '동체同體'와 다르다. '동심'은 '마음과 마음이 같다'는 뜻이므로 마음이 적어도 둘인 것을 전제하는 반면, '일심'은 아무래도 한 마음이 강제로 다른 마음을 병합해 하나로 만든 것을 뜻한다. '이체'는 글자 그대로 몸이 둘인 반면, '일심동체'의 '동체'는 '일체一體'의 뜻으로 한 몸이 다른 몸을 흡수해버린 것을 뜻한다. '한 몸이 다른 몸과 같다'는 말은 일란성 쌍둥이에게도 빈말이다.

'동심이체'의 '참사랑'을 가능케 하는 것은 공감의 기능이다. 필자는 위에서 작업가설로서 사랑 또는 동심을 '타아를 일체로 느끼는 감정적 상태와 자세'로 간단히 정의했다. 이제 이 정의를 가다듬으려고 한다. 공감은 자아와 타아의 분리를 전제로 해서만 벌어진다. 따라서 참사랑은 공감으로부터만 산출될 수 있다. 참사랑은 오직 '공감감정'으로서의 동심일 수만 있는 것이다. 이에 필자는 '참사랑'을 미리 "자아와 타아의 심신적 분리 속에서의 공감적 일체감"으로 정의

이 대상의 보다 고차적인 가치의 출현을 실현하는 지향적 움직임이다").

한 것이다.

공감은 자타가 감정을 같이 하면서도 서로 다른 '화이부동和而不同'의 감정적 모사(시뮬레이션)·재현작용이다. '사랑'도 화기和氣롭게 마치 일체—體처럼 서로 어울리지만 일체가 아닌 '화이부동'의 경지로[330] 이해될 수 있다. 이런 규정으로써 필자는 "사랑이 완벽해지는 경우에, 사랑은 낯선 개체와 그 운명을 자기의 것과 완전히 동일화한다"는 쇼펜하우어 식의 사랑 개념을[331] 멀리하고자 한다. 그러므로 일체'감'은 일체'성'과 다르고, 따라서 공감적 일체감으로서의 사랑은 동일화로서의 일체'화'와 다르다. 공감작용 속에서 타아의 감정과 마음을 모사함으로써 사실적 '이체二體'를 자신과의 일체로 '느낄' 뿐이다. 따라서 일체'감'은 심신 차원에서의 사실적 '이체'를 전제하는 것이다. 진정한 사랑은 두 개의 마음과 두 개의 몸의 존재를 인정한다. 이것으로써 필자는 일체'감'을 일체'성'으로 착각하는 셸러 식의 오류를 완전히 추방함으로써 사랑 개념에 따라다니는 '일체화'나 '동일화'의 환상을 배격하고자 한다.

필자의 이 사랑 정의는 나중에 알게 되었지만 유아발달 과정에서 "타인에 대한 사랑은 타인들의 존재의 인정과 동시에 생겨난다"는 이안 서티의 기원적 사랑 개념과[332] 좋이 잘 부합된다. 서티에 의하면, 자아와 타아 간의 어떤 차별도 존재하지 않는 유아단계(생후 6개월 이전 시기)는 이후 사랑과 노기가 둘 다 엄마를 향하는 단계에 의해 교체된다. 참사랑은 타아를 인지하지도, 인정하지도 못하는 감정전염 상태에서가 아니라 자아와 타아가 공존하는 공감상태에서만 자라고 꽃필 수 있다. 프란시스 드발은 최근 실험을 통해 자기인지의 발달과 공감의 발달 간의 상관관계를 확인했다. 참사랑의 원형은 생후 6개월 이후 유아와 산모 간의 모자관계에서 발달한다. 그러므로 참사랑은 애당초 보살핌과 선물, 일체감과 동정의 교호적인 공감적 수수授受관계다.[333] 쇼펜하우어·니체·프로이트·

---

330) 『論語』「子路」(13-23). "子曰 君子和而不同 小人同而不和."
331) Schopenhauer, *Die Welt als Wille und Vorstellung I*, §67 (510쪽).
332) Suttie, *The Origins of Love and Hate*, 30쪽.
333) "아마 인지적 공감은 고도의 자기각성(self-awareness) 없이는 달성될 수 없을 것이다. 특별한

셸러의 몽상 속에서 아기는 자기성장을 향한 이기적 생충동의 화신이고, 어머니는 이 이기적 생충동 속에서 소모되는 자기희생의 화신이다.

그러나 이것은 전혀 사실이 아니다. 이안 서티에 의하면, 엄마가 아기에게 젖을 주면 아기는 엄마에게 입을 주고, 엄마가 사랑을 주면 아기는 엄마에게 사랑을 주고, 엄마가 미소를 주면 아기는 엄마에게 미소를 주고, 엄마가 아기를 얼러주면 아기는 엄마에게 재롱을 떨어준다. 아기와 엄마의 관계는 대등한 인애仁愛의 교환으로 점철된다.[334] 그리하여 아기의 심리상태에 대한 서티의 분석은 '부모애(parenthood)'의 이타적 사랑이 아기를 포함한 모든 인간에게 본유적이라는 놀라운 결론으로 나아간다. "아이는 부모애의 배아(germ)를 갖고, 즉 이 부모애 또는 자애심 속에서 이미 '주고' 또 '응하려는' 충동을 갖고 생으로 깨어난다". 따라서 "주고 응하려는 이 충동은 돌봄·인정 등을 '얻을' 필요와 함께 우애(fellowship)를 자유롭게 '주고받으려는' 동기를 유발한다. 우리가 통상적으로 일차적 이기성으로 오해하는 '주는 것에 대한 금지'는 그것이 어떤 것이든 어쩌면 좌절과 불안의 소산이다. 아이는 본성적으로 타인에 대해 부모애적·우애적 태도를 활용하는 경향이 있다. 이 덕성들은 아이에게 강청되거나 강요될 필요가 없는 것이다."[335] 엄마의 사랑이 '부모애'로서의 모정 또는 모성애이고, 아기의

상황, 때로는 이상한 상황에 응하는 목표지향적 도움은 행동을 유발하는 감정적 연결을 유지하면서도 타자의 상황이 자기 자신의 상황과 분리되어 있는 것을 인정하는 자기와 타자 사이의 판명한 구별을 요구할 것이다. 환언하면, 대리감정의 출처가 자기 자신이 아니라 타자라는 것을 이해하기 위해서, 그리고 타자의 상태의 원인을 이해하기 위해서, 자기와 타자의 명백한 구별이 필요한 것이다. (...) 돌고래에 의한 목표지향적 도움에 대한 증거를 전제하면, 이 포유류들(침팬지, 오랑우탄 등의 유인원, 돌고래 등)에서의 거울자기인지(MSR)의 최근 발견은 자기의식의 증가와 인지적 공감 사이의 제안된 연결을 뒷받침해준다." de Waal, "Morality Evolved", 36쪽. 그리고 다음도 참조: de Waal, *The Age of Empathy*, 123쪽.

334) "아기가 생을 인애적 태도로 시작할 뿐만 아니라, 주고 싶은 욕구는 생 전체에 걸쳐 지배적인 동기로 계속되고, 다른 모든 필요처럼 그 충족이 좌절될 때 불안을 가져온다. 원한에 찬 우리의 유물론적 성인 정신은 아이가 엄마와의 교우관계를 가장 잘 이용해먹는다고 판단했고, 우리는 엄마의 희생을 이야기한다! 하지만 엄마와 아이의 관계는 (아이 생각에) 참된, "균형 잡힌" 공생이다. 그러므로 주고 싶은 욕구는 얻고 싶은 욕구만큼 필수적이다. 우리의 선물(사랑)이 받아들여질 수 없다고 느끼는 것은 타인들의 선물이 더 이상 획득될 수 없다고 느끼는 것만큼이나 용납할 수 없는 것이다." Suttie, *The Origins of Love and Hate*, 53쪽.

335) Suttie, *The Origins of Love and Hate*, 58쪽.

사랑도 '부모애의 배아'에 기초한 감정이라면, 부자지간의 사랑도 본질적으로 부모애를 원형으로 한다고 봐야 한다.

이 사랑 또는 애정의 기원이 모성적 부모애라는 추정은 20세기 초반 서티 혼자만의 외로운 주장이 아니었다. 맥두걸(William McDougall, 1871-1938)도 '부모본능(parental instinct)'에 관해 유사한 주장을 전개하고 있었다.336) 따라서 맥두걸은 "현시대 우리 문명의 가장 주목할 만한 특성들" 중 하나인 "인애적 행동의 거대한 확장"도 "이 부모본능의 본유적 힘의 어떤 증가"를 뜻한다고 본다. 그는 "전쟁행위의 인도주의적 규제", "빈자와 고난자의 구제, 의료, 많은 자선분배 기구와 많은 잔학행위 방지 기구들에 대한 인간 에너지, 돈, 온갖 종류의 물질적 자원의 헌정" 등을 이 부모본능의 효과들 중 "가장 뚜렷한 것들"로 꼽는다. 그리고 그는 농노제와 노예제의 전세계적 철폐를 "세계사적 관점에서 보다 중요한 사회적 변화"로 보면서 이것도 "근대시대의 이 부모본능의 증가되는 영향" 덕택으로 해석했다.337) 또한 그는 이렇게 덧붙인다. "이 나라(영국)와 여러 다른 나라들에서 거의 입법조치로 관철시킬 정도로 관철되어온 백성 대중의 정치권력 진입은 훨씬 더 중요하다. 이것은 의심할 바 없이 대중 쪽에서의 이런 진입에 대한 요구의 흥기 때문이었지만, (...) 이 요구는 크게 보면 그 자체가 인애충동에 의해 감동된 지도자들의 가르침에 의해 창출되었다. 그리고 권력을 가진 계급들이

---

336) "부모본능은 부모애의 출처일 뿐만 아니라 모든 다정다감한 감정과 참된 인애적 충동의 출처이고, 도덕적 공분의 거대한 원천이고, 어느 정도로 정확하게 사랑이라 불릴 수 있는 모든 감정의 일부다. 우리는 세계 안에서 실천되는 다소의 참된 인애를 보고 싶은 성향을 지님에 따라 사회적 행위와 제도를 주조하는 보다 넓거나 좁은 영향영역을 이러한 파생적이거나 이차적인 적용 속의 이 부모본능에 귀속시킨다. 이 본능의 충동이 굉장한 사회적 힘들 중 하나라는 것은 내게 논란할 수 없는 사실로 보인다. 특히 이것은 기독교와 불교가 지배적인 많은 나라에서 사실이다. 어떤 저자들은 이 사회에서 현시되는 자선과 인애를 전적으로 이 종교들의 부드러운 가르침 덕택으로 돌리는 것으로 보인다. 그러나 어떤 가르침도, 어떤 사회적·종교적 제재 체계도 사람들의 마음에 이 부모본능이 완전히 결여되어 있다면 어떤 사람들에게서도 인애를 유발할 수 없을 것이다." William McDougall, *An Introduction to Social Psychology* (London: Methuen & Co. Ltd., 14th Edition. 1919; Republished, Kitchner, Ontario: Batoche Books, 2001), 190쪽.
337) McDougall, *An Introduction to Social Psychology*, 191쪽.

이러한 충동을 결여했다면, 그리고 이 계급들의 많은 구성원들이 이런 충동에 의해 감동받아 이 요구에 양보하고 이 거대한 정치변동의 성취를 지원하지 않았다면 이 요구의 충족을 달성하는 것은 실패했을 것이다."338) 맥두걸은 이같이 심지어 근대 민주주의의 출현과 확산도 '부모애적' 인애심의 확대 결과로 해석했다. 조지 미드(George Herbert Mead, 1863-1931)도 맥두걸의 핵심 테제를 언급하며 유사한 주장을 폈다.339) 미드의 이 주장도 결국 서티의 주장과 아주 유사한 것이다. 그럼에도 불구하고 1930년대 유아를 포함한 서티의 일반적 '부모애의 배아' 추리는 그 일반성에서 파격적이고 과감한 것이다.

모든 사랑의 기원이 '부모애의 배아'에서 기원하는 것이 일반적으로 인정되는 마당에 아르네 베틀레센(Arne J. Vetlesen)은 사랑을 불러일으키는 '공감'도 엄마와 아이의 관계를 전형으로 하는 관계에서 기원하는 것으로 본다.340) 결국 사랑의

---

338) McDougall, *An Introduction to Social Psychology*, 192쪽.
339) "인간적이다, 또는 인정 있다(humane)는 의미에서의 인간적인(human) 것으로 지칭되는 모든 것으로 표출되는 애정의 근본적 성격이 부모애적 충동에 그 원천을 두고 있다는 맥두걸의 주장에 우리가 동조하든 동조하지 않든, 타인들에게 다양한 방식으로 원조를 주는 근본적 태도가 아이들과의 관계 속에서 가장 결정적으로 발휘된다는 것은 의심할 바 없다. 어떤 형태의 속수무책 상태든 우리를 아이들로 전락시키고, 우리가 속하는 공동체의 다른 구성원들에게서 부모애적 반응을 불러일으킨다. 더 넓은 사회집단의 인정의 어떤 진보든 천국과 같은 것이다. 우리는 이 천국에 오직 아이로서만 들어갈 수 있다. 인간 성인은 모종의 자아와 함께, 즉 다양한 역할을 취함으로써 생겨난 자아와 함께 유아성의 문을 통해 사회 속으로 이미 들어왔다. 그는 우리가 "공감"이라고 칭하는 것을 가지고 자신의 아이들을 돌아본다. 그러나 엄마와 아빠는 부모애적 반응에서 이 태도를 가장 불변적으로 발휘한다. 다른 어떤 의미 이상으로, 사회는 심리학적으로 가족으로부터 발달해 나왔다. 부모애적 태도는 유아적 태도와 마찬가지로 무엇보다도 먼저 우리가 새들에게서 주목한 자아 자극의 목적에 이바지하고, 그리하여 가치 있는 반응을 강조하지만, 두 번째로 그것은 마음의 기제를 준비해준다." George Herbert Mead, "The Self and the Process of Reflection". George Herbert Mead, *Mind, Self & Society* (Chicago · London: The University of Chicago, 1934), "Supplementary Essays" [366-367쪽].
340) "공감은 소통이 대면적 만남의 토대 위에서 벌어지고 참여자들이 신체적으로 공동현재하는 (copresent) 소규모의 세팅 안에서 기원하고 배양된다. 공감의 진정한 도덕적 중요 의미는 타자지향성에 있다. 자아의 공감은 타자와 관계시키고, 둘 사이의 관계를 설정하고, 모종의 감정적 유대와 개인적 연출을 수립할 뿐만 아니라, 자아의 공감능력의 바로 그 기원과 초기적 함양은 공감의 출현을 위한 절대조건의 설정으로서의 상호주관적 관계(전형적으로 엄마와 아이의 관계)로 거슬러 추적될 수 있기도 하다. 간단히 말하면, 여기에 들어 있는 함의는,

원형과 공감의 원형이 둘 다 엄마와 아이 간의 관계에서, 넓게는 서티가 '부모애의 배아'라고 표현한 부모와 아이 간의 시원적 사랑관계에 기원을 두는 것이다.

'부모애의 배아'라는 서티의 파격테제는 오늘날 새로운 생리학적 지식으로 완전히 뒷받침될 수 있다. 현대 심리학자, 신경과학자, 뇌과학자들만이 아니라 정치·사회철학자들도 부부의 유대와 새끼의 보살핌, 사회적 애착·우정·충성심의 형성을 촉진하는 신경펩타이드 호르몬인 옥시토신과 바소프레신에 주목한다. 인간두뇌의 시상하부에서 합성되는 이 호르몬들 중 어미와 새끼, 암수 배우자 간 유대의 형성을 촉진하는 옥시토신은 주로 여성에게서, 바소프레신은 주로 남성에게서 분비된다. 이 호르몬들은 양육을 위해 필연적으로 새끼가 부모에게 의존해야 하는 모든 포유류에 공통된 것이다.[341] 일평생 일부일처제 생활을 하는 프레리들쥐의 경우에 수컷 들쥐에게서 분비되는 아르기닌 바소프레신(arginine vasopressin)은 암수 간 장기적 배우자 유대 형성에서 나타나는 두 측면인, (1)영역·둥지·배우자의 방어를 위한 낯선 존재자들에 대한 강렬한 선택적 공격성과 (2)배우자 선호에 "필요하고 충분한" 신경화학 물질임이 입증되었다.[342] 옥시토신

공감의 결여는 (이전의) 공감의 결여에 기인하고 이 공감의 결여는 자기들에게 공감을 표현하지 못한 일차적 사랑 대상이나 자기 대상을 가진 개인들이 이와 같이 스스로도 타인들에게 공감을 펼치지 못한다는 것을 뜻한다는 것이다." Arne Johan Vetlesen, *Perception, Empathy, and Judgement, An Inquiry into Preconditions of Moral Performance* (University Park, Pennsylvania: The Pennsylvania State University Press, 1994), 326-327쪽.

341) C. Sue Carter, "Neuroendocrine Perspectives on Social Attachment and Love", *Psychoneuroendocrinology*, 8 (1998) [779-818쪽]; C. Sue Carter, "Development Consequences of Oxytocin", *Physiology & Behavior*, 79 (2003) [383-397쪽]; Thomas R. Insel, "Is Social Attachment an Addictive Disorder", *Physiology & Behavior*, 31 [6-41쪽]. 인간의 도덕성과 사회적 행위의 설명에 옥시토신의 기능을 활용한 사회과학적·철학적 사례들은 참조: Larry Arnhart, *Darwinian Natural Right: the Biological Ethics of Human Nature* (Albany, NY: State University of New York Press, 1998), 114-115쪽; Richard Joyce, *The Evolution of Morality* (Cambridge, Massachusetts: The MIT Press, 2006), 22쪽, 49쪽; Damasio, *Descartes' Error*, 121-122쪽; Damasio, *Looking for Spinoza*, 62-63쪽, 95쪽; Jerom Kagan & Nancy Snidman, *The Long Shadow of Temperament* (Cambridge: Harvard University Press, 2004), 64-5쪽; Jerome Kagan, *What is Emotion?: History, Measures, and Meanings* (Binghamton, New York: Vail-Ballou Press, 2007). 제롬 케이건(노승영 역), 『정서란 무엇인가?』(서울: 아카넷, 2009), 62쪽, 229-30쪽.

342) James T. Winslow, Nick Hasting, C. Sue Carter, Carroll R. Harbaugh & Thomas R. Insel, "A Role for Central Vasopressin in Pair Bonding in Monogamous Prairie Voles", *Nature*

과 바소프레신은 200만 년 이상 오랜 진화과정 속에서 부모-자식 관계와 친족관계를 넘어 비非친족관계에서도 분비되도록 변화·발전된 것으로 추정되고 있다.343) 인간과 포유동물의 뇌는 옥시토신과 바소프레신에 의해 처음에 보장되는 새끼 양육관심과 배려심이 새끼에 대한 단순한 노출경험만으로 바로 활성화되어 공고화되고 한번 이 경험을 갖기만 하면 이제 옥시토신과 바소프레신이 없더라도 발휘되고 이런 식의 양육·배려 경험을 통해 자기 새끼가 아닌 다른 새끼도 사랑하고 양육하는 것을 '배울' 수 있는 '배려회로(CARE circuit)'를 가졌다.344) 뇌 속의 이 두 호르몬체계와 배려회로의 발견은 인간의 ― 보상을 바라지 않는 ― 무조건적 '하드코어' 이타주의를 아주 가까운 가족·친족·혈족 단위에 한정하고, 자기나 자기의 친족에게 나중에 보상을 바라는 '소프트코어' 이타주의(이기적 호혜주의=이기적 상호주의=개명된 이기심)를 이런 일차집단을 뛰어넘는 전사회적 원리로 규정하는 에드워드 윌슨의 이타주의 이론을345) 뿌리째 뒤흔든다. (옥시토신과 바소프레신에 의해 보장되는 친족초월적 사랑과 동정심의 진화적 기원 문제는 25만 년 전 초대형동물의 사냥시대의 개막과 '인간선택'에 의한 호모사피엔스사피엔스의 진화이론을 전개하면서 상론할 것이다.)

보다 전문적인 생리학적·신경과학적·진화론적 관점에서 보면, 사회행동, 감정의 느낌과 반응, 자율신경계를 통합하도록 작용하는 이 호르몬들 중 특히 중요한 것은 옥시토신이다. 이 옥시토신은 출산·모유분비·수유·모성행태·사회유대의 발달을 용이하게 한다. 사회성과 사회적 소통 속에 이미 보다 일반적으로 포함된 신경체계의 다양한 장소에서 활동하는 여러 신경내분비 과정은 또한 공감에 필수적인 행동적 상태와 반응도 밑받침해주는 것으로 보인다. 이것은 사회적 상호작용의 부재와 고립은 강력한 부정적인 생리적 후과를 초래하는

---

365 (1993) [544-548쪽].

343) Joyce, *The Evolution of Morality*, 22쪽.

344) Panksepp, *Affective Neuroscience*, 257-258쪽, 259쪽.

345) Edward O. Wilson, *On Human Nature* (Cambridge, Massachusetts, Harvard University Press, 1978·2004), 155-156쪽.

것을 보면 알 수 있다. 사회적 상호작용의 필요성은 사회적 부양의 감각을 감지하는 개체들이 홀로 살거나 고독감을 경험하는 사람들보다 질병을 피하거나 질병에도 살아남고 더 오래 살 가능성이 크다는 것을 시사하는 실험보고들의 누적에 의해 확인된다. 고립 속에서 변하는 과정은 공감 속에 들어 있는 과정과 상관적인 것으로 보인다.[346]

인간들에게서 확인되는 공감은 비非유인원들, 특히 설치류에게 존재하지 않을 수 있다. 하지만 사회성과 가족방어적 반응의 기반은 포유류 안에서 공통적이다. 가령 성인 또는 포유류 성체의 사회적 유대는 모성행동, 선택적 모성유대, 스트레스 경험의 관리에 필요한 동일한 과정에 적어도 부분적으로 기초해 있다. 부모노릇, 성인들 간의 사교성, 공감 등을 포함한 사회적 행태들에 근본적인 것은 다른 개체에 대한 접근과 회피를 조절하는 과정이다. 가장 기본적인 차원에서 감각적·자율적·감정적·운동신경적 체계가 유기체의 이런 접근과 철회를 허용하도록 대비되어 있다.[347]

이런 모든 논의의 성과는 사랑이 공감감정으로서 동심이고, '둘 이상의 자아가 심신적 분리상태에서 서로를 일체로 느끼는 공감적 일체감'이라는 사랑의 철학적 정의가 생물학적으로도 옳다는 것에 대한 재확인이다. 사랑은 "부모애적 배아"로부터 요구되고 성욕과 분리된 바소프레신과 옥시토신의 호르몬의 지원을 받지만, 사회적 동물에게서만 발달된 상호적 공감에 의해서만 창출되는 공감감정적 일체감이다.

공감감정으로서의 사랑, 광의의 사랑으로서의 '연대'나 '유대'는 상대방에 대한 '믿음'을 낳고, 당사자들에게 '즐거움'을 준다. '즐거움'은 기쁨과 재미와 아름다움에 대한 공감에서도 생겨나지만, 특히 사랑·연대·유대는 당사자와 구성원들에게 종신적 '즐거움'을 준다. 모든 '즐거움'은 '행복감'과 동의어다.

---

346) C. Sue Carter, James Haris & Stephen W. Porges, "Neural and Evolutionary Perspective on Empathy", 175-176쪽. Jean Decety and William Ickles, *The Social Neuroscience of Empathy* (Cambridge, Massachusetts: MIT Press, 2009).
347) Carter, Haris & Porges, "Neural and Evolutionary Perspective on Empathy", 175-176쪽.

- 사회적 유대(사랑)의 신경과학

사랑은 인간과 모든 포유동물에게 있어 존재론적이다. 사랑이 없으면 모든 포유류와 인간은 죽거나 죽은 것이나 다름없이 무력화된다. 신경과학은 인간에 대한 사랑의 존재론적 필수불가결성을 가장 극명하게 밝혀주었다. 자악 팽크셉은 신경과학적으로 인간존재에 대한 사랑 또는 사회적 유대의 사활적 중요성을 가장 치밀하게 연구하고 포괄적으로 상론했다. 그는 포유동물과 인간을 같은 차원에 놓고 인간과 포유동물에게 공통된 7대 감정(탐구심, 분노, 두려움, 성욕, 배려심, 공황, 유희욕) 중의 하나로 배려심(동정심) 또는 사회적 유대를 논한다. 그에 따르면, 본유적 사랑감정에서 새끼에게 특별한 보살핌을 주고 싶은 '자애' 감정은 모든 포유동물에게 아주 인상적으로 공통된다. 파충류의 경우 이 자애심은 초보적인 형태로만 나타난다. 하지만 모성애적 보살핌을 주려는 원시적 성향은 포유류와 조류가 공통 조상으로부터 분화되기 전에 진화한 것으로 보인다. 이것은 거의 모든 조류의 '어버이 충동'과, 몇몇 공룡들이 강렬한 모성애 성향을 보였다는 최근의 고생물학적 증거들에 의해 입증된다. 하지만 모정의 헌신적 사랑은 '배려심 체계(Care system)'에 의해 포유동물들의 뇌 안에서 비로소 크게 확대되었다.

팽크셉에 의하면, 포유동물의 복잡한 사회적 감정들은 변연계의 진화와 나란히 발생했다. 감정의 진화에서 가장 인상적인 진보는 사회적 후원을 평가하는 새끼들의 능력이다. 이 '사회적 감각(social sense)'은 뇌 안의 '발성 회로(vocalization circuit)'와 긴밀하게 연결되어 있다. 두려움·분노 체계가 생존을 위협하는 전형적 비상상황에 대처하는 것을 가능케 하는 것처럼, '분리 고통(separation distress) 회로' 또는 '공황(Panic) 회로'는 포유동물들에게 그들이 받아야 할 사회적 후원의 수준을 모니터할 수 있는 민감한 감정적 바로미터를 제공해준다. 사회적 접촉이 상실된다면, 유기체들은 분리의 고통스런 느낌을 체험하고, 새끼들은 접촉과 배려를 다시 회복하려는 시도 속에서 강력하게 항의한다. 즉, 맹렬하게 소리 내어 운다. 따라서 이 '공황회로'의 '신경과학적' 분석은 일상적 '외로움'만이 아니라, 유아 우울증과 공황발작과 같은 다양한 정신과적 장애를 이해하는 데 많은 도움을 준다.

우선 배려적·양육적 사랑으로서의 자애와 사회적 유대형성을 가능케 하는 배려회로부터 살펴보자. 젊은 여성들은 통상 자기의 첫 아기를 어떻게 양육하고 사랑할지를 걱정하지만, 본성은 출산에까지 이르는 생물학적 사건들이 전개됨에 따라 이런 걱정을 자연적으로 없애준다. 몸에게 출산을 준비시킨 생리학적 변화는 엄마의 뇌에게 양육을 준비시킨다. 대부분의 포유동물들에게서 이것은 이차적 보살핌의 제공자로서의 어미 또는 엄마의 역할을 포함한다. 수컷은 높은 수준의 양육적 자애를 보이도록 훈련될 수 있지만, 수컷의 보살핌은 어미만큼 강렬한 본능적 동기가 아니다. 새끼가 어떤 동물들보다 더 오랜 기간 동안 속수무책의 무력상태에 빠져 있는 몇몇 새들이나 인간들의 경우에서처럼 수컷의 참여가 새끼의 생존에 절대 필수적인 종들에 있어서만 수컷의 양육적 행동이 암컷만큼 활기차다.[348]

포유동물들에게서 양육충동은 유사한 뇌 회로로부터 생겨난다. 인간은 어떤 다른 동물보다도 복잡한 양육 노력을 보여주지만, 인간의 양육 행동은 부분적으로 우리가 다른 포유동물과 공유하는 '원시적 감정체계'에 의해 동기화된다. 포유류의 뇌가 겪은 혁명적 진화는 '부모적 배려가 일정한 종들의 생존을 위한 결정적 경쟁 우위를 제공했기 때문에 일어났다. 이 진화의 일부 과정은 성적 충동을 산출하는 것과 같은 태고대적 화학물질들에 의해 진행되었다. 포유동물들의 경우, 뇌의 옥시토신 회로는 첫 출산에 뒤따르는 초창기적 모성애 의도를 회로화하고 있는 신경적 핵심부위에 위치한다. 수컷과 암컷의 성행위 과정에 많이 분비되는 옥시토신과 바소프레신은 성행위 이후의 행동을 조절하는 데에도 아주 중요하다. 어미의 뇌 속의 양육회로와 양육을 조르는 새끼의 뇌 회로는 뇌의 변연계에서 섹스를 제어하는 회로들과 가깝게 뒤엉켜 있다.

사회적 유대의 감정적 차원은 부모와 새끼의 행동과, 이들이 서로에 대해 발전

---

348) 팽크셉의 이 설명과 달리 포유류가 아닌 어류의 많은 종들(가령 가시고기)의 경우에는 아비만이 남아서 암컷이 낳은 알을 보호하고 양육한다.

시키는 후속 감정들의 표현을 지도하는 고도로 진화된 생물학적 과정에 의해 제어된다. 최근의 뇌 연구는 사회적 유대 형성이 보통 "사회적 상호작용의 친애적·후원적 형태들에 의해 활성화되는 다양한 뇌 화학기제들"에 뿌리박고 있음을 보여준다. 관련 화학물질(호르몬)들은 옥시토신, 프롤랙틴, 그리고 엔도르핀 같은 내생적 오피오이드 계통이다. 뇌의 오피오이드와 옥시토신 회로는 도와주기, 쓰다듬어주기, 옷매무새 해주기, 털 다듬어주기, 놀아주기, 성교 등 다양한 친사회적 활동에 의해 활성화된다. 이렇게 해서 이루어지는 뇌 안의 신경화학적 변화들은 어린이들에게서 안심을, 성인들에게서 양육적 행동과 성행위, 사랑과 같은 사회적 감정을 촉진한다. 이와 관련된 호르몬을 주사해서 이러한 뇌 변화를 인위적으로 야기해도 양육을 촉진하는 동일한 효과가 발생한다. 환원하면, "진화는 출산과 이어지는 양육과 유대형성을 우연이나 개인적 학습의 변덕에 내맡기지 않고"349) 본능 속에 회로화한 것이다.

쥐나 인간 등 몇몇 포유동물은 오랫동안 열려있는 "유대 창문(bonding window)"을 가지고 있는 반면, 양·염소나 조류를 포함한 다른 동물들의 경우에는 이 창문이 산후 몇 시간 안에 닫힌다. 포유류의 먹잇감이 되는 이 동물들은 어미와 새끼의 유대가 신속히 맺어지고, 그 사이에 실패하면 어미가 새끼를 알아보지 못한다. 이 차이는 태어나는 새끼의 운동신경적 성숙도를 반영하는 것으로 보인다. 쥐와 같은 어떤 동물들은 어미에 대해서만이 아니라 둥지 자리에 대해서도 똑같은 유대감을 보인다. 쥐 어미는 둥지에 다른 쥐새끼를 집어넣어도 차별 없이 양육한다. 그러나 양·염소 등 유제류는 접근하는 다른 새끼들을 걷어찬다.350) 낙타도 그렇다.

모성애적 행동과 보다 묘한 사회적 과정들을 촉진하는 포유류 뇌 속의 양육회로는 대상피질, 중격영역, 분계선조, 시상하부의 내장 신경체계의 피질하부의 시작 전 영역과 내측영역, 중뇌 사출영역을 포함한 내장 신경체계 안에 위치한다.

---

349) Panksepp, *Affective Neuroscience*, 247-248쪽.
350) Panksepp, *Affective Neuroscience*, 248-249쪽.

뇌의 옥시토신, 오피오이드, 프롤랙틴 호르몬체계들은 인간들이 편애·양육·사랑이라 부르는 이 미묘한 감정들, 즉 "사회적 온기와 연대의 느낌들"에 관여하는 요소들이다. 많은 인간적 상호작용과 인지적 경험도 모성애 상태에 긴요할지라도, 이 기분·행동 변경 신경펩타이드들이 없다면, 이런 경험들은 얕을 것이고 감정적 강렬성이 없을 것이다. 이런 화학체계 안에서의 불균형을 느낄 때, 인간은 감정에 문제가 생긴다. 심하면 이것은 유대형성에서 산후우울증·정신병 등 심각한 정신과적 장애를 일으킨다. 타인의 감정을 공감하지 못하는 것으로 특징지어지는 사이코패스 경향이나 자폐증과 같은 감정결함도 이 화학물질들의 비정상성으로 생길 수 있다.[351] 포유류 뇌의 옥시토신과 아르기닌 바소프레신(AVP) 사회회로는 파충류의 짝짓기와 산란을 제어하던 태고대적 화학분자들로부터 진화한 것이다. 상론했듯이 옥시토신은 암컷에게 지배적이고, 바소프레신은 수컷에게서 지배적이다. 포유류에게 자궁수축을 촉진함으로써 출산을 돕고 젖을 나오게 격발시킴으로써 젖먹이는 것을 돕는 호르몬인 옥시토신은 모성애적 정서와 이와 관련된 행동성향을 용이하게 하는 데도 기여한다.

배려·양육회로는 단 한 번의 양육경험에 대한 '단순노출'로 모성애적 행동의 "신속한 학습"을 가능케 한다. 수컷도 양육행동을 학습할 수 있다. 따라서 모성애적 행태는 일단 한 번 잘 확립되면 뇌내 옥시토신 발동을 더 이상 필요로 하지 않는다. 한 배의 새끼를 출산하는 동안에 어미에게 옥시토신이 투여되기만 하면 이후에 옥시토신의 분비가 봉쇄되더라도 모성애적 행동은 방해받거나 중단되지 않는다. 단 며칠 동안 모성활동에 노출된 동물들에게서는 옥시토신 방해제가 이전에 이루어진 사회적 모성학습 효과를 없애지 못한다는 말이다. 단 며칠 동안의 모성경험이 모성애적 능력을 공고화시킬 수 있다는 것은 뇌 옥시토신의 일차원천인 실방室旁핵(PVN)의 손상 후의 양육에 초점을 맞춘 연구들에 의해 입증된다.[352] 동물이 다른 동물의 새끼를 보살피는 데 시간을 허비하지 않는 것은 진화

---

351) Panksepp, *Affective Neuroscience*, 249쪽.
352) Panksepp, *Affective Neuroscience*, 252-253쪽.

론적으로 의미가 있다. 그러나 몇몇 동물들의 경우는 다른 동물의 새끼에 대한 "단순한 노출"만으로도 어미의 양육적 행동의 유발이 충분히 가능하다.353)

'사회적 유대'의 확립이 부적절하면 인간이 나머지 인생 동안 심각한 후유증을 겪기 때문에 엄청나게 중요하다. '견고한' 사회적 유대감은 세상을 탐사하고 다양한 생적 도전에 맞서기에 충분한 '신뢰자본'을 제공해주는 것으로 보인다. 아동기에 확실한 유대감과 신뢰기반을 갖지 못한 아동은 나머지 인생을 불안정과 감정적 장애를 겪으며 보내게 된다. 기쁨과 가족가치를 촉진하는 뇌 화학메커니즘들은 자극민감성과 공격성을 극적으로 감소시킨다.354)

그리하여 사람들의 육체적 근접성·감촉·친밀성의 자유로운 흐름을 고취하는 사회는 인간세계에서 가장 평화적이고 비폭력적이다. 가령 유아와 어린이들에 대한 높은 차원의 신체적 애착과 혼전성교를 허용하는 사회는 성인들의 물리적 폭력이 일반적으로 낮다. 반면, 육체적 애착이 낮고 혼전성교를 처벌하는 사회는 보다 폭력적이다. 이것은 커다란 진화론적 의미를 갖는다. 이것은 사람이 사회적으로 잘 충족되면, 투쟁할 이유가 거의 없다는 것을 의미하기 때문이다. 오피오이드와 옥시토신은 강력한 반공격성 화학분자들이고, 또한 '분리고통'에 대한 강력한 억제효과를 갖는다. 옥시토신 투여는 모든 형태의 공격성을 경감시킨다. 수컷 쥐는 교미 후에 평화적으로 변하고, 이 평화성은 교미 후 21일 시점에 최고조에 달한다. 성적 만족에 대한 자유로운 접근은 수컷의 뇌 안에서 옥시토신을 세 배로 높여준다.355) 수컷 쥐의 뇌 화학메커니즘을 암컷 쥐의 화학메커니즘에 근접시키는 뇌 변화가 수컷을 '후원적·양육적 아비'로 만드는 것이다.

이제 뇌의 양육회로 체계와 ─ 친족과 민족, 나아가 인간적 종(인류)을 넘어가는 ─ 보편적 이타주의 또는 보편적 측은지심의 관계에 대해서 말할 수 있을 것이다. "포유류의 뇌 안에 양육의 회로와 신경화학체계들이 존재하기 때문에, 그리고 사회적 유대가 대부분 학습현상이기 때문에 인간들이 이방인들에게까지

---

353) Panksepp, *Affective Neuroscience*, 257-258쪽.
354) Panksepp, *Affective Neuroscience*, 257쪽.
355) Panksepp, *Affective Neuroscience*, 257쪽.

사랑과 이타주의를 진지하게 확장할 수 있는 가능성이 생겨난다." 또 이타적 동정심은 이종에 대해서까지 발휘된다. 이것은 동물의 경우도 그렇다. 시카고 교외의 브룩필드 동물원의 빈티(Binti)라는 고릴라는 자기 우리에 떨어진 어린 소년을 구해주었다. 빈티의 이 배려행위는 우리가 포유류로서 공유하는 그 유형의 배려회로로부터 생겨났을 것이다. 포유동물들에게서 사회적 유대형성 메커니즘이 학습에 기초하고 '친족 인지'의 본유적 메커니즘보다 확실히 더 널리 퍼지고 구석구석 삼투하는 것이다. 특히 모성애의 경험은 미래의 양육을 촉진하는 데에 강력한 힘이다. 처녀 암컷 쥐의 양육충동이 민감화되기 위해 많은 날들이 필요한 반면, 출산과 양육을 체험한 쥐는 하루도 걸리지 않아 신속하게 양육에 임한다. 이것은 인간도 마찬가지다. 양육 자세의 획득은 망각할 수 없는 각인을 피조물의 '세계내 존재'에 남겨놓는다. 학습이 (단순한 지리적 이유에서) 유전자적 친족성이 현존재할 시에 가장 잘 작동할지라도, 세계주의 시대에 유대형성은 더 넓어질 수 있다. 대중매체는 잠재적으로 자연에서보다 더 넓은 유대형성을 촉진할 수 있다. 양육회로 덕택에 이것은 매스컴에 보도되는 장면과 소식에 대한 단 한 번의 '단순한 노출'로도 가능하다. 물론 이것은 인간의 오래 열려 있는 '유대창문'이 성인이 되어서도 부분적으로 열려 있다는 것을 전제하는 것이다. 약하지만 넓은 이 기회의 창문은 인류의 미래의 최선의 희망일 것이다. 친사회적 친화·유대형성 성향은 함양되고 테스토스테론에 의해 추동되는 권력충동과 동급의 가치를 부여받아야 한다. 유대형성 성향과 권력충동은 올림픽게임과 같은 국제적 노력에서처럼 생산적으로 결합될 수 있다.[356] 팽크셉은 에드워드 윌슨의 생명애 가설을 모르지만 배려·양육·유대 회로의 뇌신경과학적 경로로 가족사랑(親愛)·인간사랑(愛人)·자연사랑(愛物)을 포괄하는 공자의 인仁 이념에 도달하고 있다.

본능적 배려·양육·유대 회로 덕택에 양육적 사랑과 사회적 유대에 대한 단 한 번의 '단순한 노출'만으로도 이 감정들의 학습적 확장가능성이 열리는 만큼,

---

356) Panksepp, *Affective Neuroscience*, 259쪽.

이 본능적 잠재력의 구현에는 가정에서부터 부자·친족 간의 사회적 유대의 학습과 교육의 의미가 국가와 천하의 보편적 인애를 위해서도 새삼 중요한 것이다. 그래서 공자는 "군자는 집을 나가지 않고도 나라에 대한 가르침을 이루는 것이니, 효는 임금을 섬기는 방도이고, 공순함은 윗사람을 섬기는 방도이고, 자애는 민중을 다스리는 방도다"라고 갈파한 것이다.[357]

지금까지 상론한 신경과학적 현상들 중에서 가장 흥미로운 일반적 현상은 '단순노출 효과(mere-exposure effect)'다. 동물들을 다양한 자극에 단순히 노출시키면, 동물들은 특히 이 자극들이 긍정적 감정 체험과 짝이 맺어진 경우에 이 자극들에 대한 선호를 발전시키기 시작한다. 이 효과는 구석구석 널리 삼투되고, 모든 종에게 적용된다. 일정한 음식에 노출된 자는 이 음식을 선호한다. 어떤 대상이나 장소에 노출된 적이 있는 자는 이 대상과 장소를 선호한다. 장소 애착과 애향심도 단순한 노출로부터 생겨나는 것이다. 따라서 이 단순한 노출은 사회적 유대형성을 위한 선행적 과정들 중 하나일 수 있다. 단순한 노출의 많은 요소는 잠재의식 차원에서 작용하고 감정적 자극들의 다른 전前의식적인 평가효과와 관련될 수 있다. 친숙한 경험의 견인력은 멀리 미치는 결과를 가질 수 있다. 일정한 사상에 노출된 인간들은 이 사상을 선호하기 시작한다. 사람들은 어린 시절에 잠깐 소중히 간직하게 된 생각들을 새로운 생각과 모순될지라도 이후에도 옹호한다. 사회적 유대형성과 사회적 각인은 이런 유형의 과정을 간단히 반영할 수 있다. '무의식적 평가과정'은 감정상태와 판단의 산출에 중요할 수 있다. 이 '단순노출 효과'는 이주하는 동물에게만이 아니라, 다양한 사회적 자극에 노출되어 있는 사람들에게도 유리한 '적응'이 될 수 있다. 사회적 관용도 '단순노출'에 의해 촉진될 수 있다. 쥐와 함께 길러진 고양이는 성체가 되어서도 쥐를 공격하지 않고 벗 삼아 잘 지낸다. 이것은 다양한 타인들과 타문화에 어린이들을 노출시키는 것이 유익하다는 것을 강력하게 뒷받침해준다. 어린이들이 더 많이 세계를 경험하면 경험할수록, 어린이들은 더 많은 다양성을 받아들이는 성인으로 자라

---

[357] 『大學』(傳9章). "君子 不出家而成敎於國 孝者 所以事君也 弟者 所以事長也 慈者 所以使衆也."

날 것이다.[358]

　이 목적의 실현에 매스컴은 가장 유력하고 가장 저렴한 수단이 될 수 있다. 이를 통해 인간의 사회적 유대는 친족과 민족을 넘어 공자의 보편적 인애, 인류애로 확대될 수 있고, 인간을 넘어 동물들에게도 확대될 수 있다. 포유류의 각 동물종마다 엄청난 편차를 보이지만 동물들도 보편적 생명애 차원에서 이 동종同種초월적 유대와 보편적 동정심이 얼마간 가능하다. 그러나 인간은 사회적 유대에 대한 '단순한 노출'로 동종초월적 측은지심과 보편적 사랑을 발전시키는 것을 뒷받침해주고 '유대창문'을 거의 일평생 열어 두는 '배려회로'를 초대형동물(거대동물) 사냥시대를 거치면서 가장 높이 '진화'시킨 것으로 보인다.

　주지하다시피 공자와 맹자는 도덕의 수신교육이 가능하다고 보았다. 그래서 공자와 맹자는 수신과 사단지심의 "확이충擴而充"을 논변했다. 그러나 소크라테스와 플라톤은 도덕을 두고 타고나는 것인지, 교육할 수 있는 것인지에 대해 답하지 못했다. 하지만 이 단순노출 효과의 이론은 미주신경에 대한 최신의 연구와 함께 '도덕은 교육이 가능한 것'이라는 것을 과학적으로 입증해준다.

　인간이 가장 보편적으로 발전시키는 '사랑' 또는 '사회적 유대'에 대한 반대는 고독과 고립이다. 포유동물에게 사랑이 양육의 생명선이고 즐거움과 행복의 끈인 한에서 고립과 고독은 곧 괴로움·불행·죽음을 뜻한다. 이런 까닭에 고립되면 동물만이 아니라 인간의 아기도 울음을 터트리고, 왕따 당한 청소년과 독거노인은 쉽사리 자살을 선택하고, 건강한 성인도 외로움과 우울증, 공황장애 등 각종 정신질환에 시달린다.

　타인들과 더불어 살고 있다는 느낌, 즉 '사회적 현존(social presence)'의 '미묘한 느낌'은 이 사회적 현존이 종식될 때까지 거의 탐지되지 않는다. 우리는 친한 사람들과 '서로어울림'의 한복판에 있을 때 '정상적'이고 편안하게 느끼고, 동일한 느낌은 우리가 깊이 사랑하는 사람들 사이에 들어 있을 때, 특히 우리가 이들을 상당한 시간 동안 보지 못했을 때 더 따뜻해진다. 우리는 종종 이 느낌을 공기처

---

358) Panksepp, *Affective Neuroscience*, 259-260쪽.

럼 당연한 것으로 여긴다.359)

그러나 우리는 당연한 것으로 여기지 않아야 할 것이다. 왜냐하면 '정상성'의 이 느낌이 갑자기 애인의 원치 않는 상실이나 뜻밖의 죽음에 의해 저해될 때, 우리는 사회적 피조물로서 우리가 겪을 수 있는 가장 깊고 가장 뼈아픈 감정적 고통 속으로 빠져드는 것을 느끼기 때문이다. 이 느낌의 일상적 형태는 '슬픔(sorrow)' 또는 '비애(grief)'다. 그것은 극히 강렬해지고 극히 가팔라지면 '공황(panic)'으로 심화된다. 지속적 형태일 때는 고독(loneliness)이다. 이 심적 고통은 우리가 잃어버린 것의 중요성을 우리에게 알려준다. 우리는 이 '중요성'을 심리학적으로 정의할 수 없지만 진화론적·사회학적으로는 정의할 수 있다. 우리는 우리가 유전자적 노력을 많이 투자한 사람들(우리의 자식들)이나 우리의 성장과 발전을 도운 사람들(부모, 친척, 친구들)을 잃었을 때, 즉 우리가 사회적 유대를 맺은 사람들을 잃었을 때 가장 많이 슬퍼한다. 분명, 조실부모하는 것은 가장 뼈저린 일이다. 성인이 늙은 부모를 잃으면 그 고통은 덜하다. 반대로 성인들이 자식을 잃을 때 그들의 유전자적·감정적 미래는 영원히 손상되고, 그들의 고통은 양육적 배려자를 잃은 아이의 고통만큼 오래 지속될 것이다. 이 유형의 심적 고통은 개체들에게 그들의 사회적 환경의 상태에 관해 알려주고 사회적 유대를 창출하는 것을 돕기 위해 포유류 계통에서 일찍이 진화한 뇌내 감정체계로부터 생겨날 것이다. 분리고통을 매개하는 체계는 부분적으로 기존의 고통회로로부터 생겨났다. 팽크셉은 이 '분리고통 신경체계'를 '공황회로(Panic circuit)'라 부른다. '분리고통 회로(separation-distress circuit)'라고도 불리는 이 '공황회로'는 동물새끼가 사회적 배려·유대체계로부터 분리되면 즉각 발동한다. 물론 육체적 고통의 강도를 조정하기 위해 일찍이 발달된 오피오이드 호르몬 체계는 사회적 고립으로 야기된 심적 고통도 진정시킬 수 있다. 옥시토신과 프롤랙틴 호르몬도 이런 효과가 있다.360)

---

359) Panksepp, *Affective Neuroscience*, 261쪽.
360) Panksepp, *Affective Neuroscience*, 261쪽.

팽크셉은 해달海獺의 어미·새끼 관계를 사회적 유대의 사활적 중요성에 대한 사례로 제시한다. 해달 새끼는 어미의 보살핌에 완전히 의존적이다. 아비 해달은 새끼에게 거의 관심이 없다. 새끼의 목숨은 어미의 헌신적 모성애에 달려있다. 어미 해달이 어두운 바다 속으로 잠수하면, 새끼는 울기 시작하고 불안한 심리상태에서 계속 울며 이리저리 헤엄친다. 넘실대는 파도 속에서 이 '고통의 부름'이 없다면, 어미는 새끼를 찾지 못하고 영원히 잃을 것이다. 새끼의 안전과 미래는 새끼를 어미에게 결합시키는 이 '음청각적音聽覺的 애착 끈' 하나에 달려있다. 이것은 모든 포유류가 다 마찬가지다. 초창기에 우리 인간은 어떤 동물보다도 극단적으로 종속적인 피조물이다. 인간의 생존은 이 인간의 '사회적 유대'와 그 '질'에 달려있다.[361]

20세기 중반을 전후해 기승을 부리던 행태주의(behaviorism)는 어린이들이 아무런 감정체계 없이 부모를 단순히 의식주 때문에 사랑하는 것이라고 생각했으나, 아기가 '육체적 애착'을 받지 못하면 자라지 못한다는 사실이 알려지면서 저런 행태주의적 단순화 논리는 학계와 교육계에서 추방되었다. 팽크셉은 "보살피는 인간적 접촉이 없으면 많은 아기들은 조기에 죽는다"고 단언한다.[362] 지금은 모든 포유동물들이 강렬한 견인력에서부터 분리에 의해 유발되는 절망에 이르기까지 '사회적 유대형성'뿐만 아니라 다른 다양한 '사회적 감정들'을 매개하는 '심리행태적 체계'를 유전받는다는 사실이 일반적으로 받아들여지고 있다.

뇌의 '공황(분리고통)회로'를 잠시 천착해보자. 모든 포유류의 새끼들은 탄생 후 일정 기간 동안 속수무책의 무기력 상태에 처해 있기 때문에 부모의 보살핌을 조르고 유지시키는 강렬한 분리신호를 가져야 한다. '분리부름'으로 불리는 고립신호 또는 고통음성화(DV)는 음청각적 소통의 가장 원시적인 형태들 중의 하나다. 이 소통의 기저에 있는 뇌 메커니즘은 모든 포유동물에게 공통된다.[363] 론 조지프(Rawn Joseph)는 분리고통·공황체계의 이 가장 원시적인 음청각적 소통회

---

361) Panksepp, *Affective Neuroscience*, 262쪽.
362) Panksepp, *Affective Neuroscience*, 262쪽.
363) Panksepp, *Affective Neuroscience*, 265쪽.

로를 이 구피질에 속하는 '변연계 언어(limbic language)'로 간주한다.[364] 조지프에 의하면, 분노나 기쁨을 표지하는 울음과 음성화가 시상하부의 자극에 의해 유발되었을지라도, 모든 변연계 핵들 중 뇌의 편도는 가장 음성적으로 활동적이고, 여기에는 대상회만 버금갈 뿐이다. 인간과 동물에게 있어서 감정적 음성들의 넓은 폭은 기쁨·슬픔·희열·분노를 표시하는 소리와 관련된 편도 활성화에 의해 불러일으켜진다.[365]

인간의 유아는 아주 미성숙하게 태어난다. 아기들은 운동신경 체계가 충분히 성숙할 때까지 진정한 분리고통과 특별한 사회적 애착을 보이지 않는다. 생후 6개월쯤에 아기는 너무 오랫동안 홀로 남겨졌을 때 배려자의 관심을 끌기 위해 슬픈 울음 또는 화난 항의의 울음소리를 내기 시작한다. 이 감정적 반응은 많은 해 동안 아동기의 팔팔한 면모지만, 대부분의 포유동물들의 경우에는 수개월 동안만 지속된다. 동물들의 아동기는 짧기 때문이다. 아무튼 고통음성화는 새끼가 낯선 장소에 홀로 남겨질 때 아주 신속하게 발생한다. 배려자의 근접성은 인간과 동물의 부름을 완전히 억제시킨다. 집에 있는 것도 분리고통을 억제할 수 있다. 대부분의 포유류의 경우에 어미가 아비보다 고통을 진정시키는 데 더 효과적이다. 동물의 경우에 분리에 의해 유발되는 고통음성화는 신경해부학적·신경화학적 측면에서, 그리고 음성 스펙트럼의 특성분석에 의해 고통의 울음소리와 구별된다. 새끼와 유대를 맺은 성인의 면전에서 고통음성화는 배려자의 관심과 배려동기를 유발하는 공통효과를 갖는다. 유아의 '고통의 부름'은 부모들에게 고도로 유발적이고 강력한 유인물질이다. 뇌의 하위소구小丘(inferior colliculi)와 대상핵에 특유하게 자리잡은 청각체계의 위치는 이 원시적 소통을 수용하고 처리하는 데 고도로 정교하게 조율되어 있다.[366]

공황체계의 발동은 사회적 유대의 형성을 지도하는 주요한 힘이다. 이 공황회

---

364) Rawn Joseph, *The Naked Neuron: Evolution and the Language of the Body and Brain* (New York and London: Plenum Press, 1993), 244쪽.
365) 참조: Joseph, *The Naked Neuron*, 312-316쪽.
366) Panksepp, *Affective Neuroscience*, 265-266쪽.

로가 발동될 때, 동물들은 뇌 안에서 '확실한 신경화학적 기반'에서 나오는 느낌을 창출하는 개인들과의 재결합을 절박하게 추구한다. 가장 강렬한 분리반응을 보이는 동물 새끼는 가장 강렬한 사회적 종속을 보이는 새끼일 것이고, '사회적 상실의 느낌'에서 생겨나는 정신과적 장애에 가장 걸리기 쉬운 새끼일 것이다. 이 점에서 인간이 공황장애에 걸리기 가장 쉽다. 공황체계 안의 신경동학은 유기체들에게 서로를 보살피도록 허용하는 점에서 특히 중요하다. 울음소리는 아기의 고통과 평행하는 어미의 고통회로를 발동시킨다. 그러면 연결된 학습체계가 어미와 아기 양자에게서의 고통을 감소시키는 최적의 길이 부모들이 그 새끼에게 보살핌과 관심을 주는 것이라는 지식을 신속하게 수립한다. 보살핌의 가장 강력한 감각적 신호는 '직접접촉'이고, 접촉은 내생적 오피오이드 회로를 활성화시키고 이럼으로써 사회적 유대를 강화하는 것으로 보인다. 유대가 존재하지 않으면, '고통의 부름'의 소리는 성가신 것으로 지각될 수 있고, 이것은 인간의 경우에 쉽사리 아동학대의 원인이 된다. 사회적 감정체계들의 상호성을 통해 친사회적 활동은 개시되고 부모와 유아 사이에서 유지된다. 친사회적 활동은 사회적 유대의 실증이고, 당장 우리가 기저에 있는 느낌들을 모니터할 수 있는 유일한 길이다. 인간의 경우에는 인지적 요소들의 역할이 좋든 나쁘든 종종 감정적 관심을 능가한다. 하지만 보살핌이 주어질 때, 감정적으로 고통받던 아동은 안심과 만족의 반응을 신속하게 보인다. 그리고 보살핌이 너무 늦어지면 아동은 분노를 품고, 이 분노의 앙금은 재결합 시에 사회적 서먹함으로 표시된다. 성인도 마찬가지다.[367] 이러한 사회적 상호성을 통해 동물들 간의 사회적 유대는 처음 수립되고 정기적으로 강화된다.

    동물실험을 통해 밝혀진 바에 의하면, 공황체계는 육체적 고통이 일어나는 부위와 아주 가까운 중뇌의 '수도주변 회백질(PAG)'로부터 발생하는 것으로 보인다. 해부학적으로 분리고통은 뇌의 진화과정에서 보다 기본적인 고통으로부터 발생했다. 이것은 분리고통이 고통 지각과 연결되어 있다는 것을 입증해준다.

---

[367] Panksepp, *Affective Neuroscience*, 266-267쪽.

이것은 누군가를 잃는 것을 "고통스런 경험"이라고 표현하는 데서 알 수 있듯이 우리의 언어에도 코드화되어 있다. 공황회로는 내측 간뇌, 특히 배내측시상背內側視床에서도 표현된다. 뇌 화학물질의 차이로 인해 여성이 남성보다 더 잘 운다. 남성의 테스토스테론이 울음을 진정시키는 효과를 보이기 때문이다. 울음은 나이 들수록 사라지는데 이 감소효과도 남성이 여성보다 더 크다. 그리고 이런 뇌구조에서의 남녀차이로 인해 울음과 공황발작은 남성들에게서보다 여성들에게서 더 흔하다.368) 감정에서의 이런 성적 차이는 학습되거나 문화적으로 창조된 현상이 아닌 것이다.

사회적 유대형성을 촉진하는 호르몬 화학물질들은 '군생群生(gregariousness)'과도 긴밀히 관계되어 있다. 분리고통을 조절하는 오피오이드 등의 신경화학물질들은 군생과 사회적 보상을 조절하는 데 중요한 역할을 한다. 가령 오피오이드의 증가는 군생을 감소시키고, 오피오이드의 감소는 군생에 대한 욕구를 증가시킨다. 동물들은 약간의 아편만 먹어도 홀로 있으려고 한다. 아편을 먹은 설치류는 같이 지내는 시간을 줄인다. 개는 꼬리 흔들기를 줄이고, 유인원은 '사회적 털 고르기'를 줄이고, 인간은 타인과 어울리고 싶어 하지 않는다. 반대로 아편방해물질은 군생을 증가시킨다. 설치류는 사회적 근접성을 강화하고, 개는 꼬리 흔들기를 더 기운차게 하고, 유인원들은 열심히 '털 고르기'를 한다. 이것은 인간도 마찬가지다.369) 그리하여 아편방해물질은 자폐아에게도 사회적 반응을 상당히 증가시킨다.

사회적 유대형성은 '접촉 위안(contact comfort)'과 긴밀히 관련된다. 사회적 동기는 결정적으로 접촉의 기쁨으로부터 생겨난다. 놀이의 재미도 접촉의 감흥에 심하게 좌우된다. 진정으로 포유동물들의 피부는 사회적 접촉을 탐지하는 — 간지러운 피부와 같은 — 특별한 수용체를 가졌다. 가축들을 위로하고 강력한 생리적 효과를 산출하는 애무의 힘은 분명하다. 이것은 동물새끼를 안아주면

---

368) Panksepp, *Affective Neuroscience*, 267-268쪽.
369) Panksepp, *Affective Neuroscience*, 271쪽.

새끼가 울음을 그치고 안아주지 않으면 계속 우는 것에서 바로 확인된다. 동물들은 부드럽게 접촉하면 바로 울음을 멈추고 눈을 감는다. 이 "접촉 위안"은 뇌내의 오피오이드 회로의 활성화에 의해 매개된다.[370] 접촉이 뇌 안에서 오피오이드를 방출시킨다는 사실은 유인원과 인간에게서도 확인된다.

뇌의 '공황회로'는 신경해부학적・신경화학적 측면에서 '두려움회로'와 다르다. 공황은 사회적 유대, 즉 사랑이라는 공감감정의 부재로 인해 생겨나는 것인 반면, 두려움은 공감작용이 없는 단순감정일 뿐이다. 물론 신경해부학적으로 두 회로는 중뇌의 수도주변 회백질과 같은 낮은 영역에서의 상호작용을 공유한다. 이것은 체험적으로도 알 수 있다. 가령 우리는 강렬한 분리 느낌들을 야기할 상황에 반응해 쉽사리 두려움과 불안감을 예감적으로 느낄 수 있다. 마찬가지로 부모들은 죽은 아이의 무덤을 방문하는 것을 불안감으로 느낀다. 또 어떤 아동들은 처음 학교에 가는 것과 같은 단순한 상황에서 부모와 분리되는 것을 극단적으로 두려워한다. 이 반응은 또한 헷갈리게 '학교공포(school phobia)'라는 이름을 달고 있기도 하다. 그러나 행태行態 자료들은 분리고통이 두려움회로의 활동을 촉진할지라도 역으로 두려움회로가 분리고통을 촉진하지 않는다는 것을 보여준다. 가령 무서운 자극의 제시는 포식자가 가까이 있을 때 '분리부름'으로 새끼가 있는 곳을 드러내는 것이 생존에 불리하기 때문에 분리부름의 빈도를 감소시킨다. 주지하다시피 예감적 불안과 공황발작은 상이한 신경체계에 의해 산출되는 것이다. 예감적 불안은 두려움체계로부터 발생하고, 공황발작은 분리고통・공황체계로부터 발생한다. 신경화학적으로도 이것은 구별된다.[371] 가령 아편약제는 분리고통을 경감시키는 데 효과적이지만, 두려움을 경감시키는 데는 효과가 없기 때문이다.

팽크셉이 분리고통을 매개하는 뇌 체계에 '공황회로'라는 명칭을 붙인 것은 공황발작으로 알려진 감정문제가 분리고통 체계의 급발진으로부터 발생한다는

---

370) Panksepp, *Affective Neuroscience*, 272쪽.
371) Panksepp, *Affective Neuroscience*, 274쪽.

가설에 근거한 것이다. 반복적 공황발작을 겪는 사람들은 분리불안 문제에 의해 특징지어진 유년기의 개인사를 전형적으로 가지고 있다. 분리고통 동안만이 아니라 공황발작 시간 동안에도 환자는 위안과 안정의 중심이 돌연히 제거된 것처럼 느낀다. 이 느낌은 원조와 사회적 후원의 능동적 간청을 불러일으킨다. 이것은 취약성의 느낌, 호흡곤란, 목안에 이물질 덩어리가 있는 느낌 등과 같은 자율신경적 증후들을 수반한다. 개와 유인원을 포함한 다양한 종에서 분리고통 음성화에 결정적 진정효과를 가진 삼환계三環系 항우울증제인 이미프라민이 공황발작에 효험이 있는 것으로 알려진 최초의 약물이었다는 사실은 공황발작이 두려움회로와 유관한 증세가 아니라 공황회로와 유관한 증세라는 것을 반증한다. 공황발작의 약물학적 분석은 이 장애가 단순히 두려운 불안의 변형버전인 '예감적 불안'이 아니라는 것을 명확하게 보여준다. 두려움 억제제들은 공황발작에 효험이 전혀 없다. 따라서 '학교공포'를 겪는 아동도 이미프라민에 의해 치유된다. 그런데 공황발작이 왜 호흡곤란을 동반할까? 그것은 공황발작이 뇌 체계 속의 질식경고 메커니즘의 급발진 형태를 활용하기 때문이다. 원시적인 자기방어 기제인 질식경고 메커니즘이 공황체계의 발동과 기능적으로 결합된다. 양자의 공통분모는 호흡·음청각 동학과 긴밀히 연결되었다는 점이다. 이 두 감정상태에서 우리는 즉각적 도움에 대한 절망적 필요를 느낀다. 공황체계의 만성적 발동은 장기적인 정신과적 결과를 초래할 수 있다. 사회적 고립의 지속적 스트레스는 사회적 상실과 장기적 분리에 흔히 뒤따르는 절망과 우울증을 초래한다. 고립된 붉은털원숭이 새끼는 포근한 접촉 없이 영양만을 제공하는 '하드와이어 엄마'보다 포근한 테리 천(terry cloth)으로 만든 엄마인형 등 발견할 수 있는 모든 위안물을 찾으려고 한다. 어린 시절의 사회적 고립의 스트레스는 평생 사회적응의 문제를 유발한다. 고립 속에서 길러진 여성은 빈약하고 학대적인 엄마가 되기 쉽고, 특히 첫 아기에 대해 그런 엄마가 되기 쉽다. 한편, 자폐증은 원시적 뇌간과 변연계 회로들이 형성되는 임신 이삼분기에 이루어지는 신경적 정상발달에서 모종의 역기능을 반영하는 신경생물학적 장애다.[372] 자폐아의 뇌는 변연계의 여러 부위 안에 조밀하게 들어찬 작은 뉴런들이 너무 많다.

사회적 유대감, 즉 사랑은 공감감정이다. 분리고통으로서의 이별의 슬픔은 이 공감감정의 상실에서 생겨나는 칠정의 하나다. 사랑의 결핍은 인간에게 수많은 정신장애를 일으킨다. 정신적 정상상태는 사회적 유대 속의 현존이다. 사회적 유대 '사랑'은 유행가 가사와 달리 기쁨이나 슬픔을 주는 것이 아니라, 오직 즐거움을 준다. 반면, 사랑의 '결여'나 '상실'이 슬픔을 주고, 원하던 사랑의 '획득'이나 '회복'이 기쁨을 준다. 그러나 사랑 자체는 인간에게 삶의 정상적 평온과 즐거움을 준다. 인간은 모종의 사랑이 없으면 먹기·주기·받기·놀이·제작·감상·원조(도움)·용서 등 어떤 행위도 수행할 수 없고, 어떤 감정도 제대로 맛볼 수 없는 비정상상태(공황상태)에 빠져들거나 절망상태에 처한다. 이 상태에서 급선무는 사회적 유대의 회복이다. 이런 점에서 인간은 — 아리스토텔레스가 말하듯이 '폴리스적(정치적) 동물'이기 전에 — 본능적·신경생리학적으로 '사회적 동물'인 것이다. 일단 사람에 대한 사랑이 없으면, 동정심(측은지심)도 없고, 따라서 가정적·사회적·정치적 상호지원행위도 없고, 사회적 믿음도 없다. 사회적 믿음이 없으면 신뢰사회 구축은 불가능하다.

- 믿음

사랑과 연대·유대에 기반을 둔 '믿음'은 단순감정으로서의 믿음이 아니라 공감감정으로서의 믿음을 말한다. 우리는 사물과 사실관계에 대해 믿음을 갖기도 하지만, 사람에 대해서도 믿음을 갖는다. 전자는 '단순 믿음'인 반면, 후자는 '공감적 믿음'이다. 타인의 인격과 마음에 대한 믿음은 타인의 심정과 그의 사회행위의 의도를 진실로 공감하고 이 공감으로부터 이차적으로 생기는 믿음이기 때문이다. 이 '공감적 믿음'은 단순감정으로서의 '단순 믿음'을 격상시켜 공감감정적 믿음으로 전용한다.

사람에 대한 공감적 믿음은 '신뢰'나 '신의'라고도 불린다. 이런 믿음은 과거에 도덕감정이나 도덕률로 간주되었다. 부부 간에는 믿음이 있어야 하고, 벗들끼리

---

372) Panksepp, *Affective Neuroscience*, 274-276쪽.

는 '신의'가 있어야 한다. 이 인격적 '신의'는 바로 '공감적 믿음'이다. 그러나 이 믿음 또는 신의는 아직 '도덕감정'이 아니라, '일반적 공감감정'이다. 그러나 알고 보면 벗들 간의 믿음은 얼마간의 인간적 존중심 위에 기초해 있다. 따라서 벗들 간의 믿음은 얼마간 도덕적이다. 그리하여 벗에게 신의 없이 행동하는 것은 벗을 무시하는 것인 반면, 믿음을 지키는 것은 벗을 존중하는 것이다. 그러나 적군이나 범죄자, 의심스런 사람이나 모르는 사람 등에게 신의 없이 행동했다고 해서 이것이 부도덕한 것은 아니다. 따라서 신의나 믿음은 도덕감정이 아닌 것이다.

부부나 벗들 간의 신의 외에 공감적 믿음의 중요한 형태는 '공감대'다. 사람들은 보통 사물과 사회적 사실에 대한 수많은 단순한 믿음을 사람들끼리의 공감에 의해 공유한다. 또한 무수한 역사적 · 사회적 · 정치적 · 경제적 · 유희적 · 미학적 · 도덕적 의미와 가치에 대한 믿음을 공감적으로 공유한다. 바로 '공감대'라고 불리는 것은 이러한 의미와 가치에 대한 믿음을 담고 있는 저장창고다. 아담 스미스가 "모든 불편부당한 관찰자"라고 말한 것은 바로 이 '공감대'를 가리킨다. 맹자는 이 공감대를 '민심'이라 불렀다. 우리는 이 역사적으로 형성되고 발달해온 공감대를, 아니, 민심을 공감적으로 믿고 중시한다.

우리 각자는 성인이라면 이 '공감대적 민심'을 얼마간 체화하고 있다. 성인이 되는 사회화 과정은 어느 의미에서 이 공감대의 체화과정이다. 우리는 개인의 행동, 개인의 의상, 화장, 개인의 결정, 정부나 단체의 정책을 매번 이에 대한 주변인들과 만인의 개별적 공감에 비추어 판단하는 것이 아니라, 이 '민심으로서의 전체적 공감대'에 비추어 판단한다. 이 '공감대'는 하버마스의 언어소통적 '생활세계'도 작은 요소로 포괄하는 저 가치와 의미에 대한 믿음의 프레임워크이기 때문이다. 생활세계의 공적영역에 속하는 '여론' 또는 '공론(public opinion)'의 장, 즉 '공론장(Öffentlichkeit)'은 이 공감대의 표면에 떠 있는 '단상壇上 포럼', 또는 '민심의 바다' 위에 동요하며 떠다니는 작은 '배들'과 같은 것이다. 따라서 민심과 여론은 공감적 믿음의 중요한 형식이다. 맹자에 의하면, 여기에 국가권력과 법이 기초해 있다. 수십 년, 수백 년 동안 서서히 변하는 헌법은 공감대의 '민심'에 기초하고, 연중 2000-3000건씩 개폐되는 법률은 늘 유동하는 '여론'에 기초한다고 할 수 있다. 백성을 가장 귀히 여기는 '민위귀民爲貴' 정치란 바로 이 민심과 여론을 믿고 받드는 정치를 말한다.

■ 즐거움과 행복감

인생에서 사랑 못지않게 중요한 공감감정은 '즐거움'이다. '즐거움' 자체는 상당히 지속적으로 느껴지는 기분좋은(흡족한) 감정상태를 가리킨다. 이 '즐거움'은 타인의 감정에 대한 공감으로부터 이차적으로 생겨난다. 따라서 즐거움은 대개 둘 이상의 복수적 인간들이 공감적으로 공유하는 흡족한 상호적 감정이다. 타인의 어떤 감정에 공감하든 즐거움은 생길 수 있다. '즐거움'은 심지어 타인의 아픔(고통)이나 슬픔에 대한 공감으로부터도 생겨날 수 있다.

상론했듯이 기쁨처럼 아픔이나 슬픔도 나누면 두 배로 늘지만 그 대신에 아픔과 슬픔을 나누는 너와 나 사이에서는 이차적으로 연대감의 공감감정이 생겨나고, 기쁨의 공감에서 생겨난 연대감보다 더 강한, 아픔과 슬픔에 대한 공감에서 생겨난 이 연대감은 너와 나에게 조용하지만 더 강한 즐거움을 주기 때문이다. 더 강한 연대감은 더 강한 즐거움을 준다. 아픔과 슬픔의 이 더 강한 연대감이 주는 더 강한 즐거움이 아픔과 슬픔을 부분적으로 잊게 만들기 때문에 "아픔과 슬픔을 나누면 반감된다"는 부정확한 속언이 있는 것이다. 이렇듯 즐거움이 슬픔과도 공존할 수 있지만 타인의 고통에 대한 공감에서도 즐거움이 생겨나기 때문에 즐거움은 고통과도 공존할 수 있다. 또한 타인에 대한 덕행 또는 선행(도덕적 행위)을 추동하는 행위동기로서의 도덕감정으로부터는 바로 훌륭함·떳떳함·뿌듯함 등과 관련해서 '도덕적 즐거움'이 생겨난다. 이 때문에 이 도덕적 즐거움은 덕행이 '죽음의 고통'을 수반하더라도 이 고통과 공존할 수 있다. 예를 들면, 윤봉길 의사는 1932년 4월 29일 상해 홍구공원에서 거행된 왜군의 천장절·전승기념식에 작탄炸彈의거를 감행한 뒤에 붙잡혀 고문대에 앉았다. 그는 고문을 받던 중 5월 26일 시라카와 요시노리(白川義則) 상해주둔군사령관이 홍구공원에서 입은 폭탄부상으로 결국 절명했다는 소식을 왜군 고문관拷問官의 다그치며

악쓰는 소리로부터 캐치하고 나서 고문의 고통 속에서도 만면의 웃음을 띠며 즐거워했다고 한다.

　인간의 알찬 즐거움은 중요한 공감감정인 '사랑' 또는 '연대', 그리고 누구나 연대적 갈채를 보내는 '덕행'(도덕적 행위)'에서 나온다. '즐거움'은 한자어로 '낙樂'으로 표현된다. '기쁨'과 구별해서 '즐거움'을 표현하는 영어나 독일어 불어는 없다. 영어 "enjoyment"나 독일어 "Vergnügen", 불어 "jouissance"가 있지만 셋 다 '기쁨(쾌락·향락)'의 의미가 뒤섞여 있어 '즐거움'의 뜻을 순수하게 담을 수 없다. 그러나 '즐거움'은 공감에서 생겨나 사람들 간에 공유되고 또 수많은 제3자들에 의해서도 공감되어 반향을 일으키므로 오래가고 어떤 경우에는 반半영구적이기도 한 반면, 욕망의 충족에서 생겨나는 '기쁨'은 일시적(한시적)이어서 덧없다.

　'즐거움'은 ①기쁨과 아픔(슬픔)에 대한 공감, ②재미에 대한 공감, ③아름다움에 대한 공감, ④덕행(도덕적 행위)에 대한 자타의 공감적 평가, ⑤사랑(연대 또는 서로어울림)에서 생겨난다. 욕망충족의 기쁨(쾌락)에 대한 공감으로부터는 '쾌락적 즐거움'이 생겨난다. 술자리나 파티에서 사람들은 자기가 먹고 마시는 욕망충족의 기쁨에 더해 타인들이 먹고 마시는 기쁨을 공감적으로 같이 느끼는 이런 '쾌락적 즐거움'을 느끼고 그렇기 때문에 돈이 더 들더라도 모여서 먹고 마시기를 좋아하는 것이다. 이러는 가운데 추가로 연대감이 생기고 연대감을 공고히 한다. 상술했듯이 슬픔의 공감으로부터도 이런 연대감은 더 강하게 생긴다. 그래서 사람들은 타인들의 경사에 대한 축하보다 상사喪事에 대한 애도와 조문을 더 신중히 하고, 초상을 당한 유족들은 조문객들을 반기고 더욱 친해 여기는 것이다. '재미에 대한 공감'으로부터는 '유희적 즐거움'이 생겨난다. 유희가 스포츠게임으로 조직된 경우에는 관중들이 '유희적 즐거움'을 느끼면서 게임 플레이어의 한 쪽을 편듦으로써 팬덤(fandom)을 형성하고 서로 간에 강한 연대감도 쌓는다. 추가되는 이 유희적 연대감은 삼차감정으로서 또 다른 즐거움을 준다. '아름다움에 대한 공감'으로부터는 '예술적 즐거움'이 생겨나고, 때로 예술가·감독·배우들을 향한 광범한 팬덤이 형성된다. 그러나 '예술적 팬덤'으로부터는 스포츠게임을 응원하는 '유희적 팬덤'과 달리 팬들끼리의 연대나 유대가 생겨나지는 않는 것 같다. 김한민 감독의 『최종병기 활』,『명량』,『한산』,『노량』을 관람한 영화관객들은 분명 광범한 팬덤을 형성했으나, 편을 가른 응원전이 부재하기 때문에 김한민 팬들 간의 연대나 연대활동은 보이지 않는다.

공감감정으로서의 도덕감정에 입각한 도덕행위로부터는 '도덕적 즐거움'이 생겨나고, 또 다른 공감감정으로서의 '사랑'과 '연대'로부터는 '일체감적 즐거움'이 생겨난다. '유희적 즐거움'은 얼마간 '이利'를 초월하는 점에서 '쾌락적 즐거움'보다 우위에 있고, '예술적 즐거움'은 아름다움이 재미보다 한 등급 높은 가치인 까닭에 '유희적 즐거움'보다 우위에 있다. 그리고 '도덕적 즐거움'은 선이 미보다 한 등급 높은 가치인 까닭에 '예술적 즐거움'보다 우위에 있다. 나아가 사랑과 연대의 '일체감적 즐거움'은 사랑과 연대가 (살신성인의 덕행이라면 종종 요구하는) 개인의 희생을 덜 요구하기 때문에 '도덕적 즐거움'을 능가하는 즐거움의 으뜸이다. 그러나 사랑은 당사자들의 개인적 도덕성이 높을수록 더 잘 맺어지고 더 오래 유지될 수 있고, 역으로 더 많이 사랑할수록 사랑하는 개인들이 더 도덕적이기 때문에 사랑과 도덕은 다시 상호적 전제관계로 얽혀있다.

공자가 『중용』 제1장에서 '희로애락喜怒哀樂'의 네 감정을 나열할 때 희·노·애의 세 단순감정에 공감감정 '낙樂'을 병렬시킨 것은 단순감정과 공감감정을 예시적으로 포괄한 것으로 풀이해야 할 것이다. 왜냐하면 공자는 '즐거움(樂)'을 행복감과 동일한 감정의 경우에만 사용하기 때문이다. 『논어』의 첫 문단부터가 그렇다. 공자가 『논어』「학이」편에서 말하기를, "(나를 알아주는) 지기知己들이 원방에서 찾아오니 이 역시 즐겁지 아니한가!(有朋自遠方來 不亦樂乎)"라고 했다.[373] '붕朋'은 나를 알아주는 복수의 지기知己들을 말한다. 『논어』의 이 첫 문단의 두 번째 구절은 이 지기들이 공자의 가르침과 명성을 멀리서 듣고 가르침의 뜻에 공감해서 공자를 찾아왔을 때의 즐거움을 말한 것이다. 이 즐거움은 지기들이 사는 곳이 멀면 멀수록 더 즐거울 것이다. 자기의 정치철학적 가르침에 공감하는 사람

---

[373] 『論語』「學而」(1-1).

들의 공감대가 거리가 먼만큼 광범하다는 것을 함의하기 때문이다. '지기들(朋)'을 말하는 이 구절은 철학도간의 사상적 공감을 말하는 구절이고, 이 구절의 즐거움은 철학도 간의 공감적 연대감에서 생겨나는 '일체감적 즐거움'이다. 따라서 이 구절의 일체감적 즐거움은 자연과 사회에 대해 알고 싶은 지식욕의 충족에서 오는 기쁨을 말하는 첫 구절과 현저한 대비를 이루고 있다. 공자는 「학이」편 첫 문단의 첫 구절에서 "경험에서 배우고 때맞춰 이를 익히니 이 역시 기쁘지 아니 한가!(子曰 學而時習之 不亦說乎)"라고 말하고 있기374) 때문이다. 이 구절은 "옛 경험을 데우고 또 데워 새것을 안다(溫故而知新)"는 유명한 명제의 "새것을 알다(知新)"라는 내용이 생략되어 있다. 이 문장을 "경험하고 또 때맞춰 이를 익혀 새것을 아니 기쁘지 아니한가(學而時習之 知新 不亦說乎)"로 복원해 읽으면 첫 구절은 '지식 욕망의 충족'에서 오는 '개인적 기쁨'을 말하고 있는 것이 틀림없다. 종합하면, 「학이」편 첫 문단의 첫 구절은 공감이 배제된 '개인적 기쁨'을 말하는 반면, 두 번째 구절은 공감에서 나온 '일체감적 즐거움'을 말하고 있다. 기쁨은 뜬구름 같이 덧없는 반면, 즐거움은 연대적 일체감이 지속적인 동안만큼 지속적이다.

조선유학자들은 공자의 '기쁨(悅)'과 '즐거움(樂)' 개념을 구별하지 못했다. 가령 성호는 『논어』「학이」편의 첫 구절과 관련해 "기쁨은 고기를 먹는 것처럼 그것을 좋아하는 것이고 즐거움은 이미 배불러서 호연浩然한 것이니, 기쁨은 대상에 속해 마치 둘과 같지만 즐거움은 자기에 속해서 하나다(悅如食肉而好之 樂如旣飽而浩然 悅屬於彼猶二也 樂屬於己則一也)"라는 얼토당토않은 주석을 가하고 있다.375) 성호는 '즐거움'에서 타인과 같이 놀며 어울리는 가운데 서로의 감정을 느끼는 공감의 계기를 완전히 몰각했다. 그러나 우리는 '그와 즐겁게 놀았다'는 말은 쓰지만, '그와 기쁘게 놀았다'는 말은 결코 쓰지 않는다. 그와 어울려 놀며 재미를 공감하는 가운데서는 '즐거움'이라는 공감감정을 느끼지만, 욕망충족에 따르는 단순감

---

374) 『論語』「學而」(1-1).
375) 李瀷, 『星湖僿說』. 이익, 『국역 성호사설(Ⅷ)』(서울: 민족문화추진회, 1977·1985), 원문부록 44쪽(卷之二十一, 經史門, '論語受章').

정 '기쁨'은 어울려 노는 것과 무관한 것이기 때문이다.

공자의 위 예문에서 보듯이 '기쁨'은 찰나적·한시적이고 덧없는 반면, '즐거움'은 지속적인 양상을 띤다. '즐거움(樂)'을 지속적 성격의 흡족한 공감감정의 뜻으로 쓰는 공자의 표현은 아주 많다. 비근한 예문을 더 들면, 공자는 "거친 밥 먹고 물마시고 팔을 구부려 베고 누우니 이 역시도 즐거움이 그 속에 들어 있다. 불의하면서 부귀한 것은 내게 뜬구름 같은 것이다"라고 말했다.[376) 공자는 여기서 "거친 밥 먹고 물마시고 팔을 구부려 베고 누워서" 소박하게 사람들과 어울려 사는 "즐거움"을 불의하게 부귀해지는 삶의 "뜬구름같이" 덧없는 기쁨과 대비시킴으로써 즐거움의 '지속성'을 돋보이게 하고 있다. 또 공자는 "한 소쿠리 밥을 먹고 한 주박 물을 마시고 누항에 살면, 사람들은 그 우울함을 견디지 못하는데, 안회는 그 즐거움을 고치지 않도다. 현명하도다, 안회는!"이라고 말함으로써[377) 누항의 삶을 고치지 않는 안회의 지속적 즐거움을 찬양하고 있다. 이 두 예문은 덕을 이룬 사람이 누항에 살며 가난한 세상 사람들과 같이 어울려 이들의 애환哀歡을 같이 나누는 가운데 느끼는 즐거움을 말하고 있다. 이것은 즐겁게 살려면 꼭 가난해야 한다는 말이 아니라, 즐거움은 공감적이고 초超물질적이라서 가난한 사람들도 서로 간의 공감을 통해 이룰 수 있다는 말이다.

'즐거움'은 '기쁨'과 달리 상당히 오래 지속되는 흐뭇한 감정이고 보통사람들이 말하는 '행복감'과 동의어다. 행복은 어떤 다른 곳에 있는 것이 아니라, 사랑과 연대를 공감하며 다른 사람들과 덕스럽게 어울려 살며 느끼는 공감적 즐거움에 있다. 따라서 맛있는 진수성찬을 혼자 먹는 것은 기쁠 수 있으나 즐거울 수 없고, 이 진수성찬을 벗과 같이 즐기는 것은 기쁠 뿐만 아니라 즐겁기도 하다. 따라서 진미를 혼자 먹으면 기쁠지언정 결코 행복할 수 없으나, 같이 먹으면 행복한 것이다. 행복이란 별난 것이 아니다. 즐거움이 곧 행복이기 때문이다.

따라서 즐거움은 다른 사람과 어울려 그와 감정을 같이 나눌 때만 생겨나는

---

376) 『論語』 「述而」(7-16): "飯疏食飲水 曲肱而枕之 樂亦在其中矣. 不義而富且貴 於我如浮雲."
377) 『論語』 「雍也」(6-11): "一簞食 一瓢飲 在陋巷 人不堪其憂 回也不改其樂. 賢哉 回也."

공감감정이다. 따라서 즐거운 삶에는 반드시 친한 벗, 친한 이웃이 있다. 친한 벗, 친한 이웃이 있으면 즐겁다. 바꿔 말하면 '행복하다'. 타인과 주변의 공감을 얻는 덕행도 사랑처럼 즐거움(행복)을 준다. "덕은 외롭지 않으니 반드시 이웃이 있다.(德不孤必有隣.)" 공자의 이 명제는 덕과 덕행(도덕행위)은 반드시 친한 이웃이 생기게 하고 이 이웃과 같이 지내는 행복으로 보상받는다는 뜻이다. 덕행은 사후에 천당 가는 보상이 아니라, 그 자체로서 친한 이웃들을 얻어 같이 사는 즐거움(행복)의 보상을 받는 것이다.

'행복감' 또는 '행복'을 뜻하는 한국어와 공맹의 '즐거움'은 영어의 'happiness' 또는 'enjoyment', 독일어 'Genuß'와 비슷하다. 그런데 영어 'happiness'는 '행복'만이 아니라, '기쁨'도 같이 뜻한다. 'It makes her so happy'는 '그녀는 그것 때문에 아주 기쁘다'는 뜻이고, 'I am happy to accept your offer'는 '나는 너의 제의를 기쁘게 받아들인다'를 뜻한다. 그리고 미국인들이 흔히 쓰는 'Are you now happy?'는 '이제는 기쁩니까?'를 뜻한다. 영어 'happiness'는 이렇듯 쾌락(기쁨)으로까지 의미가 확대되어 모호한 말이다. 이런 까닭에 영어권의 철학, 특히 공리주의적 속류 도덕철학에서 "happiness"라는 술어를 기쁨과 즐거움을 구별 없이 마구 쓰고, 대체적으로 기쁨을 행복으로 착각했고 지금 그러고 있다.

따라서 한국어의 '즐거움'과 공맹의 '낙樂'은 욕망충족의 '기쁨'도 아니고, 촉감적·말초신경적 '쾌락'도 아니다. '기쁨'과 '쾌락'은 단순감정이다. 반면, '즐거움'은 타인의 쾌락적·유희적·미학적·도덕적 감정과 도덕적 평가감정에 대한 자아의 공감과 도덕적 자기공감(떳떳함, 뿌듯함)에서 이차적으로 생겨나는 흐뭇한 감정이다. 따라서 '즐거움'(행복감)은 '공감감정'인 것이다. '즐거움'의 반대는 '괴로움', 즉 '불행(misery)'이다. 공감감정으로서의 '즐거움'은 자아가 타아의 긍정적 감정을 즐거워하는 것을 다시 제3의 타아가 칭송과 더불어 즐거워하는 경로의 공감적 반향을 일으키기 때문에 단순감정과 달리 아주 오랜 동안, 반半영구적으로도 지속될 수 있다.

물론 타인의 긍정적 감정(기쁨·재미·아름다움·선량함)에 대한 공감이 '즐거움'의 유일한 원천인 것은 아니다. 거듭 말하지만 사랑, 즉 '심신적 자타분리 속에서의 공감적 일체감과 덕행(도덕행위)도 즐거움의 또 다른 중요한 원천들이다. 도덕적 인간들 사이에서만 오래 지속될 수 있는 '사랑', 또는 사회동물학적 '생명애'를 넘어서는 사회적 연대(유대)는 사회적 존재자로서의 인간에게 존재론적이다. 모종의 사회적 유대가 없다면 호모사피엔스사피엔스의 인간적 개체는 존재할 수 없다. 사랑은 호모사피엔스사피엔스로서의 인간적 정체성에 속한다. 따라서 사회적 유대를 잃으면 심신쇠약으로 목숨을 잃거나 스스로 목숨을 끊는 허무주의적 자살이 발생한다. 공감적 기쁨, 공감적 재미, 공감적 아름다움, 자기공감적 뿌듯함과 떳떳함에서 나오는 공감감정으로서의 '즐거움'은 인간간의 사랑과 인간다운 정체성을 창설하고 유지시킨다. 그러므로 즐거움은 인간개체에게 사랑을 매개로 하는 존재론적 감정이다. 따라서 '사랑'과 공감감정 '즐거움'은 인간들을 존재론적으로 연결시키는 감정 벨트다.

일단 인간은 네 부류의 즐거움을 갖고 있다. 공감감정으로서의 모든 '즐거움'은 '공감적'이면서 동시에 '평가적'이다. 그것은 상술했듯이 '공리적(쾌락적) 즐거움', '유희적 즐거움', '미학적 즐거움', '도덕적 즐거움'이다. 이 네 범주의 즐거움의 차이를 무시하고 이 네 가지 즐거움과 네 가지 괴로움을 모조리 '쾌락과 고통(기쁨과 아픔)'의 양단兩端범주로 환원하면, 이것은 '공리적 즐거움', '유희적 즐거움', '미학적 즐거움'과 '도덕적 즐거움을 모조리 단순감정 '쾌락과 고통'으로 단순화하는 공리주의로 전락한다. 상술했듯이, 이런 공리주의적 오류의 단초는 흄이 제공했다. 흄의 말을 다시 한 번 들어보자. "감정들, 직접감정과 간접감정(즉, 단순감정과 공감감정 - 인용자)이 둘 다 쾌락과 고통에 기초하고, 어떤 종류의 감정작용이든 감정작용을 산출하기 위해서는 모종의 이로움이나 해로움을 제시하기만 하면 된다고 말하는 것이 용이하다. 쾌락과 고통을 제거하자마자, 사랑과 미움, 자만감과 위축감, 욕구와 혐오의 제거, 그리고 대부분의 반성적·이차적 인상의 제거가 즉각 뒤따른다."[378] 그래서 필자는 위에서 흄을 근대 공리주의의 '생모'라 불렀던 것이다.

---

378) Hume, *A Treatise of Human Nature*, Book 2. *Of the Passions*, 280쪽.

정리하자면, 다섯 가지 즐거움(공리적·유희적·미학적·도덕적 즐거움과 사랑·연대의 즐거움)은 '기쁨', '재미', '아름다움', '선'을 공감하거나 사랑의 사회적 일체감에서 나오는 공감감정들이다. 공리적 즐거움은 이 기쁨(이익)의 공감에서 나오고, '유희적 즐거움'은 재미를 공감적으로 함께 하는 데서 나오는 것이다. 미학적 즐거움은 예술작품의 아름다움을 통한 예술가의 미감에 대한 공감에서 나온다. 결백감과 자찬감의 도덕적 즐거움은 자기의 덕행(도덕적 행위)의 적절한 도덕적 의도와 도덕감정에 대한 자기공감에서 나오는 '떳떳함'과 '뿌듯함'이다. 사랑과 연대의 즐거움은 두 사람, 또는 복수적 사람들의 심신분리 상태에서 느끼는 공감적 일체감에서 나오는 공감감정이다.

'공리적 행복'으로서의 '쾌락적 즐거움'을 분석해보자. 이 5대 즐거움에서 우리를 가장 혼돈스럽게 하는 감정은 내감의 쾌·통판단에 따른 '쾌락적 즐거움'이다. 이 쾌락적·공리적 즐거움은 '유쾌함', '상쾌함', 또는 '기분좋음', '마음에 듦', '호감을 줌', '비위에 맞음' 등 다양하게 표현된다. 이 쾌락적·공리적 즐거움'은 일단 자기의 오감 지각에 대한 내감의 쾌통변별의 결과가 '유쾌하거나 상쾌한' 것으로 판단되는 경우에 나타난다. 여기서 '변별(평가)'이나 '판단'은 지성적·이성적 사유작용이 아니라 내감 특유의 감각적 변별과 평가를 말한다. 어떤 음식이 맛있는지 없는지는 우리의 미각적味覺的 미감美感에 의해 즉각적으로 변별·판단·평가한다. 그러나 합리론자들은 '차분한 감정'을 이성으로, 또 모든 도덕적 공감감정도 이성의 작용으로 착각했고, 마침내는 모든 변별·판단·평가를 '이성의 개입작용'으로 착각하는 경향이 있다. 칸트의 '판단력' 개념이나 '공동감각(Gemeinsinn)' 개념을 보라! 그러나 변별·판단·평가는 이성만 하는 것이 아니다. 그리고 내감(쾌통감각·재미감각·미추감각·시비감각)의 변별·판단·평가가 먼저 선행되지 않으면 이성적 변별·판단·평가도 불가능하다. 오감에 대한 변별적 평가감정으로서의 이 '쾌락적 즐거움'은 욕망의 충족에서 얻어지는 단순감정인 '기쁨(쾌락·희열)'과 다르지만, 이것과 등치되며 마구 구별 없이 쓰인다. 심지어 '쾌락적 즐거움'은 촉각적·육체적 '쾌각快覺'과도 혼동되어 쓰인다. 그러나 촉각적 쾌·통각은 감정이 아니라, 감각이다. 촉각적 통각痛覺도 내감적 '단순쾌감'의 쾌통변별에서 반대로 '유쾌·상쾌한 것'으로 판단되어 '기분좋은' 감정을 낳을 수 있다. 가령 마사지를 받을 때 촉각적으로 통각을 느끼지만, 이 통각이 적절할 때 우리는 이 통각을 '시원하다'고 말하는데, 이것은 우리의 내감이 이 통증의 적절성을 '쾌감'으로 판단했기 때문이다. 반대로 촉각적 쾌각(快覺)이 과하면(과다하거나 과소하면), 우리는 이 쾌감을 '통감'(불쾌함·귀찮음)으로 판단하고 '기분나쁘게' 느낀다. '기분나쁨(disagreeableness)'은 마음에 들지 않음, 비위에 거슬림, 괴로움, 귀찮음 등으로 분화된다. 우선 촉각적 쾌각이 과다하면, 이것은 '지겨움'으로, 심하면 '질림', '넌더리'로 느껴지고, 과소하면 '감질남', '간지러움', '귀찮음', '안달'로 느껴진다. '쾌·통각'은 피부의 촉각(외감)이고, '쾌·통감'은 내감적 변별감각이고, 쾌감의 감정적 활성화로서의 '시원함'은 '기분좋은' 감정이고, '지겨움'·'질림'·'넌더리'·'감질남'·'간지러움'·'귀찮음'·'안달' 등은 '기분나쁜' 평가감정이다. 그러나 영어는 공감감정 '기분좋음'(쾌락적 즐거움)이든, 내감의 쾌감이든, 단순감정 '기쁨(喜)'이든, 외감의 촉각적 '쾌각'이든 모조리 'pleasure'로 표현하고, 교감감정 '기분나쁨', 내감적 '통감', 촉각적 '통증'을 모조리 'pain'으로 표현한다. 그리하여 공리주의에서는 외감적 감각, 내감적 감각, 그리고 감정이 뒤죽박죽이 된다. 우리말에서도 이런 식의 혼돈이 없지 않지만, 우리말에는 이 세 가지를 구분할 약간의 변별적 어감이 얼마간 존재한다. '기쁨과 아픔', 즉 '쾌락과 고통'이라는 술어는 대개 단순감정으로 쓰이는 반면, '쾌감과 통감'이라는 말은 대개 내감의 평가감각으로 쓰는 것으로 보인다.

먼저 내감의 평가감각으로서 쾌감에 주로 쓰이는 '기분좋음'이라는 단어를 보자. 이 '기분좋음'은 단순감정 '기쁨(쾌락)'과 혼동되어서는 아니 된다. 가령 배고플 때 음식을 섭취하면 이 식욕의 충족으로부터 기쁨(쾌락)을 느낀다. 그런데 음식의 양이 적당하면, 단순히 기쁘기만 한 것이 아니라, '기분좋기'도 하다. 내감적 쾌감이 내리는 판단에 따라 우리는 마음속에서 '기분좋은' 평가감정을 느끼는 것이다. 자기의 욕구충족의 적절성(중도성)을 판단·평가하는 이 쾌감이 바로 내감적 평가감각으로서의 '단순쾌감'이다. 반면, 음식의 양이 너무 적으면 충족의 기쁨이 감질나거나 안달날 것이고, 음식이 과다하면 포만의 기쁨이 사라지면서 질리거나 넌더리가 날 것이다. 감질과 안달은 식욕의 미충족 부분만큼 아직 배고픔이 남아 있기 때문에 일어나는 부정적 평가감정이고, 질림과 넌더리는 충족의 기쁨을 무력화시키기 때문에 생겨나는 부정적 평가감정이다. 이때 내감적 쾌통감각은 이 과함(과소·과다함)을 고통으로 판단하고, 이 판단에 따라 나는 마음속에서 '기분나쁨'의 부정적 평가감정을 느낄 것이다.

따라서 교감과 공감이 개재되지 않는 이 판단감각적 단순쾌감의 차원에서도 '기분좋음'과 '기분나쁨'은 단순감정으로서의 욕구충족의 '기쁨'과 다르다. '기분좋음'과 '기분나쁨'은 자기의 이익획득 또는 욕구충족이나 소원성취에 따른 기쁨과 아픔(지겨움·귀찮음)을 쾌·통감의 내감범주로 판단해서 생긴 '변별·평가감정'이기 때문이다. 기분좋음과 기분나쁨의 평가감정은 남의 기쁨이나 기분좋음에 대한 공감에서 생기는 교감·공감감정으로 느껴지면 더욱 선명해진다. 이 공감적 '기분좋음'과 '기분나쁨'은 타인의 욕구충족적·성취적·획득적 기쁨에 대한 내감의 쾌통판단과 공감에서 유발되는 동고동락同苦同樂의 즐거움과 괴로움이다. 내감적 쾌통감각의 교감적 판단이 '기분나쁘다'면, 이때 우리는 즐거운 것이 아니라, '괴롭다'. 반면, 공감적 기분좋음의 '공감적' 평가감정은 '즐거움', 즉 '쾌락적 즐거움'이다.

여기서는 공감적 재미에서 나오는 유희적 즐거움과 공감적 아름다움에서 나오는 예술적(미학적) 즐거움을 뒤로 돌리고 쾌락적 즐거움, 도덕적 즐거움, 사랑의 즐거움을 자세하게 들여다보자.

– 쾌락적 즐거움

우리는 일반적으로 우리가 호혜적으로 또는 교호적으로 남의 욕망을 충족시켜 주어 남이 기뻐한다면 이 기쁨에 공감해서 우리도 기뻐한다. 여기서 우리가 비非유희적·비미학적·비도덕적 차원에서 교호적으로 행하는, 남을 '기쁘게' 하는 우리의 행위는 여러 가지가 있다. 내가 물건을 만들어 파는 경제적 상공행위는 전혀 유희적·미학적·도덕적 행위가 아니지만, 물건을 사는 사람에게 물건을 만들어 제공함으로써 이 물건의 사용가치를 통해 그를 기쁘게 할 수 있다. 그러면 이 상공인은 구매자의 기쁜 감정에 공감해서 '공리적·쾌락적 즐거움'으로서의 '기분좋은' 공감감정을 맛본다. 역으로, 구매자는 상인이 물건을 팔아 이익을 얻어 기뻐하는 것을 보고 이에 공감해서 즐거움을 느낀다. 대가를 받고 기술적 서비스를 제공하는 엔지니어·안마사·의사 등도 이 서비스 구입자의 기쁨이나 쾌락에 대한 공감으로부터 유사한 즐거움을 맛본다.

다른 곳에서 내감이론과 관련해 상론했지만,[379] 우리는 자연미를 변별하는 내감의 '단순미감'을 인공적 예술작품에 담긴 작가의 심미안적 감각과 아름다운 감정을 교감적으로 인지해서 변별하는 내감의 '교감미감'과 구별하듯이, 자기의 감각의 감지, 감정의 발산, 욕구의 충족 등에서 오는 각종 느낌의 양이 적절할(모자라지도 지나치지도 않을) 때 이 느낌을 변별하는 내감의 '단순쾌감'을 남의 기쁨이나 쾌락의 교감적 지각을 변별하고 공감하거나 거부하는 '교감쾌감'과 구별해야 한다. 비근한 예를 들자면, 가령 배고플 때 혼자 밥을 먹으면 욕구의 충족감에 기쁘기도 하고, 먹은 음식의 양이 너무 적지도 너무 많지도 않으면, 즉 중화적이면 '기분좋기'도 하다. 이 기분좋음은 단순쾌감이다. 그러나 십시일반으로 갹출해 잔치를 벌이고 남과 같이 어울려 먹으면 공감적으로도 기분좋다. 이것은 공감적 쾌감에서 나오는 공감적 기분좋음, 즉 '즐거움' 또는 쾌락적 '행복'이다. 우리는 우리 자신의 식욕충족의 단순한 쾌락을 느낄 뿐만 아니라, 음식으로 배를 채우는 남의 식욕충족적 쾌락에 대한 공감으로부터 '즐거움'을 얻기도 하기 때문이다. 잔치의 즐거움은 대부분 교감쾌감의 공감적 즐거움이다. 이 공감적 즐거움, 즉 쾌락론적 행복은 먹는 단순 쾌락보다 더 오래 갈 것이고, 또 사람들은 이 즐거운 기분을 두고두고 '즐길' 것이다. 단순감정으로서의 쾌락은 강렬할지라도 일시적이지만, 공감적 쾌락('기분좋음')으로서의 '쾌락적 즐거움'은 차분하더라도 공감적 무한반향 속에서 지속적이기 때문이다. 나아가 시민으로서 우리는 국민 전체가

---

379) 참조: 황태연, 『감정과 공감의 해석학(2)』, 1439-1444쪽; 황태연, 『자연과 예술의 미학』(서울: 지식산업사, 2024), "3.2. 자연미와 예술미".

굶주림 없이 잘 먹고 사는 기쁨에 공감하여 '기분좋아 할' 수 있다. 더 나아가 가령 타국 광부들이 무너진 광산에서 30일 만에 무사히 생환했을 때도 우리는 이 생환의 기쁨에 공감하여 즐거움('기분좋은' 안도감)을 동시에 느낀다. 반대의 경우에는 '기분나빠할 것'(안타까워하거나 괴로워할 것)이다.

공감적 '쾌감(기분좋음)'으로서의 '쾌락적·공리적 즐거움'(쾌락적 행복감)은 공감감정이다. 이를 일반화하여 말하자면, 공감감정으로서의 '쾌락적·공리적 즐거움'은 타인의 감정이나 이로움에 대한 내감의 교감적 인지와 쾌통변별 및 이해利害판단에 따라 타인의 이 감정과 이로움에 공감하는 경우에 유발된다. 이런 점에서 단순쾌락은 개인적인 반면, '쾌락적·공리적 즐거움'은 늘 사회적이다.

'쾌락적·공리적 즐거움'은 이와 관련된 상황이나 대상이 전형적이라면 타인의 감정을 마치 공감한 것처럼 공감과정을 건너뛰는 '애스이프(as-if) 고리'를 활용해 타인의 '기분좋음'을 공감하는 단계를 생략하고 바로 '즐거운' 감정을 느낄 수도 있다. 가령 자기 나라의 경제성장은 단계적으로 보면 국민의 복지를 증대시켜 국민을 '기분좋게' 할 것이고 이 '기분좋음'에 대한 공감 속에서 쾌락적 즐거움을 느끼겠지만, 우리는 대개 공감단계를 건너뛰어 바로 경제성장을 '즐거운 일'로 느낀다. 그리하여 우리는 가까운 타인의 '이익' 획득과 증진에서도 공감을 건너뛰어 바로 '즐거움'을 느끼는 것이다. 이런 까닭에 부모가 집을 장만했을 때, 분가한 자식들이 즐거움(행복감)을 느끼고, 아들이나 형제가 집을 장만했을 때도 부모나 형제들은 즐거움을 느끼며 '집들이'하라고 조른다. 이것이 '쾌락적 즐거움'의 간접적 변형태인 '공리적 즐거움'의 본질이다. 물론 공감을 건너뛰거나 생략했다고 해서 쾌락적 '즐거움'이 단순감정이 되는 것은 아니고, 이 '즐거움'은 '공감적' 기분좋음이기 때문에 여전히 공감감정이다. 이것은 동정심이 상대의 아픈 감정에 대한 공감을 생략하고 이 아픔을 보고 동고同苦(아픔의 공감) 없이 바로 유발되더라도 공감감정인 것과 동일한 이치다. 공감단계의 이런 생략은 공감감정의 단계적 형성의 습성화 또는 '체화'가 반복경험으로 이미 완성되었기 때문에 가능한 것이다.

- 도덕적 즐거움

도덕적 즐거움(타아의 도덕행위의 '훌륭함' 또는 자아의 도덕행위로 느끼는 '떳떳함·뿌듯함')은 그것이 나의 바른 도덕행위에 대해 타인이 '훌륭하다' 또는 '가하다'고 느끼는 변별적 공감감정의 측면에서든, 나의 자기공감적 '떳떳함·뿌듯함'에 대한 타인들의 공감의 측면에서든 공리적·유희적·예술적 감정에 대한 타인들의 공감의 전파의 파급력, 범위, 지속성을 몇 천배 능가한다. 도덕적 즐거움에 대한 사람들의 공감은 공간적으로 세계를 포괄하고, 시간적으로 '영원성'을 갖는다. 이것은 2000-4000여 년 전 인류의 4대 성인과 이들을 이은 증자, 자사, 맹자, 수운, 사리자, 가섭, 용수, 달마, 원효, 플라톤, 아리스토텔레스, 베드로, 바오로, 프란체스코 등 수많은 덕자들을 인류가 아직도 그들의 행동·어록·저작 등과 함께 기억하고 따르고 탐구하는가 하면 의료적 인술仁術을 개발하고 베푼 편작扁鵲, 히포크라테스, 허준, 이제마, 파스퇴르, 플레밍 등 인술가仁術家들을 배우고 기억하는 반면, 예술분야에서는 이렇게 오래 기억되고 이렇게 널리 알려진 작품이나 인물의 수가 소수(『시경』, 호머, 『일리아드와 오디세이』, 역아, 사광 등)라는 사실에 의해 웅변으로 입증된다.

말하자면, '도덕적 즐거움'은 인간적 중요성에서 '쾌락적·유희적·미학적 즐거움'을 셋 다 능가한다. 물론 우리는 고대의 부자도 기억하지 못하고, 고대그리스 올림픽 제전의 위대하고 고귀한 승자를 한 명도 기억하지 못한다. 우리는 심지어 맹자가 말한 미남자의 이름(정나라 소공 때의 '자도子都')도[380] 기억하지 못한다. 이런 이유에서, 그리고 이런 이유에서만 공자가 거친 밥 먹고 물마시고 팔 베고 누워서도 즐거움을 만끽하며 불의한 부귀를 뜬구름 같이 덧없는 것으로 여긴 것이다.

---

[380] 『孟子』 「告子上」(11-7).

– 사랑의 즐거움

'즐거움'의 마지막 유형은 '사회적 서로어울림(companion)', 즉 사랑·연대·유대의 즐거움이다. 지속적 서로어울림과 만남은 도덕적 행위자에게만 가능한 것이다. 부도덕한 자들이 자주 만나면 사랑과 우정을 낳는 것이 아니라 불화와 증오를 초래한다. 이런 의미에서 덕자는 만남과 어울림의 구심점이다. 덕성은 지속적 서로어울림, 즉 지속적 동심·사랑·우애를 창출하고 유지시킨다. 반대로 부덕은 서로어울림을 깨고 다툼과 증오심을 야기한다. '사회적' 서로어울림은 공리적·경제적 어울림을 뺀 모든 행위를 통한 모든 어울림, 즉 유희적·예술적·도덕적 어울림이 다 가능하다. 따라서 '사회적' 서로어울림은 유희·예술·도덕행위를 통해 이루어지고, 이 행위들을 통한 사회적 어울림 속에서 '교애交愛행위'를 통한 '동심적同心的 어울림'과 그 즐거움이 생겨난다. 사회적 서로어울림 속의 도덕행위는 위로하고 돕고 보살피고 돌보고 제 의무를 다하는 가운데 남의 몫을 지켜주고 공경하고 따르고 축하하며 선심善心과 신의를 다지고 감정관계를 조율하고 여러 가지 시비감정을 같이 나누며 확인하는 것이다.

사랑 또는 사회적 서로어울림 속의 예술행위는 같이 노래하고 춤추고 풍광과 예술작품을 어울려 관람하고 미감과 미학적 품평을 교환하는 것이다. 사회적 서로어울림 속의 유희행위는 같이 장난치며 놀이하고 수다 떨고 농담과 담소를 주고받고 잔치와 축제를 벌이고 게임과 경기를 같이 구경하고 재미의 경험과 평가를 교환하는 것이다. 마지막으로 서로어울림 속의 교애행위는 이런 도덕·예술·유희행위를 통한 어울림 속에서 서로 온갖 감정적 의미를 교감함으로써 타아의 얼굴을 익혀 타아를 교감적·공감적으로 인지·실감하고 나아가 서로 사귀고 친해져 정 들고 정을 나눔으로써 공감적 일체감을 느끼고 강화하고 즐기는 것이다.

이 유희적·미학적·도덕적·교애적 서로어울림에는 이익추구·경쟁·투쟁의 공리적 행위가 끼어들 틈이 없다. 만약 먹는 것, 마시는 것 등의 공리적 행동이 끼어든다면 그것은 배고파서 먹거나 목말라서 마시는 식용·음용의 욕구충족적·쾌락적 생존목적에서 끼어드는 것이 아니라, 가령 잔치나 파티, 축제, 식도락, 음주·수작酬酢 등 미학적 맛, 유희적 재미, 동정적 인혜仁惠와 사랑을 위한 '수단'으로 끼어들 뿐이다. 만약 공리적·쾌락적 요소가 주목적으로 사회적 서로어울림 속에 끼어든다면, 모든 도덕적 즐거움과 일체감적 즐거움도, 심지어 아름다움과 재미의 감흥을 즉각 망치고 말 것이다. 간단히, 사회적 서로어울림의 즐거움은 공리와 쾌락을 초월한 유희적·미학적·도덕적·교애적 즐거움의 총괄이다.

도덕행위는 이런 사회적 서로어울림의 씨를 뿌리고 이런 어울림의 총괄적 즐거움을 원활하게 하고 크게 증폭시키고 오래 유지시킨다. 따라서 도덕행위에 의해 파종되고 발육되는 서로어울림과 그 즐거움은 도덕행위의 궁극적 원인 또는 이유다. 물론 '사회적 서로어울림의 즐거움'은 그 핵심이 교애적 사랑의 '일체감적(동심적) 즐거움'이다. 여러 즐거움 중에서 이 '동심적 즐거움'만이 평가감정이 아니다. 이 동심적 즐거움은 사회적 서로어울림의 교애행위에 의해 불러일으켜지고, 다시 이 사회적 서로어울림은 덕성을 씨앗으로 해서만 파종·발아·발육되고 오래 유지될 수 있다. "덕은 외롭지 않으니 반드시 이웃이 있다(德不孤 必有隣)." 덕성과 동심同心(사랑)이 상호 상승작용을 하는 한에서 '도덕적 즐거움'과 '동심적 즐거움'을 합해 '도덕적 행복'이라 부르는 것도 타당할 것이다. 개념을 정리하자면, 협의의 도덕적 행복은 도덕적 즐거움인 반면, 광의의 도덕적 행복은 이 '도덕적 즐거움'과 '동심적 즐거움'을 포괄한다. 광의의 도덕적 행복은 당연히 개인적 자유 또는 자율성을 전제한다.

개인과 인류의 생존과 번식의 이익을 위한 행위는 물론 개인적·집단적 인간의 생사가 걸린 만큼 무조건적이고 따라서 '심각한(serious)' 것이다. 하지만 도덕적 행복을 위한 도덕행위도 마찬가지로 생사가 걸릴 정도로 '심각한' 것이다. 도덕적 행복이나 그 전망이 사라지면 인간은 조만간 허무주의적 '자살', 즉 단순한 생존과 재생산의 자발적 포기를 감행하고, 도덕적 치욕을 당하면 종종 자살을 택하기 때문이다. 이런 유형의 '허무주의적·절망적 자살'은 생존·복지문제가 해결되더라도 증가하고, 그만큼 도덕적 행복은 '심각한 문제'로 부상한다. 이런 의미에서 도덕적 행복은 바로 인간다운 인간 또는 도덕적 인간으로서의 개인적 정체성을 견지하게 해주는 것, 또는 인간다운 인간의 정체성이 걸린 것이기도 하다.

이런 근거에서 일단 인간의 도덕적 정체성의 수립·유지·강화·향유에서 나오는 도덕적 행복을 동반하는 도덕을 '정체성도덕(인의도덕)'이라 부르고, 이와 반대로, 우리가 공리주의자들이 그러듯이 공리적 행복을 위한 심각한 수칙도 인간의 육체적·물질적 생사와 미래적 생존과 번영 여부가 걸린 점에서 '생존도덕'이라 부를 것이다. 여러 유형의 공리주의는 이 '생존도덕'을 대변해왔다. 그러나 "배고픔, 목마름, 양성을 결합시키는 감정, 쾌감의 애호, 그리고 고통의 두려움이 (인간종족의 보존과 확산의) 목적에 적합한 이 수단들을 그 자체를 위해 적용하도록, 그리고 자연의 위대한 관리자가 이 수단들로 산출하려고 의도한 저 혜택적 목적에 대한 이 수단들의 기여경향을 전혀 고려하지 않고 이 수단들을 적용하도록 우리를 촉구하듯이",[381] 인간적 정체성의 발달과 더불어 '제왕적으로' 강력해진 무조건적·즉각적 도덕감정들(측은·수오·사양·시비지심)은 우연히 개인과 종의 생존의 이익에 종종 '결과적으로' 기여하는 경향이 있더라도 이익을 초월해 오직 인간다운 '정체성'만을 고려하는 '도덕적 행복'을 '인간다운 인간'의 사활적 가치로 추구하도록 추동한다. 우리는 이미 수천 년 전부터 생존도덕을 넘어선 '정체성도덕(인의도덕)의 시대'를 살아왔고, 이런 까닭에 호화궁궐을 버리고 고행에 나서고 불의의 부귀를 뜬구름처럼 여기고 부자를 천국의 바늘구멍에 들어갈 수 없는 '낙타'로 조롱하며 기꺼이 거친 밥 먹고 물마시고 팔을 베고 누워 지내는 속에서도 즐거움을 느끼는 철학, 즉 '공리적 행복'을 천시하고 '도덕적 행복'을 최고의 행복, 즉 '지복至福'으로 여기는 정체성도덕의 철학을 추구해온 것이다.

『논어』라는 책은 "경험하고 때맞춰 이 경험을 거듭하니 (새로운 지식을 얻게 되어) 이 역시 기쁘지 아니한가! 동지가 원방에서 찾아오니 이 역시 즐겁지 아니

---

381) Smith, *The Theory of Moral Sentiments*, II. i. v. §10 각주.

한가! 남이 알아주지 않아도 괴로워하지 않으니 이 역시 군자답지 아니한가!(學而時習之 不亦說乎! 有朋自遠方來 不亦樂乎! 人不知而不慍 不亦君子乎!)"라는 세 구절로 열린다.[382] 상론했듯이 이 구절의 첫 문장은 지적 '호기심'이라는 단순감정 '욕구'를 충족시킨 단순감정 '기쁨'을 말하고, 두 번째 문장은 이런 지적 기쁨을 아는 사람이 공자의 학문적 뜻에 공감하고 공자를 알아주는 말 그대로의 의미에서의 '동지同志들(朋)'로서 찾아오니, 공자가 그를 찾는 동지들과의 공감적 일체감에서 생겨나는 '동심적 즐거움'을 말하고 있다. 세 번째 문장은 무도한 세상이 자기를 알아주지 않아서 출사할 수 없음으로 인해 느낄 수 있는 외로움과 괴로움에 초연하게 부덕·무도한 세상을 버리고 자기의 고고한 도덕적 뜻을 꿋꿋하게 지키며 정진하는 '군자다운 떳떳함', 즉 '도덕적 즐거움'을 말하고 있다. 말하자면, 『논어』의 첫 문장은 단순감정으로서의 지적 '기쁨'을, 둘째 문장은 '동심적·연대적 즐거움'을, 셋째 문장은 '도덕적 즐거움'을 담고 있다.

한편, 곤경에 처한 타인에 대한 물질적 원조행위는 쾌락적 즐거움과 도덕적 즐거움을 둘 다 같이 준다. 원조자는 첫째, 곤경에 처한 사람에게 주는 물질적 도움에 의해 그의 욕망을 충족시켜 그를 기쁘게 하고 이 기쁨을 공감하는 데서 이 기쁨과 함께 쾌락적 즐거움을 느끼고, 둘째, 곤궁한 자에 대한 원조의 도덕적 의도에 대해 수혜자와 제3자들이 이를 도덕적으로 '훌륭하다'고 느끼는 것을 공감적으로 다시 느낌으로써 자기의 원조행위에 대해 '돕기를 잘했다'는 느낌의 '뿌듯함'을 즐긴다. 또한 도덕적 인물이나 도덕적 행위를 묘사하는 예술적 행위자는, 창작자든 연출·연기자든, 이 예술행위가 예술작품을 감상하는 관중의 미감적 공감을 얻는 경우에 미학적 즐거움과 도덕적 즐거움을 동시에 느낀다. 이것은 관중도 마찬가지다.

– 뒤르켕의 허무주의적 자살과 공자의 도덕적 자살

'허무주의적 자살'은 도덕적 행복을 정체성으로 삼는 인의적仁義的 정체성도덕

---

382) 『論語』 「學而」(1-1).

을 유전화한 '호모사피엔스사피엔스'가 행복의 희망을 완전히 잃을 때 자신의 목숨을 스스로 끊는 것이다. 이런 자살은 생존도덕 차원에서 발생할 수 없을 것이다. 생존도덕 차원에서 사는 '호모사피엔스' 수준의 인간은[383] 살아남을 희망이 없다고 느끼더라도 결코 자살하지 않고, 적어도 죽을 때까지 지상목적 '생존'을 위해 발버둥을 칠 것이기 때문이다. '허무주의적 자살'은 사랑을 존재론적 기반으로 삼는 '호모사피엔스사피엔스'에게만 고유한 문제인 것이다. 인간은 사랑 또는 사회적 유대가 사라져 쾌락적 · 유희적 · 미학적 · 도덕적 즐거움의 공감감정이 고갈되면 인간적 정체성을 잃고 허무감에 빠져 앓다가 죽거나 스스로 자살한다.[384] 상술했듯이 새끼 침팬지는 어미를 잃으면 다른 성체 침팬지에 의해 입양되더라도 거의 예외 없이 살아남지 못하고 살아남더라도 성체가 되어 병리적 정신질환을 보인다. (하지만 이런 침팬지도 자살은 하지 않는다.) 인간은 어미를 잃더라도 대리모에 의거해 살아남을 확률이 침팬지보다 더 높지만, 성인이 되어서 유사한 심리적 병리현상에 시달릴 개연성이 있다. 그러나 인간은 성인 단계에서 사회적 유대를 잃을 때 더욱 심각한 취약성을 드러낸다. 성인 인간은 배우자 · 자식과의 사랑, 친구와의 우정, 나아가 소속집단과 국가의 사회적 유대까지 전면적으로 상실하면 거의 확실하게 심각한 비애와 우울증이나 공황상태에 빠져 앓다가 죽거나 죽지 않으면 허무감 속에서 자살한다. 그러나 이런 친애 · 우정 · 연대 등의 공감적 일체감(사랑)이 보장된다면, 인간은 정신적으로 튼튼한 존재로서 튼실하게 잘 살아간다.

---

383) '호모사피엔스'는 호모에렉투스의 최후 단계의 종에 속한다. '호모에렉투스'는 190-180만 년 전에 '호모하빌리스'로부터 진화했다. 호모사피엔스는 이 '호모에렉투스'로부터 약 100만 년 뒤(즉, 지금부터 90-80만 년 전)에 나타난 다양한 후예들이다. 대부분의 인류학자들은 '호모사피엔스'도 그냥 '호모에렉투스'라 부른다. 여기서는 이들을 '호모사피엔스사피엔스(현생인류)'와 구별하면서 동시에 그 근접성도 강조하기 위해 '호모사피엔스'라는 명칭을 쓴다. 네안데르탈인은 호모사피엔스의 한 부류다. '호모사피엔스사피엔스'는 약 20만 년 전에야 등장했다. 참조: Richard W. Wrangham, *Catching Fire: How Cooking Made Us Human* (New York: Basic Books, 2009 · 2010), 5쪽.
384) 뒤르켐은 『자살론』(1897)에서 이 '허무주의적 자살'을 '이기적 자살'과 '아노미적 자살'로 분류했는데, 이 술어들은 자살현상을 오히려 흐리기 때문에 여기서 채택하지 않는다.

우울증 등 정신질환으로 인한 병리적 자살을 제외할 때, 다양한 허무주의적 자살 사례들이 있을 수 있다. 사람은 부상당하거나 재활불능의 장애를 입어 다시 정상적인 사회적 역할과 사회적 유대 속에 살아갈 희망을 잃었을 때도 자살할 수 있다. 또 인간은 가령 치유 불가능한 전신통증에 시달리는 경우에도 다시 건강을 되찾아 사회적 사랑과 행복한 삶을 회복할 희망을 잃고 자살할 수 있다. 또 인간은 가령 장애와 가난이 겹친 궁경에서 사회적·연대적 도움의 손길도 기대할 수 없을 때 최소한의 인간다운 사랑과 행복의 희망을 잃고 사회적 원망을 갖기 쉽다. 이 경우에도 인간은 자살할 수 있다. 또 공동체가 개인들에게 사회적 유대의 공감적 일체감을 제공하는 것이 아니라 반대로 탄압을 가할 때 혁명적 체제저항을 시도하거나 밖으로 망명하지 못한 사람들 중에서 일부는 서로 어울려 사는 행복의 희망을 잃고 자살할 수도 있다. 이 모든 자살 사례들도 다 허무주의적 자살유형에 속한다.

그런데 진화적으로 인의적 정체성도덕(인의도덕)의 단계에 도달한 인간은 '허무주의적 자살' 외에 '도덕적 자살'도 감행한다. 도덕적 자살은 '적극적 자살'과 '소극적 자살'로 나눌 수 있다. '적극적인 도덕적 자살'은 다른 사람을 살리기 위해 또는 공동체의 안전을 위해 자신의 목숨을 거는 '살신성인', 또는 불교에서 말하는 고승高僧의 '소신공양燒身供養'과 같은 자살을 말한다. '소극적인 도덕적 자살'은 도덕적 치욕이나 불명예로 자기의 정체성, 또는 면목을 잃어서 택하는 자살이다. 원시사회에서 노인이 아주 늙어 공동체에 아무런 도움이 되지 않고 되레 '밥벌레'처럼 또는 카프카의 『변신』에서 흉측한 벌레가 된 그레고르 잠자(Gregor Samsa)처럼 가족과 친족에게 부담으로 전락할 때, 즉 자신의 공리적 정체성을 잃은 뒤에 남에게 귀찮은 사람이 되어 도덕적 정체성을 잃고 도덕적으로 불행해질 때 택하는 자살도 도덕적 자살의 일종이다. 선사시대의 생활조건에서 부상당한 사람이나 장애를 입은 사람이 집단에 부담이 되지 않기 위해 죽는 자살도 도덕적 자살에 속한다. 또는 집단을 지키기 위해 자신을 희생하는 것도 도덕적 자살의 일종이다.

이런 형태의 '허무주의적 자살'과 '도덕적 자살'은 아마 인류역사상 가장 오래된 자살 유형들, 이미 선사시대부터 존재해온 자살 유형들일 것이다. 허무주의적 자살과 도덕적 자살은 인류의 진화적 발달과정에서 행복도덕으로서의 인의적 정체성도덕 단계에 도달한 호모사피엔스사피엔스에게 특유한 죽음 형태다. 상술한 바와 같이 공감적 쾌락·재미·미美로서의 쾌락적·유희적·미학적 행복과 도덕적 행복의 공감적·사회적·연대적 성격을 개념적으로 제대로 이해한 뒤에만 이 두 유형의 자살을 이해할 수 있다.

그러나 '허무주의적 자살'을 사회학적으로 논한 에밀 뒤르켕은 행복 개념을 제대로 수립하지 못하고 이로 인해 문명사회의 자살문제도 제대로 파악하지 못한 것으로 보인다. 뒤르켕은 일단 에피쿠로스나 칸트·벤담·밀과 달리 행복을 단순감정 '쾌락'과 분리시키는 데 성공하지만,[385] 이 올바른 사고로부터 약간 엉뚱하게 느껴지는 흡사 유기체론적인 행복 개념을 도출함으로써 행복감의 '공감적' 차원, 즉 사회적 차원을 전혀 포착하지 못하고 행복 개념을 부실하게 만들고 만다.[386] '육체적·정신적 건강성'을 뜻하는 그의 이 유기체론적 행복 개념은 그 '정신적 건강성'이 무엇을 의미하는지 불분명하게 놓아두고 있지만, '육체적 건강'의 의미로부터 유추하면 '미치지 않음' 또는 '제정신임', '온전한 정신상태'를 가리키는 것으로 보인다. 따라서 뒤르켕의 행복 개념은 '사회적 동물'로서의 인간의 행복 개념에서 '사회적' 차원을 완전히 몰각하는 '자살사회학'을 전개함으로써 행복을 사회적·공감적 성격의 '즐거움'이나 '사랑'(공감적 일체감·유대감)과 아무런 관계가 없는 것으로 만들고 있다.

이런 까닭에 뒤르켕은 행복을 공감이나 사회적 유대에 근거하는 사회적 객관성이 전무한, 전적으로 주관적인 감정으로 간주한다. "개인만이 자신의 행복을 평가할 권리가 있다. 그리고 개인이 스스로를 행복하게 느낀다면 그는 행복한 것이다."[387] 그래서 티에라 델 푸에고의 원주민과 호텐토트에 이르기까지 자연상태의 인간은 극심한 궁핍 속에서도 자신과 자신의 운명에 만족하고 행복을 느낀

---

385) Durkheim, *Über soziale Arbeitsteilung*, 299-300쪽.
386) Durkheim, *Über soziale Arbeitsteilung*, 300쪽.
387) Durkheim, *Über soziale Arbeitsteilung*, 302쪽.

다는 것이다. 따라서 뒤르켕은 미개인의 행복과 문명인의 행복 간에 아무런 차이가 없는 것으로 생각한다. "그것이 그렇다면, 행복이 문명화와 함께 증가하는지에 대해서는 이제 더 이상 물을 필요가 없다. 행복은 건강상태의 특징이다." 따라서 "행복은 활동이 더 풍부해진다고 해서 더 커지는 것이 아니다. 이 활동이 건강한 한에서 행복은 동일한 것으로 남아 있다. 가장 단순한 존재자도, 가장 복잡한 존재자도 이들이 자신의 본성을 동일하게 실현한다면 동일한 행복을 향유한다. 정상적 미개인은 정상적 문명인과 똑같이 행복할 수 있다."[388]

뒤르켕은 구성원들의 '유사성'에 근거한 강제적 연대를 '기계적 연대', 분업에 기인한 개별화된 자립적 개인들의 연대를 '유기적 연대'라고 불렀다. 그가 행복이 공감감정으로서의 쾌락적·유희적·미학적·도덕적 즐거움과 결부된 '사랑(사회적 유대)'의 '즐거움'이라는 것을 이해했더라면 이 '사회적 유대'나 '사회적 연대'를 행복의 본원으로 파악할 수 있었을 것이다. 그랬더라면 미개인들의 '기계적 연대'가 범위 면에서 좁은 반면, '유기적 연대'의 범위는 넓다는 것을 깨달았을 것이다. 이런 깨달음이 있었다면 미개인의 행복과 문명인의 행복의 성질이 본질적으로 다르다는 것, 즉 기계적 연대와 유기적 연대의 차이만큼이나 다르다는 것, 그리고 문명인의 행복이 훨씬 더 광범한 지역에 사는 수백만, 수천만, 수억 명에 달하는 사람들 간의 '유기적 연대'에 기초하는 한에서 수십 명 단위의 소수 인간들 간의 '기계적 연대'에 기초한 미개인의 행복보다 더 튼튼하고 안전하다는 것을 깨달았을 것이다.

뒤르켕이 이런저런 것들을 깨달았다면, 그는 자살의 최초 출현과 증가가 문명화의 그 어떤 '신비한' 속성에 근거하는 것이 아니라, 행복 위주의 인의적 정체성 도덕(인의도덕)의 진화적·유전자적 확립과, 분업사회의 확대와 광역화, 그리고 전래된 사회적 유대의 자본주의적 해체와 파괴 속에서 개별화된 개인들의 사회적 고립과 고독의 증가에 근거한다는 것을 알았을 것이다. 그러나 그는 자신의 자살론을 엉뚱한 방향으로 몰아간다.

---

388) Durkheim, *Über soziale Arbeitsteilung*, 300쪽.

생 일반이 좋다는 것을 증명하는 유일한 실험적 사실은 대다수의 사람들이 죽음보다 삶을 더 선호한다는 것에 있다. 이것이 이렇기 위해서는 평균적 생활에서 행복이 불행을 능가해야 한다. 이 관계가 뒤집히면, 삶에 대한 인간의 애착이 어디서 생겨나는지, 특히 매순간 이 애착이 사실에 의해 위태롭게 되는 곳에서 이 애착이 어떻게 존재할 수 있는지를 이해할 수 없을 것이다.[389]

환상같이 느껴지는 삶의 '희망'도 최소한 행복이 불행을 능가하는 것에 대한 일반적 경험에 근거한다는 것이다. "희망이 생존본능의 구조에서 어떤 몫을 차지하든 생존본능은 생의 상대적 좋음의 증거다. 이 생존본능이 자신의 정력이나 보편타당성을 잃는 곳에서 동일한 근거에서 우리는 생 자체가 매력을 잃고 고난의 원인이 배가되기 때문에든, 인간들의 저항력이 줄어들기 때문에든 고뇌가 증가한다고 확신할 수 있다."[390] 뒤르켐은 여기서 심각한 논리적 혼돈에 빠져들고 있다. 생존본능은 '본능'인 한에서 정력이나 보편타당성을 잃을 수도 없고, 또 생존본능이란 어떤 경우에도 발휘되는 까닭에, 아니 생존전망이 전무한 최악의 생활조건에서 오히려 더 치열하게 발휘되는 까닭에 생존본능은 결코 "생의 상대적 좋음의 증거"일 수도 없다. 뒤르켐은 생존도덕의 감정적 기반인 생존본능의 차원에서 자살이 거론될 수 없다는 것을 모르고서 자살이 생존본능의 기반상실에서 나오는 것으로 착각한다.[391] 그러나 자살의 두 유형인 '허무주의적 자살'과 '도덕적 자살'은 생존본능의 기반상실과 아무런 관계가 없고, 생존본능이 정상적이더라도 인간다운 인간의 정체성도덕적 동기가 그의 생존본능을 압도할 때 발생하는 것이다. 따라서 선사시대 자살의 등장은 생존본능이 기반을 잃었다는 것을 보여주는 것이 아니라, 무조건적·즉각적 성질의 인의도덕, 즉 인의적 정체성도덕이 마침내 유전자 풀에 착근되었음을 알려주는 것이고, '자살의 증가사실'도 결코 "생존본능이 기반을 잃었다"는 것이 아니라 쾌락적·유희적·미학적·

---

389) Durkheim, *Über soziale Arbeitsteilung*, 302-303쪽.
390) Durkheim, *Über soziale Arbeitsteilung*, 302-303쪽.
391) Durkheim, *Über soziale Arbeitsteilung*, 303쪽.

도덕적 즐거움과 결부된 사회적 사랑과 연대가 상실되었다는 것을 보여주는 것이다.

뒤르켕은 그의 행복 개념이 빗나갔기 때문에 자살의 원인도 제대로 밝히지 못하고 막연히 '문명화'를 자살의 원인으로 대는 것이다. 그는 자살이 이미 문명화 이전 선사시대에 나타난 것이 아니라, 문명화와 더불어 나타난 것으로 잘못 말하고, 선사시대 미개사회에서 노인들이 택한 살신성인의 도덕적 자살을 '자살'이 아닌 것으로 우격다짐한다.

> 자살은 문화화와 더불어 비로소 나타난다. 최소한 사람들이 낮은 사회에서 거듭 관찰할 수 있는 자살의 유일한 형태는 아주 특별한 특징을 가지고 있어서, 자살은 증상적 가치가 동일하지 않은 비상한 경우다. 이 경우의 자살은 절망의 행위가 아니라 자기부정의 행위다. 옛 덴마크족, 켈트족, 트라크족(인도게르만의 일족)에서 노인은 아주 많은 나이가 되면 자신의 삶에 종말을 찍었다. 자신의 식구들을 불필요한 밥벌레로부터 해방시키는 것이 그의 의무이기 때문이다. 인도에서 미망인이 죽음으로 그 남편을 따르면, 또는 갈리아인이 그의 족장을 따라 죽으면, 불교도가 자신의 화신化身을 실은 수레의 바퀴에 분쇄되어 죽으면, 그들은 도덕적인 또는 종교적인 규정이 그들에게 이것을 의무화하고 있기 때문에 이 짓을 행하는 것이다. 이 모든 경우에 인간은 생이 그를 불쾌하게 하기 때문이 아니라 그가 맹서한 이상이 이 희생을 요구하기 때문에 자신을 죽이는 것이다. 따라서 이 자발적 죽음은 자신이 의무를 다하기 위해 알고서도 자신을 위험에 처하게 하는 군인이나 의사의 죽음과 같이 단어의 보통 의미에서 자살이 아니다. 반대로 참된 자살, 음울한 자살은 문명화된 민족들에게 고유한 것이다.[392]

뒤르켕은 이렇게 허무주의적 자살과 도덕적 자살의 정체성도덕적 공통기반을 알지 못하고 도덕적 자살의 자살성격을 부정하는 한편, 참된 허무주의적 자살은 문명사회 고유의 현상으로 착각하고 있다. 그는 인간다운 행복한 삶, 즉 공감적

---

392) Durkheim, *Über soziale Arbeitsteilung*, 303쪽.

행복(도덕적, 미학적, 유희적, 쾌락적 즐거움)과 결부된 사회적 연대(공감적 일체감으로서의 사랑) 속의 삶을 정체성으로 삼는 정언적 인의적 정체성도덕이 늦어도 4-5만 년 전 선사시대에 호모사피엔스사피엔스에게서 확립됨과 동시에 이미 허무주의적·도덕적 자살이 등장한 것을 모르고 있다.

그럼에도 불구하고 뒤르켕은 "참된 자살, 음울한 자살", 즉 허무주의적 자살의 원인을 문명화로 돌리는 자신의 자살론을 밀어붙인다.[393] 그러나 뒤르켕 자신의 설명을 잘 뜯어보기만 해도 우리는 자살의 원인이 문명화가 아니라, 기존의 사회적(기계적) 유대의 해체와 새로운 (유기적) 연대의 미성립이라는 것을 금방 알 수 있다. 뒤르켕이 이 논변에서 예외로 취급하는 두 나라인 영국과 노르웨이는 그의 『사회분업론』이 출간된 1893년 당시에 가장 선진적인 사회보장제도를 갖춘 나라들이었다. (이것은 상술했듯이 스펜서가 1879년부터 1897년에 걸쳐 출간한 『윤리학의 제원칙』에서 사회주의자들의 사회입법을 줄기차게 비판하고 있는 데서 알 수 있다.) 그리고 "자살에 대해 비교적 방역되어 있던" 스페인, 포르투갈, 러시아, 남슬라브국가들은 '비문명국가'가 아니라 '기계적 연대'에 기초한 전통적 농촌사회의 자본주의적 분해와 분쇄 과정이 아직 덜 진행된 문명국가들이었다. 자살률이 가장 높았던 독일과 프랑스는 당시 "과학적·예술적·경제적 활동이 최정점에 도달한" 나라들이었을지 몰라도 사회적으로 가장 낙후한 야만적·비인간적 자본주의 국가들이었다. "모든 나라에서 자살은 농촌에서보다 도시에 더 강력하게 창궐한다"는 그의 설명을 잘 뜯어보더라도 자살의 원인은 막연히 문명화가 아니라, 농촌의 전통적인 '기계적 연대' 구조의 급속한 자본주의적 해체와, 이를 대체할 '유기적 연대'의 미성립 또는 불완전성이라는 것을 알 수 있다.

근대에 세 배로 급증한 허무주의적 자살의 원인이 문명화가 아니라 사회적 유대와 사랑의 결손이라는 사실은 뒤르켕의 기술에서 더 분명히 드러난다.[394] 농업종사자들은 끈끈한 사회적 유대 속에서 살아가기 때문에 사회적 존재기반이

---

393) Durkheim, *Über soziale Arbeitsteilung*, 304쪽.
394) Durkheim, *Über soziale Arbeitsteilung*, 304쪽.

튼튼한 반면, 홀로 작업하는 자유직 종사자들은 사회적 연대와 개인적 사랑의 체험 없이 고독 속에서 허무감에 빠지기 쉬워서 자살할 확률이 높은 것으로 손쉽게 해석할 수 있다. 같은 이치에서 또한 공감적 감수성이 남성보다 뛰어난 여성들은 남성보다 사랑, 동정심, 인정을 더 잘 베풀고 중시하는 까닭에 남성보다 훨씬 더 튼튼한 사회적 존재기반을 갖는다. 따라서 '허무주의적 자살'에 관한 한, 여성이 남성보다 더 문명화되더라도 여성의 자살률은 남성보다 낮다. 자살률의 직업별 차이를 보든 성별 차이를 보든, 자살의 원인은 문명화가 아니라, 둘 다 동일하게 '사랑의 결핍'인 것이다. 그의 설명만을 잘 뜯어보더라도 다른 해석은 거의 가능하지 않을 것이다.

뒤르켐의 행복론과 자살론의 비판적 분석을 통해 우리는 근·현대적 자살증가 현상이 막연한 문명화가 아니라, '사회적 인애仁愛의 결손'에 기인한다는 것을 알 수 있다. 물론 이 '인애의 결손'은 분업사회의 광역화와 전래된 '기계적 연대'의 자본주의적 분쇄로 말미암은 개인들의 고립과 고독의 심화와 새로운 사회적 유대(유기적 연대) 구조의 지체된 구축으로 인해 야기되었다. 따라서 자살문제의 해결책도 같은 방향에서 찾을 수 있다. 즉, 해법은 인애의 '공감적 일체감'과 행복감(즐거움)과 쾌락적·유희적·미학적·도덕적 행복을 만인의 사회적 존재기반으로 확충하는 행복한 '인의국가'의 건설일 것이다. 정체성도덕이 지배하는 '인의국가'는 대인大仁과 대의大義를 통합한 '지도至道'를 대도大道로 제도화한 '대동사회'를 말한다. 이런 대동사회는 지금보다 더 문명적일 것이지만, 이 사회의 자살률은 오늘의 가장 잘 사는 나라보다 분명 더 낮을 것이다.

■ 재미와 아름다움

재미와 아름다움은 일단 단순감정이다. 그런데 유희적 행위로만 느끼는 재미는 대개 남들과 어울렸을 때 제대로 느낀다. 그러므로 재미는 대개 공감적 재미이고, 이 공감적 재미는 공감감정이다. 아름다움도 '자연미'의 경우에 혼자 느낄 수도 있지만, 대개 어울려 관광하며 같이 느끼는 공감적 아름다움이다. '예술미'

는 예외 없이 공감적 아름다움이다.

- 단순재미와 공감적 재미

　재미감각은 내감의 평가감각이다. 재미는 유희적 행위로부터만 느끼는 내감적 감정이다. 내감의 재미감각은 유희적 행위의 적절성(중화성)을 '재미있음'과 '재미없음'의 두 범주로 판단한다. 재미('재미있음'과 '재미없음')는 단순재미와 공감적 재미가 있다. 아이들은 혼자서도 잘 논다. 이때는 단순재미만을 느낀다. 그러나 혼자 노는 유희는 아무리 재미있더라도 즐겁지는 않다. 따라서 아이들은 같이 놀 친구를 애타게 찾는다. 아이들은 같이 놀면 더 잘 논다. 같이 놀 때는 단순재미만이 아니라, 공감적 재미도 느끼기 때문이다. 유희행위자 또는 게임수행자는 상대방과 유희를 하는 중에 자기도 재미있지만 상대방이 재미있어 하는 것을 같이 재미있어 하고 또 상대방이나 관중이 자기의 놀이행위를 보고 재미있어 하는 것에 공감하며 다시 또 재미있어 한다. 이 '공감적 재미'에서 바로 '유희적 즐거움'이 생겨난다. 사회적 유희에서는 단순한 재미와 공감적 재미를 같이 맛보는 가운데 유희적 즐거움(행복)을 느끼는 것이다.

　육체적 성희性戱에서도 상대방이 성적 재미를 느끼는 것에 공감하여 재미를 느낀다면, 여기에도 단순히 일방적인 말초신경적 쾌각快覺만이 아니라 공감적 재미로서의 성희적 '즐거움'의 계기가 들어 있다. 따라서 이 경우의 성행위를 성적 유희로서의 '성희性戱'라 부르는 것이다.

　지능과 체능을 발휘하는 유희적 행위도 자기에게 재미를 줄 뿐만 아니라 상대방 플레이어와 관중에게도 재미의 즐거움을 줄 수 있다. 이 경우에 지능·기능발휘자(바둑기사, 체스기사, 마술사, 게이머)나 체능발휘자(스포츠맨)는 스스로 재미있게 플레이하고 상대방과 관중을 재미있게 한 경우에 이들의 재미에 대한 공감에서 다시 재미를 느낀다. 환언하면 마술사·바둑기사·게이머·체육인도 유희적 의미에서 자기의 플레이를 재미있게 느끼고, 이러는 가운데 상대방 플레이어와 관중도 상대방 플레이어와 두 플레이어의 재미에 대한 공감에서 유희적 즐거움을 같이 느낀다. 이런 지능적·기능적·체능적 놀이는 공리적·미학적·도덕적 행위와 순수하게 차별되는 '유희적 행위들'이다.

- 단순미와 공감적 아름다움

　미감美感, 즉 미추감각은 내감의 평가감각이다. 미감은 아름다움의 감정을 낳는다. 아름다움은 '단순미'와 '공감미(공감적 아름다움)'으로 나뉜다. 혼자서 자연풍광을 보면서 느끼는 자연미는 단순미다. 그러나 여럿이 이 자연미를 감상하며 서로 그 아름다움의 느낌을 주고받으며 공감하면 이 자연미는 '공감적 아름다움'이다. 예술작품은 예술가가 느낀 아름다움과 그의 미감을 공감해야만 제대로 감상할 수 있다. 따라서 예술미는 애당초 '공감적 아름다움'이다. 이 '공감적 아름다움'으로부터 이차적으로 '미학적 즐거움(행복)'이 생겨난다. 작품을 출품하고 조마조마하는 예술가는 관객이 자기의 미감을 공감해줄 때 뛸듯이 기쁘고 즐겁다. 역으로, 예술작품을 감상하는 관객은 작품을 통해 표현된 예술가의 미감을 알아차리고 공감했을 때 더 뛸듯이 기쁘고 신세계를 본 듯이 즐겁다. 그러나 공감능력을 결한 사이코패스는 예술작품도 자연풍광을 보듯이 단순미로 본다.
　예술미는 예술작품과 관객 간의 전문적 관계에서만이 아니라 보통사람들의 아름다운 옷차림새, 화장, 헤어스타일, 멋진 몸동작, 고운 춤사위, 멋들어지게 불러 제치는 대중가요 등에서도 느껴진다. 또한 이러한 예술미는 자동차·가구·주방용품·기타 생활용품 등의 공예적 형태에서도 공감된다.
　화장하고 차려입은 사람들의 용모, 일용하는 생활용품과 전문적 예술작품의 '아름다움'에 대한 공감에서 나오는 '미학적 즐거움'('예술적 즐거움')은 주로 제품의 디자이너와 작품의 창작자·공연자·연출자·연기자의 미적 감정, 미학적 작품의도, 화장한 사람, 곱게 차려입은 사람들의 미감 등과 관련된 것이다. 우리의 내감이 외감에 의해 감지된 예술작품과 의상·화장을 통해 창작자와 보통사람의 미적 감정과 의도를 교감적으로 인지하고 미추변별에 의해 '미적'으로 판정하면, 우리의 마음은 즉각 제작자·창작자·공연자와 화장·착복한 보통사람의 미적 감정과 예술적 의도에 공감하여 '아름답게 느낀다'. 그러나 '추하게' 판정하면 우리의 마음은 거부감에서 '추하게 느낀다'.

'아름다움'은 대상을 받아들이는 기관器官(눈·귀·코·입)과 미적 대상이 많은 만큼 여러 가지로 나타난다. 아름다움을 나타내는 말은 '곱다', '예쁘다', '귀엽다', '앙증맞다', '맵시 있다', '멋있다'('멋지다'), '구성지다', '가락과 박자가 좋다', '짜임새 있다', '섹시하다', '고혹적이다', '우미하다', '우아하다', '장려하다', '향기롭다', '맛있다', '풍미 있다' 등 실로 셀 수 없다. '미적 감정'에 대한 본격적 논의는 다른 곳으로[395] 미루고, 여기서는 교감미감의 미적 즐거움은 타인의 공감 정도가 쾌락적·유희적 즐거움보다 훨씬 강렬하고 오래간다는 것이 지적되어야 할 것이다. 흄은 부유함이 유발하는 소유주의 기쁨에 대한 관찰자의 공감적 기쁨에서 나오는 기분좋음이 소유주와 관찰자 사이를 오가며 2·3차의 반복적 반향을 일으키며 증폭되는 것에 대해 논했다. 그러나 소유욕의 충족에서 나오는 이런 쾌락적 즐거움의 공감은 사회적 갈등이 커질수록 시기심이나 반감에 의해 상쇄되거나 무력화될 수 있다. 또한 이런 즐거움의 공감적 증폭은 소유주와 관찰자의 관계에서만 고찰된 것으로서, 공감적 관찰자의 수적 증가와 관찰자들끼리의 공감적 전파를 시야에서 놓치고 있다. 이 전파 관점에서도 소유욕의 충족에서 나오는 이런 쾌락적 즐거움의 사회적 공감은 한계가 있다. 오히려 부자는 계급갈등이 비등할수록 자신의 부富의 기쁨에 대한 사회적 공감과 쾌락적 즐거움을 잃고 사회적 고립에 빠질 위험이 크다. 궁극적으로 욕망충족의 기쁨에 대한 공감에서 나오는 모든 쾌락적 즐거움의 공감적 전파력과 전파범위, 지속성은 대개 이와 같은 이유에서 극히 제한적이다. 유희가 생존문제와 도덕문제에 의해 바로 중단되기에 유희적 즐거움은 매우 취약하고 단기적이다. 그런데 예술적 즐거움의 공감적 전파력·전파범위·지속성은 쾌락적·유희적 즐거움의 경우보다 훨씬 더 크다. 따라서 예술과 예술가에 대한 사회적 공감은 강도强度에 있어서나 지속

---

395) 참조: 황태연, 『감정과 공감의 해석학(2)』, 1439-1448쪽; 황태연, 『자연과 예술의 미학』(서울: 지식산업사, 2024), "3.2. 자연미와 예술미".

성에 있어서 공리(쾌락)와 재미에 대한 공감을 몇 백배 능가하는 것이다. 그래서 "인생은 짧으나 예술은 길다"는 속담이 있지 않나 생각한다.

■ 부러움과 자긍심

'부러움'과 '자긍심'은 공감감정이다. '부러움'을 뜻하는 적절한 서양단어는 없다. 그리고 '자긍심'을 뜻하는 단어도 서양 인구어에 없다. 따라서 부러움과 자긍심은 이로 인해 서양철학에서 주목받지 못하거나 애매하게 '양적'으로 이해된다.

- 부러움

'부러움'은 타인이 부정하지 않은 방법과 실력으로 자기보다 나은 직업적 성공을 이루거나 실력이나 미모를 갖춘 경우에 내가 타인의 좋은 점을 '비교본능'에 따라 좋아할 때 생겨나는 감정이다. 부러움은 타인의 도덕성 또는 도덕적 선량에 대해서는 느끼지 않는다. 타인의 도덕성 또는 선량은 칭찬·칭송·예찬의 대상이지, 부러움의 대상이 아니기 때문이다.

부러움은 남이 어떤 좋은 점을 갖거나 얻어서 기뻐하거나 좋아할 때 이 좋음과 기쁨에 공감해 생겨나는 감정이므로 전형적 '공감감정'에 속한다. '남의 좋은 점'을 말할 때의 '남'은 가족과 벗으로부터 좋은 물건을 가진 타인에게까지 이르는 최대범위의 '남'이다. '부러움' 또는 '부러워함'은 한자말로 '선망羨望'이다. 부러움은 종종 '축하지심'을 낳는다.

남에 대한 부러움은 남의 흐뭇한 감정에 대한 공감에서 나오는 공감감정이고, 선의의 모방심리를 자극해 나의 삶을 분발시키는 긍정적 감정이다. 따라서 '부러움'에는 일체의 시기심이 섞여 있지 않다. 그러나 타인의 성공이나 성적이 부당한 방법이나 편법으로 이루어진 경우에 우리는 이를 부러워하는 것이 아니라, 시샘(시기·질투)하며 깎아내려 평준화한다.

불행히도 서양 언어에는 '부러움'이라는 단어가 없어서 부러움과 시기심을 구분하지 못한다. 따라서 서양언어에서는 주로 시기심을 뜻하는 'envy'나 'jealousy'

(영어), 'Eifersucht'나 'Neid'(독일어), 'envie'(불어) 등의 단어 앞에 제한적 수식어('적당한', '나쁘지 않은' 등)를 붙여 '부러움'을 어렵사리 표기한다. 이런 까닭에 감정적 오해도 잦고, 이에 따라 서양의 감정철학도 이 부러움이라는 감정에서 헤맨다. 동아시아의 심리에서는 인간의 감정이 비교본능과 긴밀히 관련되어 있음에도 수오·공경지심이나 부러움처럼 긍정적 감정이 생겨날 수 있다고 느낀다. 하지만 가령 흄은 비교본능 자체를, 원래의 감정을 상대적 박탈감이나 시기 또는 저열한 기쁨으로 왜곡·변질시키는 원리로 생각한다. 따라서 그는 '공감'을 '비교'와 배치되는 것으로 보았다. 흄은 "비교의 원리"를 "대상이 비교되는 대조물에 대해 이 대상이 갖는 비율에 따른, 대상에 관한 우리의 판단의 변동"으로 규정하면서 헤맨다. "비교에 의해 우리는 (...) 같은 종류 가운데 우월한 것과 대립 속에 놓일 때 모든 것을 상스런 것으로 간주한다. (...) 이런 종류의 비교는 (...) 그 작용에서 공감과 정면으로 배치되는 것이다. (...) 그러므로 다른 사람의 쾌감의 직접 관찰은 자연적으로 우리에게 쾌감을 주는 반면, 우리 자신과 비교될 시에는 고통을 산출한다. 타인의 고통은 그 자체로 고찰하면 우리에게 고통스런 것이지만, 우리 자신의 기쁨을 증대시키고 우리에게 쾌감을 준다."396) 그러나 "타인의 고통이 우리 자신의 기쁨을 증대시키고 우리에게 쾌감을 줄" 경우에 이 기쁨이나 쾌감은 '고소함(Schadenfreude)'이고, 이 고소한 감정은 타인이 가증스러운 자일 때 일어난다. 타인이 정상인이거나 정당한 인물인 경우에는 그의 고통에 공감해서 같이 고통스러워하는 연민(동정심)이나 안타까움을 느끼거나, 그런 고통이 자기에게 닥치지 않아서 안도감을 느낄 뿐이다. 단언컨대, 부러워하는 긍정적 공감감정은 '비교'되지 않을 때 생겨나는 것이 아니라, '공감'과 '비교'의 연합 속에서, 아니 이 연합 속에서만 생길 수 있는 감정들이다. 비교와 공감을 대립시키는 흄의 논변은 그릇된 것이다.

부러움과 시기의 '질적' 차이를 없애버리는 흄과 같은 오류는 독일어 'Neid'의 모호성 때문에 칸트에게서도 되풀이된다. 칸트는 "인간애와 정면으로 대립되는

---

396) Hume, *A Treatise of Human Nature*, Book 3. *Of Morals*, 379쪽.

인간증오의 악덕들" 중의 하나로 "시기심"을 들면서도 이 시기심을 일반을 일괄 '악덕'으로 규정하지 못하고 시기심의 악덕성을 그 양적 과도함에서 구하고 있다. 칸트는 부러움(시샘할만함)과 시기심의 차이를 다만 시기심의 양적 문제(시샘충동의 "폭발")로 이해했다.397)

그러나 칸트가 가정의 "화합과 행복"을 두고 "시샘할 만하다"고 말할 때의 '시샘'으로 어렵사리 포착하는 '부러움'이라는 감정은 남의 좋은 점을 모방하고 싶게 만드는 긍정적 공감감정으로서 시기·질투심과 양적으로 다른 것이 아니라, '질적'으로 다른 것이다. 부러움은 공감에서 생겨난 '공감감정'인 반면, 시기심은 일체의 공감이 배제된 부정적 '교감감정'에 불과하기 때문이다.

- 자긍심

자긍심은 스스로 자랑스러워하는 감정으로서 '자부심' 또는 '긍지'라고도 불리고, 자기방어 시에는 '자존심'으로도 불린다. 자긍심은 자신이 지닌 또는 이룩한 비교적 좋은 점이나 우수한 점이 주는 흐뭇한 감정에 대한 자기공감에서 나오는 공감감정이다. 자긍심은 타인에 대한 부러움과 반대로 자신을 긍정하는 감정으로서 개인적 행복의 전제로서 필수적인 감정이다.

많은 사람들이 나를 멸시하는데도 자긍심을 갖는 것은 물론 어려울 것이다. 나를 멸시하는 사람들이 많을수록 내가 자긍심을 갖는 것은 어렵고, 반대로 나를 부러워하는 사람들이 많을수록 내가 자긍심을 갖고 지키기가 쉽다. 따라서 나의 자긍심과 나에 대한 타인들의 부러움은 비례적으로 긴밀히 연관되어 있다. 그런데 어떤 사람이 거의 모든 타인들에 의해 자신의 능력과 야망을 멸시당하더라도 자긍심을 간직할 수 있다면, 그는 아마 '영웅적 인물'일 것이다. 자신의 외모·능력·재산·인기·덕성 등 무슨 원인에서든 비교 속에서 남이 나를 부러워하거나

---

397) Kant, *Metaphysische Anfangsgründe der Tugendlehre*, A133-134쪽. *Die Metaphysik der Sitten* (1797·1798), Zweiter Teil, in *Kant Werke*, Band 7. *Schriften zur Ethik und Religionsphilosphie*. Zweter Teil (Darmstadt: Wissenschaftliche Buchgesellschaft, 1983).

나를 경시하지 못할 정도로 스스로를 자신 있게 느낀다면, 나는 자긍심을 느끼고 이 자긍심을 지킬 수 있다. 자긍심은 나를 부러워하는 사람의 범위가 확대될수록 영예심 또는 명예심으로 고양된다.

자신의 능력·외모·재산·덕성에 대한 긍지, 또는 자긍심 중에서 타인들이 질투 없이 가장 많이, 가장 널리 공감하는 자긍심은 덕성의 자긍심이다. 뛰어난 능력의 자긍심은 능력이 뛰어나지 않은 사람들이 대부분이라서 사소한 이유로 쉽사리 시기·질투심에 부딪혀 훼손될 수 있고, 더 뛰어난 능력을 가진 사람을 만나 꺾이기 쉽다. 자기 능력의 자긍심이 공감을 넓힐 수 있는 유일한 길은 자기의 이 능력을 타인들을 위해 쓰는 것이다. 그러나 이것은 덕행이고, 다시 덕성의 자부심으로 환원된다. 미모의 자긍심도 사소한 이유(가령 코를 조금 성형했다는 등의 이유)로 시기심을 유발해 깎일 수 있고, 또 더 뛰어난 미모에도 꺾일 수 있다. 이 경우에도 공감을 넓힐 수 있는 유일한 길은 자기의 미모로 타인들에게 봉사하는 것이다. 재산의 자긍심도 마찬가지다. 그러나 이것들도 둘 다 덕성의 자긍심으로 환원된다. 따라서 궁극적으로 인생의 행복에 필수적인 자긍심 일반은 공감을 얻으려고 할 때 덕성의 자긍심으로 환원된다. 그러므로 덕성의 자긍심을 최고의 자긍심이라 하는 것이다. '자긍심'은 '자부심'이라고도 한다.

자긍심 또는 자부심에 특화된 서양 말은 없다. 영어에서는 오만과 자만심自慢心을 뜻하는 'pride'로 자긍심을 표현하고, 독일어는 자랑·으스댐·뻐김·거만 등을 뜻하는 'Stolz'로, 불어는 자랑·자존심·오만을 뜻하는 "fierté"나 오만·뻐기기·뽐내기를 뜻하는 "orgueil"로 자긍심을 표현한다. 어색하다 못해 황당하다. 이런 까닭에 흄은 그가 영웅적 덕목으로 여기는 '자긍심'을 표현하기 위해 'pride'에 긴 제한적 형용어를 붙여 사용한다. "well conceal'd and well founded, genuine and hearty pride(잘 감춰지고 잘 근거지어진, 진정한 충심의 오만)", 또는 "steady and well-established pride(한결같고 잘 다져진 오만)", 또는 "well-regulated pride(잘 조절된 오만)" 등의 표현방식이[398] 그것들이다. 그러나 "잘 감춰지고 잘

---

[398] Hume, *A Treatise of Human Nature*, Book 3. *Of Morals*, 382쪽, 383쪽.

근거지어진, 진정한 충심의 오만"이든, "한결같고 잘 다져진 오만"이든, "잘 조절된 오만"이든 오만은 오만이고 모두 다 부도덕한 감정일 뿐이다. 이렇게 표현하는 수고로움은 이해가 가지만, 이런 수고로운 제한적 형용어들에 의해 자긍심과 오만 간의 질적 차이가 지워질 수는 없을 것이다. 왜냐하면 '자긍심'은 자기공감에서 생긴 긍정적 '공감감정'인 반면, '오만'은 공감이 전무한 부정적 '교감감정'이기 때문이다.

2.3. 교감감정

교감감정은 내감에 의해 타인의 감정이나 의도를 교감적으로 인지하지만 이 인지된 감정과 의도에 대한 유희적·예술적·도덕적 시비변별에 따라 좋지 않거나 부당하거나 사악한 것으로 판단되는 경우에 타인의 이 감정·의도에 반발해 마음속에서 새로이 불러일으켜지는 부정적 감정이다. 증오심(미움), 적개심, 반감(거부감), 오만, 시기, 경멸감과 혐오감, 악심과 고소함 등이 그런 교감감정들이다.

교감감정은 이와 같이 대개 공감감정의 대립물로 나타난다. 그런데 악은 선에 대해 예외적·일시적이고 무상한 현상이다. 스펜서는 선에 비해 악을 '덧없는 것'이라고 논변했다.[399] 스펜서보다 더 일찍이 맹자는 "인이 불인을 이기는 것은 물이 불을 이기는 것과 같다(仁之勝不仁也猶水勝火)"고 말했다.[400] 물이 불을 이기듯이 사랑은 미움을 이긴다는 말이다. 물론 일시적으로 불이 물을 끓여 증발시켜버리는 혁명을 일으킬 수도 있지만 길이 그럴 수는 없을 것이다. 길이 그런다면 지구에서 생명이 사라질 것이다. 그러지 않기에 푸른 생명이 지구를 덮고 있는 것이다. 불과 열기는 오히려 물을 증발시켜 식목과 동물들이 먹는 빗물을 만들어

---

399) Herbert Spencer, *Social Statics: or, The Conditions essential to Happiness specified, and the First of them Developed* (London: John Chapman, 1851), 49-54쪽 (Chapter II, §1-§4).
400) 『孟子』「告子上」(11-18).

낸다. 긍정적 공감감정에 대한 부정적 대립물로서의 다른 교감감정들도 대개 일시적이고 무상한 편이다.

■ 미움(증오)과 적개심

　미움(증오)은 적개심(적의)과 더불어 전형적인 교감감정이다. 미움은 자아의 구애에도 상대방이 보이는 냉정함을 교감으로 인지하지만 이에 공감하지 않을 때 이차적으로 생겨나는 교감감정이다. 적개심은 자기의 고유한 생명과 신체, 고유한 터전과 영토를 침범한 침략자의 악의와 의도를 교감으로 인지하되 이에 공감하지 않을 때 이차적으로 생겨나는 교감감정이다.

- 미움(증오)

　미움(증오)은 사랑하고 싶은 마음을 품은 자아에게 보이는 타아의 냉담함이나 무시하는 표정을 교감적으로 인지하고 여기서 생기는 좌절감에서 타아를 짓찢거나, 또는 사랑하던 사람의 배신을 교감적으로 인지하고 느끼는 배신감에서 배신자의 타아를 짓찢는 교감감정이다. 미움은 바라는 사랑이 좌절되어 사랑을 갈구하는 심정(crying for failed or frustrated love)이다.

　미워하는 자아는 여전히 자신이 미워하는 상대방으로부터 사랑을 갈구하므로 미워하는 상대에 대해 '반감'까지 가지지는 않는다. 미움은 타아가 자아의 사랑하고 싶은 마음을 알아주고 적절히 호응할 때 눈 녹듯 사라진다. 그래서 '미움의 특효약'은 사랑이고, 미움은 사랑과 표리관계에 있다고 하면서 "미운 정 고운 정"을 운위하는 것이다. 미움은 사랑과 무관하게 존재하는 독립적 감정이 아니다. 미움은 '사랑을 달라는 일시적 보챔'이요, 결여된 사랑에 애타는 '계기적' 감정일 뿐이다.

　그러나 삶의 공간을 같이 합치거나 가정을 꾸린 '이성異性 간 사랑'의 경우에 배신은 미움 이상의 격한 부정적 감정을 낳는다. 가정 또는 삶의 공간을 같이 하며 동거하는 경우에 사랑하는 사람들은 대개 상대방을 자기의 고유한 '터전'의 일부로 여긴다. 따라서 제3자가 자기의 배우자 또는 애인을 유혹한 경우에 동거인은 유혹에 넘어가 자기를 배신한 배우자나 애인을 미워하는 정도에서 그치지 않고 배신자와 제3의 관계자에 대해 '적개심'까지 느낀다.

인간과 동물들은 삶을 위한 고유한 터전 또는 고유한 '영역'이 필요하고 이 터전을 지키려는 '텃세본능'(영역본능)이 있다. 적개심은 제3자가 '터'를 침범할 때면 자동적으로 발동되는 텃세본능에서 침입자를 타격하려는 방어감정이다. 적개심이란 영역본능에서 영역을 침범한 제3자를 '침략자'로 보고 힘으로 격퇴하려는 격정이다. 프라이버시에 속하는 가정이나 삶의 내밀한 공간에서 동거하는 배신자 파트너는 은밀하게 동거인을 살해할 수 있다. 따라서 배신당한 동거인은 이를 알게 될 경우 배신자를 적과 내통한 간첩 같은 '내부의 적'으로 보기 마련이다. 그러므로 '적개심'은 유혹하는 자에게 넘어간 배신자에까지 미칠 수 있다. 그리하여 배신당한 동거인과 배우자가 배신자와 이 자와 관계된 제3자를 같이 해치는 치정사건이 자주 일어나는 것이다.

그러나 내밀한 공간에서 동거하지 않는 애인들 간 사랑에서 배신은 적개심까지 초래하지 않고, 다만 미움만을 낳는다. 이 미움도 다른 미움처럼 상대방이 다시 돌아온다면 해소될 수 있다. 결혼이나 동거 합의의 경우에 대개 사랑에 대한 공·사의 명백한 맹세가 있기 마련이지만, 사랑 자체에 대해 관행적으로 기대되는 암묵적 믿음 외에 명시적 언약이 없는 보통 사랑의 경우에 이 암묵적 믿음에 대한 배신은 용서될 수 있기 때문이다. 그러나 내밀한 공간에서 동거하는 부부들 간에 일어난 배신은 적개심을 초래하고, 이 적개심은 사랑으로 해소되지 않는다. 영역을 침범한 적과 내통한 배신자는 용서의 대상이 아니라, 격퇴의 대상이기 때문이다. 이 경우에는 냉정하게 생각하더라도 이혼하거나 갈라서서 멀리 떨어진 상태에서 '평화공존'만이 가능할 뿐이다. 이들 간에 사랑이 다시 회복되더라도 그것은 시간이 흘러 상황이 근본적으로 변하면서 우적友敵이 뒤바뀌는 (국제)정치세계에서 냉엄한 우적교체의 논리를 따를 뿐이다.

그러나 현대에는 '터'를 같이 쓰는 배우자와 동거인 관계의 사랑 파트너들이라도 배신사건의 경우에도 텃세본능의 적개심 코드를 타지 않고, 미움 코드를 타는 경우가 더 많다. 배우자나 동거인이 배신한 경우에도 파트너가 배신자에 대한 미움으로 그치고 적개심을 발동시키는 일 없이 간단히 헤어지는 길을 택하는 경우가 훨씬 더 흔하고 정상적인 것으로 보인다는 말이다. 역으로, 배우자나 동거인의 배신이 치정사건으로 극화되는 경우가 훨씬 줄어들고, 치정사건 자체가 연적戀敵과 배신자를 물리적으로 제거하던 봉건시대의 유습 같은, 또는 조폭적 행태 같은 '전근대적' 범죄로 느껴지고 있다. 이것은 이성 간의 접촉이 잦은 현대적 공동체에서 배신자를 버리고 다른 짝을 찾아 새 터를 꾸릴 가능성이 크고, 또 개인적 신변이 더 안전해진 현대사회에서 배신자와 그 동맹자에 의해 소가족의 '터'를 침범당한 위험이 감소했고, 침범당했다고 하더라도 새 터를 다시 차리기가 비교적 쉬워졌기 때문인 것으로 보인다. 이에 따라 근래의 도덕의식은 사랑의 배신자보다 살인자를 더 큰 죄인으로 여기게 되었다. (그러나 과거에는 양자가 비슷한 죄악으로 간주되었다.)

정리하자면, 터를 정하고 동거하는 이성 간 사랑의 경우에 배신에 대한 파트너의 반응은 미움과 적개심 사이에서 동요한다. 적개심 코드를 탈 수도 있고, 미움 코드를 탈 수도 있다는 말이다. 그러나 현대사회로 갈수록 여러 가지 여건의 변화로 단순한 미움 코드를 탈 확률이 훨씬 더 커졌다. 미움 코드의 경우에는 동거인의 배신에도 사랑의 치유력으로 미움이 해소되어 파트너들이 서로 옛 과오를 용서하고 재결합할 가능성도 훨씬 더 커졌다.

– 적개심

'적개심(animosity)' 또는 '적의敵意(enmity)'는 상론했듯이 사랑에 의해 해소되는 미움(증오심)과 본질적으로 다르고, 또 증오심과 본질적으로 무관하다. 적개심은 오직 방어적 텃세본능(영역본능)에서 자기의 신체와 생명, 그리고 '터'를 침범한 침략자의 침략의도 또는 정복욕을 교감적으로 인지한 경우에 침략자의 격퇴를 위해 발동되는 본능적 교감감정이다. 여기서 하늘이 개체와 집단에게 생존과 번식을 위해 품부한 '터'는 자기의 생명·신체·가족의 안전과 거주지와 공동체의 안전을 지키고 양식을 구하는 영역이다. 성인들의 적개심은 '다른 사람들'의 침략적 정복욕이나 침략의도에 대한 교감적 인지에서 생겨나는 '교감감정'이기에 '사물'에 대해서는 발동되지 않는다.

또 본능적 '적개심' 또는 '적의'는 본질적으로 방어적이기 때문에 침략야욕이나 정복욕에 대해 정확히 반대되는 대립감정이다. 사냥과 침략은 인간의 본능이 아니다. 진화론적으로 인간의 본능은 밀림과 숲속을 뒤지는 탐색과 채집이다. 인간에게 사냥은 '사냥본능'에 의해 수행된 것이 아니라, 대뇌피질의 지능과 변연계의 탐색본능, 그리고 순치된 개와 말에 의해 뒷받침되는 일시적 생활문화였을 뿐이다. '침략'은 유목·목축사회의 초지부족과 농경시대의 — 가뭄·냉해·홍수·기후변화 등 천재天災에 기인한 — 식량부족에서 불가피하게 채택된 생존차원의 일시적 비상조치였거나, 제국주의자와 사이코패스 정치지도자, 그리고 광신적 사이코혁명가 등에 의해 자행된 만행이었을 뿐이다.[401]

그러나 침략에 대해 텃세·영역본능에 기인한 적개심과 방어투쟁은 이 텃세가 본능인 한에서 우리의 본능이다. 인간의 수렵과 육식이 유전자가 아니라 초식·채집본능에 덧씌워진 문화적 습성에 지나지 않기 때문에, 본성상 인간은 평화적이고 본질적으로 방어적인 것이다. 이런 까닭에 가족보호 본능을 촉진하기 위해 남성에게서 많이 분비된다는 바소프레신 호르몬에서 나오는 적개심은 투쟁 호르몬이지만, 오직 배우자와 새끼를 보호하기 위해 침입자와 침략자를 물리치는 방어적 텃세용으로만 작용한다.[402]

'적개심'은 자기보존의 생존도덕을 뒷받침하는 도덕감정, 나아가 살신성인해야만 하는 신성한 국방의무라는 인의적 정체성도덕까지도 뒷받침하는 도덕감정이다. 적개심은 자기의 삶의 터전 또는 영역을 방문하는 것이 아니라 자기의 영역(터전)으로 쳐들어오는 침입자의 침략적 의도를 교감적으로 인지하고 발동되는 부정적 교감감정이다. 여느 국민이든 영역본능과 침입자에 대한 교감감정

---

401) 참조: 황태연, 『감정과 공감의 해석학(2)』, 1600쪽.
402) 참조: Panksepp, *Affective Neuroscience*, 188-189쪽.

적 적개심에서 외적의 침입에 일제히 분기탱천하고 침략을 본능적으로 물리치려 한다. 침략자에 대한 방어·척외斥外 본능으로서의 '텃세본능'(영역본능)은 본성적으로 침략과 침략자를 반대하기 때문에 침략자를 물리치는 '방어전쟁'이라면 자기 목숨을 초개와 같이 여길 정도로 침략자에 대해 치열한 '적개심'을 표출한다. 하지만 어떤 명분도 있을 수 없는 '침략전쟁'에 대해서는 굶어죽지 않는 한 무조건 반대하고, 전쟁터에서 '개죽음'을 당해야 할 장병과 국민들의 입장에서는 결사적으로 반대한다.

이런 까닭에 무솔리니·히틀러·도조히데키·김일성 등 침략자들도 모두 다 '폴란드의 침공'이니, 중국군의 '유조구 도발, 노구교 도발'이니, '미제의 북침'이니 하며 상대방의 방어전쟁을 '침략전쟁'으로 뒤집어 날조했다. 그리고 그들은 '폴란드의 침략에 대한 방어전쟁이니, '생존공간(Lebensraum)'의 확보를 위한 자위전쟁이니, 공산주의에 대한 '방역선' 수비전쟁이니, 서양백인들에 대한 '대동아공영권'의 수호전쟁이니, '침략자 미제를 물리치는 조국해방전쟁'이니, 심지어 '공격은 최선의 방어'니 하는 '영역방어'의 기만적 구호들을 내걸고 국민의 텃세본능과 방어적 적개심을 자극함으로써만 침략전쟁에 국민을 끌어들일 수 있었던 것이다.[403] 그러나 침략전쟁은 침략당한 국민들이 텃세방어 본능에서 내뿜는 고갈되지 않는 애국적·애족적 적개심과 전의戰意로 인해 길어질 수밖에 없다. 침략전쟁이 길어지면 저런 기만적 구호들은 전쟁에 지쳐가는 국민들에게 점차 들통나고 기만당한 국민들의 거짓 '적개심'도 소진되어갈 수밖에 없다. 결국 침략국은 모든 속임수와 기만의 일시적 마취효과가 바닥나고 국민들도 잘못된 적개심과 전의를 잃어가면서 패전을 맞는다. 그러나 국민성이 소음인 체질로 거의 단일화되어 있어 배외적排外的인 민족들은 마치 효과가 전쟁 완패가 분명해질 때까지도[404] 해소되지 않고 반성하지 않는다.

제1·2차 세계대전을 겪으면서 국제법도 이 텃세본능에 따라 새로이 제정되었

---

403) 참조: 황태연, 『감정과 공감의 해석학(2)』, 1601쪽.
404) 독일과 일본의 소음인적 국민성에 대해서는 참조: 황태연, 『사상체질: 사람과 세계가 보인다』 (서울: 생각굽기: 2023), 제4부4장 "소음인의 나라".

다. 이제 인류는 정의와 불의를 따지고 정의의 군대가 불의의 군대를 응징하던 중세의 '정의의 전쟁(bellun iustum)' 시대에서 정부正否차별을 따지지 않고 전쟁 당사국 쌍방에 무차별적으로 전쟁권리를 인정하는 18-19세기의 '무차별전쟁' 시대로 바뀌었다가, 다시 침략과 분쟁해결을 위한 무력행사를 불법으로 보고 분쟁의 평화적 해결을 의무화하고 방어전쟁만을 합법으로 규정한 '합법전쟁'의 시대에 이르렀다.[405]

■ 반감 또는 거부감

'반감' 또는 '거부감(antipathy)'은 타인의 기쁨이나 즐거움, 또는 행동의 의도를 교감적으로 인지하고 그것을 시비감각에 의해 도덕적으로 부당·부정한 것이라고 느낄 때 일어나는 부정적 교감감정이다. '반감'은 '동감'의 반대말이다. 교감적으로 인지된 타인의 감정과 의도에 대해 공감하는 경우에는 '동감'이 생기는 반면, 부당하게 판단해서 공감하지 않을 때는 '반감'이 일어난다. 반감은 타인과 타인의 그 부당한 감정을 둘 다 겨냥하고, 타인과 이 감정들을 분쇄하려들거나 저주하는 파괴적 감정이다.

공감과 동감은 상대방과 사람들의 감정 및 행위를 '실감'하게 해주는 뜨거운 '인지' 효과(이해의 효과)를 갖지만, 반감이나 거부감도 사람들의 감정과 행위를 실감케 해주는 부정적 '인지' 효과가 있다. 반감이 주는 부정적 인지효과는 차갑다. 가령 이순신 장군의 해전 기록에서 우리는 이순신과 그를 도운 장병들의 적개심과 목숨 건 전투행위를 교감적으로 인지할 뿐만 아니라 이에 공감해서 동감을 통해 그들의 적개심과 행위를 열렬히 실감하지만, 왜군 장수들의 승리감과 좌절감을 교감적으로 인지할지라도 이에 대해 동감이 아니라 반감을 느끼고 이 반감을 통해 그들의 감정과 행동을 차갑게 실감한다.

---

405) 1928년 8월 체결된 부전조약(Treaty for the Renunciation of war) 또는 켈로그-브리앙조약은 국제분쟁의 해결을 위해 전쟁에 호소하는 것을 피하고, 국가의 정책수단으로서의 전쟁을 포기할 것(1조), 일체의 분쟁은 평화적 수단에 의하여 해결할 것(2조)을 규정함으로써 "평화에 대한 죄(crime against peace)"를 새로운 일반국제법으로 제정한 조약이다.

■ 오만과 시기

오만(pride)과 시기심(envy, jealousy)은 둘 다 부정적 교감감정이다. 오만은 타인의 공감이 없는데도 자대自大하는 감정이고, 시기심은 타인의 부당한 이익획득이나 성공 또는 인기를 싫어하는 감정이다.

- 오만(자만)

'오만'은 긍정적 공감감정인 '자긍심(긍지 · 자부심)'의 대립감정이다. '오만'은 자타 비교본능 속에서 자기의 장점 때문에 타인들이 불쾌해 하는 것을 교감으로 인지하지만 이를 무시하고 자대自大하는 교감감정이다. 오만은 불쾌한 교감감정이기 때문에 타인들이 확연하게 느낀다. 반면, 자긍심(긍지)은 밖으로 드러나지 않아서 타인들이 잘 느낄 수 없다.

무능력자들이나 자포자기한 자들에게서는 오만을 찾아볼 수 없다. 따라서 적어도 자포자기한 자들이나 무능력자들의 심정을 뛰어넘어 약간의 능력과 이에 대한 자신감을 가진 자들만이 오만을 부릴 수 있다. 아무런 근거도 없는 오만은 거짓된 자기과장과 허위적 자기치장으로 자기의 정체성까지 위장하는 '허영(vanity)'으로 둔갑한다. '오만'은 자만 · 교만 · 교심驕心 등으로도 표현된다. 상술했듯이 영어에서 '오만'은 '긍지'와의 구별 없이 'pride'로 표현한다.

- 시기(질투심)

'시기' 또는 '질투심'은 성공 · 성취와 새 붕우의 획득 등으로 인한 타인의 기쁨이나 즐거움을 교감적으로 인지해 시비감각으로 변별한 결과 부당하거나 사악한 경우에 이 감정에 공감적으로 동조하기는커녕 이에 반발해 깎아내리고(헐뜯고) 싶은 부정적 교감감정이다. '시기심'은 질시 · 질투 · 시샘 등으로도 불린다. 시기심 · 질투심은 얼마나 본능에 충실하게 발현되느냐에 따라 그 사회적 기능이 매우 양가치적이다.

시기심은 각자의 고유한 몫을 모두에게 분배하는 것을 정의 또는 공평으로 여기는 평등주의 정서와 함께 형성되었다. 진화론적 연구에 따르면, 호모사피엔스 사피엔스의 '평등주의' 정서는 5-10만 년 전에 확립되었다. 5-10만 년 전은 인간들이 순치한 개와 말을 타고 집단적으로 2-4톤의 체중을 가진 거대들소·거대사슴·자이언트캥거루·거대코알라·공조恐鳥(거대타조)·거대코끼리사촌(직상아 코끼리, 마스토돈, 곰포테레) 등 거대동물을 사냥하던 시대였다. 이 거대(초대형) 동물의 사냥에서는 개인기량의 중요성이 퇴조하고 집단적 기동과 협력이 중시되었다. 따라서 이 시기에는 사냥과정에서 개인적 수훈자의 중요성이 적어지고 개인들의 기여도가 평등해졌다. 그러므로 사냥 후 분배도 평등해졌다. 따라서 수렵된 거대사냥감의 고기 양이 엄청났으므로 '사자 몫(lion's portion)'을 두고 벌어지던, 사냥 실력의 우열에 따라 차등 분배하는 비례적 정의(비례적 평등)와 이를 둘러싼 불만과 갈등도 사라졌다. 이로 인해 이 시대에는 사회전반에 걸쳐 평등주의 정서가 확립되었다. 이와 동시에 평등주의에 어긋나는 감정과 행동을 규제하는 감정으로서 시기심이 발생해서 DNA로 착근되었다. 따라서 시기심은 원래 굳게 확립된 평등주의의 유지에 조응하는 평등지향적 감정이고, 평등주의를 훼손하는 행동을 규제하고 부당하게 위로 높이 올라간, 또는 높이 올라가려는 불평등한 출세자를 헐뜯어 다시 아래로 끌어내리려는 감정이다.

시기심은 거의 조류 이상의 모든 동물들에게서도 확인된다. 뒤에 상론하는 바와 같이 조류 이상의 동물들에게는 평등주의 감정이 없어도 '이기적 정의감'(자기 것의 '박탈'을 억울하게 느끼거나 '지나친' 불평등을 '박탈'로 느껴 거부하는 소극적 성격의 '양적 평등·정의감')은 있기 때문이다. 따라서 동물들은 사람이 불평등하게 대하면 특대를 받는 다른 동물을 시기심에서 공격하거나 사람의 지시를 따르지 않는다. 그러나 이 시기심은 평등주의 정서에서 발동되는 것이 아니기 때문에 정확하지 않고 정도가 심하지 않다. 따라서 동물들은 불평등한 대우를 받아도 어느 정도까지 개의치 않고 보아 넘긴다. 그러나 너무 심히 불평등하게 대하면 그때야 시기심을 드러내며 불쾌감을 표한다. 또한 동물들은 자기 외에 다른 동물들이 불평등한 대우를 받아도 개의치 않는다.

반면, 인간의 시기심은 동포애에 기초한 '적극적' 성격의 '양적 평등'(아리스토텔레스)의 보편적 평등주의 정서에서 발동되기 때문에 특정인이 특권을 누리고 이 때문에 제3자가 불공평한 대우를 받는 경우에도 특권을 누리는 그 특정인을 시기한다. 그리고 인간은 불평등과 불공평에 아주 민감하게 반응하며 공적 시기질투심의 위화감을 표한다. 따라서 인간은 임의의 타인이 평등주의 정서를 조금만 해쳐도 언제든 시기심을 발동한다.

타인이 부당한 일로 인해 이익을 보는 경우에 발동되는 시기심은 정당할 수 있다. 가령 악행이나 부당이득의 기쁨이나 부당하게 형성된 재력과 권력의 향유 또는 불화위험을 야기하는 재력과 권력의 부당한 행사에 대한 시기 또는 질시·견제심리는 정부正否의 교정을 바라는 평등주의적 도덕감정이다. 이런 시기심은 때로 불선과 불의를 벌하려는 정당한 '사회적 복수심'과 의협심을 뒷받침해주고 정당한 응징 욕망을 낳는다. '사회적 시기심'은 특별히 '사회적 위화감(Sozialneid)'이라 불린다. '사회적 위화감'은 불평등 분배의 개선을 추동하는 진보적 에너지이고, 균형회복 정책의 시급성을 알리는 경고지수이기도 하다.

반면, 이 사회적 위화감의 주요 표적이 되는 부자들을 대변하는 보수주의 사회철학자들은 '사회적 위화감'을 '평등주의적 시기심'으로 격하하고, '생물학적 평등이나 사회적 평등 또는 형이상학적 평등은 불가능하다'는 예단 아래 '평등주의적 시기심'을 최고의 반동적 감정으로 비난한다. 가령 스페인의 극우반동주의자 곤잘로 데 알 모라(Gonzalo F. de al Mora)는 1987년 평등주의를 "불가능한 악몽"으로 몰아붙이고 "사회가 시기에 대한 이 유혹의 희생물이 되면 될수록, 사회의 진보는 더 지체될 것"이므로 "평등주의적 시기심은 최고의 반동적 사회감정이다"고 강변했다.[406] 데 알 모라는 "태초에 말씀이 있었다"는 창세기 십계명의 제1조로 "나는 질투어린 신이다(I am a jealous God)"라고 호언한 기독교 하느님도 다른 신들을 시기·질투하는 마당에 인간의 본능적 시기심을 폐기하기라도 하려는

---

406) Gonzalo Fernandez de al Mora, *Egalitarian Envy: The Political Foundations of Social Justice* (San Jose·New York: toExcel, 1987·2000), 186쪽.

듯이 근거 없는 '시기 비방'을 자행하고 있다. 그러나 '프랑코주의자' 데 알 모라의 이 시기 비방은 되레 대중의 '사회적 시기심'이 얼마나 정의롭고 옹골찬 진보동력인지를 역설적으로 잘 홍보하고 있다.

시기의 진보적 역할은 선사시대에도 사실이었다. 홍적세 선사시대(180만 년-1만 년 전의 시기)의 어느 시점에 "어떤 식으로 우리 인간들은 알파(우두머리)를 제거했고, 이로써 평등주의적이 되었다. 평등주의 방향으로의 이러한 결정적 발걸음이 권력·먹거리·섹스와 관련된 알파 폭군들의 특전에 대한 평민적 시기로부터 동기를 부여받았다는 것은 논리적이다."[407] 인간의 평등주의적 심성과 함께 시기도 유전자화된 것이다.

그러나 평등주의와 무관한 과도하고 근거 없는 시기질투심은 그 사회적 기능이 무척 해롭다. 근거 없는 시기질투심은 음해비방과 악심을 낳을 뿐이다. 적당하고 적절한 시기만이 평등 회복에 기여한다. 이런 까닭에 앞서 시기의 사회적 기능이 양가치적이라고 말한 것이다.

상술했듯이, 영어는 '시기심'을 '부러움'과 구별하지 않고 둘 다 'envy'나 'jealousy'로 표현함으로써 시기심을 더욱 양가치적으로 만들어 놓는다. 그러나 시기심은 우리로 하여금 시기당하는 타인을 헐뜯도록 만드는 반면, '부러움'은 부러움의 대상이 되는 타인을 칭찬하도록 만든다. 시기심은 악명과 경멸을 야기하는 반면, 부러움은 명성과 인기를 야기한다. 다시 확인하지만 공감감정 '부러움'과 '교감감정' 시기심은 질적으로 다른 감정이다.

■ 경멸감과 혐오감

'경멸감'은 열등하거나 부도덕한 자가 잘난 척하거나 선한 척할 때 그의 못난 의도나 위선적 의도를 교감적으로 인지하고 그 의도를 깔보고 혐오하는 부정적 교감감정이다. 따라서 경멸감은 늘 혐오감을 동반한다. '경멸'은 모멸·멸시·무시·하시下視·천시賤視 등으로도 표현된다. '경멸'은 본래 음식섭취와 관련된 '역

---

407) Boehm, *Moral Origins*, 151쪽.

겨움'이라는 단순감정으로부터 전용된 감정이다. '역겨움'이 '도덕적 경멸'과 연결되어 있듯이 이 경멸감도 종종 '도덕적 경멸감'이다. 실험에 의하면, 도덕성과 무관한 역겨운 사건도 사람들의 도덕적 판단에 영향을 미친다. 가령 더러운 방안에 있는 사람들은 깨끗한 방에 있는 사람들보다 더 가혹한 도덕적 판단을 내린다. 도덕적 경멸은 소화 반발로부터 유래하는 비도덕적 역겨움의 '체화體化'다.[408]

■ 악심과 고소함

'악심' 또는 '악의(malice)'는 타인의 기쁨·즐거움·행복을 교감적으로 인지하고 무단히 이를 불쾌하게 여겨 이 타인에게 해코지하려는 부정적 교감감정이다. 악심은 어떤 경우에도 도덕적으로 악하다. 타인에게 해코지하면서 희열까지 느낀다면 이 악심은 사이코패스적 '잔학(cruelty)'이다.

'고소함'은 나쁜 놈의 아픔·슬픔·괴로움·불행을 교감적으로 인지하고 이것을 속 시원히 여기거나 재미있어 하는 감정이다. '고소함'은 원래 '볶은 깨나 참기름에서 나는 맛이나 냄새와 같다'는 뜻이나 전용되어 '나쁜 사람이 잘못되는 것을 보고 속이 시원하고 재미있다'는 뜻을 갖게 되었다. '깨소금 맛이다'라고도 표현하고, 더욱 강조할 때는 '깨고소하다'라고도 표현한다. 독일어는 'Schadenfreude'이고, 영어로는 'schadenfreude' 또는 'gloating'이다.

'고소함'은 미움·적개심·시기·악심·잔학과 더불어 교감과 공감의 구분, 교감감정과 공감감정의 구분의 필요성을 절실하게 느끼게끔 하는 전형적 교감감정이다. 왜냐하면 '고소함'은 타인의 고통에 대한 교감적 인지에서 공감이 일어나 유사한 공감감정인 '기분나쁜' 감정이 생기는 것이 아니라, 반대로 '기분좋은' 감정을 느끼기 때문이다.

선량한 시민들이 악인이나 범죄자에게 가해지는 적법한 징벌의 고통을 사법적 정의의 획복으로 속 시원하게 느끼는 경우에 도덕적 복수심과 통하게 되는 '고소

---

408) Krebs, *The Origins of Morality*, 210-211쪽.

함'은 '고소함'을 인간애와 정면으로 대립되는 악덕으로 분류한 칸트도 부정하지 못했다. 칸트는 "화禍나 악을 조장하는 선까지 나아가는 경우"의 '고소함'을 '잔학성'이라 부르는 것이 아니라 '가중적 고소함'이라 부르는 반면, 자타의 행·불행의 대비 속에서 증가하는 상대적 행복감조차도 고소함의 일종으로 보는 언어도단을 범하고 있지만, "고소함도 인간본성에 또한 낯설지 않다"고 하여 무해한 '고소함'을 나름대로 인정했다.409) 또 칸트는 "인간본성을 증오스럽게 만들 모든 악덕들"을 원칙의 의미에서 "가중적인 것"으로 이해하면 이 악덕들이 객관적으로 "비인간적"인 반면, 적어도 주관적으로 헤아리면, 즉 "경험이 우리의 유類를 알도록 우리에게 가르치는 바"에 따라 헤아리면 "인간적"이라고 말함으로써410) 고소한 감정의 인간다움을 더욱 분명하게 인정했다.

하지만 칸트는 고소한 감정의 대상인 사람의 도덕성을 중심에 놓고 고찰하지 않음으로써 큰 오류를 범했다. 그는 도덕적 악인이 당하는 고통을 속 시원한, 정의로운 징벌로 느끼는 '고소함'과 선한 사람이 당하는 고통에서 기쁨을 맛보는 '악심'을 뒤섞어 버리고 있다. 따라서 그는 "화나 악을 조장하는" 악심도 "가중적 고소함"이라 부름으로써 무고한 사람을 해치고 기뻐하는 '잔학함'과 '고소함'의 본질적 차이를 "인간적인 것"이라는 말로 깔아뭉개버리고 있다. 화나 악을 초래하는 '잔학함'도 "인간적"이라고 말하는 이 구절은 칸트 자신이 사이코패스였다는 것을 보여주는 그의 수많은 구절 중에 하나다.

---

409) Immanuel Kant, *Metaphysische Anfangsgründe der Tugendlehre*, §36, A135-136쪽: "동정심의 정반대인 고소함도 인간본성에 또한 낯설지 않은 것이다. 물론 고소함은 화(禍)나 악을 조장하는 선까지 나아가는 경우에 인간증오를 가중적(加重的) 고소함으로 가시화해 끔찍한 모양으로 현상할 것이다. 그러나 우리 자신의 복지를 더욱 밝은 빛 속에 옮겨 놓기 위해 남들의 불행이나 추문 속으로의 추락이 흡사 배경으로서 우리 자신의 복지에 끼워진다면, 자기의 잘 삶과 복지상태를 더 강렬하게 느끼는 것은 물론 상상력의 법칙, 이를테면 대비의 법칙에 따라 본성에 근거해 있다."

410) Kant, *Metaphysische Anfangsgründe der Tugendlehre*, §36, A137-138쪽 [주해].

제3절

도덕감정(도덕적 공감감정)

드디어 도덕감정에 이르렀다. 상론했듯이 공감감정은 '일반적 공감감정'과 '도덕적 공감감정'으로 대별된다. '도덕적 공감감정'은 간단히 '도덕감정'이라 부른다. 도덕감정은 '소덕적小德的 도덕감정'과 '대덕적大德的 도덕감정'으로 구분된다. '생존도덕'의 덕목들을 감정적으로 뒷받침하는 소덕적 도덕감정은 생존을 위해 필요한 근면, 검약, 소박, 인내심, 자제력, 민완, 상호주의, 공평심, 핵심가족(부모 · 형제 · 자매)간의 근친상간금기, 방어의무감(적개심), 상호주의(개명된 이기심) 등이다. '인의적 정체성도덕'의 덕목들과 관련된 '대덕적 도덕감정'은 동정심(측은지심), 정의감(의로움; 수호지심), 공경심(사양지심 또는 공경지심), 시비감정(시비지심) 등이다. 이 '대덕적 도덕감정들'이 인의적 정체성도덕의 인 · 의 · 예 · 지 등 4개의 대덕을 기저에서 뒷받침해주는 감정들이다.

3.1. 동정심(측은지심)

동정심(측은지심)은 공맹의 4대덕 중 첫 번째 덕목인 '인仁'의 단초적 도덕감정이다. 따라서 인덕仁德을 제대로 이해하기 위해서는 먼저 동정심에 대한 이해가 필수적이다. 그러나 동정심의 정밀 · 정확한 이해는 그리 쉽지 않다.

■ 사랑, 인간애, 인류애, 동정심의 상관관계

구체적 인간들 간에 공감을 통해 형성되는 특정인과 특정인 간의 특칭적 사랑은 첫 번째 중요한 공감감정이다. 인간애와 같은 인간적 생명애로서의 자연적(본성적) 사랑이 아니라 아무개와 아무개 간의 이 특칭적 사랑 개념에 대해서는 상론했다. 이 특칭적 사랑은 인간적 행복의 전제이지만 자타 간의 '대등한' 사랑이기에 도덕적 감정은 아니다. 그러나 일시적으로, 또는 장기적으로 자기보다 어려운 처지에 있는 자연적·사회적 취약자 또는 유약幼弱한 상태에 처한 타인을 도와주고 싶은 불특정한 비대칭적 인간사랑으로서의 '동정심'과 '자애심'은 도덕감정이다. 유약한 어린것들에 대한 성인의 동정심은 특별히 '자애심'이라고 한다. 따라서 동정심은 자연적 '인간애'의 도덕적 변형태다.

'인간애'는 인간간의 본유적 생명애로서 생물적 본성에 속한다. 반면, '인류애'(박애)는 인류를 다른 동물들과 구별해 특칭해서 인류에게 발동되는, 따라서 본유적 생명애(생물학적 인간애)를 넘어선 보편적 인간사랑이다. '인류애'는 특칭적 사랑이 '익명적 뭇사람'에게로 무한히 확대되는 사람사랑으로서의 인애仁愛다. 인애로서의 '인류애'는 '익명적 뭇사람'을 향하고 그렇기 때문에 견지하기 어려운 까닭에 일종의 도덕감정이다. 말하자면 인류애는 인류를 특칭해서 발동되는 '보편적 동정심'인 셈이다. 왜냐하면 '익명적 뭇사람'은 대개 병들고, 굶주리고, 사고나 변고를 당하고, 전화戰禍에 시달리거나, 단 한 사람의 예외도 없이 늘 그럴 위험에 처해있고, 유약幼弱하고, 숙명적으로 죽음을 향해 늙어가는 '인간적 약자들'이기 때문에 확장적으로 발동되는 사랑의 감정인 것이다. 따라서 이 '인간적 약자들'로서의 '익명적 뭇사람'에 대한 우리의 보편적 사랑의 시선은 대등하지 않고 늘 비대칭적이다. 익명적 뭇사람에 대한 사랑은 뭇사람을 자식처럼 보살펴주어야 할 약자로 보고 도와주고 싶어 하는 일종의 가상적 '내리사랑'이기 때문이다. 익명적 뭇사람을 향한 이 공감적 내리사랑은 바로 동정심의 이종異種이다. 동정심은 이안 서티가 말한 본능적 '부모애(parental love)'로부터 공감적으로 일반화되어 발달한 감정이다. '뭇사람'을 향한 내리사랑으로서의 이 '동정심'을 공자는 '참달지심憯怛之心'이라 불렀고,[411] 맹자는 '측은지심'이라 불렀다.

인간과 모든 포유동물에게 있어 사랑은 존재론적이다. 사랑이 없으면 인간은 죽거나 죽은 것이나 다름없이 무력화된다. 이 사랑에는 특정한 사람끼리 마주보는 대등한 '특칭적 사랑'과 '생물학적 인간애'가 있다. 모든 인간에게 본유하는 '인간애'는 도덕적 공감감정 '동정심(측은지심)'의 전제로서 기능한다. 이런 한에서 인간애는 쉽사리 도덕감정과 연관된다. '특칭적 사랑'도 동정심의 전제로서 기능할 수 있다. 그러나 이 특칭적 사랑은 동정심이라는 도덕감정의 전제일 뿐이라서 그것 자체가 동정심은 아니고, 따라서 도덕감정이 아니다.

그러나 특칭적 사랑도 동정심과 관련해 중요한 요소일 수 있다. 특칭적 사랑이 맺어진 파트너들 사이에서는 한 파트너가 아프거나 다친 경우에 동정심은 보통 사람들 간의 인간애적 동정심보다 더 세게 발동되기 때문이다. 특칭적 사랑은 동심, 다정다감, 우정, 친함, 경애, 호감 등 다양한 형태로 변형되어 나타난다.[412] 구체적 개인을 향하는, 따라서 보편적 '생명애'에 속하는 '인간애'를 넘어가는 '특칭적' 사랑은 '공감적 사랑'인 반면, '인간애'는 공감을 생략한, 또는 유전자로 응축한 '생물학적 본능의 사랑'이다. 특칭적 사랑은 의식적·대자적인 반면, 생물학적 인간애는 무의식적·즉자적이다. 상술했듯이 특칭적 사랑은 특칭적 인간이나 특칭적 동물의 존재감과 감정에 대한 공감에 근거해 인간적·동물적 '타아'를 좋아하는 것이다. 따라서 특칭적 사랑은 늘 공감에 의해 발생하는 공감감정이지만 단순감정 '좋아함'을 전용한다. 따라서 사랑을 느낄 경우는 사랑 여부 판단이 복내측 전전두피질에서 내려오더라도 단순히 '좋아함'을 느낄 경우와 동일하게 변연계 영역이 활성화된다. 귀가하는 식구들과 방문판매원이 한 초인종을 같이 쓰는 격이다.

대등한 공감적 일체감으로서의 특칭적 사랑은 공감을 전제하지만, '공감'과 공감감정적 '측은지심(동정심)'은 '특칭적 사랑'이나 적어도 생물학적 '인간애'와

---

411) 『禮記』「表記 第三十二」: "속마음이 참달(측은)한 것이 뭇사람을 사랑하는 인애다(中心憯怛 愛人之仁也)."
412) 참조: Hume, *A Treatise of Human Nature*, Book 2. *Of the Passions*, 286쪽.

'생명애'를 전제한다. 측은지심은 사랑과 인간애를 전제할지라도 엄격히 말하자면 대등한 사람끼리 마주보는 '특칭적 사랑'이나 모든 인간에게 본유하는 생물학적 '인간애'와 차원이 다르다. 측은지심은 곤경에 처해 있거나 자기보다 유약한 어린 사람이나 생명체에 대한 사랑에서 이 사람을 도와주거나 보살펴주고 싶은 마음이기 때문이다. 반면, 특칭적 사랑은 서로 대등한 위치에 있는 사람들 간에 대칭적으로 표출된다. 인간애는 강·약자에 대한 구별의식 없이 무차별적이다. 반면, 자기보다 어려운 처지에 있는 사람이나 유약한 사람을 안쓰럽게 여겨 이 사람을 돕거나 보살피고 싶어 하는 감정인 동정심은 비대칭적이다.

그러나 측은지심이 특칭적 사랑이나 생물학적 인간애의 밑받침이 없다면 불가능하기 때문에, 그리고 이런 사랑의 도덕적 연장선상에 있기 때문에 측은지심을 사랑과 질적으로 다른 감정으로 보는 것은 오류일 것이다. 특칭적 사랑이나 인간애를 중단시키거나 무력화시키는 특칭적 증오나 적개심, 또는 경멸·혐오감을 야기하는 상대방에게 우리는 측은지심을 느끼지 않기 때문이다. 아기를 양육하는 엄마는 자기의 양육 노력이 없으면 죽을 수밖에 없는 무력한 아기에 대한 본능적 측은지심을 언제나 강렬하게 느끼는 것과 동시에, 공감·동조·미소·웃음·재롱·사랑으로 보답하는 아기에 대해 사랑을 동시에 맛본다. 이때 엄마의 동정심과 사랑은 상호전제적 감정들이다. 또는 측은지심은 비대칭적 상황에로 연장되고 상하관계로 변형되는 사랑이다. 따라서 아이에 대한 부모의 비대칭적 측은지심(동정심)과 대칭적 사랑이 혼합된 '양육적 사랑(nurtural love)'을 공자는 '자애慈愛'라 부른 것이다.

그런데 찰스 다윈은 동정심을 사랑과 판이한 감정으로 생각했다. "엄마는 자신의 잠자는 수동적 유아를 정열적으로 사랑할 수 있지만, 그녀는 이런 때에 이 유아에 대해 동정심을 느낀다고 말할 수 없다"는 것이다. 그리고 동정심은 동종 간에만 발휘된다는 것이다.[413] 이 논변에는 몇몇 무리한 주장들과 오류들이 뒤섞여 있다. 동정심은 인간에 대해서만이 아니라 동물들에 대해서도 발휘되는 인간

---

413) Darwin, *The Descent of Man*, 106쪽.

의 본능적 도덕감정이다. 그러나 다윈의 논변을 읽다보면 동정심이 본능적 도덕 감정이 아니라, 마치 경험의 소산으로 보는 것 같은 의미로 읽힌다. 그리고 동정심의 범위를 '동종'으로 좁힌 것도 오류다. 사자나 호랑이도 지극히 드물지만 다른 종의 어린새끼들에 대해 동정심을 가진다. 보노보 침팬지는 날아가다가 장애물에 부딪혀 기절한 새를 보살펴 살려내서 날려 보낸다. 그리고 인간은 개와 마소의 고통에 동정심을 느낀다. 역으로, 개도 울거나 아파하는 주인에게 동정심을 표한다. 따라서 "모든 동물들에게 있어 동정심이 같은 공동체의 구성원들만을 향하고, 그러므로 아는 구성원들, 그리고 다소 사랑하는 구성원들만을 향한다"는 다윈의 주장은[414] 그릇된 것이다. 다윈은 동정심을 미약하게나마 발동시키는 에드워드 윌슨의 보편적 '생명애' 가설을 아직 생각지 못했던 것으로 보인다. 또 "사랑하는 사람에 의해 불러일으켜지는 동정심의 정도가 무관심한 사람에 의해서 불러일으켜지는 동정심보다 헤아릴 수 없이 더 강렬하다는 사실"은 옳지만, "아는 구성원들, 그리고 다소 사랑하는 구성원들" 간의 사랑과 같은 (특칭적) 사랑이 없으면 동정심이 발동되지 않는다는 그의 주장도[415] 그릇된 것이다.

본성적 인간애(인간끼리의 보편적 생명애)의 전제 때문에 특칭적 사랑이 없어도, (생명애나 인간애가 증오와 적개심에 의해 차단당하지 않는다면) 측은지심은 거의 기계적으로 발동된다. 그러나 특칭적 사랑이든 인간애적 사랑이든 모종의 사랑이 전제되지 않는다면 측은지심이 발동되지 않기 때문에, 측은지심은 특수한 비대칭적 상황에서 베풀어지는 사랑, 즉 사랑의 특수한 변형태로 볼 수 있는 것이다. 사랑과 인간애는 도덕감정이 아니지만, 쉽사리 측은지심의 도덕감정을 야기하는 전제로 기능하고 또 이 도덕감정으로 전화된다. 그리고 사랑과 인간애는 강자와 약자를 가리지 않고 무한대로 공감적으로 확장되어 인류애로 바뀔 경우 바로 측은지심으로 전화된다. 상술했듯이 인류 전체는 강자보다 약자가 압도적으로 많고, 소수의 강자도 병약해지거나 노쇠해지거나 숙명적으로 죽을

---

414) Darwin, *The Descent of Man*, 106쪽.
415) Darwin, *The Descent of Man*, 106쪽.

수밖에 없는 존재이므로 실은 잠재적으로 약자이기 때문이다. 따라서 "아주 중요한 동정심의 감정은 사랑의 감정과 판이하게 다르다", 또는 "엄마는 그녀의 잠자는 수동적 유아를 정열적으로 사랑할 수 있지만, 그녀는 이런 때에 이 유아에 대해 동정심을 느낀다고 말할 수 없다"는 다윈의 주장도 빗나간 것이다. 엄마는 아기가 자랄수록 아기에게서 대등한 '사랑'을 더 많이 맛볼지라도 아기가 아직 아기일 때는 아기에 대해 마주보는 대등한 사랑보다 수직적 동정심('내리사랑'으로서의 '자애심')을 더 많이 느끼기 때문이다.

측은지심이 이처럼 사랑을 전제하고 또 사랑의 '도덕적' 변형버전으로 볼 수 있는 한에서 이 사랑과 사회적 유대 일반에 대해 더 천착해야 할 것 같다. 사랑의 철학적·심리학적 측면은 이미 비교적 상세히 다루었다. 여기서는 먼저 개념어들을 정리한 다음, 사랑의 신경과학적 측면을 상론할 것이다.

먼저 살펴볼 것은 생물학적(전前도덕적)·본능적 '인간애(humanity)'와 도덕적 '인애仁愛(benevolence)'의 개념 구별이다. 영어 "benevolence'는 리처드 컴벌랜드가 공자와 맹자의 '인仁' 개념을 영역할 때 사용한[416] 17세기 이래 활성화되어 섀프츠베리, 프란시스 허치슨, 데이비드 흄, 아담 스미스 등에 의해 아주 자주 애용된 개념이다. '인간애'는 '생명애'처럼 자동적·본능적 단순감정인 반면, '인애'는 공감의 확장력에 의해 친애를 사해의 인류에까지 확장하여 인류를 동포로 인지·의식하고 특칭한 뒤에 생겨난 보편적 사랑이 늘 위험·위기·병마에 시달리는 '익명적 뭇사람'을 돕고 배려하도록 확충된 품성이다. 천하와 나라의 '익명적 뭇사람'을 향한 보편적 사랑으로서의 '인애'는 '박애' 또는 '범애'(philanthropy)라고도 부른다.[417] 그리고 천하의 익명적 뭇사람을 향한 인애로서의 박애·범애는

---

416) Richard Cumberland, *De Legibus Naturae Disquistio Philosophica* [1672]. 영역본: *A Philosophical Inquiry into the Laws of Nature*. Richard Cumberland, *A Treatise of the Laws of Nature*, translated with Introduction and Appendix, by John Maxwell (London: K. Knapton, 1727). Republished, edited and with a Foreword by Jon Parkin (Indianapolis: Liberty Fund, 2005), 262쪽. 그는 홉스의 "만인의 만인에 대한 전쟁"으로서의 자연상태 개념에 대항해 자연상태를 "만인의 만인에 대한 인애(benevolence of all towards all)" 상태로 규정했다.(310-311쪽, 357쪽)
417) 공자의 "범애"는 참조: "子曰 弟子 入則孝 出則悌 謹而信 汎愛衆 而親仁."『論語』「學而」(1-6). 공자의 "박애"는 참조: "先之以博愛而民莫遺其親."『孝經』「三才章 第七」.

'인도주의(humanitarianism)'로 발전할 수 있는 세계주의적 '인류애'다. 생물학적·무의식적 '인간애(humanity)'의 대상 범위와 의식적·덕성적 '인류애(philanthropy)'의 범위가 둘 다 '전 인류'인 한에서 상호 겹치지만, '인류애'는 ①다른 동물에 대한 생명애와 구별되는 의미에서의 특칭적인 사랑이고, ②습성으로서의 품성이고, ③어려움에 처한 익명적 뭇사람을 친소·상하·내외·우적 구분 없이 누구든 기꺼이 배려하고 구제하려는 보편적 동정심(측은지심)에 기초한다는 점에서 단순한 생물학적 '인간애'와 다르다. '인류애'가 특칭적일 수 있는 것은 인류애가 다른 동물들과 차별지을 뿐만 아니라 민족이나 인종 등 한정된 인간집단과 차별지어 '천하의 익명적 뭇사람' 전체를 특칭할 수 있기 때문이다.

또한 만약 '파충류 소녀'처럼 파충류를 찾아다니며 구경하고 또 기르는 사람은 파충류와의 온갖 교감적 경험 속에 파충류의 반응적 행동과 친화적 표현에 공감해 그 모습·행동·식성·서식행태에 대한 특칭적 사랑을 함양할 수 있다. 이 '특칭적' 사랑은 모든 동물 종류들에게 가능하지만, 인간은 특히 말·소·돼지·양 등의 가축과 개·고양이·앵무새 등의 반려동물에게 쉽사리 공감하고 그런 특칭적 사랑을 발전시킨다. 특정한 반려동물에 대한 특칭적 사랑 때문에 이 반려동물이 죽으면 이 동물의 장례를 치러주고, 심지어 반려동물의 죽음을 따라 죽는 사람들도 있는 것이다. 특히 개에 대한 인간의 공감과 유대는 25-30만 년 동안 인간과 개의 공동진화 과정에서 유전자에 각인된 일정한 도덕성까지도 띠고 있다. 전 세계의 모든 사람들은 개 주인이 자기 개를 잡아먹으면 이 행동을 '국기國旗로 변기를 닦는 행동'만큼이나 부도덕한 것으로 금기시하기 때문이다.[418] 필자가 들은 바로는 어떤 친목계에서 한 계원이 자기 개를 잡아먹는 '만행'을 저지르자 이 계원을 성토하며 계모임에서 제명해버렸다고 한다. 우리가 인간이라는 종種 전체를 다른 동물 종들과 대비해 '특칭'하고 본능적 인간애를 바탕으로 세계적 공감대 속에서 전 인류와 공감한다면, 인간 종 전체를 망라하는 특칭적 범애, 즉 '인류애'(인류에 대한 보편적 '인애')도 가능한 것이다. 마찬가지로 우리가

---

418) 참조: Krebs, *The Origins of Morality*, 214쪽.

어떤 동물의 종이나 가령 파충류·조류·포유동물 등의 동물의 유類를 다른 동물의 종과 유에 대비해서 특칭하고 본능적 생명애를 바탕으로 이 동물들과 공감한다면 가령 말사랑·개사랑·고양이사랑·앵무새사랑·파충류사랑·포유류사랑 등 종이나 유類 전체에 대한 '특칭적 범애'도 가능한 것이다. 그리하여 모든 동물에 대한 특칭적 '동물사랑'과 전지구적 생태계의 모든 동식물(생물)에 대한 특칭적 '자연사랑(생명애)'도 가능한 것이다.

이런 광범한 특칭적 사랑의 가능성도 오직 '확장적' 공감능력의 덕택이다. 흄은 주지하다시피 말한다. "우리는 공감으로부터만 사회를 향한 그러한 광범한 관심을 가진다. 따라서 성품이 우리 자신의 손익을 야기하는 경향이 있는 경우와 동일한, 사회에 이롭거나 해로운 성품에 대한 쾌감과 불쾌감을 우리에게 줄 정도로 아주 멀리 우리를 우리 자신으로부터 벗어나게 해주는 것은 저 공감의 원리다."[419] 단순한 보편적 생물학적 인간애나 광범한 특칭적 사랑은 인애의 덕목을 배양할 수 있는 단초로서 어려운 사람을 기꺼이 돕고 구제해주고 싶은 배려심 또는 동정심이라는 도덕감정이 생겨날 수 있는 기반감정이다.

하지만 저런 공감적 확장과 중덕中德에 의해 절차탁마·확충되지 않는다면 동정심은 아직 그 자체로서는 덕목이 아니다. 단순한 보편적 인간애와 '특칭적 사랑'은 자연적일 경우에 쉽사리 상하갈등과 친소·내외·우적 관념에 의해 차단당해 고루하고 협소할 수도 있고 특정상황에 적용할 수 없을 정도로 너무 넓어 막연하고 얕을 수도 있는 한편, 양적으로 모자랄 수도 있고 또 넘칠 수도 있다. 모자라고 협소한 사랑도 합당치 않은 사랑이지만, 규모 없이 너무 넓거나 지나친 사랑도 상대의 자립심을 해치거나 사랑의 실행을 불가능하게 하기 때문에 합당치 않은 사랑이다. 따라서 사랑은 상황에 적합한 대소장단과 선후관계의 조절과 중도적 확충의 절차탁마를 거쳐야만 상하·친소·내외·우적 관념을 초월해 '익명적 뭇사람'을 언제나 어려움으로부터 구제하고 배려하는 인仁 또는 인애의 '덕목'이 된다. 따라서 인애를 동정심이나 인간애와 혼동해 '본성적 덕성'

---

419) Hume, *A Treatise of Human Nature*, Book 3. *Of Morals*, 370쪽.

으로 본 흄의 논변은420) 개념적으로 그릇된 것이다. 간단히, '인간애'와 '동정심'은 수신이 없더라도 본유하는 본능이고 특칭적 사랑은 절차탁마 없이 조야한 사랑이지만, '인仁' 또는 '인애'는 인간애와 특칭적 사랑을 어려운 뭇사람의 구제와 배려에 공감적으로 확장해 교감적 인지와 공감적 확충의 절차탁마로 '얻은' 덕목이다.

덕은 본유적으로 '주어지는' 것이 아니라, 절차탁마와 확충의 수신에 의해 몸으로 '얻는' 것이다. 그래서 공자는 본유적 생명애와 인간애에 근거한 본유적 동정심으로써 뭇사람을 그 누구든 어려움에서 구제하고 배려하는 인애(박애 · 범애)의 "덕"은 "얻는 것"이고(德者 得也),421) 그것도 "몸으로 얻는 것이다(德也者 得於身也)"라고 갈파했다.422) 즉, 덕은 몸으로 체득한 선善이다. '체득'은 몸에 베이는 '습관화 · 습성화'를 말한다. 덕목으로서의 '인애'는 확장적 공감과 절차탁마의 수신에 의해 몸에 익혀 습성된 '박시제중博施濟衆'의 보편적 동정심을 말한다.

그래서 플라톤도 "영혼의 덕들"은 "육체적인 덕"과 유사하게 "이전에는 영혼 안에 있지 않았으나 습관(에토스, ἔθος)과 수신에 의해 나중에야 생기는 것이다"라고 말한다.423) 따라서 "훌륭한 생활습관은 덕의 획득으로 통하지만, 부끄러운 생활습관은 악덕의 획득으로 통한다"는 것이다.424) 아리스토텔레스도 덕성을 유사하게 규정한다. "성품적(에-티케스, ἠθικής) 덕성은 습관(에토스 ἔθος)의 산물이다. 따라서 이 성품적 덕성도 이 '에토스(습관)'라는 단어를 약간 바꿔 여기에서 그 이름(에-토스 ἦθος; 품성)을 끌어왔다."425) 요는 '품성적 덕성' 또는 '덕스런 품성'은 '습관'의 소산이고, 습관화된 성격, 즉 '습성'은 곧 품성이라는 말이다. 따라서

---

420) 참조: Hume, *A Treatise of Human Nature*, Book 3. *Of Morals*, 380-386쪽.
421) 『禮記』「樂記 第十九」.
422) 『禮記』「鄕飮酒義 第四十五」.
423) Platon, *Der Staat*, 518d · e. *Platon Werke*. Bd. IV in Acht Bänden, hg. v. G. Eigner, deutsche Übersetzung von Friedrich Schleiermacher (Darmstadt: Wissenschaftliche Buchgesellschaft, 1977).
424) Platon, *Der Staat*, 444e.
425) Aristoteles, *Die Nikomachische Ethik*, 1103a14-17 (제2권-1).

아리스토텔레스는 영어 'ethics'의 어원인 그리스어 '에-티케($\eta\theta\iota\kappa\eta$, 윤리학)'라는 말의 어원을 '에토스(습관)'라는 단어를 약간 변형한 '에-토스($\eta\theta o\varsigma$, 성품)'에서 구하고 있다. 다마시오 식으로 말하면, '품성적 덕성'은 육감적 '신체표지'라는 제2천성의 형성을 통해 '얻는' 것이다.

인간의 본성은 인간들 간에 서로 유사하지만, 공감적 습관화를 통한 인류애와 공감적 사랑의 이 '신체표지'의 형성 여부에 따라 인간들은 안인자安仁者, 이인자利仁者, 강인자强仁者로 갈리는 것이다. 반면, 불인자不仁者는 본성적 동정심이 없는 선천적 사이코패스나 동정적 공감능력이 상실된 후천적 사이코패스다. 따라서 공자는 "최상의 지자와 최하의 어리석은 자만은 (습관과 학습에 의해서도) 달라지지 않는(唯上知與下愚不移)" 까닭에 천재와 둔재 간의 생득적 지능 차이를 인정할지라도, 인간의 도덕적 "본성은 서로 가깝고(性相近) 다만 "연습과 학습이 서로 멀어지게 할(習相遠)" 뿐이라고 갈파했다.[426] 그러므로 다시 말하지만, 흄이 인애의 고유한 속성들인 "인혜(beneficence), 박애(charity), 후의(generosity), 인자(clemency)" 등을 열거하면서 이것들을 '본성적 덕성(natural virtues)'으로 본 것은[427] 그릇된 것이다. 덕의 단초가 되는 본성적 도덕감정과 본성적 도덕감각은 있을 수 있지만, '본성적 덕성'이란 '본성적 습관'이나 '뜨거운 얼음'이라는 말만큼이나 어불성설이기 때문이다.

■ 제1도덕감정으로서의 동정심

공자가 말하는 '인仁'의 본능적 감정단초로서의 '애긍哀矜'의 감정[428] 또는 '참달지애憯怛之愛',[429] 맹자가 말하는 '측은지심惻隱之心'은[430] 사랑의 특별한 유형, 즉

---

426) 『論語』「陽貨」(17-2).
427) Hume, *A Treatise of Human Nature*, Book 3. *Of Morals*, 369-370쪽.
428) 『大學』(傳8章). "사람은(...) 애긍하는 데 편벽된다(人 [...] 之其所哀矜而辟焉)."
429) 『禮記』「表記 第三十二」. "君天下 生無私 死不厚其子 子民如父母 有憯怛之愛 有忠利之教 親而尊 安而敬 威而愛 富而有禮 惠而能散." 또는 "中心憯怛 愛人之仁也".
430) 『孟子』「公孫丑上」(3-6).

어려운 상황이나 곤경에 처한 사람을 안쓰러워해서 도와주고 싶고 구해주고 싶은 도덕감정이다. 측은지심은 공맹의 인의예지 4대덕 중 최상의 자리에 있는 인仁의 단초적 도덕감정이다. 맹자는 "측은지심이 없으면 사람이 아니다"라고 함으로써 측은지심의 본성적 측면을 강조했다. 사이코패스는 본래 정의감·공경심·도덕감각도 없고 이 측은지심도 없는 인면수심人面獸心의 인간이다.

'동정심'을 나타내는 한자어와 우리말은 영어·독일어·불어 등 인구어와 비교가 되지 않을 정도로 아주 많다. '안쓰러움', '안타까움', '불쌍해함', '애처러워함', '가여움', '짠함', '딱함', '애련', '가련', '가긍', '긍휼', '애긍', '참달지애', '측은지심', '연민', '상련지정', '자비심' 등이 그것이다. 영어는 'pity', 'sympathy'(동정심), 'compassion'(연민), 'commiseration'(측은함), 'fellow-feeling'(상련지정) 등이 있을 뿐이다. 곤경에 처한 사람을 도와주고 싶은 본능적 감정인 동정심(측은지심)은 '안쓰러움'이고, 객관적 상황으로 인해 도움을 주지 못할 때 이 '안쓰러움'은 '안타까움'으로 바뀐다. 사랑은 그 자체로만 본다면 도덕감정이 아니지만, 약자(곤경에 처한 사람)를 배려하려는 사랑은 동정심이고, 동정심은 맹자가 말하는 사단지심四端之心(측은·수오·공경·시비지심) 중 첫 번째 도덕감정이다. 도덕감정은 도덕행위의 동기이고, 덕성의 단초다. 즉, 그것은 '메타도덕성(meta-morality)'이다. 이성이 없어도 동정심의 도덕감정을 가진 사람은 '위인爲仁', 즉 '인을 실천하는' 도덕행위를 할 수 있지만, 이성만 있고 동정심이 없는 자는 인仁개념을 잘 알더라도 '위인'할 수 없다. 도덕행위의 감정적 '동기'가 없기 때문이다.

20세기 거의 모든 학자들은 동정심이 '공감'이 아니라 '공감감정', 그것도 대표적인 공감감정이라는 사실을 모른다. 이것은 공감과 동정심의 혼동으로 귀결된다. 이 혼동은 영어 sympathy가 공감과 동정심을 둘 다 가지기 때문에 더욱 극심해졌다. 그러나 20세기 초의 미국 사회학자 찰스 쿨리(Charles H. Cooley, 1864-1929)는 예외였다. 그는 공감과 교감을 구별하지 못했지만 '공감'과 공감감정('동정심')을 정교하게 구별할 줄 알았다. 쿨리는 아담 스미스처럼 공감을 '상상의 능력'으로 착각하고 있지만, 영어 sympathy의 두 의미인 공감과 동정심을 일상적으로 혼동하는 것을 비판하며 이 두 의미를 예리하게 구별했다. 동정심은 공감의 한 형태가 아니라, 고통의 공감에 뒤따르는 감정이고, 이 고통의 공감으로부터 비로소 이차적으로 야기되는 (돕고 싶은 안쓰러워하는) 도덕감정이다. 고통의 공감은 동정심에 선행하고, 동정심은 공감에 뒤따라 이차적으로 일어나는 별개의 감정이라는 것이다.[431] 필자의 어법으로 표현하면, 동정심은 '공감'이 아니라 '공감감정'이다.

일찍이 다윈은 동정심을 상호이익의 조건부적 기대가 아니라 무조건적 본능임을 강조했다. 즉, 측은지심은 인간에게 본능적 감정으로서 호혜성의 조건부 성격을 초월하는 강렬한 무조건적 감정이다.[432] 여기서 '동정심'은 준 다음 바로 되돌려받는 식의 즉각적 호혜성만이 아니라, 로버트 트리버스(Robert Trivers)의 "일반화된 호혜성"이나,[433] 에드워드 윌슨의 '소프트코어 이타주의',[434] 또는 리처드 알렉산더(Richard. D. Alexander)의 "간접적 호혜성"도[435] 초월하고, 친족도, 인간종도 초월해 다른 동물들에 대해서도 발현되는 '보편성'을 갖는다. 이 점은 앞서 옥시토신·바소프레신 호르몬 이론, 바이오필리아 가설, 팽크셉의 배려·유대 회로 이론 등으로 밝혔다.

진화생물학자들이 말하는 '일반화된 호혜성'이나 '소프트코어 이타주의', 또는 '간접적 호혜성'은 '내가 오늘 누군가에게 너그럽게 베푼다면 그가 나중에 나 또는 내 집단구성원들에게 너그럽게 베풀어줄 것'이라는 일반적 가정 위에서 타인을 돕는 호혜성을 말한다. 그러나 맹자가 우물에 뛰어드는 생면부지의 아이

---

431) Charles H. Cooley, *Human Nature and the Social Order* (New Brunswick·London: Transaction Publishers, 1902·1922·1930·1964·1984, 7th printing 2009), 136-137쪽 각주.
432) Darwin, *The Descent of Man*, 106쪽 각주 21): "베인 씨는 '동정심이 간접적으로 동정자에게 쾌락의 원천이다'라고 말하고, 이것을 호혜성(reciprocity)으로 설명한다. 그는 '이해당사자나 그를 대신한 타인들이 동정심과 되돌아올 배려에 의해 모든 희생을 보상할 수 있다'고 논평한다. 그러나 사실인 것으로 보이는 바대로 동정심이 엄격히 본능이라면, 동정심의 발휘는 (…) 거의 모든 다른 본능의 발휘와 같은 방식으로 직접적 쾌락을 줄 것이다."
433) Robert L. Trivers, "The Evolution of Reciprocal Altruism", *Quarterly Review of Biology* 46(1971) [35-57쪽].
434) Wilson, *On Human Nature*, 156쪽.
435) Richard D. Alexander, *The Biology of Moral Systems* (New York: Aldine de Gruyter, 1987), 85쪽.

에 대한 무조건적·충동적 측은지심을 말했듯이, 측은지심은 이런 '간접적 호혜성'과 인간적 종도 뛰어넘는 강력한 무조건적 본능이다. 이런 까닭에 맹자는 일찍이 "측은지심은 사람이 다 가지고 있다(惻隱之心 人皆有之)"고 갈파하고[436] "측은지심이 없으면 사람이 아니다(無惻隱之心 非人也)"라고 천명함으로써[437] 측은지심이 인간의 본능임을 밝혔다. 따라서 인간의 동정심은 인간에게만 한정되는 것이 아니라 동식물에게도 확장된다. 이런 까닭에 공자는 물고기도 마구 잡지 않고 자는 새를 쏘지 않았고,[438] 상술했듯이 말과 소의 노고를 덜어주고 새끼 밴 암소를 보살피는 문제를 논했을 뿐만 아니라,[439] 한창 자라는 나무를 베는 것도 삼가도록 했던 것이다.[440] '생명욕·생장욕·번식욕'이라는 맹아적 욕구충동은 식물에게도 존재한다. 공자는 식물의 이 맹아적 감정에도 공감하며 식물의 생명도 아꼈던 것이다.

인간의 이런 보편적 공감능력과 동정심은 지난 25만 년 동안의 거대동물(megaloanimal; giant animal) 수렵기간에 인간의 수렵활동에 필수적인 사냥감의 회귀·회유·통과정보를 제공하는 '자연 캘린더' 같은 다른 동식물들의 생태환경에 대한 종種초월적 교감 및 수렵행위 중 사냥감과의 내밀한 교감과정에서, 그리고 동시에 (4톤에서 100톤에 달하는) 초대형동물의 사냥과 해체로 얻어진 고기 양의 일시적 초超과잉상태로 인해 불가피하게 친족범위를 넘는 모든 인간들에게만이 아니라 주변 동물들에게도 대가 없이 베풀 수밖에 없는 과정에서 진화했다. 이에 대해서는 나중에 상론한다.

말하자면 공자는 에드워드 윌슨이 말하는 보편적 '생명애'에 기초한 동정심에서 동식물 일반에 대해 동정심을 느낀 것이다. 맹자도 상론했듯이 도살장으로 끌려가며 우는 소에 대한 제선왕의 측은지심을 설명하면서 "군자는 금수에게서

---

436) 『孟子』「告子上」(11-6).
437) 『孟子』「公孫丑上」(3-6).
438) 『論語』「述而」(7-27). "子釣而不網 弋不射宿."
439) 廖名春 釋文,「馬王堆帛書 '二三子'」, 16-17쪽.
440) 『大戴禮』「第十九 衛將軍文子」. "孔子曰 高柴 (…) 開蟄不殺 則天道 方長不折 則恕也 恕則仁也." 또 『禮記』「祭義 第二十四」. "夫子曰 斷一樹 殺一獸 不以其時 非孝也."

그것이 살아있는 것을 보았다면 차마 그것이 죽어가는 것을 보지 못하고 그것이 죽는 소리를 들었다면 차마 그 고기를 먹지 못해서 부엌도 멀리한다"고[441] 논했고, 동식물 일반에 대한 사랑("愛物")을 천명했다.[442] 여기서 달리 주목할 것은 보편적 측은지심에서 나오는 공맹의 '인애' 개념은 인간과 동물을 넘어 식물에까지 미친다는 점이다. 말하자면 공자의 '인' 개념은 하늘같이 넓은 개념이다. 따라서 공자의 '인'은 인간에 갇힌 예수의 '사랑'보다 훨씬 더 넓고, 동물에 갇힌 부처의 '자비'보다도 더 넓은 개념이다. 예수는 인도철학의 자비 개념을 받아들여 '이웃사랑'을 '원수사랑'으로까지 확대했지만 유대교의 영향으로 동식물사랑을 몰각하고 사랑을 인간 안에 가두었고, 그리고 불교와 힌두교의 자비는 동물에까지 미치지만, 부처는 식물에 대한 생명애는 '거의' 설설(說說)하지 않았기 때문이다.

측은지심이 없는 인간은 공맹의 "불인자不仁者", 다원이 말하는 "괴물", 오늘날의 '사이코패스'다. 이런 까닭에 사람에게 해를 입힐 수 없는 어린 사이코패스들의 최초의 도발 행태는 집안의 애완동물들을 걷어차고 해치고 수족관의 물고기나, 집안의 고양이·강아지를 죽이는 것으로 나타난다. 한국 고전소설 『흥부전』은 인간 종을 넘어 동물에까지 미치는 보편적 측은지심에서 제비의 부러진 다리를 치유해주는 흥부의 동정적 배려행위와, 제비의 성한 다리를 부러뜨리는 놀부의 잔학행위 간의 대비를 통해 인간의 선악을 선명하게 보여준다. 놀부는 오늘날의 개념으로 '사이코패스'다. 『흥부전』의 주제는 흥부의 선심을 권려함과 동시에 놀부의 사이코패스적 잔학행위를 징벌하는 권선징악이다.

인간의 동정심은 아주 이른 시기에 발현된다. 다원은 생후 6개월을 갓 넘긴 자기 아기의 동정적 슬픔을 관찰하고 "생후 5개월이 되었을 때 아기가 연민적 표정과 음색을 이해하는 것으로 보였다"고 기록하고 있다.[443] 최근의 유아연구는 다원의 이 관찰을 과학적으로 다시 확인해준다. 유아는 생후 6개월이 되기 전에

---

441) 『孟子』「梁惠王上」(1-7). "(孟子)曰 (...) 君子之於禽獸也 見其生 不忍見其死 聞其聲 不忍食其肉. 是以君子遠庖廚也."
442) 『孟子』「盡心上」(13-45).
443) Darwin, *The Expression of the Emotions in Man and Animals*, 379쪽.

우호적 얼굴과 비非우호적 얼굴을 구분할 줄 아는 것을 보면 이때쯤 사랑을 느끼고, 생후 2년이 되기 전에 괴로워하는 다른 사람을 위로하고, 도움을 주고, 장난감을 다른 유아와 나눌 줄 안다.[444] 또 다른 연구에 의하면 생후 10개월 무렵 걸음마를 배우는 아기는 타인들의 괴로운 표정에 현저히 반응하고 종종 동요하게 된다. 그들이 생후 1년 반이 되면 타인의 괴로움을 누그러뜨려주려고 어떤 위로 행동을 하려고 한다. 그리고 두 살이 될 무렵이면 아기들은 위로의 말로 동정심을 표하고, 장난감을 주고, 제안을 하고, 괴로운 타인을 도와줄 사람을 찾는다.[445] 오늘날의 이 경험과학적 연구결과들은 맹자의 저 본능적 동정심 테제를 다시 확증해준다.

도덕감정으로서의 '참달지애憯怛之愛' 또는 측은지심(동정심)은 인덕仁德의 단초다. 공자는 "속마음이 참달한 것은 뭇사람 사랑의 인이다(中心憯怛 愛人之仁也)"라고 갈파하면서 우임금의 '참달지애(憯怛之愛)'를 예로 든다.[446] 주지하다시피 맹자는 '측은지심'을 말한다. '측은지심'의 '측惻'자가 '가엾다'와 '진심을 다하다'는 뜻이 있고, '은隱'자는 '가엾다'와 '근심하다'는 뜻이 있다. 따라서 '측은'은 '진심을 다해 근심하다', 즉 '진실로 배려하다(sincerely concern or care for)'라는 의미도 지닌다. 따라서 측은지심은 곤경이나 고통에 처한 사람이나 동물을 안쓰러워하여 배려하고(돕고 돌보고 보살피고) 싶은 감정이다. 이 측은지심은 특정한 사람이나 동물이 불쾌·추악하지 않는 한 단순한 인간애와 생명애를 바탕으로 그들의 슬픔 또는 아픔이나 처지에 공감해 생성된다. 만약 여기에 '특칭적 사랑'이 개재된다면 측은지심은 더 강렬해진다. 따라서 측은지심 또는 동정심은 곤경에 처한 타인 또는 동물을 사랑하는 감정이다. 따라서 모든 동정심은 사랑이다. 그러나 역으로 모든 사랑이 동정심인 것은 아니다.

---

444) 참조: Marian Radke-Yarrow, Carolyn Zahn-Waxler & Michael Chapman, "Children's Prosocial Dispositions and Behavior", *Handbook of Child Psychology* 4 (1983), 480쪽, 481쪽.
445) 참조: Judy Dunn, *The Beginning of Social Understanding* (Oxford: Basil Blackwell, 1988); Judy Dunn & Penny Munn, "Siblings and the Development of Prosocial Behavior", *International Journal of Behavioral Development* 9 (1986) [265-284쪽].
446) 『禮記』「表記 第三十二」.

그러나 쇼펜하우어는 '모든 사랑은 동정심이다'라고 주장한다. 그는 "모든 참되고 순수한 사랑은 동정심"이고, "동정심이 아닌 어떤 사랑이든 이기심이다"라고 선언하고, "이기심은 에로스(ἔρως)이고, 동정심은 아가페(ἀγάπη)다"라고 덧붙인다.447) 쇼펜하우어는 곤경에 처한 사람의 고통을 분담하려는 측은지심의 사랑, 성공의 기쁨을 함께 나누는 축하지심의 사랑, 이런 곤경과 성공의 상황과 무관한 마주보는 대등한 사랑, 부자富者를 더 보태주는 사랑, 사랑받는 사람을 망치는 맹목적 사랑 등을 구별하지 않고 있다. 그리고 '마주보는 대등한 사랑'을 이기심으로 격하시키고 있다.

측은지심은 단순감정으로서의 '좋음'과 '슬픔'을 전용해 그들을 '좋아하기' 때문에 그들의 슬픔을 '같이 슬퍼하는' 것(同哀)으로 나타난다. 포유류의 모든 사랑이 모성애적인 한에서 측은지심은 바로 사랑 일반과 마찬가지로 돌보고 보살피는 배려·원조행위로 나타난다. 측은지심은 다윈·다마시오·드발 등이 논파했듯이 체화된(embodied) 본능적·습관적 신속자동기제로 유발되는 감정이다. 따라서 모든 측은지심이 그런 것은 아니지만, 근본적으로 중요한 상대(가령 가족, 친구 등)를 향한 측은지심의 경우에는 측은지심이 진화와 습관(사회화)에 의해 체득되어 있다는 말이다. 이런 경우에 측은지심은 공감작용을 '건너뛰어', 또는 '마치 공감한 척하는' 다마시오의 '애스이프(as if) 고리'나 신체표지 육감에 의해, 또는 지각-행동 메커니즘(PAM)에 의해 바로 자동화 기제처럼 작동할 수도 있다. 또한 맹자의 사례에서 우물에 빠지는 아이를 구하러 달려가는 사람의 경우처럼 상황이 위급할 시에도 신체표지의 육감으로 측은지심은 공감을 '건너뛰어' 작동한다. 공감을 '건너뛰어' 발휘되는 충동적·직감적 측은지심은 어린 시절 또는 젊은 시절의 동고동락同苦同樂을 통한 경로로 발휘하던 경험적 습관이 반복되면 신체표지 육감 또는 PAM의 형성으로 일상화될 수 있다. 그렇다고 동정심이 단순감정으로 변하는 것이 아니라, 여전히 공감감정의 시원적 성격을 유지한다.448)

---

447) Schopenhauer, *Die Welt als Wille und Vorstellung* I, §66 (510쪽), §67 (511쪽).
448) 가령 하우저는 동정심을 공감적 기원이 없는 단순감정으로 착각한다. Hauser, *Moral Minds*, 194쪽.

다마시오는 '사회적 감정(공감감정)'을 촉발하는 데 유력한 복합적 자극의 '감정적 의의'를 탐지하는 것을 전담하는 뇌 부위를 '복내측 전전두피질(ventromedial prefrontal cortex)'로 지목했다. 따라서 우리가 어떤 사람의 사고를 목격했을 때 일어나는 동정심은 이 영역의 매개를 필요로 한다는 것이다. 사고로 인한 복내측 전전두피질의 손상은 공감감정과 관련된 '감정표출 능력'을 변화시킨다. 따라서 이런 종류의 손상은 정상적 사회행동도 어렵게 한다.[449] 그런데 대커 켈트너의 실험에 의하면, 동정심은 복내측 전전두피질만이 아니라 편도체도 활성화시켰다.[450] 따라서 동정심은 인간의 뇌 차원에서 보면 고통을 느끼는 편도체와 사회적 판단을 내리는 복내측 전전두피질의 합작품이라고 해야 할 것이다.

공감과 동정심에 관여하는 복내측 전전두피질은 20대에 들어서도 계속 발달한다. "연민은 함양될 수 있는 것이다." 티베트 수도승의 뇌를 스캔해보면 휴식상태에서도 좌반구 전두엽(frontal lobe)의 활성도가 그래프를 벗어날 정도로 발달되어 있음을 보여준다. 보통사람도 다정한 친절에 관해 명상을 하루에 4-5시간 씩 시키고 6주가 지난 뒤에 측정한 결과 좌반구 전두엽이 더 많이 활성화된 것으로 나타났다.[451]

그런데 동정심은 신경학적으로 미주신경迷走神經(vagus nerve)과도 깊이 관련되어 있다. 미주신경은 척추 좌측에서 시작해 발성과 관련된 얼굴 근육조직 · 심장 · 폐 · 신장 · 간 · 내장을 연결하면서 온몸에 퍼져 있는 신경이다. 스티븐 포지스(Stephen W. Porges)는 미주신경이 보살핌 · 돌봄 · 배려와 관계된 전달체계의 근육집단 · 얼굴 근육조직과 발성기관을 자극한다는 점을 밝혀냈다. 자율신경계의 진화는 구애 · 성애유발 · 성교(교미) · 사회유대의 수립 등을 포함한 포유류의 정동적 과정(신체변화를 일으키는 강렬한 감정 과정)의 적응적 중요성을 해석하는 조직적 원리를 제공한다. 자율신경계의 신경적 조절 측면에서의 계통발생적 변동은 세 단계를 통과하는데, 각 단계는 연관된 행태전략을 수반한다. 제1단계

---

449) Damasio, *Looking for Spinoza*, 61쪽.
450) Keltner, *Born to be Good*, 267쪽.
451) Keltner, *Born to be Good*, 248-249쪽.

는 소화를 촉진하고 신진대사 활동을 약화시켜 위협에 대처하는 원시적 무수초無髓鞘(민말이집) 내장미주신경(unmyelinated visceral vagus)으로 특징지어진다. 행태상 제1단계는 부동화不動化 자세와 연관되어 있다. 제2단계는 신진대사적 산출을 증가시키고 '싸우거나 도망치는 데' 필요한 동화動化 자세를 촉진하는 내장미주신경을 억제할 수 있는 교감신경계로 특징지어진다. 포유류에게만 특유한 제3단계는 환경에 대한 참여와 불참을 촉진하는 심장산출을 신속하게 조절할 수 있는 수초 미주신경으로 특징지어진다. 포유류의 미주신경은 신경해부학상 얼굴표정과 발성을 통해 참여를 조절하는 심장신경들과 연결되어 있다. 이 미주신경 이론은 친애의 두 차원인 구애와 한 짝과의 영구유대를 설명해준다. 구애는 포유류 미주신경과 연관된 사회적 참여전략에 의거한다. 영구유대의 수립은 두려움 및 회피와 연관된 부동화 체계로부터 안전 및 신뢰와 연관된 부동화 체계에 이르기까지 내장미주신경의 선정選定에 의거한다. 포유류 미주신경의 계통발생적 발달은 옥시토신과 바소프레신을 통한 시상하부와 내장미주신경의 수질 원천 핵 간의 전문화된 소통에 의해 동시에 진행된다. 이 소통은 성애의 발동, 교미, 영구유대의 발달을 용이하게 한다.[452)]

켈트너는 포지스의 이 연구성과를 바탕으로 연구를 진행해 미주신경의 기능을 네 가지로 정리한다. 첫째, 포지스에 의하면, 미주신경은 배려에 간여하는 전달체계의 신경들(얼굴 근육계와 발성기제 신경)을 발달시킨다. 사람들이 타인의 곤경 경험을 전해들을 때 늘 한숨을 쉬는데, 이 한숨은 한숨 쉬는 사람의 싸움·도망 심리를 가라앉히고 어려움을 하소연하는 사람의 마음속에 위안과 신뢰를 불러일으키는 날숨이다. 상대를 달래듯 한숨을 내쉴 때, 또는 비스듬히 처진 눈썹 모양을 하고 근심 어린 시선으로 어려움에 처한 사람을 안심시킬 때, 미주신경은 목·입·얼굴·혀의 근육을 자극해 염려와 안심을 나타내는 위로의 표시를 내보낸다.

---

452) Stephen W. Porges, "Love: An Emergent property of the Mammalian Autonomic Nervous System", *Psychoendocrinology*, Vol. 23 (1998) [837-861쪽].

둘째, 미주신경은 심장박동을 느리게 하는 일차 브레이크 역할을 한다. 미주신경이 활성화되면 심장은 느리게 뛴다. 미주신경은 심장박동을 평화로운 수준으로 떨어뜨려 타인과 신체접촉을 할 수 있는 가능성을 높여준다.

셋째, 미주신경은 신뢰와 사랑을 느끼게 하는 옥시토신 수용체의 풍부한 망과 직결되어 있다. 미주신경이 작용해 친화적 발성과 평온한 심장혈관 생리를 자극하면 옥시토신 분비가 촉진된다. 그러면 온화함·신뢰·헌신의 신호가 뇌와 몸 전체에 전해지고, 결국 타인에게도 전해진다.

넷째, 미주신경은 포유류에게만 존재한다. 미주신경은 새끼를 돌보는 배려행위가 존재론적으로 포유류의 생존여부를 규정하면서 이 돌보는 행동을 뒷받침하기 위해 진화되어 나온 것이다.[453]

크리스토퍼 오베이스(Christopher Oveis), 호버그(E. J. Horberg)와 켈트너 팀은 동정심을 불러일으키는 사진과 긍지를 불러일으키는 사진을 실험참가자들에게 보여준 뒤 미주신경을 측정했다. 결과는 긍지 사진을 볼 때보다 동정심 사진을 볼 때 미주신경이 더 활성화되는 것으로 나타났다. 미주신경의 반응이 증가하면 긍지보다 돌보려는 동정심, 즉 연민 쪽으로 기울어졌다. 다음으로 동류의식을 확인하는 실험이 이어졌다. 연민과 긍지는 대립적인 사회적 기능에 쓰인다. 연민은 배려하는 행태를 동기화하는 반면, 긍지는 사회적 위계질서 안에서의 서열의 표지와 절충을 가능케 한다. 실험에서 연민은 특히 약하거나 취약한 타인들을 향한 자타동류성의 증가된 지각을 동반했다. 반면, 긍지는 타인들과의 강한 동류성의 감각을 고조시켰다. 개인의 미주신경이 강하게 작용할수록 타인에 대한 동류의식도 증가하고 광범하게 확대되었다.[454]

켈트너는 "배려심의 확장적 범위는 인仁(jen) 정신의 중심에 자리 잡고 있고", 또한 "그것은 깊은 통찰력을 지닌 직관으로서 인간의 가슴 깊은 곳에 있는 미주신

---

453) Keltner, *Born to be Good*, 229-230쪽.
454) Christopher Oveis, E. J. Horberg & Dacher Keltner, "Compassion, Pride, and Social Intuitions of Self-Other Similarity", *Journal of Personality and Social Psychology*, Vol. 98, No. 4 (2010) [618-630쪽]; Keltner, *Born to be Good*, 232-235쪽.

경의 활성화와 관련되어 있다"고 결론짓는다.[455] 연민을 느끼는 사람은 긍지를 느끼는 사람보다 더 광범한 범주의 사람들을 배려의 대상자에 포함시킨다. 연민은 결코 분별없지 않고, 주관적 관심에 따라 편견을 보이지도 않는다. 연민은 곤경에 처한 사람들에 따라 정교하게 미세조절된다.

　실험적 측정에서 미주신경의 활성도가 높은 사람들은 더 풍부한 사회적 인맥을 맺고 매우 민감한 배려행동을 보여주며, 감정생활에서 연민이 중심을 이룬다. 이들은 미주신경 활성도가 낮은 사람보다 많은 연민과 경외감을 보이고, 이들의 미주신경은 아름다움에 대한 미학적 반응에서도 높은 활성도를 보였다. 미주신경의 활성도가 높은 사람들은 그들의 삶이 타인들과 많은 관계를 맺는 방향으로, 자신을 희생하는 이타행의 방향으로 바뀌는 경험을 한다.[456]

　또 타인의 고통을 단순히 그대로 느끼는 '동고同苦'가 아니라, 타인의 고통을 적극적으로 염려할 때, 이것이 연민을 낳고 타인을 돕거나 위로하는 행태를 낳는다. 실험에 의하면, 타인들이 겪는 고통의 장면을 담은 비디오테이프를 보고 연민을 느끼는 자는 심장박동수가 낮아진다. 이것은 미주신경이 활성화되었다는 것을 뜻한다. 반면, 고통을 느끼는 자는 심장박동이 빨라진다. 이것은 미주신경이 활성화되지 않았다는 것을 뜻한다. 연민 없이 높은 심장박동을 보이며 고통만 느끼는 사람들은 결과적으로 남을 돕지 않는 반면, 낮은 심장박동을 보이며 연민까지 느끼는 사람들은 기꺼이 남을 돕는다.[457]

　소크라테스와 플라톤이 도덕이 타고나는 것인지 교육될 수 있는지 논란만 하다가 이 문제를 아포리아(난문)로 방치한 반면, 공자와 맹자는 도덕이 교육을 통해 확장·강화될 수 있다고 단언하고 도덕교육을 교육의 가장 중요한 것으로 간주했다. 그래서 공자는 "수신"을 강조하고, 맹자는 사단지심의 "확이충擴而充"을 강조했다. 그리고 도덕적 롤 모델의 모방이 결정적 도덕교육 효과를 지녔다고 논변했다. "그대가 요임금의 옷을 입고 요임금의 말을 따라 외고 요임금의 행동

---

455) Keltner, *Born to be Good*, 234-135쪽.
456) Keltner, *Born to be Good*, 241-242쪽.
457) Keltner, *Born to be Good*, 239-240쪽.

을 행하면 그대는 바로 요임금다워질 것이다." 반대로 "그대가 걸桀의 옷을 입고 걸의 말을 따라 외고 걸의 행동을 행하면 그대는 바로 걸다워질 것이다."458) 그러나 이 미주신경에 대한 최신의 연구는 팽크셉의 단순노출효과론과 함께 이 논란에 대해 종지부를 찍었다. 이제 도덕은 교육이 가능한 것이라고 정언적으로 말할 수 있다.

　동정심이 많은 사람은 타인들에 의해 선호되고 존중될 확률이 높다. 미혼자들의 배우자 선택에서도 입술이 도톰한 여자나 튼튼한 복근을 가진 남자가 아니라 친절하고 인정 있는 사람이 배우자로 선택받을 확률이 높다.459) 데이비드 부스(David M. Buss)는 37개국에서 추출한 1만 명의 20대 남녀에게 배우자 선택의 기준으로 인정(친절), 경제력, 외모의 중요도(0=전혀 중요치 않다, 3=반드시 갖춰야 한다)를 물었는데, 남성들은 외모에 약 2.1, 경제력에 1.1의 낮은 점수를 준 반면, 친절에는 2.5를 웃도는 높은 점수를 주었다. 한편, 여성들은 경제력에 1.9, 외모에 1.6의 점수를 준 반면, 친절에는 약 2.4의 높은 점수를 주었다. 조사대상 37개국에서 보편적으로 남녀가 배우자를 구할 때 가장 중시하는 기준은 '친절(인정)'이었다.460) 누구나 동정심 많은 사람과 결혼할 경우에 많은 공동의 즐거움과 이점이 있다는 것을 본능적으로 아는 것이다. 평판을 따지는 은밀한 대화 실험에서도 화제는 타인의 음주량, 약물복용, 괴벽 등이 아니라, 아무개의 친절과 따뜻한 마음씨였다. 부스의 이 연구로부터 켈트너는 결론 짓는다. "우리 몸속에는 배려 능력이 우리 종의 생존에 매우 중요하기 때문에 우리 중 배려하는 사람으로서 믿을 만하고 확실한 사람이 누구인지, 우선적으로 신뢰하고 자원을 대주어야 하는 사람이 누구인지, 다시 말해 미주신경 슈퍼스타가 누구인지를 확인하는 능력이 내장되어 있다".461) 미주신경 슈퍼스타와 권모술수가가 누군가와 대화하

---

458) "子服堯之服 誦堯之言 行堯之行 是堯而已矣. 子服桀之服 誦桀之言 行桀之行 是桀而已矣. 曰 交得見於鄒君 可以假館 願留而受業於門." 『孟子』「告子下」(12-2).

459) Keltner, *Born to be Good*, 244쪽.

460) David M. Buss, "Sex Differences in Human mate Preference: Evolutionary Hypothesis Tested in 37 Countries", *Behavioral and Brain Sciences* 12 (1989) [1-49쪽].

461) Keltner, *Born to be Good*, 246쪽.

는 장면을 담은 무성 비디오테이프를 20초 동안 짧게 보고 신뢰할 만한 자를 선택하는 또 다른 실험에서도 실험참가자들은 권모술수가를 제치고 미주신경 슈퍼스타를 금방 알아내 더 많이 신뢰했다. 동정심과 이타주의를 북돋우는 미주신경은 낯선 사람과 짧은 만남 속에서도 즉각 탐지되었고, 또한 더 많은 보상을 받은 것이다.462)

따라서 뭇사람들이 동정심이 많은 사람을 지도자로 선호할 가능성도 그만큼 높은 것이다. 이것은 바로 과학적으로 입증된 '인자仁者치자론'이라고 할 수 있을 것이다. 이 점에서 공자의 '인자치자론'과 '인의仁義국가론' 또는 맹자의 '인정仁政국가론'은 플라톤·아리스토텔레스·모어·데카르트·라이프니츠·칸트·니체 등의 철인치자론(지자智者치자론)과 정의국가론을 밀어내고 현실성 있는 이론으로 오늘날도, 아니 오늘날 더욱 더 각광받을 수 있다.

인간애와 특칭적 사랑의 상대가 대개 사랑하는 사람과 비슷하거나 대등한 처지에 있지만, 사랑하는 사람보다 어려운 처지나 곤경에 처해 있는 경우도 허다하다. 하지만 사랑은 상대가 곤경에 처할 때, 심지어 가망 없는 곤경에, 따라서 곤경에서 회복된 뒤 도움의 대가를 되갚을 기회가 없을 정도로 절망적인 곤경에 처했을 때 가장 절실히 필요하고, 사랑의 진정성은 이때 가장 임계적인 시험에 처한다. 그래서 보편적 측은지심이 인덕의 단초가 되는 본성적 도덕감정, 즉 도덕성의 단초적 감정으로 지목되는 것이다. 공자와 맹자가 사랑이 아니라 측은지심을 '인덕仁德'의 단초적 감정으로 규정한 것은 이런 까닭이다.

그러나 사랑하는 사람, 친한 사람이 좋은 상황을 만날 때도 우리는 특별한 공감감정을 표한다. 이것은 '축하지심'이다. 일반적으로 우리는 불쾌·추악하지 않은 지인들에게 좋은 일이 생긴다면 같이 기뻐하고, 즉 동락同樂하고 이 사람이 사랑하는 친척이나 벗이라면 더욱 기뻐해 그의 기쁨을 같이 나눈다. 우리는 이런 공감단계에서 한 단계 더 나아가 좋은 결과를 가져온 그의 행동을 더욱 빛나게 하고 그의 기쁨을 더욱 고취시켜주고 싶은 감정을 갖는다. 이 감정이 바로 축하지

---

462) Keltner, *Born to be Good*, 247쪽.

심이다. 축하지심의 도덕적 가치는 인간들 사이에 시기질투심·악심·적대감을 배제하고 사랑과 우호관계를 더욱 두텁게 하기 때문에 측은지심 다음으로 매우 큰 것이다. 따라서 개인들 사이에서만이 아니라, 국가 간에도 축하와 경축의 예절은 중요한 도덕적 행위로 자리잡은 것이다. 축하지심은 측은지심과 동전의 양면과 같은 표리관계를 맺고 있다. 가령 우리가 측은히 여기던 만성 중환자가 완치되어 퇴원한다면, 우리는 당장에 달려가 그의 되찾은 건강을 충심으로 축하할 것이기 때문이다. 한마디로 측은·축하지심은 공감적 '동고동락同苦同樂'으로부터 일어난다. 따라서 축하지심은 측은지심의 이면으로 보고 여기서 별개의 항목으로 취급할 필요가 없을 것이다.

제1도덕감정으로서의 동정심 또는 연민에 대한 지금까지의 다양한 분석을 대커 켈트너의 이해방식에 따라 일목요연하게 정리해보자. 연민(동정심)은 생물학적·본능적 기반이 있다. 위스콘신대학교 심리학자 잭 니취케(Jack Nitschke)는 2004년 엄마가 자기 아기의 사진을 바라볼 때 다른 아기들을 본 때보다 더 많은 연민을 느낄 뿐만 아니라, 엄마의 뇌 한 영역에서 긍정적 감정과 연관된 특유한 활동을 보인다는 것을 실험을 통해 발견했다.[463] 니취케의 이 발견은 뇌의 이 영역이 연민의 첫 번째 대상인 자기 새끼에 조율되어 있다는 것을 보여준다. 그러나 이 연민 본능은 부모의 뇌에 한정되지 않는다. 프린스턴대학교의 조수아 그린(Joshua Greene)과 조나단 코헨(Jonathan Cohen)은 여러 세트의 연구를 통해 피험자들이 타인을 해치는 장면을 관찰할 때 해를 입는 타인에 대한 연민으로 인해 관찰자들의 뇌 영역들의 유사한 네트워크가 발화하는 것을 발견했다.[464] 아주 다른 대상들인 우리 자식과 폭력희생자(해를 입는 타인)가 유사한 신경학적 반응에 의해 통합된 것이다. 이 두 실험은 연민이 단순히 변덕스런 비합리적

---

463) Jack B. Nitschke, E. E. Nelson, B. D. Rusch, A. S. Fox, T. R. Oakes, R. J. Davidson, "Orbitofrontal cortex tracks positive mood in mothers viewing pictures of their newborn infants", *Neuroimage*, 21(2004): 583-592쪽.

464) Joshua Greene and Jonathan Cohen, "For the law, neuroscience changes nothing and everything", *Philosophical Transastions*, 359-1451 (2004 Nov 29): 1775-1785쪽.

감정이 아니라 우리의 뇌에 착근된 본유적 반응이라는 것을 일관되게 보여준다.

에모리대학교의 신경과학자 릴링(James Rilling)·번스(Gregory Berns) 팀은 다른 연구에서 타인을 돕는 것이 사람들이 보상을 받거나 즐거움을 경험할 때 발화하는 뇌 영역들인 꼬리핵(caudate nucleus)과 전측 대상회(anterior cingulate)의 활동을 가동시키는 것을 밝혀냈다.[465] 이것은 상당히 놀라운 발견이다. 이것은 타인을 돕는 것이 우리가 개인적으로 보상받을 때 느끼는 것과 동일한 즐거움을 가져다준다는 것을 뜻하기 때문이다. 덕행은 사후에 보상받는 것이 아니라 그 자체가 보상인 것이다. 뇌가 다른 사람의 고난과 고통에 반응하도록 장치되어 있는 것으로 보인다. 정말 뇌는 우리가 타인의 고난과 고통을 경감시킬 수 있을 때 우리를 기분 좋게 느끼게 만들어준다!

자동신경체계 'ANS'로 알려진 선·기관과 심장혈관·호흡기관 체계의 헐거운 연결들을 보면, ANS가 혈액흐름과 호흡패턴을 다양한 행동을 위해 조절하는 일차적 역할을 한다. 가령 우리가 위협당한다고 느낄 때 우리의 심장과 호흡 비율은 통상 증가해서 위협과 대결하거나 도망가도록 준비시킨다. 소위 '투쟁 또는 도망' 반응이다. 연민의 자동신경체계 프로필은 무엇인가? 밝혀진 바와 같이 아이와 성인이 타인에 대해 연민을 느낄 때 이 감정은 아주 실재적인 생리적 변화에 반영된다. 그들의 심장박동 수는 기본선 아래로 내려가, 투쟁하거나 도망치는 것이 아니라 가까이 가서 위로하는 것을 준비시킨다.

혈액을 타고 흐르는 호르몬인 옥시토신이 있다. 옥시토신은 장기적 유대와 (연민의 핵심에 들어 있는) 급양給養·양육행동을 증진시킨다. 그래서 우리는 새끼나 사랑하는 사람을 향해 온기와 연결의 압도적 느낌을 갖게 되는 것이다. 진정, 젖먹이기와 마사지는 혈액 속의 옥시토신 수준을 높인다.

켈트너는 자신이 수행한 여러 연구에서 사람들이 연민적 사랑과 연관된 행동, 즉 따뜻한 미소, 친화적 손짓, 긍정적으로 몸을 앞으로 기울이는 행동을 할 때

---

[465] James K. Rilling 2, David A. Gutman, Thorsten R. Zeh, Giuseppe Pagnoni, Gregory S. Berns &, Clinton D. Kilts, "A Neural Basis for Social Cooperation", *Neuron*, 35-2(18 July 2002), 395-405쪽.

몸에서 더 많은 옥시토신이 분비된다는 사실을 밝혀냈다. 이것은 연민이 저절로 영구화될 수 있다는 것을 시사해준다. 연민 상태는 우리에게 훨씬 더 연민적으로 행동하게 하는 동기를 주는 화학적 반응을 몸 안에서 일으킨다.

진화론은 연민이 인간의 생존에 아주 필수적이라면 비언어적 신호들(nonverbal signals)로 표명되어야 한다는 것을 전제한다. 이러한 신호들은 많은 '적응적' 기능(종의 생존과 확대재생산을 촉진하는 기능)에 이바지한다. 연민과 사랑의 분명한 신호는 곤경에 처한 타인을 위로하고, 사람들에게 장기적 관계를 원하는 마음씨 좋은 사람들을 확인해주고, 낯선 자들과 친구들 간에 유대의 다리를 놓아주는 것이다. 어린이들의 연민(동정심) 발달에 관한 세계적 전문가인 낸시 아이젠베르크(Nancy Eisenberg)는 비스듬하게 쳐지는 눈썹과 걱정스런 시선의 특징을 보이는 특별한 얼굴표정이 있다는 사실을 발견했다.[466] 누군가 이 표정을 보이면 사람들은 타인들을 도와줄 가능성이 더 높다.

켈트너는 또 하나의 비언어적 단서 '터치'를 정밀 조사했다. 이전의 연구는 이미 '터치'의 중요한 기능을 채록해왔다. 큰 원숭이와 같은 영장류들은 그들의 자연환경에서 이나 벼룩이 없는 때도 서로 털 고르기를 해주는 데 하루에 여러 시간을 보낸다. 영장류들은 털 고르기를 갈등해소에 쓰고, 서로의 친절을 보상하고 동맹을 맺는 데 쓴다. 인간의 피부도 촉각적 자극의 패턴(가령 엄마의 애무나 친구의 등짝 애무)을 유아기 미소만큼 오래 지속되는 지울 수 없는 감흥으로 전환시키는 특별한 수용체들을 가졌다. 일정한 터치는 옥시토신의 분비를 작동시키고 따뜻함과 즐거움의 느낌을 가져올 수 있다. 홀대받던 아기 쥐를 터치로 다루어주면 이전의 사회적 고립 효과를 역전시켜 면역 시스템까지 높일 수 있다.

켈트너는 연구작업을 통해 최초로 연민이 터치를 통해 전달될 수 있다는 것을 규명해냈다. 이 규명은 여러 가지 중요한 함의가 있다. 이것은 우리가 이 긍정적

---

[466] Nancy Eisenberg, R. A. Fabes, P. A. Miller, J. Fultz, R. Shel, R. M. Mathy & R. R. Reno, "Relation of sympathy and personal distress to prosocial behavior: a multimethod study", *Journal of Personality and Social Psychology*, 57 (1989): 55-66쪽; Nancy Eisenberg, P. A. Miller, M. Schaller, R. A. Fabes, J. Fultz, R. Shell & C. L. Shea, "The role of sympathy and altruistic personality traits in helping: a reexamination", *Journal of Personality*, 57(1989): 41-57.

감정을 비언어적 표현으로 전할 수 있다는 것을 입증해준다. 이 발견은 연민의 사회적 기능, 가령 사람들이 어떻게 일상생활 속에서 위로·포상·유대의 터치에 의존하는지에 대해서도 밝혀줄 수 있다. 켈트너는 두 낯선 사람을 벽으로 분리되어 있는 방 안에 있게 하고 두 사람이 어떤 행태를 보이는지를 알아보는 실험을 했다. 그들은 서로를 볼 수 없지만 구멍으로 서로를 닿을 수 있다. 한 사람이 매번 (사랑·감사함·연민 등을 포함한) 12 감정 중 하나를 전달하려고 노력하며 다른 사람의 팔뚝을 여러 번 만졌다. 만질 때마다 매번 터치된 사람은 터치하는 사람이 전하고 있다고 생각한 감정을 기술하게 했더니, 놀랍게도 그 사람들은 사랑과 다른 10종의 감정만이 아니라 연민도 확실히 확인해냈다. 이것은 연민이 인간본성의 진화된 부분이라는 사실, 우리가 보편적으로 표현하고 이해할 수 있는 것이라는 사실을 확실히 해준다.

연민 또는 측은지심을 느끼는 것과 이에 따라 행동하는 것은 별개다. 연민이 이타적 행동을 낳는가? 대니얼 뱃슨(Daniel Batson)은 그렇다고 설득력 있게 주장했다. 다른 실험에서 뱃슨과 그 동료들은 연민을 느끼는 사람들이 자기들의 행동이 완전히 익명적일 때도 곤경에 처한 사람을 돕는지를 정밀 조사했다. 이 실험에서 여성들은 단독으로 재빨리 느낌을 표하고 곤경에 처한 사람과 시간을 보내는 데 관심을 가진 다른 사람과 쪽지를 교환했다. 연민을 느끼는 참가자들은 다른 사람들이 아무도 그들의 친절행동에 대해 모를 때도 그 다른 사람과 중요한 시간을 자발적으로 소비했다.[467]

종합하면, 우리가 여기서 지금까지 추적한 증명사슬의 종결적 확증내용은 연민과 이타심이 인간본성 속에 깊이 착근되어 있다는 것이다. 그것은 뇌와 몸에 생물학적 토대를 가졌다. 인간들은 얼굴표정과 터치만으로도 연민을 전달할 수 있고, 연민의 표현들은 아주 중요한 사회적 기능에 이바지할 수 있다. 이것들은 모두 연민의 진화적 토대를 확실하게 말해준다. 그리고 연민은 경험되면 이기적

---

467) C. Daniel Batson, et al., "Is empathic emotion a source of altruistic motivation?", *Journal of Personality and Social Psychology*, 40-2(1981), 290-302쪽.

관심을 압도하고 이타적 행동을 할 동기를 준다. 그리고 이 연민은 확충할 수 있고, 따라서 세계를 '더 연민적인' 세계로 만들어갈 수 있다.[468]

■ 동정심의 기계적 분해·조립?

철학사 안에서는 사랑과 측은지심(동정심)을 역지사지의 자타동일시나 '상상 속의 입장 바꾸기'에 의해 이기심으로 분해하고 조립하려는 기도들이 줄을 이었다. 사랑과 동정심은 둘 다 결국 곤경에 처한 타인을 자기와 동일시하거나 역지사지로 타인과 입장을 바꿔 자기를 불쌍히 여기는 일종의 이기적 자기연민이라는 것이다. 공감을 '상상 속의 입장 바꾸기'로 여긴 아담 스미스의 오류는 대표적이다. 그런데 근대에 제일 일찍이 동정심을 '상상 속의 입장 바꾸기'의 소산으로 본 철학자는 토마스 홉스다. 홉스는 "인간들은 그들 모두를 무섭게 위압할 수 있는 권력이 없는 곳에서 사교생활을 영위하는 것으로부터 쾌락을 느끼는 것이 아니라 반대로 커다란 비애를 느낀다"라고[469] 생각한 까닭에 자기중심적 사고를 고수하면서 이렇게 동정심을 '자기동일시' 또는 자타 간의 '입장 바꾸기'에 의한 이기심의 연장으로 분해한 바 있다.

타인의 재난으로 인한 슬픔은 '동정심'이다. 이 '동정심'은 그 같은 재앙이 그 자신에게도 닥칠 수 있다는 상상으로부터 생긴다. 그러므로 그것은 '연민'이라고도 불리고, 이 현시대의 술어로는 '상련지정(fellow-feeling)'이라고 한다. 그러므로 가장 선한 사람들도 커다란 사악성에서 발생한 불행에 대해 가장 적은 동정심을 갖는다. 그리고 스스로 동일한 불행을 당할 가능성이 가장 적다고 생각하는 사람들은 동일한 불행에 대한 동정을 기피한다.[470]

---

468) Dacher Keltner, "The Compassionate Instinct", *Greater Good Magazine* (march, 1 2004); Dacher Keltner, Jason Marsh & Jeremy Adam Smith, *The Compassionate Instinct: The Science of Human Goodness* (New York: W. W. Norton & Company, 2010).
469) Thomas Hobbes, *Leviathan or The Matter, Form, and Power of a Commonwealth Ecclesiastical and Civil* (1651). *The Collected Works of Thomas Hobbes*. Vol. III. Part I and II. Collected and Edited by Sir William Molesworth (London: Routledge/Thoemmes Press, 1992), 112쪽.

유사한 정신을 물려받은 버나드 맨드빌은 동정심 또는 연민을 이런 '입장 바꾸기' 없이 직접 이기심으로 분해한다.

동정심은 종종 우리 자신에 의해 그리고 우리 자신의 경우 속에서 자선으로 오인되는 것처럼, 자선의 모양을 취하고, 자선의 바로 그 명칭을 빌린다. 어떤 거지는 당신에게 예수 그리스도를 위해 저 덕성을 발휘해달라고 청하지만, 내내 그의 큰 의도는 당신의 동정심을 일으키는 것이다.[471]

이런 경우에 수천 명의 사람들이 가슴에 일어나는 동정심을 이기지 못하고 이 거지에게 돈을 준다면, "수천의 사람들은 곡식을 베는 사람에게 지불할 때와 동일한 동기에서 편히 걷기 위해 거지들에게 돈을 주는 것이다."[472] 맨드빌은 동정심에서 동정을 베푸는 것도 동정의 고통이나 귀찮음으로부터 '자기가 편해지기' 위한 이기적 행동으로 분해·환원시키고 있다. 그러나 그도 이런 분해·환원의 트릭으로 인정한 본성적 연민과 동정심의 존재마저 부정하지는 못한다. 왜냐하면 자기가 편하기 위한 저 이기적 행동은 자기의 마음을 편치 않게 만드는 본능적 동정심의 본성적 존재를 전제하는 것이기 때문이다.[473] 결국 맨드빌도 '엄청나게 큰 험악한 암퇘지'가 순진무구한 아이의 뼈를 깨물어먹는 것을 본다면, "노상강도, 주거침입강도, 또는 살인자"도 아이를 구하러 애쓰게 만드는 '측은지심(commiseration)'의 존재를 자인하고 만다.[474]

동정심을 타인의 불행한 처지를 상상 속에서 자기의 처지로 바꿔 보는 자타

---

470) Hobbes, *Leviathan*, 47쪽.
471) Mandeville, *The Fable of the Bees* [1714·1723], Vol. I, 257쪽 (1723년판 쪽수: 291쪽).
472) Mandeville, *The Fable of the Bees*, Vol. I, 259(293)쪽.
473) 케이는 맨드빌의 이 논변을 "맨드빌이 연민 같은 공감적 감정의 존재를 부정한 것이 아니라, 단순히 이 감정을 비이기적이라고 칭하는 것을 거부했을 뿐이다"라고 변호한다. Frederick B. Kaye, "Introduction" (1924), lxxvi. Mandeville, *The Fable of the Bees*, with a commentary by Frederick. B. Kaye. 동정심이 '비이기적'이라고 칭할 수 없다면 그것이 '이기적'이라고 칭해야 한다는 말인가?
474) Mandeville, *The Fable of the Bees*, Vol. I, "An Essay on Charity and Charity-Schools", 255-256쪽.

동일시(말하자면, 타인을 자기로 착각함)로부터 생겨나는 것으로 보는 홉스의 논변, 또는 공감을 '상상 속의 입장 바꾸기'로 개념화하는 아담 스미스의 그릇된 공감 개념과 유사한 사고방식은 뜻밖에도 루소에게서도 반복된다. 루소는 『에밀』에서 동정심을 상상적 동일시나 입장 바꾸기에서 나오는 감정으로 규정한다.[475] (이것은 루소에 의탁한 쇼펜하우어의 동정심 개념에서도 반복된다.[476]) 그런데 '상상'은 가정이 아니라 지성 또는 사유의 일단이다. 따라서 이 상상적 동일시나 이성적 '입장 바꾸기'(역지사지)로서의 동정심은 루소 자신이 『인간불평등기원론』의 서문에서 동정심을 '이성 이전'의 '본성적 충동'으로 규정한 테제와[477] 모순

---

[475] Jean-Jacques Rousseau, *Émile ou de l'Education* (1762). 독역본: *Emil oder Über die Erziehung* (Paderborn · München · Wien · Zürich: Verlag Ferdinand Schöningh, 1989 [9. Auflage]), 224쪽: "동정심, 즉 본성의 질서에 따라 인간의 마음을 건드는 최초의 상관적 감정이 생겨난다. (...) 우리 자신을 우리 자신 바깥으로 옮겨 놓고 우리를 고통받는 동물과 동일시함으로써가 아니라면, 이를테면 우리가 소위 우리 자신을 포기하고 그의 자아를 받아들임으로써가 아니라면, 우리 자신이 동정심에 의해 움직이는 것이 실제로 어떻게 가능할까? 그 가운데서 우리는 우리가 저 동물이 고통받는다고 생각하는 만큼만 고통받는다. 우리는 우리 안에서 고통받는 것이 아니라, 그 동물 안에서 고통받는 것이다. 따라서 사람들은 상상력이 살아 움직여 우리 자신 밖으로 이동하는 것을 개시하지 않으면, 아무도 감성적이 될 수 없다."

[476] 『의지와 표상으로서의 세계』에서 쇼펜하우어는 말한다. "남들을 위해 선성, 사랑, 고결성이 행하는 것은 언제나 남들의 고난의 경감일 뿐이고, 따라서 남들을 선행과 자선사업을 하도록 움직이는 것은 언제나 자기의 고난으로부터 직접적으로 이해 가능하고 자기의 고난과 동일시되는 남의 고난에 대한 인식일 뿐이다." Schopenhauer, *Die Welt als Wille und Vorstellung* I, §67 (510쪽). 다른 곳에서도: "말했듯이 이것은 내가 이 고난을, 내게 외적인 고난으로서만, 단지 외적 직관이나 기별을 매개해서만 주어질지라도 같이 느껴, 이 고난을 나의 고난으로 느끼되, 내 안에서가 아니라 타인 안에서 느낌으로써만 가능할 뿐이다. … 그러나 이것(즉, 고난을 보는 것과 고난을 당하는 것 간에는 어떤 차이도 없다)은 내가 나를 타인과 어느 정도 동일화하는 것을, 따라서 자아와 非我 간의 경계가 일순간 폐지되는 것을 전제한다." Arthur Schopenhauer, *Preisschrift über die Grundlage der Moral* [1860], §18 (762-763쪽). *Arthur Schopenhauer Kleine Schriften. Sämtliche Werke*, Band III (Frankfurt am Main: Suhrkamp, 1986).

[477] Rousseau, *A Discourse on the Origin of Inequality*, 47쪽: "나는 그 영혼 안에서, 이성 이전의 두 원리를 지각할 수 있다고 생각한다. 이 중 한 원리는 우리를 우리 자신의 복지와 보존에 깊이 관심 갖도록 만들어주고, 다른 한 원리는 감각을 가진 어떤 다른 존재든, 특히 우리 자신의 종류의 어떤 존재든 이것들이 고통이나 죽음을 당하는 것을 보는 것에 대한 본성적 거부감을 일으키는 것이다. 내게는 자연권의 모든 규칙들이, 지성이 사교성의 원리를 도입할 필요 없이 확인할 수 있는, 이 두 원리 간의 합치와 결합으로부터 다 도출되는 것처럼 보인다. 이 규칙들은 지성의 연속적 전개에 의해 지성이 본성 자체를 억압하도록 이끌어진 나중에는 지성이 다른 기초 위에서 확립해야 하는 규칙들이다. 이렇게 하는 데서 우리는 인간을 인간이

된다. 그리고 루소는 『인간불평등기원론』의 본문에서 다시 입장을 바꿔 '이성 이전'의 '본성적 충동' 테제와 모순되게 "동정심"을 "고통을 겪는 자의 자리에 우리를 놓는 느낌", 그리고 "동정심"을 "어떤 유형의 괴로움을 보는 동물이 그 자신을 고통을 겪는 동물과 더 많이 동일화하면 할수록 더 강하지 않을 수 없는 것"으로 정의한다.[478] 루소의 이 동정심 개념은 "동정심은 그 같은 재앙이 그 자신에게도 닥칠 수 있다는 상상으로부터 생긴다"는 홉스의 말을 옮겨놓은 것 같이 느껴진다. 루소는 동정심 개념에서 이렇게 '이성 이전의 본성적 충동'과 '상상적 동일시(입장 바꾸기)' 사이에서 평생 오락가락했다.

그러나 아담 스미스도 단언하듯이 공감이나 공감감정이 "어떤 의미에서도 이기적 원리로 간주될 수 없다"면,[479] 그리고 상론했듯이 교감과 공감의 본질이 상상 속의 동일시나 역지사지가 아니라 거울뉴런에 의한 타인감정의 '모사적' 인지와 모사적 '재현'(뇌신경적 시뮬레이션)이라면, 상상적 '입장 바꾸기'나 '동일시'는 불필요하고, 또 논리적·기술적·기능적 의미에서 불가능한 것이다. 그럼에도 불구하고 상상적 '입장 바꾸기'나 '동일시' 또는 '관점·역할인계' 등의 역지사지 사고방식은 오늘날 많은 공감·동정심 이론들 속에도 상당히 널리 퍼져 있다.[480] 심지어 드발조차도 '공감'을 '동일시'나 '관점인계'로 착각한다.[481]

기 전에 철학자로 만들 필요가 없다. 남들에 대한 인간의 의무는 지혜의 이후 교훈에 의해서만 그에게 명령되는 것이 아니다. 인간은 동정심의 내면적 충동에 저항하지 않는 한에서, 그의 자기보존이 관련되고 그 자신에게 우선권을 주어야 하는 저 합법적인 경우 외에, 결코 어떤 다른 사람도, 또한 심지어 감각 있는 어떤 존재도 다치게 하지 않을 것이다."

478) Rousseau, *A Discourse on the Origin of Inequality*, 75쪽.
479) Smith, *The Theory of Moral Sentiments*, VII. iii. i. §4.
480) 뱁슨(C. Daniel Batson)은 공감을 '관점·역할인계'로 보는 연구자들로 뱁슨 자신과 E. Stotland, P. Ruby, J. Decety 등을 들고 있다. 그리고 역지사지로 보는 연구자들로 스미스, 미드 등을 들고 있다. 참조: C. Daniel Batson, "These Things Called Empathy: Eight related but Distinct Phenomena", 7쪽. Jean Decety & William Ickles, *The Social Neuroscience of Empathy* (Cambridge, Massachusetts: MIT Press, 2009). 그러나 공감을 '관점인계'나 '역지사지'로 착각하는 연구자들은 이들 외에도 아주 많다. 참조: Mark H. Davis, *Empathy: A Social Psychological Approach* (Oxford · Boulder, Colorado: Westview Press, 1994 · 1996), 47-50쪽, 114-116쪽, 188-189쪽; Martin L. Hoffman, *Empathy and Moral Development: Implications for Caring and Justice* (Cambridge: Cambridge University Press, 2000, reprinted 2003), 52-59쪽; Hauser, *Moral Minds*,

철학 속에서 공감을 상상적 역지사지로 착각하는 것과 나란히 진행되어온, 이기심에 의한 공감감정 '사랑'과 '동정심'의 기계적 '분해'에는 이기심에 의한 사랑·인애·박애의 기계적 '조립'이 조응한다. '이기심에 의한 사랑의 기계적 조립'의 대표자는 맨드빌과 칸트를 계승한 존 롤스다. 그는 일단 "인애"를 "초超의 무적 덕행(acts of supererogation)"으로 규정해 정의론에서 추방한다.[482] 이와 동시에 그는 공감과 인애를 배격하는 '상호무관심한' 이기주의자들이 제각기 자기이익의 극대화를 위해 계약을 맺는 '원초적 상황'과, 모두가 자타의 능력과 각자의 미래 운명을 모르는 '무지의 베일'을 가정한다. 이런 가정 아래서 그는 모든 이기적 인간들이 제각기 미래의 분업적 계층사회에서 남들의 자리에 자기의 지위·역할·입장을 바꿔놓는 상상적 사고실험 속의 이기적 보편관점을 설정한다. 그는 사랑을 이기심으로 '분해'하는 것과 역순으로 이기심으로부터 사랑·박애·인애를 '제2순위 개념'으로 '조립'해낸다. 즉, "상호적 무관심과 무지의 베일의 결합은 인애와 동일한 취지를 많이 달성할 수 있다"는 것이다.[483] 이런 근거에서 그는 "많은 사람들이 박애의 이상이 정치 안에서 적절한 자리가 없다고 느껴왔지

19쪽, 195쪽; Boehm, *Moral Origins*, 104-106쪽; Krebs, *The Origins of Morality*, 194-199쪽, 226-227쪽. 미드와 콜버그도 공감을 역할·관점인계로 착각하거나 이것과 뒤섞는다. George Herbert Mead, *Mind, Self & Society* (Chicago·London: The University of Chicago, 1934), 260쪽, 366쪽; Lawrence Kohlberg, *The Psychology of Moral Development* (Cambridge·New York: Harper & Low Publisher, 1984). Kohlberg (김민남·진미숙 역), 『도덕발달의 심리학』(서울: 교육과학사, 2001), 448쪽. 심지어 야코보니조차도 공감의 역지사지 성격을 부정하는 논변 중에도 거울뉴런의 기능을 "마치 다른 사람이 또 다른 자기가 되는 것과 같다"고 설명하는 V. Gallese의 '역지사지' 화법에 말려든다. Marco Iacoboni, *Mirroring People: The Science of Empathy and How We Connect with Others* (New York: Picador, 2008·2009), 78쪽.

481) de Waal, "Morality Evolved", 19쪽, 72쪽; de Waal, *The Age of Empathy*, 59쪽, 61쪽, 65쪽, 80쪽, 96쪽, 98쪽, 151쪽. 드발은 공감을 3단계로 나누어 감정전염을 공감의 낮은 단계로 규정하고 '관점인계' 또는 '관점채택'을 공감의 최고 단계로 간주하는 것으로 보인다. '관점채택'을 공감의 최고 단계로 간주하는 이런 오류는 뇌과학적 접근에서도 나타난다. 참조: Susanne Leidberg & Silke Anders, "The Multiple Facets of Empathy: A Survey of Theory and Evidence", Silke Anders, Gabriele Ende, Markus Junghöfer, Johanna Kissler & Dirk Wildgruber, *Understanding Emotions* (Amsterdam: Elsevier, 2006) [419-440쪽].

482) John Rawls, *A Theory of Justice* (Cambridge. MA: The Belknap Press of Harvard University Press, 1971, Revised Edition: 1999), §19, 100-101쪽.

483) Rawls, *A Theory of Justice*, §42, 128쪽.

만, 박애가 차등원칙의 요구들에다 구체적 실질을 주는 것으로 이해된다면, 박애는 실천 불가능한 관념이 아니다"라고 공언한다.[484] 그러나 결국 그는 이기심으로 '조립된' 이 박애를 정의보다 못한, 또는 이기적 정의로부터 부차적으로 도출되는 "제2순위 개념"으로 격하시킨다.[485]

인애를 사랑도, 모험도 모르는 바보스런 이기심으로 조립하려는 롤스의 기도는[486] 인애를 보편적 자기이익으로 본 칸트의 오류를 다른 패턴으로 반복한 것이다. 칸트는 인애(Wohlwollen) 또는 인혜(Wohltätigkeit)를 '개명된 이기주의자'의 교호적·상호적 이익 준칙으로부터 조립해냈다.[487] 그러나 엄격히 상호성에 입각한 이익공유는 조건적·가언적이라서 '이기적 정의(小義)'를 낳을 수는 있어도, 원수怨讐와 동물까지 포괄하는 인애는커녕 자기이익이나 대가를 고려치 않는 그 어떤 '이타적 정의', 즉 '사회적 정의'도 낳을 수 없다. 칸트는 인애 개념을 맹자처럼 대가 없이 동물에게까지 미치는 측은지심의 '확충'으로 규정하는 것이 아니라, 보편화된 상호적 이기심으로 '조립'했다. 따라서 서로 되갚는 상호이익이 기대될 수 없는 모든 상이하고 특수한 인간집단과 동물들은 모조리 인애의 주체와 객체에서 배제된다. 칸트는 일방적 이기심만을 '이기심'으로 오해하는 한편, '상호적 이기심' 또는 공동이익의 '보편적 이기심'은 '인애'로 착각한 것이다. 그러나 예수는 "너희가 너희를 사랑하는 자를 사랑하면 무슨 상이 있겠느냐? 세리도 이같이 하지 않더냐?"라고 말함으로써(마태복음 5: 46) 칸트 같은 사랑 개념을 공박하고 '생존도덕' 차원의 상호주의적 사랑을 넘어설 것을 촉구하고 있다.

동정심의 확충에 기초한 인간다운 보편적 인애의 진수는 이 인애를 위해서라면 상호이익이나 공동이익도 희생시킬 수 있다는 데 있다. '교호적·보편적 상호이기심'은 '개명된 이기심(enlightened egoism)'에 불과한 것이다. 개명된 상호적 이기심을 '인애'로 착각하는 칸트의 기계적으로 조립된 인애 개념의 오류는 이어

---

484) Rawls, *A Theory of Justice*, §17, 91쪽.
485) Rawls, *A Theory of Justice*, §30, 167쪽.
486) 롤스의 '모험심 없는' 이기심에 대한 비판은 참조: James Q. Wilson, *The Moral Sense*, 73쪽.
487) Kant, *Metaphisische Anfangsgründe der Tugendlehre*, §27 (A120-121쪽).

지는 논변에서 더욱 극명해진다. 칸트는 "곤궁에 처한 타인들을 행복에 이르도록 어떤 대가를 바라지 않고 자력에 따라 촉진하는 것은 만인의 의무다"라고 말하고, 그러면서도 "곤궁에 처한 모든 개개인은 타인이 자기를 도와주기를 바란다"라고 말한다.[488] 그러나 '대가를 바라지 않는다'는 앞말과 '도움을 바란다'는 뒷말은 상호모순이다. 여기서 칸트는 어리석게도 모든 이가 "타인이 자기를 도와주기를 바라는" 것은 '이기적 바람'이 아닌 것으로 착각하고 있다. 롤스는 칸트의 이 어불성설의 어리석은 논변을 자신의 사고실험으로 번안해서 이기적으로 조립된 박애·인애 개념을 도출한 것이다.

롤스는 우정·애정·신뢰·동정심·박애 등 인간애의 모든 감정들이 이기심으로 분해되고 역으로 재조립될 수 있다고 생각한 것이다. 그러나 아담 스미스의 말대로 공감이 "어떤 의미에서도 이기적 원리로 간주될 수 없다"면, 공감감정 '사랑'과 '동정심'에 기초한 '인애'도 "어떤 의미에서도 이기적 원리로 간주될 수 없는 것"이다. 인애는 일방적 의미에서든, 교호적 의미에서든, 보편적 의미에서든 결코 이기적이거나 이익추구적일 수 없다. 사랑이나 인애는 경우에 따라 영화 '라이언일병 구하기(Saving Private Ryan)'에서처럼 한 사람을 위해 심지어 여러 사람의 목숨의 희생과 국익(보편적 이익)의 손실을 요구하기도 하기 때문이다. 그러므로 공감·사랑·동정심은 이기심으로 '분해'될 수도 없고, 다시 '조립'될 수도 없는 것이다. 공감적 사랑·동정심· 인애를 자타동일시와 입장바꾸기(역지사지), 그리고 미래의 상호주의적·보편적 이익기대 등의 이기심으로 '조립'해내려는 흡스·맨드빌·칸트·롤스의 인위적·기계적 '도덕제정론道德制定論'은 그 자체가 치명적 오류다.

---

488) Kant, *Metaphisische Anfangsgründe der Tugendlehre*, §30 (A124쪽).

3.2. 서양 도덕철학에서 동정심과 사랑

공맹철학의 경우에 명확한 최고덕목으로서의 동정심 또는 사랑의 지위는 서양철학에서 수용되기도 하고 배척·매도·경멸당하기도 하는 파란만장한 역사를 겪는다. 서양철학에서 동정심은 '동정심'으로 다뤄지는 경우도 있지만, 만인에 대한 '인애·사랑·박애'의 개념으로 다루어지기도 한다. 서양철학사에서 아리스토텔레스·컴벌랜드·섀프츠베리·흄·루소·쇼펜하우어 등은 동정심과 사랑을 최고덕목으로 지목한 '동정심의 벗', '사랑의 벗'이었다. 반면, 플라톤·홉스·스피노자·칸트·니체 등은 도덕철학에서 동정심과 사랑을 배척·매도·경멸하는 '동정심의 적', '사랑의 적'이었다. 이 '동정심의 적들'의 도덕철학은 합리론적·비과학적 도덕형이상학으로 나타난다.

■ 아리스토텔레스의 인간적 최고덕목 "필리아(사랑)"

주지하다시피 플라톤은 국가의 4덕을 지혜·용기·정심·정의(『국가론』) 또는 지혜·절제·정의·용기(『법률』)로 규정함으로써 '사랑(필리아)'을 국가의 덕목으로부터 배제했다. 그러나 아리스토텔레스는 플라톤의 '제자'임에도 『니코마코스윤리학』의 제8·9책에서 "필리아($\varphi\iota\lambda\iota\alpha$)", 즉 "사랑"을 "덕성"으로, 또는 "덕성을 포함하는 것"으로[489] 상론한다. 아리스토텔레스의 경우에 '필리아'(사랑) 개념은 자식에 대한 부모의 자애도 포괄하기 때문에 동정심도 아우른다. 아리스토텔레스는 국가도 이 필리아에 기초한 것으로 파악하고 군주정·귀족정·민주정 등의 국가 형태도 이 필리아의 형태에 따라 분류했다. 그가 헤라클레이토스·피타고라스·소크라테스·플라톤 등 기라성 같은 선배 철학자들과 단절적으로 또는 이들과 결별하듯이 갑작스럽게 필리아를 도덕철학과 국가론의 최고개념으로 들고 나온 것은 희랍철학사에서 최대의 이변이다. 고대에 희랍철학자들이 인도철학을 중동을 거쳐, 그리고 중국철학을 인도와 중동을 거쳐 받아들였다는 윌리

---
[489] Aristoteles, *Die Nilomachische Ethik*, 1155a4-5.

엄 템플의 추정에 따라 생각해 보면, '희랍철학사에서 최대의 이변'으로서의 아리스토텔레스의 '필리아' 개념은 거의 확실하게 인도철학의 자비와 공맹의 인仁 개념을 수용했다고 짐작할 수 있다.

아리스토텔레스는 정의의 최고형태도 사랑 속에서만 존재하는 것이고, 국가도 사랑에 기초한다고 말한다. "새끼에 대한 부모의 애정과 부모에 대한 새끼의 애정은 인간에게서만이 아니라 새와 대부분의 동물들에게서도 자연적 본능인 것으로 보인다. 이것은 또한 동종의 개체들 간의 사랑과 유사하다. 그리고 이것은 특히 인류에게서 강하다. 이런 이유에서 우리는 동류인간들을 사랑하는 사람들을 칭찬한다. (...) 더구나 사랑은 국가의 결속력(bond)인 것으로 보이기도 한다. 그리고 입법자들은 정의보다 사랑을 위해 더 노력하는 것으로 보인다. 왜냐하면 사랑과 친근한 것으로 보이는 화합을 증진하는 것은 입법자들의 주요목표인 한편, 적의敵意인 당파심은 그들이 가장 추방하려고 안달하기 때문이다. 그리고 인간들이 친구들이라면 인간들 간에는 정의도 필요 없지만, 단순한 정의는 충분치 않고 사랑을 필요로 한다. 그리고 정의로운 것 중 가장 정의로운 것은 친구들 간에 정의로운 것이다. (그리고 정의로운 것은 그 최고 단계에서 사랑을 보유하는 것으로 생각된다.)"[490] 아리스토텔레스는 서로 우애하는 친구들 간에는 정의도 필요 없다고 하면서 "국가의 결속력"을 "사랑"으로 갈파하고, 정의보다 사랑을 위한 더 큰 노력, 그리고 인간들 간의 사랑과 친근한 "화합"의 증진과 당파심의 추방을 입법자의 "주요목표"로 설정하고 있다. 그리고 '최고의 정의'도 오로지 서로 사랑하는 인간들 사이에서만 존재한다고 부연했다.

아리스토텔레스는 '비례적 평등'보다 '양적 평등'을 중시한다. '공적功績'에 비례해 재화와 영예를 분배하는 '비례적 평등'은 사랑이 없거나 적은 사회에서도 가능하고 이런 사회에서 일반적인 반면, 공적의 다소多少와 대소大小를 따지지 않고 만인에게 똑같은 양과 질의 재화와 영예를 분배하는 '양적 평등'은 사랑(인간·

---

490) Aristoteles, *Die Nilomachische Ethik*, 1155a23-28. Aristotle, *Nicomachean Ehthics* (Cambridge, MA: Harvard University Press, 1935·1981), 452쪽 각주b. 괄호의 대안적 번역문 H. Rackham 의 이 영역본을 따른 것이다.

동포애·애국심)이 넘치는 사회에서만 가능하다. 이 때문에 아리스토텔레스는 사랑하는 사람들 사이에서 도달하는 정의를 '최고의 정의'로 본다. "하지만 사랑에서의 평등은 정의의 경우에서의 평등과 같은 것으로 보이지 않는다. 정의의 영역에서는 '평등함'(공정함)이 일차적으로 공적功績에 비례적임을 의미하고, '양적 평등'은 단지 이차적 의미에 불과하다. 반면, 사랑에서는 '양적으로 평등함'이 일차적 의미이고 '공적에 비례함'은 단지 이차적 의미에 불과하다."[491] 따라서 동포애적 연대의식이 강한 국가는 공적功績(능력·공로·성적·업적·장점·덕성)에 따라 재화·영예·권력을 분배하는 '비례적 평등(분배적 평등)'을 경시하지 않으면서도 만인의 만인에 대한 사랑에 따라 만인에게 필요한 양에 따라 양적으로 균등하게 분배하는 '양적 평등'을 '비례적 평등'보다 우선시한다. 이 '양적 평등'은 오늘날 동포애·인간애에 기초한 국가공동체 안에서 재정이 허용하는 정도에 비례해서 '보편적 기본소득'을 보장해야 한다는 요구와 직접 관련되어 있다.

서로 사랑하면 사랑할수록 '양적 평등'을 더 중시한다는 점은 사랑하는 사람들 간에 덕성·재산·영예·권력의 격차가 지나칠 때 사랑이 약화·소멸하는 점에서 부정적으로도 입증된다. 아리스토텔레스는 말한다. "이것은 두 친구들 간에 덕성이나 악덕의 관점에서, 또는 부나 그 밖의 다른 속성의 관점에서 광폭의 격차가 발생할 때 명백하게 드러난다. 이 경우에 친구들은 친구로 남지도 못하고, 친구로 남기를 기대하지도 못하기 때문이다. (...) 그것은 군주들의 경우에도 드러난다. 군주들의 경우에 신분상 그들보다 아주 아래에 있는 사람들도 군주의 친구이기를 기대하지 않고, 특별한 값어치가 없는 사람들도 특출나게 훌륭한 사람이나 특출난 지자들의 친구이기를 기대하지 않는다. 우리가 이런 경우에 두 사람이 여전히 친구일 수 있는 정확한 한계를 못박을 수 없다는 것은 사실이다. 격차가 계속 벌어져도 우정이 남아 있기 때문이다. 그러나 신이 인간으로부터 먼만큼이나 이 사람이 저 사람으로부터 아주 멀어질 때 우정은 더 이상 가능하지 않다."[492] 따라서 사랑의 관계에서 사랑과 화합을 유지하기 위해 사랑하는

---

491) Aristoteles, *Die Nilomachische Ethik*, 1155a29-33.

사람들 간의 능력·재산·권력격차를 줄이는 '양적 평등'이 '비례적 평등'보다 더 중요하다. 경제적 양극화를 완화하는 것이 아니라 오히려 심화시켜 불화와 다툼을 일으키는 '비례적 평등'으로서의 정의가 아니라 사랑과 화합의 유지에 이바지하는 '양적 평등'으로서의 정의가 '최고의 정의'이기 때문이다. 따라서 '최고의 정의'는 사랑 속에서만, 또는 강한 동포애와 국민화합 속에서(만) 이룩될 수 있는 것이다.

공맹의 '인의仁義도덕'은 인仁(사랑)과 정의를 결합해 말하되 정의에 대한 인애의 선차성을 나타내는 복합적 개념의 정체성도덕이다. 이런 점에서 맹자의 경우에 '인의도덕'은 '정체성도덕'과 동의어다.[493] 그런데 아리스토텔레스가 공맹처럼 인애와 정의의 선후관계를 논하는 논변만을 보면 그도 인애를 정의에 앞세우는 '인의의 윤리학'을 피력한 것이다. 말하자면, 그는 '군사적 정의국가'를 '이상국가'로 기획한 플라톤의 정의지상주의 또는 정의제일주의를 배격하고, 사랑과 정의를 동시에 추구하되 사랑을 정의보다 중시하는 '인의仁義국가'를 말하고 있다. 그래서 아리스토텔레스는 국가의 존립이 사랑(필리아)에 기초한다는 사실을 거듭 다지고 확인한다.[494] 그리고 국가의 세 가지 형태, 즉 왕정·귀족정·민주정을 각각 차례대로 가족적 친애의 세 가지 유형, 즉 왕정을 부자간의 '부성애'에 대응하는 것으로, 귀족정을 부부간의 평등하되 약간 경사진 '부부애'에 상응하는 것으로, 민주정을 형제간의 '형제애'에 대응하는 것으로 설명한다.[495] 아리스토텔레스에게서도 '사랑'은 국가형태를 결정지을 정도로 '정의'를 압도하는 덕목인 것이다.[496]

물론 아리스토텔레스는 황당무계한 '신적' 덕성론(비윤리적·초인간적 지덕론)을 전개했다. 주지하다시피 아리스토텔레스는 덕성을 '윤리적 덕성'과 '비윤리

---

492) Aristoteles, *Die Nilomachische Ethik*, 1158a33-1159a5.
493) 『孟子』「梁惠王上」(1-1); 「公孫丑下」(4-2); 「滕文公下」(6-4); 「離婁下」(8-19); 「告子上」 등.
494) Aristoteles, *Die Nilomachische Ethik*, 1160a28-30, 1161a10-11.
495) Aristoteles, *Die Nilomachische Ethik*, 1160a31-1162a33.
496) 아리스토텔레스는 『니코마코스윤리학』 제5책에서 정의를 취급하고 사랑은 제8책에서 다룬다.

적 지덕'으로 나누고,⁴⁹⁷⁾ 아리스토텔레스는 비윤리적 지덕의 관상적 행복을 '신적 행복'으로 격상시키는 반면, 윤리적 덕성을 행하는 실천의 행복은 '인간적 행복', '2등급 행복'으로 격하한다.⁴⁹⁸⁾ 아리스토텔레스의 '윤리학'은 '신적' 덕성, 즉 비윤리적(초인간적) 지덕을 최고의 덕목으로 규정한 황당무계한 '비윤리적 윤리학'이다. 그러나 그의 이 황당한 신적 · 비윤리적 덕성론을 뺀 그의 '인간적' 윤리학은 공맹의 인의윤리학과 거의 상통한다고 말해도 틀린 말이 아니다. 왜냐하면 상론했듯이 그는 사랑의 '양적 평등'을 정의의 '비례적 평등'을 능가하는 최고의 평등으로 규정하고 '사랑'을 국가형태를 결정지을 정도의 압도적 덕목으로 논하고 있기 때문이다.

■ 컴벌랜드의 '만인의 만인에 대한 인애'

리처드 컴벌랜드는 상론했듯이 1672년 공자의 인仁철학을 수용해서 홉스에 대항해 자연법의 모든 원칙이 다 '인애(benevolence)'로부터 도출된다고 주장하고,

---

497) "우리는 이 덕성들을 지성적 덕성이라 부르고 저 덕성들을 윤리적(애시케스 ήθικης) 덕성이라 부른다. 지성적 덕성(지덕)은 지혜, 이해력, 현명이다. 윤리적 덕성은 대범과 정심이다. 왜냐하면 우리가 성품(에-토스 ήθος)에 대해 말한다면 우리는 누군가가 지혜롭다거나 이해력이 좋다고 말하는 것이 아니라, 그가 온화하다거나 정심적이라고 말하는 것이다. 그러나 우리는 지자도 행위 때문에 칭찬한다. 그리고 칭찬할 만한 행위방식을 우리는 덕성이라 부른다. 이와 같이 덕성은 지성적인 것과 윤리적인 것으로서 이중적이다. 지덕은 대부분 가르침을 통해 생겨나고 성장한다. 따라서 지덕은 경험과 시간을 요한다. 반면, 윤리적 덕성은 습관(에토스 ἔθος)에서 생겨난다. 따라서 이 윤리적 덕성은 이 말('ἔθος' - 인용자)을 약간 바꿔 그 명칭을 얻은 것이다." Aristoteles, *Die Nilomachische Ethik*, 1103a4-17. 1138b35도 보라. '성격'을 뜻하는 '애토스(ήθος)'와 '습관'을 뜻하는 '에-토스(ἔθος)'는 유사음가의 친족어다.
498) "지적 관조의 삶은 인간으로서의 인간 자체에게 속하는 삶보다 더 고차적인 것이다. 인간은 (...) 그가 자기 안에 뭔가 신적인 것을 지니고 있는 한에서 이러한 삶을 살 수 있는 것이다. 이 신적인 것 — 육체와 영혼으로 구성된 — 인간적 존재 사이의 격차가 큰 만큼, 이 신적인 것에 근거한 활동과 기타 모든 덕행 사이의 격차도 그만큼 큰 것이다. 지성이 인간과 비교해 신적인 것이라면, 지성에 따른 삶도 인간적 삶과 비교해 신적이어야 한다." Aristoteles, *Die Nikomachische Ethik*, 1177b19-37. 이어서 그는 '인간적 덕성'의 삶을 2등급으로 격하한다. "인간에게 지성을 따르는 삶은 가장 좋고 가장 즐거운 것이다. (...) 반면, 여타의 덕성(윤리적 덕성)에 따른 삶은 2등급의 의미에서 행복하다. 이러한 윤리적 덕행들은 인간적인 것이기 때문이다. (...) 그러나 지덕은 이 윤리적 덕행과 분리된 경지에 있다."(1178a5-23)

자연상태를 '만인의 만인에 대한 전쟁' 상태가 아니라, "만인의 만인에 대한 인애(Benevolence of all towards all)" 상태로, 곧 '만인의 상호인애' 상태로 규정했다. 그리고 사회상태도 사회계약의 필요 없이 이런 자연상태에서 연장된 '인애사회', '인애국가'로 이해했다.

컴벌랜드는 『자연법의 철학적 논고(De Legibus Naturae Disquistio Philosophica)』 (1672)에서 신과 전 인류에 대한 "인애"는 "충효(piety)와 인간애", 즉 자연법의 두 범주를 포괄한다고 논변한다.[499] 인애의 원리는 '사물의 본성'으로부터 명약관화하다는 것이다. 행복은 "충효, 국가 간의 평화와 상호교류, 치국(civil Government)과 제가(domestic Government), 튼튼한 우정"을 촉진하는 데서 나오기 때문이다. 이것은 "본성의 빛에 의해 알려지는" 것이다.[500] 컴벌랜드에 의하면, 또한 인애는 인간의 행복을 위해 필수적이다. 모든 자연법의 원천이 되는 "이 일반명제는 바로 만인에 대한 각개 합리적 행위자의 최대 인애는 능력껏 각개인과 모든 인애자들의 가장 행복한 상태를 형성해주고, 그들이 달성할 수 있는 가장 행복한 상태에 반드시 필수적이고, 그러므로 공공복리가 최고법이라는 명제다".[501] 컴벌랜드는 '인애'를 "신·조국·부모에 대한 경건·충효의 명칭에 의해 특히 변별되는, 윗사람들에게 기분좋은 것을 우리로 하여금 바라게 만드는 정감을 포괄하는 것"으로 간주한다. "이 인애라는 단어가 그 의미구성에 의해 가장 일반적인 대상과 결부된 우리의 의지의 행위를 내포하고, 결코 사랑(Love)이라는 단어가 종종 그러는 것처럼 나쁜 의미로 쓰이지 않기 때문에" 컴벌랜드는 "사랑이라는 단어보다 인애라는 단어의 사용을 선택했다"고 분명히 밝힌다.[502] 그는 성애性愛도 포괄하는 기독교적 단어 'love'를 퇴출시키고 공자의 '인' 개념에 가까운 'benevolence'를 도입한 것이다.

---

499) Richard Cumberland, *A Philosophical Inquiry into the Laws of Nature. Richard Cumberland, A Treatise of the Laws of Nature*, translated, with Introduction and Appendix, by John Maxwell l[London: K. Knapton, 1727], 262쪽.
500) Cumberland, *A Treatise of the Laws of Nature*, 268쪽.
501) Cumberland, *A Treatise of the Laws of Nature*, 292쪽.
502) Cumberland, *A Treatise of the Laws of Nature*, 292쪽.

그리고 컴벌랜드는 홉스의 '만인의, 만인에 대한 계약' 대신에 "만인의, 만인에 대한 진실한 인애(sincere Benevolence of all towards all)"를 "가장 가치 있는 자산", "가장 위대한 장식 또는 안전판"으로 평가한다.[503] 나아가 그는 공맹처럼 육체적·정신적 원천에서 나오는 인애를 인간의 보편적 성향으로, 그리고 자기의 종을 번식시키고 자기의 새끼를 기르려는 본성적 성향을 가진 모든 동물들에게도 보편적으로 존재하는 성향으로 보았다.[504]

그리고 컴벌랜드는 공맹이 공감(서恕)과 측은지심(동정심·연민)를 강조했듯이 공감과 연민을 인간의 본성으로 강조했다. "우리는 (...) 사람들로부터의 연민(compassion)의 기대와 공감(sympathy)이 기뻐하는 사람들과 더불어 기뻐하고 우는 사람들과 더불어 우는 원리들에 의거해 해명된다는 것을 사람들에게서 감지할 수 있다. 그러므로 (...) 인간이 본성에 의해서가 아니라 기율에 의해 사회에 적합하게 만들어졌다는 자신의 의견을 위해 홉스가 인간본성의 이 증거를 들이대는 것은 헛된 것이다."[505] 그리고 컴벌랜드는 이 "연민" 감정을 중요한 도덕적 덕목으로 제시한다.

불쌍한 사람들을 향해 손 크게 베푸는 마음(liberality)은 연민(compassion)이라 한다. 특히 가난한 사람들에 대해 베푸는 것은 자선이라고 한다.[506]

공자주의의 향내가 물씬 풍기는 컴벌랜드의 이 공감적 인애도덕론은 향후 영국의 도덕철학 발전에 결정적인 혁신을 가져오는 사상조류의 물꼬를 트게 된다. 따라서 컴벌랜드는 아리스토텔레스를 잇는 근대서양 최초의 '동정심의 벗'이라 부를 수 있다.

그리하여 컴벌랜드는 홉스에 대항해 자연상태를 만인의 만인에 대한 전쟁상태

---

503) Cumberland, *A Treatise of the Laws of Nature*, 310-311쪽.
504) Cumberland, *A Treatise of the Laws of Nature*, 357-358쪽, 403-404쪽, 408-410쪽, 419-420쪽.
505) Cumberland, *A Philosophical Inquiry into the Laws of Nature*, 366쪽.
506) Cumberland, *A Philosophical Inquiry into the Laws of Nature*, 691쪽.

가 아니라, 만인의 만인에 대한 인애 상태로 파악했다. 사회상태는 이 자연상태의 연장이다. 따라서 그는 자연상태와 사회상태의 홉스적 이원론을 분쇄하고 이 두 상태를 일원적一元的 연속체로 이해했다. 그러므로 사회와 국가의 구성을 위한 사회계약은 불필요한 것이다. 컴벌랜드의 이 사회관은 자연상태의 상정 없이 수신과 제가로부터 연속적으로 치국과 평천하를 도출하는 공자의 국가관과 그대로 합치된다.

■ 섀프츠베리의 '본성적 애착감정'

섀프츠베리는 1713년 『덕성 또는 시비에 관한 탐구(*An Inquiry Concerning Virtue or Merit*)』의 최종본에서 컴벌랜드의 인애 개념을 '본성적 애착감정'이라는 말로 바꿔 공맹처럼 연민, 동병상련, 동정심 등을 다 포함하는 방향에서 보다 확장적으로 논한다. "선하다, 또는 덕스럽다는 명칭을 받기에 마땅한 자격을 얻기 위해" 인간은 "선善이나 인간을 포함하는, 인간을 일부로 구성하는 체계의 선에 적합하거나 부합되는 그의 모든 성향과 감정, 정신과 성정의 모든 성질들을 갖춰야 한다". 이와 같이 자기 자신과 관련해서뿐만 아니라, 사회 및 공기公器와 관련해서도 "좋은 정감 상태"를 갖는 것과 자기의 정감을 바르고 온전하게 유지하는 것, 이것이 "정직, 성실, 덕성"이라는 것이다. 이것들 중 어느 것이라도 결하는 것, 또는 이것들과 반대되는 성품을 갖는 것, 이것은 "비행, 타락, 악덕"이다. 따라서 공공복리와 사적복리의 합치는 개명된 인애와 본성적 사회성 및 유사類似유기체성에 기인한다. "개개 피조물들의 감정과 정감 속에는 같은 종의 이익 또는 공동적 본성과의 항상적 연관성이 존재한다". 이것은 "본성적 애정", 즉 "부모적 친애, 후세에 대한 열정, 새끼들의 번식과 양육에 대한 관심, 연대감과 동반의식, 연민, 상호부조" 등의 감정으로 입증된다. "같은 종의 복리 또는 공통적 본성에 대한 어느 피조물의 애정은 알려진 그 코스와 정규적 성장 노선에 따라 작동하는 것이 동물 신체나 단순한 식물의 어떤 기관, 부위나 구성부분에 고유하고 본성적인 것처럼 이 인간피조물에게 고유하고 본성적인 것이다".[507]

섀프츠베리는 어떤 동물이든 "자기에게 적절한 정감이나 감정을 통해 행동함"으로써만 "적절하게 행동할" 수 있다고 주장한다. "어떤 동물 자체에 의해 행해지거나 실행되는 것은 늘 오로지 동물을 움직이는 공포·사랑·증오와 같은 정감이나 감정을 통해서만 행해진다"는 것이다. 그리고 더 약한 정감이 더 강한 정감을 극복하는 것이 불가능한 만큼, 정감과 감정이 대체로 가장 강렬하고, 일반적으로 힘이나 수에 의해 가장 상당한 당파를 형성하는 경우에 동물은 그쪽으로 쏠릴 수밖에 없고, 이 동물은 이 균형에 따라 지배되어 행동에 이를 수밖에 없다는 것이다. 그는 "동물에 영향을 미치고 동물을 다스리는 정감 또는 감정"을 다음의 세 종류로 든다. "①공공의 복리로 통하는 본성적 애착감정(natural affections), ②사적인 것의 복리로만 통하는 자기애(self-affections), ③이것들 중 어떤 것도 아닌 감정들, 곧 공공의 복리 성향도, 사적인 것의 복리 성향도 갖지 않고 반대의 성향을 갖는, 그러므로 정확하게 '비본성적 정감들'로 분류될 수 있는 감정들". 인간피조물들은 "이 정감들이 처한 입지에 비례해 덕스럽거나 악덕하고, 선하거나 악할 수밖에 없다". 이 감정들 중 "후자(③)는 전체적으로 악덕하다는 것이 분명하고", 앞의 두 감정(공공복리로 통하는 본성적 애착감정과, 사적 복리로만 통하는 자기애)은 "그 정도에 따라 악덕하거나 덕스럽다"라고 한다는 것이다.[508]

따라서 섀프츠베리는 서양철학자로서는 드물게 이 본성적 애착감정(사랑)과 자기애의 양적 중도中度를 상론한다. "본성적 애착감정을 너무 강렬하다거나, 자기애적 감정을 너무 약하다고 말하는 것"은 아마 "이상하게" 보일 것이지만, 우리는 "본성적 애착감정이 개별적 경우에 과도하고 비본성적일 정도가 될 수 있다"는 사실을 고려하면 이상할 것이 없다. "가령 동정심도 자기목적을 파괴해 필요한 구원이나 구제를 가로막을 정도로 복받칠 때가 있거나, 새끼들에 대한 사랑이 부모를 파괴하고 결과적으로 새끼들 자체를 파괴할 맹목적 사랑으로 입증될 때도 있기" 때문이다. "본성적 친애의 애착감정이 과도할" 뿐인 그런 감정

---

507) Shaftesbury, *An Inquiry Concerning Virtue or Merit* [1713], 45-47쪽.
508) Shaftesbury, *An Inquiry Concerning Virtue or Merit*, 50쪽.

들을 "비본성적이고 부덕한 것"이라 부르는 것이 가혹하게 보이지만, 이런 종류의 어떤 단일한 선한 감정이 "지나치게 큰" 경우에 이 감정은 나머지 감정들에게 "해롭고" 상당한 정도로 자체의 힘과 본성적 작용을 "손상시킬" 수밖에 없다는 것은 "지극히 확실하다". 왜냐하면 이렇게 "부적절한 정도의 감정"을 가진 인간피조물은 필연적으로 이 감정을 "너무 많이" 허용하고, 자체의 목적에 대해 마찬가지로 유용한 동일한 본성적 성격의 저 감정들을 "너무 적게" 허용하기 때문이다. 그리고 오직 하나의 의무나 하나의 본성적 부분만이 진지하게 추종될 뿐이고, 이 부분과 필연적으로 연관되어 있고 아마 발생하면 선호될 다른 부분들이나 의무들은 소홀히 취급되는 한에서, 이것은 반드시 "편파성과 부정의 원인"일 수밖에 없다. 개별적 경우들에서 공적 감정이 한편으로 너무 높을 수 있는 것처럼, 다른 한편으로는 사적 감정이 너무 취약할 수도 있다. 왜냐하면 어떤 피조물이 자기에 대해 태만하고 위험에 무감하다면, 또는 자기 자신을 보존하고 유지시키거나 방어할 정도의 감정을 어떤 종류든 결한다면, 이것은 자연의 의도 및 목적과 관련해 확실히 악한 것으로 평가되어야 하기 때문이다. "사적 복리를 향한 감정은 선에 필수적이고 본질적이다". 왜냐하면 "어떤 피조물이든 단순히 이 감정들(본성적 애착감정과 자기애 감정)을 보유한 점에서 선하거나 악하다고 불릴 수 있고, 이 감정이 없다면 공공복리 또는 체제의 복리가 보존될 수 없다는 사실에서 나오는 결론은, 이 감정을 진정으로 결한 피조물은 실재에서 선과 본성적 정직성이 상당히 부족하고, 따라서 악덕하고 결함 있는 것으로 평가될 수 있다는 것이기 때문이다." 우리가 어떤 사람에 대해 '그는 너무 착하다'는 애정 어린 식의 비난을 입에 올릴 때, 타인들을 향한 그의 감정이 그를 심지어 그의 몫을 넘어가버릴 정도로 따뜻하고 열정적일 때, 또는 그가 이런 종류의 너무 따뜻한 감정으로 말미암아서가 아니라 다른 종류의 감정이 너무 차가워서, 즉 그를 마땅한 경계 안에 억제해둘 얼마간의 자기애 감정의 결여로 말미암아 진정으로 이것을 넘어가 행동할 때가 그런 경우다.[509]

---

509) Shaftesbury, *An Inquiry Concerning Virtue or Merit*, 51-52쪽.

섀프츠베리는 애착감정(사랑)을 막연한 '인애'로 뭉뚱그리지 않고, 공자처럼[510] 사랑에도 대소장단이 있음을 인정하고 이를 구분한다. 그는 감정들의 저 적절성, 즉 균형과 조화의 의식에서 애착감정도 '편파적 애정'과 '온전한 애정'으로 나누고 이 '온전한 애착감정'만을 '선'으로 본다. "편파적 애착감정 또는 편파적인 사회적 사랑은 그 자체에 있어서 모순이고 절대적 자가당착을 내포한다". 왜냐하면 "체제(system)나 종을 향한 자연본성적 유형의 애착감정이 아니라면, 그것은 다른 모든 애착감정들 중 사회의 즐거움과 가장 많이 분리될 수 있고 파괴적 애착감정임이 틀림없기" 때문이다. 이 편파적·파괴적 애착감정을 의식하는 사람은 그것으로 인한 어떤 "공덕이나 가치"도 의식할 수 없다. 이 감정은 "지속성이나 힘"이 없다. 반면, "온전한 애착감정"은 "그 자체에 대해 화답할 수 있고 비례적이고 합리적인 만큼, 반박할 수 없고, 견실하고, 영속적이다". 편파적 사랑이나 악덕한 우정의 경우에는 "어떤 규칙도, 어떤 질서도 없고, 정신이 숙고할 때마다 필연적으로 정신을 불리하게 만들고 즐거움을 줄인다". 반면, "온전한" 사랑의 경우에는 "인간들 일반을 향한 바른 행실의 의식이 개별적 형태의 각개 우애감정에 적당한 고찰을 부여하고, 상술된 공유나 동참의 길로 우정의 즐거움을 그럴수록 한층 더 높여준다". 편파적 애착감정, 즉 편애는 "타인들과의 공감이나 동감의 저 쾌락의 짧고 빈약한 향유에만 적합한" 만큼, 인간적 행복의 다른 주요 부문, 즉 타인들의 실제적이거나 마땅한 "존경"의 의식으로부터 "중요한 향유"를 조금도 "도출할 수도 없다".[511] 섀프츠베리에 의하면, 이 "존경"은 "그토록 위태롭고 불확실한" 애착감정으로부터 생겨날 수 없다는 것이다. '온전한 애착감정'은 이와 반대되는 온갖 이점이 있다. 온전한 애착감정은 "한결같고, 항상적이고, 그 자체에 책임 있고, 늘 만족스럽고 즐겁다". 온전한 애착감정은 "최선의 인간들로부터, 그리고 모든 사심 없는 경우에서 인간들 중 바로 최악의 인간들로부터도 갈채와 사랑을 얻는다".[512]

---

510) 공자는 "인은 여러 가지가 있고 의도 대소장단이 있다(仁有數 義有長短小大)"고 말한다. 『禮記』「表記 第三十二」.
511) Shaftesbury, *An Inquiry Concerning Virtue or Merit*, 64-65쪽.

섀프츠베리는 이 온전한 애착감정을 컴벌랜드처럼 '본성적' 감정으로 파악하는 한편, 여기로부터 동정심을 특별히 구별해내려고 노력하지는 않았을지라도 이 애착감정을 공자처럼 적절히 구별하고 있다. 따라서 섀프츠베리도 '동정심의 벗', '사랑의 벗'이라 부를 만하다.

■ 허치슨 도덕론의 기초개념 "인애"와 "연민"

프랜시스 허치슨은 1726년 컴벌랜드의 인애론과 섀프츠베리의 본성적 애착감정의 이론을 계승해 인애와 동정심을 도덕감정의 보편적 기초로 보았다. 허치슨은 '모든 덕성은 인애적이다'라고 천명한다.

우리가 어느 경우든 호감을 주는 것으로 치는 모든 행동들을 정밀 검토하고 이 행동들이 가하게 느껴지는 근거를 탐구해 들어가 본다면, 우리는 이 행동들을 가하게(마땅하게) 느끼는 사람의 견해 속에서 이 행동들이 ― 가하게 여기는 사람들이 애호받거나 이익을 보는 사람들 중의 하나든 아니든 ― 언제나 인애적인 것, 또는 타인들에 대한 호감과 타인들의 행복을 위한 노력으로부터 발원하는 것으로 나타난다는 것을 발견하게 된다. 그리하여 타인들을 행복하게 만들고 싶게 하는 모든 저 친절한 애정들과 이 애정으로부터 발원하는 것으로 여겨지는 모든 행동들이 ― 어떤 사람에게 이 애정과 행동들이 인애로운 한편, 타인들에게 해롭지 않다면 ― 도덕적으로 선하게 나타난다는 것을 발견하게 된다. 또한 우리는 상상되는 인애가 전혀 없으면 어떤 행동 안에서든, 또는 인애적 목적에 적용 가능하고 이 목적을 위해 의도된 것으로 여겨지지 않는 어떤 자질이나 역량 안에서든 호감을 주는 어떤 것도 발견하지 못한다.[513]

따라서 우리는 "실로 몹시 유용한 행동들이라도 타인들에 대한 어떤 친절한 의도들로부터도 발원하지 않는다는 것을 안다면, 이 몹시 유용한 행동들도 도덕

---

512) Shaftesbury, *An Inquiry Concerning Virtue or Merit*, 65쪽.
513) Hutcheson, *An Inquiry into the Original of Our Ideas of Beauty and Virtue*, 116쪽.

적 아름다움을 결여한 것으로 보는" 반면, "성공적이지 못한 친절이나, 성공적이 못한 공공복리증진 기도도 강렬한 인애로부터 발원한다면 가장 성공적인 기도만큼이나 호감을 주는 것"이다.514) 이어서 허치슨은 타인이나 공공의 이익과 행복을 운위하는 이런 보편공리적·공공복리적 관점에서 인류가 인애를 도덕감각의 보편적 기초라는 데 일반적으로 동의한다고 논변한다. "우리가 이 도덕감각의 보편적 기초로 삼은 이 인애에 인류가 얼마나 동의하는지를 보여주기 위해 우리는 어떤 행동을 마땅하다고 느끼는 이유가 무엇이냐는 질문을 받을 때, 그 행동이 행위자 자신에게가 아니라 공공에게 이롭기 때문이라고 항구적으로 주장한다". 반대로 "우리가 비난받는 어떤 행동을 정당화하고 그것이 합법적이라고 주장하고 있는 중이라면, 우리는 언제나 우리의 변호의 이런 조목을, 즉 '그 행동은 아무도 해치지 않거나 손해보다 더 많은 복리를 준다'는 조목을 만든다". 다른 한편으로, 우리가 어떤 행동을 비난할 때 우리는 그 행동이 "타인들에게 해가 된다"는 것을 입증하거나, 타인에게 이바지하는 것이 우리의 힘에 닿을 때, 또는 "감사함, 본성적 정감, 또는 어떤 다른 사심 없는 유대"가 우리 마음속에서 "그들의 이익을 위한 노력"을 불러일으켰을 때, 적어도 "타인들의 이익에 태만함"을 입증한다는 것이다. 우리가 때로 "공공적 해악의 야기"에 대한 아무런 성찰도 없는 타인들의 어리석은 품행을 비난한다면, 이 비난도 마찬가지로 우리의 인애심 때문에 야기되는 것이다. 인애심은 언제나 체계의 일부로 간주되어야 하는, 행위자를 덮칠 "해악"에 대해 우리를 근심하게 만들기 때문이다. 우리는 모두 "가난한 사람은 자기 자신 외에 아무에게도 해롭지 않다"고 주장하는 것이 죄악을 얼마나 크게 완화시키는지를 알고 있고, 이것이 얼마나 자주 증오를 "동정심으로 바꾸는지"를 알고 있다. 그러나 우리가 문제를 정밀 검토한다면, 우리는 "자신에게 직접 해롭고 자주 타인들에게 아무런 죄를 짓지 않는 것"으로 간주되는 대부분의 행동들이 우리로 하여금 "호의를 바칠 수 없게 만듦"으로써 실질적으로 공적 손해를 야기하는 경향이 있다. 허치슨은 이 사례로 "무절제와 터무니없는 사치"

---

514) Hutcheson, *An Inquiry Concerning Moral Good and Evil* (Treatise II), 'Introduction', 116쪽.

를 든다.515) 물론 도덕이 (이익의 극대화를 겨냥한) 생존도덕과 (이익을 초월한) 인의적 정체성도덕으로 구분되기 때문에 공공의 '이익'에 초점을 맞춘 이런 공리적 관점에서만 인애를 이해하는 이런 관점은 문제가 있다.

인애 또는 공맹의 배려적 사람사랑은 '인덕仁德'의 단초적 도덕감정이다. 사랑은 모든 덕목을 뒷받침해준다. 그러나 인덕이 모든 덕목 중 '가장 으뜸가는 덕목'일지라도 사랑 또는 동정심(측은지심)이 도덕의 '유일한' 근거인 것은 아니다. 그러나 허치슨은 인애심을 우리의 행동을 '훌륭하다', '가可하다' 또는 '잘한다'고 느끼는 평가감정의 '유일한' 근거로 주장한다. 어떤 "선한 도덕적 속성"의 판단이 "잘 근거지어지거나 나쁘게 근거지어지지 않는" 경우에만 "다른 사람의 어떤 행동"을 우리가 "가하다"고 느낀다. 언제나 "가하다는 평가감정(Approbation)"을 유도하는 것은 "진짜 호감을 주고 인애로운 어떤 모습이다". 우리가 판단착오를 할 수 있을지언정 우리의 "가하다는 평가감정"을 얻을 만한 것은 그래도 어떤 명백한 종류의 "인애심"이다. 따라서 이 인애심은 이기심으로 말미암아 상쇄될 때가 있는 경우에도 "작용하기를 그치는 것이 아니라", 우리들을 "불편하게", 그리고 "스스로 불만족스럽게" 만들기에 충분할 만큼의 "강렬성"을 가지고 있다.516) 모든 도덕의 보편적 근거와 도덕감각의 '유일한' 근거로서의 이 인애심은 본성적인 것이다. 허치슨은 인애심의 본성적 성격을 강력하게 입증하는 증거로 '본성적 동정심'으로서의 '연민(compassion)'을 든다. 인애심은 부자를 더 부자로 만들어주는 것까지도 포함할 정도로 불특정적인 사랑인 반면, 연민은 곤경에 처한 사람을 사랑하는 특정한 인애심이다. 허치슨에 의하면, 이 연민이 도덕행위의 동기이고, 이 동기는 본성적이다.

인애가 우리에게 본성적이라는 것을 강력하게 증명하는 우리 정신의 또 다른 본성적 성향을 고찰하자. 그 본성적 성향은 연민이다. 우리는 이 성향에 의해 사적 편익을 전혀 염두에 두지 않고 남의 이익을 위해 애쓰는 경향이 있다. 이것은 거의

---

515) Hutcheson, *An Inquiry Concerning Moral Good and Evil* (Treatise II), 'Introduction', 135-136쪽.
516) Hutcheson, *An Inquiry Concerning Moral Good and Evil* (Treatise II), 'Introduction', 136쪽.

예시적 설명을 필요치 않는다. 개개 중생은 그가 다른 사람이 도덕적 의미에서 악한 것으로 생각되지 않는다면 이 다른 사람이 말려들어 있는 어떤 지독한 불행 때문에든 불편하게 만들어진다. 아니, 우리가 이런 경우에도 마음이 흔들리지 않는 것은 거의 불가능하다. 편익을 위해 우리는 잔학행위를 할지도 모르고, 연민을 극복할지도 모른다. 그러나 편익은 연민을 소멸시키지 못한다. 증오나 분노의 돌발적 감정은 어떤 사람을 절대적으로 악한 사람으로 보이게 하고 이로써 연민을 소멸시킬지 모르지만, 이 감정이 지나갈 때, 연민은 종종 되돌아온다. (...) 우리는 여기서 인간본성의 만듦새가 얼마나 경이롭게 연민을 동하게 하는 데 적합한지를 관찰할 수 있다. 우리의 불행이나 빈곤은 표정을 가로막으려고 애쓰지 않는 한 즉각 우리의 표정으로 나타나고, 관찰로부터 보편적으로 이 우울한 외견의 의미를 이해하는 모든 관찰자들에게 상당한 고통을 전파한다. (...) 이것은 그 현장에 있는 만인이 다 우리를 도우려고 떨쳐 일으키고 때로는 우리의 해로운 적을 가엽게 여기도록 만드는, 모든 민족들에 의해 이해되는 '본성의 소리'다.517)

따라서 이 연민 또는 동정심 때문에 인간은 "불행한 사람들의 구제가 우리 자신에게 사적 복리에 대한 어떤 상상도 없이 이 구제를 직접 바라도록 자극받는다". 물론 우리가 "이 구제가 불가능하다"는 것을 안다면, 우리는 반성에 의해 이 구제가 우리의 연민 감정을 더 풀어놓는 것이 헛되다는 것을 간파할 수 있고, 그렇다면 자기애가 우리를 자극해 "우리의 고통을 야기하는 대상으로부터 인퇴함"으로써 우리의 생각들을 다른 쪽으로 흩어뜨리려고 힘쓰게 한다. 그러나 어떤 이런 반성이 없는 경우에 사람들은 "친절한(kind) 자연적 본능에 의해 내몰려 서둘러 연민의 대상을 보게 되고", 공개처형의 사례에서와 같이 그 대상들이 연민의 이유를 전혀 주지 않을 때도 이 고통을 스스로 당한다. "이 동일한 원리는 사람들로 하여금 비극을 보도록 이끈다".518)

허치슨에 의하면, 동정심 또는 연민은 본성적이다. 동정심은 관습, 교육, 훈육과 독립적이다. 이것은 관습과 교육의 영향을 거의 받지 않은 "여성과 어린이들

---

517) Hutcheson, *An Inquiry Concerning Moral Good and Evil* [Treatise II], 'Introduction', 159-160쪽.
518) Hutcheson, *An Inquiry Concerning Moral Good and Evil* (Treatise II), 'Introduction', 160쪽.

에게서 동정심이 더 우세하다"는 사실에 의해 "분명하다". 다만 어린이들이 자기들의 힘으로 마음대로 할 수 있는 동물들에게 "잔인하고 고통스런 행동"을 가하고 "기뻐하는" 것은 "악의나 동정심의 부족" 때문이 "아니라", 동물들이 몸을 뒤트는 것을 보는 "호기심"과 더불어 다양한 많은 동물들이 자아내는 "고통의 저 표지들에 대한 무지" 때문이다. 어린이들이 이 동물들을 더 알게 될 때, 어린이들의 동정심은 종종 "그들의 이성에 비해 너무 강렬해진다". 유사하게 사람들은 공개처형을 당하는 죄인에게서 고통의 표정을 보면 "동정심이 일반적으로 너무 강렬해져서" 종종 국가의 이 자위自衛방법을 비난한다.[519] 허치슨은 인애심의 특정한 형태로서 동정심을 인간의 '본성의 소리'로 보고 이것을 도덕의 보편적 근거로 설명하고 있다. 그러나 인애심과 동정심의 관계에 대한 설명은 좀 분명치 않다. 그럼에도 불구하고 허치슨은 흄 또는 스미스와 더불어 대표적인 '동정심의 벗'이라고 할 만하다.

그러나 허치슨은 공맹과 유사한 이 인애와 연민의 도덕철학을 전개하면서 컴벌랜드와 섀프츠베리처럼 공맹을 한 번도 언급하지 않았다. 아마 당시까지 눈을 부릅뜨고 '자유사상가'(계몽사상가)들을 지켜보던 교단의 심사를 건드리지 않기 위해서였을 것이다.

■ 흄의 '본성적 덕성'으로서 동정심과 인애

데이비드 흄은 『인성론(A Treatise of Human Nature)』 제2권(1740)에서 인애(benevolence)와 동정심(pity)의 관계를 좀 더 분명히 하면서 이 두 감정을 가장 중요한 도덕감정으로 규정한다. 흄이 프랑스 라플레쉬에서 읽은 새로운 중국관련 서적들, 파리 외교관 시절 케네와의 접촉, 피에르 벨의 독서 등 이 세 가지 경로로 공맹철학을 흡수했다는 구체적 정황증거와 공자와 중국에 대한 그의 구체적·명시적 언급으로부터[520] 우리는 그가 공자의 수신적 자기구성론과 맹

---

519) Hutcheson, *An Inquiry Concerning Moral Good and Evil* (Treatise II), 'Introduction', 161쪽.
520) 참조: 황태연, 『근대 영국의 공자 숭배와 모럴리스트들(하)』 (2020; 서울: 한국문화사, 2023),

자의 도덕감정론을 수용해 도덕론을 수립했다고 추정할 수 있다.

흄이 유학적 도덕론을 수립하는 데에는 그에 앞서 공맹의 도덕감정론을 수용한 선배 철학자들로부터의 배움도 적지 않은 역할을 했을 것으로 추정된다. 상론했듯이 컴벌랜드는 "동물적 존재로 이해된 인류 안에는 서로에 대한 인애심의 성정이 있다"고 논변했고, 섀프츠베리는 높은 수준에서 이미 도정감정론과 함께 맹자의 시비지심에 상응하는 시비감각론을 발전시켰으며, 허치슨은 섀프츠베리를 계승해 인애·동정심을 제1도덕감정으로 주장했기 때문이다. 흄은 섀프츠베리와 허치슨의 이 도덕감정론을 계승해 도덕의 근거를 인간본성에 정초시킴으로써 기독교신학과 스콜라학파의 신비주의적 계시도덕론과 합리론적 도덕형이상학, 그리고 홉스와 로크의 도덕제정론을 분쇄함으로써 영국사회와 유럽사회를 도덕적으로 세속화·탈주술화·인간화하는 계몽과정의 정점을 이룬다.

- 맹자와 흄의 동정심 사례의 유사성

상론했듯이 공자의 인仁사상은 컴벌랜드·섀프츠베리·허치슨 등 영국 철학자들에게서 '인애'와 '연민'으로 나타난다. 흄은 여러 경로로 공맹의 도덕감정론과 인仁사상을 수용했는데, 공감(sympathy)의 전달능력과 인애에 대한 흄의 이론은 측은지심과 동고동락에 대한 맹자의 설명을 쏙 빼닮았다. 공감과 동정심(측은지심)과 관련해 맹자가 '우물에 빠지는 아이'에 대해 사람들이 "깜짝 놀라는" 이야기를 활용하는데 흄도 이와 유사한 비유를 사용한다.

공감은 언제나 현재의 순간에 국한되는 것이 아니라 현재 존재 속에 없는, 우리가 단지 상상력에 의해서 예감할 뿐인 타인들의 고통과 쾌락을 종종 전달(communication)에 의해 느낀다. 내가 전혀 모르는 사람이 들판에서 잠들어 있는 중에 말들의 발굽에 의해 짓밟힐 위험에 처해 있는 것을 보았다고 가정하면, 나는 즉시 그를 도우러 달려갈 것이다. 이때 나는 낯선 사람의 현재적 슬픔에 대해 나를

1015-1026쪽.

관심 갖게 만드는 공감과 동일한 공감의 원리에 의해 움직여질 것이다. 이것은 다음과 같은 단순 언급으로 충분히 설명된다. 공감은 인상으로 전환된 생생한 관념이기 때문에, 어떤 사람의 미래의 가능한 조건 또는 개연적 조건을 고려하면서 우리가 그것을 우리의 근심거리로 만들 정도로 생생한 지각을 갖고 그 조건 속으로 들어가고 우리 것도 아니고 현재 순간에 실제로 존재하지도 않는 고통과 쾌락을 감지한다는 것은 명백하다.[521]

흄은 동정심과 공감을 설명하기 위해 맹자의 '우물에 빠지는 아이'의 비유와 유사한 '들판에서 자다가 내달리는 말들의 말발굽에 짓밟힐 위험에 처한 사람'의 비유를 쓰고 있다. 도덕성의 근거를 '이성'이 아니라 도덕적 '감성'(도덕감정+도덕감각)으로 보는 공맹과 흄의 도덕철학적 사유구조는 이처럼 그 비유사례까지 유사한 것이다.

공맹과 흄의 사유구조의 이러한 유사성은 우연의 일치가 아닌 것이다. 제이콥슨(Nolan P. Jacobson)은 "흄에게 가장 중심적인 개념들 중 하나, 즉 보편적 공감 또는 동정심의 이론이 맹자에게서 처음 비롯되고 흄의 몇몇 동시대인들, 특히 아담 스미스 등 주요한 동시대인들의 윤리학을 밑받침해 주고 있다는 것은 거의 우연일 수 없다"고 확언한다.[522] 그리스철학과 칸트철학의 합리주의 전통에서 이성은 보편적인 반면, 감성과 감정은 특수한 것이고, 따라서 보편화될 수 없다. 반면, 흄은 인간적 감성과 감정의 보편성 및 보편화 가능성을 말하면서 사유와 이성을 사후적인 것으로 격하한다. 그런데 이것은 맹자철학의 전통이다. "흄이 인간생활의 근본적 접착제요 인간 본성의 궁극적 근거로 간주하는 비언어적 교감에서 철학적 연결 경로는 지중해로 거슬러 올라가는 것이 아니라, 맹자의 보편적 공감의 개념에서 시발하는 또 하나의 아시아적 주요 전통으로 거슬러 올라가는 것이다."[523]

---

521) Hume, *A Treatise of Human Nature*, Book 2. *Of the Passions*, 248쪽.
522) Jacobson, "The Possibility of Oriental Influences in the Philosophy of David Hume", 32쪽.
523) Jacobson, "The Possibility of Oriental Influences in the Philosophy of David Hume", 36쪽.

- 공맹의 보편적 인仁과 흄의 보편적 인애

흄은 일단 동정심을 "근심이나 기쁨을 야기하는 어떤 우정이나 적의敵意도 없이 남의 불행에 대해 갖는 근심" 또는 "타인의 불행으로부터 생겨나는 불쾌감"으로 정의한다.[524] 그리고 그는 "동정심은 사랑의 효과를 모방한다"고 말한다.[525] 그는 동정심을 인애심의 일부로 설명한다.

인애, 즉 사랑을 따라다니는 욕구는 사랑하는 사람의 행복에 대한 바람과 이 사람의 불행에 대한 혐오다. 이것은 노기怒氣, 즉 싫음을 따라다니는 욕구가 싫은 사람의 불행에 대한 바람과 그 사람의 행복에 대한 혐오인 것과 같은 이치다. 그러므로 타인의 행복에 대한 바람과 타인의 불행에 대한 혐오는 인애와 비슷하다. 타인의 불행에 대한 욕망과 타인의 행복에 대한 혐오는 노기에 상응한다. 그런데 동정심은 타인의 불행에 대한 혐오다. 이것은 악의가 반대의 욕구인 것과 같은 이치다. 그렇다면 동정심은 인애와 관계되어 있고, 악의는 노기와 관계되어 있다. 그리고 인애심이 이미 본성적이고 원천적인 자질에 의해 사랑과 연결된 것으로 드러난 것처럼, 그리고 노기가 싫음과 연결되어 있는 것처럼, 이 연결고리에 의해 동정심과 악의의 감정들은 사랑 및 싫음과 연결되어 있다.[526]

여기서 흄이 인애를 "사랑하는 사람의 행복에 대한 바람과 이 사람의 불행에 대한 혐오"라고 정의하고 다시 동정심을 "타인의 불행에 대한 혐오"라고 말하고 있는 것으로 봐서, 그는 동정심을 '사랑하는 사람의 불행을 싫어하게 하는 인애로 이해하는 것으로 보인다. 그러나 이 인애와 동정심의 정의와 양자 간의 관계에 대한 이해는 약간 빗나갔다. 인애와 동정심은 사랑하는 사람의 불행에 대한 혐오가 아니라, 이 혐오의 전제이고 이 혐오는 사람의 불행에 대한 인애와 동정심의 반응일 뿐이기 때문이다. 인애와 동정심은 욕구와 혐오로 단순화될 수 없다.

---

524) Hume, *A Treatise of Human Nature*, Book 2. *Of the Passions*, 238, 245쪽.
525) Hume, *A Treatise of Human Nature*, Book 2. *Of the Passions*, 240쪽.
526) Hume, *A Treatise of Human Nature*, Book 2. *Of the Passions*, 246쪽.

인애는 사랑이고 욕구가 아니며, 동정심은 어려운 처지에 있는 사람을 안타까워하는 연민 자체이고, 이 사람에 대한 도움은 동정심의 발로일 뿐이다.

흄은 좁은 범위의 직접적 인애를 고찰할 뿐만 아니라, 온 인류를 간접적·상상적으로 포괄하는 식으로 보편화될 수 있는 '보편적 인애'도 고찰한다. 또한 그는 공자처럼 동정심의 일단으로 본 이 인애를 제1의 도덕감정으로 대접했다. 공자는 인仁을 "뭇사람을 사랑하는 것(愛人)"으로 정의하고, 맹자는 인을 "인민仁民(백성사랑)"으로 재再정의하고 측은지심 등의 도덕감정을 확충해 '사해四海를 족히 보전할' 수 있는 차원으로 보편화할 수 있다고 말했다. 흄도 인애를 '보편적 공감'의 능력에 의해 전 인류로까지 확대되어 '보편적 인애', 즉 공자의 '박애(범애)'로 보편화될 수 있는 것을 말한다.

이런 의미에서 흄은 인애를 '보편적 인애'와 '특별한 인애'로 구분한다. '보편적 인애'는 우리가 "아무런 우정이나 연줄 또는 인물에 대한 존경심을 가지지 않고" 인물에 대한 보편적 공감 또는 그의 고통에 대한 단적인 연민과 그의 기쁨에 대한 축하의 욕구만을 느끼는 경우다. '특별한 인애'는 "덕에 대한 평가여론, 우리에게 행해진 봉사, 또는 얼마간의 특별한 연줄에 기초한 것"이다. 두 감정은 다 인간 본성 속에 실재하는 것으로 인정되어야 한다. 우리는 '보편적 인애(범애·인간애)'와 '공감'은 별다른 증명도 없이 '보편적 경험'으로부터 "실재하는 것으로 가정할" 수 있다.[527]

그러나 흄은 부당하게 덕성을 인애나 동정심 같은 '본성적 덕성'과 정의·용기·정조·충성심 같은 '인위적 덕성'으로 나누고, 정의에 너무 많은 설명을 할애한다. 그리하여 그는 정의를 가지고 소유권, 정부와 국가의 기원, 충성심의 원천, 국제법의 기원 등 온갖 것을 다 설명하려고 시도하고 있다.[528] 그는 공맹과 아리스토텔레스처럼 인애 또는 동정심을 국가의 기초로 보지 못한 것이다. 이 때문에 흄의 도덕철학에서 '동정심'은 '정의'에 비해 제2순위 덕성으로 밀려난 느낌이

---

527) Hume, "Of Self-Love", 115쪽 각주.
528) Hume, *A Treatise of Human Nature*, Book 2. *Of the Passions*, 307-366쪽.

든다. 이런 경향은 훗날 아담 스미스에게서 보다 확실하게 정착한다. 하지만 중요한 것은 그가 인애와 동정심을 본성적 도덕감정으로 규정하고, 동정심을 경멸·적대하는 서양철학의 사상전통에 맞서 그 도덕적 가치를 격상시킨 점이다.

■ 루소의 도덕원리로서 동정심

장-자크 루소는 컴벌랜드를 이어 연민, 즉 동정심을 도덕철학의 제1기초로 격상시킨 철학자다. 그러나 그는 공감과 연민을 동일시하는 오류에서 벗어나지 못한다.

− 동정심과 자기애의 도덕철학

루소는 『인간불평등기원론』「서문」에서 섀프츠베리처럼 "자연권의 모든 규칙들" 또는 도덕의 모든 준칙들이 "이성 이전의" 두 감정원리인 "자기애(amour-propre)"와 "동정심(pitié)" 간의 "합치와 결합"으로부터 "다 도출되는 것"으로 보았다. "자기애"는 "우리를 우리 자신의 복지와 보존에 깊이 관심 갖도록 만들어주는" 원리이고, 동정심은 자기 종류의 고통이나 죽음을 보는 것에 대한 "본성적 거부감"을 일으키는 원리다. "남들에 대한 인간의 의무"는 "지혜"에 따른 교훈에 의해서만 인간에게 명령되는 것이 아니다. "동정심의 내면적 충동"에 따라 인간은 다른 사람도, 감각 있는 동물들도 다치게 하지 않을 것이다.[529]

그리고 루소는 "지성"이 나중에야 자연권의 규칙들을 "다른 기초" 위에서 수립한다는 점을 분명히 하고, 이 지성의 준칙, 또는 이성적 도덕법칙들이 "지성의 연속적 전개"를 통해 "지성이 본성 자체를 억압하는" 준칙들이라고 비판한다. 하지만 루소는 "인간은 동정심의 내면적 충동에 저항하지 않는 한에서, 그의 자기보존이 관련되고 그 자신에게 우선권을 주어야 하는 저 합법적인 경우 외에, 결코 어떤 다른 사람도, 또한 심지어 감각 있는 어떤 존재도 다치게 하지 않을

---

529) Rousseau, *A Discourse on the Origin of Inequality* [1755], 47쪽.

것이다"라고 말한다.530)

여기로부터 루소는 즉각 동물에 대한 인간의 도덕적(자연권적) 의무도 끌어낸다. 루소는 "이 방법으로라면 우리는 자연법에 대한 동물의 참여 여부에 관한 해묵은 논쟁도 종결시킨다"고 천명한다. "왜냐하면 지성과 자유가 없는 동물들은 그 법을 인식할 수 없다는 것은 명백하지만, 동물들이 우리와 본성을 어느 정도 공유하는 만큼, 그들이 부여받은 감수성의 결과로 자연권은 공유해야 하기 때문이다. 그리하여 인류는 짐승들에게도 일종의 의무에 종속되어야 한다. 사실, 내가 나의 동료 피조물들에게 아무런 해도 입혀서는 아니 된다면 이것은 이들이 합리적 존재이기보다 감각 있는 존재이기 때문이다. 이 특질은 인간과 짐승에게 공통되므로, 적어도 인간에 의해 함부로 학대당하지 않을 특전에 대한 권리를 짐승에게도 부여하지 않을 수 없다."531) 루소는 측은지심에 기초한 공맹의 생태도덕론을 제대로 계승하고 있다.

이어서 루소는 『인간불평등기원론』의 본론에서 동정심을 '유일한' 자연본성적 덕성으로 격상시키고 홉스와 맨드빌을 동시에 비판한다. "홉스를 피해간 또 다른 원리가 있다. 이 원리(동정심)는 어떤 경우에 자기애(amour-propre)의 충동 또는 이 (동정심) 원리의 탄생 전에 존재하는 자기보존의 욕망을 중화시키도록 인류에게 부여되어, 동류 피조물이 고통받는 것을 보는 것에 대한 본유적 거부감으로, 자신의 복지를 추구하는 데 쏟는 열정을 누그러뜨린다. 나는 인간이 ― 인간적 덕성을 가장 극렬하게 중상모략하는 자도 부정할 수 없는 ― 유일한 본성적 덕성을 보유하고 있다고 생각하면서 모순을 두려워할 필요가 없다고 생각한다. 나는 동정심(pitié)을 말하고 있다. (...) 동정심은 우리가 분명 그런 만큼 아주 약해서 아주 많은 악들에 종속된 피조물에게 적합한 성향이고, 모든 유형의 성찰 이전에 오는 만큼 인류에게 더욱 보편적이고 유용한 것이다".532) 루소는 동정심을 각개인의 이기심을 완화시키는 이타심으로 규정하고 있다.

---

530) Rousseau, *A Discourse on the Origin of Inequality*, 47쪽.
531) Rousseau, *A Discourse on the Origin of Inequality*, 47쪽.
532) Rousseau, *A Discourse on the Origin of Inequality*, 73-74쪽.

그런데 루소는 동물들도 동정심을 다 가지고 있다고 보았다. "그것은 아주 본성적이어서, 바로 그 짐승들 자신도 종종 그것의 명백한 증거를 보여준다. 자기 새끼에 대한 어미의 애정과 새끼를 구하기 위해 어미가 무릅쓰는 위험까지 언급할 필요 없이도 말들이 살아있는 몸뚱이를 짓밟는 것에 대해 거부감을 보인다는 것은 잘 알려져 있다. 어떤 동물도 다른 동종 동물의 시체를 심적 동요 없이 지나가지 않는다. 한편, 어떤 짐승들은 그 동종에게 일종의 장례를 치러준다. 소들이 도살장 안으로 들어갈 때 내는 구슬픈 음매 소리는 그들이 직면하는 가공스런 장면이 그들에게 각인하는 인상을 보여준다."533) 이 구절은 흔종釁鐘 희생용으로 벌벌 떨며 도살장으로 끌려가는 소에 대한 제선왕의 동정심을 논하는 『맹자』의 한 구절을534) 생각나게 한다.

이 지점에서 루소는 방향을 돌려 동정심을 부정하고 우롱하는 『꿀벌들의 우화(The Fable of the Bees)』를 쓴 이기적 도덕제정론자 버나드 맨드빌(Bernard Mandville, 1670-1733)을 공격하고 그의 주장의 자가당착성을 조롱한다.

> 우리는 기쁘게도 『꿀벌들의 우화』의 저자가 수없이 '인간이란 동정적이고 감수성 있는 존재자다'라고 고백하는 것을 발견한다. 이 저자는, 야수가 한 아이를 그 어미의 팔로부터 잡아채어 사나운 이빨로 그 부드러운 사지를 씹어 으깨고 발톱으로 팔딱거리는 내장을 찢어발기는 것을 감금장소로부터 보아야 하는 인간에 대한 감상적感傷的 묘사를 우리에게 제시하기 위해 보여주는 사례에서 그의 스타일의 차가운 절묘성을 제쳐놓고 있다. 그가 개인적으로 관계되어 있지 않을지라도 이러한 장면의 목도는 어떤 진저리쳐지는 감정적 동요를 경험하지 않겠는가! 그가 실신하는 어미와 죽어가는 아기에게 도움을 줄 수 없다는 것에서 어떤 고뇌를 겪지 않겠는가! 이런 것이 온갖 성찰 이전의 본성의 순수한 정서다!535)

루소의 주장의 요지는 동정심이나 도덕감정을 빈정대는 투로 줄곧 부정하며

---

533) Rousseau, *A Discourse on the Origin of Inequality*, 74쪽.
534) 『孟子』「梁惠王上」(1-7).
535) Rousseau, *A Discourse on the Origin of Inequality*, 74쪽.

거지에게 돈을 던져주는 동정적 행위도 따라오며 졸라대는 귀찮은 거지를 떼어 놓기 위한 것으로 강변한 『꿀벌들의 우화』의 저자 맨드빌조차도 암퇘지가 아이를 씹어 먹는 장면에 심지어 "노상강도, 주거침입강도, 또는 살인자"도 느끼는 동정심의 존재를 불가피하게 자인함으로써 부지불식간에 자기이론을 와해시키고 있다는 것이다.

따라서 루소는 동정심을, 이렇게 어떤 이기주의자도 부수지 못하고 어떤 도덕적 타락상태에서도 망가지지 않을, 금강석처럼 단단하고 꿀처럼 달콤한 '순수한 본성적 감정'으로 규정한다. "이것은 온갖 반성에 앞서는 본성의 순수한 감정이다! 이것은 최대의 도덕적 타락상태도 아직 파괴할 수 없었던 본성적 동정심의 힘이다!" 왜냐하면 "매일 극장에서 관객들은 자신들이 만약 폭군의 구역 안에 들어 있다면 적의 가학행위를 증가시키기만 할 불행한 인물역을 맡은 사람들의 고통을 보고 마음이 동요하고", 나아가 "눈물을 흘리기" 때문이다."536)

이를 바탕으로 루소는 롤스가 차용했음직한 맨드빌의 이기적 '도덕조립론' 또는 '정치적 도덕제정론'과 소크라테스·플라톤의 지성주의적 덕성론을 도덕감정론적 입장에서 비판한다.

맨드빌은 자연이 인간의 이성을 돕도록 인간들에게 동정심의 감정을 부여해주지 않았다면 인간들이 그들의 모든 도덕성에도 불구하고 괴물보다 더 낫지 않았을 것을 잘 알았다. 그러나 맨드빌은 그가 인간이 보유한다는 것을 부정한 저 모든 사회적 덕성들이 오로지 이 동정심 자질로부터만 흘러나온다는 것을 알지 못했다. 하지만 관대·자비·인간애는 약자·죄인·인류 일반에게 적용된 동정심 외에 다른 것이 아니다. 인애와 우정도 올바로 판단한다면, 항상 개별 대상에 적용된 동정심의 효과일 뿐이다. 타인이 고통을 겪지 않기를 바라는 것과 그가 행복하기를 바라는 것이 어떻게 다르겠는가? 동정심이 고통을 겪는 자의 자리에 우리를 놓는 느낌, 즉 야만인에게는 모호하지만 생생한, 문명인에게는 발전되었으나 미약한 느낌에 불과하다는 것이 진리라면, 이 진리는 나의 주장을 확인하는 것 외의 다른 귀결을

---

536) Rousseau, *A Discourse on the Origin of Inequality*, 74쪽.

갖지 않을 것이다.537)

이어서 루소는 다시 비판의 예봉을 합리주의 철학과 철학자의 지성주의로 돌린다. '자타동일화' 사고방식의 문제점만 잠시 눈감아주면 이 비판은 통렬하게 정곡을 찌른다.

> 동정심은, 사실, 어떤 유의 괴로움을 보는 동물이 그 자신을 고통을 겪는 동물과 더 많이 동일화하면 동일화할수록 더 강하지 않을 수 없다. 이러한 동일화는 이성상태에서보다 자연상태에서 훨씬 더 완벽했을 것이라는 것은 분명하다. 이기심을 낳는 것은 이성이고, 이것을 확인하는 것은 성찰이다. 인간의 정신을 그 자신에게로 되돌리고 그를 어지럽히거나 괴롭히는 만사로부터 그를 나누어놓는 것은 이성이다. 인간을 고립시키고 타인들의 불행의 장면에 '너희들이 원하면 멸망하라, 나는 안전하다'라고 말하도록 명하는 것은 철학이다. 공동체 전체를 위협하는 일반적 악이 아니면 아무것도 철학자의 평온한 잠을 어지럽히거나 철학자를 그의 침대로부터 잡아챌 수 없다. 살인은 철학자의 창문 아래서 벌 받지 않고 저질러질 수 있다. 철학자는 그의 내부에서 충격받는 본성이 자신을 고통받는 자와 동일화하는 것을 막기 위해서라면 자기 손을 귀에 대고 그 자신과 조금 논쟁하기만 하면 된다. 미개인은 이 놀라운 재능이 없고, 이성과 지혜의 결여로 항상 어리석게도 인간애의 첫 번째 자극에 즉각 복종한다. 폭동과 길거리 언쟁에 다함께 모이는 것은 대중이고, 지혜로운 인간은 현명하게 재빨리 도망간다. 싸우는 사람들을 떼어놓고 지체 있는 사람들이 상대방의 목을 자르는 것을 멈추게 하는 사람들은 어중이떠중이와 시장아줌마들이다.538)

여기로부터 루소는 "동정심이 각 개인에게서 자기애의 작용을 중화함으로써 종種 전체의 보존에 기여하는 본성적 느낌이라는 것은 확실하다"는 결론을 도출한다. "고통에 처한 사람들을 구하러 성찰 없이 우리를 서두르도록 부추기는

---

537) Rousseau, *A Discourse on the Origin of Inequality*, 75쪽.
538) Rousseau, *A Discourse on the Origin of Inequality*, 75쪽.

것", "자연상태에서 법·도덕·덕성의 지위에다 아무도 그것의 점잖은 목소리에 불복하도록 유혹받지 않는 이점을 제공하는 것", "건강한 야만인이 다른 수단에 의해 자력으로 생계수단을 마련할 기회를 본다면 약한 어린이나 취약한 노인으로부터 이들이 힘들게, 어렵게 획득한 생계수단을 강탈하지 않도록 이 건강한 야만인을 늘 막는 것', '네가 남을 네게 하도록 시켰으면 하는 것대로 남에게 하라'는 합리적 정의의 고상한 격률을 주입하는 대신에 "'남에게 가급적 적은 해를 끼치면서 너 자신을 이롭게 하라', 진정으로 훨씬 덜 완전하지만 아마도 더 유용한 본성적 선의 다른 격률을 모든 사람에게 고취하는 것"은 모두 다 이 "동정심"이다.539)

한마디로, 교육의 격률과 독립적으로 우리가 만인이 악행에서 경험하는 거부감의 원인을 찾아야 하는 곳도 어떤 미묘한 논증이라기보다 오히려 이 본성적 느낌이다. 이성으로 덕을 획득하는 것이 소크라테스와 유사한 직종의 다른 정신들의 지론일지라도, 인류는 이 인류의 보존이 인류를 구성하는 개인들의 이성적 추리에만 달려있었다면 오래 전에 존재하기를 그쳤을 것이다.540)

플라톤과 스콜라철학자, 그리고 칸트와 칸트주의자들의 합리주의적 도덕론이나 이성적 도덕입법론을 논박하는 루소의 이 논변은 이해하기 쉽고 간단하지만, 그 핵심논리는 그야말로 반박이 불가할 정도로 지당하기 짝이 없다. 특히 인류의 존속이 "개인들의 이성적 추리"에만 달려있었다면 인류는 "오래 전에" 소멸했을 것이라는 마지막 말은 도덕합리론자들에 대한 치명적 일격이다.

---

539) Rousseau, *A Discourse on the Origin of Inequality*, 76쪽.
540) Rousseau, *A Discourse on the Origin of Inequality*, 76쪽.

- 동정심과 공감의 혼동

동정심(pity)과 공감(empathy)의 의미를 동시에 가진 영어 'sympathy', 독·불어 'sympathie'의 양의성兩義性 때문에 서양 학계에서 '동정심'은 '공감'과 줄곧 혼동되어왔다. 오늘날도 일각에서 이런 혼동은 여전하다.[541] 루소도 섀프츠베리, 허치슨이나 동시대의 흄, 스미스와 달리 공감과 동정심을 줄곧 혼동하고, 이로 인해 동정심과 사랑의 이해에서 큰 문제점을 노정한다. 루소가 『에밀』에서 개진하는 논의를 따라가 보자.

그리하여 마음의 본성 질서에 따라 움직이는 동정심, 즉 최초의 공감이 생겨난다. 공감적이고 동정적으로 되기 위해서 어린이는 그가 고통받은 것을 고통으로 겪는, 그가 느끼는 고통을 느끼고 어린이가 다른 사람들이 고통받는다고 상상할 수 있는 다른 고통을 느끼는 다른 사람들이 존재한다는 사실을 알기만 하면 된다. 우리가 우리의 자아를 버리고 동물의 자아를 받아들임으로써 우리 자신을 망각하고 고통받는 동물과 동일시하지 않는다면 우리가 사실 어떻게 동정심에 의해 움직여지는가? 우리는 우리의 의견에 고통받는 만큼만 고통을 겪는다. 우리는 우리 안에서 고통스러워하는 것이 아니라, 그 안에서 고통스러워한다. 상상력이 일어나 우리자신으로부터 우리를 끌어내기 시작하는 경우에만 민감해진다. (...) 나는 내가 앞서 말한 모든 고찰들을 두세 개의 확정적이고, 명확하고, 쉽게 이해할 수 있는 원칙으로 종합할 수 있다고 믿는다.
제1준칙. 우리보다 더 행복한 사람들의 입장에 서는 것이 아니라, 오직 우리보다 더 불쌍히 여길 만한 사람들의 입장에 서는 것만이 인간의 마음에 있다.
이 준칙에서 예외들을 발견한다면, 이 예외들은 진짜 예외라기보다 차라리 가상적 예외들이다. 그리하여 사람들은 자기들이 애착을 느끼는 부자나 고관대작의 입장에 서지 못한다. 이 애착이 진실한 경우에도, 사람들은 부자나 고관대작의 복지의 일부를 제 것으로 취할 뿐이다. 때로 우리는 부자나 고관대작을 불행한 상태에서도 사랑하지만, 부자나 고관대작은 행복한 상태에서도 외양에 속지 않고 근본적으로

---

[541] 일부 연구자들은 여전히 공감을 동정심으로 착각한다. 참조: Batson, "These Things Called Empathy: Eight related but Distinct Phenomena", 8쪽.

이 외양을 부러워하기보다 더 많이 한탄하는 사람만을 참된 친구로 삼는다. 우리는 어떤 상태의 행복에 의해, 가령 전원생활과 목가생활에 의해 마음이 동한다. 이런 행복한 사람들을 보는 매력은 질투심에 의해 중독되지 않았다. 사람들은 진정으로 그들에 대해 관심을 갖는다. 왜? 우리가 평화와 순수성의 이 상태로 내려가 동일한 행복을 즐길 수 있다고 느끼기 때문이다. (...)
여기로부터 도출되는 결론은 어린 사람을 인간애를 갖도록 기르고자 한다면 우리가 그를 타인의 빛나는 운명에 감탄하게 해서는 아니 되고 그에게 인간의 비극적 측면의 운명을 보여주어야 한다는 것이다. 우리는 어린 사람에게 두려워하는 것을 가르쳐야 한다. 그러면 그는 아무도 그 이전에 밟아보지 않는 행복으로 가는 길을 타개할 것이 틀림없고, 이것은 명백한 결론이다.[542]

이 인용문의 첫 구절은 루소가 동정심을 공감과 동일시하는 것을 보여준다. 그리고 이 인용문에서 루소는 공감을 다른 '사람들의 입장에 서는 것(*de se mettre à la place des gens*)'으로 표현하고 있다. 이것은 공감을 가상적 '입장 바꾸기'의 '자타동일시'로 오해한 것이다. 동시에 그는 이 공감을 동정심으로 착각해 연쇄적으로 제1준칙을 동정심의 준칙으로 착각하는 오류를 범하고 있다. 이런 이유에서 그는 남의 슬픔과 고통에 대한 동고同苦에서 나오는 동정심만 말하고, 남의 기쁨과 즐거움에 대한 동락同樂에서 나오는 축하지심을 부정하고 있다. 그 결과, 루소는 사람들이 부자나 고관대작의 기쁨과 행복을 마음에 두지 않고 자기보다 못한 사람의 고통이나 비극적 운명에만 공감한다고 생각하는 황당한 논변으로 일탈하고 말았다.

제2준칙에서는 아예 공감을 동정심으로 대체하고 '불행한 자들의 운명이 자신의 운명이 될 수 없다고 확신하는 사람은 이들에 대해 동정심을 느끼지 않는다'는 홉스 식의 동정심 개념을 재현한다.

제2준칙. 사람은 남들의 고통에서 자기 자신도 그것으로부터 안전하지 않다고 여기

---

[542] Rousseau, *Emile*, 224-225쪽.

는 고통만을 슬퍼한다. "고통을 모르지 않기에 나는 불행한 자를 돕는 것을 배운다" - 버질. (...) 왕들은 왜 그들의 신민들에 대해 아무런 동정심이 없는가? 그들은 언젠가 한낱 인간일 뿐이라는 것을 타산하지 않기 때문이다. 부자들은 왜 빈자들에 대해 그렇게 가혹한가? 그들은 언젠가 가난해질 것에 대해 아무런 불안이 없기 때문이다. 귀족들은 왜 민중을 그토록 경멸하는가? 그들은 결코 평민이 될 수 없기 때문이다. 터키인들은 왜 우리보다 일반적으로 더 인간적이고 손님에 대해 더 친절한가? 그들의 완전 자의적인 정부 하에서 개개인의 대소大小와 행복은 항상 불확실하고 동요하기 때문이다. 따라서 그들은 비천함과 불행을 남의 것으로 보지 않는다. 누구나 오늘 자기로부터 도움을 받는 자의 처지로 내일 떨어질 수 있다.[543]

따라서 에밀의 교육에는 "불행한 빈자들의 운명이 자신의 것일 수 있다는 것, 그들의 고난이 그의 발꿈치에 있다는 것, 수천 가지 예기치 못할 불가지한 사건들이 이 순간에서 저 순간으로 바뀔 때마다 불행 속으로 추락할 수 있다는 것을 이해시키는 것"이[544] 중요하다는 것이다. 결국 루소는 인간이 남의 '고통'에만 공감하고, 그것도 "불행한 빈자들의 운명이 자신의 것일 수 있다"는 이유에서 공감하고 동정한다고 주장하고 있다. 따라서 왕·귀족·부자들은 신민·민중·빈자의 운명이 자신의 것이 될 리가 없기 때문에 이들의 비참함과 불행에 대한 동정을 모른다는 것이다. 즉, 이들은 백성이나 빈자와 '입장이 바뀔' 리가 없기 때문에 백성과 빈자의 고통에 대한 동정심이 없다는 말이다. 이것은 그야말로 "스스로 동일한 불행을 당할 가능성이 가장 적다고 생각하는 사람들은 동일한 불행에 대한 동정을 싫어한다"는 홉스 논변의[545] 재탕이다. 그러나 왕·귀족·부자들이 일반백성의 비참함과 불행에 동정하지 않는다는 루소의 말은 인간이 『에밀』에서 자기가 말하는 '동물'에 대한 인간의 공감이나 『인간불평등기원론』 서문에서 말하는 '감각을 가진 모든 존재'에 대한 동정심의 논변과 모순된다. 이것이 모순이 아니라면, 루소는 왕후장상과 백성의 격차가 인간과 동물 간의

---

543) Rousseau, *Emile*, 225-226쪽.
544) Rousseau, *Emile*, 226쪽.
545) Hobbes, *Leviathan*, 47쪽.

격차보다 크다고 생각하는 것이다.

그러나 공자는 "성인은 길흉사에 백성과 더불어 같이 걱정한다(聖人 [... 吉凶與民同患)"고 갈파하고,[546] 맹자는 왕이 "백성과 더불어 같이 즐긴다(與民同樂)"고 주장했다.[547] 루소의 논변에 비추어보면, 공맹의 이 말은 빈말일 것이다. 루소는 상론했듯이 공감을 '입장 바꾸기의 자타동일시'로 오해했기 때문에 종신토록, 아니 대대로 입장을 바꿀 일이 없는 왕과 귀족과 대잇는 부자는 백성을 동정할 수 없다는 오판에 빠진 것이다. 그러나 공감은 '입장 바꾸기'를 통해 자타를 동일시할 필요 없는, 남의 감정과 의도의 거울뉴런적 '시뮬레이션(모사)'이다. '입장 바꾸기'를 통한 자타동일시는 왕만이 아니라 평민에게도 기술적으로 절대 불가능한 것이다. 그리고 '원형적' 공감인 감정전염은 운동신경적 '모방'을 통해 무의식적으로 발생한다. 따라서 왕이 백성과 입장을 바꾸는 것은 불가능할지라도 백성의 고통에 공감하고 이들을 동정하는 것은 얼마든지 가능한 것이다.

왕이 백성을 공감하고 동정하지 못한다면, 그것은 역지사지의 불가능성 때문이 아니라, 칸트가 이상화한 합리론자, 즉 지능은 뛰어나지만 공감능력이 없는 사이코패스이기 때문이다. 이런 까닭에 주지하다시피 공자는 "속마음의 참달함이 뭇사람을 사랑하는 인의 단초"로 보고, "속마음이 인애를 편안하게 여기는", 즉 "천하에 한 사람이 있을까 말까 할 정도로 희귀한" '안인자安仁者'만이 천하의 존위에 올라야 한다고 주장한 것이다(中心憯怛 愛人之仁也. ... 中心安仁者天下一人而已矣).[548] 즉, "인애라는 것은 정의의 근본이고 순응의 본체이니, 인애를 체득한 자가 존귀한 것이다(仁者 義之本也 順之體也 得之者尊)".[549] 따라서 공맹 정치철학에서는 '여민동락·여민동환'할 수 있을 만큼 공감능력이 뛰어나 백성을 진정으로 사랑할 수 있는 '안인자'만이 왕의 자격을 갖춘 것이다. 루소의 철학적 오판은 '입장 바꾸기'의 자타동일시 관념에 사로잡힌 그의 그릇된 공감 개념 및 공감과

---

546) 『易經』「繫辭上傳」(11).
547) 『孟子』「梁惠王下」(2-1)·(2-4).
548) 『禮記』「表記 第三十二」.
549) 『禮記』「禮運 第九」.

동정심의 혼동에서 비롯되었다.

그러나 공감과 동정심을 뒤섞는 루소 식의 이런 만연된 혼동에 맞서 상론했듯이 미국 사회학자 찰스 쿨리는 1902년 벌써 영어 sympathy의 두 의미인 공감과 동정심을 일상적으로 혼동하는 것을 비판하며 이 두 의미를 예리하게 구별했다. 2009년 프란시스 드발도 공감(empathy)과 동정심(sympathy)의 차이를 명쾌하게 설명하고 강조했다. 드발은 발한다. "동정심은 친親행동적인 점에서 공감과 다르다. 공감은 우리가 다른 사람에 관한 정보를 모으는 과정이다. 이에 반해 동정심은 타자에 대한 근심걱정과 타자의 상황을 개선하고 싶은 욕망을 반영한다. 미국 심리학자 위스페(Lauren Wispé)는 다음과 같은 정의를 제공한다. '동정심의 정의는 첫째, 다른 사람의 느낌에 대한 고조된 각성과, 둘째는 다른 사람의 곤경을 경감하는 데 필요한 무슨 행동이든 취하려는 충동, 이 두 부분이다.' 나 자신에 관한 어떤 것을 폭로함으로써 동정심과 공감 간의 구분을 실증해보자. 나는 동정심보다 공감을 더 많이 가지고 있다. 나는 이것이 일반화될 수 있는 성性 차이라고 확신하지 않지만, 나의 아내는 둘을 같은 양으로 가진 것으로 보인다. (…) 이와 같이 공감이 쉽게 일으켜지는 데 반해, 동정심은 상당히 다른 통제 아래 들어 있는 별도 과정이다. 그것은 인간과 기타 동물들에게 공통된 것이다." 550) 공감 개념을 모색할 때 우리는 다른 곳에서 이미 리촐라티, 아담 스미스, 쿨리 등의 논의를 통해 공감과 동정심의 차이를 이미 설명했다.551) 드발의 저 명쾌한 구별은 공감과 동정심의 이 차이에 대한 이해를 더욱 보강해 준다.

- 자기애와 이기심의 구분

루소가 동정심과 자기애를 모든 도덕률의 단초로 본 것은 탁월하고, 칸트의 철학적 반동에 비춰보면 더욱 탁월하다. 여기서 '자기애'는 아마 각자의 정당한 몫에 대한 기본적 욕구와 이것의 침범에 대한 각종 수오지심을 대변하는 것으로

---

550) de Waal, *The Age of Empathy*, 88-90쪽.
551) 참조: 황태연, 『감정과 공감의 해석학(1)』, 86-90쪽.

볼 수 있다. 따라서 그는 서양철학자로서 최초로 동정심과 자기애를 모든 '인의仁義', 즉 인애와 정의의 단초로 본 것이다. 도덕의 모든 준칙들이 "이성 이전의" 두 감정원리인 "자기애"와 "동정심" 간의 "합치와 결합"으로부터 "다 도출된다"고 루소가 단언한 것은 바로 그런 취지를 요약한 것이다.

오해를 피하기 위해 루소는 『인간불평등기원론』 본론의 한 각주에서 자기애(amour-propre)와 이기심(amour de soi-même)을 "혼동하지 말라"고 경고하고 있다. "자기애"는 "모든 동물을 그 자신의 자기보존을 돌보도록 이끄는 자연본성적 감정"이다. 이것은 인간에게서 "이성에 의해 지도되고" "동정심에 의해 수정되어" "인간애와 덕성을 창조한다". 반면, "이기심"은 "순수하게 상대적이고 부자연스런 감정"이다. "사회상태에서 생겨나는 이 이기심"은 "각 개인들로 하여금 다른 사람보다 자기를 더 중시하도록 이끌고 인간들이 서로에 대해 입히는 모든 상호적 손해를 야기하는 '명예심'의 실제적 원천"이다. "원시적 조건", "참된 자연상태"에서 "이기심은 존재하지 않는다".552) (이것은 필자의 '경쟁적 이기심' 개념에 해당한다.) 루소는 '자기애'를 자기보존의 자연적 '몫'을 돌보는 자연본성적 감정으로 이해하는 한편, '이기심'을 남의 자연적 몫까지도 침해할 수 있는 감정으로 분리해내고 있다.

이런 관점에서 루소의 자기애 개념은 충분히 맹자의 수오지심 개념의 대용물이 될 수 있을 듯하다. 따라서 모든 덕목을 '연민'과 '자기애'의 직조織造로 설명해낼 수 있다는 루소의 도덕론은 전 도덕을 인의仁義로, 즉 측은지심과 수오지심으로 설명한 맹자와 비견될 수 있을 듯하다. 칸트도, 쇼펜하우어도 루소를 읽었다. 그러나 칸트는 루소의 도덕론을 배신했다. 하지만 쇼펜하우어는 루소를 계승한다.

■ 쇼펜하우어의 정의와 인간애의 기초: 동정심

쇼펜하우어는 자기애와 동정심의 결합과 직조로 이루어지는 루소의 도덕철학

---

552) Rousseau, *A Discourse on the Origin of Inequality*, 73쪽 각주.

을 칭송한다. 그는 국가에서 동정심과 인애를 추방하고 정의국가를 기획했으나, 『의지와 표상으로서의 세계』의 전체구조에서는 (그에게는 사랑과 동의어인) 동정심을 개인과 개인을 단절시키는 개체화의 원리를 돌파하는 원리로 강조한다.

- 정의로서의 수동적 동정심

쇼펜하우어는 모든 서양철학자들에게 들으라고 루소의 도덕철학에 대한 옹호의지를 이렇게 천명한다.

> 내가 윤리학에 부여한 이 동정심의 윤리적 정초 때문에 나는 강단철학자들 사이에서 나의 선행자가 없는 처지가 된다. 아니, 이 정초는 이 철학자들의 교습의견들과의 관계에서 역설적이다. 이들 중 적지 않은 철학자들, 가령 스토아학파(세네카, 『관대론(De clementia)』, 3, 5), 스피노자(『윤리학』, 4, prop. 50), 칸트(『실천이성비판』, A213쪽)는 동정심을 단도직입적으로 비난하고 나무랐다. 그러나 이에 반해 나의 정초는 근대시대 전체에 걸친 최대 도덕론자의 권위를 자기 것으로 지니고 있다. 왜냐하면 의심할 바 없이 이 권위는 자기의 지혜를 책으로부터가 아니라 생으로부터 길어내고 또 자기의 학설을 강단을 위해서가 아니라 인류를 위해 주기로 결심한 인간심성의 심오한 전문가 장-자크 루소이기 때문이다. 그는 편견의 적이자, 자연의 제자다.[553]

이로써 쇼펜하우어는 자신이 루소의 대변자임을 공개적으로 분명히 못 박고 있다.

쇼펜하우어는 동정심을 개체화의 원리에 의해 분리되고 가려진 자타동일성을 직접적으로 직관하는 투시적 인식능력으로 격상시킨다. 동정심은 자타가 동일하다는 '영원한 진리'의 "단적으로 느껴지는 인식(bloß gefühlte Erkenntnis)인 양심", 즉 "각자가 어떻게 저 영원한 정의의 본질과, 온갖 현상 속에서의 저 영원한 진리가 근거해 있는 — 의지의 단일성과 동일성을 최소한 모호한 느낌으로나마

---

[553] Schopenhauer, *Preisschrift über die Grundlage der Moral*, §19, 781-782쪽.

의식하는지를 분명하게 밝히는 데 기여할 수 있는 인간본성"이다.[554] 우리는 여기서 쇼펜하우어가 인식론적 '인식'과 해석학적 '이해'의 구별의식 없이 '이해'를 말해야 할 자리에서 '인식'을 말하고 있는 오류는 일단 눈감아줄 것이다. 아무튼 윤리적 의미를 갖는 '인식'은 이성의 추상적 '인식'이 아니라 반드시 '직감적으로 느껴지는' 감정적 인식이어야 한다.

근거정립 없는 도덕, 따라서 단순한 도덕훈화는 작동할 수 없다. 왜냐하면 이런 도덕은 동기를 유발하지 않기 때문이다. 그러나 동기를 유발하는 도덕은 오직 자기애에 대한 영향작용을 통해서만 이 동기유발을 할 수 있다. 그러나 이 자기애에 기인하는 것은 아무런 도덕적 가치도 없다. 이것으로부터 나오는 결론은, 도덕과 추상적 인식을 통해서는 아무런 진정한 덕성도 전혀 생길 수 없고, 도리어 이 덕성이 자기 안에서 인식하는 것과 동일한 본질을 낯선 개인 안에서 인식하는 직관적 인식에서 기원해야 한다는 것이다. 왜냐하면 덕성은 인식으로부터 출현하기는 하지만, 말로 전달할 수 있는 추상적 인식에서 출현하는 것이 아니기 때문이다.[555]

여기서 쇼펜하우어는 '자기애'를 루소적 의미에서가 아니라 그냥 '이기심'과 같은 말로 쓰이고 있다.

쇼펜하우어는 자기의 고뇌나 다름없는 타인의 고뇌에 대한 감정적 인지 속에서 타인에게 고통을 가하는 것을 그치게 하는 것을 자기애의 유무에 따라 두 등급으로 나눈다. 그는 자기애를 견지한 상태에서 동정심으로 타인의 고통을 감지해 타인에게 고통을 주는 것을 그치는 것(수동적 동정심)을 '정의'로 규정한다. 그리고 자기애조차 버리고 희생적으로 타인을 고통으로부터 구제하려는 '적극적 동정심'을 '순수한 사랑', 즉 '아가페(인애)'로 규정한다.

쇼펜하우어는 윤리행위에서 이성의 '추상적 인식'에 대해 동정적 도덕감정이 지닌 '직관적 인식'의 근본적 선차성을 거듭 강조한다.

---

554) Schopenhauer, *Die Welt als Wille und Vorstellung* I, §64 (487쪽).
555) Schopenhauer, *Die Welt als Wille und Vorstellung* I, §66 (501쪽).

심정의 진실한 선량성, 즉 비이기적 덕성과 순수한 고결심은 추상적 인식으로부터 출발하지는 않지만, 아무튼 인식으로부터, 말하자면 이성적 논증으로 제거되거나 도외시될 수 없는 직접적·직관적 인식으로부터, 즉 추상적이지 않기 때문에 전달될 수 있는 것이 아니라, 각자 자신에게 떠올라야 하는 인식으로부터 출발한다. 따라서 본래적인 적절한 표현을 말 속에서가 아니라 전적으로 오로지 인간의 행위·품행·인생이력 속에서만 얻는 인식으로부터 출발한다. 덕성에 관해 이론을 구하고 따라서 덕성의 기저에 놓인 인식의 본질을 추상적으로 표현해야 하는 우리는 그래도 이 표현 속에서 저 인식 자체를 제공할 수 있는 것이 아니라, 이 인식의 개념만을 제공할 뿐이다. 우리는 이 개념의 경우에 언제나 저 인식이 유독 가시화되는 행동으로부터 출발하고, 저 인식의 유독 적절한 표현으로서 이 행동을 참조하도록 지시하고, 이 표현을 다만 해석하고 설명할 뿐이다. 즉, 추상적으로 언명할 뿐이다. 이것이 본래 개념에서 벌어지는 일이다."[556]

쇼펜하우어는 이런 직관적 인식으로서의 동정심을 전제로 진실한 사람사랑(아가페)으로 가는 중간단계로 '정의'를 논한다. "정의"는 자신처럼 고통스런 타인의 고통을 같이 느껴 타인에게 고통을 가하는 "악"에 대한 "단순부정"이다. "부당성과 정당성 간의 저 단적인 도덕적 경계를 자발적으로 승인하고 국가나 그 밖의 권력이 이 경계를 보장하지 않는 곳에서도 이 경계를 타당하게 만드는 사람, 따라서 우리의 설명에 따라 자기 자신의 의지의 긍정에서 결코 다른 개인 안에서 펼쳐지는 의지의 부정으로까지 가지 않는 사람은 정의롭다"라고 "말할 수 있다". 따라서 이런 사람은 그 자신의 안녕을 증가시키기 위해 다른 사람에게 고통을 가하지 않는다. 즉, 그는 어떤 범죄도 저지르지 않고, 모든 이들의 권리와 재산을 존중할 것이다. 이러한 의인은 "이미 악인과 달리 개체화 원리를 더 이상 절대적 분리벽으로 여기지 않는다". 의인은 "저 악인과 달리 그 자신의 의지현상만을 긍정하지 않고 다른 모든 사람들을 부정하지 않는다". 그리고 그는 "타인들을 그의 본질과 완전히 다른 본질을 가진 단순한 가면들로 여기지 않는다". 오히

---

556) Schopenhauer, *Die Welt als Wille und Vorstellung* I, §66 (503-504쪽).

려 "그 자신의 행동방식"은 그 자신의 본질, 즉 "물자체로서의 생의지"를 "그에게 단순히 표상으로 주어진 타인 현상 속에서도 그가 재인식하고, 따라서 자기 자신을 이 타인 형식 안에서 일정한 정도까지, 즉 비非부당행위, 불가침의 정도까지 재발견한다는 것을 공시한다". 그는 바로 이럴 정도로까지 "개체화 원리", 즉 "마야의 베일"을 꿰뚫어 들여다본다. 즉, '투지透視'한다. 이런 정도로 "그는 자기 밖의 본질을 자기의 본질과 동일시하고", 따라서 "이 본질을 해치지 않는다".557)

- 아가페(자기희생적 사랑)로서의 적극적 동정심

그 다음, 쇼펜하우어는 타인의 고통에 대한 '높은' 투시로부터 아가페의 인간애를 도출한다.

우리가 깨달은 것은 자발적 정의가 개체화 원리에 대한 일정한 정도의 투시에서 가장 내밀한 기원을 갖는 반면, 정의롭지 못한 자는 이 원리에 전적으로 사로잡혀 있다는 것이다. 이 투시는 이것에 필요한 정도로 벌어질 뿐만 아니라, 보다 높은 정도로도 벌어지는데, 후자의 보다 높은 정도의 투시는 우리를 적극적 인애와 자선 행위로, 인간애로 내몬다. 그리고 이것은 '이러한 개체 안에서 현상하는 의지'가 즉자적으로 아무리 강렬하고 아무리 정력적일지라도 벌어질 수 있는 것이다. 언제나 그 투시적 '인식'은 이 개인에게 균형을 유지시켜줄 수 있고, 부당성의 유혹에 저항하는 것을 가르쳐주고, 그 자체가 어느 정도의 선성善性, 아니 체념을 산출할 수 있다. 그러므로 결코 선한 인간은 악인보다 근원적으로 더 취약한 의지현상으로 간주될 수 없는 것이다. 오히려 투시적 인식은 이 선한 인간 안에서 맹목적 의지충동을 제어한다.558)

물론 "자기 안에 현상하는 의지의 취약성 때문에 단지 선한 마음을 가진 것처럼 보일 뿐인 개인들"이 있기는 있다. 그러나 이 개인들의 정체가 무엇인가는

---

557) Schopenhauer, *Die Welt als Wille und Vorstellung* I, §66 (504쪽).
558) Schopenhauer, *Die Welt als Wille und Vorstellung* I, §66 (505-506쪽).

"이들이 정의롭거나 선한 행위를 수행할 만큼 현저한 극기능력도 없다는 사실에서 곧 드러나고" 만다. 가령 현저한 소득을 올리지만 이 중 조금만 쓰고 나머지 모두를 궁한 사람들에게 주는 반면, 그 자신은 많은 향락과 기분좋은 일들 없이 지내는 사람이 "진귀한 예외"로서 우리에게 떠오르고, 우리가 이 사람의 행위를 우리에게 분명히 밝히려고 한다면, 우리는 이 사람이 "그의 행동방식의 가장 단순한 보편적 표현으로서, 그리고 본질적 성격으로서, 그 사람이 그렇지 않으면 일어날 것보다 더 적게 자신과 타인들 간의 구별을 만든다는 사실"을 발견하게 된 것이다.559) 여기서 사랑이 자타구별 없는 '일심동체'가 아니라, '화이부동'의 경지라는 사실에 대한 쇼펜하우어의 몰지각에 대한 비판은 생략하기로 한다.

충심으로 인애를 발휘하는 사람을 쇼펜하우어는 공맹을 따라 "군자(Edler)"라 부른다. 'der Edle'는 독일어권에서 공맹의 '군자'를 번역할 때 흔히 쓰는 말이기에, 또 쇼펜하우어가 후술하듯이 공맹의 경전을 직접 읽었다고 말하기 때문에 저 말은 '군자'로 번역하는 것이 타당할 것이다.

바로 "자타간의 구별"은 많은 사람들의 눈에 "아주 커 보인다". 나아가 타인의 고난은 "악인"에게 "직접적인 기쁨"이다. 그리고 "불의한 사람"에게는 "자기의 안녕을 위해 환호할 수단"이다. 또 "단순히 정의로운 의인"도 타인에게 "이런 고통을 야기하지 않는 것을 고집하고 머물러 있는" 정도다. 그러므로 "무릇 대부분의 사람들은 타인들의 무수한 고난을 가까이서 알고 인지하지만 약간의 궁핍을 자신이 떠맡아야 하기 때문에 이 고난을 완화시킬 것을 결심하지 않는다"고 말할 수 있다. 따라서 "이 모든 사람들 중 누구에게나 자아와 타아 사이에 강력한 구분이 지배하는 것처럼 보인다". 그러나 "우리가 생각하는 저 고상한 군자(jener Edle)에게는 반대로 이 구별이 그렇게 의미 있는 것이 아니다". '현상의 형식'인 "개체화 원리"는 이 군자를 "더 이상 그렇게 꽉 사로잡지 못한다". 이 군자가 "타인들에게서 보는 고난"은 "거의 그 자신의 고난처럼 아주 밀접하게 그와 관련되어 있다". 따라서 이 군자는 "두 고난", 즉 타인의 고난과 자신의 고난 사이에

---

559) Schopenhauer, *Die Welt als Wille und Vorstellung* I, §66 (506쪽).

"균형을 산출하려고" 모색하고, "스스로에게 향락을 거부하고", "남의 고통을 완화하기" 위해 스스로 "궁핍을 떠맡는다". 자기와 타인들 간의 구별이 "악인에게는 그렇게 큰 격차"다. 하지만 군자는 자타구별이 "단지 무상한 기만적 현상에 속할 뿐이라는 것을 깨달은" 사람이다. 군자는 "그 자신의 현상의 즉자卽自"가 "타인의 현상의 즉자"이기도 하다는 것, 즉 만물의 본질을 이루고 만물 속에 들어 살고 있는 저 "생의지"이기도 하다는 것을 "추리 없이 직접적으로 인식한다"는 것이다.560)

나아가 쇼펜하우어는 공맹과 루소처럼 이 '직접적 인식'을 동물에게도 확장한다. "이 사실이 심지어 동물들과 전 자연으로 확장된다는 것"을 "직접 인식한다". 따라서 군자는 "어떤 동물도 괴롭히지 않을 것이다".561)

사람은 다음 날 그가 즐길 수 있는 것보다 더 많이 갖기 위해 오늘 하루를 일부러 굶주리지 않을 것이다. 자타구별을 초월한 군자는 이런 감정을 자신에게 자타구별 없이 적용한다. 즉, 군자는 "그 자신이 없어도 되는 것들을 과잉으로 가지고 있음"으로써 자기나 다름없는 "타인들"을 "굶어죽도록 놓아두지 않을" 것이다. 왜냐하면 자선사업을 하는 저 군자에게 '마야의 베일'은 투명해졌고, '개체화 원리'의 기만 작용은 그쳤기 때문이다. 군자는 "그 어떤 존재자 안에서도 자신을, 자기 자아를, 자기의 의지를 인식하고", 따라서 또한 "고난을 당하는 자에게서도 인식한다". 그리하여 "생의지"가 "여기 한 개인에게서 덧없는 요술 같은 쾌락을 향유하고 이를 위해 그 생의지가 저기 다른 개인에게서 수난을 당하고 굶주리며 그렇게 고통을 가하고 고통을 견디는 도착성"은 군자로부터 완전히 "물러난다". 자타가 다르다는 "마야의 이 망상과 환상으로부터 치유되었다는 것"과 "자선사업을 한다는 것"은 "하나"다. 자선사업은 저 투시적 인식의 "불가결한 징조"다.562)

따라서 쇼펜하우어는 자타를 분리시키는 "개체화 원리"에 대한 "투시"를 "사랑

---

560) Schopenhauer, *Die Welt als Wille und Vorstellung* I, §66 (507쪽).
561) Schopenhauer, *Die Welt als Wille und Vorstellung* I, §66 (507쪽).
562) Schopenhauer, *Die Welt als Wille und Vorstellung* I, §66 (507-508쪽).

의 원천이자 본질"로 인식하는 셈이다. 나아가 그는 사랑을 "해탈", 즉 "생의지의 포기, 즉 모든 의욕의 완전한 포기"로 가는 발판으로 이해한다. 이런 인식을 준비하기 위해 그는 "모든 사랑(아가페, ἀγάπη, caritas)은 동정심이다"라고 선언한다.563) 그러나 이것은 그가 모든 분리된 개체를 고통에 처한 것으로 보는 한에서만 통용될 수 있는 명제다. 하지만 개체화는 고통이 아니고, 따라서 개체화의 자타분리 원리는 고통의 원인이 아니다. 개체화는 '부동이화不同而和'로서의 '공감적' 일체감, 즉 '공감적 사랑'의 대전제다. 따라서 "모든 사랑은 동정심이다"는 그의 선언은 얼마간 그릇된 것이다. 동정심은 고통받는 사람을 돕는 행동을 유발하는 특별한 사랑 충동으로서 사랑의 '일부'이지만 사랑의 '전부'가 아니기 때문이다.

요는 "개체화 원리에 대한 적은 등급의 투시"(수동적 동정심)로부터 "정의"가 나오고, "보다 높은 등급의 투시"(적극적 동정심)로부터는 "타인들에게 순수한 사랑, 즉 비이기적 사랑으로서 나타나는 심지의 본래적 선성"이 나온다는 것이다. "사랑이 완벽해지는 경우에 사랑은 낯선 개체와 그 운명을 자기의 것과 완전히 동일화한다. 사랑은 이것 이상으로 갈 수 없다. 낯선 개체를 자기의 개체보다 더 선호할 어떤 이유도 없기 때문이다. 그러나 물론 복나 생명 전체가 위험에 처한 낯선 개체들의 다수성은 한 개별자의 자기 복리에 대한 고려를 능가할 수 있다. 이러한 경우에 최고의 선에, 또 완성된 군자다운 고결성(Edelmut)에 도달한 품성의 인물은 많은 타인들의 복리를 위해 자기의 복리와 생명을 완전히 희생할 것이다."564) 이 말 끝에 쇼펜하우어는 조국과 공동체를 위해 산화한 여러 역사적 영웅들을 예시한다. 공자가 말하는 소위 군자의 '살신성인' 또는 불교에서 말하는 '소신공양燒身供養'이다. 쇼펜하우어는 이를 브라만교적·불교적으로 설명한다. "모든 참되고 순수한 사랑은 동정심이고, 동정심이 아닌 어떤 사랑이든 이기심이다. 이기심은 에로스(ἔρως)이고, 동정심은 아가페(ἀγάπ)다." 진정한 우정

---

563) Schopenhauer, *Die Welt als Wille und Vorstellung* I, §66 (510쪽).
564) Schopenhauer, *Die Welt als Wille und Vorstellung* I, §67 (510쪽).

은 "이기심과 동정심의 혼합"이다. "이기심은 벗의 현전에 대해 기뻐하는 것에 있는데, 벗의 개성은 우리들의 개성과 상응한다". 따라서 "이기심은 거의 언제나 우정의 최대부분을 이룬다". 일상적 사랑에서 개인들은 타인의 기쁨과 함께 자기의 기쁨도 추구한다. 일방적 희생은 없다. 이에 반해 자기의 기쁨을 전적으로 도외시하는 순수한 "동정심"은 "벗의 화복禍福에 대한 정직한 참여"와, "사람들이 이것에 바치는 비이기적 희생"에서 드러난다. 그리하여 "타인들을 위해 선성, 사랑, 고결성이 행하는 것은 언제나 타인들의 고난의 경감일 뿐이고, 따라서 타인들을 움직여 선행과 자선사업을 하도록 하는 것은 언제나 자기의 고난으로부터 직접적으로 이해 가능하다". 그것은 자기의 고난과 동일시되는 "타인의 고난"에 대한 "투시적 인식"일 따름이기 때문이다. 쇼펜하우어는 이런 사실들이 이기심의 기쁨, 자기애의 기쁨이 전무한 "순수한 사랑(*agápē, caritas*)은 그 본성상 동정심이다"는 명제의 근거라는 것이다. "사랑이 경감하는 고난은 일체의 불만족한 소망이 지속되는 크고 작은 고난일 수 있다"는 것이다. "순수한 사랑의 언어의 어조와 단어들, 그리고 순수한 사랑의 애무는 동정심의 기조와 전적으로 합치된다"는 말이다. 이에 그는 "이탈리아어로 동정심과 순수한 사랑이 *pieta*라는 동일한 단어로 표현된다"는 것도 도움이 되는 말로 덧붙인다.[565]

물론 루소의 이기심(경쟁적 이기심)만이 아니라 자기애까지도 포기하는 순수한 사랑, 순수한 동정심은 위기상황의 예외적 사랑일 것이다. 우리의 사랑과 동정심이 우리 자신의 자기 보존을 일상적으로 위태롭게 한다면, 동정심을 발휘하는 것은 목숨이 열 개라도 불가능할 것이다. 자기 보존을 일상적으로 위태롭게 하는 것이 사랑과 동정심이라면 유전 과정('신神')이 이런 사랑과 동정심을 일찍이 인간 생명체로부터 배제시켰을 것이다. 우리의 도덕은 고귀한 '예외'의 일반화가 아닐 것이다. 따라서 순수한 사랑과 동정심에 관한 쇼펜하우어의 논변은 일상적으로 타당한 도덕성과 무관한 것이다. 이것은 사랑과 동정심이 일방적 희생을 포함하지 않는다는 말이 아니다. 사랑과 동정심의 일방적 희생도 사랑하고 동정

---

[565] Schopenhauer, *Die Welt als Wille und Vorstellung* I, §67 (510-512쪽).

하는 쪽의 자기보존의 가능성 위에서 진행된다는 말이다. 또한 이런 일방적 동정심도 동정적 선행자善行者 자신에게 — 의도적으로가 아니라 — 결과적으로 아무런 '즐거움'을 가져다주지 않는 것이 아니다. 도덕적 선행자는 뜻하지 않게 떳떳함과 뿌듯함이라는 무한한 즐거움을 맛본다. 이것은 쇼펜하우어도 인정하는 바다. "이 양심의 가책에 대한 반대"는 "떳떳한 양심(gutes Gewissen)", 즉 "우리가 어떤 비이기적 행위에 대해서든 느끼는 만족감"이다. 말하자면 덕행 시에 "덕스런 심지와 뿌듯한 양심이 주는 고요하고 자신하는 명랑함이 생겨나고, 선행이 우리 자신에게 이 명랑한 기분의 근본을 증빙해줌으로써 선행 시마다 매번 명랑함이 보다 더 분명하게 출현하게 된다".566) 따라서 동정심의 행동이 "자기애의 기쁨이 전무한" 것이라는 쇼펜하우어 자신의 이해는 얼마간 그릇된 것이다.

쇼펜하우어는 오히려 더욱 분명한 어조로 동정심이 주는 떳떳함과 뿌듯한 만족감을 말한다.

> 저 희생적 행동들이 도덕적 가치가 있다면, 즉 이 행동들이 일체의 이기적 동기로부터 순수하다면, 이런 까닭에 관찰자에게 있어서도 본래적인 동조 · 존경 · 경탄, 그리고 심지어 자기 자신에 대한 겸허한 반성이라는 부정할 수 없는 사실까지도 야기하는 것처럼, 우리 자신 속에서도 떳떳한 양심, 뿌듯한 양심, 찬미하는 양심(das gute, befriedigte, lobende Gewissen)이라 부르는 내면적 만족감을 일깨운다면, 남의 고난에 대한 완전히 직접적인, 아니 본능적인 공감, 따라서 동정심이 이러한 모든 행동들의 유일한 원천인 것이다.567)

여기서 쇼펜하우어도 루소처럼 공감과 동정심을 동일시하는 오류를 범하고 있는데, 이에 대한 비판은 건너뛰자. '고통을 모르는 왕후 · 귀족들은 빈자의 고통을 동정할 수 없다'거나 '빈자는 부자에게 공감할 수 없다'는 루소의 황당한 오류가 만인을 '고통의 바다' 속에 들어 있는 것으로 전제하는 쇼펜하우어의 힌두이즘

---

566) Schopenhauer, *Die Welt als Wille und Vorstellung* I, §66 (508, 509쪽).
567) Schopenhauer, *Preisschrift über die Grundlage der Moral*, §18, 761쪽.

체계에서는 회피될 수 있기 때문이다.

- **사랑 없는 유대교와 기독교적 사랑의 인간파시즘**

쇼펜하우어는 『도덕의 기초에 관한 현상논문』에서 기독교의 최대업적을 인간애를 최고덕목으로 제시하고 적에게까지도 확장한 것이라고 말한다.

> 정의는 최초의 근본적·본질적 대덕이다. 고대의 철학자들도 정의를 그 자체로서 인정했지만, 이것에 부적절하게 선택된 세 개의 다른 근본덕목들(지혜·용기·절제 - 인용자)을 동격으로 놓았다. 반면, 그들은 인간애(caritas, ἀγάπη)를 아직 덕목으로 제시하지 않았다. 도덕론에서 최고로 높이 오른 플라톤조차도 아무튼 자발적·비이기적 정의에까지만 도달한다. 실천적으로, 그리고 사실상 어느 시대나 인간애가 존재하기는 했으나, 기독교에 의해서야 비로소 이론적으로 언어화되고 정식으로 덕목으로서, 그것도 모든 덕목들 중 최대의 덕목으로서 제시되고 적들에게까지 확장되었다. 기독교의 가장 위대한 업적은 이 점에 있다. 그러나 이 말은 유럽의 관점에서만 하는 말이다. 왜냐하면 아시아에서는 이미 수천 년 전에 무제한적 이웃사랑은 수행의 대상이자 학설과 규정의 대상이었기 때문이다. 베다와 다르마-사스트라(Dharma-Sastra) 법전, 이티하사(Itihasa) 역사책 기록과 푸라나(Purana) 역사경전은 석가모니 부처의 교설처럼 지치지 않고 무제한적 이웃사랑을 설교하고 있다.[568]

쇼펜하우어는 반복해서 "인간애를 설교한 것이 기독교의 위대한 탁월한 공적"이라고 확인한다. 그는 "오른손이 하는 것을 네 왼손이 모르게 하라"는 구절(마태복음 6장 7절) 등과 같이, "복음이 사랑의 부분에 덧붙인 바로 그 규정들은 내가 여기서 연역하는 것, 즉 나의 행동이 도덕적 가치를 가져야 한다면, 어떤 다른 고려도 아니고 오로지 남의 곤궁만이 나의 동기이어야 한다는 사실에 대한 감지에 근거해 있다"고 풀이한다. 그리고 성경의 "바로 이곳(마태복음 6장 2절)"은 "과시욕으로 주는 사람들은 이미 자기의 대가를 다 가져간 것"이라고 "완전 올바르게"

---

568) Schopenhauer, *Preisschrift über die Grundlage der Moral*, §18 (759-760쪽).

지적하고 있다는 것이다.569) 그러나 여기에서도 그는 인도의 베다 경전이 한 수 위임을 밝히는 것을 서슴지 않는다. "베다는 자기 활동의 그 어떤 대가를 욕망하는 자는 어둠의 길에 처해 있고 구원을 받을 만큼 성숙하지 않았다고 되풀이해서 확언함으로써 우리에게 흡사 보다 높은 숭고함 같은 것을 부여한다"는 것이다. 그런데 나의 '고난 아닌 고난'은 나와 관계없는 고난인데, 이런 고난이 그렇게 직접적으로 나를 행동하도록 움직이는 것이 어떻게 가능한가? 그는 이 자문에 대해 "이것은 내가 이 고난을, 내게 외적인 고난으로서만, 단지 외적 직관이나 기별을 매개해서만 주어질지라도 공감해 이 고난을 나의 고난으로 느끼되, 내 안에서가 아니라 타인 안에서 느끼기" 때문에 가능하다고 자답한다. 그리하여 "고난을 보는 것과 고난을 당하는 것 간에는 어떤 차이도 없다"는 것이다. 그러나 쇼펜하우어는 여기에도 그의 특유한 그릇된 '동일화' 주석을 가한다. "이것은 내가 나를 타인과 어느 정도 동일화하는 것을, 따라서 자아와 비아非我 간의 경계가 일순간 폐지되는 것을 전제한다. 오로지 이럴 경우에만 타인의 용무, 타인의 욕망, 타인의 곤궁, 타인의 고난이 직접 나의 것이 된다. 그 다음 나는 타인을 더 이상 경험적 직관에 그를 제시하듯이 내게 낯선 것으로서, 내게 아무래도 상관없는 것으로서, 나와 완전히 상이한 것으로서 보는 것이 아니라, 그의 피부가 나의 신경을 포함하고 있지 않음에도 그 안에서 동고同苦하는 것이다."570)

쇼펜하우어는 『칸트철학 비판』에서도 기독교의 인간애 설파에 관한 동일한 찬양을 피력한다. "기독교는 완전히 비이기적인 덕성을 훨씬 더 많이 설교하고 있다. 기독교의 이 비이기적 덕성은 ─ 업적이 정당화하는 것이 아니라, 믿음의 단순한 징표로서 덕성이 수반하는 믿음, 따라서 완전히 무無대가이고 저절로 나타나는 믿음만이 정당화하는 한에서 ─ 사후의 생에서의 대가 때문이 아니라 신에 대한 사랑으로부터 완전히 대가 없이 발휘된다."571)

---

569) Schopenhauer, *Preisschrift über die Grundlage der Moral*, §18 (762쪽).
570) Schopenhauer, *Preisschrift über die Grundlage der Moral*, §18 (762쪽).
571) Arthur Schopenhauer, *Kritik der Kantischen Philosophie*, 701쪽. Anhang zu *Die Welt als Wille und Vorstellung* I. Arthur Schopenhauer, *Die Welt als Wille und Vorstellung* I. *Sämtliche Werke*,

그리고 쇼펜하우어는 『도덕의 기초에 관한 현상논문』에서 기독교의 이 인간애가 아시아에서 왔다고 밝힌다.

이 기독교 도덕이 단지 덜 강렬하게 표현되고 끝까지 완결되지 않았을 뿐이지, 동물 관련 도덕을 제외한 나머지 측면에서 브라만교·불교 도덕과의 최대의 일치성을 보여주는 만큼 기독교 도덕의 이 결함에 대해 사람들은 그만큼 더욱 경악하지 않을 수 없다. 그러므로 우리는 기독교 도덕이 '아바타(Avatar)', 즉 '인간으로 화신化身하는 신'의 이념도 그렇듯이 인도에서 유래하고, 이집트를 경유해 유대 왕국으로 도래했을 수 있다는 것을 거의 의심할 수 없다. 그리하여 기독교는 이집트 폐허의 인도적 원광源光의 잔영일 것이지만, 이 잔영이 아쉽게도 유대 땅에 떨어졌다.[572]

여기서 쇼펜하우어는 분명히 "인간으로 화신하는 신(아바타)의 이념과" 함께 "기독교 도덕이 인도에서 이집트를 경유해 유대 왕국으로 도래했다"고 말하고 있다.

쇼펜하우어는 『의지와 표상으로서의 세계』에서 물론 피타고라스·소크라테스·플라톤의 철학이 인도철학의 영향을 받았다는 사실도 말한다. "신화적 설명의 저 극치", 즉 윤회사상은 "이미 피타고라스와 플라톤이 인도나 이집트로부터 전해 들었고, 경탄 속에 이해했고, 숭배했고, 적용했고, 우리가 얼마만큼인지 모르지만 그들 자신이 믿었다."[573] 그리고 『도덕의 기초에 관한 현상논문』에서는 플라톤의 윤회설과 이데아론이 인도에서 유래했다고 더욱 분명하게 말한다.

플라톤의 저 윤회신화는 칸트가 그 추상적 순수성 속에서 이지적 성격과 경험적 성격의 학설로서 제시한 저 위대하고 심오한 인식의 비유로 간주될 수 있다는 사실과, 따라서 이 인식이 본질적으로 플라톤보다 이미 수천 년 전에 획득되었다는 사실, 아니 이보다 훨씬 더 높이 거슬러 올라간다는 사실을 독자는 인식할 것이다.

Band I (Frankfurt am Main: Suhrkamp, 1986).
572) Schopenhauer, *Preisschrift über die Grundlage der Moral*, §19 (776쪽).
573) Schopenhauer, *Die Welt als Wille und Vorstellung* I, §63 (467쪽).

왜냐하면 포르퓌리오스(Porphyrios, 232-305)는 플라톤이 이 인식을 이집트로부터 넘겨받았다는 견해를 갖고 있기 때문이다. 그러나 이 인식은 브라만교의 윤회설 속에 이미 들어 있고, 이집트의 성직자들의 지혜는 지극히 개연적으로 이 브라만교로부터 유래하는 것이다.574)

그러나 이런 말은 당시에 그리 충격적인 내용이 아니었을 것이다. 윌리엄 템플과 피에르 벨은 이미 17세기에 고대희랍철학이 인도에 가서 유학생활을 했던 피타고라스, 데모크리토스,575) (알렉산더의 원정군을 따라 인도로 들어갔던) 데모크리토스학파의 일원인 아낙사르코스(Ἀνάξαρχος, 기원전 380-320년)와 그의 제자 피론 등을 통해576) 인도와 중국에서 유래했다고 공개적으로 말한 적이 있기 때문이다. 그러나 "기독교 도덕과 예수의 아바타(부활) 이념이 인도에서 이집트를 경유해 유대 왕국으로 도래했다"는 쇼펜하우어의 주장은 당시로서 충격적인 말이었을 것이다. 왜냐하면 이것은 '하느님의 아바타(화신)'인 '인간 예수'라는 관념이 인도에서 왔고, 또 예수 그리스도가 한때 '부처의 제자' 또는 '브라만교도'이었을 수 있다는 뜻이기 때문이다. 또한 쇼펜하우어는 '기독교가 이집트 폐허의 인도적 잔영'이라는 근거로 기독교의 도덕이 "동물 관련 도덕을 제외한" 모든 측면에서 "브라만교·불교도덕과의 최대의 일치성을 보여주는" 인간애 도덕이라는 사실을 들고 있다. 인도의 사랑과 동정심 교설이 그 그림자를 '아쉽게도' 사람과 동물에 대한 사랑을 경시하고 정의밖에 모르는 유대 땅에 떨어뜨렸다는 것이다. 그래서 인도의 사랑 이념이 메마른 유대 땅에서 제대로 꽃필 수 없었다는 말이다.

---

574) Schopenhauer, *Preisschrift über die Grundlage der Moral*, §9 (709쪽 주해).
575) 템플은 피타고라스와 데모크리토스가 인도까지 가서 사덕론·윤회사상 등의 중국·인도철학을 들여왔고 리쿠르고스의 제도입법도 모조리 인도에서 왔다고 말한다. Sir William Temple, "An Essay upon the Ancient and Modern Learning", 456-457쪽.
576) 피에르 벨은 아낙사르코스(Ἀνάξαρχος, 기원전 약 380-320년경)와 피론(Πύρρων, 기원전 약 360-270년경)이 알렉산더대왕을 수행해 인도에 들어가서 거기서 살면서 회의론(龍樹의 '中論'으로 보임)을 배워 그리스로 들여왔다고 말한다. Bayle, *Historical and Critical Dictionary*, 'Pyrrho'항목 (194-209쪽).

쇼펜하우어에 의하면, 인도적 자비개념의 영향이 담긴 기독교 신약성서는 사랑을 가르친다. "정의와 인간애로부터 총체적 덕목들이 발원하고, 따라서 이 두 덕목은 윤리학의 초석이 도출되어 정초되는 근본덕목이다. 정의는 구약성서의 전 윤리적 내용이고, 인간애는 신약성서의 전 윤리적 내용이다. 인간애는 바오로(로마서 13:8-10)에 의하면 모든 기독교적 덕목들이 담겨있는 새로운 계명(καινὴ ἐντολή, 카이네 엔톨레)이다.(요한복음 13:34)"[577] 그러나 신약성서의 이 새로운 '사랑' 계명은 이성의 정의正義를 내세우며 이성이 없는 동물을 우습게 아는 구약성서의 유대주의에 의해 실천적으로 형해화되어 '인간파시즘적 사랑'으로 협소화된다. 이런 까닭에 쇼펜하우어는 기독교에 동물사랑의 덕목이 결여된 것을 단도직입적으로 유대교 탓으로 돌린다. 구약은 "땅을 정복하라, 바다의 물고기와 하늘의 새와 땅의 움직이는 모든 생물을 다스리라", "온 지면의 씨 맺는 모든 채소와 씨 있는 열매를 맺는 모든 나무를 너희의 먹을거리로 가져라"라고 가르침으로써(창세기 1:28-29), 동물사랑을 말하는 것이 아니라, 오히려 땅을 정복대상으로, 그리고 모든 동식물을 '다스림'의 대상으로, 온갖 식물을 먹을거리로 못박는다. 그리고 노아의 방주 이후에는 인간들에게 동물도 잡아먹도록 허용해 준다.

그러면서 사랑을 말하기는커녕 "생명은 생명으로, 눈은 눈으로, 이는 이로, 손은 손으로, 발은 발로, 덴 것은 덴 것으로, 상하게 한 것은 상함으로, 때린 것은 때림으로 되갚는" 동해同害보복법의 정의(출애굽기 21장 23-25절)만 가르치는 구약성서! 이에 대항해 신약은 "이웃을 네 자신 같이 사랑하라"고만 가르치는 것(마태복음 22장 39절)이 아니라, "네 이웃을 사랑하고 네 원수를 미워하라 했다는 것을 너희가 들었으나 나는 너희에게 이르노니 너희 원수를 사랑하라"(마태복음 5장 43-44절)고 하여 원수도 이웃으로 사랑하라고 가르친다. 그러나 예수는 동물에 대한 사랑을 말하지 않았다.

따라서 쇼펜하우어는 유럽의 도덕적 낙후성과 동물학대 관습을 유대교 탓으로 돌린다.

---

577) Schopenhauer, *Preisschrift über die Grundlage der Moral*, §18 (764쪽).

우리는 모든 시대와 모든 나라가 도덕성의 원천을 잘 인식했지만, 유럽만이 그렇지 못했음을 본다. 이에는 여기 유럽에서 만물만사에 미만해 있는 유대교적 악취(foetor Iudaicus)에 죄책이 있다. 여기에서는 단적으로 의무계명, 도덕법칙, 명령, 간단히 말해서, 순종해야 할 지시와 호령만이 존재해야 한다. 유럽인들은 이것을 떠나지 못하고, 그와 같은 것이 언제나 이기주의만을 기초로 삼고 있다는 것을 보지 않으려고 한다.578)

'유대교적 악취' 때문에 예수의 사랑 가르침도 동물경멸 쪽으로 왜곡되고 축소되었다.

그리하여 유대교화된 서구적 동물경멸자와 이성숭배자(Vernunftidolater)에게 우리는 그가 그의 어미에 의해 젖 먹여 길러졌듯이 개도 그의 어미에 의해 젖 먹여 길러졌다는 사실을 상기시켜야 한다. (...) 나는 칸트조차도 동시대인들과 동포들의 저 오류에 빠졌다고 비판한 바 있다. 기독교 도덕이 동물을 고려치 않는다는 것은 기독교 도덕의 결함이고, 이 결함은 영구화시키기보다 자백하는 것이 더 좋다.579)

쇼펜하우어에 의하면, 기독교도덕이 인도 도덕과의 커다란 일치성에도 불구하고 안고 있는 방금 비판한 결함에 대한 은근한 상징으로서 이해될 수 있는 것은 세례자 요한이 완전히 인도 사냐씨(Saniassi; 미치광이 흉내를 내는 인도축제) 방식으로 등장하면서 여기서 동물가죽을 입고 나타난다는 사실이다! 동물가죽을 입고 나타나는 것은 어떤 힌두교도에게든 전율일 것이다. 왜냐하면 캘커타의 왕립협회조차도 베다경전의 인쇄본을 유럽방식으로 가죽 끈으로 묶지 않을 것이라고 약속하고서만 얻을 수 있었고, 그리하여 왕립협회 도서관에서 이 인쇄본은 내내 비단으로 묶여져 있기 때문이다. 유사하게, 구세주가 배들이 가라앉을 정도로 물고기로 가득 채우는 식의 기적으로 축복하는 베드로의 고기잡이에 관한 복음

---

578) Schopenhauer, *Preisschrift über die Grundlage der Moral*, §19 (786쪽).
579) Schopenhauer, *Preisschrift über die Grundlage der Moral*, §19 (776-777쪽).

이야기(누가복음 5장)는 이집트의 지혜를 비밀 전수받은 피타고라스의 이야기와 특징적 대비를 제공한다. 이것은 인도에서 오랫동안 유학생활을 한 피타고라스의 '방생' 이야기다.

> 피타고라스는 어부들에게서 그들이 한 번 그물을 끌어 잡는 물고기를 그물이 아직 물속에 있을 때 몽땅 산 다음, 모든 잡힌 물고기를 방생했다(Apuleius, *De magia*, 36쪽, Bipontini판).[580]

이에 잇대서 쇼펜하우어는 "동물들에 대한 동정심"이 "성격의 선량함과 아주 정확하게 연관된 것이라서, 동물들에 대해 잔학한 자는 선한 인간일 수 없다"고 힘주어 주장한다. "이 동정심은 인간들에게 발휘되는 덕성과 동일한 원천으로부터 생겨나는 것"이다. 쇼펜하우어는 "인도에서 사냥 나가 원숭이를 쏜 한 영국인이 이 원숭이가 죽으면서 그에게 보낸 눈빛을 잊을 수 없었고, 그 이후 다시는 원숭이를 쏘지 않았다는 것을 읽은 기억"도 털어놓는다. 그는 "동물세계 전체를 '물건'으로 취급하게 만드는, (동물들이) 인간들의 이익과 기쁨을 위해서만 존재하는 것이 인정되는" 유럽의 "기이한 개념들"은 유럽에서 "동물의 거칠고 완전 무자비한 취급의 원천"이고, 이 기이한 개념들은 "구약성서적 기원"을 갖는다는 것이다.[581]

쇼펜하우어는 이 '기이한' 개념을 칸트에게서도 그대로 발견한다. 그는 "이성 없는 존재자들(따라서 동물들)이 '물건'이고, 따라서 수단임과 동시에 목적이기도 한 것으로서가 아니라 단지 수단으로서만 취급해도 된다는 칸트의 명제는 진짜 도덕을 모욕한다"고 말한다. 그리고 그는 이 명제와 합치되는 『덕성론의 형이상학적 시발근거』(§16)의 명시적 문장을 들이댄다. "인간은 단지 인간들에 대한 의무만 있고 이 외에 그 어떤 존재자들에 대해 어떤 의무도 있을 수 없다". 그리고 칸트의 그 다음 말(§17)을 인용한다. "동물들을 잔학하게 대하는 것은 자기 자신

---

580) Schopenhauer, *Preisschrift über die Grundlage der Moral*, §19 (777쪽).
581) Schopenhauer, *Preisschrift über die Grundlage der Moral*, §19 (778-780쪽).

에 대한 인간의 의무와 대립된다. 왜냐하면 이런 학대로 인해 동물들의 고통에 대한 공감이 인간 안에서 무디어지고 이 때문에 다른 인간과의 관계에서 도덕성에 아주 쓸모 있는 본성적 자질이 약화되기 때문이다." 칸트의 이 논변에 대해 쇼펜하우어는 "따라서 단지 훈련을 위해서만 사람들은 동물들에게 동정심을 가져야 하고, 동물들은 흡사 인간에 대한 동정을 훈련하기 위한 정리적(情理的) 실습 모형 같다"고 신랄한 비판을 가한다.582) 이에 그는 통렬한 비판을 이어간다.

> 나는 이슬람 지역을 뺀(즉, 유대교화된 지역을 뺀) 전 아시아와 함께 이 명제들을 불쾌하고 혐오스럽게 느낀다. 동시에 여기서, 상술했듯이 단지 변복한 신학적 도덕에 불과한 이 철학적 도덕이 어떻게 본래 성서도덕에 매여 있는지가 다시 한번 드러난다. 말하자면 (...) 기독교적 도덕은 동물들을 고려하지 않기 때문에, 동물들은 철학적 도덕 안에서도 즉시 들새 밥으로 내던져지고, 단순한 '물건', 즉 임의적 목적을 위한 수단에 지나지 않고, 따라서 가령 생체해부, 힘으로 하는 사냥, 투우, 경주, 움직이지 않는 석재수레 앞에서 죽도록 채찍질당하는 것 등을 위해 있는 것이다. 생명을 가진 모든 것 안에 현존하고 또 햇빛을 보는 모든 눈으로부터 규명될 수 없는 함의를 갖고 비쳐 나오는 영원한 본질을 보지 못하는 이러한 파리아·찬달라-믈레차 도덕에게 '제기랄!'이다. 그러나 저 도덕은 오로지 자기의 가치 있는 종족만을 알고 고려할 뿐인데, 이 종족의 징표인 이성은 어떤 존재자가 이 종에게 도덕적 고려의 대상이 될 수 있는 조건이다.583)

데카르트에서부터 칸트에 이르는 서양의 이성숭배 철학에 대한 범애론적 비판을 쇼펜하우어는 칸트로부터 거슬러 올라가며 일반화한다. 그는 자기가 제시한 도덕적 동인이 "다른 유럽적 동물체계 안에서 아주 무책임일 정도로 불량하게 배려받는 동물들도 그 보호 속에 받아들인다는 사실을 통해 진정한 도덕적 동인"이라고 스스로 확인한다. "동물들은 권리가 없다는 관념, 즉 동물들에 대한 우리의 행동은 도덕적 의미가 없다"는 망념, 또는 "저 도덕의 언어 속에서 그렇듯이

---

582) Schopenhauer, *Preisschrift über die Grundlage der Moral*, §8 (690-691쪽).
583) Schopenhauer, *Preisschrift über die Grundlage der Moral*, §8 (691쪽).

동물들에 대해서는 의무가 존재하지 않는다는 망념"은 바로 "그 원천이 유대교에 있는 서구의 격분케 하는 조야성과 야만성"이다. 철학에서 이 그릇된 관념은 "인간과 동물의 전적인 상이성" 테제에 근거한다.

인간과 동물의 상이성은 주지하다시피 데카르트에 의해 그의 오류의 필연적 귀결로서 가장 단호하고 가장 귀청이 떨어질 듯이 크게 천명되었다. 말하자면 데카르트-라이프니츠-볼프 철학이 추상적 개념들로 합리적 영혼론을 수립하고 불멸적인 'anima rationalis(이성적 영혼)'을 구성했을 때, 동물세계의 자연적 요구들은 인간종족의 이 배타적 특권과 불멸성 특허장과 대립해서 등장했고, 자연은 이러한 모든 기회에 그렇듯이 조용히 항의를 제기했다. 자기들의 지성적 양심에 의해 불안해하던 철학자들은 합리적 영혼론을 경험적 영혼론으로 뒷받침하려고 시도하지 않을 수 없었고, 따라서 온갖 자명성에도 불구하고 인간과 동물을 근본으로부터 상이한 것으로 서술하기 위해 인간과 동물 사이를 엄청난 간극, 헤아릴 수 없는 간격으로 벌리려고 노력했다.584)

쇼펜하우어는 사랑이 아니라 이성을 도덕의 기초로 들이밀고 내세우며 온갖 미사여구로 치장하는 서양철학을 유대전통의 '사변적 신학'으로 경멸한다. 이 '사변적 신학'은 철학의 옷으로 변복하고 "이성을 그럴싸하게 꾸며대며", 바로 "유대교화하는 현대적 낙관주의 기독교의 근본교리들"을 "직접 계시한다".585) 쇼펜하우어에 의하면, 서양철학의 비극은 이 '사변적 신학'을 대변하는 무능한 철학자들이 철학의 참된 진보를 방해해왔다는 데 있다. "참되고 진실한 것은 이런 것을 산출할 능력이 없는 자들이 이런 것을 흥기하지 못하게 하려고 일제히 작당하지 않는다면 보다 수월하게 세상 안에 터를 잡을 것이다."586) 그러나 서양철학은 지금까지도 대강 이런 '작당'의 패거리 철학이다. 그리하여 서양문명에 고유한 잔인한 동물학대는 '열등한 인간'과 '열등한 민족', 즉 '동물적' 인간들로

---

584) Schopenhauer, *Preisschrift über die Grundlage der Moral*, §19 (773-774쪽).
585) Schopenhauer, *Die Welt als Wille und Vorstellung* I, Vorrede zur 2. Auflage (1844), 24쪽.
586) Schopenhauer, *Die Welt als Wille und Vorstellung* I, Vorrede zur 3. Auflage (1859), 27쪽.

지목된 인간집단에 대한 계속된 대학살과 홀로코스트로 참담하게 징험되었다.

동물학대를 이성의 이름으로 공식화하는 서양 합리주의 철학에 대한 통렬한 비판은 동정심을 도덕성의 토대로 삼은 쇼펜하우어에게 당연한 것이고, 필자의 공맹적·본성론적 도덕철학에서도 당연한 것이다. 쇼펜하우어는 "우리는 모든 시대와 모든 나라가 도덕성의 원천을 잘 인식했지만, 유럽만이 그렇지 못했음을 본다"는 자신의 입장을 입증하기 위해 브라만·불교경전 외에 멀리 공맹경전도 끌어다 댄다.

> 학파로부터 벗어나 권위가 없는 상태에서 나는 중국인들이 동정심(sin)을 최상석에 두는 다섯 가지 근본덕목들을 상정한다는 사실을 인용한다. 나머지 네 덕목은 의義, 예禮, 지智, 신信이다.[587]

쇼펜하우어는 이 대목에다 당시 아시아전문 학술지 *Journal Asiatique* (vol. 9, 62쪽)에서 맹자철학을 참조하라는 각주를 달고, 맹자 서적으로는 『맹자(*Meng-tse*)』(Stanislas판 Julien, 1824, lib. 1, §45)와 기욤 포티에(Guillaume Pauthier, 1801-1873)의 『동양의 경전들(*Livres sacrés de l'orient*)』(281쪽)의 「맹자」를 보라고 소개하고 있다.

기독교에 동물사랑과 자연사랑의 관념이 부재한 것을 비판한 사람은 쇼펜하우어만이 아니다. 막스 셸러도 누누이 이 점을 지적한다. "기독교 전사全史 안에서 전승되고 실행되던 전통적 기독교 교설"은 "인간을 이미 '이성존재'로서, 더욱이 초자연적 은총을 담는 용기容器로서, 그리고 인간의 아들이자 신의 아들인 그리스도의 구원행위를 통해 모든 이성과 자연을 높이 뛰어넘어 고양된 종족으로 삼아서 인간을 자연과 그토록 엄청난 거리로 이격시켜 놓았다"는 것이다.[588]

---

587) Schopenhauer, *Preisschrift über die Grundlage der Moral*, §19 (785쪽). 쇼펜하우어는 위 인용문에서 '동정심' 뒤의 괄호 속에 'sin'을 써넣고 있는데, 이는 'jen, 또는 yen, 또는 ren(仁)'이라고 표기해야 할 곳에다 'sin(信)'을 잘못 써넣은 것으로 보인다.

588) Scheler, *Wesen und Formen der Sympathie*, 97-98쪽.

셸러는 비판을 계속 이어간다. "복음서 안에서 인간 이하의 자연형성물과 자연과정은 의도치 않게 예수의 가장 고귀하고 가장 심오한 자연사랑과 가장 순수한 자연이해를 드러내는 저 구절들에서도 — 내가 아는 한 — 비유로서만, 즉 원래 인간과 하느님, 또는 인간과 인간 간에 존재하는 관계에 대한 비유로서만 나타난다. 나는 나 자신의 탐색을 통해서도, 과학적 성서전문가들의 철저한 탐문을 통해서도 이 비유성격을 넘어 자연형성물과의 우주적 일체감이나, 인간에 대한 반작용이나 반응적 의미와 무관한 자립적이고 본래적인 자연사랑 모션이나 의무(또는 인간에 의해 매개되지 않는 직접적인 신과의 연관 속에서의 자연에 대한 사랑의 의무)를 시사하는 구절은 단 한 구절도 발견할 수 없었다. 안식일에 대한 인간 아들의 지배권을 해명하기 위해 가령 마태복음 12장 11-12절은 이렇게 말한다. '너희 중에 어떤 사람이 양 한 마리가 있어 안식일에 구덩이에 빠졌으면 끌어내지 않겠느냐. 사람이 양보다 얼마나 훨씬 더 귀하냐.' 여기서 마지막 구절이 보여주듯이 비유적 언사는 아버지의 뜻 없이 지붕에서 떨어지는 참새, 걱정하지 않는 새들과 백합화에 대해 '그래도 하느님 아버지께서 기르신다'고 말하는 곳에서와 같이(마태복음 6장 26-28절) 분명하다."[589] 셸러도 "자연을 지배하는 것밖에 모르는 인간의 일방적 자연지배 사상"은 "역사적으로 유대교로부터 생겨난" 것으로 본다.[590]

셸러는 기독교적 자연'살해' 사상의 유대교적 기원과 생성과정에 대해 특유의 관점에서 상론하고 있다. "역사적인 서양 '기독교', 즉 감정이입에 생소한, 아니 감정이입을 적대하는 유대적·로마적 자연지배 사상과 그리스적·헬레니즘적·낭만주의적 세계관 및 신관과 예수의 복음의 이 종합"은 "사랑 감정"에 대해 "심층적 변형"을 가했다. 그리스적 고대에 대해 전 자연의 엄청난 탈脫생명화와 탈영혼화가 신이 세계의 보이지 않는 정신적 '주인이고 창조주'라는, 유대교로부터 물려받은 교설('주인'과 '창조주'라는 속성은 둘 다 의지를 모르는 그리스적

---

589) Scheler, *Wesen und Formen der Sympathie*, 98쪽.
590) Scheler, *Wesen und Formen der Sympathie*, 113쪽.

신 이념에는 없는 것이다)을 통해 개체적인 정신적 존재자로서의 인간을 '자연' 위로 강력하게 급비상시키기 위해 벌어진다." 이 교설이 "자연과의 일체감을 수세기 동안 줄곧 '이교적인 것'으로 낙인찍었다"는 것이다.

인간이 보이지 않는 신과 정신적 영혼 때문에 (아우구스티누스와 전 교부철학은 아리스토텔레스와 후기 중세, 알베르트, 토마스 아퀴나스 등보다 훨씬 더 이원론적으로 이 정신적 영혼을 생적 영혼에 대립시킨다) 자연으로부터 정력적으로 벗어나게 느껴 이렇게 자유로워지는 모든 힘 전체를, 바울 이래 예수 그리스도에 대한 자연발생적인 무無우주론적 사랑을 통해 이끌어지는, 그리스도 안에서의 일체감과 (나중에 기독교 예배의식 속에 결정화되고 객관화되는) 세례로부터 그의 희생사犧牲 死와 초라한 삶의 구원에까지의 예수의 세속적 삶의 단계들 속에 하나로 모음으로써, "비로소 '자연'은, 그리고 신과 동형적인 정신적 영혼, 정신이 아니라 자연이고 또 육신 유형인 한에서의 인간도 원칙적으로 인간의 정신적 의지에 대해 — 처음에는 육체적 금욕 속에서, 나중에는 기술에 의한 점증하는 물질적 자연지배 속에서 — 살해 중의 지배대상이 된다."591)

셸러는 '인간의 정신화·급비상'과 '자연의 물질화·살해'를 단일한 기독교화 과정의 표리관계로 이해한다. "자연의 물질화(살해) 및, 그리스도를 통해 신·창조주·아버지와의 친자관계로 정립된 존재자로의 인간의 정신화와 급비상은 하나의 동일한 과정의 공통된 소산이다. 여기서 오로지 인간만이 인간의 '형제'이고, 자연형성물은 '형제'가 아니다. 자연형성물은 오히려 인간의 '타고난 노예'다. 인간은 신이 자연을 지배하듯이 자연형성물에 대해 유사한 지배권과 왕권을 행사한다." 이전에 "가시적인 신" 노릇을 했던 "별들"은 "이때 비로소 소멸되게" 된다. 그래서 셸링, 바아더(v. Baader), 하르트만, 페히너는 "고대그리스의 만유영혼론을 받아들이면"서도 기독교적 직관·사유·유일신론 속에서 이 만유영혼론을 공식화하는 것에다 "모든 인간 이하 자연을 살해하고 상대적으로 기계화하는

---

591) Scheler, *Wesen und Formen der Sympathie*, 94-95쪽.

경향"을 부여했다는 것이다. 셸러에 의하면, "자연의 이 기계화와 탈영혼화"는 기독교적 교리의 결과다. 이 교리가 "새로운 속성 '창조자의 의지'를 순수하게 정신적인 신 안에 투입하고 인간의 정신적 영혼 안에서 순수하게 '정신적인 의지'를 가정하기" 때문이라는 것이다.592)

이런 기독교비판적 관점에서 셸러는 기독교정신과 아시아정신 간의 균형적 결합을 기원한다. "아시아가 신 안에서의 서양적인 무無우주적 인격애와 인간애를 함양하되, 우리 서양인들은 우주생적宇宙生的 일체감을 우리 안에서 함양하는 것을 배우는 의미에서 아시아적 (특히 인도적) 에토스와 서양적 에토스 간의 상보적相補的 균형을 천천히 불러일으켜야" 한다는 것이다.593) 셸러의 이 친親아시아주의는 다 쇼펜하우어 철학의 보이지 않는 영향으로 보인다.

상론한 바와 같이 쇼펜하우어는 루소처럼 크고 작은 이론적 오류에도 불구하고 올바로 동정심과 자기애(자기 몸의 애착감정)를 도덕의 기초로 파악했다. 이 과정에서 사랑을 경시하고 동물을 학대하며 정의만을 따지는 유대교적 전통과, 아시아도덕을 수용하여 사랑을 최고덕목으로 삼는 예수기독교 전통 간의 갈등과 모순이 확연하게 드러났다. 이 도덕적 갈등과 모순은 기독교경전에서 구약성서와 신약성서 간의 갈등을 반영하는 것이다. 그리고 이 도덕적 갈등은 다시 철학에서는 이성을 우상으로 숭배하는 합리주의와 이성비판적 반합리주의·경험주의 사조 사이에서 반복된다.

공맹철학의 서천으로 등장한 '동정심의 벗' 또는 '사랑의 벗들'의 인애론적 도덕철학들은 앞서거니 뒤서거니 하면서 서양 국가론에도 음양으로 영향을 미친다. 이 영향 속에서 서양 철학자와 정치세력은 전통적·자유주의적 정의국가(론)를 '야경국가'로 비판하고, 중국의 양민·교민복지의 인정국가를 모방해서 복지국가를 모색한다. 그러나 이 맹아적 복지국가론은 인의仁義를 통해서가 아니라 격렬한 계급전쟁적 정의투쟁을 통해 실현된다. 따라서 지금까지 서양 복지국가는

---

592) Scheler, *Wesen und Formen der Sympathie*, 95쪽.
593) Scheler, *Wesen und Formen der Sympathie*, 113-114쪽.

계급투쟁적 정의국가의 틀을 벗어던지지 못하고, '사랑'이 아니라 '정의'를 제일로 치는 또 다른 정의국가로 출현했다.

3.3. 동정심 없는, 또는 동정심을 적대한 서양 도덕론들

'동정심의 적들'은 대개 동정심 없는, 또는 동정심을 적대하고 사랑을 배제한 정의국가를 기획했다. 서양을 대표하는 '동정심의 적들', '사랑의 적들'은 소크라테스·플라톤, 홉스, 스피노자, 칸트, 니체 등이다.

■ 소크라테스·플라톤의 동정심 없는 불인不仁한 도덕론

소크라테스와 플라톤의 대덕大德(cardinal virtues)은 중기와 후기를 관통해 그 덕목들이 동일하지만 후기 대화편에서 이 덕목들의 배열순서가 좀 달라진다. 중기 대화편 『국가론』에서 4대덕은 지혜·용기·정심(절제)·정의다. 최후의 대화편 『법률』에서는 배열순서만 바꿔 지혜·정의·절제·용기의 4덕론을 열거한다. 그러므로 중기와 후기의 도덕론은 둘 다 공히 사랑(필리아)과 동정심을 '대덕'에서 배제한 불인不仁 덕성론이다.

그리고 소크라테스와 플라톤의 국가는 신체적 약자(장애자와 허약자)와 사회적 약자를 배려하기는커녕 사랑도 동정심도 없이 무자비하게 죽이고 유기하고 방치하는 잔학무도하고 불인한 범죄적 군사국가다. 그리고 이 불인한 군사국가를 이끌 그들의 철인치자도 안인자安仁者가 아니라 사랑도 동정심도 없이 지혜만 발달한 사이코패스 같은 불인자不仁者다.

− 소크라테스·플라톤의 4덕론과 사랑의 배제

소크라테스와 플라톤의 4덕론은 사랑과 동정심이 빠진 '지성우월주의' 도덕론이다. 그들의 지성우월주의적 대덕론은 도덕감정 '동정심'도 사랑도 없는 불인不

仁 도덕론이다. 소크라테스는 철학적 대화 속에서 사람에 대한 '필리아(인애)'보다 지성과 이것에 대한 필리아로서의 애지愛智, 그리고 정심正心(절제)과 정의를 주로 논하지만, 실천적 삶 속에서는 정치와 시민교육의 '위인爲仁'활동을 제1의 신적 과업으로 삼았다. 그는 심지어 '위인'을 하려면 죽음을 무릅써야 하는 무도한 시대에도 목숨을 걸고 청년교육의 '위인' 활동을 하다가 순사殉死했다.

소크라테스는 내면의 다이몬($\delta\alpha\iota\mu\acute{o}\nu$)신령이 그가 정치하는 것을 반대했고 또 당시의 아테네 정치상황이 너무 무도했기 때문에 몸소 정치하는 것을 피하면서도 여기저기 아테네 시내를 돌아다니면서 — 그는 '가르친다'는 말을 거부하지만 — 개인적으로 젊은 시민들을 가르치는 일에 전념했다.594) 그는 이 사해동포적 교육사업을 "신에 대한 봉사"로 여겼다. 소크라테스는 필리아(인애)를 공사公私의 모든 인간관계에 적용해 효도에서 정치적 동지애·연대·국가간 우호동맹에 이르는 공사간의 필리아(사랑)를 연계적·연속적 덕목으로 파악했다. 이런 공사公私의 필리아 개념을 전제로 이를 증진하고 북돋웠던 소크라테스의 삶은 중우정치적衆愚政治的 타락 속에서 몰락하는 아테네를 구하려는, 가난도 죽음도 무릅쓴 '필리아' 활동으로 점철된 삶이었다. 이런 삶이야말로 공자가 말한 개념 그대로의 의미에서 '살신성인殺身成仁'의 거룩한 인애의 삶인 것이다. 그러나 이 '인애'를 소크라테스는 인간과 국가의 특별한 덕으로 파악하지 않았고, 이를 이어 플라톤도 4덕에 이 '인애'를 집어넣지 않고 배제했다. 이것은 플라톤 철학의 일대 미스터리다. 소피아(지성)제일주의의 도덕론에서 인간감정 '필리아'의 자리를 없앤 이 미스터리는 나중에 밝혀진다.

소크라테스와 플라톤은 덕성론에서 ①덕성을 지혜(지식)로 환원하거나('덕성 일반과 지혜의 동일성' 테제), ②지혜를 4덕의 최상석에 자리매김을 함('지혜의 덕 주도' 테제)으로써 선善을 진眞에 굴복시킨 '지성우월주의적 덕성론'을 전개한다. 그리고 지혜·용기·절제(정심)·정의의 4덕론에서 필리아(사랑)를 배제했

---

594) Platon, *Des Sokrates Apologie*, 31c-e. *Platon Werke*. Bd. II in Acht Bänden. Hg. von Gunther Eigner. Bearbeitet von Dietrich Kurz. Deutsche Übersetzung von Friedrich Schleiermacher (Darmstadt: Wissenschaftliche Buchgesellschaft, 1977).

다. 이것은 공맹이 '인'을 최상석에 놓고, '지智'를 말석에 놓는 식으로 인의예지의 4덕을 서열화한 것과 비교하면 심상치 않은 덕성론이다.

'나라-영혼 유추법'에 기초한 『국가론』의 '사덕'을 살펴보자. 이상국가가 '행복한 나라'가 되려면, '완벽하게 덕스런(훌륭한) 나라'가 되어야 하고, 이런 완벽하게 덕스런 나라는 중요한 기본덕목들을 갖추어야 한다. 소크라테스·플라톤은 지혜·용기·정심·정의의 네 가지 덕목을 말한다.[595] 제1덕목, "나라 안에서 아주 명백히 첫째가는" 덕목은 "지혜(소피아)"다. 그들은 지혜로운 나라인 것은 훌륭한 의지(에우불리아 εὐβουλία)가 있기 때문이고 이 훌륭한 의지는 일종의 지식(에피스테메)이고, 사람들은 이 지식에 의해 분별 있게 된다고 말한다. (지식=의지? - 인용자) 그런데 나라를 분별 있게 만들어 주는 지식은 기술·기능·생산과 관련된 도구적 지식이 아니라 "나라 전체와 관련해 어떤 방식으로 이 나라가 대내적으로, 그리고 타국과 가장 잘 지낼 수 있을 것인지를 토의·의결할 그런 지식"이다. 이 지식은 "완벽한 수호자들로 불리는 치자들"이 갖춰야 할 "수호학守護學(퓔라키케 φυλακική)"이다. 이런 완벽한 치자는 소수일 수밖에 없는데, 나라 전체를 지혜롭게 만드는 지식은 이 "나라의 최소最小 집단"인 "이 지도자와 치자들의 지식"이다. 이 지식은 "모든 지식 가운데 유일하게 '지혜(소피아)'라 불리어야 마땅한 그런 지식"이다.[596] 따라서 이 소수의 치자집단이 지혜로우면 나라는 전체적으로 지혜로운 나라가 된다.

두 번째 덕목인 '용기'(안드리아스 ἀνδρίας)는 나라를 위해 전쟁을 수행하는 군인집단의 무용武勇을 말하고, 따라서 다른 시민들이 아니라 이들이 용감하면 그 나라는 '용감한 나라'가 된다. 그러나 소크라테스·플라톤은 이 무용을 자꾸 추상화한다. 용기는 "입법자 같은 지도자들이 저 군인집단의 교육에서 주입한 것(가령 위치이탈, 무기방기, 탈영, 불복종 등)을 두려운 것들로 보는 소신을 모든 조건에서 고수할 자질"이라는 것이다. 이런 의미에서 용기는 '모든 조건에서'의

---

595) Platon, *Politeia*, 427e.
596) Platon, *Politeia*, 428a-429a.

"일종의 지킴·고수(소테리아$\sigma\omega\tau\mu\iota\alpha$)", 즉, "법이 교육을 통해 두려운 것들에 대해 창출한 소신의 고수"다. 법은 두려워할 것들이 무엇이고 또 어떠한 것들인지를 정한다. "모든 조건에서"라는 구절은 "용감한 사람이 그 소신을 고통 속에서든 기쁨 속에서든, 욕망 속에서든, 공포 속에서든 고수하고 자신의 영혼에서 그것을 내몰지 않는 것을 뜻한다". 양모를 염색하려면 흰 양모를 고르고 이것을 잘 손질한 다음에 염색을 해야만 짙게 물들일 수 있고 빨아도 물감이 빠지지 않아 색채를 유지할 수 있다. 마찬가지로,

> 우리가 군인을 선발해 시가·체육교육을 하는 것도 힘닿는 데까지 양모염색과 같은 일을 하는 것으로 이해할 수 있다. 이렇게 강구하는 유일한 목표는 그들이 물감처럼 우리의 법률을 확신하고 받아들여서 두려워해야 할 일들과 기타 모든 것들에 관한 그들의 믿음과 신념이 천성의 적합성과 양육 때문에 짙게 물들여져서 그들의 물감이 신념을 무서운 세척력을 가진 잿물로도 세척되지 않고 이 일을 하는 데서는 세제나 세척제보다 더 강력한 쾌락으로도, 어떤 잿물보다 더 확실한 고통·공포·욕망으로도 세척되지 않게 하는 것이다.[597]

말하자면 참된 용기는 "영혼 속의 이 능력, 즉 두려워할 일들과 두려워하지 않을 일들에 관한 바른 법적 믿음의 이런 충직한 고수"다.[598]

소크라테스는 이미 『소크라테스의 변론』에서 젊은 시절 자기의 전투참여 사실을 말하면서 이미 이런 용기의 개념을 언급한다. "아테네시민 여러분들이 나를 지휘하도록 선출했던 그 지휘관들이 포테이다이아, 암피폴리스, 델리온 등지에 나를 배치했을 때 나는 그들이 나를 배치해준 그곳에 다른 사람들과 똑같이 남아 있으면서 죽음의 위험을 무릅썼다."[599]

---

597) Platon, *Politeia*, 430b.
598) Platon, *Politeia*, 429a-430b.
599) Platon, *Des Socrates Apologie*, 28e.

그런데 말년저작 『법률』에서는 서로 대립되는 "두 종류의 두려움"을 구별하면서 무용을 뛰어넘는 진정한 용기를 말한다. 보통의 '두려움'은 나쁜 일이 일어날 것으로 예상될 때 느끼는 흔한 '두려움'이다. 다른 하나는 치사하거나 열등한 행동과 말을 하여 나쁜 평판을 얻게 될지 모른다는 생각이 들 때 여론에 대해 느끼는 '두려움'이고, 이것은 '염치 또는 수치심(아이스퀴네 $\alpha\iota\sigma\chi\acute{\upsilon}\nu\eta$)'이라 부른다. 이 후자의 '두려움'은 고통이나 전자의 '두려움'의 대상들과 반대되고 최대·최다의 쾌락과도 반대된다. 불명예(망신)에 대한 '두려움'인 수치심은 고통 속에도 굳셈과 나쁜 쾌락에 대항할 힘을 주기 때문이다. 따라서 상식 있는 사람들은 "이런 종류의 '두려움'을 '최고의 명예'로 간주하고 이를 '염치 또는 수치심(아이도스 $\alpha\iota\delta\acute{\omega}\varsigma$)'이라 부르는 것"이다. 이 두려움과 대립되는 '자신감'은 '몰염치'라 부르고 공사간에 "아주 큰 악"으로 여겨진다. 따라서 플라톤은 말하기를, "사람은 두려움이 없으면서 두려움이 많아야 한다"고 한다.[600] 전자의 두려움은 없어야 하지만, 후자의 두려움(염치)은 많아야 한다는 말이다. 그래야 진정한 용기라는 말이다. 이것은 "수치를 아는 것은 용에 가깝다(知恥 近乎勇)"는 공자의 말과 상통하고[601] 공자의 "남방의 굳셈(南方之强)"과[602] 가까운 것이다. 또한 정의의 단초인 맹자의 '수오지심'(자기의 잘못을 수치스러워하고 남의 잘못을 혐오하는 마음)과도 내용적으로 통한다. 따라서 소크라테스·플라톤의 용기 개념은 알고 보면

---

600) Platon, *Gesetze*, 646e-647c. *Platon Werke*, Zweiter Teil des Bd. VIII in Acht Bänden, hg. v. G. Eigner, deutsche Übersetzung von Friedrich Schleiermacher (Darmstadt: Wissenschaftliche Buchgesellschaft, 1977).
601) 『禮記』「中庸 第三十一」(20章).
602) 그러나 공자는 '남방의 굳셈'을 군인의 덕목으로 보는 것이 아니라, 군자(인자)의 덕목으로 본다. 『中庸』(十章): "자로가 굳셈에 대해 물었다. 이에 공자가 되물었다. '남방의 굳셈이냐, 북방의 굳셈이냐? 관유하게 가르치고 무도함에도 보복하지 않는 것은 남방의 굳셈인데, 군자는 거기에 산다. 병장기와 갑옷을 깔고 자며 죽어도 싫어하지 않는 것은 북방의 굳셈인데 강자는 거기에 산다. 그러므로 군자는 화해로우나 휩쓸리지 않으니 강하도다, 꿋꿋함이여! 중립해서 기대지 않으니 굳세도다, 꿋꿋함이여! 나라에 도가 있어도 나라에 도가 막혔던 상태를 바꾸지 않으니 굳세도다, 꿋꿋함이여! 나라에 도가 없어도 죽어도 불변하니 굳세도다 꿋꿋함이여!" (子路 問强, 子曰 南方之强與 北方之强與? 寬柔以教 不報無道 南方之强也, 君子居之. 衽金革 死而不厭 北方之强也, 而强者居之. 故君子 和而不流 强哉矯, 中立而不倚 强哉矯, 國有道 不變塞焉 强哉矯, 國無道 至死不變, 强哉矯.)

공맹이 말하는 '남방의 군셈'과 '예禮'(수오지심) 사이의 그 어떤 언저리에 해당한다. 이런 까닭에 4덕론의 차석에 있는 용기는 말석의 정의와 경계가 겹친다. 그런데 플라톤은 이 용기의 덕목을 수호자 신분(카스트)에게만 요구하고 있다. 수호자들이 용감하면 나라 전체가 용감한 나라가 된다는 식이다. 이것은 그의 카스트적 도덕론의 한계다.

세 번째 덕목은 '절제'(정심; 소프로쉬네 $\sigma\omega\psi\rho o\sigma\upsilon\nu\eta$)이다. 소크라테스는 『카르미데스』에서 정심의 이 개념정의를 아포리아로 방치했었으나 『국가론』에서는 이를 분명히 정의한다. 정심은 협주나 화음과 비슷하다. 그것은 "일종의 질서이고 쾌락과 욕망의 억제"다. 그것은 "저 자신보다 더 강한 것"이다. 이것은 자기가 자기를 이기는 것이므로 자기가 동시에 지는 자가 되며, 따라서 웃기는 말이지만, 그 참뜻을 추적해보면 "그 표현은 영혼과 관련해 인간 자신 안에 있는, 천성상 더 나은 면과 더 못한 면 가운데 더 나은 면이 더 못한 면을 제압하는 것"을 가리킨다. 반대로 "더 못한 면이 더 나은 면을 제압할 경우, 이를 꾸짖는데 이런 사람을 저 자신에게 패배한 무절제한 자라 이른다". 이것을 나라에 적용하면, 나라의 더 나은 부분이 더 못한 부분을 지배하는 나라는 "저 자신을 이기는 나라", 즉 정심 있는 나라인 것이다. 따라서 정심은 지혜나 용기와 달리 나라의 일부집단과 관련된 것이 아니라 나라 전체와 관련된 것이다. 쾌락과 욕구를 이겨 자기를 이기는 나라의 정심 또는 절제는 "가장 약한 음音을 내는 사람들과 가장 강한 음을 내는 사람들, 그리고 중간 음을 내는 사람들이 같은 노래를 합창함으로써 이 전체 음들을 통해 마련되는 일치(호모노이아 $\delta\mu\acute{o}\nu o\iota\alpha$)", 말하자면 "나라에서나 한 개인에게서나 더 나은 쪽과 더 못한 쪽 가운데 어느 쪽이 지배해야 할 것인지에 대한 합의"다. 정심은 '자기를 이기는 것'에 대한 합의, 쾌락과 욕구에 열등한 사람들이 쾌락과 욕구에 우월한 사람들에게 승복하고 이 우월한 사람들이 이들을 잘 이끌어 준다는 약속을 주고받는 것이다.[603]

『국가론』에서의 네 번째 덕목은 '정의(디카이오쉬네 $\delta\iota\kappa\alpha\iota o\sigma\acute{\upsilon}\nu\eta$)'다. 정의正義는

---

603) Platon, *Politeia*, 430d-432b.

상공업자·전사·철인치자의 사회적 분업에 따라 각 개인이 제 위치에서 제 역할을 제대로 하는 것이다. 소크라테스와 플라톤은 "자기 나라와 관련된 일들 중에서 자기의 천성에 가장 적합한 한 가지 일에 종사하는 것"이 가장 중요하므로 나라와 관련해 '(남의 일에) 참견하지 않으면서 제 일을 하는 것이 올바른 것'이라는 세간의 여론을 수용하면서 "제 일을 하는 것(토 타 아위투 프라텐*τό τά αύτού πράτειν*)"을 실현하는 것이 정의라고 한다.[604] 그리고 최종적으로 의미를 더 확장해서 소크라테스는 "판결을 내림에 있어서 목표로 삼게 되는 것이 이런 것인데, 그것은 각자가 남의 것을 취하지 않도록 하고 또한 제 것을 빼앗기지도 않도록 하는 것 외에 다른 것이 아니다"고 말하면서 "제 것의 소유와 제 일을 함이 정의다"고 확정한다.[605]

플라톤에 의하면, '정의'는 나라의 정심·용기·지혜를 생겨나게 하고 성장시키고 유지시키는 힘이다. 따라서 국덕國德(나라의 덕)과 관련된 정의는 치자와 피치자 간의 합의(나라의 절제), 두려운 것들과 관련해 법령에 따르는 군인들의 준법적 소신의 고수(나라의 용기), 치자들의 슬기와 정치학(나라의 지혜) 등에 필적하는 덕이다. 따라서 정의는 순서에서 말석에 위치해 있지만 실질적으로 4덕의 제일덕목이다. 정의는 "저마다 한 사람으로서 제 일을 하고 참견하지 않는 것, 이것이 노예와 자유민, 장인, 치자와 피치자에게서 실현되는 것"에 더해 법정에서 판결할 때 염두에 두는 원칙("각자가 남의 것을 빼앗지 않도록 하고 또한 제 것을 빼앗기지도 않게 하는 것")을 합친 것, 간단히 "제 것의 소유와 제 일을 하는 것"인 바, 이것은 '덕스런 나라'를 만드는 데 결정적으로 이바지하는 중요한 덕목인 것이다.[606] 그런데 "목수가 제화공의 일을, 또는 제화공이 목수의 일을 하려 들거나 이들이 서로 도구와 직분을 바꾸거나 아니면 심지어 동일인이 이 양쪽을 다 하려고 들거나 또는 그 밖의 모든 것들이 뒤바뀌어 버린다면 이것은 나라를 크게 해칠 것이다". 그러므로 "제 천성에 맞게 장인 등 돈벌이 집단이

---

[604] Platon, *Politeia*, 433b.
[605] Platon, *Politeia*, 433e-434a.
[606] Platon, *Politeia*, 433a-e.

나중에 부나 사람의 수나 힘 또는 기타 이런 유의 것으로 우쭐해져서 전사戰士집단으로 옮기려하거나 전사들 중 어떤 자가 자격도 없으면서 평의評議(토의)하는 최고 수호자집단(치자)으로 옮기려 든다면, 그리고 이들이 서로 도구와 직분을 맞바꾸게 된다면 또는 동일인이 이 모든 일을 동시에 행하려" 든다면, "이 맞바꿈이나 참견은 이 나라에 파멸을 가져다 줄 것"이다. 따라서 상공신분·전사신분·치자신분(토의결정하는 철인치자) 사이의 "상호참견이나 상호교환은 나라에 최대의 해악"이고 "그 어떤 것보다도 더한 악덕의 자행"이다.607) 그것은 바로 "불의(아디키아 ἀδικία)"다.608) 그러므로 반대로 "돈벌이집단(장인·상인집단), 보조자집단(노예집단?), 수호자집단이 각각 나라에서 저마다 제 일을 할 경우의 '제 자신에게 맞는 제 일을 함'이 정의"이고 "이것이 나라를 정의롭게 한다"는 것이다.609) 그렇지 않으면 나라는 뒤죽박죽이 되어 치자가 농민·장인 등 피치자에 의해 또는 보조자집단(노예)에 의해 살해, 타도되고 피치자가 치자행세를 하게 되어 난세가 도래한다.610) 소크라테스·플라톤의 이 '정의' 개념은 겉보기에 "임금은 임금답고 신하는 신하답고 아비는 아비답고 자식은 자식다워야 한다"는 공자의 (관계에 따라 가변적인 지위에 상응하는) 의리 개념과 유사한 것 같지만, 실은 플라톤의 정의가 직업적 기능과 관련된 점에서 본질적으로 다르다.

소크라테스와 플라톤의 이 정의론은 직업적 기능을 배정하고 카스트로 고정시키는 '사회분업'에서 도출된 것이다. 그들에 의하면, 인간은 "각자가 서로 그다지 닮지 않았고 각기 천성 면에서 다르게 태어나서 저마다 다른 일을 하는 데 적합한" 존재다. 그래서 사람은 한 사람이 여러 가지 일에 종사하는 경우가 아니라

---

607) Platon, *Politeia*, 434b-c.
608) Platon, *Politeia*, 434c.
609) Platon, *Politeia*, 434c-d. "각자가 자기에게 주어진 일을 하는 것이 정의"라는 이 '정의' 개념은 이미 초기 대화편 『알키비아데스』부터 등장한다. Platon, *Alkibiades*, 127c.
610) 이런 관점에서 코스먼은 정의를 "적절한 유별(有別; appropriate difference)"로 해석한다. Aryeh Kosman, "Justice and Virtue. The Republic's Inquiry into Proper Difference", 117 ff. G. R. Ferrari (ed.), *The Cambridge Companion to Plato's Republic* (Cambridge: Cambridge University Press, 2007).

한 사람이 한 가지 일에 종사할 경우에 일을 더 잘하게 된다. 또 일에는 다 '때'가 있는데 한 사람이 한 가지 일을 하면 이 '때'를 맞추기에도 더 좋다. 따라서 "각각의 일이 더 많이, 더 훌륭하게, 더 쉽게 이루어지는 것은 한 사람이 한 가지 일을 천성에 따라 적시에 하고 다른 일들로부터는 한가로워지는 경우다".611) 그러므로 나라가 부강해지려면 가령 제화공이 농부가 되거나 직조공 또는 건축가가 되는 것을 금하고 각 장인들이 제 일에 평생 종사하도록 해야 한다. 따라서 각 개인에게 알맞고 천성에 적합한 한 가지 직업만 할당하고 평생 종사하게 하고 다른 일들로부터는 한가로워짐으로써 일을 잘할 적시를 놓치지 않게 해야 한다는 것이다.612) 이것이 바로 정의라는 것이다.

소크라테스와 플라톤의 정의론은 사법적 정의("각자가 남의 것을 빼앗지 않도록 하고 또한 제 것을 빼앗기지도 않게 하는 것")도 일부 포함하지만, 기본적으로 바뀔 수 없이 확고한 카스트적 사회분업을 말하는 것이다. 소크라테스와 플라톤의 이 사회분업적 정의론에 대해 마르크스는 다음과 같이 비판한다.

> 플라톤의 『국가론』은, 그 안에서 분업을 국가의 구성원리로 간주하고 있는 한에서, 한낱 이집트 카스트제도의 고대아테네적 이상화일 뿐이다. 그런데 이집트는 이와 같이 가령 이소크라테스와 같은 그의 다른 동시대인들에게도 산업적 모델국가로 통했고, 이런 중요성을 로마시대의 희랍인들에게조차도 유지했다.613)

마르크스의 이 지적대로 소크라테스와 플라톤의 정의론은 그 결정적 부분이 카스트적 분업론이었다. 그런데 『법률』에서 플라톤은 어떤 이유에서인지 이 사회분업론적 정의개념을 포기했다고 할 정도로 수정한다.

그런데 『국가론』에서 이 분업적 정의개념은 나머지 용기와 정심(절제), 그리고

---

611) Platon, *Politeia*, 370a-c.
612) Platon, *Politeia*, 374b-c.
613) Karl Marx, *Das Kapital I*, 388쪽. *Marx Engels Werke* (*MEW*), Bd. 23 (Berlin: Dietz Verlag, 1981).

이에 대한 지혜를 다 삼켜버릴 정도로 광의적廣義的이다. 왜냐하면 용기는 이를 대표하는 수호자계급의 (법률적 배치를 견지하는) 직업적 덕목이고, 정심은 치자·피치자의 이 직업적 질서를 참는 절제이고, 소피아(지혜)는 이를 대변하는 철인치자의 직업적 덕목이기 때문이다. 이런 한에서 소크라테스·플라톤의 국가론은 공고한 종신적 사회분업을 '정의의 이름'으로 관찰시킨 카스트적 '정의국가'다.

소크라테스·플라톤은 『국가론』에서 국가 차원의 지혜·용기·정심·정의의 4덕론을 개인 차원에서도 반복한다. 이들은 인간의 영혼을 이성적 영혼부분, 정기적精氣的 영혼부분, 욕구적 영혼부분으로 나눈다. "지혜로우며 영혼 전체를 위해 선견지명(프로메테아, προμήθεια)을 지니고 있는 이성 부분"은 국가의 '지혜'에 대응하는 것으로서 영혼 전체와 신체를 "지배하는 것이 적합하다". 정기는 "이것(이성부분)에 복종하고 협력자가 되는 것이 적합하며" 따라서 국가의 '용기'에 대응한다. "한 쪽은 토의·의결하고, 다른 쪽은 싸움을 하고 지배하는 쪽을 따르고 토의·의결된 내용을 용기 있게 수행한다". 개인 차원에서의 용기란 "이성이 두려워할 것과 두려워하지 않을 것으로 지시해준 것을 정기의 영혼부분이 고통과 쾌락을 뚫고 끝끝내 고수하는 것"이다.[614]

정심은 이성·정기·욕구 사이의 "우의와 화합", 즉 영혼의 지배하는 이성 부분과 영혼의 두 피지배 부분(정기와 욕구) 사이에 이성 부분이 지배해야 한다는 데 의견의 일치를 보고 이 이성 부분에 대해 나머지 두 부분이 대들지 않는 것이다.[615] 개인의 차원에서 정의는 나라의 경우와 마찬가지로 "자신 안에 영혼의 각 부분들이 각각 제 일을 하게 되면 이 사람이 정의로운 사람, 제 일을 하는 사람"인 것이다.[616]

이것은 "자기 안에 있는 각각의 것이 남의 일을 하는 일이 없도록, 영혼의 각 부분이 서로 참견하는 일이 없도록 하는 한편, 참된 의미에서 자신의 것들을

---

614) Platon, *Politeia*, 441e-442c.
615) Platon, *Politeia*, 442c-d.
616) Platon, *Politeia*, 441d-e.

잘 조절하고 스스로 자신을 지배하며 통솔하고 또한 저 자신과 화목함으로써 세 부분을 흡사 최고음 · 최저음 · 중간음의 세 음정으로 조화시킨다. 또한 혹시 이들 사이의 것으로서 어떤 다른 것이 있더라도 이들도 모두 함께 결합시켜 잡다한 상태를 탈피해 절제(정심) 있고 조화로운 완전한 하나의 사람이 되는 것이다. 이렇게 되고 나서 이 사람은 가령 재물의 획득, 몸의 보살핌 또는 정치나 개인적 계약의 일 등 그 어떤 일을 하게 될 경우에 행동하는 것이다. 이 모든 경우에 이 습성을 유지시켜주고 지원해 이루게 하는 것을 정의롭고 아름다운 행위로, 그리고 이 행위를 맡은 지식을 지혜로 여겨 그렇게 부르는 반면, 이 습성을 무너뜨리는 것은 불의로, 그리고 이 행위를 맡은 판단력을 무지無知라고 여기고 또 그렇게 부르는 것이다." 불의는 영혼의 "세 부분간의 일종의 내분이고 참견 · 간섭이며 영혼 전체에 대한 어떤 부분의 반란 상태"다. 이것은 "지배에 적합하지 아니하고 오히려 지배하는 (이성)부분에 복종하는 것이 천성상 어울릴 그런 부분이 영혼 안에서 지배하려 드는 반란"인 것이다. 이 세 부분의 "혼란과 방황"이 바로 "불의"이고 나아가 "무정심 · 비겁 · 무지, 즉 일체의 악덕"인 것이다. 결론적으로 "정의를 생기게 하는 것은 영혼 안에서 여러 부분들(이성 · 정기 · 욕구)이 서로 지배하고 지배받는 관계를 천성에 따라 확립하는 것인 반면, 불의를 생기게 하는 것은 곧 서로 다스리고 다스림을 받는 관계를 천성에 어긋나게 확립하는 것이다".617) '첫째가는 덕목'인 지성 또는 지혜의 우월성, 즉 '지혜의 덕 주도' 테제는 여기에서도 용기 · 정의 · 정심을 관장하는 영혼 부분들이 이성의 지배에 복종해야 한다는 표현 속에서도 다시 확인되고 있다.

상론했듯이 윌리엄 템플에 의하면 소크라테스와 플라톤의 철학은 인도와 중국의 영향을 받은 것이다. 공자(기원전 551-479)와 기원전 490년경부터 420년경까지 활약한 72인의 1세대 제자들의 유학철학은 공자 이래 크게 번창하며 도처로 전해졌다. 제각기 일가를 이룬 공자의 대표적 제자들은 자공(기원전 520-456), 자하(507-420), 자유子游(506-?), 유약(518-458), 자장(503-?), 증삼(506-436) 등이었다. 공자

---

617) Platon, *Politeia*, 443d-e, 444b · d.

이래 고대에 사방팔방으로 계속 확산된 유학사상은 기원전 430년경부터 350년까지 80년간 활동한 소크라테스와 플라톤의 중기대화편 『국가론』(기원전 377년경)과 후기대화편 『법률』(기원전 339년)에 충분히 영향을 미칠 수 있었다. 그러나 중국으로부터 히말라야 차마고도茶馬古道를 넘어 인도와 이집트를 거쳐 그리스에 도달하는 동안 공자의 사덕론도, '대학大學'의 이념도 많이 뒤틀렸다. 인·의·예·지는 지혜·용기·정심·정의의 사덕으로 왜곡·훼손되었고, 사덕에서 사랑(仁)이 배제되고 용기가 정의와 중첩되어 끼어들면서 지배와 복종, 승리와 패배의 엄혹한 논리로 더렵혀졌다. '지선至善'은 '선의 이데아'로, '대학'은 '선의 이데아'에 대한 "큰 배움(토 메기스톤 마테마)"으로,[618] '중도'는 수리적·미학적 중도로 변질되었다.

마지막 후기대화편 『법률』의 덕성론을 살펴보자. 플라톤은 일단 공맹의 '소덕'과 '대덕'의 구별과 유사하게 덕성을 "인간적 덕목"과 "신적 덕목"으로 대별한 다음, "인간적 덕목"을 "건강·미·힘·부富"의 4덕으로, "신적 대덕"을 "지성(누스, νοῦς)"에 의해 주도되는 "현명·정심·정의·용기"의 4덕으로 제시한다.

덕성(아가타 ἀγαθά)은 두 종류다. 인간적 덕목과 신적 덕목이다. 인간적 덕목은 신적

---

618) 『대학』「수장」은, "대학의 길은 명덕을 밝혀 폄에 있고, 백성을 새롭게 함에 있고, 지선至善에 사는 것에 있다(大學之道 在明明德 在親民 在止於至善)"고 한다. 정치학(국가학)으로서의 '대학(큰 배움)'은 궁극적으로 '지선'과 관련된 것이다. 그러나 『대학』은 '대학'을 '지선을 아는 것'을 넘어서 '지선에 사는 것'과 관련시키고 있다. '지선에 살면' 천성으로부터 명덕을 얻을 수 있다. 이 명덕은 천하에 베풀어 백성을 새롭게 할 정치실천적 목표를 갖는다. 따라서 『대학』의 '선의 이데아'는 정치적 실천을 위해 생겨난 것이므로 바로 이 실천 속에 들어 있다. '앎'은 실천을 준비하는 과정의 한 계기에 지나지 않을 뿐만 아니라 '지선에 대한 앎'뿐만이 아니라 '지선에 사는 것에 대한 앎'이기도 해야 한다. 그러므로 『대학』의 '앎'은 태생적으로 지극히 실천적인 앎이다. 따라서 「수장」은 바로 이어서 말한다. "지선에 사는 것을 안 뒤에 정함이 있고, 정한 뒤에 고요할 수 있고, 고요한 뒤에 편안할 수 있고, 편안한 뒤에 생각할 수 있고, 생각한 뒤에 지득할 수 있다(知止而后有定 定而后能靜 靜而后能安 安而后能慮 慮而后能得)." 이처럼 '지득', 즉 깨달음을 얻는 것은 먼저 '지선에 사는 것을 안' 뒤에 가능하다. 그런데 '지선에 사는 것을 아는 것'은 다시 '지선에 산' 뒤에 가능한 것이다. 『대학』의 '대학'의 길은 겨우 '지선에 대한 앎'에 있는 것이 아니라 '지선에 사는 것'에 있는 것이다. 반면, 플라톤에게 '선의 이데아'와 이에 대한 '토 메기스톤 마테마'로 가는 '멀고 큰 길은 초월적이고 이론적(지성적)이고 엘리트적이다.

덕목에 의존해 있다. 신적 덕목을 받은 사람은 인간적 덕목도 얻고, 그렇지 않으면 둘 다 잃는다. 인간적 덕목은 건강이 제1순위로 오고 미가 제2순위, 달리기와 다른 신체운동에서의 힘이 제3순위, 그리고 제4는 부휼인데, 부가 현명(프로네시스)을 동반한다면 이 부는 눈먼 부가 아니라 눈 좋은 부다. 그 다음 신적 덕목은 현명(현덕)이 제1순위고, 영혼의 합리적 정심(소프로쉬네)이 제2순위에 오고, 이 두 개로부터 용기와 결합되어 제3순위의 정의(디카이오쉬네)가 산출되고, 제4순위는 용기(안드리아스)다. 이 신적 덕목들은 모두 본성상 인간적 덕목보다 앞선 자리에 정렬되는데, 바로 입법자들도 이 덕목들을 이렇게 정렬해야 한다. 그 다음, 그들이 받는 모든 훈령은 이 덕목들을 지향한다는 것과, 이 덕목들 가운데 인간적 덕목들은 신적 덕목들 우러러보고 신적 덕목들은 지성(누스 νούς)을 자기들의 주도자로 우러러본다는 것을 시민들에게 천명해야 한다.[619]

여기서 플라톤은 덕성을 '아가톤(ἀγαθών, 善)'의 복수 '아가타(ἀγαθά)'로 표현하고 있지만, 나중에는 이를 '아레테(ἀρετή)'로 바꾼다.[620] 플라톤이 『법률』에서 덕성을 '인간적 덕목'과 '신적 덕목'을 이분하고 건강·미·힘·부 등 '인간적 4덕'을 "현명·정심·정의·용기"의 '신적 4덕'에 종속된 것으로 정리하고 있다. 그리고 지성과 현명을 구분한 것도 두드러진 변화다. 이런 수정들은 공자의 소덕과 대덕의 구분 및 지자와 현자의 구분에 접근한 것이다. 이것들만이 아니라 전반적으로 『법률』은 『국가론』보다 더 공자철학에 접근해 있다. 하지만 『법률』의 '신적 덕목'에서도 여전히 '사랑(仁)'은 배제되어 있다.

미·힘·부·건강의 '인간적 덕목'은 명칭과 평가만 다를 뿐이고 『국가론』의 내용을 거의 그대로 반복하고 있다. 『국가론』에서 플라톤은 "영혼이 신체보다 더 귀중한 만큼, 최선의 본성을 회복한 완전한 영혼은 지혜와 결합된 정심과 정의를 획득하는 측면에서, 신체가 건강과 결합된 힘과 미를 얻을 때보다 훨씬 더 귀중한 조건을 달성할 것이다"라고 말한다. 또한 "자신의 신체의 습관과 양육

---

[619] Platon, *Gesetze*, 631b-d. 플라톤은 여기서 덕성을 '아가타(ἀγαθά, '아가톤 'ἀγαθών'의 복수)'로 표현하고 있지만, 963a쪽에서는 이를 '아레테(ἀρετή, 덕성)'로 바꾼다.
[620] Platon, *Gesetze*, 963a.

을 불합리한 야수적 쾌락에 내던지고 이 방향으로 얼굴을 고정시킨 채 살지 않아야' 할 뿐만 아니라, "건강을 주요목표로 삼지도 말아야" 할 것이다. 또한 "영혼의 정심을 수반하지 않을 것 같다면 힘이 세지거나 건강해지거나 아름다워지는 방법들에 제1위의 서열 자리를 주지 않아야 할 것이다". 오히려 "항상 신체의 조화를 영혼 안에서의 화합을 위해 조율해야" 할 것이다.[621] 『법률』에서 말하는 "눈먼 부"가 아니라 "눈 좋은 부"도 『국가론』에서의 이 '부'의 관점을 그대로 계승한 셈이다.

'눈먼 부'라는 표현은 희랍인들이 '재부의 신' 플루토스(Πλοῦτος)를 재물만 보고 다른 선들을 보지 못하는 '장님'으로 여겼기 때문에 나온 말이다. 부란 원래 사람을 눈멀게 만드는 속성이 있다. 그런데 여기서 말하는 '눈 좋은 부'는 현명(프로네시스)의 덕성을 갖추고 법·도덕·정심·정의·중도 등 여러 인간적·신적 덕목과 조화된 '건전한 부'를 말한다. 따라서 여기서 '눈 좋은 부'란 인간적·신적 가치를 손상시키며 '개처럼' 아무렇게나 벌어들인 '눈먼 부'가 아니라 여러 가치들에 대한 예리한 '분별력'을 갖고 올바른 방식으로 벌어들인 '건전한 부'이면서, 동시에 지나친 빈곤과 지나친 부 사이의 '중도中度'를 어기지 않는 중용적 부를 말한다. 『국가론』에서는 "누구든 황금을 올바르지 않은 방법으로 갖는 것", 가령 제 아들과 딸을 노예로 팔거나 제 남편의 목숨을 대가로 목걸이를 얻는 식으로 재물을 얻는 것은 "자신의 가장 훌륭한 부분"을 "가장 사악한 부분에 종속시키는 짓"이요, "무서운 파멸을 대가로 황금을 뇌물로 받는 것"이라고 비판한다.[622] 따라서 '눈 좋은 부'란 일단 '현덕'을 발휘해 올바른 방법으로 돈을 벌어 이룬 부를 말한다. 또한 "소유에서도 질서와 화합을 유지해야" 한다. "많은 사람들의 축복에 넋을 잃고 부의 규모를 무한대로 늘려나가고 한없는 병폐에 말려들지 말아야" 한다. "영혼의 헌정체제를 응시하면서 영혼 속의 어떤 것도 부의 과다나 결핍으로 교란당하지 않도록 보살피고 감시해야" 하고 "이 원칙 위에서 가급적

---

621) Platon, *Politeia*, 589d-590a.
622) Platon, *Politeia*, 591b-c.

삶의 과정을 조종하고 그의 부를 가감해야' 할 것이다.[623] 따라서 '눈 좋은 부'란 다시 이 중도의 덕목을 충족시키는 부다. '중용' 절에서 상론했듯이 플라톤은 『법률』에서도 거듭 최선의 부를 중도의 부로 규정한다.[624] 이처럼 '인간적 덕목'에서는 『국가론』과 『법률』 사이에 일관성이 돋보인다.

그러나 이 "인간적 덕목들"은 공자의 소덕들(장수, 건강, 근면, 검소, 인내, 상호주의,등)이 그렇듯이 고대그리스 시가에서 회자하던 '세속적 가치들'에 지나지 않는다. 일찍이 『고르기아스』에서 소크라테스는 말한다. "난 네가 향연에서 사람들이 가장 훌륭한 것은 건강이고, 둘째는 아름다워지는 것이고, 셋째는 술자리 노래를 짓는 시인들이 생각하듯이 정직하게 부유해지는 것(플루테인 아돌로스 πλουτεῖν ἀδόλως)이라고 열거하는 술자리 노래를 부르는 것을 들었을 거라고 생각한다."[625] 여기에 저 '인간적 4덕' 중 세 가지(건강·미·부)가 열거되고 있다. 당대에는 이런 4행시도 있었다. "죽게 마련인 인간에게 건강이 제일 좋은 것이로되, 둘째는 아름다워지는 것이고, 셋째는 정직하게 부유해지는 것이고, 넷째는 벗들과 더불어 젊음을 누리는 것이라네."[626] '건강'과 '힘'을 하나로 합쳐 볼 때, 이 4행시에 이미 인간적 4덕이 다 들어 있다.

한편, 『법률』의 신적 4덕론은 『국가론』의 4덕론과 차이를 드러내고 있다. 첫째, 4덕이 지혜·용기·정심·정의의 순위에서 지혜·정심·정의·용기의 순위로 바뀐 것이다. 『국가론』의 이상국가에 비해 『법률』의 이상국가에서는 군인이 덜 중요하기 때문에 용기가 뒤로 밀린 것으로 보인다.

이 차이로 인해 둘째, 플라톤은 『법률』에서 용기의 개념을 『국가론』에서보다 더욱 정신적인 쪽으로 기울도록 수정하고 있다. 이 대목에서 유교적 풍미가 풍긴다. 플라톤은 "단독적 용기"보다 "정의·정심·지혜와 결합된 용기"를 더 높이

---

623) Platon, *Politeia*, 591d-e.
624) Platon, *Gesetze*, 679b-c, 728e-729b, 744d.
625) Platon, *Gorgias*, 451d, 452b.
626) E. R. Dodds, *Plato: Gorgias* (Oxford: 1959), 200; 박종현, 「『필레보스』해제」, 43, 각주 21에서 재인용.

치고, 이 단순한(단독적) 용기는 '용병'들도 발휘할 수 있는 '무용' 정도로 평가절하한다. "선덕 전반을 결여한 사람은 (아무리 용감하더라도) 내전에서 충직하고 건전한 사람으로 입증될 수 없을 것이기 때문이다."[627]

"완벽한 의기"라는 플라톤의 표현은 용기가 어디까지나 감정에 지나지 않다는 것을 드러내 보이는 표현이다. 그리하여 플라톤은 용기를 감정에 불과한 것으로 격하하고 "서열과 평가에서 네 번째 순위 이상으로 높이 자리할 자격이 없다"고 평가한다.[628] 『법률』에서 '용기' 덕목의 순위가 사덕 안에서 차석에서 말석으로 밀린 것은 『국가론』의 사덕론과의 중요한 차이다.

셋째, 플라톤은 『법률』에서 3위의 '정의'를 단순덕목이 아니라 현명과 정심이 용기와 결합된 복합덕목으로 파악함으로써 실질적·내용적으로 정의를 사덕 중 최상석의 덕목으로 격상시키고 있다. 『국가론』에서도 이러한 정의 개념의 맹아가 보이지만 『법률』에서는 분업적·카스트적 정의개념의 어떤 기미도 아직 풍기지 않고 있다. 『국가론』의 사회분업적 정의 개념을 버리는 듯하지만, 나중의 논변으로 갈수록 그 그림자가 보인다.

그런데 플라톤은 『국가론』에서처럼 『법률』에서도 변함없이 '지성'을 이 신적 4덕의 주도자로 규정하는 '무제약적 지성주의(지성우월주의)'를 견지한다. 그런데 이번에는 '소피아'(지智)가 아니라 '누스'(지성)를 내세운다. 그런데 이 지성이 현명·정심·정의·용기와 별개로 이 4덕을 리드하는 것인지, 아니면 현명의 대체개념인지는 분명치 않으나, 현명과 지성을 같은 것으로 혼용하는 그의 관점에서는 현명이 지성으로 대체되어 쓰이는 것이 얼마든지 가능하다. 플라톤이 『법률』에서 4대덕의 현명(프로네시스)과 지성(누스)을 구분하고 지성을 현명 위에 놓는 것 같지만 "이 4덕(아레테) 중 주덕主德은 지성(누스)이고 나머지 세 가지 덕은 그 밖의 모든 것들처럼 이 지성을 지향해야 한다"고 말하기[629] 때문이다. 『국가론』에서는 지혜(소피아)·지식(에피스테메)·현명(프로네시스)을 혼용하면서

---

627) Platon, *Gesetze*, 630a-b.
628) Platon, *Gesetze*, 630c·d.
629) Platon, *Gesetze*, 963a.

이 소피아·에피스테메·프로네시스를 덕성으로 규정했지만, '지성'은 언급하지 않았었다. 그러나 『법률』에서는 소피아와 에피스테메를 제외시키고 '현명'만을 택해 4대덕의 상석에 위치시키고, 이론적 이성 '지성(누스)' 개념을 새로 도입해 4대덕의 주도자로 덕성 위에 위치시키고 있다. 아마 플라톤은 연역적·이론적 '지성'이 경험적 '현명'을 지도해야 하는 것으로 생각한 것으로 보인다. 따라서 『법률』에서도 지성주의는 계속된다.

제2순위로 올려진 '절제(정심)'와 관련된 '자기를 이기는'의 요소는 『법률』에서도 여전히 견지된다. 진정한 정심은 이제 "공포와 고통에 대한 싸움"에서 이길 뿐 아니라 "보통 사람의 마음만이 아니라 제 딴에는 가장 존경받는 사람의 마음도 왁스처럼 녹여버리는 위험한 유혹과 아첨을 수반하는 욕망과 쾌락에 대한 싸움"에서도 이기는 마음이다. "쾌락에 굴복한 사람"과 "고통에 굴복한 사람"은 둘 다 "수치스럽게 자기에게 열등한(패배한) 사람"으로서 "악인들"이다.[630] 그러나 『법률』에서는 이 '자기를 이긴다'는 극기克己 요소가 용기 개념과도 뒤섞이는 약간의 모호성이 보인다. 플라톤은 가령 "정복해야 할 곳을 정복하고 가장 가깝고 가장 위험한 적들에게 결코 지지 않도록 만듦으로써 같은 사람을 고통과 쾌락 양자에 대해 용기 있게 되도록 만드는 그런 법규가 있다고 선언하자"라고 말한다.[631]

『정치가』에서처럼 『법률』의 끄트머리 부분에서도 플라톤은 '덕성과 지식의 동일성' 테제를 복원한다. 서로 다른 이름으로 불리고 그 본성도 상이한 덕들의 통일성과 전체성을 확보하기 위한 철학과 이 철학을 구현할 국가의 특별정치기구(야간국무회의)가 기안된다. 국가건설의 논의를 "덕으로 시작하고 덕이 입법자의 목표라고 말하는 것은 올바른 방식이다".[632] 왜냐하면 "모든 법률은 항상 '덕성'이라는 하나의 단일대상을 겨냥해야" 하기 때문이다.[633] 그리고 "덕성의

---

630) Platon, *Gesetze*, 633d-634a.
631) Platon, *Gesetze*, 634b.
632) Platon, *Gesetze*, 631a.
633) Platon, *Gesetze*, 963a.

어떤 한 부분이나 가장 자잘한 부분을 보는 것이 아니라 덕성 전체를 보는 눈으로 법률을 집행해야 한다".[634] 그런데 물론 네 가지 덕목 가운데 지성이 나머지 세 가지 덕목과 그 밖의 모든 것이 지향해야 하는 주덕主德이지만, 문제는 그 덕이 상이한 이름으로 불리는 네 가지 덕목이라는 데, 즉 덕이 '일―'이면서도 '다多'라는 데에 있다. 이와 관련해 '아테네에서 온 손님'은 즐겨 쓰는 '나라-영혼 유추법'의 변형태인 '나라-영혼 · 머리 · 눈 유추법'과 항해사 · 의사 · 장군의 사례를 들어 이 문제에 접근한다. "우리는 모든 대상과 관련해 그 대상들의 각 동작에서 무엇이 적절한 구원자 노릇을 하는지를 관찰해야 한다. 가령 동물의 경우, 영혼과 머리가 천성상 그 구원자다." 따라서 모든 동물들에게 구원을 주는 이 기능은 동물의 두 기관, 즉 영혼과 머리의 "덕행"이라고 말해야 한다. "영혼 속에 다른 모든 자질에 더해 지성이 존재함으로써 그리고 머릿속에 다른 모든 자질에 더해 시각과 청각이 존재함으로써 구원을 준다. 요약하면, 극히 정당하게 각 동물의 구원으로 불릴 것은 지성과 극히 민감한 감각들의 결합, 즉 이것들의 통합이다. (...) 그런데 폭풍우 치는 날씨와 평온한 날씨에 다른 감각들과 함께 배에 구원을 줄 것은 어떤 종류의 지성인가? 선상에서는, 감각들을 항해사(선장)의 지성과 결합함으로써 자신들과 모든 승객들에게 구원을 확보해 줄 이들은 항해사와 선원들이 아닌가? (...) 구원을 겨냥한다면, 가령 군대의 경우, 장군이 쏘아 맞추기 위해 세우는 바른 표적은 무엇인가? 또는 인간 신체의 경우에 의료업의 표적은? 전자는 승리를 표적으로 삼고 적에 대한 제압을 하는 것인 반면, 의사와 그 조수들의 표적은 신체에 건강을 주는 것이 아닌가?" 그러나 "의사가 우리가 '건강'이라 부르는 신체상황을 모르거나 장군이 승리에 대해 모르거나 우리가 언급한 다른 일들의 그 누구든 모른다면", 이 일에 대한 "지성"을 보유하고 있다고 생각할 수 없을 것이다.[635]

플라톤은 '필리아(사랑)'를 4덕에 포함시키지 않았지만 이상하게도 사랑을 국

---

634) Platon, *Gesetze*, 630e.
635) Platon, *Gesetze*, 961d-962c.

가와 입법의 최고선으로 규정할 정도로 정치적으로 중시했다. 소크라테스는 필리아를 공사公私의 모든 인간관계에 적용해서 두 분야의 필리아를 연계적·연속적으로 설명했다. 이것은 플라톤도 마찬가지다. 그는 『법률』에서 입법이 목표로 삼는 "국가의 최고선은 우리가 탈출하려고 기원하는 전쟁이나 내분이 아니라 서로 서로와의 평화와 인애감정이다"라고 전제다.[636] 그리고 논의를 더 전개해 다음과 같이 정리한다.

> 우리는 우리의 이상이 나라가 자유롭고 분별 있고 내적으로 인애(필리아) 속에 들어 있어야 하고 입법자도 이를 목표로 입법해야 한다는 것이기 때문에 거대하거나 혼합되지 않은 단일 헌정요소를 가진 정체政體를 법으로 설립하는 짓을 큰 실책이라고 명명했다. (...) 그런데 목표를 염두에 둘 때는 현덕(프로네시스)과 인애가 진짜 다른 목표가 아니라 동일한 목표라는 것을 성찰해야 한다.[637]

이 두 번째 논의에서는 결국 국가의 최고선을 인애와 자유로 정의하고 있다. 그런데 그는 세 번째 논의에서 이 정의를 약간 변형시킨다.

> 우리의 법의 기본목적은 (...) 시민들이 가능한 한 행복해야 하고 인애(연대) 속에서 최고도로 화합해야 한다는 것이다. 시민들은 빈번히 서로와 합법행위를 하다가 또 빈번히 불법 행위를 하는 곳이 아니라 이 불법행위가 최소이고 가급적 가장 적은 곳에서 인애롭다.[638]

'인애와 평화', '인애와 자유', '인애와 행복'으로 나타나는 세 번의 각기 다른 정치적·법적 최고선(최고목적)의 정의에서 플라톤은 인애를 공통된 최고의 국가이념으로 언급하고 있다.

동시에 플라톤은 최후의 대화편 『법률』에서 최초로 필리아(인애)의 개념을

---

[636] Platon, *Gesetze*, 628c.
[637] Platon, *Gesetze*, 693b·c.
[638] Platon, *Gesetze*, 743c·d.

정의한다.

우리가 인애(필리아)·욕망·육감적 사랑(에로스)을 올바로 규정하려면, 이 개념들의 참된 본성을 식별할 필요가 있다. 이 개념들이 극도의 혼동과 모호성을 야기하는 것은 성애性愛라는 이 단일 술어(에로스)가 저 두 술어들(필리아와 욕망)을 포함하고 또한 제3의 유형이 이 중 두 개의 술어(필리아와 에로스)로 혼성되어 있다는 사실이다. (...) 필리아는 덕의 관점에서 유사한 자가 유사한 자에 대해 그리고 동일한 자가 동일한 자에 대해 갖는 애착과, 또한 빈자가 부자에 대해 갖는 애착에 부여하는 명칭이다. 그리고 이 감정 중 어느 것이든 '강렬하면' 우리는 이것을 '에로스'라 부른다. (...) 반대되는 사람들 간에 일어나는 필리아는 격렬하고 맹렬하지만 사람들 간에 거의 교호적이지 않은 에로스인 반면, 유사성에 기초한 필리아는 점잖고 평생 교호적이다. 이 둘의 혼합으로부터 일어나는 유형(제3의 유형)은 어려움을 안고 있다.[639]

그리하여 플라톤은 "반대되는 사람들 간에 일어나는 필리아"(에로스)가 "유사성에 기초한 필리아"와 뒤섞인 제3의 혼합형 에로스에 대해 분석한다.

첫째는 이 제3의 유형의 사랑을 품은 사람이 진정으로 얻으려고 하는 것이 무엇인지 알아내기 어렵다는 것이고, 그 다음은 그 사람 자신이 한 쪽에서 애인의 농염한 아름다움을 즐길 것을 졸라대고 다른 쪽에서는 이를 가로막는 두 가지 성향에 의해 상반된 방향으로 동시에 끌려 어찌할 바를 모르는 까닭에 어렵다는 것이다. 육체와 열애에 빠져 농익는 복숭아처럼 농염한 아름다움을 갈망하는 사람은 애인의 마음을 고려치 않은 채 스스로에게 그 풍만함을 취하라고 재촉하는 반면, 육체적인 욕망을 한낱 부차적인 것으로 여기고 육감적 에로스를 동경의 눈길로 대치代置하고 영혼으로 영혼을 진정으로 갈망하는 사람은 육체의 육체적 충족을 비행非行으로 여기고 정심·용기·위대성·지혜를 존경의 염으로 숭배하기 때문에 당연히 에로스의 순결한 대상과 더불어 늘 순결하게 살기를 열망한다. 이 두 종류로 혼성된 필리아는

---

[639] Platon, *Gesetze*, 836e-837a.

우리가 방금 제3의 유형이라 부른 에로스다.640)

따라서 "이른바 에로스가 이처럼 아주 다양하기 때문에" 법으로 "이 모든 에로스를 다 금지하고 이 에로스라는 것이 우리들 사이에 존재하는 것을 막기"보다는 "솔직히 젊은 애인들이 가능한 한 훌륭하기를 요구하는 덕성에 속하는 사랑이 원컨대 우리 국가 안에 존재하기를 기원하는 한편, 다른 두 가지 유형(욕망과 육감적 에로스)을 가급적 금지하는" 길을 가야 할 것이다.641) 플라톤은 성욕과 육체적 사랑을 금지하는 성억압 국가를 구상하고 있다.

그러나 플라톤은 "덕성에 속하는 사랑"을 "영혼으로 영혼을 진정으로 갈망하는" 점잖고 교호적인 필리아(인애·사랑) 및 필리아와 에로스의 '혼합'으로 이루어진 덕스런 사랑으로 넓게 규정하고 있다. 이럼으로써 예·의에 따른 사적 '효제'와 공적 박시제중의 '인애'를 포괄하는 '사람 사랑'으로서의 공자의 인 개념과 거의 동일한 광의의 필리아 개념을 주조해내고 있다.

플라톤은 '필리아(사랑)'를 이렇게 국가와 입법의 최고선으로 규정할 정도로 정치적으로 중시했으면서도 끝내 4덕에 포함시키지는 않았다. 이것은 그의 정치철학에 심각한 구조적 문제를 야기하게 된다. 국가의 최고선(필리아)이 개인차원에서의 최고덕목(지성)과 원리적으로 단절되어 이것과 무관한 것이 되고 말기 때문이다. 이로 인해 플라톤의 철학자(愛智者)에게는 필리아(사람사랑)나 이 필리아를 베푸는 정치행위가 개인의 덕성과 무관할 뿐만 아니라, 개인의 관점에서 비윤리적인 '지성'과 지성적 '애지'보다 가치론적으로 보잘것없는 2차적·3차적 행위로 추락한다.

정리하면, 플라톤은 『법률』에서 위와 같이 세 번의 각기 다른 정치적·법적 최고선(최고목적)의 정의에서 공통적으로 인애(필리아)를 '국가의 최고선'으로 규정했다. 그러나 플라톤은 『법률』에서의 이러한 결정적 입장전환에도 불구하고

---

640) Platon, *Gesetze*, 837b-d.
641) Platon, *Gesetze*, 837d.

끝끝내 필리아를 4덕에 포함시키지 않았다. 이것은 커다란 미스터리로 느껴진다. 그러나 뒤에 논할 '신체적 약자'의 제거와 '사회적 약자'의 방치 정책의 견지에서 보면 그 숨은 의도를 간취할 수 있다.

『국가론』과 『법률』의 사덕론을 종합적으로 고찰하면, 덕성을 지성과 동일시하는 지성제일주의의 사덕론이고 또 동시에 정의제일주의의 도덕론이다. 『국가론』에서 정의제일주의는 이 책의 부제를 "국가적 정의에 대하여($περὶ\ Δικαίου\ Πολιτικός$)"로 단 것에서 이미 예고되었다. 그런데 플라톤은 국가차원의 정의를 분업체제의 '고수'(신분화) 또는 '카스트신분적 고정'으로 정의하면서 '정의'는 나라의 정심·용기·지혜를 생겨나게 하고 성장시키고 유지시키는 힘이라고 말한다. 정의는 치자와 피치자간의 합의(나라의 정심), 두려운 것들과 관련해 법령에 따르는 군인들의 준법적 소신의 고수(나라의 용기), 치자들의 슬기와 정치학(나라의 지혜) 등에 필적하는 덕이다. 따라서 정의는 순서에서 말석에 위치해있지만 실질적으로 4덕의 제일덕목, '덕스런 나라'를 만드는 데 결정적으로 이바지하는 중요한 덕목이라고 말한다. 그리고 이런 정의 개념을 개인 차원에도 적용해 "자신 안에 영혼의 각 부분들이 각각 제 일을 하는" 사람을 "정의로운 사람"으로 규정했다. 따라서 불의는 영혼의 영혼의 세 부분(이성·정기·욕구) 간의 "일종의 내분", "영혼 전체에 대한 어떤 부분의 반란 상태"다. 이것은 영혼 안에서 정기와 욕구가 이성을 "지배하려 드는 반란"인 것이다. 정의는 소피아·용기·정심의 조화를 관할하는 실질적 최고덕목이다. 이것이 『국가론』의 부제를 "국가적 정의에 대하여"로 붙인 이유인 것이다. 정의를 국가의 실질적 제일덕목으로 격상시키는 것은 『법률』에서도 마찬가지였다. 그리고 조화로운 카스트적 분업을 정의로 규정하는 논변의 그림자는 '야간국무회의' 위원과 항해사·의사·장군의 유추에서 드러나듯이 『법률』에도 그대로 남아 있었다. 다만 『법률』에서는 『국가론』의 지혜·용기·정심·정의 등 사덕의 순서와 지혜가 현명·정심·정의·용기로 바뀌고 지성이 이 사덕의 주도자로 제시되는 변화를 보였을 뿐이다.

그러나 『국가론』과 『법률』의 두 저서에서 국가 차원의 사덕론이든, 개인 차원의 사덕론이든 사덕에서 사랑(동정심)은 깔끔하게 배제되었다. 오히려 플라톤은 무자비하게 신체적·지적 장애인들을 제거하고 우생학적으로 아이를 낳아 기르는 지성주의적 반反동정심의 사이코패스 정책을 제시하고 양민·교민정책을 제쳐두었다. 그리고 철인치자는 사랑을 베푸는 정치에 관심이 없는 불인不仁치자다. 따라서 플라톤의 국가는 동정심도 사랑도 없는 무자비한 불인국가로 치달았다.

– 무정한 사이코패스적 철인치자, 불인不仁한 국가

소크라테스와 플라톤의 이상국가를 다스리는 철인치자는 인정仁政을 배격하는 사이코패스적 불인자不仁者다. 국가의 최고선인 필리아와 이를 위한 정치는 — 지성적 애지활동을 본업으로 삼는 — 철학자들의 성향도, 본분도 아니다. 소크라테스와 플라톤의 '지혜를 좋아하는 사람(철학자)'은 소인배들이 보기에 세상일에 관심이 없는 "천체관측자"나 자꾸 뭔가를 따지고 지껄여대는 "말쟁이(아돌레스케스, ἀδολέσχης)" 같은 쓸모없는 괴짜들인 데다가,642) 소크라테스와 플라톤의 정의에 따르더라도 "진리 구경을 좋아하는 사람들(알레테이아스 필로테아모나스, ἀληθείας φιλοθεάμονας)",643) 즉 그저 쓸데없이 호기심만 많은 자들이기 때문이다. 소크라테스와 플라톤의 '철학자'는 '진리를 실천하기를 좋아하는 사람(필로프락티쿠스, ἀλθείας φιλοπρακτικούς)'이 아니라, 실천을 멀리하고 중덕中德을 잃은 채 "모든 지혜를 욕구하고" 한없이 진리 구경을 좋아하여 배우는 일에 "만족할 줄 모른" 채 진리를 관상觀賞하는 '사이코패스적 이론가들'일 뿐이라는 말이다.644) 뒤에 논하겠지만 '사이코패스'는 보통사람보다 지능이 더 높고 공감능력도, 도덕감정도, 따라서 동정심도 없는 잔인한 사람이다.

---

642) Platon, *Politeia*, 488e.
643) Platon, *Politeia*, 475e.
644) 만족할 줄 모르고 모든 지식을 무한히 추구하는 '철학자'의 개념은: Platon, *Politeia*, 455b-c. 한편, 스코필드는 "의지·성격·지성의 이 결합은 '네가 선 자체를 참으로 안다면 이것이 너로 하여금 네가 하는 모든 일에서 그것을 실행하도록 하기에 충분할 것이다'라는 소크라테스의 핵심 이념에 대한 플라톤의 최종 해명이다"라고 풀이한다. Malcolm Schofield, *Plato: Political Philosophy* (Oxford University Press, 2006), 160-161쪽. 그러나 이는 지나친 해석이다. 스코필드는 소크라테스의 '철학자가 본질적으로 지상의 '실천가'가 아니라 천상의 '구경꾼'이라는 사실을 망각하고 있다.

지성을 최고덕목으로 삼고 지성적 애지활동의 행복을 즐기는 소크라테스와 플라톤의 철학자들은 다른 사람들을 위한 필리아의 정치적 실천(위인爲仁)을 그들의 행복과 무관한, 힘들고 귀찮고 하찮은 일로 깔볼 수밖에 없다. 따라서 플라톤의 철학자들에게 치국의 정치를 맡기려면 법으로 강제하는 수밖에 없다. 실은 '진리구경'과 '진리실천'을 결합시킨 '철인치자'란 '뜨거운 얼음' 같은 형용모순의 개념인 셈이다. 그리하여 플라톤은 천상과 지하의 거리만큼 벌어진 대립적 두 요소인 '철인'의 이론적(관상적) '애지'와 '정치가'의 실천적 '애인(사람사랑)'을 그가 그린 유토피아적 이상국가에서도 '강압'으로 연결시켜야 하는 기이한 '강제적' 정치철학을 주조하기에 이른 것이다.

지덕을 최고덕목으로 떠받들기 때문에 소크라테스와 플라톤은 앞서 여러 번 시사했듯이 치자가 피치자를 다스리는 '지배의 합리적 정당성'도 '지혜'에 있는 것으로 여긴다. 『법률』에서도 여전히 플라톤은 ①자식에 대한 부모의 지배, ②천한 자에 대한 고귀한 자의 지배, ③젊은이에 대한 연장자의 지배, ④노예에 대한 주인의 지배, ⑤약자에 대한 강자의 지배, ⑥무지한 자에 대한 현자의 지배, ⑦하늘의 가호를 받는 추첨의 행운이 있는 자의 신적 지배 등 7가지 지배형태를 열거한 다음, 여섯 번째 '현자의 지배'를 '가장 중요한' 지배형태로 논한다. "가장 중요한 법은 지혜 없는 사람이 따르고 지혜로운 자가 이끌고 다스리는 여섯 번째 법인 것처럼 보인다. 그럼에도 이것은 (...) 내 개인적으로는 자연에 반한다고 주장하고 싶지 않고 오히려 자연에 부응하는 것이라고 주장하고 싶은 것, 자발적인 피치자들에 대한 강권 없이 자연스런 법의 지배다".645)

소크라테스·플라톤의 경우, 피치자의 자발적 추종을 가져오는 가장 자연스런 지배 정당성은 치자의 '지혜(소피아)'에 있는 것이다. 반면, 공자의 경우에는 궁극적 지배 정당성은 지혜에 있는 것이 아니라 '민심'에 있고, 민심을 얻을 치자의 개연적 자격은 '인仁', 즉 '사람사랑'의 능력에 있다. 공자는 노나라 애공에게 말하기를, "옛날 정치는 사람사랑을 크게 여겼습니다. (군자가) 사람을 사랑할 능력이

---

645) Platon, *Gesetze*, 690a-c.

없다면 제 자신을 보전할 수 없습니다(古之爲政 愛人爲大 不能愛人 不能有其身)"라고 한다.[646] 말하자면, 공자의 경우에 지배의 정당성이 '인덕仁德'에 있는 반면, 플라톤의 경우에는 '지덕'에 있는 것이다. 공맹의 경우, 치자의 지혜는 자기의 지혜를 버리고 타인들의 지혜를 잘 쓰는 것이기 때문이다. 따라서 치자의 지혜는 만인의 지혜를 능가하는 수준의 지혜가 아니라 순임금처럼 타인들의 말을 잘 듣고 이들의 지혜를 취해 쓸 정도의 겸손한 중도적 "대지大知"만 갖추면 되는 것이다. 공자는 말한다.

순임금은 대지大知했다! 순임금은 잘 묻고 속언을 잘 살피고 나쁜 것을 숨기고 좋은 것을 드러나게 하여 그 양단을 붙잡고 그것의 중도를 백성에게 적용했다.[647]

'대지大知'는 '날카롭고 재기 넘치는 천재적 지혜'가 아니라 '충실하고 광채 나는 위대한 지혜'를 말한다. 맹자가 "(선善을) 충실히 하여 광휘를 발하는 것을 일러 '대大'라 한다(充實而有光輝之謂大)"고 갈파하지 않았던가![648] 순임금이 '대지大知한 (위대하게 지혜로운)' 소이는 스스로의 지혜를 쓰지 않고 다른 사람들에게서 지혜를 취한 때문이고 이것이 그의 지혜가 지나침(過)도 미흡함(不及)도 없었던 이유다. 순임금은 백성들에게 묻고 배워 반걸음만 앞서 가고 한 걸음 앞서 가려는 강변과 강행을 삼갔기 때문에 대지大知했던 것이다. 따라서 공맹의 경우에 치자의 '지혜'는 지배의 정당성 문제와 직결된 결정적 능력이 아니다. 치자의 지혜는 만인을 능가하는 수준의 플라톤·아리스토텔레스적인 지혜가 아니라 여론을 잘 살펴 백성의 선의와 지혜를 하늘처럼 존중하고 충실히 배워 쓰는 식의 '대지'이기 때문이다. 치자(군자)에게 진정 요구되는 필수능력은 바로 '사람사랑', 즉 인덕인 것이다.

---

646) 『禮記』「哀公問 第二十七」.
647) 『禮記』「中庸 第三十一」(6장): "子曰 舜其大知也與 舜好問而好察邇言 隱惡而揚善 執其兩端 用其中於民. (...)"
648) 『孟子』「盡心下」(14-25).

주지하다시피 공자는 인덕을 세 가지로 나누었다. 안인安仁, 이인利仁, 강인强仁이 그것이다.[649] 안인자安仁者는 천하에 드물고 드문 극소수의 인물로서 줄곧 인덕을 베풀어야만 마음이 편한 인자다. 따라서 공자는 이런 안인자가 치자가 되어야 한다고 거듭 강조했다.[650] 이런 까닭에 양민·교민의 인정仁政을 베푸는 '사람사랑'의 '정치'는 '군자'에게 자연스럽고 당연한 소망이자 의무이고 또 '낙樂'이다. 박시제중의 정치는 '거룩한' 인정仁政이고,[651] 이 '거룩한' 덕행은 덕행구복의 관점에서 군자의 행복이기 때문이다.

맹자도 군자의 본성이 정치에 있지는 않을지라도 정치를 군자의 '낙'으로 보았다. 군자의 본성에 맞는 낙은 삼락三樂이 따로 있다. "군자는 세 가지 즐거움이 있는데, 천하를 왕으로서 다스리는 일은 이 삼락에 끼어 있지 않다(君子有三樂 而王天下不與存焉)"고 말했다. '군자의 삼락'은 "부모가 구존하고 형제가 무고하고, 우러러 하늘에 창피하지 않고 굽어보아 땅에 부끄럽지 않는 것이고, 천하의 영재를 얻어 교육시키는 것이다(父母俱存兄弟無故 仰不愧於天俯不怍於人 得天下英才而教育之)".[652] 이는 정치가 '낙'이 아니라서가 아니라, "천하영유의 낙이 이 삼락보다 못하기 때문이다(以其有天下之樂 不若此三樂矣)".[653] 전국시대의 왕 노릇은 더욱 "삼락三樂"과 거리가 멀었다. 춘추전국 시대 군주들은 백성을 마소처럼 길러 백성들을 죽이는 것을 즐기는 '인목人牧', 즉 '목민지군牧民之君'들이었다. 맹자는 말한다.

---

649) "인(仁)은 세 가지가 있는데, 공효(功效, 결과)는 인과 같지만 사정事情을 달리한다. 공효가 인과 똑같다면 아직 이 세 가지 인을 식별할 수 없다. 하지만 세 가지 인이 똑같이 실패한 뒤에는 이 인들을 식별할 수 있다. 인자는 안인(安仁)하고, 지자는 이인(利仁)하고, 죄받는 것을 두려하는 자는 강인(强仁)한다. 인(仁)은 오른쪽이고, 도(道)는 왼쪽이다. 인은 사람답고 도는 의롭다. (...) 도에는 지도(至道), 의도(義道), 고도(考道)가 있다. 지도로써는 왕 노릇을 하고, 의도로써는 패자 노릇을 하고, 고도로써는 행하는 데 과실을 없앤다." 『禮記』 「表記 第三十二」. "子曰 仁有三, 與仁同功而異情. 與仁同功, 其仁未可知也. 與仁同過, 然後其仁可知也. 仁者安仁 知者利仁 畏罪者强仁. 仁者右也. 道者左也. 仁者人也 道者義也. (...) 道有至義有考. 至道以王 義道以覇 考道以爲無失."

650) 『禮記』 「表記 第三十二」: "中心憯怛 愛人之仁也. [...] 中心安仁者天下一人而已矣."
651) "博施於民而能濟衆 (...) 何事於仁? 必也聖乎". 『論語』 「雍也」(6-30).
652) 『孟子』 「盡心上」(13-20).
653) 『孟子注疏』, 426쪽.

"지금 천하의 인목들은 살인을 즐기지 않는 자가 아직 없다. 살인을 즐기지 않는 자가 있다면 천하의 백성들은 다 목을 당겨 그를 바라볼 것이다.(今夫天下之人牧 未有不嗜殺人者也. 如有不嗜殺人者 則天下之民皆引領而望之矣)"654) 따라서 군자는 "본성을 거기(정치)에 두지 않는다(所性不存焉)". 하지만 군자는 이 삼락 다음으로 "땅을 넓히고 백성을 많게 하는 것을 하고 싶어 하고(廣土衆民 君子欲之)", 또 "천하의 중심에 자리하고 바로 서서 사해의 백성을 안정시키는 것은 즐긴다(中天下而立 定四海之民 君子樂之)".655)

하지만 '지적 관상知的觀賞'의 '낙'을 누리며 사는 소크라테스와 플라톤의 지혜로운 '철학자'는 '정치'를 아예 하찮은 것, 부담스런 것으로 여긴다. 따라서 오로지 애지愛智 덕택에 유일하게 '가장 중요한' 지배의 정당한 권리를 지녔으나 애지(지혜사랑)에 빠져 애인(사람사랑)을 부담스러워 하는 소크라테스와 플라톤의 '애지자'에게는 정치를 억지로 강제하는 것 외에 달리 정치를 하게 할 방도가 없는 것이다. 플라톤은 앞서 밝혔듯이 '인애와 평화', '인애와 자유', '인애와 행복'으로 나타나는 세 번의 각기 다른 정치적·법적 최고선(최고목적)의 정의에서 공통적으로 인애(필리아)를 국가의 최고선으로 정의했다. 그에게는 정치와 교육이 철학자 개인의 신적인 4덕과 단절된 인애 활동에 속하기 때문에 소크라테스와 플라톤의 철학자는 결코 정치를 하려 들지 않는다.

플라톤은 그가 기획한 이상국가에서도 철인들이 정치를 하는 것을 내켜 하지 않을 것이라고 실토한다. "바로 존재의 본질에 진실로 마음을 쏟고 있는 사람은 인간사를 내려다보고 인간들과의 싸움 속에서 스스로를 시기와 증오심으로 채울 여유가 없고", 다만 "질서 정연하고 영구히 동일한 질서의 존재자들을 놀라움으로 관상觀賞하면서, 이 존재자들이 잘못하거나 서로에 의해 잘못되는 것이 아니라 모두 이성이 명하는 대로 조화 속에 사는 것을 보면서 철학자는 이 존재자들을 흉내내고 가급적 그들과 유사하게 자신을 만들고 그들과 자신을 동화시키려고

---

654) 『孟子』「梁惠王上」(1-6).
655) 『孟子』「盡心上」(13-21).

애쓴다". 따라서 "철학자는 신적이고 질서정연한 것과 함께 지냄으로써, 그 자신이 인간에게 허용되는 한도까지 질서정연하고 신적이게 된다."656) 그러므로 '선의 이데아'를 보는 이런 신적 경지에 이른 사람들은 "인간사에 마음 쓰고 싶어 하지 않고 이들의 혼은 언제나 높은 곳에서 지내기를 열망한다."657) 따라서 이들은 "정치적 벼슬을 경멸적으로 본다". 늘 천상의 높은 곳에 살면서 '신적 관상(테이오스 테오리아, θείος θεωρία)'를 열망하는 철학자들은 당연히 지하동굴 세계로 내려가 수행해야 하는 저급한 활동인 '정치'를 좋아하지 않는 것이다.

이런 사정으로부터 플라톤은 『국가론』에서 대내적 화합을 위해 참으로 엉뚱한 해법을 도출한다. "한 나라에서 장차 다스리게 될 사람들이 다스리기를 가장 적게 열망하는 그런 나라가 가장 잘 그리고 제일 반목 없이 경영될 것"이다. 따라서 이상국가에서 "요구되는 것"은, "벼슬을 맡을 이들은 치국을 좋아하는 사람들이 아니어야 한다는 것이다". 그렇다면, 우리가 "훌륭한 치국의 방법인 원리들에 대해 가장 많은 현명함을 갖추고 있고" 또한 이미 천상의 즐거운 관상적(이론적) 애지활동을 통해 "정치생활보다 나은 삶과 (정치적 명예와) 다른 유형의 명예를 갖추고 있는" 이들로 하여금, 말하자면 인간세계의 권력과 벼슬을 경멸하며 정치활동을 원하지 않는 고귀한 철학자들로 하여금 "나라의 수호를 맡도록 강제해야" 한다는 것이다.658) 물론 폴리스가 철학자를 기르고 교육한 대가로 치국을 맡기는 이 '강제'는 '정의'인 반면, 귀찮은 치국을 내켜 하지 않아 이 강제마저 거부하는 것은 큰 불의일 것이다.659) 물론 이 철인치자는 자기수신과 교육에

---

656) Platon, *Politeia*, 500b.
657) Platon, *Politeia*, 517c-d.
658) Platon, *Politeia*, 521b. 또 500d도 참조. 그러나 『국가론』에서 소크라테스는 "(해로운 명예를 피하려는 충심에서) 철학자는 맹세코 (정치에) 간여하려고 하지 않을 것이다. 그런데 그 자신의 나라(이상국가)에서라면 아주 몹시(μάλα) 간여하고 싶어 할 것이다. 하지만 천우신조가 아니라면 제 조국에서는 아마 간여하고 싶어 하지 않을 것이다"라고 답한다. Platon, *Politeia*, 592a (괄호는 인용자). 그러나 이상국가에서는 '아주 몹시' 정치를 하고 싶다는 구절은 이상국가의 벼슬조차 '경멸한다'는 말과 상치된다. 또 '아마'라는 말 때문에 제 조국에서 정치에 참여할 요행을 바라는 것으로 읽히는 구절에는 정치의 미련과 두말하는 복잡한 심사가 담겨있다.
659) Platon, *Politeia*, 520a-e.

앞서 '천성적'으로 지혜를 사랑하고 열심히 공부하고 '용모가 잘생긴' 자들을 유전생물학적 자질의 관점에서 1차로 엄선하고 다시 중간의 각종 교육·훈련과정에서 여러 가지 테스트와 시험을 통해 고르고 고른 수호자집단에서 다시 엄선한 천재적인 최우수자들이자, 이 자들의 동침장려와 생식촉진 조치, 영아嬰兒의 인위적 도태, 열등·불구영아의 유기살해 조치 등을 통한 우생학적 품종개량과 선별양육의 산물이다.660)

이 유전생물학적 기준에 입각한 자질 우수자의 선발과 우생학적 생식관리 및 무자비한 심신장애자의 제거 조치는 어리석은 대중들에 대한 '지혜·지식의 지배'에 반드시 필요한 천재적 철인치자의 산출과 보존 논리에서 필연적으로 도출되는 조치들이다. 동시에 이 '철인치자' 관념이 소크라테스·플라톤적 지성우월주의(무제약적 지성주의)의 요청인 한에서, 동정심(사랑)을 져버린 저 우생학적 조치와 장애인제거는 이 사이코패스적 지성우월주의의 당연한 귀결이다.

하늘이 알아주기를 바라며 "아래에서 배워 위로 달하고(下學而上達)"661) 인간세계에서의 덕행으로 천상의 행복을 구하는 공자의 '군자'에게는 박시제중의 치국이 거룩하고 즐겁고 행복한 '덕행'인 반면, 신적 경지에서 아래를 내려다보는 소크라테스와 플라톤의 '철학자'에게는 치국이 경멸적이고 내키지 않는 '강제사항'인 것이다.662) 난세에도 박시제중의 덕을 펼 수 있는 치국의 관직을 얻으려는 공맹의 '주유천하·천하계몽'과 재야정치 노력은, 자기가 세운 '이상국가'에서도 치국의 애지업무를 "강제"당하는 플라톤의 마지못한 철인치자와 대조적인 것이다. 말하자면 플라톤은, 필리아를 배제하고 지혜를 최고덕목으로 받드는 그의 '지성우월주의적' 덕성론으로 인해 원리적으로 그의 '동굴의 비유'에서 '천상'의

---

660) 참조: Platon, Politeia, 375e, 376b-c, 534a-c(천성적 자질을 가진 자), 413c-d, 413e-414d(테스트를 통한 엄선), 459d, 460b-c(우생학적 관리).
661) 司馬遷,『史記世家』「孔子世家」, 450-1;『論語』「憲問」(14-35).
662) 다른 곳에서 플라톤은 철인에게 정치를 강요하더라도 누가 되지 않을 것임을 시사하고 있다. 철학자에게 "자기 자신을 형성할 뿐만 아니라 공사간에 인간의 성품 속에 그곳(천상)에서 본 것을 박아 넣으라는 강제가 부과되더라도 그는 절제와 정의와 일체의 민중적 덕의 보잘것없는 제작자로 전락하지 않는다". Platon, Politeia, 500c-d. 그러나 이 말도 아직 박시제중의 정치를 '거룩한 것'으로 보는 공자의 관점과 거리가 멀다.

신적 영역과 '지하동굴'의 인간세계로 분리된 이론적(관상적) 애지활동과 실천적(정치적) 애인활동(치국·교육)을 억지로라도 연결시키기 위해 이 정치적 애인활동을 애지자에게 강제한 것이다. 그는 철인치자론을 요약하면서 이를 다시 확인한다. "나라를 맡는" 치자들은 "진리·정의·정심과 친화적이고 동조적인 자들" 가운데서 "교육과 연륜을 통해 원숙해진" 50세 이상의 애지자(철학자)들로 선발되는" 철학자들이어야 하는데,663) 이들은 "선善 자체(선의 이데아)를 보았을 때, 여생동안 저마다 차례로 나라와 개인들 그리고 자기 자신들을 바르게 다스리는 데에 이 선 자체를 본本(파라데이그마παραδιγμα)으로 사용해야 하는" 한편, "시간을 대부분 철학(애지) 연구에 바치다가 자기 차례가 오면 나랏일로 수고하고 저마다 나라를 위해 치자(아르콘토스ἄρχοντος) 벼슬을 맡는다". 그러나 그들은 "이 직무를 아름다운 것이 아니라 강제적인 것(아나그카이오스ἀναγκαῖος)으로 간주한다". 그리고 이들은 죽기 전에 의무적으로 "늘 자기들과 같은 또 다른 사람들을 교육시켜서 자기들 대신 국가수호자들로 남겨야 한다".664) 이 '치국과 교육'은 애지자(철학자)의 즐거움이나 덕목의 구현이 아니라, 강제된 행위다.

따라서 철학자(애지자)가 경멸하며 '억지춘향이'처럼 수행하는 이 정치·교육활동은 '강인強仁의 실천'이다. 그렇다고 철학자가 다스리는 국가가 강제로라도 '인정仁政'을 베푸는 것이 아니라, 고작 외적과 강절도를 막아주는 최소한의 '의정義政'을 베풀 뿐이다. 플라톤은 이 '강인'의 형태를 '가장 훌륭한 수호자'인 철학자들이 '차례로' 돌아가면서 치국을 맡는 '법제도'로 제시하고 있다. 이것은 물론 논리적 모순을 안고 있을 뿐만 아니라 이기적 타산에서 나오는 또 다른 형태의 강제인 '상황강제'의 계기를 숨기고 있다. '강인'은 정의의 관점에서 이상국가의 철학자에게 사뭇 자가당착적인 것이다. 자기를 철학자로 기르고 가르쳐준 부모 같은 폴리스의 은혜에 보답하는 효도와 충성이 플라톤적 '정의' 개념으로 보아도 정의로운 것임에도665) 천상에서 '선의 이데아'까지 보고 정의의 이데아를 누구보

---

663) Platon, *Politeia*, 412c, 487a.
664) Platon, *Politeia*, 540b. 이 '강제(아나그케, ἀναγκη)'에 관해서는 이전에도 여러 번 언급한다. Platon, *Politeia*, 500d, 520a, 521b.

다 더 잘 아는 철인이 이 정의를 먼저 자발적으로 행하지 않고 강제당해야만 치국을 향해 움직인다는 설명은 뭔가 앞뒤가 맞지 않는 것이다.[666]

또한 철인치자의 치국활동에는 두려운 상황에서 벗어나려는 이기적인 동기의 또 다른 강제의 계기가 숨겨져 있다. 플라톤은 아직 이상국가의 철학자를 탄생시키기 이전의 단계인 『국가론』「제1권」에서 아직 철학자가 아닌 "가장 훌륭한 사람"도 명예와 금전을 사랑하지 않고 따라서 "자진해서 치국하려고 나서는 것을 수치스런 일로 여기며" 스스로 "치국하려는 마음을 갖지 않는다"고 말한다. 그러므로 "훌륭한 사람들의 나라가 생긴다면, 이런 나라에서는 마치 오늘날 치국을 맡으려는 것이 싸움거리인 것처럼, 서로 치국을 맡지 않으려는 것이 싸움거리가 될 것이다".[667] 이것은 철인치자의 관점에서도 그렇다. 앞서 인용했듯이 "한 나라에서 장차 다스리게 될 사람들이 다스리기를 가장 적게 열망하는 그런 나라가 가장 잘, 그리고 제일 반목 없이 경영될 것인 반면, 이와 반대되는 자들을 치자로 갖는 나라는 역시 반대로 다스려질 것은 필연적이다."[668] 따라서 「제1권」에서 소크라테스는 이들로 하여금 치국을 하게 하려면 치국활동을 맡는 '가장 훌륭한 사람들'에게 "보상"을 주거나 이들이 치국을 하지 않는 것에 대해 "벌"을 과해야 한다고 말한다.[669] 그러나 그는 여기서 대화상대자의 설명 요구에도 불구하고 '보상'에 대해서는 설명하지 않지만, '강제와 벌'에 대해서는 그것이 무엇인지 자세히 설명한다. 철인치자와 관련해서는 언급된 적이 없는 이 엉뚱한 '벌' 중에서 "최대의 벌"은 자기들이 다스리는 것을 거절하면 "자기보다 못한 사람들

---

665) 참조: Platon, *Politeia*, 520a, d-e. '나라-영혼 유추법'에 따라 나라가 정의로우면 사람들도 그 나라를 닮아 정의롭기 때문에 '맡은' 보물을 착복하거나 약탈·도둑질·친구배반·국가반역·불효·신에 대한 불경 등을 저지르지 않는 플라톤적 정의와 관련해서는 참조: 442e-443a.
666) 세들리는 이와 관련된 '정의' 문제를 세밀히 분석하고 있지만 이런 모순은 감지하지 못하고 있다. 참조: Sedley, "Philosophy, the Forms, and the Art of Ruling", 278-280쪽.
667) Platon, *Politeia*, 347a-d.
668) Platon, *Politeia*, 520d. "반대로 다스려진다"는 것은 "치자의 관직이 권력투쟁의 전리품이 될 경우"에 일어나는 "내분이 벼슬사냥꾼들 자신과 폴리스마저도 파멸시키는" 것(521a)을 뜻한다.
669) Platon, *Politeia*, 347a-b.

한테 다스림을 당하게 되는 것"이다. "훌륭한 사람들이 정작 치국을 맡게 되면 이는 이런 벌을 두려워해서 맡는다"는 것이다.[670] 따라서 못난 자들에게 지배당하는 '최대의 벌'을 피하려는 '이기적' 이유에서 하릴없이 치국을 맡는 '훌륭한 자들'의 외죄畏罪심리는 철인치자의 마음속에 숨겨져 있는 또 하나의 '강제'의 계기다.[671] 이것은 위의 '제도적 강제'와 다른 별도의 '상황강제'다. 이 두 개의 강제는 그 거리가 좁혀질 수는 있어도 결코 대체될 수 없다. 한 명의 철학자가 아니라 동급의 철학자들이 복수로 존재하는 경우에는 자기보다 열등한 자들의 지배를 받는 것이 아니라 다른 동급의 동료 철학자들의 지배를 받을 여지가 있으므로 어떤 철학자는 제도적 강제 없이 상황강제만 존재한다면 치국을 맡지 않고 철학적 삶을 즐기는 '무임승차자'의 삶을 살 수 있을 것이다. 이런 까닭에 제도적 강제가 추가로 필요하고 이것은 상황강제로 대체될 수 없는 것이다.[672]

또한 짐짓 치자의 관직이 철인치자에게도 커다란 '명예'임을 지워버리려는 소크라테스와 플라톤의 기도도 그의 다른 서술과 어긋난다. 수호자들이 철학적 '지자'라는 사실을 감안하고 플라톤이 수호자계급의 '명예'에 관해 자주 언급하는 한에서 이 명예욕에서 슬그머니 이상국가의 최고벼슬을 맡는 것으로 본다면, 그것은 외죄자畏罪者의 '강인'을 넘어서는 지자의 표리부동한 '이인利仁' 행위로 이해할 수 있을 것이다. 플라톤은 여기저기서 스스로 수호자와 철인치자의 명예와, 이들을 명예롭게 하는 조치들에 대해 말하고 있다. 플라톤은 스스로, 수호자들이 서른을 넘어서면 다시 선발된 자들에게 "훨씬 더 큰 명예를 누리게 해"주고,[673] 전쟁과 기타 분야에서 탁월성을 보인 젊은 수호자들에게 '명예'와 '상'을

---

670) Platon, *Politeia*, 347c.
671) 참조: Roslyn Weiss, "Wise Guys and Smart Alecks in Republic I and II", 109-112쪽. G. R. F. Ferrari (ed.), *The Cambridge Companion to Plato's Republic* (Cambridge: Cambridge University Press, 2007). 세들리도 이를 '이기적인 것'으로 보았다. David Sedley, "Philosophy, the Forms, and the Art of Ruling", 273쪽. G. R. F. Ferrari (ed.), *The Cambridge Companion to Plato's Republic* (Cambridge: Cambridge University Press, 2007).
672) '상황강제'를 중시하는 세들리도 이 점을 수긍하고 있다. Sedley, "Philosophy, the Forms, and the Art of Ruling", 280-1.
673) Platon, *Politeia*, 537d.

주고 특히 여성 수호자들과 "훨씬 잦은 성교의 기회"를 주어 "이들로 하여금 가급적 많은 자녀를 낳도록 해야" 한다고 말한다.[674] 나아가 철인치자가 죽으면 "이들을 위해 기념물을 만들고 공적인 행사로 재물을 올리는 의식을 행할 것이며 만약에 퓌티아가 동의하는 답을 내린다면 이들을 수호신으로 모시고 만일 답이 없으면 복된 신 같은 분들로서 모시도록 해야한다"고 말한다.[675] 이것은 철인치자가 받고 즐길 정당한 명예라는 것이다. 철인치자는 "최고권력자가 되어 현재의 명예들을 속되고 무가치한 것으로 여기고 경멸하는" 반면, "옳은 것과 이것에서 나온 명예들을 숭상해야" 하기 때문이다. 또한 "자신을 더 나은 사람으로 만들어 줄 것으로 생각되는 명예에는 기쁘게 참여해 이를 즐긴다".[676]

철인치자는 이와 같이 속된 권력욕과 명예욕으로부터 자유로운 반면, '옳은 명예'에는 눈이 매우 밝다. 따라서 플라톤이 말을 삼키고 있지만 철인수호자가 이상국가의 치자 벼슬(최고집정관직)을 맡는 것은 강제만이 아니라 명리名利 때문에 맡는 측면도 있는 것이다. 그런데 하늘 아래 이상국가의 가장 명예로운 최고벼슬을 '옳은 것에서 나온 명예'로 여기는 이 자세는 천상에서 '선의 이데아'를 보는 철학적 자기도취 속에서 이 벼슬을 경멸하는 자세와 정면으로 상호 모순되는 것이다. 철인이 이상국가의 국민을 '박시제중'할 수 있는 최고공직을 경멸하는 것은, 이 공직을 '옳은 것에서 나온 명예'로 보지 않고 또 '박시제중'을 '거룩한 것'으로 보지 않는다는 것이기 때문에 이상국가의 이상성理想性과 상충된다.[677] 또한 "최고권력자가 되어 옳은 것과 이것에서 나온 명예들을 숭상하는" 한편, 정의를 가장 위대하고 필수불가결한 것으로 보고 이를 섬기고 촉진시켜 제 나라를 질서 잡아야 하는 플라톤의 '이상국가 건설전략' 및, "자신을 더 나은 사람으로 만들어 줄 것으로 생각되는 명예에는 기쁘게 참여해 이를 즐긴다"는

---

674) Platon, *Politeia*, 460b.
675) Platon, *Politeia*, 460b.
676) Platon, *Politeia*, 540d-e, 592a.
677) 웨이스와 세들리는 그들의 치밀한 분석에도 불구하고 이 '명예'의 숨겨진 계기와 이 논리적 모순을 시야에서 완전히 놓치고 있다. 참조: Weiss, "Wise Guys and Smart Alecks in Republic I and II", 109-112; Sedley, "Philosophy, the Forms, and the Art of Ruling", 272-281.

자신의 명예관과도 모순되는 것이다.

나아가 『국가론』 「제7권」의 철인치자가 치국을 맡게 되는 데에는 이러한 옳은 '명리名利' 외에도 '플라톤의 소크라테스'가 「제1권」에서 설명하지 않고 놓아둔, 그리고 서양의 모든 플라톤 전문가들이 지나친 '보상'도 숨겨져 있다. 소크라테스는 대화상대자(글라우콘)에게 "너는 가장 고귀한 사람들이 관직을 쥐고 다스리기로 동의를 하고 그렇게 하는 대가로 가장 훌륭한 사람들이 받는 보상을 모르고 있다"고 지적한다.[678] 그러나 그는 이 '보상'을 설명 없이 건너뛰었다. 그러나 그는 「제7권」에서 이를 넌지시 언급한다. '보상'이란 다름 아닌 '훌륭한 삶'이다. "만약 네가 너의 미래의 치자를 위해 치국의 일보다 더 훌륭한 삶을 발견한다면, 훌륭하게 다스려지는 나라는 하나의 가능태可能態가 된다. '황금의 부富'가 아니라 '훌륭하고 현명한 삶'이라는 '행복의 부'가 진정으로 넘치는 사람들은 오직 이런 나라에서만 다스리고자 할 것이다."[679] 철인차자들은 치국의 '보상'으로 '행복의 부', '훌륭하고 현명한 삶'을 보장받는다. 이 '훌륭하고 현명한 삶'은 다름 아닌 "여생의 시간을 대부분 철학에 바치는" 삶을 말한다.[680] 이것은 의식주 걱정 없이 '행복의 부'를 즐기는 인생말년의 유복한 생활보장을 말하고 있다.

결론적으로, 소크라테스와 플라톤의 철인치자는 제도적 강제와 상황강제로 말미암은 '강인'과, 명예와 말년의 생활보장의 명리를 얻으려는 치사한 공리적 의도에서 '이인利仁'을 베푸는 불인不仁 치자로 결론지을 수 있다. 플라톤의 애지자에게 자율적인 '애지'의 삶은 기쁘고 행복한 반면, 치국업무는 경멸적이고 수고롭고 내키지 않는 비자발적인 '강인의 삶'이자, 말년에 보장받는 옳은 (관직)명예와 철학적 삶의 행복을 즐기기 위해 최고공직을 맡는 것은 너무 약삭빠른 '이인의 삶'이다. 이 철인치자의 활동과 감정에는 아무런 동정심도, 사랑도 개재되어 있지 않다. 따라서 플라톤의 철인치자는 동정심도, 사랑도 없는 사이코패스적 불인자 不仁者인 것이다.

---

678) Platon, *Politeia*, 347a-b.
679) Platon, *Politeia*, 520e-521a.
680) Platon, *Politeia*, 540b.

소크라테스와 플라톤의 국가철학이 사랑과 동정심을 결한 철학이라는 두 번째 증좌는 그들의 국가가 수호자와 철인치자의 생계를 완벽하게 보장하지만 백성(상공신분과 노예)의 '사회적 약자들'을 구제하는 아무런 민생복지·양민·교민제도를 결한 잔인한 군사적 '야경국가'라는 데에도 있다. 일반백성과 노예의 관점에서 플라톤의 이상국가는 무정한 사이코패스 치자가 다스리는, 사랑도 동정심도 없는 '불인不仁 국가'에 지나지 않는다.

소크라테스와 플라톤의 철학이 사랑과 동정심을 결한 철학이라는 세 번째 증좌는 그들의 이상국가가 신체적 약자들(장애자와 심신허약자들)을 우생학적 견지에서 물리적으로 제거하는 무자비한 정책을 쓴다는 데 있다. 소크라테스와 플라톤은 『국가론』에서 재산·처자妻子공유제를 전개하면서 집단적으로 양육되는 아이들 중 장애자와 허약자들만이 아니라 "제일 변변치 않은" 남녀 사이에 생겨난 자식들을 동정·보호하기는커녕 무자비하게 제거할 것을 주장한다. 말하자면, 그들의 '이상국가'는 개인과 국가 차원에서 사랑을 배제할 뿐만 아니라 동정심도 배제한 무자비한 우생학적 국가인 것이다. 이 우생학적 국가를 플라톤은 국방과 경찰·사법 작용으로 법과 질서를 수호하는 불인不仁하고 무정한 군사국가로 기획했다.

그래서 소크라테스와 플라톤은 "혈통 좋은 강아지" 또는 "개" 같은 가축을 골라 기르듯이 "젊은 보조자 또는 협력자로서의 수호자들"(퓔라케스)과 "연장자로서의 완전한 수호자 또는 철인치자(호 아르콘)"를[681] 선택·양육·교육시키는 우생학적 교육모델을 도입한 것이다.[682] 그리고 수호자집단 안에 사유재산과 가족을 부정하고 군대식 공동식사(시씨티아)·공동거주·공동생활을 하는 재산·처자공유제 공산주의를 확립할 것을 주장한다.[683]

소크라테스와 플라톤의 이상국가에서 우생학적 조치는 장애·허약아동과 "제일 변변치 않은" 남녀 사이에 생겨난 아동들에 대해 취해진다. 담당 관리들은

---

681) Platon, *Politeia*, 412b-c, 414b.
682) Platon, *Politeia*, 375a-b, 375e, 376a-b, 416a.
683) Platon, *Politeia*, 416d-417b+458c-d(재산공유제), 450b-c+457c-d(처자공유제 공산주의).

수호자들의 자식들을 맡아 기르되, 품종 좋은 가축을 골라 기르듯이 "빼어난 자들의 자식들을 받아서 이 나라의 특정지역에 떨어져 거주하는 양육자들 곁으로, 보호구역 안으로 데리고 가는 것을 생각한다. 반면, 열등한 부모의 자식들과, 다른 부류의 사람들의 자식으로서 불구상태로 태어난 아기들의 경우에는 그렇게 하는 것이 적절하듯이 밝힐 수 없는 은밀한 곳에 은닉해 둔다." 그리고 "어떤 산모도 제 자식을 알아보지 못하도록 모든 방책을 강구한다".[684] 불구자 자식을 낳은 "다른 부류의 사람들"은 어떤 사람을 말하는지 불분명하나 "빼어난 자들"도 불구자 자식을 낳을 수 있기 때문에 이들을 가리키기도 하고 또 시야를 넓히면 불구자를 낳은 일반백성을 가리킬 수도 있다. 그리고 품종이 나쁘거나 불구로 태어난 가축은 도태시키듯이 "열등한 부모의 자식들"과, "불구상태"의 아동들을 "은밀한 곳에 은닉해 둔다"는 말은 '유기遺棄'한다는 말이다. 말하자면 플라톤 이상국가의 모든 열등한 유아와 불구아동은 유기해 도태시킨다.

소크라테스와 플라톤은 불구아동만을 제거하는 것이 아니라 "열등한 부모의 자식들"도 제거하는 것을 말하고 있다. "열등한 부모"는 누구인가? 그들은 이것을 곧 밝혀준다. 우생학에 따라 "최선의 남자들"에게는 "(추첨과 포상을 통해) 최선의 여자들과 가급적 자주 성관계를 가질" 기회를 주고, "제일 변변찮은 남자들"에게는 "제일 변변찮은 여자들과 그 반대로 성관계를 가질" 기회만을 제공한다. 그리고 "전자의 자식들은 길러야 하고, 후자의 자식들은 그럴 필요가 없다. (…) 이 모든 일은 치자들을 제외하고는 아무도 모르게 행해져야 한다."[685] "열등한 부모"는 바로 "제일 변변찮은 남자들"과 "제일 변변찮은 여자들"이다. 플라톤은 살벌하게, 그리고 사악하게도 "제일 변변찮은 남자들"과 "제일 변변찮은 여자들" 사이에 태어난 자식들을 자애·허약 여부에 관계 없이 기르지 않고 비밀리에 동정심 없이, 즉 무자비하게 유기하거나(내다버리거나) 살해해야 한다는 것이다. "후자의 자식들은 그럴 필요가 없다"는 것은 그런 뜻이다. "제일 변변찮을" 것으

---

684) Platon, *Politeia*, 460c-d.
685) Platon, *Politeia*, 459d-e. 460a-b(추첨과 포상).

로 추정되는 이 자식들은 장애자인지 허약자인지를 따지지 않고 제거한다는 말이니 이 얼마나 잔인한 우생학적 체제인가!

소크라테스와 플라톤의 이 경악스러울 정도로 무자비한 독재적·우생학적 공산주의는 그야말로 엽기적인 국가체제다. 궁극적으로 여기에서 그들이 사랑과 동정심을 4대덕에서 끝끝내 배제한 미스터리가 백일하에 드러나고 있다.

종합하면, 동정심도, 소크라테스·플라톤 도덕철학이 사랑도 동정심도 없는 사이코패스적 불인ㅈ仁철학이라는 것은 동정심 없이 불인한 철인치자론과 우생학적 약자제거론에서 여실하다. 소크라테스와 플라톤의 이 잔악한 우생학적 약자와 열등자 제거정책은 군사적 수호자계급에게만 적용되고, 수호자들은 생계와 교육을 보장받는다. 하지만 소크라테스와 플라톤의 이 공산주의 이상국가에서 국민의 거의 전부에 해당하는 영양계급(상공신분)과 노예신분의 사회적 약자들에 대해서는 생계복지와 교육복지가 전무하다.

이 독재적·우생학적 카스트국가는 사회적 약자와 이재민·난민難民들을 위한 양민복지와 일반백성을 위한 교민복지의 인정仁政을 결한 잔인한 야경국가이고, 신체적 약자와 열등한 사람들을 일체의 동정심 없이 무자비하게 우생학적으로 제거하는 불인한 안보·군사국가다. 이 나라를 다스리는 철인치자는 사이코패스다. 소크라테스와 플라톤은 이런 나라를 '이상국가'로 제시했다. 그러나 이 이상국가의 진상은 바로 사랑도, 동정심도 없이 신체적 약자를 제거하고 사회적 약자를 무방비로 방치하는 살벌한 범죄국가다. 소크라테스와 플라톤의 무자비한 장애인·허약자·열등자 제거정책은 훗날 니체에 의해 수용되고, 나치스들에 의해 독일에서 전면적으로, 그리고 소·동구 공산당국가에서도 부분적으로 실행되었다. 소크라테스가 과연 서양의 성인이고, 인류의 4대 성인 중 1인이란 말인가?

■ 스토아학파·홉스·스피노자의 동정심 혐오

스토아학파, 홉스, 스피노자는 동정심을 경멸·혐오하는 철학자들이다. 이 중 스토아학파는 "소크라테스(플라톤)로 돌아가라"는 학파창시자 제논(Ζήνων ὁ Κιτι εύς, 335-263)의 가르침에 따라 공감도, 동정심도, 관용도 없는 네오플라톤주의적 로고스(이성)윤리학을 대변했다.

– 스토아학파의 동정심 경멸

헬레니즘시대에 플라톤의 합리론적 윤리학을 부활시켜 대변한 스토아학파는 "지자智者는 남을 측은해 하지 않는다", 또는 "어리석은 사람들 외에는 아무도 남을 측은해 하지 않는다"는 것을 도덕률로 간주하는 엽기적 도덕률을 수립했다. 이 도덕률에 따라 그들은 소위 지자라면 슬픔에 공감하는 척하기만 하고, 내심으로까지 비탄해하지 말라고 가르쳤다. 스토아학파의 무감·무정(아파테이아) 독트린은 "이승과 저승의 외적인 모든 것을 좋든 나쁘든 동시에 배격하고" 하급의 동물적 영혼의 감정을 일정한 정신적 작용으로 대체하는 "동물적 정감과 감정으로부터 자유로움"의 독트린이었다.686) 그러나 1727년 컴벌랜드의 『자연법의 철학적 논고』(1672)를 영역·주석한 영국철학자 존 맥스웰(John Maxwell)은 이 독트린을 보통사람이 보기에 "못지않게 터무니없는" 독트린으로 비판했다.687)

스토아학파는 욕구의 감정을 '의지'로 대체하고, 감정적 기쁨을 '정신적 기쁨'으로, 공포 감정을 '주의注意'로 대체하는 식으로 감정들을 모두 정신화·이성화한다. 그러나 비애나 슬픔은 아무것으로도 대체하지 않는다. 왜냐하면 지자는 슬픔과 같은 것이 아예 없어야 하기 때문이다. 스토아학파의 에픽테토스(Επίκτητος, 서기 55-135년)는 말한다. "율리시스가 그의 아내에 대해 진심으로 비탄해한다면, 그는 불행할 것이다. 그러나 훌륭한 사람은 불행할 수 없다." 따라서 울고불고 비탄해 하는 사람은 훌륭한 사람이 아니라는 것이다. 따라서 스토아학파는 친구를 위해 슬퍼하는 것도 아주 나쁜 것으로 치고, 플루타크가 죄와 악덕에 대한 슬픔을 비난한 것처럼 어떤 진솔한 슬픔도 불허한다. 그들의 행복철학은 "완전한

---

686) Maxwell, "Introductory Essay II: Concerning the Imperfectness of the Heathen Morality", 78쪽.

687) Maxwell, "Introductory Essay II: Concerning the Imperfectness of the Heathen Morality", 78쪽.

무통無痛·무감 속에서 사는 방도"에 있기[688] 때문이다.

그러나 당시 어떤 노인은 스토아철학의 이런 교설을 적확하게 비판했다. 그는 자신의 아들에게 이렇게 가르쳤다고 한다. "들어라, 내 아들아! 너는 철학해야 하지만 두뇌도 가져야 한다. 이 철학은 지독한 우행愚行이다."[689]

스토아학파의 격률은 다음과 같다. "지자는 자비나 친절에 의해 동하지 않고, 어떤 사람의 범죄든 용서하지 않는다. 헛되고 어리석은 사람들 외에는 아무도 남을 동정하지 않는다. 관대하고 너그러운 것은 사람의 바른 자질이 아니다."[690] 스토아학파는 이렇게 동정심과 관용을 적대적으로 도덕철학에서 완전히 배제하고 있다. 스토아학파는 슬퍼하지 않고 단지 슬퍼하는 척할 뿐이다. "스토아학파는 정치적 외양으로 슬픔에 공감하는 것 외에 이에 공감하는 것을 허용하지 않는다. 에픽테토스는 '당신은 어떤 사람이 자신의 불행에 비탄해 하는 것을 본다면 정말로 그에게 비위를 맞춰 비탄해 하는 자세가 갖춰지면 그와 더불어 비탄해 하는 것은 가하지만, 내심으로까지 비탄해 하지 않도록 유의하라'고 말했다."[691]

이에 대항해 존 맥스웰은 공자의 본성도덕론에 의거해 이렇게 일갈한다. "의심할 바 없이, 인류가 가능하지도 않고 견디어낼 수도 없고, 선성善性(Good-Nature)에 대해서만 아니라 자비로운 신적 애정과 감정의 발휘에 대해서도 파괴적인 경직된 덕성에 맞추는 것보다 본성의 감정에 내맡기는 것이 더 나을 것이다. 왜냐하면 두려움과 욕구는 이것들의 대상들이 신적인 사물들이라면 참으로 신적 덕성인 것으로 얘기되고, 타인들의 기쁨과 슬픔에서 타인들과 공감하는 것은 참된 인애

---

688) Maxwell, "Introductory Essay II: Concerning the Imperfectness of the Heathen Morality", 78쪽.
689) Maxwell, "Introductory Essay II: Concerning the Imperfectness of the Heathen Morality", 78쪽.
690) Maxwell, "Introductory Essay II: Concerning the Imperfectness of the Heathen Morality", 78쪽.
691) Maxwell, "Introductory Essay II: Concerning the Imperfectness of the Heathen Morality", 78쪽.

와 분리될 수 없기 때문이다."[692]

- 토마스 홉스의 동정심 혐오

스토아학파의 이런 엽기적 윤리학 전통에서 홉스는 동정심을 혐오한다. 앞서 시사했듯이 그는 동정심의 개념 규정에서 동정심을 "그 같은 재앙이 그 자신에게도 닥칠 수 있다는 상상으로부터 생기는" 것으로 보는 가상적 자타동일시·역지사지 논리에 사로잡혀 있기에, "스스로 동일한 불행을 당할 가능성이 가장 적다고 생각하는 사람들"은 "동일한 불행에 대한 동정심을 혐오한다"고 단언했다.[693] 이 말은 모든 귀족들과 왕들, 그리고 부자들은 동정심을 느끼지 않는다는 엽기적 주장이다.

훗날 루소는 홉스의 이 말을 추종해서 "스스로 동일한 불행을 당할 가능성이 가장 적다고 생각하는 사람들"을 왕, 귀족, 부자 등 '대인'으로 보고 이들은 빈자들에 대한 동정심이 적거나 없다고 실언했다. 홉스와 루소의 이 논변을 합하면, 왕후장상과 부자들, 그리고 이들의 이익을 대변하는 철학자들은 동정심을 혐오한다는 말이다.

- 스피노자의 동정심 매도

스피노자(Baruch De Spinoza, 1632-1677)는 극동 유교제국으로부터 유학적 요소들(자연신론, 기일원론氣一元論 등)을 많이 흡수했으면서도 정치철학과 종교론에서 여러모로 홉스주의자였다.[694] 그는 스토아철학과 홉스의 도덕률과 동정심론

---

692) Maxwell, "Introductory Essay II: Concerning the Imperfectness of the Heathen Morality", 78쪽.
693) Hobbes, *Leviathan*, 47쪽.
694) 스피노자의 범신론에 대한 극동철학의 영향에 대해서는 참조: 황태연, 『공자철학과 서구 계몽주의 기원』(파주: 청계, 2019), 1163-1194쪽. 스피노자의 정치철학과 종교적 관용론의 홉스주의적 성격에 관해서는 참조: 황태연, 「공자의 공감적 무위·현세주의와 서구 관용사상의 동아시아적 기원(上)」, 134-155쪽. 『정신문화연구』, 2013 여름호 (제36권 제2호 통권 131호); 황태연, 『극동의 격몽과 서구 관용국가의 탄생』 (서울: 솔과학, 2021), 441-463쪽.

을 충실히 계승한 것으로 보인다. 『윤리학』에서 그는 "이성의 지도 아래 사는 인간 안에서 동정심은 그 자체가 악하고 무용하다"고 선언한다. "이성의 지도 아래 사는 인간"은 홉스가 말하는 저 '가장 선한 사람'이기 때문인가? 이어서 그는 동정심을 매도·규탄한다. "동정심은 고통이다. 그러므로 그것은 그 자체가 악하다." 그는 이 명제로 이 '동정심의 악성과 무용성'을 논증했다고 생각한다. 그리고 "동정심의 대상을 불행으로부터 자유롭게 하려는 우리의 노력에 뒤따르는 좋은 결과는 우리가 이성의 지시에 따라서만 우리가 행하기를 바라는 작용이다"라고 못박는다. "우리는 이성의 지시에 따라서만 우리가 확실히 좋다고 아는 모든 행동을 수행할 수 있다"는 것이다. 그러므로 그는 "이성의 지도 아래 사는 사람 안에서 동정심 그 자체는 무익하고 악한 것이다"라고 단언한다.[695] 스피노자의 논리 구조는 스토아학파처럼 인간의 본성적 동정심을 이성으로 대체해 추방·박멸하고 이럼으로써 인간본성을 훼손하고 왜곡시키는 것이다.

스피노자는 이 동정심 매도·추방·박멸 명제에 이런 주석을 덧붙인다. "만물이 신적 본성의 필연성으로부터 유래하고 자연의 영원한 법칙과 규칙에 합치되게 발생한다는 것을 올바로 깨달은 사람은 증오·조롱·경멸을 할 가치가 있는 어떤 것도 발견하지 못하고, 어떤 것에도 동정심을 부여하려고 하지 않을 것이다. 오히려 그는 인간적 덕성의 최대범위까지 속담에 이르듯이 잘하고 기뻐하려고 노력할 것이다." 그리고 스피노자는 동정심 없이 덕성이 가능한 양 여기에 이렇게 덧붙인다. "동정심에 쉽게 영향받고 타인의 슬픔이나 눈물에 동하는 사람은 종종 그가 나중에 후회할 그런 짓을 한다. 왜냐하면 한편으로 우리가 감정에 의해 야기되는 행동이 선하다고 결코 할 수 없기 때문이고, 다른 한편으로 우리가 거짓 눈물에 쉽사리 기만당하기 때문이다."[696] 여기까지 읽고 스피노자의 "감정에 의해 야기되는 행동이 선하다고 결코 할 수 없다"는 이 단정을 뜯어보면 그가 마치 도덕감정을 느끼지 못하고, 따라서 흡사 도덕감정의 존재를 알지 못하는

---

695) Benedict de Spinoza, *The Ethics* [사후 출판, 1677], IV, Prop. 50. *The Chief Works of Benedict de Spinoza*, Vol. II (London: George Bell and Sons, 1901).
696) Spinoza, *The Ethics*, IV, Prop. 50 (Note).

사이코패스인 것처럼 보인다. 또 이어서 스피노자는 "신적 본성의 필연성으로부터 유래하는" 만물 속에서 "증오·조롱·경멸을 할 가치가 있는 어떤 것도 발견하지 못한다"고 하면서 하늘이 인간에게 품부한 천성, 즉 신적 본성으로서의 '동정심'을 경멸하는 식의 논리적 자가당착을 범하고 있다.

그러나 이성에 미친 합리론자 스피노자는 자신의 논변의 말미에서 출구를 하나 마련해 놓는다. 이 명제들의 타당성은 "이성의 지도 아래 사는 사람", 즉 합리주의 철학자에만 한정된다는 것이다. 그렇게 살지 않는 보통사람들은 동정심의 지도에 따라 살아도 되고, 이 사람에게는 저 명제들이 타당하지 않다. 보통사람의 경우에 동정심이 없는 사람은 비인간적 인물형이다. "이성에 의해서도, 동정심에 의해서도 타인을 돕도록 동하지 않는 사람은 제대로 비인간적인 스타일의 사람이다." 그 까닭은 "그는 인간 같아 보이지 않기 때문"이라는 것이다.[697]

이것은 그 이전에 수립된 동정심과 인애의 개념을 전제한 말이다. 스피노자는 앞서 "우리는 우리가 할 수 있는 한 우리가 동정하는 것을 불행으로부터 자유롭게 하려고 모색한다"라고 말해두고 있다. "우리의 동정심의 대상에 고통스런 영향을 미치는 것은 또한 유사한 고통으로 우리에게 영향을 미치기" 때문이라는 것이다. "우리는 고통의 존재를 제거하는, 또는 고통을 파괴하는 모든 것을 상기하려고 노력해야 한다. 또는 우리는 고통의 파괴를 결심하게 된다"는 것이다. 그러므로 "우리는 우리가 동정하는 것을 불행으로부터 자유롭게 하려고 노력해야 한다"는 결론이 나온다. 여기에 스피노자는 상식적 관념의 "필연적 귀결(Corollary)"을 보충한다. "우리가 혜택을 부여하고 싶은 것에 대한 동정심으로부터 생겨나는, 도움이 되고 싶은 이 의지나 바람은 인애심(benevolence)이라 불리고, 이 인애 의지는 동정심에서 생겨나는 바람 외에 다른 어떤 것도 아니다."[698] 따라서 인간이라면 이성에서든 동정심에서든 불행한 사람을 도와야 하는 것이고, 그렇지 않으면 그 인간은 '비인간적 인물형'이다. 나름대로 독실한 개신교 신자였던 스피노자는

---

697) Spinoza, *The Ethics*, IV, Prop. 50 (Note).
698) Spinoza, *The Ethics*, III, Prop. 27 (Corollary II, III).

갑자기 남을 돕는 근거동력으로 '이성'과 '동정심'을 둘 다 택일할 수 있게 열어둠으로써 예수의 '사랑' 이념을 완전히 내동댕이치는 선까지 나가지는 않았다.

그러나 노년의 스피노자는 초년의 동정심론을 완전히 다 버린다. 그는 1661년과 1675년 사이에 집필되어 1677년 사망 직후에 출판된 『윤리학(Ethica)』의 '보주'나 추가된 '귀결'에서 '동정심 경멸'에서 '동정심 인정'으로 입장을 확 바꿔 "인애(benevolence)" 개념을 채택하고 있다. 홉스에게 등을 돌리는 스피노자의 이러한 철학적 급반전과 '인애' 개념의 채택은 홉스의 정치철학을 맹공한 리처드 컴벌랜드의 『자연법의 철학적 논고』(1672)를 뒤늦게 읽고 그 영향을 받은 것이 틀림없다. 당시 철학 안에서 거의 쓰이지 않았지만 컴벌랜드의 사용으로 일반화된 "benevolence"라는 술어가 그것을 얼마간 증명한다. 따라서 스피노자의 『윤리학(Ethica)』은 동정심론에서 먼저 쓰인 '본문'과 나중에 덧붙인 '보주'·'귀결'이 서로 완전히 상충된다.

상론했듯이 컴벌랜드는 자연상태를 '만인의 만인에 대한 전쟁상태'가 아니라 '만인의 만인과의 인애관계'로 정식화하고 예수의 '사랑' 대신에 유교적 '인애' 용어를 선호한다고 밝혔다. 푸펜도르프도 스피노자처럼 컴벌랜드의 영향을 받고 홉스의 정치철학을 버렸다. 컴벌랜드는 공자의 '인仁' 개념을 'Benevolence'로 영역했는데, 이것은 공맹번역자들의 번역 관행을 따른 것이다. 따라서 스피노자가 자기의 입장을 정반대로 갑자기 바꾼 것은 컴벌랜드의 저서만이 아니라 발리냐노·퍼채스·마테오 리치(트리고)·마르티니·세메도 등의 다른 공맹·중국 소개서를 읽고서 일어난 변화였을 수도 있다. 중국에 아주 관심이 많았고 또 중국을 잘 알고 있기도 했던 스피노자의 철학은 피에르 벨이 이미 지적했듯이 그렇지 않아도 중국철학적 요소들을 많이 포함하고 있다.[699]

---

[699] 스피노의 철학에 대한 상론은 참조: 황태연, 『공자철학과 서구 계몽주의의 기원(2)』, 1165-1194쪽; 황태연, 『극동의 격몽과 서구 관용국가의 탄생』, 441-494쪽.

■ 칸트의 동정심 적대와 합리적 의무개념

칸트와 니체는 이성을 도덕의 원천으로 유일시하고 동정심은 완전히 매도·적대했다. 단, 칸트는 '순수이성'을 영혼의 본령으로 절대시한 반면, 니체는 순수이성을 '작은 이성(Kleine Vetnunft)'으로 간주하고 '육체이성'(무한지성을 갖춘 본능적 욕구)을 "큰 이성(Große Vetnunft)"으로 절대시했다. 이 '순수이성'라는 스콜라철학적 시건장치를 풀고 이것을 '큰 이성'으로 바꾸면 칸트와 니체의 철학은 본질적으로 동일해진다. 이들은 스피노자로부터 스토아학파로 되돌아가는 듯한 행보를 보인다. 그리하여 칸트와 니체는 스스로 사랑·동정심·자비를 도덕의 제1원천으로 천명한 공자·부처·예수 등 성인들에 대한 '공적公敵'임을 자부한다.

– 칸트의 동정심 적대

합리주의적 도덕법칙의 관점에서 칸트는 『도덕 형이상학의 정초』에서 일단 동정심을 이렇게 폄하한다.

> 동정심과 인정어린 연민의 감정조차 무엇이 의무인지에 대한 숙고 이전에 선행해서 결정근거가 된다면 사려 깊은 인물들에게도 부담이 되고, 이들의 숙달된 준칙을 혼돈에 빠뜨려 이런 감정들로부터 벗어나 입법적 이성에만 복종하고 싶은 소망을 불러일으키게 된다.[700]

칸트는 여기서 "동정심과 인정어린 연민의 감정"이 "사려 깊은 인물들"을 도와주는 것이 아니라 이들에게 "부담이 되고 이들의 숙달된 준칙을 혼돈에 빠뜨리는" 요소로 매도하고 있다. 사려 깊은 사람들은 동정심과 연민이 "부담"이고 "혼돈"의 요인인 까닭에 "입법적 이성"을 새로운 도덕원천으로 요청하게 된다는 것이다. 이 구절 속에 그 자신이 실은 사이코패스일 것이라는 의심을 강하게 불러일으킨다. 정상인들은 "박학신사博學愼思"하는 철학자든, "학이불사學而不思"하는 보통사람이

---

700) Kant, *Kritik der praktischen Vernunft*, A213쪽.

든 아무도 동정심과 연민을 "부담"과 "혼돈"의 요인으로 느끼지 않기 때문이다. 이어서 칸트는 의무에서가 아니라 '성향'에서 자선을 베푸는 것은 아무런 도덕적 가치가 없다고 선언한다.

가급적 자선을 베푸는 것은 의무인데, 이를 넘어 허영이나 이기심의 다른 작용근거 없이도 기쁨을 자기 주변에 넓히는 것에서 내적 재미를 느낄 정도로 공감적 성정을 가진 영혼들이 많이 있다. 이런 영혼들은 타인의 만족에서 이것이 그의 작용인 한에서 기뻐한다. 그러나 내가 주장하는 것은, 이러한 경우에 그와 같은 행위는 아주 의무적이고 아주 친절할지라도 아무런 참된 도덕적 가치가 없고, 가령 명예욕 등 다른 성향(Neigungen)과 동일한 짝으로 간주된다는 것이다. 이 명예욕은 다행히도 실제로 공익적이고 의무적인 것, 따라서 명예의 가치가 있는 것을 겨냥하는 경우에 칭찬과 격려를 받을 만하지만, 존경을 받을 만하지는 않다. 왜냐하면 이 준칙은 말하자면 그런 행동을 성향으로부터가 아니라 의무로부터 하는 도덕적 내용을 결하기 때문이다.[701]

칸트는 여기서 "의무로부터 하는 자신행동"만이 "도덕적 내용" 또는 "참된 도덕적 가치"를 가진다고 전제하면서 동정심 또는 "공감적 성정"이나 "성향"에서 자선을 베푸는 것은 아무런 도덕적 가치가 없다고 주장하고 있다. 그런데 이런 주장은 '정상인'이라면 입 밖에 낼 수 없는 것이다. 칸트는 "공감적 성정"에서 자선을 베푸는 것은 "아무런 참된 도덕적 가치가 없다"는 주장을 넘어 "공감적 성정"에서 자선을 베푸는 것이나 "명예욕"에서 자선을 베푸는 것이나 결과적으로 보면 "동일한 짝"이라서 "존경을 받을 만하지 않다"는 말로 '공감적 성정에서 나온 자선'을 깎아 내리고 있다. 칸트는 이타적 동정심(도덕적 공감감정)과 이기적 명예욕(비도덕적 단순감정) 간의 본질적 차이를 느끼지 못할 정도로 '결과주의적' 사고를 하고 있다.

---

701) Immanuel Kant, *Grundlegung zur Metaphysik der Sitten* [1785 · 1786]. *Kant Werke*, Bd.6, Erster Teil (Darmstadt: Wissenschaftliche Buchgesellschaft, 1983), BA10쪽.

뒤에 상론할 기회가 있겠지만 심리학자 데니스 크렙스(Dennis L. Krebs)와[702] 신경과학자 리안 영(Liane Young) 팀은[703] '결과주의적' 도덕론자들이 노정하는 뇌구조의 생물학적 교란(disruption) 상태를 논하면서 우반구 측두정 영역이 교란되면 결과주의적 사고경향에 빠져들고 복내측 전전두피질이 손상되면 공리주의적 결과주의 사고패턴를 보인다는 것을 각각 밝힌 바 있다. 칸트에게서는 뇌구조의 이런 생물학적 교란증후가 보인다.

칸트는 결과주의적 사고패턴으로 말하기를, 참된 도덕적 가치를 갖는 자선은 공감능력과 동정심을 완전히 결한 사람이 '단순한 의무에서 베푸는 자선'이라고 주장한다. 실로 사이코패스 명제다!

(…) 저 박애자의 심성이 타인들의 운명에 대한 일체의 동정심을 꺼버리는 자기의 비애에 의해 에워싸여 흐려져 있어도, 이 자가 곤궁을 겪는 타인들에게 여전히 자선을 베풀 능력을 가지지만, 자기 자신의 곤궁에 충분히 매여 있어 남의 곤궁은 그를 감동시키지 않고, 어떤 성향도 그를 자선으로 자극하지 않기 때문에 그는 이 살인적 무감無感 상태에서 탈피하고 싶은 일체의 성향 없이, 오로지 의무로부터만 이 자선행위를 한다고 가정해보자. 그러면 이 자선행동은 무엇보다도 참된 도덕적 가치를 가진다. 한 걸음 더 나아가, 자연본성이 이 사람 또는 저 사람의 심장 속에 일반적으로 거의 동정심을 심어 넣지 않았다면, 그가 (…) 기질상으로 냉정하고 타인의 고통에 무관심하다면, 과연 그는 자기 자신에게, 선량한 기질에서 나온 가치보다 훨씬 더 높은 가치를 부여할 원천을 자기 안에서 발견하지 않겠는가? 물론이다! 도덕적으로, 그리고 일체의 비교 없이 최고인 품성의 가치, 말하자면 그가 성향으로부터가 아니라 의무로부터 자선을 베푼다는 성품의 가치가 시작된다.[704]

---

702) Krebs, *The Origins of Morality*, 55쪽.
703) Liane Young, Joan Albert Camprodon, Marc Hauser, Alvaro Pascual-Leone, and Rebecca Saxe, "Disruption of the Right Temporoparietal Junction with Transcranal Magnetic Stimulation Reduces the Role of Beliefs in Moral Judgments", *Proceedings of the National Academy of Sciences of the U.S.A.*, vol.107, no.15 (2010) [6753-6758쪽].
704) Kant, *Grundlegung zur Metaphysik der Sitten*, BA10-11쪽.

자연본성상 동정심이 없어서 기질상으로 냉정하고 타인의 고통에 무관심한 사람은 사이코패스다. 칸트는 이성적·지능적 추리를 써서 자기의 도덕적 위반 때문에 제재받았던 기억으로부터 조건반사적으로 자선의무를 도출해 이 가식적 의무에서 자선慈善하는 사이코패스만을 최고의 도덕군자로 만들고 있다. 말하자면 동정심을 완전히 결한 상태에서 "오로지 의무로부터만" 수행하는 자선행위만이 "참된 도덕적 가치를 가진다"는 것이다. 그러나 "의무"조차도 '이성의 사실'이 아니라 의무'감'이고, 이 의무'감'은 '감정의 사실'이다.

칸트는 『덕성론의 형이상학적 발단근거』에서 동정심을 격하·부정하는 자신의 진면목을 드러낸다. 여기서는 동정심을 '전염병'처럼 전염되는 것, '부자유한 것'으로 매도한다.

> 동락同樂과 동정(도덕적 동정심)은 (감성적이라고 받아들여질 수 있는) 타인들의 쾌락과 고통의 상태에 대한 쾌감이나 불쾌감의 감성적 느낌(공감, 동감적 느낌)이다. 자연(본성)은 인간 속에 이 느낌에 대한 감수성을 심어 놓았다. 그렇긴 하나 이 동락·동정을 행동적·이성적 인애의 촉진을 위한 수단으로 사용하는 것은 인간애(humanitas)라는 명칭 하의 비록 조건적일지라도 특별한 의무다. 왜냐하면 인간은 단순히 이성적 존재자로 간주되는 것이 아니라, 이성을 타고난 동물로 간주되기 때문이다. 이 인간애는 자신의 감정과 관련해 자신을 서로 전달할 수 있는 능력(이성능력 - 인용자)과 의지(실천적 인간애) 속에 정립되거나, 단순히 쾌락과 고통의 공동감정, 즉 본성 자체가 부여하는 것에 대한 감수성(감성적 인간애) 속에 정립될 수 있다. 전자는 자유로운 것이고 동감적(자유로운 공동감정)이라 불리고, 또 실천이성에 근거한다. 후자는 부자유한 것(부자유하고 굴종적인 공유감정)이고, (열기나 전염병의 감수성처럼) 공유적이라고 일컫고, 동감열정(Mitleidenschaft)이라고도 일컫는다. 왜냐하면 이것은 나란히 살고 있는 사람들 사이에 자연적 방식으로 확산되기 때문이다. 구속성은 다만 전자에 대해서만 존재한다.[705]

---

705) Kant, *Metaphysische Anfangsgründe der Tugendlehre*, §34 (A129-130쪽).

우리는 공감과 동정심이 결코 무의식적·전염적 부자유의 감정작용이 아니라, 공감하는 주체가 상당히 통제할 수 있을 정도로 고도로 자발적·타율적이라는 것을 이미 알고 있다. 칸트는 주객분리의 공감을 주관성·주체성이 전무한 '감정 전염(Gefühlsansteckung; emotional contagion)'과 혼동하고 있다. "자신의 감정들과 관련해 자신을 서로 전달할 수 있는 (이성)능력과 의지 속에 정립되는" 인간애와, "단순히 쾌락과 고통의 공동감정, 즉 본성 자체가 부여하는 것에 대한 감수성 속에 정립되는" 인간애를 '자유'와 '부자유'로 나누고 차별하는 것은 근거 없는 어불성설의 논변이다. 칸트는 감정전염과 공감, 단순감정과 공감감정, 공감과 도덕적 공감감정(동정심)의 차이에 몰지각 및 감정과 이 감정의 이성적 서술("자신의 감정들과 관련해 자신을 서로 전달할 수 있는 이성능력과 의지 속에 정립되는" 것) 간의 내용적 상응성에 대한 몰지각을 노정하고 있다. 동정심과 동고동락의 공감감정이 없으면 이 감정들의 이성적 서술도 없는 법이다.

그러나 바로 이어지는 구절에서 칸트는 동정심을 아예 반#상식적·반인간적으로 매도하고 배격한다.

> 실제로 타인이 고통스러워하고 내가 떨칠 수 없는 그의 고통에 의해 내가 나를 또한 (상상력을 통해) 감염시킨다면, 불행이 본래 (본성 속에서) 단 한 사람만을 때릴지라도, 그들 둘이 고통스러워한다. 이 세상에 불행을 늘릴 의무는 있을 수 없다. 따라서 동정심에서 인혜(仁惠)를 베풀어야 할 의무도 있을 수 없다. 이런 의무는 이런 식의 선행이 모욕적 유형의 인혜일 것인 것처럼 있을 수 없는 것이다. 이런 식의 선행은 품위 없는 자와 관련되고 '가엾이 여기는 것'이라 불리는 인애, 행복할 만한 자신들의 자격을 자랑해서는 아니 되는 인간들 사이에서는 전혀 제각기 서로에 대해 등장하지 않을 인애를 표현하고 있기 때문이다.706)

여기서 칸트는 공감을 상상력으로 착각하고 동정심을 고통의 감정전염적 확산 기제로 오인·격하하고 있다. 그는 고통받는 자를 동정하면 고통이 두 배가 되는

---

706) Kant, *Metaphysische Anfangsgründe der Tugendlehre*, §34 (A131쪽).

것으로 그치는 것처럼 말하고 있다. 칸트는 아픔을 나누면 아픔이 배가 되는 것만 알지, 상론했듯이 아픔의 공감을 바탕으로 아픈 자와 동정하는 자 간에 인간적 연대가 생기고 또 이차적으로 이 연대적 즐거움이 생긴다는 것을, 따라서 이 즐거움이 다시 배가 된 아픔을 격감시켜준다는 것을 모르고 있다. 이 맥락에서 공감능력이 없는 사이코패스들이 우리는 인간의 가장 중요한 공감감정인 이 '즐거움' 감정을 느낄 수 없다는 점에 주목해야 한다. 따라서 칸트는 '가엾이 여기는' 동정심에서 우러나는 인애를 '모욕적' 인애, '품위 없는' 인애로 멸시하는 반인간적·반상식적 망발을 토해내고 있다. 옆에 서있던 노인이 넘어질 경우 본능적 동정심에서 무조건적·충동적으로 그 노인을 일으켜주면, 이것은 천박한 짓이고, 이 노인이 이 도움을 모욕으로 느낀다? 칸트는 인간의 상식을 자꾸만 배반하면서 인간의 '신성한' 도덕감정을 거듭 집요하게 모독하고 있다. 그리하여 칸트는 한사코 상식에 반해 '마음에서 우러나옴(Herzensaufwallung)'이나 동정심 따위의 감정에 근거한 도덕행위를 "품위 없는" 싸구려 행동으로 격하시키고 '존재와 당위' 또는 '성향과 의무'의 차이를 합리주의적으로 교조화한 '현학적·관념적 정관定款도덕' 또는 '계명誡命도덕'의 관점에서 도덕적 가치관계를 완전히 거꾸로 뒤집어놓았다.

칸트가 동정심을 격하·매도하는 장황한 논변의 요지는 가령 자기의 감정적 성향에서 자선행위를 한다면, 또 동정심에서 자선을 베푼다면, 이것은 아무런 도덕적 가치가 없고, 실천이성적 '의무' 관념에서 자선을 행할 때만 도덕적 가치가 있다는 것이다. 그러나 이 주장은 상식에 반하는 주장일 뿐만 아니라, "동정하는 자는 복이 있나니 그들이 동정을 받을 것이다"라는 예수의 말씀(마태복음 5장 7절)과도 정면으로 배치되는 주장이다. 그러나 칸트는 『실천이성비판』에서 반상식적 논지를 다시 확인한다.

> 인간에 대한 사랑과 동정적 인애심에서 인간들에게 선을 행하는 것이나, 질서에 대한 사랑에서 정의로운 것은 아주 아름다운 일이나, 우리가 마치 의용군처럼 방자한 상상으로 의무 관념을 뛰어넘고, 계명으로부터 독립된 자처럼, 외람되게도 우리

에게 어떤 계명도 필요가 없는 것으로 여기는 것을 단지 자기 쾌감에서 감히 행하려고 한다면, 인간사랑과 동정적 선의에서 나온 저런 선행도 아직 인간으로서 이성적 존재자들 사이에서 우리의 관점에 알맞은 우리의 행태의 참된 도덕적 준칙이 아니다. 우리는 이성의 기율에 의해 지배받고 있고, 이 기율에 대한 복종이라는 우리의 모든 준칙에서 아무것도 이 기율로부터 빼지 않을 것을 잊지 않아야 하거나, 우리가 법칙에 따를지라도 우리의 의지의 결정근거를 법칙 자체와 이 법칙에 대한 존경이 아닌 다른 곳에 정립함으로써 법칙의 위엄으로부터 (우리의 자기 이성이 있을지라도) 뭔가를 자애적自愛的 망상 때문에 삭감해서는 아니 된다. 의무와 책임은 우리가 도덕법칙과 우리 사이의 관계에 대해서만 부여해야 하는 명칭들이다. 우리는 자유에 의해 가능한, 실천이성을 통해 우리에게 존경하도록 제시된 '도덕의 나라'의 입법적 구성원들이기는 하지만, 동시에 이 나라의 원수가 아니라 신민이다. 그리고 피조물로서의 우리의 낮은 지위의 오인과 신성한 법칙의 위엄에 대한 자만한 거부는 이 법칙의 자구가 이행될지라도 이미 정신에 따라 이 법칙에 대한 배반이다.[707]

칸트의 지론은 동정심의 성향에서 자선을 베푼다면, 이것은 아무런 도덕적 가치가 없고, 오직 신성한 '의무' 관념에서 베푼 자선만이 도덕적 가치가 있다는 것이다. 이것은 공맹의 도덕론과만 모순되는 것이 아니라 예수의 가르침과도 정면으로 모순되는 반상식적 논변이다.

- 칸트의 합리적 의무개념의 허구성과 반인간성

흄과 다윈은 무조건적 의무는 '신성한' 그 무엇이 아니라 도덕감정의 '강렬함'에 불과하다고 주장한다. 남을 도와야 한다는 '의무'란 '의무감'이고, 의무감은 동정심(자애심)·정의감(공분·의분)과 같은 도덕감정의 '강렬한 충동'일 뿐이기 때문이다. 주지하다시피 '의무'가 '강렬한' 도덕감정으로서의 의무'감'이 아니라 단지 '의무관념'에 지나지 않다면 이 의무의 실행을 추동하는 힘은 제로다. 따라서 "살인적 무감상태"에 있는 사이코패스는 이 의무'감정'을 결코 품을 수 없다. 의무

---

707) Kant, *Kritik der praktischen Vernunft*, A146-148쪽.

감정은 '강렬한' 도덕감정인데 "살인적 무감상태"에 있는 이 사이코패스는 일체의 도덕감정이 없기 때문이다. 따라서 "성향으로부터가 아니라 의무로부터 자선을 베푼다는 성품의 가치"는 실재성이 없는 '사이코패스 칸트'의 망상이다.

데이비드 흄은 칸트가 이런 사이코패스적 의무개념으로 사람들을 희롱하기 50년 전에 이미 의무관념의 진상을 '강렬한' 도덕감정 또는 도덕감정적 '강렬성'으로 밝혀 놓았다. 의무감각은 이성의 정언명령에 의해서가 아니라 도덕감정의 일반적 강렬성(force)에 의해 주어진다는 것이다.

> 도덕감각과 상이한, 모종의 동기나 강제하는 감정들이 없다면 어떤 행동도 칭찬할 만하거나 비난할 만할 수 없기 때문에, 이 상이한 감정들이 이 도덕감각에 대해 큰 영향력을 가지는 것이 틀림없다. (...) 이것은 우리 인간본성 속의 감정들의 일반적 강렬성에 입각한 것이다. (...) 우리는 덕성과 악덕에 관해 판정할 때 언제나 감정들의 본성적·통상적 강렬성을 고려한다. 감정들은 양측에서의 통상적 적도適度를 아주 많이 벗어난다면, 언제나 악덕으로 비난받는다. 모든 것이 동일한 경우에, 사람은 자연적으로 그의 조카보다 자기 자식을 더 좋아하고, 그의 사촌보다 그의 조카를, 낯선 사람보다 그의 사촌을 더 좋아한다. 여기로부터 전자보다 후자를 더 선호하는 의무의 통상적 적도가 나오는 것이다. 우리의 의무감각은 언제나 우리 감정의 통상적 본성 추세를 따른다.708)

흄은 우리의 이성은 강렬한 강도를 보이는, 즉 통상적 '적도'의 '강렬성'을 띤 도덕감정의 이행충동을 '의무'라는 관념범주로 파악·정식화할 뿐이라고 갈파하고 있다. 이 이행충동은 불이행 시에 심한 가책을 느낄 정도로 '강렬한' 강도를 보인다.

덕성과 악덕의 변별은 단순한 객체들의 관계, 즉 존재의 관계에 기초한 것도 아니고, 이성에 의해 인식되는 것도 아니다. 이 도덕적 당위 또는 의무의 변별은 인간존재에 근거한 특별한 도덕감정의 '느낌'에 의해 결정되는 것이다. 흄은 말

---

708) Hume, *A Treatise of Human Nature*, Book 3. *Of Morals*, 311쪽.

한다.

우리는 자식을 내버린 아비를 비난한다. 왜? 그것은 모든 어버이의 의무인 본성적 친애가 결여된 것을 보여주기 때문이다. 그런데 본성적 친애가 의무가 아니라면, 자식 부양은 의무일 수 없고, 우리가 우리 자식에게 주는 관심 속에서 의무를 우리의 눈 속에 둘 수 없을 것이다. 그러므로 이 경우에 모든 사람은 의무감과 판이하게 다른 행동의 동기(도덕감정 - 인용자)를 상정하는 것이다.709)

앞서 흄은 의무감각이란 실천이성적 정언명령에 의해서가 아니라 도덕감정의 일반적 강렬성(force)에 의해 주어진다고 갈파했다. 이성은 자식사랑의 경우에 이 통상적 '적도'의 친애감정이 취하는 본성적 추세에 복종해 이 추세를 따라 발동되는, 불이행 시에 심한 가책을 느낄 정도로 '강렬한' 도덕감정의 실천충동을 이성적 사유에 의해 '의무'라는 관념의 범주로 정리할 뿐이다.

그러나 칸트는 "의무는 (도덕)법칙의 존경(Achtung)에서 비롯되는 행위 필연성이다"라고 되뇐다.710) 이 "존경"은 공경지심(사양지심)의 일종인 도덕감정이다. 그러나 칸트는 '존경'을 '이성적 느낌'으로 정의한다. "존경은 감정일지라도 그것은 영향에 의해 받아들인 느낌이 아니라, 이성개념에 의해 자발적으로 일으켜진 감정(durch einen Vernunftbegriff selbstgewirktes Gefühl)이고, 따라서 성향이나 공포로 모아지는 일차적 유형의 모든 감정들과 종차적種差的으로 구별된다."711) 한마디로, '존경'은 '성향의 감정'이 아니라, '이성적 감정'이라는 것이다. 그러나 "이성개념에 의해 자발적으로 일으켜진 감정", 즉 '이성적 감정'은 '뜨거운 얼음' 같은 형용모순의 말, '말 같지 않은 말'이다. '이성적 감정'이라는 이 '말 같지 않은 말'이 그래도 의미를 가진다면 그것은 파블로프가 말한 '조건반사적' 행위감각일 것이다. 칸트는 '존경'이라는 말로써 틀림없이 도덕법칙이라는 이성적 언어이나

---

709) Hume, *A Treatise of Human Nature*, Book 3. *Of Morals*, 307-308쪽.
710) Kant, *Grundlegung zur Metaphysik der Sitten*, BA14-16쪽.
711) Kant, *Grundlegung zur Metaphysik der Sitten*, BA16쪽, 각주.

성문화된 행동수칙에 '조건반사적'으로 반응하는 행위감각을 뜻했을 것일 것이다. 군인들의 동작과 행동은 명령에 대한 복종의 반복적 상벌학습을 통해 체득된 조건반사적 동작이다. 이런 조건반사 방식으로 사이코패스에게도 도덕을 학습시킬 수 있다. 사이코패스가 '도덕법칙'이라는 말에 반응하거나 이에 입각한 명령에 반응한다면 그것은 도덕법칙에 대한 '존경'의 감정이 아니라 이 조건반사적 운동감각(motor sensation; kinesthetic sense)에 따른 동작일 뿐이다. 칸트가 말하는 "(도덕)법칙의 존경에서 비롯되는 행위 필연성"으로서의 "의무"란 사이코패스가 유일하게 할 수 있는 조건반사적 운동감각적 동작에 불과한 것이다. 따라서 사이코패스는 도덕법칙의 수행으로 내모는, 또는 도덕법칙을 따르고 싶은 도덕감정의 강렬한 심적 충동이 없다. 칸트와 그의 의무개념에도 이 도덕감정의 강렬한 심적 충동이 없다. 따라서 조건반사적 의무준수의 그 '조건'(명령과 감시의 눈)이 사라지면 의무를 이행할 마음도 사라지고, 또 실제로 의무를 이행하지 않는다.

따라서 칸트의 이 사이코패스적 의무개념이 나온 지 80여 년 뒤 찰스 다윈은 도덕감각(+ 도덕감정)을 들어 칸트의 이 '신성한' 법칙존경적 의무개념과 관련해 칸트를 조롱한다. 다윈은 『인간의 유래(*The Descent of Man*)』(1871)에서 '도덕감각'(도덕감정)을 '양심'과 등치시킨다. 그는 일단 '도덕감각'을 인간의 가장 현격한 특징으로 선언한다.

나는 인간과 하등동물 간의 온갖 차이 중에서도 도덕감각 또는 양심이 현격하게도 가장 중요하다고 주장하는 필자들의 판단에 전적으로 동의한다. 매킨토시가 논평하듯이, 이 감각은 "인간행동의 다른 모든 원리에 대해 정당한 우월권을 갖는다". 이 도덕감각은 짧지만 제왕적인 단어 '해야 한다(ought)', 고도로 의미심장함으로 가득한 이 단어 속에 종합된다. 이 도덕감각은 인간을 한 순간도 주저 없이 동료 피조물의 생명을 위해 자기 생명의 위험을 무릅쓰도록, 또는 단순히 정당성이나 의무의 깊은 느낌에 의해 강요되는 마땅한 숙고 뒤에 어떤 위대한 주의주장 속에서 자기의 생명을 희생하도록 이끄는, 인간의 속성들 중 가장 고상한 속성이다.[712]

이어서 다윈은 단도직입적으로 칸트의 합리론적 의무도덕론을 끄집어내 비아냥거린다. "의무! 그대 고상하고 위대한 이름이여", "그대의 위엄 있는 근원은 어느 것인가?" '실천이성의 정언적 도덕법칙'이라는 답을 이미 예비한 칸트 자신의 이 수사적 물음에 대해 "배타적으로 자연사 쪽에서" 이 물음에 접근해 "동물의 연구"가 이 도덕적 의무에 "얼마나 멀리 빛을 비춰줄 수 있는지"를 알려주는 의미에서 이렇게 진화론적 도덕감각론으로 "제왕적 단어 '해야 한다'는" 칸트의 저 의무개념을 들이박는다.

> 자신의 양심에 의해 촉발되는 인간은 오랜 습관을 통해, 자신의 욕망과 감정이 마침내 즉각적으로, 그리고 내부갈등 없이 자신의 동료들의 판단에 대한 자신의 감각을 포함하는 자신의 사회적 동정심과 본능에 굴복할 정도의 그런 완벽한 자제력을 획득할 것이다. 아직 배고픈 사람이나 아직 복수심이 강한 사람도 먹을 것을 도둑질하거나 복수를 하는 것을 생각지 않을 것이다. 자제의 습관은 다른 습관들처럼 유전되는 것이 가능하고, 지금부터 보게 될 것이지만, 그럴 개연성이 있다. 그리하여 마침내 인간은 자신의 보다 지속적인 충동에 복종하는 것이 자신에게 최선이라는 것을, 획득된 습관과 아마 유전된 습관을 통해 느끼게 된다. 제왕적 단어 "해야 한다"는 어떤 행동의 규칙이 어떻게 유래했든 단지 이 행위규칙의 존재에 대한 의식을 함의하는 것에 불과한 것으로 보일 따름이다.713)

이 논변을 전제로 다윈은 칸트의 실천이성과 의무개념을 조롱조로 비판한다. 칸트는 '제왕적' 의무나 '정언명령'의 도덕법칙이 실천이성으로부터 입법된 것이라고 주장했다. 이에 맞서 다윈은 칸트의 저 '제왕적' 의무, '정언명령'이라는 것도 결코 실천이성으로부터 생기는 것이 아니라 내부갈등에 초연한 '강렬한' 무조건적 시비감정으로부터 저절로 생긴다고 반박한다. '의무'란 이 행동수칙을 향한 '무조건적 충동감정' 또는 '무조건적으로 강렬한 충동'에 지나지 않기 때문이다.

---

712) Darwin, *The Descent of Man*, 97쪽.
713) Darwin, *The Descent of Man*, 115-116쪽.

도덕감정은 그 무조건적 강렬성 때문에 '해야 한다'는 '의무감'에 의해 반드시 '행동'으로 관철해야 하고, 불가항력적 힘에 의에 저지당한 것이 아닌데도 관철하지 못하면 자아와 타아의 도덕적 시비감각의 작동으로 안팎의 제재에 직면하고 외부의 비난과 내심의 죄책감에 휩싸인다. '의무'는 모종의 습관화·유전자화된 "양심"과 "사회적 동정심과 본능"의 "즉각적이고 내부갈등 없는" 요구감정인 것이다. 따라서 '의무' 개념은 칸트가 가장 극적으로 그랬듯이 '이성신비주의'로 둘러쳐서는 아니 되는 것이다. 의무의 정언명령 성격은 모든 비도덕적 감정과 욕구들을 제압할 수 있는 동정심, 정의감, 공경심 등의 사회적 감정들의 '강렬한 즉각적·무조건적 충동'에 지나지 않기 때문이다.

다윈에 의하면, 그리고 거의 모든 진화생물학자들에 의하면, 도덕감정과 도덕감각은 인간에게서 생물학적 본능이 되었다. 따라서 이 본능적 도덕감정과 도덕감각은 인간 존재의 일부다. 그리고 이 도덕감각은 우리에게 강한 또는 약한 '당위' 감정을 판정한다. 그렇다면 도덕감정·도덕감각 DNA(유전자)를 품고 있는 우리의 생물학적 존재는 도덕적 당위와 구별될 수 없고, 차라리 이 당위와 의무감을 포함하고 있다. 그래서 리처드 조이스(Richard Joyce)는 "당위는 존재로부터 도출된다('Ought' derives from 'is')"고 못박고,[714] 제시 프린즈(Jessi J. Prinz)는 "우리는 당위를 존재로부터 얻는다"고 갈파한다.[715] 즉, 본능상 강렬한 무조건적 도덕감정을 품은 인간의 '존재'와 (이성이 사후에 정리하는 관념인) '의무'는 생물학적 통일체다. 다윈은 "도덕감각(moral sense)"이라는 용어를 '도덕감정'의 의미로 혼용하며 (영어 'sense'는 감각과 감정을 둘 다 뜻하기에 이런 혼용은 가능하다) 칸트의 제왕적 의무와 당위(Sollen) 개념을 겨냥해 이렇게 말한다.

이 도덕감각은 짧지만 제왕적 단어 '해야 한다(ought)', 고도의 의미심장함으로 가득한 이 단어 속에 종합된다. 이 도덕감각은 인간을 한 순간도 주저 없이 동료피조물의

---

714) Joyce, *The Evolution of Morality*, 143-160쪽.
715) Jessi J. Prinz, *The Emotional Construction of Morals* (Oxford: Oxford University Press, 2007), 1-5쪽, 175-180쪽, 200-204쪽.

생명을 위해 자기의 생명의 위험을 무릅쓰도록, 또는 단순히 정당성이나 의무의 깊은 느낌에 의해 강요되는 마땅한 숙고 뒤에 어떤 위대한 주의주장 속에서 자기의 생명을 희생하도록 이끄는, 인간의 속성들 중 가장 고상한 속성이다. 임마누엘 칸트는 외쳤다. "의무! 그대 고상하고 위대한 이름이여, 그대는 애호 받을 것, 환심을 살 만한 것을 아무것도 그대 안에 포함하고 있지 않으면서 복종을 요구하지만, 의지를 움직이기 위해 자연적 반감을 영혼 속에서 자극하고 놀라게 하는 것으로 위협하는 것이 아니라 단순히 스스로 심정 속에 들어갈 입구를 발견하는 법칙만을 수립하고 그래도 의지에 반해서 (항상 준수는 아닐지라도) 존경을 얻는다. 그리고 이 법칙 앞에서 모든 정욕은 — 은밀히는 법칙에 반발할망정 — 벙어리가 된다. 그대의 위엄 있는 근원은 어느 것인가?" (...) 이 물음을 건드리는 나의 유일한 핑계는 (...) 내가 아는 한 아무도 이 물음을 배타적으로 자연사 쪽에서 접근하지 않았기 때문이다. (...) 다음 명제, 즉, 아주 뚜렷한 사회적 본능을 부여받은 동물은 무슨 동물이든 그 동물의 지능이 인간만큼 잘 발달하자마자, 또는 거의 그만큼 잘 발달하자마자 불가피하게 도덕감각(=도덕감정) 또는 양심을 획득할 것이라는 명제는 내게 고도로 개연적인 듯하다.[716)]

다윈의 이 말대로 인간의 도덕감각(도덕감정)이 사회적 본능과 나란히 진화해 온 도덕적 본능이라는 것은 오늘날 에드워드 윌슨, 크리스토퍼 뵘, 드발, 데니스 크렙스, 다마시오, 야코보니, 하우저, 조이스, 조수아 그린, 마이클 프레이저, 제임스 Q. 윌슨, 안하트, 프린즈 등과 같은 진화생물학자, 동물행태학자, 사회생물학자, 사회심리학자, 뇌과학자, 철학자, 정치학자 등 거의 모든 학문분야의 유력한 학자들에 의해 현대과학적으로 입증되고 더욱 확실하게 정초되었다. 칸트가 이성적 도덕법칙에서 도출하는 '의무'는 존재하지 않는 허구다. 따라서 그가 애호하는 '감정과 이성의 대립'도, '경험적 존재와 논리적 당위의 대립'도 그가 사이코패스로서 이성적·논리적 조작을 통해 지어낸 작화(confabulation)일 뿐이다.

감정과 의무는 대립하지 않는다. 의무는 감정의 표현, 즉 강렬한 도덕감정의

---

716) Darwin, *The Descent of Man*, 97-98쪽. 칸트 인용은 Kant, *Kritik der praktischen Vernunft*, A154쪽이다. 국문 제시문은 독일어 원문 번역이다.

표현이기 때문이다. 상론했듯이 도덕감정의 '강렬한' 즉각적 · 무조건적("내부갈등 없는") 요청으로서의 행동규칙이 바로 '의무'인 것이다. 또 칸트는 다른 곳에서 '사랑(동정심)'은 '의무'가 아니라 '감정(성향)'인 반면, 자선을 추진하는 '인애'는 '감정'이 아니라 '의무'라는 자의적 주장으로써[717] 자신의 비과학적 · 사이비철학적 궤변도덕론을 재차 뒷받침한다. 그러나 인애의 의무가 사랑과 동정심의 감정에 기초하는 것이 입증된다면 어쩔 것인가?

칸트의 의무도덕은 자꾸 거꾸로 뒤집힌다. 의무는 실천이성이 입법한 도덕법칙이다. 칸트는 '양심'도 이 실천이성적 '의무'로부터 도출한다. 아니, 양심이 일종의 실천이성이란다! 73-74세에 쓴 『덕성이론의 형이상학적 발단근거』에서 그는 이렇게 외친다. "모든 인간은 도덕적 존재자로서 이러한 양심을 근원적으로 자신 안에 지니고 있다. 양심에 구속되어 있다는 것은 의무들을 인정해야 할 의무를 짊어진다는 것을 뜻할 것이다. 왜냐하면 양심은 법칙의 경우마다 매번 인간의 면전에 사면하거나 유죄로 판결해야 할 인간의 의무를 들이대고 있는 실천이성이기 때문이다."[718] 칸트의 의무의식(의무감)이 도덕법칙에 대한 존경심으로서 전적으로 실천이성 아래 포섭되듯이, 도덕성의 소인으로서의 '양심'이라는 도덕감정도 본성적 바탕감정이 아니라, 실천이성과 그 법칙에 대한 감수성일 뿐이다.[719] 따라서 칸트는 심정적으로 '양심'이라고 해야 할 대목에서도 '도덕법칙'을 말한다. 그는 『실천이성 비판』에서 "두 가지 것, 숙고가 더 빈번하게, 더 지속적으로 이에 전념하면 전념할수록 늘 새롭고 점증하는 경탄과 경외감으로 심정을 채워주는 것"은 "내 위의 별이 총총한 하늘과 내 안의 도덕법칙(*Der bestimte Himmel über mir, und das moralische Gesetz in mir*)이다"라고 말한다.[720]

---

717) Kant, *Metaphysische Anfangsgründe der Tugendlehre*, A39-41쪽.
718) Kant, *Metaphysische Anfangsgründe der Tugendlehre*, A37-38쪽.
719) 알렌 우드는 칸트의 '양심'과 '실천이성'을 구별한다. "칸트는 양심을 도덕원리 및 도덕판단과 구별했는데, 이 도덕원리와 도덕판단은 양심에 의해 전제되지만, 양심과 동일한 것이라기보다 실천이성과 동일한 것이다." Allen Wood, "Kant on Conscience", allenw@stanford.edu. 그러나 이 해석은 위에서 인용한 "양심은 (…) 실천이성이다"는 칸트 자신의 명제와 배치된다.
720) Kant, *Kritik der praktischen Vernunft*, A288-쪽.

『덕성이론의 형이상학적 발단』에서 칸트는 뒤늦게 뻔뻔스럽게도 '도덕감정'의 개념을 도입하지만 흄과 정반대로 도덕감정을 다시 '이성의 하수인'으로 만들어 버린다.

이 도덕감정(moralisches Gefühl)은 단순히 우리의 행위가 도덕법칙과 합치됨, 또는 상치됨을 의식하는 데서 나오는 쾌감 또는 불쾌감의 감수성(Empfänglichkeit)이다. 그러나 자의의 모든 결정은 가능한 행위의 관념으로부터, 이 관념이나 이 관념의 작용결과에 대해 관심을 갖고 싶어 하는 쾌감 또는 불쾌감의 느낌을 경유해 행실에 이른다. 이 경우에 (내적 감각의 촉발적) 감성론적 상태는 정리적情理的 감정이거나 도덕감정이다. 전자의 정리적 감정은 법칙 관념에 앞서 선행하는 감정이고, 후자의 도덕감정은 오직 이 도덕법칙 관념에 뒤따르기만 할 수 있는 감정이다.[721]

하지만 칸트는 도덕감정을 보유할 의무를 부정한다. "도덕감정을 가지거나 획득해야 할 의무는 있을 수 없다. 왜냐하면 일체의 책임의식은 의무개념에 들어 있는 강제를 의식하기 위해 이 도덕감정을 근저에 두기 때문이다. 오히려 (도덕적 존재자로서의) 모든 인간은 근원적으로 이 도덕감정을 자신 안에 지니고 있다. 그러나 책임(구속력)은 오직 도덕감정을 함양하고 심지어 도덕감정의 규명불가능한 근원에 대한 경탄을 통해 도덕감정을 강화하는 것에만 관여할 뿐이다. 이런 일은 도덕감정이 어떻게 일체의 정리적 자극으로부터 분리되어, 그리고 그 순수성 속에서 단순한 이성관념을 통해 불러 일으켜지는지를 보여줌으로써 이루어진다."[722] 엽기적으로 오락가락하는 이 이상야릇한 논변은 칸트가 도덕감정을 부정할 수 없어서 도입함으로써 자초한 자각당착성의 노정이다. 특히 다음과 같은 논변은 도덕감정을 인정했다가 다시 이성의 산물로 만드는 것을 반복하는 식으로 꼬이고 꼬여 있다.

---

721) Kant, *Metaphysische Anfangsgründe der Tugendlehre*, A35-36쪽.
722) Kant, *Metaphysische Anfangsgründe der Tugendlehre*, A36쪽.

도덕감정이 일절 없는 인간은 결코 있을 수 없다. 왜냐하면 이 도덕감정에 대한 완전한 무감응의 경우에 인간은 도덕적으로 죽은 것이고, (의사의 언어로 말하자면) 도덕적 생명력은 도덕감정에 더 이상 자극을 일으킬 수 없다면, 인간성은 (마치 화학법칙에 따르듯이) 단순한 동물성으로 해체되고 다른 자연존재들의 무리와 돌이킬 수 없이 뒤섞일 것이기 때문이다. 그러나 우리는 진리에 대해 특별한 감각을 가지지 않은 것처럼 — 더러 그렇게 표현되더라도 — (도덕적) 선악에 대해서도 특별한 감각을 가지고 있지 않다. 오히려 우리는 실천적 순수이성(과 이성법칙)에 의한 자유로운 자의自意의 작동에 대한 자유로운 자의의 감응능력을 가지고 있다. 그리고 이것이 우리가 도덕감정이라 부르는 것이다.[723]

"실천적 순수이성(과 이성법칙)에 의한 자유로운 자의自意의 작동에 대한 자유로운 자의의 감수성"은 도덕감정이 아니라 교통법규나 군대규율에 대한 조건반사적 복종과 같이 도덕감정적 실實이 없는 '형식적 · 기계적 · 운동감각적' 감수성에 지나지 않는다. 동정심을 실천이성의 자유로운 작동에 의해 입법된 의무법칙에 대한 감수성으로 이해한다면 이 실천이성적 · 의무적 동정심은 '위선'이거나 '가식'이다.

"도덕감정, 양심, 이웃에 대한 사랑, 자기 자신에 대한 존경"은 다 "선행적이되 본성적인 심정적 소인이다(Gemütsanlage; praedispositio)"는 구절,[724] "(도덕적 존재자로서의) 모든 인간은 근원적으로 이 도덕감정을 자신 안에 지니고 있다"는 구절, 그리고 "도덕감정의 규명불가능한 근원에 대한 경탄" 구절은 "이 도덕감정은 단순히 우리의 행위가 도덕법칙과 합치됨, 또는 상치됨을 의식하는 데서 나오는 쾌감 또는 불쾌감의 감수성이다"는 도덕감정의 정의, 그리고 "정리적 감정은 법칙 관념에 앞서 선행하는 감정이고, 도덕감정은 오직 이 도덕법칙 관념에 뒤따르기만 할 수 있는 감정이다"는 설명과 정면으로 모순되고 완전히 상충된다. 칸트는 도덕감정의 근원을 규명할 수 없다는 사실을 인정하고 이에 "경탄"해

---

723) Kant, *Metaphysische Anfangsgründe der Tugendlehre*, A36쪽.
724) Kant, *Metaphysische Anfangsgründe der Tugendlehre*, A35쪽.

마지않는 불가피한 인용認容의 마음과 도덕감정을 이성적 도덕법칙에 대한 하수인적 감수성으로 만드는 차원으로 회귀하는 의도 사이에서 가랑이가 찢어지고 있다. 그래도 칸트의 본심은 실천이성으로의 회귀에 있다. 상론했듯이 사이코패스는 도덕감정들을 단어들로만 알고 있을 뿐이라서 행동할 때는 도덕률의 항목을 이지적으로 암기해 결정하고 도덕행위를 기계적으로 행한다. 사이코패스는 도덕감정이 없기 때문에 자기 마음속에서 도덕감정을 느끼지 못한다. 칸트의 저 도덕감정 논의는 도덕감정들을 느끼지 못하고 단지 단어로만 알고 기계적으로 행위하는 사이코패스적 양상을 보여주고 있다. 지금까지 칸트철학의 난해한 오락가락과 이와 관련된 철학자들 간의 모든 논란은 사이코패스 개념을 투입하면 깨끗이 해소된다.

실천이성적·의무적 배려는 건전한 상식에서 보면 '가식적' 행동이다. 그것은 타인에 대한 도움과 사랑이 마음속에서 동정심이나 사랑의 감정에서 우러나와 베풀고 싶어서 베푸는 것이 아니라, '이성의 명령'으로 치장되어 조건반사로 학습된 '의무' 또는 '의무감'(도덕법칙에 대한 존경심)에서 진실한 듯 없이 기계적으로 베푸는 것이기 때문이다. 반면, 남에 대한 도움과 사랑이 의무의식 이전에 마음속의 동정심이나 사랑의 감정으로부터 우러나와 베푸는, 즉 베풀고 싶어서 베푸는 배려, 또는 PAM(지각-행동 메커니즘)이 된 동정심 충동에서 자기도 모르게 즉각적으로 베푸는 배려는 '진실한' 배려다.

그러나 이런 식의 도덕적 판단과 사고방식은 동양적인 것이 아니라 범인류적 상식이다. 허치슨, 흄, 쇼펜하우어, 뒤르켕, 조이스 등 진실한 서양철학자들도 같은 견해를 피력한다. 허치슨에 의하면, 우리는 "실로 몹시 유용한 행동들이라도 타인들에 대한 어떤 친절한 의도들로부터도 발원하지 않는다는 것을 안다면, 이 몹시 유용한 행동들도 도덕적 아름다움을 결여한 것으로 보는" 반면, "친절의 성공적이지 못한 미수未遂나, 공공복리를 증진하려다가 성공적이지 못한 미수도 강렬한 인애심으로부터 발원한다면 가장 성공적인 시도만큼 호감을 주는 것"이다.[725]

물론 칸트가 말하듯이 인간은 도덕적 감정의 동기가 부재한 심적 상태에서 단지 의무감으로 어떤 도덕행위를 할 수 있다. 그러나 상론했듯이 흄의 눈에, 아니 사이코패스가 아닌 모든 사람들의 눈에 이것은 본성적 도덕적 감정의 부재를 행동으로 메워 감추거나 '위장'하기 위한 도덕행위에 지나지 않는다. "어떤 도덕적 동기나 소인素因이 인간본성에 공통되는 경우에 자기의 마음에 이 소인이 없다고 느끼는 사람은 이 때문에 그 자신을 증오하고, 저 덕스런 소인을 실천에 의해 달성하기 위해, 그리고 적어도 그가 이것을 결여함을 가능한 한 많이 위장하기 위해 동기 없이, 일정한 의무감에서 그 행동을 수행할 수 있다. 그의 심중에 실제로 아무런 고마움을 느끼지 않는 사람도 감사 행동을 기꺼이 행하고, 이로써 그의 의무를 이행했다고 생각한다."[726] 이 글을 보면 흄은 사이코패스의 존재를 알았던 것으로 보인다. 그런데 보통사람도 도덕감정을 느끼지 않고 그저 '의무감'에서 도덕행위를 할 수 있다. 그러나 흄은 이런 경우에도 그의 마음속에 들어있는 도덕적 본성에 기인하는 것이라고 말한다. "어떤 경우에 어떤 사람은 단지 도덕적 의무에 대한 존중에서만 어떤 행동을 수행할 수 있을지라도, 이것은 그래도 인간의 본성 안에 이 행동을 낳을 수 있고 이 행동을 가치 있게 만드는 도덕적 아름다움을 지닌 어떤 다른 소인이 있다고 상정한다."[727]

사랑, 동정심 등의 도덕감정적 동기 없이 수행되는 칸트의 '순수한' 의무관념적 도덕성과 도덕행위는 도덕감정의 부재를 은폐하거나 "위장하는" 것이고, 보통사람이 단순히 의무감에서 행동하는 경우도 궁극적으로 이 도덕감정의 존재를 전제한다는 말이다. 즉, 칸트가 말하는 "도덕적"으로 "최고인 품성의 가치"인 "의무"란 다름 아니라 "도덕감정의 소인의 존재"에 대한 암묵적 인정에 지나지 않는다는 말이다. 이는 칸트의 의무도덕론에 대한 통렬한 선취적 비판이 아닐 수 없다.

공통된 인간본성에서 생겨나는 도덕적 동기나 도덕적 소인素因을 자기 마음속에 느끼지 못하는 사이코패스는 자신이 도덕적 동기를 내면적으로 느끼지 못한

---

725) Hutcheson, *An Inquiry Concerning Moral Good and Evil* (Treatise II), 'Introduction', 116쪽.
726) Hume, *A Treatise of Human Nature*, Book 3. *Of Morals*, 308쪽.
727) Hume, *A Treatise of Human Nature*, Book 3. *Of Morals*, 308쪽.

다는 이 사실을 남에게 "가능한 한 많이 위장하기 위해" 단순히 도덕률이나 행동강령이 상벌 위협으로 요구하는 "일정한 의무감"에서 도덕행위를 가식적으로 수행한다. 도덕률이나 행동강령을 어겼을 때 그는 처벌을 체험했기 때문이다. 그러나 사이코패스는 처벌기제가 불완전하거나 부패하면 이 도덕률이나 행동강령을 가식으로도 지키지 않는다.

따라서 쇼펜하우어는 칸트의 무감無感·무정無情한, 즉 도덕감정 없는 의무도덕을 "참된 기꺼운 마음과 순수한 사랑에 본질을 두는 저 진실한 심정에서 생겨나지 않는다면 무가치하다"고 맹공했다. 칸트의 논법이 "법칙만을 눈앞에 두는 심사숙고된 자유의지가 낳는 심정이 아니라 성령만이 부여하는 진실한 심정이 사람을 복되게 하고 구원한다고 올바로 가르치는" 기독교의 가르침과 유사하다는 것이다.728) 이 맹렬한 비판을 바탕으로 쇼펜하우어는 칸트에게 최후의 '앞찌르기' 일격을 가한다.

어떤 덕행이든 법칙에 대한 숙고된 순수한 존경에서, 그리고 이 법칙의 추상적

---

728) "칸트가 만인의 감정을 상하게 하고 종종 비난받고 실러에 의해 한 경구로 풍자된 또 다른 오류는 어떤 행위가 참으로 선하고 공적이 있기 위해서라면, 그 어떤 성향에서가 아니라, 타인에 대한 호의의 느낌에서가 아니라, 마음 약한 동정, 연민이나 '마음에서 우러나옴'에서가 아니라, 오로지 인식된 법칙과 의무 개념에 대한 공경에서 그리고 이성에 추상적으로 의식되는 준칙에 따라서만 수행되어야 한다는 현학적 정관(定款)이다. 동정, 연민이나 '마음에서 우러나옴'과 같은 것은 (...) 생각을 잘하는 사람들에게 이들의 심사숙고된 준칙을 혼동시키는 것으로서 심지어 아주 귀찮은 것이다. 오히려 행위는 내키지 않게, 그리고 자기강제로 일어나야 한다. 여기에서 그럼에도 대가의 희망이 영향을 미쳐서는 아니 된다는 것을 기억하고, 이 요구의 지독한 부조리를 헤아려보라. 그러나 더 말해야 하는 것은 이 요구가 덕성의 진실한 정신과 정면 배치된다는 것이다. 행위가 아니라, 이 행위를 기꺼이 하고 싶은 것, 즉 이 행위를 생겨나게 하는 사랑 — 이 사랑이 없으면 이 행위는 죽은 소행이다 — 은 이 행위의 칭찬할 만한 면을 이룬다. 따라서 기독교는 모든 외적 업적은 참된 기꺼운 마음과 순수한 사랑에 본질을 두는 저 진실한 심정에서 생겨나지 않는다면 무가치하다고, 그리고 수행된 업적이 아니라 믿음, 즉 법칙만을 눈앞에 두는, 자유롭고 심사숙고된 의지가 낳는 것이 아니라 성령만이 부여하는 진실한 심정이 사람을 복되게 하고 구원한다고 올바로 가르치고 있는 것이다." Schopenhauer, *Kritik der Kantischen Philosophie*, 704쪽. "심지어 아주 귀찮은 것이다"는 구절에 쇼펜하우어는 『실천이성비판』, 213쪽(로젠크란츠판본 257쪽)에 의거한다고 밝히고 있다.

준칙에 따라 차갑게, 그리고 성향 없이, 아니 성향에 반해서 일어나야 한다는 칸트의 저 요구는 어떤 진실한 예술작품이든 미학적 규칙의 잘 숙고된 적용을 통해 생성되어야 한다고 주장하는 경우와 정황이 똑같다. 전자는 후자만큼 거꾸로 된 것이다.[729]

이처럼 도덕감정에서 도덕행위를 행하는 것이 참된 도덕행위이고, 진실한 도덕감정의 동기 없이 수행되는 도덕행위는 '가식' 내지 '위선'이거나 '위장'이라는 것은 동서 구별 없는 '인간상식'이다.

에밀 뒤르켐은 도덕규칙이 명령하고 이 때문에 이것에 복종하게 하는 '특별한 권위'를 갖추고 있고 이런 까닭에 순수한 경험적 분석을 통해 의무 개념에 도달하고, 여기에 칸트의 의무 개념과 유사한 정의를 부여할 것이라는 점을 인정한다. 따라서 '의무'는 도덕적 규칙의 첫 번째 특징이라는 것이다. 그러나 바로 이어서 뒤르켐은 칸트를 이렇게 근본적으로 까부순다.

하지만 칸트가 말한 것과 반대로 의무 개념은 도덕 개념의 전부가 아니다. 우리가 행위를 단지 의무의 내용에 대한 고려 없이 의무가 명령하기 때문에만 수행하는 것은 불가능하다. 우리가 우리 자신을 의무의 행위자로 만들기 위해서는 의무가 우리의 감성을 어느 정도로 요구하고, 우리에게 그 어떤 관점(선이라는 도덕감각적 관점)에서 추구할 만한 것으로 나타나야 한다.[730]

뒤르켐의 말을 종합하면, 도덕적 '선'은 다름 아니라 '특별한 권위'의 '추구할 만한' 감성적 가치, 바꿔 말하면 '도덕감각(시비감각)이 강렬히 요구하는 의미(sense)'다. 의무의 본성, 즉 의무의 '특별한 권위'는 이 추구할 만한 느낌의 '강렬성', 즉 도덕감정의 '강렬성'이다. 이것을 빼면 관념 속의 의무는 한낱 도덕의 추상적 측면, 즉 '껍데기'에 불과한 것이다. 권력 없는 명령이 아무것도 아니듯이, 특별한 권위 없는, 즉 도덕감정의 즉각적·무조건적 충동 없는 의무도 아무것도

---

729) Schopenhauer, *Kritik der Kantischen Philosophie*, 704쪽.
730) Emil Durkheim, *Sociologie et Philosophie* (Paris: Félix Alcan, 1924). *Soziologie und Philosophie* (Frankfurt am Main: Suhrkamp, 1985), 85쪽. 괄호는 인용자.

아닌 것이다. 따라서 도덕적 선 없이는, 즉 '추구할 만함'의 강렬한 도덕감각 없이는 의무관념도 서 있을 수 없다.

그러나 거꾸로 의무관념 없이도 도덕적 선은 따로 존재할 수 있다. 모든 선이 의무적인 것도 아니고(남의 앞을 지나가야 해서, 또는 지나치다가 남의 몸을 살짝 스쳐서 '미안하다'고 하거나 많은 선들은 '미지의' 아프리카 난민을 돕거나 '처삼촌 묘지 벌초하듯이' 도덕감정이 즉각적으로 강렬하게 작동하지 않을 경우에 의무적인 것이 아니라도, 그것들은 '수행한다면 좋은 것들'이고, 수행하지 않더라도 큰 도덕적 문제가 없다), 강렬한 도덕감정의 즉각적 충동이 강요하는 대부분의 모든 선행은 의무'관념' 없이 수행하기 때문이다. 그러므로 칸트가 '의무관념'만으로 행위를 요구하는 것은 인간의 상식, 아니 인간의 본성에 반하는 것이다.

이 때문이 현대철학자 리처드 조이스도 도덕적 '상식'으로 이렇게 조롱조로 칸트를 비판한다.

> 도덕판단은 무엇보다도 금지를 이해할 능력을 필요로 한다. 이 주장은 임마누엘 칸트에 의해 유명하게 인준된 주장, 즉 친사회적 감정들에 의해 동기 지어진 행위들은 도덕적으로 찬미할 만한 것으로 간주될 수 없다는 주장과 혼동되어서는 아니 된다. 나는 이 논점에서 칸트와 반대되는 상식의 편에 서 있어서 좀 더 행복하다. 종종 우리는 사랑, 동정심, 그리고 이타심에 의해 동기지어진 행위를 하는 사람들을 도덕적으로 칭찬한다. 사실, 나는 때로 직접적 동정심이 아니라 명시적인 도덕적 계산으로부터 나온 동기에서 움직이는 사람은 일종의 도덕적 악덕을 드러내 보이고 있다는 견해를 인준해주고 싶다.[731]

철학자와 심리학자들은 이렇게 줄을 지어 칸트를 비판한다. 그러나 19세기와 20세기 초에는 칸트추종자들이 줄을 이었다. 오늘날도 칸트추종자들이 없지 않다. 사이코패스는 오늘날도 인구의 4% 가까이, 즉 나라에 따라 수백만, 수천만

---

731) Joyce, *The Evolution of Morality*, 50쪽.

명 가까이 존속하기 때문이다.

– 존재-당위 대립론의 망언적 성격

　존재와 당위의 대립에 따라 감정과 의무를 대립시키는 사고방식을 바탕으로 칸트는 비상식적 동정심 매도와 이성법칙적(명령적)·형이상학적·궤변적 의무론을 구축했다. 감정을 명령할 수 없기 때문에 사랑과 동정심이 감정인 한에서 사랑과 동정심은 명령할 수 없다. 이런 비판은 제쳐놓더라도, 자석의 존재가 철 조각을 끌어당겨 움직이게 하는 자력을 포함하듯이 본성적·생물학적 DNA로서의 도덕감정적·생물학적 소인의 '존재'는 도덕적으로 행동하게 만드는 '당위'를 포함하는 것이다. 따라서 존재와 당위의 대립 주장은 칸트의 대표적 망언이다.

　칸트가 말하는 본성적 사랑과 명령적 인애의 '대립적' 개념구분은 일단 우리의 논의 선상에서 보면 '말장난'에 지나지 않는 것이다. 사랑은 곧 인애이고, 동정심(측은지심)이 인애의 일부이기 때문이다. 이 사랑 감정이 본능적이고 또 보편적으로 회피할 수 없이 즉각적이고 강렬하다면, 사랑 또는 인애는 둘 다 인간적 의무인 것이다. 즉, 상론했듯이 감정과 의무, 존재와 당위는 대립물이 아닌 것이다.

　칸트는 도덕적 의무를 "결코 일어나지 않을지라도 일어나야 할 당위의 것(das, was geschehn soll)의 법칙들"로 정의하고 "일어나는 것(das, was geschieht)"과 대립시켰다.[732] 그러나 어떤 의무적 도덕행위든 원칙적으로 반드시 '이행'되어야 하고, 해태懈怠나 자연필연적 외부요인의 저지로 인해 불이행할 시에는 이 불이행에 대한 내외의 제재(도덕적 지탄과 법적 처벌 및 양심의 가책)를 반드시 치르는 부정적 방식으로라도 '이행'된다. 따라서 도덕적 의무는 '반드시 일어나야 하는

---

732) Kant, *Grundlegung zur Metaphysik der Sitten*, BA62쪽. 『실천이성비판』에서도 "이 이성은 명령, 즉 객관적 자유법칙이고, 결코 일어나지 않을지도 모르지만 일어나야 하는 것(was geschehn soll)을 말하고 이 점에서 일어나는 것(was geschieht)만을 다루는 자연법칙과 구별되는 법칙도 입법한다"고 말한다. Immanuel Kant, *Kritik der reinen Vernunft* (1781·1787). Erster und Zweiter Teil, B830. *Kant Werke*, Bd. 3·4 (Darmstadt: Wissenschaftliche Buchgesellschaft, 1983).

것'이고, 따라서 "결코 일어나지 않는" 경우를 어떤 식으로든 배제한다. '도덕의무'는 불가항력적 외부요인이나 불확실성·무지로 인해 불이행할 시에도 과실·미필적 고의 등의 이유로 처벌과 제재를 받는다. 그러나 '자연필연성'은 '도덕적 의무'와 달리 불이행해도 아무런 제재를 받지 않는다.

이런 까닭에 도덕이론에서 존재와 당위, 즉 '일어나는 것'과 '일어나야 하는 것'(그렇지 않을 시에는 '제재를 받아야 하는 것')은 자석의 존재와 자력이 하나인 것처럼 하나다. 그러므로 쇼펜하우어는 칸트와 반대로 "윤리학자는 철학자 일반과 마찬가지로 '주어진 것', '현실적으로 존재하는 것'이나 '발생하는 것'에 대한 이해에 도달하기 위해 '주어진 것', 따라서 현실적으로 존재하는 것이나 발생하는 것에 대한 설명과 해석에 만족해야 한다"고 말한다.733) "일어나야 할 당위의 것"은 "결코 일어나지 않을지라도 일어나야 할 당위의 것"이 아니라, "일어나는 것"에 속하는 특별한 분과, 즉 "일어나는 것" 중 '정언적 도덕의 의미를 띠고 일어나는 것'일 뿐이다.

존재와 당위를 처음 구별한 철학자는 흄인데, 칸트는 이 구별을 가져다 완전히 왜곡시키고 이 왜곡된 구별을 또 다시 교조화했다. 흄은 원래 도덕성이 존재의 이치를 그대로 반영하는 것이라는 합리론적 도덕론을 비판하기 위해 당위(ought)를 존재(is)로부터 연역할 수 없다는 의미에서 이 존재와 당위의 구별을 사용했다. 흄이 말하려 했던 그 심층적 의미는 사실로부터 감정을 도출할 수 없다는, 환원하면 이 '사실'을 관념으로 반영한 '이성적 사실인식'으로부터 논증을 통해 당위의 감感을 일으키는 특유한 '감정'을 도출할 수 없다는 의미였다. 즉, 존재와 당위의 대립은 곧 이성과 감정의 대립인 것이다. 존재는 이성과 짝하고, 당위는 감정과 짝한다.

또한 이 존재와 당위, 이성과 감정의 대립도 그 관계가 원래대로 정렬된다면 하나의 허상에 지나지 않는다. 가령 '사실'의 존재가 아니라 '인간' 존재의 경우에 감정이 성정으로써 존재를 채우고 있다. 그리하여 인간의 존재는 본성적으로

---

733) Schopenhauer, *Preisschrift über die Grundlage der Moral*, §4, 646쪽.

감정적이고, 이 존재 자체가 곧 감정이다. 이 감정이 강렬하다면, 인간의 존재는 당위와의 대립성을 잃은 채 당위와 하나가 되고, 감정은 인간을 행동하게 하는 의무와 하나가 된다. 이것은 자력이 없는 물질과 달리 자석이라는 물질은 자력으로 철 조각을 끌어당겨 움직이거나 배척해서 오지 못하게 하는 것과 비슷하다. 자석의 존재가 사물의 운동을 좌우하는 자력을 품고 있듯이, 도덕감정의 DNA를 가진 인간의 존재는 인간을 움직이게 하거나 금지하는 강렬한 도덕감정, 즉 의무적 당위를 품고 있는 것이다. 의무는 본능적으로 강렬한 어떤 특유한 무조건적 감정, 즉 인간을 인간답게 하는 즉각적·충동적 정체성감정의 형식적 관념인 것이다. 따라서 이성으로부터는 이 의무를 도출할 수 없다. 이성의 역할은 이 도덕감정을 관념으로 정리·기술하고 그저 돕는 것뿐이다. 그래서 흄이 "이성은 감정의 노예이고 노예이어야만 하며, 감정에 봉사하고 복종하는 것 외에 감히 다른 직무를 결코 요구할 수 없다"고 말한 것이다.[734] 그렇다면 이성은 감정과 대립하거나 감정에 거역하거나 감정을 이길 수 없다. 이성은 언제나 감정에 굴복하고 감정에 봉사함으로써 감정과 조화로운 상태에 있어야 한다.[735]

이성의 직무는 도덕감정을 행동으로 옮기는 도덕행위에 상황정보와 사실정보를 제공하고 이 도덕감정과 이에 따른 도덕행위를 조리 있게 설명하고 정당화하고 체계적으로 정리하는 것일 따름이다. 이것은 일찍이 흄이 내놓은 주장이었다.[736] 그리고 흄은 도덕을 이성에 의해 존재로부터 연역하고 이성적으로 판단하

---

734) Hume, *A Treatise of Human Nature*, Book 2. *Of the Passions*, 266쪽.
735) 존재와 당위의 차이에 대한 흄의 논변은 단순히 이성으로부터 논증을 통해 당위를 도출할 수 없다는 것만을 주장하려고 했다는 새로운 해석에 관해서는 참조: Arnhart, *Darwinian natural Right*, 69-75쪽.
736) 흄의 주장을 다시 제시하면 이렇다. "지금까지 내가 만난 모든 도덕성의 이론체계에서, 내가 '이다', '아니다'의 명제의 보통 계사(繫辭) 대신에 '이어야 한다(an ought)', '이어서는 아니 된다(an ought not)'와 연결되지 않은 어떤 명제도 만나지 못한다는 것을 발견하고 불현듯 놀랐을 때, 언제나 나는 저자가 잠시 동안 통례적 추리방식으로 진행하고 신의 존재를 확립하거나 인간사에 관해 관찰하는 것을 간파했다. '이다' 대신 '이어야 한다'는 것으로 이렇게 바꾸는 것은 잘 감지되지 않지만, 최종적 중요성을 지닌 것이다. '이어야 한다'와 '이어서는 아니 된다'가 어떤 새로운 관계나 확인을 표현하는 만큼, 이것들이 관찰되고 설명되어야 하는 것으로부터, 그리고 지각할 수 없을 듯한 것으로부터, 즉 이 새로운 관계가 어떻게

는 연역물, 즉 '이성의 사실'이 아니라, '느낌(감정)의 사실'이라고 갈파했다.737) 도덕적 선과 악을 알게 만들어주는 상이한 인상들은 다름 아니라 특별한 기분 좋음·불쾌·만족(즐거움) 등의 감정이다. 이어서 흄은 이렇게 못박는다.

> 어떤 행동, 어떤 감정, 어떤 성품은 덕스럽거나 부덕하다. 왜? 그것을 보는 것이 특별한 유형의 쾌감과 불쾌감을 야기하기 때문이다. 그러므로 이 쾌감과 불쾌감의 이유가 제시되면, 덕과 악덕은 이미 충분히 설명된 것이다. 덕성감각을 가지는 것은 바로 어떤 성품의 관조로부터 특별한 종류의 만족을 느끼는 것 외에 아무것도 아니다. 바로 이 느낌(feeling)이 우리의 칭찬과 또는 찬양을 구성한다. 우리는 여기서 이보다 더 이상 나아갈 수 없다. 또한 우리는 만족의 원인을 탐구할 수도 없다.738)

"특별한 유형의 쾌감과 불쾌감"이라는 용어로 흄은 자기와 타인의 행동에 대한 도덕적 '가可·불가不可감정(approbation, disapprobation)', 또는 '잘잘못의 느낌', 즉 도덕감각을 말하고, "만족"이라는 술어로 "즐거움(樂)"을 말하고 있다. 흄은 존재

완전히 자기와 상이한 다른 관계들('이다', '아니다')로부터의 연역일 수 있는지에 대해 이유가 제시되어야 한다는 것은 필연적이다. (...) 나는 이 작은 주목이 (...) 덕성과 악덕의 변별이 단순히 객체들의 관계에 기초한 것도 아니고, 이성에 의해 지각되는 것도 아니라는 것을 알게 만들어줄 것이라고 확신한다." Hume, *A Treatise of Human Nature*, Book 3. *Of Morals*, 302쪽.

737) "덕성과 악덕이 단지 이성이나 관념들의 비교에 의해 발견될 수 없는 것이기 때문에 우리가 덕성과 악덕 간의 차이를 특징지을 수 있는 것은 이 덕성과 악덕이 야기하는 모종의 인상(impression)과 감정에 의거한다고 결론지을 수 있다. (...) 도덕적 바름과 비행에 대한 우리의 판정은 분명 지각이다. 그런데 모든 지각이 인상이 아니면 관념인 만큼, 관념을 배제하면 곧 인상을 지지하는 것이라는 말은 수긍할 만한 논변이다. 그러므로 서로 밀접하게 유사한 모든 것들을 동일한 것으로 여기는 우리의 통상적 관성에 따라 흔히 아주 부드럽고 점잖은 느낌 또는 감정을 우리가 쉬 관념으로 착각할지라도, 도덕성은 이성적으로 판단되기보다 더 정확하게는 '느껴지는' 것이다. (...)우리는 덕으로부터 생겨나는 인상은 기분 좋고, 악덕으로부터 일어나는 인상은 불쾌하다고 언명하지 않을 수 없다. 매 순간의 경험은 우리에게 이것을 확신시켜준다. 고상하고 관대한 행동보다 멋지고 아름다운 광경은 없을 것이다. 또한 잔인한 반역적 행동보다 더한 혐오감을 주는 행동도 없다. 어떤 즐거움도 우리가 사랑하고 존경하는 사람들과 함께 어울리는 것에서 우리가 얻는 만족과 맞먹는 것은 없다." Hume, *A Treatise of Human Nature*, Book 3. *Of Morals*, 302쪽.

738) Hume, *A Treatise of Human Nature*, Book 3. *Of Morals*, 303쪽.

('이다', '아니다')와 당위('이어야 한다', '이어서는 아니 된다')의 구별로부터 출발해서 일련의 단순한 논변으로 존재와 당위, 감정과 의무를 상하 위계질서 속에, 즉 당위를 존재에 종속된 것으로, 그리고 의무를 감정에 종속된 것으로 통합시켰다. 따라서 칸트의 교조화된 존재-당위 대립론은 공리공담 또는 무실허언의 망언인 것이다.

– 실천이성 비판의 불가능성

인간의 정언적 의무 개념이 '도덕감정의 즉각성(무조건성)과 강렬성'에서 기원하는 한에서 의무 개념은 강렬한 무조건적 도덕감정이 없다면 존재할 수 없다. 칸트가 『순수이성비판』에서의 순수이성의 사변성에 대한 이성의 비판 임무(이성의 사변적·초험적 월권 경향에 대한 이성의 자기비판)와 반대되게 『실천이성비판』에서 '밥 먹듯이 거짓말을 늘어놓는' 사이코패스의 거짓말 논변 같이 비비꼬는 장광설로 실천이성의 선험적 비판임무, 즉 감정적 경험의 간섭작용에 대한 실천이성의 배제적 비판 임무를 천명한다.

> 이성의 이론적 사용은 단순한 인식능력의 대상들을 취급하고, 이러한 이론적 사용의 관점에서의 이성의 비판은 본래 순수한 인식능력에만 해당한다. 왜냐하면 이 순수한 인식능력은 쉽사리 자신의 한계를 넘어, 도달할 수 없는 대상들 사이에서 또는 심지어 서로 모순되는 개념들 사이에서 길을 잃고 있다는, 나중 확인되는 혐의를 일으키기 때문이다. 그러나 이성의 실천적 사용에서는 사정이 다르다. 이 실천적 사용에서는 이성이, 관념에 상응하는 대상들을 산출할 능력, 또는 자신을 스스로 이 대상들을 작용시키는 힘으로 규정하는 능력(신체적 능력이 충분하든, 충분하지 않든), 즉 자기의 인과작용성을 규정하는 능력인 의지의 규정근거들을 취급한다. 왜냐하면 여기서는 적어도 이성이 의지규정에 도달할 수 있고, 의욕만이 중요한 한에서 늘 객관적 실재성을 얻기 때문이다. 따라서 여기서 첫째 물음은 '순수이성이 자신만으로 의지의 규정에 충분한 것인가', 아니면 '순수이성이 오로지 경험적으로 제약된 이성'으로서만 의지의 규정근거일 수 있는가'다. 여기서는 어떤

경험적 진술의 능력도 없을지라도 순수이성의 비판에 의해 정당화된 인과성 개념, 소위 자유 개념이 등장하고, 우리가 지금에 와서 이 자유의 속성이 인간의지에 (따라서 모든 이성적 존재자들의 의지에) 사실상 속하는 것임을 증명할 근거를 발견한다면, 이로써 순수이성이 실천적일 수 있다는 것뿐만 아니라, 경험적으로 한정된 이성이 아니라 순수이성만이 무조건적으로 실천적이라는 것이 개진된다. 따라서 우리는 '순수한 실천이성'의 비판이 아니라 그냥 '실천이성 일반'의 비판만을 작업해야 할 것이다. 왜냐하면 순수이성은 이러한 이성이 존재한다는 것이 맨 먼저 밝혀진다면 그 어떤 비판도 필요하지 않기 때문이다. 순수이성은 그 자체가 모든 이성 사용의 비판을 위한 먹줄을 포함하고 있는 것이다. 따라서 실천이성 일반의 비판은 경험적으로 제약된 이성으로 하여금 배타적으로 자기 단독으로만 의지의 규정근거를 제시하려고 하는 월권을 부리지 못하도록 방지할 책무가 있다. 순수이성의 사용은 이러한 이성이 존재한다는 것이 확정되면 유일하게 내재적이다. 반대로 독재를 월권적으로 요구하는, 경험적으로 제약된 이성의 사용이 되레 초험적이다. 이 경험적 이성의 사용은 이 이성의 영역을 완전히 뛰어넘는 무리한 요구와 계명誡命으로 표현되기 때문이다. 이것은 순수이성이 사변적 사용에서 말할 수 있는 것과 정반대인 상황이다.[739]

"순수이성이 실천적일 수 있다는 것뿐만 아니라, 경험적으로 한정된 이성이 아니라 순수이성만이 무조건적으로 실천적이다"는 말은 도덕적 실천철학에서는 이성이 단독으로 도덕을 입법하듯 산출할 수 있다는 뜻이다. 그리고 순수이성 비판과 반대로 "실천이성 일반의 비판(die Kritik der praktischen Vernunft überhaupt)은 경험적으로 제약된 이성으로 하여금 배타적으로 단독으로만 의지의 규정근거를 제시하려고 하는 월권을 부리지 못하도록 방지하는 책무가 있다"는 말은 실천이성이 미천한 도덕감정의 월권을 방지·비판할 책무가 있다는 말이다. 여기서 "경험적으로 제약된 이성"이란 '도덕감정'에 입각한 경험적 도덕행위에 굴복한 비굴한 이성', 결국 이성에 의해 봉사받는 도덕감정을 뜻한다. "이것은 순수이성이 사변적 사용에서 말할 수 있는 것과 정반대인 상황이다"라는 마지막 구절은

---

739) Kant, *Kritik der praktischen Vernunft, Einleitung*, A29-31쪽 각주.

이론적 영역에서는 순수이성이 경험을 무시하려는 월권을 저지르는 경향을 보이는 반면, 실천영역에서 경험적 감정이 순수이성에 대해 월권을 저지른다는 말이다. 그리하여 순수이성 비판은 경험을 무시하려는 '순수이성의 사변적 월권에 대한 순수이성의 자기 비판'인 반면, 실천이성 비판은 도덕감정적 경험의 월권에 대한 실천이성의 비판이라는 말이다. 따라서 도덕적 실천 영역에서는 경험적 도덕감정의 꾐에 빠져 움직이는, 경험의 노예가 된 비굴한 이성("경험적으로 제약된 이성")을 비판해야 한다는 말이다. 간단히, 칸트의 주장은 『순수이성 비판』의 임무가 순수이성의 월권을 경험에 근거해 비판하는 것이었다면, 『실천이성 비판』의 임무는 정반대로 경험적 도덕감정(에 종속된 비굴한 경험적 이성)의 월권을 순수한 이성의 관점에서 비판하는 것('경험적 도덕감정'의 월권을 '순수한 실천이성'에 의해 비판하는 것)이라는 것이다.

그러나 이 실천이성 비판의 임무는 수행할 수 없는 불가능한 임무다. 칸트의 순수한 실천이성은 여기서 우군에게 총을 쏘는 '머저리 군인' 노릇을 하고 있기 때문이다. 강렬한 무조건적 도덕감정은 칸트적 의무도덕의 실체적 동력이므로 도덕감정은 당연히 의무도덕에 대해 '우군'이다. 순수한 실천이성이 '결사용위'하는 '무조건적으로 실천적인' 의지규정인 '순수한 의무'는 상론했듯이 실은 도덕감정의 즉각적 강렬성(강렬한 무조건적 충동성)에서 기원하기 때문이다.

따라서 칸트가 저 야릇한 장광설로 거듭 주장하는 『실천이성 비판』의 임무는 한 마디로 의무도덕의 우군(동정심)을 향한 저 '머저리 저격수'의 조준사격이나 다름없다. 칸트는 도덕감정이 경험적으로 획득된 후험적 감정이 아니라, 유전자에 각인된 선험적 도덕감정, 즉 메타도덕이라는 사실을 끝내 몰각했다. 그러나 선험적 실천이성에게 도덕성 행세를 하게 하는 어떤 순수한 사이코패스적 도덕철학이든 이 메타도덕의 비판을 면치 못할 것이다.

- 도덕교육론에서 칸트 도덕철학의 대파탄

상론했듯이 오늘날 많은 과학적 연구들은 본능적 동정심의 강력한 도덕적 기능을 다각도로 입증했고 또 입증하고 있다. 이와 관련해 켈트너는 "과학적 연구 덕택에 인간의 선한 본성과 관련된 칸트·니체 (…) 등의 영향력 있는 주장이 힘을 잃었다"고 말한다. 동정심으로서의 연민은 아무에게나 무턱대고 달려가는 분별없는 감정이 아니다. 연민은 타인의 피해 정도에 따라 미세하게 조절된다. 연민은 사람을 눈물 흘리는 게으름뱅이, 도덕적 약자, 수동적 방관자로 만드는 것이 아니라, 동정을 베풀지 않고 그냥 넘어가더라도 아무도 모를 경우에도 곤경에 처한 타인을 도우러 나서게 만든다. "건강한 공동체를 만드는 인정과 희생, 인(仁)은 신경다발 속에 깊이 뿌리내리고 있고, 이 신경다발은 지난 1억 년에 걸친 포유류의 진화과정에서 배려행동을 낳은 것이다."740) 따라서 이성과 무관한 연민(동정심)의 감정을 저급하고 취약하고 분별없는 것으로 경멸한 칸트의 무분별한 동정심 비판과 그 자가당착성에 대한 비판적 폭로는 이것으로 족할 것이다.

칸트와 니체가 동정심을 '고통을 늘리는 병리적 기제'로 논단하는 것은 인간의 도덕적 상식과 도덕감각에 반하는 사이코패스적 망언이었다. '고통은 나누면 반감되는 것이 아니지만 동정으로 맺어지는 연대감과 연대적 즐거움에 의해 적어도 위로받고 견디고 극복할 수 있게 된다'는 것이 인간 상식 아닌가? 흄은 칸트와 니체의 망언과 대립되는 상식의 논변을 이렇게 열정적으로 쏟아낸다.

> 모든 쾌감은 다 동류와 동떨어져 즐기면 맥없고, 모든 고통은 다 더 잔인해지고 견딜 수 없게 된다. 우리를 움직이게 만들 수 있는 모든 다른 감정, 즉 긍지·야심·탐욕·호기심·복수심이나 쾌감, 이 모든 감정들의 혼, 즉 활력화 원리는 공감이다. 또한 우리가 남들의 생각과 감정을 완전히 도외시하게 된다면 이 감정은 아무 힘도 없을 것이다. 태양을 뜨게 만들고 인간의 명령에 따르게 만들어보라. 바다와 강들이 그의 마음대로 구르고 지구가 저절로 그에게 유용하거나 기분 좋은 것이면 무엇이든 공급하게 해보라. 그래도, 당신이 그에게 적어도 그의 행복을 같이 나누고 그가 즐길 수 있는 존중과 우정을 가진 어떤 한 사람을 보내주기까지 그는 비참할 것이다.741)

---

740) Keltner, *Born to be Good*, 240쪽.

우리에게 있어 중요한 구절은 "고통은 (동류와 동떨어져 느끼면) 다 더 잔인해지고 견딜 수 없게 된다"는 구절이다. 이 말은 뒤집으면 고통도 동류와 나누어 느끼면 덜 잔인하고 더 견딜 수 있게 된다는 뜻이다.

다윈은 『인간과 동물의 감정 표현』의 결론 부분에서 흄이 열정적으로 변호하는 인간의 이런 상식을 이렇게 과학적으로 확증하고 있다.

얼굴과 몸에서의 감정 표현의 발동은 이것의 기원이 무엇이든 그 자체로서 우리의 복지에 아주 중요한 것이다. 이 표현의 발동은 엄마와 아기 간의 첫 번째 소통수단에 이바지한다. 엄마는 미소로 가피감정을 표하고, 이로써 아이를 바른 길로 가도록 북돋우거나, 찡그림으로써 불가피감정을 표한다. 우리는 타인들의 표정을 보고 이 타인들의 공감을 쉽사리 지각한다. 우리의 괴로움은 이렇게 하여 완화되고, 우리의 기쁨은 증가된다. 상호적 호감은 이렇게 하여 강화된다.[742]

다윈의 이 말에서 중요한 구절은 "우리의 괴로움이 이렇게 하여(공감을 통하여) 완화된다"는 구절이다.

흄과 다윈에 의하면 진실이 이러할진대, 칸트는 공감과 고통에 대한 공감 및 동정심을 계속 매도했다. 그렇다면 칸트가 스스로 주장한, 공감·도덕감정·도덕감각의 확충에 기초한 '도덕교육'은 원천적으로 불가능하다. 그러나 칸트는 도덕교육과 관련해 『실천이성 비판』의 끝부분에서 이렇게 장담한다.

교육자들은 훌륭한 행실을 완전한 순수성 속에서 인지하고 이 행실에 갈채를 보내고 반대로 이 행실로부터 조금만 일탈해도 이를 안타까움과 경멸로써 알아채는 빈번한 수련이 (...) 한편으로 존중과, 다른 한편으로 혐오의 지속적 인상을 남겨놓기를 확실히 바랄 수 있다. 이 존중과 혐오의 인상은 이러한 행위들을 종종 갈채받을 만한 것이거나, 아니면 나무랄 만한 것으로 간주하는 단순한 습관을 통해

---

741) Hume, *A Treatise of Human Nature*, Book 2. *Of the Passions*, 234-235쪽.
742) Darwin, *The Expression of Emotion in Man and Animals*, 385-386쪽.

미래의 처신에서의 정직성을 위한 좋은 토대를 이룰 것이다."[743]

나아가 칸트는 앞서 되뇌었던 "실천이성 비판 일반의 책무"와 정반대되게도 "통이 큰 비이기적·동정적 심정(große uneigennützige, teilnehmende Gesinnung)과 인간애를 밝게 빛내주는 행위들을 칭찬하는 것은 전적으로 권장할 만하다"라고 말하기도 하고,[744] "나의 젊은 청취자들은 단계적으로 동조에서 경탄으로, 경탄에서 다시 경악으로, 마침내 최대의 경의와, (물론 그의 처지에 놓이지 않을지라도) 자신도 그 사람이 될 수 있기를 바라는 열렬한 소망으로 고양될 것이다"라고 말하기도 한다.[745] 칸트의 이 도덕교육론은 도덕법칙의 이성적 연역 학습에 의거하는 것이 아니라, 전체적으로 동정·공감감정과 교감감정에 대한 공감에 의거하고 있다. 이것은 앞서 동정심을 그토록 매도하고 배격한 그의 일관된 논변과 완전히 모순된 교육론이다.

나아가 칸트는 심지어 동정심 없이 의무 관념만으로 도덕행위를 수행할 수 없다는 입장을 슬그머니 실토한다.

> 타인에 대한 동정심을 (그리고 또한 동락을) 갖는 것이 즉자적으로 의무가 아닐지라도, 동정적 본성(감성) 감정들을 자기 안에서 함양하는 것, 그리고 이 동정적 감정들을, 도덕원칙들과 이에 적합한 감정에서 나온 공감을 위한 수단들로 이용하는 것은 타인들의 운명에 대한 행동적 동참이고 따라서 끝내는 간접적 의무다. 그리하여 가장 필수적인 생필품도 없는 빈자들이 사는 장소를 우회하는 것이 아니라 오히려 그런 곳을 방문하는 것, 병실이나 채무자들의 감옥 등에서 달아나 억제할 수 없는 고통스런 공감을 피하지 않는 것은 의무다. 왜냐하면 동정적 감정은 의무관념이 그 자체만으로는 수행하지 못할 그런 일을 수행하도록 자연본성이 우리 안에 심어 놓은 충동 중의 하나이기 때문이다.[746]

---

743) Kant, *Kritik der praktischen Vernunft*, A 275-276쪽.
744) Kant, *Kritik der praktischen Vernunft*, A 276쪽 각주.
745) Kant, *Kritik der praktischen Vernunft*, A 278쪽.
746) Kant, *Metaphysische Anfangsgründe der Tugendlehre*, §35 (A131-132쪽).

『실천이성 비판』의 결론 부분에서 칸트는 동정심을 의무관념이 '홀로 하지 못하는' 일을 할 수 있게 만드는 본성적 충동("자연본성이 우리 안에 심어놓은 충동")으로 격상시킴으로써 자기 논변의 허리를 동강 부러뜨려 버리고 있다. 칸트가 『실천이성 비판』의 (읽는 사람이 거의 없는) 결론 부분에서 이같이 '도둑처럼' 슬그머니 자행한 엄청난 입장선회는 모든 감정적 성향을 멸시하는 자신의 실천이성적 도덕철학의 근본입장과 대충돌을 일으키는 것이다.

다만 세상사람들이 칸트가 『실천이성 비판』에서 전개한 난해한 현학적 언변과 장광설을 끝까지 분석적으로 파고들고 결론 부분까지 독파하지 않기 때문에 이 '대충돌' 사실을 간과하고 있을 뿐이다. 니체가 칸트의 『실천이성 비판』을 결론 부분까지 독파했더라면 고통을 동정하면 고통이 두 배가 된다고 말하는 둥, 아무도 고통을 늘릴 권리가 없다는 둥 '칸트를 흉내내며' 동정심 매도의 저 광언들을 쏟아놓지 못했을 것이다.

그런데 칸트가 정상인과 동일한 도덕감정을 느끼지 못하면서 '동정심'·'인간애' 같은 도덕감정들을 단어로만 알고 흉내를 내는 사이코패스처럼 도덕교육론에서 도덕감정을 거론하는지, 자신도 정상인으로서 이 도덕감정들을 실제로 느낄 수 있는지는 정밀검토를 위해 남겨 놓겠다.

– 칸트의 계명의무론과 성서의 불합치

어리석게도 칸트는 자신의 인애 의무 논변이 성서 누가복음·마태복음·마가복음의 이웃사랑 계명(Gebot)과 완전히 일치한다고 우긴다.

> 그러나 이것(인애 의무)과는 '무엇보다도 하느님을 사랑하고 너 자신을 사랑하듯이 네 이웃을 사랑하라'는 것(누가복음 10장 27절, 마태복음 22장 37-39절, 마가복음 12장 30-31절)과 같은 이러한 계명의 가능성이 완전히 잘 부합된다. 왜냐하면 이 계명은 그래도 사랑을 명하는 법칙에 대한 존경을 계명으로 요구하고, 이 존경을 자기의 원칙으로 삼는 것을 임의적 선택에 넘기지 않고 있기 때문이다.[747]

성서의 "너 자신을 사랑하듯이 네 이웃을 사랑하라"는 말은 네가 '너 자신을 사랑하는 것', 즉 '자기애'를 전제하고, '자기애'는 루소의 말대로 "우리 자신의 복지와 보존에 깊이 관심 갖도록 만들어주는" 이성 이전의 "자기애", 즉 칸트의 표현대로 "이성의 기율에 의해 지배받지" 않는 '이성 이전'의 본성적 자기사랑이다. 한마디로, 자기 자신을 사랑하는 것은 신의 특별한 계명이 아니라 인간의 본성이다. 너 자신을 사랑하라는 원천적 계명은 성서의 어느 구석에도 없기 때문이다. 그러므로 "너 자신을 사랑하듯이 네 이웃을 사랑하라"는 계명은 "너 자신을 사랑하는 네 본성처럼 네 이웃을 사랑하라"는 계명이다. 따라서 '이웃을 사랑하라'는 계명은 궁극적으로 '너 자신을 사랑하라'는 (존재하지 않는) '계명'에 기초해 있는 것이 아니라, 자기 자신을 사랑하는 인간의 '본성감정'에 기초해 있는 것이다. 예수는 "너 자신을 사랑하라"고 명하는 별도의 계명을 말하지 않고 자기애를 인간의 본성적 감정으로 전제하고, 단적으로 이 본성적 자기애의 '감정'을 믿고 이에 의거해 이웃사랑을 명하고 있다.

어리석게도 칸트는 이것을 보지 못하고 있다. 따라서 본성적 자기애의 '감정'을 믿는 예수의 계명은 본성적 자기애, "인간에 대한 사랑과 동정적 인애심", 그리고 "질서에 대한 사랑" 등 모든 감정을 경멸하는 칸트의 사이코패스적 명제와 본질적으로 다른 것이다. 따라서 칸트의 저 합리적 인애의무 논변은 예수의 계명과 완전히 상반된다.

결론적으로 어리석은 칸트의 도덕형이상학은 황당한 것이다. 이런 까닭에 칸트를 비판하는 철학자들은 줄을 이었다. 하지만 20세기까지도 칸트를 추종하는 철학자들도 많았다. 그만큼 사이코패스 철학자들이 많았던 것이다. 그 중에는 니체 같은 비밀 추종자도 있었다. 니체는 칸트와 달리 자유분방한 철학자처럼 보이지만 칸트로부터 '도덕법칙(도덕률)'이나 '계명'이라는 시건장치 노릇을 하는 신학적 개념들을 제거하고 그의 공리주의적 천박성을 감춰주는 성직자복장을 벗겨내면, 칸트와 니체는 한통속이다. 니체는 동정심을 초월하는 칸트의 이성법

---

747) Kant, *Kritik der praktischen Vernunft*, A146-148쪽.

칙적 인애 의무론과 유사하게 '동정심보다 높은 윗자리'에 위치하는 궤변적 '큰 사랑' 개념으로 동정심과 인간도덕을 농단한다.

■ 니체의 동정심 매도와 사이코패스적 초인

니체는 나름대로 칸트의 도덕법칙적 의무도덕론에 대해 불만을 터트리며 도덕법칙적 의무도덕을 제거하지만, 동정심 매도에서는 오히려 칸트를 응원군으로 활용하고 있다.

- 니체의 동정심 매도와 불구자제거론

니체는 1880년 『인간적인 것, 너무 인간적인 것』에서부터 이미 동정심을 비판하는 첫발을 내딛는다. 이 책의 소제목 "무절제한 자들의 입에서 언급되는 동정심의 도덕"에서 그는 이런 망언들을 쏟아 놓는다. "도덕성을 (...) 항구적 자제와 극기로 알지 못하는 모든 이들은 본의 아니게 선량하고 동정적이고 인애적인 충동, 즉 저 본능적 도덕성의 예찬자들이 되는데, 이들은 머리가 없고, 단지 가슴과 돕는 손들로만 된 것으로 보인다." 그러면서 칸트의 합리론적 도덕형이상학의 관점에서 "이성의 도덕성을 의심하고 저 다른 도덕성을 유일한 도덕성으로 만드는 것이 그들의 관심인 것이다"라고 동정적인 사람들을 비웃는다.[748] 그리고 "동정심을 표명하는 것은 누군가에게 동정심이 표해지자마자 이 사람이 '두려움'의 대상이기를 그쳤기 때문에 경멸의 표시로 느껴진다"고 덧붙인다.[749] 니체는 동정심 비판에서 자신이 '허무주의적 데카당스철학자'로 비난한 칸트와 벗하고 있다.

『차라투스트라는 이렇게 말했다』(1883)에서도 니체는 도덕의 한 단초인 '동정

---

748) Friedrich Nietzsche, *Menschliches, Allzumenschliches*, Bd. II, 2. *Der Wanderer und sein Schatten* [1880], §45. *Nietzsche Werke*, IV-3. Abt., hg. v. G. Colli und M. Montarinari (Berlin: Walter de Gruyter & Co, 1967).
749) Nietzsche, *Menschliches, Allzumenschliches*, Bd. II, 2. *Der Wanderer und sein Schatten*, §50.

심'을 어디서 본 듯한 논법으로 이렇게 부드럽게, 이렇게 통 크게 매도한다.

진실로 나는 그들을, 동정 속에서 행복해하는 마음 따뜻한 사람들을 좋아하지 않는다. 그들은 너무 수치심이 없다. 나는 동정해야 하더라도 나는 동정하는 자라 불리고 싶지 않다. 내가 동정한다면, 기꺼이 멀리서 그러고 싶다. 나는 내가 인지되기 전에 머리를 감싸고 그곳으로부터 도망가고 싶다. 그리고 나는 너희들에게 그렇게 하라고 명한다. 나의 벗들이여! (...) 이런 까닭에 나는 고통받는 자를 도와준 손을 씻는다. 이 때문에 나는 영혼도 씻어낸다. 왜냐하면 나는 내가 고통받는 자를 고통스럽게 보았다는 사실을 그의 수치심으로 인해 수치스러워하기 때문이다. 내가 그를 도왔을 때, 나는 그의 자부심에 가혹한 폭행을 가했다. 큰 은혜는 감사함이 아니라 복수심을 불러일으킨다. 작은 자선이 잊히지 않는다면, 그것은 갉는 벌레가 된다. 나는 "받는 것에 시치미 떼라! 이로써 너희들이 받는다는 사실을 눈에 띄지 않게 하라"고 줄 것이 없는 자들에게 조언한다. 그러나 나는 기부자다. 나는 기꺼이 친구로서 친구들에게 기부한다. 그러나 낯선 자들과 가난한 자들은 나의 나무에서 손수 열매를 따가도 된다. 그러면 이것은 덜 수치스럽게 할 것이다. 그러나 거지를 완전히 폐지해야 한다. 참으로 사람들은 거지들에게 주어도 화나고 그들에게 주지 않아도 화난다.[750]

소소한 인간관계에서 도움을 원치 않는 사람을 도와주면 이 도움을 자신을 동정한 것으로 여겨 이 돕는 행동이 그의 자존심을 긁는 것은 사실이다. 그리고 니체도 칸트처럼 걸인들에게 동정을 베푸는 것을 싫어한다. 그는 동정과 도움을 받는 것을 "수치스러워" 하거나 "자부심" 타령을 할 겨를이 없이 진정으로 남의 도움을 간절히 갈구하는 사활적 곤경에 처한 사람들(추락·영락·절명·피살·아사 위기에 처한 사람들, 사고당한 사람, 부상자, 기민飢民, 극빈자 등)을 알지 못했다. 그렇기 때문에 그는 저런 소소한 심사에 대해 쓸데없는 말을 부질없이 늘어놓고 있는 것이다. 이런 니체가 "나는 동정해야 하더라도 나는 동정하는 자로 불리고 싶지

---

[750] Friedrich Nietzsche, *Also sprach Zarathustra* (1883). *Nietzsche Werke*, VI-1. Abteilung, hrg. v. G. Colli u. M. Montinari (Berlin: Walter de Gruyter & Co, 1968), 109-110쪽.

않다"느니, "나는 기꺼이 친구로서 친구들에게 기부한다"느니, "낯선 자들과 가난한 자들은 나의 나무에서 손수 열매를 따가도록" 한다느니 하는 예수를 흉내 내는 말들은 전혀 신뢰할 수 없다. 그의 저 친절한 말들은 "마음 따뜻한 사람들을 좋아하지 않는다"는 그의 말, 잊히지 않는 "작은 자선은 갉는 벌레가 된다"는 그의 말, 정작 도움을 간절히 원하는 "거지를 완전히 폐지해야 한다"는 그의 말 때문에 신뢰할 수 없는 거짓말처럼 들린다. 거지에 대한 적대감은 칸트도 니체 못지않게 만만치 않았다.

니체는 『차라투스트라는 이렇게 말했다』(1883)에서 동정적 도움을 간절히 필요로 하는 사람의 심정을 전혀 고려치 않는 "큰 사랑"의 이름으로 동정심을 전적으로 부정하고 동정자를 저주한다.

> 모든 큰 사랑은 이렇게 말한다. "큰 사랑은 용서와 동정심도 극복한다." 사람들은 자신의 마음을 꽉 붙잡아야 한다. 마음을 그냥 두면 얼마나 빨리 사람의 머리를 파고들어가겠는가! 동정자들에게서보다 더 큰 우행이 벌어지는 곳이 세상 어디에 있겠는가? 그리고 세상에서 무엇이 동정자의 우행보다 더 큰 고통을 야기하겠는가? 동정심 위에 있는 높은 위치를 갖지 않는 모든 사랑하는 자들에게 화 있을진저! 악마는 나에게 언젠가 이렇게 말했다. "신도 지옥이 있다. 그것은 인간에 대한 그의 사랑이다." 그리고 최근에 나는 그 악마가 "신은 죽었다. 인간들에 대한 그의 동정심 때문에 죽어버렸다"고 하는 말을 들었다. 그러므로 내게 동정심에 대해 경고하라. (…) 그러나 이 말을 새겨라. "모든 큰 사랑은 모든 동정보다 훨씬 위에 있다. 왜냐하면 큰 사랑은 사랑받는 자를 창조 · 창작하고 싶기 때문이다." 모든 창조자에게 이 말이 통한다. "나는 나 자신을 나의 사랑에 바치고 나와 같이 이웃도 바친다." 모든 창조자는 인정머리 없다.[751]

여기서 니체는 과대망상적 '큰 사랑'의 이름으로 동정심을 부정하고 동정심만 가진 "모든 사랑하는 자들"을 저주하기까지 하고 있다. 그리고 도움이 필요한

---

751) Nietzsche, *Also sprach Zarathustra*, 111-112쪽.

사람들에게 "큰 사랑"을 주는 대가로 이 사랑을 받는 자를 멋대로 "창조"하려고 한다. 그는 아담과 이브를 자신의 사랑을 받는 자로 창조하고 자기 자신과 함께 이들을 자신의 사랑에 바친 창조주 야훼의 흉내를 내면서 동시에 이 야훼보다 더 큰 사랑을 하려고 하고 있다. 야훼는 인간을 '내리사랑'하는 동정을 하다가 죽었는데, 차라투스트라 자신은 이 같은 작은 사랑(인간다운 동정)을 하지 않겠다는 것이다. 다른 인간을 제멋대로 만들려는 '큰 사랑'을 대가로 동정심을 격하·저주·배격하는 이 모든 언설은 그대로 인간답지 않은, 즉 사이코패스다운 궤변이다.

니체는 1885-1887년의 메모에서 동정심을 더욱 사납게 비판한다. 그의 이 비판들은 거의 다 칸트의 '동정심 매도'를 반복하는 것이다.

> 동정심은 느낌의 낭비, 도덕적 건강을 해치는 기생충이다. "세계 속에 불행을 늘릴 의무는 있을 수 없다". 동정심에서 선행을 한다면, 본래적으로 남에게가 아니라 자기 자신에게 선행을 하는 것이다. 동정심은 준칙에 근거한 것이 아니라, 감정에 근거한 것이다. 그것은 병리적이다. 남의 고통이 우리에게 전염되는데, 동정심은 전염이다.[752)]

"세계 속에 불행을 늘릴 의무는 있을 수 없다"는 구절은 우리가 위에서 인용한 칸트의 『덕성론의 형이상학적 시발근거』의 한 구절이다. 이 글의 전체적 사고방식은 칸트가 동정심에 대해 가한 매도와 적대의 재탕이다. 그러나 니체는 칸트처럼 동정심을 보편타당한 공적 도덕법칙으로 대체하기 위해서가 아니라, '선악의 피안', 아니 '인간적·도덕적 동정심의 피안'에서 자기가 자기를 위해 '발명'한 '큰 사랑'으로 동정심의 도덕감정을 대체한다.

1885-1887년의 이 메모보다 뒤에 쓰인 『안티크리스트(Der Antichrist)』(1888-1889)

---

752) Friedrich Nietzsche, *Nachgelassene Fragmente. Herbst 1885 bis Herbst 1887*, 276쪽(7-4). *Nietzsche Werke*, VIII-1, hg. v. G. Colli u. M. Montinari (Berlin/New York: Walter de Gruyter & Co, 1974).

에서 니체는 칸트의 견지에서 동정심을 비판하면서 칸트와 무관한 것처럼 칸트를 강도 높게 비판하는 품새를 보인다. 그러나 비판은 목청만 크지 내용 없이 부실하고 그릇되다.

덕성은 '우리의' 발명품, '우리의' 가장 개인적인 정당방위이자 긴급갈망이어야 한다. 이것 외의 어떤 의미에서든 덕성은 단지 위험에 지나지 않는다. 우리의 생이 낳지 않은 것은 우리의 생에 해를 끼친다. 칸트가 바랐던 것처럼 단순히 '덕성' 개념에 대한 존경감정에서 생겨난 덕성은 해로운 것이다. '덕', '의무', '선 자체', 비인격성과 보편타당성의 성격을 가진 선은 몰락, 생의 최종적 무력화, 쾨니히스베르크의 중국인 성향이 표현되는 망념들이다.753)

중국인과 정면으로 상반되고 중국과 효도·충성 등 유교적 덕목을 맹렬히 비난한 칸트를754) 중국인과 등치시키는 니체의 '엽기적' 칸트비판은 실로 '가소롭기'까지 하다. 선은 본성적이지만 덕성은 오랜 습관적 체득을 통해 후천적으로 얻어진다. 이 덕성은 "우리의 생이 낳지 않은 것"임에도 "우리의 생에 해를 끼치는 것"이 아니라, "우리의 생"을 순조롭게 한다. 따라서 "우리의 생이 낳지 않은 것은 우리의 생에 해를 끼친다"는 니체의 주장은 그야말로 망언이다.

칸트의 덕성과 반대되는 덕성은 "누구나가 '자기의' 덕성, '자기의' 정언명령을 스스로에게 발명한다"는 "가장 심오한 보존·성장법칙"에 의해 마련된다. 이런 칸트비판 속에서 니체는 덕성의 단초를 인간의 본성으로 보는 것이 아니라, 덕성을 각자가 '발명'하는 것으로 거듭 말하고 있다. 이 덕성발명론의 사고방식은

---

753) Friedrich Nietzsche, *Antichrist*, §11. *Nietzsche Werke*. VIII-1, hrg. v. G. Colli u. M. Montinari (Berlin/New York: Walter de Gruyter & Co, 1974).

754) Immanuell Kant, *Physische Geogarphie* [Vorlesungs-Manuskripte zwischen 1756-1796]. Lee Eun-Jeong, *Anti-Europa: Die Geschichte der Rezeption des Konfuzianismus und der konfuzialnischen Gesellscjaft seit der frühen Aufklärung* (Münster: Lit Verlag, 2003), 270-271쪽; 칸트의 중국·공자 비판은 뒤에 상론한다. 그리고 이 글들은 참조: 황태연, 『공자철학과 서구 계몽주의의 기원』, 109-110쪽; Martin Schönfeld, "From Socrates to Kant - The Question of Information Transfer", *Journal of Chinese Philosophy* 67-69 (2006), 33쪽.

이성에 의해 도덕을 '제정'하려고 한 칸트의 실천이성적 도덕제정·입법론을 자기도 모르게 계승한 것이다.

니체의 칸트비판은 칸트도덕론의 개념론적 추상성에만 초점이 맞춰져 있다. "한 백성은 자신의 의무를 의무 개념 일반과 혼동하면 몰락한다. '비인격적' 의무, 추상의 몰록(Moloch; 사람을 제물로 잡아먹는 페니키아 화신火神)보다 더 깊이, 더 내밀하게 파멸하는 것은 없을 것이다." 그런데 "사람들은 칸트의 정언명령을 '생에 위험한 것'으로 느끼지 않았다! 신학자적 본능만이 그를 보호했다. (그러나) 생의 본능이 강제하는 행위는 '바른' 행위라는 증명을 우리는 쾌락 속에서 얻는다." 하지만 "기독교리적 내장을 가진 저 허무주의자(칸트)는 쾌락을 '말썽(Einwand)'으로 이해했다".755) 니체는 여기서 스스로 전도된 쾌락주의적 공리주의자의 자기모습을 드러내고 있다. 그는 "내적 필요 없이, 깊은 개인적 선택 없이, '쾌락' 없이 노동하는 것보다 더 신속하게 파괴하는 것이 있을까?"라고 자문한다. "그것은 바로 데카당스의 처방, 그 자체가 천치성의 처방이다". 이래서 결국 "칸트는 천치가 되어버렸다"는 것이다. 그는 "괴테의 동시대인이었음"에도 천치가 되고만 것이다. 니체는 그런데도 "거미의 이 불운한 운명이 '독일'철학자로 통했고, 아직도 통하고 있다"고 통탄한다.756)

니체는 독일철학의 도착적 타락상이 '혁명'을 '인간의 본성의 발현'으로 본 칸트로 대변된다는 괴기스런 명제를 내놓는다.

> 칸트가 프랑스혁명을 국가의 비유기적 형태로부터 유기적 형태로의 이행으로 여기지 않았던가? 그가 단연코 '인간성의 선善 성향'을 '증명할' 정도로 인간성의 도덕적 자질을 통해서만 설명될 수 있는 어떤 사건이 있는지 묻지 않았던가? 칸트의 대답은 "그것은 혁명이다"다. 만물만사에서 일처리를 잘못하는 본능, 본능으로서의 반反본성, 철학으로서의 독일적 데카당스, "이것이 칸트다"!757)

---

755) Nietzsche, *Antichrist*, §11.
756) Nietzsche, *Antichrist*, §11.
757) Nietzsche, *Antichrist*, §11.

기독교의 원죄적 성악설을 신봉해 덕성을 "투쟁 중의 심지(Gesinnung im Kampf)"로 규정했던 칸트가 이런 자문자답을 했는지 모를 일이지만, 만약 그가 이렇게 자문자답했다면, '혁명은 인간성의 도덕적 자질을 통해서만 설명될 수 있는 어떤 사건이다'라는 자답은 어찌 보면 그의 도덕 관련 말 중에서 유일하게 옳은 말로 보인다. 그러나 기이하게도 니체는 이 대답을 '독일적 데카당스'의 표징으로 몰고 있다. 그야말로 엽기의 극치다!

니체는 같은 책 『안티크리스트』에서 제멋대로 '선善'을, 모든 균형과 조화(중도와 중화)를 깨부수는 '더 많은 권력에의 의지'로, '전쟁에의 의지'로 규정한다. 그리고 이런 선 개념을 전제로 천부적 도덕감정 "동정심"과, 이를 대변하는 기독교를 같이 매도하면서 소크라테스와 플라톤처럼 불구자들과 허약자들을 제거할 것을 요구한다.

> 무엇이 선한가? 인간 속에서 권력의 느낌, 권력에의 의지, 권력 그 자체를 높이는 모든 것은 선하다. 무엇이 나쁜가? 허약성으로부터 유래하는 모든 것은 나쁘다. 무엇이 행복인가? 권력이 성장하는 것, 저항이 극복되고 있는 것에 대한 느낌이 행복이다. 만족이 아니라 더 많은 권력, 평화 일반이 아니라 전쟁, 덕성(Tugend)이 아니라 유능(르네상스 스타일의 덕성 virtù, 도덕 없는 덕성)이 행복이다. 허약한 자들과 불구자들은 몰락해야 한다. 이것이 '우리의' 인간애의 첫 번째 명제다. 그리고 그들이 몰락하도록 도와야 한다. 그 어떤 악덕보다도 더 해로운 것은 무엇일까? 그것은 불구자들과 허약한 자들에 대한 동정의 행동, 즉 기독교다.758)

다윈은 "미개인들은 허약자들을 제거하는 반면, 우리 문명인들은 제거과정을 억제하기 위해 우리의 최선을 다한다"고 말한다.759) 니체는 유럽의 19세기 문명인들을 미개인으로 퇴락시키고자 궤변을 떨어대고 있다. 그리고 니체는 "권력에의 의지", 즉 권력욕이라는 단순한 욕망을 제멋대로 선으로 전도시키고, 권력의

---

758) Nietzsche, *Antichrist*, §2.
759) Darwin, *The Descent of Man*, 133쪽.

무한증대와 "전쟁" 범죄를 행복으로 전도시키고, 윤리적 Virtue(덕)의 개념도 비윤리적 권력으로 전도시킨다. "덕성이 아니라 유능이 행복이다"고 하면서 "르네상스 스타일의 덕성 virtù"을 말한다. 라틴어 'virtù'는 원래 비윤리적 힘(권력), 또는 능력을 뜻하기 때문에 독일어 Tugend(덕성)도 싸잡아 "도덕 없는 덕성"으로 전도시키고 있다. 라틴어 'virtù'가 고대그리스어 '아레테(αρετή)'나 한자 '덕德'도 '무덕武德'이나 '학덕學德'처럼 비윤리적·비도덕적 탁월성의 뜻으로도 쓰이는 것을 '악용'한 것이다. 이런 사악한 궤변의 마지막 종착지는 "허약한 자들과 불구자들"의 "몰락"을 "도와야 한다"는 것, 즉 모든 심신허약자와 신체적·지적 장애인의 플라톤적·우생학적 제거다. 이와 반대로 하는 것은 기독교다!

니체의 스승 쇼펜하우어에 의하면, 기독교 속에 등장하는 사랑 또는 동정심은 그 기원을 아시아정신에 두고 있다. 따라서 '더 많은 권력에의 의지'라는 '악마적 선'의 관점에서 기독교를 동정심 때문에 비판한다면, 그것은 아시아정신에 대한 비판이다. 이 비판은 당연히 불교적 자비심을 신봉한 불자佛者 쇼펜하우어에 대한 비판으로 이어진다.

사람들은 기독교를 동정심의 종교라 부른다. 동정심은 생명감의 기운을 높이는 강장强壯한 감정들과 대립한다. 그것은 침울하게 작용한다. 사람들은 동정하면 힘을 잃는다. 동정으로 인해, 고통이 이미 생에 즉자적으로 초래하는 힘의 상실은 배가되고 다각화된다. 고통 자체는 동정 작용에 의해 전염성을 띠게 된다. 사정에 따라서는 동정으로써 생과 생기의 총체적 상실이 일어날 수도 있고, 이 상실은 원인의 양에 대해 황당한 비례를 보인다(나자레파 화가들의 죽음). 이것이 첫 번째 시각이다. 그러나 더 중요한 시각이 하나 더 있다. 동정심을 그것이 통상 산출하는 반응들의 가치에 따라 측정한다고 가정하면, 동정심의 '생에 위험한' 성격은 훨씬 더 밝은 빛 속에서 드러난다. 동정은 대체적으로 '선택'의 법칙인 진화의 법칙을 상쇄시킨다. 동정은 몰락에 다다른 것을 보존하고 생의 폐적자廢嫡者와 죽음을 선고받은 자를 보호하고, 동정심이 꽉 붙들고 살아있게 하는 온갖 불구자들이 가득해서 생 자체에 암울하고 미심쩍은 관점을 제공한다. 사람들은 감히 동정심을 하나의 덕목이라 부른다. (어떤 '탁절한' 도덕에서든 동정심은 허약성으로 통한다.) 사람들은 더 나아

가 동정심을 덕성으로, 모든 덕목들의 토대와 출처로 만들었다.[760]

대가 없이 약자를 돕는 인간의 동정심은 선택의 진화법칙을 "상쇄시키는" 것이 아니라, 자연과 인간의 선택에 따른 30만 년의 진화과정을 통해 형성된 DNA다. 그러나 이에 대해 전혀 아는 게 없는 '무식한' 니체는 다윈의 진화론에 대한 얄팍한 이해 속에서 동정심을 "대체적으로 '선택'의 법칙인 진화의 법칙을 상쇄시키는" 요소라고 반대로 말하고 있다. 그리고 동정심으로 창설되는 연대의식과 연대적 즐거움 속에서 고통을 견디고 끝내 극복한다는 것, 그리고 자기의 존재 자체를 끝장낼 정도로까지 동정심을 베푸는 살신성인의 인간들, 애국애족의 고귀한 동포애 속에서 자신의 생명까지도 던지는 사람들이 성인과 영웅이 아니더라도 대중적으로 존재함으로써 종족과 부족, 민족과 인류가 번영해 왔다는 사실을 몰각하는 니체의 칸트주의적 동정심 매도와 소크라테스적·플라톤적 장애인제거론은 굳이 비판할 가치가 없다.

– 다윈·흄·크로포트킨의 동정심론과 불구자보호론

니체는 진화론의 창시자 다윈이 『종의 기원』보다 몇 배 두꺼운 책 『인간의 유래(*The Descent of Man*)』(1871)에서 "우리 본성의 가장 고귀한 부분"으로 취급한 동정심에 대한 그의 논변을 읽지도 않고 엉터리 '진화의 이념'을 그야말로 무식하게 '작화作話'하고 있다. 방대한 저작 『인간의 유래』에서 다윈은 "동정이 선택의 법칙인 진화의 법칙을 상쇄시킨다"는 '사이코 안다니' 니체의 사고방식을 선취적으로 완전히 분쇄하고 있다.

원시적 인간, 또는 유인원 같은 인간조상은 사회적이 되기 위해 (…) 자기들이 얼마간의 사랑을 느꼈을 동료들과 분리되면 상심하게 느끼고, 서로에 대해 위험을 경고해주었을 것이고, 공격과 방어에서 상호부조를 주었을 것이다. 이 모든 것은 얼마만

---

760) Nietzsche, *Antichrist*, §7 (171쪽).

한 정도의 동정심, 충성심, 용기를 포함한다. 이러한 사회적 자질들은 — 하등동물들에게 이 자질들의 중요성은 아무도 논란하지 않는 바 — 의심할 바 없이 인간조상들에 의해 유사한 방식으로, 즉 유전된 습관의 도움을 받은 자연선택에 의해 획득되었다. 원시적 인간의 두 부족이 동일한 고장에 살며 경쟁에 들어갔을 때, 한 부족이 언제나 서로에 대해 위험을 경고해주고 서로를 돕고 방어할 태세가 되어 있는 용기 있고 동정적이고 충성스런 구성원들의 수를 더 많이 포함하고 있다면, 이 부족은 의심할 바 없이 가장 잘 성공해 다른 부족을 정복할 것이다. (…) 위의 자질들을 높은 정도로 보유하는 부족은 확산되고 다른 부족들에 대해 개선凱旋할 것이다.[761]

다윈은 동정심이라는 사회적 도덕감정을 충성심과 함께 '집단진화' 차원에서 숙고함으로써 동정심이라는 사회적 자질을 더 많이 갖춘 부족이 진화론적으로 동정적이지 않은 부족에 비해 적응성이 높고 우월한 유전자를 가지게 된다고 논증하고 있다. 개체의 자연선택에만 집착하는 '옹졸한' 진화생물학자들이 한때 '집단선택'에 대한 다윈의 이 설명을 다윈의 애석한 실수로 간주했을지라도,[762] 최근의 연구들은 다윈이 옳았음을 다시 증명하고 있다.[763] 자연선택이 집단 안에서 다른 개체들에 대해 이타적 개체들을 이롭게 하도록 작용하듯이, 집단들 간에도 자연선택은 다른 집단들에 대해 이타주의자들이 더 많은 집단을 더 이롭게 하도록 작용하는 것이다. 집단선택은 집단들 간의 자연선택이 집단 내에서의 자연선택보다 더 치열한 그런 상황에서 일어난다. 이런 경우에 집단들 자체가 진화적 '복제자들'인 유전자들의 진화적 '운반수단'일 수 있다.[764] 대부분의 인간진화 역사를 관통해 인간은 수 톤(t) 이상의 거대동물(초대형동물) 수렵집단 안에

---

[761] Darwin, *The Descent of Man*, 129-130쪽.
[762] 가령 이런 학자들을 참조: George C. Williams, *Adaptation and Natural Selection* (Princeton: Princeton University Press, 1966); Richard Dawkins, *The Selfish Gene* (Oxford: Oxford University Press, 1976).
[763] 가령 참조: Eibl-Eibesfeldt, *Human Ethology*; Elliott Sober, *Philosophy of Biology* (Boulder: Westview Press, 1993); David S. Wilson & Elliott Sober, "Reintroducing Group Selection to the Human Behavioral Sciences", *Behavioral and Brain Sciences* 17 (1994) [585-654쪽].
[764] Eibl-Eibesfeldt, *Human Ethology*, 90-103쪽; Sober, *Philosophy of Biology*, 88-117쪽.

서 살았고, 거대동물 수렵은 집단 안에서 평등주의적 협동심과 사냥한 고기의 평등주의적 분배를 강제해서 유전자화했다. 그리하여 집단의 이익과 배치되는 이기적 이익을 위해 행동한 개체들은 처벌·배척되었다. 이런 상황에서 자연선택은 개체들이 다른 집단들과의 경쟁에서 자기 집단의 복리를 위해 행동하고 싶어 할 협동적 자질을 촉진하도록 '집단'의 사회적 차원에서 작용한다.[765]

오늘날 오히려 더 구체적으로 입증되는 이 '집단적 자연선택'의 진화에 이어 다윈은 동정적 인간들이 '개체진화'의 차원에서도 사회적 적응성을 획득한다는 논변을 이어간다. 일단 그가 수사적으로 자문한 물음은 "동일한 부족의 경계 안에서 대다수의 구성원들이 어떻게 처음에 이 사회적·도덕적 자질을 부여받게 될까?", 그리고 "탁월성의 기준이 어떻게 제고되었는가?"다. "보다 동정적이고 보다 인애로운 부모의 새끼나, 자기의 전우들에게 가장 충직한 사람들의 새끼가 동일한 부족에 속한 이기적·배반적 부모들의 자식들보다 더 큰 수로 키워질지 극히 의심스럽다"는 것이다. 많은 미개인이 그렇듯이, 자신의 동료를 배반하기보다 자신의 생명을 희생할 각오가 된 사람은 종종 그의 고귀한 성질을 유전받을 새끼를 전혀 남기지 못할 것이기 때문이다. 전쟁 중에 언제나 맨 앞으로 나가려고 할 가장 용감한 사람들은 평균적으로 다른 사람들보다 더 큰 수가 소멸될 것이다. 그러므로 이러한 덕목들을 품부받은 사람들의 수나, 그들의 탁월성의 기준이 "자연선택"에 의해, 즉 "적자생존"에 의해 "상승된다"는 것은 "거의 개연성이 없어 보인다". 왜냐하면 우리는 "여기서 저 부족에 대한 이 부족의 승리에 대해 말하고 있는 것이 아니라", '개체진화'를 말하고 있기 때문이다. 이런 자문自問에 대한 다윈의 자답을 들어보자.

동일한 부족 내에서 이렇게 재능을 부여받은 사람들의 수가 증가하게 되는 상황이 너무 복잡해 명확하게 따라갈 수 없을지라도, 우리는 몇몇 개연적 단계를 추적할 수 있다. 첫째, 구성원들의 추리력과 예견력이 향상되는 만큼, 각 인간은 곧 그가

---

765) Larry Arnhart, *Darwinian Natural Right: the Biological Ethics of Human Nature* (Albany, NY: State University of New York Press, 1998), 77쪽.

그의 동료인간들을 돕는다면 그가 보통 도움을 다시 받을 것이라는 사실을 경험으로부터 곧 알게 될 것이다. 이 저급한 동기로부터 그는 그의 동료를 돕는 습관을 획득하게 되고, 인애행위를 수행하는 습관은 확실히, 인애행위에 첫 충동을 주는 동정심의 느낌들을 강화해준다. 더구나 습관은 여러 세대에 의해 추종되면서 유전되는 경향이 있다. 그러나 사회적 덕성들의 발전에 대한 훨씬 더 강력한 또 다른 자극, 즉 우리의 동료인간들의 칭찬과 비난이 있다. 동조감의 애호와 악평의 두려움만이 아니라 칭찬과 비난의 부여는 (...) 일차적으로 공감 본능에 기인한다. 그리고 이 공감 본능은 의심할 바 없이 원천적으로 다른 모든 사회적 본능처럼 자연선택을 통해 획득되었다. (...) 개들도 격려와 칭찬과 비난을 인식하는 것으로 보인다. 가장 조야한 미개인들은 용맹의 트로피를 보관함으로써, 지나치게 뽐내는 습관에 의해, 그리고 심지어 본인의 외양과 장식을 배려하는 극단적 관심에 의해서도 보여주듯이 영광의 감정을 느낀다. 왜냐하면 그들이 동료들의 의견을 중시하지 않는다면, 이러한 습관은 무의미하기 때문이다. (...) 그러므로 우리는 아주 먼 시기에 원시적 인간은 그의 동료들의 칭찬과 비난에 의해 영향을 받았을 것이라고 결론지어도 된다. 같은 부족의 구성원들이 그들에게 일반복리를 위한 것으로 보이는 행위에 대해 동조감을 표하고 악으로 보이는 행위를 비난할 것이라는 것은 명백하다.[766]

다윈은 동정심 많은 이타적 용자勇者의 개체진화적 생존과 번창이 다시 공감, 동정심, 동조감(칭찬과 비난)에 의해 보장될 것이라고 자답하고 있다. 다윈의 이 자답은 "동정하는 자는 복이 있나니 그들이 동정을 받을 것이다"라는 예수의 말(마태복음 5장 7절)을 다시 생각나게 한다. 그러나 다윈의 이 대가적 설명은 대가를 기대하지 않고 무조건적으로 발동되는 인간의 보편적 동정심을 다 설명하지 못한다.

따라서 다윈의 저 설명은 약자와 불구자에 대한 동정심이 개체와 사회집단의 생존에 어떤 기여를 하는지에 대한 답으로 불충분하다. 그런데 다윈은 이 문제에 대해서도 답을 주려고 시도한다.

---

766) Darwin, *The Descent of Man*, 130-132쪽.

미개인들의 경우에 허약자들은 제거된다. (...) 반면, 우리 문명인들은 제거과정을 억제하기 위해 우리의 최선을 다한다. 우리는 저능아, 불구자, 병자들을 위한 요양원들을 짓는다. 우리는 빈민구제법을 제도화하고, 우리의 의료인들은 모든 개개인의 생명을 구하기 위해 마지막 순간까지 최대한의 기술을 다 발휘한다. 백신이 허약체질로 인해 이전에 천연두로 쓰러졌을 수천 명을 살렸다고 믿을 만한 이유가 있다. 이와 같이 문명사회의 허약한 구성원들은 그들의 종자를 퍼트린다. 가축의 사육을 맡아본 어떤 사람도 이것이 인간의 종족에 고도로 해로움이 틀림없다는 것을 의심하지 않을 것이다. (...) 우리가 주도록 강요받는 것으로 느끼며 의지가지없는 무력자들에게 부여하는 도움은 주로 원천적으로 사회적 본능들의 일부로 얻어져서 그 뒤에 상술된 방법으로 더 애정어리게 만들어지고 더 널리 확산된 동정심 본능의 우연적 결과다. 또한 우리는 냉혹한 이성이 그토록 죄어친다고 해서 우리의 동정심을 억제하면 반드시 우리 본성의 가장 고귀한 부분을 악화시키게 될 것이다. 외과의사는 환자의 복리를 위해 행동하고 있음을 알기에 수술을 시술하는 동안 냉혹해져도 된다. 그러나 우리가 의도적으로 허약자들과 의지가지없는 무력자들을 버린다면, 그것은 단지 우연적 이익을 위한 것일 수 있을 뿐이고, 결국 확실하고 커다란 현재적 해악을 가져올 것이다. 따라서 우리는 살아남아서 그들 같은 종자를 퍼트리는 의심할 바 없이 나쁜 효과를 불평 없이 감내하는 것이다.[767)]

다윈의 이 해명은 "우리 본성의 가장 고귀한 부분"인 동정심에 대한 설명으로서 불충분하게 느껴지고, 또 동정심이 마치 적응성까지도 희생시키는 '숙명'인 양 읽힌다. 그리고 일관성이 없는 것 같기도 하다. 왜냐하면 가축 사육자들의 견지에서 동정심이 "인간의 종족에 고도로 해롭다"고 하면서도 이와 모순되게 "의도적으로 허약자들과 의지가지없는 무력자들을 버리는 것"은 "확실하고 커다란 현재적 해악을 가져올 것"이라고 말하고 있기 때문이다.

차라리 이런 설명이 더 나을 것이다. 45만 년 전까지 거대(초대형)동물 수렵시기에 유전자로 착근된 인간의 '무조건적·보편적' 동정심은 대가를 바라지 않고 작동한다. 따라서 어리고 약한 것에 대한 인간의 동정심은 인간에 국한되지 않고

---

767) Darwin, *The Descent of Man*, 133-134쪽.

굶주리거나 다친 동물이나 동물새끼들에까지 미치고, 심지어 한창 자라는 나무나 어린 새싹에까지 미친다. 그러나 인간이 동정심을 발휘하는 우선순위에서 인간은 동식물보다 먼저다. 그런데 인간은 누구나 현재적·잠재적 약자나 불구자(장애인)다. 왜냐하면 인간은 현재 대다수가 유아, 미성년자, 여성, 사회적 약자, 노약자, 부상자, 병자, 불구자이고, 또 그렇지 않은 인간도 언젠가 부상자, 병자, 불구자, 사회적 약자, 노약자가 될 운명과 위험 속에서 살고 있기 때문이다. 그런 까닭에 인간은 서로 대등하게 사랑하는 것을 넘어 제각기 약자로서 의식적·무의식적으로 서로를 동정하지 않을 수 없다. 사회는 근본적으로 현재적·잠재적 곤경과 위험에 대한 협력적 대처를 위해 현재적·잠재적 약자들을 상호지원支援하는 동정적·모성애적 '복지'조직이지 않을 수 없다. 나아가 사회는 이 동정과 사랑의 서로어울림과 공리적·유희적·예술적·도덕적 행위의 직조를 통해 잠재적 약자 일반의 '쾌락적·유희적·미학적·도덕적 즐거움'을 보장하고 증진하기 위한 모성애적 '행복'조직이다.

그러므로 동정심은 신체적·사회적 '약자'이자 '사회적 존재자'로서의 '인간'의 본성이고, 현재적·잠재적 약자들이 모인 '사회'에 본질적으로 필요한 자질인 것이다. 따라서 목적론적 관점에서 보면, '국가는 약자들을 위한, 약자에 의한, 약자들의 공동체'이고, 존재론적 관점에서 보면, 사회는 본질적으로 '동정을 위한, 동정에 의한, 동정의 조직', 환언하면 '사랑을 위한, 사랑에 의한, 사랑의 공동체'인 것이다. 다윈은 "인간 조상이 사회적이 되기" 위해 "자기들이 얼마간의 사랑을 느꼈을 동료들과 분리되면 상심하고, 서로에 대해 위험을 경고해주었을 것이고, 공격과 방어에서 상호부조를 주는" 오랜 과정에서 "유전된 습관의 도움을 받은 자연선택"으로 획득한 "사회적 자질들"로서의 "얼마만한 정도의 동정심, 충성심, 용기"를 갖췄다고 말하고 있다. 따라서 '동정적 인간'은 '사회적 인간'과 동의어다. 따라서 동정심의 제거는 인간의 제거와 동의어인 것이다.

이것을 전제로 삼아 여기서부터 다윈을 살리는 방향으로 해석해보자. 다윈은 '냉혹한 이성'으로 계산하면, 저능아·불구자·병자·빈자 등 약자들에 대한 구제는 '우연적 이익'의 관점에서 "인간의 종족에 고도로 해롭다"는 것은 의심할 바 없이 "틀림없다"고 하더라도, 니체가 '냉혹한 이성'에 따라 주장하듯이 '미개인들'처럼 동정심을 짓밟고 약자들을 제거하면, "반드시 우리 본성의 가장 고귀한 부분", 즉 사회적 본성을 "악화시키게 될 것"이라고 말한 것이다. "의도적으로 허약자들과 의지가없는 무력자들을 버린다면", 이 짓이 전쟁터 같은 예외상황에서라면 '우연적 이익'을 가져다줄지 몰라도 "결국" 인간사회가 해체되는 "확실하고 커다란 현재적 해악"을 초래할 것이라고 논변한 것이다. (다윈이 동정심을 "우리 본성의 고귀한 부분"이라고 표현하면서도 동정심에서 부여하는 "도움"을 "널리 확산된 동정심의 본능의 우연적 결과"로 이해하는 것은 물론 자가당착이다.) '사회적 인간'이 '동정적 인간'과 동의어이고 '사회가 동정을 위한, 동정에 의한, 동정심의 공동체'인 한에서, 동정심의 제거는 곧 인간 자체와 인간사회의 동시적 제거 또는 해체를 뜻한다는 말이다. 다윈의 이 진화론적 판단은 흄의 이런 논변으로 뒷받침된다. 흄은 말한다. "이 도덕성의 감정은 인간 정신을 질병이나 광기로 완전히 혼란시키지 않고는 이 감정을 뿌리뽑거나 파괴하는 것이 불가능할 정도로 우리의 만듦새와 성정 속에 깊이 뿌리박고 있다."768)

물론 다윈의 다른 논변에도 사실기술에서 상당한 결함이 있다. "미개인들의 경우에 심신허약자들은 제거된다"는 그의 말은 거의 완전히 그릇된 말이기 때문이다. 동족의 약자를 제거하는 일은 전시·기아상태·흉년 같은 어려운 상황이 아니라면 '미개인들'도, 심지어 일부 동물들도 좀처럼 자행하지 않는다. 크로포트킨의 보고에 의하면, 어려운 시기에 유아살해나 노인유기를 자행하는 일부 미개인 부류도 있지만 대부분의 미개인 종족들은 난국과 위기상황에서도 노인·병자·부상자와 기타 약자들을 결코 유기하지 않고 끝까지 보호하고 보살펴준다. 또 공감과 동정심이 발달된 수많은 종의 동물도 부상당하거나 불구화된 동료를 버리지 않고 끝까지 돌봐준다.769) 미개한 원시사회에서도 유아살해가 결코 통상

---

768) Hume, *A Treatise of Human Nature*, Book 3. *Of Morals*, 305쪽.
769) Pyotr A. Kropotkin, *Mutual Aid: A Factor of Evolution* (London: William Heinemann, 1902·1919), 72-82쪽(부상자·병자·노인을 절대로 버리지 않는 부시맨, 오스트리아원주민, 파푸아족 등의 강한 인애심과 동정심). 그리고 45-46쪽(다양한 종의 원숭이들이 부상당한

적인 것이 아니고 아주 드문 일이라는 것은 최근의 연구로도 재확인된다.[770]

따라서 더 폭넓게 보면, '동정심 많은 개체'의 진화적 적응성, 같은 말이지만 덕자德者의 생존 가능성은 다윈의 복잡한 방법보다 더 간단한 공맹의 논법으로 논증될 수 있다. 즉, "덕은 외롭지 않으니 반드시 이웃들이 있기(德不孤 必有鄰)"[771] 때문에 평시에 동정심 많은 자는 그렇지 않은 자들보다 벗이 더 많고 그와 사귀는 성적 파트너도 더 많을 것이다. 인자는 동정심이 많은 만큼 추종자 · 지지자 · 애인 · 붕우가 많고, 이에 따라 필연적으로 그에게 권력이 집중된다. 그리하여 동정심 많은 인자는 원치 않아도 적이 없어질 정도로 권력을 자기에 집중시킨다. "인자무적仁者無敵"![772] 그러므로 동정심 많은 인자는 아이를 만들 기회도 많고 그 자손의 생존율도 훨씬 높을 것이고, 이런 식으로 세대가 반복되면 동정심 많은 친절한 개체들의 인구가 결국 90% 이상의 압도적 다수를 이룰 것이다. 한편, 용감한 개체의 자손이 생존할 확률은 비겁한 개체의 자손이 생존할 확률보다 월등하게 높을 것이다. 왜냐하면 "사즉생死則生 생즉사生則死"의 실제 전장에서는 용자가 비겁자보다 생존율이 월등하게 더 높고, 따르는 졸병들이 많아 더 안전하기 때문이다. 따라서 "전쟁 중에 언제나 맨 앞으로 나가려고 할 가장 용감한 사람들은 평균적으로 다른 사람들보다 더 큰 수가 소멸될 것이다"라는 다윈의 추정은 그릇된 것이다. 또 용자는 평시에도 영웅으로 인기를 모을 것이기에 튼튼한 배우자들과 교접을 통해 많은 자손을 얻을 확률이 훨씬 더 높을 것이다. 게다

동료를 끔찍하게 보살피고 동료의 사체를 되찾으려고 맹렬하게 노력하는 것 등), 51쪽(동물들의 동정심 사례: 족제비의 부상당한 동료족제비 간호, 눈먼 사다새에 대한 동료 새의 부양), 51쪽 각주 1(눈먼 쥐에 대한 동료 쥐의 부양, 인디언까마귀의 장님까마귀 보살핌) 등.

770) 112개 전(前)산업사회를 연구한 데일과 해리스의 연구에 의하면, 이 중 3분의 1의 사회(37개 사회)에서만 유아살해가 '통상적'이었다. W. T. Divale & M. Harris, "Population, Warfare and the Male Supremacist Complex", *American Anthropologist* No. 78, 1976 [521-538쪽]. 그러나 이에 대해서도 제임스 윌슨은 "이 '통상적'이라는 단어는 정의되지 않았고, 또한 어떤 사람도 사회 안에서 유아살해가 얼마나 많이 발생하는지를 알지 못한다"고 평하고 있다. James Q. Wilson, "The Moral Sense", *Presidential Address 1992* of *American Political Science*, *American Political Science Review*, Vol. 87 (No.1 March 1993), 3쪽.

771) 『論語』「里仁」(4-25).

772) 『孟子』「梁惠王上」(1-5); 「公孫丑上」(3-5); 「離婁上」(7-7); 「盡心下」(14-3); 「盡心下」(14-4).

가 25-30만 년 전 거대동물 수렵시대 이래 호모사피엔스사피엔스의 진화과정에서 전쟁은 거의 예외현상일 정도로 진화적 규정성이 없었다. 따라서 용기는 주로 전장에서가 아니라 사냥터에서 필요했다. 당연히 수렵현장에서 용자는 더 큰 공을 세웠을 것이고 수렵 후 존경과 함께 풍족한 고기를 보상받았을 것이다. 당연히 이것은 용자의 진화적 적응성을 높였을 것이다. 이 설명이 아마 더 간단하고 사실적인 진화론적 설명이 아닌가?

– 동정심 없는 '초인'과 사이코패스 도덕

니체가 반反동정심적 '권력의지의 도덕'에서 찬미하는 '초인'은 하등동물 수준의 단순감정과 인간 수준의 '냉혹한 이성'만 남기고 공감능력과 동정심을 비롯한 모든 도덕적 공감감정을 벗어던진 인간이다. 그런데 이 '냉혹한 이성을 가진 짐승'은 사이코패스적 '괴물' 또는 '악마'다. 니체는 '선악의 피안'에서, 아니 '동정심의 피안'에서 초연하게 자유분방한 삶을 구가하는 악마적 '초인', 즉 "인간도 아니고, 가장 가까운 이웃도 아니고, 가장 가난한 자도 아니고, 가장 고통받는 자도 아니고, 가장 훌륭한 자도 아닌 초인"을,773) 즉 악마 같은 괴물을 "소인들(kleine Leute)"로 이루어진 "떼거리잡탕들(Pöbel-Mischmasch)"의 새로운 "지배자"로서, '죽은 신'을 대신할 "고차적 인간(höherer Mensch)"으로 꿈꾼다.774) 한 마디로, 니체는 정글의 야수처럼 살고 싶은 '사이코패스'의 욕망을 정열적으로 대변하는 '사이코패스 철학자'인 것이다. 사이코패스는 "자연과 하나가 되어 정글의 야수처럼 자유롭고 싶은" 자신의 "이상"을 태연자약하게 고백하기775) 때문이다.

니체는 '권력에의 의지', '전쟁에의 의지'로서의 '초인적 사이코패스 도덕'을, 한편으로 쇼펜하우어의 약점을 파고듦으로써, 다른 한편으로는 아리스토텔레스의 비극이론의 변조를 통해 정당화하려고 시도한다.

---

773) Nietzsche, *Also sprach Zarathustra*, 353쪽.
774) Nietzsche, *Also sprach Zarathustra*, 353-354쪽.
775) Elaine Hatfield, John T. Cacioppo, & Richard L. Rapson, Emotional Contagion (Cambridge: Cambridge University Press, 1994), Emotional Contagion, 98-99쪽.

물론 동정을 모든 덕목들의 토대와 출처로 만드는 것은 '생의 부정'을 그 간판에 써놓았던 허무주의 철학의 관점에서 항상 시야에서 놓치지 않아야 하는 것이다. 쇼펜하우어는 그럴 만한 권리가 있었다. 동정으로 생은 부정되고, '부정될 만한 가치가 있는 것'으로 만들어진다. 동정은 허무주의의 '실천'이다. 다시 말하면, 이 침울한 전염성 본능은 생의 보존과 가치향상을 겨냥한 저 본능을 상쇄시킨다. 저 본능은 모든 궁핍의 '보존자'이자 궁핍의 '증폭자'로서 데카당스의 상승을 위한 주요 도구다. 동정은 '무無'를 설복한다. (... 그러나) 사람들은 "무"라고 말하지 않는다. 그 대신에 "피안"이나 "신", 또는 "'참된' 생", 또는 열반·구원·극락이라고 말한다. 종교적·도덕적 특이성벽에서 나온 이 무구한 수사는 여기서 숭고한 단어들의 외투를 둘러싸고 있는 정조, 즉 '생에 적대적인' 정조를 파악한다면 즉각 훨씬 덜 무구한 것으로 현상한다. 쇼펜하우어는 생에 적대적이었다. '이런 까닭에' 그는 동정심을 덕성으로 만들었다.776)

니체는 쇼펜하우어를 이렇게 제멋대로 처분하고, 아리스토텔레스는 그의 비극을 동정심 유발 연극으로, 그리하여 비극의 카타르시스 기능을 '설사약'으로 격하시킨다.

(...) 아리스토텔레스는 주지하다시피 동정심을 여기저기서 관장하제灌腸下劑를 통해 처리해야 하는 위험한 병적 상태로 보았다. 그는 비극을 관장하제로 본 것이다. 생의 본능으로부터 사람들은 쇼펜하우어(와 안타깝게도 성 페테르부르크에서 파리까지, 톨스토이에서 바그너까지의 우리의 전 문예·예술적 데카당스)의 경우가 묘사해주는 바대로 동정심의 이러한 위험한 병적 부풂에 칼집을 내어 '터트리는' 어떤 수단을 행동 속에서 찾아야 할 것이다. (...) 우리의 불건전한 근대성의 한 복판에서 기독교적 동정심보다 더 불건전한 것은 아무것도 없다. '여기서' 의사임, '여기서' 가차 없음, '여기서' 칼을 씀, 이것은 '우리'에게 속하고, 이것은 '우리' 종류의 인간애다. 그래서 '우리는' 철학자다, 그래서 우리는 햇볕과 풍요의 땅에 사는 사람들(Hyperboreer)이다.777)

---

776) Nietzsche, *Antichrist*, §7 (171쪽).
777) Nietzsche, *Antichrist*, §7 (171-172쪽).

쇼펜하우어는 힌두이즘과 불교의 영향 아래서 생의 과정을 '고해苦海'로 보았다. 이 때문에 그의 철학은 불교적 의미에서 염세적·허무적이다. 그리고 그가 동정심 또는 사랑을 성인적·영웅적 죽음의 헌신으로 끝나는 비이기적 희생으로 극화시킨 것도 사실이다. 그는 개체성의 자기말살, 초극, '체념'을 통해 타자와 하나가 되는 '타자 속으로 흡수되는' 동일화 논리에 사로잡혔다. 그러나 공감과 도덕적 공감감정은, 따라서 '동정심'도 자타분리를 전제로 하기 때문에 개체화 원리를 무력화시키고 자기말살 방식으로 자아와 타아를 일체화하는 쇼펜하우어의 형이상학적 동일화 요구를 충족시켜줄 수도 없고, 충족시켜줄 필요도 없다. 그러나 동정심을 말하는 모든 철학이 다 이렇게 허무주의적 자기말살과 체념을 추구하는 것이 아니기 때문에 니체의 정당화 논리에 문제가 있는 것이다. 상술했듯이 가령 루소만 하더라도 '자기애(amour de soi-même)'를 포기하거나 비하시키지 않으면서 이 '자기애'와 교차로 직조된 '동정심'을 모든 도덕원리의 원천으로 논변했다. 이것은 "성 페테르부르크에서 파리까지의" 문예·예술가들도 마찬가지였을 것이다. 이들까지 몽땅 쇼펜하우어와 동일시해 허무주의자로 모는 것은 논리의 '악마적' 비약일 것이다.

또한 『시학』에서 딱 한 번 등장하는, 비극의 '카타르시스(κάθαρσις)', 즉 '정화淨化' 효과에 관한 아리스토텔레스의 언급은 동정심을 격하시키기는커녕 동정심을 격상시키는 언술이다. 아리스토텔레스는 비극이 비애의 미학적 묘사로 유발하는 동정심과 공포심을 통해 이 감정들과 기타 감정들에다 카타르시스 효과를 부여한다고 논변한다.

> 비극은 동정심과 공포심을 통해 이 감정(비애 - 인용자)과 유사감정들에다 카타르시스를 준다.778)

아리스토텔레스는 우리가 비극에 의해 예술적으로 유발되는 동정심과 공포심

---

778) Aristotle, *Poetics*. Aristotle, *The Poetics, "Longinus" on the Sublime, Demetrius on Style* (Cambridge, Massachusetts: Harvard University Press, 1965), 1449b 6.2.

으로부터 이 동정심과 공포심 자체를 카타르시스(정화)할 수 있는 능력을 얻고, 이 예술적 카타르시스 작용에 의해 "동정심과 공포심을 느끼는 것"에서 "쾌락"을 얻는다고 말한다.[779] 그는 그 어디에서도 비극이 묘사하는 극중인물의 비애에 대한 관객의 미학적 "동정"을 "관장하제"를 통해 처리해야 하는 "위험한 병적 상태"라고 말한 적이 없다. 그리고 그는 비극을 '하제(설사약)'로 본 것이 아니라, 미학적으로 성공적인 비극이 유발·고조시키는 두 전형적 감정(동정심과 공포심) 중의 하나인 '동정심'을 '정원淨源'으로 본 것이다. 또한 니체가 '관장하제(Purgativ)'로 잘못 옮긴 '카타르시스'는 소크라테스·플라톤의 3대 힌두·불교 용어세트 '팔린게네시스($παλινγέσις$; 윤회), 뤼시스($λύσις$; 해탈), 카타르모스($καθαρμός$; 정화)'와[780] 관련된 개념이다. 따라서 '카타르시스'는 방출용 '하제'가 아니라, 마음을 정결히 하는, 즉 자기 의식을 청정하게 미화하는 '정화' 작용이다.

실제에서도 남의 슬픔에 대한 '동정'은 먼저 동정받는 사람에게 위로를 주어 비애를 견디는 데 도움을 주지만, 그 다음은 동정하는 사람의 마음을 '정화'시켜주는 '정원'이 되기도 한다. 정화는 이처럼 적절한 슬픔과 이에 대한 동정의 표출 시에도 주어지지만, 미학적으로 잘 만들어진 비극도 슬픈 신문기사와 다른 '미적' 정화 효과를 준다. 따라서 예술적으로 잘 그려진 비극이 유발하는 극중 인물에 대한 관객의 동정심은 실제적 동정심과 마찬가지로 결코 하제를 통해 방출되어야 할 "위험한 병적 상태"가 아니라, '미적 정화의 원천', 즉 '미적 정원'이 되기도 한 것이다. 물론 슬픈 연극영화가 아무리 잘 만들어졌더라도 이 연극영화 속의 가공적 등장인물들은 관객으로부터 결코 실제로 동정적 위로와 도움을 받을 수 없다. 그러나 연극영화는 이 동정적 위로·도움 기능을 도외시하고 관객의 저 미적 정화의 기능을 증폭시킴으로써 관객의 마음을 '청정하게 미화'시켜준다.

---

779) Aristotle, *Poetics*, 1449b 6.3.
780) Platon, *Phaidon*, 70c, 71a-e, 72e-73a, 73c-76a, 82c, 83a-c. 윤회에 대해서는 다음도 참조: Platon, *Phaidros*, 245b-e, 246a-249d, 249d-251b; Platon, *Der Staat*, 611a-621d. 이에 대한 좋은 주석은 참조: C. J. Rowe (trans. and comment.), *Plato. Phaedrus* (Oxford: Oxbow Books, 1988), 174쪽.

물론, 가령 처참한 죽음이나 참담한 패배의 비참함을 '절제의 미학' 속에서 어떤 높은 가치와 처절할 정도로 아름답게 연결시키는 데 실패한 비극은 슬픈 사건에 관한 정확한 뉴스기사보다도 못하고, 카타르시스와 미학적 즐거움(동정적 비장미)을 주기는커녕 우리를 짜증나게 할 것이다. 그러나 슬픈 뉴스기사보다 나은 아름다운 비극이 일으키는 어떤 동정심이든 '칼집'을 내어 방출시켜야 할 '위험한 병적 감정'이 아니라, '미적 카타르시스의 원천'일 것이다.

그러므로 니체는 쇼펜하우어의 약점을 파고듦으로써 '권력에의 의지'로서의 '초인적 사이코패스 도덕'을 정당화하려는 시도에도 실패했지만, 아리스토텔레스의 비극이론의 변조를 통해 이 '사이코패스 도덕'을 정당화하려는 시도에도 실패했다. 칸트와 니체 간에는 겉으로 드러나지 않는 도덕론적 연속성의 '비밀통로'가 있다. 양자에게는 중도中道배격 논리나 유희적 변조미학도 공통된다. 필자에게는 양인이 뭔가 기질적 상통성도 있는 것으로 보인다. 이런 의혹은 뒤에 상세히 분석·소개할 사이코패스에 대한 최근의 정신병리학적·심리학적·뇌과학적 연구를 참조하면 더욱 견실해질 수 있다.

– 니체와 칸트는 사이코패스?

인간의 고귀한 도덕감정인 동정심을 매도·배격하는 칸트는 동정심이 없거나 부족한, 따라서 동정심을 단어로만 아는 사이코패스형 인물이었다. 니체도 동정심이 없으면서도 이성 능력은 남다르게 비상한 사이코패스 같은 유형의 인물을 '초인'으로 추켜세우는 것에서 명확하게 드러나듯이 사이코패스였음이 틀림없다. 왜냐하면 니체 자신이 사이코패스가 아니라면 사이코패스와 동일한 인물을 식별해내서 '초인'으로 격상시키고 싶은 마음이 그토록 강렬하지 않았을 것이기 때문이다. 칸트와 니체가 동정심을 보통사람의 절반이라도 가지고 있는 사람들이었다면, 그들은 아마 동정심을 저렇게까지 무자비하게 매도하지 않았을 것이다. 보통사람의 경우에는 동정심에 대한 매도가 곧 자기들에 대한 매도가 되었을 것이기 때문이다. 확신하는 바, 그들은 공감능력도, 동정심도 없는, 또는 동정적 감정에 큰 결함이나 하자가 있는 사람들이었을 것이다.

주지하다시피 까마득히 더 먼 옛날에 공자는 사이코패스를 '불인자不仁者'라 부르고 그들의 집권을 막고 '안인자安仁者'를 치자로 삼아야 한다고 주장했고, 맹자는 "측은지심은 사람이 다 가지고 있는 바(惻隱之心 人皆有之)",781) "측은지심이 없으면 사람이 아니다(無惻隱之心 非人也)"라고 갈파하고,782) 공자처럼 '불인자'라 불렀다. 다윈은 동정심이 없는 인간을 "부자연스런 괴물"이라고783) 천명했고, 쇼펜하우어는 "인간애라는 말이 종종 동정심의 동의어로 사용되는 것처럼, 사람들은 동정심을 결한 것 같은 사람을 비인간(Unmensch)이라 부른다"고784) 단언했다. 공맹의 '불인자不仁者', 쇼펜하우어의 '비인간', 다윈의 '괴물'을 오늘날 '사이코패스'라 부른다. 덕성론에서 사랑과 동정심에 대한 플라톤·스토아학파·홉스, 그리고 초기 쇼펜하우어의 배격과 허약자·장애자의 제거 및 우생학적 영아유기살해를 계승해서 동정심을 더욱 분명하게, 더욱 격렬하게 공격하며 허약자와 불구자의 제거도 공공연하게 주장하는 사상적·합리적 잔학행위를 '감행'한 칸트와 니체는 이것을 실행에 옮긴 무솔리니·히틀러 및 광적 추종자들과 더불어 이런 사이코패스 혐의를 충분히 받을 만하다.

이 혐의는 '사회적 인격장애증세', 즉 사이코패시(psychopathy)에 대한 최근의 연구보고들에 의해 더욱 강력하게 뒷받침된다. 공감능력과 도덕감정을 결하지만 지능적으로 정상적이고 오히려 지능이 보통을 넘는 사이코패스들의 정신상태에 대한 '의학적' 소견과 '법적' 판단은 그들이 '멀쩡하다(sane)'는 것이다. 이들은 신경증이나 정신병을 앓는 사람들의 환각 증세를 전혀 보이지 않기 때문이다. 하지만 이들은 사랑·동정심·죄책감·수치심·후회와 같은 도덕적 공감감정을 느끼지 못하고, 이런 까닭에 타인들의 고통에 대한 아무런 걱정도, 공감적 인지도 없이 타인들을 해치고, 다짜고짜 조종하려고 든다. 사이코패스들은 사회가 요구한다

---

781) 『孟子』「告子上」(11-6).
782) 『孟子』「公孫丑上」(3-6).
783) Darwin, *The Descent of Man*, 112쪽.
784) Schopenhauer, *Preisschrift über die Grundlage der Moral*, §17 (745쪽).

고 느낀 반응들을 관찰하고 그 자신에 의해 이 방향으로 합리적으로 프로그램된 '인간로봇'이다. 사이코패스는 도둑이 될 수도 있지만, 돈에 대한 강렬한 욕구는 없다. 수백 명의 여성을 유혹하지만, 어떤 여성에 대해서도 강렬한 욕구도 사랑도 보이지 않는다. '정신적 멀쩡함(saneness)'의 가면 뒤에는 어떤 강렬한 욕구에 의해서도 동하지 않는 천박한 영혼이 들어앉아있다.[785]

나중에 상론하겠지만, 칸트가 이상화하는 순수이성의 무감無感한 도덕적 인간은 정상인과 가까운 것이 아니라, 선천성·후천성 사이코패스와 가깝다는 사실과 함께 칸트의 합리적 도덕철학의 파탄성이 잘 드러난다. 정치철학자 래리 안하트(Larry Arnhart)는 최근의 사이코패스 연구를 바로 칸트에 대입해 사이코패스의 부도덕성은 칸트가 도덕성의 근거로 보는 바로 그 '이성'의 결여가 아니라 동정심 같은 도덕감정의 결여에 기인한다고 단언한다.

> 칸트와 같은 철학자들은 도덕성이 어떤 감정이나 욕구로부터도 자유로운 보편규칙들의 순수한 합리적 논리를 필요로 한다고 종종 주장한다. 사이코패스들은 이 주장이 참일 수 없다는 것을 보여준다. (...) 그들의 부도덕성은 추상적 이성의 결여로부터 생기는 것이 아니라, 그들의 감정 빈곤으로부터 생겨난다. 그들은 도덕적 행위를 지탱해주는 — 동정심, 죄책감, 수치심과 같은 — 사회적 감정들을 결여하기 때문에 도덕적일 수 없는 것이다.[786]

안하트는 보통사람들의 도덕성은 이성이 아니라 동정심·죄책감·수치심과 같은 도덕감정에 기인하고 사이코패스들의 부도덕성은 이성의 결여가 아니라 이런 도덕감정의 결여에 기인한다고 갈파하고 있다.

지식·행동·도덕 일반에 있어서 사람이 감정을 결한 채 지성(이성)으로만 작업한다면 인간은 적절한 판단과 즉각적 행동을 할 수 없다. 그래서 일찍이 스펜서도 우리의 삶을 오로지 지성의 명령에 따라서만 구한다면 우리의 삶은

---

785) Arnhart, *Darwinian Natural Right*, 215-216쪽.
786) Arnhart, *Darwinian Natural Right*, 229쪽.

증거수집과 확률들의 대차대조 계산 속으로 침몰해버릴 것이라고 칸트적 합리론자들을 공박했었다.

　　인간들이 영향을 섭취하고 자기 새끼를 보호하도록 이끌어지는 저 강력한 감정 대신에 단지 지구의 인구를 유지하는 것이 적절하거나 필요하다는 추상적 의견만이 존재한다면, 후세를 준비하는 귀찮음, 불안, 비용은 인간종자의 급속한 멸종을 수반할 정도로 현저하게 예상 복리를 초과해버리지 않을까 하는 의문이 든다. 육체의 필요에 더해, 유사하게 우리 본성의 다른 모든 필수요건들이 지성의 유일한 배려에 위임된다면 — 지식, 재산, 자유, 명성, 친구 등을 오로지 지성의 명령에 따라서만 구한다면 — 우리의 탐구는 아주 영구적이고, 우리의 계산은 아주 복잡하고, 우리의 결정은 아주 어려워서, 삶은 증거수집과 확률들의 대차대조 계산 속에 전반적으로 점령당해 있을 것이다."787)

　　칸트식 합리론에 대한 스펜서의 이 비판과 '사이코패스 칸트'에 대한 안하트의 비판은 칸트의 도덕명제의 허위성을 보여준다. 감정 없는 실천이성적 도덕행위만이 이상적 도덕행위라는 칸트의 주장은 완전 오류다. 그가 제시한 순수한 실천이성의 인간상이 진정으로 '도덕적'이라는 주장 자체가 오류이기 때문이다. 칸트가 묘사한 도덕적 인간상은 니체의 '초인'을 닮았고, 니체의 '초인'은 거의 그대로 '사이코패스'의 복제품이다.

　　그러나 칸트의 '도덕법칙적 인간'과 니체의 '초인'은 아주 부도덕하게 행동하고 이것을 부도덕으로 느끼지 못할 것이다. 이 인간들은 사이코패스처럼 전혀 동정심·정의감·죄책감 등의 도덕감정 없이 순전히 암기된 사실들에 기초한 합리적 추론으로 도덕법칙을 세우고 이 도덕법칙에 따라 순수이성적 도덕판단을 내릴 수 있을지라도 이 도덕법칙을 재빨리 적시에 수립하지 못하고 수립했더라도 실천적으로 준수하지 못할 것이기 때문이다. 사이코패스들은 예외 없이 구변 좋게 황당한 거짓말을 논리적으로 잘 짜내고 스스로 이 거짓말에 빠져들고, 아무

---

787) Spencer, *Social Statics*, 21쪽 ('The Doctrine of the Moral Sense', §2).

런 죄책감 없이 어린이 · 병자 · 노인 · 여성 · 장애인 · 빈민 · 실업자 등 신체적 · 사회적 약자들을 상대로 끊임없이 사기를 치는 군소 협잡꾼들과 상습적 폭력남편으로부터 샤일록 같이 비정한 악덕 장사치, 화이트칼라 범죄자, 살인마 같이 냉정한 장군, 합리주의적 망발 철학자, 혁명적 망상가, 각종 철학적 · 종교적 독단론자, 사이비종교인을 거쳐 극단적인 경우에 (살인 · 대량학살 · 인종청소 · 집단살해 · 전쟁을 치밀하게 계획하여 서슴없이 저지르는) 폭군 · 독재자와 연쇄살인범에 이르기까지 스펙트럼이 아주 넓고 다양하다.

3.4. 정의감(수오지심)

동정심(측은지심) 다음으로 중요한 '도덕적 공감감정', 즉 '도덕감정'은 '수오지심羞惡之心', 또는 '정의감'이다. 수오지심은 공맹의 4대덕 중 두 번째 중요한 덕목인 의義(정의)의 단초가 되는 도덕감정이다. 수오지심의 본성적 구조는 측은지심보다 간단하지만 그 규정은 어렵다. 따라서 지금까지 제대로 된 규명이 없었다.

맹자는 일찍이 "수오지심이 없으면 사람이 아니다(無羞惡之心 非人也)"라고 하여[788] 수오지심의 인간적 본능성격을 강조했다. '수오羞惡'의 '수羞'는 수치스러워 하는 것이고 '오惡'는 '싫어하는 것'이다. 그리하여 복합어 '수오'는 도덕적 관점에서 타인에게 부정적으로 비치는 자기를 수치스러워하고 동시에 자기에게나 제3자에게 잘못을 저지르는 자기나 타인을 싫어하는 복합감정이다. 일단 수치심은 자기의 잘못으로 인해 피해를 입은 타인의 고통에 대한 자기의 공감으로부터 일어나는 공감감정이다. 여기서 '싫어함'은 타인이 저지른 잘못의 피해를 내가 입은 경우에 타인의 나쁜 의도를 교감적으로 인지하고 타인에 대해 직접 유발되는 부정적 교감감정이다. 이 경우에 '싫어함'은 '억울함'이나 '분함'으로 나타난다. 그러나 타인이 제3자에게 잘못을 저지르는 경우에 내가 타인의 나쁜 의도를

---

[788] 『孟子』 「公孫丑上」(3-6).

교감적으로 감지함과 동시에 제3자의 고통이나 싫음 또는 분함에 공감해 내가 타인에게 분개한다면, 이 분개는 교감감정과 공감감정의 복합감정이 된다. 이때 이 '분개'는 '공분公憤'이다. '의분義憤'이라고도 한다. 따라서 수오지심은 자신의 잘못을 타인이 알게 되어 자신을 부끄러워하는 수치심이고 남의 잘못된 행동을 알고 그를 싫어하고 분개해 하는 것이다.

■ 정의감의 개념

　수오지심羞惡之心으로서의 정의감의 개념은 부끄러움(수치심)과 싫음(혐오감)을 내포한다. 여기서 수치심과 혐오감은 잘못이 나의 것이냐, 남의 것이냐에 따라 갈린다. 수치심은 나의 잘못에 대한 수치심이고, 혐오감은 남의 잘못에 대한 혐오감이다. 여기서 타인에 대한 도덕적 혐오감 또는 의분(공분)은 타인이 자신의 잘못을 부끄러워하는 것을 알면 대개 즉각 해소된다. 반대로 나의 수치심은 내가 부끄러워하는 것을 남이 알고 나를 용서해주면 해소된다. 따라서 잘못과 관련된 수치심과 혐오감은 잘못한 주체가 누구냐에 따라 상호 전화한다. 이런 까닭에 맹자가 일찍이 수치심과 혐오감을 '수오지심'이라는 하나의 복합감정으로 묶은 것은 탁견이라 아니할 수 없다.

　그런데 이 수오지심은 전제된 잘못이 어떤 잘못인지가 불분명하다. 그런데 맹자는 수오지심을 "정의의 단초(義之端)"로 제시하고 있다. 따라서 수오지심에서 전제된 '잘못'은 모든 잘못을 말하는 것이 아니라, 자타의 '고유한 몫을 침범하는 잘못'을 말한다는 것을 알 수 있다. 모든 개인은 자기 고유의 생명, 자기 고유의 신체, 자기 고유의 명예, 자기 고유의 삶터와 터전(영역), 자기의 노동, 자기 노동으로 얻은 소지품 및 유무형의 재산과 관련된 자기의 당연한 자연적 '몫'이 있고, 이것을 쓰고 지켜 자기의 생존을 안전하게 확보하려는 '자연적 이기심'이 있으며, 또 타인에게도 이러한 고유한 몫과 자연적 이기심을 인정해야 할 자기 몫의 상호적 의무가 있다. 이 모든 것들에 대한 개인들의 주장은 모두 '자연적(본성적)' 권리와 의무, 즉 '자연권'에 속하는 것이다.

수오지심은 단순감정 '수치심'과 '혐오감'을 전용한다. 그러나 도덕적 수치심은 남이 나의 잘못을 싫어할 줄 알고 이에 공감해 이차적으로 생겨난 수치심이다. 따라서 도덕적 수치심은 도덕적 '공감감정'으로서의 수치심이다. 이 도덕적 수치심 또는 부끄러움은 종종 신체적으로도 표현되어 '낯붉힘'을 일으킨다. 도덕적 '혐오감'은 타아가 자아나 제3자에게 저지르는 잘못된 행동의 나쁜 의도나 악의적 감정을 교감적으로 인지하고 타아를 싫어하는 교감감정이다. 이 도덕적 혐오(감)는 자타에 대한 '의분(공분)'으로 전화된다. 따라서 수오지심은 도덕적 수치심과 도덕적 혐오감이 결합된 복합적 도덕감정인 것이다.

수줍음(shyness)처럼 얼굴이 붉어지는 신체 현상을 동반하는 수치심(shame) 일반은 외모나 능력의 부족, 빈천이나 도덕적 잘못 등 여러 결함이 남의 기분을 상하게 하거나 조롱거리가 된 경우에 일반적으로 느낀다. 수치심은 부끄러움, 참괴함, '남세스러움(남우세스러움·남사스러움)' 등 여러 가지로 표현된다. 수치심은 나의 잘못이 아니라 남의 잘못으로 나의 인격을 모독당한 경우에 유발되는 치욕감(humiliation)과 유관하지만 이것과 다른 감정이다.[789] 수치심은 자괴감과 상통한다. 자괴감은 남에게 놀림과 비웃음을 받을 정도로 스스로에게 창피한 감정이다. 그러나 수치심은 시비지심의 하나인 자책감과 다르다. 수치심은 자신의 잘못이 타인에게 알려지는 경우에만 유발되는 반면, 자책감은 타인이 모르더

---

789) 수치심과 치욕감을 엄밀하게 구분하려는 시도들이 있다. 수치심은 자신의 부정적 이미지나 매력적이지 않은 이미지 또는 행동거지를 타인에게 노출당한 자아를 탓하는 자기의식을 반드시 포함하는 반면, 치욕감은 자기의식적이지 않고 부정적 이미지의 노정과도 무관하게 일어날 수 있기 때문이다. 가령 거리에서 성폭행을 당한 여성은 치욕감을 느낄 것이지만, 이것은 자신의 잘못이 아니라 강간범의 잘못이다. 그러나 이 여성도 이 사실을 경찰이나 친구에게 얘기할 때는 수치심을 느낄 것이다. 자신의 부정적 이미지가 남의 눈에 보이거나 노정되기 때문이다. 따라서 수치심은 연관된 감정의 관점에서 치욕감과 유관한 감정이다. 이에 대해서는 참조: Paul Gilbert, "What is Shame? Some Core Issues and Controversies", 9-11쪽. Paul Gilbert & Bernice Andrews (eds.), *Shame: Interpersonal Behavior, Psychopathology and Culture* (Oxford: Oxford University Press, 1998). 그런데 이때 느끼는 수치심이 도덕적 수치심인지 단순히 자신의 부주의나 불찰의 비도덕적 잘못을 탓하는 비도덕적 수치심인지는 따져봐야 할 것이다. 필자에게 이런 수치심은 아무리 강렬하더라도 비도덕적 수치심으로 보인다.

라도 유발되기 때문이다.

　수치심은 원래 도덕적 수치심과 비도덕적 수치심으로 나뉜다. 공자는 "도에 뜻을 두고도 나쁜 옷, 나쁜 음식을 수치스러워하는 자는 더불어 의논할 만하지 않다(士志於道 而恥惡衣惡食者 未足與議也)"라고 하여[790] 일찍이 비도덕적 수치심과 도덕적 수치심을 구별했다. 보통사람들은 자기의 잘못에 대해 도덕적으로 수치스러워할 뿐만 아니라 자기의 빈곤, 초라한 차림새, 추한 행색 등에 대해서도 수치스러워한다. 그러나 공자는 허름한 의식주와 빈곤을 대수롭지 않게 여기고, 가난하지만 즐거워할 수 있고 부유하면서도 예를 좋아하는 것(貧而樂 富而好禮)을 선비의 도로 쳤다.[791] 공자는 무도한 빈곤과 무도한 부도 수치스럽게 여겼다. "나라에 도가 있는데도 빈천하면 수치이고, 나라에 도가 없는데도 부귀하면 수치다.(邦有道 貧且賤焉 恥也 邦無道 富且貴焉 恥也.)"[792] 공자는 교언영색과 과공過恭, 그리고 원한이 있는 자를 벗 삼는 것도 수치로 여겼다.[793] 나아가 "군자는 자기의 말이 자기의 행동을 넘는 것을 수치스러워해야 한다(子曰 君子恥其言而過其行)."[794]

　공자는 사람들이 빈천을 부끄러워하는 것과 부귀를 자랑하는 것을 도덕적인 것으로 보지 않았다. 오히려 공자는 빈부에 대한 도덕적 자세를 분명히 했다. "부귀는 사람들이 욕구하는 바지만 부귀를 얻는 제대로 된 길로 얻지 않았다면 이런 부귀에는 처하지 않아야 한다. 빈천은 사람들이 싫어하는 바지만 마땅히 빈천해지는 길(게으름, 도박, 방탕 등)로 빈천을 득한 것이 아니라면 이것을 마다하지 않아야 한다."[795] 따라서 공자는 보통사람들과 달리 도를 닦다가 가난해져서 허름한 옷을 걸치고도 부끄러워하지 않는 자로의 태도를 가상히 여겼다. "헤진 헌 솜옷을 입고서, 여우나 오소리 가죽옷을 입은 사람과 나란히 서 있어도

---

790) 『論語』 「里仁」(4-9).
791) 『論語』 「學而」(1-15).
792) 『論語』 「泰伯」(8-13). 또 「憲問」(14-1): "憲問恥. 子曰 邦有道 穀 邦無道 穀 恥也."
793) 『論語』 「公冶長」(5-25): "子曰 巧言令色足恭 左丘明恥之 丘亦恥之. 匿怨而友其人 左丘明恥之 丘亦恥之."
794) 『論語』 「憲問」(14-27).
795) 『論語』 「里仁」(4-5): "子曰 富與貴 是人之所欲也. 不以其道得之 不處也. 貧與賤 是人之所惡也. 不以其道得之 不去也."

부끄러워하지 않을 사람은 자로일 것이다!(衣敝縕袍 與衣狐貉者立 而不恥者 其由也與)"796)
비도덕적 수치심을 비판하는 이런 논변을 통해 도덕감정으로서의 수오지심에
속한 수치심은 도덕적 수치심만을 가리킨다는 것을 알 수 있다. 도덕적 수치심은
남의 정당한 몫에 대한 자기의 침범행위, 자신의 파렴치하거나 몰염치한 행동,
자기 본분과 의무의 방기 등에 대한 수치심에 한정된다. 이 도덕적 수치심만이
도덕감정으로서 '정의'의 단초적 감정이 된다. 이런 까닭에 공자는 백성의 도덕적
수치심을 기르는 덕치와 예치를 바른 정치로 논했다. "정치권력으로 다스리고
형벌로 가지런히 하면 백성들은 면하려고만 하고 수치심이 없어지고, 덕으로
다스리고 예로써 가지런히 하면 백성들이 수치와 품격을 갖춘다.(子曰 道之以政
齊之以刑 民免而無恥 道之以德 齊之以禮 有恥且格)."797) 이 수치심은 도덕적 수치심을
말하는 것이다.

'비도덕적 수치심'은 도덕과 무관한 자신의 부정적 이미지(더러운 얼굴, 못생긴
외모, 허름한 차림새, 가난, 재능부족, 무식, 빈천, 열등성 등)나 부정적 행동(어리석은
짓, 조롱거리가 되는 행동, 못난 짓, 천박한 행위, 불능, 무능 등), 즉 사회적 비교기준에
미달할 뿐만 아니라 어떤 식으로든 원치 않는 자아의 반反이상적 이미지나 행동
이798) 남에게 노정되어 자신이 부정적으로 평가되는 것을 느끼고 자신을 스스로
도 부정적으로 평가하는 모든 상황에서 유발된다. 따라서 비도덕적 수치심의
유발요인은 일일이 거론할 수 없을 정도로 많다. 수치심 일반은 어딘가로 숨어버
리거나 자신을 숨기고 싶은 마음과 함께 낯붉힘의 육체적 현상을 동반한다.

'도덕적 수치심'은 타인의 어떤 정당한 몫을 침범하는 자신의 도덕적 잘못이
남에게 노정되어 도덕적 관점에서 남에게 부정적으로 평가되고 스스로도 자신을
부정적으로 평가하는 것과만 관련된 것이다. 도덕적 수치심도 땅속으로 꺼져버
리거나 자신을 숨기고 싶은 마음과 함께 낯붉힘의 육체적 현상을 동반한다.

여기서 수치심 논의는 도덕적 자기비난을 동반하는 이 도덕적 수치심에 초점

---

796) 『論語』「子罕」(9-27).
797) 『論語』「爲政」(2-3).
798) 참조: Gilbert, "What is Shame?", 18-20쪽.

을 맞춘다. 1990년대 이래 오늘날까지 수치심은 심리학적으로 수없이 논의되고 연구되었다. 그러나 이 심리학적 수치심 논의는 소수를 제외하면 거의 다 타인의 정당한 '몫'에 대한 자신의 침해행위와 관련된 수치심의 발동 요건과 도덕적 수치심의 중요성을 몰각하고 줄곧 빗나간 방향으로 진행되어왔다.[799] 이런 까닭에 이런 논의들은 맹자의 수오지심에 속하는 도덕적 수치심의 분석에 별 도움이 되지 않는다. 따라서 여기서는 최근의 심리학적 수치심 논의를 대부분 제쳐놓고 대커 켈트너, 크리스토퍼 뵘(Christopher Boehm), 폴 길버트(Paul Gilbert) 등 몇몇 학자들의 최신 논의에 의거하면서 줄곧 공맹 또는 다윈으로 거슬러 올라가는 식으로 수치심 개념을 새롭게 구성해볼 것이다.

■ 도덕적 수치심의 양상과 낯붉힘 현상

상술했듯이 맹자는 측은지심이 없어도 비非인간이지만, 수오지심이 없어도 비인간이라고 하여 도덕적 수치심과 도덕적 증오심이 인간의 '본능'이라고 말했다. 수오지심의 이 본능성은 오늘날 여러 각도에서 과학적으로 확증된다. 그런데 사회적 인간에게 '나'가 줄곧 '우리'로 확장되는 경향이 있듯이, 도덕적 수치심의 주체인 이 인간적 '자아'도 연대적으로 확장되고, 수치심의 본능도 집단적 본능으로 확장된다. 사람들은 자신이 아니라 자신의 부모나 형제, 그리고 자식의 잘못에 대해서도 수치심을 느낀다. 가령 나치스 전범자들의 자녀들이 자기들이 아비의 죄를 알 수 없는 유아였을 때 자기 아비들이 범죄를 저질렀을지라도 큰 수치심을 느꼈다는 상당한 증거들이 있다. 누구든 다른 가족식구나 집단구성원들의 행동 때문에도 그가 '그들 중 하나' 또는 '같은 혈통에서 유래하거나 같은 피륙에서 잘라져 나온 것'으로 알려져 있다면 수치심을 느낀다. 이러한 사례들은 개인적 잘못에 뿌리박고 있지 않은 수치심의 또 다른 원천이 있다는 것을 보여준다.

상이하지만 유관한 방식으로 어떤 사회에서는 연대적 수치심은 심지어 가족에

---

799) 최근의 심리학적 수치심 논의에 대한 개괄은 참조: Gilbert, "What is Shame?", 3-30쪽.

게 수치심을 초래한 사람(불륜을 저지른 아내나 딸)을 살해함으로써만 해소될 정도로 치명적으로 심각할 수 있다.800) 가문과 계보가 아직도 중시되는 사회에서는 조상의 잘못도 자손들의 집단적 수치심을 야기한다. 이 때문에 한국에서는 심지어 어떤 역사적 인물에 대한 사극이나 역사영화의 부정적 묘사와 관련해 이 인물의 후손들의 항의에 영화감독이나 제작사가 곤혹을 치르는 경우가 드물지 않다. 또한 사람들은 자기 나라의 특정한 도덕적 잘못에 대해서도 연대적으로 도덕적 수치심을 느낀다. 이 도덕적 수치심을 연대적으로 느끼지 않는 자들은 선천적·후천적 사이코패스다. 이 사이코패스 경향은 유럽의 네오나치스, 네오파시스트, 신新일제 무리에게서 전형적이다.

우리는 도덕적 수치심을 느끼면 비도덕적 수치심을 느낄 때와 마찬가지로 얼굴이 붉어진다. 그런데 도덕적 수치심의 중요한 계기는 자기의 잘못을 남에게 들키거나 발각되는 것, 또는 고발당하거나 만천하에 공개되는 것이다. 어떤 사람이 남에게 자기의 잘못을 들키거나 발각당하면, 그는 자신에 대한 남의 불쾌감이나 자신을 좋지 않게 여길 이 발각자와 고발자의 심정에 공감하고 이 공감으로부터 수치심을 느낌과 동시에 즉각 얼굴이 붉어질 것이다. 그는 이른바 체면을 잃는다. 다윈은 "엄격히 도덕적인 이유에서 얼굴이 붉어지는 것과 관련해서" 우리는 "타인들의 의견에 대한 고려"에 직면하게 된다고 말한다.801) 어떤 사람이 혼자 몰래 저지른 잘못을 들키거나 발각당하지 않은 경우에 — 자기의 양심에 들켜 죄책감을 느끼지 않는다면 — 이 사람은 수치심도 얼굴홍조도 느끼지 않을 것이다. 들키지 않은 것을 다행으로 여길 수도 있다. 그리고 다윈에 의하면, "어떤 사람이 작은 잘못을 실토한 것에 대해 낯붉힘 없이 지극히 수치스러워할 수 있지만, 자신이 발각당했다고 그가 의심하는 경우에 그는 즉각 낯붉힐 것이고, 그가 존경하는 사람에 의해 발각당한 경우에는 특히 더 낯을 붉힐 것이다. 다른 한편으로, 어떤 사람은 하느님이 그의 모든 행동을 주시한다고 확신할 수 있고,

---

800) Gilbert, "What is Shame?", 22쪽.
801) Darwin, *The Expression of Emotion in Man and Animals*, 352쪽.

어떤 잘못에 대해 깊이 의식하는 것을 느끼고 용서를 빌 수 있다. 그런데 (…) 이것은 낯붉힘을 유발하지 않을 것이다. 그의 행동에 대한 하느님의 앎과 인간의 앎 간의 이 차이에 대한 설명은, 추정컨대, 부도덕한 행동에 대한 인간의 불가侵 감정이 개인적 외모에 대한 인간의 헐뜯음과 본성상 얼마간 유사해서 이 양자가 결합해 유사한 결과를 유발하는 반면, 신의 불가감정은 이런 결합을 이룩하지 않는다는 데 있다."802)

수치심으로 인한 이 도덕적 낯붉힘 또는 홍조는 인간에게 특유한 것이다. 침팬지와 원숭이 같은 유인원들에게는 이런 도덕적 홍조반응이 나타나지 않는다.803) 그런데 이 홍조의 생리현상이 생리적 신호발신자에게 진화적 적응에서 어떤 유리한 의미가 있는가? 이 신호는 타인을 향해 발신된 것인가, 아니면 자기 자신에게 발신된 것인가? 자신에게 보내는 위험경고인가? 진화인류학자 크리스토퍼 봄도 이 문제를 풀지 못하고 있다.804) 필자가 생각하기에 도덕적 수치심의 홍조현상은 자아가 타인의 고유한 권리를 인정해야 할 자기 몫의 상호적 고유의 무를 위배했기 때문에 일어나는 것이므로 이를 자인한다는 사실정보로서 자기에게 발신된 것이고, 동시에 말 없는, 차라리 말에 앞서는 즉각적 사죄감정의 신체적 신호로서 타자에게 발신된 것으로 보인다. 잘못을 자인하는 수치심의 홍조와 제스처(고개 떨구기, 시선 돌리기 등), 당혹한 자세 등은 나의 잘못으로 피해를 본 타인에게 전해져 인지되면 타인을 달래주고 타인에게서 분노를 누그러뜨려 용서·화해의 감정을 유발한다. 수치심의 홍조와 제스처의 진화적 적응성은 신속한 사죄·용서·피해보전·보상을 통해 사회적 유대의 신속한 복원과 보존일 것이다. 필자의 이 가설은 최근의 심리학적 연구들로써도 뒷받침된다. 켈트너에 의하면, 피해가 경미한 경우에 수치심의 표시나 행태는 자신의 미안한 마음을 전달하고, 피해자를 달래고, 피해자에게서 동정심과 용서 등을 유발하는 사회적 기능을 한다. 낯붉힘 현상을 제외하면 이와 유사한 제스처와 행태는 다른 동물들

---

802) Darwin, *The Expression of Emotion in Man and Animals*, 352쪽.
803) Boehm, *Moral Origins*, 119-120쪽.
804) 참조: Boehm, *Moral Origins*, 328쪽.

에게서도 발견된다.805)

수줍음은 공감작용 없이 타인의 단순한 존재나 시선 자체에 반응해 발현되는 반면, 수치심은 자기의 잘못을 발각한 타인의 '안 좋다'는 평가감정(불가감정)에 공감적으로 반응해 일어난다. 다윈은 수치심이 홍조를 불러일으키는 원인을 "타인이 우리를 죄지었다고 생각하거나 죄지었음을 안다는 생각"으로 지목했다. "혼자 있을 때 저지른 범죄에 대해 반성하며 양심이 찔리는 사람은 얼굴을 붉히지 않는다". 그러나 "발각된 잘못이나 타인의 면전에서 저지른 잘못"에 대해서는 "생생한 회상"만으로도 "얼굴이 붉어진다". 그리고 "홍조의 정도는 그의 잘못을 발각하거나 목격하거나 의심하는 사람들에 대한 존중감을 느끼는 것과 긴밀히 관련되어 있다. 동료들과 윗사람들이 엄히 주장하는 관행적 행위규칙을 어길 시에는 종종 발각된 범죄보다 더 강렬한 홍조가 일어난다. 진짜 범죄적 행동이 우리의 동료들에 의해 비난받지 않는다면 우리 볼에 색조를 일으키지 않을 것이다."806) 타인을 완전히 무시하거나 경멸·적대한다면 애당초 타인의 안 좋은 느낌에 대한 공감도 없고, 따라서 수치심도 홍조도 전무하다.

■ 개인의 고유한 몫과 도덕적 수치심

정의正義의 단초가 되는 도덕적 '수치심'과 도덕적 '혐오감'은 재물과 영예, 권리와 의무, 안전과 자유, 사랑과 공경·공손·대접 등에 대한 남의 자연적으로 또는 사회적으로 정해진 정당한 개인적 '몫(지분)' 또는 '본분(역할)'과 관련된 권리와 의무를 침범하거나 방기하는 자기의 잘못된 행위에 대한 수치심 또는 이것을 아는 염치다. 보통사람은 여기서 재물과 관련된 자기 '몫' 이상의 것에 대한 물욕

---

805) Dacher Keltner & LeeAnne Harker, "The Forms and Functions of the Nonverbal Signal of Shame". Paul Gilbert & Bernice Andrews (eds.), *Shame: Interpersonal Behavior, Psychopathology and Culture* (Oxford: Oxford University Press, 1998) [78-98쪽]. 그리고 길버트에 의하면, 피해가 심각한 경우에 수치심의 표시나 행태는 "피해제한의 기능"을 한다. Paul Gilbert & Michael T. McGuire, "Shame, Status, and Social Roles". Gilbert & Andrews (eds.), *Shame*, [99-125쪽].

806) Darwin, *The Expression of Emotion in Man and Animals*, 366쪽.

을 '탐욕'으로 부르고 이런 탐욕을 부리는 자신을 수치스럽게 여긴다. 그리고 우리는 이렇게 탐욕스런 사람을 파렴치하다고 여긴다. 물건의 교환과 관련된 상호간의 의무적 몫도 있고, 노동과 서비스를 수행한 대가로 받는 '몫'도 있다. 받으면 받은 만큼 주고 주면 준만큼 받는 것을 기대하는 것은 '직간접적 상호성'의 (이기적) 정의, 즉 협의의 정의다. 받은 만큼 보답하는 것은 '몫일(과업)'이다. 이 '상호성'은 소덕적小德的 당위이고, 이것의 위반은 수치심을 야기한다. 따라서 공자는 수오지심의 확충으로 얻어지는 이 상호적 정의의 '예법'에 관해 이렇게 말한다.

> 상고시대에는 덕을 귀히 여기고 그 다음에는 베풀고 보답하는 일에 힘썼다. 가고 오지 않는 것은 예가 아니고, 오고 가지 않는 것도 역시 예가 아니다.[807]

따라서 '정의의 예법'은 몫의 올바른 구분과 분배에 있다. 공자는 이것을 음악에 비교해 이렇게 설명한다.

> 음악이라는 것은 베풂이고, 예라는 것은 보답이다. 음악은 그것이 스스로 생긴 곳을 즐기고, 예는 그것이 스스로 시작된 곳으로 되돌려준다. 음악이 덕성을 빛낸다면, 예는 감정에 보답하고 시초로 되돌려준다. (...) 음악이라는 것은 감정의 불가변자이고, 예라는 것은 나눔의 불가역자다. 음악은 통일하고, 예는 차이를 변별한다. 따라서 예와 음악의 설說은 사람의 감정을 다스리는 것이다.[808]

이런 상호적 보상의 정의는 '이기적 정의'이고, 소덕(생존도덕)에 속한다. 이런 정도의 공평성 요구는 원숭이나 침팬지에게서도 발견된다. 이 이기적 정의를 위배하는 일을 당할 때 사람들도 유인원들도 '억울해한다'. 이 '억울한 감정'이

---

807) 『禮記』「曲禮上 第一」. "太上貴德, 其次務施報. 禮尙往來. 往而不來 非禮也. 來而不往 亦非禮也."
808) 『禮記』「樂記 第十九」"樂者 施也. 禮者 報也. 樂 樂其所自生 而禮反其所始. 樂章德. 禮報情反始也. (...) 樂也者, 情之不可變者也. 禮也者, 理之不可易者也. 樂統同, 禮辨異. 禮樂之說, 管乎人情矣."

침해된 이기적 정의를 회복하는 동력이다. 이 '이기적 정의'는 아직 인간의 정체성(인간다움)을 뒷받침하는 '인의적 정체성도덕'에 이르지 못했다.

도덕적 수치심은 부도덕한 행위(잘못) 일반에 대해서 느껴지는 것이 아니라, 나와 남의 정당한 '몫'을 침범하는 행동에 대해서만 느껴지는 것이다. 우리는 물론 사랑 또는 동정적 행위의 불이행이나 불경과 관련해 수치스러워할 수 있지만, 막연히 이 도덕적 불이행이나 불경 자체 때문에 수치스러워하는 것이 아니다. 가령 내가 부모로서 베풀어야 마땅한 '몫'의 사랑을 베풀지 않거나, 내가 가령 국가원수로서 마땅히 받아야 할 '몫'의 공경을 바치지 않았기 때문에 수치스러워하는 것이다. 내가 이 '몫'을 부인한다면, 나는 (가령 불효하는) 자식을 혐오하고 (가령 독재를 자행하는) 국가원수를 모독하더라도 결코 수치스러워하지 않을 것이다. 이와 같이 도덕적 수치심은 반드시 자연적으로 또는 사회적으로 정당한 '몫'과 관련된 비교감각을 전제하는 것이다. 뒤에 상론하는 바와 같이 정당한 '몫'과 관련된 '비교감각' 또는 '공평성 감각'은 인간과 영장류에게 하나의 '본능'이다.

우리는 상론한 보편적 생명애와 공감적 환경윤리의 관점에서 오늘날 인간적 개체의 자연적·사회적으로 정해진 정당한 몫을 넘어 동식물적 개체의 공감적·생명애적으로 정해진 정당한 '몫'도 고려해야 할 것이다. 특히 인간과의 공생·공감 속에서 인간을 위해 진화한 개에 대한 인간의 특별한 도덕적 관계를 고려할 때, 개의 정당한 도덕적 몫은 특히 분명한 것으로 보인다. 동식물에 대한 인간의 보편적 공감과 생명애를 고려한다면 우리는 이 개의 도덕적 몫(생명, 먹이, 놀이기구, 심리적 안정 등)의 관념을 동식물 일반으로 확장할 수 있을 것이다. 우리는 오늘날 보편적 생명애와 공감적 환경윤리의 관점에서 개구리나 새를 괜히 잡아 죽이다가 남의 눈에 띄었다면 아마 부끄러워할 것이다. 특히 천연기념물로 지정된 동물들을 죽이는 것이나 생태보존지역에서 동물을 잡거나 소란을 피우거나 경적을 울려 산짐승들을 불안하게 하는 것, 그리고 산짐승들이 먹을 '몫'인 식물과 그 열매와 씨앗을 채취하는 것은 도처에서 이미 수치심을 넘어 범죄로 규정되었다.

다시 인간으로 돌아오면, 개인적 몫의 정당성을 결정하는 기준은 사람들이 각자의 견지에서 중시하는 또는 우선시하는 능력, 노동·서비스의 질과 양, 공적 기여도, 덕성의 우열, 성패, 투자밑천(생산수단)의 양, 공덕의 유무, 의무의 이행여부, 잘잘못에 대한 상벌의 비례성, 권력의 대소, 권위의 존비尊卑, 선착순, 추첨의 행운·불운 등에 따라 달라진다. 이 다양하고 상이한 기준에 입각해 '당연한 몫'도 천차만별로 달라진다. 가령 봉건사회에서 소작인은 농사노동을 수확물 분배의 기준으로 내세우는 반면, 지주는 땅의 넓이와 비옥도를 지대의 기준으로 내세울 것이고, 자본주의 사회에서 노동자는 노동시간을 분배의 기준으로 중시해 자기 몫을 계산하는 반면, 고용주는 투자된 자본의 크기를 분배의 기준으로 중시하고, 엔지니어는 기술의 질을 분배의 기준으로 중시하고, 벤처는 아이디어를 분배의 기준으로 중시해서 자기 몫을 따진다. 이 때문에 인간들은 정당한 몫의 기준과 정확성을 두고 당사자들 간에 불가피한 무한갈등에 빠지고, 심지어 유혈내전과 국가분단에 처하기도 한다.

사랑이 없다면 이 무한갈등과 유혈은 해소할 수 없을 것이다. 사랑과 인애만이 정당한 분배기준들 간(정의들 간)의 타협과 복합적 적용(비례적 평등과 양적 평등의 혼합), 자잘한 양보, 미세조정 등을 가능케 하여 이 정의갈등을 무마하고 서로에게 순응케 할 수 있다. 따라서 공자는 "인애라는 것은 정의의 근본이고 순응의 본체다仁者義之本也 順之體也"라고 갈파했다.[809] 따라서 '인' 없는 '의', 사랑 없는 정의는 차라리 없는 것만 못하다고 할 수 있다. 이런 이유에서 공맹은 언제나 분명하게 '의'에 '인'을 앞세워 '인의仁義' 또는 '인의예지仁義禮知(智)'의 순서로 말한 것이다.[810] 공자와 맹자는 단 한 번도 '의인義仁'이라고 인仁과 의義의 순서를 바꿔 말한 적이 없다.

공자는 '정의'와 '용기'를 구분하기도 하지만,[811] 용기를 정의와 가까운 감정으

---

809) 『禮記』「禮運 第九」.
810) "道德仁義 非禮不成", "禮者 (...) 別仁義", "仁義禮知 人道具矣" 등은 참조: 『禮記』「曲禮上 第一」; 「禮運 第九」; 「喪服四制 第四十九」. "仁義", "仁義禮智" 등은 참조: 『孟子』「梁惠王上」(1-1); 「告子上」(11-6); 「盡心上」(13-21) 등.

로 간주하거나 용기를 정의의 자리에 놓기도 했다. 가령 공자는 "지자는 미혹되지 않고 인자는 걱정하지 않고, 용자는 두려워하지 않는다"고 했는데(子曰 知者不惑 仁者不憂 勇者不懼)",[812] 공자가 『중용』에서 "지·인·용 삼자知仁勇三者"를 "천하의 달도(天下之達德)"로 천명한 명제에[813] 비춰 보면 여기서 '용기'는 '정의'를 대신해 쓰이고 있다. 그래서 공자는 "정의를 보고 행하지 않으면 용기가 없는 것이다"라고 한다.[814] 이것은 정의의 불이행을 '무용無勇'이나 다름없는 것으로 규정하는, 즉 정의를 용기와 거의 동일시하는 말이다. 그리고 공자는 "인자는 반드시 용기가 있지만 용자는 반드시 인이 있는 것이 아니다(仁者必有勇 勇者不必有仁)"라고 하여[815] 인仁과 용勇(의義)이 분리될 위험도 지적했다. 그리하여 예를 인仁의 실천 도구로 간주한 공자는 "용감하나 무례하면 그것은 난이다(勇而無禮則亂)"라고 갈파함으로써[816] 인애 없이 정의만 추구하는 것을 '난亂'으로 규정하는 취지의 말도 한 것이다. 이 말은 "사랑 없는 정의는 살인면허"라는 명제나 다름없다. 공자와 맹자는 인의仁義의 대동사회를 이루려면 혁명을 일으키는 것도 불사했으나 '정의의 주먹'으로 불의를 타도하는 혁명을 말한 것이 아니라 "지인至仁"으로 "지극한 불인"(극단적 사이코패스 치자)을 방벌하는(以至仁伐至不仁) 혁명을[817] 말한 것이다.

■ 도덕적 수치심과 이타적 정의감(사회적 복수심)

타인이 자기의 몫을 침해할 때 느끼는 이기적 정의감의 개인적 복수심은 '억울함'으로 나타난다. 반면, '이타적 정의감'은 어떤 사람이 제3자의 몫을 침해할

---

811) 『論語』「陽貨」(17-21): "子路曰 君子尙勇乎? 子曰 君子義以爲上 君子有勇而無義爲亂 小人有勇而無義爲盜."
812) 『論語』「子罕」(9-29). 그런데 이 지·인·용 삼자를 갖춘 사람은 바로 공자였다. 『憲問』(14-28): "子曰 君子道者三 我無能焉. 仁者不憂 知者不惑 勇者不懼. 子貢曰 夫子自道也."
813) 『中庸』(二十章): "知仁勇三者 天下之達德也."
814) 『論語』「爲政」(2-24): "子曰 (...) 見義不爲 無勇也."
815) 『論語』「憲問」(14-4).
816) 『論語』「泰伯」(8-2).
817) 『孟子』「盡心下」(14-3).

때 이 어떤 사람에 대해 느끼는 '사회적 복수심', 즉 '공분'('의분')이다. '정의감'은 보통 이 '이타적 · 사회적 정의감'을 가리킨다. 이 '이타적 · 사회적 정의감'은 4대 덕(cardinal virtues)에 속하는 '정의'의 기저 감정이다. 우리는 제3자가 받아야 마땅한 존경을 어떤 사람이 표하지 않거나 이 제3자의 영예나 존위를 침해할 때도 이 사회적 정의감(공분)을 느낀다. 이 제3자의 사회적 존경과 명성이 클수록 이 제3자 몫의 영예에 대한 타인의 침범에서 느끼는 자아의 공분(사회적 복수심)은 더 커진다.

그런데 '이타적 정의감'은 자기의 이익을 뛰어넘어 타인의 이익과 명예에 대한 침해를 막거나 그의 손실된 이익과 명예를 회복시키려는 감정이므로 '타인에 대한 사랑'을 전제한다. 타인에 대한 사랑이 없다면, 가령 타인을 증오하거나 적대한다면 이 타인에 대한 이타적 정의감이나 의분은 일어나지 않는다. 이것은 집단에 대해서도, 심지어 빈민집단이나 장애인집단에 대해서도 이 집단을 경멸 · 증오하거나 적대한다면 이 집단이 받는 부당한 대우에 대해 의분을 느끼지 않는다.

타인 앞에서 일반적으로 겸손 또는 공손을 보일 때 우리는 수줍음을 느끼고 얼굴을 붉힌다. 그러나 반대로 남의 인격에 대한 정당한 존경과 표리관계에 있는 공손의 최소한의 '몫'을 내가 나의 부주의로 면전에서 침해한 경우에 나는 바로 또는 뒤에 수치심을 느낀다. 유사하게 상관과 국가원수 앞에서 건방을 떨거나 불손하게 군 사람은 자리에서 물러나와 스스로 수치심을 느끼지 않을 수 없을 것이다. 그는 상관과 국가원수가 도덕적으로나, 법적으로나 마땅히 받아야 할 존경이나 충성의 정당한 몫을 침해한 것이다. 그러나 상관이나 국가원수가 경멸할 자라면 그에게 불손하게 굴었어도 수치심을 느끼지 않을 것이다.

반면, 우리는 자기가 보여야 할 공손의 몫을 넘어 아부가 될 지나친 공손, 즉 '과공過恭'도 수치스러워하고, 원수怨讐에게 정직한 몫을 되갚는 것이 아니라 보신주의로 행동하거나 원한을 숨기고 아부하는 표리부동을 수치스러워한다. 공자는 "교언영색과 지나친 공손을 좌구명은 치욕스러워하는데, 나 공구도 역시 이를 치욕스러워한다"고 했다.818) 또 공자는 보답의 정당한 '몫'을 따지고 덕과

원한에 대한 '응보'를 말한다.

의義는 천하의 제도이고, 되갚음은 천하의 이利(=宜)다. 덕을 덕으로 되갚는 것은 사람들에게 얼마간 권장하는 것이고, 원수를 원수로 되갚는 것은 사람들이 얼마간 원수를 응징하는 것이다. 『시경』에 '자기에게 돌아와 되갚지 않는 말이 없고, 보답 받지 않는 덕이 없네'라고 했다. (...) 원수를 덕으로 되갚는 것은 ('살인성인'에 반대되는) 보신의 인仁이다. 덕을 원수로 갚는 자는 사형에 처할 사람들이다.[819]

덕을 원수로 갚는 것은 흉악범죄다.[820] 그래서 "사형에 처할 사람들"이라고 한 것이다. 그리고 '살인성인'에 반대되는 '보신의 인仁'은 수치, 즉 '원수를 벗으로 사귀는 짓'과 같은 수치다. 왜냐하면 원수를 덕으로 되갚는 것은 무도한 자에게 복수하지 않는 용기를 넘어서는 '원수에 대한 아부'이기 때문이다. 사회적 원수에 대해서는 정당한 몫의 응보가 따로 있다.

누군가가 "원수를 덕으로 갚으면 어떻습니까?"라고 묻자, 공자는 "그러면 덕은 무엇으로 갚을 거요?"라고 되묻고, "원수는 (주관적 감정 없이) 정법定法대로 갚고, 덕은 덕으로 갚는 것이요"라고 말해주었다.[821]

이에 대해 허버트 스펜서는 원수를 덕으로 갚으라고 주장한 노자와 비교해서 "공자는 자신의 중용의 독트린에 따라 덜 극단적인 견해를 표명하고 있다"고 주석했다.[822] 공자의 이런 '이직보원以直報怨 이덕보덕以德報德' 원칙은 "네 이웃을

---

818) 『論語』「公冶長」(5-25). "子曰 巧言令色足恭 左丘明恥之 丘亦恥之."
819) 『禮記』「表記」第三十二. "子言之 (...) 義者 天下之制也. 報者 天下之利也. 子曰 以德報德 則民有所勸, 以怨報怨 則民有所懲. 詩曰 無言不讎 無德不報. (...) 子曰 以德報怨 則寬身之仁也. 以怨報德 則刑戮之民也."
820) 鄭玄注・孔穎達疏, 『禮記正義』, 1718쪽.
821) 『論語』「憲問」(14-34). "或曰 以德報怨 何如? 子曰 何以報德? 以直報怨 以德報德." "직(直)"은 여기서 '사감 없을 직', '바른 도 직', '바른 행위 직'자다.
822) Herbert Spencer, *The Principles of Ethics*. Vol I. [1879・1891・1893・1894・1897] (Indianapolis: LibertyClassics, 1978), §136.

사랑하고 네 원수를 미워하라 했다는 것을 너희가 들었으나 나는 너희에게 이르노니 네 원수를 사랑하라"고 가르친 예수의 '원수사랑' 계명(마태복음 5장 43-44절)과 정면으로 어긋나는 것처럼 보인다. 그러나 예수의 이 계명은 먼저 "이웃을 네 자신 같이 사랑하라"는 '이웃사랑' 계명(마태복음 22장 39절)과 더 어긋나는 것처럼 들린다. 하지만 더 깊이 들여다보면 '원수사랑' 계명은 '이웃사랑' 계명의 연장임을 알 수 있다. 우리의 '이웃'은 우선 식구, 친구, 옆집사람, 우리 동포다. 더 널리 보면 인간은 인간에게 다른 동물보다 가까운 이웃이다. 인간인 '원수'도 먼 이웃이지만 '이웃'은 '이웃'이다. 따라서 예수는 '원수사랑'으로 인간애의 선차성을 가르친 것으로 보인다. 따라서 원수사랑에 이웃사랑 테제를 대입해 풀이하면 원수에 대한 사랑은 그가 원수임과 원수진 죄과를 미워하되, 원수의 인간임과 그의 죄과를 분리시켜 사적 증오심을 접고 원수도 이웃(나의 동포나 인간)임을 깨닫고 동포애, 아니 적어도 인간애의 이웃사랑을 발휘하라는 계명으로 풀이할 수 있다. 이렇게 풀이하면 원수사랑 계명은 사회적 복수심과 공분에 따라 원수의 죄는 죄대로 처벌하되, 원수도 '인간'이라는 점을 지실知悉해 사적 복수심과 증오심 없이 인간답게 처벌해야 한다는 말이 된다. (예수가 이웃사랑을 '원수'에게도 적용해 '원수사랑'으로까지 확장한 것은 인도철학적 자비심 개념의 영향이다.) 따라서 예수의 '원수사랑' 계명은 바로 '이덕보덕以德報德'하되 '이직보원以直報怨'하라는 공자의 명제와823) 잘 통한다. 물론 이것은 '인간' 개념에서 이성은 월등하지만 공감능력과 도덕감정이 없는 인면수심人面獸心의 사이코패스를 빼고 하는 말이다.

 『논어』를 잘 알고 있었을 아담 스미스도 '이직보원以直報怨'을 이렇게 설명한다. 분개·분노 등 '본성적으로 추악한 감정들', 즉 "악의적이고 비사회적인 감정들"과 관련해서는 '일반규칙'(정해진 법)을 준수해서 응보해야 한다는 것이다.

---

823) 『論語』「憲問」(14-34). "以直報怨"의 "직(直)"은 여기서 '사감 없을 직', '바른 도 직', '바른 행위 직'자다.

우리는 언제나 처벌은 마지못해, 그리고 복수하고 싶은 야만적 성향에서보다 처벌의 적절성 감각에서 해야 한다. 그 자신이 저 분노라는 기분나쁜 감정의 격발에서보다, 최대의 가해행위들이 분개를 마땅히 당할 만하고 또 분개의 적절한 대상들이라는 느낌에서 이 최대의 가해행위들에 대해 분개하는 것으로 보이는 사람의 행동보다 더 품위 있는 것은 없다. 또 재판관처럼 어떤 보복이 각각의 개별적 위반에 주어져야 마땅한지를 결정하는 일반규칙만을 고려하는 사람, 이 규칙을 집행하는 가운데 그 자신이 겪은 것보다 그 위반자가 겪게 될 것을 더 동정하는 사람, 노여움 속에도 자비심을 잊지 않고 저 규칙을 가장 점잖고 호의적 방식으로 해석하고 가장 진정한 인간애와 양식이 일관되게 용인할 수 있는 온갖 경감조치를 허용하고 싶어 하는 사람의 행동보다 더 품위 있는 것은 없다.[824]

'이덕보덕以德報德'에 대해서 스미스는 이와 반대의 수칙, 즉 따뜻한 감정을 실어서 보답해야 한다고 말한다. "인애적 감정들이 우리를 촉구해 하게 만드는 모든 저 품위 있고 경탄스런 행동들은 행동의 일반규칙에 대한 존중으로부터 생겨나는 정도만큼, 감정 자체로부터도 생겨나야 한다. 시혜자가 그의 호의적 서비스를 부여한 인물이 단순히 차가운 의무감에서, 그리고 그 자신의 인물에 대한 아무런 애착도 없이 이 서비스를 되갚는다면, 시혜자는 스스로 잘못 보답 받았다고만 생각할 것이기 때문이다." 그러나 인애 감정이 의무감을 '지나치게' 넘어서는 것, 너무 감사해서 지나치게 굽실거리는 것은 수치스런 짓이다. 따라서 "온갖 그런 인애적·사회적 정감들과 관련해서는, 의무감이 이 정감들을 활기차게 하기보다 오히려 억제하기 위해 투입되는 것, 의무감이 우리가 해야 하는 것을 하도록 우리를 촉구하는 것보다 지나치게 많이 촉구하지 않도록 우리를 저지하기 위해 투입되는 것을 보는 것은 기분좋다. (...) 어떤 친구가 그의 천성적 후의에 경계를 설정해야 하는 것을 보는 것, 시혜를 받은 사람이 그 자신의 기질에서 나오는 지나치게 다혈질적인 감사감정을 억제해야 하는 것을 보는 것은 우리에게 쾌감을 준다."[825] 이 논변은 '이덕보덕'의 주석으로 보면 의미심장하다.

---

824) Smith, *The Theory of Moral Sentiments*, III. vi. §5.

재물과 영예, 권리와 의무, 안전과 자유로부터 사랑과 공손, 심지어 '보원'과 '보덕'에 이르기까지 합당한 '몫'이 관심의 초점으로 떠오를 때, 이것을 어기는 것은 수치스러운 것이고, 이를 지키는 것은 염치 있는 것이다. 이런 까닭에 맹자는 수치심 또는 치욕, 그리고 이로 인한 자괴감과 염치를 정의의 단초가 되는 도덕감정으로 규정한 것이다.

그리하여 일반화하면, 도덕적 수치심은 어떤 사람이 자기의 정당한 또는 공정한 몫을 넘어 자기 몫보다 더 많은 양의 재물·영예·권리·안전·자유·사랑·존경을 얻음으로써 타인의 몫을 타인들의 인지 속에서 침범한 경우에만 느낀다. 이 수치심과 함께 그는 후회 속에서 자신을 미워하는(혐오하는) 감정도 동시에 느낀다. 따라서 수치심과 혐오감을 한데 묶어 '수오'지심을 말하는 것이다.

– 미시적 정의와 거시적 정의

마땅한 몫의 재산·소득·지식·치료기회를 개개인에게 제대로 배정하는 것으로 이해되는 정의는 '미시적 정의'다. 이 '미시적 정의'는 적극적 형태와 소극적 형태가 있다. 적극적 형태의 미시적 정의는 제 몫의 재산·소득·지식·치료기회에 대한 권리를 개개인에게 보장하는 정의이고, 소극적 형태의 미시적 정의는 재산·소득·지식·치료 권리의 침해를 예방하는 정의의 집행이거나(경찰행정), 침해된 재산·소득과 교육권 및 치료권리를 회복시켜주는 정의의 선언(사법작용)이다.

반면, 사회의 경제적 양극화, 또는 빈익빈부익부를 막거나 완화하기 위해 사회의 상·중·하층 시민집단에 대해 적당한 몫의 재산·소득·지식·의료혜택과 영예를 재분배하려는 정의는 '거시적 정의'다. 이 '거시적 정의'는 개인이 자신의 이익만을 추구하는 것이 아니라 자기를 초월한 타인들의 이익을 추구하는 것이므로 '이타적 정의감' 또는 '의분義憤'(공분)에 의해 뒷받침된다. 집단을 위한 이 이타적 정의감은 개인의 몫을 위한 의분과 마찬가지로 자기가 포함되어 있든

---

825) Smith, *The Theory of Moral Sentiments*, III. vi. §4.

포함되어 있지 않든 이 집단에 대한 사랑을 전제한다.

가령 자기가 포함된 조국이나 자기 민족에 대한 사랑, 그리고 자기가 포함되어 있지 않은 빈민층이나 장애인단체에 대한 연민이 있다면, 우리는 이 집단들에 대한 부당한 대우를 보면 거시적으로 의분을 느낀다. 이 거시적 의분, 거시적 차원의 이타적 정의감은 개인과 개인 간의 합당한 몫을 배분하려는 미시적 정의를 향한 것이 아니라, 집단들(신분·계급·계층들) 간의 합당한 몫을 배려하려는 거시적 정의를 지향한다. 이 이타적 정의감에서 개인을 위하든, 집단을 위하든 중요한 것은 양성간, 세대간, 지역간, 계층간, 민족간, 국가간의 거시적 정의를 뒷받침하는 이타적 정의감은 인간애·향토애·계급적·계층적형제애·동포애·애국심 등의 집단적 사랑을 전제한다는 것이다.

– 도덕적 수치심, 도덕적 두려움, 진정한 용기

단순감정으로서의 수줍음은 두려움과 무관하다. 반면, 도덕적 수치심은 두려움과 긴밀히 관련되어 있다. 도덕적 수치심(치욕감)은 자기가 치욕을 당할 것에 대한 두려움을 동반하기 때문이다. 맹자의 이 수오지심 개념에는 치욕에 대한 두려움과, 두려운 치욕을 초래할 도덕적 비행의 유혹, 비행을 강요하는 협박을 이기려는 진정한 용기도 포함된다. 죽음의 두려움을 무릅쓰고 수치를 초래할 잘못을 저지르지 않으려는 의지, 즉 치욕의 두려움을 죽음의 두려움보다 더 무겁게 여기는 감정이야 말로 진정한 용기이기 때문이다. 이런 까닭에 공자는 "부끄러움을 아는 것은 용기에 가깝다(知恥 近乎勇)"고 언명했다.[826] 도덕적 수치 또는 치욕을 당하지 않으려면 때로 두려운 죽음도 불사하는 용기가 필요한 것이다. 두려운 치욕을 초래할 비행非行의 유혹, 비행의 강요와 협박을 이기는 용기는 강한 체면의식과 영예심을 낳는다.

여기로부터 관점이 자연스럽게 바뀌어 수치심은 주체의 자긍심을 바탕으로 마치 '동전의 이면'으로서 남의 몫을 침범하지 않아야 하는 인간적 의무감과 본분

---
826) 『中庸』(20章).

의식, 그리고 만난을 무릅쓰고 이 의무와 본분을 실천하려는 의지와 용기를 낳는다. 치욕을 불러올 잘못을 범하지 않으려는 이 의지적 용기는 수치심을 느끼는 데서 나온다. "부끄러움을 아는 것은 용기에 가깝다"는 공자의 저 말은 그래서 나온 것이다.

자신의 부끄러움을 알고 자인하는 진정한 용기는 '군자의 굳셈'이요, '남방의 굳셈'이다. 또 공자는 무도한 난세에도 변함없이 무도無道를 보복하지 않고 관용하는 '군자의 굳셈'을 찬미한다.

> 남방의 굳셈이냐 북방의 굳셈이냐? 아니면 너의 굳셈이냐? 관유寬柔로써 가르쳐주고, 무도無道를 (무도로) 되갚지 않는 것이 남방의 굳셈이니, 군자는 이곳에 산다. 완전무장을 하고 죽어도 마다하지 않는 것이 북방의 굳셈이니, 힘센 자는 이곳에 산다. 그러므로 군자는 유화柔和로우나 휩쓸리지 않노라. 굳세도다, 씩씩함이여! 중도에 서서 치우치지 않노라. 굳세도다, 씩씩함이여! 나라에 도가 있으면 변치 않고 충실하노라. 굳세도다, 씩씩함이여! 나라에 도가 없어도 죽도록 변치 않노라.827)

변치 않는 '군자의 굳셈', 즉 '관유에 대한 군자의 도덕적 용기'는 물론 세상의 도덕이 무너졌을 때도 이 사리사욕의 유혹이나 죽음의 공포에 눌려 본분에서 벗어나 곡학아세하지 않고 무도한 자에게도 복수하지 않을 각오와 용기다. 이 용기는 무도한 세상에서도 곡학아세해 잘사는 것에 대한 수치심에서 나온다.

---

827) 『中庸』(10章). "子路 問强. 子曰 南方之强與 北方之强與 抑而强與? 寬柔以教 不報無道 南方之强也 君子居之. 衽金革 死而不厭 北方之强也 而强者居之. 故君子和而不流 强哉矯! 中立而不倚 强哉矯! 國有道 不變塞焉 强哉矯, 國無道 至死不變." 정현은 '금혁(金革)'을 단순히 '병장기(軍戎器械)'로, '유(流)'자를 '이(移)', '색(塞)'자를 '실(實)'자로 풀이한다(流猶移也 塞猶實也). 또 정현은 '불변색언(不變塞焉)'을 '마음 바꿔 시의를 따라가지 않는다(不變以趣時)'로 풀이했다. 공영달은 '불변색언(不變塞焉)'을 '곧게 지키면서 변치 않고 덕행에 충실하다(守直不變德行充實)'로 해석했다. 鄭玄注, 孔穎達疏, 『禮記正義』(北京: 北京大學出版社, 2000), 1667쪽. 그러나 주희는 '금혁'을 '병장기(戈兵之屬)와 갑옷(甲胄之屬)', '색(塞)'은 '영달하지 못함(未達)', '불변색언(不變塞焉)'을 '영달하지 못했던 때 지키던 바를 바꾸지 않는다(不變未達之所守)'로 풀이한다. 朱熹, 『大學·中庸集註』, 93쪽. 여기서는 이런 주석들을 절충했다.

반면, 이 용기는 세상이 도덕이 있을 때도 빈천하게 사는 것을 수치로 여기는 수오지심에서 나온다.[828]

또한 '군자의 도덕적 용기'는 떳떳하게 자신의 긍지를 지키려는 자존감, 또는 명예심을 전제한다. "누군가 특정할 수 있는 일정한 상황조건에서 자존감을 가지고 있다면, 그는 수치심을 느낄 것이다. 사람은 어떤 상황에서든 수치심을 산출하는 것으로 보지 않는다면 자존감을 가지지 않은 것이다. 자존감의 상실과 감지능력의 상실은 병행한다."[829]

수치심, 명예심(자존감), 두려움, 수치를 알고 자인할 용기가 이런 얽히고설킨 정의론적 관념에 대해서는 플라톤도 공맹과 유사하다. 소피아(지혜)의 이성적 변증론(논증)을 최고로 치고 감정을 경멸하던 플라톤은 죽기 1년 전에 쓴 최후의 저작 『법률』에서 입장을 바꿔 인간의 감정을 중시하면서 "두 종류의 두려움"을 구별한다. 그리고 그는 이 중 보통의 '두려움'을 나쁜 일이 일어날 것으로 예상될 때 느끼는 흔한 '두려움'으로 규정하고, 다른 하나를 치사하거나 열등한 언행으로 나쁜 평판을 얻게 될지 모른다는 생각이 들 때 여론에 대해 느끼는 '두려움'으로 정의한다. 그리고 그는 이 도덕적 두려움을 아예 "수치심(아이스퀴네 $aischýnē$)"이라 바꿔 부른다. 이 후자의 '두려움'은 고통이나 전자의 '두려움'의 대상들과 반대되고 최대, 최다의 쾌락과도 반대된다. 수치심은 불명예에 대한 '두려움'이다. 이 도덕적 수치심은 고난 속에서도 나쁜 쾌락에 대항할 힘과 굳셈을 주기 때문이다. 따라서 상식 있는 사람들은 "이런 종류의 '두려움'을 '최고의 명예'로 간주하고 이를 아는 것을 '염치(아이도스 $aidṓs$)'라 부르는 것"이다. 이 두려움과 대립되는 부도덕한 '자신감'은 '몰염치 또는 파렴치'라 부르고, 공사 간에 '아주 큰 악'으로 여겨진다. 따라서 플라톤은 사람들은 "두려움이 없으면서 두려움이 많아야 한다"

---

828) 주지하다시피 공자는 "나라에 도가 있는데 빈천하면 수치이고, 나라에 도가 없는데 부귀하면 수치다(邦有道 貧且賤焉 恥也 邦無道 富且貴焉 恥也)"라고 말한다. 『論語』「泰伯」(8-13). 또 공자는 "나라에 도가 있어도 녹을 먹고 나라에 도가 없어도 녹을 먹는 것은 수치다(子曰 邦有道 穀 邦無道 穀 恥也)"라고 말한다. 「憲問」(14-1).
829) Gabriele Taylor, *Pride, Shame, and Guilt* (Oxford: Clarendon, 1985), 80쪽.

는 역설적 명제로 수치심·두려움·용기의 관계를 정리했다.[830]

- 분개·의분(공분)·복수심

수오지심이 방향을 바꿔 상대방에게 적용되면, 수오지심의 일단인 도덕적 혐오감은 상대방이 나의 '몫'을 침해하는 타인에 대해 발동된다. 이 경우에는 수치심을 모르는 상대방의 몰염치한 또는 파렴치한 행위로 인해 내가 상대방을 싫어하고 동시에 '분개'한다(resent). 혐오가 상대방의 의도에 대한 공감이 아니라 그 의도에 대한 교감적 인지에서 생기는 반감이듯이, '억울함', '울분', 또는 '분개'(resentment)도 상대방의 파렴치한 행위 의도에 대한 교감적 지각에서 생긴 반감에서 유발되는 교감감정이다. 우리는 자기의 잘못이 없는 상황에서 비난이나 벌을 받아도, 즉 자기 몫이 아닌 비난이나 벌을 받아도 '분개'한다. 이 경우의 울분과 분개는 '억울함(aggrievedness)'의 감정을 수반한다. '분개'나 '울분', 또는 '억울함'은 모두 다 자기의 몫이 침해되었을 때 표출되는 '자기를 위한 개인적 정의감'이다. 공자가 "소의小義"라 부른 정의에[831] 대응하는 감정은 아마 이 '자기를 위한 개인적 정의감'을 가리킬 것이다. 스펜서는 이런 개인적 정의감을 '이기적 정의감(egoistic sentiment of justice)'이라 불렀다.[832] 이기적 정의는 모든 상호성과 (직간접적) 호혜성의 정의까지도 포괄한다. 이 정의는 인간의 '인의적仁義的 정체성도덕'에 속하는 것이 아니라, '생존도덕'(소덕)에 속한다.

분개는 나의 몫의 침해나 방해로 인해 야기되는 억울함의 감정을 동반하는 한에서 '이기적' 복수심을 낳는다. 이기적 복수심은 보통 '앙심' 또는 '보복심'이라고도 불린다. 두 살 박이 아기가 보복으로 엄마를 때리고, 아기가 자기를 넘어지게 한 문턱을 때리는 것을 보면, 그리고 대부분의 동물들도 공격을 받으면 바로

---

830) Platon, *Gesetze*, 646e-647c. *Platon Werke*, Zweiter Teil des Bd. VIII in Acht Bänden, hg. v. G. Eigner, deutsche Übersetzung von Friedrich Schleiermacher (Darmstadt: Wissenschaftliche Buchgesellschaft, 1977).
831) 공자는 "의는 대소장단이 있다(義有長短小大)"고 말한다. 『禮記』「表記 第三十二」.
832) Spencer, *The Principles of Ethics*. Vol 2, §263.

보복성 반격을 하는 것을 보면, 이 이기적 복수심은 인간과 동물에게 공히 본능적이다. 이 개인적 복수심은 분개에서 파생하는 제2차적 교감감정이다. '분개'는 '분노'의 일종이지만, 반드시 내가 나의 몫을 유린하는 타인의 나쁜 의도를 교감적으로 인지해 노한 경우에만 사용된다. '분개'와 '복수심'은 단순감정 '노함'을 전용하는 '이기적 정의감정'에 속한다.

다시 관점을 바꿔 우리가 제3자의 정당한 몫이 다른 사람에 의해 침해되는 것을 인지할 때, 상론했듯이, 우리는 제3자에 대한 다른 사람의 이 파렴치 행위에 공분公憤하고 이 사람을 비난한다. '공분' 또는 '의분'(indignation)은 적어도 희미한 보편적 인간애나 특칭적 사랑에 근거해 공감된 감정(자기 몫을 침해당한 타인의 분개에 대한 공감), 이 공감으로 인한 측은지심(공감감정), 가해자에 대한 혐오와 분노(교감감정) 등의 혼합 · 결합감정이다. 공분을 느낄 때 우리는 한편으로 피해자의 고통 · 분개 · 억울함에 대한 공감 속에서 그를 동정하고, 동시에 다른 한편으로는 가해자의 악의를 교감적으로 인지하고 그에 대해 반감을 갖기 때문이다. 전자의 '동정심'은 공감감정인 반면, 후자의 '반감'은 교감감정이다. 따라서 '공분' 또는 '의분'은 이 동정심(공감감정)과 반감(교감감정)의 결합에 의해 야기되는 사회적 분개다.

우리가 흔히 말하는 '사회적 정의감'은 이 '공분'에서 나온다. 스펜서는 이 사회적 정의감과 공분을 '이타적 정의감(altruistic sentiment of justice)', 또는 '공감적(동정적) 정의감(sympathetic sentiment of justice)'이라 불렀다.[833] 이 공분은 희미한 보편적 인간애나 보다 진한 특칭적 사랑을 전제로 타인의 억울함 · 울분 · 분개에 대한 공감 속에서 타인의 고유한 몫을 침해한 제3자에게 표출하는 사회적 분개다. 따라서 공분은 피해자에 대한 사랑과 동정심이 강하고 가해자에 대한 증오심이 강할수록 강하다. 분개처럼 공분도 단순감정 '분노'를 전용한 감정이다. 도덕적 수치심이 강한 사람일수록 사회적 정의감, 즉 공분도 강하다. 또한 인간애와 특칭적 사랑이 강렬한 사람일수록, 공분도 강렬하다.

---

833) Spencer, *The Principles of Ethics*. Vol 2, §264, §265.

남의 정당한 몫을 챙겨주고 침해로부터 막아주려는 사회적 정의감은 이기심이 아니라, 본능적 사랑을 전제하는 것이라서 본질적으로 이타적인 것이다. 따라서 응분이나 억울함과 결부된 이기적 정의감은 '생존도덕'(소덕)을 뒷받침하는 반면, 공분과 결부된 이타적 정의감은 인간의 '인의적 정체성도덕'(대덕)에 속한다. 이타적 정의감은 이기적 정의감에 비해 고차적이고, 인간적 정체성을 창설한다. 이기적 정의감은 대개 고등동물도 가지고 있고, 이타적 정의감은 인간만이 아니라 어느 정도 원숭이·고릴라·침팬지 등 사회적 동물도 가지고 있다.

'분개'가 개인적 복수심을 낳는다면, '공분'은 '사회적 복수심', 즉 피해자 대신에 가해자를 응징(처벌·징벌·징계)하려는 공감적 복수심을 낳는다. '개인적 복수심'이 교감감정인 반면, '사회적 복수심'은 공감적 동정심, 교감적 혐오감, 공분의 결합심리로 야기되는 복합적 공감감정에서 나온다. 이 '사회적 복수심'은 흔히 '정의감'이라 불리는 것이다. 이 사회적 정의감은 단순한 수오지심의 발로가 아니라, 측은지심+수오지심의 통합적 발로다. 이 때문에 상술했듯이 공자도 "정의의 근본"을 "인애"로 보았다(仁者 義之本也)".[834]

정의가 복수심과 무관한 것이라고 주장하는 사람들이 있는데, 그것은 그릇된 말이다. 정의감은 본질적으로 응징하려는 '복수심'이다. 그러니까 기독교 하느님도 "복수는 나의 것"이라고 함으로써 복수로써 정의 심판을 가름했던 것이다. 원수에게 복수하는 것에서 유의하는 것은 다만 '주관적'으로 복수심에 불타서 지나친 보복을 가하는 것일 뿐이다. 이 지나친 보복은 보복의 사슬을 만든다. 그래서 공자가 원수에 대한 복수는 정법에 따라 '객관적'으로 시행해야 한다고 말한 것이다.

쇼펜하우어는 대의大義의 기저에 놓인 사회적 복수심 또는 이타적 정의감을 인애 또는 동정심 측면에서만 포착해 정의를 동정심(인애)의 단독적 산물로 오해함으로써 정의를 사회적 복수심과 동떨어진 것으로 만들었다. 그리하여 그는 동정심을 '개체화 원리의 이기적 자타분리를 직접적·직관적으로 투과하는 인식

---

834) 『禮記』 「禮運 第九」.

능력'으로 규정하는 한편, 정의를 남의 의지를 부정하지 않을 정도의 '적은' 동정심 등급으로 정의하고, 순수한 사랑(아가페)을 타인과 그 운명을 자기의 것과 "완전히 동일화할" 정도의 '높은' 동정심 등급으로 정의한다.[835] 그러나 이런 식으로 사유하면 정의감에서 침범에 대한 증오심과 공분의 원인이 되는 '정당한 몫'의 시각이 사라진다. 결국 사랑과 정의를 둘 다 동정심에서 도출하는 오류에 빠진다. 쇼펜하우어가 (동정심을 비대칭적 사랑에서 도출하는 것이 아니라, 거꾸로) 사랑을 동정심에서 도출하는 것은 그 나름대로 문제가 있는 반면, 정의를 동정심에서 도출하는 것은 정당한 몫에 대한 관념, 즉 정의 관념 자체를 해체시켜버리고, 이 몫을 지각하고 이 몫의 침범을 응징하고 이 몫을 원상회복시키려는 공분과 사회적 복수심의 원천, 즉 수오지심을 몰각하는 것이다.

다시 말하지만, '사회적 복수심'은 부당한 가해자에 대한 '미움(혐오)'의 공감과 피해자에 대한 동정심의 결합에 의해 야기된다. '사회적 복수심'은 '타자에 대한 가해'를 '자기에 대한 가해'와 동일시하는 것도 아니고, '타자에 대한 가해'를 '공동체에 대한 가해'와 동일시하고 이것을 다시 '자기에 대한 가해'와 동일시하는 사람의 일종의 우회적인 '개인적 복수심'의 사회적 표출도 아니다. '사회적 복수심'은 '개인적 복수심'에 대한 우리의 '공감'의 산물이다.

그러나 막스 셸러는 '공분'과 '사회적 복수심'이 '개인적 복수심'과 '억울함'에 대한 우리의 공감에서 생겨나는 것이 아니라고 생각했다. "형벌이념의 구성에 필수적인 보복관념과 보복충동은 불법적으로 해를 입은 사람의 복수욕에 대한 제3자의 공감으로부터 결코 도출될 수 없다"는 것이다.[836] 그러나 셸러의 이런 생각은 뒤르켕이 '기계적 연대'라 부른 원시사회의 감정전염적 소속감 상태에서 자기가 속한 공동체나 그 구성원에 대한 침해나 모욕을 자기의 침해나 모욕으로 여겨 가해자에 대해 복수심을 느끼는 경우에나 타당하다. 셸러는 스스로 이렇게 말한다. "한 인간이 본의 아니게 자신의 체험을 자신의 환경의 주목형식과 평가

---

835) 참조: Schopenhauer, *Die Welt als Wille und Vorstellung* I, §§66-67 (501-514쪽).
836) Scheler, *Wesen und Formen der Sympathie*, 227쪽.

방향에 따라서 형성하는 것처럼 보일 경우를 우리가 오늘날 '병리적인 것'(가령 히스테리의 징후)으로 간주한다면, 오늘날 '병리적인 것'으로 간주되는 이 특징 및 아주 많은 유사한 특징들은 원시적 삶 일반의 특성이다. 가령 가족이나 씨족 단위의 일원의 모든 침해와 모욕에 대한 같은 단위의 복수충동은 (정말이지 타인의 고통으로서의 고통의 소여성을 전제하는) '공감'으로부터 결과하는 것이 아니라, 이 침해나 모욕을 직접 '자기의 것'으로 체험하는 것으로부터 결과한다. 이 현상은 개인이 자기 자신 안에서 사는 것보다 일단 훨씬 더 많이 공동체 안에서 사는 것에 그 근거를 두는 현상이다."[837] 사람들의 개인화가 아직 불가능해 씨족원의 침해와 모욕을 자기 침해와 모욕으로 체험하는 기계적 연대의 원시사회에서 사회적 복수심은 이와 같이 개인의 사적 복수심에 대한 공감에서 나오기보다 차라리 자아와 타아의 감정전염적 동일시에서 나온다. 반면, 사람들이 충분히 개인화된 문명사회와 근대사회에서 사회적 복수심은 개인적 복수심에 대한 공감에서 비롯된다. 감정전염은 개인과 개인 간에 구분과 분리 여지가 없으나 공감은 개인과 개인 간에 분명한 구분과 분리가 존재한다. 그리하여 사회적 복수심이 개인적 복수심에 대한 우리의 공감에서 나오는 경우에는 개인의 몫을 침해하는 불의에 대한 응징의 심급이 개인적 복수로부터 분리되어 사회적 복수로 격상될 수밖에 없다.

따라서 사회가 문명화되고 개인들이 사회적 관계로부터 상대적으로 분리되어 개인화될수록 개인적 복수심의 충족은 사회적 복수심에 맡겨져 '사법화司法化'된다. 이 과정에서 보복의 수단은 인간화되고 그 강도는 현격히 기술적으로 경감·완화되지만, 정신적으로는 강화된다. 문명사회에서 가령 전과자의 '낙인'은 '태형(곤장)', 또는 '눈에는 눈, 이에는 이'의 직접적 동해보복형보다, 또는 '금고'의 처벌보다 정신적으로 오래가고 사회적으로 종신적이다. 아무튼 전쫀 법률·사법체계는 이 '사회적 복수심'에 근거한다. 법률·사법체계는 범죄의 진압기제이기 전에 사회적 복수심의 충족기제다. 이 사회적 복수심의 합당하고 정확한 충족 없이는

---

837) Scheler, *Wesen und Formen der Sympathie*, 242쪽.

사회가 정신적·도덕적으로 붕괴한다. 따라서 개인과 사회에 해악을 저지르고 개인과 사회의 원수怨讎가 된 범죄자들에게는 어떤 형태로든 정법正法으로 되갚는 것이다. 이때야 일반 국민은 일종의 후련함, 즉 정의감의 충족으로서의 카타르시스와 안도감을 느낀다. 아무튼 사회적 원한을 되갚으려는 사회적 복수심이 모든 법률·사법체계의 기본정신이다. 복수심에 얽힌 감정에서 객관적으로 균형 잡힌 사람이 아주 드물다. 복수를 개인에 맡겨두면 복수는 '오는 방망이에 가는 홍두깨' 식으로 에스컬레이트되기 마련이다. 따라서 사회적 복수심(사회적 정의감)을 제대로 충족시키기 위해서는 구체적 사건 처리를 공정한 객관적 법률과 합당한 사법절차에 위임하는 것이 필수적인 것이다.

법체계 자체는 사회적 원한에 대한 사회적 복수심의 징벌적 구현이고, 사회적 복수심의 징벌적 구현은 공법적 정직성에 의거해야만 가장 정의로운 것이다. 그리하여 공자는 상술했듯이 "원수로 원수를 되갚는 것은 사람들이 얼마간 원수를 응징하는 것이고(以怨報怨 則民有所懲)", "원한을 갚는 것은 정법定法·정도正道로 해야 한다(以直報怨)"고 갈파했던 것이다. 측은지심과 수오지심이 본성적인 한에서 이 양 감정의 결합감정으로서의 '사회적 복수심'도 본성적이다. 이 본성적인 '사회적 복수심'을 충족시키는 정의감의 구현이 고대로부터 현대에 이르기까지 만법의 기초라는 것은 오늘날도 변함없다. '사회적 복수심'은 '사적 복수심'의 발휘를 억제케 하고 사회가 나서 정법正法으로 범죄를 응징하도록 해준다.

복수심이 형벌의 동기이지만 사회적 복수심 또는 법정의 공적 복수심이나 신의 복수심이 개인의 이기적·주관적(사적) 복수심을 대체해야 한다는 점에서는 칸트조차도 공자와 같은 생각이다.

한 인간의 권리를 상하게 하는 행위는 처벌을 받아야 마땅하다. 이를 통해 그 범행에 대해 범행자에게 (단순히 가해진 손해를 보상받는 것만이 아니라) 복수하는 것이다. 그러나 처벌은 피해자의 사적 권위의 작용이 아니라, 법률에 굴복하는 만인 위에 있는 상급자의 법률에 효과를 부여하는, 피해자와 구별되는 법정의 작용이다. 그리고 우리가 인간들을 (윤리학에서는 필연적인 바와 같이) 법적 상태에서, 그것도

(시민적 법률이 아니라) 단순한 이성법칙에 따라 고찰한다면, 지상의 도덕적 입법자이기도 한 사람 외에 아무도 처벌을 내리고 인간이 당한 모욕을 복수할 권한이 없다. 그리고 이 입법자만이 (이를테면 신만이) "복수는 나의 것, 나는 되갚아주려고 한다"고 말할 수 있다. 따라서 스스로 단순히 복수심에서 타인들의 적대성을 증오로 대응하지 않을 뿐만 아니라 스스로 세계심판자에게도 복수를 요청하지 않는 것은 덕성적 의무다. 왜냐하면 한편으로 인간은 자기 죄책을 용서 자체를 필요로 하기에 충분하리만치 자신에게 지니고 있기 때문이고, 다른 한편으로는, 그리고 특히 누구에 의해 가해지든 어떤 처벌도 증오심에서 내려져서는 아니 되기 때문이다.[838]

기독교 신 '여호아'가 "나의 것"이라고 외치는 "복수"도 복수는 복수다. 심지어 공리주의적 속류 도덕론자 존 밀(John S. Mill, 1806-1873)도 복수심이 사법적 형벌의 본질이고 사법적 형벌체계가 사적 보복을 허용한 보복법 대신에 사법적 징벌을 중시하는 방향으로 발전한 것을 단순히 처벌방법의 발전으로 본다. "이 주제(처벌의 정당성 문제)에 관한 한, 어떤 규칙 중에서 '눈에는 눈', '이에는 이' 같은 동해同害보복법(lex talion)은 원시적·자연발생적 정의감정에 가장 강하게 내맡기는 규칙이다. 유대법과 마호메트법의 이 원칙이 실천적 준칙으로서 유럽에서 일반적으로 포기되었을지라도, 나는 대부분의 마음속에 이 원칙을 갈망하는 비밀이 존재한다고 의심한다. 그리고 우연하게 응징이 저 정확한 형태로 범법자에게 내려질 때, 분명히 표명되는 일반적 만족감은 이 실물 보상이 받아들여질 수 있는 감정이 얼마나 본성적인지에 대한 증거를 제공한다."[839]

밀은 이 본성적 정의감 또는 본성적 복수심 개념을 사회적 공감에 의해 보강한다.

우리 자신에 대해 또는 우리가 공감하는 사람들에 대해 해가 가해지거나 기도되는

---

838) Kant, *Metaphysische Anfangsgründe der Tugendlehre*, A136-137쪽.
839) John Stuart Mill, *Utilitarianism* (1861; 1863), Ch. V, 253쪽. John Stuart Mill, *Essays on Ethics, Religion and Society*, edited by J. M. Robinson (Toronto·London: University of Toronto Press·Routlege & Kegen Paul, 1969).

어떤 위해危害든 이에 대해 분개하고 이를 물리치고 복수하는 것은 본성적이다. (...) 그것이 본능이든 지성의 결과든 우리는 그것이 모든 동물적 본성에 공통적임을 안다. 왜냐하면 모든 동물은 그 자신이나 그의 새끼를 해쳤거나 해칠 것으로 생각하는 동물들을 해치려고 하기 때문이다. 이 점에서 인간들은 두 가지 세부항목에서만 다른 동물들과 다를 뿐이다. 첫째, 인간들은 그들의 자식에 대해 공감하거나, 보다 고상한 동물들 중 몇몇 동물들처럼 그들에게 친절한 어떤 우월한 동물들에 대해 공감할 뿐만 아니라, 모든 인간에 대해 공감하고, 심지어 감각 있는 모든 존재자들에 대해서도 공감한다. 둘째, 인간들은, 자기애적이든 동정적이든, 그들의 감정 전체에 보다 넓은 폭을 부여하는 보다 발달된 지능을 가지고 있다. (...) 인간들에 대해 보편적으로 공감하는 능력과 결합된 지능의 동일한 우월성은 그의 종족, 그의 나라나 인류에 해로운 어떤 행동이든 그의 공감본능을 불러일으켜 저항에 나서도록 그를 재촉하는 식으로 그의 종족, 그의 나라나 인류라는 집단적 관념에 달라붙도록 만들 수 있다. 그러므로 정의의 감정은, 이 감정의 요소들 중 하나가 처벌하려는 욕구로 구성되어 있는 바, 지능과 공감에 의해 저 피해들에 대해, 즉 사회일반을 통해, 또는 사회일반과 공동으로 우리를 다치게 하는 저 피해들에 대해 적용할 수 있게 만들어지는 복수심의 본성적 감정이다. (...) 이 본성적 보복감정이 사회적 공감에 대해 이 공감의 부름을 섬기며 이에 순종할 정도로 배타적으로 종속하는 것은 도덕적이다.[840]

밀은 자신의 결과주의적·공리주의적 속류도덕론을 내팽개치고 공감적 복수심의 본능성과 이타성을 확신에 차서 논증하고 있다. 부당함에 대한 '공분'과 '사회적 복수심'을 전제하는 '정의감'이 인간에게 본성적이고 이타적이라는 데는 공맹과 밀이 한목소리다.

그러나 쇼펜하우어는 일찍이 공자·칸트·밀 등이 대변하는 지론인 이 복수론적 형벌론에 대해 강력한 반론을 제기한 바 있다.

법률과 법률의 집행, 즉 형벌은 본질적으로 과거를 겨냥하는 것이 아니라, 미래를

---

840) Mill, *Utilitarianism*, Ch. V, 248-249쪽.

겨냥한다. 이것은 형벌을 복수와 구별해준다. 이 후자는 벌어진 일, 지나간 일 자체를 통해서만 동기가 유발된 것이다. 미래를 위한 목적 없이 고통을 가함으로써 부당행위를 되갚는 것은 모두 다 복수이고, 자기 자신이 야기한 남의 고통을 직접 봄으로써 자기가 겪은 것에 대해 자신을 위로하는 것 외에 다른 목적을 가질 수 없다. 이러한 것은 악이고, 잔인성이고, 윤리적으로 정당화될 수 없다. 누군가 우리에게 가하는 부당행위는 결코 그에게 부당행위를 가할 권한을 내게 주지 않는다. 그 이상의 의도 없이 악을 악으로 앙갚음하는 것은 도덕적이지도 않고, 어떤 이성 근거에 의해 정당화될 수도 없다. 형법의 독자적인 궁극원리로서 제기된 동해보복법(ius talionis)은 무의미하다. 그러므로 칸트의 '보복을 위한 단순한 보복으로서의 형벌'의 이론은 완전히 근거 없고 도착된 견해다. 하지만 아직도 언제나 공허한 군더더기말로 귀착되는 온갖 고상한 상투어 아래 수많은 법학교사들의 저작 속에서 유령처럼 돌아다니고 있다. 가령 형벌을 통해 범죄가 속죄된다는 둥, 중화된다는 둥, 폐지된다는 둥 말하고 있는 것이다.[841]

형벌이 미래를 겨냥하고 복수는 과거를 겨냥한다는 말은 '경향적으로' 틀린 말이다. 복수도 경향적으로 재발방지의 미래적 효과를 노리는 반면, 거꾸로 형벌도 과거의 죄악에 대한 복수적 응징을 겨냥하기 때문이다. 쇼펜하우어는 '형벌'과 '복수'를 상반된 방향을 취하는 성질로 이원화시키려는 오류를 범하고 있다. 그는 "누군가 우리에게 가하는 부당행위는 결코 그에게 부당행위를 가할 권한을 내게 주지 않기"에 "그 이상의 의도 없이 악을 악으로 앙갚음하는 것은 도덕적이지도 않고, 어떤 이성 근거에 의해서 정당화될 수 없으며", 나아가 "동해보복법은 무의미하다"고 강변하고 있다. 하지만 그도 인정하는 '정당방위'의 관점에서[842] 보면, "악을 악으로 앙갚음하는 것"은 '방법' 문제를 제쳐놓을 때 미래의 악행방지 효과와 무관하게 도덕적으로 정당한 자위조치로서 간주될 수 있고, '동해보복법'도 본질적으로 무의미하지 않을 수 있다.

중화中和(균형과 조화)의 원상을 회복하기 위한 이런 복수적復讐的 배상 또는

---

841) Schopenhauer, *Die Welt als Wille und Vorstellung* I, §62 (475-476쪽).
842) Schopenhauer, *Preisschrift über die Grundlage der Moral*, §17 (757-758쪽).

마땅한 대가지불 원리가 무의미하다면, 지나간 잘못에 대해 사과하고 사과를 받는 것도 무의미할 것이다. 그런데 쇼펜하우어는 이렇게 자멸적自滅的 논변을 덧붙인다.

> 어떤 인간도 감히 순수하게 도덕적 판관과 보복자인 척하고 그가 타인에게 가하는 고통을 통해 타인의 악행을 공격하고, 따라서 그에게 속죄를 부과할 자격을 갖고 있지 않다. 오히려 이것은 지극히 오만불손한 월권일 것이다. 따라서 바로 성경에는 "복수는 나의 것"이라고 주께서 말씀하셨고, "나는 되갚아주려고 한다"(로마서 12장 19절)고 쓰여 있다.[843]

그러나 '복수는 나의 것'이라는 신의 선언은 사적 복수 대신에 신이 공적으로 복수하겠다는 선언으로서 "보복법은 무의미하다"는 쇼펜하우어의 논변을 일거에 무력화시키는 말이다. 신이 말하는 '복수'도 복수이고, 나아가 '복수 중의 복수'이기 때문이다. 따라서 쇼펜하우어가 "형벌의 목적"을 "공포를 통한 범행의 방지"에만 한정하고 범죄자를 이런 일벌백계를 위한 "수단"으로만 취급하는 논변은[844] 신과 인간에게 공통된 공적 복수심과 법감정을 무시하고 왜소화시키는 그릇된 논변이다.

동해보복법이 약화·소멸된 것은 이 보복법의 심리적 기반이 '사적 복수심'으로부터 '사회적 복수심'으로 전환되고 동해同害보복 방법이 사회적 균형 회복을 용이하게 하는 새로운 보복방법으로 바뀌었기 때문이지, 단순히 일벌백계의 미래적 예방효과에 대한 고려 때문이 아니었을 것이다. 피해에 대한 되갚음을 피해자의 주관적·사적 복수심에 내맡길 때 피해자는 격한 분노나 적개심에서 피해보다 더 큰 보복적 피해를 가해 다시 또 사회적 균형을 교란하는 사례들이 빈발할 위험이 있다. 그리고 기술적으로 정확하게 동일한 피해를 가하기도 어려운 일이다. '이에는 이'라고 하지만 인정사정없이 이를 뽑다가 잇몸까지 상하게 할 위험

---

843) Schopenhauer, *Die Welt als Wille und Vorstellung* I, §62 (476쪽).
844) Schopenhauer, *Die Welt als Wille und Vorstellung* I, §62 (476-477쪽).

은 상존한다. 또한 '오는 방망이에 가는 홍두깨'라는 말이 있듯이 보복은 늘 원래 입은 피해보다 더 큰 피해를 가하는 상승 경향이 있어서 보복과 재보복의 연쇄를 야기할 우려가 있다. 따라서 동해보복법은 피해자의 분노와 기술적 난관 때문에 실제 정확하게 집행하기도 어려운 것이다. 그러므로 동해보복은 다시 분란의 원인이 된다. 또한 여기에 피해자의 '악의'까지 더해지면 동해보복에는 피해보다 더한 피해를 가할 위험이 상존한다. 오위겐 뒤링(Eugen Dühring) 같은 자들은 19세기 말에도 "눈에는 눈, 이에는 이의 엄격한 동해보복법"조차 "편협하다"고 여겼다. 뒤링은 "과도한 외적 반작용"이 얼마간 있을 때야 비로소 불의가 속죄된다고 생각했다.845) 악의가 아니더라도 인간의 정의감각의 이기적 편향 때문에도 과잉보복의 위험이 이처럼 상존하는 것이다.

진화생물학자 겸 사회생물학자 로버트 트리버스(Robert L. Trivers)는 정의감각의 이 이기적 편향성에 대해 이렇게 말한다. "공정성이나 정의에 대한 애착은 이기적이고, 우리는 삶 속에서 (…) 불의의 희생자들이 무심한 방관자보다 더 강하게, 그리고 범행자보다 훨씬 더 강하게 고통을 느낀다."846) 사회심리학자 제롤드 그린버그(Jerrold S. Greenberg)와 로날드 코헨(Ronald Cohen)도 사람들이 타인들을 공정하게 대하는 것보다 불공정하게 취급받는 것에 더 강하게 반응하고, 자기 자신에 적용하는 것보다 타인들을 더 높은 공정성의 기준에 묶어두고, 자기가 받을 만한 대가를 과대평가하고, 자기들이 남들에게 진 빚을 과소평가하고, 자기들과 남들에 대한 비용과 혜택을 다른 방식으로 계산하는 성향이 있다고 확인한다.847) 트리버스나 그린버그·코헨의 심리학적 확인보다 수천 년 전에 공자는 "사람이 친애하는 데 편벽되고, 천히 여기고 싫어하는 데 편벽되고, 외경

---

845) Eugen Dühring, *Cursus der Philosophie als streng wissenschaftliche Weltanschauung und Lebensgestaltung* (Leipzig: 1875), 227쪽. Volker Gerhardt, "Das 'Prinzip des Gleichgewichts' - Zum Verhältnis von Recht und Macht bei Nietzsche", 104-105쪽에서 재인용. Volker Gerhardt, *Pathos und Distanz* (Stuttgart: Philipp Reclam, 1988).

846) Robert L. Trivers, "Reciprocal Altruism: 30 Years later", 77쪽. P. M. Kappeler & C. P. van Schaik (eds.), *Cooperation in Primates and Humans* (New York: Springer-Verlag, 2006).

847) Jerrold S. Greenberg & Ronald Cohen, *Equity and Justice in Social Behavior* (New York: Plenum Press, 1980).

하는 데 편벽되고, 동정하는 데 편벽되고, 오만에서 편벽되므로, 좋아하면서 그 악함을 알고 미워하면서 그 선미善美함을 아는 것이 천하에 드물다"고 갈파했다.[848] 따라서 복수는 과도하기 쉽고 과도한 복수는 다시 더 큰 복수를 부른다. 복수는 늘 에스컬레이트되는 연쇄복수의 위험이 있는 것이다. 그러므로 사적 복수심에 기울어진 동해보복법 체계 아래서는 사회적 균형의 교란상태가 복수가 복수를 부르는 보복의 연쇄반응으로 영구화될 수 있다. 이런 이유에서 사회나 국가가 사회적 복수심을 대변해 징벌적 복수를 개인의 손에서 넘겨받아 공공적 정직성 속에서 집행하고자 했을 것이다. 이것은 바로 '이직보원以直報怨'이라는 공자의 명제 및 예수의 '원수사랑' 계명의 본의다. 또한 동해보복은 정확한 보복이 이루어지더라도 피해자에게 아무런 득이 없기 때문에 허망한 면도 있다. 따라서 피해자와 중재자는 동해보복이 아니라, 피해에 대한 대상代償을 선호하기에 이르렀을 것이다. 따라서 필자는 이 두 가지 고려, 즉 ①한 번의 피해로 인한 사회적 균형의 교란의 영구적 연쇄반응 위험을 단연코 차단하고, ②동해보복의 허망함을 해소하려는 고려가 장기적으로 동해보복법을 퇴출시켰을 것으로 생각된다.

쇼펜하우어의 오류는 그가 타인에 대한 동정심과 연관된 '사회적 복수심'을 개인의 '사적 복수심'과 질적으로 구분하려는 시도에서 빚어진 것이다. 그러나 자기의 정당한 몫의 침해에 기인하는 사적 분개의 사적 복수심이 없는 자는 자기 몫을 침해당한 타인의 사적 복수심에 대해 공감하지 못하고 부당한 침해로 인한 타인의 아픔에 대한 동정심도 느끼지 못할 것이고, 따라서 사회적 복수심도 느끼지 못하고, 그리하여 아무런 정의감도 느끼지 못할 것이다. 이런 의미에서 '사회적 복수심'과 '사적 복수심' 간의 철벽단절 시도는 오류다.

쇼펜하우어는 바로 이 때문에 바른 관찰에도 불구하고 엉뚱한 결론으로 빠진 것이다. 그는 스스로 이렇게 말한다.

---

848) 『大學』(傳8章): "人之其所親愛而辟焉 之其所賤惡而辟焉 之其所畏敬而辟焉 之其所哀矜而辟焉 之其所敖惰而辟焉 故好而知其惡 惡而知其美者 天下鮮矣."

형법을 근거짓는 국가의 증명된 목적과 완전히 독립적으로, 어떤 악행이 일어난 뒤에 다른 사람에게 고통을 야기한 사람이 바로 동일한 정도의 고통을 다시 당하는 것을 보는 것은 대부분 복수심에 불타는 피해자뿐만 아니라 전혀 무관한 관찰자에게도 만족을 보장한다. 내게는 이 속에서 다름이 아니라 바로 저 영원한 정의의 의식이 표명되고 있는 것처럼 보인다. 그러나 이런 식의 표명은 부정不淨한 감각에 의해 즉시 오해되고 변조된다. 이 부정한 감각은 개체화 원리에 사로잡혀 (...) 오히려 죄를 진 동일한 개인에게서 번뇌를 또 다시 보기를 요청하기 때문이다. 따라서 대부분의 사람들은 (...) 요컨대 여기서 비상한 정신력으로 타인들을 훨씬 능가하고 이에 따라 가령 세계정복자로서 수백만의 타인들에게 말할 수 없는 고난을 가하는 어떤 사람, 이런 사람이 모든 고난을 언젠가, 어느 곳에선가 동일한 정도의 고통을 통해 속죄하기를 요구하고 싶을 것이고 또 요구할 것이다. (...) 그러나 개체화 원리에 사로잡히지 않은 보다 심오한 인식, 모든 덕성과 고결한 의협심을 낳는 보다 심오한 인식은 저 복수를 요구하는 심지를 더 이상 품지 않는다. 이것은 이미 악을 악으로 되갚는 것을 단적으로 포기하고 영원한 정의로 하여금 현상계와 다른 세계인 물자체 세계에서 힘을 떨치게 하는 기독교윤리가 증명한다.("복수는 나의 것이니라, 나는 되갚아주려고 한다'고 주께서 말씀하신다." 로마서 12: 19.)[849]

"수백만의 타인들에게 말할 수 없는 고난을 가하는 세계정복자"는 알렉산더, 칭기즈칸, 훗날의 히틀러 같은 자다. 이런 자에 대한 '사회적 복수심'은 신만이 갖는 것이 아니다.

쇼펜하우어 자신의 말에 의하더라도, 인간들도 그 본성에서 이런 사회적 복수심을 발휘하고, 자기 목숨을 걸고 스스로 사법관으로 자임하고 저런 자에 대해 사회적 형벌을 개인적으로 집행하기까지 한다.

때로 우리는 자기가 경험한, 아니 필경 단지 목격자로서 체험했을 뿐인 엄청난 '못 볼 것'에 깊이 분격해 저 범죄의 범행자에게 복수를 가하기 위해 숙고 끝에 그리고 목숨구원 없이 자기의 생명을 거는 사람을 본다. 우리는 가령 힘센 억압자를

---

849) Schopenhauer, *Die Welt als Wille und Vorstellung* I, §64 (488쪽).

수년 동안 찾아다니다가 마침내 그를 죽이고, 그런 다음 그가 예견한 대로, 아니 자기의 생명이 자기에게 단지 복수를 위한 수단으로만 가치를 갖기에 그가 종종 전혀 피하려고 꾀하지 않은 것처럼 스스로 단두대 위에서 죽는 사람을 본다. 특히 스페인사람들 사이에 이러한 사례들이 있다. 우리가 저 복수심의 정신을 정밀하게 들여다보면, 우리는 저 복수심이 자기가 당한 고통을 야기된 고통을 직접 봄으로써 완화하려고 하는 상스런 복수와 아주 다르다는 것을 발견한다. 아니 우리는 저 복수심이 목적으로 하는 것이 복수가 아니라 형벌로 불릴 만하다는 것을 발견한다.850)

여기서 쇼펜하우어가 '사회적 복수심'이라는 개념이 없어서 '복수'와 '형벌'의 양자택일적 사고를 하고 있음을 본다. 그러나 사회적 복수심도 복수심인 것이다. 이런 오류를 제외하면 그의 관찰은 유익하고 풍요롭다.

이 복수심 속에는 원래 본때를 보이는 것으로 미래에 영향을 미치려는 의도가 들어 있고, 그것도 여기에서 그가 몰락하므로 복수하는 개인을 위한 이기적 목적도, 또 법률로 스스로에게 안전을 마련하고 있는 사회를 위한 이기적 목적도 없이, 아무튼 일체의 이기적 목적이 없이 미래에 영향을 미치려는 의도가 들어 있다.851)

이런 사회적 복수심으로 집행되는 저 "처벌"은 대개 "국가에 의해서나, 법률의 이행을 위해서 집행되는 것이 아니라 개인에 의해 집행되고, 오히려 언제나 저 형벌은 국가가 처벌하려고 하지 않거나 처벌할 수 없는, 또는 처벌하는 것에 찬동하지 않는 행위와 관련된다". 쇼펜하우어는 "이러한 사람을 일체의 자기애의 경계를 그토록 멀리까지 뛰어넘도록 몰아붙이는 분노"를 "모든 존재자들 안에서 모든 시대를 관통해 현상하는 온전한 생의지 자체, 따라서 가장 먼 미래도 현재와 동일한 방식으로 자기에게 귀속시키고 무관한 것으로 여기지 않는 온전한 생의지 자체라는 가장 깊은 의식으로부터 생겨나는 것"으로 간주한다. 이 사람은

---

850) Schopenhauer, *Die Welt als Wille und Vorstellung* I, §64 (489-490쪽).
851) Schopenhauer, *Die Welt als Wille und Vorstellung* I, §64 (490쪽).

이 온전한 생의지를 긍정하면서 그래도 그의 본질을 묘사하는 연극에서 어떤 엄청난 '못 볼 것'도 이제 다시 현상하지 않기를 요구하고, 죽음의 공포가 복수자를 겁주어 그만두게 하지 못하기 때문에 어떤 방어벽도 존재하지 않는 그런 복수의 본때를 통해 일체의 미래적 모독자들을 겁박하려고 한다는 것이다.

쇼펜하우어는 이를 찬미하기 위해 플라톤의 이데아 개념까지 동원한다.

> 생의지는 긍정될지라도 여기서 더 이상 개별적 현상, 즉 개인에게 연연하지 않고, 인간의 이데아를 감싸 안고, 이 이데아의 현상을 격분시키는 이러한 엄청난 '못 볼 것'으로부터 이 이데아를 깨끗하게 지켜내려고 한다.[852]

개별자가 "자신"을 "영원한 정의의 팔로 만듦으로써 자신을 희생하도록 하는 것은 진기한, 의미심장한, 아니 고상한 성격적 특징"이다.[853] 쇼펜하우어는 그의 사유가 꼬이고 꼬이지만 적어도 정의감을 뒷받침하는 이 사회적 복수심이 인간의 본성이라는 것을 정확히 파악하고 있다.

그러나 존 롤스는 사회적 복수심과 정의감의 인간적 본유성도, 이타심도 인정치 않는다. 그는 정의를 이기심으로부터 '조립'해내어 '제정'하려고 들었다. 이 황당한 시도에 참여한 이기적 인간들을 제임스 윌슨은 "결코 인간적이지 않은 (less than human)" 인간들로 비판했다.[854] 롤스가 말하듯이 아무런 모험심도 없는 '머저리 이기주의자들'이 동정심과 인애심도 없이 추구하는 정의론이 실제로 존재한다면, 또는 이런 이기주의자들의 정의가 실제로 존재한다면, 이런 이기적 정의론은 "결코 인간적이지 않은" 사이코패스 정의론일 것이다.

■ 공정성 감각의 본유성

존 S. 밀은 사적 분개와 복수심은 동물과 인간에게 공통된 본능이라고 말한다.

---

852) Schopenhauer, *Die Welt als Wille und Vorstellung* I, §64 (490쪽).
853) Schopenhauer, *Die Welt als Wille und Vorstellung* I, §64 (490쪽).
854) Wilson, *The Moral Sense*, 78쪽.

공분과 사회적 복수심은 도덕적 수치심이 제3자의 파렴치한 행동에까지 확대·적용된 것이다. 이런 한에서 인간에게 낯붉힘을 동반하는 도덕적 수치심, 즉 수오지심은 이 낯붉힘과 같이 본능적인 것이다.

그러나 밀은 공분과 사회적 복수심은 동물에게 없는 반면, 공감능력과 지능이 발달한 인간에게만 특유한 것이라고 말한다. 그러나 일찍이 루소가 예리하게 지적했듯이[855] 동물들도 공감능력과 공감적 동정심이 있다. 동물들도 공감능력이 있는 한에서 미미하더라도 모종의 공분과 사회적 복수심(응징심리)이 있다고 봐야 할 것이다. 필자의 관찰에 의하면, 한 개코원숭이 어미가 자기 새끼의 입을 강제로 벌려서 입속에서 먹을 것을 뺏어먹으며 새끼를 울리자 개코원숭이 떼의 알파(우두머리 원숭이)가 쏜살처럼 몸을 날려 이 못된 어미를 응징했다. 물론 원숭이에 대한 이런 관찰내용만으로는 알파가 새끼의 정당한 몫에 대한 공정성 의식이 있어서 응징한 것인지, 새끼를 괴롭히는 것을 측은지심에서 응징한 것인지 모호하지만, 알파로부터 사회적 복수심이 발동된 것은 확실하다. 또한 모든 포유동물은 자기가 아니라 자기 새끼나 자기 무리 중의 한 개체가 공격받으면 자기가 당하지 않았더라도 바로 공동으로 보복한다. 사자가 들소 떼를 공격해 그중 들소 한 마리를 쓰러뜨리면 그 순한 들소들도 보복적 반격을 가해 동료 들소를 구하려고 시도하고 때로 구하기도 한다.

인간이 정의감각의 기초가 되는 본능적 공정성 감각을 가지려면, 일단 비교능력이 있어야 한다. 공정성을 따지는 데는 크기의 '비교', 노력과 결과 간의 '비교', 물물교환 시의 물건가치의 '비교' 등이 필수적이기 때문이다. 두세 살 아기도 작은 것과 큰 것 중에서 무조건 큰 것을 가지려고 하는 것을 보면 비교는 인간에게 본능적인 것임이 틀림없다. 개들도 작은 먹이더미와 큰 먹이더미를 놓아두면

---

[855] 루소는 『인간불평등기원론』에서 이렇게 말한다. "그것은 아주 자연본성적이어서, 바로 그 짐승들 자신도 종종 그것의 명백한 증거를 보여준다. 자기 새끼에 대한 어미의 애정과 새끼를 구하기 위해 어미가 무릅쓰는 위험까지 언급할 필요 없이도 말들이 살아있는 몸뚱이를 짓밟는 것에 대해 거부감을 보인다는 것은 잘 알려져 있다. 어떤 동물도 같은 종의 다른 동물의 시체를 심적 동요 없이 지나가지 않는다. 한편, 어떤 짐승들은 그 동류에게 일종의 장례를 치러준다." Rousseau, *A Discourse on the Origin of Inequality*, 73-74쪽.

큰 더미를 먼저 가지고 달아난다. 칸트는 많음과 적음을 포착하는 선험적 다수성 多數性(Vielheit) 범주를 이성적 연역의 산물로 보았지만, 흄은 인간의 이 다소·대소 비교의 인식능력을 본성적인, 즉 본유적인 것으로 보았다.

인간들은 감정과 의견에서 이성에 의해 거의 지배받지 않아서, 언제나 객체들의 내재적 가치에 의해서보다 더 많이 비교에 의해 객체들을 판단한다. 정신이 어느 정도의 완벽성을 염두에 두거나 이에 익숙할 때, 이 완벽성의 정도에 미달하는 것은 그 어떤 것이든 실제로 평가할 만한 것이더라도 결함 있고 나쁜 것과 동일한 효과를 감정에 미친다. 이것은 영혼의 원천적 자질이다. 그리고 이것은 우리가 우리 몸 안에서 매일 경험하는 것과 유사하다. 어떤 사람으로 하여금 한 손을 뜨겁게 데우게 하고 다른 손을 차갑게 식히게 하라. 그러면 똑같은 온도의 물이 상이한 기관들의 상태에 따라 뜨거우면서도 동시에 차가운 듯할 것이다.[856]

따라서 흄은 '수數' 관념을 낳는 양적 비교의 능력을 더욱 명시적으로 인간의 본능으로 천명한다. "우리는 본성적으로 모든 것을 비교에 의해 판단한다".[857] 따라서 "이 세계에 있는 모든 것은 비교에 의해 판단된다."[858] 이런 까닭에 보편적 비교본능은 감정 형성에서도 결정적 역할을 하는 것이다.

우리는 적어도 객체들이 다른 객체들과의 비교에 의해 더 크게 또는 더 작게 현상한다는 (...) 저 원리를 인정해야 한다. 우리는 이것의 아주 많은 사례가 있어서, 우리가 그 진실성을 갖고 논란하는 것은 불가능하다. 그리고 이 원리로부터 나는 악의와 시기질투의 감정을 도출한다. 우리 자신의 조건과 상황을 다소 행복하거나 불행한 것에 비례해서, 우리가 가졌다고 생각하는 부와 권력과 공훈과 명성의 정도에 비례해서 숙고하는 것으로부터 크거나 작은 만족 또는 불쾌감을 받아들일 수밖에 없다는 것은 분명하다. 그런데 우리가 객체를 그 내재적 가치로부터 판단하는 것이

---

856) Hume, *A Treatise of Human Nature*, Book 2. *Of the Passions*, 240쪽.
857) Hume, *A Treatise of Human Nature*, Book 3. *Of Morals*, 356쪽.
858) Hume, *A Treatise of Human Nature*, Book 3. *Of Morals*, 210쪽.

아니라 다른 객체들과의 비교로부터 객체들에 대한 우리의 개념을 형성하는 만큼, 우리가 다른 사람들에게서 더 크거나 더 작은 양의 행복 또는 불행을 목도하는 것에 따라서 우리는 우리 자신의 것을 평가하고 이에 따른 고통이나 쾌감을 느끼지 않을 수 없다는 결론이 지어지는 것이다. 다른 사람의 불행은 우리에게 우리의 행복에 대한 더 생생한 관념을 주고 그의 행복은 우리의 불행에 대한 더 생생한 관념을 준다. 그러므로 전자는 희열을 낳고, 후자는 불쾌감을 낳는다.[859]

비교하지 않는다면 우리에게 쾌감을 주었을 수도 있을 타인들의 어떤 면모들이 비교 때문에 우리에게 고통을 준다. 가령 우리로 하여금 우리가 관심 없는 어떤 사람의 횡재 소식을 들을 때 쾌감과 존중보다 오히려 고통과 위축감을 느끼도록 만드는 것은 비교다. 또는 좋지 않게 여기는 사람의 횡재 소식에는 시기심이 보태진다. 그러나 어떤 사람이 실력으로 우리보다 높이 달성한 정당한 성공에는 비교본능이 작용해 부러움을 느낀다. 또 하급자가 뛰어난 상급자에 대해 존경과 공손을 자발적으로 가진다면 이 존경과 공손은 상급자와 하급자의 합당한 지위와 경험능력의 비교에서 나온다.

대소 · 다소 · 고저 · 완급 · 전후 · 좌우 등 우리의 느낌과 단어들이 모두 다 절대개념이 아니라 비교개념인 한에서 '비교'가 우리 인간의 영혼에 원천적 · 본성적이라는 흄의 말은 지당한 것이다. 그런데 이것은 동물들에게도 마찬가지일 것이다. 가령 원숭이들도 적은 것이 아니라, 많은 것을 먹으려고 하고, 그러려면 적어도 많고 적은 것을 가릴 줄 알기 때문이다. 그렇다면 원숭이들도 비교에 의해 인지되는 '많은 몫'과 '적은 몫'의 정당성을 판단 · 결정하는 공정성(fairness) 감각이 있을까? 금방 상술한 사회적 복수심 외에 이런 사회적 공정성 감각이 있을까?

원숭이나 침팬지에게 비교본능에 기초한 공정성 감각이 있다면, 인간의 공정성 감각도 당연히 획득형질이 아니라, 생득형질일 것이다. 드발의 보고에 의하면, 엄격한 위계 속에 생활하는 붉은털원숭이와 달리 위계적이지 않은 사회생활을

---

[859] Hume, *A Treatise of Human Nature*, Book 3. *Of Morals*, 241-242쪽.

하는 관대한 흰목꼬리감기원숭이는 적어도 '자기중심적인' 공정성 감각과 이기적 분개를 보여준다. 드발에 의하면, 행위자들이 협업의 진화과정에서 자기들 자신의 노력과 보상을 "타자의 그것들과 비교하는 것"은 "결정적"이다. 기대가 침해되는 경우에는 부정적 반응이 발생할 것이다. 불평등에 대한 혐오는 합리적 선택모델 안에서의 인간 협업을 설명할 수 있다. 유사하게 협업적인 영장류들도 협업의 성과와 자원의 접근 가능성에 대한 "기대" 세트에 의해 지도되는 것으로 보인다. 침팬지는 우두머리가 먹이를 분배해줄 것을 기대한다. 만약 아무런 분배도 있을 것 같지 않으면, 구걸하고, 칭얼대고, 울화통을 터트리며 짜증을 낸다. 분개하는 것이다.860)

지능·공감능력 등 여러 가지 면에서 침팬지보다 못한 흰목꼬리감기원숭이도 유사한 성향을 보인다. 이 원숭이는 판단능력과 가치반응능력이 있고, 토큰에 가치를 할당할 줄도 안다. 드발은 이 원숭이들을 여러 쌍으로 파트너와 짝지어주고 나서 각 원숭이에게 일정 개수의 토큰을 분배하고 원숭이가 토큰을 주면 먹이를 주는 거래를 했다. 토큰에 대해 옆 파트너보다 더 적은 먹이 보상을 받은 원숭이들은 토큰 거래의 거부, 보상의 무시 등 수동적 부정반응을 보이기도 했고, 토큰이나 보상받은 먹이를 내던지는 등 적극적 부정반응을 보이기도 했다. 원숭이들은 파트너들이 더 많은 양을 받으면 거래 완수나 보상 수락을 하려 하지 않았다. 토큰을 일로 바꿨을 때, 일을 하지 않은 파트너가 공짜로 보상을 받으면, 그 짝이 되는 원숭이의 참여 거부는 훨씬 더 빈번했다. 드발은 원숭이들이 "자신들의 보상을 타자들의 가능한 보상과, 자기들의 노력을 타자들의 노력과 비교하는 상대적 관점에서 보상을 측정하는 것처럼 보인다"고 말한다. 흰목꼬리감기원숭이처럼 먹이공유와 협업을 잘 발달시킨 관대한 종자의 원숭이들은 인간처럼 사회적 감정에 의해 안내되고, 보상분배와 사회적 교환에 관한 감정실린 기대를 품고, 이 기대감에 불평등을 싫어하는 것이다. 물론 이 공정성은 인간의 공정성과 다르다. 이 원숭이들이 인간처럼 완전히 발전된 공정성 감각을 가졌다면, 부유한

---

860) de Waal, "Morality Evolved", 44-49쪽. 다음도 참조: de Waal, *The Age of Empathy*, 198-199쪽.

원숭이가 가난한 원숭이에게 자기 몫을 나눠주었을 것이다. 그러나 이 원숭이들은 참된 도덕성인 이 "무사심無私心"의 공정성을 보이지 않았다. 이들의 공정성은 "자기중심적 공정성"에 머물러 있다. 이 원숭이들은 자기 주변의 모든 개체들이 어떻게 대접받는지가 아니라, 자기들이 어떻게 대접받을지에 관한 기대감을 보였다. 그러나 동시에 이 자기중심적 형태의 공정성이 일단 존재하게 되면, 이 공정성은 동정심에서 타자들을 포함하는 쪽으로 확장될 수 있다는 것은 부정될 수 없을 것이다.[861] 흰목꼬리감기원숭이는 아직 '공분적公憤的(의분적)' 공정성은 없지만, 적어도 이 공분으로 가는 디딤돌인 '분개'의 공정성 감각은 있다는 말이다.

드발이 일하는 연구소의 침팬지들의 경우는 심지어 정당한 몫의 최고형태인 "소유권"에 대한 "존중심"도 있다. 최고 서열의 수컷 침팬지는 최하위 서열의 암컷 침팬지에게도 자기가 얻은 먹이를 자기 것으로 지키도록 허용한다. 다른 침팬지들은 먹이 소유자에게 접근해 손을 내밀고 구걸을 한다. 침팬지들은 구걸하며 칭얼대고 글자 그대로 다른 침팬지 앞에서 훌쩍댄다. 그래도 먹이를 떼어주지 않으면, 구걸자는 노발대발 분개하고, 괴성을 지르며 울고, 세상이 끝나갈 것처럼 주변에서 데굴데굴 구른다. 결국 25분 내에 모든 침팬지들이 먹이를 나눠 가졌다. 먹이 소유자가 먼저 자기와 절친한 친구와 식구들에게 먹이를 나눠주었고, 이들은 다시 친구와 식구들에게 나눠준 것이다.[862] 침팬지들은 연구소의 식구들로서 동류집단의식을 갖고 먹이에 대한 각자의 비교적 '공평한' 몫을 공정한 것으로 느끼는 것으로 보인다. 따라서 침팬지들은 공정성 감각만이 아니라 공평성 감각도 있는 것 같다.

개들도 비교감각을 발휘해서 불공평을 알아챈다. 사람이 공을 던지고 개들이 물어오는 놀이에서 가령 갑이라는 개가 공을 물어오면 바나나를 한 개 주고, 을이라는 개가 물어오면 바나나를 두 개 주면 갑이라는 개는 이 불공평한 놀이를 세 번 겪으면 네 번째부터 놀이를 거부해 버린다. 그리고 영리한 개는 주인이

---

861) de Waal, "Morality Evolved", 44-49쪽. 다음도 참조: de Waal, *The Age of Empathy*, 198-199쪽.
862) de Waal, *The Age of Empathy*, 6쪽.

빵을 설탕에 묻혀 먹으면서 자기에게는 빵을 설탕에 묻혀주지 않으면 주인이 빵을 설탕에 묻혀 줄 때까지 빵 먹는 것을 거부한다.

원숭이와 침팬지와 개가 이럴진대, 인간의 정의 관념이 본성적인 것이 아니라 인공적인 것이라고 생각한다면, 이것은 커다란 오류일 것이다. 이 점에서 정의를 본성과 무관한 '관행협약(convention)'으로부터 역사적으로 발달된 '인공적 덕목'으로 본 흄의 정의론은[863] 완전히 그릇된 것이다. 일찍이 고대 그리스철학자 에피쿠로스는 "절대적 정의는 존재하지 않는다"라고 선언하면서 "해를 가하지도, 입지도 않기 위해 다양한 시간과 장소에서 맺어진 인간들 간의 상호적 계약(쉬스트로파이스 συστροφαῖς)만이 존재할 뿐이다"라고 주장하고, "남에게 해를 가하지도, 입히지도 않는 것"에 대한 이 "편리한 협약(쉼볼론 σύμβολον)"을 "자연스런 정의"라고 논단한 바 있다.[864] '다양한 시간과 장소에서 맺어진' 역사적·인위적 정의계약은 홉스 식의 의식적 명문계약이 아니라 각 민족언어의 발생과 같은 무의식적 '관행협약'이다. 흄의 정의론은 바로 에피쿠로스의 이 역사적 협약정의론을 모방한 것으로 보인다. 흄의 관행협약적 정의론의 오류는 그 자신이 주장한 비교본능명제를 생각할 때 좀 어처구니없는 측면이 있다. 공정성의 한 결정적 기반인 '비교'능력이 인간에게 본유적이라고 자신이 다각적으로 밝혔으면서도 정의가 '인공적' 덕목이라고 주장하는 것은 자가당착으로 느껴지기 때문이다. 에피쿠로스와 흄의 '정의'는 자의적이지 않을지라도 역사적으로, 지역적으로 상대적일 수밖에 없다. 이것은 비교·공감능력이 있는 유인원과 인간에게 본유하는 본성적 정의감각에 반하는 점에서 그릇된 것이다.

칸트의 정의론은 상대적일 뿐만 아니라 자의적·독단적인 점에서 더욱 그릇된 것이다. 칸트는 에피쿠로스와 흄처럼 인간본성 속에 본유하는 절대적 정의감각을 몰각하고 서양의 편협된 이기적 권력이성을 대변하며 도덕적 정당성을

---

863) 참조: Hume, *A Treatise of Human Nature*, Book 3. *Of Morals*, 307-342쪽.
864) Epicurus, "Sovran Maxims" (Principal Doctrines: Κυρίαις δόξαις), "Book X – Epicurus". Diogenes Laertius, *Lives of the Eminent Philosophers* (Cambridge, Massachusetts: Harvard University Press, 1925), §31, §§33-34.

홉스의 계약이론의 전통에 따라 '개명된 보편적 이기심'으로서의 소위 실천이성의 '정언명령'으로 '제정'하려고 하기 때문이다. 홉스와 칸트처럼 정의를 개명된 이기심의 합리적 사고실험으로 '제정'하려는 롤스의 정의론은 이들의 오류의 재탕이다.

인간에게 있어 정의의 뿌리는 각인의 몫의 본성적 비교능력과 본성적 수치심·증오심을 복합한 공감감정 '수오지심'이다. 일찍이 맹자는 "수오지심이 없으면 사람이 아닌데, (...) 이 수오지심이 바로 정의의 단초다(無羞惡之心 非人也 [...] 羞惡之心 義之端也)"라고 천명했고,[865] 또 "수오지심은 사람이 다 가지고 있는 바, (...) 수오지심이 바로 정의다(羞惡之心 人皆有之 [...] 羞惡之心 義也)"라고도 했다.[866] 정의는 역사관행과 실천이성의 차원이 아니라, 수십만 년의 진화과정에 의해 확립된 인간의 DNA 차원의 감각과 감정에 뿌리내리고 있다는 말이다. 따라서 정의는 에피쿠로스와 흄이 주장하듯이 — 장구한 진화의 시간에 비하면 '동지섣달의 반나절 볕'에 불과한 — 역사과정의 임의적 흐름에 좌우되는 상대적 풍습도 아니고, 홉스·맨드빌·칸트·롤스·공산당이 주장하듯이 몇몇 철인과 정객들이 합리주의직 사고조작을 통해 임의대로 '제정'할 수 있는 정치이성의 자의적·독단적 법칙이나 계약도 아니다. 정의감은 인간의 본능인 것이다. 그렇기 때문에만 갓 말을 배운 아기가 내뱉는 최초의 도덕판단이 '네 것이 더 많아!(Yours is more!)', 또는 '그건 불공평해!(It's unfair!)'라는 말인 것이다.[867]

3.5. 사양지심(공경지심)

세 번째 중요한 도덕적 공감감정 또는 도덕감정은 '공경지심恭敬之心' 또는 '사양지심辭讓之心'이다. 공맹철학에서 겸손·공손·공경의 도덕적 공감감정은 '사

---

865) 『孟子』「公孫丑上」(3-6).
866) 『孟子』「告子上」(11-6).
867) Wilson, "The Moral Sense", 5쪽; Wilson, *The Moral Sense*, 55쪽.

양지심' 또는 '공경지심'이라 불린다. 겸손은 상술된 비교본능을 바탕으로 자아와 타아의 선후, 경험과 덕성의 대소, 지위의 고저와 상하, 권력의 다소를 직감하고 자신을 낮추고 상대를 높이는 감정이다. 상급자와 하급자, 유력자와 무력자의 관계에서처럼 고정된 상하질서에서는 본능적 비교의식의 작동 속에서 자아가 자신의 위축감을 느끼고 조아리고 상급자에 대해 존경심을 느끼고 받들게 된다. 이 때문에 공경지심 또는 공손한 감정이 저절로 일어난다.

■ 사양지심(공경심)의 본질

처음 만나는 사람이나 사회적 지위가 높은 사람을 만나면 모든 사람은 위축감(humility)을 느끼고, 이 위축감은 높은 사람에 대해 공손한, 겸손한 마음을 일으키고, 공손(겸손)은 상대적으로 남이나 높은 사람을 받들고 우러르는 존경심을 일으키기 마련이다. '사양지심'은 남이나 윗사람을 존중해서 자신을 낮추고 사양하고 양보하는 마음이다. 공경지심은 각도가 좀 다르지만 자기를 낮추는 공손(겸손)의 감정과 남을 높이고 받드는 존경의 감정을 결합한 감정인 점에서 사양지심과 상통하는 것이다. 그래서 맹자는 사양지심과 공경지심을 같은 의미로 혼용했다.[868]

그런데 자신을 낮추고 남을 높이는 '공경'이라는 개념의 사용은 주의를 요한다. 영어로 '공경'은 "honor"다. 성서 십계명에서 "그대의 아버지와 어머니를 공경하라(honour thy father and mother)"고 명할 때의 '공경'은 부모가 자식을 죽이고 살리는 생사여탈권(政刑)까지도 인정하는 개념이다. 동사 "honor"는 "누군가를 존경과 찬양으로 대우하는 것(to treat some with respect and admiration)" 또는 "누군가에 대해 공식적 방도로 찬양을 표하는 것(to show admiration for someone in public way)"이다. 따라서 영어 'honor'는 이 '공식적 찬양' 요소 때문에 왕을 섬기는 데 적합해서 우리말 '공경'보다 훨씬 더 센 말이다. 성서가 쓰인 시대에 부모는 자식에 대한 생사여탈권을 가지고 있었다. 그래서 성서가 계명으로 '부모를

---

868) 『孟子』「公孫丑上」(3-6): "無辭讓之心 非人也."; 「告子上」(11-6): "恭敬之心 人皆有之."

honor하라'고 한 것이다. 그러나 공자와 맹자의 '공경'은 일단 이런 정형政刑(생사여탈권)이 없는 단순한 도리, 예禮일 뿐이다("恭敬之心 禮也").869) 따라서 성서에서 말하는 왕이나 부모에 대한 공경과, 공맹이 말하는 남이나 윗사람에 대한 공경은 완전히 다르다. 전자는 생사여탈권이 주어지는 '지배·피지배관계'(명령·복종관계)를 표현하는 반면, 후자는 단순히 지시하고 순응하고, 순종하지 않더라도 생명이나 신체를 해칠 수 없는 '선후·상하관계'(지시-순응관계)를 표현할 뿐이다. 여기서 정형을 배제하는 공맹의 덕치德治·예치禮治(무위이치)를 상기할 필요가 있다. 맹자의 사양·공경지심은 자아와 타아의 비교 속에서 드러나는 선후·상하 질서를 지켜 타아를 대할 때 타아가 기분좋아하는 것을 같이 기분좋아하는 공감에서 나오는 즐거움의 공감감정과, 이 질서를 어길 때 타아가 기분나빠하는 것을 같이 기분나빠하는 공감에서 생겨나는 괴로움의 공감감정을 종합한 견지에서 생겨난 공손감정이다.

공자와 맹자는 부모에 대한 자식의 '효孝' 또는 '효경孝敬'을 강조했고, 이 경우에 '효경'을 '경敬'(받듦)으로 표현했다. 공자는 제자 자유子游가 '효'에 대해 묻자 이렇게 답했다. "오늘날의 효는 부모를 먹이는 것을 일컫는다. 그런데 심지어 개와 말도 다 먹이는 것은 할 수 있다. 불경하다면 견마와 인간의 부양을 무엇으로 구별하겠는가?(子曰 今之孝者 是謂能養. 至於犬馬 皆能有養. 不敬 何以別乎)"870) 부모를 '부양할 뿐만 아니라 받드는 것'이 비로소 '효'라는 말이다. 맹자는 더욱 세밀하게 부양+경애(치사랑)+공경을 '효'로 논한다. "먹이면서도 사랑하지 않는 것은 돼지를 먹이듯이 그분들을 대하는 것이다. 사랑하면서도 받들지 않으면 짐승을 기르듯이 그분들을 기르는 것이다. 공경이란 그분들에게 성의의 표시로 물건을 드리는 일을 아직 행동으로 옮기지 않는 것이지만, 공경恭敬하면서 실속이 없다면 군자는 이에 헛되이 구속당해서는 아니 된다."871) 이 말은 부모를 부양하고

---

869) 『孟子』「告子上」(11-6).
870) 『論語』「爲政」(2-7).
871) 『孟子』「盡心上」(13-37): "孟子曰 食而弗愛 豕交之也 愛而不敬 獸畜之也. 恭敬者 幣之未將者也 恭敬而無實 君子不可虛拘."

사랑함과 동시에 실속 있게 공경해야 효도를 행하는 것이라는 말이다. 맹자는 '효도' 개념을 부양·경애(치사랑)에다 성의 있는 선물을 바치는 '공경'(실속 있는 공경)을 합한 것으로 정의하고 있다. 그래서 공자는 간단히 '효경'을 '공경'과 동일시하기도 했다. '공경' 개념은 부모에 대해서 사용하고, 임금에 대해서는 '충경'(충성) 개념을 사용하기 때문이다.

공자는 '효경'을 자식에 대한 부모의 '자애'에 대응하는 쌍무적 감정으로 간주했다. 증자는 공자에게 말한다. "자애와 공경, 안친安親(부모를 편안하게 모시는 것)과 양명揚名(자기 이름을 날리는 것)과 같은 것에 대해서는 가르침을 들었습니다.(若夫慈愛恭敬安親揚名 則聞命矣)" 이 구절을 보면 공자가 '자애'와 '공경'을 쌍무 개념으로 가르친 것을 알 수 있다. 따라서 공자는 자식이 부모가 '자애'하지 않거나 불의에 빠진다면, 즉 부모가 부모다운 의무를 다하지 않는다면, 자식은 부모에게 '순응'하지 않아도 된다고 가르쳤다. 이때 자식은 부모의 지시에 불응하고 '간쟁諫諍'을 하는 것이 필수적이다. 이 경우에는 간쟁을 하는 것이 부모에 대한 '공경(효경)'이다.

그리하여 증자가 공자에게 "아비의 영令에 복종하는 것을 효라 일컫습니까?(從父之令可謂孝乎)"라고 묻자 공자는 이렇게 답했다.

이게 무슨 말이냐? 이게 무슨 말이냐? 옛적에 천자는 간쟁하는 신하 7인이 있으면 비록 천하에 도道가 없어도 그 천하를 잃지 않았다. 제후는 간쟁하는 신하가 5인만 있으면 비록 도가 없더라도 나라를 잃지 않았다. 대부는 간쟁하는 신하가 3인만 있으면 비록 도가 없더라도 가문을 잃지 않았다. 선비는 간쟁하는 벗이 있으면 몸이 아름다운 명성과 떨어지지 않았다. 아비는 간쟁하는 자식이 있으면 몸이 불의에 빠지지 않았다. 그러므로 불의에 당하면 자식이 아비에게 간쟁하지 않는 것은 불가하고, 신하가 임금에게 간쟁하지 않는 것도 불가하다. 그러므로 불의에 당하면 그분들에게 간쟁하는 것이다. 그럴진댄 아비의 명령에 복종하는 것이 또 어찌 효를 행할 수 있겠는가?[872]

---

872) 『孝經』 「諫諍章 第十五」: "子曰 是何言與 是何言與. 昔者 天子有爭臣七人 雖無道 不失其天下, 諸侯有爭臣五人

부모에 대한 치사랑을 포함하는 공경, 즉 효경은 '내리사랑'을 본질로 하는 '동정심' 및 '자애'와 정확히 상반된 방향의 사랑이다. '효경'은 치사랑·겸손·존경이 결합된 감정이다. 그러나 공자는 부모에 대한 치사랑을 포함한 효경을 내리사랑으로서 일종의 동정심인 '자애심'에 대한 쌍대적 감정으로 강조했다. 자식에 대한 '자애'와 '부모다움'은 부모의 쌍무적 의무다. 그래서 공자는 "사람의 아들이 되어서는 효에 살고, 사람의 아비가 되어서는 자애에 산다(爲人子 止於孝, 爲人父 止於慈)"고 갈파한 것이다.873) 이런 까닭에 아비가 쌍무적 의무를 어기거나 인의仁義를 어길 때는 간쟁할 수 있고, 또 간쟁을 해야 할 의무가 있는 것이다.

공자는 '충경忠敬' 또는 '충성' 개념에서도 생사여탈의 명령·복종관계보다 군주와 신하의 쌍무적 의무관계를 강조했고, 임금에 대한 충성스런 신하의 '충간忠諫'을 충신의 필수 의무로 간주했다. "충신이 임금을 섬기는 것과 효자가 그 부모를 섬기는 것은 그 근본이 하나다(忠臣以事其君 孝子以事其親 其本一也)"이기 때문이다.874) 그리하여 "군자는 출가하지 않고 나라에 대한 가르침을 이룩하느니, 효는 임금을 섬기는 방도이고, 형제지간의 우애는 윗사람을 섬기는 방도이고, 자애는 민중을 다스리는 방도다.(君子不出家而成敎於國 孝者 所以事君也 弟者 所以事長也 慈者 所以使衆也)"875) 따라서 공자는 "군자가 어버이를 섬기는 것은 효이므로, 임금에게 이를 옮기어 충성을 할 수 있는 것이다.(子曰 君子之事親孝故忠可移於君)"라고 갈파했다. 그러므로 공자는 군신관계도 부자관계처럼 쌍무적 의무관계라고 말한다. "사람들의 임금이 되어서는 인仁에 살고, 사람의 신하가 되어서는 충경에 산다(爲人君 止於仁, 爲人臣 止於敬)"876) 따라서 공자는 군주가 '백성사랑(仁民)'의 의무를 져버릴 때 "충간忠諫"하는 것을 '신하의 의무'로 규정하고 간언의 방도에 대해서도 자세하게 밝힌다.

雖無道 不失其國. 大夫有爭臣三人 雖無道 不失其家. 士有爭友 則身不離於令名. 父有爭子 則身不陷於不義. 故當不義 則子不可以不爭於父 臣不可以不爭於君. 故當不義 則爭之. 從父之令 又焉得爲孝乎."
873)『大學』(傳3章).
874)『禮記』「祭統 第二十五」.
875)『大學』(傳9章).
876)『大學』(傳3章).

충신이 임금을 섬김에 간쟁보다 앞서는 것은 없다. 아래에서 말을 할 수 있고 위에서 들어주면 왕도가 빛난다. 아직 형태화되지 않은 것에 대해 간언하는 것이 상등이고, 이미 윤곽이 드러난 것에 대해 간언하는 것이 다음이고, 이미 행해진 것에 대해 하는 것이 하등이다. 어긋나는데도 간하지 않으면 충신이 아니다. 무릇 간언은 순한 말로 시작하고, 중간에는 항의하고, 마지막에는 절의를 죽음으로써 지켜 임금의 아름다운 덕을 이루고 사직을 안녕케 한다. 『서경』(「상서·열명상」)에 이르기를 "나무가 먹줄을 따라 깎이면 반듯해지고 임금이 간언을 따르면 거룩해진다"고 했다.[877]

'충간'은 충신의 의무다. 간하지 않으면 충신이 아니다. "거룩한 임금", 즉 성군聖君은 충신의 충간을 잘 듣고 왕도를 빛낸 임금인 것이다.

정리하자면, 공자의 공경 개념은 생사여탈권이나 무조건적 명령·복종관계와 거리가 먼 조건부의 쌍무적 개념인 것이다. 따라서 공경개념의 근본은 군신관계에도 확대·적용할 수 있는 것이다. 정사가 '정형政刑의 치治'에서 '무위이치無爲而治', 즉 덕치와 예치로 이행할수록 군신관계 또는 국가와 시민의 충성(충경)과 부자관계의 효경은 공경이라는 하나의 근본원리로 접근할 것이다. 반면, 영어와 성서에서 뜻하는 공식적 '찬양'을 동반하는 '공경(honor)'은 생사여탈의 (쌍무개념 없는) '무조건적' 명령·복종관계라서 공맹의 공경지심이나 예절과 거리가 먼 개념인 것이다.

■ 도덕적 '당혹감'(쑥스러움·난처함)

공경심 또는 공손은 공경의 예禮를 위배할 때면 '당혹감'(난처함) 또는 '쑥스러움'(embarrassment)이라는 중요한 도덕적 연관감정을 동반한다. '쑥스러움'은 '놀라 다급해서 어찌할 바를 모르는 것'을 뜻하는 비도덕적 감정인 '당황감(disconcertment)' 또는 '터무니없게 느끼는 것'을 뜻하는 '황당감(nonsense feeling)'과

---

877) 『忠經』「第十五 忠諫」: "忠臣之事君也 莫先於諫. 下能言之 上能聽之, 則王道光矣. 諫於未形者 上也. 諫於已彰者 次也. 諫於旣行者 下也. 違而不諫 則非忠臣. 夫書諫始於順辭 中於抗議 終於死節 以成君休 以寧社稷. 書云 '惟木從繩則正 后從諫則聖'."

다른 감정이다. '쑥스러움'은 공경심이나 겸손에 부수된 일종의 도덕감정이기 때문이다. '쑥스러움'은 자기가 공경이나 겸손의 행동에 대한 정당한 사회적 요구에 배치되는 무례한 언행을 했을 때 이것을 자각하고 자기의 행동이나 자기의 말을 어색해 하는 자기의식적 감정이다.

대커 켈트너의 '당혹감 연구'에 의하면, 당혹감은 예의에서 벗어난 또는 무례한 자신의 예의범절 상의 실수(결례, 윗사람을 윗사람인 줄 모르고 함부로 부르거나 대한 경우, 대화 중에 앞사람 이름을 망각하고 어물대는 것, 모르는 사람들 사이에서 방귀 뀌는 것 등)로 인한 불화 위험을 해소해 타인과 화해하고 원상태로 돌아가는 기능을 한다. 따라서 당혹감은 자아의 무례한 언행이나 자세로 인해 자기의 도덕적·사회적 평판이 망가질 수 있거나 사회적 지위를 위태롭게 만드는 상황에서 발동된다. 당혹감은 이 상황에서 거리감이 생길 위험이 있거나 공격위험이 있는 찰나에 서로를 이완시켜 하나로 묶어주는 화해감정의 표시다. 당혹감이 일어나면 당혹한 사람은 자기를 의식하는 어색한 미소를 짓고, 얼굴을 붉히기도 하고, 더러는 뺨이나 코를 한 손가락이나 두 손가락으로 만지기도 한다.[878] 당혹감의 감정발동과 표정·몸짓은 무의식으로 일어난다.

당혹감의 표정과 몸짓은 켈트너에 의하면 ①시선회피, ②고개를 돌리고 아래로 숙이기, ③어색한 미소, ④얼굴 만지기로 구성된다. '시선회피'는 빨간 신호등처럼 지금까지 일어난 일을 멈추는 중단의 의미다. 우리는 당혹스런(난처한) 상황에서 시선을 피하고 이 상황에서 얼른 빠져나온다. '고개를 돌리고 아래로 숙이는 것'은 자기가 약하다는 것, 위축되었다는 것, 사양한다는 것을 나타낸다. 이것은 다른 동물의 몸짓과 같은 원천에서 생겨난 것이다. 돼지·토끼·비둘기·메추라기·도롱뇽 등 다양한 동물들은 갈등을 완화하고 화해하려고 할 때 고개를 돌리거나 숙이거나 몸을 움츠려 작게 만든다. (반대로 동물들의 지배적 과시 자세는 몸을 부풀리는 것으로 나타난다.) 이런 행동은 몸집을 줄이고 자신의 취약부위인 목을 보여주는 화해 제스처다. 사람의 취약부위도 목과 목의 정맥

---

878) Keltner, *Born to be Good*, 80쪽.

이다. 따라서 고개를 돌리고 숙여 이 목을 보여주는 것은 자신이 '약하다'는 것을 나타내는 것이다. '어색한 미소'는 자신의 무례에도 불구하고 상대방에 대해 변함없이 애정을 가지고 있다는 표시다. 미소는 애초에 영장류들 사이에서 약한 쪽이 두려움에서 싱긋 이빨을 드러내는 데서 유래했다. 그러나 당혹감의 '어색한 미소'는 단순한 미소와 다르다. 당혹감의 미소는 힘을 주어 입술주름을 옆으로 피는 미소다. 낯선 사람을 만날 때도 이런 미소가 나온다. 이것은 가벼운 키스 같은 것이다. 어색한 미소는 어색한 당혹상황에서 애정을 표시하는 것으로서 마음을 따뜻하게 하고 타인을 가까이 오게 한다. '얼굴 만지기'는 화해할 때 얼굴을 가리는 유인원의 동작에서 유래했다. 심지어 코끼리도 화해를 시도할 때 앞발로 코를 문지른다. 얼굴을 가리는 것에서 유래한 '얼굴 만지기'는 얼굴을 가리는 동안 세상이 보이지 않으므로 세상움직임의 한 단계가 끝나고 새로운 단계를 시작한다는 의미를 갖는다. 그러나 자신이 화해를 하려고 하므로 더 이상 자신을 탓하지 말아주었으면 하는 자기방어 자세의 마지막 동작이기도 하다. 이 네 가지 표정과 몸짓이 당혹감을 느낄 때 2-3초 사이에 나타난다. 이것은 많은 손실을 초래하는 공격이나 싸움을 방지하고 갈등을 무마해 사람들을 다시 결속시키고 협동적 유대관계를 복원하는 것이다.[879] 그러므로 '당혹감'은 공손(겸손)의 예의를 지탱해주는 한 기둥이다.[880]

따라서 공손·겸손과 거리가 먼 건방진 자들과 폭력사범들은 당혹감을 거의 또는 전혀 느끼지 않는다. 이들은 대개 공경지심을 조절하는 안와전두피질이 잘 작동하지 않거나 장애가 있는 자들이다. 당연히 사이코패스도 당혹감을 모른다. 또한 사고로 안와전두피질을 손상당한 후천성 사이코패스도 당혹감을 느끼지 못한다. 이런 환자사례들은 그간 많이 보고되고 연구되었다.[881]

켈트너의 분석과 별도로 당혹감은 때로 공경심의 위반에 따르는 수치심(수오지심)의 일종으로 보이기도 한다. 마이클 루이스(Michael Lewis)는 당혹감을 수치심

---

879) Keltner, *Born to be Good*, 86-88쪽.
880) Keltner, *Born to be Good*, 95쪽.
881) Keltner, *Born to be Good*, 92-94쪽.

과 관련된 연관감정으로 본다. 그러면서도 그는 양자를 세 가지 관점에서 구분한다. 첫째, 당혹감과 수치심 간의 가장 현저한 차이는 강도다. 수치심이 강렬하고 혼란케 하는 감정인 반면, 당혹감은 명백히 덜 강렬하고 생각과 언어의 혼란을 포함하지 않는다. 둘째, 신체 자세의 관점에서 당혹한 사람들은 숨어버리고 싶거나 사라지거나 죽고 싶은 사람의 자세를 취하지 않는다. 당혹한 사람들의 자세는 양가치적(접근과 회피) 자세를 반영한다. 반복된 시선주시와 시선회피는 당혹감을 가리키는 것으로 보인다. 수치심 상황에서는 미소 짓는 행태를 동반하는 시선회피를 보기 드물다. 셋째, 수치심이 타인의 물리적 부재 시에도 일어날 수 있는 반면, 당혹감은 거의 언제나 타인의 동석 시에 일어난다. 현상학적으로 당혹감은 수치심보다는 죄책감과 더 다르다. 그래서 일반사람들은 당혹감이 "수치심의 덜 강렬한 경험"이라고 말한다. 수치심을 일으키는 유사상황은 강도·지속·혼란유발성이 다를지라도 당혹감도 일으키는 것으로 나타난다.[882] 이렇게 보면 당혹감은 공경심의 위반 시에만 따라다니는 자각적 감정이 아니라, 도덕감정 일반의 위반에 따라다니는 자각적 감정으로 보인다. 또한 당혹감이 수치심(타인의 몫에 대한 자신의 침해와 관련된 부끄러움)의 연관감정인지, 공경심 위반과 연관된 감정인지도 모호해진다. 필자의 생각에 당혹감 또는 곤혹스러움(쑥스러움·난처함)은 막연히 타인을 공경하지 않아서 느끼는 감정이 아니라, 타인이 나로부터 받아야 할 '정당한 몫의 공경'을 내가 표하지 않았을 때 느끼는 수치심과 연관되어 일어나는 감정으로 보인다.

　루이스는 당혹한 태도를 노출로서의 당혹감과 덜 강렬한 수치심으로서의 당혹감 등 두 유형으로 구별한다. 일정한 노출상황에서 사람들은 당혹한다. ①"노출로서의 당혹감"은 수치심과 마찬가지로 부정적 평가와만 관련된 것이 아니다. 가령 우리는 자기만 아는 것이 노출되면서 예기치 않은 칭찬을 받는 경우에도 당혹한다. 청중 앞에 등장하는 사람들의 한 가지 현상학적 경험은 자기들의 덕성을 극구 칭찬하는 긍정적 소개말에 의해 야기되는 당혹감의 경험이다. 놀랍게도,

---

882) Lewis, "Self-Conscious Emotions: Embarrassment, Pride, Shame, and Guilt", 750쪽.

불쾌감이나 부정적 평가가 아니라 오히려 칭찬이 당혹감을 유발한다. (물론 이런 당혹감도 공경심이나 겸손과 관련된 범위를 벗어나지 않는 것이다.) 이런 유형의 당혹감의 다른 사례는 공개출현에 대한 반응에서도 볼 수 있다. 누군가가 자기들을 바라보고 있는 것을 아는 사람들은 자각적이 되고, 시선을 돌리고, 자기들의 몸을 매만지기 쉽다. 관찰되는 사람이 여성이라면, 그녀는 종종 자신의 머리카락을 매만진다. 반면, 남성들은 머리카락을 매만지는 것이 아니라, 복장을 매만지거나 몸자세를 바꾼다. 잠시 시선 돌리기, 찡그림 없음, 신경 쓰는 매만짐의 이런 결합은 노출로서의 당혹감으로 보인다.883)

②"덜 강렬한 수치심으로서의 당혹감"은 부정적 자기평가와 관련된 것이다. 강도의 차이는 아마 못 다한 도덕적·비도덕적 표준·규칙·목표의 본성 탓으로 돌려질 수 있다. 일부 표준·규칙·목표는 핵심자아와 많건 적건 연관되어 있다. 가령 자동차를 잘 운전하지 못하는 것은 학생을 돕는 데 실패하는 것보다 덜 중요하다. 덜 중요하고 덜 중심적인 표준·규칙·목표와 관련된 실패는 수치심이라기보다 당혹감으로 귀결된다. 그러나 루이스는 당혹감이 수치심과 동일한 감정이 아닐 수 있다는 것을 인정한다. 현상학적 자세에서 양자는 아주 다르기 때문이다. 그래도 그는 당혹감과 수치심이 사실상 관련되어 있을 가능성, 그리고 양자가 강도에서만 다를 가능성이 있다고 말한다. 그러므로 작업가설적 정의定義로서, 적어도 두 종류의 상이한 당혹감이 존재한다고 말하는 것이 안전하다는 것이다.884) 그러나 필자의 생각에 루이스의 '노출로서의 당혹감'은 놀람의 일종인 '당황감(disconcertment)'을 오해한 것으로 보인다. 따라서 필자는 '당혹감'만을 특정한 타인에게 주어져야 할 정당한 몫의 존경의 자연적·사회적 상하·선후질서를 내가 어겼을 때 갑작스레 덮치는 돌발적 수치심과 같은 도덕감정으로 규정한다.

---

883) Lewis, "Self-Conscious Emotions: Embarrassment, Pride, Shame, and Guilt", 750-751쪽. 무작위 지적에 지적당한 학생의 놀람도 그는 '노출로서의 당혹감'의 한 사례로 지적하고 있다.(751쪽)
884) Lewis, "Self-Conscious Emotions: Embarrassment, Pride, Shame, and Guilt", 751쪽.

■ 겸손한 극동의 반전평화론, 건방진 서양의 투쟁일원론

상하관계가 아니라, 자타간의 '대등한' 대화에서 자아와 타아 중 누가 먼저인가? 공감적 사랑과 공경지심 차원에 서면, 1인칭 자아의 관점에서 자아와 타아는 '직접적'으로 대등한 것이 아니다. 제3자의 관점에서가 아니라, 1인칭 자아의 관점에서 자아는 타아의 우호적 관심이나 호감을 얻으려면 타아를 앞세우고 높이는 반면, 자신을 뒤로하고 낮춰야 한다. 이것은 타아가 1인칭의 지위로 바뀌더라도 마찬가지다. 자아와 타아가 객관적으로 볼 때 대등하더라도, 1인칭 자아의 입장에서는 무조건 자신을 낮추거나 뒤로하고 타아를 높이거나 앞세운다. 1·2인칭의 대화관계에서는 자아와 타아가 1인칭의 지위를 교대로 얻어 서로를 높여줌으로써 대등성이 '교호적'으로 달성된다. 공경·사양지심에 의한 이 '교호적 대등성'의 추구는 '자아와 타아 간에 다르더라도 화합하는 것'을 가능케 한다. 그렇지 않고 오만하게 자기를 먼저 내세우면서 '직접적 대등성'을 추구하면, 이것은 '동이불화同而不和'를 초래하고 말 것이다.

상급자와 하급자, 유력자와 무력자의 관계에서처럼 고정된 상하질서 속의 1·2인칭 관계에서는 이 간접적·교호적 대등성이 완전히 구현되기 어렵지만, 1인칭 상급자도 ― 제3자의 관점에서의 상하 간의 인격적 대등성을 감안해 ― 이인칭 하급자를 기본적으로 존중해야 한다. 따라서 이 경우에도 1·2인칭 간의 간접적·교호적 대등성은 완화된 형태로 관철된다. 따라서 노魯나라 정공定公이 "임금이 신하를 부리고 신하가 임금을 섬기는 것은 어떻게 합니까?(君使臣 臣事君 如之何?)"라고 묻자, 공자는 "임금은 신하를 예로써 부려야 하고, 신하는 임금을 충성으로써 섬겨야 한다(君使臣以禮 臣事君以忠)"라고 답했던 것이다."[885]

상술했듯이 서양도덕의 한 치명적 결함은 투쟁하듯 '직접적' 대등성만을 추구·고집할 뿐이고, 자아와 타아 간의 저런 '간접적·교호적' 대등성을 모른다는 것이다. 셸러와 롤스의 주장을 통해 알 수 있듯이 현대에도 서양철학자들은 자아와 타아 사이에 촌치의 양보도, 공경지심도 없는 직접적 대등성만을 주장한

---

885) 『論語』「八佾」(3-19).

다.886) 따라서 서양에서 인간관계는 전쟁이나 투쟁이다. 서양의 면면한 사상사에서 가령 홉스는 자연상태만이 아니라 국제관계의 상태도 "만인의 만인에 대한 전쟁"으로 보았고, 또 그 이전에 키케로도 전쟁상태 가설을 "확실한 것", "보편적으로 인정된 것"으로 상정했다. 키케로는 "한때 자연법도 시민법도 아직 정의되지 않았던 시기가 있었는데", 이때는 인간들이 "자신의 손과 힘으로 움켜쥐고 보유할 수 있는 것 이상의 것을 소유하지 못했고 상해와 학살을 자행했던" 시기였다고 언명했다.887)

또한 스피노자도 줄곧, 그리고 한때 푸펜도르프도 홉스의 전쟁상태적 자연관에 동조했다.888) 칸트도 "'인간들의 자연상태는 만인의 만인에 대한 전쟁이다(status hominum naturalis est bellum omnium in omnes)'는 홉스의 명제는 (...) 오류가 없다"고 토설했다.889) 또 헤겔은 "자기의식과 자기의식의 첫 조우는 사활을 건 인정투쟁"이고,890) "바람의 움직임이 바다를 나태로부터 지켜주듯이, 전쟁은 제민족의 인륜적 건강을 지켜준다"고 주장했다.891) 쇼펜하우어는 "인간적 의식 속에서 이기심이 최상등급에 도달함이 틀림없고, 이기심에 의해 야기되는 개인들의 갈등도

---

886) Scheler, *Wesen und Formen der Sympathie*, 88쪽; Rawls, *A Theory of Justice*, §73, 424쪽.
887) 참조: Hume, *An Enquiry Concerning the Principles of Morals*, 17쪽 각주.
888) Benedict de Spinoza, *Tractatus Theologoco-Politicus* [1670], 201-202쪽. *The Chief Works of Benedict de Spinoza*, Vol. I (London: George Bell and Sons, 1891); Samuel von Pufendorf, *The Whole Duty of Man According to the Law of Nature* [1673] (Indianapolis: Liberty Fund, 2003), 114, 115-117쪽 곳곳.
889) Kant, *Kritik der praktischen Vernunft*, A151쪽; Kant, *Metaphysische Anfangsgründe der Tugendlehre*, §13(A103), §49(A163); Immanuel Kant, *Die Religion innerhalb der Grenzen der bloßen Vernunft* [1793 · 1794], B134-135. *Kant Werke*, Bd.10 (Darmstadt: Wissenschaftliche Buchgesellschaft, 1983). 자연상태의 전쟁·불화 성격 및 인간의 '비사회적 사회성(ungesellige Geselligkeit)'에 대한 칸트의 악담들은 참조: Immanuel Kant, *Idee zu einer allgemeinen Geschichte in weltbürgerlicher Absicht* [1784], 37-42쪽. *Kant Werke*, Bd.9, Teil 1 (Darmstadt: Wissenschaftliche Buchgesellschaft, 1983).
890) Georg W. F. Hegel, *Phänomenologie des Geistes*, , 137-154쪽. *Hegel Werke* Bd.3, (Frankfurt am Main: Suhrkamp, 1986).
891) Hegel, *Über die wissenschaftliche Behandlungsart des Naturrechts*, 428쪽. *Hegel Werke* Bd.2 (Frankfurt am Main: Suhrkamp, 1986); Hegel, *Grundlinien der Philosophie des Rechts*, §324. *Hegel Werke* Bd.7.

가장 경악스럽게 출현함이 틀림없고", 또 이곳에서 "홉스가 (『리바이어던』 I, 13 의) 제1절 '시민에 관하여(De cive)'에서 정확하게 묘사한 'bellum omnium contra omnes'(만인의 만인에 대한 전쟁)가 즉각 가장 선명하게 드러난다"고 썼다.892) 그리고 주지하다시피 마르크스는 "지금까지의 사회의 역사는 계급투쟁의 역사다"라고 선언했고, 니체는 자연상태에서 '만인의 만인에 대한 전쟁'을 당연한 상태로 전제하고 다만 "인간이 (...) 궁핍하고 권태로운 나머지 사회적으로, 그리고 군서방식으로 살고자 하기 때문에 강화講和를 필요로 하고 최소한 가장 난폭한 'bellum omnium contra omnes'라도 세상에서 사라지게 하려고 기도한다"고 말함으로써 19세기말과 20세기 초에도 홉스의 테제를 당연지사로 수긍했다.893) 나아가 20세기 초 베버는 "정치의 본질은 권력투쟁이다"고 선언했고, 전후에 미셸 푸코는 "정치는 다른 수단에 의한 전쟁의 연속이다"라고 속삭였다. 서양의 철학자들은 이렇게 한결같이 국내외적 사회상태도 전쟁상태로 보고 사회의 이 전쟁상태를 '자연'에 투사해 '자연'도 전쟁상태로 이해했다. 근세 초에서 현재까지 면면히 이어진 이런 정치철학적 전쟁테제들의 거듭된 충동질로 인해 서양의 역사는 투쟁과 전쟁과 대학살의 역사였다.

1920년대 셸러는 자연과 사회를 원자들의 충돌과 상쟁으로 환원하는 데모크리토스·에피쿠로스로까지 거슬러 올라가는 서양의 이 고질적 전쟁담론을 서양철학 특유의 '투쟁일원론(Kampfsingularismus)'으로 진단했다.894) 공자의 '무위이치無爲

---

892) Schopenhauer, *Die Welt als Wille und Vorstellung* I, §61 (455-456쪽).
893) 니체는 홉스를 대변한다. "개인은 다른 개인들에 대해 자신을 보존하고자 하는 한에서 사물들의 자연상태에서 대부분 변조 또는 위장(Verstellung)에만 지성을 사용한다. 그러나 인간은 동시에 궁핍하고 권태로운 나머지 사회적으로, 그리고 군서방식으로 살고자 하기 때문에 강화(講和)를 필요로 하고 최소한 가장 난폭한 'bellum omnium contra omnes'라도 세상에서 사라지게 하려고 기도한다. 그러나 이 강화는 저 수수께끼 같은 진리욕의 성취를 향한 첫걸음처럼 보이는 것을 동반한다. 지금 말하자면 이제부터 '진리'이어야 하는 것이 고정되어야 할 것이다. 균등하게 타당하고 구속력 있는 사물들의 명칭(Bezeichnung)이 고안될 것이고, 언어의 입법이 최초의 진리 법률도 제정할 것이다. 왜냐하면 여기에서 처음으로 진리와 허위의 대비가 생겨나기 때문이다." Friedrich Nietzsche, "Ueber Wahrheit und Lüge im aussermoralischen Sinne", 371쪽. *Nietzsche Werke*, III-2, *Nachgelassene Schriften 1870-1873*, hg. v. G. Colli und M. Montarinari (Berlin: Walter de Gruyter, 1973).

而治'와 '자연지도自然之道', 맹자와 사마천의 무위無爲시장의 '자연지험自然之驗' 이념이 서양으로 전해지기 전에는 서양철학자들이 무위자연의 조화이념을 몰랐기 때문이다.[895]

셸러는 서양철학의 이 "투쟁일원론"을 비판하면서 다윈도 이에 말려들었다고 지적한다.[896] 다윈은 『종의 기원』(1859)에서 '생존투쟁'을 자연선택의 원인으로 설정했다. 하지만 뒤에 그는 상호투쟁으로서의 생존투쟁보다 '환경과의 투쟁'을 중시하고, 『인간의 유래(The Descent of Man)』(1871)에서는 투쟁이 아니라 상호부조와 공감이 진화의 원인이라고 말했다.[897] 미상불, 크로포트킨은 다윈의 '투쟁'을 '환경과의 투쟁'으로 해석하고, 생명체들이 혹독한 환경에서 살아남기 위해 경쟁을 피하고 오히려 서로 부조한다고 지적하고 '상호부조'를 진화의 주요원인으로 규정했다.[898] 생태학자 유진 오덤(Eugene P. Odum)도 1997년 『생태학』에서 생태계 안에서 맺어지는 생명체들의 관계를 경쟁·포식·기생·공서共棲·협력·공생으로 열거하고, 경쟁·포식·기생은 자연에서 드문 반면, 공서·협력·공생이 널리 확산되어 있고, 특히 '공생(mutualism)'은 극히 광범하게 퍼져 있다고 확인하며 크로포트킨에 동조한다.[899] 이점에서도 이제 다윈을 투쟁일원론으로부터 풀

---

894) Scheler, *Wesen und Formen der Sympathie*, 209-228쪽.
895) 이에 관해서는 참조: 황태연, 「서구 자유시장론과 복지국가론에 대한 공맹과 사마천의 무위시장 이념과 양민철학의 영향」, 『정신문화연구』 2012년 여름호 제35권 제2호 [316-410쪽].
896) Scheler, *Wesen und Formen der Sympathie*, 139쪽, 226쪽. 지난 세기의 군소 사회다윈주의자들도 거의 다 다윈의 입장을 '투쟁일원론'으로 해석했다. 참조: Mike Hawkins, *Social Darwinism in Europe and American Thought 1860-1945* (Cambridge: Cambridge University Press, 1997).
897) Darwin, *The Descent of Man*, 98쪽, 100쪽, 107쪽, 129-130쪽, 611쪽. 『종의 기원』에서 다윈은 '생존투쟁'을 동종간 투쟁, 이종간 투쟁, 환경과의 투쟁을 망라하는 "광의의 비유적 의미"로 "편의상" 사용했다. Charles Darwin, *The Origin of Species by means of natural selection or the preservation of favored races in the struggle for life* ([1859] (New York: D. Appleton & Company, 1896 six and last ed. Vol.1 in 2 Volumes), 78~79쪽. 그러나 그는 이미 『인간의 유래』에서 자신이 생존투쟁 또는 적자생존에 "너무 많이" 기울어졌었다고 고백한다. Darwin, *The Descent of Man*, 61쪽. 또 한 서한에서는 "내가 범한 최대의 오류는 (...) 환경의 (...) 직접작용에 충분한 비중을 허용하지 않았던 것"이라고 자인한다. "Darwin to Wagner (13 Oct. 1897)". Hawkins, *Social Darwinism*, 26쪽에서 재인용.
898) Kropotkin, *Mutual Aid*, 11-62쪽, 63-117쪽.
899) Eugene P. Odum, *Ecology - A Bridge Between Science and Society* (Sunderland: Sinauer

어주는 것이 그의 바뀐 뜻에 맞을 것이다.

서양의 '투쟁일원론'은 서양철학자들이 성서의 원죄설적 성악설에 사로잡혀 또는 이 원죄설을 빌미로 본유감정으로서의 사양·공경지심을 제쳐두고 자아의 원시적 욕망을 앞세우는 '병리적' 심리를 '보편적' 명제로 격상시키기 때문에 빚어진 것이다. 사양지심만이 싸움의 도발을 막을 수 있다. 따라서 공자는 일찍이 "사양을 숭상해 쟁탈을 없앤다(尚辭讓 去爭奪)"고 갈파했다.900) 또 '존양尊讓'과 '결경絜敬'이 투쟁을 없애준다고도 말한다. "존양과 결경이라는 것은 군자가 상접하는 방도다. 군자가 존양하면 다투지 않고, 결경하면 오만하지 않다. 오만하지 않고 다투지 않으면, 싸우고 폄하하는 것과 멀어진다. 싸우고 폄하하지 않으면, 폭란의 화禍가 없어진다."901) 나아가 맹자는 공경지심을 인간의 본유감정으로 규정한다. "공경지심은 사람이 다 가지고 있는 것"이므로902) 그는 "사양지심이 없으면 인간이 아니다"라고 천명한다.903)

싸움과 폄하, 쟁탈과 폭란을 없애주는 이런 겸손과 사양의 관점에서 공맹의 반전反戰평화주의는 필연적 귀결인 것이다. 평화를 위해 겸손과 사양을 중시하는 극동의 견지에서 보면, 셸러와 롤스의 직접적 자타대등론이나 저 기라성 같은 서양철학자들의 '투쟁일원론'은 다 비인간적·사이코패스적 주장인 셈이다.

극동에서도 양보 없는 투쟁을 부추기는 이런 병리적 철학이 춘추·전국시대 같은 시기에는 유행한 적이 있었다. 그러나 공맹은 이 시대에 맞서 '사양지심'과 '예'를 역설했다. 공자는 예의 회복을 '인의 실천' 방도로 이해했기 때문이다.

> 자기를 잘 다스려 예를 회복하는 것이 인의 실천이니, 하루 자기를 잘 다스려 예를 회복하면 천하가 인으로 돌아온다. 인의 실천이 자기로부터 말미암지, 남으로부터 말미암겠는가?

Associates, 1997), 187-205쪽.
900) 『禮記』「禮運 第九」.
901) 『禮記』「鄕飮酒義 第四十五」. "尊讓絜敬也者 君子之所以相接也. 君子尊讓則不爭, 絜敬則不慢. 不慢不爭 則遠於鬪辨矣. 不鬪辨 則無暴亂之禍矣. 斯君子所以免於人禍也."
902) 『孟子』「告子上」(11-6): "恭敬之心 人皆有之".
903) 『孟子』「公孫丑上」(3-6): "無辭讓之心 非人也".

(...) 예가 아니면 보지 말고, 예가 아니면 듣지 말고, 예가 아니면 말하지 말고, 예가 아니면 움직이지 말라.[904]

또 유자有子는 "공손은 예에 가까워서 치욕을 멀리 물리친다(恭近於禮 遠恥辱也)"고 하고,[905] 증자도 "안자는 예를 안다고 일컬을 만한데, 예에는 공경이 있을 따름이다"라고 말한다(曾子曰 晏子可謂知禮也已 恭敬之有焉).[906] 맹자도 "사양지심은 예의 단초다(辭讓之心 禮之端也)"라고 갈파하고, "공경지심이 예다(恭敬之心 禮也)"라고 단언한다.[907]

■ 겸손에 특화된 세계 유일의 언어 '한국어'

전 세계 언어들은 상대방을 높이는 인칭대명사와 표현법을 다 가지고 있다. 불어의 'vous(당신)', 독일어의 'Sie(당신)'가 그런 인칭대명사다. 그러나 영어는 아무에게나 'you'라고 하고 상대방을 높여야 할 때만 말끝에 'sir'를 붙인다. 그리고 각 언어는 이에 따른 공손한 표현법과 동사를 가지고 있다. 그러나 영어는 상대방을 'you'라고 소문자로 쓰고 자기를 건방지게 'I'라고 대문자로 쓴다. 인구어 중에는 영어가 가장 무례한 언어다. 중국어도 '너'는 '니你', 높임말 '당신'은 '니인您'이라고 한다. 이에 따라 공손한 중국어 표현법들이 있다. 공경심의 도덕감정 때문에 영어를 제외한 인구어와 중국어는 낮춤말 '너'와 높임말 '당신'을 구별해 쓰는 대명사들을 가지고 있다. 한국어도 마찬가지다.

그러나 인구어든, 중국어든, 일본어든 자기를 낮추는 1인칭 대명사가 없다. 오직 한국어만이 1인칭의 자기를 낮추는 인칭대명사를 가진 (아마) 세계 유일의 언어다. 1인칭 '나'는 보통말이고, '저'는 '나'의 낮춤말이다. '우리'는 보통말이고,

---

904) 『論語』「顔淵」(12-1): "克己復禮爲仁, 一日克己復禮 天下歸仁焉. 爲仁由己 而由人乎哉? (...) 非禮勿視 非禮勿聽 非禮勿言 非禮勿動".
905) 『論語』「學而」(1-13):.
906) 『禮記』「檀弓下 第四」.
907) 『孟子』「公孫丑上」(3-6); 「告子上」(11-6).

'저희'는 낮춤말이다. 또한 한국어는 문장 표현에서도 자기를 낮추는 말을 가지고 있는 (아마) 세계 유일의 언어다. "그의 아버지는 일찍 귀가하십니다"는 표현에서 '~하십'은 주어 '아버지'를 높이는 '~하다'의 높임말 어미이고, '~니다'는 이 말을 듣는 대화상대에게 화자인 자기를 낮추는 변화어미다. 대화상대가 자기보다 아랫사람인 경우에는 "그의 아버지는 일찍이 귀가하신다"고 말한다. 문장의 주어가 나보다 아랫사람이거나 동급의 사람이고 듣는 사람도 아랫사람이거나 동급의 사람일 때는 "그의 아들은 일찍이 죽었다"고 말한다. 그러나 듣는 사람이 윗사람일 때는 말하는 자기를 낮춰서 "그의 아들은 일찍이 죽었습니다"라고 표현한다. 그러나 죽은 사람이 윗사람일 때는 동사까지 바뀐다. 가령 "그의 아버지는 일찍 돌아가셨다." '죽다'가 '돌아가시다'로 바뀌었다.

그밖에 자기를 낮추는 말도 여럿이다. '소인', '소생', (승려의 경우) '빈도貧道'라는 말이 그것이다. 그리고 명사를 변화시켜 상대방을 높이는 말도 많다. 명사변화의 경우는 말→말씀, 밥→진지→수라[임금] 등이 있다. '죽다'가 '돌아가시다'로 바뀌는 것과 같은 동사 변화의 경우는 먹다→드시다자시다·잡수시다→지시다[임금], 주다→드리다·바치다→올리다, 봉사하다·데리다·[제사지내다→모시다 등이 있다. 한국어는 인간의 본능적 사양지심·공경지심의 도덕감정에 세계에서 가장 민감하게 반응하며 진화한 언어라고 할 수 있다.

한국어가 '남을 높임과 동시에 자신을 낮추는 어법'을 가진 유일한 언어라는 이 언어학적 결론과 관련해 공자유학의 예禮 개념을 되돌아볼 필요가 있다. 공자는 말한다.

> 예는 배우지 않을 수 없다. 무릇 예라는 것은 자신을 낮추고 남을 높이는 것이다(自卑而尊人). 비록 등짐 진 장사치라도 반드시 존위가 있는 법이다. 항차 부귀한 사람이랴! 부귀하면서 예를 알고 좋아한다면 교만하지 않고 난잡하지 않다. 빈천해도 예를 알고 좋아한다면 마음이 두렵지 않고 떳떳한 것이다.[908]

---

908) "禮者不可不學也. 夫禮者 自卑而尊人. 雖負販者 必有尊也 而況富貴乎? 富貴而知好禮 則不驕不淫. 貧賤而知好禮 則志不懾."『禮記』「曲禮上 第一」(7).

한국어 어법은 처음 보는 어떤 사람에게든 자신을 낮추고 남을 높여 말하도록 언어행위로 강제한다. 따라서 한국어는 예로부터 유학적 예법 이전에 이 예법을 가장 잘 실천하도록 형성되었고, 이런 까닭에 19세기말 한국을 방문한 서양인들도 이구동성으로 한국어를 가장 어려운 언어로 평하고, 한국인들을 가난해도 예의바르고 인정 많은 민족으로 칭송했던 것이다. 이 평가들은 조선조 한국을 중국보다 더 유교적인 나라로, 따라서 거대한 제국(Empire) 중국과의 관계에서도 분명한 예법으로써 500년간 나라를 지켜온 "의로운 국민(Righteous Nation)"으로 칭송한 오드 아르네 웨스타드(Odd Arne Westard)의 역사적 평가와[909] 무관치 않은 것이다.

■ 인간본능으로서의 공경심

사람은 예절을 갖출 때 낯이 붉어지지 않으나, 예의를 차리기 전에 겸손해할 때와, 실례失禮나 무례를 범한 뒤 위축감을 느낄 때는 낯이 붉어지는 생리현상이 있다. "공경지심은 사람이 다 가지고 있다"거나 "사양지심이 없으면 인간이 아니다"라는 맹자의 명제는 진화론적으로나 유전자론적으로 증명할 필요가 없을 정도로 현생인류의 '생리적' 신체언어(body language)가 되어 있다.

"사양지심이 없으면 인간이 아니다"라는 맹자의 명제는 셸러·롤스 등의 철학적 명제와 반대로 서양인의 경우에도 예외 없이 타당하다. 찰스 다윈은 겸손 또는 공손의 낯붉힘에 대해 이렇게 말한다.

공손(modesty), 이것도 얼굴을 붉어지게 하는 또 하나의 강력한 인자다. 그러나 'modesty'라는 단어는 아주 상이한 마음상태들을 담고 있다. 그것은 겸손(humility)을 포함하는데, 사람들이 가벼운 칭찬에도 크게 기뻐하며 낯이 붉어지는 것이나, 자기 자신에 대한 그들 자신의 소박한 기준에 입각할 때 그들에게 너무 높은 것으로

---

[909] Odd Arne Westard, *Empire and Righteous Nation – 600 Years of China-Korea Relations* (Cambridge, Mass; London: The Belknap Press of Harvard University Press, 2021), 22-26, 31-32, 37, 84쪽.

보이는 칭찬에 난처해하는 태도로 우리는 이 겸손을 종종 알아본다. 여기서 낯붉힘은 타인들의 의견에 대한 존중의 통상적 의미를 갖는다. 그러나 공손은 빈번하게 무례(indelicacy)의 행동과 관련된다. 우리가 완전히 또는 거의 나체로 사는 부족들에게서 보듯이 무례는 예절의 일이다. 공손하고 이런 성질의 행동에 쉽사리 낯이 붉어지는 사람은 이 행동이 공고하게, 그리고 지혜롭게 확립된 예절의 위반이기 때문에 그렇게 된다. 이것은 'modest'라는 단어가 품행의 적절한 절차나 기준을 뜻하는 'modus'에서 유래한 사실에 의해 진정으로 입증된다. 더구나 이런 형태의 공손에 기인하는 낯붉힘은 일반적으로 이성異性과 관계될 때 강렬해지기 일쑤다.[910]

공손 때문에 낯이 붉어지는 것 외에 인간은 예절을 어기는 '에티켓 위반', 또는 '실례失禮(breaches of etiquette)' 시에도 낯붉힘을 보인다. 이 '실례'가 부지불식간에 범해진 것이든, 상대를 알아보지 못해서 범해진 것이든 관계없이 우리는 이 때문에 더 많이 공손을 표하며 더 많이 얼굴을 붉히며 말을 더듬는다. 따라서 실례로 인한 공손의 이 낯붉힘은 공경의 예를 다하지 못한 것 때문에 야기되는 것이므로 공경심의 변형된 연속인 셈이다. 그런데 예절 중에는 공경지심의 산물이 아니라, 공경지심에서 파생된, 사회마다, 시대마다 다른 에티켓들, 가령 윗사람 앞에서 담배 안 피우기, 자세를 옆으로 틀어 술 마시기, 옛 시골에서의 식사 중 금언禁言 예법, (서양에서 식사 중 코푸는 것은 괜찮으나) 씹는 소리나 트림 소리를 내는 것을 금지하는 것 등과 같이 단순한 관행들도 포함되어 있다. 그러나 대부분의 예절이 갈등을 막고 행동을 조율하고 통일하는 기능이 있기 때문에 우리는 도덕적 의미의 유무를 가리지 않고 예절을 준수하고, 이를 어기면 공손과 겸손의 감정을 느낄 때와 마찬가지로 얼굴이 달아오른다.

다윈은 이에 대해 이렇게 말한다. "예절규칙은 언제나 타인들의 면전에서의 행동, 또는 타인을 향한 행동과 관련된다. 예절규칙은 도덕적 의미와 반드시 관련된 것도 아니고, 종종 무의미하다. 그럼에도 이 규칙들이 우리가 그 의견을 높이 받드는 동료들과 윗사람들의 고정된 관습에 달려있는 만큼, 이 규칙들은

---

910) Darwin, *The Expression of Emotion in Man and Animals*, 353-354쪽.

거의 신사에 대한 영예의 법률만큼 구속력을 갖는 것으로 여겨진다. 그 결과, 예절의 위반, 즉 실례나 서툰 행동, 못된 행실이나 부적절한 언표는 아주 우연적일지라도 인간이 할 수 있는 가장 강렬한 낯붉힘을 불러일으킬 것이다. 많은 해가 흐른 뒤 이런 행동의 회상도 전신을 따끔거리게 할 것이다. 또한 공감의 힘은 아주 강해서, 어떤 여성이 내게 확언해준 것처럼, 민감한 사람은 완전한 이방인의 극악한 실례에 이 행위가 그녀와 무관할지라도 때로 얼굴이 붉어질 것이다."911) 공감에 "민감한 사람"은 "타인의 실례"에 대해서도 얼굴이 붉어진다는 이 말은 뒤에 논할 시비지심是非之心과 관련된 '자기공감'으로서의 죄책감과, 죄책감으로 인한 낯붉힘 여부에 관한 논란과 관련해 매우 중요한 시사다.

지나간 일에 대한 회상이 낯붉힘을 야기할 때도, 다윈에 의하면, "반半무의식적으로 '그가 나를 어떻게 여길까?'라는 생각이 마음을 통과하는 일이 벌어질 수 있고, 그러면 얼굴의 홍조(flush)가 진짜 낯붉힘(true blush)의 성질을 띠게 될 것이다". 그러나 "이런 홍조가 대부분 모세혈관의 혈액순환이 영향받은 것이기 때문인지는 아주 의심스럽다. 왜냐하면 우리는 성냄이나 커다란 희열과 같이 거의 모든 강렬한 감정은 심장에 작용을 가하고 얼굴을 빨갛게 만들기 때문이다."912) 여기서 다윈은 '얼굴 홍조(flush)'와 '낯붉힘(blush)'을 구분하려는 듯한 의도를 풍기고 있다. 하지만 이 구분의 실익은 거의 없는 것 같다.

정작 이것보다 큰 관심거리는 타인이 없는 고독한 상황에서도 어떻게 낯붉힘 현상이 일어나느냐 하는 것이다. 다윈에 의하면, "낯붉힘이 절대적 고독 속에서 불러일으켜질 수 있다는 것은 여기서 채택한 견해, 즉 습관이 원천적으로, 타인들이 우리를 어떻게 여길지에 대해 생각하는 것으로부터 생겨났다는 견해와 대립되는 것으로 보일 수 있다. 얼굴이 잘 붉어지는 몇몇 여성들이 고독과 관련해 이구동성으로 그렇다는 것이다. 그들 중 일부는 그들이 어둠 속에서도 얼굴이 붉어졌다고 생각한다. (...) 나는 후자의 이 진술이 옳다는 것을 의심하지 않는

---

911) Darwin, *The Expression of Emotion in Man and Animals*, 353쪽.
912) Darwin, *The Expression of Emotion in Man and Animals*, 353쪽.

다." 그러나 다윈은 이것도 다시 타인들의 생각에 대한 가정으로 설명한다. "그러나 낯붉힘이 고독 속에서 불러일으켜질 때, 그 원인은 거의 언제나 우리에 대한 타인들의 생각, 즉 타인들의 면전에서 저질러진 행동이나 타인들에 의해 의심받는 행동과 관련된다. 또는 다시 타인들이 그 행동을 알았다면 그들이 우리에 대해 어떻게 여겼을지를 우리가 반성할 때다." 그런데 이 설명으로도 감당할 수 없는 경우가 있다. "나의 한두 제보자는 타인들과 전혀 무관한 행동들에도 수치심에서 얼굴이 붉어졌다고 믿는다. 이것이 진짜라면, 우리는 이 결과를, 보통 낯붉힘을 유발하는 마음상태와 긴히 유사한 마음상태 아래서 뿌리 깊은 습관과 연상의 힘 탓으로 돌려야 한다. 또한 우리가 방금 살펴보았듯이 극악한 실례를 범하는 다른 사람에 대한 공감도 낯붉힘을 야기하는 것으로 생각되는 만큼 우리는 이것에 놀랄 필요가 없다."913) 습관·연상·공감 등을 언급하는 다윈의 이 마지막 말이 얼버무리는 말이 아니라, 진실한 해명이라면, 곧 살펴볼 것처럼, 다윈이 낯붉힘 현상을 부정하는 '죄책감'은 습관 또는 진화에 의해 유전자에 깊이 뿌리박힌 '자기공감'의 산물이고, 또 죄책감의 경우에도 낯붉힘 현상이 수반될 수 있다는 논변도 가능할 것이다.

아무튼 다윈의 말대로, 위축감으로 인한 공손이나 무례로 인한 겸손은 생생한 홍조를 불러일으킨다. 위축감이나 무례는 둘 다 타인들의 판단이나 고정된 관습과 관련되어 있기 때문이다. 이렇게 당사자가 타인을 무시하지 않는다면, 즉 존경심이 있다면, 자신의 잘못이나 우쭐댐에 대한 타인의 '좋다', '싫다'는 평가·판단감정을 교감적으로 인지하고 나아가 이 감정을 공감적으로 동일하게 느낀다. 이 존경관계에서 타인이 자신의 행동이나 태도를 지금 싫어하는 것 또는 곧 싫어하게 될 것을 공감할 때, 당사자는 겸손해지고 얼굴을 붉힌다. 그런데 당사자가 타인의 감정을 교감적으로 인지하되, 이에 공감하지 않는다면, 타인의 감정을 무시하거나 타인에게 항변할 것이다. 또는 애당초 서로를 완전히 무시하거나 경멸하는 관계에서는 상호공감이 없기 때문에 겸손의 느낌이나 홍조도

---

913) Darwin, *The Expression of Emotion in Man and Animals*, 355-356쪽.

전무할 것이다.

■ 공경지심의 기원: 효제와 충성심

공맹에 의하면 공경지심은 개체발생론적으로 '효제孝悌'로부터 유래한다. '효제'의 '효孝'는 부모를 받드는 자식의 '치사랑'이다. '제悌'는 서열순서를 나타내는 '제第'와 '심心'의 합성문자로서 동기(형제자매)간의 상하관계에서 서열적 공경(존경과 순응)을 뜻한다. 맹자는 유아발달론적으로 배우지 않아도 저절로 배양되는 효제의 감정능력을 '양능良能'이라고 명명하고, 또 '효제'를 '생각하지 않고도 할 줄 아는' 생득능력과 본능적 노하우로 보고 '양지良知'라고 명명했다. 효제의 '양능'과 '양지'는 효제의 본능적 '감정'과 '감지'를 말한다. 맹자는 효제를 유전자적으로 보장된 본능적 자동발달 감정과 지각으로 보았다. 그리고 맹자는 형에 대한 존경은 "크게 되면" 생긴다고 하여 형에 대한 존경심의 발달을 효의 발달과 약간의 시차로 구분했다.914) 이런 식으로 생각하면, 부모에 대한 사랑으로서의 '효'도 젖 빠는 본능에 비하면 나중에 발현되는 본능이다. 상술했듯이 아이는 생후 6개월 시점부터 엄마와의 감정전염과 애무단계에서 공감단계로 전환하면서 타인의 존재를 감지하고 사랑을 느끼기 시작한다. 따라서 엄격히 따지면, '효'도 '제悌'와 마찬가지로 최초의 타인으로서의 엄마와의 접촉자극 없이는 발달할 수 없는, 약간의 경험과 학습에 의해 발화되는 유전자 기전基栓이다.

효제는 양능良能(본능)으로서 '소덕'이다. 반면, 이 양능의 효제에서 자라나는 사람사랑(백성사랑 또는 인류애)으로서의 인仁은 '대덕'이다. 그래서 맹자는 부연한다. "어버이를 친애하는 것은 인이고, 어른을 받드는 것은 의이다. 이것이 다름이 아니라 발달하면 천하로 나아간다.(親親 仁也 敬長 義也 無他 達之天下也)" 이 구절은 효애와 인애, 형에 대한 존경의 우애와 사회적 상사에 대한 존경의 의리

---

914) 『孟子』「盡心上」(13-15): "사람이 배우지 않고 능한 것은 양능이고, 생각하지 않고 아는 것은 양지다(人之所不學而能者 其良能也 所不慮而知者 其良知也). 아이들은 그 부모를 사랑할 줄 알지 않음이 없고, 크게 되면 그 형을 존경할 줄 알지 않음이 없다(孩提之童無不知愛其親者 及其長也 無不知敬其兄也)."

간의 관계를 맹아와 발달의 관계로 표현한 것이다.

상술했듯이 공경지심은 유아발달론적으로 '효제'로부터 진화해 나왔다. 사랑 중에서 효심이 차지하는 근본적 위치는 공맹에 의해 충분히 강조되었다. 효심은 모정적 자애에 대응하는 부모에 대한 자식의 치사랑이다. 이런 까닭에 공자는 맹무백孟武伯이 효에 대해 묻자 자못 엉뚱하게 "부모는 오로지 그 자식들이 아플까 봐 걱정하기만 한다(父母唯其疾之憂)"고 답한다.915) 이런 부모의 지극한 자애심에 조응하는 효심은 부모의 얼굴빛만을 보고도 그 뜻에 맞게 봉양할 줄 알아야 하는데 이는 어려운 일이다(子曰 色難). 이런 마당에 "일이 있으면 자식이 그 노고를 짊어지고, 술과 먹을 것이 있으면 부모가 먼저 먹는 것을 어찌 효로 여기겠는가? (有事 弟子服其勞 有酒食 先生饌 曾是以爲孝乎?)"916) 공경지심이 빠진 것은 효가 아니라는 말이다.917) 효는 "살아서는 부모를 예로써 모시고, 죽어서는 예로써 장사지내고 예로써 제사지내는 것(生事之以禮 死葬之以禮 祭之以禮)"이다.918) 공자는 효를 만사에 앞서는 것으로 말한다.

> 젊은이들은 집에 들어오면 효도하고 나가면 공손하고 근엄하고 믿음 있고 대중을 널리 사랑하고 인애한다. 이렇게 행하고도 여력이 있으면 글을 배운다(弟子 入則孝 出則悌 謹而信 汎愛衆 而親仁. 行有餘力 則以學文).919)

주지하다시피 공자는 『효경』에서 효의 이유를 당연한 것으로 전제하고 효의 근본적 위치가와 시종始終에 대해 이렇게 말한다.

---

915) 『論語』「爲政」(2-6).
916) 『論語』「爲政」(2-8).
917) 참조: 『論語』「爲政」(2-7): 자유가 효에 대해 묻자 공자는 "오늘날의 효자들은 효를 먹여 살릴 수 있는 것이라고 한다. 심지어 개와 말도 먹여 살리는 것이 있을 수 있는데 공경하지 않는다면 이것과 무엇이 다르겠는가?"(今之孝者 是謂能養. 至於犬馬 皆能有養 不敬 何以別乎?)라고 했다.
918) 『論語』「爲政」(2-5).
919) 『論語』「學而」(1-6).

효는 덕의 근본이고 가르침의 발생이유다. (...) 신체발부는 부모로부터 받은 것이니 감히 훼손하거나 상하게 하지 않는 것이 효의 시작이고, 몸을 바로 세워 도를 행하고 후세에 이름을 날려 부모를 드러나게 하는 것이 효의 마침이다. 효는 부모를 섬기는 데서 시작해 중간에 임금을 섬기고 자신을 바로 세우는 데서 끝나는 것이다(子曰 夫孝德之本也 教之所由生也. [...] 身體髮膚受之父母不敢毀傷孝之始也. 立身行道揚名於後世以顯父母孝之終也. 夫孝始於事親中於事君終於立身).[920]

또한 공자는 "아버지를 섬기는 것을 본으로 하여 어머니를 섬기되 사랑은 같아야 하고, 아버지를 섬기는 것을 본으로 삼아 임금을 섬기되 공경함은 같아야 한다(資於事父以事母而愛同 資於事父以事君而敬同)"라고 말한다.[921]

공자의 이 효론은 거칠고 사나운 척 연극하는 어머니를 견디고 사랑하는 자식만이 훌륭한 일들을 감당할 수 있고 타인들을 섬기거나 장군과 치자를 제대로 섬긴다고 설파하는 소크라테스의 효론과 참으로 대동소이하다고 할 것이다. 소크라테스도 효심의 중요성을 이렇게 논변한다. 만약 효를 잊으면 배은망덕이고 "배은망덕은 순수하고 단순하게 부정不正한 짓"이다.[922] 자식이 부모로부터 받은 은혜보다 더 큰 은혜는 없다. 부모 덕택에 자식은 비로소 '무'에서 '유'로 이동했고, 그리하여 이 세상의 그 많은 고귀한 것들을 보고 수많은 좋은 일들에 참여할 수가 있는 것이다. 인간은 정욕 때문에 자식을 만든 것이 아니라 곰곰이 숙고해 서로 좋은 배우자를 구하고 아비는 자식을 낳을 어미를 부양하고 태어날 자식을 위해 자식의 삶에 도움이 될 만한 일체의 것을 준비한다. 어미는 임신하면 자신의 생명을 무릅쓰고 그 무서운 짐을 지고 자신의 영양분을 나눠주고 모든 고생을 마지막까지 견디어 아이를 낳는다. 그 후에도 이에 대한 아무런 보은을 받은 것도 아닌데 기르고 돌보고, 은혜를 입었는지 알 리도 없고 제 욕구를 말할 줄도 모르는 아이를 짐작으로 다 알아서 이것을 채워주려고 애쓰고 오랜 세월 밤낮으

---

920) 『孝經』「第1章 開宗明義」.
921) 『孝經』「第5章 士」.
922) Xenophon, *Memorabilia*, Book II, ch. 2, 3·7.

로 제 몸을 아끼지 않고 기르지만 보답을 받을 생각조차 하지 않는다. 그리고 배울 나이가 되면 부모는 자식에게 인생에 필요한 것을 가르치고 돈을 들여 자기들보다 훌륭한 스승에게 자식을 보내 공부를 시켜 훌륭한 아이가 되도록 있는 힘을 다한다. 따라서 어미의 성격이 사납고 잔혹하더라도 야수가 물어뜯거나 낚아채는 것에 비하면 약과이고 또 자식이 어려서 어미를 밤낮으로 귀찮게 괴롭히고 아파서 어미의 걱정을 끼친 것을 생각하면 그런 사나움과 잔혹함은 이에 비할 게 못된다. 더구나 자식이 더 잘되라고 사납고 잔혹한 것처럼 연극을 하는 것일진대 이것은 간단히 참아 넘길 수 있는 것이다. 자식에 대한 어미의 사랑은 변함없는데 어미가 거칠고 사납다고 생각하는 것은 잘못이다. 이런 어머니를 견딜 수 없는 자식은 훌륭한 일들을 감당할 수 없다. 자식은 다른 사람들을 섬기거나 장군이나 치자를 제대로 섬기려면 이런 어미를 견디어내야 하는 것이다. 이런 효자만이 사회와 정치에서도 협력자와 조력자의 인애를 얻을 수 있고, 해외여행 중에 여행동료의 인애를 얻을 수 있다. 따라서 자식을 누구보다도 사랑하는 부모에 대한 효도는 인간에게 매우 중요한 것이다. 이런 까닭에 국가는 다른 배은망덕에 대해 눈감지만 부모에 대한 배은망덕과 관련해서는 처벌하고 부모에 대한 배은망덕자가 공무를 담당하는 것을 금지하는 것이다. 이런 자들은 공무를 바르고 훌륭하게 수행하지 못할 것이기 때문이다. 뿐만 아니라 부모의 묘지를 잘 보살피지 않고 제사를 지내지 않는 자는 '시민권심사제도(도키마시아 $\delta o \kappa \iota \mu a \sigma \iota \acute{a}$)'로써 이를 심사하는 것이다. 불효자는 세상사람들에게 경멸받고 결국 친구 하나 없이 고립무원에 빠지게 된다. 부모에게도 배은망덕한 이런 불효자에게 잘 해주더라도 그로부터 보은을 받으리라고 누구도 생각지 않기 때문이다.[923] 플라톤도 『법률』에서 소크라테스의 이러한 효론과 전적으로 동일한 견해를 피력하고 있다.[924]

---

923) Xenophon, *Memorabilia* (Recollections of Socrates), translated and annotated by Amy L. Bonnette (Ithaca · London: Cornell University Press, 1994), Book II, ch. 2, 3-14. '도키마시아($\delta o \kappa \iota \mu a \sigma \iota \acute{a}$)'는 시민의 자식이 18세가 되면 심사를 통해 시민권을 부여하는 고대 아테네의 시민권심사제도다.

사회적 공경지심의 대표적 도덕감정인 '충성심'과 상급자에 대한 사회적 '복종심'도 효제의 원용으로 설명된다. 공경의 대상이 집단의 우두머리, 또는 나라의 원수로 바뀌고, 공경지심 중 '존경심'이 애착(affectedness)으로 바뀌어 절조를 띠면, 자기 집단의 수장에 대한 공경지심은 심화되어 '충성심'으로 변형된다. 따라서 효심과 충성심은 본질적으로 동일한 것이나, 공경지심이 적용되는 집단범주가 가정과 국가공동체로서 서로 다를 뿐이다. 따라서 혹자가 공자에게 "선생은 왜 정치를 하지 않느냐?"고 묻자, 공자는 "『서경』에서 말하기를, '효성스럽도다! 효성스러워야 형제에게 우애롭고 이를 정사에 베푸네'라고 했는데, 이것도 역시 정치를 하는 것이지, 무엇을 하는 것이 정치란 말이냐?(或謂孔子曰 子奚不爲政? 子曰 書云'孝乎! 惟孝 友于兄弟 施於有政' 是亦爲政 奚其爲政?)"라고 대답했다.925) 또 공자는 "어버이를 사랑하는 자는 감히 남을 미워하지 않고 어버이를 공경하는 자는 감히 남에게 오만하게 굴지 않는다. 그러기에 어버이를 섬기는 데에 사랑과 공경을 다하면 덕의 교화가 백성에게 더해져 사해에 모범적 영향을 미친다(愛親者不敢惡於人 敬親者不敢慢於人. 愛敬盡於事親而德敎加於百姓 刑于四海)"라고 말한다.926)

소크라테스도 국정을 논하면서 '오이코스노미아', 즉 '제가학齊家學'에 능한 사람을 깔보지 말라고 말한다. "왜냐하면 사무私務를 보살피는 일은 공무를 보살피는 일과 크기에서만 다를 뿐이기 때문이다. 다른 아주 커다란 유사성 중에서 가장 큰 유사성은 둘 중 어느 것도 인간 없이는 행할 수도 없고 사적인 일에서 어떤 인간들에 의해 취해지는 행위가 공무에서 다른 인간들에 의해 취해지는 행위와 다르지도 않다는 것이다. 왜냐하면 공무를 담당한 사람들은 제가를 할 때 사무에서 만나는 사람들과 다른 사람들을 만나는 것이 아니기 때문이다. 이 인간들을 만나는 방법을 아는 사람들은 사적인 일에서도, 공무에서도 다 잘한다. 이를 알지 못하는 사람들은 두 일에서 다 실패한다."927)

---

924) Platon, *Gesetze*, 717b-718a.
925) 『論語』「爲政」(2-21).
926) 『孝經』「第2章 天子」.
927) Xenophon, *Memorabilia*, Book III, ch. 4, 12.

『국가론』에서 개인의 영혼구조에서 국가체제를 설명하는 유기체적 국가-영혼 비유를 줄곧 견지하던 플라톤도 말년의 『법률』에서는 소크라테스와 유사하게 제가와 국정, 가정과 국가의 긴밀한 연관성을 시사한다. "아마 나라 안의 주인과 자유인의 정신은 나라 안의 사적 일들이 올바로 관리되어 있지 않으면 공무를 위한 그 어떤 안정적 법전이 있을 수 있다고 상정하는 것이 헛되다는 올바른 결론에 귀 기울이고 이 결론을 내릴 것이다. 이것을 감지하면 개인적 시민들은 스스로 우리가 방금 언급한 규칙을 법으로 채택할 것이고 이렇게 함으로써 그리고 이렇게 올바로 규정함으로써 그의 가계와 국가는 둘 다 행복을 이룰 수 있을 것이다."928) 또한 그는 국법도 "아버지나 어머니처럼 사랑과 지혜에 움직이는 사람들을 담아야 한다"고 생각했다.929)

소크라테스는 가정과 국가 간의 기능적 동일성을 말하고 있고 플라톤은 양자 간의 기능적 연관성과 양자 간의 사랑과 지혜의 동일성을 말하고 있다. 앞서 시사했듯이 아리스토텔레스도 "제가齊家 속에서 처음으로 우리는 우애와 정치조직과 정의의 기원과 출처를 얻는다"고 말한다.930) 군주정은 부자관계에, 귀족정은 부부관계에, 민주정은 형제관계에 그 기원을 둔다는 것이다.931) 효·제가·국가에 대한 소크라테스·플라톤·아리스토텔레스의 이 일련의 논의를 보면, 윌리엄 템플이 17세기 말에 추정한 대로932) 고대그리스의 도덕·정치철학에 대한 공자의 철학적 영향이 결정적이라는 것이 충분히 느껴진다.

공자의 제자 유자有子(有若)는 부모형제 간의 효제와 자애를 정치적 충성과

---

928) Platon, *Gesetze*, 790b.
929) Platon, *Gesetze*, 859a.
930) Aristotle, *The Eudemian Ethics*, 1242b1.
931) Aristoteles, *Die Nikomachische Ethik*, 1160b20-1261a5. Aristoteles, *Politik*, üebrsetzt von Olof Gogon (München: Deutscher Taschenbuch Verlag, 1973 · 1986), 1259b10-16.
932) 기원전 6세기에 발생한 공자철학은 아마 차마고도를 통해 인도로 전해지고 인도를 경유하여 고대그리스로 전해졌을 것이다. 윌리엄 템플은 중국의 기론(氣論)과 공자의 지인론(知人論)·사덕론(四德論)·군자치국론(君子治國論)도 소크라테스 탄생 전에 인도를 거쳐 고대 그리스로 전해졌다고 말한다. 그리고 템플은 피타고라스와 데모크리토스가 인도에까지 가서 사덕론·윤회사상 등의 중국·인도철학을 들여왔고 리쿠르고스의 법제도 모조리 인도에서 왔다고 말한다. Temple, "An Essay upon the Ancient and Modern Learning", 456-457쪽.

인애의 근본으로 갈파했다.

그 사람됨이 효성스럽고 우애로우면서도 윗사람을 범하기를 좋아하는 사람은 드물고, 윗사람을 범하기를 좋아하지 않으면서도 반란을 일으키는 것을 좋아하는 사람은 아직 없었다. 군자가 근본에 힘써 근본이 서면 도가 산다. 효제라는 것, 그것은 인의 근본이다(其爲人也孝弟 而好犯上者 鮮矣 不好犯上 而好作亂者 未之有也. 君子務本 本立而道生. 孝弟也者 其爲仁之本與).[933]

이와 관련된 『대학』의 명제를 다시 인용하면, "나라를 다스리는 것이 반드시 그 집을 다스리는 것을 앞세워야 한다고 말하는 것은 그 집을 가르치지 못하면서 다른 사람들을 가르칠 수 있는 사람은 없기 때문이다. 그러므로 군자는 출가하지 않고도 나라에 관한 가르침을 이룬다. 효라는 것은 임금을 섬기는 방도이고, 동기간의 우애라는 것은 상사를 섬기는 방도이고, 자애라는 것은 민중을 다스리는 방도다."[934]

효제, 즉 '부모와 자식, 형제간의 친애'가 공적인 공경심과 인애의 근본적 원천이라는 공자와 유자의 주장은 오늘날 수많은 연구를 통해 현대과학으로 입증된 사실이다. 1800년 추운 1월 어느 날 아침 프랑스의 생세르넹(Saint-Sermin)이라는 마을에서 아무것도 걸치지 않은 12세 소년이 발견되었다. 이 소년은 아기 때 버려져 숲속에서 거의 10년 동안 혼자 자란 아이였다. 발견된 후에 '빅토르'라는 이름을 얻은 이 아이는 미소를 지을 줄 몰랐고, 다른 사람과 눈을 마주치지 않았고, 울거나 만지지 않았다. 빅토르는 이후 5년 동안 교육전문가의 교육을 받았다. 그는 이 교육을 통해 옷을 입고, 침대에서 잠을 자고, 식탁에서 밥을 먹고, 목욕하는 법을 익혔다. 하지만 그는 끝내 말을 몇 단어밖에 배우지 못했고, 다른 사람과 우애롭게 지내는 법도 끝내 배우지 못했다. 빅토르는 사료에 기록된 35명의 다른

---

933) 『論語』「學而」(1-2).
934) 『大學』(傳9章). "所謂治國必先齊其家者 其家不可敎 而能敎人者無之. 故君子不出家而成敎於國. 孝者 所以事君也 弟者 所以事長也 慈者 所以使衆也."

야생 소년들과 비슷한 행태를 보였다. 이들 야생 소년들은 언어나 도덕, 공경의 예절을 끝내 깨치지 못했고, 다른 사람과 협력관계를 맺지 못했고, 인간에게 대체로 아무런 반응을 보이지 않았다. 성적 관심도 없었고, 자기인지도 부족했다. 빅토르와 야생 소년들은 부모와 아이 사이의 사랑을 한 번도 느끼지 못했기 때문에 인간성의 본질을 구성하는 공감과 '인仁'의 능력도 잃은 것이다.

이 사실로부터 켈트너는 "친애가 인(jen)의 성향에 시동을 건다"고 결론짓는다.[935] 수많은 과학적 연구들이 공맹의 테제를 입증해 주듯이 인간은 유아기의 친애 경험을 통해 인간관계를 맺을 기반능력을 갖춘다. 존 보울비(John Bowlby)와 로버트 카렌(Robert Karen)의 연구에 의하면, 어릴 때 사랑을 체험함으로써 타인과의 친밀감과 신뢰, 그리고 타인의 선의와 관련된 개인의 작동모델, 즉 (켈트너의 표현으로 사용하면) '인仁비율(jen ratio)'이 변화된다. 동시에 이후 동료관계를 만들어나가는 소년기의 우정과 신뢰 수준도 달라지고, 사회적 동력·가족활동·참여 수준도 달라진다.[936] 아기 시절에 안정적으로 자애를 받은 사람은 친밀감 속에서 편안함을 느끼고 위협과 불확실성 속에서는 타인들에 대한 '형제애'(우정)와 윗사람에 대한 '공경심'을 느낀다. 이들은 자신의 감정에 잘 감응하는 부모 품에서 자랐을 가능성이 높다. 성인이 되면 이들은 높은 '인仁비율'을 보인다.[937]

---

935) Keltner, *Born to be Good*, 202-203쪽.
936) '실감정증'(감정상실증)은 '44명의 소년 도둑' 연구로 유명한 존 보울비가 말하는 유아기 분리공황과 사랑결손에 기인한 '무감정증(affectionlessness)'과 본질적으로 다르다. 참조: John Bowlby, *The Making and Breaking of Affectional Bonds* (London·New York: Routledge, 1979·1989·2005·2010). 이 '무감정증' 어린이들의 '타인 무관심'은 "단지 피상적일 뿐"이고, 단지 애정이나 적개심에 대해 극단적으로 흥미가 없는 양 자신을 만들어 보이는 것이다. 그들은 엄마로부터의 분리·학대와 사랑결핍에 대한 부정적 경험 때문에 "그들을 영원히 가둘 고통스런 고립 속에 갇히게 된 것"일 따름이다. 사랑에 대한 그들의 갈망과, 사랑부재 시의 분노는 무의미한 섹스·절도·공격성으로 터져 나온다. 하지만 그들은 전문가의 접근이 불가능하지도 않고, 이들의 치유를 위한 사랑과 신뢰 확립도 불가능하지 않다. 그것은 어디까지나 "비극적 내부감옥"의 심리현상이기 때문이다. Robert Karen, *Becoming Attached: First Relations and How They Shape Our Capacity to Love* (Oxford·New York: Oxford University Press, 1998), 56-57쪽. 그러나 카렌은 아마 로버트 헤어(Robert D. Hare)의 사이코패스연구를 보지 못한 탓에 이들도 사이코패스로 착각하고 있다(53쪽). 참조: Robert D. Hare, *Without Conscience: The Disturbing World of the Psychopaths among Us* (New York·London: The Guilford Press, 1993·1999).

따라서 이렇게 자란 사람은 안팎으로 강렬한 효성, 인애, 충성심을 발휘할 것이다. 이로써 '효제가 인과 공경심의 근본'이라는 공자와 유자有子의 명제는 새로운 과학적 토대 위에서 재확인된다. 이것을 통해 공경지심의 밑받침도 친애와 인仁이라는 것으로 부차적으로 밝혀진다.

공자의 말대로 "신하는 임금을 충성으로써 섬겨야 한다"는 것이 정치적 도리이고,938) 이 충성이 효성에서 유래한다면, 충성심도 정절의 의무처럼 진화과정에서 유전자에 착근된 본능에 속할 것이다. 따라서 찰스 다윈은 동정심·용기와 함께 본능적 충성심의 진화에 대해서도 탐구했다. 그것은 충성과 복종이 '집단적 자연선택'의 진화과정에서 '유전된 습관'의 '본능적 느낌들'로 발전했다는 논변이었다.939) 또한 다윈은 "인간이 동료에게 충직하고 자기 종족의 지도자에게 순종적이라는 것은 이 자질들이 사회적 동물들에게 대개 공통되기 때문에 거의 확실하다"라고 말한다.940) 프란시스 드발은 충성심의 본능성에 관한 다윈의 이 주장을 현대적으로 재확인해준다. "이 성향의 진화적 기원은 전혀 신비가 아니다. (...) 협력에 의존하는 모든 동물종자들은 집단충성심과 원조援助성향을 보여준다."941) 따라서 흄이 충성심·정절·공손·용기 등을 몽땅 관행협약의 '인공적' 덕목으로 본 것은942) 현대과학에 의해 다시 한번 치명적 오류로 입증되고 있다.

인간의 경우 집단충성심은 국가에 대한 충성심으로 나타나고, 국가원수에 대한 충성심으로도 나타난다. 국가에 대한 충성심은 국기國旗·국장國章·국화國花 등 국가의 상징들에 대한 충성심으로까지 확장된다. 국기에 대한 경례는 국가에 대한 충성심을 표하는 중요한 예법이다. 따라서 가령 국기로 변기를 닦는 행위나 국기를 짓밟은 행위, 또는 국화를 꺾어 찢어발기는 행위는 집단적 경멸을 받는

---

937) Keltner, *Born to be Good*, 204쪽.
938) 『論語』「八佾」(3-19): "臣事君以忠".
939) Darwin, *The Descent of Man*, 129-130쪽.
940) Darwin, *The Descent of Man*, 109쪽.
941) de Waal, "Morality Evolved", 15쪽.
942) 참조: Hume, *A Treatise of Human Nature*, Book 3. *Of Morals*, 364-366쪽, 369쪽; Hume, *An Enquiry concerning the Principles of Morals*, 29쪽.

것이다.

　공동체의 수장에 대한 공경심은 충성심인데, 이것은 동물과 인간을 가리지 않고 유사하게 공동체에 대한 충성심만큼 강렬한 본능프로그램이다. 따라서 이 강렬한 본능적 공경심은 수장에 대한 예의를 무조건적 의무로 강제한다. 따라서 국제법도 '국가원수의 시해弑害'와 그 가족에 대한 살상행위만은 양심적 정치범죄로 대우하지 않고 범죄로 본다. 따라서 '국가원수 시해사범'은 국제법상의 '정치범 불인도원칙'에서 제외되어 망명권과 비호권을 누릴 수 없다. 국가원수 시해범과 미수범은 해당 국가의 요청이 있으면 즉각 그 국가에 인도되어야 한다.

　측은·수오·공경지심에 대한 논의를 마치면서 마지막으로 덧붙일 것은 측은·수오·공경지심의 3대 감정이 자연적(본성적)·자동적이고 또 '무조건적'으로 강렬해서 '의무적'이라는 사실이다. 이 측은·수오·공경지심은 동물들에게도 맹아적으로 존재하고 영장류의 경우에 의식적으로 자각되기도 하지만 무조건적(정언적)으로까지 강렬하지도 않고, 명확하게 의식되지도 않는다. 따라서 동물들에게서 이 감정들은 '의무' 수준으로까지 발전하지 않았다. 반면, 인간의 측은·수오·공경지심은 생존이 위기에 처하지 않는 평시라면 생존욕을 능가할 정도로까지, 즉 자기의 생명을 희생시키거나 살신殺身할 정도로까지 즉각적·무조건적으로 강렬한 까닭에 인간 특유의 '도덕적 의무' 성격을 얻는 것이다. 왜냐하면 인간 종을 포함해 모든 동식물을 망라하는 보편적 생명애와 공감능력을 가진 사회적 존재자로서 인간들의 사회생활과 생태적 교류에 필수적인 여러 감정들 중에서 유독 필수적인 사회적·생태적 감정들은 무조건적·즉각적 강렬성을 띠도록 진화되었고, 이렇게 진화된 어떤 '자연본성적으로 강렬한', 즉 '무조건 당연한' 감정들이든 우리는 이를 느낌으로 '의식화'한다면 '당위'로, 따라서 '도덕적 의무'로 느끼기 때문이다. 도덕적 '의무감'이란 칸트가 과장하듯이 결코 밤하늘의 별처럼 신비한 것이 아니라, 무조건적으로 강렬한 당위로 느끼는 자연본성적 감정에 지나지 않는 것이다.

　인간의 측은·수오·공경지심은 사회적·생태적 유형의 대표적 도덕감정들이다. 이 중 생태적 측은·수오지심에서 우리는 자연의 모든 동식물에 대해 그 생명을 보호해야 할 의무감을 느낀다. 우리는 특히 개와 공감하며 개에게 측은·수오지심을 느끼고 개의 생명을 보살피고 개가 먹어야 할 마땅한 몫의 먹이를 챙겨준다. 상술했듯이 우리는 개와 특별한 도덕적 관계를 맺고 있다. 이것은 다른 가축들과 자연생물에게도 확장된다. 상론했듯이 보편적 생명애와 공감적 환경윤리의 관점에서 오늘날 동식물적 개체의 자연적 '몫'도 고려한다. 우리는 오늘날 동물을 이유 없이 죽이다가 남의 눈에 띄었다면 아마 수치심을 느낄 것이다. 특히 생태보존지역에서 동물을 죽이거나 경적소리를 내어 산짐승들에게 스트레스를 주는 것, 그리고 산짐승들의 '몫'을 남기지 않고 산에서 식물이나 열매·씨앗을 채취하는 것은 도처에서 이미 법률과 조례로 금지되어 있고, 따라서 이런 채취행위가 남의 눈에 발각되면 수치심만이 아니라 위법적 죄의식도 느껴야 할 것이다. 한편, 인간의 생태적 공경지심은 발휘될 기회가 드물지만, 그래도 자연과 생명의 신비와 관련해서는 이에 대한 '경외감'으로 표출되어 모든 자연보호운동의 가장 강한 기반정서로 작용하고 있다.

   상술했듯이 측은·수오·공경지심은 대부분의 동식물도 느끼는 감정들이다. 그러나 개미와 벌은 위험에 처한 여왕과 동료를 위해 자신의 생명을 희생할 정도로 측은·수오·공경지심이 강하지만 이 본능적 희생을 '의식'하는 것 같지 않다. 반대로 개·돌고래·코끼리 등 소수의 고등동물이나 영장류는 측은·수오·공경지심을 자각할 정도로 감정과 의식이 비교적 발달했지만, 이들의 이 도덕감정은 그리 강렬하지 않다. 왜냐하면 이 고등동물과 영장류는 새끼들과 다른 동료들에 대해 측은지심을 느끼고 이들에 대해 상당히 헌신적인 것은 분명하지만, 이들의 측은지심은 새끼들과 동료를 위해 자신의 목숨을 내놓을 만큼 치명적으로 무조건적인 것은 아니기 때문이다. 동물들의 수오지심(도덕적 수치심과 정의감)도 그리 강렬하지 않다. 틈만 나면 남의 몫을 노략질하기 때문이다. 우두머리에 대한 공경지심도 무리로 생활을 하는 침팬지·원숭이·늑대·새떼 등의 동물들에게서 보편적으로 발견되지만, 이 공경지심은 그리 강하지 않다. 이들은 우두머리가 육체적 힘을 잃으면 즉각 도전해 그의 권위를 분쇄하고 그의 자리를 차지하기 때문이다. 따라서 동물들의 수오·측은·공경지심은 그 의식성도, 도덕성도 취약하기 때문에 이기적 생존욕을 능가할 정도의 도덕적 의무감으로까지 발달하지 못한 것으로 보인다.

그러나 인간에게 측은·수오·공경지심은 목숨을 좌우할 정도로 정언적으로 강렬한, 말하자면 '치명적으로 무조건적인' 것으로 감지·의식화되는 특별한 도덕감정이다. 이 '도덕감정'의 이런 치명적·무조건적·정언적 강렬성은 이 도덕적 의무감의 '거룩함' 또는 '신성성'을 낳는다. 그러므로 인간의 자연본성적 측은·수오·공경지심의 도덕감정은 생존욕을 능가할 정도로 '무조건적·정언적으로 강렬한' 것이다. 이런 치명적·살신성인적 수준으로 강렬한 보편적 측은·수오·공경지심의 도덕감정은 인간에게만 특유한 것이다.

이 치명적으로 강렬한 의무적 3대 도덕감정에 '근친상간금기' 감정을 추가할지는 애매모호한 면이 있다. 근친상간금기는 모든 문명권에 존재하지만 여기서 금지의 범위가 공동체마다 유동적이기 때문이다. 3-4촌간에도 결혼이 허용되고 가족간 근친상간 또는 근친혼인만을 금지하는 나라가 있는가 하면, 한국처럼 8촌간에도 상간과 혼인이 불허되고, 동성동본의 경우에는 심지어 8촌을 넘어가는 무한대로 혼인이 금지되기 때문이다. 아무튼 근친상간금기는 민족문화가 정하는 근친의 범위에 따라 넓기도 하고 좁기도 하다.

이 근친교배 금기는 동물들의 경우에도 존재한다. 그러나 동물의 경우에는 이 금기가 종족소멸의 위기에 봉착하면 깨지는 경우가 다반사이기 때문에 아주 느슨하고 약한 편이다. 동물의 경우에는 종의 번영보다 종의 생존이 먼저인 것으로 보인다.

그러나 인간의 경우에는 이런 경우가 없다. 마지막 남매 또는 부녀만 남은 인디언 종족이나 인디오 종족들이 성적 교섭 없이 멸종한 경우들이 발견되기 때문이다. 그리고 혈통상으로 먼 남녀라 해도 한 가족처럼 한 공간 안에서 자라면 이 청춘들은 서로를 남매로 인지해 혼인이 이루지는 경우가 거의 없다. 근친상간 금기의 유전자는 같은 공간에서 오랫동안 생활함으로써 발현된다. (이것은 일부 동물들의 경우에도 그렇다.) 이런 까닭에 이스라엘의 콜호즈에서 자란 소년·소녀들은 상호 연애를 걸거나 사귀어 혼인하는 경우가 거의 전무하다.

한편, 근친상간금기 또는 근친혼금지는 근친간 혼인·출산에서 나오는 아이들의 취약함과 장애위험 때문에 진화적 적응성(진화적 이익)이 있다. 따라서 이 협의적 근친상간금기는 '생존도덕'에 속하는 것으로 봐야 하지 않을까 생각한다. 그러나 한국, 중국, 또는 사촌·오촌·팔촌 간 혼인도 금지하는 기타 나라들의 근친상간금기는 진화적 적응성보다 광범한 혼인금기를 통해 최대로 친애범위를 확장해 동족집단과 그 집단적 영향력을 확대하려는 의도를 가진 것으로 보인다. 좁은 범위의 근친상간금기는 생존도덕이지만, 공감적 친애 범위의 저런 의식적 확대는 인간에게 특유한 점에서 '인의적 정체성도덕'의 차원에 속한다고 할 수 있을 것이다. 공자가 근친상간금기를 인간과 동물을 가르는 기준으로 본 것은[943] 이 근친상간금기를 인의적 정체성도덕에 귀속시킨 것으로 해석해야 한다.

따라서 필자는 이 광범한 근친상간금기를 진화적 적응성(진화적 생존이익)이 전무하지만 인간다운 의미가 큰 '인의적 정체성도덕'의 덕목으로 규정한다. 그러므로 이 광의의 근친상간금기를 포함한 측은·수오·공경지심 등 이 4대 도덕감정은 인간을 '특유하게' 인간답게 만들어주는, 즉 현생인류의 '정체성'을 구성한다. 그러므로 이 4대 도덕감정들에 기초한 인간 특유의 도덕은 인간의 '정체성도덕(인의도덕)'이고, 이 4대 도덕감정은 바로 인간의 이 인의적 정체성도덕의 감정적 기반이다. 맹자가 도덕적 자살을 불러올 정도로 살신적殺身的인 이 측은·수오·공경 감정이 없다면 '비인간'이라고 말한 것은 이 때문이다. 생존욕은 무조건적으로 강렬하지만, 저 4대 도덕감정도 적어도 이 생존욕과 대등할 정도로, 때로는 이 생존욕을 능가할 정도로 치명적이고 살신적인 강렬성을 가지고 있다. 이런 만큼 이 인간 특유의 도덕감정에 근거한 '인의적 정체성도덕'은 때로 저 생명욕에

---

943) 『禮記』「曲禮上 第一」. "鸚鵡能言 不離飛鳥, 猩猩能言 不離禽獸. 今人而無禮, 雖能言 不亦禽獸之心乎? 夫唯禽獸無禮 故父子聚. 是故聖人作爲禮以敎人. 使人以有禮 知自別於禽獸.(앵무새도 말을 잘하지만 나는 새를 떠나지 못하고, 성성이(오랑우탄)도 말을 잘하지만 금수를 떠나지 못한다. 오늘날 사람들이 무례하니 비록 말을 잘하더라도 이 역시 금수의 마음이 아니겠는가? 무릇 오로지 금수만이 무례해 아비와 새끼가 한 암컷을 같이 취한다. 이런 까닭에 성인이 예를 지어 행하고 사람들을 가르쳤다. 사람들로 하여금 예를 갖게 하니, 금수와 스스로 구별되는 것을 알았다.)"

근거한 '생존도덕'을 능가하고, 그렇게 때문에 사람들이 생명의 위협 속에서도, 또는 생명을 버리면서까지도 이 정체성도덕을 실천한 사람들을 '거룩하게' 느끼고, 이 거룩한 인간영웅에게 갈채를 보내기도 한다. 생존을 위한 공리적 도덕감정과 인의적 도덕감정 간의 차이, 무조건적 생존욕의 충족에 이바지하는 공리적 '생존도덕'과 인간다운 사랑과 공존을 위한 '인의적 정체성도덕' 간의 차이와 대립에 대해서는 뒤에 거듭 상론할 것이다.

3.6. 시비지심: 시비감각(도덕감각)과 시비감정

맹자의 '시비지심是非之心'은 자기와 타인의 행동·태도·마음씨·품성의 선악 또는 시비是非(선악·잘잘못)를 즉각 변별하는 직감적 판단감각과 이에 따른 시비감정을 말한다. 시비감정은 선하게 느낌, 바르게 느낌, 훌륭함, 거룩함(신성함), 뿌듯함(자찬감), 떳떳함(결백감), 미안함·죄송함·송구함(자책감), 그릇되게 느낌, 불순하게 느낌 등이다. 시비지심은 측은지심·수오지심·사양지심과 달리 좀 복잡하다. '시비지심'은 '시비감각'의 요소와 '시비감정'의 요소를 둘 다 포함하고 있기 때문이다. 이 시비지심은 서구철학자 마르티니, 웹, 템플, 섀프츠베리 등에게 전해져 '시비감각(sense of right or wrong)' 또는 '도덕감각(moral sense)'으로 영역되어 널리 확산되었다. 이후 서양 도덕철학계에 일대 혁명이 일어났다.

■ 시비감각과 시비감정의 차이

'시비지심是非之心'은 맹자가 말하는 도덕적 사단지심四端之心의 네 번째 항목이다. 맹자의 '시비지심'은 정밀하게 뜯어보면 인지적·판단적 '시비감각'과 감정적 '시비감정'으로 구성된다. 인지적 '시비감각'은 어떤 행위의 진위眞僞가 아니라 어떤 행위와 품성의 선악, 즉 도덕적 시비是非(right or wrong)를 즉각 변별하는 본능적 판단감각이다. 맹자의 '시비지심'을 섀프츠베리는 "시비감각(sense of right or wrong)", 또는 "자연적(본성적) 도덕감각(natural moral sense)"으로 번역했고, 허치슨이 이것을 이어받아 간단히 '도덕감각(moral sense)'이라는 술어로 일반화함으로써 서양의 도덕철학에서 보편개념으로 정착했다. 맹자의 '시비지심'에 같이 포함된 미안함·송구함·훌륭함·거룩함 등의 '시비감정'은 시비감각적 인지·판단과 거의 동시에 '바르다', '그르다'고 느끼는 도덕적 평가감정이다. 물론 '거룩하다, 훌륭하다, 바르다'고 느낄 때는 도덕적 공감감정이고, '그르다'고 느낄 때는 도덕적 교감감정이다. '시비감정', 즉 시비의 인지·판단에 따른 도덕적 평가감정은 타인 행동의 경우에 그 행동을 '훌륭하게 느끼는 감정', 심지어 '거룩하게 느끼는 감정', '괘씸하게 느끼는 감정', '혐오·경멸감' 등으로 나타나고, 내 행동과 관련될 때는 결백감(떳떳함), 자찬감(뿌듯함), 자책감(죄송함, 미안함, 송구함)이나 이른바 '양심의 가책' 등으로 나타난다. 따라서 공감적·교감적 감정으로서의 이 '시비감정'은 인지적 앎으로서의 '시비감각'과 분명히 구별된다.

맹자는 '시비지심'의 '심心'이 곧 심정(감정)을 뜻함에도 시비지심을 주로 인지적 앎 또는 도덕적 판단으로서의 '시비감각'으로 이해한 것으로 보인다. 맹자는 "시비지심은 사람들이 다 가지고 있어서(是非之心 人皆有之)",[944] "시비지심이 없으면 사람이 아니다(無是非之心 非人也)"라고 천명함으로써 인간의 정체성을 정초하는 '본성'으로 갈파하고, 바로 이어서 "시비지심은 지智의 단초다(是非之心 智之端也)"라고 밝힘으로써 시비지심을 '인지적' 도덕감각으로 규정하고 있기[945] 때문이다. 측은·수오·공경지심은 상술했듯이 '배우지 않고도' 능한 '양능良能', 즉 타고난 본능의 도덕감정인 반면, 시비지심은 상술했듯이 '생각하지 않고도' 본능적으로 시비를 알고 판단하는 '양지良知', 즉 도덕지식의 본성적 단초 또는 발단이다. 이 '양지'의 본능적 판단감각을 확충하고 나중에 생각으로 정리하면 도덕지식 또는 도덕적 지혜가 나온다. 수신에 의해 측은지심·수호지심·사양지심·시비지심을 인·의·예·지의 4개 대덕으로 확충하고 양지에서 자라나온 지혜로 이

---

944) 『孟子』「告子上」(11-6).
945) 『孟子』「公孫丑上」(3-6).

인·의·예·지를 인의적 정체성도덕의 원리로 정리·범주화하는 것이다. 이 '지혜'는 자연과학적 지식이 아니라, '도덕적' 지혜다. 그러나 맹자는 맥락에 따라 지혜 일반을 뜻하기도 한다.

■ 인간본성으로서의 시비감각(도덕감각)

맹자는 "시비지심은 사람들이 다 가지고 있고" "시비지심이 없으면 사람이 아니다"라고 천명했을 뿐만 아니라, 상술했듯이 "아이는 그 부모를 사랑할 줄 알지 않음이 없고, 크게 되면 그 형을 존경할 줄 알지 않음이 없다"고도 갈파했다. 이것은 아기도 도덕적 인지능력, 즉 '시비감각'(도덕감각)이 있다는 말이다. 이 아기의 본능적 도덕성 인지와 도덕판단 능력, 즉 아기의 본능적 시비감각 명제는 오늘날 현대과학에서 여러 과학적 실험을 통해 완전히 입증되었다. 리처드 쉐더(Richard A. Shweder)의 인류학 연구팀은 아기들의 선악판단 능력에 대해 이렇게 결론짓는다.

> 어린 아이들은 직관적 도덕론자다. 4-6세 어린이들은 자기들의 도덕적 지식에 대한 반성적 이해가 거의 없을지라도 도덕규칙에 관한 물음에 답하는 방식으로, 그리고 자기들의 도덕적 위반에 사과하고 타인들의 도덕적 위반에 반응하는 식으로 나타나는 직관적 도덕능력을 가지고 있다. 최근의 연구는 (...) 어린이들이 비도덕적 형태의 평가와 구별되는 도덕적 이해를 가지고 있다는 것을 적시한다. 사실, 아이들은 비교적 어린 나이인 이 4-6세에 성인들이 채용하는 동일한 형식적 원리들(즉, 의무성, 중요성, 일반화가능성)을 이용해서 도덕규칙 대 관행규칙 대 현명규칙을 구별하고 알아듣는 것으로 보인다.[946]

최근 조수아 그린(Joshua Greene)은 다른 실험을 통해 이보다 훨씬 더 어린

---

946) Richard A. Shweder, Elliot Turiel & Nancy C. Much, "The Moral Intuitions of the Child", 288쪽, J. H. Flavel & L. Ross (eds.), *Social Cognitive Development* (New York: Cambridge University Press, 1981) [288-305쪽].

나이인 6-10개월 아기들이 도덕적 시비를 판단하는 것을 입증했다. 도덕적 위반자들이 위반했다는 사실을 모든 사람들이 안다는 단순한 사실은 그 자체뿐이라면 아무런 의미가 없다. 중요한 것은 사람들이 그들이 보거나 들은 것에 따라 사람들을 달리 대한다는 것이다. 지켜보는 눈과 총명한 귀에 대한 우리의 감수성은 "이 눈과 귀 뒤에 있는 정신"이 "판단적인" 경우에만, 즉 이 정신이 보고 듣는 것에 따라 우리를 달리 대하는 경우에만 의미를 갖는다. 우리 인간들이 판단적이라는 것은 뉴스거리가 아니다. 뉴스거리는 우리가 이미 "아기"로서 판단적이라는 것이다.[947]

또 킬레이 해믈린(Kiley Hamlin) 연구팀은 생후 6개월 아기 16명과 10개월 된 아기 16명에게 휘둥그런 눈들을 가진 기하학 도형들이 언덕을 오르내리는 연속적 운동 장면들을 보여주었다. 동그라미도형은 언덕을 올라가려고 애쓰지만, 자력으로 정점까지 갈 수 없다. 이때 세모도형이 아래로부터 올라와서 동그라미도형을 정점으로 밀어준다. 그런데 다른 화면에서는 네모도형이 정상으로부터 내려와서 동그라미 도형을 방해해서 바닥으로 밀어 떨어뜨린다. 아기들은 말을 할 줄 모르지만 이 장면들을 여러 번 흥미롭게 지켜보았다. 그러고 나서 실험자들은 이 아기들에게 세모도형과 네모도형들을 보여주었다. 16명의 10개월 아기들 중 14명, 16명의 생후 6월 아기들 중 12명이 세모도형을 가지려고 손을 뻗었다. 그 다음, 연구자들은 동그라미 도형에서 휘둥그런 눈을 없애 이 도형을 죽은 사물로 만들고, 세모와 네모도형은 돕거나 방해하지 않고, 각각 동그라미 도형을 위아래로 밀도록 했다. 이번에 아이들은 위로 밀어주는 세모도형에 대한 선호나, 아래로 미는 네모도형에 대한 혐오를 보여주지 않았다. 이것은 아기들의 선호가 특별히 "사회적" 또는 '인간적'이라는 것을 보여준다. 그들이 좋아하는 것은 단순히 밀어올리는 것이 아니라 힘든 자를 돕는 것이고, 그들이 싫어하는 것은 단순히 아래로 떨어뜨리는 것이 아니라, 올라가려는 사

---

947) Joshua Greene, *Moral Tribes - Emotion, Reason, and the Gap between Us and Them* (London: Atlantic Books, 2013 · 2014), 46쪽.

람을 방해하는 것이다.[948]

이와 같이 걷거나 말할 수 있기 훨씬 전에 생후 6개월짜리 아기들이 행위와 행위자들에 대한 도덕적 가치판단을 내리고 협동적임(타인들에 대한 배려)의 표시를 보여주는 사람들에게 손을 내밀고, 반대의 표시를 보이는 사람들을 무시하는 것이다. 이 아이들이 아주 어리기 때문에 이들의 행태는 명백히 '네모도형이 동그라미도형을 잘 대해주지 않는 것을 보니 네모가 나도 잘 대해주지 않을 것이기 때문에 내가 네모를 기피한다'는 식의 "의식적 추리"에 의해 산출된 것이 "아니다". 이 판단은 "자동화된 프로그램", 즉 일정한 유형의 행동과 '사람의 눈'이 그려진 사물들과 같은 "낮은 차원의 단서에 민감한 프로그램"에 의해 산출된 것이다. 조수아 그린은 해믈린 팀의 이 실험으로부터 도덕적 판단기제는 이것이 얼마나 일찍이 작동하는가를 전제하면 거의 확실히 우리의 "유전적 유산"에 속한다는 결론을 도출한다.[949]

상술했듯이 맹자의 이 유전자적·본능적 시비지심은 '시비감각'과 '시비감정'을 포괄한다. 맹자의 경우에 '심心'은 내감(내적 감각)과 감정을 포괄하기 때문이다. 이 중 내감적 '시비감각'은 환언하면 '도덕감각'이고, 도덕성과 부도덕성을 본능적으로 지각·변별하는 저 '양지'의 판단력이다. 시비지심 중 이 '시비감각' 부분은 맹자를 처음 유럽에 소개한 마르틴 마르티니우스(Martin Martinius)의 『중국사』(1659)를 통해 유럽에 성선설과 함께 최초로 서천西遷했고, 프란시스코 노엘(Francisco Noël)의 『맹자』완역(1711)을 통해 원형대로 전해지고, 앞서 잠깐 시사했듯이 섀프츠베리의 『덕성 또는 시비에 관한 탐구』(1713)에서 "sense of right or wrong(시비감각)" 또는 "natural moral sense(본성적 도덕감각)"로 도입되었다. 섀프츠베리의 "sense of right or wrong" 또는 "natural moral sense는 허치슨에게 'moral sense'로 전수되었고, 흄과 스미스에게로 전해졌다. 맹자를 알기 전까지 서양철학은 본능적 시비감각(도덕감각)의 존재를 알지 못했다.

---

948) Kiley Hamlin, Karen Wynn & Paul Bloom, "How Infants and Toddlers React to Antisocial Others", *Proceedings of the National Academy of Sciences* 108-50(2011), 19931-19936쪽.
949) Greene, *Moral Tribes*, 47-48쪽.

그러나 아담 스미스 시대에도 'moral sense'는 영어에서 아직 생소한 술어였다. 스미스는 "moral sense라는 단어는 아주 최근의 생성물이고, 아직 영어의 일부를 이루는 것으로 간주될 수 없다"는 말로[950] 그 용어의 생소함을 표현한 적이 있다. 그러나 그 이후 '도덕감각'은 도덕감각학파가 형성될 만큼 일반화되었고, 다윈과 스펜서의 시대에 이르면 이 '도덕감각'은 도덕철학의 일반개념이 되었고, 이들은 이를 전제로 이에 대해 진화론적 규명을 시도했다. 이 '도덕감각' 개념은 뇌과학, 신경과학, 진화생물학의 발달과 함께 오늘날 서양철학에서 다시 급부상하고 있는데, 제임스 윌슨·안하트·드발·조이스·크렙스·뵘 등의 21세기 도덕감각론은 도덕감각보다 공감을 더 중시한 흄과 스미스보다 섀프츠베리·허치슨·다윈을 계승한 것이다.

■ 시비감정, 또는 도덕적 평가감정

맹자의 '시비지심'은 이 '심心'이 동시에 감정인 한에서 '시비감정'도 내포한다. 이 '시비감정'은 옳은 행위를 옳다고 느끼고 그른 행위를 그르다고 느끼는 시시비비是是非非의 평가감정이다. 따라서 '시비감정'은 '가부可否감정'(可·不可감정), 즉 타인 행동의 옳음을 옳다고 여기는 '시시是是감정'(바르다, 훌륭하다, 거룩하다고 느끼는 긍정적 평가감정) 및 자기 행동의 옳음을 옳다고 느끼는 자기반성적 결백감(떳떳함)·자찬감(뿌듯함) 등의 시시감정, 그리고 타인의 행동이나 의도의 그름을 그르다고 느끼는 '비비非非감정'(나쁘다, 그르다고 느끼는 부정적 평가감정)과 자기반성적 죄책감·자책감·가책 등 타인과 자기에 대한 다양한 도덕적 평가감정을 가리킨다. 결백감은 자기에 대한 자기반성적 시시감정이고, 죄책감 또는 자책감은 자기반성적 불가감정 또는 '비비감정'이다. 이 도덕적 평가감정들 중 명백히 긍정적인 감정은 다 공감감정이고, 부정적인 감정은 다 교감감정이다.

행위에 대한 시비감각의 도덕적 판단은 '가·불가감정(가부감정)'이라는 시비감정을 낳는다. 이 '가부감정'은 섀프츠베리의 'approbation & disapprobation'에

---

950) Smith, *The Theory of Moral Sentiments*, VII. iii. iii. §15.

해당한다. 이 번역어는 허치슨·흄·스미스가 섀프츠베리를 따라 즐겨 사용했지만, 스미스 시절에도 이 단어는 영어 안에서 낯선 용어였다. 이런 까닭에서 스미스는 'approbation'이란 단어의 생소함을 토로하면서 이 도덕적 공감감정을 두고 도덕적으로 도시 종잡을 수 없이 비도덕적인 것에까지 이 말을 적용하고 있다.

> 'approbation'이라는 단어는 겨우 이 수년 사이에 특히 이런 종류의 어떤 것을 지목하기 위해 승인되었을 따름이다. 언어의 적절성에서 우리는 완전히 만족스럽게도 모든 것을, 가령 어떤 건물의 형태든, 어떤 기계의 장치든, 한 그릇의 고기의 냄새든 *approve*한다.[951]

나아가 스미스는 시비지심의 도덕적인 공감적 평가감정으로서의 가부감정을 도덕감각과 혼동하기도 한다. "가부감정(approbation and disapprobation)은 아주 정확하게 sense of right and wrong 또는 moral sense라는 명칭을 받을 수 있다."[952] 영어 'sense'가 감각과 감정을 둘 다 포함하기 때문에 여기서 'sense of right and wrong'은 '시비감정'. 'moral sense'는 시비의 '도덕감정'이다.

시비감정으로서의 '가부감정'은 기본적으로 '가可감정'과 '불가不可감정'으로 구성되어 있으므로 '가·불가감정'이라고도 부른 것이다. 따라서 'approbation & disapprobation'은 '가부감정', 또는 가·불가감정으로 번역할 수 있다. 그러나 'approbation'이 단독으로 쓰일 때는 어색하게 '가可감정'이라고 번역해야 할 판국이다. 그러나 이 말이 너무 어색한 경우에는 '시시비비'라는 말에서 전용하여 옳은 행동을 옳다고 받아들이는 감정이라는 뜻으로 위에서 '시시是是감정'이라는 말도 사용했다. '가可감정', 또는 '시시감정'은 '가하다고 여기는' 감정으로서 여러 긍정적 평가감정(기분좋음, 재미있음, 아름다움, 훌륭함[잘함·가함], 떳떳함, 뿌듯함)으로 나타난다. 이 긍정적 평가감정은 타인의 자기공감에 대한 공감과 자기공감 속에서 '도덕적 즐거움'으로 나타난다. 이 도덕적 즐거움은 보통 도덕적 '흐뭇함'

---

951) Smith, *The Theory of Moral Sentiments*, VII. iii. iii. §15.
952) Smith, *The Theory of Moral Sentiments*, VII. iii. iii. §11.

이다. '훌륭함'(잘함·가함), '떳떳함', '뿌듯함'은 시비감정으로서의 '도덕적 즐거움'이다.

도덕적 '훌륭함'은 비공감적인 단순감정이 없고, 언제나 '공감적' 평가감정이다. 도덕적 평가감정은 예외 없이 인간의 사회적 행위의 감정적 동기·의도·의미에 대한 공감이나 교감을 전제하기 때문이다. 특히 자책감 또는 양심의 가책과 반대되는 '떳떳한 또는 뿌듯한 감정', 또는 '떳떳한(결백한), 또는 뿌듯한 양심(gutes Gewissen)'은 쇼펜하우어에 의하면 "우리가 어떤 비이기적 행위에 대해서든 느끼는 만족감"이다. 그는 이 도덕적 만족감을 설명한다.

이 만족감은 우리 자신의 본질 자체를 타인 현상 속에서도 직접 재인식하는 것으로부터 생겨나는 이런 행위가 다시 우리에게 이런 인식의 증빙, 즉 우리의 참된 자아가 내 자신의 인격체 속에만, 즉 이 개별 현상 속에만 생존하는 것이 아니라, 살아있는 만물 속에 생존한다는 인식의 증빙을 주기도 한다는 사실로부터 발원發源한다. 이를 통해 심장은 이기심을 통해 쪼그라들었듯이 이번에는 확장되는 것을 느낀다.[953]

한편, '가可감정'·'시시감정'은 훌륭하게 또는 바르게(가하게) 여기는, 간단히 잘했다고 느끼는 즐거운 '타당성(validity; Geltung)' 감정이다. '훌륭한 느낌'은 도덕행위의 동기인 본성적 도덕감정의 강도에 따라 규범적으로 '괜찮다'는 단순한 허용감정에서 '해야 한다'는 의무감에 이르기까지 강화될 수 있다. '불가감정'은 '불가함' 또는 '잘못함'을 느끼는 감정으로서 '괴로운' 감정(苦)이고, 종종 단순감정 '싫음(惡)' 또는 '안 좋음'을 전용한 혐오감으로 나타난다. 따라서 우리는 '불가하다'는 뜻으로 '싫다', '안 좋다'라고 말할 때도 있다. 영어로는 NG(no good)다. 불가감정은 본성적 도덕감정의 강도에 따라 단순한 반대감정에서 금기禁忌(금하고 꺼리는 감정)까지 극대화될 수 있다.

가부감정은 타인의 행위에 대한 우리의 시비감각(선악판단)에 따라 생겨나는 시비감정이기 때문에 그 자체가 도덕적 평가감정이다. 도덕적 평가감정은 우리

---

953) Schopenhauer, *Die Welt als Wille und Vorstellung* I, §66 (508쪽).

에게서 기본적으로 타인에 대한 칭찬과 책망, 찬양과 비난의 반응적 상벌행위를 일으킨다. 이 '가'감정의 공감감정적 성격은 우리가 타인의 행위에 담긴 감정적 동기·의도·의미에 공감하여 이 공감으로부터 '훌륭함(잘함)'과 '가함(마땅함, 지당함)'의 '즐거움'을 느끼는 데 있다. 반대의 불가감정은 공감감정이 아니라 '교감감정'인데, 그 교감감정적 성격은 우리가 타인의 행위에 담긴 동기적 의도나 동기적 감정을 내감의 교감에 의해 지각하지만 공감하는 것이 아니라 역으로 반감을 가져 이 반감으로부터 불가함(잘못)의 '괴로움'을 느끼는 데 있다.

내감적 시비감각이 자아에 의해 과거의 자기 행위에 적용되어도 이 행위의 시비에 따른 공감과 반감에 따라 가부감정은 일어난다. 이것은 자기공감과 자기교감을 전제한다. 자기공감은 지난 자아의 행위의 선한 또는 적어도 악하지 않은 동기적 의도와 동기적 감정에 대한 공감을 전제한다. 자기공감은 상술했듯이 자아와 타아 간의 공감을 습관적 신체표시 또는 운동신경적 육감으로 만든 자아가 과거의 자기 행위를 기억에서 불러내 이 행동의 동기적 의도나 감정에 공감하는 것이다. 나쁜 짓을 하지 않았다는 소극적 느낌의 경우 자기공감의 시시감정(가可감정)은 '결백감', 즉 '떳떳함'이다. 선행을 했다는 적극적인 느낌의 경우 자기공감의 시시감정(可감정)은 '자찬감(Self-Approbation)'으로서 '뿌듯함'이다. 떳떳함(결백감)과 뿌듯함(자찬감)은 5대 '즐거운' 평가감정에 속한다. 특이한 것은 떳떳함(결백감)은 발설해도 문제가 없는 반면, 뿌듯함(자찬감)은 발설하면 '자화자찬'으로 변질된다는 것이다. 자찬감은 자기공감에서 나오는 공감감정이다. 한편, '떳떳함'의 반대는 '미안함(송구함·죄송함)'인데, 이것은 '죄책감'에 속한다. '자괴감'은 확실한 의무적 몫이 정해지지 않은 인애를 행하지 않았을 때 남의 놀림과 비웃음을 예감하거나 이에 노정되어 느끼는 창피함인 반면, '죄책감'은 본능이나 법률에 의해 정해진 도덕적 의무를 방기했을 때, 또는 도덕률을 어겼을 때 느끼는 죄스러움 또는 죄송함이다.

한편, 시비감각을 자아의 비행非行에 적용해 느끼게 되는 불가감정은 교감감정일 수도 있고, 공감감정일 수도 있다. 자아가 지난 자아의 지난 비행을 작업기억(단기기억)이나 장기기억으로부터 상기해 이 비행에 시비감각을 적용하고 이 비행의 악한 동기적 의도·감정을 도덕감각(시비감각)에 의해 지각·판단하고 그 감정을 교감적으로 인지하고 나서 이에 반감을 갖고 이 반감으로부터 자기에 대한 불가감정을 불러일으킨다면, 이 자기불가감정은 자기교감의 감정이다. 이 자기불가감정은 자기반감으로서, 이른바 '죄책감(guilt)' 또는 '자책감'이다. 그러나 자기의 과거 비행이나 부도덕을 도덕감각에 의해 판단·지각하고 느낀 부정적 도덕감정(죄스러움·송구함·송구함·미안함)에 대해 자기반성적으로 공감해서 죄책감을 느낀다면, 이 죄책감은 반성적 자기공감으로부터 나오는 공감감정이다.

죄책감의 이 '자기교감' 또는 '자기공감'은 자아가 자아와 교감·공감하는 타아와 역지사지易地思之해 '타아의 눈'으로 자기 자신을 판단하는 것이 아니라, 타아를 판단하는 '자아의 눈'과 동일한 '자아의 눈'으로 자기 자신을 반성적으로 판단하는 것이다. 자기교감이나 자기공감의 경우에도 '역지사지' 과정은 전무하고 전혀 불필요하다. 그러나 제임스 윌슨, 데니스 크렙스(Dennis L. Krebs) 등은 양심을 "1천 명의 목격자(a thousand of witnesses)"로 규정한 홉스[954] 또는 양심을 "가상의 불편부당한 관찰자" 또는 "위대한 내부동거인"이나 "가슴속의 위대한 반신半神", 또는 "가슴속의 내부관찰자"로 본 아담 스미스처럼[955] 이 자기비판적·자기반성적 공감과정을 '타인' 또는 '제3의 관찰자 관점을 빌리는 내심의 '관점인계', 즉 '역지사지'로 오해한다. 윌슨과 크렙스는 이렇게 설명한다. 처음에 우리는 타인들을 판단하고, 그 다음에 우리는 우리 자신을 "타인들이 우리를 판단한다고 우리가 생각하는 것처럼" 판단하기 시작하고, 마지막으로 우리는 "불편부당한, 사심 없는 제3자"로서 우리 자신을 판단한다는 것이다.[956]

이와 반대로 필자는 애당초 유전자적 착상着床 차원에서부터 인간이 남을 비판하던 '자기 자신의 내감의 바로 그 눈'으로 과거의 자아 자신을 도덕감각적 교감 방식으로 인지해 시비를 판단하고 이 인지·판단된 지난 행위동기에 공감해 결

---

954) Hobbes, *Leviathan*, 53쪽.
955) Smith, *The Theory of Moral Sentiments*, III. iii. III. iii. §1, §25, VI. iii. §18, VI. ii. ii. §2.
956) Wilson, *The Moral Sense*, 33쪽; Krebs, *The Origins of Morality*, 226쪽.

백감을 갖든, 반감을 느껴 죄책감을 갖든 하는 것이라고 생각한다. 남을 비난하고 칭찬하던 '자기 눈'과 똑같은 '자기 눈'으로 자기를 비난하고 칭찬하기 때문에 객관성 또는 일관성이 없다고 생각할 까닭은 없다. 교감과 공감은 관점전환 없이 타인과 자기의 감정을 아는 감각·감정능력이라서 제3자의 관점을 설정할 필요가 없게 만든다. 따라서 자기교감과 자기공감으로부터 생겨나는 자기반성적 죄책감의 강력한 객관적 일관성은 아무리 강조해도 지나칠 수 없다. 왜냐하면 자아는 자아의 속마음을 알 수 없는 어떤 타인보다도 자아의 속마음과 진정한 동기를 더 잘 알고 있기 때문이다. 환언하면 누구나 남을 속일 수 있어도 자기는 속일 수 없기 때문이다. 때마침 제임스 Q. 윌슨은 '타인'이나 '제3자'에 대한 자기의 주장과 반대로 "우리가 우리의 친구들을 속일 수 있지만, 우리 자신은 속일 수 없다"고 말해준다.[957]

그러나 윌슨의 이 말도 우리는 조심스럽게 받아들여야 할 것이다. 자아의 '눈'도 자기착각, 자기최면, 종교적·이데올로기적 자기기만 등이 적지 않기 때문이다. 그러나 이것은 타자의 '눈'도 마찬가지다. 자아와 타인의 눈으로부터 공히 이 약점을 빼면, 자기의 도덕적 잘못에 대해 죄책감을 유발하는 자기공감적·자기교감적 자아의 양심적 '눈'은 그래도 타인의 '눈'보다 더 정확하고 더 객관적임을 부인할 수 없다.

죄책감을 수치심과 비교하자면, 우리가 도덕을 어김으로써 우리 자신을 실망시킬 때, 아담 스미스 식으로 표현하면 자기의 의도나 행위를 '불가하다' 또는 '잘못이다'라고 느낄 때 우리는 죄책감을 느끼는 반면, 우리의 부도덕한 행위를 타인들에게 발각당할 때, 우리는 수치심을 느낀다. 타인들이 우리에게 부과하는 제재가 수적으로 더 많고 대부분의 경우에 우리가 우리 자신에게 부과하는 제재보다 더 강력하기 때문에, 우리는 일상적으로 수치심을 죄책감보다 더 많이 느낀다.[958] 그래도 시비지심의 일단으로서의 죄책감은 수치심과 마찬가지로 만인이

---

957) Wilson, *The Moral Sense*, 33쪽.
958) 참조: Wilson, *The Moral Sense*, 105쪽.

갖고 있는 유전자적 본능 차원의 자기반성적 교감·공감감정이다.

죄책감도 수치심과 마찬가지로 '낯붉힘'의 신체표시를 야기할 수 있다. 그러나 다윈 등은 이에 대해 반대견해를 피력했다. 죄책감은 타인이 자아의 잘못을 알든 모르든 관계없이 감지된다. 오히려 남이 모르는 경우에 제대로 느껴진다. 이 '죄책감'은 '양심의 가책'이라고도 불린다. 그리고 죄책감은 가장 협소한 의미에서의 '양심'으로 이해되는 경우도 있다. 이 죄책감에서 논란이 되는 것은 죄스러움을 느낄 때도 '낯붉힘' 현상이 나타나느냐, 나타나지 않느냐 하는 것이다. 다윈은 죄책감을 느낄 때 얼굴이 붉어지지 않는다고 단언한다.

> 낯붉힘을 일으키는 것은 양심이 아니다. 왜냐하면 어떤 사람이 고독 속에서 저지른 어떤 가벼운 잘못을 진실로 후회하거나 발각되지 않은 범죄에 대해 극히 깊은 후회를 겪을 수 있지만, 얼굴을 붉히지는 않을 것이기 때문이다. (...) 얼굴을 빨갛게 붉히게 하는 것은 죄책감이 아니라, 타인들이 우리가 죄가 있다고 생각하거나 죄가 있는 것을 안다는 생각이다.[959)]

이 논변을 바탕으로 다윈은 "혼자 있을 때 저지른 범죄에 대해 반성하며 양심이 찔리는 사람은 얼굴을 붉히지 않는다"는 결론을 내린다.[960)]

죄책감의 경우에는 '낯붉힘' 현상이 없다는 다윈의 명제는 현대 유전생물학자 크리스토퍼 뵘(Christopher Boehm)에 의해서도 다시 확인된다. "수치심의 느낌은 도덕적 비행의 감각에 의해 발동되는 보편적인 인간적 생리반응인 낯붉힘과 직결되어 있는 반면, 죄책감은 내가 아는 한 이러한 신체적 상관자가 전혀 없다."[961)]

그러나 위에서 살펴보았듯이, 다윈은 스스로 이런 논변과 반대되는 경우를 인정했다. "나의 한두 제보자는 타인들과 전혀 무관한 행동들에도 수치심에서

---

959) Darwin, *The Expression of Emotion in Man and Animals*, 352쪽.
960) Darwin, *The Expression of Emotion in Man and Animals*, 352쪽.
961) Boehm, *Moral Origins*, 20쪽.

얼굴이 붉어졌다고 믿는다. 이것이 진짜라면, 우리는 이 결과를, 보통 낯붉힘을 유발하는 마음상태와 긴히 유사한 마음상태 아래서 뿌리 깊은 습관과 연상의 힘 탓으로 돌려야 한다. 또한 우리가 방금 살펴보았듯이 극악한 실례를 범하는 다른 사람에 대한 공감도 낯붉힘을 야기하는 것으로 생각되는 만큼 우리는 이것에 놀랄 필요가 없다." 가령 타인이 알지도 못하고 또 타인에게 해가 미치지도 않은 미수의 비행, 자기만 아는 비행에 대해 얼굴이 붉어지게 하는 감정은 수치심이 아니라, 죄책감일 것이다. 또 '실례를 범한 사람에 대한 공감'도 '낯붉힘'을 유발할 수 있다면, 또 죄책감이라는 것이 본질적으로 자기공감에서 산출된 감정이라면, 또 현재의 자아가 공감자이고 '실례를 범한 사람'이 과거의 자아로 대체된다면, '낯붉힘' 현상도 얼마든지 일어날 수 있을 것이다. 또한 필자는 죄책감이 진실하다면, '낯붉힘'은 필연적이라고 생각한다. 필자의 개인적 체험도 그렇다.

그러나 만약 어떤 사람이 비행을 범하고도 발각되지 않은 상태에서 '죄책감'을 미진하게 느끼면서도 아직 '범의犯意'가 살아있다면, 이 시간 동안에는 양심이 아직 작동하지 않을 것이기 때문에 그는 오히려 비행이 발각되지 않은 것을 다행으로 여기는 쪽으로 편향될 것이다. 이럴 때에 그는 죄책감 때문에 결코 얼굴이 붉어지지 않을 것이다. 다윈과 뵘의 저 논변은 범의가 잔존하지 않는 경우가 아닐까 하는 의심이 든다.

사이코패스가 아니라면, 모든 동아시아인들은 아마 서양인들과 유사하게 자신이 저지른 잘못에 대해 몰래 죄책감, 즉 '죄스러움'을 느낄 것이다. 그러나 뵘은 죄책감이 본능이 아니라, 마치 유대·기독교 문화권의 특이현상인 양 오해하는 것 같다.

죄책감은 미국인들의 입에 빈번히 오르내리고, 이 문제에서라면 도처의 기독교인들과 유대인들의 입에도 빈번히 오르내린다. 그러나 불교도나 힌두교도나 유교도나 이슬람 추종자들의 입에는 아주 많이 오르내리지 않는다. 이 단어가 정의하기 쉽지 않고, 여러 정의가 변화무쌍할지라도, 대부분의 사람들에게 '죄책감'은 지난 비행이나 죄에 관한 부정적 느낌의 경험으로부터 생겨나는 내적인 사적 초점을 뜻하는 것으로 보인다. (...) '체면'이 중시되는 아시아, 또는 '명예문화'가 아주 두드러진 중동에 사는 많은 사람들에게는 보다 외적인 초점을 가진 수치심이 더 현저한 것으로 보인다. 에덴동산 이야기는 중동에 기반을 둔 구약이 우리를 무화과 나뭇잎과 수치심을 수반한 낯붉힘의 견지에서 생각하도록 훈련시킨 한에서, 수치심도 기독교인들과 유대인들에게 중요하다는 것을 우리에게 말해준다.962)

이것은 '하늘에 계신 아버지'의 감시시선 아래서 "죄책감에 짓밟힌 유대·기독교 유럽인들과 미국인"은 죄책감도, 수치심도 둘 다 느끼는 데 반해, 아시아인들은 죄책감을 느끼지 못하고 체면의식에서 수치심만 느낀다는 말로 요약된다. 그러나 맹자가 말하는 군자의 '제2락第二樂'은 면면히 이어온 유연한 경천敬天 또는 천감天監(하늘의 감시)사상을963) 가진 동아시아 유교문명권에서 오랜 세월 도덕적 부끄러움과 죄책감의 표현 원천이 되어왔다. "군자는 세 가지의 낙이 있는데 (...) 하늘을 우러러 부끄럽지 않고 땅을 굽어보아 창피하지 않은 것이 제2락이다(君子有三樂 ··· 仰不愧於天 俯不怍於人 二樂也)."964) 동아시아인으로서 필자도 앞서 죄책감을 느낀다고 토로함으로써 아시아인들은 대개 죄책감을 느끼지 않는다는 뵘의 논변을 단연코 부정하고자 한다.

그리고 다른 측면에서, 아담이 선악과를 따먹고 나서 수치심을 알게 되어 하느님의 시선을 피했다는 에덴동산 이야기로 인해 '낯붉힘'이 야기되었다는 것처럼 논변하는 뵘의 테제도 의심스럽다. 뵘의 이 주장은 위에서 살펴본 다윈의 심리분석과 상충된다. 다윈은 이렇게 말한다. "어떤 사람은 하느님이 그의 모든 행동을 주시한다고 확신할 수 있고, 어떤 잘못에 대해 깊이 의식하는 것을 느끼고 용서를 빌 수 있다. 그런데 쉽게 얼굴이 붉어지는 여성이 믿듯이, 이것은 낯붉힘을 유발하지 않을 것이다."965) 다윈에 의하면, 사람은 자신의 행동에 대한 '하느님의

---

962) Boehm, *Moral Origins*, 19-20쪽.
963) 『詩經』「大雅·文王之什·大明」. "天監在下";「大雅·蕩之什·烝民」. "天監有周";『書經』「商書·高宗肜日 第十五」. "惟天監下民."
964) 『孟子』「盡心上」(13-20).
965) Darwin, *The Expression of Emotion in Man and Animals*, 352쪽.

앎'보다 '다른 인간의 앎'을 부끄러워하기 때문이다. '하느님의 주시'는 낯붉힘의 부끄러움, 이 경우에는 죄스러움을 야기하지 않는다는 말이다. 다윈의 이 논변은 뷤의 테제를 정면으로 부정하는 주장이다. 이 문제에서 우리는 다윈의 손을 들어주어야 할 것이다.

■ 도덕감각의 위상과 기능

상론했듯이 인간은 내감에 의해 자연적 형성작용과 인간행위로 이루어지는 자연과 사회의 제현상들의 중中과 화和 여부를 직감적으로 변별하고 판단하는 네 가지 평가감각을 가지고 태어난다. 그것은 바로 본능적 쾌통감각·재미감각·미추감각·시비감각(도덕감각)이다.

- 중화의 내감적 직관과 변별

내감은 제諸현상에서 중화中和를 직감할 때 그에 합당한 중화·비非중화의 변별감을 느낄 뿐만 아니라, 이 변별감이 긍정적인 경우에만 (즉, 쾌락적으로 기분좋고 유희적으로 재미있고 미학적으로 아름답고 도덕적으로 선한 경우에 한에서만) 변연계를 발화시켜 이 감정들을 재생해 같이 느끼게 한다. 즉, 공감하게 한다. 따라서 내감의 변별감각은 바로 행동·의도·작품 등 제현상의 분야별 중화中和 여부를 직관적으로 인지하고 기쁘다, 재미있다, 아름답다, 선하다(가하다)고 평가하고 공감여부를 결정하는 직관적 판단감각인 것이다. '직관'은 이런 판단을 내리는 데 배우거나 생각하지 않고 교감적 인지와 동시에 느끼는 본능적 '직감'을 말한다. 우리는 어떤 욕망충족의 쾌감이나 공리적 행위의 손익, 놀이의 재미 유무, 자연풍광 또는 미남·미녀의 아름다움, 인간행위의 잘잘못을 일순도 망설임 없이 판단한다. 여성들은 수십 명의 남성들이 모여 있어도 소위 '훈남'을 순식간에 알아보고, 남성들은 수십 명의 여성들이 모여 와자지껄 수다를 떨고 있어도 일견에 '퀸카'를 알아본다.

이 말은 인간이 인간행위와 작품의 중화 여부를 알기 위해 플라톤이나 아리스토텔레스가 주장하듯이 고등수학 또는 기하학을 알아야 하거나 이성적 사색·추리·연역을 수행해야 하는 것이 아니라는 것을 뜻한다. 인간은 분야별 중화를 즉각 직관해 쾌감(이로움)·재미·미·선으로 변별해내는 것이다. 수학과 이성은 내감이 제현상의 중화에 대한 이런 공리적·유희적·미학적·도덕적 변별의 판단을 내린 뒤에 사후적으로 이를 정당화하고 확인하고 정리하는 도구적 지성능력일 뿐이다.

내감의 변별·평가감각은 상술했듯이 쾌통감각, 재미감각, 미추감각, 시비감각(도덕감각)으로 사분(四分)된다. 내감은 이 평가감각에 입각해 기분좋음, 재미있음, 아름다움, 선함의 평가와 판단이 내려졌을 때만 공감과 연계시키는 결정을 한다. 그렇지 않고 변별판단이 기분나쁨, 재미없음, 추함, 악함으로 나타난다면 내감은 이것을 인지하는 것, 즉 '교감'으로 그치게 한다. 공감은 없다. 오히려 반감과 거부감이 생길 수 있다.

변별의 결과, 무슨 행동이나 작품이 기분좋고, 재미있고, 아름답고, 선하다면, 이에 따라 제각기 다른 공감이 일어난다. 따라서 이 제각기 다른 공감은 다시 쾌락적 공감, 유희적 공감, 미적 공감, 도덕적 공감으로 사분된다. 이 분야별 공감의 구분도 내감이 결정한다.

– 도덕감각의 위상

상론했듯이 맹자의 '시비지심'은 '시비감각'(도덕감각)과 '시비감정'을 포괄한다. 섀프츠베리의 'sense of right or wrong'도 '시비감각'과 '시비감정'을 포괄한다. 섀프츠베리가 애용한 'sense of right or wrong'의 'sense'가 'sense of justice'의 'sense'처럼 감각(sensibility)과 감정(sentiment)을 둘 다 표현하기 때문이다. 도덕적 동조감, '떳떳하다'는 결백감, '뿌듯하다'는 자찬감, '죄스럽다'는 죄책감, 가책 등의 '시비감정'은 도덕적 평가감정이다.

'도덕감각'은 인간의 본능적 4대 평가감각(쾌통감각·재미감각·미추감각·도덕감각) 중에서 가장 중요한 평가감각의 위상을 차지한다. 도덕감각은 내감의 이 평가감각들 중에서 가장 민감하고 가장 고차적이고 가장 인간적인 감각이기 때문이다. 인간은 타인 행위의 선악 또는 도덕성과 부도덕성을 일견에 즉각적으로 알아채고, 즉각 동조·반감·응징감정을 느낀다. 그리하여 어떤 인간사회에서든 이 도덕감각에 입각해서 방대한 사법체계가 구축되어 있다.

또한 도덕감각은 인간과 동물을 가르는 위상을 가진다. 쾌통감각·재미감각·미추감각의 본능은 웬만한 동물들도 얼마간 갖췄다. 그리고 고등동물들의 경우에 동정심·정의감 등의 도덕감정도 부분적으로 가졌다. 하지만 동물들은 동종 동물의 행동을 즉각 도덕적으로 판단할 도덕감각이 없거나 미미하다. 인간과의 교감 속에서 진화해온 개는 공감능력이 탁월해서 얼마간 도덕감각을 가진 것이 사실이다. 어미 개는 자기의 강아지가 다른 강아지를 괴롭힐 때 나무라고, 어떤 개는 가족 안에서 남편이 아내를, 또는 아내가 남편을 때리는 시늉을 할 때 때리는 사람을 저지하거나 맞는 사람을 커버해준다. 원숭이 무리의 알파는 자기 새끼를 학대하는 어미 원숭이를 응징한다. 그러나 개와 원숭이를 포함한 모든 동물들의 도덕감각은 인간만큼 예민하지도, 강렬하지도 않다. 개들은 동정심이 부족한 냉정한 개나 정의감이 없는 비겁한 개를 사회적으로 응징하는 경우가 없기 때문이다. 따라서 개의 무리 안에서는 재판 같은 것도 없다.

– 도덕감각의 기능과 역할

도덕감각의 기능 또는 역할은 다양하다. 첫째, 도덕감각은 도덕적 행위와 비도덕적 행위를 구분하고 도덕적 행위의 동력인 도덕감정을 구별하는 기능을 한다. 도덕감각은 인간의 어떤 행위가 도덕감정에 따른 행위와 부작위를 비도덕적 감정(기쁨, 재미, 아름다움)에 따른 행위와 구별해내고, 대덕의 덕행인 경우에 그 도덕감정을 동정심, 정의감, 공경심, 시비감정으로 변별하고, 소덕의 덕행인 경우에는 부지런함, 아끼는 성정(검약정신), 인내심, 억울함(이기적 복수심), 주고받고 싶은 상호주의적 성정으로 분별한다. 그리하여 도덕감각은 도덕행위와 비도덕행위를 대별하고, 다시 도덕행위를 동정적 행위, 정의로운 행위, 공손한 행위, 사죄행위, 근친혼 거부, 자애慈愛행위, 근면한 행위, 절약행위, 인내행위, 자위적 적대행위, 이기적 보복행위, 사회적 보복행위(사법행위), 상호교환행위 등으로 구별한다.

둘째, 도덕감각은 도덕행위로 표현되는 도덕감정의 유무有無를 변별한다. 도덕감정적 동기가 느껴지면, 도덕감각은 이것을 진실한 도덕행위로 평가하는 반면, 이런 동기가 느껴지지 않는 합리적 행위는 위선적 도덕행위로 평가한다.

셋째, 도덕감각은 도덕행위로 표현되는 도덕감정의 중화中和 여부, 즉 과·불급(과다·과소) 또는 지나친 강·약을 변별한다. 가령 동정심에 의해 동기화된 동정행위로 표현되는 동정심이 스미스가 말하는 '높은 중도'에 미달하면 부덕하다고 판단하는 반면, 이 '높은 중도'도 넘어 과도하다면 이 동정행위를 동정적 도움을 받는 사람의 자립성을 해칠 수 있어 궁극적으로 그에게 도움이 되는 것이 아니라 해가 되는 '부덕不德' 또는 '잘못'으로 판단한다. 그리고 동정심이 '낮은 중도'에도 불급不及하다면 이 동정적 행위는 '악어의 눈물'과 같은 잔인한 불선이 될 수 있다.

그리고 가령 정의로운 행위의 경우에 사회적 정의감(복수심)이 지나치게 강렬하다면 복수심에 휩쓸려 원수怨讐에 대해 과도한 보복행위를 가할 수 있다. 그러나 공자는 "원수는 곧은 정법定法으로 갚는다(以直報怨)"고 했다.966) 곧은 정법을 넘는 과도한 보복행위의 방망이는 원수의 홍두깨를 불러와 폭력의 상승적 연쇄반응을 일으킬 것이다. 그리하여 지구상에서 정의는 사라질 것이다.

반대로, 정의행위에서 사회적 정의감(사회적 복수심)이 너무 약하다면, 사법적 정의를 세울 수 없다. 사회적·이타적 정의감(사회적 복수심·수오지심)을 다치게 할 정도로 유명무실하고 부정부패한 사법제도가 그대로 방치되는 사회에서는 국민들은 분노해서 이민을 떠나거나 혁명을 일으킬 것이다.

도덕감각은 이와 같이 첫째, 도덕행위와 비도덕행위를 구별하고 도덕행위들을 변별하고, 둘째 도덕행위에서 도덕감정의 유무를 변별한다. 셋째, 도덕감각은

---

966) 『論語』「憲問」(14-34).

도덕행위의 도덕감정적 동기의 양적 중화 여부(과다·과소, 지나친 강약)를 판단한다. 도덕감정이 과다하거나 과소한 도덕행위, 또는 도덕감정이 지나치게 강렬하거나 지나치게 약한 도덕행위는 둘 다 부덕, 잘못 또는 불선이 된다. 도덕감각은 도덕행위의 도덕적 동기의 중화여부를 변별함으로써 이 행위의 선악, 즉 잘잘못(시비)을 판단한다. '악'은 '선'과 별개로 존재하는 실체가 아니라, 도덕감정이 없거나 약한 행위에 대해 도덕감각의 변별에 따라 느껴지는 시비감정 중의 '불가감정(disapprobation)'인 것이고, '선'도 '악'과 별개로 존재하는 실체가 아니라, 어떤 도덕행위를 통한 도덕감정의 발동이 중화에 적중할 경우에 이 도덕행위에 대해 도덕감각의 변별에 따라 느껴지는 시비감정 중의 '가可감정(approbation)'인 것이다.

말하자면, 선·악은 '신'이 정한 것이 아니라, 도덕감정의 발동이 중화에 적중하거나 적중하지 못한 도덕행위의 '잘잘못(right or wrong)'에 대한 '인간'의 '감각적 판단'이고, 신도 이 선악질서에 복종해야 하는 것이다. 따라서 상론했듯이 라이프니츠가 도덕적 제한신론制限神論을 피력했듯이[967] 하느님도 '인간적 도덕감각으로서의 선악'의 경계를 넘을 수 없고, 하느님과 하느님의 역사役事가 선한 것은 하느님이 전지전능해서가 아니라, 하느님의 역사가 인간적 선善감각의 경계를 지켜서인 것이다.

---

967) Leibniz, *Discourse on Metaphysics* (1686), §II; Leibniz, *Meditation on the Common Concept of Justice* [1702-1703], 45-46쪽.

제4절
도덕본능과 언어본능의 유사점과 차이점

4.1. '반본능'으로서 도덕감각과 언어능력의 유사성

맹자가 사단지심으로 포착한 도덕감정과 도덕감각은 인간의 본능이다. 그러나 이 도덕본능은 '확충·수신'하지 않으면 완전한 '도덕'이 될 수 없다. 이런 의미에서 도덕본능은 아기가 태어나자마자 입으로 파고들어 젖을 찾아 빨고 손으로 꽉 쥐고 젖을 짜내는 행동과 같은 '완전 본능'과 비교하면 불완전하다.

■ 찰스 다윈: '반본능'으로서 언어와 도덕의 유사성

다윈은 아기가 입으로 파고들어 젖을 찾고 빨고 손으로 꽉 쥐어짜는 행동처럼 태어나자마자 할 수 있는 것을 '완전본능'이라 불렀다. 그리고 학습적 유전자 기전만을 타고 나서 성장하면서 외부자극에 노출되는 경험적 학습에 의해 발달하게 되는 감정과 행동을 '반4본능'이라 불렀고, '반본능'의 대표적 사례로 언어와 도덕감각을 들었다. 다윈은 언어기술을 제작기술과 비유해 이렇게 말한다.

언어는 술 빚기나 빵 굽기와 같이 하나의 기술이다. 그러나 글쓰기는 이 기술들에 대한 훨씬 더 적합한 비유 대상일 것이다. 언어는 모든 언어가 학습되어야 하는 만큼 확실히 참된 본능은 아니다. 하지만, 언어는 일체의 보통 기술과 아주 다르다. 왜냐하면 우리가 아기들의 떠듬거림에서 보는 것처럼 인간은 말하는 본능적 성향이 있기 때문이다. 반면, 어떤 아이도 양조하고 빵 굽고 글씨 쓰는 본능적 경향은 없다. 더구나 지금 어떤 언어학자도 언어가 숙고해서 고안되었다고 가정하지 않는다.[968]

따라서 다윈은 언어능력을 "반기술과 반본능(half-art and half-instinct)"으로 규정했다.[969]

그리고 다윈은 인간에게 보편적이지 않은 종교적 신앙을 제치고 도덕감각을 언어와 유사한 것으로 병렬시킨다.

언어의 반기술과 반본능은 여전히 점진적 진화의 낙관落款을 담고 있다. 우리를 고상하게 만들어주는 신에 대한 믿음은 인간에게 보편적이지 않다. 능동적인 정신적 작용인(신)에 대한 이런 믿음은 당연히 다른 정신적 능력들(도덕능력 등)로부터 생겨나는 것이다. 도덕감각은 아마 인간과 동물 간의 가장 좋은, 그리고 가장 높은 구별을 제공할 것이다.[970]

다윈은 언어와 도덕감각을 신에 대한 믿음과 구별하면서 병렬시킴으로써 이 두 능력이 공히 반기술·반본능이라는 것을 시사하고 있다. 여기서도 이 "도덕감각(moral sense)"이라는 말은 영어 'sense'가 때로 감정과 감각을 포괄하기 때문에 시비감각과 도덕감정을 포함하는 것으로 이해되어야 한다. 그리고 "인간과 동물 간의 가장 좋은, 그리고 가장 높은 구별을 제공하는" 도덕감각은 다람쥐도 준수하는 성실·청결·근검·절약·인내 등의 '생존도덕(survival moral)'이 아니라 인간에게 인간다움을 주는 인의적 '정체성도덕(identity moral)'을 가리킬 것이다.

---

968) Darwin, *The Descent of Man*, 86쪽.
969) Darwin, *The Descent of Man*, 126쪽, 322쪽.
970) Darwin, *The Descent of Man*, 126쪽.

■ 드발: 유전자적 '학습 어젠다'로서 언어와 도덕

프란시스 드발은 다윈의 반본능론과 언어·도덕 유사성 테제를 현대적 유전학 용어로 바꿔 언어와 도덕감각의 본능을 유전자적 '학습 어젠다(learning agenda)'로 설명한다.

> 우리는 정신 속에 어떤 특별한 도덕규범을 가지고 태어나는 것이 아니라, 우리에게 어느 정보를 흡수할 것인지를 말해주는 학습어젠다를 가지고 태어난다. 이것은 우리에게 우리의 태생적 사회의 도덕적 조직구조를 도식화하고, 인식하고, 결과적으로 내면화하는 것을 가능케 한다. 유사한 학습 어젠다가 언어획득을 밑받침해주기에 나는 도덕성과 언어의 생물학적 기초 사이의 평행적 상응현상을 본다. 어린이가 특정한 언어를 갖고 태어나는 것이 아니라 '어떤' 언어든 배울 능력을 타고나는 것과 동일한 방식으로, 우리는 도덕규칙들을 흡수하고 도덕적 선택을 저울질하는 것을 타고나서 철저히 유연한 체계의 창출을 돕는데, 이 체계는 유연함에도 불구하고 동일한 두 H들(Helping과 Hurting; 돕기와 해치기)과, 이 체계가 언제나 가지고 있는 동일한 기본적 충성심들을 중심으로 도는 것이다.971)

드발은 다윈의 '반본능·반기술'을 '정신 속의 학습 어젠다'라는 새로운 전문용어로 바꾸고, 언어와 도덕성이 이런 유전자적 '학습 어젠다'로서 유사성이 있다고 말하고 있다.

그러나 도덕본능과 언어본능의 비유는 그래도 한계가 있다. 언어의 학습 어젠다는 '철저히' 유연한 반면, 도덕성의 학습 어젠다는 "동일한 두 H들"과 이 도덕성의 체계의 "동일한 기본적 충성심들을 중심으로 돌기" 때문에 '제한적으로'만 유연하다. 도덕성의 학습 어젠다는 돕기(Helping)를 촉진하는 방향으로 정해져 있고 해치기(Hurting)를 금지하는 방향으로 정해져 있고, 또 이 두 방향에 충실하다. 따라서 언어본능의 산물인 각국의 구체적 언어는 너무나도 '철저히 유연해서' 세계 각국의 언어가 다 특수하게 다른 반면, 도덕은 사회적 약자에 대한 원조(돕

---

971) de Waal, "The Tower of Morality", 166-167쪽.

는 것)를 칭찬·포상하고 살상·강탈·도둑질(해치는 것)을 금지·처벌하는 점에 한정해서 보면 '전세계적 보편성'을 가진다.

4.2. 하우저의 언어비유적 도덕감각론과 그 오류

진화생물학적·진화인류학적 심리학자 마크 하우저(Marc D. Hauser)는[972] 인간의 도덕본능을 언어본능과의 비유로 설명한다. 그러나 그의 언어비유적 도덕본능론은 언어본능과 도덕본능의 차이점을 간과함으로써 3중적 오류에 빠졌다.

■ 하우저의 언어비유적 도덕본능론

마크 하우저는 2006년 『도덕적 마음(Moral Minds)』에서 인간의 도덕본능을 언어본능과의 비유로 설명하려고 했다.

> 우리는 무의식적 행위문법에 기초해 도덕적 시비에 관해 신속한 도덕판단을 산출하도록 설계된 도덕적 본능, 즉 본성적으로 각 어린이 안에서 자라는 능력을 진화과정에서 획득했다. 이 기제의 일부는 다윈적 선택의 맹목적 손에 의해 우리의 종이 진화하기 수백만 년 전에 설계되었고, 다른 부분은 우리의 종의 진화역사가 흐르면서 더해지거나 업그레이드되었고, 인간들과 우리의 도덕적 심리, 이 양자에 특유한 것이다. 이 아이디어들은 다른 본능, 즉 언어로부터 나온 통찰에 의지하고 있다.[973]

그러나 필자의 논지를 아는 사람은 누구나 짐작할 것인 바, 이 아이디어는 참으로 애매한 구석이 있다. '다윈적 선택'은 '맹목적 손'을 말하는 것으로 보아

---

[972] 하우저는 2010년 '8개항의 학적 부정행위(scientific misconduct)'가 하버드대 조사위원회에 의해 확인되어 2011년 교수직에서 해임되었다. 그래도 그의 논변 중 학술적으로 의미가 있는데 여기서는 부분만을 취급한다.
[973] Marc D. Hauser, *Moral Minds* (New York: HarperCollins Publishers, 2006·2007), xvii쪽.

결코 필자가 뒤에 상론할 '인간선택'이 아니라, 다윈의 '자연선택'을 말하는 듯하다. 그러나 '우리의 종이 진화하기 수백만 년 전에 설계된 기제 부분'은 확실하게 반+본능적 '생존도덕'으로 생각되는 반면, '우리의 종의 진화역사가 흐르면서 더해지거나 업그레이드된 다른 부분'은 대체로 반본능적 '정체성도덕'을 말하는 것으로 보인다. 그러나 이 (인의적) 정체성도덕의 반본능은 자연선택에 의해 진화된 것이 아니다. 바로 여기에 하우저의 아이디어의 모호성이 있는 것이다. 또한 그가 이 아이디어를 '언어본능'에서 구했다고 하는데, 이 언어비교 아이디어도 논변의 경위에 따라 문제가 있을 수 있다.

촘스키가 1950년대에 일으켰다는 언어학의 혁명은 하나의 이론적 변동에 기초했다. 언어들을 가로지르는 문화횡단적 변화와 언어학습에서의 경험의 역할의 탐구 대신에, 언어를 '정교하게 설계된 기관'으로, 즉 모든 인간 정신의 '보편적 측면'으로 보는 생물학의 전통을 따른 것이다. 우리 언어능력의 중심에 있고 인간 종의 '본유적 재능'에 속하는 '보편문법'은 특수한 언어를 구축하는 '공구세트'를 제공한다는 것이다. 일단 모국어를 습득했다고 하면, 우리는 타인들이 말하는 것의 근저에 놓인 규칙이나 원리에 대한 추리 없이, 그리고 의식적 접근 없이 그들이 말하는 것을 말하고 즉각 이해한다. 하우저는 언어능력과 유사하게 인간의 도덕능력이 "보편적 도덕문법", 즉 "특수한 도덕체계를 짓는 공구"로서 구비되어 있다고 주장하는 것이다. 일단 우리 문화의 특수한 도덕규범을 습득했다고 하면 우리는 기저에 놓인 원리에 대한 의식적 추리나 명시적 접근 없이 어떤 행동들이 허용될 수 있는지, 의무적인지, 금지된 것인지를 즉각 판단한다는 것이다. 따라서 하우저의 핵심논지는 "최근의 과학적 증거들의 폭증에 의해 뒷받침되는 언어의 유추에 기초한" 도덕성의 이해다. 그는 "무의식적이고 보편적인 도덕문법"이 "시비판단의 기저에 놓여있다"고 주장한다.[974]

---

974) Hauser, *Moral Minds*, xviii쪽.

■ 언어비유적 도덕본능론의 한계

언어본능의 유추를 확대시키기 위한 예비작업으로 하우저는 일단 철학 안에서 본성주의적 도덕철학이 겪는 이론적 고립의 원인을 짚고 합리론적 도덕철학을 비판한다. 철학의 지배적 관점은 우리가 의식적으로 ― 부모·교사·법률가·종교지도자들이 내려준 ― 명시적 원리들로부터 시비판단으로 추리할 수 있기 때문에 이 원리들이 도덕적 결정의 원천이라는 칸트적·합리론적 논증추리의 환상에 '먹잇감'이 되고 있다는 것이다. 그러나 하우저는 도덕판단이 "무의식적" 과정, 즉 우리와 남의 행동의 원인과 결과를 평가하는 "숨겨진 도덕문법"에 의해 매개된다고 생각한다. 그리하여 "증명의 짐"은 "도덕성의 철학"에서 "도덕성의 과학"으로 이동한다. 이제 설명해야 하는 것은 도덕적 직관이 어떻게 작동하고 이것이 어떻게 진화했는지 하는 것이다.

하우저는 우리의 도덕심리를 "본능", 즉 "무의식적·자동적으로 시비판단을 산출하는 모든 인간 마음의 진화된 능력"으로 봄으로써 우리의 행실과 결정의 일부가 왜 언제나 불공정하거나 허용될 수 있거나 처벌받을 수 있는 것으로 해석되는지, 그리고 어떤 상황은 법률·종교·교육이 주조한 감수성에도 불구하고 왜 우리를 죄 짓도록 유혹하는지를 더 잘 이해할 수 있다는 것을 입증하려고 한다. 그의 설명은 "우리의 진화된 도덕본능은 도덕판단을 불가피한 것으로 만들지 않고", 차라리 "우리의 지각을 색칠하고 우리의 도덕적 선택을 구속하고 우리를 놀라서 어안이 벙벙하게 만들어 놓는다"는 것이다. 왜냐하면 "지도 원리들은 정신의 무의식적 지식 도서관의 한적한 곳에 보관되어 있어서 접근할 수 없기" 때문이라는 것이다.[975]

하우저는 특히 조지 무어(George E. Moore)를 과학으로부터 철학을 고립되게 만든 장본인으로 지목한다. 무어는 1903년 그 시대의 지배적인 철학적 관점이었던 존 스튜어트 밀의 공리주의가 '좋음(쾌락·복리)'에 호소함으로써 개별적 도덕을 정당화하려고 시도하는 '본성주의적 오류(naturalistic fallacy)'에 빈번하게 빠져

---

975) Hauser, *Moral Minds*, 2쪽.

들었다고 지적했다. 밀에게 공리주의는 사람들이 우리의 통괄적 행복과 같은 인간의 본성적 속성의 견지에서 정의된 총화적 복리에 초점을 맞추게 함으로써 복리를 위해 행동해야 하는 방법을 변혁시키려고 의도된 개혁정책이었다. 무어는 '좋음'을 '본성적임'과 등치시킨 것을 오류로 본 것이다. 그러나 그는 헉슬리가 "도둑놈과 살인자도 박애주의자만큼 많이 자연본성을 따른다"고 악썼듯이 '나쁜 자연본성(소아마비, 눈멂)'도 있고 '비본성적인 좋음(백신, 안경)'도 있다는 것이다. 따라서 우리는 '자연본성적인 것'으로부터 '좋은 것'으로 이동할 "면허"가 없다는 것이다. 무어는 본성주의적 오류의 보다 일반적인 확대판은 존재(is)로부터 당위(ought)를 도출하는 것이라고 주장했다. 하우저에 의하면, '당위'를 강제하는 '도덕감정'과 같은 특별한 자연적 '존재' 요소들이 있음을 몰각한 무어의 이 '무식한' 본성주의적 오류 논의는 이후 철학자들에게 생물학분야에서의 새로운 발견들을 무시하든가 조롱하도록 만들었다.976)

분석철학자 프레게(Gottlieb Frege)도 '윤리적 본성주의'를 마찬가지로 계속 공박했다. 바로 이런 철학적 풍조가 도덕원리에 관해 진지하게 생각하는 사람들과 인간본성의 낙관적 성격을 밝히려는 사람들을 "지성적 고립"에 빠뜨렸다. 그리하여 도덕철학의 "이상理想"은 도덕감정의 지도적 힘을 몰각하고 도덕행태적·도덕심리학적 "사실"로부터 유리되고 말았다는 것이다.977)

'존재로부터 당위를 도출하는' 본성주의 도덕론에 대한 무어와 프레게의 공박을 자석磁石에 비유하면, 그들은 자연적 사물 '자석'의 '존재'로부터 (오직 철鐵조각만을 강제로 끌어당기는) '자력磁力'을 도출하는 것을 본성주의적 오류라고 주장한 셈이다. 그러나 '자석'이라는 특별한 자연적 사물의 존재는 언제나 저 '자력'을 띠고 있다. 마찬가지로 '도덕감각(도덕감정)'이라는 특별한 자연적·본성적 구조물 DNA를 가진 사람의 존재는 언제나 인간의 행동을 견인하고 탓하는 '도덕성'을 띠고 있다. 칸트의 교조적 존재-당위 대립론에 따라 '존재로부터 당위

---

976) Hauser, *Moral Minds*, 2-3쪽.
977) Hauser, *Moral Minds*, 3쪽.

를 도출하는' 본성주의 도덕론에 대한 무어와 프레게의 비판은 '특별한' 자연적 사물 '자석'으로부터 어떻게 철 조각을 끌어당기는 강제적 견인력인 '자력'을 도출 하려고 하느냐고 야단치는 꼴이다. 이것은 실로 자석을 모르는 야만인 같은 언동 이다. 주지하다시피 인간 본성 중의 도덕적 본능은 임의의 본능이 아니라, 자석처 럼 인간의 행동을 도덕적 방향으로 끌어당기는 규범적 당위의 견인력을 함유한 '특별한' 본능인 것이다.

그러나 하우저는 무어와 프레게의 비판을 제대로 된 비판도 없이 뒤로하고 아무나 소화하기 어려운 '절충주의' 정신으로 흄과 칸트와 롤스를 언어유추론에 의해 타협시켜 하나로 묶으려는 '미션 임파서블'의 수행에 착수한다. 그는 칸트에 게 무정념적 도덕추리의 주도적 관점이라는 크레디트를 부여한다. 반면, 흄에게 는 최초의 세속적 근대철학자라는 크레디트를 부여한다. 흄은 "우리가 감정에 호소함으로써 도덕판단을 생각하는 아이디어의 최초의 건축가"이고 "도덕행위가 최대복리를 위해 의도된 '공리성'을 가졌다는 것을 지적해낸 최초의 인물들 중의 하나"라는 것이다. 여기서부터 하우저의 무비판적 흄 독해가 시작되고 있다. 그는 흄의 공리주의적 오류를 깨닫지 못한다. 아무튼 그는 흄 식의 '본유적 도덕 감각'을 지닌 인간을 '흄적 피조물'로 명명한다.[978]

하우저는 섀프츠베리도, 허치슨도 읽지 않은 채 흄과 스미스를 도덕감각론의 대표적 이론가로 만들고 있다.[979] 그러나 나중에 우리가 면밀한 분석으로 입증하 듯이 흄은 도덕감각을 공감과 이익관념으로 대체하려는 경향을 보였고, 관행협 약으로서의 인공적 정의 개념에 조응하는 '정의감'의 도덕감정은 후천적으로 생 겨나는 인위적 도덕감정으로 오해했다. 물론 후기에 가서 흄은 미감과의 유추와 혼동 속에서 도덕감각의 확실한 본성적 지위를 다시 인정했다. 그러나 스미스는 도덕감각을 아예 공감으로 대체하는 오류로 일관했다. 하우저는 이런 점들을 몰각하고 이 도덕감정론자들에게 그저 안이하게 호소하고 있을 뿐이다.

---

978) Hauser, *Moral Minds*, 24-25쪽.
979) Hauser, *Moral Minds*, 36쪽.

아무튼 언어유추로 하우저는 흄과 롤스와 촘스키를 하나로 뭉치게 만들 수 있을 줄로 생각한다. 이들 셋이 다 특히 언어와 도덕성을 위한 "본유적 능력"을 포함해 두 영역 간의 "깊은 유사성"이 존재한다고 제시했다는 것이다.[980] 이 셋을 '절충'해 그는 "롤스적 피조물"을 만든다. "우리는 지금 롤스의 통찰, 특히 그의 언어 유추를 감상하고 발전시킬 준비가 되어 있다. 나는 무의식적이고 접근할 수 없는 원리에 기초한 도덕적 명령들을 발령하는 기제를 구비한 '롤스적 피조물'을 도입한다. 이것은 도덕적 본능을 가진 피조물이다."[981]

그러나 필자는 도덕본능의 언어유추적 설명시도는 한계가 있고 또 문제도 있다고 생각한다. 다윈이 말한 대로 언어는 반半본능·반기술이다. 도덕본능이 언어본능과 유사한 점은 바로 이 반본능·반기술적 성격뿐이다. 그러나 앞서 시사했듯이 도덕본능은 언어보다 더 본능적이고, 언어와 달리 본질적으로 감정적이다. 하우저는 이 점을 완전히 몰각하고 있다.

■ 언어유추적 도덕본능론의 삼중오류

존 롤스의 언어유추론을 본뜬 하우저의 도덕본능론적 언어유추론에는 중첩된 오류가 개재되어 있다. 물론 롤스는 도덕감각에 속하는 '정의감각'을 '문법성 감각'과 비유한 적이 있다. 하우저가 의존하는 롤스의 언표는 이것일 것이다.

정의의 관념은 우리가 내리는 일상적 판단이 정의의 원칙과 부합될 때 우리의 도덕적 감수성을 특징짓는다. 이 원칙들은 매치되는 판단에 도달하는 논변의 전제의 일부로 쓰일 수 있다. 우리는 광범한 범위의 사례들을 커버하는 어떤 체계적 방식으로 이 원칙들이 무엇인가를 안 뒤에야 우리의 정의감각을 이해한다. 여기서 유용한 비교는 우리가 우리의 모국어의 문장들에 대해 갖고 있는 문법성 감각(sense of grammaticalness)을 서술하는 문제와의 비교다. 이 문제의 경우에 목적은 모국어 사용자가 하는 것과 동일한 판별을 행하는 명백하게 표현된 원칙들을 정식화함으로써

---

980) Hauser, *Moral Minds*, 37쪽.
981) Hauser, *Moral Minds*, 42쪽.

잘 짜인 문장을 인지해낼 수 있는 능력을 특징짓는 것이다. 이 기도는 우리의 명시적 문법지식의 임시처방을 훨씬 웃도는 이론적 구조물을 필요로 하는 것으로 알려져 있다. 따라서 우리의 정의감각이 친숙한 상식 처방에 의해 적합하게 특징지어질 수 있거나 보다 명백한 학습원칙으로부터 도출될 수 있다고 가정할 어떤 이유도 없다. 도덕적 역량의 바른 설명도, 일상생활 속에서 인용되는 규범과 기준들을 훨씬 뛰어넘는 원칙들과 이론적 구조물들을 확실히 포함할 것이다.[982]

"우리의 모국어의 문장들에 대해 갖고 있는 문법성 감각을 서술하는 문제"라는 구절에 촘스키의 *Aspects of the Theory of Syntax* (1965)를 보라고 각주를 달아두고 있다. 그런데 롤스는 여기서 중대한 오해를 하고 있다. 그는 '문법성 감각'을 '정의감각'과 비유하고, 촘스키의 본능적 '보편문법'의 이론을 가리키는 것으로 보이는 "명시적 문법지식의 임시처방을 훨씬 웃도는 이론적 구조물"을 "도덕적 역량"의 "원칙들 및 이론적 구조물들"과 비유하고 있다. 그러나 이 비유는 롤스의 자기기만의 산물이다.

우선 롤스가 말하는 정의감각은 흄의 정의감각처럼 후천적인 것이다. 롤스는 "일정한 나이를 넘기고 필수적인 지적 능력을 보유한 각인이 정상적인 사회적 여건 아래서 정의감각(sense of justice)을 발달시킨다고 가정하기"[983] 또한 "정의감각을 이지적 능력으로, 사고의 발휘를 포함하는 능력으로 간주하기"[984] 때문이다. 따라서 롤스의 정의감각은 이성적 정의원칙을 '산출하는' 것이 아니라, 거꾸로 이 이성적 정의원칙에 의해 '산출되는' 것이다. "정의감각은 적어도 정의원칙들이 도덕적 관점을 정의하는 한에서 이 도덕적 관점을 채택하고 이 관점에 따라 행동하고 싶어 하는 확립된 성향이다."[985] 그러나 촘스키가 "명시적 문법지식의 임시처방을 훨씬 웃도는 이론적 구조물"로 가정하는 '보편적 문법감각'은 특정한 경험적 문법원칙을 만들어내는 인류에게 보편적인 본능으로서 생득형질

---

982) Rawls, *A Theory of Justice*, §9, 41-42쪽.
983) Rawls, *A Theory of Justice*, §9, 41쪽.
984) Rawls, *A Theory of Justice*, §9, 42쪽.
985) Rawls, *A Theory of Justice*, §75, 430쪽.

이다. 반면, 롤스의 정의감각은 어디까지나 획득형질이다. 따라서 롤스가 자신의 '획득적' 정의감각을 촘스키의 '생득적·본능적' 보편문법 감각과 비유하는 것은 그릇된 것이거나, 롤스의 착오 또는 자기기만일 것이다. 하우저는 롤스의 이 자기기만적 오해의 산물인 언어유추를 옳은 것으로 다시 오해하고 있다.

그러나 필자는 촘스키의 '보편문법'도 오해의 산물이라고 생각한다. 인간의 언어본능은 특정 언어의 문법을 배워 운용할 반半본성적 능력을 내포한다. 하지만 언어와 언어본능이 아무리 단순한 형태일지라도 '보편적 문법 자체'도 내포한다는 촘스키의 주장은 믿기지 않는다. 언어는 도덕보다 완전본능으로부터 멀리 떨어져 있고, 따라서 반半기술의 요소가 반본능의 요소보다 더 많다. 따라서 언어는 도덕보다 더 철저히 유연하고, 다양한 환경과 역사에 따라 다양하기 때문이다. 반면, 도덕은 그렇지 않다. 도덕의 몇몇 감정과 원칙은 문명과 원시, 종족과 민족의 구분 없이 거의 동일하다.

언어본능을 직립보행 본능(호모에렉투스 이래 인간 특유의 신체적 특징으로서 가장 오래된 본능)과 비유해보자. 인간의 직립보행 본능은 상황에 따라 앞으로 걷기, 좌우 옆으로, 또는 뒤로 걷기, 올라가기, 내려가기, 돌아서기, 제자리걷기, 건너뛰기, 높이뛰기, 멀리뛰기, 속보, 느리게 달리기, 전력질주, 양반걸음, 팔자걸음, 병정걸음, 마사이걸음 등 모든 보행형태와 보행기술을 개발하고 실행할 능력을 포함한다. 하지만 이 직립보행 본능에는 "임시처방을 훨씬 웃도는" 아무런 단순한 보행규칙도 전혀 포함되어 있지 않다. 이와 마찬가지로 언어본능에도 "임시처방을 훨씬 웃도는" 아무런 단순한 기본문법도 포함되어 있을 수 없는 것이다.

필자가 보기에 하우저의 언어유추적 도덕론은 촘스키의 오해, 롤스의 오해, 하우저의 오해가 삼중으로 중첩된 그릇된 유추일 뿐이다. '롤스적 피조물'은 이런 삼중오해의 산물이다. 우리는 하우저로부터 '도덕감각이 인간에게 본능적·본유적이다'는 명제만을 평가할 뿐이다. 이것은 맹자의 "시비지심이 없으면 사람이 아니다"는 테제와 일맥상통하기 때문이다.

4.3. 도덕본능과 언어본능의 본질적 차이

다윈이 언어본능과 도덕본능이 '반본능'으로 서로 유사하다고 생각했지만, 이 유추적 유사성 명제는 한계가 있는 것이다. 이제 그 한계 또는 언어본능과 도덕본능의 본질적 차이를 정사精查해보자.

■ 도덕본능과 언어본능의 유연성의 차이

언어본능의 산물인 각국의 구체적 언어는 세계 각국의 언어가 철저히 다 다를 정도로 너무나도 '철저히 유연하다'. 심지어 '엄마'와 '아빠'라는 낱말조차 다 다르다. 비슷한 것이라고는 엄마·아빠를 뜻하는 단어가 주요언어들 안에서 대개 양순음兩脣音(ㅁ, ㅂ, ㅃ, ㅍ)을 쓰는 것을 지적할 수 있지만, 이것마저도 어떤 언어들에서는 이 규칙을 일탈한다.

반면, 본능적 도덕감정과 도덕감각의 산출물인 도덕은 국제적으로 외양상 다르게 보이지만, 본질적 내용들에서 아주 유사하다. 드발이 위에서 도덕성의 학습어젠다의 철저한 유연성을 제한하는 것으로 "동일한 두 H들과, 이 체계가 언제나 가지고 있는 동일한 기본적 충성심들"을 말하고 있듯이, 돕기(Helping)의 도덕적 의무, 가족적 유대, 해치기(Hurting)의 도덕적 금지, 부모와 형·누나에 대한 효제, 집단·조국·수장에 대한 충성 등으로서의 '기본적 충성심들'의 도덕규범, 이들에 대한 배신·불충·배반·역모 등의 도덕적 금지 등의 인의적 정체성도덕은 '영토를 침입한 적은 격퇴해야 한다'는 생존도덕 못지않게 전세계적·보편적으로 동일하다. 이것 외에 세계적으로 공통된 도덕은 공정성·정의·사회적 복수(사법작용)·겸손·근친상간금기외[986] 정조·단결·연대의 덕목 등 아주 많다. 게다가 아기들을 보면, 도덕감각은 말을 하기 전에 먼저 형성된다.[987] 이것을 보면

---

986) 참조: Wilson, *The Moral Sense*, 17쪽.
987) 참조: Wilson, *The Moral Sense*, 130쪽; Hamlin, Wynn & Bloom, "How Infants and Toddlers React to Antisocial Others" [19931-19936쪽].

도덕성은 진화론적으로 포유류의 양육본능과 공감본능처럼 언어의 발생 전에 발달한 것으로 보인다. 한마디로, 도덕감각은 언어보다 '좀 더' 완전본능 쪽에 가깝다는 말이다.

그럼에도 불구하고 언어는 인간의 도덕성을 '반본능'으로 위치짓는 데 도움을 주는 결정적 사례로 이바지한다. 이런 사실들은 합리론자들이 도덕의 본능성을 합리주의적으로 부정하는 것에 대해 적절하게 응수할 수 있게 해준다. 도덕은 이성의 입법이나 연역에 의해서가 아니라 도덕감정적·도덕감각적 반본능의 확충·수신에 의해 산출되기 때문이다. 그러나 다시 분명히 해둘 것은 도덕감각이 언어보다 더 본능적이라는 점이다.

■ 도덕본능은 완전본능에 가까운 반본능이다

마크 하우저처럼 언어와 도덕을 완전히 동일시하는 것은 큰 오류를 낳을 수 있다. 왜냐하면 도덕은 언어보다 완전본능에 더 가깝기 때문이다. 언어본능과 도덕본능을 완전히 동일시할 경우에 그 오류는 다음과 같다.

첫째, 도덕본능은 언어보다 좀 더 본능적이어서 전세계적으로 인류에게 공통된 도덕항목들이 '유전자적 보편요소'로서 존재한다. 언어본능은 너무나도 '철저히 유연해서' 세계의 각 어계語系들이 조금도 같지 않고 다 다르다. 어계 간에는 심지어 엄마와 아빠를 부르는 기본단어조차 다 다르다. 비슷한 것이라고는 엄마, 아빠를 뜻하는 단어가 주요언어들 안에서 대개 양순음兩脣音을 쓰는 것을 지적할 수 있지만, 앞서 시사했듯이 이것마저도 나머지 언어들에서는 이 양순음 규칙을 일탈하는 경우도 많다. 또한 문법도 언어마다 완전히 다르다. 또한 하우저가 '보편적 도덕문법'이라고 하면서 전적으로 유추적으로 의존하는 촘스키의 '보편문법'조차도 실제로 존재하는지 미심쩍다. 언어본능은 그저 어떤 언어든 유아기에 쉽게 만들고 배울 수 있는 학습능력, 현대 과학적 용어로 '학습 어젠다'만을 뜻하는 것으로 보이기 때문이다. 따라서 모든 단어의 발성과 상징적 의미, 문법과 어조까지도 다 후천적으로 만들거나 학습해야 하는 '기술'로 보인다.

반면, 도덕본능과 근본적 도덕성은 구체적 도덕률 조목들이 국제적으로 다르게 보이지만, 본질적 내용에서 아주 유사하다. 동정적 원조의무, 인간애, 가족유대, 부모와 형·누나에 대한 효제, 이타적 정의(사법적 제재), 집단·조국·수장에 대한 충성 등으로서의 '기본적 충성심들'의 도덕규범, 살상·배신·불충·배반·역모 등의 도덕적 금지 등의 도덕성은 이기적 정의, 상호주의(호혜주의), 방어전쟁에서의 침략자 격퇴의무 등의 생존도덕적 덕목 못지않게 인류보편적으로 동일하다. 이것 외에도 겸손·살상금지·근친상간금기·정조의무·단결·연대 등 수많은 덕목들이 전세계적 공통성을 보인다. 게다가 아기들의 도덕감각은 언어보다 더 일찍이 형성된다.[988] 도덕성은 진화론적으로 포유류의 공감본능처럼 언어 이전에 발달했다. 따라서 언어에 비유하면 도덕본능은 도덕문법과 일정한 근본적 도덕항목들도 보다 조기에 갖추게 한다. 말하자면 도덕감각은 구체적으로 언어보다 더 본능적인 것이다. 따라서 이 도덕문법만이 아니라 이 도덕명제들도 작용 중에 '인지적으로' 접근할 수 없고, 또 접근할 필요도 없다. 여기에서 도덕본능과 언어본능의 유사성이 아니라 차이가 두드러지고 양자를 동일시하는 것은 이 차이점을 몰각하는 큰 오류를 범하게 되는 것이다.

둘째, 도덕본능은 언어와 달리 본질적으로 감성적이다. 도덕본능은 도덕감각과 도덕감정으로 되어 있다. 도덕감각도 시비감정(도덕적 평가감정들), 즉 떳떳함(결백감), 미안함·죄스러움(죄책감), 뿌듯함(자찬감), 훌륭함(칭찬)을 낳는다. 이 도덕감정들은 인류보편적인 동정심·수오지심(공분, 이타적 정의감, 도덕적 수치심)·공경심·근친상간금기 등 '인의적 정체성도덕의 감정들'과, 억울함(이기적 정의감)·상호·호혜주의·침략자에 대한 적개심·격퇴용기 등 '생존도덕의 감정들'이다. 이 인류보편적 도덕감정들이 도덕행위의 동기 또는 동력이다. 따라서 이 도덕감정들에 기초한 동정적 원조의무, 가족유대, 부모와 형·누나에 대한 효제, 집단(공동체)·조국·수장에 대한 충성 등으로서의 '기본적 충성심들'

---

988) 참조: Wilson, *The Moral Sense*, 130쪽; Hamlin, Wynn & Bloom, "How Infants and Toddlers React to Antisocial Others" [19931-19936쪽].

의 도덕규범, 살상·배신·불충·배반·역모 등의 도덕적 금지 등의 근본적 도덕률들이 전세계적으로 동일한 것이다. 그러나 언어본능은 감정은커녕 후천적으로 형성되는 '문법감각' 외에 어떤 감각과 감정도 동반하지 않는다. 한마디로, '언어감정'이란 존재하지 않는다는 말이다. 언어는 '음성적 사유'이고, 역으로 사유는 '음성 없는 언어'이기 때문이다. 간단히, 도덕은 감정인 반면, 언어는 이성이다. 여기서 도덕본능과 언어본능의 본질적 차이가 드러난다. 언어와 도덕의 유사성에만 주목하는 것은 감성과 이성을 동일시·평면화하는 식의 오류를 범하게 된다.

따라서 시비판단을 맡는 도덕감각에만 관심을 집중하게 되면 도덕감정을 완전히 경시하거나 무시하게 된다. (바로 하우저가 그랬다.) 그러나 도덕감각은 도덕감정이 먼저 존재하고 또 발동해야만 의미가 있는 것이다. 도덕감정 또는 도덕행위의 감정적 동기의 유무·강약을 평가하는 도덕감각은 도덕감정을 전제하는 것이다. 그러나 언어의 문법감각은 결코 '언어감정'을 전혀 전제할 수 없다. '언어감정'이란 존재하지 않기 때문이다.